ISBN 978-0-666-10287-4
PIBN 10698555

Forgotten Books is a registered trademark of FB &c Ltd.
Copyright © 2018 FB &c Ltd.
FB &c Ltd, Dalton House, 60 Windsor Avenue, London, SW19 2RR.
Company number 08720141. Registered in England and Wales.

For support please visit www.forgottenbooks.com

Θ

ΑΝΑΛΕΚΤΑ ἙΛΛΗΝΙΚΑ ΜΕΙΖΟΝΑ,

sive

COLLECTANEA GRAECA MAJORA,

AD USUM

ACADEMICAE JUVENTUTIS

ACCOMMODATA :

CUM

NOTIS PHILOLOGICIS,

QUAS

PARTIM COLLEGIT, PARTIM SCRIPSIT

ANDREAS DALZEL, A. M.

SOCIUS REGIAE SOCIETATIS EDINENSIS ;

ET NUPER IN ACADEMIA JACOBI VI. SCOTORUM REGIS LITT. GR. PROF.

EIDEMQUE A SECRETIS ET BIBLIOTHECARIUS.

TOMUS II.

COMPLECTENS EXCERPTA

EX

VARIIS POETIS.

EDITIO QUARTA AMERICANA, EX AUCTORIBUS CORRECTA,

Prioribus emendatior, cum Notis aliquot interjectis.

ᵉ Cantabrigiae, Mass.

E PRELO UNIVERSITATIS.

SUMTIBUS CUMMINGS, HILLIARD, ET SO. BIBLIOPOLARUM,

BOSTONIAE ET CANTABRIGIAE.

MDCCCXXIV.

Educ T 1118.24.315A

~~Educ T~~ 848.24.2

LECTORI S.

TIBI in manus hanc Quintam Editionem Vol. Sec. COL-
LECT. GRAEC. MAJ. tradens, nihil fere habeo de quo te mo-
nitum esse velim.   Tanta est hujus operis ad promovenda
studia Graecarum Literarum utilitas, et tam latè ac benè
nota, ut mea neque auctoritas neque solicitudo plus valeant
quam nomen ejus solum.   Curam hujus Editionis ut susci-
perem, et beneficia, quae olim ab Auctore in me cumu-
lata essent, et instantia librariorum, quorum maximè in-
terest ne liber, ad muniendas vias Graec. Lit. accommo-
datus, in lucem scatens erroribus maculisque plenus un-
quam prodeat, effecerunt.   Tu igitur hanc accipe, aliqua-
tenùs, ut spero, purgatiorem quam priorem, et studia illi
diligenter impende.

G. DUNBAR.

Scr. EDINBURGI, Kal. Jun. MDCCCXVI.

CUM res gestae et eventus, qui verae Historiae subjiciun-
tur, non sint ejus amplitudinis in qua anima humana sibi
satisfaciat, præsto est Poësis, quae facta magis heroica
confingat.   Cum Historia vera successus rerum minimè
pro meritis virtutum et scelerum narret, corrigit eam Poë-
sis, et exitus et fortunas secundum merita et ex lege
Nemeseós exhibet.   Cum Historia vera obvia rerum
satietate et similitudine animae humanae fastidio sit, re-
ficit eam Poësis, inexpectata et varia et vicissitudinum
plena canens.   Adeo ut Poësis ista non solùm ad delec-
tationem, sed etiam ad animi magnitudinem et ad mores
conferat.   Quare et meritò etiam divinitatis cujuspiam
particeps videri possit, quia animum erigit et in sublime
rapit; rerum simulachra ad animi desideria accommo-
dando, non animum rebus (quod Ratio facit et Historia)
submittendo.

BACON. *de Augm. Scient. Lib.* ii. 13.

PRAEFATIO

PRIORIS EDITIONIS.

FUIT jamdiù mihi persuasissimum, nihil ad aetatem juvenilem verâ Linguae Graecae cognitione imbuendam plus collaturum, quàm ut Praeceptores, perpetuis interpretationibus Latinis repudiatis, annotationum philologicarum usum adoptarent. Sed vix priùs ejusmodi annotationes in Excerpta ex Poëtis Graecis vel seligere vel conscribere institueram, quàm statim senserim, necesse fore ut eas multò copiosiores, quàm quae in priore volumine Scriptores orationis solutae comitantur, exhiberem. Et quamvis inficias ire nequeam, sed potiùs lubens confitear, comprobationem, qua exceptus fuerat hujus operis tomus prior, effecisse ut posterioris editionem detrectare honestè non possem; magna tamen laboris suscepti difficultas et perpetua, qua tenebar, sollicitudo ne, quibus priores mei conatus placuerant, eorum spem frustrarer; aliaeque rationes, quas supervacaneum foret hîc enumerare, multò majorem, quàm voluissem, operi moram fecêre. Hanc igitur excusationem faciles, ut spero, accipient Praeceptores humanissimi, qui me per epistolas vel aliter monuerunt, volumen hoc alterum se jampridem desiderare;—quod qualecunque demùm sit, illis nunc tandem summâ cum observantiâ dicatum volo.

EXCERPTA Poëtica, quae hîc exhibentur, ejus generis sunt, quae ad afficiendos animos Juvenum Poëtas Graecos evolvendi desiderio aptissima viderentur. Typis descripta

sunt ex editionibus, quae curâ eruditorum hominum per-
politae nuperrimè prodierunt, et quae ferè habentur
optimae.

In Annotationibus, nisi quòd multò sunt uberiores,
eadem ferè methodus atque in priore tomo observata
est. Quae selecta sunt ex diversis editoribus vel inter-
pretibus, eorum singula, quantâ potui diligentiâ, singulis
suis auctoribus adscribenda curavi; ne tacitus mihi arro-
gare viderer, quae fuerunt à viris eruditis jam occupata.
Atque simul, ne aliquid difficultatis sive à me sive ab aliis
non expeditum relinqueretur, summam quoque curam
adhibui. Fieri potest ut quibusdam nimius videar in lec-
toribus relegandis ad libros, qui non nisi paucorum studio-
sorum manibus contrectandi veniunt. Sed monstrandum
erat iter iis, qui majores progressus facere cuperent in
studiis hisce elegantioribus; atque subsidia necessaria ali-
quatenùs indicanda. Quamvis enim hae annotationes ad
usum Studiosae Juventutis praecipuè sint accommodatae,
et cum doctis hominibus nil nisi nota communicent, ex iis
tamen Magistri juniores nonnihil adjumenti possint deri-
vare. Et ne, in tantâ rerum exiguarum abundantiâ, omne
genus oblectamenti omninò abesset, passim adspersae
sunt breves aliquot narrationes et animadversiones, ad
poëtas et poëticas venustates aliasque res, potiùs quàm ad
mera vocabula, pertinentes, quae dapes has, parùm lautas,
aliquâ suavitate condirent.

Atque haec sunt, quae in universum praemonenda ha-
bui. Caeterorum singula in suis locis memorata invenien-
tur. Nunc igitur valeas, Lector benevole; atque sinás me
repetitos hosce conatus ad cognitionem Linguae longè om-
nium nobilissimae promovendam, in clientelam tuam et
fidem commendare. Scr. Edinburgi, in Acad. Jac. VI.
Scotorum Regis, Prid. Non. Maii, MDCCXCVII.

PRAEFATIO

SECUNDAE EDITIONIS.

———

INDULGENTIA, qua excepta est apud eruditos **Prae**ceptores prior hujus poëtici voluminis editio, effecit ut, redintegratis viribus, hanc novam eorundem favore digniorem reddere conarer. Enarranti enim mihi priorem editionem propriis discipulis multa errata typographica in textu, multosque defectus in notis occasio deprehendendi data est. Illa ut tollerem, hos ut supplerem, strenuè laboravi. Vereor tamen ne utriusque generis quaedam adhuc restent : Verùm hoc confirmare audeo, librum longè quàm antehac, praesertim in notis, absolutiorem nunc evasisse. Conatus autem mei multum debent duobus doctissimis mihique amicissimis viris, quorum nomina benignus Lector in prooemio ad notas infrà commemorata inveniet.*

QUONIAM sequentia ex variis Poëtis Excerpta se ex optimis quibusque editionibus, quae comparari possent, desumpta esse prae se ferunt, Lector forsan primo intuitu mirabitur, quare Euripidis Medeam, uti nuper edita fuit à viro eruditissimo RICARDO PORSON, hîc non sequutus sim. Ejus rei ratio nequaquam certè est, quòd ea editio à me parvi habeatur ; illam è contrario longè omnium praestantissimam esse nemo est qui negabit : sed deficere jam coeperant prioris editionis exemplaria, et contextus hujus novae totus typis expressus est, antequam

———

* THOMAS YOUNG et JACOBUS TATE.

Medea Porsoniana lucem aspexisset. Annotationes vero meas, tum ad hanc Tragoediam, tum ad Sophoclis Oedipum Tyrannum, variis Porsoni criticis animadversionibus, ex omnibus quatuor Tragoediis quas ipse jam ediderat, locupletare, quod facilè ignoscet vir humanissimus, haud dubitavi. Nam vix prodierat prior hujus tomi editio, cum MATTHAEUS RAINE, s. t. d. Scholae Carthusianae apud Londinenses Archididascalus dignissimus, cujus summa doctrina atque liberalitas notiores sunt, quàm ut meo indigeant praeconio, ad me misit imprimis Hecubam, deindè Orestem, utramque ab amico suo recèns editam. In his non vulgaris literatoris sed superioris ordinis critici manum statim sensi; et simul intelligere gavisus sum, in animo esse editori doctissimo caeteras quoque singulas Euripidis fabulas, eodem modo adornatas, in publicum proferre; opusque institutum tandem claudere observationibus quibusdam in varia Scenicorum Poëtarum metra. Haud ita multò pòst, Phoenissas quoque comparavi, tum Medeam, denique Hecubam iterum editam, cum Supplemento ad Praefationem, in quo multa egregia de tribus praecipuis metris Tragicis, citiùs quam sperabamus, lucem viderunt. Omnia haec diligenter evolvi; et quos ex iis fructus perceperim Lectori notas in Oedipum Tyrannum et Medeam inspicienti apparebit.

OPTANDUM fuit ut editori acutissimo non solùm critici sed et interpretis munere fungi placuisset; praesertim cum ex exemplis, quamvis paucissimis, quae in hoc genere protulit, nullus relictus est dubitandi locus, quin partes hujus pari successu ac illius sustinuisset. Utcunque sit, magnas certè gratias à doctis hominibus jam meretur, majores meriturus, si curriculo tam feliciter incepto insistat, donec orbi literato demonstraverit ille, si quis alius, adhuc esse

suum Angliae BENTLEIUM ; et forsan, quod ad subac-
tum attinet judicium, etiam Bentleio majorem.

Quod si semel, prope initium sequentium in Medeam
annotationum, Criticum eximium, ob exterae gentis aemu-
lum nimio aceto ab illo perfusum, leviter perstringere
ausus sim ; id non factum interpretabitur, famam ipsius
vellicandi gratiâ, sed ideo quòd virum valdè cupidus essem
videndi, qui se eruditissimum reique criticae ac metricae
peritissimum ostenderit, eundem quoque praeditum ingenio
leni atque mansueto.

Tu interea, candide Lector, favere perge humilioribus
hisce laboribus, eo consilio ab initio susceptis et jam denuò
renovatis, ut docili juventuti ad Graecae Poëseôs intelli-
gentiam et amorem viam faciliorem munirent. Vale. Scr.
Edinburgi, Id. Aug. A. D. 1802.

Vol. II.   2

INDEX

III. Ex APOLLONIO RHODIO.

PARS SECUNDA.

EXCERPTA TRAGICA.

I. E SOPHOCLE.

II. Ex EURIPIDE.

PARS TERTIA.

EXCERPTA BUCOLICA.

I. E THEOCRITO.

II. SCOLIA.

III. PAEANES.

PARS QUINTA.

EXCERPTA MISCELLANEA.

I. HYMNI.

II. SENTENTIAE.

III. EPIGRAMMATA.

ANALECTA GRAECA MAJORA.

TOMI POSTERIORIS

PARS PRIMA.

EXCERPTA HEROICA.

ΛΕΩΝΙΔΟΥ·ΤΑΡΑΝΤΙΝΟΥ,

Εἰς Ὅμηρον.

ΑΣΤΡΑ μὲν ἠμαύρωσε καὶ ἱερὰ κύκλα σελήνης
Ἄξονα δινήσας ἔμπυρος ἥλιος·
Ὑμνοπόλους δ᾽ ἀγεληδὸν ἀπημάλδυνεν Ὅμηρος,
Λαμπρότατον Μουσῶν φέγγος ἀνασχόμενος.

ΑΔΕΣΠΟΤΟΝ,

Εἰς τὸν αὐτόν.

ΤΙΣ ποθ᾽ Ὁμηρείης μεγάλης ὀπός ἐστιν ἀπευθής;
Τίς χθών, τίς δὲ θάλασσα μάχην οὐκ οἶδεν Ἀχαιῶν;
Δῆμος ὁ Κιμμερίων, πανδερκέος ἄμμορος αἴγλης
Ἠελίου, Τροίης ὄνομ᾽ ἔκλυεν ἔκλυεν Ἄτλας
Οὐρανὸν εὐρύστερνον ἔχων ἐπικείμενον ὤμοις.

ΑΛΚΑΙΟΥ ΜΕΣΣΗΝΙΟΥ,

Εἰς Ἡσίοδον.

ΛΟΚΡΙΔΟΣ ἐν νέμεϊ σκιερῷ νέκυν Ἡσιόδοιο
Νύμφαι κρηνίδων λοῦσαν ἀπὸ σφετέρων,
Καὶ τάφον ὑψώσαντο· γάλακτι δὲ ποιμένες αἰγῶν
Ἔρραναν, ξανθῷ μιξάμενοι μέλιτι.
Τοίην γὰρ καὶ γῆρυν ἀπέπνεεν, ἐννέα Μουσῶν
Ὁ πρέσβυς καθαρῶν γευσάμενος λιβάδων.

I.

* EX HOMERO.

[JUXTA EDIT. *EN ΟΞΟΝΙΑι*, Ετει φ ώ. IV. TOM. 4to.]

Hic omnes sine dubio, et in omni genere eloquentiae procul a se reliquit.   QUINCT. X. 1.

---

† *ΤΗΣ*

ΤΟΥ ΟΜΗΡΟΥ ΟΔΥΣΣΕΙΑΣ

ΡΑΨΩΔΙΑ, ἤ ΓΡΑΜΜΑ, Δ.

ΑΝΔΡΑ μοι ἔννεπε, Μοῦσα, πολύτροπον, ὃς μάλα πολλὰ
Πλάγχθη, ἐπεὶ Τροίης ἱερὸν πτολίεθρον ἔπερσε·
Πολλῶν δ' ἀνθρώπων ἴδεν ἄστεα, καὶ νόον ἔγνω·
Πολλὰ δ' ὅγ' ἐν πόντῳ πάθεν ἄλγεα ὃν κατὰ θυμὸν,
Ἀρνύμενος ἥν τε ψυχὴν καὶ νόστον ἑταίρων.   5
Ἀλλ' οὐδ' ὣς ἑτάρους ἐῤῥύσατο ἱέμενός περ·
Αὐτῶν γὰρ σφετέρῃσιν ἀτασθαλίῃσιν ὄλοντο·
Νήπιοι, οἳ κατὰ βοῦς ὑπερίονος Ἡελίοιο
Ἤσθιον· αὐτὰρ ὁ τοῖσιν ἀφείλετο νόστιμον ἦμαρ.
Τῶν ἀμόθεν γε, θεὰ, θύγατερ Διὸς, εἰπὲ καὶ ἡμῖν.   10
Ενθ' ἄλλοι μὲν πάντες, ὅσοι φύγον αἰπὺν ὄλεθρον,
Οἴκοι ἔσαν, πόλεμόν τε πεφευγότες ἠδὲ θάλασσαν·
Τὸν δ' οἶον, νόστου κεχρημένον ἠδὲ γυναικὸς,

Νύμφη πότνι' ἔρυκε Καλυψώ, δῖα θεάων,
Εν σπέσσι γλαφυροῖσι, λιλαιομένη πόσιν εἶναι.   15
Ἀλλ' ὅτε δὴ ἔτος ἦλθε, περιπλομένων ἐνιαυτῶν,
Τῷ οἱ ἐπεκλώσαντο θεοὶ οἰκόνδε νέεσθαι
Εἰς Ἰθάκην, οὐδ' ἔνθα πεφυγμένος ἦεν ἀέθλων,
Καὶ μετὰ οἷσι φίλοισι. θεοὶ δ' ἐλέαιρον ἅπαντες,
Νόσφι Ποσειδάωνος· ὁ δ' ἀσπερχὲς μενέαινεν   20
Ἀντιθέῳ Ὀδυσῆϊ, πάρος ἦν γαῖαν ἱκέσθαι.
Ἀλλ' ὁ μὲν Αἰθίοπας μετεκίαθε τηλόθ' ἐόντας,-
Αἰθίοπας, τοὶ διχθὰ δεδαίαται, ἔσχατοι ἀνδρῶν,
Οἱ μὲν δυσομένου Ὑπερίονος, οἱ δ' ἀνιόντος,-
Ἀντιόων ταύρων τε καὶ ἀρνειῶν ἑκατόμβης.   25
Ἐνθ' ὅγε τέρπετο δαιτὶ παρήμενος· οἱ δὲ δὴ ἄλλοι
Ζηνὸς ἐνὶ μεγάροισιν Ὀλυμπίου ἀθρόοι ἦσαν.
Τοῖσι δὲ μύθων ἦρχε πατὴρ ἀνδρῶν τε θεῶν τε·
Μνήσατο γὰρ κατὰ θυμὸν ἀμύμονος Αἰγίσθοιο,
Τόν ῥ' Ἀγαμεμνονίδης τηλεκλυτὸς ἔκταν' Ὀρέστης·   30
Τοῦ ὅγ' ἐπιμνησθεὶς, ἔπε' ἀθανάτοισι μετηύδα·
Ὦ πόποι, οἷον δή νυ θεοὺς βροτοὶ αἰτιόωνται!
Ἐξ ἡμέων γάρ φασι κάκ' ἔμμεναι· οἱ δὲ καὶ αὐτοὶ
Σφῇσιν ἀτασθαλίῃσιν ὑπὲρ μόρον ἄλγε' ἔχουσιν.
Ὡς καὶ νῦν Αἴγισθος ὑπὲρ μόρον Ἀτρείδαο   35
Γῆμ' ἄλοχον μνηστὴν, τὸν δ' ἔκτανε νοστήσαντα,
Εἰδὼς αἰπὺν ὄλεθρον· ἐπεὶ πρό οἱ εἴπομεν ἡμεῖς,
Ἑρμείαν πέμψαντες ἐΰσκοπον Ἀργειφόντην,
Μήτ' αὐτὸν κτείνειν, μήτε μνάασθαι ἄκοιτιν·
Ἐκ γὰρ Ὀρέσταο τίσις ἔσσεται Ἀτρείδαο,   40
Ὁππότ' ἂν ἡβήσῃ τε καὶ ἧς ἱμείρεται αἴης.
Ὡς ἔφαθ' Ἑρμείας· ἀλλ' οὐ φρένας Αἰγίσθοιο
Πεῖθ' ἀγαθὰ φρονέων· νῦν δ' ἀθρόα πάντ' ἀπέτισε.
Τὸν δ' ἠμείβετ' ἔπειτα θεὰ γλαυκῶπις Ἀθήνη·
Ὦ πάτερ ἡμέτερε, Κρονίδη, ὕπατε κρειόντων,   45
Καὶ λίην κεῖνός γε ἐοικότι κεῖται ὀλέθρῳ·

Ὡς ἀπόλοιτο καὶ ἄλλος, ὅτις τοιαῦτά γε ῥέζοι.
Ἀλλά μοι ἀμφ' Ὀδυσῆϊ δαΐφρονι δαίεται ἦτορ,
Δυσμόρῳ, ὃς δὴ δηθὰ φίλων ἄπο πήματα πάσχει,
Νήσῳ ἐν ἀμφιρύτῃ, ὅθι τ' ὀμφαλός ἐστι θαλάσσης·   50
Νῆσος δενδρήεσσα· θεὰ δ' ἐν δώματα ναίει,
Ἀτλαντος θυγάτηρ ὀλοόφρονος, ὅστε θαλάσσης
Πάσης βένθεα οἶδεν, ἔχει δέ τε κίονας αὐτὸς
Μακρὰς, αἳ γαῖάν τε καὶ οὐρανὸν ἀμφὶς ἔχουσι·
Τοῦ θυγάτηρ δύστηνον ὀδυρόμενον κατερύκει,   55
Αἰεὶ δὲ μαλακοῖσι καὶ αἱμυλίοισι λόγοισι
Θέλγει, ὅπως Ἰθάκης ἐπιλήσεται· αὐτὰρ Ὀδυσσεὺς,
Ἱέμενος καὶ καπνὸν ἀποθρώσκοντα νοῆσαι
Ἧς γαίης, θανέειν ἱμείρεται. οὐδέ νυ σοί περ
Ἐντρέπεται φίλον ἦτορ, Ὀλύμπιε! οὔ νύ τ' Ὀδυσσεὺς   60
Ἀργείων παρὰ νηυσὶ χαρίζετο ἱερὰ ῥέζων,
Τροίῃ ἐν εὐρείῃ; τί νύ οἱ τόσον ὠδύσαο, Ζεῦ;
    Τὴν δ' ἀπαμειβόμενος προσέφη νεφεληγερέτα Ζεύς·
Τέκνον ἐμὸν, ποῖόν σε ἔπος φύγεν ἕρκος ὀδόντων!
Πῶς ἂν ἔπειτ' Ὀδυσῆος ἐγὼ θείοιο λαθοίμην,   65
Ὃς περὶ μὲν νόον ἐστὶ βροτῶν, περὶ δ' ἱρὰ θεοῖσιν
Ἀθανάτοισιν ἔδωκε, τοὶ οὐρανὸν εὐρὺν ἔχουσιν;
Ἀλλὰ Ποσειδάων γαιήοχος ἀσκελὲς αἰεὶ
Κύκλωπος κεχόλωται, ὃν ὀφθαλμοῦ ἀλάωσεν,
Ἀντίθεον Πολύφημον, ὅου κράτος ἐστὶ μέγιστον   70
Πᾶσιν Κυκλώπεσσι· Θόωσα δέ μιν τέκε νύμφη,
Φόρκυνος θυγάτηρ, ἁλὸς ἀτρυγέτοιο μέδοντος,
Ἐν σπέσσι γλαφυροῖσι Ποσειδάωνι μιγεῖσα.
Ἐκ τοῦ δὴ Ὀδυσῆα Ποσειδάων ἐνοσίχθων
Οὔτι κατακτείνει, πλάζει δ' ἀπὸ πατρίδος αἴης.   75
Ἀλλ' ἄγεθ', ἡμεῖς οἵδε περιφραζώμεθα πάντες
Νόστον, ὅπως ἔλθῃσι· Ποσειδάων δὲ μεθήσει
Ὃν χόλον· οὐ μὲν γάρ τι δυνήσεται ἀντία πάντων
Ἀθανάτων ἀέκητι θεῶν ἐριδαινέμεν οἶος.

Τὸν δ' ἠμείβετ' ἔπειτα θεὰ γλαυκῶπις Ἀθήνη·   80
Ὦ πάτερ ἡμέτερε, Κρονίδη, ὕπατε κρειόντων,
Εἰ μὲν δὴ νῦν τοῦτο φίλον μακάρεσσι θεοῖσι,
Νοστῆσαι Ὀδυσῆα δαΐφρονα ὅνδε δόμονδε,
Ἑρμείαν μὲν ἔπειτα διάκτορον Ἀργειφόντην
Νῆσον ἐς Ὠγυγίην ὀτρύνομεν, ὄφρα τάχιστα   85
Νύμφῃ ἐϋπλοκάμῳ εἴπῃ νημερτέα βουλὴν,
Νόστον Ὀδυσσῆος ταλασίφρονος, ὥς κε νέηται.
Αὐτὰρ ἐγὼν Ἰθάκηνδ' ἐσελεύσομαι, ὄφρα οἱ υἱὸν
Μᾶλλον ἐποτρύνω, καί οἱ μένος ἐν φρεσὶ θείω,
Εἰς ἀγορὴν καλέσαντα καρηκομόωντας Ἀχαιοὺς,   90
Πᾶσι μνηστήρεσσιν ἀπειπέμεν, οἵ τε οἱ αἰεὶ
Μῆλ' ἀδινὰ σφάζουσι καὶ εἰλίποδας ἕλικας βοῦς.
Πέμψω δ' ἐς Σπάρτην τε καὶ ἐς Πύλον ἠμαθόεντα,
Νόστον πευσόμενον πατρὸς φίλου, ἤν που ἀκούσῃ,
Ἠδ' ἵνα μιν κλέος ἐσθλὸν ἐν ἀνθρώποισιν ἔχῃσιν.   95
Ὣς εἰποῦσ', ὑπὸ ποσσὶν ἐδήσατο καλὰ πέδιλα,
Ἀμβρόσια, χρύσεια, τά μιν φέρον ἠμὲν ἐφ' ὑγρὴν,
Ἠδ' ἐπ' ἀπείρονα γαῖαν, ἅμα πνοιῇς ἀνέμοιο·
Εἵλετο δ' ἄλκιμον ἔγχος, ἀκαχμένον ὀξέϊ χαλκῷ,
Βριθὺ, μέγα, στιβαρὸν, τῷ δάμνησι στίχας ἀνδρῶν   100
Ἡρώων, τοῖσίν τε κοτέσσεται ὀβριμοπάτρη.
Βῆ δὲ κατ' Οὐλύμποιο καρήνων ἀΐξασα·
Στῆ δ' Ἰθάκης ἐνὶ δήμῳ, ἐπὶ προθύροις Ὀδυσῆος,
Οὐδοῦ ἐπ' αὐλείου· παλάμῃ δ' ἔχε χάλκεον ἔγχος,
Εἰδομένη ξείνῳ, Ταφίων ἡγήτορι, Μέντῃ.   105
Εὗρε δ' ἄρα μνηστῆρας ἀγήνορας· οἱ μὲν ἔπειτα
Πεσσοῖσι προπάροιθε θυράων θυμὸν ἔτερπον,
Ἥμενοι ἐν ῥινοῖσι βοῶν, οὓς ἔκτανον αὐτοί.
Κήρυκες δ' αὐτοῖσι καὶ ὀτρηροὶ θεράποντες,
Οἱ μὲν ἄρ' οἶνον ἔμισγον ἐνὶ κρητῆρσι καὶ ὕδωρ,   110
Οἱ δ' αὖτε σπόγγοισι πολυτρήτοισι τραπέζας
Νίζον, καὶ προτίθεντο, ἰδὲ κρέα πολλὰ δατεῦντο.

Τὴν δὲ πολὺ πρῶτος ἴδε Τηλέμαχος θεοειδής·
Ἧστο γὰρ ἐν μνηστῆρσι φίλον τετιημένος ἦτορ,
Ὀσσόμενος πατέρ' ἐσθλὸν ἐνὶ φρεσὶν, εἴποθεν ἐλθὼν   115
Μνηστήρων τῶν μὲν σκέδασιν κατὰ δώματα θείη,
Τιμὴν δ' αὐτὸς ἔχοι, καὶ κτήμασιν οἷσιν ἀνάσσοι.
Τὰ φρονέων, μνηστῆρσι μεθήμενος, εἴσιδ' Ἀθήνην·
Βῆ δ' ἰθὺς προθύροιο, νεμεσσήθη δ' ἐνὶ θυμῷ,
Ξεῖνον δηθὰ θύρῃσιν ἐφεστάμεν· ἐγγύθι δὲ στὰς   120
Χεῖρ' ἕλε δεξιτερὴν, καὶ ἐδέξατο χάλκεον ἔγχος,
Καί μιν φωνήσας ἔπεα πτερόεντα προσηύδα·
    Χαῖρε, ξεῖνε· παρ' ἄμμι φιλήσεαι· αὐτὰρ ἔπειτα
Δείπνου πασσάμενος μυθήσεαι, ὅττεό σε χρή.
    Ὡς εἰπὼν ἡγεῖθ', ἡ δ' ἕσπετο Παλλὰς Ἀθήνη.   125
Οἱ δ' ὅτε δή ῥ' ἔντοσθεν ἔσαν δόμου ὑψηλοῖο,
Ἔγχος μέν ῥ' ἔστησε φέρων πρὸς κίονα μακρὴν,
Δουροδόκης ἔντοσθεν ἐΰξόου, ἔνθα περ ἄλλα
Ἔγχε' Ὀδυσσῆος ταλασίφρονος ἵστατο πολλά·
Αὐτὴν δ' ἐς θρόνον εἷσεν ἄγων, ὑπὸ λῖτα πετάσσας,   130
Καλὸν, δαιδάλεον· ὑπὸ δὲ θρῆνυς ποσὶν ἦεν.
Πὰρ δ' αὐτὸς κλισμὸν θέτο ποικίλον, ἔκτοθεν ἄλλων
Μνηστήρων· μὴ ξεῖνος, ἀνιηθεὶς ὀρυμαγδῷ,
Δείπνῳ ἀδήσειεν, ὑπερφιάλοισι μετελθὼν,
Ἠδ' ἵνα μιν περὶ πατρὸς ἀποιχομένοιο ἔροιτο.   135
Χέρνιβα δ' ἀμφίπολος προχόῳ ἐπέχευε φέρουσα
Καλῇ, χρυσείῃ, ὑπὲρ ἀργυρέοιο λέβητος,
Νίψασθαι· παρὰ δὲ ξεστὴν ἐτάνυσσε τράπεζαν.
Σῖτον δ' αἰδοίη ταμίη παρέθηκε φέρουσα,
Εἴδατα πόλλ' ἐπιθεῖσα, χαριζομένη παρεόντων.   140
Δαιτρὸς δὲ κρειῶν πίνακας παρέθηκεν ἀείρας
Παντοίων, παρὰ δέ σφι τίθει χρύσεια κύπελλα.
Κῆρυξ δ' αὐτοῖσιν θάμ' ἐπῴχετο οἰνοχοεύων.
Ἐς δ' ἦλθον μνηστῆρες ἀγήνορες· οἱ μὲν ἔπειτα
Ἑξείης ἕζοντο κατὰ κλισμούς τε θρόνους τε.   145

Τοῖσι δὲ κήρυκες μὲν ὕδωρ ἐπὶ χεῖρας ἔχευαν·
Σῖτον δὲ δμωαὶ παρενήνεον ἐν κανέοισιν·
Οἱ δ' ἐπ' ὀνείαθ' ἑτοῖμα, προκείμενα, χεῖρας ἴαλλον.
Κοῦροι δὲ κρητῆρας ἐπεστέψαντο ποτοῖο.
Αὐτὰρ ἐπεὶ πόσιος καὶ ἐδητύος ἐξ ἔρον ἔντο   150
Μνηστῆρες, τοῖσιν μὲν ἐνὶ φρεσὶν ἄλλα μεμήλει,
Μολπή τ' ὀρχηστύς τε· τὰ γάρ τ' ἀναθήματα δαιτός.
Κήρυξ δ' ἐν χερσὶν κίθαριν περικαλλέα θῆκε
Φημίῳ, ὅς ῥ' ἤειδε παρὰ μνηστῆρσιν ἀνάγκῃ.
Ἤτοι ὁ φορμίζων ἀνεβάλλετο καλὸν ἀείδειν·   155
Αὐτὰρ Τηλέμαχος προσέφη γλαυκῶπιν Ἀθήνην,
Ἄγχι σχὼν κεφαλὴν, ἵνα μὴ πευθοίαθ' οἱ ἄλλοι·
  Ξεῖνε φίλ', ἦ καί μοι νεμεσήσεαι, ὅ ττι κεν εἴπω;
Τούτοισιν μὲν ταῦτα μέλει, κίθαρις, καὶ ἀοιδὴ,
Ῥεῖ', ἐπεὶ ἀλλότριον βίοτον νήποινον ἔδουσιν,   160
Ἀνέρος, οὗ δή που λεύκ' ὀστέα πύθεται ὄμβρῳ,
Κείμεν' ἐπ' ἠπείρου, ἢ εἰν ἁλὶ κῦμα κυλίνδει.·
Εἰ κεῖνόν γ' Ἰθάκηνδε ἰδοίατο νοστήσαντα,
Πάντες κ' ἀρησαίατ' ἐλαφρότεροι πόδας εἶναι,
Ἢ ἀφνειότεροι χρυσοῖό τε ἐσθῆτός τε.   165
Νῦν δ' ὁ μὲν ὣς ἀπόλωλε κακὸν μόρον, οὐδέ τις ἡμῖν
Θαλπωρὴ, εἴπερ τις ἐπιχθονίων ἀνθρώπων
Φησὶν ἐλεύσεσθαι· τοῦ δ' ὤλετο νόστιμον ἦμαρ.
Ἀλλ' ἄγε μοι τόδε εἰπὲ καὶ ἀτρεκέως κατάλεξον·
Τίς, πόθεν εἰς ἀνδρῶν; πόθι τοι πόλις ἠδὲ τοκῆες;   170
Ὁπποίης δ' ἐπὶ νηὸς ἀφίκεο; πῶς δέ σε ναῦται
Ἤγαγον εἰς Ἰθάκην; τίνες ἔμμεναι εὐχετόωνται;
Οὐ μὲν γάρ τί σε πεζὸν ὀΐομαι ἐνθάδ' ἱκέσθαι.
Καί μοι τοῦτ' ἀγόρευσον ἐτήτυμον, ὄφρ' εὖ εἰδῶ,
Ἠὲ νέον μεθέπεις, ἢ καὶ πατρώϊός ἐσσι   175
Ξεῖνος; ἐπεὶ πολλοὶ ἴσαν ἀνέρες ἡμέτερον δῶ
Ἄλλοι, ἐπεὶ καὶ κεῖνος ἐπίστροφος ἦν ἀνθρώπων.
  Τὸν δ' αὖτε προσέειπε θεὰ γλαυκῶπις Ἀθήνη·

Τοιγὰρ ἐγώ τοι ταῦτα μάλ᾽ ἀτρεκέως ἀγορεύσω.

Μέντης Ἀγχιάλοιο δαΐφρονος εὔχομαι εἶναι 180

Υἱὸς, ἀτὰρ Ταφίοισι φιληρέτμοισιν ἀνάσσω.

Νῦν δ᾽ ὧδε ξὺν νηΐ κατήλυθον ἠδ᾽ ἑτάροισι,

Πλέων ἐπὶ οἴνοπα πόντον ἐπ᾽ ἀλλοθρόους ἀνθρώπους,

Ἐς Τεμέσην μετὰ χαλκόν· ἄγω δ᾽ αἴθωνα σίδηρον.

Νηῦς δέ μοι ἥδ᾽ ἕστηκεν ἐπ᾽ ἀγροῦ νόσφι πόληος, 185

Ἐν λιμένι Ῥείθρῳ, ὑπὸ Νηΐῳ ὑλήεντι.

Ξεῖνοι δ᾽ ἀλλήλων πατρώϊοι εὐχόμεθ᾽ εἶναι

Ἐξ ἀρχῆς, εἴπερ τε γέροντ᾽ εἴρηαι ἐπελθὼν

Λαέρτην ἥρωα· τὸν οὐκέτι φασὶ πόλινδε

Ἔρχεσθ᾽, ἀλλ᾽ ἀπάνευθεν ἐπ᾽ ἀγροῦ πήματα πάσχειν, 190

Γρηΐ σὺν ἀμφιπόλῳ, ἥ οἱ βρῶσίν τε πόσιν τε

Παρτιθεῖ, εὖτ᾽ ἄν μιν κάματος κατὰ γυῖα λάβῃσιν,

Ἑρπύζοντ᾽ ἀνὰ γουνὸν ἀλωῆς οἰνοπέδοιο.

Νῦν δ᾽ ἦλθον δὴ γάρ μιν ἔφαντ᾽ ἐπιδήμιον εἶναι,

Σὸν πατέρ᾽· ἀλλά νυ τόνγε θεοὶ βλάπτουσι κελεύθου. 195

Οὐ γάρ πω τέθνηκεν ἐπὶ χθονὶ δῖος Ὀδυσσεὺς,

Ἀλλ᾽ ἔτι που ζωὸς κατερύκεται εὐρέϊ πόντῳ,

Νήσῳ ἐν ἀμφιρύτῃ· χαλεποὶ δέ μιν ἄνδρες ἔχουσιν,

Ἄγριοι, οἵ που κεῖνον ἐρυκανόωσ᾽ ἀέκοντα.

Αὐτὰρ νῦν τοι ἐγὼ μαντεύσομαι, ὡς ἐνὶ θυμῷ 200

Ἀθάνατοι βάλλουσι, καὶ ὡς τελέεσθαι ὀΐω,

Οὔτε τι μάντις ἐὼν, οὔτ᾽ οἰωνῶν σάφα εἰδώς·

Οὔτοι ἔτι δηρόν γε φίλης ἀπὸ πατρίδος αἴης

Ἔσσεται, οὐδ᾽ εἴπερ τε σιδήρεα δέσματ᾽ ἔχῃσι·

Φράσσεται, ὥς κε νέηται, ἐπεὶ πολυμήχανός ἐστιν. 205

Ἀλλ᾽ ἄγε μοι τόδε εἰπὲ καὶ ἀτρεκέως κατάλεξον,

Εἰ δὴ ἐξ αὐτοῖο τόσος πάϊς εἰς Ὀδυσῆος.

Αἰνῶς γὰρ κεφαλήν τε καὶ ὄμματα καλὰ ἔοικας

Κείνῳ· ἐπεὶ θαμὰ τοῖον ἐμισγόμεθ᾽ ἀλλήλοισι,

Πρίν γε τὸν ἐς Τροίην ἀναβήμεναι, ἔνθα περ ἄλλοι 210

Ἀργείων οἱ ἄριστοι ἔβαν κοίλῃς ἐνὶ νηυσίν·

Ἐκ τοῦδ', οὔτ' Ὀδυσῆα ἐγὼν ἴδον, οὔτ' ἐμὲ κεῖνος.

Τὴν δ' αὖ Τηλέμαχος πεπνυμένος ἀντίον ηὔδα·
Τοιγὰρ ἐγώ τοι, ξεῖνε, μάλ' ἀτρεκέως ἀγορεύσω.
Μήτηρ μέν τ' ἐμέ φησι τοῦ ἔμμεναι· αὐτὰρ ἔγωγε   215
Οὐκ οἶδ'· οὐ γάρ πώ τις ἑὸν γόνον αὐτὸς ἀνέγνω.
Ὡς δὴ ἔγωγ' ὄφελον μάκαρός νύ τευ ἔμμεναι υἱὸς
Ἀνέρος, ὃν κτεάτεσσιν ἑοῖς ἔπι γῆρας ἔτετμε·
Νῦν δ', ὃς ἀποτμότατος γένετο θνητῶν ἀνθρώπων,
Τοῦ μ' ἔκ φασι γενέσθαι· ἐπεὶ σύ με τοῦτ' ἐρεείνεις.   220

Τὸν δ' αὖτε προσέειπε θεὰ γλαυκῶπις Ἀθήνη·
Οὐ μέν τοι γενεήν γε θεοὶ νώνυμνον ὀπίσσω
Θῆκαν· ἐπεὶ σέ γε τοῖον ἐγείνατο Πηνελόπεια.
Ἀλλ' ἄγε μοι τόδε εἰπὲ καὶ ἀτρεκέως κατάλεξον·
Τίς δαὶς, τίς δὲ ὅμιλος ὅδ' ἔπλετο; τίπτε δέ σε χρεώ;   225
Εἰλαπίν', ἠὲ γάμος; ἐπεὶ οὐκ ἔρανος τάδε γ' ἐστίν·
Ὥστε μοι ὑβρίζοντες ὑπερφιάλως δοκέουσι
Δαίνυσθαι κατὰ δῶμα· νεμεσσήσαιτό κεν ἀνὴρ
Αἴσχεα πόλλ' ὁρόων, ὅστις πινυτός γε μετέλθοι.

Τὴν δ' αὖ Τηλέμαχος πεπνυμένος ἀντίον ηὔδα·   230
Ξεῖν', ἐπεὶ ἂρ δὴ ταῦτά μ' ἀνείρεαι ἠδὲ μεταλλᾷς,
Μέλλεν μέν ποτε οἶκος ὅδ' ἀφνειὸς καὶ ἀμύμων
Ἔμμεναι, ὄφρ' ἔτι κεῖνος ἀνὴρ ἐπιδήμιος ἦεν.
Νῦν δ' ἑτέρως ἐβάλοντο θεοί, κακὰ μητιόωντες,
Οἳ κεῖνον μὲν ἄϊστον ἐποίησαν περὶ πάντων   235
Ἀνθρώπων· ἐπεὶ οὔ κε θανόντι περ ὧδ' ἀκαχοίμην,
Εἰ μετὰ οἷς ἑτάροισι δάμη Τρώων ἐνὶ δήμῳ,
Ἠὲ φίλων ἐν χερσὶν, ἐπεὶ πόλεμον τολύπευσε.
Τῷ κέν οἱ τύμβον μὲν ἐποίησαν Παναχαιοί,
Ἠδέ κε καὶ ᾧ παιδὶ μέγα κλέος ἦρατ' ὀπίσσω.   240
Νῦν δέ μιν ἀκλειῶς Ἅρπυιαι ἀνηρείψαντο·
Ὤχετ' ἄϊστος, ἄπυστος, ἐμοὶ δ' ὀδύνας τε γόους τε
Κάλλιπεν· οὐδ' ἔτι κεῖνον ὀδυρόμενος στεναχίζω
Οἶον, ἐπεί νύ μοι ἄλλα θεοὶ κακὰ κήδε' ἔτευξαν.

Οσσοι γὰρ νήσοισιν ἐπικρατέουσιν ἄριστοι,   245
Δουλιχίῳ τε, Σάμῃ τε, καὶ ὑλήεντι Ζακύνθῳ,
Ἠδ᾽ ὅσσοι κραναὴν Ἰθάκην κατακοιρανέουσι,
Τόσσοι μητέρ᾽ ἐμὴν μνῶνται, τρύχουσι δὲ οἶκον.
Ἡ δ᾽ οὔτ᾽ ἀρνεῖται στυγερὸν γάμον, οὔτε τελευτὴν
Ποιῆσαι δύναται· τοὶ δὲ φθινύθουσιν ἔδοντες}   250
Οἶκον ἐμόν· τάχα δή με διαρραίσουσι καὶ αὐτόν.
    Τὸν δ᾽ ἐπαλαστήσασα προσηύδα Παλλὰς Ἀθήνη·
Ὢ πόποι, ἦ δὴ πολλὸν ἀποιχομένου Ὀδυσῆος
Δεύη, ὅ κε μνηστῆρσιν ἀναιδέσι χεῖρας ἐφείη.
Εἰ γὰρ νῦν ἐλθὼν, δόμου ἐν πρώτῃσι θύρῃσι   255
Σταίη, ἔχων πήληκα καὶ ἀσπίδα καὶ δύο δοῦρε,
Τοῖος ἐὼν, οἷόν μιν ἐγὼ τὰ πρῶτ᾽ ἐνόησα,
Οἴκῳ ἐν ἡμετέρῳ πίνοντά τε τερπόμενόν τε,
Ἐξ Ἐφύρης ἀνιόντα παρ᾽ Ἴλου Μερμερίδαο—
Ὤχετο γὰρ κἀκεῖσε θοῆς ἐπὶ νηὸς Ὀδυσσεὺς,   260
Φάρμακον ἀνδροφόνον διζήμενος, ὄφρα οἱ εἴη
Ἰοὺς χρίεσθαι χαλκήρεας· ἀλλ᾽ ὁ μὲν οὔ οἱ
Δῶκεν, ἐπεί ῥα θεοὺς νεμεσίζετο αἰὲν ἐόντας}
Ἀλλὰ πατήρ οἱ δῶκεν ἐμός· φιλέεσκε γὰρ αἰνῶς—
Τοῖος ἐὼν μνηστῆρσιν ὁμιλήσειεν Ὀδυσσεὺς,   265
Πάντες κ᾽ ὠκύμοροί τε γενοίατο πικρόγαμοί τε.
Ἀλλ᾽ ἤτοι μὲν ταῦτα θεῶν ἐν γούνασι κεῖται,
Ἦ κεν νοστήσας ἀποτίσεται, ἦὲ καὶ οὐκὶ,
Οἷσιν ἐνὶ μεγάροισι· σὲ δὲ φράζεσθαι ἄνωγα,
Ὅππως κε μνηστῆρας ἀπώσεαι ἐκ μεγάροιο.   270
Εἰ δ᾽ ἄγε νῦν ξυνίει, καὶ ἐμῶν ἐμπάζεο μύθων·
Αὔριον εἰς ἀγορὴν καλέσας ἥρωας Ἀχαιοὺς,
Μῦθον πέφραδε πᾶσι, θεοὶ δ᾽ ἐπιμάρτυροι ἔστων.
Μνηστῆρας μὲν ἐπὶ σφέτερα σκίδνασθαι ἄνωχθι·
Μητέρα δ᾽, εἴ οἱ θυμὸς ἐφορμᾶται γαμέεσθαι,   275
Ἀψ ἴτω ἐς μέγαρον πατρὸς μέγα δυναμένοιο.
Οἱ δὲ γάμον τεύξουσι, καὶ ἀρτυνέουσιν ἔεδνα

Πολλὰ μάλ', ὅσσα ἔοικε φίλης ἐπὶ παιδὸς ἕπεσθα
Σοὶ δ' αὐτῷ πυκινῶς ὑποθήσομαι, αἴ κε πίθηαι·
Νῆ' ἄρσας ἐρέτῃσιν ἐείκοσιν, ἥτις ἀρίστη,   280
Ἔρχεο πευσόμενος πατρὸς δὴν οἰχομένοιο·
Ἤν τίς τοι εἴπῃσι βροτῶν, ἢ ὄσσαν ἀκούσῃς
Ἐκ Διὸς, ἥτε μάλιστα φέρει κλέος ἀνθρώποισι.
Πρῶτα μὲν ἐς Πύλον ἐλθὲ, καὶ εἴρεο Νέστορα δῖον·
Κεῖθεν δὲ Σπάρτηνδε παρὰ ξανθὸν Μενέλαον·   285
Ὃς γὰρ δεύτατος ἦλθεν Ἀχαιῶν χαλκοχιτώνων.
Εἰ μέν κεν πατρὸς βίοτον καὶ νόστον ἀκούσῃς,
Ἦ τ' ἂν, τρυχόμενός περ, ἔτι τλαίης ἐνιαυτόν.
Εἰ δέ κε τεθνειῶτος ἀκούσῃς, μηδ' ἔτ' ἐόντος,
Νοστήσας δὴ ἔπειτα φίλην ἐς πατρίδα γαῖαν,   290
Σῆμά τέ οἱ χεῦσαι, καὶ ἐπὶ κτέρεα κτερεΐξαι
Πολλὰ μάλ', ὅσσα ἔοικε· καὶ ἀνέρι μητέρα δοῦναι.
Αὐτὰρ ἐπὴν δὴ ταῦτα τελευτήσῃς τε καὶ ἔρξῃς,
Φράζεσθαι δὴ ἔπειτα κατὰ φρένα καὶ κατὰ θυμὸν,
Ὅππως κε μνηστῆρας ἐνὶ μεγάροισι τεοῖσι   295
Κτείνῃς, ἠὲ δόλῳ, ἢ ἀμφαδόν· οὐδέ τί σε χρὴ
Νηπιάας ὀχέειν, ἐπεὶ οὐκ ἔτι τηλίκος ἐσσί.
Ἦ οὐκ ἀΐεις, οἷον κλέος ἔλλαβε δῖος Ὀρέστης
Πάντας ἐπ' ἀνθρώπους, ἐπεὶ ἔκτανε πατροφονῆα,
Αἴγισθον δολόμητιν, ὃς οἱ πατέρα κλυτὸν ἔκτα;   300
Καὶ σὺ, φίλος, –μάλα γάρ σ' ὁρόω καλόν τε μέγαν τε,–
Ἄλκιμος ἔσσ', ἵνα τίς σε καὶ ὀψιγόνων εὖ εἴπῃ.
Αὐτὰρ ἐγὼν ἐπὶ νῆα θοὴν κατελεύσομαι ἤδη,
Ἠδ' ἑτάρους, οἵ πού με μάλ' ἀσχαλόωσι μένοντες.
Σοὶ δ' αὐτῷ μελέτω, καὶ ἐμῶν ἐμπάζεο μύθων.   305
     Τὴν δ' αὖ Τηλέμαχος πεπνυμένος ἀντίον ηὔδα·
Ξεῖν', ἤτοι μὲν ταῦτα φίλα φρονέων ἀγορεύεις,
Ὥστε πατὴρ ᾧ παιδὶ, καὶ οὔποτε λήσομαι αὐτῶν.
Ἀλλ' ἄγε νῦν ἐπίμεινον, ἐπειγόμενός περ ὁδοῖο,
Ὄφρα λοεσσάμενός τε, τεταρπόμενός τε φίλον κῆρ,   310

Δῶρον ἔχων ἐπὶ νῆα κίῃς, χαίρων ἐνὶ θυμῷ,
Τιμῆεν, μάλα καλὸν, ὅ τοι κειμήλιον ἔσται
Ἐξ ἐμεῦ· οἷα φίλοι ξεῖνοι ξείνοισι διδοῦσι.

  Τὸν δ᾽ ἠμείβετ᾽ ἔπειτα θεὰ γλαυκῶπις Ἀθήνη·
Μή μ᾽ ἔτι νῦν κατέρυκε, λιλαιόμενόν περ ὁδοῖο·   315
Δῶρον δ᾽, ὅ ττι κέ μοι δοῦναι φίλον ἦτορ ἀνώγει,
Αὖτις ἀνερχομένῳ δόμεναι οἶκόνδε φέρεσθαι,
Καὶ μαλὰ καλὸν ἑλών· σοὶ δ᾽ ἄξιον ἔσται ἀμοιβῆς.

  Ἡ μὲν ἄρ᾽ ὣς εἰποῦσ᾽ ἀπέβη γλαυκῶπις Ἀθήνη,
Ὄρνις δ᾽ ὣς ἀνοπαῖα διέπτατο· τῷ δ᾽ ἐνὶ θυμῷ   320
Θῆκε μένος καὶ θάρσος, ὑπέμνησέν τέ ἑ πατρὸς
Μᾶλλον ἔτ᾽, ἢ τὸ πάροιθεν· ὁ δὲ, φρεσὶν ᾗσι νοήσας,
Θάμβησεν κατὰ θυμόν· ὀΐσσατο γὰρ θεὸν εἶναι.
Αὐτίκα δὲ μνηστῆρας ἐπῴχετο ἰσόθεος φώς·
Τοῖσι δ᾽ ἀοιδὸς ἄειδε περικλυτὸς, οἱ δὲ σιωπῇ   325
Εἷατ᾽ ἀκούοντες· ὁ δ᾽ Ἀχαιῶν νόστον ἄειδε
Λυγρὸν, ὃν ἐκ Τροίης ἐπετείλατο Παλλὰς Ἀθήνη.
Τοῦ δ᾽ ὑπερωϊόθεν φρεσὶ σύνθετο θέσπιν ἀοιδὴν
Κούρη Ἰκαρίοιο περίφρων Πηνελόπεια·
Κλίμακα δ᾽ ὑψηλὴν κατεβήσατο οἷο δόμοιο,   330
Οὐκ οἴη, ἅμα τῇγε καὶ ἀμφίπολοι δύ᾽ ἕποντο.
Ἡ δ᾽ ὅτε δὴ μνηστῆρας ἀφίκετο δῖα γυναικῶν,
Στῆ ῥα παρὰ σταθμὸν τέγεος πύκα ποιητοῖο,
Ἀντα παρειάων σχομένη λιπαρὰ κρήδεμνα·
Ἀμφίπολος δ᾽ ἄρα οἱ κεδνὴ ἑκάτερθε παρέστη.   335
Δακρύσασα δ᾽ ἔπειτα προσηύδα θεῖον ἀοιδόν·
  Φήμιε, πολλὰ γὰρ ἄλλα βροτῶν θελκτήρια οἶδας,
Ἐργ᾽ ἀνδρῶν τε θεῶν τε, τάτε κλείουσιν ἀοιδοί·
Τῶν ἕν γέ σφιν ἄειδε παρήμενος· οἱ δὲ σιωπῇ
Οἶνον πινόντων· ταύτης δ᾽ ἀποπαύε᾽ ἀοιδῆς   340
Λυγρῆς, ἥτε μοι αἰεὶ ἐνὶ στήθεσσι φίλον κῆρ
Τείρει· ἐπεί με μάλιστα καθίκετο πένθος ἄλαστον·
Τοίην γὰρ κεφαλὴν ποθέω, μεμνημένη αἰεὶ

Ἀνδρὸς, τοῦ κλέος εὐρὺ καθ᾽ Ἑλλάδα καὶ μέσον Ἄργος.

Τὴν δ᾽ αὖ Τηλέμαχος πεπνυμένος ἀντίον ηὔδα·   345
·Μῆτερ ἐμὴ, τί τ᾽ ἄρα φθονέεις, ἐρίηρον ἀοιδὸν '
Τέρπειν, ὅππῃ οἱ νόος ὄρνυται; οὔ νύ τ᾽ ἀοιδοὶ
Αἴτιοι, ἀλλά ποθι Ζεὺς αἴτιος, ὅστε δίδωσιν
Ἀνδράσιν ἀλφηστῇσιν, ὅπως ἐθέλῃσιν ἑκάστῳ.
Τούτῳ δ᾽ οὐ νέμεσις, Δαναῶν κακὸν οἶτον ἀείδειν   350
Τὴν γὰρ ἀοιδὴν μᾶλλον ἐπικλείουσ᾽ ἄνθρωποι,
Ἥτις ἀκουόντεσσι νεωτάτη ἀμφιπέληται.
Σοὶ δ᾽ ἐπιτολμάτω κραδίη καὶ θυμὸς ἀκούειν·
Οὐ γὰρ Ὀδυσσεὺς οἶος ἀπώλεσε νόστιμον ἦμαρ
Ἐν Τροίῃ, πολλοὶ δὲ καὶ ἄλλοι φῶτες ὄλοντο.   355
Ἀλλ᾽ εἰς οἶκον ἰοῦσα τὰ σαυτῆς ἔργα κόμιζε,
Ἱστόν τ᾽ ἠλακάτην τε, καὶ ἀμφιπόλοισι κέλευε·
Ἔργον ἐποίχεσθαι· μῦθος δ᾽ ἄνδρεσσι μελήσει· ''
Πᾶσι, μάλιστα δ᾽ ἐμοί· τοῦ γὰρ κράτος ἔστ᾽ ἐνὶ οἴκῳ.

Ἡ μὲν θαμβήσασα πάλιν οἰκόνδε βεβήκει·   360
Παιδὸς γὰρ μῦθον πεπνυμένον ἔνθετο θυμῷ.
Ἐς δ᾽ ὑπερῷ᾽ ἀναβᾶσα σὺν ἀμφιπόλοισι γυναιξὶ,
Κλαῖεν ἔπειτ᾽ Ὀδυσῆα, φίλον πόσιν, ὄφρα οἱ ὕπνον
Ἡδὺν ἐπὶ βλεφάροισι βάλε γλαυκῶπις Ἀθήνη.
Μνηστῆρες δ᾽ ὁμάδησαν ἀνὰ μέγαρα σκιόεντα·   365
Πάντες δ᾽ ἠρήσαντο παραὶ λεχέεσσι κλιθῆναι.
Τοῖσι δὲ Τηλέμαχος πεπνυμένος ἤρχετο μύθων·

Μητρὸς ἐμῆς μνηστῆρες, ὑπέρβιον ὕβριν ἔχοντες,
Νῦν μὲν δαινύμενοι τερπώμεθα, μηδὲ βοητὺς
Ἔστω· ἐπεὶ τόγε καλὸν ἀκουέμεν ἐστὶν ἀοιδοῦ   370
Τοιοῦδ᾽, οἷος ὅδ᾽ ἐστὶ, θεοῖς ἐναλίγκιος αὐδήν.
Ἠῶθεν δ᾽ ἀγορήνδε καθεζώμεσθα κιόντες ·
Πάντες, ἵν᾽ ὑμῖν μῦθον ἀπηλεγέως ἀποείπω,
Ἐξιέναι μεγάρων· ἄλλας δ᾽ ἀλεγύνετε δαῖτας.
Ὑμὰ κτήματ᾽ ἔδοντες, ἀμειβόμενοι κατὰ οἴκους.   375
Εἰ δ᾽ ὑμιν δοκέει τόδε λωΐτερον καὶ ἄμεινον

Ἔμμεναι, ἀνδρὸς ἑνὸς βίοτον νήποινον ὀλέσσαι,
Κείρετ'· ἐγὼ δὲ θεοὺς ἐπιβώσομαι αἰὲν ἐόντας, ·
Αἴ κέ ποθι Ζεὺς δῶσι παλίντιτα ἔργα γενέσθαι·
Νήποινοί κεν ἔπειτα δόμων ἔντοσθεν ὄλοισθε.   380
   Ὣς ἔφαθ'· οἱ δ' ἄρα πάντες ὀδὰξ ἐν χείλεσι φύντες,
Τηλέμαχον θαύμαζον, ὃ θαρσαλέως ἀγόρευε.
   Τὸν δ' αὖτ' Ἀντίνοος προσέφη, Εὐπείθεος υἱός·
Τηλέμαχ', ἦ μάλα δή σε διδάσκουσιν θεοὶ αὐτοὶ
Ὑψαγόρην τ' ἔμεναι, καὶ θαρσαλέως ἀγορεύειν.   385.
Μή σέ γ' ἐν ἀμφιάλῳ Ἰθάκῃ βασιλῆα Κρονίων
Ποιήσειεν· ὅ τοι γενεῇ πατρώϊόν ἐστι.
   Τὸν δ' αὖ Τηλέμαχος πεπνυμένος ἀντίον ηὔδα·
Ἀντίνο', –εἴπερ μοι καὶ ἀγάσσεαι, ὅ τι κεν εἴπω,–
Καί κεν τοῦτ' ἐθέλοιμι, Διός γε διδόντος, ἀρέσθαι.   390
Ἦ φῂς τοῦτο κάκιστον ἐν ἀνθρώποισι τετύχθαι ;
Οὐ μὲν γάρ τι κακὸν βασιλευέμεν· αἶψά τέ. οἱ δῶ
Ἀφνειὸν πέλεται, καὶ τιμηέστερος αὐτός.
Ἀλλ' ἦτοι βασιλῆες Ἀχαιῶν εἰσι καὶ ἄλλοι
Πολλοὶ ἐν ἀμφιάλῳ Ἰθάκῃ, νέοι ἠδὲ παλαιοί·   395
Τῶν κέν τις τόδ' ἔχῃσιν, ἐπεὶ θάνε δῖος Ὀδυσσεύς·
Αὐτὰρ ἐγὼν οἴκοιο ἄναξ ἔσομ' ἡμετέροιο,
Καὶ δμώων, οὕς μοι ληΐσσατο δῖος Ὀδυσσεύς.
   Τὸν δ' αὖτ' Εὐρύμαχος, Πολύβου παῖς, ἀντίον ηὔδα·
Τηλέμαχ', ἦτοι ταῦτα θεῶν ἐν γούνασι κεῖται,   400
Ὅστις ἐν ἀμφιάλῳ Ἰθάκῃ βασιλεύσει Ἀχαιῶν·
Κτήματα δ' αὐτὸς ἔχοις, καὶ δώμασιν οἷσιν ἀνάσσοις.
Μὴ γὰρ ὅγ' ἔλθοι ἀνὴρ, ὅστις σ' ἀέκοντα βίηφι
Κτήματ' ἀπορραίσει, Ἰθάκης ἔτι ναιεταώσης.
Ἀλλ' ἐθέλω σε, φέριστε, περὶ ξείνοιο ἐρέσθαι·   405
Ὁππόθεν οὗτος ἀνὴρ, ποίης δ' ἐξ εὔχεται εἶναι
Γαίης· ποῦ δέ νύ οἱ γενεὴ καὶ πατρὶς ἄρουρα·
Ἠέ τοι ἀγγελίην πατρὸς φέρει ἐρχομένοιο,
Ἦ ἑὸν αὐτοῦ χρεῖος ἐελδόμενος τόδ' ἱκάνει ;

Οἷον ἀναΐξας ἄφαρ οἴχεται, οὐδ᾽ ὑπέμεινε   410
Γνώμεναι· οὐ μὲν γάρ τι κακῷ εἰς ὦπα ἐῴκει.

  Τὸν δ᾽ αὖ Τηλέμαχος πεπνυμένος ἀντίον ηὔδα·
Εὐρύμαχ᾽, ἤτοι νόστος ἀπώλετο πατρὸς ἐμοῖο·
Οὔτ᾽ οὖν ἀγγελίης ἔτι πείθομαι, εἴποθεν ἔλθοι,
Οὔτε θεοπροπίης ἐμπάζομαι, ἥν τινα μήτηρ   415
Ἐς μέγαρον καλέσασα θεοπρόπον ἐξερέηται.
Ξεῖνος δ᾽ οὗτος ἐμὸς πατρώϊος ἐκ Τάφου ἐστὶ,
Μέντης δ᾽ Ἀγχιάλοιο δαΐφρονος εὔχεται εἶναι
Υἱός· ἀτὰρ Ταφίοισι φιληρέτμοισιν ἀνάσσει.

  Ὣς φάτο Τηλέμαχος· φρεσὶ δ᾽ ἀθανάτην θεὸν ἔγνω.
Οἱ δ᾽ εἰς ὀρχηστύν τε καὶ ἱμερόεσσαν ἀοιδὴν   421
Τρεψάμενοι τέρποντο· μένον δ᾽ ἐπὶ ἕσπερον ἐλθεῖν.
Τοῖσι δὲ τερπομένοισι μέλας ἐπὶ ἕσπερος ἦλθε·
Δὴ τότε κακκείοντες ἔβαν οἰκόνδε ἕκαστος.
Τηλέμαχος δ᾽, ὅθι οἱ θάλαμος περικαλλέος αὐλῆς   425
Ὑψηλὸς δέδμητο, περισκέπτῳ ἐνὶ χώρῳ,
Ἔνθ᾽ ἔβη εἰς εὐνὴν, πολλὰ φρεσὶ μερμηρίζων.
Τῷ δ᾽ ἄρ᾽ ἅμ᾽ αἰθομένας δαΐδας φέρε κεδνὰ ἰδυῖα
Εὐρύκλει᾽, Ὦπος θυγάτηρ Πεισηνορίδαο·
Τήν ποτε Λαέρτης πρίατο κτεάτεσσιν ἑοῖσιν,   430
Πρωθήβην ἔτ᾽ ἐοῦσαν, ἐεικοσάβοια δ᾽ ἔδωκεν.
Ἶσα δέ μιν κεδνῇ ἀλόχῳ τίεν ἐν μεγάροισιν·
Εὐνῇ δ᾽ οὔποτ᾽ ἔμικτο, χόλον δ᾽ ἀλέεινε γυναικός.
Ἥ οἱ ἅμ᾽ αἰθομένας δαΐδας φέρε, καί ἑ μάλιστα
Δμωάων φιλέεσκε, καὶ ἔτρεφε τυτθὸν ἐόντα.   435
Ὤϊξεν δὲ θύρας θαλάμου πύκα ποιητοῖο·
Ἕζετο δ᾽ ἐν λέκτρῳ, μαλακὸν δ᾽ ἔκδυνε χιτῶνα·
Καὶ τὸν μὲν γραίης πυκιμηδέος ἔμβαλε χερσίν.
Ἡ μὲν τὸν πτύξασα καὶ ἀσκήσασα χιτῶνα,
Πασσάλῳ ἀγκρεμάσασα παρὰ τρητοῖσι λέχεσσι,   440
Βῆ ῥ᾽ ἴμεν ἐκ θαλάμοιο· θύρην δ᾽ ἐπέρυσσε κορώνῃ
Ἀργυρέῃ· ἐπὶ δὲ κληῖδ᾽ ἐτάνυσσεν ἱμάντι.

Ενθ᾽ ὅγε παννύχιος, κεκαλυμμένος οἰὸς ἀώτῳ,
Βούλευε φρεσὶν ᾗσιν ὁδὸν, τὴν πέφραδ᾽ Ἀθήνη.

•

Εκ τῆς ʽΟΜΗΡΟΥ ΟΔΥΣΣΕΙΑΣ Ε.

43—269.

ʽΩς ἔφατ᾽· οὐδ᾽ ἀπίθησε διάκτορος Ἀργειφόντης·
Αὐτίχ᾽ ἔπειθ᾽ ὑπὸ ποσσὶν ἐδήσατο καλὰ πέδιλα,
Ἀμβρόσια, χρύσεια· τά μιν φέρον ἠμὲν ἐφ᾽ ὑγρὴν,   45
Ἠδ᾽ ἐπ᾽ ἀπείρονα γαῖαν, ἅμα πνοιῆς ἀνέμοιο.
Εἵλετο δὲ ῥάβδον, τῇτ᾽ ἀνδρῶν ὄμματα·θέλγει,
ʽΩν ἐθέλει, τοὺς δ᾽ αὖτε καὶ ὑπνώοντας ἐγείρει.
Τὴν μετὰ χερσὶν ἔχων πέτετο κρατὺς Ἀργειφόντης·
Πιερίην δ᾽ ἐπιβὰς, ἐξ αἰθέρος ἔμπεσε πόντῳ·   50
Σεύατ᾽ ἔπειτ᾽ ἐπὶ κῦμα, λάρῳ ὄρνιθι ἐοικὼς,
ʽΟστε κατὰ δεινοὺς κόλπους ἁλὸς ἀτρυγέτοιο
Ἰχθῦς ἀγρώσσων, πυκινὰ πτερὰ δεύεται ἅλμῃ·
Τῷ ἴκελος πολέεσσιν ὀχήσατο κύμασιν ʽΕρμῆς.
Ἀλλ᾽ ὅτε δὴ τὴν νῆσον ἀφίκετο τηλόθ᾽ ἐοῦσαν,   55
Ενθ᾽ ἐκ πόντου βὰς ἰοειδέος ἤπειρόνδε,   •
Ἤϊεν, ὄφρα μέγα σπέος ἵκετο, τῷ ἔνι νύμφη
Ναῖεν ἐϋπλόκαμος· τὴν δ᾽ ἔνδοθι τέτμεν ἐοῦσαν.
Πῦρ μὲν ἐπ᾽ ἐσχαρόφιν μέγα καίετο, τηλόθι δ᾽ ὀδμὴ
Κέδρου τ᾽ εὐκεάτοιο, θύου τ᾽ ἀνὰ νῆσον ὀδώδει,   60
Δαιομένων· ἡ δ᾽ ἔνδον ἀοιδιάουσ᾽ ὀπὶ καλῇ,
ʽΙστὸν ἐποιχομένη, χρυσείῃ κερκίδ᾽ ὕφαινεν.
ʽΥλη δὲ σπέος ἀμφιπεφύκει τηλεθόωσα,
Κλήθρη τ᾽, αἴγειρός τε, καὶ εὐώδης κυπάρισσος.
Ενθα δέ τ᾽ ὄρνιθες τανυσίπτεροι εὐνάζοντο,   65

Σκῶπές τ᾽, ἴρηκές τε, τανύγλωσσοί τε κορῶναι
Εἰνάλιαι, τῇσίντε θαλάσσια ἔργα μέμηλεν.
Ἡ δ᾽ αὐτοῦ τετάνυστο περὶ σπείους γλαφυροῖο
Ἡμερὶς ἡβώωσα, τεθήλει δὲ σταφυλῇσι.
Κρῆναι δ᾽ ἐξείης πίσυρες ῥέον ὕδατι λευκῷ,   70
Πλησίαι ἀλλήλων τετραμμέναι ἄλλυδις ἄλλη.
Ἀμφὶ δὲ λειμῶνες μαλακοὶ ἴου, ἠδὲ σελίνου,
Θήλεον. ἔνθα κ᾽ ἔπειτα καὶ ἀθάνατός περ ἐπελθὼν
Θηήσαιτο ἰδὼν, καὶ τερφθείη φρεσὶν ᾗσιν.
Ἔνθα στὰς θηεῖτο διάκτορος Ἀργειφόντης.   75
Αὐτὰρ ἐπειδὴ πάντα ἑῷ θηήσατο θυμῷ,
Αὐτίκ᾽ ἄρ᾽ εἰς εὐρὺ σπέος ἤλυθεν· οὐδέ μιν ἄντην
Ἠγνοίησεν ἰδοῦσα Καλυψώ, δῖα θεάων.
Οὐ γάρ τ᾽ ἀγνῶτες θεοὶ ἀλλήλοισι πέλονται
Ἀθάνατοι, οὐδ᾽ εἴ τις ἀπόπροθι δώματα ναίει.   80
Οὐδ᾽ ἄρ᾽ Ὀδυσσῆα μεγαλήτορα ἔνδον ἔτετμεν,
Ἀλλ᾽ ὅγ᾽ ἐπ᾽ ἀκτῆς κλαῖε καθήμενος· ἔνθα πάρος περ,
Δάκρυσι καὶ στοναχῇσι καὶ ἄλγεσι θυμὸν ἐρέχθων,
Πόντον ἐπ᾽ ἀτρύγετον δερκέσκετο, δάκρυα λείβων.
Ἑρμείαν δ᾽ ἐρέεινε Καλυψώ, δῖα θεάων,   85
Ἐν θρόνῳ ἱδρύσασα φαεινῷ, σιγαλόεντι·
    Τίπτε μοι, Ἑρμεία χρυσόρραπι, εἰλήλουθας,
Αἰδοῖός τε φίλος τε; πάρος γε μὲν οὔτι θαμίζεις.
Αὔδα, ὅ τι φρονέεις· τελέσαι δέ με θυμὸς ἄνωγεν,
Εἰ δύναμαι τελέσαι γε, καὶ εἰ τετελεσμένον ἐστίν.   90
Ἀλλ᾽ ἕπεο προτέρω, ἵνα τοι πὰρ ξείνια θείω.
    Ὣς ἄρα φωνήσασα θεὰ παρέθηκε τράπεζαν,
Ἀμβροσίης πλήσασα· κέρασσε δὲ νέκταρ ἐρυθρόν.
Αὐτὰρ ὁ πῖνε καὶ ἦσθε διάκτορος Ἀργειφόντης.
Αὐτὰρ ἐπεὶ δείπνησε, καὶ ἤραρε θυμὸν ἐδωδῇ,   95
Καὶ τότε δή μιν ἔπεσσιν ἀμειβόμενος προσέειπεν· .
    Εἰρωτᾷς μ᾽ ἐλθόντα, θεὰ, θεόν; αὐτὰρ ἐγώ τοι
Νημερτέως τὸν μῦθον ἐνισπήσω· κέλεαι γάρ.

Ζὲς ἐμὲ ἠνώγει δεῦρ᾿ ἐλθέμεν οὐκ ἐθέλοντα·
Τίς δ᾿ ἂν ἑκὼν τοσσόνδε διαδράμοι ἁλμυρὸν ὕδωρ,   100
Ἄσπετον ; οὐδέ τις ἄγχι βροτῶν πόλις, οἵτε θεοῖσιν
Ἱερά τε ῥέζουσι καὶ ἐξαίτους ἑκατόμβας.
Ἀλλὰ μάλ᾿ οὔπως ἔστι Διὸς νόον Αἰγιόχοιο
Οὔτε παρεξελθεῖν ἄλλον θεὸν, οὔθ᾿ ἁλιῶσαι.
Φησί τοι ἄνδρα παρεῖναι ὀϊζυρώτατον ἄλλων   105
Τῶν ἀνδρῶν, οἳ ἄστυ πέρι Πριάμοιο μάχοντο
Εἰνάετες, δεκάτῳ δὲ πόλιν πέρσαντες ἔβησαν
Οἴκαδ᾿. ἀτὰρ ἐν νόστῳ Ἀθηναίην ἀλίτοντο,
Ἥ σφιν ἐπῶρσ᾿ ἄνεμόν τε κακὸν, καὶ κύματα μακρά.
Ενθ᾿ ἄλλοι μὲν πάντες ἀπέφθιθον ἐσθλοὶ ἑταῖροι·   110
Τὸν δ᾿ ἄρα δεῦρ᾿ ἄνεμός τε φέρων καὶ κῦμα πέλασσε.
Τὸν νῦν σ᾿ ἠνώγει·ἀποπεμπέμεν ὅττι τάχιστα·
Οὐ γάρ οἱ τῇδ᾿ αἶσα φίλων ἄπο νόσφιν ὀλέσθαι,
Ἀλλ᾿ ἔτι οἱ μοῖρ᾿ ἐστὶ φίλους τ᾿ ἰδέειν, καὶ ἱκέσθαι
Οἶκον ἐς ὑψόροφον, καὶ ἑὴν ἐς πατρίδα γαῖαν.   115
     Ὣς φάτο· ῥίγησεν δὲ Καλύψω, δῖα θεάων,
Καί μιν φωνήσασ᾿ ἔπεα πτερόεντα προσηύδα·
     Σχέτλιοί ἐστε, θεοὶ, ζηλήμονες ἔξοχον ἄλλων,
Οἵτε θεαῖς ἀγάασθε παρ᾿ ἀνδράσιν εὐνάζεσθαι
Ἀμφαδίην, ἤν τίς τε φίλον ποιήσετ᾿ ἀκοίτην.   120
Ὣς μὲν ὅτ᾿ Ὠρίων᾿ ἕλετο ῥοδοδάκτυλος Ἠὼς,
Τόφρα οἱ ἠγάασθε θεοὶ ῥεῖα ζώοντες,
Ἔως μιν ἐν Ὀρτυγίῃ χρυσόθρονος Ἄρτεμις ἁγνὴ
Οἷς ἀγανοῖς βελέεσσιν ἐποιχομένη κατέπεφνεν.   `·
Ὣς δ᾿ ὁπότ᾿ Ἰασίωνι ἐϋπλόκαμος Δημήτηρ,   125
Ὧι θυμῷ εἴξασα, μίγη φιλότητι καὶ εὐνῇ,
Νειῷ ἐνὶ τριπόλῳ· οὐδὲ δὴν ἦεν ἄπυστος
Ζεὺς, ὅς μιν κατέπεφνε βαλὼν ἀργῆτι κεραυνῷ.
Ὣς δ᾿ αὖ νῦν μοι ἀγᾶσθε, θεοὶ, βροτὸν ἄνδρα παρεῖναι.
Τὸν μὲν ἐγὼν ἐσάωσα περὶ τρόπιος βεβαῶτα   130
Οἶον· ἐπεί οἱ νῆα θοὴν ἀργῆτι κεραυνῷ

Ζεὺς ἔλσας ἐκέασσε μέσῳ ἐνὶ οἴνοπι πόντῳ.
Ἔνθ᾽ ἄλλοι μὲν πάντες ἀπέφθιθον ἐσθλοὶ ἑταῖροι·
Τὸν δ᾽ ἄρα δεῦρ᾽ ἄνεμός τε φέρων καὶ κῦμα πέλασσε.
Τὸν μὲν ἐγὼ φίλεόν τε καὶ ἔτρεφον, ἠδὲ ἔφασκον   135
Θήσειν ἀθάνατον καὶ ἀγήραον ἤματα πάντα.
Ἀλλ᾽ ἐπεὶ οὔπως ἔστι Διὸς νόον Αἰγιόχοιο
Οὔτε παρεξελθεῖν ἄλλον θεόν, οὐδ᾽ ἁλιῶσαι·
Ἐῤῥέτω, εἴ μιν κεῖνος ἐποτρύνει καὶ ἀνώγει,
Πόντον ἐπ᾽ ἀτρύγετον· πέμψω δέ μιν οὔπη ἔγωγε·   140
Οὐ γάρ μοι πάρα νῆες ἐπήρετμοι, καὶ ἑταῖροι,
Οἵ κέν μιν πέμποιεν ἐπ᾽ εὐρέα νῶτα θαλάσσης.
Αὐτάρ οἱ πρόφρων ὑποθήσομαι, οὐδ᾽ ἐπικεύσω,
Ὡς κε μάλ᾽ ἀσκηθὴς ἣν πατρίδα γαῖαν ἵκηται.
    Τὴν δ᾽ αὖτε προσέειπε διάκτορος Ἀργειφόντης·   145
Οὕτω νῦν ἀπόπεμπε, Διὸς δ᾽ ἐποπίζεο μῆνιν,
Μήπως τοι μετόπισθε κοτεσσάμενος χαλεπήνῃ.
    Ὡς ἄρα φωνήσας ἀπέβη κρατὺς Ἀργειφόντης.
Ἡ δ᾽ ἐπ᾽ Ὀδυσσῆα μεγαλήτορα πότνια νύμφη
Ἤϊ᾽, ἐπειδὴ Ζηνὸς ἐπέκλυεν ἀγγελιάων.   150
Τὸν δ᾽ ἄρ᾽ ἐπ᾽ ἀκτῆς εὗρε καθήμενον· οὐδέ ποτ᾽ ὄσσε
Δακρυόφιν τέρσοντο· κατείβετο δὲ γλυκὺς αἰὼν
Νόστον ὀδυρομένῳ, ἐπεὶ οὐκέτι ἥνδανε νύμφη.
Ἀλλ᾽ ἤτοι νύκτας μὲν ἰαύεσκεν καὶ ἀνάγκῃ
Ἐν σπέσσι γλαφυροῖσι παρ᾽ οὐκ ἐθέλων ἐθελούσῃ·   155
Ἤματα δ᾽ ἐν πέτρῃσι καὶ ἠϊόνεσσι καθίζων,
Δάκρυσι καὶ στοναχῇσι καὶ ἄλγεσι θυμὸν ἐρέχθων,
Πόντον ἐπ᾽ ἀτρύγετον δερκέσκετ᾽, δάκρυα λείβων.
Ἀγχοῦ δ᾽ ἱσταμένη προσεφώνεε δῖα θεάων·
    Κάμμορε, μή μοι ἔτ᾽ ἐνθάδ᾽ ὀδύρεο, μηδέ τοι αἰὼν   160
Φθινέτω· ἤδη γάρ σε μάλα πρόφρασσ᾽ ἀποπέμψω.
Ἀλλ᾽ ἄγε, δούρατα μακρὰ ταμὼν, ἁρμόζεο χαλκῷ
Εὐρεῖαν σχεδίην· ἀτὰρ ἴκρια πῆξαι ἐπ᾽ αὐτῇ
Ὑψοῦ, ὥς σε φέρῃσιν ἐπ᾽ ἠερροειδέα πόντον.

Αὐτὰρ ἐγὼ σῖτον καὶ ὕδωρ καὶ οἶνον ἐρυθρὸν　　165
Ενθήσω μενοεικέ᾽, ἅ κέν τοι λιμὸν ἐρύκοι·
Εἵματά τ᾽ ἀμφιέσω· πέμψω δέ τοι οὖρον ὄπισθεν,
῾Ως κε μάλ᾽ ἀσκηθὴς σὴν πατρίδα γαῖαν ἵκηαι,
Αἴ κε θεοί γ᾽ ἐθέλωσι, τοὶ οὐρανὸν εὐρὺν ἔχουσιν,
Οἵ μευ φέρτεροί εἰσι νοῆσαί τε κρῆναί τε.　　170
῾Ως φάτο· ῥίγησεν δὲ πολύτλας δῖος Ὀδυσσεὺς,
Καί μιν φωνήσας ἔπεα πτερόεντα προσηύδα·
Ἄλλο τι δὴ σὺ, θεὰ, τόδε μήδεαι, οὐδέ τι πομπὴν,
῾Η με κέλεαι σχεδίῃ περάαν μέγα λαῖτμα θαλάσσης,
Δεινόν τ᾽ ἀργαλέον τε· τὸ δ᾽ οὐδ᾽ ἐπὶ νῆες ἔισαι　　175
Ωκύποροι περόωσιν, ἀγαλλόμεναι Διὸς οὔρῳ.
Οὐδ᾽ ἂν ἐγὼν, ἀέκητι σέθεν, σχεδίης ἐπιβαίην,
Εἰ μή μοι τλαίης γε, θεὰ, μέγαν ὅρκον ὀμόσσαι,
Μή τί μοι αὐτῷ πῆμα κακὸν βουλευσέμεν ἄλλο.
῾Ως φάτο· μείδησεν δὲ Καλυψὼ, δῖα θεάων,　　180
Χειρί τέ μιν κατέρεξεν, ἔπος τ᾽ ἔφατ᾽, ἔκ τ᾽ ὀνόμαζεν·
Ἦ δὴ ἀλιτρός γ᾽ ἐσσὶ, καὶ οὐκ ἀποφώλια εἰδώς·
Οἷον δὴ τὸν μῦθον ἐπεφράσθης ἀγορεῦσαι.
Ἴστω νῦν τόδε Γαῖα καὶ Οὐρανὸς εὐρὺς ὕπερθεν,
Καὶ τὸ κατειβόμενον Στυγὸς ὕδωρ, ὅστε μέγιστος　　185
Ὅρκος, δεινότατός τε πέλει μακάρεσσι θεοῖσι,
Μή τί σοι αὐτῷ πῆμα κακὸν βουλευσέμεν ἄλλο.
Ἀλλὰ τὰ μὲν νοέω καὶ φράσσομαι, ἅσσ᾽ ἂν ἐμοί περ
Αὐτῇ μηδοίμην, ὅτε με χρειὼ τόσον ἵκοι.
Καὶ γὰρ ἐμοὶ νόος ἐστὶν ἐναίσιμος, οὐδέ μοι αὐτῇ　　190
Θυμὸς ἐνὶ στήθεσσι σιδήρεος, ἀλλ᾽ ἐλεήμων.
῾Ως ἄρα φωνήσασ᾽ ἡγήσατο δῖα θεάων
Καρπαλίμως· ὁ δ᾽ ἔπειτα μετ᾽ ἴχνια βαῖνε θεοῖο·
Ἷξον δὲ σπεῖος γλαφυρὸν θεὸς ἠδὲ καὶ ἀνήρ.
Καί ῥ᾽ ὁ μὲν ἔνθα κάθιζεν ἐπὶ θρόνου, ἔνθεν ἀνέστη　　195
Ἑρμείας· νύμφη δ᾽ ἐτίθει πάρα πᾶσαν ἐδωδὴν,
Εσθειν καὶ πίνειν, οἷα βροτοὶ ἄνδρες ἔδουσιν.

Αὐτὴ δ' ἀντίον ἷζεν Ὀδυσσῆος θείοιο·
Τῇ δὲ παρ' ἀμβροσίην δμωαὶ καὶ νέκταρ ἔθηκαν.
Οἱ δ' ἐπ' ὀνείαθ' ἑτοῖμα προκείμενα χεῖρας ἴαλλον.   200
Αὐτὰρ ἐπεὶ τάρπησαν ἐδητύος ἠδὲ ποτῆτος,
Τοῖς ἄρα μύθων ἦρχε Καλυψώ, δῖα θεάων·
    Διογενὲς Λαερτιάδη, πολυμήχαν' Ὀδυσσεῦ,
Οὕτω δὴ οἰκόνδε φίλην ἐς πατρίδα γαῖαν
Αὐτίκα νῦν ἐθέλεις ἰέναι ; σὺ δὲ χαῖρε καὶ ἔμπης.   205
Εἴγε μὲν εἰδείης σῇσι φρεσὶν, ὅσσα τοι αἶσα
Κήδε' ἀναπλῆσαι, πρὶν πατρίδα γαῖαν ἱκέσθαι,
Ἐνθάδε κ' αὖθι μένων σὺν ἐμοὶ τόδε δῶμα φυλάσσοις,
Ἀθάνατός τ' εἴης· ἱμειρόμενός περ ἰδέσθαι
Σὴν ἄλοχον, τῆς αἰὲν ἐέλδεαι ἤματα πάντα.   210
Οὐ μέν θην κείνης γε χερείων εὔχομαι εἶναί,
Οὐ δέμας, οὐδὲ φυήν· ἐπεὶ οὔπως οὐδὲ ἔοικε
Θνητὰς ἀθανάτῃσι δέμας καὶ εἶδος ἐρίζειν.
    Τὴν δ' ἀπαμειβόμενος προσέφη πολύμητις Ὀδυσσεύς·
Πότνια θεά, μή μοι τόδε χώεο· οἶδα καὶ αὐτὸς   215
Πάντα μάλ', οὕνεκα σεῖο περίφρων Πηνελόπεια
Εἶδος ἀκιδνοτέρη, μέγεθός τ', εἴσαντα ἰδέσθαι·
Ἡ μὲν γὰρ βροτός ἐστι, σὺ δ' ἀθάνατος καὶ ἀγήρως.
Ἀλλὰ καὶ ὣς ἐθέλω καὶ ἐέλδομαι ἤματα πάντα
Οἴκαδέ τ' ἐλθέμεναι, καὶ νόστιμον ἦμαρ ἰδέσθαι.   220
Εἰ δ' αὖ τις ῥαίῃσι θεῶν ἐνὶ οἴνοπι πόντῳ,
Τλήσομαι, ἐν στήθεσσιν ἔχων ταλαπενθέα θυμόν·
Ἤδη γὰρ μάλα πόλλ' ἔπαθον καὶ πόλλ' ἐμόγησα
Κύμασι καὶ πολέμῳ· μετὰ καὶ τόδε τοῖσι γενέσθω.
    Ὣς ἔφατ'· ἠέλιος δ' ἄρ' ἔδυ, καὶ ἐπὶ κνέφας ἦλθεν. 225
Ἐλθόντες δ' ἄρα τώγε μυχῷ σπείους γλαφυροῖο,
Τερπέσθην φιλότητι, παρ' ἀλλήλοισι μένοντε.
Ἦμος δ' ἠριγένεια φάνη ῥοδοδάκτυλος ἠώς,
Αὐτίχ' ὁ μὲν χλαῖνάν τε χιτῶνά τε ἕννυτ' Ὀδυσσεύς·
Αὐτὴ δ' ἀργύφεον φᾶρος μέγα ἕννυτο νύμφη,   230

Λεπτὸν καὶ χαρίεν, περὶ δὲ ζώνην βάλετ᾽ ἰξυῖ,
Καλὴν, χρυσείην· κεφαλῇ δ᾽ ἐπέθηκε καλύπτρην·
Καὶ τότ᾽ Οδυσσῆι μεγαλήτορι μήδετο πομπήν.
Δῶκε μέν οἱ πέλεκυν μέγαν, ἄρμενον ἐν παλάμῃσι,
Χάλκεον, ἀμφοτέρωθεν ἀκαχμένον· αὐτὰρ ἐν αὐτῷ   235
Στειλειὸν περικαλλὲς, ἐλάϊνον, εὖ ἐναρηρός·
Δῶκε δ᾽ ἔπειτα σκέπαρνον ἐΰξοον· ἦρχε δ᾽ ὁδοῖο
Νήσου ἐπ᾽ ἐσχατιῆς, ὅθι δένδρεα μακρὰ πεφύκει,
Κλήθρη τ᾽, αἴγειρός τ᾽, ἐλάτη τ᾽ ἦν οὐρανομήκης,
Αὖα πάλαι, περίκηλα, τά οἱ πλώοιεν ἐλαφρῶς.   240
Αὐτὰρ ἐπειδὴ δεῖξ᾽, ὅθι δένδρεα μακρὰ πεφύκει,
Ἡ μὲν ἔβη πρὸς δῶμα Καλυψὼ, δῖα θεάων.
Αὐτὰρ ὁ τάμνετο δοῦρα, θοῶς δέ οἱ ἤνυτο ἔργον.
Εἴκοσι δ᾽ ἔκβαλε πάντα, πελέκκησεν δ᾽ ἄρα χαλκῷ,
Ξέσσε δ᾽ ἐπισταμένως, καὶ ἐπὶ στάθμην ἴθυνε.   245
Τόφρα δ᾽ ἔνεικε τέρετρα Καλυψὼ, δῖα θεάων.
Τέτρηνεν δ᾽ ἄρα πάντα, καὶ ἥρμοσεν ἀλλήλοισι·
Γόμφοισιν δ᾽ ἄρα τήνγε καὶ ἁρμονίῃσιν ἄρηρεν.
Ὅσσον τίς τ᾽ ἔδαφος νηὸς τορνώσεται ἀνὴρ
Φορτίδος εὐρείης, εὖ εἰδὼς τεκτοσυνάων,   250
Τόσσον ἐπ᾽ εὐρεῖαν σχεδίην ποιήσατ᾽ Οδυσσεύς.
Ἴκρια δὲ στήσας, ἀραρὼν θαμέσι σταμίνεσσι,
Ποίει· ἀτὰρ μακρῇσιν ἐπηγκενίδεσσι τελεύτα.
Εν δ᾽ ἱστὸν ποίει, καὶ ἐπίκριον ἄρμενον αὐτῷ
Πρὸς δ᾽ ἄρα, πηδάλιον ποιήσατο, ὄφρ᾽ ἰθύνοι.   255
Φράξε δέ μιν ῥίπεσσι διαμπερὲς οἰσυΐνῃσι,
Κύματος εἶλαρ ἔμεν· πολλὴν δ᾽ ἐπεχεύατο ὕλην.
Τόφρα δὲ φάρε᾽ ἔνεικε Καλυψὼ, δῖα θεάων,
Ἱστία ποιήσασθαι· ὁ δ᾽ εὖ τεχνήσατο καὶ τά.
Εν δ᾽ ὑπέρας τε, κάλους τε, πόδας τ᾽ ἐνέδησεν ἐν αὐτῇ.
Μοχλοῖσιν δ᾽ ἄρα τήνγε κατείρυσεν εἰς ἅλα δῖαν.   261
Τέτρατον ἦμαρ ἔην, καὶ τῷ τετέλεστο ἅπαντα.
Τῷ δ᾽ ἄρα πέμπτῳ πέμπ᾽ ἀπὸ νήσου δῖα Καλυψὼ,

Εἵματά τ᾽ ἀμφιέσασα θυώδεα, καὶ λούσασα.
Ἐν δέ οἱ ἀσκὸν ἔθηκε θεὰ μέλανος οἴνοιο   265
Τὸν ἕτερον, ἕτερον δ᾽ ὕδατος μέγαν· ἐν δὲ καὶ ἦια
Κωρύκῳ· ἐν δέ οἱ ὄψα τίθει μενοεικέα πολλά.
Οὖρον δὲ προέηκεν ἀπήμονά τε λιαρόν τε.
Γηθόσυνος δ᾽ οὔρῳ πέτασ᾽ ἱστία δῖος Ὀδυσσεύς.

‗ Ἐκ τῆς ΟΜΗΡΟΥ ΟΔΥΣΣΕΙΑΣ Θ.

24—71.

Αὐτὰρ ἐπεί ῥ᾽ ἤγερθεν, ὁμηγερέες τ᾽ ἐγένοντο,
Τοῖσιν δ᾽ Ἀλκίνοος ἀγορήσατο καὶ μετέειπε·   25
Κέκλυτε, Φαιήκων ἡγήτορες ἠδὲ μέδοντες,
Ὄφρ᾽ εἴπω, τά με θυμὸς ἐνὶ στήθεσσι κελεύει·
Ξεῖνος ὅδ᾽, οὐκ οἶδ᾽ ὅστις, ἀλώμενος ἵκετ᾽ ἐμὸν δῶ,
Ἠὲ πρὸς ἠοίων, ἢ ἑσπερίων ἀνθρώπων·
Πομπὴν δ᾽ ὀτρύνει, καὶ λίσσεται ἔμπεδον εἶναι.   30
Ἡμεῖς δ᾽, ὡς τὸ πάρος περ, ἐποτρυνώμεθα πομπήν.
Οὐδὲ γὰρ οὐδέ τις ἄλλος, ὅτις κ᾽ ἐμὰ δώμαθ᾽ ἵκηται,
Ἐνθάδ᾽ ὀδυρόμενος δηρὸν μένει εἵνεκα πομπῆς.
Ἀλλ᾽ ἄγε, νῆα μέλαιναν ἐρύσσομεν εἰς ἅλα δῖαν
Πρωτόπλοον· κούρω δὲ δύω, καὶ πεντήκοντα.   35
Κρινάσθων κατὰ δῆμον, ὅσοι πάρος εἰσὶν ἄριστοι.
Δησάμενοι δ᾽ εὖ πάντες ἐπὶ κληῖσιν ἐρετμὰ
Ἐκβῆτ᾽· αὐτὰρ ἔπειτα θοὴν ἀλεγύνετε δαῖτα,
Ἡμέτερόνδ᾽ ἐλθόντες· ἐγὼ δ᾽ εὖ πᾶσι παρέξω.
Κούροισιν μὲν ταῦτ᾽ ἐπιτέλλομαι· αὐτὰρ οἱ ἄλλοι   40
Σκηπτοῦχοι βασιλῆες ἐμὰ πρὸς δώματα καλὰ
Ἔρχεσθ᾽, ὄφρα ξεῖνον ἐνὶ μεγάροις φιλέωμεν

Μηδέ τις ἀρνείσθω· καλέσασθε δὲ θεῖον ἀοιδὸν
Δημόδοκον· τῷ γάρ ῥα θεὸς πέρι δῶκεν ἀοιδὴν,
Τέρπειν, ὅππη θυμὸς ἐποτρύνησιν ἀείδειν. 45
    Ὣς ἄρα φωνήσας ἡγήσατο· τοὶ δ᾽ ἅμ᾽ ἕποντο
Σκηπτοῦχοι· κῆρυξ δὲ μετῴχετο θεῖον ἀοιδόν.
Κούρω δὲ κρινθέντε δύω, καὶ πεντήκοντα,
Βήτην, ὡς ἐκέλευσ᾽, ἐπὶ θῖν᾽ ἁλὸς ἀτρυγέτοιο.
Αὐτὰρ ἐπεί ῥ᾽ ἐπὶ νῆα κατήλυθον, ἠδὲ θάλασσαν, 50
Νῆα μὲν οἵγε μέλαιναν ἁλὸς βένθοσδε ἔρυσσαν·
Εν δ᾽ ἱστόν τ᾽ ἐτίθεντο καὶ ἱστία νηῒ μελαίνῃ·
Ηρτύναντο δ᾽ ἐρετμὰ τροποῖς ἐν δερματίνοισι,
Πάντα κατὰ μοῖραν· ἀνὰ δ᾽ ἱστία λευκὰ πέτασσαν·
Ὑψοῦ δ᾽ ἐν νοτίῳ τήνγ᾽ ὥρμισαν· αὐτὰρ ἔπειτα 55
Βάν ῥ᾽ ἴμεν Ἀλκινόοιο δαΐφρονος ἐς μέγα δῶμα.
Πλῆντο δ᾽ ἄρ᾽ αἴθουσαί τε καὶ ἕρκεα καὶ δόμοι ἀνδρῶν
Αγρομένων· πολλοὶ δ᾽ ἄρ᾽ ἔσαν νέοι ἠδὲ παλαιοί.
Τοῖσιν δ᾽ Ἀλκίνοος δυοκαίδεκα μῆλ᾽ ἱέρευσεν,
Οκτὼ δ᾽ ἀργιόδοντας ὗας, δύο δ᾽ εἰλίποδας βοῦς· 60
Τοὺς δέρον, ἀμφί θ᾽ ἕπον, τετύκοντό τε δαῖτ᾽ ἐρατεινήν.
Κῆρυξ δ᾽ ἐγγύθεν ἦλθεν ἄγων ἐρίηρον ἀοιδόν·
Τὸν πέρι Μοῦσ᾽ ἐφίλησε, δίδου δ᾽ ἀγαθόν τε, κακόν τε·
Οφθαλμῶν μὲν ἄμερσε, δίδου δ᾽ ἡδεῖαν ἀοιδήν.
Τῷ δ᾽ ἄρα Ποντόνοος θῆκε θρόνον ἀργυρόηλον, 65
Μέσσῳ δαιτυμόνων, πρὸς κίονα μακρὸν ἐρείσας·
Κάδδ᾽ ἐκ πασσαλόφιν κρέμασεν φόρμιγγα λίγειαν,
Αὐτοῦ ὑπὲρ κεφαλῆς, καὶ ἐπέφραδε χερσὶν ἑλέσθαι
Κῆρυξ· πὰρ δ᾽ ἐτίθει κάνεον, καλήν τε τράπεζαν,
Πὰρ δὲ δέπας οἴνοιο, πιεῖν, ὅτε θυμὸς ἀνώγοι. 70
Οἱ δ᾽ ἐπ᾽ ὀνείαθ᾽ ἑτοῖμα, προκείμενα, χεῖρας ἴαλλον.

485—563.

Αὐτὰρ ἐπεὶ πόσιος καὶ ἐδητύος ἐξ ἔρον ἕντο,　　　485
Δὴ τότε Δημόδοχον προσέφη πολύμητις Ὀδυσσεύς·
　Δημόδοκ᾽, ἔξοχα δή σε βροτῶν αἰνίζομ᾽ ἁπάντων·
Ἢ σέ γε Μοῦσ᾽ ἐδίδαξε, Διὸς παῖς, ἤ σέ γ᾽ Ἀπόλλων·
Λίην γὰρ κατὰ κόσμον Ἀχαιῶν οἶτον ἀείδεις,
῞Οσσ᾽ ἔρξαν τ᾽, ἔπαθόν τε, καὶ ὅσσ᾽ ἐμόγησαν Ἀχαιοί·　490
῾Ωστε που ἢ αὐτὸς παρεὼν, ἢ ἄλλου ἀκούσας.
Ἀλλ᾽ ἄγε δὴ μετάβηθι, καὶ ἵππου κόσμον ἄεισον
Δουρατέου, τὸν Ἐπειὸς ἐποίησεν σὺν Ἀθήνῃ,
῞Ον ποτ᾽ ἐς ἀκρόπολιν δόλον ἤγαγε δῖος Ὀδυσσεὺς,
Ἀνδρῶν ἐμπλήσας, οἳ Ἴλιον ἐξαλάπαξαν.　　　495
Αἴ κεν δή μοι ταῦτα κατὰ μοῖραν καταλέξῃς,
Αὐτίκ᾽ ἐγὼ πᾶσιν μυθήσομαι ἀνθρώποισιν,
῾Ως ἄρα τοι πρόφρων θεὸς ὤπασε θέσπιν ἀοιδήν.
　῾Ως φάθ᾽· ὁ δ᾽ ὁρμηθεὶς θεοῦ ἤρχετο, φαῖνε δ᾽ ἀοιδὴν,
Ἔνθεν ἑλὼν, ὡς οἱ μὲν ἐϋσσέλμων ἐπὶ νηῶν　　　500
Βάντες ἀπέπλειον, πῦρ ἐν κλισίῃσι βαλόντες,
Ἀργεῖοι· τοὶ δ᾽ ἤδη ἀγακλυτὸν ἀμφ᾽ Ὀδυσῆα
Εἵατ᾽ ἐνὶ Τρώων ἀγορῇ, κεκαλυμμένοι ἵππῳ·
Αὐτοὶ γάρ μιν Τρῶες ἐς ἀκρόπολιν ἐρύσαντο.
῾Ως ὁ μὲν εἱστήκει· τοὶ δ᾽ ἄκριτα πόλλ᾽ ἀγόρευον,　505
῾Ημενοι ἀμφ᾽ αὐτόν· τρίχα δέ σφισιν ἥνδανε βουλὴ,
Ἠὲ διατμῆξαι κοῖλον δόρυ νηλέϊ χαλκῷ,
Ἢ κατὰ πετράων βαλέειν ἐρύσαντας ἐπ᾽ ἄκρας,
Ἢ ἐάαν μέγ᾽ ἄγαλμα θεῶν θελκτήριον εἶναι·
Τῇπερ δὴ καὶ ἔπειτα τελευτήσεσθαι ἔμελλεν.　　　510
Αἶσα γὰρ ἦν ἀπολέσθαι, ἐπὴν πόλις ἀμφικαλύψῃ
Δουράτεον μέγαν ἵππον, ὅθ᾽ εἵατο πάντες ἄριστοι
Ἀργείων, Τρώεσσι φόνον καὶ κῆρα φέροντες.
Ἤειδεν δ᾽, ὡς ἄστυ διέπραθον υἷες Ἀχαιῶν,
Ἱππόθεν ἐκχύμενοι, κοῖλον λόχον ἐκπρολιπόντες.　515

Ἄλλον δ᾽ ἄλλῃ ἄειδε πόλιν κεραϊζέμεν αἰπήν·
Αὐτὰρ Ὀδυσσῆα προτὶ δώματα Δηϊφόβοιο
Βήμεναι, ἠΰτ᾽ Ἄρηα, σὺν ἀντιθέῳ Μενελάῳ.
Κεῖθι δὴ αἰνότατον πόλεμον φάτο τολμήσαντα
Νικῆσαι καὶ ἔπειτα, διὰ μεγάθυμον Ἀθήνην.   520
    Ταῦτ᾽ ἄρ᾽ ἀοιδὸς ἄειδε περικλυτός· αὐτὰρ Ὀδυσσεὺς
Τήκετο· δάκρυ δ᾽ ἔδευεν ὑπὸ βλεφάροισι παρειάς.
Ὡς δὲ γυνὴ κλαίῃσι φίλον πόσιν ἀμφιπεσοῦσα,
Ὅστε ἑῆς πρόσθεν πόλιος λαῶν τε πέσῃσιν,
Ἄστεϊ καὶ τεκέεσσιν ἀμύνων νηλεὲς ἦμαρ·   525
Ἡ μὲν τὸν θνήσκοντα καὶ ἀσπαίροντ᾽ ἐσιδοῦσα,
Ἀμφ᾽ αὐτῷ χυμένη λίγα κωκύει· οἱ δέ τ᾽ ὄπισθεν
Κόπτοντες δούρεσσι μετάφρενον ἠδὲ καὶ ὤμους,
Εἴρερον εἰσανάγουσι, πόνον τ᾽ ἐχέμεν καὶ ὀϊζύν·
Τῆς δ᾽ ἐλεεινοτάτῳ ἄχεϊ φθινύθουσι παρειαί·   530
Ὡς Ὀδυσεὺς ἐλεεινὸν ὑπ᾽ ὀφρύσι δάκρυον εἶβεν.
Ἔνθ᾽ ἄλλους μὲν πάντας ἐλάνθανε δάκρυα λείβων·
Ἀλκίνοος δέ μιν οἶος ἐπεφράσατ᾽ ἠδ᾽ ἐνόησεν,
Ἥμενος ἄγχ᾽ αὐτοῦ, βαρὺ δὲ στενάχοντος ἄκουσεν·
Αἶψα δὲ Φαιήκεσσι φιληρέτμοισι μετηύδα·   535
    Κέκλυτε, Φαιήκων ἡγήτορες ἠδὲ μέδοντες·
Δημόδοκος δ᾽ ἤδη σχεθέτω φόρμιγγα λίγειαν·
Οὐ γάρ πως πάντεσσι χαριζόμενος τάδ᾽ ἀείδει.
Ἐξ οὗ δορπέομέν τε, καὶ ὦρορε δῖος ἀοιδός,
Ἐκ τοῦδ᾽ οὔπω παύσατ᾽ ὀϊζυροῖο γόοιο   540
Ὁ ξεῖνος· μάλα πού μιν ἄχος φρένας ἀμφιβέβηκεν.
Ἀλλ᾽ ἄγ᾽, ὁ μὲν σχεθέτω, ἵν᾽ ὁμῶς τερπώμεθα πάντες,
Ξεινοδόκοι καὶ ξεῖνος· ἐπεὶ πολὺ κάλλιον οὕτω.
Εἵνεκα γὰρ ξείνοιο τάδ᾽ αἰδοίοιο τέτυκται,
Πομπὴ καὶ φίλα δῶρα, τά οἱ δίδομεν φιλέοντες.   545
Ἀντὶ κασιγνήτου ξεῖνός θ᾽ ἱκέτης τε τέτυκται
Ἀνέρι, ὅστ᾽ ὀλίγον περ ἐπιψαύει πραπίδεσσι.
Τῷ νῦν μηδὲ σὺ κεῦθε νοήμασι κερδαλέοισιν,

Ὅ ττι κέ σ᾽ εἴρωμαι· φάσθαι δέ σε κάλλιόν ἐστιν.

Εἴπ᾽ ὄνομ᾽, ὅ ττι σε κεῖθι κάλεον μήτηρ τε πατήρ τε,   550

Ἄλλοι θ᾽, οἳ κατὰ ἄστυ, καὶ οἳ περιναιετάουσιν.

Οὐ μὲν γάρ τις πάμπαν ἀνώνυμός ἐστ᾽ ἀνθρώπων,

Οὐ κακὸς, οὐδὲ μὲν ἐσθλὸς, ἐπὴν τὰ πρῶτα γένηται·

Ἀλλ᾽ ἐπὶ πᾶσι τίθενται, ἐπεί κε τέκωσι, τοκῆες.

Εἰπὲ δέ μοι γαῖάν τε τεὴν, δῆμόν τε, πόλιν τε·   555

Ὄφρα σε τῇ πέμπωσι τιτυσκόμεναι φρεσὶ νῆες.

Οὐ γὰρ Φαιήκεσσι κυβερνητῆρες ἔασιν,

Οὐδέ τι πηδάλι᾽ ἐστὶ, τάτ᾽ ἄλλαι νῆες ἔχουσιν·

Ἀλλ᾽ αὐταὶ ἴσασι νοήματα καὶ φρένας ἀνδρῶν·

Καὶ πάντων ἴσασι πόλιας καὶ πίονας ἀγροὺς   560

Ἀνθρώπων· καὶ λαῖτμα τάχισθ᾽ ἁλὸς ἐκπερόωσιν,

Ἠέρι καὶ νεφέλῃ κεκαλυμμέναι· οὐδέ ποτέ σφιν

Οὔτε τι πημανθῆναι ἔπι δέος, οὐδ᾽ ἀπολέσθαι.

572—586.

Ἀλλ᾽ ἄγε μοι τόδε εἰπὲ καὶ ἀτρεκέως κατάλεξον,

Ὅππη ἀπεπλάγχθης τε, καὶ ἅστινας ἵκεο χώρας

Ἀνθρώπων· αὐτούς τε, πόλεις τ᾽ εὖ ναιεταώσας·

Ἤ μὲν ὅσοι χαλεποί τε, καὶ ἄγριοι, οὐδὲ δίκαιοι·   575

Οἵ τε φιλόξεινοι, καί σφιν νόος ἐστὶ θεουδής.

Εἰπὲ δ᾽, ὅ τι κλαίεις καὶ ὀδύρεαι ἔνδοθι θυμῷ,

Ἀργείων, Δαναῶν, ἠδ᾽ Ἰλίου οἶτον ἀκούων.

Τὸν δὲ θεοὶ μὲν τεῦξαν, ἐπεκλώσαντο δ᾽ ὄλεθρον

Ἀνθρώποις, ἵνα ῇσι καὶ ἐσσομένοισιν ἀοιδή.   580

Ἤ τίς τοι καὶ πηὸς ἀπώλετο Ἰλιόθι πρὸ,

Ἐσθλὸς ἐὼν γαμβρὸς, ἢ πενθερὸς, οἵ τε μάλιστα

Κήδιστοι τελέθουσι, μεθ᾽ αἷμά τε καὶ γένος αὐτῶν;

Ἤ τίς που καὶ ἑταῖρος ἀνὴρ κεχαρισμένα εἰδὼς,

Ἐσθλός; ἐπεὶ οὐ μέν τι κασιγνήτοιο χερείων   585

Γίνεται, ὅς κεν, ἑταῖρος ἐὼν, πεπνυμένα εἰδῇ.

* ΤΗΣ

ΤΟΥ ΟΜΗΡΟΥ ΟΔΥΣΣΕΙΑΣ

ΡΑΨΩΔΙΑ, ἢ ΓΡΑΜΜΑ, I.

ΤΟΝ δ᾽ ἀπαμειβόμενος προσέφη πολύμητις Ὀδυσσεύς·
Ἀλκίνοε κρεῖον, πάντων ἀριδείκετε λαῶν,
Ἦτοι μὲν τόδε καλὸν ἀκουέμεν ἐστὶν ἀοιδοῦ
Τοιοῦδ᾽, οἷος ὅδ᾽ ἐστὶ, θεοῖς ἐναλίγκιος αὐδήν.
Οὐ γὰρ ἔγωγέ τι φημὶ τέλος χαριέστερον εἶναι,   5
Ἢ ὅταν εὐφροσύνη μὲν ἔχῃ κατὰ δῆμον᾽ ἅπαντα·
Δαιτυμόνες δ᾽ ἀνὰ δώματ᾽ ἀκουάζωνται ἀοιδοῦ,
Ἥμενοι ἑξείης· παρὰ δὲ πλήθωσι τράπεζαι
Σίτου καὶ κρειῶν· μέθυ δ᾽ ἐκ κρητῆρος ἀφύσσων
Οἰνοχόος φορέῃσι καὶ ἐγχείῃ δεπάεσσι·   10
Τοῦτό τι μοὶ κάλλιστον ἐνὶ φρεσὶν εἴδεται εἶναι.
Σοὶ δ᾽ ἐμὰ κήδεα θυμὸς ἐπετράπετο στονόεντα
Εἴρεσθ᾽, ὄφρ᾽ ἔτι μᾶλλον ὀδυρόμενος στεναχίζω.
Τί πρῶτον, τί δ᾽ ἔπειτα, τί δ᾽ ὑστάτιον καταλέξω;
Κήδε᾽ ἐπεί μοι πολλὰ δόσαν θεοὶ οὐρανίωνες.   15
Νῦν δ᾽ ὄνομα πρῶτον μυθήσομαι, ὄφρα καὶ ὑμεῖς
Εἴδετ᾽· ἐγὼ δ᾽ ἂν ἔπειτα, φυγὼν ὑπὸ νηλεὲς ἦμαρ,
Ὑμῖν ξεῖνος ἔω, καὶ ἀπόπροθι δώματα ναίων.
Εἴμ᾽ Ὀδυσεὺς Λαερτιάδης, ὃς πᾶσι δόλοισιν
Ἀνθρώποισι μέλω, καί μευ κλέος οὐρανὸν ἵκει.   20
Ναιετάω δ᾽ Ἰθάκην εὐδείελον· ἐν δ᾽ ὄρος αὐτῇ
Νήριτον, εἰνοσίφυλλον, ἀριπρεπές· ἀμφὶ δὲ νῆσοι
Πολλαὶ ναιετάουσι μάλα σχεδὸν ἀλλήλῃσι,

Δουλίχιόν τε, Σάμη τε, καὶ ὑλήεσσα Ζάκυνθος·
Αὐτὴ δὲ χθαμαλὴ πανυπερτάτη εἰν ἁλὶ κεῖται   25
Πρὸς ζόφον, -αἱ δέ τ᾽ ἄνευθε πρὸς ἠῶ τ᾽ ἠέλιόν τε,-
Τρηχεῖ᾽, ἀλλ᾽ ἀγαθὴ κουροτρόφος· οὔτι ἔγωγε
Ἧς γαίης δύναμαι γλυκερώτερον ἄλλο ἰδέσθαι.
Ἡ μέν μ᾽ αὐτόθ᾽ ἔρυκε Καλυψώ, δῖα θεάων,
Ἐν σπέσσι γλαφυροῖσι, λιλαιομένη πόσιν εἶναι·   30
Ὣς δ᾽ αὔτως Κίρκη κατερήτυεν ἐν μεγάροισιν
Αἰαίη, δολόεσσα, λιλαιομένη πόσιν εἶναι·
Ἀλλ᾽ ἐμὸν οὔποτε θυμὸν ἐνὶ στήθεσσιν ἔπειθον.
Ὣς οὐδὲν γλύκιον ἧς πατρίδος οὐδὲ τοκήων
Γίνεται, εἴπερ καί τις ἀπόπροθι πίονα οἶκον   35
Γαίῃ ἐν ἀλλοδαπῇ ναίει ἀπάνευθε τοκήων.
Εἰ δ᾽ ἄγε τοι καὶ νόστον ἐμὸν πολυκηδέ᾽ ἐνίσπω,
Ὅν μοι Ζεὺς ἐφέηκεν ἀπὸ Τροίηθεν ἰόντι.
    Ἰλιόθεν με φέρων ἄνεμος Κικόνεσσι πέλασσεν,
Ἰσμάρῳ· ἔνθα δ᾽ ἐγὼ πόλιν ἔπραθον, ὤλεσα δ᾽ αὐτούς.   40
Ἐκ πόλιος δ᾽ ἀλόχους καὶ κτήματα πολλὰ λαβόντες
Δασσάμεθ᾽, ὡς μήτις μοι ἀτεμβόμενος κίοι ἴσης.
Ἐνθ᾽ ἤτοι μὲν ἐγὼ διερῷ ποδὶ φευγέμεν ἡμέας
Ἠνώγεα· τοὶ δὲ μέγα νήπιοι οὐκ ἐπίθοντο.
Ἐνθα δὲ πολλὸν μὲν μέθυ πίνετο, πολλὰ δὲ μῆλα   45
Ἐσφαζον παρὰ θῖνα καὶ εἰλίποδας ἕλικας βοῦς.
Τόφρα δ᾽ ἄρ᾽ οἰχόμενοι Κίκονες Κικόνεσσι γεγώνευν,
Οἵ σφιν γείτονες ἦσαν ἅμα πλέονες καὶ ἀρείους,
Ἤπειρον ναίοντες, ἐπιστάμενοι μὲν ἀφ᾽ ἵππων
Ἀνδράσι μάρνασθαι, καὶ ὅθι χρὴ πεζὸν ἐόντα.   50
Ἠλθον ἔπειθ᾽, ὅσα φύλλα καὶ ἄνθεα γίνεται ὥρῃ,
Ἡέριοι· τότε δή ῥα κακὴ Διὸς αἶσα παρέστη
Ἡμῖν αἰνομόροισιν, ἵν᾽ ἄλγεα πολλὰ πάθωμεν.
Στησάμενοι δ᾽ ἐμάχοντο μάχην παρὰ νηυσὶ θοῇσι·
Βάλλον δ᾽ ἀλλήλους χαλκήρεσιν ἐγχείῃσιν.   55
Ὀφρα μὲν ἠὼς ἦν, καὶ ἀέξετο ἱερὸν ἦμαρ,

Τόφρα δ' ἀλεξόμενοι μένομεν πλέονάς περ ἐόντας·
Ἦμος δ' ἠέλιος μετενίσσετο βουλυτόνδε,
Καὶ τότε δὴ Κίκονες κλῖναν δαμάσαντες Ἀχαιούς.
Ἐξ δ' ἀφ' ἑκάστης νηὸς ἐϋκνήμιδες ἑταῖροι   60
Ὤλονθ'· οἱ δ' ἄλλοι φύγομεν θάνατόν τε μόρον τε.

Ἔνθεν δὲ προτέρω πλέομεν, ἀκαχήμενοι ἦτορ,
Ἄσμενοι ἐκ θανάτοιο, φίλους ὀλέσαντες ἑταίρους.
Οὐδ' ἄρα μοι προτέρω νῆες κίον ἀμφιέλισσαι,
Πρίν τινα τῶν δειλῶν ἑτάρων τρὶς ἕκαστον ἀῦσαι,   65
Οἳ θάνον ἐν πεδίῳ, Κικόνων ὕπο δῃωθέντες.
Νηυσὶ δ' ἐπῶρσ' ἄνεμον βορέην νεφεληγερέτα Ζεὺς
Λαίλαπι θεσπεσίῃ, σὺν δὲ νεφέεσσι κάλυψε
Γαῖαν ὁμοῦ καὶ πόντον· ὀρώρει δ' οὐρανόθεν νύξ.
Αἱ μὲν ἔπειτ' ἐφέροντ' ἐπικάρσιαι, ἱστία δέ σφιν   70
Τριχθά τε καὶ τετραχθὰ διέσχισεν ἲς ἀνέμοιο.
Καὶ τὰ μὲν ἐς νῆας κάθεμεν, δείσαντες ὄλεθρον,
Αὐτὰς δ' ἐσσυμένως προερύσσαμεν ἤπειρόνδε.
Ἔνθα δύω νύκτας δύο τ' ἤματα συνεχὲς αἰεὶ
Κείμεθ', ὁμοῦ καμάτῳ τε καὶ ἄλγεσι θυμὸν ἔδοντες.   75
Ἀλλ' ὅτε δὴ τρίτον ἦμαρ ἐϋπλόκαμος τέλεσ' ἠώς,
Ἱστοὺς στησάμενοι, ἀνά θ' ἱστία λεύκ' ἐρύσαντες,
Ἥμεθα· τὰς δ' ἄνεμός τε κυβερνῆταί τ' ἴθυνον.
Καί νύ κεν ἀσκηθὴς ἱκόμην ἐς πατρίδα γαῖαν,
Ἀλλά με κῦμα, ῥόος τε, περιγνάμπτοντα Μάλειαν,   80
Καὶ βορέης ἀπέωσε, παρέπλαγξεν δὲ Κυθήρων·
Ἔνθεν δ' ἐννῆμαρ φερόμην ὀλοοῖς ἀνέμοισι
Πόντον ἐπ' ἰχθυόεντ'· αὐτὰρ δεκάτῃ ἐπέβημεν
Γαίης Λωτοφάγων, οἵτ' ἄνθινον εἶδαρ ἔδουσιν.
Ἔνθα δ' ἐπ' ἠπείρου βῆμεν, καὶ ἀφυσσάμεθ' ὕδωρ·   85
Αἶψα δὲ δεῖπνον ἕλοντο θοῇς παρὰ νηυσὶν ἑταῖροι.
Αὐτὰρ ἐπεὶ σίτοιό τ' ἐπασσάμεθ' ἠδὲ ποτῆτος,
Δὴ τότ' ἐγὼν ἑτάρους προΐην πεύθεσθαι ἰόντας,
Ἄνδρε δύω κρίνας, τρίτατον κήρυχ' ἅμ' ὀπάσσας,

Οἵτινες ἀνέρες εἶεν ἐπὶ χθονὶ σῖτον ἔδοντες.   90
Οἱ δ᾽ αἶψ᾽ οἰχόμενοι μίγεν ἀνδράσι Λωτοφάγοισιν.
Οὐδ᾽ ἄρα Λωτοφάγοι μήδονθ᾽ ἑτάροισιν ὄλεθρον
Ἡμετέροις, ἀλλά σφι δόσαν λωτοῖο πάσασθαι.
Τῶν δ᾽ ὅστις λωτοῖο φάγοι μελιηδέα καρπὸν,
Οὐκέτ᾽ ἀπαγγεῖλαι πάλιν ἤθελεν, οὐδὲ νέεσθαι·   95
Ἀλλ᾽ αὐτοῦ βούλοντο μετ᾽ ἀνδράσι Λωτοφάγοισι
Λωτὸν ἐρεπτόμενοι μενέμεν, νόστου τε λαθέσθαι.
Τοὺς μὲν ἐγὼν ἐπὶ νῆας ἄγον κλαίοντας ἀνάγκῃ,
Νηυσὶ δ᾽ ἐνὶ γλαφυρῇσιν ὑπὸ ζυγὰ δῆσα ἐρύσσας.
Αὐτὰρ τοὺς ἄλλους κελόμην ἐρίηρας ἑταίρους   100
Σπερχομένους νηῶν ἐπιβαινέμεν ὠκειάων,
Μή πώ τις λωτοῖο φαγὼν νόστοιο λάθηται.
Οἱ δ᾽ αἶψ᾽ εἴσβαινον, καὶ ἐπὶ κληῖσι κάθιζον·
Ἑξῆς δ᾽ ἑζόμενοι πολιὴν ἅλα τύπτον ἐρετμοῖς.

Ἔνθεν δὲ προτέρω πλέομεν, ἀκαχήμενοι ἦτορ.   105
Κυκλώπων δ᾽ ἐς γαῖαν ὑπερφιάλων, ἀθεμίστων,
Ἱκόμεθ᾽, οἵ ῥα θεοῖσι πεποιθότες ἀθανάτοισιν,
Οὔτε φυτεύουσιν χερσὶν φυτὸν, οὔτ᾽ ἀρόωσιν·
Ἀλλὰ τάγ᾽ ἄσπαρτα καὶ ἀνήροτα πάντα φύονται,
Πυροὶ καὶ κριθαὶ, ἠδ᾽ ἄμπελοι, αἵτε φέρουσιν   110
Οἶνον ἐρισταφυλον, καί σφιν Διὸς ὄμβρος ἀέξει.
Τοῖσιν δ᾽ οὔτ᾽ ἀγοραὶ βουληφόροι, οὔτε θέμιστες·
Ἀλλ᾽ οἵγ᾽ ὑψηλῶν ὀρέων ναίουσι κάρηνα,
Ἐν σπέσσι γλαφυροῖσι· θεμιστεύει δὲ ἕκαστος
Παίδων ἠδ᾽ ἀλόχων· οὐδ᾽ ἀλλήλων ἀλέγουσι.   115
Νῆσος ἔπειτα λάχεια παρὲκ λιμένος τετάνυσται
Γαίης Κυκλώπων, οὔτε σχεδὸν, οὔτ᾽ ἀποτηλοῦ,
Ὑλήεσσ᾽· ἐν δ᾽ αἶγες ἀπειρέσιαι γεγάασιν
Ἄγριαι· οὐ μὲν γὰρ πάτος ἀνθρώπων ἀπερύκει·
Οὐδέ μιν εἰσοιχνεῦσι κυνηγέται, οἵτε καθ᾽ ὕλην   120
Ἄλγεα πάσχουσιν, κορυφὰς ὀρέων ἐφέποντες.
Οὔτ᾽ ἄρα ποίμνῃσιν καταΐσχεται, οὔτ᾽ ἀρότοισιν,

Ἀλλ᾽ ἥγ᾽ ἄσπαρτος καὶ ἀνήροτος ἤματα πάντα,
Ἀνδρῶν χηρεύει, βόσκει δέ τε μηκάδας αἶγας.
Οὐ γὰρ Κυκλώπεσσι νέες πάρα μιλτοπάρῃοι,   125
Οὐδ᾽ ἄνδρες νηῶν ἔνι τέκτονες, οἵ κε κάμοιεν
Νῆας ἐϋσσέλμους, αἵ κεν τελέοιεν ἕκαστα,   ✦
Ἀστέ᾽ ἔπ᾽ ἀνθρώπων ἱκνεύμεναι· οἷά τε πολλὰ
Ἄνδρες ἐπ᾽ ἀλλήλους νηυσὶν περόωσι θάλασσαν·
Οἵ κέ σφιν καὶ νῆσον ἐϋκτιμένην ἐκάμοντο.   130
Οὐ μὲν γάρ τι κακή γε, φέροι δέ κεν ὥρια πάντα·
Ἐν μὲν γὰρ λειμῶνες ἁλὸς πολιοῖο παρ᾽ ὄχθας
Ὑδρηλοί, μαλακοί· μάλα κ᾽ ἄφθιτοι ἄμπελοι εἶεν·
Ἐν δ᾽ ἄροσις λείη· μάλα κεν βαθὺ λήϊον αἰὲν
Εἰς ὥρας ἀμῷεν· ἐπεὶ μάλα πῖαρ ὑπ᾽ οὖδας.   135
Ἐν δὲ λιμὴν εὔορμος, ἵν᾽ οὐ χρεὼ πείσματός ἐστιν,
Οὔτ᾽ εὐνὰς βαλέειν, οὔτε πρυμνήσι᾽ ἀνάψαι,
Ἀλλ᾽ ἐπικέλσαντας μεῖναι χρόνον, εἰσόκε ναυτέων
Θυμὸς ἐποτρύνῃ, καὶ ἐπιπνεύσωσιν ἄῆται.
Αὐτὰρ ἐπὶ κρατὸς λιμένος ῥέει ἀγλαὸν ὕδωρ,   140
Κρήνη ὑπὸ σπείους· περὶ δ᾽ αἴγειροι πεφύασιν.
Ἔνθα κατεπλέομεν, καί τις θεὸς ἡγεμόνευε
Νύκτα δι᾽ ὀρφναίην· οὐδὲ προὔφαινετ᾽ ἰδέσθαι·
Ἀὴρ γὰρ παρὰ νηυσὶ βαθεῖ᾽ ἦν, οὐδὲ σελήνη
Οὐρανόθεν προὔφαινε· κατείχετο γὰρ νεφέεσσιν.   145
Ἔνθ᾽ οὔτις τὴν νῆσον ἐσέδρακεν ὀφθαλμοῖσιν·
Οὔτ᾽ οὖν κύματα μακρὰ κυλινδόμενα προτὶ χέρσον
Εἰσίδομεν, πρὶν νῆας ἐϋσσέλμους ἐπικέλσαι.
Κελσάσῃσι δὲ νηυσὶ καθείλομεν ἱστία πάντα·
Ἐκ δὲ καὶ αὐτοὶ βῆμεν ἐπὶ ῥηγμῖνι θαλάσσης·   150
Ἔνθα δ᾽ ἀποβρίξαντες ἐμείναμεν ἠῶ δῖαν.
Ἦμος δ᾽ ἠριγένεια φάνη ῥοδοδάκτυλος ἠώς,
Νῆσον θαυμάζοντες ἐδινεόμεσθα κατ᾽ αὐτήν·
Ὦρσαν δὲ νύμφαι, κοῦραι Διὸς Αἰγιόχοιο,
Αἶγας ὀρεσκῴους, ἵνα δειπνήσειαν ἑταῖροι.   155

Αὐτίκα καμπύλα τόξα καὶ αἰγανέας δολιχαύλους
Εἱλόμεθ᾽ ἐκ νηῶν· διὰ δὲ τρίχα κοσμηθέντες
Βάλλομεν· αἶψα δ᾽ ἔδωκε θεὸς μενοεικέα θήρην.
Νῆες μέν μοι ἕποντο δυώδεκα, ἐς δὲ ἑκάστην
Ἐννέα λάγχανον αἶγες· ἐμοὶ δὲ δέκ᾽ ἔξελον οἴῳ.   160
Ὣς τότε μὲν πρόπαν ἦμαρ, ἐς ἠέλιον καταδύντα,
Ἥμεθα δαινύμενοι κρέα τ᾽ ἄσπετα καὶ μέθυ ἡδύ.
Οὐ γάρ πω νηῶν ἐξέφθιτο οἶνος ἐρυθρός,
Ἀλλ᾽ ἐνέην· πολλὸν γὰρ ἐν ἀμφιφορεῦσιν ἕκαστοι
Ἠφύσαμεν, Κικόνων ἱερὸν πτολίεθρον ἑλόντες.   165
Κυκλώπων δ᾽ ἐς γαῖαν ἐλεύσσομεν, ἐγγὺς ἐόντων,
Καπνόν τ᾽, αὐτῶν τε φθογγὴν, ὄϊων τε καὶ αἰγῶν.
Ἦμος δ᾽ ἠέλιος κατέδυ, καὶ ἐπὶ κνέφας ἦλθε,
Δὴ τότε κοιμήθημεν ἐπὶ ῥηγμῖνι θαλάσσης.
Ἦμος δ᾽ ἠριγένεια φάνη ῥοδοδάκτυλος ἠώς,   170
Καὶ τότ᾽ ἐγὼν ἀγορὴν θέμενος, μετὰ πᾶσιν ἔειπον·
Ἄλλοι μὲν νῦν μίμνετ᾽ ἐμοὶ ἐρίηρες ἑταῖροι·
Αὐτὰρ ἐγὼ σὺν νηΐ τ᾽ ἐμῇ καὶ ἐμοῖς ἑτάροισιν
Ἐλθὼν, τῶνδ᾽ ἀνδρῶν πειρήσομαι, οἵτινές εἰσιν·
Ἤ ῥ᾽ οἵγ᾽ ὑβρισταί τε, καὶ ἄγριοι, οὐδὲ δίκαιοι,   175
Ἠὲ φιλόξεινοι, καί σφιν νόος ἐστὶ θεουδής.
Ὣς εἰπὼν, ἀνὰ νηὸς ἔβην· ἐκέλευσα δ᾽ ἑταίρους,
Αὐτούς τ᾽ ἀμβαίνειν, ἀνά τε πρυμνήσια λῦσαι.
Οἱ δ᾽ αἶψ᾽ εἴσβαινον, καὶ ἐπὶ κληῖσι κάθιζον
Ἑξῆς δ᾽ ἑζόμενοι πολιὴν ἅλα τύπτον ἐρετμοῖς.   180
Ἀλλ᾽ ὅτε δὴ τὸν χῶρον ἀφικόμεθ᾽, ἐγγὺς ἐόντα,
Ἔνθα δ᾽ ἐπ᾽ ἐσχατιῇ σπέος εἴδομεν, ἄγχι θαλάσσης,
Ὑψηλὸν, δάφνῃσι κατηρεφές· ἔνθα δὲ πολλὰ
Μῆλ᾽, ὄϊές τε καὶ αἶγες, ἰαύεσκον· περὶ δ᾽ αὐλὴ
Ὑψηλὴ δέδμητο κατωρυχέεσσι λίθοισι,   185
Μακρῇσίν τε πίτυσσιν, ἰδὲ δρυσὶν ὑψικόμοισιν.
Ἔνθα δ᾽ ἀνὴρ ἐνίαυε πελώριος, ὅς ῥά τε μῆλα
Οἶος ποιμαίνεσκεν ἀπόπροθεν· οὐδὲ μετ᾽ ἄλλους

Πωλεῖτ᾽, ἀλλ᾽ ἀπάνευθεν ἐὼν ἀθεμίστια ᾔδη.
Καὶ γὰρ θαῦμ᾽ ἐτέτυκτο πελώριον· οὐδὲ ἐῴκει 190
Ἀνδρί γε σιτοφάγῳ, ἀλλὰ ῥίῳ ὑλήεντι
Ὑψηλῶν ὀρέων, ὅ τε φαίνεται οἷον ἀπ᾽ ἄλλων.
Δὴ τότε τοὺς ἄλλους κελόμην ἐρίηρας ἑταίρους
Αὐτοῦ πὰρ νηΐ τε μένειν, καὶ νῆα ἔρυσθαι.
Αὐτὰρ ἐγὼ κρίνας ἑτάρων δυοκαίδεκ᾽ ἀρίστους 195
Βῆν· ἀτὰρ αἴγεον ἀσκὸν ἔχον μέλανος οἴνοιο,
Ἡδέος, ὅν μοι ἔδωκε Μάρων, Εὐάνθεος υἱὸς,
Ἱρεὺς Ἀπόλλωνος, ὃς Ἴσμαρον ἀμφιβεβήκει·
Οὕνεκά μιν σὺν παισὶ περισχόμεθ᾽ ἠδὲ γυναικὶ,
Ἀζόμενοι· ᾤκει γὰρ ἐν ἄλσεϊ δενδρήεντι 200
Φοίβου Ἀπόλλωνος· ὁ δέ μοι πόρεν ἀγλαὰ δῶρα.
Χρυσοῦ μέν μοι δῶκ᾽ εὐεργέος ἑπτὰ τάλαντα·
Δῶκε δέ μοι κρητῆρα πανάργυρον· αὐτὰρ ἔπειτα
Οἶνον ἐν ἀμφιφορεῦσι δυώδεκα πᾶσιν ἀφύσσας,
Ἡδὺν, ἀκηράσιον, θεῖον ποτόν· οὐδέ τις αὐτὸν 205
Ἠείδει δμώων οὐδ᾽ ἀμφιπόλων ἐνὶ οἴκῳ,
Ἀλλ᾽ αὐτὸς, ἄλοχός τε φίλη, ταμίη τε μί᾽ οἴη.
Τὸν δ᾽ ὅτε πίνοιεν μελιηδέα οἶνον ἐρυθρὸν,
Ἓν δέπας ἐμπλήσας, ὕδατος ἀνὰ εἴκοσι μέτρα
Χεῦ᾽· ὀδμὴ δ᾽ ἡδεῖα ἀπὸ κρητῆρος ὀδώδει, 210
Θεσπεσίη· τότ᾽ ἂν οὔτοι ἀποσχέσθαι φίλον ἦεν.
Τοῦ φέρον ἐμπλήσας ἀσκὸν μέγαν· ἐν δὲ καὶ ἦια
Κωρύκῳ· αὐτίκα γάρ μοι ὀΐσσατο θυμὸς ἀγήνωρ,
Ἀνδρ᾽ ἐπελεύσεσθαι μεγάλην ἐπιειμένον ἀλκὴν,
Ἄγριον, οὔτε δίκας εὖ εἰδότα, οὔτε θέμιστας. 215
Καρπαλίμως δ᾽ εἰς ἄντρον ἀφικόμεθ᾽, οὐδέ μιν ἔνδον
Εὕρομεν, ἀλλ᾽ ἐνόμευε νομὸν κάτα πίονα μῆλα.
Ἐλθόντες δ᾽ εἰς ἄντρον ἐθηεύμεσθα ἕκαστα·
Ταρσοὶ μὲν τυρῶν βρῖθον, στείνοντο δὲ σηκοὶ
Ἀρνῶν ἠδ᾽ ἐρίφων· διακεκριμέναι δὲ ἕκασται 220
Ἔρχατο· χωρὶς μὲν πρόγονοι, χωρὶς δὲ μέτασσαι,

Χωρὶς δ᾽ αὖθ᾽ ἕρσαι· νᾶον δ᾽ ὀρῷ ἄγγεα πάντα,
Γαυλοί τε σκαφίδες τε, τετυγμένα, τοῖς ἐνάμελγεν.
Ενθ᾽ ἐμὲ μὲν πρώτισθ᾽ ἕταροι λίσσοντ᾽ ἐπέεσσι,
Τυρῶν αἰνυμένους ἰέναι πάλιν· αὐτὰρ ἔπειτα   225
Καρπαλίμως ἐπὶ νῆα θοὴν ἐρίφους τε καὶ ἄρνας
Σηκῶν ἐξελάσαντας, ἐπιπλεῖν ἁλμυρὸν ὕδωρ.
Ἀλλ᾽ ἐγὼ οὐ πιθόμην, -ἦτ᾽ ἂν πολὺ κέρδιον ἦεν,-
Οφρ᾽ αὐτόν τε ἴδοιμι, καὶ εἴ μοι ξείνια δοίη·
Οὐδ᾽ ἄρ᾽ ἔμελλ᾽ ἑτάροισι φανεὶς ἐρατεινὸς ἔσεσθαι.   230
Ενθα δὲ πῦρ κείαντες ἐθύσαμεν· ἠδὲ καὶ αὐτοὶ
Τυρῶν αἰνύμενοι φάγομεν· μένομέν τέ μιν ἔνδον
Ἥμενοι, ἕως ἐπῆλθε νέμων· φέρε δ᾽ ὄβριμον ἄχθος
Ὕλης ἀζαλέης, ἵνα οἱ ποτιδόρπιον εἴη.
Εκτοσθεν δ᾽ ἄντροιο βαλὼν ὀρυμαγδὸν ἔθηκεν   235
Ἡμεῖς δὲ δείσαντες ἀπεσσύμεθ᾽ ἐς μυχὸν ἄντρου.
Αὐτὰρ ὅγ᾽ εἰς εὐρὺ σπέος ἤλασε πίονα μῆλα,
Πάντα μάλ᾽, ὅσσ᾽ ἤμελγε· τὰ δ᾽ ἄρσενα λεῖπε θύρηφιν,
Αρνειούς τε τράγους τε, βαθείης ἔκτοθεν αὐλῆς.
Αὐτὰρ ἔπειτ᾽ ἐπέθηκε θυρεὸν μέγαν ὑψόσ᾽ ἀείρας,   240
Οβριμον· οὐκ ἂν τόνγε δύω καὶ εἴκοσ᾽ ἄμαξαι
Εσθλαί, τετράκυκλοι, ἀπ᾽ οὔδεος ὀχλίσσειαν·
Τόσσην ἠλίβατον πέτρην ἐπέθηκε θύρησιν.
Ἑζόμενος δ᾽ ἤμελγεν ὄϊς καὶ μηκάδας αἶγας,
Πάντα κατὰ μοῖραν, καὶ ὑπ᾽ ἔμβρυον ἧκεν ἑκάστῃ.   245
Αὐτίκα δ᾽ ἥμισυ μὲν θρέψας λευκοῖο γάλακτος,
Πλεκτοῖς ἐν ταλάροισιν ἀμησάμενος κατέθηκε·
Ἥμισυ δ᾽ αὖτ᾽ ἔστησεν ἐν ἄγγεσιν, ὄφρα οἱ εἴη
Πίνειν δαινυμένῳ, καὶ οἱ ποτιδόρπιον εἴη.
Αὐτὰρ ἐπειδὴ σπεῦσε πονησάμενος τὰ ἃ ἔργα,   250
Καὶ τότε πῦρ ἀνέκαιε, καὶ εἴσιδεν, εἴρετο δ᾽ ἡμέας·
    Ω ξεῖνοι, τίνες ἐστέ; πόθεν πλεῖθ᾽ ὑγρὰ κέλευθα;
Η τι κατὰ πρῆξιν, ἢ μαψιδίως ἀλάλησθε,
Οἷά τε ληϊστῆρες, ὑπεὶρ ἅλα, τοίτ᾽ ἀλόωνται

Ψυχὰς παρθέμενοι, κακὸν ἀλλοδαποῖσι φέροντες;   255
'Ὡς ἔφαθ'· ἡμῖν δ' αὖτε κατεκλάσθη φίλον ἦτορ,
Δεισάντων φθόγγον τε βαρὺν, αὐτόν τε. πέλωρον.
Ἀλλὰ καὶ ὣς μιν ἔπεσσιν ἀμειβόμενος προσέειπον·
'Ἡμεῖς τοι Τροίηθεν ἀποπλαγχθέντες Ἀχαιοὶ
Παντοίοις ἀνέμοισιν ὑπὲρ μέγα λαῖτμα θαλάσσης,   260
Οἴκαδε ἱέμενοι, ἄλλην ὁδὸν, ἄλλα κέλευθα
Ἠλθομεν· οὕτω που Ζεὺς ἤθελε μητιάασθαι.
Λαοὶ δ' Ἀτρείδεω Ἀγαμέμνονος εὐχόμεθ' εἶναι,
Τοῦ δὴ νῦν γε μέγιστον ὑπουράνιον κλέος ἐστί·
Τόσσην γὰρ διέπερσε πόλιν, καὶ ἀπώλεσε λαοὺς   265
Πολλούς. ἡμεῖς δ' αὖτε κιχανόμενοι τὰ σὰ γοῦνα
'Ἱκόμεθ', εἴ τι πόροις ξεινήϊον, ἠὲ καὶ ἄλλως
Δώῃς δωτίνην, ἥτε ξείνων θέμις ἐστίν.
Ἀλλ' αἰδεῖο, φέριστε, θεούς· ἱκέται δέ τοί εἰμεν·
Ζεὺς δ' ἐπιτιμήτωρ ἱκετάων τε ξείνων τε,   270
Ξείνιος, ὃς ξείνοισιν ἅμ' αἰδοίοισιν ὀπηδεῖ.
'Ὡς ἐφάμην· ὁ δέ μ' αὖτις ἀμείβετο νηλέϊ θυμῷ·
Νήπιος εἶς, ὦ ξεῖν', ἢ τηλόθεν εἰλήλουθας,
'Ὅς με θεοὺς. κέλεαι ἢ δειδίμεν, ἢ ἀλέασθαι.
Οὐ γὰρ Κύκλωπες Διὸς αἰγιόχου ἀλέγουσιν,   275
Οὐδὲ θεῶν μακάρων· ἐπειὴ πολὺ φέρτεροί εἰμεν.
Οὐδ' ἂν ἐγὼ Διὸς ἔχθος ἀλευάμενος πεφιδοίμην
Οὔτε σεῦ, οὔθ' ἑτάρων, εἰ μὴ θυμός με κελεύει.
Ἀλλά μοι εἴφ', ὅπη ἔσχες ἰὼν εὐεργέα νῆα·
Ἠ που ἐπ' ἐσχατιῆς, ἢ καὶ σχεδὸν, ὄφρα δαείω.   280
'Ὡς φάτο πειράζων· ἐμὲ δ' οὐ λάθεν εἰδότα πολλά·
Ἀλλά μιν ἄψορρον προσέφην δολίοις ἐπέεσσι·
Νέα μέν μοι κατέαξε Ποσειδάων ἐνοσίχθων,
Πρὸς πέτρῃσι βαλὼν, ὑμῆς ἐπὶ πείρασι γαίης,
Ἄκρῃ προσπελάσας· ἄνεμος δ' ἐκ πόντου ἔνεικεν·   285
Αὐτὰρ ἐγὼ σὺν τοῖσδε ὑπέκφυγον αἰπὺν ὄλεθρον.
'Ὡς ἐφάμην· ὁ δέ μ' οὐδὲν ἀμείβετο νηλέϊ θυμῷ·

Ἀλλ' ὅγ' ἀναΐξας ἑτάροις ἐπὶ χεῖρας ἴαλλε·
Σὺν δὲ δύω μάρψας, ὥστε σκύλακας, ποτὶ γαίῃ
Κόπτ'· ἐκ δ' ἐγκέφαλος χαμάδις ῥέε, δεῦε δὲ γαῖαν. 290
Τοὺς δὲ διαμελεϊστὶ ταμὼν ὡπλίσσατο δόρπον·
Ἦσθιε δ', ὥστε λέων ὀρεσίτροφος, οὐδ' ἀπέλειπεν
Ἔγκατά τε, σάρκας τε, καὶ ὀστέα μυελόεντα.
Ἡμεῖς δὲ κλαίοντες ἀνεσχέθομεν Διὶ χεῖρας,
Σχέτλια ἔργ' ὁρόωντες· ἀμηχανίη δ' ἔχε θυμόν. 295
Αὐτὰρ ἐπεὶ Κύκλωψ μεγάλην ἐμπλήσατο νηδὺν,
Ἀνδρόμεα κρέ' ἔδων, καὶ ἐπ' ἄκρητον γάλα πίνων,
Κεῖτ' ἔντοσθ' ἄντροιο τανυσσάμενος διὰ μήλων.
Τὸν μὲν ἐγὼ βούλευσα κατὰ μεγαλήτορα θυμὸν,
Ἆσσον ἰὼν, ξίφος ὀξὺ ἐρυσσάμενος παρὰ μηροῦ, 300
Οὐτάμεναι πρὸς στῆθος, ὅθι φρένες ἧπαρ ἔχουσιν,
Χείρ' ἐπιμασσάμενος· ἕτερος δέ με θυμὸς ἔρυκεν·
Αὐτοῦ γάρ κε καὶ ἄμμες ἀπωλόμεθ' αἰπὺν ὄλεθρον·
Οὐ γάρ κεν δυνάμεσθα θυράων ὑψηλάων
Χερσὶν ἀπώσασθαι λίθον ὄβριμον, ὃν προσέθηκεν. 305
Ὣς τότε μὲν στενάχοντες ἐμείναμεν ἠῶ δῖαν.
Ἦμος δ' ἠριγένεια φάνη ῥοδοδάκτυλος ἠὼς,
Καὶ τότε πῦρ ἀνέκαιε, καὶ ἤμελγε κλυτὰ μῆλα,
Πάντα κατὰ μοῖραν· καὶ ὑπ' ἔμβρυον ἧκεν ἑκάστῃ.
Αὐτὰρ ἐπειδὴ σπεῦσε πονησάμενος τὰ ἃ ἔργα, 310
Σὺν δ' ὅγε δ' αὖτε δύω μάρψας ὡπλίσσατο δεῖπνον.
Δειπνήσας δ' ἄντρου ἐξήλασε πίονα μῆλα,
Ῥηϊδίως ἀφελὼν θυρεὸν μέγαν· αὐτὰρ ἔπειτα
Ἂψ ἐπέθηχ', ὡς εἴτε φαρέτρῃ πῶμ' ἐπιθείη.
Πολλῇ δὲ ῥοίζῳ πρὸς ὄρος τρέπε πίονα μῆλα 315
Κύκλωψ· αὐτὰρ ἐγὼ λιπόμην κακὰ βυσσοδομεύων,
Εἴ πως τισαίμην, δοίη δέ μοι εὖχος Ἀθήνη.
Ἥδε δέ μοι κατὰ θυμὸν ἀρίστη φαίνετο βουλή.
Κύκλωπος γὰρ ἔκειτο μέγα ῥόπαλον παρὰ σηκῷ,
Χλωρὸν, ἐλαΐνεον· τὸ μὲν ἔκταμεν, ὄφρα φοροίη 320

Ἀυανθέν· τὸ μὲν ἄμμες εἴσκομεν εἰσορόωντες,
Ὅσσον θ' ἱστὸν νηὸς ἐεικοσόροιο μελαίνης,
Φορτίδος, εὐρείης, ἥτ' ἐκπερᾷ μέγα λαῖτμα·
Τόσσον ἔην μῆκος, τόσσον πάχος εἰσοράασθαι.
Τοῦ μὲν ὅσον τ' ὄργυιαν ἐγὼν ἀπέκοψα παραστάς,   325
Καὶ παρέθηχ' ἑτάροισιν, ἀποξῦναι δ'. ἐκέλευσα.
Οἱ δ' ὁμαλὸν ποίησαν· ἐγὼ δ' ἐθόωσα παραστὰς
Ἄκρον, ἄφαρ δὲ λαβὼν ἐπυράκτεον ἐν πυρὶ κηλέῳ.
Καὶ τὸ μὲν εὖ κατέθηκα κατακρύψας ὑπὸ κόπρῳ,
Ἥ ῥα κατὰ σπείους κέχυτο μεγάλ' ἤλιθα πολλή.   330
Αὐτὰρ τοὺς ἄλλους κλήρῳ πεπαλάχθαι ἄνωγον,
Ὅστις τολμήσειεν ἐμοὶ σὺν μοχλὸν ἀείρας
Τρίψαι ἐν ὀφθαλμῷ, ὅτε τὸν γλυκὺς ὕπνος ἱκάνοι.
Οἱ δ' ἔλαχον, τοὺς ἄν κε καὶ ἤθελον αὐτὸς ἑλέσθαι,
Τέσσαρες, αὐτὰρ ἐγὼ πέμπτος μετὰ τοῖσιν ἐλέγμην.   '335
Ἑσπέριος δ' ἦλθεν καλλίτριχα μῆλα νομεύων·
Αὐτίκα δ' εἰς εὐρὺ σπέος ἤλασε πίονα μῆλα,
Πάντα μάλ'· οὐδέ τι λεῖπε βαθείης ἔκτοθεν αὐλῆς,
Ἤ τι ὀισσάμενος, ἢ καὶ θεὸς ὣς ἐκέλευσεν.
Αὐτὰρ ἔπειτ' ἐπέθηκε θυρεὸν μέγαν ὑψόσ' ἀείρας,   340
Ἑζόμενος δ' ἤμελγεν ὄϊς καὶ μηκάδας αἶγας,
Πάντα κατὰ μοῖραν, καὶ ὑπ' ἔμβρυον ἧκεν ἑκάστῃ.
Αὐτὰρ ἐπειδὴ σπεῦσε πονησάμενος τὰ ἃ ἔργα,
Σὺν δ' ὅγε δ' αὖτε δύω μάρψας ὡπλίσσατο δόρπον.
Καὶ τότ' ἐγὼ Κύκλωπα προσηύδων ἄγχι παραστάς,   345
Κισσύβιον μετὰ χερσὶν ἔχων μέλανος οἴνοιο·

Κύκλωψ, τῆ, πίε οἶνον, ἐπεὶ φάγες ἀνδρόμεα κρέα·
Ὄφρ' εἰδῇς, οἷόν τι ποτὸν τόδε νηῦς ἐκεκεύθει
Ἡμετέρη· σοὶ δ' αὖ λοιβὴν φέρον, εἴ μ' ἐλεήσας
Οἴκαδε πέμψειας· σὺ δὲ μαίνεαι οὐκέτ' ἀνεκτῶς.   350
Σχέτλιε, πῶς κέν τίς σε καὶ ὕστερον ἄλλος ἵκοιτο
Ἀνθρώπων πολέων; ἐπεὶ οὐ κατὰ μοῖραν ἔρεξας.
Ὣς ἐφάμην· ὁ δ' ἔδεκτο καὶ ἔκπιεν· ἥσατο δ' αἰνῶς

Ἡδὺ ποτὸν πίνων· καί μ' ᾔτεε δεύτερον αὖτις·

  Δός μοι ἔτι πρόφρων, καί μοι τεὸν οὔνομα εἰπὲ   355
Αὐτίκα νῦν, ἵνα τοι δῶ ξείνιον, ᾧ κε σὺ χαίροις.
Καὶ γὰρ Κυκλώπεσσι φέρει ζείδωρος ἄρουρα
Οἶνον ἐρισταφυλον, καί σφιν Διὸς ὄμβρος ἀέξει·
Ἀλλὰ τόδ' ἀμβροσίης καὶ νέκταρός ἐστιν ἀποῤῥώξ.

  Ὣς ἔφατ'· αὐτὰρ οἱ αὖτις ἐγὼ πόρον αἴθοπα οἶνον·
Τρὶς μὲν ἔδωκα φέρων, τρὶς δ' ἔκπιεν ἀφραδίῃσιν.   361
Αὐτὰρ ἐπεὶ Κύκλωπα περὶ φρένας ἤλυθεν οἶνος,
Καὶ τότε δή μιν ἔπεσσι προσηύδων μειλιχίοισι·

  Κύκλωψ, εἰρωτᾷς μ' ὄνομα κλυτόν ; αὐτὰρ ἐγώ τοι
Ἐξερέω· σὺ δέ μοι δὸς ξείνιον, ὥσπερ ὑπέστης.   365
Οὔτις ἐμοίγ' ὄνομα·   Οὖτιν δέ με κικλήσκουσι
Μήτηρ ἠδὲ πατήρ, ἠδ' ἄλλοι πάντες ἑταῖροι.

  Ὣς ἐφάμην· ὁ δέ μ' αὖτις ἀμείβετο νηλέϊ θυμῷ·
Οὖτιν ἐγὼ πύματον ἔδομαι μετὰ οἷς ἑτάροισι,
Τοὺς δ' ἄλλους πρόσθεν· τόδε τοι ξεινήϊον ἔσται.   370

  Ἦ, καὶ ἀνακλινθεὶς πέσεν ὕπτιος· αὐτὰρ ἔπειτα
Κεῖτ' ἀποδοχμώσας παχὺν αὐχένα· καδδέ μιν ὕπνος
Ἥρει πανδαμάτωρ· φάρυγος δ' ἐξέσσυτο οἶνος,
Ψωμοί τ' ἀνδρόμεοι· ὁ δ' ἐρεύγετο οἰνοβαρείων.
Καὶ τότ' ἐγὼ τὸν μοχλὸν ὑπὸ σποδοῦ ἤλασα πολλῆς, 375
Εἷος θερμαίνοιτο· ἔπεσσί τε πάντας ἑταίρους
Θάρσυνον, μή τίς μοι ὑποδδείσας ἀναδύῃ.
Ἀλλ' ὅτε δὴ τάχ' ὁ μοχλὸς ἐλάϊνος ἐν πυρὶ μέλλεν
Ἅψεσθαι, χλωρός περ ἐὼν, διεφαίνετο δ' αἰνῶς,
Καὶ τότ' ἐγὼν ἆσσον φέρον ἐκ πυρός, ἀμφὶ δ' ἑταῖροι 380
Ἵσταντ'· αὐτὰρ θάρσος ἐνέπνευσεν μέγα δαίμων.
Οἱ μὲν, μοχλὸν ἑλόντες ἐλάϊνον, ὀξὺν ἐπ' ἄκρῳ,
Ὀφθαλμῷ ἐνέρεισαν· ἐγὼ δ' ἐφύπερθεν ἀερθεὶς
Δίνεον· ὡς δ' ὅτε τις τρυπῷ δόρυ νήϊον ἀνὴρ
Τρυπάνῳ, οἱ δέ τ' ἔνερθεν ὑποσσείουσιν ἱμάντι   385
Ἁψάμενοι ἑκάτερθε, τὸ δὲ τρέχει ἐμμενὲς αἰεί·

Ὡς τοῦ ἐν ὀφθαλμῷ πυριήκεα μοχλὸν ἑλόντες
Δινέομεν, τὸν δ᾽ αἷμα περίῤῥεε θερμὸν ἐόντα.
Πάντα δέ οἱ βλέφαρ᾽ ἀμφὶ καὶ ὀφρύας εὗσεν ἀϋτμὴ,
Γλήνης καιομένης· σφαραγεῦντο δέ οἱ πυρὶ ῥίζαι.   390
Ὡς δ᾽ ὅτ᾽ ἀνὴρ χαλκεὺς πέλεκυν μέγαν, ἠὲ σκέπαρνον,
Εἰν ὕδατι ψυχρῷ βάπτει μεγάλα ἰάχοντα,
Φαρμάσσων· τὸ γὰρ αὖτε σιδήρου γε κράτος ἐστίν·
Ὡς τοῦ σίζ᾽ ὀφθαλμὸς ἐλαϊνέῳ περὶ μοχλῷ.
Σμερδαλέον δὲ μέγ᾽ ᾤμωξεν· περὶ δ᾽ ἴαχε πέτρη·   395
Ἡμεῖς δὲ δείσαντες ἀπεσσύμεθ᾽. αὐτὰρ ὁ μοχλὸν
Ἐξέρυσ᾽ ὀφθαλμοῖο πεφυρμένον αἵματι πολλῷ·
Τὸν μὲν ἔπειτ᾽ ἔῤῥιψεν ἀπὸ ἕο χερσὶν ἀλύων.
Αὐτὰρ ὁ Κύκλωπας μεγάλ᾽ ἤπυεν, οἵ ῥά μιν ἀμφὶς
Ὤκεον ἐν σπήεσσι δι᾽ ἄκριας ἠνεμοέσσας·   400
Οἱ δὲ βοῆς ἀΐοντες ἐφοίτων ἄλλοθεν ἄλλος·
Ἱστάμενοι δ᾽ εἴροντο περὶ σπέος, ὅ τι ἑ κήδοι·
Τίπτε τόσον, Πολύφημ᾽, ἀρημένος ὧδ᾽ ἐβόησας,
Νύκτα δι᾽ ἀμβροσίην, καὶ ἀΰπνους ἄμμε τίθησθα;
Ἦ μή τίς σευ μῆλα βροτῶν ἀέκοντος ἐλαύνει;   405
Ἦ μή τίς σ᾽ αὐτὸν κτείνῃ δόλῳ, ἠὲ βίηφι;
Τοὺς δ᾽ αὖτ᾽ ἐξ ἄντρου προσέφη κρατερὸς Πολύφημος·
Ὦ φίλοι, Οὖτίς με κτείνει δόλῳ, οὐδὲ βίηφιν.
Οἱ δ᾽ ἀπαμειβόμενοι ἔπεα πτερόεντ᾽ ἀγόρευον·
Εἰ μὲν δὴ μήτις σε βιάζεται, οἶον ἐόντα,   410
Νοῦσόν γ᾽ οὔπως ἔστι Διὸς μεγάλου ἀλέασθαι.
Ἀλλὰ σύ γ᾽ εὔχεο πατρὶ Ποσειδάωνι ἄνακτι.
Ὡς ἄρ᾽ ἔφαν ἀπιόντες· ἐμὸν δ᾽ ἐγέλασσε φίλον κῆρ,
Ὡς ὄνομ᾽ ἐξαπάτησεν ἐμὸν καὶ μῆτις ἀμύμων.
Κύκλωψ δὲ στενάχων τε καὶ ὠδίνων ὀδύνῃσι,   415
Χερσὶ ψηλαφόων, ἀπὸ μὲν λίθον εἷλε θυράων·
Αὐτὸς δ᾽ εἰνὶ θύρῃσι καθέζετο, χεῖρε πετάσσας,
Εἴ τινά που μετ᾽ ὄεσσι λάβοι στείχοντα θύραζε·
Οὕτω γάρ πού μ᾽ ἤλπετ᾽ ἐνὶ φρεσὶ νήπιον εἶναι.

Αὐτὰρ ἐγὼ βούλενον, ὅπως ὄχ᾽ ἄριστα γένοιτο,　　　420
Εἴ τιν᾽ ἑταίροισιν θανάτου λύσιν ἠδ᾽ ἐμοὶ αὐτῷ
Εὑροίμην· πάντας δὲ δόλους καὶ μῆτιν ὕφαινον,
Ὥστε περὶ ψυχῆς· μέγα γὰρ κακὸν ἐγγύθεν ἦεν.
Ἥδε δέ μοι κατὰ θυμὸν ἀρίστη φαίνετο βουλή.
Ἄρσενες ὄϊες ἦσαν ἐϋτρεφέες, δασύμαλλοι,　　　425
Καλοί τε μεγάλοι τε, ἰοδνεφὲς εἶρος ἔχοντες·
Τοὺς ἀκέων συνέεργον ἐϋστρεφέεσσι λύγοισι,
Τῆς ἔπι Κύκλωψ εὗδε, πέλωρ, ἀθεμίστια εἰδὼς,
Σύντρεις αἰνύμενος· ὁ μὲν ἐν μέσῳ ἄνδρα φέρεσκε,
Τὼ δ᾽ ἑτέρω ἑκάτερθεν ἴτην, σώοντες ἑταίρους.　　　430
Τρεῖς δὲ ἕκαστον φῶτ᾽ ὄϊες φέρον· αὐτὰρ ἔγωγε,—
Ἀρνειὸς γὰρ ἔην, μήλων ὄχ᾽ ἄριστος ἁπάντων,—
Τοῦ κατὰ νῶτα λαβὼν, λασίην ὑπὸ γαστέρ᾽ ἐλυσθεὶς,
Κείμην· αὐτὰρ χερσὶν ἀώτου θεσπεσίοιο
Νωλεμέως στρεφθεὶς ἐχόμην τετληότι θυμῷ.　　　435
Ὣς τότε μὲν στενάχοντες ἐμείναμεν ἠῶ δῖαν.
Ἦμος δ᾽ ἠριγένεια φάνη ῥοδοδάκτυλος ἠώς,
Καὶ τότ᾽ ἔπειτα νομόνδ᾽ ἐξέσσυτο ἄρσενα μῆλα·
Θήλειαι δ᾽ ἐμέμηκον ἀνήμελκτοι περὶ σηκούς·
Οὔθατα γὰρ σφαραγεῦντο. ἄναξ δ᾽ ὀδύνῃσι κακῇσι　　　440
Τειρόμενος, πάντων οἰῶν ἐπεμαίετο νῶτα
Ὀρθῶν ἑσταότων· τὸ δὲ νήπιος οὐκ ἐνόησεν,
Ὣς οἱ ὑπ᾽ εἰροπόκων οἰῶν στέρνοισι δέδεντο.
Ὕστατος ἀρνειὸς μήλων ἔστειχε θύραζε,
Λάχμῳ στεινόμενος, καὶ ἐμοὶ πυκινὰ φρονέοντι.　　　445
Τὸν δ᾽ ἐπιμασσάμενος προσέφη κρατερὸς Πολύφημος·
　　Κριὲ πέπον, τί μοι ὧδε διὰ σπέος ἔσσυο μήλων
Ὕστατος ; οὔτι πάρος γε λελειμμένος ἔρχεαι οἰῶν,
Ἀλλὰ πολὺ πρῶτος νέμεαι τέρεν᾽ ἄνθεα ποίης,
Μακρὰ βιβάς· πρῶτος δὲ ῥοὰς ποταμῶν ἀφικάνεις·　　　450
Πρῶτος δὲ σταθμόνδε λιλαίεαι ἀπονέεσθαι
Ἑσπέριος· νῦν αὖτε πανύστατος. ἦ σύ γ᾽ ἄνακτος

Οφθαλμὸν ποθέεις; τὸν ἀνὴρ κακὸς ἐξαλάωσε,
Σὺν λυγροῖς ἑτάροισι, δαμασσάμενος φρένας οἴνῳ,
Οὖτις, ὃν οὔπω φημὶ πεφυγμένον εἶναι ὄλεθρον.   455
Εἰ δὴ ὁμοφρονέοις, ποτιφωνήεις τε γένοιο,
Εἰπεῖν, ὅππη κεῖνος ἐμὸν μένος ἠλασκάζει·
Τῷ κέ οἱ ἐγκέφαλός γε διὰ σπέος ἄλλυδις ἄλλη
Θεινομένου ῥαίοιτο πρὸς οὐδεῖ· καδδέ κ᾽ ἐμὸν κῆρ
Λωφήσειε κακῶν, τά μοι οὐτιδανὸς πόρεν Οὖτις.   460
. Ὣς εἰπὼν, τὸν κριὸν ἀπὸ ἕο πέμπε θύραζε.
Ελθόντες δ᾽ ἠβαιὸν ἀπὸ σπείους τε καὶ αὐλῆς,
Πρῶτος ὑπ᾽ ἀρνειοῦ λυόμην, ὑπέλυσα δ᾽ ἑταίρους.
Καρπαλίμως δὲ τὰ μῆλα ταναύποδα, πίονα δημῷ,
Πολλὰ περιτροπέοντες ἐλαύνομεν, ὄφρ᾽ ἐπὶ νῆα   465
Ἱκόμεθ᾽· ἀσπάσιοι δὲ φίλοις ἑτάροισι φάνημεν,
Οἳ φύγομεν θάνατον· τοὺς δὲ στενάχοντο γοῶντες.
Ἀλλ᾽ ἐγὼ οὐκ εἴων, ἀνὰ δ᾽ ὀφρύσι νεῦον ἑκάστῳ,
Κλαίειν· ἀλλ᾽ ἐκέλευσά θοῶς καλλίτριχα μῆλα
Πόλλ᾽ ἐν νηῒ βαλόντας ἐπιπλεῖν ἁλμυρὸν ὕδωρ.   470
Οἱ δ᾽ αἶψ᾽ εἴσβαινον, καὶ ἐπὶ κληῖσι κάθιζον·
Ἑξῆς δ᾽ ἑζόμενοι πολιὴν ἅλα τύπτον ἐρετμοῖς.
Ἀλλ᾽ ὅτε τόσσον ἀπῆν, ὅσσον τε γέγωνε βοήσας,
Καὶ τότ᾽ ἐγὼ Κύκλωπα προσηύδων κερτομίοισι·
  Κύκλωψ, οὐκ ἄρ᾽ ἔμελλες ἀνάλκιδος ἀνδρὸς ἑταίρους
Εδμεναι ἐν σπῆϊ γλαφυρῷ κρατερῆφι βίηφι.   476
Καὶ λίην σέ γ᾽ ἔμελλε κιχήσεσθαι κακὰ ἔργα,
Σχέτλι᾽· ἐπεὶ ξείνους οὐχ ἅζεο σῷ ἐνὶ οἴκῳ
Εσθέμεναι· τῷ σε Ζεὺς τίσατο καὶ θεοὶ ἄλλοι.
  Ὣς ἐφάμην· ὁ δ᾽ ἔπειτα χολώσατο κηρόθι μᾶλλον·   480
Ἧκε δ᾽ ἀπορρήξας κορυφὴν ὄρεος μεγάλοιο·
Κάδδ᾽ ἔβαλε προπάροιθε νεὼς κυανοπρώροιο,
[Τυτθὸν ἐδεύησεν δ᾽ οἰήϊον ἄκρον ἱκέσθαι.]
Εκλύσθη δὲ θάλασσα κατερχομένης ὑπὸ πέτρης·
Τὴν δ᾽ αἶψ᾽ ἤπειρόνδε παλιρρόθιον φέρε κῦμα,   485

Πικραμένοις ἐκ πόντοιο. θέρμα δὲ χέρσον ἱκέσθαι
Αὐτὰρ ἐγὼ χείρεσσι λαβὼν περιμήκεα κοντὸν
Ὦσα παρέξ· ἑτάροισι δ᾽ ἐποτρύνας ἐκέλευσα
Ἐμβαλέειν κώπῃς, ἵν᾽ ὑπὲκ κακότητα φύγοιμεν,
Κρατὶ κατανεύων· οἱ δὲ προπεσόντες ἔρεσσον.   490
Ἀλλ᾽ ὅτε δὴ δὶς τόσσον ἅλα πρήσσοντες ἀπῆμεν,
Καὶ τότ᾽ ἐγὼ Κύκλωπα προσηύδων· ἀμφὶ δ᾽ ἑταῖροι
Μειλιχίοις ἐπέεσσιν ἐρήτυον ἄλλοθεν ἄλλος·

Σχέτλιε, τίπτ᾽ ἐθέλεις ἐρεθιζέμεν ἄγριον ἄνδρα;
Ὃς καὶ νῦν πόντονδε βαλὼν βέλος, ἤγαγε νῆα   495
Αὖτις ἐς ἤπειρον, καὶ δὴ φάμεν αὐτόθ᾽ ὀλέσθαι.
Εἰ δὲ φθεγξαμένου τευ, ἢ αὐδήσαντος ἄκουσε,
Σύν κεν ἄραξ᾽ ἡμέων κεφαλὰς, καὶ νήϊα δοῦρα,
Μαρμάρῳ ὀκριόεντι βαλών· τόσσον γὰρ ἵησιν.

Ὣς φάσαν· ἀλλ᾽ οὐ πεῖθον ἐμὸν μεγαλήτορα θυμόν,
Ἀλλά μιν ἄψορρον προσέφην κεκοτηότι θυμῷ   501

Κύκλωψ, αἴκεν τίς σε καταθνητῶν ἀνθρώπων
Ὀφθαλμοῦ εἴρηται ἀεικελίην ἀλαωτὺν,
Φάσθαι, Ὀδυσσῆα πτολιπόρθιον ἐξαλαῶσαι,
Υἱὸν Λαέρτεω, Ἰθάκῃ ἔνι οἰκί᾽ ἔχοντα.   505
Ὣς ἐφάμην· ὁ δέ μ᾽ οἰμώξας ἠμείβετο μύθῳ
Ὦ πόποι, ἦ μάλα δή με παλαίφατα θέσφαθ᾽ ἱκάνει.
Ἔσκε τις ἐνθάδε μάντις ἀνήρ, ἠΰς τε μέγας τε,
Τήλεμος Εὐρυμίδης, ὃς μαντοσύνῃ ἐκέκαστο,
Καὶ μαντευόμενος κατεγήρα Κυκλώπεσσιν·   510
Ὃς μοι ἔφη τάδε πάντα τελευτήσεσθαι ὀπίσσω,
Χειρῶν ἐξ Ὀδυσῆος ἁμαρτήσεσθαι ὀπωπῆς.
Ἀλλ᾽ αἰεί τινα φῶτα μέγαν καὶ καλὸν ἐδέγμην
Ἐνθάδ᾽ ἐλεύσεσθαι, μεγάλην ἐπιειμένον ἀλκήν.
Νῦν δέ μ᾽ ἐὼν ὀλίγος τε, καὶ οὐτιδανὸς, καὶ ἄκικυς,   515
Ὀφθαλμοῦ ἀλάωσεν, ἐπεί μ᾽ ἐδαμάσσατο οἴνῳ.
Ἀλλ᾽ ἄγε δεῦρ᾽, Ὀδυσεῦ, ἵνα τοι πὰρ ξείνια θείω,
Πομπήν τ᾽ ὀτρύνω δόμεναι κλυτὸν Ἐννοσίγαιον·

Τοῦ γὰρ ἐγὼ παῖς εἰμι, πατὴρ δ᾽ ἐμὸς εὔχεται εἶναι.
Αὐτὸς δ᾽, αἴκ᾽ ἐθέλῃσ᾽, ἰήσεται, οὐδέ τις ἄλλος,   520
Οὔτε θεῶν μακάρων, οὔτε θνητῶν ἀνθρώπων.
  Ὣς ἔφατ᾽· αὐτὰρ ἐγώ μιν ἀμειβόμενος προσέειπον·
Αἲ γὰρ δὴ ψυχῆς τε καὶ αἰῶνός σε δυναίμην
Εὖνιν ποιήσας πέμψαι δόμον Ἄϊδος εἴσω,
Ὣς οὐκ ὀφθαλμόν γ᾽ ἰήσεται οὐδ᾽ Ἐνοσίχθων.   525
  Ὣς ἐφάμην· ὁ δ᾽ ἔπειτα Ποσειδάωνι ἄνακτι
Εὔχετο, χεῖρ᾽ ὀρέγων εἰς οὐρανὸν ἀστερόεντα·
  Κλῦθι, Ποσείδαον, γαιήοχε, κυανοχαῖτα·
Εἰ ἐτεόν γε σός εἰμι, πατὴρ δ᾽ ἐμὸς εὔχεαι εἶναι,
Δὸς μὴ Ὀδυσσῆα πτολιπόρθιον οἴκαδ᾽ ἱκέσθαι,   530
Υἱὸν Λαέρτεω, Ἰθάκῃ ἔνι οἰκί᾽ ἔχοντα.
Ἀλλ᾽ εἴ οἱ μοῖρ᾽ ἐστὶ φίλους τ᾽ ἰδέειν, καὶ ἱκέσθαι
Οἶκον ἐϋκτίμενον καὶ ἑὴν ἐς πατρίδα γαῖαν,
Ὀψὲ κακῶς ἔλθοι, ὀλέσας ἀπὸ πάντας ἑταίρους,
Νηὸς ἐπ᾽ ἀλλοτρίης, εὕροι δ᾽ ἐν πήματα οἴκῳ.   535
  Ὣς ἔφατ᾽ εὐχόμενος· τοῦ δ᾽ ἔκλυε Κυανοχαίτης.
Αὐτὰρ ὅγ᾽ ἐξαῦτις πολὺ μείζονα λᾶαν ἀείρας,
Ἧκ᾽ ἐπιδινήσας· ἐπέρεισε δὲ ἶν᾽ ἀπέλεθρον·
Κάδδ᾽ ἔβαλεν μετόπισθε νεὼς κυανοπρώροιο,
Τυτθὸν ἐδεύησεν δ᾽ οἰήϊον ἄκρον ἱκέσθαι.   540
Ἐκλύσθη δὲ θάλασσα κατερχομένης ὑπὸ πέτρης·
Τὴν δὲ πρόσω φέρε κῦμα, θέμωσε δὲ χέρσον ἱκέσθαι.
Ἀλλ᾽ ὅτε δὴ τὴν νῆσον ἀφικόμεθ᾽, ἔνθα περ ἄλλαι
Νῆες ἐΰσσελμοι μένον ἀθρόαι, ἀμφὶ δ᾽ ἑταῖροι
Εἴατ᾽ ὀδυρόμενοι, ἡμέας ποτιδέγμενοι αἰεί·   545
Νῆα μὲν ἔνθ᾽ ἐλθόντες ἐκέλσαμεν ἐν ψαμάθοισιν,
Ἐκ δὲ καὶ αὐτοὶ βῆμεν ἐπὶ ῥηγμῖνι θαλάσσης.
Μῆλα δὲ Κύκλωπος γλαφυρῆς ἐκ νηὸς ἑλόντες,
Δασσάμεθ᾽, ὡς μήτις μοι ἀτεμβόμενος κίοι ἴσης.
Ἀρνειὸν δ᾽ ἐμοὶ οἴῳ ἐϋκνήμιδες ἑταῖροι,   550
Μήλων δαιομένων, δόσαν ἔξοχα· τὸν δ᾽ ἐπὶ θινὶ

Ζηνὶ κελαινεφέϊ Κρονίδῃ, ὃς πᾶσιν ἀνάσσει,
Ῥέξας, μηρί᾽ ἔκαιον· ὁ δ᾽ οὐκ ἐμπάζετο ἱρῶν,
Ἀλλ᾽ ἄρα μερμήριζεν, ὅπως ἀπολοίατο πᾶσαι
Νῆες ἐΰσσελμοι, καὶ ἐμοὶ ἐρίηρες ἑταῖροι.   555
Ὣς τότε μὲν πρόπαν ἦμαρ, ἐς ἠέλιον καταδύντα,
Ἥμεθα δαινύμενοι κρέα τ᾽ ἄσπετα καὶ μέθυ ἡδύ.
Ἧμος δ᾽ ἠέλιος κατέδυ, καὶ ἐπὶ κνέφας ἦλθε,
Καὶ τότ᾽ ἐκοιμήθημεν ἐπὶ ῥηγμῖνι θαλάσσης.
Ἧμος δ᾽ ἠριγένεια φάνη ῥοδοδάκτυλος ἠώς,   560
Δὴ τότ᾽ ἐγὼν ἑτάροισιν ἐποτρύνων ἐκέλευσα,
Αὐτούς τ᾽ ἀμβαίνειν, ἀνά τε πρυμνήσια λῦσαι.
Οἱ δ᾽ αἶψ᾽ εἴσβαινον, καὶ ἐπὶ κληῖσι κάθιζον·
Ἑξῆς δ᾽ ἑζόμενοι πολιὴν ἅλα τύπτον ἐρετμοῖς.
Ἔνθεν δὲ προτέρω πλέομεν, ἀκαχήμενοι ἦτορ,   565
Ἄσμενοι ἐκ θανάτοιο, φίλους ὀλέσαντες ἑταίρους.

* Ἐκ τῆς ΟΜΗΡΟΥ ΟΔΥΣΣΕΙΑΣ Λ.

1—43.

ΑΥΤΑΡ ἐπεί ῥ᾽ ἐπὶ νῆα κατήλθομεν ἠδὲ θάλασσαν,
Νῆα μὲν ἂρ πάμπρωτον ἐρύσσαμεν εἰς ἅλα δῖαν·
Ἐν δ᾽ ἱστὸν τιθέμεσθα καὶ ἱστία νηῒ μελαίνῃ·
Ἐν δὲ τὰ μῆλα λαβόντες ἐβήσαμεν· ἐν δὲ καὶ αὐτοὶ
Βαίνομεν ἀχνύμενοι, θαλερὸν κατὰ δάκρυ χέοντες.   5
Ἡμῖν δ᾽ αὖ κατόπισθε νεὼς κυανοπρώροιο
Ἴκμενον οὖρον ἵει πλησίστιον, ἐσθλὸν ἑταῖρον,
Κίρκη ἐϋπλόκαμος, δεινὴ θεὸς, αὐδήεσσα.
Ἡμεῖς δ᾽ ὅπλα ἕκαστα πονησάμενοι κατὰ νῆα,
Ἥμεθα· τὴν δ᾽ ἄνεμός τε κυβερνήτης τ᾽ ἴθυνε.   10
Τῆς δὲ πανημερίης τέταθ᾽ ἱστία ποντοπορούσης·
Δύσετό τ᾽ ἠέλιος, σκιόωντό τε πᾶσαι ἀγυιαί.

Ἡ δ' ἐς πείραθ' ἵκανε βαθυῤῥόου Ὠκεανοῖο·
Ἔνθα δὲ Κιμμερίων ἀνδρῶν δῆμός τε πόλις τε,
Ἤέρι καὶ νεφέλῃ κεκαλυμμένοι· οὐδέ ποτ' αὐτοὺς   15
Ἥλιος φαέθων ἐπιδέρκεται ἀκτίνεσσιν,
Οὔθ' ὁπόταν στείχῃσι πρὸς οὐρανὸν ἀστερόεντα,
Οὔθ' ὅταν ἄψ ἐπὶ γαῖαν ἀπ' οὐρανόθεν προτράπηται·
Ἀλλ' ἐπὶ νὺξ ὀλοὴ τέταται δειλοῖσι βροτοῖσι.
Νῆα μὲν ἔνθ' ἐλθόντες ἐκέλσαμεν· ἐκ δὲ τὰ μῆλα   20
Εἱλόμεθ'· αὐτοὶ δ' αὖτε παρὰ ῥόον Ὠκεανοῖο
Ἦομεν, ὄφρ' ἐς χῶρον ἀφικόμεθ', ὃν φράσε Κίρκη.
Ἔνθ' ἱερήϊα μὲν Περιμήδης Εὐρύλοχός τε
Εἶχον· ἐγὼ δ' ἄορ ὀξὺ ἐρυσσάμενος παρὰ μηροῦ,
Βόθρον ὄρυξα, ὅσον τε πυγούσιον ἔνθα καὶ ἔνθα·   25
Ἀμφ' αὐτῷ δὲ χοὰς χέομεν πᾶσιν νεκύεσσιν,
Πρῶτα μελικρήτῳ, μετέπειτα δὲ ἡδέϊ οἴνῳ,
Τὸ τρίτον αὖθ' ὕδατι· ἐπὶ δ' ἄλφιτα λευκὰ πάλυνον.
Πολλὰ δὲ γουνούμην νεκύων ἀμενηνὰ κάρηνα,
Ἐλθὼν εἰς Ἰθάκην, στεῖραν βοῦν, ἥτις ἀρίστη,   30
Ῥέξειν ἐν μεγάροισι, πυρήν τ' ἐμπλησέμεν ἐσθλῶν·
Τειρεσίῃ δ' ἀπάνευθεν ὄϊν ἱερευσέμεν οἴῳ
Παμμέλαν', ὃς μήλοισι μεταπρέπει ἡμετέροισι.
Τοὺς δ' ἐπεὶ εὐχωλῇσι λιτῇσί τε, ἔθνεα νεκρῶν,
Ἐλλισάμην, τὰ δὲ μῆλα λαβὼν ἀπεδειροτόμησα   35
Ἐς βόθρον, ῥέε δ' αἷμα κελαινεφές· αἱ δ' ἀγέροντο
Ψυχαὶ ὑπὲξ Ἐρέβευς νεκύων κατατεθνειώτων,
Νύμφαι τ', ἠΐθεοί τε, πολύτλητοί τε γέροντες,
Παρθενικαί τ' ἀταλαί, νεοπενθέα θυμὸν ἔχουσαι·
Πολλοὶ δ' οὐτάμενοι χαλκήρεσιν ἐγχείῃσιν,   40
Ἄνδρες ἀρηΐφατοι, βεβροτωμένα τεύχε' ἔχοντες·
Οἳ πολλοὶ περὶ βόθρον ἐφοίτων ἄλλοθεν ἄλλος,
Θεσπεσίῃ ἰαχῇ· ἐμὲ δὲ χλωρὸν δέος ᾕρει.

386—639.

Ἦλθε δ' ἐπὶ ψυχὴ Ἀγαμέμνονος Ἀτρεΐδαο
Ἀχνυμένη· περὶ δ' ἄλλαι ἀγηγέραθ', ὅσσαι ἅμ' αὐτῷ
Οἴκῳ ἐν Αἰγίσθοιο θάνον καὶ πότμον ἐπέσπον.
Ἔγνω δ' αἶψ' ἐμὲ κεῖνος, ἐπεὶ πίεν αἷμα κελαινόν·
Κλαῖε δ' ὅγε λιγέως, θαλερὸν κατὰ δάκρυον εἴβων,   390
Πιτνὰς εἰς ἐμὲ χεῖρας, ὀρέξασθαι μενεαίνων·
Ἀλλ' οὐ γάρ οἱ ἔτ' ἦν ἲς ἔμπεδος, οὐδέ τι κῖκυς,
Οἵη περ πάρος ἔσκεν ἐνὶ γναμπτοῖσι μέλεσσι.
Τὸν μὲν ἐγὼ δάκρυσά τ' ἰδὼν, ἐλέησά τε θυμῷ,
Καί μιν φωνήσας ἔπεα πτερόεντα προσηύδων·   395
    Ἀτρεΐδη κύδιστε, ἄναξ ἀνδρῶν, Ἀγάμεμνον,
Τίς νύ σε κὴρ ἐδάμασσε τανηλεγέος θανάτοιο;
Ἠέ σέ γ' ἐν νήεσσι Ποσειδάων ἐδάμασσεν,
Ὄρσας ἀργαλέων ἀνέμων ἀμέγαρτον ἀϋτμήν;
Ἠέ σ' ἀνάρσιοι ἄνδρες ἐδηλήσαντ' ἐπὶ χέρσου,   ·   400
Βοῦς περιταμνόμενον ἠδ' οἰῶν πώεα καλὰ,
Ἠὲ περὶ πτόλιος μαχεούμενον, ἠὲ γυναικῶν;
    Ὣς ἐφάμην· ὁ δέ μ' αὐτίκ' ἀμειβόμενος προσέειπε·
Διογενὲς Λαερτιάδη, πολυμήχαν' Ὀδυσσεῦ,
Οὔτ' ἐμέ γ' ἐν νήεσσι Ποσειδάων ἐδάμασσεν,   405
Ὄρσας ἀργαλέων ἀνέμων ἀμέγαρτον ἀϋτμὴν,
Οὔτε μ' ἀνάρσιοι ἄνδρες ἐδηλήσαντ' ἐπὶ χέρσου·
Ἀλλά μοι Αἴγισθος τεύξας θάνατόν τε μόρον τε,
Ἔκτα, σὺν οὐλομένῃ ἀλόχῳ, οἶκόνδε καλέσσας,
Δειπνίσσας, ὥς τίς τε κατέκτανε βοῦν ἐπὶ φάτνῃ.   410
Ὣς θάνον οἰκτίστῳ θανάτῳ· περὶ δ' ἄλλοι ἑταῖροι
Νωλεμέως κτείνοντο, σύες ὣς ἀργιόδοντες,
Οἵ ῥά τ' ἐν ἀφνειοῦ ἀνδρὸς μέγα δυναμένοιο
Ἢ γάμῳ, ἢ ἐράνῳ, ἢ εἰλαπίνῃ τεθαλυίῃ.
Ἤδη μὲν πολέων ἀνδρῶν φόνῳ ἀντεβόλησας,   415

Μουνὰξ κτεινομένων, καὶ ἐνὶ κρατερῇ ὑσμίνῃ·
Ἀλλά κε κεῖνα μάλιστα ἰδὼν ὀλοφύραο θυμῷ,
Ὡς ἀμφὶ κρητῆρα, τραπέζας τε πληθούσας,
Κείμεθ᾽ ἐνὶ μεγάρῳ· δάπεδον δ᾽ ἅπαν αἵματι θῦεν.
Οἰκτροτάτην δ᾽ ἤκουσα ὄπα Πριάμοιο θυγατρὸς,   420
Κασσάνδρης, τὴν κτεῖνε Κλυταιμνήστρη δολόμητις
Ἀμφ᾽ ἐμοί. αὐτὰρ ἐγὼ ποτὶ γαίῃ χεῖρας ἀείρων.
Βάλλον ἀποθνήσκων περὶ φασγάνῳ· ἡ δὲ κυνῶπις
Νοσφίσατ᾽, οὐδέ μοι ἔτλη, ἰόντι περ εἰς Ἀΐδαο,
Χερσὶ κατ᾽ ὀφθαλμοὺς ἑλέειν, σύν τε στόμ᾽ ἐρεῖσαι.   425
Ὡς οὐκ αἰνότερον καὶ κύντερον ἄλλο γυναικὸς,
Ἥτις δὴ τοιαῦτα μετὰ φρεσὶν ἔργα βάληται·
Οἷον δὴ καὶ κείνη ἐμήσατο ἔργον ἀεικὲς,
Κουριδίῳ τεύξασα πόσει φόνον. ἤτοι ἔφην γε
Ἀσπάσιος παίδεσσιν, ἰδὲ δμώεσσιν ἐμοῖσιν,   430
Οἴκαδ᾽ ἐλεύσεσθαι. ἡ δ᾽ ἔξοχα λύγρ᾽ εἰδυῖα
Ἥ τε κατ᾽ αἶσχος ἔχευε, καὶ ἐσσομένῃσιν ὀπίσσω
Θηλυτέρῃσι γυναιξὶ, καὶ ἥ κ᾽ εὐεργὸς ἔῃσιν.
    Ὡς ἔφατ᾽· αὐτὰρ ἐγώ μιν ἀμειβόμενος προσέειπον·
Ὦ πόποι, ἦ μάλα δὴ γόνον Ἀτρέος εὐρύοπα Ζεὺς   435
Ἐκπάγλως ἤχθηρε, γυναικείας διὰ βουλὰς,
Ἐξ ἀρχῆς. Ἑλένης μὲν ἀπωλόμεθ᾽ εἵνεκα πολλοί·
Σοὶ δὲ Κλυταιμνήστρη δόλον ἤρτυε τηλόθ᾽ ἐόντι.
    Ὡς ἐφάμην· ὁ δέ μ᾽ αὐτίκ᾽ ἀμειβόμενος προσέειπε·
Τῷ νῦν μήποτε καὶ σὺ γυναικί περ ἤπιος εἶναι,   440
Μηδ᾽ οἱ μῦθον ἅπαντα πιφαυσκέμεν, ὃν κ᾽ εὖ εἰδῇς,
Ἀλλὰ τὸ μὲν φάσθαι, τὸ δὲ καὶ κεκρυμμένον εἶναι.
Ἀλλ᾽ οὐ σοίγ᾽, Ὀδυσεῦ, φόνος ἔσσεται ἔκ γε γυναικός·
Λίην γὰρ πινυτή τε, καὶ εὖ φρεσὶ μήδεα οἶδε,
Κούρη Ἰκαρίοιο, περίφρων Πηνελόπεια.   445
Ἦ μέν μιν νύμφην γε νέην κατελείπομεν ἡμεῖς,
Ἐρχόμενοι πόλεμόνδε· παῖς δέ οἱ ἦν ἐπὶ μαζῷ
Νήπιος, ὅς που νῦν γε μετ᾽ ἀνδρῶν ἵζει ἀριθμῷ,

Ὄλβιος· ἢ γὰρ τόνγε πατὴρ φίλος ὄψεται ἐλθὼν,
Καὶ κεῖνος πατέρα προσπτύξεται, ᾗ θέμις ἐστίν. 450
Ἡ δ᾽ ἐμὴ οὐδέ περ υἷος ἐνιπλησθῆναι ἄκοιτις
Ὀφθαλμοῖσιν ἔασε· πάρος δέ με πέφνε καὶ αὐτόν.
Ἄλλο δέ τοι ἐρέω, σὺ δ᾽ ἐνὶ φρεσὶ βάλλεο σῇσι·
Κρύβδην, μηδ᾽ ἀναφανδὰ, φίλην ἐς πατρίδα γαῖαν
Νῆα κατισχέμεναι· ἐπεὶ οὐκέτι πιστὰ γυναιξίν. 455
Ἀλλ᾽ ἄγε μοι τόδε εἰπὲ καὶ ἀτρεκέως κατάλεξον,
Εἴ που ἔτι ζώοντος ἀκούετε παιδὸς ἐμοῖο,
Ἤ που ἐν Ὀρχομενῷ, ἢ ἐν Πύλῳ ἠμαθόεντι,
Ἤ που πὰρ Μενελάῳ ἐνὶ Σπάρτῃ εὐρείῃ·
Οὐ γάρ πω τέθνηκεν ἐπὶ χθονὶ δῖος Ὀρέστης. 460
   Ὣς ἔφατ᾽· αὐτὰρ ἐγώ μιν ἀμειβόμενος προσέειπον·
Ἀτρείδη, τί με ταῦτα διείρεαι; οὐδέ τι οἶδα,
Ζώει ὅγ᾽, ἦ τέθνηκε· κακὸν δ᾽ ἀνεμώλια βάζειν.
   Νῶϊ μὲν ὣς ἐπέεσσιν ἀμειβομένω στυγεροῖσιν
Ἕσταμεν ἀχνύμενοι, θαλερὸν κατὰ δάκρυ χέοντες. 465
Ἦλθε δ᾽ ἐπὶ ψυχὴ Πηληϊάδεω Ἀχιλῆος,
Καὶ Πατροκλῆος, καὶ ἀμύμονος Ἀντιλόχοιο,
Αἴαντός θ᾽, ὃς ἄριστος ἔην εἶδός τε δέμας τε
Τῶν ἄλλων Δαναῶν, μετ᾽ ἀμύμονα Πηλείωνα.
Ἔγνω δὲ ψυχή με ποδώκεος Αἰακίδαο, 470
Καί ῥ᾽ ὀλοφυρομένη ἔπεα πτερόεντα προσηύδα·
   Διογενὲς Λαερτιάδη, πολυμήχαν᾽ Ὀδυσσεῦ,
Σχέτλιε, τίπτ᾽ ἔτι μεῖζον ἐνὶ φρεσὶ μήσεαι ἔργον;
Πῶς ἔτλης Ἀϊδόσδε κατελθέμεν, ἔνθα τε νεκροὶ
Ἀφραδέες ναίουσι, βροτῶν εἴδωλα καμόντων; 475
   Ὣς ἔφατ᾽· αὐτὰρ ἐγώ μιν ἀμειβόμενος προσέειπον·
Ὦ Ἀχιλεῦ, Πηλέος υἱὲ, μέγα φέρτατ᾽ Ἀχαιῶν,
Ἦλθον Τειρεσίαο κατὰ χρέος, εἴ τινα βουλὴν
Εἴποι, ὅπως Ἰθάκην ἐς παιπαλόεσσαν ἱκοίμην·
Οὐ γάρ πω σχεδὸν ἦλθον Ἀχαιΐδος, οὐδέ πω ἀμῆς 480
Γῆς ἐπέβην, ἀλλ᾽ αἰὲν ἔχω κακά. σεῖο δ᾽, Ἀχιλλεῦ,

Οὔτις ἀνὴρ προπάροιθε μακάρτατος, οὔτ᾽ ἄρ᾽ ὀπίσσω.
Πρὶν μὲν γάρ σε ζωὸν ἐτίομεν ἶσα θεοῖσιν
Ἀργεῖοι, νῦν αὖτε μέγα κρατέεις νεκύεσσιν,
Ἐνθάδ᾽ ἐών· τῷ μήτι θανὼν ἀκαχίζευ, Ἀχιλλεῦ.   485
    ῾Ως ἐφάμην· ὁ δέ μ᾽ αὐτίκ᾽ ἀμειβόμενος προσέειπε·
Μὴ δή μοι θάνατόν γε παραύδα, φαίδιμ᾽ Ὀδυσσεῦ·
Βουλοίμην κ᾽ ἐπάρουρος ἐὼν θητευέμεν ἄλλῳ
Ἀνδρὶ παρ᾽ ἀκλήρῳ, ᾧ μὴ βίοτος πολὺς εἴη,
Ἢ πᾶσιν νεκύεσσι καταφθιμένοισιν ἀνάσσειν.   490
Ἀλλ᾽ ἄγε μοι τοῦ παιδὸς ἀγαυοῦ μῦθον ἔνισπε,
Ἢ ἕπετ᾽ ἐς πόλεμον πρόμος ἔμμεναι, ἦὲ καὶ οὐκί.
Εἰπὲ δέ μοι, Πηλῆος ἀμύμονος εἴ τι πέπυσσαι,
Ἢ ἔτ᾽ ἔχει τιμὴν πολέσιν μετὰ Μυρμιδόνεσσιν,
Ἢ μιν ἀτιμάζουσιν ἀν᾽ ῾Ελλάδα τε Φθίην τε,   · 495
Οὕνεκά μιν κατὰ γῆρας ἔχει χεῖράς τε πόδας τε.
Οὐ γὰρ ἐγὼν ἐπαρωγὸς ὑπ᾽ αὐγὰς ἠελίοιο,
Τοῖος ἐών, οἷός ποτ᾽ ἐνὶ Τροίῃ εὐρείῃ
Πέφνον λαὸν ἄριστον, ἀμύνων Ἀργείοισιν.
Εἰ τοιόσδ᾽ ἔλθοιμι μίνυνθά περ ἐς πατέρος δῶ,   500
Τῷ κέ τεῳ στύξαιμι μένος καὶ χεῖρας ἀάπτους, ·
Οἵ κεῖνον βιόωνται, ἐέργουσίν τ᾽ ἀπὸ τιμῆς.
    ῾Ως ἔφατ᾽· αὐτὰρ ἐγώ μιν ἀμειβόμενος προσέειπον·
Ἤτοι μὲν Πηλῆος ἀμύμονος οὔτι πέπυσμαι·
Αὐτάρ τοι παιδός γε Νεοπτολέμοιο φίλοιο   505
Πᾶσαν ἀληθείην μυθήσομαι, ὥς με κελεύεις·
Αὐτὸς γάρ μιν ἐγὼ κοίλης ἐπὶ νηὸς ἐΐσης
Ἤγαγον ἐκ Σκύρου μετ᾽ ἐϋκνήμιδας Ἀχαιούς.
Ἤτοι ὅτ᾽ ἀμφὶ πόλιν Τροίην φραζοίμεθα βουλὰς,
Αἰεὶ πρῶτος ἔβαζε, καὶ οὐχ ἡμάρτανε μύθων·   510
Νέστωρ τ᾽ ἀντίθεος καὶ ἐγὼ νεικέσκομεν οἴω.
Αὐτὰρ ὅτ᾽ ἀμφὶ πόλιν Τροίην μαρνοίμεθ᾽ Ἀχαιοί,
Οὔποτ᾽ ἐνὶ πληθυῖ μένεν ἀνδρῶν, οὐδ᾽ ἐν ὁμίλῳ,
Ἀλλὰ πολὺ προθέεσκε, τὸ ὃν μένος οὐδενὶ εἴκων

Πολλοὺς δ' ἄνδρας ἔπεφνεν ἐν αἰνῇ δηϊοτῆτι.   515
Πάντας δ' οὐκ ἂν ἐγὼ μυθήσομαι, οὐδ' ὀνομήνω,
Ὅσσον λαὸν ἔπεφνεν ἀμύνων Ἀργείοισιν·
Ἀλλ' οἷον τὸν Τηλεφίδην κατενήρατο χαλκῷ
Ἥρω Εὐρύπυλον· πολλοὶ δ' ἀμφ' αὐτὸν ἑταῖροι
Κήτειοι κτείνοντο, γυναίων εἵνεκα δώρων·   520
Κεῖνον δὴ κάλλιστον ἴδον, μετὰ Μέμνονα δῖον.
Αὐτὰρ ὅτ' εἰς ἵππον κατεβαίνομεν, ὃν κάμ' Ἐπειός,
Ἀργείων οἱ ἄριστοι, ἐμοὶ δ' ἐπὶ πάντ' ἐτέταλτο,
Ἠμὲν ἀνακλῖναι πυκινὸν λόχον, ἠδ' ἐπιθεῖναι·
Ἐνθ' ἄλλοι Δαναῶν ἡγήτορες ἠδὲ μέδοντες   525
Δάκρυά τ' ὠμόργνυντο, τρέμεν θ' ὑπὸ γυῖα ἑκάστου·
Κεῖνον δ' οὔποτε πάμπαν ἐγὼν ἴδον ὀφθαλμοῖσιν
Οὔτ' ὠχρήσαντα χρόα κάλλιμον, οὔτε παρειῶν
Δάκρυ ὀμορξάμενον· ὁ δέ με μάλα πόλλ' ἱκέτευεν
Ἱππόθεν ἐξίμεναι· ξίφεος δ' ἐπεμαίετο κώπην,   530
Καὶ δόρυ χαλκοβαρές, κακὰ δὲ Τρώεσσι μενοίνα.
Ἀλλ' ὅτε δὴ Πριάμοιο πόλιν διεπέρσαμεν αἰπήν,
Μοῖραν καὶ γέρας ἐσθλὸν ἔχων ἐπὶ νηὸς ἔβαινεν
Ἀσκηθής, οὔτ' ἄρ βεβλημένος ὀξέϊ χαλκῷ,
Οὔτ' αὐτοσχεδίην οὐτασμένος· οἷά τε πολλὰ   535
Γίνεται ἐν πολέμῳ· ἐπιμὶξ δέ τε μαίνεται Ἄρης.
  Ὣς ἐφάμην· ψυχὴ δὲ ποδώκεος Αἰακίδαο
Φοίτα, μακρὰ βιβῶσα, κατ' ἀσφοδελὸν λειμῶνα,
Γηθοσύνη, ὅ οἱ υἱὸν ἔφην ἀριδείκετον εἶναι.
  Αἱ δ' ἄλλαι ψυχαὶ νεκύων κατατεθνειώτων   540
Ἕστασαν ἀχνύμεναι, εἴροντο δὲ κήδε' ἑκάστη.
Οἴη δ' Αἴαντος ψυχὴ Τελαμωνιάδαο
Νόσφιν ἀφεστήκει, κεχολωμένη εἵνεκα νίκης,
Τήν μιν ἐγὼ νίκησα, δικαζόμενος παρὰ νηυσὶ,
Τεύχεσιν ἀμφ' Ἀχιλῆος· ἔθηκε δὲ πότνια μήτηρ·   545
Παῖδες δὲ Τρώων δίκασαν καὶ Παλλὰς Ἀθήνη.
  Ὣς δὴ μὴ ὄφελον νικᾶν τοιῷδ' ἐπ' ἀέθλῳ·

Τοίην γὰρ κεφαλὴν ἕνεκ᾽ αὐτῶν γαῖα κατέσχεν,
Αἴανθ᾽, ὃς πέρι μὲν εἶδος, πέρι δ᾽ ἔργα τέτυκτο
Τῶν ἄλλων· Δαναῶν, μετ᾽ ἀμύμονα Πηλείωνα.   550
Τὸν μὲν ἐγὼν ἐπέεσσι προσηύδων μειλιχίοισιν·

   Αἶαν, παῖ Τελαμῶνος ἀμύμονος, οὐκ ἄρ᾽ ἔμελλες
Οὐδὲ θανὼν λήσεσθαι ἐμοὶ χόλου, εἵνεκα τευχέων
Οὐλομένων; τὰ δὲ πῆμα θεοὶ θέσαν Ἀργείοισι.
Τοῖος γάρ σφιν πύργος ἀπώλεο· σεῖο δ᾽ Ἀχαιοὶ,   555
Ἶσον Ἀχιλλῆος κεφαλῇ Πηληϊάδαο,
Ἀχνύμεθα φθιμένοιο διαμπερές. οὐδέ τις ἄλλος
Αἴτιος, ἀλλὰ Ζεὺς Δαναῶν στρατὸν· αἰχμητάων
Ἐκπάγλως ἤχθηρε· τεῒν δ᾽ ἐπὶ μοῖραν ἔθηκεν·
Ἀλλ᾽ ἄγε δεῦρο, ἄναξ, ἵν᾽ ἔπος καὶ μῦθον ἀκούσῃς   560
Ἡμέτερον· δάμασον δὲ μένος καὶ ἀγήνορα θυμόν.

   Ὣς ἐφάμην· ὁ δέ μ᾽ οὐδὲν ἀμείβετο, βῆ δὲ μετ᾽ ἄλλας
Ψυχὰς εἰς Ἐρεβος νεκύων κατατεθνειώτων.
Ἐνθα χ᾽ ὁμῶς προσέφη κεχολωμένος, ἢ κεν ἐγὼ τὸν,
Ἀλλά μοι ἤθελε θυμὸς ἐνὶ στήθεσσι φίλοισι   565
Τῶν ἄλλων ψυχὰς ἰδέειν κατατεθνειώτων.

   Ἐνθ᾽ ἦτοι Μίνωα ἴδον, Διὸς ἀγλαὸν υἱὸν,
Χρύσεον σκῆπτρον ἔχοντα, θεμιστεύοντα νέκυσσιν,
Ἡμενον· οἱ δέ μιν ἀμφὶ δίκας εἴροντο ἄνακτα,
Ἡμενοι, ἑσταότες τε, κατ᾽ εὐρυπυλὲς Ἀϊδος δῶ.   570
   Τὸν δὲ μετ᾽, Ὠρίωνα πελώριον εἰσενόησα,
Θῆρας ὁμοῦ εἰλεῦντα κατ᾽ ἀσφοδελὸν λειμῶνα,
Τοὺς αὐτὸς κατέπεφνεν ἐν οἰοπόλοισιν ὄρεσσι,
Χερσὶν ἔχων ῥόπαλον παγχάλκεον, αἰὲν ἀαγές.
   Καὶ Τιτυὸν εἶδον, γαίης ἐρικυδέος υἱὸν,   575
Κείμενον ἐν δαπέδῳ· ὁ δ᾽ ἐπ᾽ ἐννέα κεῖτο πέλεθρα·
Γῦπε δέ μιν ἑκάτερθε παρημένω ἧπαρ ἔκειρον,
Δέρτρον ἔσω δύνοντες· ὁ δ᾽ οὐκ ἀπαμύνετο χερσί.
Δητὼ γὰρ ἥλκησε, Διὸς κυδρὴν παράκοιτιν,
Πυθώδ᾽ ἐρχομένην, διὰ καλλιχόρου Πανοπῆος.   580

Καὶ μὴν Τάνταλον εἰσεῖδον, χαλέπ' ἄλγε' ἔχοντα,
Ἑσταότ' ἐν λίμνῃ· ἡ δὲ προσέπλαζε γενείῳ
Στεῦτο δὲ διψάων, πιέειν δ' οὐκ εἶχεν ἑλέσθαι·
Ὁσσάκι γὰρ κύψει' ὁ γέρων, πιέειν μενεαίνων,
Τοσσάχ' ὕδωρ ἀπολέσκετ' ἀναβροχέν· ἀμφὶ δὲ ποσσὶ   585
Γαῖα μέλαινα φάνεσκε, καταζήνασκε δὲ δαίμων.
Δένδρεα δ' ὑψιπέτηλα κατάκρηθεν χέε καρπὸν,
Ογχναι, καὶ ῥοιαὶ, καὶ μηλέαι ἀγλαόκαρποι,
Συκαῖ τε γλυκεραὶ, καὶ ἐλαῖαι τηλεθόωσαι·
Τῶν ὁπότ' ἰθύσει' ὁ γέρων ἐπὶ χερσὶ μάσασθαι,   590
Τάσδ' ἄνεμος ῥίπτασκε ποτὶ νέφεα σκιόεντα.
    Καὶ μὴν Σίσυφον εἰσεῖδον, κρατέρ' ἄλγε' ἔχοντα,
Λᾶαν βαστάζοντα πελώριον ἀμφοτέρῃσιν·
Ητοι ὁ μὲν, σκηριπτόμενος χερσίν τε ποσίν τε,
Λᾶαν ἄνω ὤθεσκε ποτὶ λόφον· ἀλλ' ὅτε μέλλοι   595
Ακρον ὑπερβαλέειν, τότ' ἀποστρέψασκε κραταιὶς
Αὖτις, ἔπειτα πέδονδε κυλίνδετο λᾶας ἀναιδής.
Αὐτὰρ ὅγ' ἂψ ὤσασκε τιταινόμενος· κατὰ δ' ἱδρὼς
Ἔῤῥεεν ἐκ μελέων, κονίη δ' ἐκ κρατὸς ὀρώρει.
    Τὸν δὲ μέτ', εἰσενόησα βίην Ἡρακληείην,   600
Εἴδωλον· αὐτὸς δὲ μετ' ἀθανάτοισι θεοῖσι
Τέρπεται ἐν θαλίῃς, καὶ ἔχει καλλίσφυρον Ἥβην,
Παῖδα Διὸς μεγάλοιο καὶ Ἥρης χρυσοπεδίλου.
Αμφὶ δέ μιν κλαγγὴ νεκύων ἦν, οἰωνῶν ὣς,
Πάντοσ' ἀτυζομένων· ὁ δ', ἐρεμνῇ νυκτὶ ἐοικὼς,   605
Γυμνὸν τόξον ἔχων, καὶ ἐπὶ νευρῆφιν ὀϊστὸν,
Δεινὸν παπταίνων, αἰεὶ βαλέοντι ἐοικώς.
Σμερδαλέος δέ οἱ ἀμφὶ περὶ στήθεσσιν ἀορτὴρ,
Χρύσεος ἦν τελαμὼν, ἵνα θέσκελα ἔργα τέτυκτο,
Αρκτοι τ', ἀγρότεροί τε σύες, χαροποί τε λέοντες,   610
Ὑσμῖναί τε, μάχαι τε, φόνοι τ', ἀνδροκτασίαι τε.
Μὴ τεχνησάμενος, μηδ' ἄλλο τι τεχνήσαιτο,
Ὃς κεῖνον τελαμῶνα ἑῇ ἐγκάτθετο τέχνῃ.

Εγνω δ' αὐτίκα κεῖνος, ἐπεὶ ἴδεν ὀφθαλμοῖσι,
Καί μ' ὀλοφυρόμενος ἔπεα πτερόεντα προσηύδα·   615
  Διογενὲς Λαερτιάδη, πολυμήχαν' Ὀδυσσεῦ,
Ἀ δείλ', ἦ τινα καὶ σὺ κακὸν μόρον ἡγηλάζεις,
Ὅνπερ ἐγὼν ὀχέεσκον ὑπ' αὐγὰς ἠελίοιο.
Ζηνὸς μὲν παῖς ἦα Κρονίονος, αὐτὰρ ὀϊζὺν
Εἶχον ἀπειρεσίην· μάλα γὰρ πολὺ χείρονι φωτὶ   620
Δεδμήμην, ὁ δέ μοι χαλεποὺς ἐπετέλλετ' ἀέθλους·
Καί ποτέ μ' ἐνθάδ' ἔπεμψε κύν' ἄξοντ'· οὐ γὰρ ἔτ' ἄλλον
Φράζετο τοῦδέ τί μοι χαλεπώτερον εἶναι ἄεθλον.
Τὸν μὲν ἐγὼν ἀνένεικα καὶ ἤγαγον ἐξ Ἀΐδαο·
Ἑρμείας δέ μ' ἔπεμψεν, ἰδὲ.γλαυκῶπις Ἀθήνη.   625
  Ὣς εἰπὼν, ὁ μὲν αὖτις ἔβη δόμον Ἄϊδος εἴσω.
Αὐτὰρ ἐγὼν αὐτοῦ μένον ἔμπεδον, εἴ τις ἔτ' ἔλθοι
Ἀνδρῶν ἡρώων, οἳ δὴ τὸ πρόσθεν ὄλοντο.
Καί νύ κ' ἔτι προτέρους ἴδον ἀνέρας, οὓς ἔθελόν περ,
Θησέα, Πειρίθοόν τε, θεῶν ἐρικυδέα τέκνα·   630
Ἀλλὰ πρὶν ἐπὶ ἔθνε' ἀγείρετο μυρία νεκρῶν,
Ἠχῇ θεσπεσίῃ· ἐμὲ δὲ χλωρὸν δέος ᾕρει,
Μή μοι Γοργείην κεφαλὴν δεινοῖο πελώρου
Ἐξ Ἀΐδος πέμψειεν ἀγαυὴ Περσεφόνεια.
Αὐτίκ' ἔπειτ' ἐπὶ νῆα κιὼν, ἐκέλευον ἑταίρους   635
Αὐτούς τ' ἀμβαίνειν, ἀνά τε πρυμνήσια λῦσαι·
Οἱ δ' αἶψ' εἴσβαινον, καὶ ἐπὶ κληῖσι κάθιζον.
Τὴν δὲ κατ' Ὠκεανὸν ποταμὸν φέρε κῦμα ῥόοιο·
Πρῶτα μὲν εἰρεσίῃ, μετέπειτα δὲ κάλλιμος οὖρος.

*Εκ τῆς ΟΜΗΡΟΥ ΟΔΥΣΣΕΙΑΣ Ψ.

205—230.

'Ως φάτο· τῆς δ' αὐτοῦ λύτο γούνατα καὶ φίλον ἦτορ,
Σήματ' ἀναγνούσης, τά οἱ ἔμπεδα πέφραδ' Ὀδυσσεύς·
Δακρύσασα δ' ἔπειτ' ἰθὺς δράμεν, ἀμφὶ δὲ χεῖρας
Δειρῇ βάλλ' Ὀδυσῆϊ, κάρη δ' ἔκυσ', ἠδὲ προσηύδα·
Μή μοι, Ὀδυσσεῦ, σκύζευ, ἐπεὶ τά περ ἄλλα μάλιστα
Ἀνθρώπων πέπνυσο. θεοὶ δ' ὤπαζον ὀϊζὺν,   210
Οἳ νῶϊν ἀγάσαντο παρ' ἀλλήλοισι μένοντε
Ἥβης ταρπῆναι, καὶ γήραος οὐδὸν ἱκέσθαι.
Αὐτὰρ μὴ νῦν μοι τόδε χώεο, μηδὲ νεμέσσα,
Οὕνεκά σ' οὐ τὸ πρῶτον, ἐπεὶ ἴδον, ὧδ' ἀγάπησα·
Ἀιεὶ γάρ μοι θυμὸς ἐνὶ στήθεσσι φίλοισιν   215
Ἐρρίγει, μή τίς με βροτῶν ἀπάφοιτ' ἐπέεσσιν
Ἐλθών· πολλοὶ γὰρ κακὰ κέρδεα βουλεύουσιν.
Οὐδέ κεν Ἀργείη Ἑλένη, Διὸς ἐκγεγαυῖα,
Ἀνδρὶ παρ' ἀλλοδαπῷ ἐμίγη φιλότητι καὶ εὐνῇ,
Εἰ ᾔδη, ὅ μιν αὖτις ἀρήϊοι υἷες Ἀχαιῶν   220
Ἀξέμεναι οἴκόνδε φίλην ἐς πατρίδ' ἔμελλον.
Τὴν δ' ἤτοι ῥέξαι θεὸς ὤρορεν ἔργον ἀεικές·
Τὴν δ' ἄτην οὐ πρόσθεν ἑῷ ἐγκάτθετο θυμῷ
Λυγρὴν, ἐξ ἧς πρῶτα καὶ ἡμέας ἵκετο πένθος.
Νῦν δ', ἐπεὶ ἤδη σήματ' ἀριφραδέως κατέλεξας   225
Εὐνῆς ἡμετέρης, τὴν οὐ βροτὸς ἄλλος ὀπώπει,
Ἀλλ' οἶοι σύ τ' ἐγώ τε, καὶ ἀμφίπολος μία μούνη,—
Ἀκτορὶς, ἥν μοι δῶκε πατὴρ ἔτι δεῦρο κιούσῃ,
Ἥ νῶϊν εἴρυτο θύρας πυκινοῦ θαλάμοιο,—
Πείθεις δή μευ θυμὸν, ἀπηνέα περ μάλ' ἐόντα.   230

* Εκ τῆς ΟΜΗΡΟΥ ΟΔΥΣΣΕΙΑΣ

Παραβολαί τινες καὶ Ἀπογραφαὶ ἐκλεκτοί.

I.

ΠΑΡΑΒΟΛΑΙ.

† 1. Δ, 333—340.

Ω πόποι, ἦ μάλα δὴ κρατερόφρονος ἀνδρὸς ἐν εὐνῇ
Ηθελον εὐνηθῆναι, ἀνάλκιδες αὐτοὶ ἐόντες.
Ὡς δ' ὁπότ' ἐν ξυλόχῳ ἔλαφος κρατεροῖο λέοντος   335
Νεβροὺς κοιμήσασα νεηγενέας γαλαθηνούς,
Κνημοὺς ἐξερέῃσι καὶ ἄγκεα ποιήεντα
Βοσκομένη, ὁ δ' ἔπειτα ἑὴν εἰσήλυθεν εὐνήν,
Ἀμφοτέροισι δὲ τοῖσιν ἀεικέα πότμον ἐφῆκεν·
Ὡς Ὀδυσεὺς κείνοισιν ἀεικέα πότμον ἐφήσει.   340

‡ 2. Ε, 391—398.

Καὶ τότ' ἔπειτ' ἄνεμος μὲν ἐπαύσατο, ἠδὲ γαλήνη
Επλετο νηνεμίη· ὁ δ' ἄρα σχεδὸν εἴσιδε γαῖαν,
Οξὺ μάλα προϊδών, μεγάλου ὑπὸ κύματος ἀρθείς.
Ὡς δ' ὅταν ἀσπάσιος βίοτος παίδεσσι φανείη
Πατρός, ὃς ἐν νούσῳ κεῖται κρατέρ' ἄλγεα πάσχων,   395
Δηρὸν τηκόμενος, στυγερὸς δέ οἱ ἔχραε δαίμων,
Ασπάσιον δ' ἄρα τόνγε θεοὶ κακότητος ἔλυσαν·
Ὡς Ὀδυσῆ' ἀσπαστὸν ἐείσατο γαῖα καὶ ὕλη.

‖ 3. Ζ, 102—109.

Οἵη δ' Αρτεμις εἶσι κατ' οὔρεος ἰοχέαιρα,
Η κατὰ Τηΰγετον περιμήκετον, ἢ Ερύμανθον,
Τερπομένη κάπροισι καὶ ὠκείῃς ἐλάφοισι·

Τῇ δέ θ' ἅμα Νύμφαι, κοῦραι Διὸς Αἰγιόχοιο,   105
Ἀγρονόμοι παίζουσι· γέγηθε δέ τε φρένα Δητώ·
Πασάων δ' ὑπερ ἥγε κάρη ἔχει ἠδὲ μέτωπα,
'Ρεῖα δ' ἀριγνώτη πέλεται, καλαὶ δέ τε πᾶσαι·
Ὣς ἥγ' ἀμφιπόλοισι μετέπρεπε παρθένος ἀδμής.

* 4.   Z, 229—235.

Τὸν μὲν Ἀθηναίη θῆκεν, Διὸς ἐκγεγαυῖα,
Μείζονά τ' εἰσιδέειν καὶ πάσσονα· καδδὲ κάρητος   230
Οὔλας ἧκε κόμας, ὑακινθίνῳ ἄνθει ὁμοίας.
Ὣς δ' ὅτε τις χρυσὸν περιχεύεται ἀργύρῳ ἀνὴρ
Ἴδρις, ὃν Ἥφαιστος δέδαεν καὶ Παλλὰς Ἀθήνη
Τέχνην παντοίην, χαρίεντα δὲ ἔργα τελείει·
Ὣς ἄρα τῷ κατέχευε χάριν κεφαλῇ τε καὶ ὤμοις.   235

† 5.   K, 407—417.

Βῆν δ' ἰέναι ἐπὶ νῆα θοὴν καὶ θῖνα θαλάσσης.
Εὗρον ἔπειτ' ἐπὶ νηὶ θοῇ ἐρίηρας ἑταίρους
Οἴκτρ' ὀλοφυρομένους, θαλερὸν κατὰ δάκρυ χέοντας.
Ὣς δ' ὅταν ἄγραυλοι πόριες περὶ βοῦς ἀγελαίας   410
Ἐλθούσας ἐς κόπρον, ἐπὴν βοτάνης κορέσωνται,
Πᾶσαι ἅμα σκαίρουσιν ἐναντίαι· οὐδέτι σηκοὶ
Ἴσχουσ', ἀλλ' ἀδινὸν μυκώμεναι ἀμφιθέουσι
Μητέρας· ὣς ἐμὲ κεῖνοι, ἐπεὶ ἴδον ὀφθαλμοῖσι,
Δακρυόεντες ἔχυντο· δόκησε δ' ἄρα σφίσι θυμὸς   415
Ὣς ἔμεν, ὡς εἰ πατρίδ' ἱκοίατο καὶ πόλιν αὐτῶν
Τρηχείης Ἰθάκης, ἵνα τ' ἐτράφεν ἠδ' ἐγένοντο.

‡ 6.   Π, 15—21.

Κύσσε δέ μιν κεφαλήν τε, καὶ ἄμφω φάεα καλὰ,
Χεῖράς τ' ἀμφοτέρας· θαλερὸν δέ οἱ ἔκπεσε δάκρυ.   15

'Ως δὲ πατὴρ ὃν παῖδα φίλα φρονέων ἀγαπάζει,
Ελθόντ' ἐξ ἀπίης γαίης δεκάτῳ ἐνιαυτῷ,
Μοῦνον, τηλύγετον, τῷ ἔπ' ἄλγεα πολλὰ μογήσῃ·
'Ως τότε Τηλέμαχον θεοειδέα δῖος ὑφορβὸς   20
Πάντα κύσεν περιφὺς, ὡς ἐκ θανάτοιο φυγόντα.

* 7.   T, 515—524.

Αὐτὰρ ἐπὴν νὺξ ἔλθῃ, ἕλῃσί τε κοῖτος ἅπαντας,   515
Κεῖμαι ἐνὶ λέκτρῳ, πυκιναὶ δέ μοι ἀμφ' ἀδινὸν κῆρ
Οξεῖαι μελεδῶναι ὀδυρομένην ἐρέθουσιν.
Ως δ' ὅτε Πανδαρέου κούρη, χλωρηῒς ἀηδὼν,
Καλὸν ἀείδῃσιν, ἔαρος νέον ἱσταμένοιο,
Δενδρέων ἐν πετάλοισι καθεζομένη πυκινοῖσιν,   520
Ητε θαμὰ τρωπῶσα χέει πολυηχέα φωνὴν,
Παῖδ' ὀλοφυρομένη Ἴτυλον φίλον, ὅν ποτε χαλκῷ
Κτεῖνε δι' ἀφραδίας, κοῦρον Ζήθοιο ἄνακτος·
'Ως καὶ ἐμοὶ δίχα θυμὸς ὀρώρεται ἔνθα καὶ ἔνθα.

† 8.   X, 299—309.

Οἱ δ' ἐφέβοντο κατὰ μέγαρον, βόες ὡς ἀγελαῖαι,
Τὰς μέν τ' αἰόλος οἶστρος ἐφορμηθεὶς ἐδόνησεν,   300
'Ωρῃ ἐν εἰαρινῇ, ὅτε τ' ἤματα μακρὰ πέλονται.
Οἱ δ', ὥστ' αἰγυπιοὶ γαμψώνυχες, ἀγκυλοχεῖλαι,
Εξ ὀρέων ἐλθόντες ἐπ' ὀρνίθεσσι θορῶσι·
Ταὶ μέν τ' ἐν πεδίῳ νέφεα πτώσσουσαι ἵενται,
Οἱ δέ τε τὰς ὀλέκουσιν ἐπάλμενοι, οὐδέ τις ἀλκὴ   305
Γίγνεται, οὐδὲ φυγή· χαίρουσι δέ τ' ἀνέρες ἄγρῃ·
'Ως ἄρα τοὶ μνηστῆρας ἐπεσσύμενοι κατὰ δῶμα
Τύπτον ἐπιστροφάδην· τῶν δὲ στόνος ὄρνυτ' ἀεικὴς,
Κράτων τυπτομένων· δάπεδον δ' ἅπαν αἵματι θῦεν.

* 9. X, 381—389.

Πάπτηνεν δ' Ὀδυσεὺς καθ' ἑὸν δόμον, εἴ τις ἔτ' ἀνδρῶν
Ζωὸς ὑποκλοπέοιτο, ἀλύσκων κῆρα μέλαιναν.
Τοὺς δὲ ἴδεν μάλα πάντας ἐν αἵματι καὶ κονίῃσι
Πεπτεῶτας πολλούς· ὥστ' ἰχθύας, οὕσθ' ἁλιῆες
Κοῖλον ἐς αἰγιαλὸν πολιῆς ἔκτοσθε θαλάσσης   385
Δικτύῳ ἐξέρυσαν πολυωπῷ· οἱ δέ τε πάντες
Κύμαθ' ἁλὸς ποθέοντες ἐπὶ ψαμάθοισι κέχυνται,
Τῶν μέν τ' ἠέλιος φαέθων ἐξείλετο θυμόν·
Ὡς τότ' ἄρα μνηστῆρες ἐπ' ἀλλήλοισι κέχυντο.

† 10. X, 401—406.

Εὗρεν ἔπειτ' Ὀδυσῆα μετὰ κταμένοισι νέκυσσιν,
Αἵματι καὶ λύθρῳ πεπαλαγμένον· ὥστε λέοντα,
Ὅς ῥά τε βεβρωκὼς βοὸς ἔρχεται ἀγραύλοιο·
Πᾶν δ' ἄρα οἱ στῆθός τε παρήϊά τ' ἀμφοτέρωθεν
Αἱματόεντα πέλει· δεινὸς δ' εἰς ὦπα ἰδέσθαι·   405
Ὡς Ὀδυσεὺς πεπάλακτο πόδας καὶ χεῖρας ὕπερθεν.

‡ 11. Ψ, 233—239.

Ὡς δ' ὅτ' ἂν ἀσπασίως γῇ νηχομένοισι φανείη,
Ὧντε Ποσειδάων εὐεργέα νῆ' ἐνὶ πόντῳ
Ῥαίσῃ, ἐπειγομένην ἀνέμῳ καὶ κύματι πηγῷ·   235
Παῦροι δ' ἐξέφυγον πολιῆς ἁλὸς ἤπειρόνδε
Νηχόμενοι, πολλὴ δὲ περὶ χροῒ τέτροφεν ἅλμη·
Ἀσπάσιοι δ' ἐπέβαν γαίης, κακότητα φυγόντες·
Ὡς ἄρα τῇ ἀσπαστὸς ἔην πόσις εἰσοροώσῃ.

II.

ΑΠΟΓΡΑΦΑΙ.

* 1. B, 1—13.

Ημος δ' ἠριγένεια φάνη ῥοδοδάκτυλος ἠώς,
Ωρνυτ' ἄρ' ἐξ εὐνῆφιν Ὀδυσσῆος φίλος υἱὸς,
Εἵματα ἐσσάμενος· περὶ δὲ ξίφος ὀξὺ θέτ' ὤμῳ·
Ποσσὶ δ' ὑπὸ λιπαροῖσιν ἐδήσατο καλὰ πέδιλα·
Βῆ δ' ἴμεν ἐκ θαλάμοιο, θεῷ ἐναλίγκιος ἄντην.   5
Αἶψα δὲ κηρύκεσσι λιγυφθόγγοισι κέλευσε
Κηρύσσειν ἀγορήνδε καρηκομόωντας Ἀχαιούς.
Οἱ μὲν ἐκήρυσσον, τοὶ δ' ἠγείροντο μάλ' ὦκα.
Αὐτὰρ ἐπεί ῥ' ἤγερθεν, ὁμηγερέες τ' ἐγένοντο,
Βῆ ῥ' ἴμεν εἰς ἀγορὴν, παλάμῃ δ' ἔχε χάλκεον ἔγχος,   10
Οὐκ οἶος, ἅμα τῷγε δύω κύνες ἀργοὶ ἔποντο.
Θεσπεσίην δ' ἄρα τῷγε χάριν κατέχευεν Ἀθήνη.
Τὸν δ' ἄρα πάντες λαοὶ ἐπερχόμενον θηεῦντο.

† 2. B, 420—434.

Τοῖσιν δ' ἴκμενον οὖρον ἵει γλαυκῶπις Ἀθήνη,   420
Ακραῆ Ζέφυρον, κελάδοντ' ἐπὶ οἴνοπα πόντον.
Τηλέμαχος δ' ἑτάροισιν ἐποτρύνας ἐκέλευσεν
Ὅπλων ἅπτεσθαι· τοὶ δ' ὀτρύνοντος ἄκουσαν.
Ἱστὸν δ' εἰλάτινον κοίλης ἔντοσθε μεσόδμης
Στῆσαν ἀείραντες, κατὰ δὲ προτόνοισιν ἔδησαν·   425
Ἕλκον δ' ἱστία λευκὰ ἐϋστρέπτοισι βοεῦσιν.
Επρησεν δ' ἄνεμος μέσον ἱστίον· ἀμφὶ δὲ κῦμα
Στείρῃ πορφύρεον μεγάλ' ἴαχε, νηὸς ἰούσης·
Ἡ δ' ἔθεεν κατὰ κῦμα διαπρήσσουσα κέλευθον.
Δησάμενοι δ' ἄρα ὅπλα θοὴν ἀνὰ νῆα μέλαιναν,   430
Στήσαντο κρητῆρας ἐπιστεφέας οἴνοιο·

Λεῖϐον δ᾽ ἀθανάτοισι θεοῖς ἀειγενέτῃσιν,
Ἐκ πάντων δὲ μάλιστα Διὸς γλαυκώπιδι κούρῃ.
Παννυχίη μέν ῥ᾽ ἦγε καὶ ἠῶ πεῖρε κέλευθον.

* 3. Δ, 71—75.

Φράζεο, Νεστορίδη, τῷ ἐμῷ κεχαρισμένε θυμῷ,
Χαλκοῦ τε στεροπὴν καδδώματα ἠχήεντα,
Χρυσοῦ τ᾽, ἠλέκτρου τε, καὶ ἀργύρου, ἠδ᾽ ἐλέφαντος.
Ζηνός που τοιήδε γ᾽ Ὀλυμπίου ἔνδοθεν αὐλή.
Ὄσσα τάδ᾽ ἄσπετα πολλά· σέϐας μ᾽ ἔχει εἰσορόωντα.   75

† 4. Ε, 291—296.

Ὣς εἰπὼν, σύναγεν νεφέλας, ἐτάραξε δὲ πόντον,
Χερσὶ τρίαιναν ἑλών· πάσας δ᾽ ὀρόθυνεν ἀέλλας
Παντοίων ἀνέμων· σὺν δὲ νεφέεσσι κάλυψε
Γαῖαν ὁμοῦ καὶ πόντον· ὀρώρει δ᾽ οὐρανόθεν νύξ.
Σὺν δ᾽ Εὖρός τε Νότος τ᾽ ἔπεσε, Ζέφυρός τε δυσαὴς,   295
Καὶ Βορέης αἰθρηγενέτης, μέγα κῦμα κυλίνδων.

‡ 5. Ζ, 41—46.

Ἡ μὲν ἄρ᾽ ὣς εἰποῦσ᾽ ἀπέϐη γλαυκῶπις Ἀθήνη
Οὔλυμπόνδ᾽, ὅθι φασὶ θεῶν ἕδος ἀσφαλὲς αἰεὶ
Ἔμμεναι· οὔτ᾽ ἀνέμοισι τινάσσεται, οὔτε ποτ᾽ ὄμϐρῳ
Δεύεται, οὔτε χιὼν ἐπιπίλναται· ἀλλὰ μάλ᾽ αἴθρη
Πέπταται ἀννέφελος, λευκὴ δ᾽ ἐπιδέδρομεν αἴγλη·   45
Τῷ ἔνι τέρπονται μάκαρες θεοὶ ἤματα πάντα.

‖ 6. Ζ, 149—161.

Γουνοῦμαί σε, ἄνασσα· θεός νύ τις, ἢ βροτὸς ἐσσί;
Εἰ μέν τις θεὸς ἐσσί, τοὶ οὐρανὸν εὐρὺν ἔχουσιν,   150

Ἀρτέμιδί σε ἔγωγε, Διὸς κούρῃ μεγάλοιο,
Εἶδός τε, μέγεθός τε, φυήν τ', ἄγχιστα εἴσκω.
Εἰ δέ τις ἐσσὶ βροτῶν, τοὶ ἐπὶ χθονὶ ναιετάουσι,
Τρισμάκαρες μὲν σοίγε πατὴρ καὶ πότνια μήτηρ,
Τρισμάκαρες δὲ κασίγνητοι· μάλα πού σφισι θυμὸς   155
Αἰὲν ἐϋφροσύνῃσιν ἰαίνεται εἵνεκα σεῖο,
Δευσσόντων τοιόνδε θάλος χορὸν εἰσοιχνεῦσαν.
Κεῖνος δ' αὖ περὶ κῆρι μακάρτατος ἔξοχον ἄλλων,
Ὅς κέ σ' ἐέδνοισι βρίσας οἶκόνδ' ἀγάγηται.
Οὐ γάρ πω τοιοῦτον ἴδον βροτὸν ὀφθαλμοῖσιν,   160
Οὔτ' ἄνδρ', οὔτε γυναῖκα· σέβας μ' ἔχει εἰσορόωντα.

* 7.   H, 81—132.   ·

————————Αὐτὰρ Ὀδυσσεὺς
Ἀλκινόου πρὸς δώματ' ἴε κλυτά· πολλὰ δέ οἱ κῆρ
Ὥρμαιν' ἱσταμένῳ, πρὶν χάλκεον οὐδὸν ἱκέσθαι.
Ὥστε γὰρ ἠελίου αἴγλη πέλεν, ἠὲ σελήνης,
Δῶμα καθ' ὑψερεφὲς·μεγαλήτορος Ἀλκινόοιο.   85
Χάλκεοι μὲν γὰρ τοῖχοι ἐληλάδατ' ἔνθα καὶ ἔνθα,
Ἐς μυχὸν ἐξ οὐδοῦ· περὶ δὲ θριγκὸς κυάνοιο·
Χρύσειαι δὲ θύραι πυκινὸν δόμον ἐντὸς ἔεργον·
Ἀργύρεοι δὲ σταθμοὶ ἐν χαλκέῳ ἕστασαν οὐδῷ,
Ἀργύρεον δ' ἐφ' ὑπερθύριον, χρυσέη δὲ κορώνη.   90
Χρύσειοι δ' ἑκάτερθε καὶ ἀργύρεοι κύνες ἦσαν,
Οὓς Ἥφαιστος ἔτευξεν ἰδυίῃσι πραπίδεσσι,
Δῶμα φυλασσέμεναι μεγαλήτορος Ἀλκινόοιο,
Ἀθανάτους ὄντας καὶ ἀγήρως ἤματα πάντα.
Ἐν δὲ θρόνοι περὶ τοῖχον ἐρηρέδατ' ἔνθα καὶ ἔνθα,   95
Ἐς μυχὸν ἐξ οὐδοῖο διαμπερές· ἔνθ' ἐνὶ πέπλοι
Λεπτοὶ εὔνητοι βεβλήατο, ἔργα γυναικῶν.
Ἔνθα δὲ Φαιήκων ἡγήτορες ἑδριόωντο,
Πίνοντες καὶ ἔδοντες· ἐπηετανὸν γὰρ ἔχεσκον.

Χρύσειοι δ' ἄρα κοῦροι ἐϋδμήτων ἐπὶ βωμῶν   100
Ἑστασαν, αἰθομένας δαΐδας μετὰ χερσὶν ἔχοντες,
Φαίνοντες νύκτας κατὰ δώματα δαιτυμόνεσσι. ,
Πεντήκοντα δέ οἱ δμωαὶ κατὰ δῶμα γυναῖκες,
Αἱ μὲν ἀλετρεύουσι μύλης ἔπι μήλοπα καρπόν,
Αἱ δ' ἱστοὺς ὑφόωσι καὶ ἠλάκατα στρωφῶσιν   105
Ἡμεναι, οἷά τε φύλλα μακεδνῆς αἰγείροιο·
Καιροσέων δ' ὀθονέων ἀπολείβεται ὑγρὸν ἔλαιον.
Τόσσον Φαίηκες περὶ πάντων ἴδριες ἀνδρῶν
Νῆα θοὴν ἐνὶ πόντῳ ἐλαυνέμεν, ὣς δὲ γυναῖκες
Ἱστὸν τεχνῆσαι· πέρι γάρ σφισι δῶκεν Ἀθήνη   110
Εργα τ' ἐπίστασθαι περικαλλέα, καὶ φρένας ἐσθλάς.
Εκτοσθεν δ' αὐλῆς μέγας ὄρχατος ἄγχι θυράων
Τετράγυος· περὶ δ' ἕρκος ἐλήλαται ἀμφοτέρωθεν.
Ενθα δὲ δένδρεα μακρὰ πεφύκει τηλεθόωντα,
Ογχναι, καὶ ῥοιαὶ, καὶ μηλέαι ἀγλαόκαρποι,   115
Συκαῖ τε γλυκεραὶ, καὶ ἐλαῖαι τηλεθόωσαι.
Τάων οὔποτε καρπὸς ἀπόλλυται, οὐδ' ἐπιλείπει
Χείματος, οὐδὲ θέρευς, ἐπετήσιος· ἀλλὰ μάλ' αἰεὶ
Ζεφυρίη πνείουσα τὰ μὲν φύει, ἄλλα δὲ πέσσει.
Ογχνη ἐπ' ὄγχνῃ γηράσκει, μῆλον δ' ἐπὶ μήλῳ,   120
Αὐτὰρ ἐπὶ σταφυλῇ σταφυλὴ, σῦκον δ' ἐπὶ σύκῳ.
Ενθα δέ οἱ πολύκαρπος ἀλωὴ ἐρρίζωται·
Τῆς ἕτερον μὲν θειλόπεδον λευρῷ ἐνὶ χώρῳ
Τέρσεται ἠελίῳ· ἑτέρας δ' ἄρα τε τρυγόωσιν,
Αλλας δὲ τραπέουσι· πάροιθε δέ τ' ὄμφακές εἰσιν,   125
Ανθος ἀφιεῖσαι, ἕτεραι δ' ὑποπερκάζουσιν.
Ενθα δὲ κοσμηταὶ πρασιαὶ παρὰ νείατον ὄρχον
Παντοῖαι πεφύασιν, ἐπηετανὸν γανόωσαι.
Εν δὲ δύω κρῆναι, ἡ μέν τ' ἀνὰ κῆπον ἅπαντα
Σκίδναται, ἡ δ' ἑτέρωθεν ὑπ' αὐλῆς οὐδὸν ἵησι   130
Πρὸς δόμον ὑψηλὸν, ὅθεν ὑδρεύοντο πολῖται.
Τοῖ' ἄρ' ἐν Ἀλκινόοιο θεῶν ἔσαν ἀγλαὰ δῶρα.

* 8. *M*, 39—52.

Σειρῆνας μὲν πρῶτον ἀφίξεαι, αἵ ῥά τε πάντας
Ανθρώπους θέλγουσιν, ὅτις σφέας εἰσαφίκηται.   40
Ὅστις ἀϊδρείη πελάσῃ, καὶ φθόγγον ἀκούσῃ
Σειρήνων, τῷ δ᾽ οὔτι γυνὴ καὶ νήπια τέκνα,
Οἴκαδε νοστήσαντι, παρίσταται, οὐδὲ γάνννται.
Ἀλλά τε Σειρῆνες λιγυρῇ θέλγουσιν ἀοιδῇ,
Ἥμεναι ἐν λειμῶνι· πολὺς δ᾽ ἀμφ᾽ ὀστεόφιν θὶς   45
Ανδρῶν πυθομένων, περὶ δὲ ῥινοὶ μινύθουσιν.
Ἀλλὰ παρὲξ ἐλάαν· ἐπὶ δ᾽ οὔατ᾽ ἀλεῖψαι ἑταίρων,
Κηρὸν δεψήσας μελιηδέα, μή τις ἀκούσῃ
Τῶν ἄλλων· ἀτὰρ αὐτὸς ἀκουέμεν, αἴ κ᾽ ἐθέλησθα.
Δησάντων σ᾽ ἐν νηὶ θοῇ χεῖράς τε πόδας τε,   50
Ορθὸν ἐν ἱστοπέδῃ· ἐκ δ᾽ αὐτοῦ πείρατ᾽ ἀνήφθω·
Οφρα κε τερπόμενος ὄπ᾽ ἀκούῃς Σειρήνοϋν.

† 9. *M*,· 85—107.

Ενθα δ᾽ ἐνὶ Σκύλλη ναίει, δεινὸν λελακυῖα·   85
Τῆς ἤτοι φωνὴ μέν, ὅση σκύλακος νεογιλῆς,
Γίνεται, αὐτὴ δ᾽ αὖτε πέλωρ κακόν· οὐδέ κέ τίς μιν
Γηθήσειεν ἰδών, οὐδ᾽ εἰ θεὸς ἀντιάσειεν.
Τῆς ἤτοι πόδες εἰσὶ δυώδεκα πάντες ἄωροι·
Ἐξ δέ τέ οἱ δειραὶ περιμήκεες· ἐν δὲ ἑκάστῃ   90
Σμερδαλέη κεφαλὴ, ἐν δὲ τρίστοιχοι ὀδόντες,
Πυκνοὶ καὶ θαμέες, πλεῖοι μέλανος θανάτοιο.
Μέσση μέν τε κατὰ σπείους κοίλοιο δέδυκεν,
Εξω δ᾽ ἐξίσχει κεφαλὰς δεινοῖο βερέθρου·
Αὐτοῦ δ᾽ ἰχθυάα, σκόπελον περιμαιμώωσα,   95
Δελφῖνάς τε, κύνας τε, καὶ εἴποθι μεῖζον ἕλῃσι
Κῆτος, ἃ μυρία βόσκει ἀγάστονος Αμφιτρίτη.

Τῇ δ' οὐ πώποτε ναῦται ἀκήριοι εὐχετόωνται
Παρφυγέειν σὺν νηΐ· φέρει δέ τε κρατὶ ἑκάστῳ
Φῶτ' ἐξαρπάξασα νεὼς κυανοπρῴοιο.   100
Τὸν δ' ἕτερον σκόπελον χθαμαλάτερον ὄψει, Ὀδυσσεῦ,
Πλησίον ἀλλήλων· καί κεν διοϊστεύσειας.
Τῷ δ' ἐν ἐρινεός ἐστι μέγας, φύλλοισι τεθηλώς·
Τῷ δ' ὕπο δῖα Χάρυβδις ἀναῤῥοιβδεῖ μέλαν ὕδωρ.
Τρὶς μὲν γάρ τ' ἀνίησιν ἐπ' ἤματι, τρὶς δ' ἀναροιβδεῖ   105
Δεινόν· μὴ σύ γε κεῖθι τύχοις, ὅτε ῥοιβδήσειεν·
Οὐ γάρ κεν ῥύσαιτό σ'·ὑπὲκ κακοῦ οὐδ' Ἐνοσίχθων.

* 10.   N, 96—112.

Φόρκυνος δέ τίς ἐστι λιμὴν, ἁλίοιο γέροντος,
Ἐν δήμῳ Ἰθάκης· δύο δὲ προβλῆτες ἐν αὐτῷ
Ἀκταὶ ἀποῤῥῶγες, λιμένος ποτιπεπτηυῖαι·
Αἵτ' ἀνέμων σκεπόωσι δυσαήων μέγα κῦμα
Ἔκτοθεν· ἔντοσθεν δὲ ἄνευ δεσμοῖο μένουσι   100
Νῆες ἐΰσσελμοι, ὅταν ὅρμου μέτρον ἵκωνται.
Αὐτὰρ ἐπὶ κρατὸς λιμένος τανύφυλλος ἐλαίη·
Ἀγχόθι δ' αὐτῆς ἄντρον ἐπήρατον, ἠεροειδὲς,
Ἱρὸν Νυμφάων, αἳ Νηϊάδες καλέονται.
Ἐν δὲ κρητῆρές τε καὶ ἀμφιφορῆες ἔασι   105
Λάϊνοι· ἔνθα δ' ἔπειτα τιθ·ιβώσσουσι μέλισσαι.
Ἐν δ' ἱστοὶ λίθεοι περιμήκεες, ἔνθα τε Νύμφαι
Φάρε' ὑφαίνουσιν ἁλιπόρφυρα, θαῦμα ἰδέσθαι.
Ἐν δ' ὕδατ' ἀενάοντα. δύω δέ τέ οἱ θύραι εἰσίν·
Αἱ μὲν πρὸς Βορέαο καταιβαταὶ ἀνθρώποισιν,   110
Αἱ δ' αὖ πρὸς Νότου εἰσὶ θεώτεραι· οὐδέ τι κείνῃ
Ἄνδρες ἐσέρχονται, ἀλλ' ἀθανάτων ὁδός ἐστιν. ·

II.

*EX HESIODO.

HESIODUS—vir perelegantis ingenii, et mollissimâ dulcedine carmi-num memorabilis, otii quietisque cupidissimus; ut tempore tanto viro (Homero) ita operis auctoritate proximus.

VELL. PATERC. HIST. LIB. I.

† EK ΤΩΝ

ΗΣΙΟΔΟΥ ΤΟΥ ΑΣΚΡΑΙΟΥ

ΕΡΓΩΝ καὶ ΗΜΕΡΩΝ.

[JUXTA EDIT. THOMAE ROBINSON. OXON. 1737. 4to.]

1—201.

MOΥΣΑΙ Πιερίηθεν ἀοιδῇσι κλείουσαι,
Δεῦτε δὴ, ἐννέπετε σφέτερον πατέρ᾽ ὑμνείουσαι·
Ὅν τε διὰ βροτοὶ ἄνδρες ὁμῶς ἄφατοί τε φατοί τε,
Ῥητοί τ᾽ ἄῤῥητοί τε Διὸς μεγάλοιο ἕκητι.
Ῥεῖα μὲν γὰρ βριάει, ῥεῖα δὲ βριάοντα χαλέπτει·   5
Ῥεῖα δ᾽ ἀρίζηλον μινύθει, καὶ ἄδηλον ἀέξει·
Ῥεῖα δέ τ᾽ ἰθύνει σκολιὸν, καὶ ἀγήνορα κάρφει
Ζεὺς ὑψιβρεμέτης, ὃς ὑπέρτατα δώματα ναίει.
Κλῦθι ἰδὼν ἀΐων τε· δίκῃ δ᾽ ἴθυνε θέμιστας
Τύνη· ἐγὼ δέ κε Πέρσῃ ἐτήτυμα μυθησαίμην.   10.
   Οὐκ ἄρα μοῦνον ἔην ἐρίδων γένος, ἀλλ᾽ ἐπὶ γαῖαν
Εἰσὶ δύω· τὴν μέν κεν ἐπαινήσειε νοήσας,
Ἡ δ᾽ ἐπιμωμητή· διὰ δ᾽ ἄνδιχα θυμὸν ἔχουσιν.

Ἡ μὲν γὰρ πόλεμόν τε κακὸν καὶ δῆριν ὀφέλλει,
Σχετλίῃ· οὔτις τήνγε φιλεῖ βροτός, ἀλλ᾽ ὑπ᾽ ἀνάγκης   15
Ἀθανάτων βουλῇσιν ἔριν τιμῶσι βαρεῖαν.
Τὴν δ᾽ ἑτέρην προτέρην μὲν ἐγείνατο νὺξ ἐρεβεννή,
Θῆκε δέ μιν Κρονίδης ὑψίζυγος, αἰθέρι ναίων,
Γαίης ἐν ῥίζῃσι καὶ ἀνδράσι, πολλὸν ἀμείνω.
Ἥ τε καὶ ἀπάλαμόν περ ὅμως ἐπὶ ἔργον ἐγείρει.   20
Εἰς ἕτερον γὰρ τίς τε ἰδὼν ἔργοιο χατίζων
Πλούσιον, ὃς σπεύδει μὲν ἀρόμμεναι ἠδέ φυτεύειν,
Οἶκόν τ᾽ εὖ θέσθαι· ζηλοῖ δέ τε γείτονα γείτων,
Εἰς ἄφενον σπεύδοντ᾽· ἀγαθὴ δ᾽ ἔρις ἥδε βροτοῖσι.
Καὶ κεραμεὺς κεραμεῖ κοτέει, καὶ τέκτονι τέκτων,   25
Καὶ πτωχὸς πτωχῷ φθονέει, καὶ ἀοιδὸς ἀοιδῷ.
   Ὦ Πέρσῃ, σὺ δὲ ταῦτα τεῷ ἐνικάτθεο θυμῷ·
Μηδέ σ᾽ ἔρις κακόχαρτος ἀπ᾽ ἔργου θυμὸν ἐρύκοι
Νείκε᾽ ὀπιπτεύοντ᾽, ἀγορῆς ἐπακουὸν ἐόντα.
Ὥρη γὰρ τ᾽ ὀλίγη πέλεται νεικέων τ᾽ ἀγορέων τε,   30
Ὧτινι μὴ βίος ἔνδον ἐπηετανὸς κατάκειται
Ὡραῖος, τὸν γαῖα φέρει, Δημήτερος ἀκτήν,
Τοῦ κε κορεσσάμενος νείκεα καὶ δῆριν ὀφέλλοις
Κτήμασ᾽ ἐπ᾽ ἀλλοτρίοις.   Σοὶ δ᾽ οὐκέτι δεύτερον ἔσται.
Ὧδ᾽ ἔρδειν· ἀλλ᾽ αὖθι διακρινώμεθα νεῖκος   35
Ἰθείῃσι δίκαις, αἵτ᾽ ἐκ Διός εἰσιν ἄρισται.
Ἤδη μὲν γὰρ κλῆρον ἐδασσάμεθ᾽· ἀλλὰ τὰ πολλὰ
Ἁρπάζων ἐφόρεις, μέγα κυδαίνων βασιλῆας
Δωροφάγους, οἳ τήνδε δίκην ἐθέλουσι δικάσσαι.
Νήπιοι· οὐδὲ ἴσασιν, ὅσῳ πλέον ἥμισυ παντός,   40
Οὐδ᾽ ὅσον ἐν μαλάχῃ τε καὶ ἀσφοδέλῳ μέγ᾽ ὄνειαρ.
Κρύψαντες γὰρ ἔχουσι θεοὶ βίον ἀνθρώποισι.
Ῥηϊδίως γὰρ κεν καὶ ἐπ᾽ ἤματι ἐργάσσαιο,
Ὥστε σέ κ᾽ εἰς ἐνιαυτὸν ἔχειν, καὶ ἀεργὸν ἐόντα.
Αἶψά κε πηδάλιον μὲν ὑπὲρ καπνοῦ καταθεῖο,   45
Ἔργα βοῶν δ᾽ ἀπόλοιτο καὶ ἡμιόνων ταλαεργῶν.

Ἀλλὰ Ζεὺς ἔκρυψε, χολωσάμενος φρεσὶν ᾗσιν,
Ὅττι μιν ἐξαπάτησε Προμηθεὺς ἀγκυλομήτης.
Τοὔνεκ' ἄρ' ἀνθρώποισιν ἐμήσατο κήδεα λυγρά.
Κρύψε δὲ πῦρ· τὸ μὲν αὖτις ἐὺς πάϊς Ιαπετοῖο   50
Ἐκλεψ' ἀνθρώποισι Διὸς παρὰ μητιόεντος
Ἐν κοίλῳ νάρθηκι, λαθὼν Δία τερπικέραυνον.
Τὸν δὲ χολωσάμενος προσέφη νεφεληγερέτα Ζεύς·
Ιαπετιονίδη, πάντων πέρι μήδεα εἰδὼς,
Χαίρεις πῦρ κλέψας, καὶ ἐμὰς φρένας ἠπεροπεύσας,   55
Σοί τ' αὐτῷ μέγα πῆμα καὶ ἀνδράσιν ἐσσομένοισι.
Τοῖς δ' ἐγὼ ἀντὶ πυρὸς δώσω κακὸν, ᾧ κεν ἅπαντες
Τέρπωνται κατὰ θυμὸν, ἑὸν κακὸν ἀμφαγαπῶντες.
Ὣς ἔφατ'· ἐκ δ' ἐγέλασσε πατὴρ ἀνδρῶν τε θεῶν τε·
Ἥφαιστον δ' ἐκέλευσε περικλυτὸν ὅττι τάχιστα ·   60
Γαῖαν ὕδει φύρειν, ἐν δ' ἀνθρώπου θέμεν αὐδὴν,
Καὶ σθένος, ἀθανάταις δὲ θεαῖς εἰς ὦπα ἐΐσκειν
Παρθενικῆς καλὸν εἶδος ἐπήρατον· αὐτὰρ Ἀθήνην
Ἔργα διδασκῆσαι, πολυδαίδαλον ἱστὸν ὑφαίνειν·
Καὶ χάριν ἀμφιχέαι κεφαλῇ χρυσῆν Ἀφροδίτην,   65
Καὶ πόθον ἀργαλέον, καὶ γυιοκόρους μελεδῶνας.
Ἐν δὲ θέμεν κύνεόν τε νόον καὶ ἐπίκλοπον ἦθος
Ἑρμείην ἤνωγε διάκτορον Ἀργειφόντην.
Ὣς ἔφαθ'· οἱ δ' ἐπίθοντο Διΐ Κρονίωνι ἄνακτι.
Αὐτίκα δ' ἐκ γαίης πλάσσε κλυτὸς Ἀμφιγυήεις   70
Παρθένῳ αἰδοίῃ ἴκελον, Κρονίδεω διὰ βουλάς.
Ζῶσε δὲ καὶ κόσμησε θεὰ γλαυκῶπις Ἀθήνη.
Ἀμφὶ δέ οἱ Χάριτές τε θεαὶ καὶ πότνια Πειθὼ
Ὅρμους χρυσείους ἔθεσαν χροΐ· ἀμφὶ δὲ τήνγε
Ὧραι καλλίκομοι στέφον ἄνθεσιν εἰαρινοῖσι.   '75
Πάντα δέ οἱ χροῒ κόσμον ἐφήρμοσε Παλλὰς Ἀθήνη.
Ἐν δ' ἄρα οἱ στήθεσσι διάκτορος Ἀργειφόντης
Ψεύδεά θ', αἱμυλίους τε λόγους, καὶ ἐπίκλοπον ἦθος
Τεῦξε, Διὸς βουλῇσι βαρυκτύπου. Ἐν δ' ἄρα φωνὴν

θῆκε θεῶν κήρυξ, ὀνόμηνε δὲ τήνδε γυναῖκα　　　　　80
Πανδώρην· ὅτι πάντες ὀλύμπια δώματ' ἔχοντες
Δῶρον ἐδώρησαν, πῆμ' ἀνδράσιν ἀλφηστῆσιν.
Αὐτὰρ ἐπεὶ δόλον αἰπὺν ἀμήχανον ἐξετέλεσσεν,
Εἰς Ἐπιμηθέα πέμπε πατὴρ κλυτὸν Ἀργειφόντην,
Δῶρον ἄγοντα θεῶν, ταχὺν ἄγγελον.　Οὐδ' Ἐπιμηθεὺς 85
Ἐφράσαθ', ὡς οἱ ἔειπε Προμηθεὺς, μήποτε δῶρον
Δέξασθαι πὰρ Ζηνὸς Ὀλυμπίου, ἀλλ' ἀποπέμπειν
Ἐξοπίσω, μήπου τι κακὸν θνητοῖσι γένηται.
Αὐτὰρ ὁ δεξάμενος, ὅτε δὴ κακὸν εἶχ', ἐνόησε.
Πρὶν μὲν γὰρ ζώεσκον ἐπὶ χθονὶ φῦλ' ἀνθρώπων　　90
Νόσφιν ἄτερ τε κακῶν, καὶ ἄτερ χαλεποῖο πόνοιο,
Νούσων τ' ἀργαλέων, αἵτ' ἀνδράσι γῆρας ἔδωκαν.
Αἶψα γὰρ ἐν κακότητι βροτοὶ καταγηράσκουσιν.
Ἀλλὰ γυνὴ χείρεσσι πίθου μέγα· πῶμ' ἀφελοῦσα
Ἐσκέδασ'· ἀνθρώποισι δ' ἐμήσατο κήδεα λυγρά.　　95
Μούνη δ' αὐτόθι Ἐλπὶς ἐν ἀῤῥήκτοισι δόμοισιν
Ἐνδον ἔμιμνε πίθου ὑπὸ χείλεσιν, οὐδὲ θύραζε
Ἐξέπτη· πρόσθεν γὰρ ἐπέμβαλε πῶμα πίθοιο,
Αἰγιόχου βουλῆσι Διὸς νεφεληγερέταο.
Ἀλλα δὲ μυρία λυγρὰ κατ' ἀνθρώπους ἀλάληται.　　100
Πλείη μὲν γὰρ γαῖα κακῶν, πλείη δὲ θάλασσα.
Νοῦσοι δ' ἀνθρώποισιν ἐφ' ἡμέρῃ ἠδ' ἐπὶ νυκτὶ
Αὐτόματοι φοιτῶσι, κακὰ θνητοῖσι φέρουσαι
Σιγῇ· ἐπεὶ φωνὴν ἐξείλετο μητίετα Ζεύς.
Οὕτως οὔτι που ἐστὶ Διὸς νόον ἐξαλέασθαι.　　　105
Εἰ δ' ἐθέλεις, ἕτερόν τοι ἐγὼ λόγον ἐκκορυφώσω
Εὖ καὶ ἐπισταμένως· σὺ δ' ἐνὶ φρεσὶ βάλλεο σῆσιν.
　Ὡς ὁμόθεν γεγάασι θεοὶ θνητοί τ' ἄνθρωποι,
Χρύσεον μὲν πρώτιστα γένος μερόπων ἀνθρώπων
Ἀθάνατοι ποίησαν ὀλύμπια δώματ' ἔχοντες.　　110
Οἱ μὲν ἐπὶ Κρόνου ἦσαν, ὅτ' οὐρανῷ ἐμβασίλευεν·
Ὡστε θεοὶ δ' ἔζωον, ἀκηδέα θυμὸν ἔχοντες,

Νόσφιν ἄτερ τε πόνων καὶ ὀϊζύος· οὐδέ τι δειλὸν
Γῆρας ἐπῆν· αἰεὶ δὲ πόδας καὶ χεῖρας ὁμοῖοι
Τέρπον τ᾽ ἐν θαλίῃσι· κακῶν ἔκτοσθεν ἁπάντων,   115
Ἀφνειοὶ μήλοισι, φίλοι μακάρεσσι θεοῖσι.
Θνῆσκον δ᾽ ὡς ὕπνῳ δεδμημένοι· ἐσθλὰ δὲ πάντα
Τοῖσιν ἔην· καρπὸν δ᾽ ἔφερε ζείδωρος ἄρουρα
Αὐτομάτη πολλόν τε καὶ ἄφθονον· οἱ δ᾽ ἐθελημοὶ
Ἥσυχοι ἔργα νέμοντο σὺν ἐσθλοῖσιν πολέεσσιν.   120
Αὐτὰρ ἐπειδὴ τοῦτο γένος κατὰ γαῖα κάλυψεν,
Τοὶ μὲν δαίμονές εἰσι, Διὸς μεγάλου διὰ βουλὰς,
Ἐσθλοὶ, ἐπιχθόνιοι, φύλακες θνητῶν ἀνθρώπων·
Οἵ ῥα φυλάσσουσίν τε δίκας, καὶ σχέτλια ἔργα,
Ἠέρα ἑσσάμενοι, πάντη φοιτῶντες ἐπ᾽ αἶαν,   125
Πλουτοδόται. Καὶ τοῦτο γέρας βασιλήϊον ἔσχον.

    Δεύτερον αὖτε γένος πολὺ χειρότερον μετόπισθεν
Ἀργύρεον ποίησαν ὀλύμπια δώματ᾽ ἔχοντες,
Χρυσέῳ οὔτε φυὴν ἐναλίγκιον, οὔτε νόημα.
Ἀλλ᾽ ἑκατὸν μὲν παῖς ἔτεα παρὰ μητέρι κεδνῇ   130
Ἐτρέφετ᾽ ἀτάλλων μέγα νήπιος ᾧ ἐνὶ οἴκῳ.
Ἀλλ᾽ ὅταν ἡβήσειε, καὶ ἥβης μέτρον ἵκοιτο,
Παυρίδιον ζώεσκον ἐπὶ χρόνον, ἄλγε᾽ ἔχοντες
Ἀφραδίαις. Ὕβριν γὰρ ἀτάσθαλον οὐκ ἐδύναντο
Ἀλλήλων ἀπέχειν, οὐδ᾽ ἀθανάτους θεραπεύειν   135
Ἤθελον, οὐδ᾽ ἔρδειν μακάρων ἱεροῖς ἐπὶ βωμοῖς,
Ἧ θέμις ἀνθρώποισι κατ᾽ ἤθεα. Τοὺς μὲν ἔπειτα
Ζεὺς Κρονίδης ἔκρυψε, χολούμενος οὕνεκα τιμὰς
Οὐκ ἐδίδουν μακάρεσσι θεοῖς, οἳ Ὄλυμπον ἔχουσιν.
Αὐτὰρ ἐπεὶ καὶ τοῦτο γένος κατὰ γαῖα κάλυψε,   140
Τοὶ μὲν ἐπιχθόνιοι μάκαρες θνητοὶ καλέονται
Δεύτεροι· ἀλλ᾽ ἔμπης τιμὴ καὶ τοῖσιν ὀπηδεῖ.

    Ζεὺς δὲ πατὴρ τρίτον ἄλλο γένος μερόπων ἀνθρώπων
Χάλκειον ποίησ᾽, οὐκ ἀργυρῷ οὐδὲν ὁμοῖον,
Ἐκ μελιᾶν δεινόν τε καὶ ὄμβριμον· οἷσιν Ἄρηος   145

Εργ' ἔμελε στονόεντα, καὶ ὕβριες· οὐδέ τι σῖτον
Ἤσθιον, ἀλλ' ἀδάμαντος ἔχον κρατερόφρονα θυμὸν,
Απλαστοι· μεγάλη δὲ βίη καὶ χεῖρες ἄαπτοι
Εξ ὤμων ἐπέφυκον ἐπὶ στιβαροῖς μελέεσσιν.
Τοῖς δ' ἦν χάλκεα μὲν τεύχεα, χάλκεοι δέ τε οἶκοι,   150
Χαλκῷ δ' ἐργάζοντο· μέλας δ' οὐκ ἔσκε σίδηρος.   ·ᴶ
Καὶ τοὶ μὲν χείρεσσιν ὑπὸ σφετέρῃσι δαμέντες
Βῆσαν ἐς εὐρώεντα δόμον κρυεροῦ Ἀΐδαο,
Νώνυμνοι· θάνατος δὲ καὶ ἐκπάγλους περ ἐόντας
Εἷλε μέλας, λαμπρὸν δ' ἔλιπον φάος ἠελίοισ·   155
   Αὐτὰρ ἐπεὶ καὶ τοῦτο γένος κατὰ γαῖα κάλυψεν,
Αὖτις ἔτ' ἄλλο τέταρτον ἐπὶ χθονὶ πουλυβοτείρῃ
Ζεὺς Κρονίδης ποίησε δικαιότερον καὶ ἄρειον,
Ανδρῶν ἡρώων θεῖον γένος, οἳ καλέονται
Ἡμίθεοι, προτέρῃ γενεῇ, κατ' ἀπείρονα γαῖαν.   160
Καὶ τοὺς μὲν πόλεμός τε κακὸς καὶ φύλοπις αἰνὴ,
Τοὺς μὲν ἐφ' ἑπταπύλῳ Θήβῃ, Καδμηΐδι γαίῃ,
Ωλεσε μαρναμένους. μήλων ἕνεκ' Οἰδιπόδαο·
Τοὺς δὲ καὶ ἐν νήεσσιν ὑπὲρ μέγα λαῖτμα θαλάσσης
Εs Τροίην ἀγαγὼν, Ἑλένης ἕνεκ' ἠΰκόμοιο·   165
Ενθ' ἤτοι τοὺς μὲν θανάτου τέλος ἀμφεκάλυψε.
Τοῖς δὲ δίχ' ἀνθρώπων βίοτον καὶ ἤθε' ὀπάσσας
Ζεὺς Κρονίδης κατένασσε πατὴρ ἐς πείρατα γαίης.
Τηλοῦ ἀπ' ἀθανάτων τοῖσι Κρόνος ἐμβασίλευε.
Καὶ τοὶ μὲν ναίουσιν ἀκηδέα θυμὸν ἔχοντες   170
Εν μακάρων νήσοισι, παρ' Ωκεανὸν βαθυδίνην,
Ολβιοι ἥρωες· τοῖσιν μελιηδέα καρπὸν
Τρὶς ἔτεος θάλλοντα φέρει ζείδωρος ἄρουρα.
   Μηκέτ' ἔπειτ' ὤφειλον ἐγὼ πέμπτοισι μετεῖναι
Ανδράσιν, ἀλλ' ἢ πρόσθε θανεῖν, ἢ ἔπειτα γενέσθαι.   175
Νῦν γὰρ δὴ γένος ἐστὶ σιδήρεον· οὐδέ ποτ' ἦμαρ
Παύσονται καμάτου καὶ ὀϊζύος, οὐδέ τι νύκτωρ,
Φθειρόμενοι· χαλεπὰς δὲ θεοὶ δώσουσι μερίμνας.

Ἀλλ᾽ ἔμπης καὶ τοῖσι μεμίξεται ἐσθλὰ κακοῖσιν.

Ζεὺς δ᾽ ὀλέσει καὶ τοῦτο γένος μερόπων ἀνθρώπων,   180

Εὖτ᾽ ἂν γεινόμενοι πολιοκρόταφοι τελέθωσιν.

Οὐδὲ πατὴρ παίδεσσιν ὁμοίϊος, οὐδέ τι παῖδες,

Οὐδὲ ξεῖνος ξεινοδόκῳ, καὶ ἑταῖρος ἑταίρῳ,

Οὐδὲ κασίγνητος φίλος ἔσσεται, ὡς τὸ πάρος περ.

Αἶψα δὲ γηράσκοντας ἀτιμήσουσι τοκῆας·   185

Μέμψονται δ᾽ ἄρα τοὺς χαλεποῖς βάζοντες ἔπεσσι,

Σχέτλιοι, οὐδὲ θεῶν ὄπιν εἰδότες· οὐδὲ μὲν οἵγε

Γηράντεσσι τοκεῦσιν ἀπὸ θρεπτήρια δοῖεν,

Χειροδίκαι· ἕτερος δ᾽ ἑτέρου πόλιν ἐξαλαπάξει.

Οὐδέ τις εὐόρκου χάρις ἔσσεται, οὔτε δικαίου,   190

Οὔτ᾽ ἀγαθοῦ· μᾶλλον δὲ κακῶν ῥεκτῆρα, καὶ ὕβριν

Ἀνέρα τιμήσουσι· δίκη δ᾽ ἐν χερσὶ, καὶ αἰδὼς

Οὐκ ἔσται· βλάψει δ᾽ ὁ κακὸς τὸν ἀρείονα φῶτα,

Μύθοισι σκολιοῖς ἐνέπων, ἐπὶ δ᾽ ὅρκον ὀμεῖται.

Ζῆλος δ᾽ ἀνθρώποισιν ὀϊζυροῖσιν ἅπασιν   195

Δυσκέλαδος κακόχαρτος ὁμαρτήσει στυγερώπης.

Καὶ τότε δὴ πρὸς Ὀλύμπον ἀπὸ χθονὸς εὐρυοδείης,

Λευκοῖσιν φαρέεσσι καλυψαμένω χρόα καλὸν,

Ἀθανάτων μετὰ φῦλ᾽ ἴτην, προλιπόντ᾽ ἀνθρώπους,

Αἰδὼς καὶ Νέμεσις· τὰ δὲ λείψεται ἄλγεα λυγρὰ   200

Θνητοῖς ἀνθρώποισι· κακοῦ δ᾽ οὐκ ἔσσεται ἀλκή.

* ΕΚ ΤΗΣ

ΗΣΙΟΔΟΥ ΤΟΥ ΑΣΚΡΑΙΟΥ

ΘΕΟΓΟΝΙΑΣ.

[JUXTA EDIT. FRID. AVG. WOLF. HAL. SAX. 1783. 8vo.]

617—806.

Ὡς Βριάρεῳ τὰ πρῶτα πατὴρ ὠδύσσατο θυμῷ,
Κόττῳ τ᾽ ἠδὲ Γύγῃ, δῆσε κρατερῷ ἐνὶ δεσμῷ,
Ἠνορέην ὑπέροπλον ἀγώμενος, ἠδὲ καὶ εἶδος,
Καὶ μέγεθος, κατένασσε δ᾽ ὑπὸ χθονὸς εὐρυοδείης·   620
Ἔνθ᾽ οἵγ᾽ ἄλγε᾽ ἔχοντες ὑπὸ χθονὶ ναιετάοντες,
Εἷατ᾽ ἐπ᾽ ἐσχατιῇ, μεγάλης ἐν πείρασι γαίης,
Δηθὰ μάλ᾽ ἀχνύμενοι, κραδίῃ μέγα πένθος ἔχοντες.
Ἀλλὰ σφέας Κρονίδης τε καὶ ἀθάνατοι θεοὶ ἄλλοι,
Οὓς τέκεν ἠΰκομος Ῥείη Κρόνου ἐν φιλότητι,   625
Γαίης φραδμοσύνῃσιν ἀνήγαγον ἐς φάος αὖτις.
Αὐτὴ γάρ σφιν ἅπαντα διηνεκέως κατέλεξε,
Σὺν κείνοις νίκην τε καὶ ἀγλαὸν εὖχος ἀρέσθαι.
Δηρὸν γὰρ μάρναντο, πόνον θυμαλγέ᾽ ἔχοντες,
Τιτῆνές τε θεοί, καὶ ὅσοι Κρόνου ἐξεγένοντο,   630
Ἀντίον ἀλλήλοισι διὰ κρατερὰς ὑσμίνας·
Οἱ μὲν ἀφ᾽ ὑψηλῆς Ὀθρύος Τιτῆνες ἀγανοί,
Οἱ δ᾽ ἄρ᾽ ἀπ᾽ Οὐλύμποιο θεοί, δωτῆρες ἐάων,
[Οὓς τέκεν ἠΰκομος Ῥείη Κρόνῳ εὐνηθεῖσα.]
Οἵ ῥα τότ᾽ ἀλλήλοισι μάχην θυμαλγέ᾽ ἔχοντες,   635

Συνεχέως ἐμάχοντο δέκα πλείους ἐνιαυτούς.
Οὐδέ τις ἦν ἔριδος χαλεπῆς λύσις, οὐδὲ τελευτὴ
Οὐδετέροις, ἴσον δὲ τέλος τέτατο πτολέμοιο.
Ἀλλ᾿ ὅτε δὴ κείνοισι᾿παρέσχεθεν ἄρμενα πάντα,
Νέκταρ τ᾿ ἀμβροσίην τε, τάπερ θεοὶ αὐτοὶ ἔδουσι,   640
Πάντων ἐν στήθεσσιν ἀέξετο θυμὸς ἀγήνωρ.
[Ὡς νέκταρ δ᾿ ἐπάσαντο καὶ ἀμβροσίην ἐρατεινὴν,]
Δὴ τότε τοῖς μετέειπε πατὴρ ἀνδρῶν τε θεῶν τε·

  Κέκλυτέ μευ, Γαίης τε καὶ Οὐρανοῦ ἀγλαὰ τέκνα,
Ὄφρ᾿ εἴπω, τά με θυμὸς ἐνὶ στήθεσσι κελεύει.   645
Ἤδη γὰρ μάλα δηρὸν ἐναντίοι ἀλλήλοισι
Νίκης καὶ κράτεος πέρι μαρνάμεθ᾿ ἤματα πάντα,
Τιτῆνές τε θεοὶ, καὶ ὅσοι Κρόνου ἐκγενόμεσθα.
Ὑμεῖς δὲ μεγάλην τε βίην καὶ χεῖρας ἀάπτους
Φαίνετε Τιτήνεσσιν ἐναντίοι ἐν δαῒ λυγρῇ,   650
Μνησάμενοι φιλότητος ἐνηέος, ὅσσα παθόντες
Ἐς φάος ἂψ ἀφίκεσθε δυσηλεγέος ἀπὸ δεσμοῦ,
[Ἡμετέρας διὰ βουλὰς, ἀπὸ ζόφου ἠερόεντος.]
  Ὡς φάτο· τὸν δ᾿ ἐξαῦτις ἀμείβετο Κόττος ἀμύμων·
τιμονί᾿, οὐκ ἀδάητα πιφάσκεαι· ἀλλὰ καὶ αὐτοὶ   655
Ἴδμεν, ὅτι περὶ μὲν πραπίδας, περὶ δ᾿ ἐσσὶ νόημα,
Ἀλκτὴρ δ᾿ ἀθανάτοισιν ἀρῆς γένεο κρυεροῖο.
Σῇσι δ᾿ ἐπιφροσύνῃσιν ἀπὸ ζόφου ἠερόεντος
Ἀψόῤῥον ἐξαῦτις ἀμειλίκτων ἀπὸ δεσμῶν
Ἠλύθαμεν, Κρόνου υἱὲ ἄναξ, ἀνάελπτα παθόντες.   660
Τῷ καὶ νῦν ἀτενεῖ τε νόῳ καὶ ἐπίφρονι βουλῇ
Ῥυσόμεθα κράτος ὑμὸν ἐν αἰνῇ δηϊοτῆτι,
Μαρνάμενοι Τιτῆσιν ἀνὰ κρατερὰς ὑσμίνας.
  Ὡς φάτ᾿· ἐπήνησαν δὲ θεοὶ δωτῆρες ἐάων,
Μῦθον ἀκούσαντες· πολέμου δ᾿ ἐλιλαίετο θυμὸς   665
Μᾶλλον ἔτ᾿ ἢ τοπάροιθε· μάχην δ᾿ ἀμέγαρτον ἔγειραν
Πάντες, θήλειαί τε καὶ ἄρσενες, ἤματι κείνῳ,
Τιτῆνές τε θεοὶ, καὶ ὅσοι Κρόνου ἐξεγένοντο,

Οὕς τε Ζεὺς Ἐρέβευσφιν ὑπὸ χθονὸς ἧκε φόωσδε,
Δεινοί τε κρατεροί τε, βίην ὑπέροπλον ἔχοντες.   670
[Τῶν ἑκατὸν μὲν χεῖρες ἀπ' ὤμων ἀΐσσοντο
Πᾶσιν ὁμῶς· κεφαλαὶ δὲ ἑκάστῳ πεντήκοντα
Ἐξ ὤμων ἐπέφυκον ἐπὶ στιβαροῖσι μέλεσσιν.]
Οἳ τότε Τιτήνεσσι κατέσταθεν ἐν δαῒ λυγρῇ,
Πέτρας ἠλιβάτους στιβαρῆς ἐν χερσὶν ἔχοντες.   675
Τιτῆνες δ' ἑτέρωθεν ἐκαρτύναντο φάλαγγας
Προφρονέως· χειρῶν τε βίης θ' ἅμα ἔργον ἔφαινον
Ἀμφότεροι· δεινὸν δὲ περίαχε Πόντος ἀπείρων,
Γῆ δὲ μέγ' ἐσμαράγησεν, ἐπέστενε δ' Οὐρανὸς εὐρὺς
Σειόμενος, πεδόθεν δ' ἐτινάσσετο μακρὸς Ὄλυμπος   680
Ῥιπῇ ὑπ' ἀθανάτων· ἔνοσις δ' ἵκανε βαρεῖα
Τάρταρον ἠερόεντα ποδῶν, αἰπεῖά τ' ἰωὴ
Ἀσπέτου ἰωχμοῖο, βολάων τε κρατεράων.
Ὣς ἄρ' ἐπ' ἀλλήλοις ἵεσαν βέλεα στονόεντα.
Φωνὴ δ' ἀμφοτέρων ἵκετ' Οὐρανὸν ἀστερόεντα   685
Κεκλομένων· οἱ δὲ ξύνισαν μεγάλῳ ἀλαλητῷ.
Οὐ δ' ἄρ' ἔτι Ζεὺς ἴσχεν ἑὸν μένος, ἀλλά νυ τοῦ γε
Εἶθαρ μὲν μένεος πλῆντο φρένες, ἐκ δέ τε πᾶσαν
Φαῖνε βίην, ἄμυδις δ' ἄρ' ἀπ' Οὐρανοῦ ἠδ' ἀπ' Ὀλύμπου
Ἀστράπτων ἔστειχε συνωχαδόν· οἱ δὲ κεραυνοὶ   690
Ἴκταρ ἅμα βροντῇ τε καὶ ἀστεροπῇ ποτέοντο
Χειρὸς ἀπὸ στιβαρῆς, ἱερὴν φλόγα θ' εἰλυφόωντες
Ταρφέες· ἀμφὶ δὲ Γαῖα φερέσβιος ἐσμαράγιζεν
Καιομένη, λάκε δ' ἀμφὶ πυρὶ μεγάλ' ἄσπετος ὕλη.
Ἔζεε δὲ χθὼν πᾶσα, καὶ Ὠκεανοῖο ῥέεθρα,   695
Πόντος τ' ἀτρύγετος· τοὺς δ' ἄμφεπε θερμὸς ἀϋτμὴ
Τιτῆνας χθονίους· φλὸξ δ' ἠέρα δῖαν ἵκανεν
Ἄσπετος· ὄσσε δ' ἄμερδε καὶ ἰφθίμων περ ἐόντων
Αὐγὴ μαρμαίρουσα κεραυνοῦ τε στεροπῆς τε.
Καῦμα δὲ θεσπέσιον κάτεχεν Χάος· εἴσατο δ' ἄντα   700
Ὀφθαλμοῖσιν ἰδεῖν, ἠδ' οὔασιν ὄσσαν ἀκοῦσαι,

Αὔτως ὡς ὅτε Γαῖα καὶ Οὐρανὸς εὐρὺς ὕπερθεν
Πίλνατο· τοῖος γάρ κε μέγιστος δοῦπος ὀρώρει,
Τῆς μὲν ἐρειπομένης, τοῦ δ᾽ ὑψόθεν ἐξεριπόντος·
Τόσσος δοῦπος ἔγεντο θεῶν ἔριδι ξυνιόντων.   705
Σὺν δ᾽ Ανεμοι ἔνοσίν τε κόνιν θ᾽ ἅμα ἐσφαράγιζον,
Βροντήν τε στεροπήν τε καὶ αἰθαλόεντα κεραυνὸν,
Κῆλα Διὸς μεγάλοιο, φέρον δ᾽ ἰαχήν τ᾽ ἐνοπήν τε
Ες μέσον ἀμφοτέρων· ὄτοβος δ᾽ ἄπλητος ὀρώρει
Σμερδαλέης ἔριδος· κάρτος δ᾽ ἀνεφαίνετο ἔργων.   710
Εκλίνθη δὲ μάχη· πρὶν δ᾽, ἀλλήλοις ἐπέχοντες,
Εμμενέως ἐμάχοντο διὰ κρατερὰς ὑσμίνας.
Οἳ δ᾽ ἄρ᾽ ἐνὶ πρώτοισι μάχην δριμεῖαν ἔγειραν,
Κόττος τε, Βριάρεώς τε, Γύγης τ᾽ ἄατος πολέμοιο·
Οἵ ρα τριηκοσίας πέτρας στιβαρῶν ἀπὸ χειρῶν   715
Πέμπον ἐπασσυτέρας, κατὰ δ᾽ ἐσκίασαν βελέεσσι
Τιτῆνας· καὶ τοὺς μὲν ὑπὸ χθονὸς εὐρυοδείης
Πέμψαν, καὶ δεσμοῖσιν ἐν ἀργαλέοισιν ἔδησαν,
Νικήσαντες χερσὶν, ὑπερθύμους περ ἐόντας,
Τόσσον ἔνερθ᾽ ὑπὸ γῆς, ὅσον οὐρανός ἐστ᾽ ἀπο γαίης.   720
[Ἴσον γάρ τ᾽ ἀπὸ γῆς ἐς Τάρταρον ἠερόεντα.]
Εννέα γὰρ νύκτας τε καὶ ἤματα χάλκεος ἄκμων
Οὐρανόθεν κατιὼν, δεκάτῃ ἐς γαῖαν ἵκοιτο·
Εννέα δ᾽ αὖ νύκτας τε καὶ ἤματα χάλκεος ἄκμων
Εκ γαίης κατιὼν, δεκάτῃ ἐς Τάρταρον ἵκοι.   725
Τὸν πέρι χάλκεον ἕρκος ἐλήλαται, ἀμφὶ δέ μιν νὺξ
Τριστοιχεὶ κέχυται περὶ δειρήν· αὐτὰρ ὕπερθεν
Γῆς ῥίζαι πεφύασι καὶ ἀτρυγέτοιο θαλάσσης.
Ενθα θεοὶ Τιτῆνες ὑπὸ ζόφῳ ἠερόεντι
Κεκρύφαται, βουλῇσι Διὸς νεφεληγερέταο,   730
[Χώρῳ ἐν εὐρώεντι, πελώρης ἔσχατα γαίης.]
Τοῖς οὐκ ἐξιτόν ἐστι· πύλας δ᾽ ἐπέθηκε Ποσειδῶν
Χαλκείας, τεῖχος περίκειται δ᾽ ἀμφοτέρωθεν.
Ενθα Γύγης, Κόττος τε, καὶ ὁ Βριάρεως μεγάθυμος

δεινοῖσιν· φύλακες πιστοὶ Διὸς αἰγιόχοιο.   735
Ἔνθα δὲ Γῆς δνοφερῆς καὶ Ταρτάρου ἠερόεντος,
Πόντου τ' ἀτρυγέτοιο καὶ Οὐρανοῦ ἀστερόεντος,
ἑξείης πάντων πηγαὶ καὶ πείρατ' ἔασιν,
ἀργαλέ'· εὐρώεντα, τά τε στυγέουσι θεοί περ,   740
χάσμα μέγ'· οὐδέ κε πάντα τελεσφόρον εἰς ἐνιαυτὸν
οὖδας ἵκοιτ', εἰ πρῶτα πυλέων ἔντοσθε γένοιτο·
ἀλλά κεν ἔνθα καὶ ἔνθα φέροι πρὸ θύελλα θυέλλῃ
ἀργαλέη· δεινὸν δὲ καὶ ἀθανάτοισι θεοῖσι
τοῦτο τέρας· καὶ Νυκτὸς ἐρεμνῆς οἰκία δεινὰ   745
ἕστηκεν, νεφέλῃς κεκαλυμμένα κυανέῃσι.
Τῶν πρόσθ' Ἰαπετοῖο πάϊς ἔχει οὐρανὸν εὐρὺν
ἑστηὼς, κεφαλῇ τε καὶ ἀκαμάτῃσι χέρεσσιν
ἀστεμφέως, ὅθι Νύξ τε καὶ Ἡμέρη ἆσσον ἰοῦσαι
ἀλλήλας προσέειπον, ἀμειβόμεναι μέγαν οὐδὸν   750
χάλκεον· ἡ μὲν ἔσω καταβήσεται, ἡ δὲ θύραζε
ἔρχεται, οὐδέ ποτ' ἀμφοτέρας δόμος ἐντὸς ἐέργει·
ἀλλ' αἰεὶ ἑτέρη γε δόμων ἔκτοσθεν ἐοῦσα,
γαῖαν ἐπιστρέφεται· ἡ δ' αὖ δόμου ἐντὸς ἐοῦσα,
μίμνει τὴν αὐτῆς ὥρην ὁδοῦ, ἔστ' ἂν ἵκηται.   755
[ἡ μὲν ἐπιχθονίοισι φάος πολυδερκὲς ἔχουσα,
ἡ δ' Ὕπνον μετὰ χερσί, κασίγνητον Θανάτοιο,
Νὺξ ὀλοή, νεφέλῃ κεκαλυμμένη ἠεροειδεῖ.]
Ἔνθα δὲ Νυκτὸς παῖδες ἐρεμνῆς οἰκί' ἔχουσιν,
Ὕπνος καὶ Θάνατος, δεινοὶ θεοί· οὐδέ ποτ' αὐτοὺς   760
Ἠέλιος φαέθων ἐπιδέρκεται ἀκτίνεσσιν,
οὐρανὸν εἰσανιὼν, οὐδ' οὐρανόθεν καταβαίνων.
τῶν ἕτερος μὲν γῆν τε καὶ εὐρέα νῶτα θαλάσσης
ἥσυχος ἀνστρέφεται καὶ μείλιχος ἀνθρώποισι·
τοῦ δὲ σιδηρέη μὲν κραδίη, χάλκεον δέ οἱ ἦτορ   765
νηλεὲς ἐν στήθεσσιν· ἔχει δ', ὃν πρῶτα λάβῃσιν
ἀνθρώπων· ἐχθρὸς δὲ καὶ ἀθανάτοισι θεοῖσιν.
Ἔνθα θεοῦ χθονίου πρόσθεν δόμοι ἠχήεντες

Ἰφθίμου τ' Ἀΐδεω καὶ ἐπαινῆς Περσεφονείης
Ἑστᾶσιν· δεινὸς δὲ κύων προπάροιθε φυλάσσει,
Νηλείης, τέχνην δὲ κακὴν ἔχει· ἐς μὲν ἰόντας   770
Σαίνει ὁμῶς οὐρῇ τε καὶ οὔασιν ἀμφοτέροισιν,
Ἐξελθεῖν δ' οὐκ αὖτις ἐᾷ πάλιν, ἀλλὰ δοκεύων
Ἐσθίει, ὅν κε λάβῃσι πυλέων ἔκτοσθεν ἰόντα
[Ἰφθίμου τ' Ἀΐδεω καὶ ἐπαινῆς Περσεφονείης.]

Ἐνθα δὲ ναιετάει στυγερὴ θεὸς ἀθανάτοισι,   775
Δεινὴ Στὺξ, θυγάτηρ ἀψορρόου Ὠκεανοῖο
Πρεσβυτάτη, νόσφιν δὲ θεῶν κλυτὰ δώματα ναίει
Μακρῇσι πέτρῃσι κατηρεφέ'· ἀμφὶ δε πάντη
Κίοσιν ἀργυρέοισι πρὸς Οὐρανὸν ἐστήρικται.
[Παῦρα δὲ Θαύμαντος θυγάτηρ πόδας ὠκέα Ἰρις   780
Ἀγγελίης πωλεῖται ἐπ' εὐρέα νῶτα θαλάσσης,
Ὁππότ' ἔρις καὶ νεῖκος ἐν ἀθανάτοισιν ὄρηται.
Καί ῥ' ὅστις ψεύδηται Ὀλύμπια δώματ' ἐχόντων,]
Ζεὺς δέ τε Ἰριν ἔπεμψε θεῶν μέγαν ὅρκον ἐνεῖκαι
Τηλόθεν ἐν χρυσέῃ προχόῳ πολυώνυμον ὕδωρ   785
Ψυχρόν, ὅ τ' ἐκ πέτρης καταλείβεται ἠλιβάτοιο
Ὑψηλῆς· πολλὸν δὲ ὑπὸ χθονὸς εὐρυοδείης
Ἐξ ἱεροῦ ποταμοῖο ῥέει διὰ νύκτα μέλαιναν,
Ὠκεανοῖο κέρας· δεκάτη δ' ἐπὶ μοῖρα δέδασται·
Ἐννέα μὲν περὶ γῆν τε καὶ εὐρέα νῶτα θαλάσσης   790
Δίνῃς ἀργυρέης εἱλιγμένος εἰς ἅλα πίπτει·
Ἡ δὲ μί' ἐκ πέτρης προρέει, μέγα πῆμα θεοῖσιν.
Ὃς κεν τὴν ἐπίορκον ἀπολλείψας ἐπομόσσῃ
Ἀθανάτων, οἳ ἔχουσι κάρη νιφόεντος Ὀλύμπου,
Κεῖται νήϋτμος τετελεσμένον εἰς ἐνιαυτόν·   795
Οὐδέ ποτ' ἀμβροσίης καὶ νέκταρος ἔρχεται ἆσσον
Βρώσιος, ἀλλά τε κεῖται ἀνάπνευστος καὶ ἄναυδος
Στρωτοῖς ἐν λεχέεσσι, κακὸν δ' ἐπὶ κῶμα καλύπτει.
Αὐτὰρ ἐπὴν νοῦσον τελέσῃ μέγαν εἰς ἐνιαυτόν,
Ἀλλος δ' ἐξ ἄλλου δέχεται χαλεπώτατος ἆθλος.   800

Ἐννάετες δὲ θεῶν ἀπομείρεται αἰὲν ἐόντων,
Οὐδέ ποτ' ἐς βουλὴν ἐπιμίσγεται, οὐδ' ἐπὶ δαῖτας,
Ἐννέα πάντ' ἔτεα· δεκάτῳ δ' ἐπιμίσγεται αὖτις
Εἴραις ἀθανάτων, οἳ Ὀλύμπια δώματ' ἔχουσι.
Τοῖον ἄρ' ὅρκον ἔθεντο θεοὶ Στυγὸς ἄφθιτον ὕδωρ   805
Ὠγύγιον, τὸ δ' ἵησι καταστυφέλου διὰ χώρου.

ΑΣΚΛΗΠΙΑΔΟΥ ΤΟΥ ΣΑΜΙΟΥ,

Εἰς εἰκόνα Ἡσιόδου.

ΑΥΓΑΙ ποιμαίνοντα μεσαμβρινὰ μῆλά σε Μοῦσαι
    Ἔδρακον ἐν κραναοῖς οὔρεσιν, Ἡσίοδε,
Καί σοι καλλιπέτηλον, ἐρυσσάμεναι περὶ πᾶσαι,
    Ὤρεξαν δάφνας ἱερὸν ἀκρέμονα,
Δῶκαν δὲ κράνας Ἑλικωνίδος ἔνθεον ὕδωρ,
    Τὸ πτανοῦ πώλου πρόσθεν ἔκοψεν ὄνυξ·
Οὗ σὺ κορεσσάμενος, μακάρων γένος, ἔργα τε μολπαῖς,
    Καὶ γένος ἀρχαίων ἔγραφες ἡμιθέων.

*Ex APOLLONIO RHODIO.

[JUXTA EDIT. RICH. FR. PHIL. BRUNCK. ARGENTOR. 1780. 12mo.]

Cur' unquam Colchi Magnetida vidimus ARGO ;
Turbaque Phasiacam Graia bibistis aquam?

OVID. MEDEA JASONI.

† ΕΚ ΤΟΥ

ΤΩΝ ΑΠΟΛΛΩΝΙΟΥ ΑΡΓΟΝΑΥΤΙΚΩΝ

ΒΙΒΛΙΟΥ Α.

1—233.

ΑΡΧΟΜΕΝΟΣ σέο, Φοῖβε, παλαιγενέων κλέα φωτῶν
Μνήσομαι, οἳ Πόντοιο κατὰ στόμα, καὶ διὰ πέτρας
Κυανέας, βασιλῆος ἐφημοσύνῃ Πελίαο,
Χρύσειον μετὰ κῶας, ἐΰζυγον ἤλασαν Ἀργώ.

Τοίην γὰρ Πελίης φάτιν ἔκλυεν, ὥς μιν ὀπίσσω   5
Μοῖρα μένει στυγερή, τοῦδ᾿ ἀνέρος, ὅντιν᾿ ἴδοιτο
Δημόθεν οἰοπέδιλον, ὑπ᾿ ἐννεσίῃσι δαμῆναι.
Δηρὸν δ᾿ οὐ μετέπειτα τεὴν κατὰ βάξιν ΙΗΣΩΝ,
Χειμερίοιο ῥέεθρα κιὼν διὰ ποσσὶν Ἀναύρου,
Ἄλλο μὲν ἐξεσάωσεν ὑπ᾿ ἰλύος, ἄλλο δ᾿ ἔνερθε   10
Κάλλιπεν αὖθι πέδιλον ἐνισχόμενον προχοῇσιν.
Ἵκετο δ᾿ ἐς Πελίην αὐτοσχεδὸν, ἀντιβολήσων

Εἰλαπίνης, ἣν πατρὶ Ποσειδάωνι καὶ ἄλλοις
Ῥέζε θεοῖς, Ἥρης δὲ Πελασγίδος οὐκ ἀλέγιζεν.
Αἶψα δὲ τόν γ' ἐσιδὼν ἐφράσσατο, καί οἱ ἄεθλον   15
Ἔντυε ναυτιλίης πολυκηδέος, ὄφρ' ἐνὶ πόντῳ
Ἠέ κεν ἀλλοδαποῖσι μετ' ἀνδράσι νόστον ὀλέσσῃ.
    Νῆα μὲν οὖν οἱ πρόσθεν ἐπικλείουσιν ἀοιδοὶ
Ἀργὼ Ἀθηναίης καμέειν ὑποθημοσύνῃσι.
Νῦν δ' ἂν ἐγὼ γενεήν τε καὶ οὔνομα μυθησαίμην   20
Ἡρώων, δολιχῆς τε πόρους ἁλὸς, ὅσσα τ' ἔρεξαν
Πλαζόμενοι· Μοῦσαι δ' ὑποφήτορες εἶεν ἀοιδῆς.

    Πρῶτά νυν ΟΡΦΗΟΣ μνησώμεθα, τόν ῥά ποτ' αὐτὴ
Καλλιόπη Θρήϊκι φατίζεται εὐνηθεῖσα
Οἰάγρῳ σκοπιῆς Πιμπληΐδος ἄγχι τεκέσθαι.   25
Αὐτὰρ τόν γ' ἐνέπουσιν ἀτειρέας οὔρεσι πέτρας
Θέλξαι ἀοιδάων ἐνοπῇ, ποταμῶν τε ῥέεθρα.
Φηγοὶ δ' ἀγριάδες, κείνης ἔτι σήματα μολπῆς,
Ἀκτῆς Θρηϊκίης Ζώνης ἔπι τηλεθόωσαι
Ἑξείης στιχόωσιν ἐπήτριμοι, ἃς ὅ γ' ἐπιπρὸ   30
Θελγομένας φόρμιγγι κατήγαγε Πιερίηθεν.
Ὀρφέα μὲν δὴ τοῖον ἑῶν ἐπαρωγὸν ἀέθλων
Αἰσονίδης, Χείρωνος ἐφημοσύνῃσι πιθήσας,
Δέξατο, Πιερίῃ Βιστωνίδι κοιρανέοντα.

    Ἦλθε δ' ΑΣΤΕΡΙΩΝ αὐτοσχεδὸν, ὅν ῥα Κομήτης   35
Γείνατο δινήεντος ἐφ' ὕδασιν Ἀπιδανοῖο,
Πειρεσιὰς, ὄρεος Φυλληΐου ἀγχόθι, ναίων,
Ἔνθα μὲν Ἀπιδανός τε μέγας καὶ δῖος Ἐνιπεὺς
Ἄμφω συμφορέονται, ἀπόπροθι εἰς ἓν ἰόντες.
    Λάρισσαν δ' ἐπὶ τοῖσι λιπὼν ΠΟΛΥΦΗΜΟΣ ἵκανεν
Εἰλατίδης, ὃς πρὶν μὲν ἐρισθενέων Λαπιθάων,   41
Ὁππότε Κενταύροις Λαπίθαι ἐπεθωρήσσοντο,
Ὁπλότερος πολέμιζε· τότ' αὖ βαρύθεσκέ οἱ ἤδη
Γυῖα, μένεν δ' ἔτι θυμὸς ἀρήϊος, ὡς τοπάρος περ.

Οὐδὲ μὲν ΙΦΙΚΛΟΣ Φυλάκῃ ἔνι δηρὸν ἔλειπτο,   45
Μήτρως Αἰσονίδαο· κασιγνήτην γὰρ ὄπυιεν
Ἀΐσων Ἀλκιμέδην Φυλακηΐδα· τῆς μιν ἀνώγει
Πηοσύνη καὶ κῆδος ἐνικρινθῆναι ὁμίλῳ.
    Οὐδὲ Φεραῖς ΑΔΜΗΤΟΣ ἐϋρήνεσσιν ἀνάσσων
Μίμνεν ὑπὸ σκοπιὴν ὄρεος Χαλκωδονίοιο.   50
    Οὐδ' Ἀλόπῃ μίμνον πολυλήϊοι Ἑρμείαο
Υἱέες, εὖ δεδαῶτε δόλους, ΕΡΥΤΟΣ καὶ ΕΧΙΩΝ.
Τοῖσι δ' ἔπι τρίτατος γνωτὸς κίε νισσομένοισιν
ΑΙΘΑΛΙΔΗΣ· καὶ τὸν μὲν ἐπ' Ἀμφρυσοῖο ῥοῇσι
Μυρμιδόνος κούρη Φθιὰς τέκεν Εὐπολέμεια·   55
Τὼ δ' αὖτ' ἐκγεγάτην Μενετηΐδος Ἀντιανείρης.
    Ἤλυθε δ' ἀφνειὴν προλιπὼν Γυρτῶνα ΚΟΡΩΝΟΣ
Καινεΐδης, ἐσθλὸς μὲν, ἑοῦ δ' οὐ πατρὸς ἀμείνων.
Καινέα γὰρ ζωόν περ ἐπικλείουσιν ἀοιδοὶ
Κενταύροισιν ὀλέσθαι, ὅτε σφέας οἶος ἀπ' ἄλλων   60
Ἤλασ' ἀριστεύων· οἱ δ' ἔμπαλιν ὁρμηθέντες
Οὔτε μιν ἀγκλῖναι προτέρω σθένον, οὔτε δαΐξαι·
Ἀλλ' ἄῤῥηκτος, ἄκαμπτος, ἐδύσατο νειόθι γαίης,
Θεινόμενος στιβαρῇσι καταΐγδην ἐλάτῃσιν.
    Ἤλυθε δ' αὖ ΜΟΨΟΣ Τιταρήσιος, ὃν περὶ πάντων   65
Λητοΐδης ἐδίδαξε θεοπροπίας οἰωνῶν·
Ἠδὲ καὶ ΕΥΡΥΔΑΜΑΣ Κτιμένου παῖς· ἄγχι δὲ λίμνης
Ξυνιάδος Κτιμένην Δολοπηΐδα ναιετάασκε.
    Καὶ μὴν Ἄκτωρ υἷα ΜΕΝΟΙΤΙΟΝ ἐξ Ὀπόεντος
Ὧρσεν, ἀριστήεσσι σὺν ἀνδράσιν ὄφρα νέοιτο.   70
    Εἵπετο δ' ΕΥΡΥΤΙΩΝ τε, καὶ ἀλκήεις ΕΡΙΒΩΤΗΣ,
Υἷες, ὁ μὲν Τελέοντος, ὁ δ' Ἴρου Ἀκτορίδαο·
Ἤτοι ὁ μὲν Τελέοντος ἐϋκλειὴς Ἐριβώτης,
Ἴρου δ' Εὐρυτίων· σὺν καὶ τρίτος ἧκεν ΟΪΛΕΥΣ
Ἔξοχος ἠνορέην, καὶ ἐπαῖξαι μετόπισθεν   75
Εὖ δεδαὼς δηΐοισιν, ὅτε κλίνειε φάλαγγας.
    Αὐτὰρ ἀπ' Εὐβοίης ΚΑΝΘΟΣ κίε, τόν ῥα Κάνηθος

Πέμπεν Ἀβαντιάδης λελιημένον· οὐ μὲν ἔμελλε
Νοστήσειν Κήρινθον ὑπότροπος· αἶσα γὰρ ἦεν
Αὐτὸν ὁμῶς, Μόψον τε δαήμονα μαντοσυνάων,   80
Πλαγχθέντας Διβύης ἐνὶ πείρασι δρωθῆναι.
Ὡς οὐκ ἀνθρώποισι κακὸν μήκιστον ἐπαυρεῖν,
Ὁππότε κἀκείνους Διβύη ἔνι ταρχύσαντο,
Τόσσον ἑκὰς Κόλχων, ὅσσον τέ περ ἠελίοιο
Μεσσηγὺς δύσιές τε καὶ ἀντολαὶ εἰσορόωνται.   85

Τῷ δ᾽ ἄρ᾽ ἔπι ΚΛΥΤΙΟΣ τε καὶ ΙΦΙΤΟΣ ἠγερέθοντο,
Οἰχαλίης ἐπίουροι, ἀπηνέος Εὐρύτου υἷες,
Εὐρύτου, ᾧ πόρε τόξον Ἑκηβόλος· οὐδ᾽ ἀπόνητο
Δωτίνης· αὐτῷ γὰρ ἑκὼν ἐρίδηνε δοτῆρι.

Τοῖσι δ᾽ ἔπ᾽ Αἰακίδαι μετεκίαθον· οὐ μὲν ἅμ᾽ ἄμφω,   90
Οὐδ᾽ ὁμόθεν· νόσφι γὰρ ἀλενάμενοι κατένασθεν
Αἰγίνης, ὅτε Φῶκον ἀδελφεὸν ἐξενάριξαν
Ἀφραδίῃ.   ΤΕΛΑΜΩΝ μὲν ἐν Ἀτθίδι νάσσατο νήσῳ
ΠΗΛΕΥΣ δὲ Φθίῃ ἔνι δώματα ναῖε λιασθείς.

Τοῖς δ᾽ ἔπι Κεκροπίηθεν ἀρήιος ἦλθε ΒΟΥΤΗΣ,   95
Παῖς ἀγαθοῦ Τελέοντος, ἐϋμελίης τε ΦΑΛΗΡΟΣ.
Ἀλκων μιν προέηκε πατὴρ ἑός· οὐ μὲν ἔτ᾽ ἄλλους
Γήραος υἷας ἔχεν βιότοιό τε κηδεμονῆας·
Ἀλλά ἑ, τηλύγετόν περ ὅμως καὶ μοῦνον ἐόντα,
Πέμπεν, ἵνα θρασέεσσι μεταπρέποι ἡρώεσσι.   100
Θησέα δ᾽, ὃς πέρι πάντας Ερεχθεΐδας ἐκέκαστο,
Ταιναρίην ἀίδηλος ὑπὸ χθόνα δεσμὸς ἔρυκε,
Πειρίθῳ ἑσπόμενον κοινὴν ὁδόν. ἦ τέ κεν ἄμφω
Ῥηίτερον καμάτοιο τέλος πάντεσσιν ἔθεντο.

ΤΙΦΥΣ δ᾽ Ἀγνιάδης Σιφάεα κάλλιπε δῆμον   105
Θεσπιέων, ἐσθλὸς μὲν ἐρινόμενον προδαῆναι
Κῦμ᾽ ἁλὸς εὐρείης, ἐσθλὸς δ᾽ ἀνέμοιο θυέλλας,
Καὶ πλόον ἠελίῳ τε καὶ ἀστέρι τεκμήρασθαι.
Αὐτή μιν Τριτωνὶς ἀριστήων ἐς ὅμιλον
Ὦρσεν Ἀθηναίη· μετὰ δ᾽ ἦλθεν ἐλδομένοισιν.   110

Αὐτὴ γὰρ καὶ νῆα θοὴν κάμε· σὺν δέ οἱ Ἀργος
Τεῦξεν Ἀρεστορίδης, κείνης ὑποθημοσύνῃσι.
Τῷ καὶ πασάων προφερεστάτη ἔπλετο νηῶν,
Ὄσσαι ὑπ᾽ εἰρεσίῃσιν ἐπειρήσαντο θαλάσσης.

ΦΛΙΑΣ δ᾽ αὖτ᾽ ἐπὶ τοῖσιν Ἀραιθυρέηθεν ἵκανεν,   115
Ἐνθ᾽ ἀφνειὸς ἔναιε Διωνύσοιο ἔκητι,
Πατρὸς ἑοῦ, πηγῇσιν ἐφέστιος Ἀσωποῖο.

Ἀργόθεν αὖ ΤΑΛΑΟΣ καὶ ΑΡΗΙΟΣ, υἷε Βίαντος,
Ἤλυθον, ἴφθιμός τε ΛΕΩΔΟΚΟΣ, οὓς τέκε Πηρὼ
Νηληΐς· τῆς δ᾽ ἀμφι δύην ἐμόγησε βαρεῖαν   120
Αἰολίδης σταθμοῖσιν ἐν Ἰφίκλοιο Μελάμπους.

Οὐδὲ μὲν οὐδὲ βίην κρατερόφρονος ΗΡΑΚΛΗΟΣ
Πευθόμεθ᾽ Αἰσονίδαο λιλαιομένου ἀθερίξαι.
Ἀλλ᾽ ἐπεὶ ἄιε βάξιν ἀγειρομένων ἡρώων,
Νεῖον ἀπ᾽ Ἀρκαδίης Λυγκήϊον Ἀργος ἀμείψας,   125
Τὴν ὁδὸν, ᾗ ζωὸν φέρε κάπριον, ὅς ῥ᾽ ἐνὶ βήσσῃς
Φέρβετο Λαμπείης, Ἐρυμάνθιον ἀμμέγα τῖφος·
Τὸν μὲν ἐνὶ πρώτῃσι Μυκηναίων ἀγορῇσι
Δεσμοῖς ἰλλόμενον μεγάλων ἀπεθήκατο νώτων·
Αὐτὸς δ᾽ ᾗ ἰότητι, παρὲκ νόον Εὐρυσθῆος,   130
Ὡρμήθη· σὺν καί οἱ Ὕλας κίεν, ἐσθλὸς ὀπάων,
Πρωθήβης, ἰῶν τε φορεὺς, φύλακός τε βιοῖο.

Τῷ δ᾽ ἔπι δὴ θείοιο κίεν Δαναοῖο γενέθλη,
ΝΑΥΠΛΙΟΣ· ἡ γὰρ ἔην Κλυτονήου Ναυβολίδαο·
Ναύβολος αὖ Λέρνου· Λέρνον γε μὲν ἴδμεν ἐόντα   135
Προίτου Ναυπλιάδαο· Ποσειδάωνι δὲ κούρῃ
Πρίν ποτ᾽ Ἀμυμώνη Δαναῒς τέκεν εὐνηθεῖσα
Ναύπλιον, ὃς περὶ πάντας ἐκαίνυτο ναυτιλίῃσιν.

ΙΔΜΩΝ δ᾽ ὑστάτιος μετεκίαθεν, ὅσσοι ἔναιον
Ἀργος, ἐπεὶ δεδαὼς τὸν ἑὸν μόρον οἰωνοῖσιν   140
Ἤϊε, μή οἱ δῆμος ἐϋκλείης ἀγάσαιτο.
Οὐ μὲν ὅ γ᾽ ἦεν Ἀβαντος ἐτήτυμον, ἀλλά μιν αὐτὸς
Γείνατο κυδαλίμοις ἐναρίθμιον Αἰολίδῃσι

Λητοΐδης· αὐτὸς δὲ θεοπροπίας ἐδίδαξεν,
Οἰωνούς τ᾽ ἀλέγειν, ἠδ᾽ ἔμπυρα σήματ᾽ ἰδέσθαι.   145
    Καὶ μὴν Αἰτωλὶς κρατερὸν ΠΟΛΥΔΕΥΚΕΑ Λήδη
ΚΑΣΤΟΡΑ τ᾽ ὠκυπόδων ὦρσεν δεδαημένον ἵππων
Σπάρτηθεν· τοὺς δ᾽ ἥ γε δόμοις ἔνι Τυνδαρέοιο
Τηλυγέτους ὠδῖνι μιῇ τέκεν· οὐδ᾽ ἀπίθησε
Νισσομένοις· Ζηνὸς γὰρ ἐπάξια μήδετο λέκτρων.   150
    Οἵ τ᾽ Ἀφαρητιάδαι ΛΥΓΚΕΥΣ καὶ ὑπέρβιος ΙΔΑΣ
Ἀρήνηθεν ἔβαν, μεγάλῃ περιθαρσέες ἀλκῇ
Ἀμφότεροι· Λυγκεὺς δὲ καὶ ὀξυτάτοις ἐκέκαστο
Ὄμμασιν, εἰ ἐτεόν γε πέλει κλέος, ἀνέρα κεῖνον
Ῥηϊδίως καὶ νέρθεν ὑπὸ χθονὸς αὐγάζεσθαι.   155
    Σὺν δὲ ΠΕΡΙΚΛΥΜΕΝΟΣ Νηλήϊος ὦρτο νέεσθαι,
Πρεσβύτατος παίδων, ὅσοι ἐν Πύλῳ ἐξεγένοντο
Νηλῆος θείοιο· Ποσειδάων δέ οἱ ἀλκὴν
Δῶκεν ἀπειρεσίην, ἠδ᾽ ὅ τι κεν ἀρήσαιτο
Μαρνάμενος, τὸ πέλεσθαι ἐνὶ ξυνοχῇ πολέμοιο.   160
    Καὶ μὴν ΑΜΦΙΔΑΜΑΣ ΚΗΦΕΥΣ τ᾽ ἴσαν Ἀρκα-
Οἳ Τεγέην καὶ κλῆρον Ἀφειδάντειον ἔναιον,   [δίηθεν,
Υἷε δύω Ἀλεοῦ· τρίτατός γε μὲν ἕσπετ᾽ ἰοῦσιν ·
ΑΓΚΑΙΟΣ, τὸν μέν ῥα πατὴρ Λυκόοργος ἔπεμπε,
Τῶν ἄμφω γνωτὸς προγενέστερος· ἀλλ᾽ ὁ μὲν ἤδη   165
Γηράσκοντ᾽ Ἀλεὸν λίπετ᾽ ἀμπόλιν ὄφρα κομίζοι,
Παῖδα δ᾽ ἑὸν σφετέροισι κασιγνήτοισιν ὄπασσε.
Βῆ δ᾽. ὅ γε Μαιναλίης ἄρκτου δέρος, ἀμφίτομόν τε
Δεξιτερῇ πάλλων πέλεκυν μέγαν· ἔντεα γάρ οἱ
Πατροπάτωρ Ἀλεὸς μυχάτῃ ἐνέκρυψε καλῇ,   170
Αἴ κέν πως ἔτι καὶ τὸν ἐρητύσειε νέεσθαι.
    Βῆ δὲ καὶ ΑΥΓΕΙΗΣ, ὃν δὴ φάτις Ἡελίοιο
Ἔμμεναι· Ἠλείοισι δ᾽ ὅ γ᾽ ἀνδράσιν ἐμβασίλευεν,
Ὄλβῳ κυδιόων· μέγα δ᾽ ἵετο Κολχίδα γαῖαν,
Αὐτόν τ᾽ Αἰήτην ἰδέειν, σημάντορα Κόλχων.   175
    ΑΣΤΕΡΙΟΣ δὲ καὶ ΑΜΦΙΩΝ Ὑπερασίου υἷες

Πελλήνης ἀφίκανον Ἀχαιᾶος, ἥν ποτε Πέλλης
Πατροπάτωρ ἐπόλισσεν ἐπ᾽ ὀφρύσιν αἰγιαλοῖο.

Ταίναρον αὖτ᾽ ἐπὶ τοῖσι λιπὼν ΕΥΦΗΜΟΣ ἵκανε,
Τόν ῥα Ποσειδάωνι ποδωκηέστατον ἄλλων   180
Εὐρώπη Τιτυοῖο μεγασθενέος τέκε κούρη.
Κεῖνος ἀνὴρ καὶ πόντου ἐπὶ γλαυκοῖο θέεσκεν
Οἴδματος, οὐδὲ θοοὺς βάπτεν πόδας, ἀλλ᾽ ὅσον ἄκροις
Ἴχνεσι τεγγόμενος διερῇ πεφόρητο κελεύθῳ.

Καὶ δ᾽ ἄλλω δύο παῖδε Ποσειδάωνος ἵκοντο·   185
Ἤτοι ὁ μὲν πτολίεθρον ἀγανοῦ Μιλήτοιο
Νοσφισθεὶς ΕΡΓΙΝΟΣ· ὁ δ᾽ Ἰμβρασίης ἕδος Ἥρης,
Παρθενίην, ΑΓΚΑΙΟΣ ὑπέρβιος· ἴστορε δ᾽ ἄμφω
Ἠμὲν ναυτιλίης ἠδ᾽ ἄρεος εὐχετόωντο.

Οἰνεΐδης δ᾽ ἐπὶ τοῖσιν ἀφορμηθεὶς Καλυδῶνος   190
Ἀλκήεις ΜΕΛΕΑΓΡΟΣ ἀνήλυθε, ΛΑΟΚΟΩΝ τε,
Λαοκόων Οἰνῆος ἀδελφεὸς, οὐ μὲν ἴης γε
Μητέρος· ἀλλά ἑ θῆσσα γυνὴ τέκε· τὸν μὲν ἄρ᾽ Οἰνεὺς
Ἤδη γηραλέον κοσμήτορα παιδὸς ἴαλλεν.

Ὣδ᾽ ἔτι κουρίζων περιθαρσέα δῦνεν ὅμιλον   195
Ἡρώων· τοῦ δ᾽ οὔ τιν᾽ ὑπέρτερον ἄλλον ὀΐω,
Νόσφιν γ᾽ Ἡρακλῆος, ἐσελθέμεν, εἴ κ᾽ ἔτι μοῦνον
Αὖθι μένων λυκάβαντα μετετράφη Αἰτωλοῖσι.
Καὶ μὴν οἱ μήτρως αὐτὴν ὁδόν, εὖ μὲν ἄκοντι,
Εὖ δὲ καὶ ἐν σταδίῃ δεδαημένος ἀντιφέρεσθαι,   200
Θεστιάδης ΙΦΙΚΛΟΣ ἐφωμάρτησε κιόντι.

Σὺν δὲ ΠΑΛΑΙΜΟΝΙΟΣ Λέρνου πάϊς Ὠλενίοιο,
Λέρνου ἐπίκλησιν, γενεὴν γε μὲν Ἡφαίστοιο·
Τοὔνεκ᾽ ἔην πόδε σιφλός· ἀτὰρ δέμας οὔχ ἕ τις ἔτλη
Ἠνορέην τ᾽ ὀνόσασθαι· ὃ καὶ μεταρίθμιος ἦε   205
Πᾶσιν ἀριστήεσσιν, Ἰήσονι κῦδος ἀέξων.

Ἐκ δ᾽ ἄρα Φωκήων κίεν ΙΦΙΤΟΣ Ὀρνυτίδαο
Ναυβόλου ἐκγεγαὼς· ξεῖνος δέ οἱ ἔσκε πάροιθεν,
Ἦμος ἔβη Πυθῶδε θεοπροπίας ἐρεείνων

Ναυτιλίης· τόθι γάρ μιν ἑοῖς ὑπέδεκτο δόμοισι. 210
  ΖΗΤΗΣ δ' αὖ ΚΑΛΑΪΣ τε Βορήϊοι υἷες ἵκοντο,
Οὕς ποτ' Ερεχθηΐς Βορέῃ τέκεν Ωρείθυια
Εσχατιῇ Θρήκης δυσχειμέρου· ἔνθ' ἄρα τήν γε
Θρηΐκιος Βορέης ἀνερείψατο Κεκροπίηθεν,
Ιλισσοῦ προπάροιθε χορῷ ἔνι δινεύουσαν. 215
Καί μιν ἄγων ἕκαθεν, Σαρπηδονίην ὅθι πέτρην
Κλείουσι, ποταμοῖο παρὰ ῥόον Εργίνοιο,
Λυγαίοις ἐδάμασσε περὶ νεφέεσσι καλύψας.
Τὼ μὲν ἐπ' ἀκροτάτοισι ποδῶν ἑκάτερθεν ἐρεμνὰς
Σεῖον ἀειρομένω πτέρυγας, μέγα θάμβος ἰδέσθαι, 220
Χρυσείαις φολίδεσσι διανγέας· ἀμφὶ δὲ νώτοις
Κράατος ἐξ ὑπάτοιο καὶ αὐχένος ἔνθα καὶ ἔνθα
Κυάνεαι δονέοντο μετὰ πνοιῇσιν ἔθειραι.
  Οὐδὲ μὲν οὐδ' αὐτοῖο πάϊς μενέαινεν ΑΚΑΣΤΟΣ
Ιφθίμου Πελίαο δόμοις ἔνι πατρὸς ἑοῖο 225
Μιμνάζειν, ΑΡΓΟΣ τε θεᾶς ὑποεργὸς Αθήνης·
Αλλ' ἄρα καὶ τὼ μέλλον ἐνικρινθῆναι ὁμίλῳ.

  Τόσσοι ἄρ' Αἰσονίδῃ συμμήστορες ἠγερέθοντο.
Τοὺς μὲν ἀριστῆας ΜΙΝΥΑΣ περιναιετάοντες
Κίκλησκον μάλα πάντας, ἐπεὶ Μινύαο θυγατρῶν 230
Οἱ πλεῖστοι καὶ ἄριστοι ἀφ' αἵματος εὐχετόωντο
· Εμμεναι· ὡς δὲ καὶ αὐτὸν Ιήσονα γείνατο μήτηρ
Αλκιμέδη, Κλυμένης Μιννηΐδος ἐκγεγαυῖα.

492—558.

—————— προτέρω δέ κε νεῖκος ἐτύχθη,
Εἰ μὴ δηριόωντας ὁμοκλήσαντες ἑταῖροι,
Αὐτός τ' Αἰσονίδης κατερήτυεν· ἐν δὲ καὶ Ορφεὺς,
Λαιῇ ἀνασχόμενος κίθαριν, πείραζεν ἀοιδῆς. 495
  Ηειδε δ' ὡς γαῖα καὶ οὐρανὸς ἠδὲ θάλασσα,

Τὸ πρὶν ἐπ' ἀλλήλοισι μιῇ συναρηρότα μορφῇ,
Νείκεος ἐξ ὀλοοῖο διέκριθεν ἀμφὶς ἕκαστα·
Ἠδ' ὡς ἔμπεδον αἰὲν ἐν αἰθέρι τέκμαρ ἔχουσιν
Ἄστρα, σεληναίη τε, καὶ ἠελίοιο κέλευθοι·   500
Οὔρεά θ' ὡς ἀνέτειλε, καὶ ὡς ποταμοὶ κελάδοντες,
Αὐτῇσι Νύμφῃσι, καὶ ἑρπετὰ πάντ' ἐγένοντο.
Ἤειδε δ' ὡς πρῶτον Ὀφίων Εὐρυνόμη τε
Ὠκεανὶς νιφόεντος ἔχον κράτος Οὐλύμποιο·
Ὥς τε βίῃ καὶ χερσὶν ὁ μὲν Κρόνῳ εἴκαθε τιμῆς,   505
Ἡ δὲ Ῥέῃ, ἔπεσον δ' ἐνὶ κύμασιν Ὠκεανοῖο·
Οἱ δὲ τέως μακάρεσσι θεοῖς Τιτῆσιν ἄνασσον,
Ὄφρα Ζεὺς ἔτι κοῦρος, ἔτι φρεσὶ νήπια εἰδώς,
Δικταῖον ναίεσκεν ὑπὸ σπέος· οἱ δέ μιν οὔπω
Γηγενέες Κύκλωπες ἐκαρτύναντο κεραυνῷ,   510
Βροντῇ τε, στεροπῇ τε· τὰ γὰρ Διὶ κῦδος ὀπάζει.
  Ἦ, καὶ ὁ μὲν φόρμιγγα σὺν ἀμβροσίῃ σχέθεν αὐδῇ·
Τοῦ δ' ἄμοτον λήξαντος ἔτι προὔχοντο κάρηνα
Πάντες ὁμῶς, ὀρθοῖσιν ἐπ' οὔασιν ἠρεμέοντες
Κηληθμῷ· τοίην σφιν ἐνέλλιπε θελκτὺν ἀοιδῆς.   515
Οὐδ' ἐπὶ δὴν μετέπειτα, κερασσάμενοι δὴ λοιβὰς,
Ἡ θέμις ἐστὶ, τέως ἐπί τε γλώσσῃσι χέοντο
Αἰθομέναις, ὕπνου δὲ διὰ κνέφας ἐμνώοντο.
  Αὐτὰρ ὅτ' αἰγλήεσσα φαεινοῖς ὄμμασιν Ἠὼς
Πηλίου αἰπεινὰς ἴδεν ἄκριας, ἐκ δ' ἀνέμοιο   520
Εὔδιοι ἐκλύζοντο τινασσομένης ἁλὸς ἄκραι,
Δὴ τότ' ἀνέγρετο Τῖφυς· ἄφαρ δ' ὀρόθυνεν ἑταίρους
Βαινέμεναί τ' ἐπὶ νῆα καὶ ἀρτύνεσθαι ἐρετμά.
Σμερδαλέον δὲ λιμὴν Παγασήϊος, ἠδὲ καὶ αὐτὴ
Πηλιὰς ἴαχεν Ἀργὼ, ἐπισπέρχουσα νέεσθαι.   525
Ἐν γάρ οἱ δόρυ θεῖον ἐλήλατο, τό ῥ' ἀνὰ μέσσην
Στεῖραν Ἀθηναίη Δωδωνίδος ἥρμοσε φηγοῦ.
Οἱ δ' ἀνὰ σέλματα βάντες ἐπισχερὼ ἀλλήλοισιν,
Ὡς ἐδάσαντο πάροιθεν ἐρεσσέμεν ᾧ ἐνὶ χώρῳ,

Εὐκόσμως σφετέροισι παρ' ἔντεσιν ἑδριόωντο.   530
Μέσσῳ δ' Αγκαῖος, μέγα τε σθένος Ἡρακλῆος
Ἵζανον· ἄγχι δέ οἱ ῥόπαλον θέτο, καί οἱ ἔνερθε
Ποσσὶν ὑπεκλύσθη νηὸς τρόπις. εἵλκετο δ' ἤδη
Πείσματα, καὶ μέθυ λεῖβον ὕπερθ' ἁλός· αὐτὰρ Ἰήσων
Δακρυόεις γαίης ἀπὸ πατρίδος ὄμματ' ἔνεικεν.   535
Οἱ δ', ὥστ' ἠΐθεοι Φοίβῳ χορὸν ἢ ἐνὶ Πυθοῖ,
Η που ἐν Ορτυγίῃ, ἢ ἐφ' ὕδασιν Ισμηνοῖο,
Στησάμενοι, φόρμιγγος ὑπαὶ περὶ βωμὸν ὁμαρτῇ
Εμμελέως κραιπνοῖσι πέδον ῥήσσωσι πόδεσσιν·
Ὡς οἱ ὑπ' Ορφῆος κιθάρῃ πέπληγον ἐρετμοῖς   540
Πόντου λάβρον ὕδωρ, ἐπὶ δὲ ῥόθια κλύζοντο·
Αφρῷ δ' ἔνθα καὶ ἔνθα κελαινὴ ἐκήκιεν ἅλμη,
Δεινὸν μορμύρουσα ἐρισθενέων μένει ἀνδρῶν.
Στράπτε δ' ὑπ' ἠελίῳ φλογὶ εἴκελα, νηὸς ἰούσης,
Τεύχεα. μακραὶ δ' αἰὲν ἐλευκαίνοντο κέλευθοι,   545
Ατραπὸς ὡς χλοεροῖο διειδομένη πεδίοιο.
Πάντες δ' οὐρανόθεν λεῦσσον θεοὶ ἤματι κείνῳ
Νῆα, καὶ ἡμιθέων ἀνδρῶν μένος, οἳ τότ' ἄριστοι
Πόντον ἐπιπλώεσκον. ἐπ' ἀκροτάτῃσι δὲ Νύμφαι
Πηλιάδες κορυφῇσιν ἐθάμβεον εἰσορόωσαι   550
Εργον Αθηναίης Ιτωνίδος, ἠδὲ καὶ αὐτοὺς
Ἡρωας χείρεσσιν ἐπικραδάοντας ἐρετμά.
Αὐτὰρ ὅ γ' ἐξ ὑπάτου ὄρεος κίεν ἄγχι θαλάσσης
Χείρων Φιλυρίδης, πολιῇ δ' ἐπὶ κύματος ἀγῇ
Τέγγε πόδας· καὶ πολλὰ βαφείῃ χειρὶ κελεύων,   555
Νόστον ἐπευφήμησεν ἀκηδέα νισσομένοισι·
Σὺν καί οἱ παράκοιτις, ἐπωλένιον φορέουσα
Πηλείδην Αχιλῆα, φίλῳ δειδίσκετο πατρί.

* Ἐκ τοῦ ΒΙΒΛΙΟΥ Β΄.

178—310.

Ἐνθάδ᾽ ἐπάκτιον οἶκον Ἀγηνορίδης ἔχε Φινεὺς,
῾Ος περὶ δὴ πάντων ὀλοώτατα πήματ᾽ ἀνέτλη,
Εἴνεκα μαντοσύνης, τήν οἱ πάρος ἐγγυάλιξε   180
Λητοΐδης· οὐδ᾽ ὅσσον ὀπίζετο καὶ Διὸς αὐτοῦ
Χρείων ἀτρεκέως ἱερὸν νόον ἀνθρώποισι.
Τῷ καί οἱ γῆρας μὲν ἐπὶ δηναιὸν ἴαλλεν,
Ἐκ δ᾽ ἕλετ᾽ ὀφθαλμῶν γλυκερὸν φάος· οὐδὲ γάνυσθαι·
Εἶα ἀπειρεσίοισιν ὀνείασιν, ὅσσα οἱ αἰεὶ   185
Θέσφατα πευθόμενοι περιναιέται οἴκαδ᾽ ἄγειρον.
Ἀλλὰ διὲκ νεφέων ἄφνω πέλας ἀΐσσουσαι
῾Αρπυιαι στόματος χειρῶν τ᾽ ἄπο γαμφηλῇσι
Συνεχέως ἥρπαζον· ἐλείπετο δ᾽ ἄλλοτε φορβῆς
Οὐδ᾽ ὅσον, ἄλλοτε τυτθὸν, ἵνα ζώων ἀκάχοιτο.   190
Καὶ δ᾽ ἐπὶ μυδαλέην ὀδμὴν χέον· οὐδέ τις ἔτλη
Μὴ ὅτι λευκανίηνδε φορεύμενος, ἀλλ᾽ ἀπὸ τηλοῦ
Μηδ᾽ ἑστεώς· τοῖόν οἱ ἀπέπνεε λείψανα δαιτός.
Αὐτίκα δ᾽ εἰσαΐων ἐνοπὴν καὶ δοῦπον ὁμίλου,
Τούσδ᾽ αὐτοὺς παρεόντας ἐπήϊσεν, ὧν οἱ ἰόντων   195
Θέσφατον ἐκ Διὸς ἦεν ἕης ἀπόνασθαι ἐδωδῆς.
Ὀρθωθεὶς δ᾽ εὐνῆθεν, ἀκήριον ἠΰτ᾽ ὄνειρον
Βάκτρῳ σκηπτόμενος, ῥικνοῖς ποσὶν ἧε θύραζε,
Τοίχους ἀμφαφόων· τρέμε δ᾽ ἅψεα νισσομένοιο
Ἀδρανίῃ γήρᾳ τε· πίνῳ τέ οἱ αὐσταλέος χρὼς   200
Ἐσκλήκει, ῥινοὶ δὲ σὺν ὀστέα μοῦνον ἔεργον.
Ἐκ δ᾽ ἐλθὼν μεγάροιο καθέζετο, γοῦνα βαρυνθεὶς
Οὐδοῦ ἐπ᾽ αὐλείοιο· κάρος δέ μιν ἀμφεκάλυψε
Πορφύρεος, γαῖαν δὲ πέριξ ἐδόκησε φέρεσθαι

Νειόθεν, ἀβληχρῷ δ' ἐπὶ κώματι κέκλιτ' ἄναυδος.　　205
Οἱ δέ μιν ὡς εἴδοντο, περισταδὸν ἠγερέθοντο,
Καὶ τάφον. αὐτὰρ ὃ τοῖσι μάλα μόλις ἐξ ὑπάτοιο
Στήθεος ἀμπνεύσας μετεφώνεε μαντοσύνῃσι.

　　Κλῦτε, Πανελλήνων προφερέστατοι, εἰ ἐτεὸν δὴ
Οἶδ' ὑμεῖς, οὓς δὴ κρυερῇ βασιλῆος ἐφετμῇ　　210
Ἀργῴης ἐπὶ νηὸς ἄγει μετὰ κῶας Ἰήσων.
Ὑμεῖς ἀτρεκέως· ἔτι μοι νόος οἶδεν ἕκαστα
Ἧσι θεοπροπίῃσι. χάριν νύ τοι, ὦ ἄνα, Λητοῦς
Υἱὲ, καὶ ἀργαλέοισιν ἀνάπτομαι ἐν καμάτοισιν.

Ἱκεσίου πρὸς Ζηνὸς, ὅτις ῥίγιστος ἀλιτροῖς　　215
Ἀνδράσι, Φοίβου τ' ἄμφι, καὶ αὐτῆς εἵνεκεν Ἥρης
Λίσσομαι, ἠδὲ θεῶν, οἷσι μέμβλεσθε κιόντες,
Χραίσμετέ μοι, ῥύσασθε δυσάμμορον ἀνέρα λύμης,
Μηδ' ἔμ' ἀκηδείῃσιν ἀφορμήθητε λιπόντες
Αὔτως. οὐ γὰρ μοῦνον ἐπ' ὀφθαλμοῖσιν Ἐρινννς　　220
Λὰξ ἐπέβη, καὶ γῆρας ἀμήρυτον ἐς τέλος ἕλκω·
Πρὸς δ' ἔτι πικρότατον κρέμαται κακὸν ἄλλο κακοῖσιν.
Ἅρπυιαι στόματός μοι ἀφαρπάζουσιν ἐδωδὴν,
Ἐκ ποθεν ἀφράστοιο καταΐσσουσαι ὀλέθρου.
Ἴσχω δ' οὔ τινα μῆτιν ἐπίρροθον· ἀλλά κε ῥᾶον　　225
Αὐτὸς ἐμὸν λελάθοιμι νόον, δόρποιο μεμηλὼς,
Ἢ κείνας· ὧδ' αἶψα διηέριαι ποτέονται.
Τυτθὸν δ' ἢν ἄρα δήποτ' ἐδητύος ἄμμι λίπωσι,
Πνεῖ τόδε μυδαλέον τε καὶ οὐ τλητὸν μένος ὀδμῆς·
Οὔ κέ τις οὐδὲ μίνυνθα βροτῶν ἄνσχοιτο πελάσσας,　　230
Οὐδ' εἰ οἱ ἀδάμαντος ἐληλαμένον κέαρ εἴη.
Ἀλλά με πικρῇ δῆτα κατίσχει δαιτὸς ἀνάγκη
Μίμνειν, καὶ μίμνοντα κακῇ ἐν γαστέρι θέσθαι.
Τὰς μὲν θέσφατόν ἐστιν ἐρητύσαι Βορέαο
Υἱέας· οὐδ' ὀθνεῖοι ἀλαλκήσουσιν ἐόντες,　　235
Εἰ δὴ ἐγὼν ὁ πρίν ποτ' ἐπικλυτὸς ἀνδράσι Φινεὺς
Ὀλβῳ μαντοσύνῃ τε, πατὴρ δ' ἔμ' ἐγείνατ' Ἀγήνωρ·

Τῶν δὲ κασιγνήτη, ὅτ᾽ ἐνὶ Θρήκεσσιν ἄνασσον,
Κλειοπάτρη ἕδνοισιν ἐμὸν δόμον ἧκεν ἄκοιτις.

  Ἴσχεν Ἀγηνορίδης· ἀδινὸν δ᾽ ἕλε κῆδος ἕκαστον   240
Ἡρώων, πέρι δ᾽ αὖτε δύω υἷας Βορέαο.
Δάκρυ δ᾽ ὀμορξαμένω σχεδὸν ἤλυθον ὧδέ τ᾽ ἔειπε
Ζήτης, ἀσχαλόωντος ἑλὼν χερὶ χεῖρα γέροντος. ˙

  Ἆ δείλ᾽, οὔ τινα φημὶ σέθεν σμυγερώτερον ἄλλον
Ἐμμεναι ἀνθρώπων. τί νύ τοι τόσα κήδε᾽ ἀνῆπται;   245
Ἦ ῥα θεοὺς ὀλοῇσι παρήλιτες ἀφραδίῃσι,
Μαντοσύνας δεδαώς· τῷ τοι μέγα μηνιόωσιν.
Ἄμμι γε μὴν νόος ἔνδον ἀτύζεται ἱεμένοισι
Χραισμεῖν, εἰ δὴ πρόχνυ γέρας τόδε πάρθετο δαίμων
Νῶϊν· ἀρίζηλοι γὰρ ἐπιχθονίοισιν ἐνιπαὶ   ·   250
Ἀθανάτων· οὐδ᾽ ἂν πρὶν ἐρητύσαιμεν ἰούσας
Ἁρπυίας, μάλα περ λελιημένοι, ἔς τ᾽ ἂν ὀμόσσῃς,
Μὴ μὲν τοίό γ᾽ ἕκητι θεοῖς ἀπὸ θυμοῦ ἔσεσθαι.

  Ὣς φάτο· τοῦ δ᾽ ἰθὺς κενεὰς ὁ γεραιὸς ἀνέσχε
Γλήνας ἀμπετάσας, καὶ ἀμείψατο τοῖσδ᾽ ἐπέεσσι.   255

  Σίγα· μή μοι ταῦτα νόῳ ἐνιβάλλεο, τέκνον.
Ἴστω Δητοῦς υἱός, ὅ με πρόφρων ἐδίδαξε
Μαντοσύνας· ἴστω δὲ δυσώνυμος ἥ μ᾽ ἔλαχεν κὴρ,
Καὶ τόδ᾽ ἐπ᾽ ὀφθαλμῶν ἀλαὸν νέφος, οἵ θ᾽ ὑπένερθε
Δαίμονες, οἳ μηδ᾽ ὧδε θανόντι περ εὐμενέοιεν,   260
Ὣς οὔ τις θεόθεν χόλος ἔσσεται εἵνεκ᾽ ἀρωγῆς.

  Τὼ μὲν ἔπειθ᾽ ὅρκοισιν ἀλαλκέμεναι μενέαινον.
Αἶψα δὲ κουρότεροι πεπονήατο δαῖτα γέροντι,
Λοίσθιον Ἁρπυίῃσιν ἑλώριον· ἐγγύθι δ᾽ ἄμφω
Στῆσαν, ἵνα ξιφέεσσιν ἐπεσσυμένας ἐλάσειαν.   265
Καὶ δὴ τὰ πρώτισθ᾽ ὁ γέρων ἔψαυεν ἐδωδῆς·
Αἱ δ᾽ ἄφαρ, ἠΰτ᾽ ἄελλαι ἀδευκέες, ἢ στεροπαὶ ὥς,
Ἀπρόφατοι νεφέων ἐξάλμεναι ἐσσεύοντο
Κλαγγῇ, μαιμώωσαι ἐδητύος· οἱ δ᾽ ἐσιδόντες
Ἡρωες μεσσηγὺς ἀνίαχον· αἱ δ᾽ ἅμ᾽ ἀϋτῇ   270

Πάντα καταβρώξασαι ὑπὲρ πόντοιο φέροντο
Τῆλε παρέξ· ὀδμὴ δὲ δυσάσχετος αὖθι λέλειπτο.
Τάων δ᾽ αὖ κατόπισθε δύω υἷες Βορέαο
Φάσγαν᾽ ἐπισχόμενοι ὀπίσω θέον· ἐν γὰρ ἔηκε
Ζεὺς μένος ἀκάματόν σφιν· ἀτὰρ Διὸς οὔ κεν ἐπέσθην 275
Νόσφιν· ε.-εἰ Ζεφύροιο παραΐσσεσκον ἀέλλας
Αἰὲν, ὅτ᾽ ἐς Φινῆα, καὶ ἐκ Φινῆος ἴοιεν.
Ὡς δ᾽ ὅτ᾽ ἐνὶ κνημοῖσι κύνες δεδαημένοι ἄγρης,
Ἢ αἶγας κεραοὺς, ἠὲ πρόκας ἰχνεύοντες,
Θείωσι, τυτθὸν δὲ τιταινόμενοι μετόπισθεν   280
Ἀκρῃς ἐν γενύεσσι μάτην ἀράβησαν ὀδόντας·
Ὡς Ζήτης Κάλαΐς τε μάλα σχεδὸν ἀΐσσοντες,
Τάων ἀκροτάτῃσιν ἐπέχραον ἤλιθα χερσί.
Καί νύ κε δή σφ᾽ ἀέκητι θεῶν διεδηλήσαντο,
Πολλὸν ἕκὰς νήσοισιν ἐπὶ Πλωτῇσι κιχόντες,   285
Εἰ μὴ ἄρ᾽ ὠκέα Ἶρις ἴδεν, κατὰ δ᾽ αἰθέρος ἆλτο
Οὐρανόθεν, καὶ τοῖα παραιφαμένη κατέρυκεν.
Οὐ θέμις, ὦ υἷες Βορέω, ξιφέεσσιν ἐλάσσαι
Ἁρπυίας, μεγάλοιο Διὸς κύνας· ὅρκια δ᾽ αὐτὴ
Δώσω ἐγὼν, ὡς οὔ οἱ ἔτι χρίμψουσιν ἰοῦσαι.   290
Ὡς φαμένη, λοιβὴν Στυγὸς ὤμοσεν, ἥ τε θεοῖσι
Ῥιγίστη πάντεσσιν, ὀπιδνοτάτη τε τέτυκται,
Μὴ μὲν Ἀγηνορίδαο δόμοις ἔτι τάσδε πελάσσαι
Εἰσαῦτις Φινῆος· ἐπεὶ καὶ μόρσιμον ἦεν.
Οἱ δ᾽ ὅρκῳ εἴξαντες ὑπέστρεφον ἂψ ἐπὶ νῆα   295
Σεύεσθαι.   Στροφάδας δὲ μετακλείουσ᾽ ἄνθρωποι
Νήσους τοῖό γ᾽ ἕκητι, πάρος Πλωτὰς καλέοντες.
Ἁρπυιαί τ᾽ Ἶρίς τε διέτμαγεν· αἱ μὲν ἔδυσαν
Κευθμῶνα Κρήτης Μινωΐδος· ἡ δ᾽ ἀνόρουσεν
Οὐλυμπόνδε, θοῇσι μεταχθονίη πτερύγεσσι.   300
Τόφρα δ᾽ ἀριστῆες πινόεν περὶ δέρμα γέροντος
Πάντη φοιβήσαντες, ἐπικριδὸν ἱρεύσαντο
Μῆλα, τά τ᾽ ἐξ Ἀμύκοιο λεηλασίης ἐκόμισσαν.

Αὐτὰρ ἐπεὶ μέγα δόρπον ἐνὶ μεγάροισιν ἔθεντο,
Δαίνυνθ᾽ ἑζόμενοι· σὺν δέ σφισι δαίνυτο Φινεὺς   305
Ἁρπαλέως, οἷόν τ᾽ ἐν ὀνείρασι θυμὸν ἰαίνων.
Ενθάδ᾽, ἐπεὶ δόρποιο κορέσσαντ᾽ ἠδὲ ποτῆτος,
Παννύχιοι Βορέω μένον υἱέας ἐγρήσσοντες.
Αὐτὸς δ᾽ ἐν μέσσοισι παρ᾽ ἐσχάρῃ ἧστο γεραιός,
Πείρατα ναυτιλίης ἐνέπων, ἄνυσίν τε κελεύθου.   310

* Ex τοῦ ΒΙΒΛΙΟΥ Γ᾽.

1—5.

ΕΙ δ᾽ ἄγε νῦν, Ερατὼ, παρά θ᾽ ἵστασο, καί μοι ἔνισπε,
Ενθεν ὅπως ἐς Ιωλκὸν ἀνήγαγε κῶας Ιήσων
Μηδείης ὑπ᾽ ἔρωτι· σὺ γὰρ καὶ Κύπριδος αἶσαν
Εμμορες, ἀδμῆτας δὲ τεοῖς μελεδήμασι θέλγεις
Παρθενικάς· τῷ καί τοι ἐπήρατον οὔνομ᾽ ἀνῆπται.   5

299—339.

Δμῶες δ᾽ ὁππότε δή σφιν ἐπαρτέα θῆκαν ἐδωδὴν,
Αὐτοί τε λιαροῖσιν ἐφαιδρύναντο λοετροῖς,   300
Ασπασίως δόρπῳ τε ποτῆτί τε θυμὸν ἄρεσσαν.
Εκ δὲ τοῦ Αἰήτης σφετέρης ἐρέεινε θυγατρὸς
Υἷας, τοίοισι παρηγορέων ἐπέεσσι.
Παιδὸς ἐμῆς κοῦροι, Φρίξοιό τε, τὸν περὶ πάντων
Ξείνων ἡμετέροισιν ἐνὶ μεγάροισιν ἔτισα,   305
Πῶς Αἶάνδε νέεσθε παλίσσυτοι; ἠὲ τίς ἄτη
Σωομένους μεσσηγὺς ἐνέκλασεν; οὐ μὲν ἐμεῖο
Πείθεσθε, προφέροντος ἀπείρονα μέτρα κελεύθου.
Ηδειν γάρ ποτε πατρὸς ἐν ἅρμασιν Ηελίοιο

Δινεύσας, ὅτ᾽ ἐμεῖο κασιγνήτην ἐκόμιζε   310
Κίρκην Ἑσπερίης εἴσω χθονὸς, ἐκ δ᾽ ἱκόμεσθα
Ἀκτὴν ἠπείρου Τυρσηνίδος· ἔνθ᾽ ἔτι νῦν περ
Ναιετάει, μάλα πολλὸν ἀπόπροθι Κολχίδος αἴης.
Ἀλλὰ τί μύθων ἦδος; ἃ δ᾽ ἐν ποσὶν ὕμμιν ὄρωρεν,
Εἴπατ᾽ ἀριφραδέως· ἠδ᾽ οἵτινες οἷδ᾽ ἐφέπονται   315
Ἀνέρες· ὅππη τε γλαφυρῆς ἐκ νηὸς ἔβητε.
   Τοῖά μιν ἐξερέοντα κασιγνήτων προπάροιθεν
Ἄργος, ὑποδείσας ἀμφὶ στόλῳ Αἰσονίδαο,
Μειλιχίως προσέειπεν, ἐπεὶ προγενέστερος ἦεν.
  Αἰήτη, κείνην μὲν ἄφαρ διέχευαν ἄελλαι   320
Ζαχρηεῖς· αὐτοὺς δ᾽ ὑπὸ δούρασι πεπτηῶτας
Νήσου Ἐνυαλίοιο ποτὶ ξερὸν ἔκβαλε κῦμα
Λυγαίῃ ὑπὸ νυκτί· θεὸς δέ τις ἄμμ᾽ ἐσάωσεν.
Οὐδὲ γὰρ, αἳ τὸ πάροιθεν ἐρημαίην κατὰ νῆσον
Ἡυλίζοντ᾽ ὄρνιθες Ἀρήïαι, οὐδ᾽ ἔτι κείνας   325
Εὕρομεν· ἀλλ᾽ οἵ γ᾽ ἄνδρες ἀπήλασαν, ἐξαποβάντες
Νηὸς ἑῆς προτέρῳ ἐνὶ ἤματι. καί σφ᾽ ἀπέρυκεν
Ἡμέας οἰκτείρων Ζηνὸς νόος, ἠέ τις αἶσα·
Αὐτίκ᾽ ἐπεὶ καὶ βρῶσιν ἅλις καὶ εἵματ᾽ ἔδωκαν.
Οὔνομά τε Φρίξοιο περικλεὲς εἰσαΐοντες,   330
Ἠδ᾽ αὐτοῖο σέθεν· μετὰ γὰρ τεὸν ἄστυ νέονται.
Χρειὼ δ᾽ ἢν ἐθέλῃς ἐξίδμεναι, οὔ σ᾽ ἐπικεύσω.
Τόνδε τις ἱέμενος πάτρης ἀπάνευθεν ἐλάσσαι
Καὶ κτεάνων βασιλεὺς περιώσιον, οὕνεκεν ἀλκῇ
Σφωϊτέρῃ πάντεσσι μετέπρεπεν Αἰολίδῃσι,   335
Πέμπει δεῦρο νέεσθαι ἀμήχανον· οὐδ᾽ ὑπαλύξειν
Στεῦται ἀμειλίκτοιο Διὸς θυμαλγέα μῆνιν
Καὶ χόλον, οὐδ᾽ ἄτλητον ἄγος, Φρίξοιό τε ποινὰς,
Αἰολιδέων γενεὴν, πρὶν ἐς Ἑλλάδα κῶας ἱκέσθαι.

367—471.

Τοῖα παρέννεπεν Ἄργος· ἄναξ δ' ἐπεχώσατο μύθοις
Εἰσαΐων· ὑψοῦ δὲ χόλῳ φρένες ἠερέθοντο.
Φῆ δ' ἐπαλαστήσας -μενέηνε δὲ παισὶ μάλιστα
Χαλκιόπης· τῶν γάρ σφε μετελθέμεν οὕνεκ' ἐώλπει·   370
Ἐκ δέ οἱ ὄμματ' ἔλαμψεν ὑπ' ὀφρύσιν ἱεμένοιο-
    Οὐκ ἄφαρ ὀφθαλμῶν μοι ἀπόπροθι, λωβητῆρες,
Νεῖσθ' αὐτοῖσι δόλοισι παλίσσυτοι ἔκτοθι γαίης,
Πρίν τινα λευγαλέον τε δέρος καὶ Φρίξον ἰδέσθαι
Ἀντίχ' ὁμαρτήσαντε ἐφ' Ἑλλάδα; οὐκ ἐπὶ κῶας,   375
Σκῆπτρα δὲ καὶ τιμὴν βασιληΐδα δεῦρο νέεσθε.
Εἰ δέ κε μὴ προπάροιθεν ἐμῆς ἥψασθε τραπέζης,
Ἦ τ' ἂν ἀπὸ γλώσσας τε ταμὼν, καὶ χεῖρε κεάσσας
Ἀμφοτέρας, οἷοισιν ἐπιπροέηκα πόδεσσιν,
Ὣς κεν ἐρητύοισθε καὶ ὕστερον ὁρμηθῆναι·   380
Οἷα δὲ καὶ μακάρεσσιν ἐπεψεύσασθε θεοῖσι.
    Φῆ ῥα χαλεψάμενος· μέγα δὲ φρένες Αἰακίδαο
Νειόθεν οἰδαίνεσκον· ἔλδετο δ' ἔνδοθι θυμὸς
Ἀντιβίην ὀλοὸν φάσθαι ἔπος· ἀλλ' ἀπέρυκεν
Αἰσονίδης· πρὸ γὰρ αὐτὸς ἀμείψατο μειλιχίοισιν.   385
    Αἰήτη, σχέο μοι τῷδε στόλῳ· οὔτι γὰρ αὔτως
Ἄστυ τεὸν καὶ δώμαθ' ἱκάνομεν, ὥς που ἔολπας,
Οὐδὲ μὲν ἱέμενοι. τίς δ' ἂν τόσον οἶδμα περῆσαι
Τλαίη ἑκὼν ὀθνεῖον ἐπὶ κτέρας; ἀλλ' ἐμὲ δαίμων,
Καὶ κρυερὴ βασιλῆος ἀτασθάλου ὦρσεν ἐφετμή.   390
Δὸς χάριν ἀντομένοισι· σέθεν δ' ἐγὼ Ἑλλάδι πάσῃ
Θεσπεσίην οἴσω κληηδόνα· καὶ δέ τοι ἤδη
Πρόφρονές εἰμεν Ἄρηϊ θοὴν ἀποτῖσαι ἀμοιβὴν,
Εἴτ' οὖν Σαυρομάτας γε λιλαίεαι, εἴτε τιν' ἄλλον
Δῆμον σφωϊτέροισιν ὑπὸ σκήπτροισι δαμάσσαι.   395
    Ἴσκεν ὑποσαίνων ἀγανῇ ὀπί· τοῖο δὲ θυμὸς

Διχθαδίην πόρφυρεν ἐνὶ στήθεσσι μενοινὴν,
Ἢ σφέας ὁρμηθεὶς αὐτοσχεδὸν ἐξεναρίξοι,
Ἢ ὅγε πειφήσαιτο βίης· τό οἱ εἴσατ᾽ ἄρειον
Φραζομένῳ· καὶ δή μιν ὑποβλήδην προσέειπε.   400

  Ξεῖνε, τί κεν τὰ ἕκαστα διηνεκέως ἀγορεύοις;
Εἰ γὰρ ἐτήτυμόν ἐστε θεῶν γένος, ἠὲ καὶ ἄλλως
Οὐδὲν ἐμεῖο χέρηες ἐπ᾽ ὀθνείοισιν ἔβητε,
Δώσω τοι χρύσειον ἄγειν δέρος, αἴ κ᾽ ἐθέλησθα,
Πειρηθείς· ἐσθλοῖς γὰρ ἐπ᾽ ἀνδράσιν οὔτι μεγαίρω,   405
Ὡς αὐτοὶ μυθεῖσθε τὸν Ἑλλάδι κοιρανέοντα.
Πεῖρα δέ τοι μένεός τε καὶ ἀλκῆς ἔσσετ᾽ ἄεθλος,
Τόν ῥ᾽ αὐτὸς περίειμι χεροῖν, ὀλοόν περ ἐόντα.
Δοιώ μοι πεδίον τὸ Ἀρήϊον ἀμφινέμονται
Ταύρω χαλκόποδε, στόματι φλόγα φυσιόωντε·   410
Τοὺς ἐλάω ζεύξας στυφελὴν κατὰ νειὸν Ἄρηος
Τετράγυον, τὴν αἶψα ταμὼν ἐπὶ τέλσον ἀρότρῳ,
Οὐ σπόρον ὁλκοῖσι Δηοῦς ἐνιβάλλομαι ἀκτὴν,
Ἀλλ᾽ ὄφιος δεινοῖο μεταλδήσκοντας ὀδόντας
Ἀνδράσι τευχηστῇσι δέμας· τοὺς δ᾽ αὖθι δαΐζων   415
Κείρω ἐμῷ ὑπὸ δουρὶ περισταδὸν ἀντιόωντας.
Ἠέριος ζεύγνυμι βόας, καὶ δείελον ὥρην
Παύομαι ἀμήτοιο. σὺ δ᾽, εἰ τάδε τοῖα τελέσσεις,
Αὐτῆμαρ τόδε κῶας ἀποίσεαι ἐς βασιλῆος·
Πρὶν δέ κεν οὐ δοίην, μηδ᾽ ἔλπεο· δὴ γὰρ ἀεικὲς   420
Ἄνδρ᾽ ἀγαθὸν γεγαῶτα κακωτέρῳ ἀνέρι εἶξαι.
  Ὡς ἄρ᾽ ἔφη· ὁ δὲ σῖγα ποδῶν πάρος ὄμματα πήξας
Ἧσθ᾽ αὔτως ἄφθογγος, ἀμηχανέων κακότητι.
Βουλὴν δ᾽ ἀμφὶ πολὺν στρῶφα χρόνον, οὐδέ πη εἶχε
Θαρσαλέως ὑποδέχθαι, ἐπεὶ μέγα φαίνετο ἔργον·   425
Ὀψὲ δ᾽ ἀμειβόμενος προσελέξατο κερδαλέοισιν.

  Αἰήτη, μάλα τοί με δίκῃ περιπολλὸν ἐέργεις.
Τῷ καὶ ἐγὼ τὸν ἄεθλον, ὑπερφίαλόν περ ἐόντα,
Τλήσομαι, εἰ καί μοι θανέειν μόρος· οὐ γὰρ ἔτ᾽ ἄλλο

Ῥίγιον ἄνθρωπός γε κακῆς ἐπαμείψετ᾿ ἀνάγκης,   430
Ἢ με καὶ ἐνθάδε νεῖσθαι ἐπέχραεν ἐκ βασιλῆος.
   Ὣς φάτ᾿ ἀμηχανίῃ βεβολημένος· αὐτὰρ ὃ τόνγε
Σμερδαλέοις ἐπέεσσι προσέννεπεν ἀσχαλόωντα.
   Ἔρχεο νῦν μεθ᾿ ὅμιλον, ἐπεὶ μέμονάς γε πόνοιο.
Εἰ δὲ σύ γε ζυγὰ βουσὶν ὑποδείσαις ἐπαεῖραι,   435
Ἠὲ καὶ οὐλομένου μεταχάσσεαι ἀμήτοιο,
Αὐτῷ κεν τὰ ἕκαστα μέλοιτό μοι· ὄφρα καὶ ἄλλος
Ἀνὴρ ἐῤῥίγῃσιν ἀρείονα φῶτα μετελθεῖν.
   Ἴσκεν ἀπηλεγέως· ὁ δ᾿ ἀπὸ θρόνου ὄρνυτ᾿ Ἰήσων,
Αὐγείης, Τελαμών τε παρασχεδόν· εἵπετο δ᾿ Ἄργος   440
Οἷος, ἐπεὶ μεσσηγὺς ἔτ᾿ αὐτόθι νεῦσε λιπέσθαι
Αὐτοκασιγνήτοις· οἱ δ᾿ ἤεσαν ἐκ μεγάροιο.
   Θεσπέσιον δ᾿ ἐν πᾶσι μετέπρεπεν Αἴσονος υἱὸς
Κάλλεϊ καὶ χαρίτεσσιν· ἐπ᾿ αὐτῷ δ᾿ ὄμματα κούρη
Λοξὰ παρὰ λιπαρὴν σχομένη θηεῖτο καλύπτρην,   445
Κῆρ᾿ ἄχεϊ σμύχουσα· νόος δέ οἱ, ἠΰτ᾿ ὄνειρος,
Ἑρπύζων πεπότητο μετ᾿ ἴχνια νισσομένοιο.
   Καί ῥ᾿ οἱ μέν ῥα δόμων ἐξήλθον ἀσχαλόωντες.
Χαλκιόπη δὲ χόλον πεφυλαγμένη Αἰήταο
Καρπαλίμως θαλαμόνδε σὺν υἱάσιν οἷσι βεβήκει.   450
Αὔτως δ᾿ αὖ Μήδεια μετέστιχε· πολλὰ δὲ θυμῷ
Ὥρμαιν᾿, ὅσσα τ᾿ Ἔρωτες ἐποτρύνουσι μέλεσθαι.
   Προπρὸ δ᾿ ἄρ᾿ ὀφθαλμῶν ἔτι οἱ ἰνδάλλετο πάντα·
Αὐτός θ᾿ οἷος ἔην, οἵοισί τε φάρεσιν ἔστο,
Οἷά τ᾿ ἔειφ᾿, ὥς θ᾿ ἕζετ᾿ ἐπὶ θρόνου, ὥς τε θύραζε   455
Ἤϊεν· οὐδέ τιν᾿ ἄλλον ὀΐσσατο πορφύρουσα
Ἔμμεναί ἀνέρα τοῖον· ἐν οὔασι δ᾿ αἰὲν ὀρώρει
Αὐδή τε μῦθοί τε μελίφρονες, οὓς ἀγόρευσε.
Τάρβει δ᾿ ἀμφ᾿ αὐτῷ, μή μιν βόες, ἠὲ καὶ αὐτὸς
Αἰήτης φθίσειεν· ὀδύρετο δ᾿ ἠΰτε πάμπαν   460
Ἤδη τεθνειῶτα, τέρεν δέ οἱ ἀμφὶ παρειὰς

Δάκρυον αἰνοτάτῳ ἐλέῳ ῥέε κηδοσύνῃσιν
Ἦκα δὲ μυρομένη λιγέως ἀνενείκατο μῦθον.

Τίπτ᾽ ἐμὲ δειλαίην τόδ᾽ ἔχει ἄχος ; εἴθ᾽ ὅγε πάντων
Φθίσεται ἡρώων προφερέστατος, εἴτε χερείων,   465
Ἐῤῥέτω. ἦ μὲν ὄφελλεν ἀκήριος ἐξαλέασθαι.
Ναὶ δὴ τοῦτό γε, πότνα θεὰ Περσηΐ, πέλοιτο.
Οἴκαδε νοστήσειε φυγὼν μόρον· εἰ δέ μιν αἶσα
Δμηθῆναι ὑπὸ βουσὶ, τόδε προπάροιθε δαείη,
Οὕνεκεν οὔ οἱ ἔγωγε κακῇ ἐπαγαίομαι ἄτῃ.   470
Ἡ μὲν ἄρ᾽ ὣς ἐόλητο νόον μελεδήμασι κούρη.

744—765.

Νὺξ μὲν ἔπειτ᾽ ἐπὶ γαῖαν ἄγε κνέφας· οἱ δ᾽ ἐνὶ πόντῳ
Ναῦται εἰς Ἑλίκην τε καὶ ἀστέρας Ὠρίωνος   745
Ἔδρακον ἐκ νηῶν· ὕπνοιο δὲ καί τις ὁδίτης
Ἤδη, καὶ πυλαωρὸς ἐέλδετο· καί τινα παίδων
Μητέρα τεθνεώτων ἀδινὸν περὶ κῶμ᾽ ἐκάλυπτεν·
Οὐδὲ κυνῶν ὑλακὴ ἔτ᾽ ἀνὰ πτόλιν, οὐ θρόος ἦεν
Ἠχήεις· σιγὴ δὲ μελαινομένην ἔχεν ὄρφνην.   750
Ἀλλὰ μάλ᾽ οὐ Μήδειαν ἐπὶ γλυκερὸς λάβεν ὕπνος.
Πολλὰ γὰρ Αἰσονίδαο πόθῳ μελεδήματ᾽ ἔγειρε
Δειδυῖαν ταύρων κρατερὸν μένος, οἷσιν ἔμελλε
Φθίσθαι ἀεικελίῃ μοίρῃ κατὰ νειὸν Ἄρηος.
Πυκνὰ δέ οἱ κραδίη στηθέων ἔντοσθεν ἔθυεν,   755
Ἠελίου ὥς τίς τε δόμοις ἐνιπάλλεται αἴγλη
Ὕδατος ἐξανιοῦσα, τὸ δὴ νέον ἠὲ λέβητι,
Ἠέ που ἐν γαυλῷ κέχυται· ἡ δ᾽ ἔνθα καὶ ἔνθα
Ὠκείῃ στροφάλιγγι τινάσσεται ἀΐσσουσα·
Ὣς δὲ καὶ ἐν στήθεσσι κέαρ ἐλελίζετο κούρης.   760
Δάκρυ δ᾽ ἀπ᾽ ὀφθαλμῶν ἐλέῳ ῥέεν· ἔνδοθι δ᾽ αἰεὶ
Τεῖρ᾽ ὀδύνη σμύχουσα διὰ χροός, ἀμφί τ᾽ ἀραιὰς

Ἴνας, καὶ κεφαλῆς ὑπὸ νείατον ἰνίον ἄχρις,
Ἐνθ' ἀλεγεινότατον δύνει ἄχος, ὁππότ' ἀνίας
Ἀκάματοι πραπίδεσσιν ἐνισκίμψωσιν Ἔρωτες.   765

828—843.

'Η δ' ἐπεὶ οὖν τὰ πρῶτα φαεινομένην ἴδεν ἠῶ
Παρθενικὴ, ξανθὰς μὲν ἀνήψατο χερσὶν ἐθείρας,
Αἵ οἱ ἀτημελίῃ καταειμέναι ἠερέθοντο,   830
Αὐσταλέας δ' ἔψησε παρηΐδας· αὐτὰρ ἀλοιφῇ
Νεκταρέῃ φαιδρύνετ' ἐπὶ χρόα· δῦνε δὲ πέπλον
Καλὸν, ἐϋγνάμπτοισιν ἀρηράμενον περόνῃσιν·
Ἀμβροσίῳ δ' ἐφύπερθε καρήατι βάλλε καλύπτρην
Ἀργυφέην. αὐτοῦ δὲ δόμοις ἔνι δινεύουσα   835
Στεῖβε πέδον, λήθῃ ἀχέων τά οἱ ἐν ποσὶν ἦε
Θεσπέσι', ἄλλα τ' ἔμελλεν ἀεξήσεσθαι ὀπίσσω.
Κέκλετο δ' ἀμφιπόλοισιν, αἵ οἱ δυοκαίδεκα πᾶσαι
Ἐν προδόμῳ θαλάμοιο θυώδεος ηὐλίζοντο,
'Ηλικες, οὔπω λέκτρα σὺν ἀνδράσι πορσαίνουσαι,   840
Ἐσσυμένως οὐρῆας ὑποζεῦξασθαι ἀπήνῃ,
Οἵ κέ μιν εἰς 'Εκάτης περικαλλέα νηὸν ἄγοιεν.
Ἐνθ' αὖτ' ἀμφίπολοι μὲν ἐφοπλίζεσκον ἀπήνην.

919—926.

Ἐνθ' οὔπω τὶς τοῖος ἐπὶ προτέρων γένετ' ἀνδρῶν,
Οὔθ' ὅσοι ἐξ αὐτοῖο Διὸς γένος, οὔθ' ὅσοι ἄλλων   920
Ἀθανάτων ἥρωες ἀφ' αἵματος ἐβλάστησαν,
Οἷον Ἰήσονα θῆκε Διὸς δάμαρ ἤματι κείνῳ,
Ἡμὲν ἔσαντα ἰδεῖν, ἠδὲ προτιμυθήσασθαι.
Τὸν καὶ παπταίνοντες ἐθάμβεον αὐτοὶ ἑταῖροι
Λαμπόμενον χαρίτεσσιν· ἐγήθησεν δὲ κελεύθῳ   925
Ἀμπυκίδης, ἤδη που ὀϊσσάμενος τὰ ἕκαστα.

948—1162.

Οὐδ' ἄρα Μηδείης θυμὸς τράπετ' ἄλλα νοῆσαι,
Μελπομένης περ ὅμως· πᾶσαι δέ οἱ, ἤν τιν' ἀθύροι
Μολπὴν, οὐκ ἐπὶ δηρὸν ἐφήνδανον ἐψιάασθαι.   950
Ἀλλὰ μεταλήγεσκεν ἀμήχανος, οὐδέ ποτ' ὄσσε
Ἀμφιπόλων μεθ' ὅμιλον ἔχ' ἀτρέμας· ἐς δὲ κελεύθους
Τηλόσε παπταίνεσκε, παρακλίνουσα παρειάς.
Ἡ θαμὰ δὴ στηθέων ἐάγη κέαρ, ὁππότε δοῦπον
Ἡ ποδὸς ἢ ἀνέμοιο παραθρέξαντα δοάσσαι.   955
Αὐτὰρ ὅγ' οὐ μετὰ δηρὸν ἐελδομένῃ ἐφαάνθη,
Ὑψόσ' ἀναθρώσκων, ἅτε Σείριος Ὠκεανοῖο,
Ὃς δή τοι καλὸς μὲν ἀρίζηλός τ' ἐσιδέσθαι   ˙
Ἀντέλλει, μήλοισι δ' ἐν ἄσπετον ἧκεν ὀϊζύν·
Ὣς ἄρα τῇ καλὸς μὲν ἐπήλυθεν εἰσοράασθαι   960
Αἰσονίδης, κάματον δὲ δυσίμερον ὦρσε φαανθείς.
Ἐκ δ' ἄρα οἱ κραδίη στηθέων πέσεν, ὄμματα δ' αὔτως
Ἠχλυσαν· θερμὸν δὲ παρηΐδας εἷλεν ἔρευθος.
Γούνατα δ' οὔτ' ὀπίσω, οὔτε προπάροιθεν ἀεῖραι
Ἐσθενεν, ἀλλ' ὑπένερθε πάγη πόδας. αἱ δ' ἄρα τείως   965
Ἀμφίπολοι μάλα πᾶσαι ἀπὸ σφείων ἐλίασθεν.
Τὼ δ' ἄνεῳ καὶ ἄναυδοι ἐφέστασαν ἀλλήλοισιν,
Ἢ δρυσὶν, ἢ μακρῇσιν ἐειδόμενοι ἐλάτῃσιν,
Αἵ τε παρᾶσσον ἔκηλοι ἐν οὔρεσιν ἐρρίζωνται,
Νηνεμίῃ· μετὰ δ' αὖτις ὑπὸ ῥιπῆς ἀνέμοιο   970
Κινύμεναι ὁμάδησαν ἀπείριτον· ὣς ἄρα τώγε
Μέλλον ἅλις φθέγξασθαι ὑπὸ πνοιῇσιν Ἔρωτος,
Γνῶ δέ μιν Αἰσονίδης ἄτῃ ἐνιπεπτηυῖαν
Θευμορίῃ, καὶ τοῖον ὑποσσαίνων φάτο μῦθον.

Τίπτ' ἐμὲ, παρθενικὴ, τόσον ἅζεαι, οἷον ἐόντα;   975
Οὔ τι ἐγὼν, οἷοί τε δυσαυχέες ἄλλοι ἔασιν
Ἀνέρες, οὐδ', ὅτε περ πάτρῃ ἐνιναιετάασκον,

Ἦα πάρος. τῷ μή με λίην ὑπεραίδεο, κούρη,
Ἤ τι παρεξερέεσθαι, ὅ τοι φίλον, ἠέ τι φάσθαι.
Ἀλλ᾽ ἐπεὶ ἀλλήλοισιν ἱκάνομεν εὐμενέοντες   980
Χώρῳ ἐν ἠγαθέῳ, ἵνα τ᾽ οὐ θέμις ἔστ᾽ ἀλιτέσθαι,
Ἀμφαδίην ἀγόρευε, καὶ εἴρεο· μηδ᾽ ἐμὲ τερπνοῖς
Φηλώσῃς ἐπέεσσιν, ἐπεὶ τὸ πρῶτον ὑπέστης
Αὐτοκασιγνήτῃ, μενοεικέα φάρμακα δώσειν.
Πρός σ᾽ αὐτῆς Ἑκάτης μειλίσσομαι, ἠδὲ τοκήων,   985
Καὶ Διός, ὃς ξείνοις ἱκέτῃσί τε χεῖρ᾽ ὑπερίσχει·
Ἀμφότερον δ᾽ ἱκέτης ξεῖνός τέ τοι ἐνθάδ᾽ ἱκάνω,
Χρειοῖ ἀναγκαίῃ γουνούμενος· οὐ γὰρ ἄνευθεν
Ὑμείων στονόεντος ὑπέρτερος ἔσσομ᾽ ἀέθλου.
Σοὶ δ᾽ ἂν ἐγὼ τίσαιμι χάριν μετόπισθεν ἀρωγῆς,   990
Ἦ θέμις, ὡς ἐπέοικε διάνδιχα ναιετάοντας,
Οὔνομα καὶ καλὸν τεύχων κλέος· ὣς δὲ καὶ ὧλλοι
Ἥρωες κλήσουσιν ἐς Ἑλλάδα νοστήσαντες,
Ἡρώων τ᾽ ἄλοχοι καὶ μητέρες, αἵ νύ ποτ᾽ ἤδη
Ἡμέας ἠϊόνεσσιν ἐφεζόμεναι γοάουσι·   995
Τάων ἀργαλέας κεν ἀποσκεδάσειας ἀνίας.
Δή ποτε καὶ Θησῆα κακῶν ὑπελύσατ᾽ ἀέθλων
Παρθενικὴ Μινωῒς ἐϋφρονέουσ᾽ Ἀριάδνη,
Ἥν ῥά τε Πασιφάη κούρη τέκεν Ἠελίοιο.
Ἀλλ᾽ ἡ μὲν καὶ νηός, ἐπεὶ χόλον εὔνασε Μίνως,   1000
Σὺν τῷ ἐφεζομένη, πάτρην λίπε· τὴν δὲ καὶ αὐτοὶ
Ἀθάνατοι φίλαντο, μέσῳ δέ οἱ αἰθέρι τέκμαρ
Ἀστερόεις στέφανος, τόν τε κλείουσ᾽ Ἀριάδνης,
Πάννυχος οὐρανίοισιν ἑλίσσεται εἰδώλοισιν.
Ὣς καὶ σοὶ θεόθεν χάρις ἔσσεται, εἴ κε σαώσαις   1005
Τόσσον ἀριστήων ἀνδρῶν στόλον. ἦ γὰρ ἔοικας
Ἐκ μορφῆς ἀγανῇσιν ἐπητείῃσι κεκάσθαι.
Ὣς φάτο κυδαίνων· ἡ δ᾽ ἐγκλιδὸν ὄσσε βαλοῦσα
Νεκτάρεον μείδησ᾽· ἐχύθη δέ οἱ ἔνδοθι θυμὸς
Αἴνῳ ἀειρομένης, καὶ ἀνέδρακεν ὄμμασιν ἄντην·   1010

Οὐδ' ἔχεν, ὅ ττι πάροιθεν ἔπος προτιμυθήσαιτο,
Ἀλλ' ἄμυδις μενέαινεν ἀολλέα πάντ' ἀγορεῦσαι.
Προπρὸ δ' ἀφειδήσασα θυώδεος ἔξελε μίτρης
Φάρμακον· αὐτὰρ ὅγ' αἶψα χεροῖν ὑπέδεκτο γεγηθώς.
Καί νύ κέ οἱ καὶ πᾶσαν ἀπὸ στηθέων ἀρύσασα　　　　1015
Ψυχὴν ἐγγυάλιξεν ἀγαλλομένη χατέοντι·
Τοῖος ἀπὸ ξανθοῖο καρήατος Αἰσονίδαο
Στράπτεν Ἔρως ἡδεῖαν ἀπὸ φλόγα· τῆς δ' ἀμαρυγὰς
Ὀφθαλμῶν ἥρπαζεν· ἰαίνετο δὲ φρένας εἴσω
Τηκομένη, οἷόν τε περὶ ῥοδέεσσιν ἐέρση　　　　1020
Τήκεται ἠῴοισιν ἰαινομένη φαέεσσιν.
Ἄμφω δ' ἄλλοτε μέν τε κατ' οὔδεος ὄμματ' ἔρειδον
Αἰδόμενοι, ὀτὲ δ' αὖτις ἐπὶ σφίσι βάλλον ὀπωπάς,
Ἱμερόεν φαιδρῇσιν ὑπ' ὀφρύσι μειδιόωντες.
Ὀψὲ δὲ δὴ τοίοισι μόλις προσπτύξατο κούρη.　　　　1025
　　Φράζεο νῦν, ὥς κέν τοι ἐγὼ μητίσομ' ἀρωγήν.
Εὖτ' ἂν δὴ μετιόντι πατὴρ ἐμὸς ἐγγυαλίξῃ
Ἐξ ὄφιος γενύων ὀλοοὺς σπείρασθαι ὀδόντας,
Δὴ τότε μέσσην νύκτα διαμοιρηδὰ φυλάξας,
Ἀκαμάτοιο ῥοῇσι λοεσσάμενος ποταμοῖο,　　　　1030
Οἶος ἄνευθ' ἄλλων ἐνὶ φάρεσι κυανέοισι
Βόθρον ὀρύξασθαι περιηγέα· τῷ δ' ἔνι θῆλυν
Ἀρνειὸν σφάζειν, καὶ ἀδαίετον ὠμοθετῆσαι,
Αὐτῷ πυρκαϊὴν εὖ νηήσας ἐπὶ βόθρῳ.
Μουνογενῆ δ' Ἑκάτην Περσηΐδα μειλίσσειο,　　　　1035
Λείβων ἐκ δέπαος σιμβλήϊα ἔργα μελισσῶν.
Ἔνθα δ' ἐπεί κε θεὰν μεμνημένος ἱλάσσηαι,
Ἄψ ἀπὸ πυρκαϊῆς ἀναχάζεο· μηδέ σε δοῦπος
Ἠὲ ποδῶν ὄρσῃσι μεταστρεφθῆναι ὀπίσσω,
Ἠὲ κυνῶν ὑλακή· μή πως τὰ ἕκαστα κολούσας,　　　　1040
Οὐδ' αὐτὸς κατὰ κόσμον ἑοῖς ἑτάροισι πελάσσῃς.
Ἦρι δὲ μυδήνας τόδε φάρμακον, ἠΰτ' ἀλοιφῇ
Γυμνωθεὶς φαίδρυνε τεὸν δέμας· ἐν δέ οἱ ἀλκὴ

Εσσετ' ἀπειρεσίη, μέγα.τε σθένος· οὐδέ κε φαίης
Ἀνδράσιν, ἀλλὰ θεοῖσιν ἰσαζέμεν ἀθανάτοισι.   1045
Πρὸς δὲ, καὶ αὐτῷ δουρὶ σάκος πεπαλαγμένον ἔστω
Καὶ ξίφος. ἔνθ' οὐκ ἄν σε διατμήξειαν ἀκωκαὶ
Γηγενέων ἀνδρῶν, οὐδ' ἄσχετος ἀΐσσουσα
Φλὸξ ὀλοῶν ταύρων. τοῖός γε μὲν οὐκ ἐπὶ δηρὸν
Εσσεαι, ἀλλ' αὐτῆμαρ· ὅμως σύγε μή ποτ' ἀέθλου   1050
Χάζεο. καὶ δέ τοι ἄλλο·παρὲξ ὑποθήσομ' ὄνειαρ.
Αὐτίκ' ἐπὴν κρατερούς ζεύξῃς βόας, ὦκα δὲ πᾶσαν
Χερσὶ καὶ ἠνορέῃ στυφελὴν διὰ νειὸν ἀρόσσῃς
Οἱ δ' ἤδη κατὰ ὦλκος ἀνασταχύωσι Γίγαντες,
Σπειρομένων ὄφιος δνοφερὴν ἐπὶ βῶλον ὀδόντων,   1055
Αἴ κεν ὀρινομένους πολέας νειοῖο δοκεύσῃς,
Λάθρῃ λᾶαν ἄφες στιβαρώτερον· οἱ δ' ἂν ἐπ' αὐτῷ,
Καρχαρέοι κύνες ὥστε περὶ βρώμης, ὀλέκοιεν
Ἀλλήλους· καὶ δ' αὐτὸς ἐπείγεο δηϊοτῆτος
Ἰθῦσαι. τὸ δὲ κῶας ἐς Ἑλλάδα τοῖό γ' ἕκητι   1060
Οἴσεαι ἐξ Αἴης τηλοῦ ποθί· νίσσεο δ' ἔμπης,
Ἡ φίλον, ᾗ τοι ἔαδεν ἀφορμηθέντι νέεσθαι.

   Ὣς ἄρ' ἔφη· καὶ σῖγα ποδῶν πάρος ὄσσε βαλοῦσα,
Θεσπέσιον λιαροῖσι παρηΐδα δάκρυσι δεῦε,
Μυρομένη, ὅτ' ἔμελλεν ἀπόπροθι πολλὸν ἑεῖο   1065
Πόντον ἐπιπλάγξασθαι· ἀνιηρῷ δέ μιν ἄντην
Ἐξαῦτις μύθῳ προσεφώνεεν, εἷλέ τε χειρὸς
Δεξιτερῆς· δὴ γάρ οἱ ἀπ' ὀφθαλμοὺς λίπεν αἰδώς.

   Μνώεο δ', ἢν ἄρα δή ποθ' ὑπότροπος οἴκαδ' ἵκηαι,
Οὔνομα Μηδείης· ὣς δ' αὖτ' ἐγὼ ἀμφὶς ἐόντος   1070
Μνήσομαι. εἰπὲ δ' ἐμοὶ πρόφρων τόδε· πῇ τοι ἔασι
Δώματα ; πῇ νῦν ἔνθεν ὑπεὶρ ἅλα νηῒ περήσεις ;
Ἠ νύ που ἀφνειοῦ σχεδὸν ἵξεαι Ὀρχομενοῖο ;
Ἠὲ καὶ Αἰαίης νήσου πέλας ; εἰπὲ δὲ κούρην,
Ἡν τινα τήνδ' ὀνόμηνας ἀριγνώτην γεγαυῖαν   1075
Πασιφάης, ἣ πατρὸς ὁμόγνιός ἐστιν ἐμοῖο.

Ὡς φάτο· τὸν δὲ καὶ αὐτὸν ὑπήϊε δάκρυσι κούρης
Οὖλος Ἐρως· τοῖον δὲ παραβλήδην ἔπος ηὔδα.

Καὶ λίην οὐ νύκτας ὀΐομαι, οὐδέ ποτ᾽ ἦμαρ,
Σεῦ ἐπιλήσεσθαι, προφυγὼν μόρον, εἰ ἐτεόν γε   1080
Φεύξομαι ἀσκηθὴς ἐς Ἀχαιΐδα, μηδέ κεν ἄλλον
Αἰήτης προβάλῃσι κακώτερον ἄμμιν ἄεθλον.
Εἰ δέ τοι ἡμετέρην ἐξίδμεναι εὔαδε πάτρην,
Ἐξερέω· μάλα γάρ με καὶ αὐτὸν θυμὸς ἀνώγει.
Ἐστι τις αἰπεινοῖσι περίδρομος οὔρεσι γαῖα,   1085
Πάμπαν ἐΰρειτός τε καὶ εὔβοτος· ἔνθα Προμηθεὺς
Ἰαπετιονίδης ἀγαθὸν τέκε Δευκαλίωνα,
Ὁς πρῶτος ποίησε πόλεις καὶ ἐδείματο νηοὺς
Ἀθανάτοις, πρῶτος δὲ καὶ ἀνθρώπων βασίλευσεν.
Αἱμονίην δὴ τήνγε περικτίονες καλέουσιν.   1090
Ἐν δ᾽ αὐτῇ Ἰαωλκὸς, ἐμὴ πόλις, ἐν δὲ καὶ ἄλλαι
Πολλαὶ ναιετάουσιν, ἵν᾽ οὐδέ περ οὔνομ᾽ ἀκοῦσαι
Αἰαίης νήσου· Μινύην γε μὲν ὁρμηθέντα,
Αἰολίδην Μινύην, ἔνθεν φάτις Ὀρχομενοῖο
Δή ποτε Καδμείοισιν ὁμούριον ἄστυ πολίσσαι.   1095
Ἀλλὰ τίη τάδε τοι μεταμώνια πάντ᾽ ἀγορεύω,
Ἡμετέρους τε δόμους, τηλεκλείτην τ᾽ Ἀριάδνην,
Κούρην Μίνωος, τόπερ ἀγλαὸν οὔνομα κείνην
Παρθενικὴν καλέσκον ἐπήρατον, ἥν μ᾽ ἐρεείνεις;
Αἴθε γὰρ, ὡς Θησῆϊ τότε ξυναρέσσατο Μίνως   1100
Ἀμφ᾽ αὐτῆς, ὡς ἄμμι πατὴρ τεὸς ἄρθμιος εἴη.

Ὡς φάτο, μειλιχίοισι καταψήχων ὀάροισι.
Τῆς δ᾽ ἀλεγεινόταται κραδίην ἐρέθεσκον ἀνίαι·
Καί μιν ἀκηχεμένη ἀδινῷ προσπτύξατο μύθῳ.

Ἑλλάδι που τάδε καλὰ, συνημοσύνας ἀλεγύνειν·   1105
Αἰήτης δ᾽ οὐ τοῖος ἐν ἀνδράσιν, οἷον ἔειπας
Μίνω Πασιφάης πόσιν ἔμμεναι· οὐδ᾽ Ἀριάδνῃ
Ἰσοῦμαι· τῷ μή τι φιλοξενίην ἀγόρευε.
Ἀλλ᾽ οἷον τύνη μὲν ἐμεῦ, ὅτ᾽ Ἰωλκὸν ἵκηαι,

Μνώεο· σεῖο δ᾽ ἐγὼ, καὶ ἐμῶν ἀέκητι τοκήων,		1110
Μνήσομαι. ἔλθοι δ᾽ ἡμὶν ἀπόπροθεν ἠέ τις ὄσσα,
Ἤ τις ἄγγελος ὄρνις, ὅτ᾽ ἐκλελάθοιο ἐμεῖο·
Ἢ αὐτήν γε ταχεῖαι ὑπὲρ πόντοιο φέροιεν
Ἐνθένδ᾽ εἰς Ἰαωλκὸν ἀναρπάξασαι ἄελλαι,
Ὄφρα σ᾽, ἐν ὀφθαλμοῖσιν ἐλεγχείας προφέρουσα,		1115
Μνήσω ἐμῇ ἰότητι πεφυγμένον. αἴθε γὰρ εἴην
Ἀπροφάτως τότε σοῖσιν ἐφέστιος ἐν μεγάροισιν.
   Ὣς ἄρ᾽ ἔφη, ἐλεεινὰ καταπροχέουσα παρειῶν
Δάκρυα· τὴν δ᾽ ὅγε δῆθεν ὑποβλήδην προσέειπε·
Δαιμονίη, κενεὰς μὲν ἔα πλάζεσθαι ἀέλλας,		1120
Ὣς δὲ καὶ ἄγγελον ὄρνιν· ἐπεὶ μεταμώνια βάζεις.
Εἰ δέ κεν ἤθεα κεῖνα καὶ Ἑλλάδα γαῖαν ἵκηαι,
Τιμήεσσα γυναιξὶ καὶ ἀνδράσιν, αἰδοίη τε,
Ἔσσεαι, ἠδέ σε πάγχυ θεὸν ὣς πορσανέουσιν·
Οὔνεκα τῶν μὲν παῖδες ὑπότροποι οἴκαδ᾽ ἵκοντο		1125
Σῇ βουλῇ, τῶν δ᾽ αὖτε κασίγνητοί τε ἔται τε
Καὶ θαλεροὶ κακότητος ἄδην ἐσάωθεν ἀκοῖται.
Ἡμέτερον δὲ λέχος θαλάμοις ἐνὶ κουριδίοισι
Πορσανέεις· οὐδ᾽ ἄμμε διακρινέει φιλότητος
Ἄλλο, πάρος θάνατόν γε μεμορμένον ἀμφικαλύψαι.		1130
   Ὣς φάτο· τῇ δ᾽ ἔντοσθε κατείβετο θυμὸς ἀκουῇ.
Ἔμπης δ᾽ ἔργ᾽ ἀΐδηλα κατερρίγησεν ἰδέσθαι,
Σχετλίη· οὐ μὲν δηρὸν ἀπαρνήσεσθαι ἔμελλεν
Ἑλλάδα ναιετάειν. ὣς γὰρ τόδε μήδετο Ἥρη,
Ὄφρα κακὸν Πελίῃ ἱερὴν ἐς Ἰωλκὸν ἵκοιτο		1135
Αἰαίη Μήδεια, λιποῦσά γε πατρίδα γαῖαν.
   Ἤδη δ᾽ ἀμφίπολοι μὲν ὀπιπτεύουσαι ἄπωθεν
Σιγῇ ἀνιάζεσκον· ἐδεύετο δ᾽ ἤματος ὥρη
Ἂψ οἰκόνδε νέεσθαι ἑὴν μετὰ μητέρα κούρην.
Ἡ δ᾽ οὔπω κομιδῆς μιμνήσκετο, τέρπετο γάρ οἱ		1140
Θυμὸς ὁμῶς μορφῇ τε καὶ αἱμυλίοισι λόγοισιν·
Εἰ μὴ ἄρ᾽ Αἰσονίδης πεφυλαγμένος ὀψέ περ ηὔδα·

'Ωρη ἀποβλώσκειν, μὴ πρὶν φάος ἠελίοιο
Δύη ὑποφθάμενον, καί τις τὰ ἔκαστα νοήσῃ
Οθνείων· αὖτις δ' ἀβολήσομεν ἐνθάδ' ἰόντες.   1145
   'Ως τώγ' ἀλλήλων ἀγανοῖς ἐπὶ τόσσον ἔπεσσι
Πείρηθεν· μετὰ δ' αὖτε διέτμαγεν· ἤτοι Ιήσων
Εἰς ἑτάρους καὶ νῆα κεχαρμένος ὦρτο νέεσθαι·
'Η δὲ μετ' ἀμφιπόλους· αἱ δὲ σχεδὸν ἀντεβόλησαν
Πᾶσαι ὁμοῦ· τὰς δ' οὔ τι περιπλομένας ἐνόησε·   1150
Ψυχὴ γὰρ νεφέεσσι μεταχθονίη πεπότητο.
Αὐτομάτοις δὲ πόδεσσι θοῆς ἐπεβήσατ' ἀπήνης,
Καί ῥ' ἑτέρῃ μὲν χειρὶ λάβ' ἡνία, τῇ δ' ἄρ' ἱμάσθλην
Δαιδαλέην, οὐρῆας ἐλαυνέμεν· οἱ δὲ πόλινδε
Θῦνον ἐπειγόμενοι ποτὶ δώματα. τὴν δ' ἀνιοῦσαν   1155
Χαλκιόπη περὶ παισὶν ἀκηχεμένη ἐρέεινεν·
'Η δὲ παλιντροπίῃσιν ἀμήχανος οὔτε τι μύθων
Εκλυεν, οὔτ' αὐδῆσαι ἀνειρομένῃ λελίητο.
'Ιζε δ' ἐπὶ χθαμαλῷ σφέλαϊ κλιντῆρος ἔνερθε,
Δέχρις ἐρεισαμένη λαιῇ ἐπὶ χειρὶ παρειήν·   1160
'Υγρὰ δ' ἐνὶ βλεφάροις ἔχεν ὄμματα, πορφύρουσα
Οἷον ἑῇ κακὸν ἔργον ἐπιξυνώσατο βουλῇ.

FINIS

EXCERPTORUM EX PRAECIPUIS POETIS
·HEROICI CARMINIS·

ANALECTA GRAECA MAJORA.

TOMI POSTERIORIS

PARS SECUNDA.

EXCERPTA TRAGICA.

ΑΝΤΙΠΑΤΡΟΥ ΘΕΣΣΑΛΟΝΙΚΕΩΣ,

Εἰς Αἰσχύλον.

'Ο *ΤΡΑΓΙΚΟΝ* φώνημα καὶ ὀφρυόεσσαν ἀοιδὴν
Πυργώσας στιβαρῇ πρῶτος ἐν εὐεπίῃ,
Αἰσχύλος Εὐφορίωνος, Ἐλευσινίης ἑκὰς αἴης
Κεῖται, κυδαίνων σήματι Τρινακρίην.

ΣΙΜΜΙΟΥ ΘΗΒΑΙΟΥ,

Εἰς Σοφοκλῆν.

ΤΟΝ δὲ χοροῖς μέλψαντα Σοφοκλέα, παῖδα Σοφίλου,
Τὸν τραγικῆς Μούσης ἀστέρα Κεκρόπιον,
Πολλάκις ἐν θυμέλῃσι καὶ ἐν σκηνῇσι τεθηλὼς
Βλαισὸς Ἀχαρνίτης κισσὸς ἔρεψε κόμην,
Τύμβος ἔχει, καὶ γῆς ὀλίγον μέρος· ἀλλ' ὁ περισσὸς
Αἰὼν ἀθανάτοις δέρκεται ἐν σελίσι.

ΙΩΝΟΣ,

Εἰς Εὐριπίδην.

ΧΑΙΡΕ, μελαμπέπλοις, Εὐριπίδη, ἐν γυάλοισι
Πιερίας, τὸν ἀεὶ νυκτὸς ἔχων θάλαμον·
Ἴσθι δ' ὑπὸ χθονὸς ὢν, ὅτι σοι κλέος ἄφθιτον ἔσται,
Ἴσον Ὁμηρείαις ἀενάοις χάρισιν.

I.

*E SOPHOCLE.

[Juxta Ed. Rich. Fr. Phil. Brunck. Argent. ii. tom. in 4to.]

ΑΡΙΣΤΟΦΑΝΟΥΣ ΓΡΑΜΜΑΤΙΚΟΥ

ΕΠΙΓΡΑΜΜΑ

ΕΙΣ ΤΟΝ ΤΥΡΑΝΝΟΝ ΟΙΔΙΠΟΥΝ.

ΛΙΠΩΝ Κόρινθον Οἰδίπους, Πατρὸς νόθος,
Πρὸς τῶν ἁπάντων λοιδορούμενος ξένος,
Ἦλθεν πυθέσθαι Πυθικῶν θεσπισμάτων,
Ζητῶν ἑαυτὸν, καὶ γένους φυτοσπόρον.
Εὑρὼν δὲ τλήμων ἐν στεναῖς ἁμαξιτοῖς,
Ἄκων ἔπεφνε Λάϊον γεννήτορα.
Σφιγγὸς δὲ δεινῆς θανάσιμον λύσας μέλος,
Ἤσχυνε μητρὸς ἀγνοουμένης λέχος.
Λοιμὸς δὲ Θήβας εἷλε, καὶ νόσος μακρά.
Κρέων δὲ πεμφθεὶς Δελφικὴν πρὸς ἑστίαν,
Ὅπως πύθοιτο τοῦ κακοῦ παυστήριον,
Ἤκουσε φωνῆς μαντικῆς θεοῦ πάρα,
Τὸν Λάϊειον ἐκδικηθῆναι φόνον.
Ὅθεν μαθὼν ἑαυτὸν Οἰδίπους τάλας
Πόρπαισι δισσὰς ἐξανάλωσεν κόρας·
Αὐτὴ δὲ μήτηρ ἀγχόναις διώλετο.

ΧΡΗΣΜΟΣ ΔΟΘΕΙΣ ΛΑΪΩ.

ΛΑΪΕ Λαβδακίδη, παίδων γένος ὄλβιον αἰτεῖς.
Δώσω τοι φίλον υἱόν· ἀτὰρ πεπρωμένον ἐστὶ
Παιδὸς ἑοῦ χείρεσσι λιπεῖν φάος· ὣς γὰρ ἔνευσε
Ζεὺς Κρονίδης, Πέλοπος στυγεραῖς ἀραῖσι πιθήσας,
Οὗ φίλον ἥρπασας υἱόν· ὁ δ᾽ ηὔξατό σοι τάδε πάντα.

ΤΟ ΑΙΝΙΓΜΑ ΤΗΣ ΣΦΙΓΓΟΣ.

ΕΣΤΙ δίπουν ἐπὶ γῆς καὶ τέτραπον, οὗ μία φωνή,
Καὶ τρίπον· ἀλλάσσει δὲ φυὴν μόνον, ὅσσ᾽ ἐπὶ γαῖαν
Ἑρπετὰ κινεῖται, ἀνά τ᾽ αἰθέρα, καὶ κατὰ πόντον.
Ἀλλ᾽ ὁπόταν πλείστοισιν ἐπειγόμενον ποσὶ βαίνῃ,
Ἔνθα τάχος γυίοισιν ἀφαυρότατον πέλει αὐτοῦ.

ΛΥΣΙΣ ΤΟΥ ΑΙΝΙΓΜΑΤΟΣ.

ΚΛΥΘΙ, καὶ οὐκ ἐθέλουσα, κακόπτερε Μοῦσα θανόντων,
Φωνῆς ἡμετέρης σὸν τέλος ἀμπλακίης.
Ἄνθρωπον κατέλεξας, ὅς, ἡνίκα γαῖαν ἐφέρπει,
Πρῶτον ἔφυ τετράπους νήπιος ἐκ λαγόνων·
Γηραλέος δὲ πέλων, τρίτατον πόδα, βάκτρον ἐρείδει,
Αὐχένα φορτίζων, γήραϊ καμπτόμενος.

ΤΑ ΤΟΥ ΔΡΑΜΑΤΟΣ ΠΡΟΣΩΠΑ.

ΟΙΔΙΠΟΥΣ.
ΙΕΡΕΥΣ.
ΚΡΕΩΝ.
ΧΟΡΟΣ ἐκ γερόντων Θηβαίων.
ΤΕΙΡΕΣΙΑΣ.
ΙΟΚΑΣΤΗ.
ΑΓΓΕΛΟΣ.
ΘΕΡΑΠΩΝ Λαΐου.
ΕΞΑΓΓΕΛΟΣ.

ΣΟΦΟΚΛΕΟΥΣ

*ΟΙΔΙΠΟΥΣ ΤΥΡΑΝΝΟΣ.

ΟΙΔΙΠΟΥΣ.

Ὦ ΤΕΚΝΑ, Κάδμου τοῦ πάλαι νέα τροφὴ,
Τίνας ποθ᾽ ἕδρας τάσδ᾽ ἐμοὶ θοάζετε,
Ἱκτηρίοις κλάδοισιν ἐξεστεμμένοι;
Πόλις δ᾽ ὁμοῦ μὲν θυμιαμάτων γέμει,
Ὁμοῦ δὲ παιάνων τε καὶ στεναγμάτων·   5
Ἅ᾽γὼ δικαιῶν μὴ παρ᾽ ἀγγέλων, τέκνα,
Ἄλλων ἀκούειν, αὐτὸς ὧδ᾽ ἐλήλυθα,
Ὁ πᾶσι κλεινὸς Οἰδίπους καλούμενος.
Ἀλλ᾽, ὦ γεραιὲ, φράζ᾽, ἐπεὶ πρέπων ἔφυς
Πρὸ τῶνδε φωνεῖν, τίνι τρόπῳ καθέστατε;   10
Δείσαντες, ἢ στέρξαντες; ὡς θέλοντος ἂν
Ἐμοῦ προσαρκεῖν πᾶν· δυσάλγητος γὰρ ἂν
Εἴην, τοιάνδε μὴ οὐ κατοικτείρων ἕδραν.

Ἱε. Ἀλλ᾽, ὦ κρατύνων, Οἰδίπους, χώρας ἐμῆς,
Ὁρᾷς μὲν ἡμᾶς, ἡλίκοι προσήμεθα   15
Βωμοῖσι τοῖς σοῖς· οἱ μὲν οὐδέπω μακρὰν
Πτέσθαι σθένοντες· οἱ δὲ σὺν γήρᾳ βαρεῖς
Ἱερῆς, ἐγὼ μὲν Ζηνός· οἱ δέ τ᾽ ἠθέων
Δεκτοί· τὸ δ᾽ ἄλλο φῦλον ἐξεστεμμένον
Ἀγοραῖσι θακεῖ, πρός τε Παλλάδος διπλοῖς   20
Ναοῖς, ἐπ᾽ Ἰσμηνοῦ τε μαντείᾳ σποδῷ.
Πόλις γὰρ, ὥσπερ καὐτὸς εἰσορᾷς, ἄγαν
Ἤδη σαλεύει, κἀνακουφίσαι κάρα
Βυθῶν ἔτ᾽ οὐχ οἷά τε φοινίου σάλου·

Φθίνουσα μὲν κάλυξιν ἐγκάρποις χθονὸς,   **25**
Φθίνουσα δ᾽ ἀγέλαις βουνόμοις, τόκοισί τε
Ἀγόνοις γυναικῶν· ἐν δ᾽ ὁ πυρφόρος θεὸς
Σκήψας ἐλαύνει, λοιμὸς ἔχθιστος, πόλιν,
Ὑφ᾽ οὗ κενοῦται δῶμα Καδμεῖον· μέλας δ᾽
Ἅδης στεναγμοῖς καὶ γόοις πλουτίζεται.   **30**
Θεοῖσι μέν νυν οὐκ ἰσούμενόν σ᾽ ἐγὼ,
Οὐδ᾽ οἵδε παῖδες, ἑζόμεσθ᾽ ἐφέστιοι,
Ἀνδρῶν δὲ πρῶτον ἔν τε συμφοραῖς βίου
Κρίνοντες, ἔν τε δαιμόνων ξυναλλαγαῖς·
Ὅς γ᾽ ἐξέλυσας, ἄστυ Καδμεῖον μολὼν,   **35**
Σκληρᾶς ἀοιδοῦ δασμὸν, ὃν παρείχομεν·
Καὶ ταῦθ᾽ ὑφ᾽ ἡμῶν οὐδὲν ἐξειδὼς πλέον,
Οὐδ᾽ ἐκδιδαχθείς· ἀλλὰ προσθήκῃ θεοῦ
Λέγει νομίζει θ᾽ ἡμὶν ὀρθῶσαι βίον.
Νῦν τ᾽, ὦ κράτιστον πᾶσιν Οἰδίπου κάρα,   **40**
Ἱκετεύομέν σε πάντες οἵδε πρόστροποι,
Ἀλκήν τιν᾽ εὑρεῖν ἡμὶν, εἴτε του θεῶν
Φήμην ἀκούσας, εἴτ᾽ ἀπ᾽ ἀνδρὸς οἶσθά που·
Ὡς τοῖσιν ἐμπείροισι καὶ τὰς ξυμφορὰς
Ζώσας ὁρῶ μάλιστα τῶν βουλευμάτων.   **45**
Ἴθ᾽, ὦ βροτῶν ἄριστ᾽, ἀνόρθωσον πόλιν,
Ἴθ᾽, εὐλαβήθηθ᾽· ὡς σὲ νῦν μὲν ἥδε γῆ
Σωτῆρα κλῄζει τῆς πάρος προθυμίας·
Ἀρχῆς δὲ τῆς σῆς μηδαμῶς μεμνώμεθα,
Στάντες τ᾽ ἐς ὀρθὸν, καὶ πεσόντες ὕστερον.   **50**
Ἀλλ᾽ ἀσφαλείᾳ τήνδ᾽ ἀνόρθωσον πόλιν.
Ὄρνιθι γὰρ καὶ τὴν τότ᾽ αἰσίῳ τύχην
Παρέσχες ἡμῖν, καὶ τανῦν ἴσος γενοῦ.
Ὡς, εἴπερ ἄρξεις τῆσδε γῆς, ὥσπερ κρατεῖς,
Ξὺν ἀνδράσιν κάλλιον ἢ κενῆς κρατεῖν·   **55**
Ὡς οὐδέν ἐστιν οὔτε πύργος, οὔτε ναῦς,
Ἔρημος ἀνδρῶν μὴ ξυνοικούντων ἔσω.

Οι. Ὦ παῖδες οἰκτροὶ, γνωτὰ, κοὐκ ἄγνωτά μοι
Προσήλθεθ' ἱμείροντες· εὖ γὰρ οἶδ', ὅτι
Νοσεῖτε πάντες, καὶ νοσοῦντες, ὡς ἐγὼ   60
Οὐκ ἔστιν ὑμῶν ὅστις ἐξ. ἴσου νοσεῖ.
Τὸ μὲν γὰρ ὑμῶν ἄλγος εἰς ἕν' ἔρχεται
Μόνον καθ' αὑτὸν, κοὐδέν' ἄλλον· ἡ δ' ἐμὴ
Ψυχὴ πόλιν τε κἀμὲ καί σ' ὁμοῦ στένει.
Ὥστ' οὐχ ὕπνῳ γ' εὕδοντά μ' ἐξεγείρετε,   65
Ἀλλ' ἴστε πολλὰ μέν με δακρύσαντα δὴ,
Πολλὰς δ' ὁδοὺς ἐλθόντα φροντίδος πλάνοις.
Ἣν δ' εὖ σκοπῶν εὕρισκον ἴασιν μόνην,
Ταύτην ἔπραξα· παῖδα γὰρ Μενοικέως
Κρέοντ', ἐμαυτοῦ γαμβρὸν, ἐς τὰ Πυθικὰ   70
Ἐπεμψα Φοίβου δώμαθ', ὡς πύθοιθ', ὅ τι ·
Δρῶν, ἢ τί φωνῶν, τήνδε ῥυσαίμην πόλιν.
Καί μ' ἦμαρ ἤδη ξυμμετρούμενον χρόνῳ
Λυπεῖ, τί πράσσει· τοῦ γὰρ εἰκότος πέρα,
Ἄπεστι πλείω τοῦ καθήκοντος χρόνου.   75
Ὅταν δ' ἵκηται, τηνικαῦτ' ἐγὼ κακὸς
Μὴ δρῶν ἂν εἴην πάνθ', ὅσ' ἂν δηλοῖ θεός.
Ἱε. Ἀλλ' εἰς καλὸν σύ τ' εἶπας· οἵδε γ' ἀρτίως
Κρέοντα προστείχοντα σημαίνουσί μοι.
Οι. Ὦ 'ναξ Ἀπολλον, εἰ γὰρ ἐν τύχῃ γέ τῳ   80.
Σωτῆρι βαίη, λαμπρὸς ὥσπερ ὄμματι. ·
Ἱε. Ἀλλ' εἰκάσαι μὲν, ἡδύς· οὐ γὰρ ἂν κάρα
Πολυστεφὴς ὧδ' εἷρπε παγκάρπου δάφνης.
Οι. Τάχ' εἰσόμεσθα· ξύμμετρος γὰρ ὡς κλύειν.
Ἄναξ, ἐμὸν κήδευμα, παῖ Μενοικέως,   85
Τίν' ἡμὶν ἥκεις τοῦ θεοῦ φήμην φέρων ;
Κρε. Ἐσθλήν· λέγω γὰρ καὶ τὰ δύσφορ', εἰ τύχοι
Κατ' ὀρθὸν ἐξελθόντα, πάντ' ἂν εὐτυχεῖν.
Οι. Ἐστιν δὲ ποῖον τοὔπος ; οὔτε γὰρ θρασὺς,
Οὔτ' οὖν προδείσας εἰμὶ τῷ γε νῦν λόγῳ.   90

Κρε. Εἰ τῶνδε χρῄζεις πλησιαζόντων κλύειν,
Ἕτοιμος εἰπεῖν, εἴτε καὶ στείχειν ἔσω.

Οἰ. Ἐς πάντας αὔδα· τῶνδε γὰρ πλέον φέρω
Τὸ πένθος, ἢ καὶ τῆς ἐμῆς ψυχῆς πέρι.

Κρε. Λέγοιμ᾽ ἂν, οἷ᾽ ἤκουσα τοῦ θεοῦ πάρα.   9
Ἄνωγεν ἡμᾶς Φοῖβος ἐμφανῶς ἄναξ
Μίασμα χώρας, ὡς τεθραμμένον χθονὶ
Ἐν τῇδ᾽, ἐλαύνειν, μηδ᾽ ἀνήκεστον τρέφειν.

Οἰ. Ποίῳ καθαρμῷ; τίς ὁ τρόπος τῆς ξυμφορᾶς;

Κρε. Ἀνδρηλατοῦντας, ἢ φόνῳ φόνον πάλιν   1
Λύοντας, ὡς τόδ᾽ αἷμα χειμάζον πόλιν.

Οἰ. Ποίου γὰρ ἀνδρὸς τήνδε μηνύει τύχην;

Κρε. Ἦν ἡμὶν, ὦ ᾽ναξ, Λάϊός ποθ᾽ ἡγεμὼν
Γῆς τῆσδε, πρίν σε τήνδ᾽ ἀπευθύνειν πόλιν.

Οἰ. Ἔξοιδ᾽ ἀκούων· οὐ γὰρ εἰσεῖδόν γέ πω.   1

Κρε. Τούτου θανόντος, νῦν ἐπιστέλλει σαφῶς
Τοὺς αὐτοέντας χειρὶ τιμωρεῖν τινάς.

Οἰ. Οἳδ᾽ εἰσὶ ποῦ γῆς; ποῦ τόδ᾽ εὑρεθήσεται
Ἴχνος παλαιᾶς δυστέκμαρτον αἰτίας;

Κρε. Ἐν τῇδ᾽ ἔφασκε γῇ. τὸ δὲ ζητούμενον,   11
Ἁλωτόν· ἐκφεύγει δὲ τἀμελούμενον.

Οἰ. Πότερα δ᾽ ἐν οἴκοις, ἢ ᾽ν ἀγροῖς ὁ Λάϊος,
Ἢ γῆς ἐπ᾽ ἄλλης, τῷδε συμπίπτει φόνῳ;

Κρε. Θεωρός, ὡς ἔφασκεν, ἐκδημῶν, πάλιν
Πρὸς οἶκον οὐκ ἔθ᾽ ἵκεθ᾽, ὡς ἀπεστάλη.   11

Οἰ. Οὐδ᾽ ἄγγελός τις, οὐδὲ συμπράκτωρ ὁδοῦ
Κατεῖδ᾽, ὅτου τις ἐκμαθὼν ἐχρήσατ᾽ ἄν;

Κρε. Θνήσκουσι γὰρ, πλὴν εἷς τις, ὃς φόβῳ φυγὼν,
Ὧν εἶδε, πλὴν ἕν, οὐδὲν εἶχ᾽ εἰδὼς φράσαι.

Οἰ. Τὸ ποῖον; ἓν γὰρ πόλλ᾽ ἂν ἐξεύροι μαθεῖν,   12
Ἀρχὴν βραχεῖαν εἰ λάβοιμεν ἐλπίδος.

Κρε. Λῃστὰς ἔφασκε συντυχόντας, οὐ μιᾷ
Ῥώμῃ κτανεῖν νιν, ἀλλὰ σὺν πλήθει χερῶν.

Οι. Πῶς οὖν ὁ λῃστὴς, εἴ τι μὴ ξὺν ἀργύρῳ
Ἐπράσσετ᾽ ἐνθένδ᾽, ἐς τόδ᾽ ἂν τόλμης ἔβη; 125

Κρε. Δοκοῦντα ταῦτ᾽ ἦν· Λαΐου δ᾽ ὀλωλότος
Οὐδεὶς ἀρωγὸς ἐν κακοῖς ἐγίγνετο.

Οι. Κακὸν δὲ ποῖον ἐμποδὼν, τυραννίδος
Οὕτω πεσούσης, εἶργε τοῦτ᾽ ἐξειδέναι;

Κρε. Ἡ ποικιλῳδὸς Σφὶγξ τὰ πρὸς ποσὶ σκοπεῖν, 130
Μεθέντας ἡμᾶς τἀφανῆ, προσήγετο.

Οι. Ἀλλ᾽ ἐξ ὑπαρχῆς αὖθις αὔτ᾽ ἐγὼ φανῶ.
Ἐπαξίως γὰρ Φοῖβος, ἀξίως δὲ σὺ,
Πρὸ τοῦ θανόντος τήνδ᾽ ἔθεσθ᾽ ἐπιστροφήν·
Ὥστ᾽ ἐνδίκως ὄψεσθε κἀμὲ σύμμαχον, 135
Γῇ τῇδε τιμωροῦντα, τῷ θεῷ θ᾽ ἅμα.
Ὑπὲρ γὰρ οὐχὶ τῶν ἀπωτέρω φίλων,
Ἀλλ᾽ αὐτὸς αὑτοῦ, τοῦτ᾽ ἀποσκεδῶ μύσος.
Ὅστις γὰρ ἦν ἐκεῖνον ὁ κτανὼν, τάχ᾽ ἂν
Κἄμ᾽ ἂν τοιαύτῃ χειρὶ τιμωρεῖν θέλοι. 140
Κείνῳ προσαρκῶν οὖν, ἐμαυτὸν ὠφελῶ.
Ἀλλ᾽ ὡς τάχιστα, παῖδες, ὑμεῖς μὲν βάθρων
Ἵστασθε, τούσδ᾽ ἄραντες ἱκτῆρας κλάδους·
Ἄλλος δὲ Κάδμου λαὸν ὧδ᾽ ἀθροιζέτω,
Ὡς πᾶν ἐμοῦ δράσοντος· ἢ γὰρ εὐτυχεῖς 145
Ξὺν τῷ θεῷ φανούμεθ᾽, ἢ πεπτωκότες.

Ιε. Ὦ παῖδες, ἱστώμεσθα· τῶνδε γὰρ χάριν
Καὶ δεῦρ᾽ ἔβημεν, ἃν ὅδ᾽ ἐξαγγέλλεται.
Φοῖβος δ᾽, ὁ πέμψας τάσδε μαντείας, ἅμα
Σωτήρ θ᾽ ἵκοιτο, καὶ νόσου παυστήριος. 150

Στροφή.

Χο. Ὦ Διὸς ἁδυεπὴς φάτι, τίς ποτε τᾶς πολυχρύσου
Πυθῶνος ἀγλαὰς ἔβας
Θήβας; ἐκτέταμαι φοβερὰν φρένα, δείματι πάλλων,
Ἰήϊε, Δάλιε, Παιὰν,

Ἀμφὶ σοὶ ἀζόμενος, τί μοι ἢ νέον,   155
. Ἢ περιτελλομέναις ὥραις πάλιν,
   Ἐξανύσεις χρέος.
Εἰπέ μοι, ὦ χρυσέας τέκνον Ἐλπίδος, ἄμβροτε Φάμα.

     Ἀντιστροφή.

Πρῶτα σὲ κεκλομένῳ, θύγατερ Διὸς, ἄμβροτ᾽ Ἀθάνα,
    Γαιάοχόν τ᾽ ἀδελφεὰν   160
Ἄρτεμιν, ἃ κυκλόεντ᾽ ἀγορᾶς θρόνον εὐκλέα θάσσει,
   Καὶ Φοῖβον ἑκαβόλον, ἰὼ
   Τρισσοὶ ἀλεξίμοροι προφάνητέ μοι·
   Εἴ ποτε καὶ προτέρας ἄτας ὑπὲρ
     Ὀρνυμένας πόλει,   165
Ἠνύσατ᾽ ἐκτοπίαν φλόγα πήματος, ἔλθετε καὶ νῦν.

     Ἐπωδός.

   Ὦ πόποι, ἀνάριθμα γὰρ
     Φέρω πήματα·
   Νοσεῖ δ᾽ ἐμοὶ πρόπας στόλος,
   Οὐδ᾽ ἔνι φροντίδος ἔγχος,   170
   Ὧ τις ἀλέξεται. οὔτε γὰρ
   Ἔκγονα κλυτᾶς χθονὸς
   Αὔξεται· οὔτε τόκοισιν
Ἰηίων καμάτων ἀνέχουσι γυναῖκες.
   Ἄλλον δ᾽ ἂν ἄλλῳ προσίδοις,   175
   Ἅπερ εὔπτερον ὄρνιν,
Κρεῖσσον ἀμαιμακέτου πυρὸς ὄρμενον ἀκτὰν
   Πρὸς ἑσπέρου θεοῦ,
   Ὧν πόλις ἀνάριθμος ὄλλυται.
   Νηλέα δὲ γένεθλα   180
   Πρὸς πέδῳ θανατηφόρῳ
     Κεῖται ἀνοίκτως.
Ἐν δ᾽ ἄλοχοι, πολιαί τ᾽ ἐπὶ ματέρες,
   Αὐτὰν παραβώμιον

Ἄλλοθεν ἄλλαι λυγρῶν πόνων   185
Ἱκτῆρες ἐπιστοναχοῦσι.
Παιὰν δὲ λάμπει, στονόεσσά τε γῆρυς ὅμαυλος.
  Ὧν ὕπερ, ὦ χρυσέα θύγατερ Διὸς,
  Εὐῶπα πέμψον ἀλκὰν,
  Ἀρεά τε τὸν μαλερὸν,   190
  Ὃς νῦν ἄχαλκος ἀσπίδων
  Φλέγει με περιβόητος ἀντιάζων,
  Παλίσσυτον δράμημα νωτίσαι
  Πάτρας ἄπουρον, εἴτ' ἐς μέγαν
  Θάλαμον Ἀμφιτρίτας,   195
  Εἴτ' ἐς τὸν ἀπόξενον ὅρμον
  Θρήκιον κλύδωνα·
  Τέλει γὰρ ἤν τι νὺξ ἀφῇ,
  Τοῦτ' ἐπ' ἦμαρ ἔρχεται·
  Τὸν, ὦ πυρφόρων ἀστραπᾶν   200
  Κράτη νέμων, ὦ Ζεῦ πάτερ,
  Ὑπὸ σῷ φθίσον κεραυνῷ.
Λύκει' ἄναξ, τά τε σὰ χρυσοστρόφων
  Ἀπ' ἀγκυλᾶν βέλεα θέλοιμ' ἂν
  Ἀδάμαστ' ἐνδατεῖσθαι,   205
  Ἀρωγὰ προσταθέντα,
  Τάς τε πυρφόρους Ἀρτέμιδος
  Αἴγλας, ξὺν αἷς Λύκει' ὄρεα
  Διάσσει· τὸν χρυσομίτραν
  Τε κικλήσκω, τᾶσδ' ἐπώνυμον   210
  Γᾶς, οἰνῶπα Βάκχον εὔιον,
  Μαινάδων ὁμόστολον,
  Πελασθῆναι, φλέγοντ'
  · Ἀγλαῶπι πεύκα,
  Ἐπὶ τὸν ἀπότιμον ἐν θεοῖς θεόν.   215
Οι. Αἰτεῖς· ἃ δ' αἰτεῖς, τἄμ' ἐὰν θέλῃς ἔπη
  Κλύων δέχεσθαι, τῇ νόσῳ θ' ὑπηρετεῖν,
  Ἀλκὴν λάβοις ἂν κἀνακούφισιν κακῶν·

Ἁ 'γὼ ξένος μὲν τοῦ λόγου τοῦδ' ἐξερῶ,
Ξένος δὲ τοῦ πραχθέντος. οὐ γὰρ ἂν μακρὰν   220
Ἰχνευον αὐτός, μὴ οὐκ ἔχων τι σύμβολον.
Νῦν δ', ὕστερος γὰρ ἀστὸς εἰς ἀστοὺς τελῶ,
Ὑμῖν προφωνῶ πᾶσι Καδμείοις τάδε.
Ὅστις ποθ' ὑμῶν Λάϊον τὸν Λαβδάκου
Κάτοιδεν, ἀνδρὸς ἐκ τίνος διώλετο,   225
Τοῦτον κελεύω πάντα σημαίνειν ἐμοί·
Κεἰ μὲν φοβεῖται, τοὐπίκλημ' ὑπεξελὼν
Αὐτὸς καθ' αὑτοῦ· πείσεται γὰρ ἄλλο μὲν
Ἀστεργὲς οὐδέν· γῆς δ' ἄπεισιν ἀβλαβής.
Εἰ δ' αὖ τις ἄλλον οἶδεν ἐξ ἄλλης χθονὸς   230
Τὸν αὐτόχειρα, μὴ σιωπάτω· τὸ γὰρ
Κέρδος τελῶ 'γὼ, χ' ἡ χάρις προσκείσεται.
Εἰ δ' αὖ σιωπήσεσθε, καί τις ἢ φίλου
Δείσας ἀπώσει τοὔπος, ἢ χ' αὑτοῦ, τόδε,
Ἁ 'κ τῶνδε δράσω, ταῦτα χρὴ κλύειν ἐμοῦ.   235
Τὸν ἄνδρ' ἀπαυδῶ τοῦτον, ὅστις ἐστί, γῆς
Τῆσδ', ἧς ἐγὼ κράτη τε καὶ θρόνους νέμω,
Μήτ' εἰσδέχεσθαι, μήτε προσφωνεῖν τινά,
Μήτ' ἐν θεῶν εὐχαῖσι μήτε θύμασι
Κοινὸν ποιεῖσθαι, μήτε χέρνιβας νέμειν·   240
Ὠθεῖν δ' ἀπ' οἴκων πάντας, ὡς μιάσματος
Τοῦδ' ἡμὶν ὄντος, ὡς τὸ Πυθικὸν θεοῦ
Μαντεῖον ἐξέφηνεν ἀρτίως ἐμοί.
Ἐγὼ μὲν οὖν τοιόσδε τῷ τε δαίμονι
Τῷ τ' ἀνδρὶ τῷ θανόντι σύμμαχος πέλω.   245
Κατεύχομαι δὲ τὸν δεδρακότ', εἴτε τις
Εἷς ὢν λέληθεν, εἴτε πλειόνων μέτα,
Κακὸν κακῶς νιν ἄμορον ἐκτρίψαι βίον.
Ἐπεύχομαι δ', οἴκοισιν εἰ ξυνέστιος
Ἐν τοῖς ἐμοῖς γένοιτο μὴ οὐ ξυνειδότος,   250
Παθεῖν, ἅπερ τοῖσδ' ἀρτίως ἠρασάμην.

Ὑμῖν δὲ ταῦτα πάντ' ἐπισκήπτω τελεῖν,
Ὑπέρ τ' ἐμαυτοῦ, τοῦ θεοῦ τε, τῆσδέ τε
Γῆς, ὧδ' ἀκάρπως κἀθέως ἐφθαρμένης.
Οὐδ', εἰ γὰρ ἦν τὸ πρᾶγμα μὴ θεήλατον,   255
Ἀκάθαρτον ὑμᾶς εἰκὸς ἦν οὕτως ἐᾷν,
Ἀνδρός γ' ἀρίστου βασιλέως τ' ὀλωλότος,
Ἀλλ' ἐξερευνᾷν. νῦν δέ γ' ἐπικυρῶ τ' ἐγὼ,
Ἐχων μὲν ἀρχὰς, ἃς ἐκεῖνος εἶχε πρὶν,
Ἐχων δὲ λέκτρα, καὶ γυναῖχ' ὁμόσπορον·   260
Κοινῶν τε παίδων κοίν' ἂν, εἰ κείνῳ γένος
Μὴ 'δυστύχησεν, ἦν ἂν ἐκπεφυκότα.
Νῦν δ' ἐς τὸ κείνου κρᾶτ' ἐνήλαθ' ἡ τύχη.
Ἀνθ' ἂν ἐγὼ τοῦδ', ὡσπερεὶ τοῦ 'μοῦ πατρὸς,
Ὑπερμαχοῦμαι, κἀπὶ πάντ' ἀφίξομαι,   265
Ζητῶν τὸν αὐτόχειρα τοῦ φόνου λαβεῖν,
Τῷ Λαβδακείῳ παιδὶ, Πολυδώρου τε, καὶ
Τοῦ πρόσθε Κάδμου, τοῦ πάλαι τ' Ἀγήνορος.
Καὶ ταῦτα τοῖς μὴ δρῶσιν εὔχομαι θεοὺς
Μήτ' ἄροτον αὐτοῖς γῆν ἀνιέναι τινὰ,   270
Μήτ' οὖν γυναικῶν παῖδας· ἀλλὰ τῷ πότμῳ
Τῷ νῦν φθερεῖσθαι, κἄτι τοῦδ' ἐχθίονι.
Ὑμῖν δὲ τοῖς ἄλλοισι Καδμείοις, ὅσοις
Τάδ' ἔστ' ἀρέσκονθ', ἥ τε σύμμαχος Δίκη
Χ' οἱ πάντες εὖ ξυνεῖεν εἰσαεὶ θεοί.   275
Χο. Ὥσπερ μ' ἀραῖον ἔλαβες, ὧδ', ἄναξ, ἐρῶ·
Οὔτ' ἔκτανον γὰρ, οὔτε τὸν κτανόντ' ἔχω
Δεῖξαι· τὸ δὲ ζήτημα τοῦ πέμψαντος ἦν
Φοίβου τόδ' εἰπεῖν, ὅστις εἴργασταί ποτε.
Οι. Δίκαι' ἔλεξας· ἀλλ' ἀναγκάσαι θεοὺς   280
Ἅ'ν μὴ θέλωσιν, οὐδ' ἂν εἷς δύναιτ' ἀνήρ.
Χο. Τὰ δεύτερ' ἐκ τῶνδ' ἂν λέγοιμ', ἅ μοι δοκεῖ.
Οι. Εἰ καὶ τρίτ' ἐστὶ, μὴ παρῇς τὸ μὴ οὐ φράσαι.
Χο. Ἄνακτ' ἄνακτι ταῦθ' ὁρῶντ' ἐπίσταμαι

Μάλιστα Φοίβῳ Τειρεσίαν, παρ' οὗ τις ἂν   285
Σκοπῶν τάδ', ὦ ͝ναξ, ἐκμάθοι σαφέστατα.

Οι. Ἀλλ' οὐκ ἐν ἀργοῖς οὐδὲ τοῦτ' ἐπραξάμην·
Ἔπεμψα γὰρ, Κρέοντος εἰπόντος, διπλοῦς
Πομπούς· πάλαι δὲ μὴ παρὼν θαυμάζεται.

Χο. Καὶ μὴν τά γ' ἄλλα κωφὰ καὶ παλαί' ἔπη.   290

Οι. Τὰ ποῖα ταῦτα; πάντα γὰρ σκοπῶ λόγον.

Χο. Θανεῖν ἐλέχθη πρός τινων ὁδοιπόρων. ·

Οι. Ἤκουσα κἀγώ· τὸν δ' ἰδόντ' οὐδεὶς ὁρᾷ.

Χο. Ἀλλ' εἴ τι μὲν δὴ δείματός γ' ἔχει μέρος,
Τὰς σὰς ἀκούων οὐ μενεῖ τοιάσδ' ἀράς.   295

Οι. Ὧ μή 'στι δρῶντι τάρβος, οὐδ' ἔπος φοβεῖ.

Χο. Ἀλλ' ἐξελέγξων αὐτόν ἐστιν· οἵδε γὰρ
Τὸν θεῖον ἤδη μάντιν ὧδ' ἄγουσιν, ᾧ
Τἀληθὲς ἐμπέφυκεν ἀνθρώπων μόνῳ.

Οι. Ὧ πάντα νωμῶν, Τειρεσία, διδακτά τε,   300
Ἄῤῥητά τ', οὐράνιά τε, καὶ χθονοστιβῆ,
Πόλιν μὲν, εἰ καὶ μὴ βλέπεις, φρονεῖς δ' ὅμως
Οἵᾳ νόσῳ ξύνεστιν· ἧς σὲ προστάτην
Σωτῆρά τ', ὦ ͝ναξ, μοῦνον ἐξευρίσκομεν.
Φοῖβος γὰρ, εἰ καὶ μὴ κλύεις τῶνδ' ἀγγέλων,   305
Πέμψασιν ἡμῖν ἀντέπεμψεν, ἔκλυσιν
Μόνην ἂν ἐλθεῖν τοῦδε τοῦ νοσήματος,
Εἰ τοὺς κτανόντας Λάϊον, μαθόντες εὖ,
Κτείναιμεν, ἢ γῆς φυγάδας ἐκπεμψαίμεθα.
Σὺ δ' οὖν, φθονήσας μήτ' ἀπ' οἰωνῶν φάτιν,   310
Μήτ' εἴ τιν' ἄλλην μαντικῆς ἔχεις ὁδὸν,
Ῥῦσαι σεαυτὸν καὶ πόλιν, ῥῦσαι δ' ἐμὲ,
Ῥῦσαι δὲ πᾶν μίασμα τοῦ τεθνηκότος.
Ἐν σοὶ γὰρ ἐσμεν· ἄνδρα δ' ὠφελεῖν, ἀφ' ὧν
Ἔχοι τε καὶ δύναιτο, κάλλιστος πόνων.   315

Τει. Φεῦ, φεῦ· φρονεῖν ὡς δεινὸν, ἔνθα μὴ τέλη
Λύει φρονοῦντι. ταῦτα γὰρ καλῶς ἐγὼ

Εἰδὼς, διώλεσ'· οὐ γὰρ ἂν δεῦρ' ἱκόμην.

Οι. Τί δ' ἔστιν; ὡς ἄθυμος εἰσελήλυθας.

Τει. Ἀφες μ' ἐς οἴκους· ῥᾶστα γὰρ τὸ σόν τε σὺ,   320
    Κἀγὼ διοίσω τοὐμὸν, ἢν ἐμοὶ πίθῃ.

Οι. Οὔτ' ἔννομ' εἶπας, οὔτε προσφιλὲς πόλει
    Τῇδ', ἥ σ' ἔθρεψε, τήνδ' ἀποστερῶν φάτιν.

Τει. Ὁρῶ γὰρ οὐδὲ σοὶ τὸ σὸν φώνημ' ἰὸν
    Πρὸς καιρόν· ὡς οὖν μηδ' ἐγὼ ταὐτὸν πάθω.   325

Χο. Μὴ, πρὸς θεῶν, φρονῶν γ' ἀποστραφῇς, ἐπεὶ
    Πάντες σὲ προσκυνοῦμεν οἵδ' ἱκτήριοι.

Τει. Πάντες γὰρ οὐ φρονεῖτ'· ἐγὼ δ' οὐ μή ποτε
    Τἄμ' ἐξενείπω, μὴ τὰ σὰ 'κφήνω κακά.

Οι. Τί φής; ξυνειδὼς οὐ φράσεις, ἀλλ' ἐννοεῖς   3
    Ἡμᾶς προδοῦναι, καὶ καταφθεῖραι πόλιν;

Τει. Ἐγὼ οὔτ' ἐμαυτὸν, οὔτε σ' ἀλγυνῶ. τί ταῦτ'
    Ἄλλως ἐλέγχεις; οὐ γὰρ ἂν πύθοιό μου.

Οι. Οὐκ, ὦ κακῶν κάκιστε, –καὶ γὰρ ἂν πέτρου
    Φύσιν σύ γ' ὀργάνειας,– ἐξερεῖς ποτέ;   33
    Ἀλλ' ὧδ' ἄτεγκτος κἀτελεύτητος φανεῖ;

Τει. Ὀργὴν ἐμέμψω τὴν ἐμήν· τὴν σὴν δ' ὁμοῦ
    Ναίουσαν οὐ κατεῖδες, ἀλλ' ἐμὲ ψέγεις.

Οι. Τίς γὰρ τοιαῦτ' ἂν οὐκ ἂν ὀργίζοιτ' ἔπη
    Κλύων, ἃ νῦν σὺ τήνδ' ἀτιμάζεις πόλιν;

Τει. Ἥξει γὰρ αὐτὰ, κἂν ἐγὼ σιγῇ στέγω.

Οι. Οὐκοῦν, ἅ γ' ἥξει, καὶ σὲ χρὴ λέγειν ἐμοί.

Τει. Οὐκ ἂν πέρα φράσαιμι. πρὸς τάδ', εἰ θέλεις,
    Θυμοῦ δι' ὀργῆς, ἥτις ἀγριωτάτη.

Οι. Καὶ μὴν παρήσω γ' οὐδὲν, ὡς ὀργῆς ἔχω,   34
    Ἅπερ ξυνίημ'· ἴσθι γὰρ δοκῶν ἐμοὶ
    Καὶ ξυμφυτεῦσαι τοὔργον, εἰργάσθαι θ', ὅσον
    Μὴ χερσὶ καίνων· εἰ δ' ἐτύγχανες βλέπων,
    Καὶ τοὔργον ἂν σου τοῦτ' ἔφην εἶναι μόνου.

Τει. Ἄληθες; ἐννέπω σε τῷ κηρύγματι,

ᾯπερ προεῖπας, ἐμμένειν, κἀφ' ἡμέρας
Τῆς νῦν προσαυδᾶν μήτε τούσδε, μήτ' ἐμέ,
Ὡς ὄντι γῆς τῆσδ' ἀνοσίῳ μιάστορι.

Οι. Οὕτως ἀναιδῶς ἐξεκίνησας τόδε
    Τὸ ῥῆμα; καί που τοῦτο φεύξεσθαι δοκεῖς;   355

Τει. Πέφευγα· τἀληθὲς γὰρ ἰσχύον τρέφω.

Οι. Πρὸς τοῦ διδαχθείς; οὐ γὰρ ἔκ γε τῆς τέχνης.

Τει. Πρὸς σοῦ· σὺ γάρ μ' ἄκοντα προύτρέψω λέγειν.

Οι. Ποῖον λόγον; λέγ' αὖθις, ὡς μᾶλλον μάθω.

Τει. Οὐχὶ ξυνῆκας πρόσθεν; ἢ 'κπειρᾷ λέγειν;   360

Οι. Οὐχ ὥστε γ' εἰπεῖν γνωστόν· ἀλλ' αὖθις φράσον.

Τει. Φονέα σε φημὶ τἀνδρὸς, οὗ ζητεῖς κυρεῖν.

Οι. Ἀλλ' οὔ τι χαίρων δίς γε πημονὰς ἐρεῖς.

Τει. Εἴπω τι δῆτα κἄλλ', ἵν' ὀργίζῃ πλέον;

Οι. Ὅσον γε χρῄζεις· ὡς μάτην εἰρήσεται.   365

Τει. Λεληθέναι σε φημὶ σὺν τοῖς φιλτάτοις
    Αἴσχισθ' ὁμιλοῦντ', οὐδ' ὁρᾷν, ἵν' εἶ κακοῦ.

Οι. Ἦ καὶ γεγηθὼς ταῦτ' ἀεὶ λέξειν δοκεῖς;

Τει. Εἴπερ τί γ' ἐστὶ τῆς ἀληθείας σθένος.

Οι. Ἀλλ' ἔστι, πλὴν σοί· σοὶ δὲ τοῦτ' οὐκ ἔστ', ἐπεὶ   370
    Τυφλὸς τά τ' ὦτα, τόν τε νοῦν, τά τ' ὄμματ' εἶ.

Τει. Σὺ δ' ἄθλιός γε ταῦτ' ὀνειδίζων, ἃ σοι
    Οὐδεὶς ὃς οὐχὶ τῶνδ' ὀνειδιεῖ τάχα.

Οι. Μιᾶς τρέφει πρὸς νυκτὸς, ὥστε μήτ' ἐμὲ,
    Μήτ' ἄλλον, ὅστις φῶς ὁρᾷ, βλάψαι ποτ' ἄν.   375

Τει. Οὐ γάρ σε μοῖρα πρός γ' ἐμοῦ πεσεῖν, ἐπεὶ
    Ἱκανὸς Ἀπόλλων, ᾧ τάδ' ἐκπρᾶξαι μέλει.

Οι. Κρέοντος, ἢ σοῦ, ταῦτα τἀξευρήματα;

Τει. Κρέων δέ σοι πῆμ' οὐδέν· ἀλλ' αὐτὸς σὺ σοί.

Οι. Ὦ πλοῦτε, καὶ τυραννὶ, καὶ τέχνη τέχνης   380
    Ὑπερφέρουσα τῷ πολυζήλῳ βίῳ,
    Ὅσος παρ' ὑμῖν ὁ φθόνος φυλάσσεται·
    Εἰ τῆσδέ γ' ἀρχῆς οὕνεχ', ἣν ἐμοὶ πόλις

Δωρητὸν, οὐκ αἰτητὸν, εἰσεχείρισε,

Ταύτης Κρέων ὁ πιστὸς, οὐξ ἀρχῆς φίλος,   385

Λάθρα μ' ὑπελθὼν ἐκβαλεῖν ἱμείρεται,

Ὑφεὶς μάγον τοιόνδε μηχανορράφον,

Δόλιον, ἀγύρτην, ὅστις ἐν τοῖς κέρδεσι

Μόνον δέδορκε, τὴν τέχνην δ' ἔφυ τυφλός.

Επεὶ, φέρ' εἰπὲ, ποῦ σὺ μάντις εἶ σαφής;   390

Πῶς οὐχ, ὅθ' ἡ ῥαψῳδὸς ἐνθάδ' ἦν κύων,

Ηὔδας τι τοῖσδ' ἀστοῖσιν ἐκλυτήριον ;

Καίτοι τό γ' αἴνιγμ' οὐχὶ τοῦ 'πιόντος ἦν

Ανδρὸς διειπεῖν, ἀλλὰ μαντείας ἔδει·

Ην οὔτ' ἀπ' οἰωνῶν σὺ προύφάνης ἔχων,   395

Οὔτ' ἐκ θεῶν του γνωτόν· ἀλλ' ἐγὼ μολὼν,

Ὁ μηδὲν εἰδὼς Οἰδίπους, ἔπαυσά νιν,

Γνώμῃ κυρήσας, οὐδ' ἀπ' οἰωνῶν μαθών·

Ὁν δὴ σὺ πειρᾷς ἐκβαλεῖν, δοκῶν θρόνοις

Παραστατήσειν τοῖς Κρεοντείοις πέλας.   400

Κλαίων δοκεῖς μοι καὶ σὺ, χὠ ξυνθεὶς τάδε,

Αγηλατήσειν· εἰ δὲ μὴ 'δόκεις γέρων

Εἶναι, παθὼν ἔγνως ἂν, οἷά περ φρονεῖς.

Χο. Ημῖν μὲν εἰκάζουσι καὶ τὰ τοῦδ' ἔπη

Οργῇ λελέχθαι καὶ τὰ σ', Οἰδίπου, δοκεῖ.   405

Δεῖ δ' οὐ τοιούτων, ἀλλ', ὅπως τὰ τοῦ θεοῦ

Μαντεῖ' ἄριστα λύσομεν, τόδε σκοπεῖν.

Τει. Εἰ καὶ τυραννεῖς, ἐξισωτέον τὸ γοῦν

Ισ' ἀντιλέξαι· τοῦδε γὰρ κἀγὼ κρατῶ.

Ου γάρ τι σοὶ ζῶ δοῦλος, ἀλλὰ Λοξίᾳ·   410

Ὡστ' οὐ Κρέοντος προστάτου γεγράψομαι.

Λέγω δ', ἐπειδὴ καὶ τυφλόν μ' ὠνείδισας,

Συ, καὶ δεδορκὼς, οὐ βλέπεις, ἵν' εἶ κακοῦ,

Οὐδ' ἔνθα ναίεις, οὐδ' ὅτων οἰκεῖς μέτα.

Αρ' οἶσθ' ἀφ' ὧν εἶ ; καὶ λέληθας ἐχθρὸς ὢν   415

Τοῖς σοῖσιν αὐτοῦ νέρθε, κἀπὶ γῆς ἄνω.

Καί σ᾽ ἀμφιπλὴξ μητρός τε καὶ τοῦ σοῦ πατρὸς
Ἐλᾷ ποτ᾽ ἐκ γῆς τῆσδε δεινόπους ἀρὰ,
Βλέποντα νῦν μὲν ὄρθ᾽, ἔπειτα δὲ σκότον.
Βοῆς δὲ τῆς σῆς ποῖος οὐκ ἔσται λιμήν ;   420
Ποῖος Κιθαιρὼν οὐχὶ σύμφωνος τάχα,
Ὅταν καταίσθῃ τὸν ὑμέναιον, ὃν δόμοις
Ἄνορμον εἰσέπλευσας, εὐπλοίας τυχών ;
Ἄλλων δὲ πλῆθος οὐκ ἐπαισθάνει κακῶν,
Ὅσ᾽ ἐξισώσει σοί τε καὶ τοῖς σοῖς τέκνοις.   425
Πρὸς ταῦτα καὶ Κρέοντα καὶ τοὐμὸν στόμα
Προπηλάκιζε· σοῦ γὰρ οὐκ ἔστι βροτῶν
Κάκιον ὅστις ἐκτριβήσεταί ποτε.

Οἰ. Ἦ ταῦτα δῆτ᾽ ἀνεκτὰ πρὸς τούτου κλύειν ;
Οὐκ εἰς ὄλεθρον ; οὐχὶ θᾶσσον ; οὐ πάλιν   430
Ἀψόῤῥος οἴκων τῶνδ᾽ ἀποστραφεὶς ἄπει ;

Τει. Οὐδ᾽ ἱκόμην ἔγωγ᾽ ἄν, εἰ σὺ μὴ ᾽κάλεις.

Οἰ. Οὐ γάρ τι σ᾽ ᾔδη μῶρα φωνήσοντ᾽, ἐπεὶ
Σχολῇ γ᾽ ἂν οἴκους τοὺς ἐμοὺς ἐστειλάμην.

Τει. Ἡμεῖς τοιοίδ᾽ ἔφυμεν, ὡς μὲν σοὶ δοκεῖ,   435
Μῶροι· γονεῦσι δ᾽, οἵ σ᾽ ἔφυσαν, ἔμφρονες.

Οἰ. Ποίοισι ; μεῖνον. τίς δ᾽ ἔμ᾽ ἐκφύει βροτῶν ; ·

Τει. Ἥδ᾽ ἡμέρα φύσει σε, καὶ διαφθερεῖ.

Οἰ. Ὡς πάντ᾽ ἄγαν αἰνικτὰ κἀσαφῆ λέγεις.

Τει. Οὔκουν σὺ ταῦτ᾽ ἄριστος εὑρίσκειν ἔφυς ;   440

Οἰ. Τοιαῦτ᾽ ὀνείδιζ᾽, οἷς ἔμ᾽ εὑρήσεις μέγαν.

Τει. Αὕτη γε μέντοι σ᾽ ἡ τύχη διώλεσεν.

Οἰ. Ἀλλ᾽ εἰ πόλιν τήνδ᾽ ἐξέσωσ᾽, οὔ μοι μέλει.

Τει. Ἄπειμι τοίνυν· καὶ σύ, παῖ, κόμιζέ με.

Οἰ. Κομιζέτω δῆθ᾽· ὡς παρὼν τά γ᾽ ἐμποδὼν   445 ·
Ὀχλεῖς, συθείς τ᾽ ἂν, οὐκ ἂν ἀλγύναις πλέον.

Τει. Εἰπὼν ἄπειμι, ὧν οὕνεκ᾽ ἦλθον, οὐ τὸ σὸν
Δείσας πρόσωπον· οὐ γάρ ἐσθ᾽ ὅπου μ᾽ ὀλεῖς.
Λέγω δέ σοι τὸν ἄνδρα τοῦτον, ὃν πάλαι

Ζητεῖς ἀπειλῶν, κἀνακηρύσσων φόνον 450
Τὸν Λαΐειον, οὗτός ἐστιν ἐνθάδε,
Ξένος λόγῳ μέτοικος, εἶτα δ' ἐγγενὴς
Φανήσεται Θηβαῖος. οὐδ' ἡσθήσεται
Τῇ ξυμφορᾷ· τυφλὸς γὰρ ἐκ δεδορκότος,
Καὶ πτωχὸς ἀντὶ πλουσίου, ξένην ἐπὶ, 455
Σκήπτρῳ προδεικνὺς, γαῖαν ἐμπορεύσεται.
Φανήσεται δὲ παισὶ τοῖς αὑτοῦ ξυνὼν
Ἀδελφὸς αὐτὸς καὶ πατὴρ, κἀξ ἧς ἔφυ
Γυναικὸς, υἱὸς καὶ πόσις, καὶ τοῦ πατρὸς
Ὁμοσπόρος τε καὶ φονεύς. καὶ ταῦτ', ἰὼν 460
Εσω, λογίζου· κἂν λάβῃς μ' ἐψευσμένον,
Φάσκειν ἔμ' ἤδη μαντικῇ μηδὲν φρονεῖν.

Στροφὴ ά.

Χο.   Τίς, ὅντιν' ἁ θεσπιέπεια
Δελφὶς εἶπε πέτρα
Ἀρρητ' ἀρρήτων τελέσαντα 465
Φοινίαισι χερσίν ;
Ὥρα νιν ἀελλάδων ἵππων
Σθεναρώτερον φυγᾷ πόδα νωμᾶν.
Εναπλος γὰρ ἐπ' αὐτὸν ἐπενθρώσκει
Πυρὶ καὶ στεροπαῖς ὁ Διὸς γενέτας· 470
Δειναὶ δ' ἅμ' ἕπονται
Κῆρες ἀπλάκητοι.

Αντιστροφὴ ά.

Ελαμψε γὰρ τοῦ νιφόεντος
Αρτίως φανεῖσα
Φάμα Παρνασοῦ, τὸν ἄδηλον 475
Ανδρα πάντ' ἰχνεύειν.
Φοιτᾷ γὰρ ὑπ' ἀγρίαν ὕλαν,
Ανά τ' ἄντρα καὶ πέτρας. ὡς ταῦρος,

Μέλεος·μελέῳ ποδὶ χηρεύων,
Τὰ μεσόμφαλα γᾶς ἀπονοσφίζων   480
  Μαντεῖα· τὰ δ' αἰεὶ
  Ζῶντα περιπατᾶται.

Στροφὴ β'.

Δεινὰ μέν οὖν, δεινὰ ταράσσει
  Σοφὸς οἰωνοθέτας,
Οὔτε δοκοῦντ', οὔτ' ἀποφάσκονθ'·   485
  Ὁ τι λέξω δ' ἀπορῶ.
  Πέτομαι δ' ἐλπίσιν,
Οὔτ' ἐνθάδ' ὁρῶν, οὔτ' ὀπίσω.
Τί γὰρ ἢ Λαβδακίδαις, ἢ τῷ
  Πολύβου νεῖκος ἔκειτ',   490
  Οὔτε πάροιθέν ποτ' ἔγωγ'
Οὔτε τανῦν πω ἔμαθον, πρὸς ὅτου
  Χρησάμενος δὴ βασάνῳ,
    Ἐπὶ τὰν ἐπίδαμον
    Φάτιν εἶμ' Οἰδιπόδα,   495
  Λαβδακίδαις ἐπίκουρος
  Ἀδήλων θανάτων.

Ἀντιστροφὴ β'.

Ἀλλ' ὁ μὲν οὖν Ζεὺς, ὅ τ' Ἀπόλλων
  Ξυνετοὶ, καὶ τὰ βροτῶν
Εἰδότες· ἀνδρῶν δ' ὅτι μάντις   500
  Πλέον ἢ 'γὼ φέρεται,
  Κρίσις οὐκ ἔστιν ἀ-
ληθής. σοφίᾳ δ' ἂν σοφίαν
Παραμείψειεν ἀνήρ. ἀλλ' οὐ
  Ποτ' ἔγωγ' ἂν, πρὶν ἴδοιμ'   505
  Ὀρθὸν ἔπος μεμφομένων,

Ἂν καταφαίην. φανερὰ γὰρ ἐπ' αὐ-
τῷ πτερόεσσ' ἦλθε κόρα
Ποτὲ, καὶ σοφὸς ὤφθη,
Βασάνῳ θ' ἡδύπολις.   510
Τῷ ἀπ' ἐμᾶς φρενὸς οὔποτ'
Ὀφλήσει κακίαν.

Κρε. Ἄνδρες πολῖται, δείν' ἔπη πεπυσμένος
Κατηγορεῖν μου τὸν τύραννον Ὀιδίπουν,
Πάρειμ' ἀτλητῶν. εἰ γὰρ ἐν ταῖς ξυμφοραῖς   515
Ταῖς νῦν νομίζει πρός γ' ἐμοῦ πεπονθέναι
Λόγοισιν εἴτ' ἔργοισιν εἰς βλάβην φέρον,
Οὔ τοι βίου μοι τοῦ μακραίωνος πόθος,
Φέροντι τήνδε βάξιν. οὐ γὰρ εἰς ἁπλοῦν
Ἡ ζημία μοι τοῦ λόγου τούτου φέρει,   520
Ἀλλ' ἐς μέγιστον, εἰ κακὸς μὲν ἐν πόλει,
Κακὸς δὲ πρὸς σοῦ καὶ φίλων κεκλήσομαι.

Χο. Ἀλλ' ἦλθε μὲν δὴ τοῦτο τοὔνειδος τάχ' ἂν
Ὀργῇ βιασθὲν μᾶλλον, ἢ γνώμῃ φρενῶν.

Κρε. Πρὸς τοῦ δ' ἐφάνθη, ταῖς ἐμαῖς γνώμαις ὅτι   525
Πεισθεὶς ὁ μάντις τοὺς λόγους ψευδεῖς λέγει;

Χο. Ηὐδᾶτο μὲν τάδ'· οἶδα δ' οὐ γνώμῃ τίνι.

Κρε. Ἐξ ὀμμάτων δ' ὀρθῶν τε κἀξ ὀρθῆς φρενὸς
Κατηγορεῖτο τοὐπίκλημα τοῦτ' ἐμοῦ;

Χο. Οὐκ οἶδ'· ἃ γὰρ δρῶσ' οἱ κρατοῦντες, οὐχ ὁρῶ.   530
Αὐτὸς δ' ὅδ' ἤδη δωμάτων ἔξω περᾷ.

Οι. Οὗτος σὺ, πῶς δεῦρ' ἦλθες ; ἢ τοσόνδ' ἔχεις
Τόλμης πρόσωπον, ὥστε τὰς ἐμὰς στέγας
Ἵκου, φονεὺς ὢν τοῦδε τἀνδρὸς ἐμφανῶς,
Λῃστής τ' ἐναργὴς τῆς ἐμῆς τυραννίδος ;   535
Φέρ' εἰπὲ πρὸς θεῶν, δειλίαν ἢ μωρίαν
Ἰδών τιν' ἐν ἐμοὶ, ταῦτ' ἐβουλεύσω ποιεῖν ;
Ἢ τοὔργον ὡς οὐ γνωρίσοιμί σου τόδε
Δόλῳ προσέρπον, κοὐκ ἀλεξοίμην μαθών ;

Ἀρ' οὐχὶ μῶρόν ἐστι τοὐγχείρημά σου,   **540**
Ἄνευ τε πλήθους καὶ φίλων τυραννίδα
Θηρᾶν, ὃ πλήθει χρήμασίν θ' ἁλίσκεται;

Κρε. Οἶσθ' ὡς ποίησον; ἀντὶ τῶν εἰρημένων
Ἴσ' ἀντάκουσον, κᾆτα κρῖν' αὐτὸς μαθών.

Οι. Λέγειν σὺ δεινός· μανθάνειν δ' ἐγὼ κακὸς   **545**
Σοῦ· δυσμενῆ γὰρ καὶ βαρύν σ' εὕρηκ' ἐμοί.

Κρε. Τοῦτ' αὐτὸ νῦν μου πρῶτ' ἄκουσον ὡς ἐρῶ.

Οι. Τοῦτ' αὐτὸ μή μοι φράζ', ὅπως οὐκ εἶ κακός.

Κρε. Εἴ τοι νομίζεις κτῆμα τὴν αὐθαδίαν
Εἶναί τι τοῦ νοῦ χωρὶς, οὐκ ὀρθῶς φρονεῖς.   **550**

Οι. Εἴ τοι νομίζεις ἄνδρα συγγενῆ κακῶς
Δρῶν, οὐχ ὑφέξειν τὴν δίκην, οὐκ εὖ φρονεῖς.

Κρε. Ξύμφημί σοι ταῦτ' ἔνδικ' εἰρῆσθαι· τὸ δὲ
Πάθημ', ὁποῖόν φὴς παθεῖν, δίδασκ' ἐμέ.

Οι. Ἐπειθες, ἢ οὐκ ἔπειθες, ὡς χρείη μ' ἐπὶ   **555**
Τὸν σεμνόμαντιν ἄνδρα πέμψασθαί τινα;

Κρε. Καὶ νῦν ἔθ' ὡὐτός εἰμι τῷ βουλεύματι.

Οι. Πόσον τίν' ἤδη δῆθ' ὁ Λάϊος χρόνον—

Κρε. Δέδρακε ποῖον ἔργον; οὐ γὰρ ἐννοῶ.

Οι. Ἄφαντος ἔρρει θανασίμῳ χειρώματι;   **560**

Κρε. Μακροὶ παλαιοί τ' ἂν μετρηθεῖεν χρόνοι.

Οι. Τότ' οὖν ὁ μάντις οὗτος ἦν ἐν τῇ τέχνῃ;

Κρε. Σοφός γ' ὁμοίως, κἀξ ἴσου τιμώμενος.

Οι. Ἐμνήσατ' οὖν ἐμοῦ τι τῷ τότ' ἐν χρόνῳ;

Κρε. Οὔκουν ἐμοῦ γ' ἑστῶτος οὐδαμοῦ πέλας.   **565**

Οι. Ἀλλ' οὐκ ἔρευναν τοῦ θανόντος ἔσχετε;

Κρε. Παρέσχομεν πῶς δ' οὐχί; κοὐκ ἠκούσαμεν.

Οι. Πῶς οὖν τόθ' οὗτος ὁ σοφὸς οὐκ ηὔδα τάδε;

Κρε. Οὐκ οἶδ'· ἐφ' οἷς γὰρ μὴ φρονῶ, σιγᾶν φιλῶ.

Οι. Τὸ σὸν δέ γ' οἶσθα, καὶ λέγοις ἂν εὖ φρονῶν.   **570**

Κρε. Ποῖον τόδ'; εἰ γὰρ οἶδά γ', οὐκ ἀρνήσομαι.

Οι. Ὅθ' οὕνεκ', εἰ μή σοι ξυνῆλθε, τὰς ἐμὰς

Οὐκ ἄν ποτ' εἶπε Λαΐου διαφθοράς.

Κρε. Εἰ μὲν λέγει τάδ', αὐτὸς οἶσθ'· ἐγὼ δὲ σοῦ
Μαθεῖν δικαιῶ ταῦθ', ἅπερ κάμοῦ σὺ νῦν.   575

Οι. Ἐκμάνθαν'· οὐ γὰρ δὴ φονεὺς ἁλώσομαι.

Κρε. Τί δῆτ'; ἀδελφὴν τὴν ἐμὴν γήμας ἔχεις;

Οι. Ἄρνησις οὐκ ἔνεστιν ὧν ἀνιστορεῖς.

Κρε. Ἄρχεις δ' ἐκείνῃ ταὐτὰ γῆς ἴσον νέμων;

Οι. Ἆν ᾖ θέλουσα, πάντ' ἐμοῦ κομίζεται.   580

Κρε. Οὔκουν ἰσοῦμαι σφῷν ἐγὼ δυοῖν τρίτος;

Οι. Ἐνταῦθα γὰρ δὴ καὶ κακὸς φαίνει φίλος.

Κρε. Οὔκ, εἰ διδοίης γ', ὡς ἐγὼ, σαυτῷ λόγον.
Σκέψαι δὲ τοῦτο πρῶτον, εἴ τιν' ἂν δοκεῖς
Ἄρχειν ἑλέσθαι ξὺν φόβοισι μᾶλλον, ἢ   585
Ἄτρεστον εὕδοντ', εἰ τά γ' αὔθ' ἕξει κράτη.
Ἐγὼ μὲν οὖν οὔτ' αὐτὸς ἱμείρων ἔφυν
Τύραννος εἶναι μᾶλλον, ἢ τύραννα δρᾶν,
Οὔτ' ἄλλος ὅστις σωφρονεῖν ἐπίσταται.
Νῦν μὲν γὰρ ἐκ σοῦ πάντ' ἄνευ φόβου φέρω   590
Εἰ δ' αὐτὸς ἦρχον, πολλὰ κἂν ἄκων ἔδρων.
Πῶς δῆτ' ἐμοὶ τυραννὶς ἡδίων ἔχειν
Ἀρχῆς ἀλύπου καὶ δυναστείας ἔφυ;
Οὔπω τοσοῦτον ἠπατημένος κυρῶ,
Ὥστ' ἄλλα χρῄζειν, ἢ τὰ σὺν κέρδει καλά.   '595
Νῦν πᾶσι χαίρω, νῦν με πᾶς ἀσπάζεται·
Νῦν οἱ σέθεν χρῄζοντες ἐκκαλοῦσί με·
Τὸ γὰρ τυχεῖν αὐταῖς ἅπαντ' ἐνταῦθ' ἔνι.
Πῶς δῆτ' ἐγὼ κεῖν' ἂν λάβοιμ', ἀφεὶς τάδε;
Οὐκ ἂν γένοιτο νοῦς κακὸς καλῶς φρονῶν.   600
Ἀλλ' οὔτ' ἐραστὴς τῆσδε τῆς γνώμης ἔφυν,
Οὔτ' ἂν μετ' ἄλλου δρῶντος ἂν τλαίην ποτέ.
Καὶ τῶνδ' ἔλεγχον, τοῦτο μὲν, Πυθώδ' ἰὼν
Πεύθου, τὰ χρησθέντ' εἰ σαφῶς ἤγγειλά σοι·
Τοῦτ' ἄλλ', ἐάν με τῷ τερασκόπῳ λάβῃς   605

Κοινῇ τι βουλεύσαντα, μή μ' ἁπλῇ κτάνῃς
Ψήφῳ, διπλῇ δὲ, τῇ τ' ἐμῇ καὶ σῇ, λαβών.
Γνώμῃ δ' ἀδήλῳ μή με χωρὶς αἰτιῶ.
Οὐ γὰρ δίκαιον οὖτε τοὺς κακοὺς μάτην
Χρηστοὺς νομίζειν, οὔτε τοὺς χρηστοὺς κακούς.   610
Φίλον γὰρ ἐσθλὸν ἐκβαλεῖν, ἴσον λέγω,
Καὶ τὸν παρ' αὑτῷ βίοτον, ὃν πλεῖστον φιλεῖ.
Ἀλλ' ἐν χρόνῳ γνώσει τάδ' ἀσφαλῶς· ἐπεὶ
Χρόνος δίκαιον ἄνδρα δείκνυσιν μόνος·
Κακὸν δὲ κἂν ἐν ἡμέρᾳ γνοίης μιᾷ.   615

Χο. Καλῶς ἔλεξεν εὐλαβουμένῳ πεσεῖν,
    Ἄναξ· φρονεῖν γὰρ οἱ ταχεῖς οὐκ ἀσφαλεῖς.

Οι. Ὅταν ταχύς τις ἐπιβουλεύων λάθρα
    Χωρῇ, ταχὺν δεῖ κἀμὲ βουλεύειν πάλιν.
    Εἰ δ' ἡσυχάζων προσμενῶ, τὰ τοῦδε μὲν   620
    Πεπραγμέν' ἔσται, τἀμὰ δ' ἡμαρτημένα.

Κρε. Τί δῆτα χρῄζεις; ἦ με γῆς ἔξω βαλεῖν;
Οι. Ἥκιστα· θνήσκειν, οὐ φυγεῖν σε βούλομαι.
Κρε. Ὅταν προδείξῃς, οἷόν ἐστι τὸ φθονεῖν.
Οι. Ὡς οὐχ ὑπείξων οὐδὲ πιστεύσων λέγεις;   625
Κρε. Οὐ γὰρ φρονοῦντά σ' εὖ βλέπω.
Οι.   Τὸ γοῦν ἐμόν.
Κρε. Ἀλλ' ἐξ ἴσου δεῖ κἀμόν.
Οι.   Ἀλλ' ἔφυς κακός.
Κρε. Εἰ δὲ ξυνίης μηδέν;
Οι.   Ἀρκτέον γ' ὅμως.
Κρε. Οὔ τοι κακῶς γ' ἄρχοντος . . . .
Οι.   Ὦ πόλις, πόλις.
Κρε. Κἀμοὶ πόλεως μέτεστι, τῆσδ', οὐ σοὶ μόνῳ.   630
Χο. Παύσασθ', ἄνακτες· καιρίαν δ' ὑμῖν ὁρῶ
    Τήνδ' ἐκ δόμων στείχουσαν Ἰοκάστην, μεθ' ἧς
    Τὸ νῦν παρεστὼς νεῖκος εὖ θέσθαι χρεών.

Ιο. Τί τὴν ἄβουλον, ὦ ταλαίπωροι, στάσιν

Γλώσσης ἐπήρα΄; οὐδ᾽ ἐπαισχύνεσθε, γῆς   635
Οὕτω νοσούσης, ἴδια κινοῦντες κακά ;
Οὐκ εἶ σύ τ᾽ οἴκους, σύ τε, Κρέων, κατὰ στέγας,
Καὶ μὴ τὸ μηθὲν ἄλγος εἰς μέγ᾽ οἴσετε ;

Κρε. Ὅμαιμε, δεινά μ᾽ Οἰδίπους ὁ σὸς πόσις
    Δρᾶσαι δικαιοῖ, δυοῖν ἀποκρίνας κακοῖν,   640
    Ἢ γῆς ἀπῶσαι πατρίδος, ἢ κτεῖναι λαβών.

Οι. Ξύμφημι· δρῶντα γάρ νιν, ὦ γύναι, κακῶς
    Εἴληφα τοὐμὸν σῶμα σὺν τέχνῃ κακῇ.

Κρε. Μὴ νῦν ὀναίμην, ἀλλ᾽ ἀραῖος, εἴ σέ τι
    Δέδρακ΄, ὀλοίμην, ὧν ἐπαιτιᾷ με δρᾶν.   645

Ιο. Ὦ πρὸς θεῶν, πίστευσον, Οἰδίπους, τάδε,
    Μάλιστα μὲν τόνδ᾽ ὅρκον αἰδεσθεὶς θεῶν,
    Ἔπειτα κἀμὲ, τούσδε θ᾽, οἳ πάρεισί σοι.

Στροφὴ ά.

Χο.   Πιθοῦ θελήσας φρονήσας τ᾽,
       Ἄναξ, λίσσομαι.   650

Οι. Τί σοι θέλεις δῆτ᾽ εἰκάθω ;

Χο. Τὸν οὔτε πρὶν νήπιον,
      Νῦν τ᾽ ἐν ὅρκῳ μέγαν,
      Καταίδεσαι.

Οι. Οἶσθ᾽ οὖν ἃ χρῄζεις ;

Χο.   Οἶδα.

Οι.   Φράζε δὴ τί φῄς.   655

Χο. Τὸν ἐναγῆ φίλον μή ποτ᾽ ἐν αἰτίᾳ
    Σὺν ἀφανεῖ λόγῳ ἄτιμον βαλεῖν.

Οι. Εὖ νῦν ἐπίστω, ταῦθ᾽ ὅταν ζητῇς, ἐμοὶ
    Ζητῶν ὄλεθρον ἢ φυγὴν ἐκ τῆσδε γῆς.

Στροφὴ β΄.

Χο.   Οὐ τὸν πάντων θεῶν   660
       Θεὸν πρόμον Ἅλιον·

Ἐπεὶ ἄθεος, ἄφιλος,
Ὅ τι πύματον ὀλοίμαν,
Φρόνησιν εἰ τάνδ' ἔχω.
Ἀλλά μοι δυσμόρῳ　　　　　　　665
Γᾶ φθίνουσα τρύχει ψυ-
χάν, καὶ ταδ' εἰ κακοῖς
Κακὰ προσάψει τοῖς πάλαι τὰ πρὸς σφῶν.

Οἱ.　Ὅδ' οὖν ἴτω, κεἰ χρή με παντελῶς θανεῖν,
　　　Ἢ γῆς ἄτιμον τῆσδ' ἀπωαθῆναι βίᾳ.　　　670
　　　Τὸ γὰρ σὸν, οὐ τὸ τοῦδ', ἐποικτείρω στόμα
　　　Ἐλεινόν· οὗτος δ', ἔνθ' ἂν ᾖ, στυγήσεται.
Κρε.　Στυγνὸς μὲν εἴκων δῆλος εἶ· βαρὺς δ', ὅταν
　　　Θυμοῦ περάσῃς, αἱ δὲ τοιαῦται φύσεις
　　　Αὑταῖς δικαίως εἰσὶν ἄλγισται φέρειν.　　　675
Οἱ.　Οὔκουν μ' ἐάσεις, κἀκτὸς εἶ;
Κρε.　　　　　　　　　Πορεύσομαι,
　　　Σοῦ μὲν τυχὼν ἀγνῶτος, ἐν δὲ τοῖσδ' ἴσος.

　　　　　　Ἀντιστροφὴ ά.

Χο.　　　Γύναι, τί μέλλεις κομίζειν
　　　　Δόμων τόνδ' ἔσω;
Ἰο.　　Μαθοῦσά γ' ἥτις ἡ τύχη.　　　680
Χο.　　Δόκησις ἀγνὼς λόγων
　　　　Ἦλθε, δάπτει δὲ καὶ
　　　　Τὸ μὴ 'νδικον.
Ἰο.　　Ἀμφοῖν ἀπ' αὐτοῖν;
Χο.　　　　　Ναιχί.
Ἰο.　　　　　　　Καὶ τίς ἦν λόγος;
Χο.　　Ἅλις ἔμοιγ', ἅλις, γᾶς προπονουμένας,　　　685
　　　Φαίνεται, ἔνθ' ἔληξεν, αὐτοῦ μένειν.
Οἱ.　Ὁρᾷς ἵν' ἥκεις, ἀγαθὸς ὢν γνώμην ἀνὴρ,
　　　Τοὐμὸν παριεὶς καὶ καταμβλύνων κέαρ;

Ἀντιστροφὴ β΄.

Χο. Ἄναξ, εἶπον μὲν οὐχ
     Ἅπαξ μόνον, ἴσθι δὲ   690
     Παραφρόνιμον, ἄπορον
     Ἐπὶ φρόνιμα, πεφάνθαι μ᾽
     Ἄν, εἴ σε νοσφίζομαι,
     Ὃς τ᾽ ἐμὰν γᾶν φίλαν
     Ἐν πόνοις ἀλύουσαν   695
     Κατ᾽ ὀρθὸν οὔρισας·
     Τανῦν τε πομπὸς, εἰ δύναιο, γίγνου.

Ιο. Πρὸς θεῶν, δίδαξον κἀμ᾽, ἄναξ, ὅτου ποτὲ
     Μῆνιν τοσήνδε πράγματος στήσας ἔχεις.

Οι. Ἐρῶ· -σὲ γὰρ τῶνδ᾽ ἐς πλέον, γύναι, σέβω-   700
     Κρέοντος, οἷά μοι βεβουλευκὼς ἔχει.

Ιο. Λέγ᾽, εἰ σαφῶς τὸ νεῖκος ἐγκαλῶν ἐρεῖς.

Οι. Φονέα με φησὶ Λαΐου καθεστάναι.

Ιο. Αὐτὸς ξυνειδὼς, ἢ μαθὼν ἄλλου πάρα ;

Οι. Μάντιν μὲν οὖν κακοῦργον εἰσπέμψας, ἐπεί,   705
     Τό γ᾽ εἰς ἑαυτὸν, πᾶν ἐλευθεροῖ στόμα.

Ιο. Σὺ νῦν ἀφεὶς σεαυτὸν, ὧν λέγεις πέρι,
     Ἐμοῦ ᾽πάκουσον, καὶ μάθ᾽, οὕνεκ᾽ ἐστί σοι
     Βρότειον οὐδὲν μαντικῆς ἔχον τέχνης.
     Φανῶ δέ σοι σημεῖα τῶνδε σύντομα.   710
     Χρησμὸς γὰρ ἦλθε Λαΐῳ ποτ᾽, οὐκ ἐρῶ
     Φοίβου γ᾽ ἀπ᾽ αὐτοῦ, τῶν δ᾽ ὑπηρετῶν ἄπο,
     Ὡς αὐτὸν ἥξει μοῖρα πρὸς παιδὸς θανεῖν,
     Ὅστις γένοιτ᾽ ἐμοῦ τε κἀκείνου πάρα.
     Καὶ τὸν μὲν, ὥσπερ γ᾽ ἡ φάτις, ξένοι ποτὲ   715
     Λῃσταὶ φονεύουσ᾽ ἐν τριπλαῖς ἁμαξιτοῖς·
     Παιδὸς δὲ βλαστὰς, οὐ διέσχον ἡμέραι
     Τρεῖς, καί νιν ἄρθρα κεῖνος ἐνζεύξας ποδοῖν,
     Ἔῤῥιψεν ἄλλων χερσὶν ἄβατον εἰς ὄρος.

Κἀνταῦθ' Ἀπόλλων οὔτ' ἐκεῖνον ἤνυσε   720
Φονέα γενέσθαι πατρὸς, οὔτε Δάϊον
Τὸ δεινὸν, οὑφοβεῖτο, πρὸς παιδὸς παθεῖν.
Τοιαῦτα φῆμαι μαντικαὶ διώρισαν,
Ὧν ἐντρέπου σὺ μηδέν· ἂν γὰρ ἂν θεὸς
Χρείαν ἐρευνᾷ, ῥᾳδίως αὐτὸς φανεῖ.   725

Οι. Οἷόν μ' ἀκούσαντ' ἀρτίως ἔχει, γύναι,
Ψυχῆς πλάνημα, κἀνακίνησις φρενῶν.

Ιο. Ποίας μερίμνης τοῦθ' ὑποστραφεὶς λέγεις;

Οι. Ἐδοξ' ἀκοῦσαι σοῦ τόδ', ὡς ὁ Λάϊος
Κατασφαγείη πρὸς τριπλαῖς ἁμαξιτοῖς.   730

Ιο. Ηὐδᾶτο γὰρ ταῦτ', οὐδέ πω λήξαντ' ἔχει.   •

Οι. Καὶ ποῦ 'σθ' ὁ χῶρος οὗτος, οὗ τόδ' ἦν πάθος;

Ιο. Φωκὶς μὲν ἡ γῆ κλήζεται· σχιστὴ δ' ὁδὸς
Ἐς ταὐτὸ Δελφῶν κἀπὸ Δαυλίας ἄγει.

Οι. Καὶ τίς χρόνος τοῖσδ' ἐστὶν οὑξεληλυθώς;   735

Ιο. Σχεδόν τι πρόσθεν ἢ σὺ τῆσδ' ἔχων χθονὸς
Ἀρχὴν ἐφαίνου, ταῦτ' ἐκηρύχθη πόλει.

Οι. Ὦ Ζεῦ, τί μου δρᾶσαι βεβούλευσαι πέρι;

Ιο. Τί δ' ἔστι σοι τοῦτ', Οἰδίπους, ἐνθύμιον;

Οι. Μή πω μ' ἐρώτα· τὸν δὲ Λάϊον, φύσιν   740
Τίν' εἶχε, φράζε, τίνα δ' ἀκμὴν ἥβης τότε.

Ιο. Μέγας, χνοάζων ἄρτι λευκανθὲς κάρα,
Μορφῆς δὲ τῆς σῆς οὐκ ἀπεστάτει πολύ.

Οι. Οἴμοι τάλας· ἔοικ' ἐμαυτὸν εἰς ἀρὰς
Δεινὰς προβάλλων ἀρτίως οὐκ εἰδέναι.   745

Ιο. Πῶς φής; ὀκνῶ τοι πρός σ' ἀποσκοποῦσ', ἄναξ.

Οι. Δεινῶς ἀθυμῶ, μὴ βλέπων ὁ μάντις ᾖ.
Δείξεις δὲ μᾶλλον, ἢν ἓν ἐξείπῃς ἔτι.

Ιο. Καὶ μὴν ὀκνῶ μέν· ἃ δ' ἂν ἔρῃ, μαθοῦσ' ἐρῶ.

Οι. Πότερον ἐχώρει βαιὸς, ἢ πολλοὺς ἔχων   750
Ἄνδρας λοχίτας, οἷ' ἀνὴρ ἀρχηγέτης;

Ιο. Πέντ' ἦσαν οἱ ξύμπαντες, ἐν δ' αὐτοῖσιν ἦν

Κῆρυξ· ἀπήνη δ' ἦγε Λάϊον· μία.

Οι. Αἲ αἲ· τάδ' ἤδη διαφανῆ. τίς ἦν ποτὲ
'Ο τούσδε λέξας τοὺς λόγους ὑμῶν, γύναι ; 755

Ιο. Οἰκεύς τις, ὅσπερ ἵκετ' ἐκσωθεὶς μόνος.

Οι. Ἦ κἀν δόμοισι τυγχάνει τανῦν παρών ; ·

Ιο. Οὐ δῆτ'· ἀφ' οὗ γὰρ κεῖθεν ἦλθε, καὶ κράτη
Σέ τ' εἶδ' ἔχοντα, Λάϊόν τ' ὀλωλότα,
Ἐξικέτευσε, τῆς ἐμῆς χειρὸς θιγών, 760
Ἀγρούς σφε πέμψαι, κἀπὶ ποιμνίων νομάς,
'Ως πλεῖστον εἴη τοῦδ' ἄποπτος ἄστεος.
Κἄπεμψ' ἐγώ νιν· ἄξιος γὰρ ὅδε γ' ἀνὴρ
Δοῦλος φέρειν ἦν τῆσδε καὶ μείζω χάριν.

Οι. Πῶς ἂν μόλοι δῆθ' ἡμὶν ἐν τάχει πάλιν ; 765

Ιο. Πάρεστιν· ἀλλὰ πρὸς τί τοῦτ' ἐφίεσαι ;

Οι. Δέδοικ' ἐμαυτὸν, ὦ γύναι, μὴ πόλλ' ἄγαν
Εἰρημέν' ᾖ μοι, δι' ἃ νιν εἰσιδεῖν θέλω.

Ιο. Ἀλλ' ἵξεται μέν. ἀξία δέ που μαθεῖν
Κἀγὼ τά γ' ἐν σοὶ δυσφόρως ἔχοντ', ἄναξ. 770

Οι. Κοὐ μὴ στερηθῇς γ', ἐς τοσοῦτον ἐλπίδων
Ἐμοῦ βεβῶτος· τῷ γὰρ ἂν καὶ μείζονι
Λέξαιμ' ἂν ἢ σοὶ, διὰ τύχης τοιᾶσδ' ἰών ;
Ἐμοὶ πατὴρ μὲν Πόλυβος ἦν Κορίνθιος,
Μήτηρ δὲ Μερόπη Δωρίς· ἠγόμην δ' ἀνὴρ 775
Ἀστῶν μέγιστος τῶν ἐκεῖ, πρίν μοι τύχη
Τοιάδ' ἐπέστη, θαυμάσαι μὲν ἀξία,
Σπουδῆς γε μέν τοι τῆς ἐμῆς οὐκ ἀξία.
Ἀνὴρ γὰρ ἐν δείπνοις μ' ὑπερπλησθεὶς μέθης
Καλεῖ παρ' οἴνῳ, πλαστὸς ὡς εἴην πατρί. 780
Κἀγὼ βαρυνθείς, τὴν μὲν οὖσαν ἡμέραν
Μόλις κατέσχον· θατέρᾳ δ' ἰὼν πέλας
Μητρὸς πατρός τ', ἤλεγχον· οἱ δὲ δυσφόρως
Τοὔνειδος ἦγον τῷ μεθέντι τὸν λόγον.
Κἀγὼ τὰ μὲν κείνοιν ἐτερπόμην, ὅμως δ' 785

Ἐκνιζέ μ᾽ ἀεὶ τοῦθ᾽· ὑφεῖρπε γὰρ πολύ.
Λάθρα δὲ μητρὸς καὶ πατρὸς πορεύομαι
Πυθώδε. καί μ᾽ ὁ Φοῖβος, ὧν μὲν ἱκόμην,
Ἄτιμον ἐξέπεμψεν· ἄλλα δ᾽ ἄθλια
Καὶ δεινὰ καὶ δύστηνα προὐφάνη λέγων·   790
Ὡς μητρὶ μὲν χρείη με μιχθῆναι, γένος δ᾽
Ἄτλητον ἀνθρώποισι δηλώσοιμ᾽ ὁρᾶν,
Φονεὺς δ᾽ ἐσοίμην τοῦ φυτεύσαντος πατρός.
Κἀγὼ ᾽πακούσας ταῦτα, τὴν Κορινθίαν
Ἄστροις τὸ λοιπὸν ἐκμετρούμενος χθόνα,   795
Ἔφευγον, ἔνθα μήποτ᾽ ὀψοίμην κακῶν
Χρησμῶν ὀνείδη τῶν ἐμῶν τελούμενα.
Στείχων δ᾽ ἱκνοῦμαι τούσδε τοὺς χώρους, ἐν οἷς
Σὺ τὸν τύραννον τοῦτον ὄλλυσθαι λέγεις.
Καί σοι, γύναι, τἀληθὲς ἐξερῶ· τριπλῆς   800
Ὅτ᾽ ἦν κελεύθου τῆσδ᾽ ὁδοιπορῶν πέλας,
Ἐνταῦθ᾽ ἐμοὶ κῆρυξ τε, κἀπὶ πωλικῆς
Ἀνὴρ ἀπήνης ἐμβεβὼς, οἷον σὺ φῂς,
Ξυνηντίαζον· κἀξ ὁδοῦ μ᾽ ὅ θ᾽ ἡγεμὼν
Αὐτός θ᾽ ὁ πρέσβυς πρὸς βίαν ἠλαυνέτην.   805
Κἀγὼ τὸν ἐκτρέποντα, τὸν τροχηλάτην,
Παίω δι᾽ ὀργῆς· καί μ᾽ ὁ πρέσβυς, ὡς ὁρᾷ
Ὄχου παραστείχοντα, τηρήσας, μέσον
Κάρα διπλοῖς κέντροισί μου καθίκετο.
Οὐ μὴν ἴσην γ᾽ ἔτισεν· ἀλλὰ συντόμως   810
Σκήπτρῳ τυπεὶς ἐκ τῆσδε χειρός, ὕπτιος
Μέσης ἀπήνης εὐθὺς ἐκκυλίνδεται.
Κτείνω δὲ τοὺς ξύμπαντας. εἰ δὲ τῷ ξένῳ
Τούτῳ προσήκει Λαΐῳ τι συγγενές,
Τίς τοῦδέ γ᾽ ἀνδρός ἐστιν ἀθλιώτερος;   815
Τίς ἐχθροδαίμων μᾶλλον ἂν γένοιτ᾽ ἀνήρ;
Ὦ μὴ ξένων ἔξεστι μήτ᾽ ἀστῶν τινα
Δόμοις δέχεσθαι, μηδὲ προσφωνεῖν τινα,

Ωθεῖν δ' ἀπ' οἴκων. καὶ τάδ' οὔ τις ἄλλος ἦν
Ἢ 'γὼ 'π' ἐμαυτῷ τάσδ' ἀρὰς ὁ προστιθείς.   820
Λέχη δὲ τοῦ θανόντος ἐν χεροῖν ἐμαῖν
Χραίνω, δι' ὧνπερ ὤλετ'. ἆρ' ἔφυν κακός;
Ἆρ' οὐχὶ πᾶς ἄναγνος; εἴ με χρὴ φυγεῖν,
Καί μοι φυγόντι μή 'στι τοὺς ἐμοὺς ἰδεῖν,
Μήτ' ἐμβατεύειν πατρίδος· ἢ γάμοις με δεῖ   825
Μητρὸς ζυγῆναι, καὶ πατέρα κατακτανεῖν
Πόλυβον, ὃς ἐξέφυσε κἀξέθρεψέ με.
Ἆρ' οὐκ ἀπ' ὠμοῦ ταῦτα δαίμονός τις ἂν
Κρίνων ἐπ' ἀνδρὶ τῷδ' ἂν ὀρθοίη λόγον;
Μὴ δῆτα, μὴ δῆτ', ὦ θεῶν ἁγνὸν σέβας,   830
Ἴδοιμι ταύτην ἡμέραν· ἀλλ' ἐκ βροτῶν
Βαίην ἄφαντος πρόσθεν, ἢ τοιάνδ' ἰδεῖν
Κηλῖδ' ἐμαυτῷ ξυμφορᾶς ἀφιγμένην.

Χα. Ἡμῖν μὲν, ὦ 'ναξ, ταῦτ' ὀκνήρ'· ἕως δ' ἂν οὖν
        Πρὸς τοῦ παρόντος ἐκμάθῃς, ἔχ' ἐλπίδα.   835
Οι. Καὶ μὴν τοσοῦτόν γ' ἐστί μοι τῆς ἐλπίδος,
        Τὸν ἄνδρα τὸν βοτῆρα προσμεῖναι μόνον.
Ιο. Πεφασμένου δὲ, τίς ποθ' ἢ προθυμία;
Οι. Ἐγὼ διδάξω σ'· ἢν γὰρ εὑρεθῇ λέγων
        Σοὶ ταῦτ', ἔγωγ' ἂν ἐκπεφευγοίην πάθος.   840
Ιο. Ποῖον δ' ἐμοῦ περισσὸν ἤκουσας λόγον;
Οι. Ληστὰς ἔφασκες αὐτὸν ἄνδρας ἐννέπειν,
        Ὡς νιν κατακτείνειαν. εἰ μὲν οὖν ἔτι
        Λέξει τὸν αὐτὸν ἀριθμὸν, οὐκ ἐγὼ 'κτανον·
        Οὐ γὰρ γένοιτ' ἂν εἷς γε τοῖς πολλοῖς ἴσος.   845
        Εἰ δ' ἄνδρ' ἕν' οἰόζωνον αὐδήσει, σαφῶς
        Τοῦτ' ἐστὶν ἤδη τοὔργον εἰς ἐμὲ ῥέπον.
Ιο Ἀλλ', ὡς φανέν γε τοὔπος ὧδ', ἐπίστασο,
        Κοὐκ ἔστιν αὐτῷ τοῦτό γ' ἐκβαλεῖν πάλιν·
        Πόλις γὰρ ἤκουσ', οὐκ ἐγὼ μόνη, τάδε.   850
        Εἰ δ' οὖν τι κἀκτρέποιτο τοῦ πρόσθεν λόγου,

Οὔ τοι ποτ', ὦ ʼναξ, τόν γε Λαΐου φόνον
Φανεῖ δικαίως ὀρθὸν, ὅν γε Λοξίας
Διεῖπε χρῆναι παιδὸς ἐξ ἐμοῦ θανεῖν.
Καίτοι νιν οὐ κεῖνός γ' ὁ δύστηνός ποτε   855
Κατέκταν', ἀλλ' αὐτὸς πάροιθεν ὤλετο.
Ὥστ' οὐχὶ μαντείας γ' ἂν οὔτε τῇδ' ἐγὼ
Βλέψαιμ' ἂν οὕνεκ', οὔτε τῇδ' ἂν ὕστερον.

Οἱ.   Καλῶς νομίζεις· ἀλλ' ὅμως τὸν ἐργάτην
      Πέμψον τινὰ στελοῦντα, μηδὲ τοῦτ' ἀφῇς.   860

Ἰο.   Πέμψω ταχύνασ'· –ἀλλ' ἴωμεν ἐς δόμους·–
      Οὐδὲν γὰρ ἂν πράξαιμ' ἂν, ὧν οὐ σοὶ φίλον.

Στροφὴ ά.

Χο.   Εἴ μοι ξυνείη φέροντι
      Μοῖρα τὰν εὔσεπτον ἁγνείαν λόγων
      Ἐργων τε πάντων, ὧν νόμοι πρόκεινται   865
      Ὑψίποδες, οὐρανίαν δι' αἰθέρα
      Τεχνωθέντες, ὧν Ὄλυμπος
      Πατὴρ μόνος, οὐδέ νιν θνατὰ
      Φύσις ἀνέρων ἔτικτεν, οὐδὲ
      Μάν ποτε λάθα κατακοιμάσει.   870
      Μέγας ἐν τούτοις θεὸς,
      Οὐδὲ γηράσκει.

Ἀντιστροφὴ ά.

      Ὕβρις φυτεύει τύραννον
      Ὕβρις, ἢν πολλῶν ὑπερπλησθῇ μάταν,
      Ἃ μὴ ʼπίκαιρα μηδὲ συμφέροντα,   875
      Ἀκροτάταν εἰσαναβᾶσ' ἀπότομον
      Οὖν ὤρουσεν εἰς ἀνάγκαν,
      Ἐνθ' οὐ ποδὶ χρησίμῳ χρῆται.
      Τὸ καλῶς δ' ἔχον πόλει πάλαισμα
      Μή ποτε λῦσαι θεὸν αἰτοῦμαι.   880

Θεὸν οὐ λήξω ποτὲ
Προστάταν ἴσχων.

Στροφὴ β'.

Εἰ δέ τις ὑπέροπτα χερσὶν
Ἢ λόγῳ πορεύεται,
Δίκας ἀφόβητος, οὐδὲ   885
Δαιμόνων ἕδη σέβων,
Κακά νιν ἕλοιτο μοῖρα,
Δυσπότμου χάριν χλιδᾶς,
Εἰ μὴ τὸ κέρδος κερδανεῖ δικαίως,
Καὶ τῶν ἀσέπτων ἔρξεται,   890
Ἢ τῶν ἀθίκτων ἕξεται ματάζων.
Τίς ἔτι ποτ' ἐν τοῖσδ' ἀνὴρ
Θυμῷ βέλη ἕξει
Ψυχᾶς ἀμύνειν; εἰ γὰρ αἱ
Τοιαίδε πράξεις τίμιαι,   895
Τί δεῖ με χορεύειν;

Ἀντιστροφὴ β'.

Οὐκ ἔτι τὸν ἄθικτον εἶμι
Γᾶς ἐπ' ὀμφαλὸν σέβων,
Οὐδ' ἐς τὸν Ἀβαισι ναὸν,
Οὐδὲ τὰν Ὀλυμπίαν,   900
Εἰ μὴ τάδε χειρόδεικτα
Πᾶσιν ἁρμόσει βροτοῖς.
Ἀλλ', ὦ κρατύνων, εἴπερ ὀρθ' ἀκούεις,
Ζεῦ, πάντ' ἀνάσσων, μὴ λάθῃ
Σὲ, τάν τε σὰν ἀθάνατον αἰὲν ἀρχάν.   905
Φθίνοντα γὰρ Λαΐου
Παλαιὰ θέσφατ' ἐξ-
αιροῦσιν ἤδη, κοὐδαμοῦ

Οι. Ἧυδας· ἐγὼ δὲ τῷ φόβῳ παρηγόμην.

Ιο. Μὴ νῦν ἔτ' αὐτῶν μηδὲν ἐς θυμὸν βάλῃς.   975

Οι. Καὶ πῶς τὸ μητρὸς λέκτρον οὐκ ὀκνεῖν με δεῖ;

Ιο. Τί δ' ἂν φοβοῖτ' ἄνθρωπος, ᾧ τὰ τῆς τύχης
Κρατεῖ, πρόνοια δ' ἐστὶν οὐδενὸς σαφής;
Εἰκῆ κράτιστον ζῆν, ὅπως δύναιτό τις.
Σὺ δ' ἐς τὰ μητρὸς μὴ φοβοῦ νυμφεύματα·   980
·Πολλοὶ γὰρ ἤδη κἀν ὀνείρασιν βροτῶν
Μητρὶ ξυνευνάσθησαν· ἀλλὰ ταῦθ' ὅτῳ
Παρ' οὐδέν ἐστι, ῥᾷστα τὸν βίον φέρει.

Οι. Καλῶς ἄπαντα ταῦτ' ἂν ἐξείρητό σοι,
Εἰ μὴ 'κύρει ζῶσ' ἡ τεκοῦσα· νῦν δ', ἐπεὶ   985
Ζῇ, πᾶσ' ἀνάγκη, κεἰ καλῶς λέγεις, ὀκνεῖν.

Ιο. Καὶ μὴν μέγας γ' ὀφθαλμὸς οἱ πατρὸς τάφοι.

Οι. Μέγας, ξυνίημ'· ἀλλὰ τῆς ζώσης φόβος.

Αγ. Ποίας δὲ καὶ γυναικὸς ἐκφοβεῖσθ' ὕπερ;

Οι. Μερόπης, γεραιέ, Πόλυβος ἧς ᾤκει μέτα.   990

Αγ. Τί δ' ἔστ' ἐκείνης ὑμὶν ἐς φόβον φέρον;

Οι. Θεήλατον μάντευμα δεινόν, ὦ ξένε.

Αγ. Ἦ ῥητόν; ἢ οὐχὶ θεμιτὸν ἄλλον εἰδέναι;

Οι. Μάλιστά γ'· εἶπε γάρ με Λοξίας ποτὲ
Χρῆναι μιγῆναι μητρὶ τῇ 'μαυτοῦ, τό τε   995
Πατρῷον αἷμα χερσὶ ταῖς ἐμαῖς ἑλεῖν.
Ὧν οὕνεχ' ἡ Κόρινθος ἐξ ἐμοῦ πάλαι
Μακρὰν ἀπῳκεῖτ'· εὐτυχῶς μὲν, ἀλλ' ὅμως
Τὰ τῶν τεκόντων ὄμμαθ' ἥδιστον βλέπειν.

Αγ. Ἦ γὰρ τάδ' ὀκνῶν, κεῖθεν ἦσθ' ἀπόπτολις;   1000

Οι. Πατρός τε χρῄζων μὴ φονεὺς εἶναι, γέρον.

Αγ. Τί δῆτ' ἔγωγ' οὐ τοῦδε τοῦ φόβου σ', ἄναξ,
Ἐπείπερ εὔνους ἦλθον, ἐξελυσάμην;

Οι. Καὶ μὴν χάριν γ' ἂν ἀξίαν λάβοις ἐμοῦ.

Αγ. Καὶ μὴν μάλιστα τοῦτ' ἀφικόμην, ὅπως,   1005
Σοῦ πρὸς δόμους ἐλθόντος, εὖ πράξαιμί τι.

Οι. Ἀλλ' οὔ ποτ' εἶμι τοῖς φυτεύσασίν γ' ὁμοῦ.

Ἀγ. Ὦ παῖ, καλῶς εἶ δῆλος οὐκ εἰδὼς τί δρᾷς.

Οι. Πῶς, ὦ γεραιέ; πρὸς θεῶν, δίδασκ' ἐμέ.

Ἀγ. Εἰ τῶνδε φεύγεις οὕνεκ' εἰς οἴκους μολεῖν. 1010

Οι. Ταρβῶ γε, μή μοι Φοῖβος ἐξέλθῃ σαφής.

Ἀγ. Ἦ μὴ μίασμα τῶν φυτευσάντων λάβῃς;

Οι. Τοῦτ' αὐτὸ, πρέσβυ, τοῦτό μ' εἰσαεὶ φοβεῖ.

Ἀγ. Ἆρ' οἶσθα δῆτα πρὸς δίκης οὐδὲν τρέμων;

Οι. Πῶς δ' οὐχὶ, παῖς γ' εἰ τῶνδε γεννητῶν ἔφυν; 1015

Ἀγ. Ὁθ' οὕνεχ' ἦν σοι Πόλυβος οὐδὲν ἐν γένει.

Οι. Πῶς εἶπας; οὐ γὰρ Πόλυβος ἐξέφυσέ με;

Ἀγ. Οὐ μᾶλλον οὐδὲν τοῦδε τἀνδρὸς, ἀλλ' ἴσον.

Οι. Καὶ πῶς ὁ φύσας ἐξ ἴσου τῷ μηδενί;

Ἀγ. Ἀλλ' οὔ σ' ἐγείνατ' οὔτ' ἐκεῖνος, οὔτ' ἐγώ. 1020

Οι. Ἀλλ' ἀντὶ τοῦ δὴ παῖδά μ' ὠνομάζετο;

Ἀγ. Δῶρόν ποτ', ἴσθι, τῶν ἐμῶν χειρῶν λαβών.

Οι. Κᾆθ' ὧδ' ἀπ' ἄλλης χειρὸς ἔστερξεν μέγα;

Ἀγ. Ἡ γὰρ πρὶν αὐτὸν ἐξέπεισ' ἀπαιδία.

Οι. Σὺ δ' ἐμπολήσας, ἢ τεκών μ' αὐτῷ δίδως; 1025

Ἀγ. Εὑρὼν ναπαίαις ἐν Κιθαιρῶνος πτυχαῖς.

Οι. Ὡδοιπόρεις δὲ πρὸς τί τούσδε τοὺς τόπους;

Ἀγ. Ἐνταῦθ' ὀρείοις ποιμνίοις ἐπεστάτουν.

Οι. Ποιμὴν γὰρ ἦσθα, κἀπὶ θητείᾳ πλάνης;

Ἀγ. Σοῦ γ', ὦ τέκνον, σωτήρ γε τῷ τότ' ἐν χρόνῳ. 1030

Οι. Τί δ' ἄλγος ἴσχοντ' ἐν κακοῖς με λαμβάνεις;

Ἀγ. Ποδῶν ἂν ἄρθρα μαρτυρήσειεν τὰ σά.

Οι. Οἴμοι· τί τοῦτ' ἀρχαῖον ἐννέπεις κακόν;

Ἀγ. Λύω σ' ἔχοντα διατόρους ποδοῖν ἀκμάς.

Οι. Δεινόν γ' ὄνειδος σπαργάνων ἀνειλόμην. 1035

Ἀγ. Ὥστ' ὠνομάσθης ἐκ τύχης ταύτης, ὃς εἶ.

Οι. Ὦ πρὸς θεῶν, πρὸς μητρὸς, ἢ πατρός; φράσον.

Ἀγ. Οὐκ οἶδ'· ὁ δοὺς δὲ ταῦτ' ἐμοῦ λῷον φρονεῖ.

Οι.   Ἡ γὰρ παρ᾽ ἄλλου μ᾽ ἔλαβες, οὐδ᾽ αὐτὸς τυχών;

Αγ.   Οὔκ· ἀλλὰ ποιμὴν ἄλλος ἐκδίδωσί μοι.   1040

Οι.   Τίς οὗτος; ἢ κάτοισθα δηλῶσαι λόγῳ;

Αγ.   Τῶν Λαΐου δήπου τις ὠνομάζετο. ·

Οι.   Ἡ τοῦ τυράννου τῆσδε γῆς πάλαι ποτέ;

Αγ.   Μάλιστα· τούτου τἀνδρὸς οὗτος ἦν βοτήρ.

Οι.   Ἡ κἄστ᾽ ἔτι ζῶν οὗτος, ὥστ᾽ ἰδεῖν ἐμέ;   1045

Αγ.   Ὑμεῖς γ᾽ ἄριστ᾽ εἰδεῖτ᾽ ἂν οἱ ᾽πιχώριοι. ·

Οι.   Ἔστιν τις ὑμῶν, τῶν παρεστώτων πέλας,
     Ὅστις κάτοιδε τὸν βοτῆρ᾽, ὃν ἐννέπει,
     Εἴτ᾽ οὖν ἐπ᾽ ἀγρῶν, εἴτε κἀνθάδ᾽ εἰσιδών;
     Σημήναθ᾽, ὡς ὁ καιρὸς εὑρῆσθαι τάδε.   1050

Χο.   Οἶμαι μὲν οὐδέν᾽ ἄλλον, ἢ τὸν ἐξ ἀγρῶν,
     Ὃν κἀμάτευες πρόσθεν εἰσιδεῖν· ἀτὰρ ·
     Ἥδ᾽ ἂν τάδ᾽ οὐχ ἥκιστ᾽ ἂν Ἰοκάστη λέγοι.

Οι.   Γύναι, νοεῖς ἐκεῖνον, ὅντιν᾽ ἀρτίως
     Μολεῖν ἐφιέμεσθα, τόν θ᾽ οὗτος λέγει;   1055

Ιο.   Τίς δ᾽, ὅντιν᾽ εἶπε; μηδὲν ἐντραπῇς· τὰ δὲ
     Ῥηθέντα βούλου μηδὲ μεμνῆσθαι μάτην.

Οι.   Οὐκ ἂν γένοιτο τοῦθ᾽, ὅπως ἐγώ, λαβὼν
     Σημεῖα τοιαῦτ᾽, οὐ φανῶ τοὐμὸν γένος.

Ιο.   Μή, πρὸς θεῶν, εἴπερ τι τοῦ σαυτοῦ βίον   1060
     Κήδει, ματεύσῃς τοῦθ᾽· ἅλις νοσοῦσ᾽ ἐγώ.

Οι.   Θάρσει· σὺ μὲν γὰρ οὐδ᾽, ἂν ἐκ τρίτης ἐγὼ
     Μητρὸς φανῶ τρίδουλος, ἐκφανεῖ κακή.

Ιο.   Ὅμως πιθοῦ μοι, λίσσομαι· μὴ δρᾶ τάδε.

Οι.   Οὐκ ἂν πιθοίμην μὴ οὐ τάδ᾽ ἐκμαθεῖν σαφῶς.   1065

Ιο.   Καὶ μὴν φρονοῦσά γ᾽ εὖ, τὰ λῷστά σοι λέγω.

Οι.   Τὰ λῷστα τοίνυν ταῦτά μ᾽ ἀλγύνει πάλαι.

Ιο.   Ὦ δύσποτμ᾽, εἴθε μήποτε γνοίης ὃς εἶ.

Οι.   Ἄξει τις ἐλθὼν δεῦρο τὸν βοτῆρά μοι;
     Ταύτην δ᾽ ἐᾶτε πλουσίῳ χαίρειν γένει.   1070

Ιο. Ἰοὺ, ἰοὺ, δύστηνε· ταῦτο γάρ σ' ἔχω
Μόνον προσειπεῖν, ἄλλο δ' οὐ ποθ' ὕστερον.

Χο. Τί ποτε βέβηκεν, Οἰδίπους, ὑπ' ἀγρίας
Ἄξασα λύπης ἡ γυνή; δέδοιχ' ὅπως
Μὴ 'κ τῆς σιωπῆς τῆσδ' ἀναῤῥήξει κακά. 1075

Οι. Ὁποῖα χρῄζει ῥηγνύτω· τοὐμὸν δ' ἐγὼ,
Κεἰ σμικρόν ἐστι, σπέρμ'. ἰδεῖν βουλήσομαι.
Αὐτὴ δ' ἴσως, –φρονεῖ γὰρ ὡς γυνὴ μέγα,–
Τὴν δυσγένειαν τὴν ἐμὴν αἰσχύνεται.
Ἐγὼ δ' ἐμαυτὸν παῖδα τῆς Τύχης νέμων 1080
Τῆς εὖ διδούσης, οὐκ ἀτιμασθήσομαι.
Τῆς γὰρ πέφυκα μητρός· οἱ δὲ συγγενεῖς
Μῆνές με μικρὸν καὶ μέγαν διώρισαν.
Τοιόσδε δ' ἐκφὺς, οὐκ ἂν ἐξέλθοιμ' ἔτι
Ποτ' ἄλλος, ὥστε μὴ 'κμαθεῖν τοὐμὸν γένος. 1085

Στροφή.

Χο. Εἴπερ ἐγὼ μάντις εἰμὶ
Καὶ κατὰ γνώμην ἴδρις,
Οὐ τὸν Ὀλυμπον, ἀπείρων,
Ω Κιθαιρὼν, οὐκ ἔσει
Τὰν αὔριον πανσέληνον, 1090
Μὴ οὐ σέ γε καὶ πατριώταν Οἰδίπου,
Καὶ τροφὸν καὶ μητέρ' αὔξειν,
Καὶ χορεύεσθαι πρὸς ἡμῶν,
Ὡς ἐπίηρα φέρον-
τα τοῖς ἐμοῖς τυράννοις. 1095
Ἰήϊε Φοῖβε, σοὶ
Δὲ ταῦτ' ἀρέστ' εἴη.

Ἀντιστροφή.

Τίς σε, τέκνον, τίς σ' ἔτικτε
Τῶν μακραιώνων; ἆρα

Πανὸς ὀρεσσιβάτα που   1100
Προσπελασθεῖσ᾽, ἢ σέ γε
Τὶς θυγάτηρ, Λοξίου; τῷ
Γὰρ πλάκες ἀγρονόμοι πᾶσαι φίλαι·
.Εἴθ᾽ ὁ Κυλλάνας ἀνάσσων,
Εἴθ᾽ ὁ Βαχχεῖος θεὸς ναί-   1105
ων ἐπ᾽ ἄχρων ὀρέων,
Εὕρημα δέξατ᾽ ἔκ του
Νυμφᾶν Ἑλικωνίδων,
Αῖς πλεῖστα συμπαίζει; ,

Οι. Εἰ χρή τι κἀμὲ, μὴ ξυναλλάξαντά πω,   1110
     Πρέσβυ, σταθμᾶσθαι, τὸν βοτῆρ᾽ ὁρᾶν δοχῶ,
     Ὅνπερ πάλαι ζητοῦμεν· ἔν τε γὰρ μαχρῷ
     Γήρᾳ ξυνᾴδει, τῷδε τἀνδρὶ σύμμετρος·
     Ἄλλως τε τοὺς ἄγοντας ὥσπερ οἰκέτας
     Ἔγνωχ᾽ ἐμαυτοῦ. τῇ δ᾽ ἐπιστήμῃ σύ μου   1115
     Προὔχοις τάχ᾽ ἄν που τὸν βοτῆρ᾽ ἰδὼν πάρος.
Χο. Ἔγνωκα γὰρ, σάφ᾽ ἴσθι· Λαΐου γὰρ ἦν,
     Εἴπερ τις ἄλλος, πιστὸς, ὡς νομεὺς ἀνήρ.
Οι. Σὲ πρῶτ᾽ ἐρωτῶ, τὸν Κορίνθιον ξένον,
     Ἦ τόνδε φράζεις;
Αγ.   Τοῦτον, ὅνπερ εἰσορᾷς.   1120
Οι. Οὗτος σὺ, πρέσβυ, δεῦρό μοι φώνει βλέπων,
     Ὅσ᾽ ἄν σ᾽ ἐρωτῶ. Λαΐου ποτ᾽ ἦσθα σύ;
Θε. Ἦν δοῦλος, οὐκ ἀνητὸς, ἀλλ᾽ οἴκοι τραφείς.
Οι. Ἔργον μεριμνῶν ποῖον, ἢ βίον τίνα;
Θε. Ποίμναις τὰ πλεῖστα τοῦ βίου ξυνειπόμην.   1125
Οι. Χώροις μάλιστα πρὸς τίσι ξύναυλος ἄν;
Θε. Ἦν μὲν Κιθαιρὼν, ἦν δὲ πρόσχωρος τόπος.
Οι. Τὸν ἄνδρα τόνδ᾽ οὖν οἶσθα τῇδέ που μαθών;—
Θε. Τί χρῆμα δρῶντα; ποῖον ἄνδρα καὶ λέγεις;
Οι. Τόνδ᾽, ὃς πάρεστιν.—ἢ ξυναλλάξας τί πω;   1130

Θε.   Οὐχ ὥστε γ' εἰπεῖν ἐν τάχει μνήμης ὕπο.

Αγ.   Κοὐδέν γε θαῦμα, δέσποτ'· ἀλλ' ἐγὼ σαφῶς
      Ἀγνῶτ' ἀναμνήσω νιν· εὖ γὰρ οἶδ', ὅτι
      Κάτοιδεν, ἦμος τὸν Κιθαιρῶνος τόπον,-
      Ὁ μὲν διπλοῖσι ποιμνίοις, ἐγὼ δ' ἑνί,-   1135
      Ἐπλησίαζεν τῷδε τἀνδρὶ τρεῖς ὅλους
      Ἐξ ἦρος εἰς ἀρκτοῦρον ἐμμήνους χρόνους·
      Χειμῶνι δ' ἤδη τἀμά τ' εἰς ἔπαυλ' ἐγὼ
      Ἤλαννον, οὗτός τ' ἐς τὰ Λαΐου σταθμά.
      Λέγω τι τούτων, ἢ οὐ λέγω, πεπραγμένον;   1140

Θε.   Λέγεις ἀληθῆ, καίπερ ἐκ μακροῦ χρόνου.

Αγ.   Φέρ' εἰπὲ νῦν· τότ' οἶσθα παῖδά μοί τινα
      Δοὺς, ὡς ἐμαυτῷ θρέμμα θρεψαίμην ἐγώ;

Θε.   Τί δ' ἔστι; πρὸς τί τοῦτο τοὔπος ἱστορεῖς;

Αγ.   Ὅδ' ἐστὶν, ὦ 'τὰν, κεῖνος, ὃς τότ' ἦν νέος.   1145

Θε.   Οὐκ εἰς ὄλεθρον; οὐ σιωπήσας ἔσει;

Οι.   Ἄ, μὴ κόλαζε, πρέσβυ, τόνδ', ἐπεὶ τὰ σὰ
      Δεῖται κολαστοῦ μᾶλλον, ἢ τὰ τοῦδ' ἔπη.

Θε.   Τί δ', ὦ φέριστε δεσποτῶν, ἁμαρτάνω;

Οι.   Οὐκ ἐννέπων τὸν παῖδ', ὃν οὗτος ἱστορεῖ.   1150

Θε.   Λέγει γὰρ εἰδὼς οὐδὲν, ἀλλ' ἄλλως πονεῖ.

Οι.   Σὺ πρὸς χάριν μὲν οὐκ ἐρεῖς, κλαίων δ' ἐρεῖς.

Θε.   Μὴ δῆτα, πρὸς θεῶν, τὸν γέροντά μ' αἰκίσῃ.

Οι.   Οὐχ ὡς τάχος τις τοῦδ' ἀποστρέψει χέρας;

Θε.   Δύστηνος, ἀντὶ τοῦ; τί προσχρῄζων μαθεῖν;   1155

Οι.   Τὸν παῖδ' ἔδωκας·τῷδ', ὃν οὗτος ἱστορεῖ;

Θε.   Ἔδωκ'· ὀλέσθαι δ' ὤφελον τῇδ' ἡμέρᾳ.

Οι.   Ἀλλ' εἰς τόδ' ἥξεις, μὴ λέγων γε τοὐνδικον.

Θε.   Πολλῷ γε μᾶλλον, ἢν φράσω, διόλλυμαι.

Οι.   Ἀνὴρ ὅδ', ὡς ἔοικεν, ἐς τριβὰς ἐλᾷ.   1160

Θε.   Οὐ δῆτ' ἔγωγ'· ἀλλ' εἶπον, ὡς δοίην, πάλαι.

Οι.   Πόθεν λαβών; οἰκεῖον, ἢ 'ξ ἄλλου τινός;

Θε. Ἐμὸν μὲν οὐκ ἔγωγ'· ἐδεξάμην δέ του.

Οι. Τίνος πολιτῶν τῶνδε, κἀκ ποίας στέγης;

Θε. Μὴ, πρὸς θεῶν, μὴ, δέσποθ', ἱστόρει πλέον.   1165

Οι. Ὀλωλας, εἴ σε ταῦτ' ἐρήσομαι πάλιν.

Θε. Τῶν Λαΐου τοίνυν τις ἦν γεννημάτων.

Οι. Ἦ δοῦλος, ἢ κείνου τις ἐγγενὴς γεγώς;

Θε. Οἴμοι· πρὸς αὐτῷ γ' εἰμὶ τῷ δεινῷ λέγειν.

Οι. Κἄγωγ' ἀκούειν· ἀλλ' ὅμως ἀκουστέον.   1170

Θε. Κείνου γέ τοι δὴ παῖς ἐκλῄζεθ'· ἡ δ' ἔσω
     Κάλλιστ' ἂν εἴποι σὴ γυνὴ, τάδ' ὡς ἔχει.

Οι. Ἦ γὰρ δίδωσιν ἥδε σοι;

Θε.   Μάλιστ', ἄναξ.

Οι. Ὡς πρὸς τί χρείας;

Θε.   Ὡς ἀναλώσαιμί νιν.

Οι. Τεκοῦσα τλήμων;

Θε.   Θεσφάτων κακῶν ὄκνῳ.   1175

Οι. Ποίων;

Θε.   Κτενεῖν νιν τοὺς τεκόντας ἦν λόγος.

Οι. Πῶς δῆτ' ἀφῆκας τῷ γέροντι τῷδε σύ;

Θε. Κατοικτίσας, ὦ δέσποθ', ὡς ἄλλην χθόνα
     Δοκῶν ἀποίσειν, αὐτὸς ἔνθεν ἦν· ὁ δὲ
     Κἀκ' εἰς μέγιστ' ἔσωσεν. εἰ γὰρ οὗτος εἶ,   1180
     Ὃν φησιν οὗτος, ἴσθι δύσποτμος γεγώς.

Οι. Ἰοὺ, ἰού· τὰ πάντ' ἂν ἐξίκοι σαφῆ.
     Ὦ φῶς, τελευταῖόν σε προσβλέψαιμι νῦν,
     Ὅστις πέφασμαι φύς τ' ἀφ' ὧν οὐ χρῆν, ξὺν οἷς τ'
     Οὐ χρῆν μ' ὁμιλῶν, οὕς τ' ἔμ' οὐκ ἔδει κτανών,   1185

Χο.   Ἰὼ γενεαὶ βροτῶν,
         Ὡς ὑμᾶς ἴσα καὶ τὸ μηδὲν
         Ζώσας ἐναριθμῶ.
         Τίς γὰρ, τίς ἀνὴρ πλέον
         Τᾶς εὐδαιμονίας φέρει,   1190

Η τοσοῦτον ὅσον δοκεῖν,
Καὶ δόξαντ᾽ ἀποκλῖναι;
Τὸ σόν τοι παράδειγμ᾽ ἔχων,
Τὸν σὸν δαίμονα, τὸν σὸν, ὦ τλᾶμον
Οἰδιπόδα, βροτῶν οὐδένα μακαρίζω· 1195
᾽Οστις καθ᾽ ὑπερβολὰν τοξεύσας,
Ἐκράτησας τοῦ πάντ᾽ εὐδαίμονος ὄλβου·
Ω Ζεῦ,—κατὰ μὲν φθίσας τὰν γαμψώνυχα
Παρθένον χρησμῳδόν
Θανάτων δ᾽ ἐμᾷ χώρᾳ πύργος ἀνέστας· 1200
Εξ οὗ καὶ βασιλεὺς καλεῖ ἐμὸς,
Καὶ τὰ μέγιστ᾽ ἐτιμάθης,
Ταῖς μεγάλαισιν ἐν Θήβαις ἀνάσσων.
Τανῦν δ᾽ ἀκούειν τίς ἀθλιώτερος;
Τίς ἐν πόνοις, τίς ἄταις ἀγρίαις 1205
Ξύνοικος ἀλλαγᾷ βίου;
Ἰὼ κλεινὸν Οἰδίπου κάρα,
῾Ω μέγας λιμὴν ὡὗτὸς ἤρκεσε
Παιδὶ καὶ πατρὶ θαλαμηπόλῳ πεσεῖν,
Πῶς ποτε, πῶς ποθ᾽ αἱ πατρῷαί σ᾽ 1210
Αλοχες φέρειν, τάλας,
Σῖγ᾽ ἐδυνάθησαν ἐς τοσόνδε;
Εφεῦρέ σ᾽ ἄκονθ᾽ ὁ πάνθ᾽ ὁρῶν χρόνος·
Δικάζει τὸν ἄγαμον γάμον πάλαι,
Τεκνοῦντα καὶ τεκνούμενον. 1215
Ἰὼ Λάϊειον τέκνον,
Εἴθε σ᾽ εἴθε μήποτ᾽ εἰδόμαν.
Ὀδύρομαι γὰρ ὡς περίαλλα
Ιαχαίων ἐκ στομάτων.
Τὸ δ᾽ ὀρθὸν εἰπεῖν, 1220
Ανέπνευσά τ᾽ ἐκ σέθεν, καὶ
Κατεκοίμισα τοὐμὸν ὄμμα.

Εξ. Ω γῆς μέγιστα τῆσδ' ἀεὶ τιμώμενοι,
Οἷ' ἔργ' ἀκούσεσθ', οἷα δ' εἰσόψεσθ', ὅσον δ'
Ἀρεῖσθε πένθος, εἴπερ ἐγγενῶς ἔτι   1225
Τῶν Λαβδακείων ἐντρέπεσθε δωμάτων.
Οἶμαι γὰρ οὔτ' ἂν Ιστρον, οὔτε Φᾶσιν ἂν
Νίψαι καθαρμῷ τήνδε τὴν στέγην, ὅσα
Κεύθει· τὰ δ' αὐτίχ' ἐς τὸ φῶς φανεῖ κακὰ
Ἑκόντα, κοὐκ ἄκοντα. τῶν δὲ πημονῶν   1230
Μάλιστα λυποῦσ' αἳ ᾽ν φανῶσ' αὐθαίρετοι.

Χο. Λείπει μὲν οὐδ' ἃ πρόσθεν ᾔδειμεν, τὸ μὴ οὐ
Βαρύστον' εἶναι· πρὸς δ' ἐκείνοισιν τί φής;

Εξ. Ὁ μὲν τάχιστος τῶν λόγων εἰπεῖν τε καὶ
Μαθεῖν, τέθνηκε θεῖον Ιοκάστης κάρα.   1235

Χο. Ω δυστάλαινα· πρὸς τίνος ποτ' αἰτίας;

Εξ. Αὐτὴ πρὸς αὑτῆς. τῶν δὲ πραχθέντων τὰ μὲν
Ἀλγιστ' ἄπεστιν· ἡ γὰρ ὄψις οὐ πάρα.
Ὅμως δ', ὅσον γε κἀν ἐμοὶ μνήμης ἔνι,
Πεύσει τὰ κείνης ἀθλίας παθήματα.   1240
Ὅπως γὰρ ὀργῇ χρωμένη παρῆλθ' ἔσω
Θυρῶνος, ἵετ' εὐθὺ πρὸς τὰ νυμφικὰ
Λέχη, κόμην σπῶσ' ἀμφιδεξίοις ἀκμαῖς·
Πύλας δ', ὅπως εἰσῆλθ', ἐπιρρήξασ', ἔσω,
᾽Κάλει τὸν ἤδη Λάιον πάλαι νεκρόν·   1245
Μνήμην παλαιῶν σπερμάτων ἔχουσ', ὑφ' ὧν
Θάνοι μὲν αὐτός, τὴν δὲ τίκτουσαν λίποι
Τοῖς οἷσιν αὐτοῦ δύστεκνον παιδουργίαν.
Ἐγοᾶτο δ' εὐνάς, ἔνθα δύστηνος διπλοῦς,
Ἐξ ἀνδρὸς ἄνδρα, καὶ τέκν' ἐκ τέκνων τέκοι.   1250
Χὤπως μὲν ἐκ τῶνδ', οὐκ ἔτ' οἶδ', ἀπόλλυται·
Βοῶν γὰρ εἰσέπαισεν Οἰδίπους, ὑφ' οὗ
Οὐκ ἦν τὸ κείνης ἐκθεάσασθαι κακόν·
Ἀλλ' εἰς ἐκεῖνον περιπολοῦντ' ἐλεύσσομεν.

Φοιτᾷ γὰρ, ἡμᾶς ἔγχος ἐξαιτῶν πορεῖν·   1255
Γυναῖκά τ᾽ οὐ γυναῖκα, μητρῴαν δ᾽ ὅπου
Κίχοι διπλῆν ἄρουραν οὗ τε καὶ τέκνων.
Δυσσῶντι δ᾽ αὐτῷ δαιμόνων δείκνυσί τις·
Οὐδεὶς γὰρ ἀνδρῶν, οἳ παρῆμεν ἐγγύθεν.
Δεινὸν δ᾽ ἀΰσας, ὡς ὑφηγητοῦ τινὸς,   1260
Πύλαις διπλαῖς ἐνήλατ᾽· ἐκ δὲ πυθμένων
Ἔκλινε κοῖλα κλῆθρα, κἀμπίπτει στέγῃ,
Οὗ δὴ κρεμαστὴν τὴν γυναῖκ᾽ ἐσείδομεν,
Πλεκταῖς ἐώραις ἐμπεπλεγμένην. ὁ δὲ
Ὅπως ὁρᾷ νιν, δεινὰ βρυχηθεὶς τάλας,   1265
Χαλᾷ κρεμαστὴν ἀρτάνην· ἐπεὶ δὲ γῇ
Τλήμων ἔκειτο, δεινά γ᾽ ἦν τἀνθένδ᾽ ὁρᾶν.
Ἀποσπάσας γὰρ εἱμάτων χρυσηλάτους
Περόνας ἀπ᾽ αὐτῆς, αἷσιν ἐξεστέλλετο,
Ἄρας ἔπαισεν ἄρθρα τῶν αὑτοῦ κύκλων,   1270
Αὐδῶν τοιαῦθ᾽· Ὁθ᾽ οὕνεκ᾽ οὐκ ὄψοιντό νιν,
Οὔθ᾽ οἳ᾽ ἔπασχεν, οὔθ᾽ ὁποῖ᾽ ἔδρα κακὰ,
Ἀλλ᾽ ἐν σκότῳ τὸ λοιπὸν οὓς μὲν οὐκ ἔδει
Ὀψοίαθ᾽, οὓς δ᾽ ἔχρῃζεν οὐ γνωσοίατο.—
Τοιαῦτ᾽ ἐφυμνῶν, πολλάκις τε κοὐχ ἅπαξ   1275
Ἤρασσ᾽ ἐπαίρων βλέφαρα· φοίνιαι δ᾽ ὁμοῦ
Γλῆναι γένει᾽. ἔτεγγον· οὐδ᾽ ἀνίεσαν
Φόνου μυδώσας σταγόνας· ἀλλ᾽ ὁμοῦ μέλας
Ὄμβρος χαλάζης αἵματός τ᾽ ἐτέγγετο.
Τάδ᾽ ἐκ δυεῖν ἔρρωγεν, οὐ μόνου, κακά·   1280
Ἀλλ᾽ ἀνδρὶ καὶ γυναικὶ συμμιγῆ κακά.
Ὁ πρὶν παλαιὸς δ᾽ ὄλβος ἦν πάροιθε μὲν
Ὄλβος δικαίως· νῦν δὲ τῇδε θἠμέρᾳ
Στεναγμὸς, ἄτη, θάνατος, αἰσχύνη· κακῶν
Ὅσ᾽ ἐστὶ πάντων ὀνόματ᾽, οὐδέν ἐστ᾽ ἀπόν.   1285

Χο. Νῦν δ᾽ ἔσθ᾽ ὁ τλήμων ἐν τίνι σχολῇ κακοῦ;

Ἐξ.　Βοᾷ διοίγειν κλῇθρα, καὶ δηλοῦν τινὰ
　　　Τοῖς πᾶσι Καδμείοισι τὸν πατροκτόνον,
　　　Τὸν μητρὸς .... αὐδῶν ἀνόσι᾽, οὐδὲ ῥητά μοι·
　　　Ὡς ἐκ χθονὸς ῥίψων ἑαυτόν, οὐδ᾽ ἔτι　　　　　1290
　　　Μενῶν δόμοις ἀραῖος, ὡς ἠράσατο.
　　　Ῥώμης γε μέντοι καὶ προηγητοῦ τινὸς
　　　Δεῖται· τὸ γὰρ νόσημα μεῖζον ἢ φέρειν.
　　　Δείξει δὲ καὶ σοί· κλῇθρα γὰρ πυλῶν τάδε
　　　Διοίγεται· θέαμα δ᾽ εἰσόψει τάχα　　　　　　1295
　　　Τοιοῦτον, οἷον καὶ στυγοῦντ᾽ ἐποικτίσαι.

Χο.　Ὦ δεινὸν ἰδεῖν πάθος ἀνθρώποις,
　　　Ὦ δεινότατον πάντων, ὅσ᾽ ἐγὼ
　　　Προσέκυρσ᾽ ἤδη. τίς σ᾽, ὦ τλῆμον,
　　　Προσέβη μανία; τίς ὁ πηδήσας　　　　　　1300
　　　Μείζονα δαίμων τῶν μακίστων
　　　　　Πρὸς σῇ δυσδαίμονι μοίρᾳ;
　　　Φεῦ, φεῦ, δύσταν᾽· ἀλλ᾽ οὐδ᾽ ἐσιδεῖν
　　　Δύναμαί σ᾽, ἐθέλων πόλλ᾽ ἀνερέσθαι,
　　　Πολλὰ πυθέσθαι, πολλὰ δ᾽ ἀθρῆσαι·　　　　1305
　　　　　Τοίαν φρίκην παρέχεις μοι.
Οι.　　　Αἴ αἴ, αἴ αἴ,
　　　Φεῦ, φεῦ· δύστανος ἐγώ· ποῖ γᾶς
　　　　　Φέρομαι τλάμων;
　　　Πᾶ μοι φθογγὰ πέτεται φοράδην;　　　　　1310
　　　Ἰὼ δαῖμον, ἵν᾽ ἐξήλου;
Χο.　Ἐς δεινόν, οὐδ᾽ ἀκουστόν, οὐδ᾽ ἐπόψιμον.

　　　　　Στροφὴ ά.

Οι.　Ἰὼ σκότου νέφος ἐμὸν ἀπότροπον,
　　　Ἐπιπλόμενον ἄφατον,
　　　Ἀδάμαστόν τε　　　　　　　　　　　　1315
　　　Καὶ δυσούριστον. οἴμοι,

Οἴμοι μάλ' αὖθις· οἷον εἰσέδυ μ' ἅμα
Κέντρων τε τῶνδ' οἴστρημα, καὶ μνήμη κακῶν.

Χα. Καὶ θαυμά γ' οὐδὲν ἐν τοσοῖσδε πήμασι
Διπλᾶ σε πενθεῖν, καὶ διπλᾶ φορεῖν κακά.　　　　1320

Ἀντιστροφὴ ά.

Οι. Ἰὼ φίλος, σὺ μὲν ἐμὸς ἐπίπολος
Ἐτι μόνιμος· ἔτι γὰρ
Ὑπομένεις ἐμέ.
Τὸν τυφλὸν κηδεύων φεῦ.
Οὐ γάρ με λήθεις, ἀλλὰ γιγνώσκω σαφῶς,　　　　1325
Καίπερ σκοτεινὸς, τήν γε σὴν αὐδὴν ὅμως.

Χο. Ω δεινὰ δράσας, πῶς ἔτλης τοιαῦτα σὰς
Οψεις μαρᾶναι; τίς σ' ἐπῆρε δαιμόνων;

Στροφὴ β'.

Οι. Ἀπόλλων τάδ' ἦν, Ἀπόλλων, ὦ φίλοι,
Ὁ κακὰ τελῶν ἐμά,　　　　1330
Κακὰ τάδ' ἐμὰ πάθεα.
Επαισε δ' αὐτόχειρ νιν
Οὔτις, ἀλλ' ἐγὼ τλάμων.
Τί γὰρ ἔδει μ' ὁρᾶν,
Ὅτῳ γ' ὁρῶντι μηδὲν ἦν ἰδεῖν γλυκύ;　　　　1335

Χο. Ην ταῦθ', ὅπωσπερ καὶ σὺ φής.

Στροφὴ γ'.

Οι. Τί δή ποτ' ἐμοὶ βλεπτὸν, ἢ
Στερκτὸν, ἢ προσήγορον
Ετ' ἔστ' ἀκούειν ἡδονᾷ, φίλοι;
Απάγετ' ἐκτόπιον　　　　1340
Ὅτι τάχιστά με,
Απάγετ', ὦ φίλοι,

     Τὸν ὄλεθρον μέγαν,

  • Τὸν καταρατότατον,

     Ετι δὲ καὶ θεοῖς   1345

     Εχθρότατον βροτῶν.

Χο. Δείλαιε τοῦ νοῦ τῆς τε συμφορᾶς ἴσον,

    'Ως σ᾽ ἠθέλησα μηδ᾽ ἀναγνῶναί ποτ᾽ ἄν.

Ἀντιστροφή β'.

Οι. Ολοιθ᾽ ὅστις ἦν, ὃς ἀπ᾽ ἀγρίας πέδας

     Νομάδος ἐπιποδίας   1350

     Ελυσέ μ᾽, ἀπό τε φόνου

     Ερρύτο κἀνέσωσεν,

     Οὐδὲν εἰς χάριν πράσσων.

     Τότε γὰρ ἂν θανὼν,

  Οὐκ ἦν φίλοισιν οὐδ᾽ ἐμοὶ τοσόνδ᾽ ἄχος.   1355

Χο. Θέλοντι κἀμοὶ τοῦτ᾽ ἂν ἦν.

Ἀντιστροφὴ γ'.

Οι.   Οὔκουν πατρός γ᾽ ἂν φονεὺς

     Ηλθον, οὐδὲ νυμφίος

     Βροτοῖς ἐκλήθην ἂν ἔφυν ἄπο.

      Νῦν δ᾽ ἄθλιος μέν εἰμ᾽,   1360

     Ανοσίων δὲ παῖς,

     'Ομογενὴς δ᾽ ἀφ᾽ ὧν

     Αὐτὸς ἔφυν τάλας.

     Εἰ δέ τι πρεσβύτερον

     Εφυ κακοῦ κακὸν,   1365

     Τοῦτ᾽ ἔλαχ᾽ Οἰδίπους.

Χο. Οὐκ οἶδ᾽ ὅπως σε φῶ βεβουλεῦσθαι καλῶς·

    Κρείσσων γὰρ ἦσθα μηκέτ᾽ ὢν, ἢ ζῶν τυφλός.

Οι. 'Ως μὲν τάδ᾽ οὐχ ὧδ᾽ ἔστ᾽ ἄριστ᾽ εἰργασμένα,

    Μή μ᾽ ἐκδίδασκε, μηδὲ συμβούλευ᾽ ἔτι.   1370

Ἐγὼ γὰρ οὐκ οἶδ᾽, ὄμμασιν ποίοις βλέπων
Πατέρα ποτ᾽ ἂν προσεῖδον εἰς Ἀδου μολὼν,
Οὐδ᾽ αὖ τάλαιναν μητέρ᾽, οἶν ἐμοὶ δυοῖν
Ἐργ᾽ ἐστὶ κρείσσον᾽ ἀγχόνης εἰργασμένα.
Ἀλλ᾽ ἡ τέκνων δῆτ᾽ ὄψις ἦν ἐφίμερος,   1375
Βλαστοῦσ᾽ ὅπως ἔβλαστε, προσλεύσσειν ἐμοί;
Οὐ δῆτα τοῖς γ᾽ ἐμοῖσιν ὀφθαλμοῖς ποτέ·
Οὐδ᾽ ἄστυ γ᾽, οὐδὲ πύργος, οὐδὲ δαιμόνων
Ἀγάλμαθ᾽ ἱερά, τῶν ὁ παγχλήμων ἐγὼ
Κάλλιστ᾽ ἀνὴρ εἷς ἔν γε ταῖς Θήβαις τραφεὶς 1380
Ἀπεστέρησ᾽ ἐμαυτὸν, αὐτὸς ἐννέπων
Ὠθεῖν ἅπαντας τὸν ἀσεβῆ, τὸν ἐκ θεῶν
Φανέντ᾽ ἄναγνον, καὶ γένους τοῦ Λαΐου.
Τοιάνδ᾽ ἐγὼ κηλῖδα μηνύσας ἐμὴν
Ὀρθοῖς ἔμελλον ὄμμασιν τούτους ὁρᾶν;   1385
Ἥκιστά γ᾽· ἀλλ᾽ εἰ τῆς ἀκουούσης ἔτ᾽ ἦν
Πηγῆς δι᾽ ὤτων φραγμός, οὐκ ἂν ἐσχόμην
Τὸ μὴ ᾽ποκλεῖσαι τοὐμὸν ἄθλιον δέμας,
Ἵν᾽ ἦν τυφλός τε καὶ κλύων μηδέν· τὸ γὰρ
Τὴν φροντίδ᾽ ἔξω τῶν κακῶν οἰκεῖν, γλυκύ. 1390
Ἰὼ Κιθαιρὼν, τί μ᾽ ἐδέχου; τί μ᾽ οὐ λαβὼν
Ἔκτεινας εὐθὺς, ὡς ἔδειξα μήποτε
Ἐμαυτὸν ἀνθρώποισιν ἔνθεν ἦν γεγώς;
Ὠ Πόλυβε καὶ Κόρινθε, καὶ τὰ πάτρια
Λόγῳ παλαιὰ δώμαθ᾽, οἷον ἆρ᾽ ἐμὲ   1395
Κάλλος κακῶν ὕπουλον ἐξεθρέψατε.
Νῦν γὰρ κακός τ᾽ ἂν κἀκ κακῶν εὑρίσκομαι.
Ὠ τρεῖς κέλευθοι καὶ κεκρυμμένη νάπη,
Δρυμός τε, καὶ στενωπὸς ἐν τριπλαῖς ὁδοῖς,
Ἂι τοὐμὸν αἷμα, τῶν ἐμῶν χειρῶν ἄπο, 1400
Ἐπίετε πατρὸς, ἆρ᾽ ἐμοῦ μέμνησθ᾽ ἔτι,
Οἷ᾽ ἔργα δράσας ὑμῖν, εἶτα δεῦρ᾽ ἰὼν

'Οποῖ' ἔπρασσον αὖθις; ὦ γάμοι, γάμοι,
Εφύσαθ' ἡμᾶς, καὶ φυτεύσαντες, πάλιν
Ανεῖτε ταὐτὸν σπέρμα, κἀπεδείξατε 1405
Πατέρας, ἀδελφοὺς, παῖδας, αἷμ' ἐμφύλιον,
Νύμφας, γυναῖκας, μητέρας τε, χὠπόσα
Αἴσχιστ' ἐν ἀνθρώποισιν ἔργα γίγνεται.
Αλλ', οὐ γὰρ αὐδᾶν ἔσθ' ἃ μηδὲ δρᾶν καλὸν,
'Οπως τάχιστα, πρὸς θεῶν, ἔξω μέ που 1410
Καλύψατ', ἢ φονεύσατ', ἢ θαλάσσιον
Εκρίψατ', ἔνθα μήποτ' εἰσόψεσθ' ἔτι.
Ιτ', ἀξιώσατ' ἀνδρὸς ἀθλίου θιγεῖν.
Πείθεσθε, μὴ δείσητε· τἀμὰ γὰρ κακὰ
Οὐδεὶς οἷός τε πλήν γ' ἐμοῦ φέρειν βροτῶν. 1415
Χο. Αλλ' ὧν ἐπαιτεῖς ἐς δέον πάρεσθ' ὅδε
Κρέων, τὸ πράσσειν καὶ τὸ βουλεύειν ἐπεὶ
Χώρας λέλειπται μοῦνος ἀντὶ σοῦ φύλαξ.
Οι. Οἴμοι· τί δῆτα λέξομεν πρὸς τόνδ' ἔπος;
Τίς μοι φανεῖται πίστις ἔνδικος; τὰ γὰρ 1420
Πάρος πρὸς αὐτὸν πάντ' ἐφεύρημαι κακός.
Κρε. Οὐχ ὡς γελαστὴς, Οἰδίπους, ἐλήλυθα,
Οὐδ' ὡς ὀνειδιῶν τι τῶν πάρος κακῶν.
Αλλ' εἰ τὰ θνητῶν μὴ καταισχύνεσθ' ἔτι
Γένεθλα, τὴν γοῦν πάντα βόσκουσαν φλόγα 1425
Αἰδεῖσθ' ἄνακτος Ἡλίου, τοιόνδ' ἄγος
Ακάλυπτον οὕτω δεικνύναι, τὸ μήτε γῆ,
Μήτ' ὄμβρος ἱερὸς, μήτε φῶς προσδέξεται.
Αλλ' ὡς τάχιστ' ἐς οἶκον ἐσκομίζετε.
Τοῖς ἐν γένει γὰρ τἀγγενῆ μάλισθ' ὁρᾶν 1430
Μόνοις τ' ἀκούειν εὐσεβῶς ἔχει κακά.
Οι. Πρὸς θεῶν, ἐπείπερ ἐλπίδος μ' ἀπέσπασας,
Αριστος ἐλθὼν πρὸς κάκιστον ἄνδρ' ἐμὲ,
Πιθοῦ τί μοι· πρὸς σοῦ γὰρ, οὐδ' ἐμοῦ, φράσω.

Κρε. Καὶ τοῦ με χρείας ὧδε λιπαρεῖς τυχεῖν; 1435

Οι. 'Ρίψον με γῆς ἐκ τῆσδ' ὅσον τάχισθ', ὅπου
Θνητῶν φανοῦμαι μηδενὸς προσήγορος.

Κρε. Ἔδρασ' ἂν, εὖ τοῦτ' ἴσθ' ἂν, εἰ μὴ τοῦ θεοῦ
Πρώτιστ' ἔχρῃζον ἐκμαθεῖν, τί πρακτέον.

Οι. Ἀλλ' ἥ γ' ἐκείνου πᾶσ' ἐδηλώθη· φάτις, 1440
Τὸν πατροφόντην, τὸν ἀσεβῆ, μ' ἀπολλύναι.

Κρε. Οὕτως ἐλέχθη ταῦθ'· ὅμως δ', ἵν' ἔσταμεν
Χρείας, ἄμεινον ἐκμαθεῖν, τί δραστέον.

Οι. Οὕτως ἄρ' ἀνδρὸς ἀθλίου πεύσεσθ' ὕπερ;

Κρε. Καὶ γὰρ σὺ νῦν τ' ἂν τῷ θεῷ πίστιν φέροις. 1445

Οι. Καὶ σοί γ' ἐπισκήπτω τε, καὶ προτρέψομαι,
Τῆς μὲν κατ' οἴκους αὐτὸς ὃν θέλεις τάφον
Θοῦ· καὶ γὰρ ὀρθῶς τῶν γε σῶν τελεῖς ὕπερ.
Ἐμοῦ δὲ μήποτ' ἀξιωθήτω τόδε
Πατρῷον ἄστυ ζῶντος οἰκητοῦ τυχεῖν. 1450
Ἀλλ' ἔα με ναίειν ὄρεσιν, ἔνθα κλῄζεται
Οὑμὸς Κιθαιρὼν οὗτος, ὃν μήτηρ τ' ἐμοὶ
Πατήρ τ' ἐθέσθην ζῶντι κύριον τάφον,
Ἵν' ἐξ ἐκείνων, οἵ μ' ἀπωλλύτην, θάνω.
Καίτοι τοσοῦτόν γ' οἶδα, μήτ' ἔμ' ἂν νόσον, 1455
Μήτ' ἄλλο πέρσαι μηδέν· οὐ γὰρ ἄν ποτε
Θνήσκων ἐσώθην, μὴ 'πί τῳ δεινῷ κακῷ.
Ἀλλ' ἡ μὲν ἡμῶν μοῖρ', ὅπηπερ εἶσ', ἴτω·
Παίδων δὲ, τῶν μὲν ἀρσένων μή μοι, Κρέων,
Πρόσθῃ μέριμναν· ἄνδρες εἰσὶν, ὥστε μὴ 1460
Σπάνιν ποτὲ σχεῖν, ἔνθ' ἂν ὦσι, τοῦ βίου·
Ταῖν δ' ἀθλίαιν οἰκτραῖν τε παρθένοιν ἐμαῖν,-
Αἷν οὔ ποθ' ἡ 'μὴ χωρὶς ἐστάθη βορᾶς
Τράπεζ' ἄνευ τοῦδ' ἀνδρὸς, ἀλλ' ὅσων ἐγὼ
Ψαύοιμι, πάντων τῶνδ' ἀεὶ μετειχέτην,- 1465
Ταῖν μοι μέλεσθαι. καὶ μάλιστα μὲν χεροῖν

Ψαῦσαί μ' ἔασον, κἀποκλαύσασθαι κακά.
　　Ἴθ', ὦ 'ναξ,
Ἴθ', ὦ γονῇ γενναῖε· χερσὶ δ' ἂν θιγὼν
Δοκοῖμ' ἔχειν σφᾶς, ὥσπερ ἡνίκ' ἔβλεπον.　　　　　1470
　　Τί φημί;
Οὐ δὴ κλύω που, πρὸς θεῶν, τοῖν μοι φίλοιν
Δακρυρροούντοιν; καί μ' ἐποικτείρας Κρέων
Ἔπεμψ' ἐμοὶ τὰ φίλτατ' ἐκγόνοιν ἐμοῖν;
　　Λέγω τι; .　　　　　　　　　　　　　　　　1475
Κρε. Λέγεις· ἐγὼ γάρ εἰμ' ὁ πορσύνας τάδε,
　　Γνοὺς τὴν παροῦσαν τέρψιν, ἥ σ' εἶχεν πάλαι.
Οι. Ἀλλ' εὐτυχοίης, καί σε τῆσδε τῆς ὁδοῦ
　　Δαίμων ἄμεινον ἢ 'μὲ φρουρήσας τύχοι.
Ὦ τέκνα, ποῦ ποτ' ἐστέ; δεῦρ' ἴτ', ἔλθετε　　　　1480
Ὡς τὰς ἀδελφὰς τάσδε τὰς ἐμὰς χέρας,
Αἳ τοῦ φυτουργοῦ πατρὸς ὑμὶν ὧδ' ὁρᾶν
Τὰ πρόσθε λαμπρὰ προὐξένησαν ὄμματα·
Ὃς ὑμὶν, ὦ τέκν', οὔθ' ὁρῶν, οὔθ' ἱστορῶν,
Πατὴρ ἐφάνθην, ἔνθεν αὐτὸς ἠρόθην.　　　　　1485
Καὶ σφὼ δακρύω· προσβλέπειν γὰρ οὐ σθένω·
Νοούμενος τὰ λοιπὰ τοῦ πικροῦ βίου,
Οἷον βιῶναι σφὼ πρὸς ἀνθρώπων χρεών.
Ποίας γὰρ ἀστῶν ἥξετ' εἰς ὁμιλίας;
Ποίας δ' ἑορτὰς, ἔνθεν οὐ κεκλαυμέναι　　　　　1490
Πρὸς οἶκον ἵξεσθ' ἀντὶ τῆς θεωρίας;
Ἀλλ' ἡνίκ' ἂν δὴ πρὸς γάμων ἥκητ' ἀκμάς,
Τίς οὗτος ἔσται, τίς παραρρίψει, τέκνα,
Τοιαῦτ' ὀνείδη λαμβάνων, ἃ τοῖς ἐμοῖς
Γονεῦσίν ἐστι σφῷν θ' ὁμοῦ δηλήματα;　　　　　1495
Τί γὰρ κακῶν ἄπεστι; τὸν πατέρα πατὴρ
Ὑμῶν ἔπεφνε· τὴν τεκοῦσαν ἤροσεν,
Ὅθεν περ αὐτὸς ἐσπάρη, κἀκ τῶν ἴσων

Ἐκτήσαθ' ὑμᾶς, ὥνπερ αὐτὸς ἐξέφυ.

Τοιαῦτ' ὀνειδιεῖσθε· κἆτα τίς γαμεῖ;   1500

Οὐκ ἔστιν οὐδεὶς, ὦ τέκν'· ἀλλὰ δηλαδὴ

Χέρσους φθαρῆναι κἀγάμους ὑμᾶς χρεών.

Ὦ παῖ Μενοικέως, ἀλλ' ἐπεὶ μόνος πατὴρ

Ταύταιν λέλειψαι, –νὼ γὰρ, ὣ 'φυτεύσαμεν,

Ὀλώλαμεν δύ' ὄντε,– μή σφε περιΐδῃς   1505

Πτωχὰς, ἀνάνδρους, ἐγγενεῖς ἀλωμένας,

Μηδ' ἐξισώσῃς τάσδε τοῖς ἐμοῖς κακοῖς·

Ἀλλ' οἴκτισον σφᾶς, ὧδε τηλικάσδ' ὁρῶν

Πάντων ἐρήμους, πλὴν ὅσον τὸ σὸν μέρος.

Ξύννευσον, ὦ γενναῖε, σῇ ψαύσας χερί.   1510

Σφῷν δ', ὦ τέκν', εἰ μὲν εἰχετόν γ' ἤδη φρένας,

Πόλλ' ἂν παρῄνουν· νῦν δὲ τοῦτ' εὔχεσθέ μοι,

Οὗ καιρὸς, αἰεὶ ζῆν, βίου δὲ λῴονος

Ὑμᾶς κυρῆσαι τοῦ φυτεύσαντος πατρός.

Κρε. Ἅλις, ἵν' ἐξήκεις δακρύων. ἀλλ' ἴθι στέγης ἔσω.   1515

Οι. Πειστέον, κεἰ μηδὲν ἡδύ.

Κρε.   Πάντα γὰρ καιρῷ καλά.

Οι. Οἶσθ' ἐφ' οἷς οὖν εἶμι;

Κρε.   Λέξεις, καὶ τότ' εἴσομαι κλύων.

Οι. Γῆς μ' ὅπως πέμψεις ἄποικον.

Κρε.   Τοῦ θεοῦ μ' αἰτεῖς δόσιν.

Οι. Ἀλλὰ θεοῖς γ' ἔχθιστος ἥκω.

Κρε.   Τοιγαροῦν τεύξει τάχα.

Οι. Φὴς τάδ' οὖν;

Κρε.   Ἃ μὴ φρονῶ γὰρ, οὐ φιλῶ λέγειν μάτην.

Οι. Ἄπαγέ νύν μ' ἐντεῦθεν ἤδη.

Κρε.   Στεῖχέ νυν, τέκνων δ' ἀφοῦ.

Οι. Μηδαμῶς ταύτας γ' ἕλῃ μου.

Κρε.   Πάντα μὴ βούλου κρατεῖν·

Καὶ γὰρ ἃ 'κράτησας, οὔ σοι τῷ βίῳ ξυνέσπετο.   1523

Χο.   Ὦ πάτρας Θήβης ἔνοικοι, λεύσσετ᾽, Οἰδίπους ὅδε,
      Ὃς τὰ κλείν᾽ αἰνίγματ᾽ ᾔδη, καὶ κράτιστος ἦν ἀνήρ,
      Ὅστις οὐ ζήλῳ πολιτῶν καὶ τύχαις ἐπιβλέπων,—
      Εἰς ὅσον κλύδωνα δεινῆς ξυμφορᾶς ἐλήλυθεν.   1527
      Ὥστε θνητὸν ὄντ᾽, ἐκείνην τὴν τελευταίαν ἰδεῖν
      Ἡμέραν ἐπισκοποῦντα, μηδέν᾽ ὀλβίζειν, πρὶν ἂν
      Τέρμα τοῦ βίου περάσῃ, μηδὲν ἀλγεινὸν παθών.

        ΤΕΛΟΣ ΟΙΔΙΠΟΔΟΣ ΤΥΡΑΝΝΟΥ.

II.

*EX EURIPIDE.

[Juxta Edit. Ric. Porson. Cantab. 1801. in 8vo.]

EURIPIDES—in affectibus cùm omnibus mirus, tùm in iis qui miseratione constant, facilè praecipuus.

QUINCT. LIB. X.

ΥΠΟΘΕΣΙΣ

ΜΗΔΕΙΑΣ.

ΙΑΣΩΝ εἰς Κόρινθον ἐλθὼν, ἐπαγόμενος καὶ Μήδειαν, ἐγγυᾶται τὴν Κρέοντος, τοῦ Κορινθίων βασιλέως, θυγατέρα Γλαύκην, πρὸς γάμον. μέλλουσα δὲ ἡ Μήδεια φυγαδεύεσθαι ὑπὸ Κρέοντος ἐκ τῆς Κορίνθου, παραιτησαμένη μίαν ἡμέραν μεῖναι, καὶ τυχοῦσα, μισθὸν τῆς χάριτος δῶρα διὰ τῶν παίδων πέμπει τῇ Γλαύκῃ, ἐσθῆτα, καὶ χρυσοῦν στέφανον, οἷς ἐκείνη χρησαμένη διαφθείρεται· καὶ ὁ Κρέων δὲ, περιπλακεὶς τῇ θυγατρὶ, ἀπόλλυται. Μήδεια δὲ, τοὺς ἑαυτῆς παῖδας ἀποκτείνασα, ἐφ' ἅρματος δρακόντων πτερωτῶν, ὃ παρ' Ἡλίου ἔλαβεν, ἔποχος γενομένη, ἀποδιδράσκει εἰς Ἀθήνας, κἀκεῖσε Αἰγεῖ τῷ Πανδίονος γαμεῖται. Φερεκύδης δὲ καὶ Σιμωνίδης φασὶν, ὡς ἡ Μήδεια ἐψήσασα τὸν Ἰάσονα νέον ποιήσειε· περὶ δὲ τοῦ πατρὸς αὐτοῦ Αἴσονος, ὁ τοὺς Νόστους ποιήσας φησὶν οὕτως·

Αὐτίκα δ' Αἴσονα θῆκε φίλον κόρον ἡβώοντα,
Γῆρας ἀποξύσασ' εἰδυίῃσι πραπίδεσσι,
Φάρμακα πόλλ' ἕψουσ' ἐπὶ χρυσείοισι λέβησιν.

Αἰσχύλος δ' ἐν ταῖς τοῦ Διονύσου Τροφοῖς ἱστορεῖ, ὅτι καὶ τὰς Διονύσου τροφοὺς μετὰ τῶν ἀνδρῶν αὐτῶν ἀνεψήσασα, ἐνεοποίησε. Στάφυλος δὲ φησι, τὸν Ἰάσονα τρόπον τινὰ ὑπὸ τῆς Μηδείας ἀναιρεθῆναι· ἐγκελεύσασθαι γὰρ αὐτὴν ὑπὸ τῇ πρύμνῃ τῆς Ἀργοῦς αὐτὸν κατακοιμηθῆναι, μελλούσης τῆς νεὼς διαλύεσθαι ὑπὸ τοῦ χρόνου· ἐπιπεσούσης γοῦν τῆς πρύμνης τῷ Ἰάσονι, τελευτῆσαι αὐτόν.

ΑΔΩΣ,

ΑΡΙΣΤΟΦΑΝΟΥΣ ΤΟΥ ΓΡΑΜΜΑΤΙΚΟΥ.

ΜΗΔΕΙΑ, διὰ τὴν πρὸς Ἰάσονα ἔχθραν, τῷ ἐκεῖνον γεγαμηκέναι Γλαύκην τὴν Κρέοντος θυγατέρα, ἀπέκτεινε μὲν Γλαύκην καὶ Κρέοντα, καὶ τοὺς ἰδίους υἱούς· ἐχωρίσθη δ' Ἰάσονος, Αἰγεῖ συνακή- δουσα. Παρ' οὐδετέρῳ κεῖται ἡ μιθοποιΐα.

Ἡ μὲν σκηνὴ τοῦ δράματος ὑπόκειται ἐν Κορίνθῳ· ὁ δὲ χορὸς συνέ- στηκεν ἐκ γυναικῶν πολιτίδων. Ἐδιδάχθη ἐπὶ Πυθοδώρου ἄρχον- τος, κατὰ τὴν ὀγδοηκοστὴν ἑβδόμην Ὀλυμπιάδα. Πρῶτος Εὐφο- ρίων, δεύτερος Σοφοκλῆς, τρίτος Εὐριπίδης. Μήδεια, Φιλοκτή- της, Δίκτυς, Θερισταὶ Σάτυροι. οὐ σώζεται.

ΤΑ ΤΟΥ ΔΡΑΜΑΤΟΣ ΠΡΟΣΩΠΑ.

ΤΡΟΦΟΣ ΜΗΔΕΙΑΣ.

ΠΑΙΔΑΓΩΓΟΣ.

ΜΗΔΕΙΑ.

ΧΟΡΟΣ γυναικῶν.

ΚΡΕΩΝ.

ΙΑΣΩΝ.

ΑΙΓΕΥΣ, Βασιλεὺς Ἀθηνῶν.

ΑΓΓΕΛΟΣ.

ΠΑΙΣ ΜΗΔΕΙΑΣ.

ἙΤΕΡΟΣ ΠΑΙΣ.

Προλογίζει δὲ ἡ Τροφός.

*ΜΗΔΕΙΑ.

ΤΡΟΦΟΣ.

ΕΙΘ᾽ ὤφελ᾽ Ἀργοῦς μὴ διαπτάσθαι σκάφος,
Κόλχων ἐς αἶαν, κυανέας Συμπληγάδας·
Μηδ᾽ ἐν νάπαισι Πηλίου πεσεῖν ποτε
Τμηθεῖσα πεύκη, μηδ᾽ ἐρετμῶσαι χέρας
Ἀνδρῶν ἀρίστων, οἳ τὸ πάγχρυσον δέρος   5
Πελίᾳ μετῆλθον. οὐ γὰρ ἂν δέσποιν᾽ ἐμὴ
Μήδεια πύργους γῆς ἔπλευσ᾽ Ἰωλκίας,
Ἔρωτι θυμὸν ἐκπλαγεῖσ᾽ Ἰάσονος.
Οὐδ᾽ ἄν, κτανεῖν πείσασα Πελιάδας κόρας
Πατέρα, κατῴκει τήνδε γῆν Κορινθίαν,   10
Ξὺν ἀνδρὶ καὶ τέκνοισιν, ἁνδάνουσα μὲν
Φυγῇ πολίταις, ὧν ἀφίκετο χθόνα,
Αὐτὴ δὲ πάντα συμφέρουσ᾽ Ἰάσονι·
Ἥπερ μεγίστη γίγνεται σωτηρία,
Ὅταν γυνὴ πρὸς ἄνδρα μὴ διχοστατῇ.   15
Νῦν δ᾽ ἐχθρὰ πάντα, καὶ νοσεῖ τὰ φίλτατα·
Προδοὺς γὰρ αὑτοῦ τέκνα, δεσπότιν τ᾽ ἐμὴν,
Γάμοις Ἰάσων βασιλικοῖς εὐνάζεται,
Γήμας Κρέοντος παῖδ᾽, ὃς αἰσυμνᾷ χθονός.
Μήδεια δ᾽ ἡ δύστηνος, ἠτιμασμένη,   20
Βοᾷ μὲν ὅρκους, ἀνακαλεῖ δὲ δεξιᾶς
Πίστιν μεγίστην, καὶ θεοὺς μαρτύρεται,

Οἵας ἀμοιβῆς ἐξ Ἰάσονος κυρεῖ.
Κεῖται δ᾽ ἄσιτος, σῶμ᾽ ὑφεῖσ᾽ ἀλγηδόνι,
Τὸν πάντα συντήκουσα δακρύοις χρόνον,   **25**
Ἐπεὶ πρὸς ἀνδρὸς ᾖσθετ᾽ ἠδικημένη,
Οὔτ᾽ ὄμμ᾽ ἐπαίρουσ᾽, οὔτ᾽ ἀπαλλάσσουσα γῆς
Πρόσωπον· ὡς δὲ πέτρος, ἢ θαλάσσιος
Κλύδων, ἀκούει νουθετουμένη φίλων.
Ἢν μήποτε στρέψασα πάλλευκον δέρην,   **30**
Αὐτὴ πρὸς αὑτὴν πατέρ᾽ ἀποιμώξῃ φίλον,
Καὶ γαῖαν, οἴκους θ᾽, οὓς προδοῦσ᾽ ἀφίκετο
Μετ᾽ ἀνδρὸς, ὅς σφε νῦν ἀτιμάσας ἔχει.
Ἔγνωκε δ᾽ ἡ τάλαινα συμφορᾶς ὕπο,
Οἷον πατρῴας μὴ ᾽πολείπεσθαι χθονός.   **35**
Στυγεῖ δὲ παῖδας, οὐδ᾽ ὁρῶσ᾽ εὐφραίνεται.
Δέδοικα δ᾽ αὐτὴν, μή τι βουλεύσῃ νέον·
Βαρεῖα γὰρ φρὴν, οὐδ᾽ ἀνέξεται κακῶς
Πάσχουσ᾽. ἐγῷδα τήνδε, δειμαίνω τέ νιν,
Μὴ θηκτὸν ὤσῃ φάσγανον δι᾽ ἥπατος,   **40**
[Σιγῇ δόμους εἰσβᾶσ᾽, ἵν᾽ ἔστρωται λέχος,]
Ἢ καὶ τύραννον, τόν τε γήμαντα κτάνῃ,
Κἄπειτα μείζω ξυμφορὰν λάβῃ τινά.
Δεινὴ γάρ· οὔτοι ῥᾳδίως γε συμβαλὼν
Ἐχθρὰν τις αὐτῇ καλλίνικον ᾄσεται.
Ἀλλ᾽ οἵδε παῖδες ἐκ τρόχων πεπαυμένοι   **45**
Στείχουσι, μητρὸς οὐδὲν ἐννοούμενοι
Κακῶν. νέα γὰρ φροντὶς οὐκ ἀλγεῖν φιλεῖ.

ΠΑΙΔΑΓΩΓΟΣ.

Παλαιὸν οἴκων κτῆμα δεσποίνης ἐμῆς,
Τί πρὸς πύλαισι τήνδ᾽ ἄγουσ᾽ ἐρημίαν
Ἕστηκας, αὐτὴ θρεομένη σαυτῇ κακά;   **50**
Πῶς σου μόνη Μήδεια λείπεσθαι θέλει;
Τρο. Τέκνων ὀπαδὲ πρέσβυ τῶν Ἰάσονος,

Χρηστοῖσι δούλοις ξυμφορὰ τὰ δεσποτῶν
Κακῶς πιτνοῦντα, καὶ φρενῶν ἀνθάπτεται.
Εγὼ γὰρ εἰς τοῦτ᾽ ἐκβέβηκ᾽ ἀλγηδόνος,   55
Ὥσθ᾽ ἵμερός μ᾽ ὑπῆλθε γῇ τε κοὐρανῷ
Λέξαι, μολοῦσαν δεῦρο, δεσποίνης τύχας.

Παι.   Οὔπω γὰρ ἡ τάλαινα παύεται γόων;
Τρο.   Ζηλῶ σ᾽· ἐν ἀρχῇ πῆμα, κοὐδέπω μεσοῖ.   ·
Παι.   Ὦ μῶρος, εἰ χρὴ δεσπότας εἰπεῖν τόδε,   60
     Ὡς οὐδὲν οἶδε τῶν νεωτέρων κακῶν.
Τρο.   Τί δ᾽ ἔστιν, ὦ γεραιέ; μὴ φθόνει φράσαι.
Παι.   Οὐδέν· μετέγνων καὶ τὰ πρόσθ᾽ εἰρημένα.
Τρο.   Μὴ, πρὸς γενείου, κρύπτε σύνδουλον σέθεν·
     Σιγὴν γὰρ, εἰ χρῇ, τῶνδε θήσομαι πέρι.   65
Παι.   Ηκουσά του λέγοντος, οὐ δοκῶν κλύειν,
     Πεσσοὺς προσελθὼν, ἔνθα δὴ παλαίτεροι
     Θάσσουσι, σεμνὸν ἀμφὶ Πειρήνης ὕδωρ,
     Ὡς τούσδε παῖδας γῆς ἐλᾷν Κορινθίας
     Ξὺν μητρὶ μέλλει τῆσδε κοίρανος χθονὸς   70
     Κρέων. ὁ μέντοι μῦθος εἰ σαφὴς ὅδε,
     Οὐκ οἶδα· βουλοίμην δ᾽ ἂν οὐκ εἶναι τάδε.
Τρο.   Καὶ ταῦτ᾽ Ιάσων παῖδας ἐξανέξεται
     Πάσχοντας, εἰ καὶ μητρὶ διαφορὰν ἔχει;
Παι.   Παλαιὰ καινῶν λείπεται κηδευμάτων,   75
     Κοὐκ ἔστ᾽ ἐκεῖνος τοῖσδε δώμασιν φίλος.
Τρο.   Απωλόμεσθ᾽ ἄρ᾽, εἰ κακὸν προσοίσομεν
     Νέον παλαιῷ, πρὶν τόδ᾽ ἐξηντληκέναι.
Παι.   Ατὰρ σύγ᾽, –οὐ γὰρ καιρὸς εἰδέναι τάδε
     Δέσποιναν,– ἡσύχαζε, καὶ σίγα λόγον.   80
Τρο.   Ω τέκν᾽, ἀκούεθ᾽, οἷος εἰς ὑμᾶς πατήρ;
     Ολοιτο μὲν μὴ, δεσπότης γάρ εστ᾽ ἐμὸς,
     Ατὰρ κακός γ᾽ ὢν εἰς φίλους ἁλίσκεται.
Παι.   Τίς δ᾽ οὐχὶ θνητῶν; ἄρτι γιγνώσκεις τόδε,
     Ὡς πᾶς τις αὑτὸν τοῦ πέλας μᾶλλον φιλεῖ,   85

Οἱ μὲν δικαίως, οἱ δὲ καὶ κέρδους χάριν,—
Εἰ τούσδε γ' εὐνῆς οὕνεκ' οὐ στέργει πατήρ;

Τρο. Ἴτ', -εὖ γὰρ ἔσται,- δωμάτων εἴσω, τέκνα.
Σὺ δ' ὡς μάλιστα τούσδ' ἐρημώσας ἔχε,
Καὶ μὴ πέλαζε μητρὶ δυσθυμουμένῃ.   90
Ἤδη γὰρ εἶδον ὄμμα νιν ταυρουμένην
Τοῖσδ', ὡς τι δρασείουσαν· οὐδὲ παύσεται
Χόλου, σάφ' οἶδα, πρὶν κατασκῆψαί τινα.
Ἐχθρούς γε μέντοι, μὴ φίλους δράσειέ τι.

ΜΗΔΕΙΑ.

Ἰὼ, δύστανος ἐγὼ, μελέα τε πόνων,   95
Ἰώ μοί μοι, πῶς ἂν ὀλοίμαν;

Τρο. Τόδ' ἐκεῖνο, φίλοι παῖδες· μάτηρ
Κινεῖ κραδίαν, κινεῖ δὲ χόλον.
Σπεύσατε θᾶσσον δώματος εἴσω,
Καὶ μὴ πελάσητ' ὄμματος ἐγγὺς,   100
Μηδὲ προσέλθητ', ἀλλὰ φυλάσσεσθ'
Ἄγριον ἦθος, στυγεράν τε φύσιν
Φρενὸς αὐθάδους.
Ἴτε νυν, χωρεῖθ' ὡς τάχος εἴσω.
Δῆλον δ' ἀρχῆς ἐξαιρόμενον   105
Νέφος οἰμωγῆς, ὡς τάχ' ἀνάψει
Μείζονι θυμῷ. τί ποτ' ἐργάσεται
Μεγαλόσπλαγχνος, δυσκατάπαυστος
Ψυχὴ, δηχθεῖσα κακοῖσιν.

Μη. Αἲ αἲ, ἔπαθον τλάμων, ἔπαθον μεγάλων   111
Ἀξι' ὀδυρμῶν. ὦ κατάρατοι
Παῖδες ὄλοισθε στυγερᾶς ματρὸς
Ξὺν πατρὶ, καὶ πᾶς δόμος ἔρροι.

Τρο. Ἰώ μοί μοι, ἰὼ τλήμων.   115
Τί δέ σοι παῖδες πατρὸς ἀμπλακίας
Μετέχουσι; τί τούσδ' ἔχθεις; οἴμοι,

Τέκνα, μή τι πάθηθ᾽, ὡς ὑπεραλγῶ.
Δεινὰ τυράννων λήματα, καί πως
Ολίγ᾽ ἀρχόμενοι, πολλὰ κρατοῦντες,   120
Χαλεπῶς ὀργὰς μεταβάλλουσιν.
Τὸ γὰρ εἰθίσθαι ζῆν ἐπ᾽ ἴσοισιν·
Κρεῖσσον· ἔμοιγ᾽ οὖν, εἰ μὴ μεγάλως,
Οχυρῶς γ᾽ εἴη καταγηράσκειν.
Τῶν γὰρ μετρίων πρῶτα μὲν εἰπεῖν   125
Τοὔνομα νικᾷ, χρῆσθαί τε μακρῷ
Δῷστα βροτοῖσιν· τὰ δ᾽ ὑπερβάλλοντ᾽
Οὐδένα καιρὸν δύναται θνατοῖς·
Μείζους δ᾽ ἄτας, ὅταν ὀργισθῇ
Δαίμων, οἴκοις ἀπέδωκεν.   130

ΧΟΡΟΣ.

Εκλυον φωνὰν, ἔκλυον δὲ βοὰν
    Τᾶς δυστάνου Κολχίδος.
Οὐδέ πω ἤπιος; ἀλλ᾽ ὦ γεραιά,
Δέξον· ἐπ᾽ ἀμφιπύλου γὰρ ἔσω
    Μελάθρου βοὰν ἔκλυον.   135
Οὐδὲ συνήδομαι, γύναι,
    Αλγεσι δώματος,
Επεὶ μὴ φίλια κέκρανται.

Τρο   Οὐκ εἰσὶ δόμοι· φροῦδα γὰρ ἤδη
Τάδ᾽· ὁ μὲν γὰρ ἔχει λέκτρα τυράννων·   140
῾Η δ᾽ ἐν θαλάμοις τάκει βιοτὰν
Δέσποινα, φίλων οὐδενὸς οὐδὲν
    Παραθαλπομένα φρένα μύθοις.
Μη.   Αἶ αἶ· διά μου κεφαλᾶς φλὸξ οὐρανία
Βαίη. τί δέ μοι ζῆν ἔτι κέρδος;   145
Φεῦ φεῦ· θανάτῳ καταλυσαίμαν,
    Βιοτὰν στυγερὰν προλιποῦσα.

Στροφή.

Χο. Ἀϊες, -ὦ Ζεῦ, καὶ γᾶ, καὶ φῶς,-
Ἰαχὰν, οἷαν ἀ δύστανος
    Μέλπει νύμφα;   150
    Τί σοι ποτὲ τᾶς ἀπλάστου
    Κοίτας ἔρος, ὦ ματαία,
    Σπεύσει θανάτου τελευτάν;
    Μηδὲν τόδε λίσσου.
    Εἰ δὲ σὸς πόσις   155
    Καινὰ λέχη σεβίζει,
    Κείνῳ τόδε μὴ χαράσσου·
    Ζεύς σοι τόδε συνδικάσει·
    Μὴ λίαν τάχου,
    Δυρομένα σὸν εὐνήταν.   160

Μη. Ὦ μεγάλα Θέμι, καὶ πότνι᾽ Ἄρτεμι,
    Δεύσσεθ᾽ ἃ πάσχω, μεγάλοις ὅρκοις
    Ἐνδησαμένα τὸν κατάρατον
    Πόσιν; ὃν ποτ᾽ ἐγὼ νύμφαν τ᾽ ἐσίδοιμ᾽
    Αὑτοῖς μελάθροις διακναιομένους·   165
    Οἵ γ᾽ ἐμὲ πρόσθεν τολμῶσ᾽ ἀδικεῖν.
    Ὦ πάτερ, ὦ πόλις, ὧν ἀπενάσθην
    Αἰσχρῶς, τὸν ἐμὸν κτείνασα κάσιν.

Τρο. Κλύεθ᾽ οἷα λέγει, κἀπιβοᾶται
    Θέμιν εὐκταίαν, Ζῆνά θ᾽, ὃς ὅρκων   170
    Θνατοῖς ταμίας νενόμισται;
    Οὐκ ἔστιν ὅπως ἔν τινι μικρῷ
    Δέσποινα χόλον καταπαύσει.

Ἀντιστροφή.

Χο. Πῶς ἂν ἐς ὄψιν τὰν ἁμετέραν
    Ἔλθοι, μύθων τ᾽ αὐδαθέντων   175

Δέξαιτ' ὀμφὰν,
Εἴ πως βαρύθυμον ὀργὰν,
Καὶ λῆμα φρενῶν μεθείη;
Μήτοι τό γ' ἐμὸν πρόθυμον
 Φίλοισιν ἀπέστω.   180
 Ἀλλὰ βᾶσά νιν
Δεῦρο πόρευσον οἴκων
Ἐξω, φίλα, καὶ τάδ' αὔδα.
Σπεῦσον, πρίν τι κακῶσαι
 Τοὺς ἔσω· πένθος   185
Γὰρ μεγάλως τόδ' ὁρμᾶται.

Τρο.   Δράσω τάδ'· ἀτὰρ φόβος, εἰ πείσω
    Δέσποιναν ἐμάν·
    Μόχθου δὲ χάριν τήνδ' ἐπιδώσω.
    Καίτοι τοκάδος δέργμα λεαίνης   190
    Ἀποταυροῦται δμωσὶν, ὅταν τις
    Μῦθον προφέρων πέλας ὁρμαθῇ.
    Σκαιοὺς δὲ λέγων, κοὐδέν τι σοφοὺς,
    Τοὺς πρόσθε βροτοὺς, οὐκ ἂν ἁμάρτοις,
    Οἵτινες ὕμνους ἐπὶ μὲν θαλίαις,   195
    Ἐπί τ' εἰλαπίναις, καὶ παρὰ δείπνοις
    Εὕροντο, βίου τερπνὰς ἀκοάς·
    Στυγίους δὲ βροτῶν οὐδεὶς λύπας
    Εὕρετο μούσῃ καὶ πολυχόρδοις
    Ὠδαῖς παύειν, ἐξ ὧν θάνατοι,   200
    Δειναί τε τύχαι σφάλλουσι δόμους.
    Καίτοι τάδε μὲν κέρδος ἀκεῖσθαι
    Μολπαῖσι βροτούς· ἵνα δ' εὔδειπνοι
    Δαῖτες, τί μάτην τείνουσι βοάν;
    Τὸ παρὸν γὰρ ἔχει τέρψιν ἀφ' αὐτοῦ   205
    Δαιτὸς πλήρωμα βροτοῖσιν.

Χο.   Ἰαχὰν ἄϊον πολύστονον γόων·
      Λιγυρὰ δ' ἄχεα μογερὰ βοᾷ
      Τὸν ἐν λέχει προδόταν κακόνυμφον.
      Θεοκλυτεῖ δ' ἄδικα παθοῦσα   210
      Τὰν Ζηνὸς ὁρκίαν Θέμιν,
        Ἅ νιν ἔβασεν
      Ἑλλάδ' ἐς ἀντίπορον,
        Δι' ἅλα νύχιον, ἐφ' ἁλμυρὰν
      Πόντου κλῇδ' ἀπέραντον.   215

Μη. Κορίνθιαι γυναῖκες, ἐξῆλθον δόμων,
    Μή μοί τι μέμφησθ'· οἶδα γὰρ πολλοὺς βροτῶν
    Σεμνοὺς γεγῶτας, τοὺς μὲν ὀμμάτων ἄπο,
    Τοὺς δ' ἐν θυραίοις· οἱ δ' ἀφ' ἡσύχου ποδὸς
    Δύσκλειαν ἐκτήσαντο καὶ ῥαθυμίαν.   220
    Δίκη γὰρ οὐκ ἔνεστιν ὀφθαλμοῖς βροτῶν,
    Ὅστις, πρὶν ἀνδρὸς σπλάγχνον ἐκμαθεῖν σαφῶς,
    Στυγεῖ δεδορκὼς, οὐδὲν ἠδικημένος.
    Χρὴ δὲ ξένον μὲν κάρτα προσχωρεῖν πόλει·
    Οὐδ' ἀστὸν ᾔνεσ', ὅστις αὐθάδης γεγὼς,   225
    Πικρὸς πολίταις ἐστὶν ἀμαθίας ὕπο.
    Ἐμοὶ δ' ἄελπτον πρᾶγμα προσπεσὸν τόδε
    Ψυχὴν διέφθαρκ'· οἴχομαι δὲ, καὶ βίου
    Χάριν μεθεῖσα, κατθανεῖν χρῄζω, φίλαι.
    Ἐν ᾧ γὰρ ἦν μοι πάντα, γιγνώσκεις καλῶς,   230
    Κάκιστος ἀνδρῶν ἐκβέβηκ' οὑμὸς πόσις.
    Πάντων δ', ὅσ' ἔστ' ἔμψυχα, καὶ γνώμην ἔχει,
    Γυναῖκές ἐσμεν ἀθλιώτατον φυτόν·
    Ἃς πρῶτα μὲν δεῖ χρημάτων ὑπερβολῇ
    Πόσιν πρίασθαι, δεσπότην τε σώματος   235
    Λαβεῖν. κακοῦ γὰρ τοῦτ' ἔτ' ἄλγιον κακόν·
    Κἂν τῷδ' ἀγὼν μέγιστος, ἢ κακὸν λαβεῖν,

Ἦ χρηστόν. οὐ γὰρ εὐκλεεῖς ἀπαλλαγαὶ
Γυναιξὶν, οὐδ' οἷόν τ' ἀνήνασθαι πόσιν.
Εἰς καινὰ δ' ἤθη καὶ νόμους ἀφιγμένην,   240
Δεῖ μάντιν εἶναι, μὴ μαθοῦσαν οἴκοθεν,
Ὅτῳ μάλιστα χρήσεται ξυνευνέτῃ.
Κἂν μὲν τάδ' ἡμῖν ἐκπονουμέναισιν εὖ
Πόσις ξυνοικῇ, μὴ βίᾳ φέρων ζυγὸν,
Ζηλωτὸς αἰών· εἰ δὲ μὴ, θανεῖν χρεών.   245
Ἀνὴρ δ', ὅταν τοῖς ἔνδον ἄχθηται ξυνὼν,
Ἐξω μολὼν ἔπαυσε καρδίας ἄσην,
Ἢ πρὸς φίλον τιν', ἢ πρὸς ἥλικας τραπείς·
Ἡμῖν δ' ἀνάγκη πρὸς μίαν ψυχὴν βλέπειν.
Λέγουσι δ' ἡμᾶς, ὡς ἀκίνδυνον βίον   250
Ζῶμεν κατ' οἴκους, οἱ δὲ μάρνανται δορί·
Κακῶς φρονοῦντες, ὡς τρὶς ἂν παρ' ἀσπίδα
Στῆναι θέλοιμ' ἂν μᾶλλον, ἢ τεκεῖν ἅπαξ.
Ἀλλ' οὐ γὰρ αὐτὸς πρὸς σὲ κἄμ' ἥκει λόγος·
Σοὶ μὲν πόλις θ' ἥδ' ἐστὶ, καὶ πατρὸς δόμοι,   255
Βίου τ' ὄνησις, καὶ φίλων κοινωνία·
Ἐγὼ δ' ἔρημος, ἄπολις οὖσ', ὑβρίζομαι
Πρὸς ἀνδρὸς, ἐκ γῆς βαρβάρου λελησμένη,
Οὐ μητέρ', οὐκ ἀδελφὸν, οὐχὶ συγγενῆ,
Μεθορμίσασθαι τῆσδ' ἔχουσα συμφορᾶς.   260
Τοσοῦτον οὖν σοῦ τυγχάνειν βουλήσομαι,
Ἢν μοι πόρος τις μηχανή τ' ἐξευρεθῇ,
Πόσιν δίκῃ τῶνδ' ἀντιτίσασθαι κακῶν,
Τὸν δόντα τ' αὐτῷ θυγατέρ', ἥν τ' ἐγήματο,
Σιγᾶν. γυνὴ γὰρ τἆλλα μὲν φόβου πλέα,   265
Κακὴ δ' ἐς ἀλκὴν, καὶ σίδηρον εἰσορᾶν·
Ὅταν δ' ἐς εὐνὴν ἠδικημένη κυρῇ,
Οὐκ ἔστιν ἄλλη φρὴν μιαιφονωτέρα.
Χο. Δράσω τάδ'· ἐνδίκως γὰρ ἐκτίσει πόσιν,

Μήδεια· πενθεῖν δ᾽ οὔ σε θαυμάζω τύχας.   **270**
Ὁρῶ δὲ καὶ Κρέοντα τῆσδ᾽ ἄνακτα γῆς
Στείχοντα, καινῶν ἄγγελον βουλευμάτων.

ΚΡΕΩΝ.

Σὲ, τὴν σκυθρωπὸν καὶ πόσει θυμουμένην,
Μήδειαν, εἶπον τῆσδε γῆς ἔξω περᾷν
Φυγάδα, λαβοῦσαν δισσὰ σὺν σαυτῇ τέκνα,   **275**
Καὶ μή τι μέλλειν· ὡς ἐγὼ βραβεὺς λόγου
Τοῦδ᾽ εἰμὶ, κοὐκ ἄπειμι πρὸς δόμους πάλιν,
Πρὶν ἄν σε γαίας τερμόνων ἔξω βάλω.   ○

Μη. *Αἶ αἶ, πανώλης ἡ τάλαιν᾽ ἀπόλλυμαι·*
     Εχθροὶ γὰρ ἐξιᾶσι πάντα δὴ κάλων,   **280**
     Κοὐκ ἔστιν ἄτης εὐπρόσοιστος ἔκβασις.
     Ερήσομαι δὲ, καὶ κακῶς πάσχουσ᾽ ὅμως,
     Τίνος μ᾽ ἕκατι γῆς ἀποστέλλεις, Κρέον;

Κρ. *Δέδοικά σ᾽, -οὐδὲν δεῖ παραμπέχειν λόγους,-*
     Μή μοί τι δράσῃς παῖδ᾽ ἀνήκεστον κακόν.   **285**
     Ξυμβάλλεται δὲ πολλὰ τοῦδε δείματος.
     Σοφὴ πέφυκας, καὶ κακῶν πολλῶν ἴδρις,
     Λυπεῖ δὲ, λέκτρων ἀνδρὸς ἐστερημένη.
     Κλύω δ᾽ ἀπειλεῖν σ᾽, ὡς ἀπαγγέλλουσί μοι,
     Τὸν δόντα, καὶ γήμαντα, καὶ γαμουμένην   **290**
     Δράσειν τι. ταῦτ᾽ οὖν, πρὶν παθεῖν, φυλάξομαι.
     Κρεῖσσον δέ μοι νῦν πρὸς σ᾽ ἀπεχθέσθαι, γύναι,
     Η μαλθακισθένθ᾽ ὕστερον μέγα στένειν.

Μη. *Φεῦ, φεῦ· οὐ νῦν με πρῶτον, ἀλλὰ πολλάκις, Κρέον,*
     Εβλαψε δόξα, μεγάλα τ᾽ εἴργασται κακά.   **295**
     Χρὴ δ᾽ οὔποθ᾽, ὅστις ἀρτίφρων πέφυκ᾽ ἀνὴρ,
     Παῖδας περισσῶς ἐκδιδάσκεσθαι σοφούς.
     Χωρὶς γὰρ ἄλλης, ἧς ἔχουσιν, ἀργίας,
     Φθόνον πρὸς ἀστῶν ἀλφάνουσι δυσμενῆ.

Σκαιοῖσι μὲν γὰρ καινὰ προσφέρων σοφὰ,   300
Δόξεις ἀχρεῖος κοὐ σοφὸς πεφυκέναι·
Τῶν δ᾽ αὖ δοκούντων εἰδέναι τι ποικίλον
Κρείσσων νομισθεὶς, λυπρὸς ἐν πόλει φανεῖ.
Εγὼ δὲ καὐτὴ τῆσδε κοινωνῶ τύχης·
Σοφὴ γὰρ οὖσα, τοῖς μέν εἰμ᾽ ἐπίφθονος,   305
Τοῖς δ᾽ αὖ προσάντης· εἰμὶ δ᾽ οὐκ ἄγαν σοφή.
Σὺ δ᾽ οὖν φοβεῖ με, μή τι πλημμελὲς πάθῃς.
Οὐχ ὧδ᾽ ἔχει μοι, -μὴ τρέσῃς ἡμᾶς,- Κρέον,
Ὥστ᾽ εἰς τυράννους ἄνδρας ἐξαμαρτάνειν.
Σὺ γὰρ τί μ᾽ ἠδίκηκας; ἐξέδου κόρην,   310
Ὅτῳ σε θυμὸς ἦγεν. ἀλλ᾽ ἐμὸν πόσιν
Μισῶ. σὺ δ᾽, οἶμαι, σωφρονῶν ἔδρας τάδε.
Καὶ νῦν τὸ μὲν σὸν οὐ φθονῶ καλῶς ἔχειν.
Νυμφεύετ᾽, εὖ πράσσοιτε· τήνδε δὲ χθόνα
Ἐᾶτέ μ᾽ οἰκεῖν· καὶ γὰρ ἠδικημένοι   315
Σιγησόμεσθα, κρεισσόνων νικώμενοι.

Κρ.   Λέγεις ἀκοῦσαι μαλθάκ᾽, ἀλλ᾽ εἴσω φρενῶν,
Ὀῤῥωδία μοι, μή τι βουλεύσῃς κακόν.
Τοσῷδέ γ᾽ ἧσσον ἢ πάρος πέποιθά σοι.
Γυνὴ γὰρ ὀξύθυμος, ὡς δ᾽ αὔτως ἀνὴρ,   320
Ῥᾴων φυλάσσειν, ἢ σιωπηλὸς σοφός.
Ἀλλ᾽ ἔξιθ᾽ ὡς τάχιστα, μὴ λόγους λέγε·
Ὥς ταῦτ᾽ ἄραρε, κοὐκ ἔχεις τέχνην, ὅπως
Μενεῖς παρ᾽ ἡμῖν, οὖσα δυσμενὴς ἐμοί.

Μη.   Μὴ, πρός σε γονάτων, τῆς τε νεογάμου κόρης.   325
Κρ.   Λόγους ἀναλοῖς· οὐ γὰρ ἂν πείσαις ποτέ.
Μη.   Ἀλλ᾽ ἐξελᾷς με, κοὐδὲν αἰδέσει λιτάς;
Κρ.   Φιλῶ γὰρ οὐ σὲ μᾶλλον, ἢ δόμους ἐμούς.
Μη.   Ὦ πατρὶς, ὡς σοῦ κάρτα νῦν μνείαν ἔχω.
Κρ.   Πλὴν γὰρ τέκνων, ἔμοιγε φίλτατον πόλις.   330
Μη.   Φεῦ, φεῦ· βροτοῖς ἔρωτες ὡς κακὸν μέγα.

Κρ. Ὅπως ἄν, οἶμαι, καὶ παραστῶσιν τύχαι.

Μη. Ζεῦ, μὴ λάθοι σε τῶνδ᾽ ὃς αἴτιος κακῶν.

Κρ. Ἕρπ᾽, ὦ ματαία, καί μ᾽ ἀπάλλαξον πόνων.

Μη. Πόνος μέν· ἡμεῖς δ᾽ οὐ πόνῳ κεχρήμεθα;   335

Κρ. Τάχ᾽ ἐξ ὀπαδῶν χειρὸς ὠσθήσει βίᾳ.

Μη. Μὴ δῆτα τοῦτό γ᾽, ἀλλά σ᾽ αἰτοῦμαι, Κρέον.

Κρ. Ὄχλον παρέξεις, ὡς ἔοικας, ὦ γύναι.

Μη. Φευξούμεθ᾽· οὐ τοῦθ᾽ ἱκέτευσά σου τυχεῖν.

Κρ. Τί δ᾽ οὖν βιάζει, κοὐκ ἀπαλλάσσει χθονός;   340

Μη. Μίαν με μεῖναι τήνδ᾽ ἔασον ἡμέραν,
       Καὶ ξυμπερᾶναι φροντίδ᾽, ᾗ φευξούμεθα,
       Παισίν τ᾽ ἀφορμὴν τοῖς ἐμοῖς· ἐπεὶ πατὴρ
       Οὐδὲν προτιμᾷ μηχανήσασθαι τέκνοις.
       Οἴκτειρε δ᾽ αὐτούς· καὶ σύ τοι παίδων πατὴρ   345
       Πέφυκας· εἰκὸς δ᾽ ἐστὶν εὔνοιάν σ᾽ ἔχειν.
       Τοὐμοῦ γὰρ οὔ μοι φροντίς, εἰ φευξούμεθα,
       Κείνους δὲ κλάω ξυμφορᾷ κεχρημένους.

Κρ. Ἥκιστα τοὐμὸν λῆμ᾽ ἔφυ τυραννικόν·
       Αἰδούμενος δὲ πολλὰ δὴ διέφθορα.   350
       Καὶ νῦν ὁρῶ μὲν ἐξαμαρτάνων, γύναι,
       Ὅμως δὲ τεύξει τοῦδε. προὐννέπω δέ σοι,
       Εἴ σ᾽ ἡ 'πιοῦσα λαμπὰς ὄψεται θεοῦ
       Καὶ παῖδας ἐντὸς τῆσδε τερμόνων χθονός,
       Θανεῖ. λέλεκται μῦθος ἀψευδὴς ὅδε.   355
       Νῦν δ᾽ εἰ μένειν δεῖ, μίμν᾽ ἔθ᾽ ἡμέραν μίαν·
       Οὐ γάρ τι δράσεις δεινόν, ὧν φόβος μ᾽ ἔχει.

Χο.   Δύστανε γύναι,
       Φεῦ, φεῦ, μελέα τῶν σῶν ἀχέων.
       Ποῖ ποτε τρέψει; τίνα προξενίαν,   360
       Ἢ δόμον, ἢ χθόνα σωτῆρα κακῶν
       Ἐξευρήσεις;

'Ὡς εἰς ἄπορόν σε κλύδωνα θεὸς,
Μήδεια, κακῶν ἐπόρευσε.

Μη. Κακῶς πέπρακται πανταχῇ· τίς ἀντερεῖ; 365
Ἀλλ' οὔτι ταύτῃ ταῦτα, μὴ δοκεῖτέ πω·
Ἔτ' εἰσ' ἀγῶνες τοῖς νεωστὶ νυμφίοις,
Καὶ τοῖσι κηδεύσασιν οὐ σμικροὶ πόνοι.
Δοκεῖς γὰρ ἄν με τόνδε θωπεῦσαί ποτ' ἂν,
Εἰ μή τι κερδαίνουσαν ἢ τεχνωμένην; 370
Οὐδ' ἂν προσεῖπον, οὐδ' ἂν ἡψάμην χεροῖν.
Ὁ δ' εἰς τοσοῦτον μωρίας ἀφίκετο,
'Ὥστ', ἐξὸν αὐτῷ τἄμ' ἑλεῖν βουλεύματα
Γῆς ἐκβαλόντι, τήνδ' ἀφῆκεν ἡμέραν
Μεῖναί μ', ἐν ᾗ τρεῖς τῶν ἐμῶν ἐχθρῶν νεκροὺς 375
Θήσω, πατέρα τε καὶ κόρην πόσιν τ' ἐμόν.
Πολλὰς δ' ἔχουσα θανασίμους αὐτοῖς ὁδοὺς,
Οὐκ οἶδ' ὁποίᾳ πρῶτον ἐγχειρῶ, φίλαι·
Πότερον ὑφάψω δῶμα νυμφικὸν πυρὶ,
Ἢ θηκτὸν ὤσω φάσγανον δι' ἥπατος, 380
Σιγῇ δόμους εἰσβᾶσ', ἵν' ἔστρωται λέχος.
Ἀλλ' ἕν τί μοι πρόσαντες· εἰ ληφθήσομαι
Δόμους ὑπερβαίνουσα καὶ τεχνωμένη,
Θανοῦσα θήσω τοῖς ἐμοῖς ἐχθροῖς γέλων.
Κράτιστα τὴν εὐθεῖαν, ᾗ πεφύκαμεν 385
Σοφαὶ μάλιστα, φαρμάκοις αὐτοὺς ἑλεῖν.
Εἶεν· καὶ δὴ τεθνᾶσι. τίς με δέξεται πόλις;
Τίς γῆν ἄσυλον καὶ δόμους ἐχεγγύους
Ξένος παρασχὼν, ῥύσεται τοὐμὸν δέμας;
Οὐκ ἔστι. μείνασ' οὖν ἔτι σμικρὸν χρόνον, 390
Ἢν μέν τις ἡμῖν πύργος ἀσφαλὴς φανῇ,
Δόλῳ μέτειμι τόνδε καὶ σιγῇ φόνον·
Ἢν δ' ἐξελαύνῃ ξυμφορά μ' ἀμήχανος,

Αὐτὴ ξίφος λαβοῦσα, κεἰ μέλλω θανεῖν,
Κτενῶ σφε· τόλμης δ᾽ εἶμι πρὸς τὸ καρτερόν.   395
Οὐ γὰρ, –μὰ τὴν δέσποιναν, ἣν ἐγὼ σέβω
Μάλιστα πάντων, καὶ ξυνεργὸν εἱλόμην,
Ἑκάτην, μυχοῖς ναίουσαν ἑστίας ἐμῆς,–
Χαίρων τις αὐτῶν τοὐμὸν ἀλγυνεῖ κέαρ.
Πικροὺς δ᾽ ἐγώ σφιν καὶ λυγροὺς θήσω γάμους, 400
Πικρὸν δὲ κῆδος, καὶ φυγὰς ἐμὰς χθονός.
Ἀλλ᾽ εἶα, φείδου μηδὲν, ὧν ἐπίστασαι,
Μήδεια, βουλεύουσα καὶ τεχνωμένη.
Ἕρπ᾽ εἰς τὸ δεινόν· νῦν ἀγὼν εὐψυχίας.
Ὁρᾷς ἃ πάσχεις; οὐ γέλωτα δεῖ σ᾽ ὄφλειν   405
Τοῖς Σισυφείοις, τοῖς τ᾽ Ἰάσονος γάμοις,
Γεγῶσαν ἐσθλοῦ πατρὸς, Ἡλίου τ᾽ ἄπο.
Ἐπίστασαι δέ· πρὸς δὲ καὶ πεφύκαμεν
Γυναῖκες, εἰς μὲν ἔσθλ᾽ ἀμηχανώταται,
Κακῶν δὲ πάντων τέκτονες σοφώταται.   410

Στροφὴ α΄.

Χο.   Ἄνω ποταμῶν ἱερῶν
        Χωροῦσι παγαί·
   Καὶ δίκα καὶ πάντα πάλιν στρέφεται.
   Ἀνδράσι μὲν δόλιαι βουλαί· θεῶν δ᾽
        Οὐκέτι πίστις ἄραρε.   415
   Τὰν δ᾽ ἐμὰν εὔκλειαν ἔχειν βιοτὰν
        Στρέφουσι φᾶμαι.
   Ἔρχεται τιμὰ γυναικείῳ γένει.
        Οὐκέτι δυσκέλαδος
     Φάμα γυναῖκας ἕξει.   420

Ἀντιστροφὴ α΄.

    Μοῦσαι δὲ παλαιγενέων
      Λήξουσ᾽ ἀοιδᾶν,

Τὰν ἐμὰν ὑμνεῦσαι ἀπιστοσύναν.
Οὐ γὰρ ἐν ἀμετέρᾳ γνώμᾳ λύρας
  Ὤπασε θέσπιν ἀοιδὰν   425
Φοῖβος ἀγήτωρ μελέων· ἐπεὶ ἀντ-
    άχησ᾽ ἂν ὕμνον
Ἀρσένων γέννᾳ. μακρὸς δ᾽ αἰὼν ἔχει
  Πολλὰ μὲν ἀμετέραν
Ἀνδρῶν τε μοῖραν εἰπεῖν.   430

Στροφὴ β'.

Σὺ δ᾽ ἐκ μὲν οἴκων πατρίων ἔπλευσας
  Μαινομένᾳ κραδίᾳ,
Διδύμους ὁρίσασα πόντου
  Πέτρας· ἐπὶ δὲ ξένᾳ
Ναίεις χθονί, τᾶς ἀνάνδρου   435
Κοίτας ὀλέσασα λέκτρον,
  Τάλαινα, φυγὰς δὲ χώρας
  Ἄτιμος ἐλαύνει.

Ἀντιστροφὴ β'.

Βέβακε δ᾽ ὅρκων χάρις, οὐδ᾽ ἔτ᾽ αἰδὼς
  Ἑλλάδι τᾷ μεγάλᾳ   440
Μένει, αἰθερία δ᾽ ἀνέπτα.
  Σοὶ δ᾽ οὔτε πατρὸς δόμοι,
Δύστανε, μεθορμίσασθαι
Μόχθων πάρα, τῶν δὲ λέκτρων
  Ἄλλα βασίλεια κρείσσων   445
  Δόμοισιν ἐπέστα.

ΙΑΣΩΝ.

Οὐ νῦν κατεῖδον πρῶτον, ἀλλὰ πολλάκις,
Τραχεῖαν ὀργὴν, ὡς ἀμήχανον κακόν.

Σοὶ γὰρ παρὸν γῆν τήνδε καὶ δόμους ἔχειν,
Κούφως φερούσῃ κρεισσόνων βουλεύματα,   **450**
Λόγων ματαίων οὕνεκ᾽ ἐκπεσεῖ χθονός.
Κἀμοὶ μὲν οὐδὲν πρᾶγμα· μὴ παύσῃ ποτὲ
Λέγουσ᾽, Ἰάσων ὡς κάκιστός ἐστ᾽ ἀνήρ.
Ἃ δ᾽ εἰς τυράννους ἐστί σοι λελεγμένα,
Πᾶν κέρδος ἡγοῦ ζημιουμένη φυγῇ.   **455**
Κἀγὼ μὲν ἀεὶ βασιλέων θυμουμένων
Ὀργὰς ἀφῄρουν, καί σ᾽ ἐβουλόμην μένειν·
Σὺ δ᾽ οὐκ ἀνίεις μωρίας, λέγουσ᾽ ἀεὶ
Κακῶς τυράννους· τοιγὰρ ἐκπεσεῖ χθονός.
Ὅμως δὲ κἀκ τῶνδ᾽ οὐκ ἀπειρηκὼς φίλοις   : **460**
Ἥκω, τὸ σὸν δὲ προσκοπούμενος, γύναι,
Ὡς μήτ᾽ ἀχρήμων ξὺν τέκνοισιν ἐκπέσῃς,
Μήτ᾽ ἐνδεής του. πόλλ᾽ ἐφέλκεται φυγὴ
Κακὰ ξὺν αὑτῇ. καὶ γὰρ εἰ σὺ μὲ στυγεῖς,
Οὐκ ἂν δυναίμην σοὶ κακῶς φρονεῖν ποτέ.   **465**
Μη. Ὦ παγκάκιστε, –τοῦτο γάρ σ᾽ εἰπεῖν ἔχω
Γλώσσῃ μέγιστον εἰς ἀνανδρίαν κακὸν,–
Ἦλθες πρὸς ἡμᾶς, ἦλθες, ἔχθιστος γεγώς;
Οὔτοι θράσος τόδ᾽ ἐστὶν, οὐδ᾽ εὐτολμία,
Φίλους κακῶς δράσαντ᾽ ἐναντίον βλέπειν,   **470**
Ἀλλ᾽ ἡ μεγίστη τῶν ἐν ἀνθρώποις νόσων
Πασῶν, ἀναίδει᾽· εὖ δ᾽ ἐποίησας μολών.
Ἐγώ τε γὰρ λέξασα κουφισθήσομαι
Ψυχὴν κακῶς σε, καὶ σὺ λυπήσει κλύων.
Ἐκ τῶν δὲ πρώτων πρῶτον ἄρξομαι λέγειν.   **475**
Ἔσωσά σ᾽, ὡς ἴσασιν Ἑλλήνων ὅσοι
Ταὐτὸν ξυνεισέβησαν Ἀργῷον σκάφος,
Πεμφθέντα ταύρων πυρπνόων ἐπιστάτην
Ζεύγλαισι, καὶ σπεροῦντα θανάσιμον γύην·
Δράκοντά θ᾽, ὃς πάγχρυσον ἀμφέπων δέρας,   **480**

Σπείραις ἔσωζε πολυπλόκοις ἄϋπνος ὤν,
Κτείνασ', ἀνέσχον σοὶ φάος σωτήριον.
Αὐτὴ δὲ, πατέρα καὶ δόμους προδοῦσ' ἐμοὺς,
Τὴν Πηλιῶτιν εἰς Ἰωλκὸν ἱκόμην
Ξὺν σοὶ, πρόθυμος μᾶλλον ἢ σοφωτέρα·   485
Πελίαν τ' ἀπέκτειν', ὥσπερ ἄλγιστον θανεῖν,
Παίδων ὑπ' αὐτοῦ, πάντα τ' ἐξεῖλον φόβον.
Καὶ ταῦθ' ὑφ' ἡμῶν, ὦ κάκιστ' ἀνδρῶν, παθὼν,
Προὔδωκας ἡμᾶς· καινὰ δ' ἐκτήσω λέχη,
Παίδων γεγώτων. εἰ γὰρ ἦσθ' ἄπαις ἔτι,   490
Ξυγγνώστ' ἂν ἦν σοι τοῦδ' ἐρασθῆναι λέχους.
Ὅρκων δὲ φρούδη πίστις, οὐδ' ἔχω μαθεῖν,
Εἰ θεοὺς νομίζεις τοὺς τότ' οὐκ ἄρχειν ἔτι,
Ἢ καινὰ κεῖσθαι θέσμι' ἀνθρώποις τανῦν,
Ἐπεὶ ξύνοισθά γ' εἰς ἔμ' οὐκ εὔορκος ὤν.   495
Φεῦ δεξιὰ χεὶρ, ἧς σὺ πόλλ' ἐλαμβάνου,
Καὶ τῶνδε γονάτων, ὡς μάτην κεχρώσμεθα
Κακοῦ πρὸς ἀνδρὸς, ἐλπίδων δ' ἡμάρτομεν.
Ἄγ', –ὡς φίλῳ γὰρ ὄντι σοι κοινώσομαι,
Δοκοῦσα μή τι πρός γε σοῦ πράξειν καλῶς,   500
Ὅμως δ'· ἐρωτηθεὶς γὰρ αἰσχίων φανεῖ–
Νῦν ποῖ τράπωμαι; πότερα πρὸς πατρὸς δόμους,
Οὓς σοὶ προδοῦσα καὶ πάτραν, ἀφικόμην;
Ἢ πρὸς ταλαίνας Πελιάδας; καλῶς γ' ἂν οὖν
Δέξαιντό μ' οἴκοις, ὧν πατέρα κατέκτανον.   505
Ἔχει γὰρ οὕτω· τοῖς μὲν οἴκοθεν φίλοις
Ἐχθρὰ καθέστηχ'· οὓς δέ μ' οὐκ ἐχρῆν κακῶς
Δρᾶν, σοὶ χάριν φέρουσα, πολεμίους ἔχω.
Τοιγάρ με πολλαῖς μακαρίαν ἀν' Ἑλλάδα
Ἔθηκας ἀντὶ τῶνδε· θαυμαστὸν δέ σε   510
Ἔχω πόσιν καὶ πιστὸν ἡ τάλαιν' ἐγὼ,
Εἰ φεύξομαί γε γαῖαν ἐκβεβλημένη,

Φίλων ἔρημος, ξὺν τέκνοις μόνη μόνοις.
Καλόν γ᾽ ὄνειδος τῷ νεωστὶ νυμφίῳ,
Πτωχοὺς ἀλᾶσθαι παῖδας, ἥ τ᾽ ἔσωσά σε.   515
Ω Ζεῦ, τί δὴ χρυσοῦ μὲν, ὃς κίβδηλος ᾖ,
Τεκμήρι᾽ ἀνθρώποισιν ὤπασας σαφῆ,
Ἀνδρῶν δ᾽, ὅτῳ χρὴ τὸν κακὸν διειδέναι,
Οὐδεὶς χαρακτὴρ ἐμπέφυκε σώματι;

Χο.   Δεινή τις ὀργὴ καὶ δυσίατος πέλει,   520
     Ὅταν φίλοι φίλοισι συμβάλωσ᾽ ἔριν.

Ια.   Δεῖ μ᾽, ὡς ἔοικε, μὴ κακὸν φῦναι λέγειν,
     Ἀλλ᾽ ὥστε ναὸς κεδνὸν οἰακοστρόφον,
     Ἀκροισι λαίφους κρασπέδοις ὑπεκδραμεῖν
     Τὴν σὴν στόμαργον, ὦ γύναι, γλωσσαλγίαν.   525
     Ἐγὼ δ᾽, -ἐπειδὴ καὶ λίαν πυργοῖς χάριν,-
     Κύπριν νομίζω τῆς ἐμῆς ναυκληρίας
     Σώτειραν εἶναι θεῶν τε κἀνθρώπων μόνην.
     Σοὶ δ᾽ ἔστι μὲν νοῦς λεπτός· ἀλλ᾽ ἐπίφθονος
     Λόγος διελθεῖν, ὡς Ἐρως σ᾽ ἠνάγκασε   530
     Τόξοις ἀφύκτοις τοὐμὸν ἐκσῶσαι δέμας.
     Ἀλλ᾽ οὐκ ἀκριβῶς αὐτὰ θήσομαι λίαν·
     Ὅπη γὰρ οὖν ὤνησας, οὐ κακῶς ἔχει.
     Μείζω γε μέντοι τῆς ἐμῆς σωτηρίας
     Εἴληφας, ἢ δέδωκας, ὡς ἐγὼ φράσω.   535
     Πρῶτον μὲν Ἑλλάδ᾽ ἀντὶ βαρβάρου χθονὸς
     Γαῖαν κατοικεῖς, καὶ δίκην ἐπίστασαι,
     Νόμοις τε χρῆσθαι, μὴ πρὸς ἰσχύος χάριν.
     Πάντες δέ σ᾽ ᾔσθοντ᾽ οὖσαν Ἕλληνες σοφὴν,
     Καὶ δόξαν ἔσχες· εἰ δὲ γῆς ἐπ᾽ ἐσχάτοις   540
     Ὅροισιν ᾤκεις, οὐκ ἂν ἦν λόγος σέθεν.
     Εἴη δ᾽ ἔμοιγε μήτε χρυσὸς ἐν δόμοις,
     Μήτ᾽ Ὀρφέως κάλλιον ὑμνῆσαι μέλος,
     Εἰ μὴ ᾽πίσημος ἡ τύχη γένοιτό μοι.

Τοσαῦτα μέντοι τῶν ἐμῶν πόνων πέρι 545
Ελεξ'· ἅμιλλαν γὰρ σὺ προὔθηκας λόγων.
Ἅ δ' εἰς γάμους μοι βασιλικοὺς ὠνείδισας,
Εν τῷδε δείξω πρῶτα μὲν σοφὸς γεγώς,
Επειτα σώφρων, εἶτα σοὶ μέγας φίλος,
Καὶ παισὶ τοῖς ἐμοῖσιν· ἀλλ' ἔχ' ἥσυχος. 550
Επεὶ μετέστην δεῦρ' Ιωλκίας χθονὸς,
Πολλὰς ἐφέλκων ξυμφορὰς ἀμηχάνους,
Τί τοῦδ' ἂν εὕρημ' εὗρον εὐτυχέστερον,
Η παῖδα γῆμαι βασιλέως, φυγὰς γεγώς ;
Οὐχ, ᾗ σὺ κνίζει, σὸν μὲν ἐχθαίρων λέχος, 555
Καινῆς δὲ νύμφης ἱμέρῳ πεπληγμένος·
Οὐδ' εἰς ἅμιλλαν πολύτεκνον σπουδὴν ἔχων,
Ἅλις γὰρ οἱ γεγῶτες, οὐδὲ μέμφομαι·
Ἀλλ' ὡς, τὸ μὲν μέγιστον, οἰκοῖμεν καλῶς,
Καὶ μὴ σπανιζοίμεσθα, γιγνώσκων ὅτι 560
Πένητα φεύγει πᾶς τις ἐκποδὼν φίλος·
Παῖδας δὲ θρέψαιμ' ἀξίως δόμων ἐμῶν·
Σπείρας· τ' ἀδελφοὺς τοῖσιν ἐκ σέθεν τέκνοις,
Εἰς ταὐτὸ θείην, καὶ ξυναρτήσας γένος,
Εὐδαιμονοίην. σοί τε γὰρ παίδων τί δεῖ; 565
Εμοί τε λύει τοῖσι μέλλουσιν τέκνοις
Τὰ ζῶντ' ὀνῆσαι. μῶν βεβούλευμαι κακῶς;
Οὐδ' ἂν σὺ φαίης, εἴ σε μὴ κνίζοι λέχος.
Ἀλλ' εἰς τοσοῦτον ἥκεθ', ὥστ' ὀρθουμένης
Εὐνῆς, γυναῖκες πάντ' ἔχειν νομίζετε· 570
Ην δ' αὖ γένηται ξυμφορά τις εἰς λέχος,
Τὰ λῷστα καὶ κάλλιστα πολεμιώτατα
Τίθεσθε. χρῆν γὰρ ἄλλοθέν ποθεν βροτοὺς
Παῖδας τεκνοῦσθαι, θῆλυ δ' οὐκ εἶναι γένος·
Χ' οὕτως ἂν οὐκ ἦν οὐδὲν ἀνθρώποις κακόν. 575
Χο. Ιᾶσον, εὖ μὲν τούσδ' ἐκόσμησας λόγους·

      'Ὅμως δ' ἔμοιγε, –κεὶ παρὰ γνώμην ἐρῶ,–
      Δοκεῖς, προδοὺς σὴν ἄλοχον, οὐ δίκαια δρᾶν.

Μη.   Ἡ πολλὰ πολλοῖς εἰμὶ διάφορος βροτῶν·
      Ἐμοὶ γὰρ, ὅστις ἄδικος ὢν, σοφὸς λέγειν   580
      Πέφυκε, πλείστην ζημίαν ὀφλισκάνει.
      Γλώσσῃ γὰρ αὐχῶν τἄδικ' εὖ περιστελεῖν,
      Τολμᾷ πανουργεῖν· ἔστι δ' οὐκ ἄγαν σοφός.
      Ὡς καὶ σὺ μή νυν εἰς ἔμ' εὐσχήμων γένῃ,
      Λέγειν τε δεινός· ἓν γὰρ ἐκτενεῖ σ' ἔπος.   585
      Χρῆν σ', εἴπερ ἦσθα μὴ κακὸς, πείσαντ' ἐμὲ
      Γαμεῖν γάμον τόνδ', ἀλλὰ μὴ σιγῇ φίλων.

Ἰα.   Καλῶς γ' ἂν οὖν τῷδ' ἐξυπηρέτεις λόγῳ,
      Εἰ σοὶ γάμον κατεῖπον, ἥτις οὐδὲ νῦν
      Τολμᾷς μεθεῖναι καρδίας μέγαν χόλον.   590

Μη.   Οὐ τοῦτό σ' εἶχεν, ἀλλὰ βάρβαρον λέχος
      Πρὸς γῆρας οὐκ εὔδοξον ἐξέβαινέ σοι.

Ἰα.   Εὖ νυν τόδ' ἴσθι, μὴ γυναικὸς οὕνεκα
      Γῆμαί με λέκτρα βασιλέως, ἃ νῦν ἔχω·
      Ἀλλ', ὥσπερ εἶπον καὶ πάρος, σῶσαι θέλων   595
      Σὲ, καὶ τέκνοισι τοῖς ἐμοῖς ὁμοσπόρους
      Φῦσαι τυράννους παῖδας, ἔρυμα δώμασι.

Μη.   Μή μοι γένοιτο λυπρὸς εὐδαίμων βίος,
      Μηδ' ὄλβος, ὅστις τὴν ἐμὴν κνίζοι φρένα.

Ἰα.   Οἶσθ' ὡς μετεύξει καὶ σοφωτέρα φανεῖ;   600
      Τὰ χρηστὰ μή σοι λυπρὰ φαινέσθω ποτὲ,
      Μηδ' εὐτυχοῦσα δυστυχὴς εἶναι δόκει.

Μη.   Ὕβριζ', ἐπειδὴ σοὶ μέν ἐστ' ἀποστροφὴ,
      Ἐγὼ δ' ἔρημος τήνδε φευξοῦμαι χθόνα.

Ἰα.   Αὐτὴ τάδ' εἵλου· μηδέν' ἄλλον αἰτιῶ.   605

Μη.   Τί δρῶσα; μῶν γαμοῦσα, καὶ προδοῦσά σε;

Ἰα.   Ἀρὰς τυράννοις ἀνοσίους ἀρωμένη.

Μη.   Καὶ σοῖς ἀραία γ' οὖσα τυγχάνω δόμοις.

Ἰα. 'Ὡς σὺ κρινοῦμαι τῶνδέ σοι τὰ πλείονα.

Ἀλλ᾽ εἴ τι βούλει παισὶν ἢ σαυτῇ φυγῆς   610

Προσωφέλημα χρημάτων ἐμῶν λαβεῖν,

Λέγ᾽· ὡς ἕτοιμος ἀφθόνῳ δοῦναι χερὶ,

Ξένοις τε πέμπειν ξύμβολ᾽, οἵ δράσουσί σ᾽ εὖ.

Καὶ ταῦτα μὴ θέλουσα μωρανεῖς, γύναι,

Λήξασα δ᾽ ὀργῆς κερδανεῖς ἀμείνονα.   615

Μη. Οὔτ᾽ ἂν ξένοισι τοῖσι σοῖς χρησαίμεθ᾽ ἂν,

Οὔτ᾽ ἄν τι δεξαίμεσθα, μηδ᾽ ἡμῖν δίδου·

Κακοῦ γὰρ ἀνδρὸς δῶρ᾽ ὄνησιν οὐκ ἔχει.

Ἰα. Ἀλλ᾽ οὖν ἐγὼ μὲν δαίμονας μαρτύρομαι,

'Ὡς πάνθ᾽ ὑπουργεῖν σοί τε καὶ τέκνοις θέλω·   620

Σοὶ δ᾽ οὐκ ἀρέσκει τἀγαθ᾽, ἀλλ᾽ αὐθαδίᾳ

Φίλους ἀπωθεῖ· τοιγὰρ ἀλγυνεῖ πλέον.

Μη. Χώρει· πόθῳ γὰρ τῆς νεοδμήτου κόρης

Αἱρεῖ, χρονίζων δωμάτων ἐξώπιος.

Νύμφευ᾽· ἴσως γάρ, ξὺν θεῷ δ᾽ εἰρήσεται,   625

Γαμεῖς τοιοῦτον, ὥστε σ᾽ ἀρνεῖσθαι, γάμον.

Στροφὴ ά.

Χο.   Ἔρωτες, ὑπὲρ μὲν ἄγαν

Ἐλθόντες, οὐκ εὐδοξίαν,

Οὐδ᾽ ἀρετὰν παρέδωκαν ἐν ἀνδράσιν· εἰ δ᾽ ἅλις ἔλθοι

Κύπρις, οὐκ ἄλλα θεὸς   630

Εὔχαρις οὕτω.

Μήποτ᾽, ὦ δέσποιν᾽, ἐπ᾽ ἐμοὶ

Χρυσέων τόξων ἐφείης,

'Ἱμέρῳ χρίσασ᾽, ἄφυκτον οἰστόν.

Ἀντιστροφὴ ά.

Στέργοι δέ με σωφροσύνα,   635

Δώρημα κάλλιστον θεῶν.

Μηδέποτ' ἀμφιλόγους ὀργὰς, ἀκόρεστά τε νείκη,
   Θυμὸν ἐκπλήξασ' ἑτέ-
   ροις ἐπὶ λέκτροις,
Προσβάλοι δεινὰ Κύπρις· ἀ-   **640**
   πτολέμους δ' εὐνὰς σεβίζουσ',
Ὀξύφρων κρίνοι λέχη γυναικῶν.

Στροφὴ β'.

Ὦ πατρὶς, ὦ δῶμά τ' ἐμὸν,
Μὴ δῆτ' ἄπολις γενοίμαν,
Τὸν ἀμηχανίας ἔχουσα   **645**
 Δυσπέρατον αἰῶν',
   Οἰκτρότατον ἀχέων·
Θανάτῳ, θανάτῳ πάρος δαμείην,
Ἀμέραν τάνδ' ἐξανύσασα. μόχθων δ'
   Οὐκ ἄλλος ὕπερθεν,   **650**
   Ἢ γᾶς πατρίας στέρεσθαι.

Ἀντιστροφὴ β'.

Εἴδομεν, οὐκ ἐξ ἑτέρων
Μύθων ἔχομεν φράσασθαι.
Σὲ γὰρ οὐ πόλις, οὐ φίλων τις
   Ὤκτισεν παθοῦσαν   **655**
   Δεινότατα παθέων.
Ἀχάριστος ὄλοιθ', ὅτῳ πάρεστι
Μὴ φίλους τιμᾶν, καθαρὰν ἀνοίξαν-
   τα κλῇδα φρενῶν· ἐ-
   μοὶ μὲν φίλος οὔποτ' ἔσται.   **660**

ΑΙΓΕΥΣ.

Μήδεια, χαῖρε· τοῦδε γὰρ προοίμιον
Κάλλιον οὐδεὶς οἶδε προσφωνεῖν φίλους.

Μη. Ω χαῖρε καὶ σὺ, παῖ σοφοῦ Πανδίονος,
     Αἰγεῦ· πόθεν γῆς τῆσδ' ἐπιστρωφᾷ πέδον;
Αι. Φοίβου παλαιὸν ἐκλιπὼν χρηστήριον. ···· 665
Μη. Τί δ' ὀμφαλὸν γῆς θεσπιῳδὸν ἐστάλης;
Αι. Παίδων ἐρευνῶν σπέρμ' ὅπως γένοιτό μοι.
Μη. Πρὸς θεῶν, ἄπαις γὰρ δεῦρ' ἀεὶ τείνεις βίον,
Αι. Ἀπαιδές ἐσμεν, δαίμονός τινος τύχῃ.
Μη. Δάμαρτος οὔσης, ἢ λέχους ἄπειρος ὤν;   670
Αι. Οὐκ ἐσμεν εὐνῆς ἄζυγες γαμηλίου.
Μη. Τί δῆτα Φοῖβος εἶπέ σοι παίδων πέρι;
Αι. Σοφώτερ' ἢ κατ' ἄνδρα συμβαλεῖν ἔπη.
Μη. Θέμις μὲν ἡμᾶς χρησμὸν εἰδέναι θεοῦ;
Αι. Μάλιστ', ἐπείτοι καὶ σοφῆς δεῖται φρενός.   675
Μη. Τί δῆτ' ἔχρησε; λέξον, εἰ θέμις κλύειν.
Αι. Ἀσκοῦ με τὸν προὔχοντα μὴ λῦσαι πόδα.
Μη. Πρὶν ἂν τί δράσῃς, ἢ τίν' ἐξίκῃ χθόνα;
Αι. Πρὶν ἂν πατρῴαν αὖθις ἑστίαν μόλω.
Μη. Σὺ δ' ὡς τί χρῄζων τήνδε ναυστολεῖς χθόνα; 680
Αι. Πιτθεύς τις ἐστὶ, γῆς ἄναξ Τροιζηνίας.
Μη. Παῖς, ὡς λέγουσι, Πέλοπος εὐσεβέστατος.
Αι. Τούτῳ θεοῦ μάντευμα κοινῶσαι θέλω.
Μη. Σοφὸς γὰρ ἁνὴρ, καὶ τρίβων τὰ τοιάδε.
Αι. Κἄμοιγε πάντων φίλτατος δορυξένων.   685
Μη. Ἀλλ' εὐτυχοίης, καὶ τύχοις ὅσων ἐρᾷς.
Αι. Τί γὰρ σὸν ὄμμα χρώς τε συντέτηχ' ὅδε;
Μη. Αἰγεῦ, κάκιστός ἐστί μοι πάντων πόσις.
Αι. Τί φῄς; σαφῶς μοι σὰς φράσον δυσθυμίας.
Μη. Ἀδικεῖ μ' Ἰάσων, οὐδὲν ἐξ ἐμοῦ παθών.   690
Αι. Τί χρῆμα δράσας; φράζε μοι σαφέστερον.
Μη. Γυναῖκ' ἐφ' ἡμῖν δεσπότιν δόμων ἔχει.
Αι. Ἦ που τετόλμηκ' ἔργον αἴσχιστον τόδε;
Μη. Σάφ' ἴσθ'· ἄτιμοι δ' ἐσμὲν οἱ πρὸ τοῦ φίλοι.

Αι. Πότερον ἐρασθεὶς, ἢ σὸν ἐχθαίρων λέχος;   695
Μη. Μέγαν γ᾿ ἔρωτα· πιστὸς οὐκ ἔφυ φίλοις.
Αι. Ἴτω νυν, εἴπερ, ὡς λέγεις, ἐστὶν κακός.
Μη. Ἀνδρῶν τυράννων κῆδος ἠράσθη λαβεῖν.
Αι. Δίδωσι δ᾿ αὐτῷ τίς; πέραινέ μοι λόγον.
Μη. Κρέων, ὃς ἄρχει τῆσδε γῆς Κορινθίας.   700
Αι. Ξυγγνωστὰ μὲν γὰρ ἦν σε λυπεῖσθαι, γύναι.
Μη. Ὄλωλα· καὶ πρός γ᾿ ἐξελαύνομαι χθονός.
Αι. Πρὸς τοῦ; τόδ᾿ ἄλλο καινὸν αὖ λέγεις κακόν.
Μη. Κρέων μ᾿ ἐλαύνει φυγάδα γῆς Κορινθίας.
Αι. Ἐᾷ δ᾿ Ἰάσων; οὐδὲ ταῦτ᾿ ἐπῄνεσα.   705
Μη. Λόγῳ μὲν οὐχὶ, καρτερεῖν δὲ βούλεται.
　　Ἀλλ᾿ ἄντομαί σε τῆσδε πρὸς γενειάδος,
　　Γονάτων τε τῶν σῶν, ἱκεσία τε γίγνομαι,
　　Οἴκτειρον, οἴκτειρόν με τὴν δυσδαίμονα,
　　Καὶ μή μ᾿ ἔρημον ἐκπεσοῦσαν εἰσίδῃς,   710
　　Δέξαι δὲ χώρᾳ καὶ δόμοις ἐφέστιον.
　　Οὕτως ἔρως σοι πρὸς θεῶν τελεσφόρος
　　Γένοιτο παίδων, καὐτὸς ὄλβιος θάνοις.
　　Εὕρημα δ᾿ οὐκ οἶσθ᾿ οἷον εὕρηκας τόδε·
　　Παύσω δέ σ᾿ ὄντ᾿ ἄπαιδα, καὶ παίδων γονὰς   715
　　Σπεῖραί σε θήσω· τοιάδ᾿ οἶδα φάρμακα.
Αι. Πολλῶν ἕκατι τήνδε σοι δοῦναι χάριν,
　　Γύναι, πρόθυμός εἰμι, πρῶτα μὲν θεῶν,
　　Ἔπειτα παίδων, ὧν ἐπαγγέλλει γονάς·
　　Εἰς τοῦτο γὰρ δὴ φροῦδός εἰμι πᾶς ἐγώ.   720
　　Οὕτω δ᾿ ἔχει μοι· σοῦ μὲν ἐλθούσης χθόνα,
　　Πειράσομαί σου προξενεῖν δίκαιος ὤν·
　　Τοσόνδε μέντοι σοὶ προσημαίνω, γύναι,
　　Ἐκ τῆσδε μὲν γῆς οὔ σ᾿ ἄγειν βουλήσομαι·
　　Αὐτὴ δ᾿ ἐάν περ εἰς ἐμοὺς ἔλθῃς δόμους,   725
　　Μενεῖς ἄσυλος, κοὔ σε μὴ μεθῶ τινί.

Εκ τῆσδε δ᾽ αὐτὴ γῆς ἀπαλλάσσου πόδα·
Αναίτιος γὰρ καὶ ξένοις εἶναι θέλω.

Μη. Εσται τάδ᾽· ἀλλὰ πίστις εἰ γένοιτό μοι
Τούτων, ἔχοιμ᾽ ἂν πάντα πρὸς σέθεν καλῶς. 730

Αι. Μῶν οὐ πέποιθας; ἢ τί σοι τὸ δυσχερές;

Μη. Πέποιθα· Πελίου δ᾽ ἐχθρός ἐστί μοι δόμος,
Κρέων τε· τούτοις δ᾽, ὁρκίοισι μὲν ζυγεὶς,
Αγουσιν οὐ μεθεῖ᾽ ἂν ἐκ γαίας ἐμέ.
Λόγοις δὲ συμβὰς, καὶ θεῶν ἀνώμοτος, 735
Φίλος γένοι᾽ ἂν, κἀπικηρυκεύμασι
Τάχ᾽ ἂν πίθοιο· τἀμὰ μὲν γὰρ ἀσθενῆ,
Τοῖς δ᾽ ὄλβος ἐστὶ, καὶ δόμος τυραννικός.

Αι. Πολλὴν ἔλεξας, ὦ γύναι, προμηθίαν.
Ἀλλ᾽ εἰ δοκεῖ σοι δρᾶν τάδ᾽, οὐκ ἀφίσταμαι. 740
Εμοί τε γὰρ τάδ᾽ ἐστὶν ἀσφαλέστατα,
Σκῆψίν τιν᾽ ἐχθροῖς σοῖς ἔχοντα δεικνύναι,
Τὸ σόν τ᾽ ἄραρε μᾶλλον. ἔξηγοῦ θεούς.

Μη. Ομνυ πέδον γῆς, πατέρα θ᾽ Ηλιον πατρὸς
Τοὐμοῦ, θεῶν τε συντιθεὶς ἄπαν γένος. 745

Αι. Τί χρῆμα δράσειν, ἢ τί μὴ δράσειν; λέγε.

Μη. Μήτ᾽ αὐτὸς ἐκ γῆς σῆς ἔμ᾽ ἐκβαλεῖν ποτὲ,
Μήτ᾽, ἄλλος ἤν τις τῶν ἐμῶν ἐχθρῶν ἄγειν
Χρῄζῃ, μεθήσειν ζῶν ἑκουσίῳ τρόπῳ.

Αι. Ομνυμι γαῖαν, Ηλίου θ᾽ ἁγνὸν σέβας, 750
Θεούς τε πάντας, ἐμμενεῖν, ἅ σου κλύω.

Μη. Αρκεῖ. τί δ᾽ ὅρκῳ τῷδε μὴ ᾽μμένων πάθοις;

Αι. Ἃ τοῖσι δυσσεβοῦσι γίγνεται βροτῶν.

Μη. Χαίρων πορεύου· πάντα γὰρ καλῶς ἔχει.
Κἀγὼ πόλιν σὴν ὡς τάχιστ᾽ ἀφίξομαι, 755
Πράξασ᾽ ἃ μέλλω, καὶ τυχοῦσ᾽ ἃ βούλομαι.

Χο. Αλλά σ᾽ ὁ Μαίας πομπαῖος ἄναξ
Πελάσειε δόμοις,
Ὧν τ᾽ ἐπίνοιαν σπεύδεις κατέχων,

Ηράξειας· ἐπεὶ γενναῖος ἀνὴρ,   **760**
Αἰγεῦ, παρ' ἐμοὶ δεδόκησαι.

Μη.   Ω Ζεῦ, Δίκη τε Ζηνὸς, Ἡλίου τε φῶς,
      Νῦν καλλίνικοι τῶν ἐμῶν ἐχθρῶν, φίλαι,
      Γενησόμεσθα, κεὶς ὁδὸν βεβήκαμεν.
      Νῦν δ' ἐλπὶς ἐχθροὺς τοὺς ἐμοὺς τίσειν δίκην.   **765**
      Οὗτος γὰρ ἁνὴρ, ᾗ μάλιστ' ἐκάμνομεν,
      Λιμὴν πέφανται τῶν ἐμῶν βουλευμάτων.
      Ἐκ τοῦδ' ἀναψόμεσθα πρυμνήτην κάλων,
      Μολόντες ἄστυ καὶ πόλισμα Παλλάδος.
      Ἤδη δὲ πάντα τἀμά σοι βουλεύματα   **770**
      Λέξω· δέχου δὲ μὴ πρὸς ἡδονὴν λόγους.
      Πέμψασ' ἐμῶν τιν' οἰκετῶν, Ἰάσονα
      Ἐς ὄψιν ἐλθεῖν τὴν ἐμὴν αἰτήσομαι·
      Μολόντι δ' αὐτῷ μαλθακοὺς λέξω λόγους,
      Ὡς καὶ δοκεῖ μοι ταῦτα καὶ καλῶς ἔχειν,   **775**
      Καὶ ξύμφορ' εἶναι, καὶ καλῶς ἐγνωσμένα·
      Παῖδας δὲ μεῖναι τοὺς ἐμοὺς αἰτήσομαι·
      Οὐχ ὡς λιποῦσα πολεμίας ἐπὶ χθονὸς
      Ἐχθροῖσι παῖδας τοὺς ἐμοὺς καθυβρίσαι·
      Ἀλλ' ὡς δόλοισι παῖδα βασιλέως κτάνω.   **780**
      Πέμψω γὰρ αὐτοὺς δῶρ' ἔχοντας ἐν χεροῖν,
      Λεπτόν τε πέπλον καὶ πλόκον χρυσήλατον·
      Κἄνπερ λαβοῦσα κόσμον ἀμφιθῇ χροΐ,
      Κακῶς ὀλεῖται, πᾶς θ' ὃς ἂν θίγῃ κόρης·
      Τοιοῖσδε χρίσω φαρμάκοις δωρήματα.   **785**
      Ἐνταῦθα μέντοι τόνδ' ἀπαλλάσσω λόγον·
      Ὤμωξα δ', οἷον ἔργον ἔστ' ἐργαστέον
      Τοὐντεῦθεν ἡμῖν· τέκνα γὰρ κατακτενῶ
      Τἀμ'· —οὔτις ἐστὶν, ὅστις ἐξαιρήσεται—
      Δόμον τε πάντα συγχέασ' Ἰάσονος,   **790**
      Ἔξειμι γαίας, φιλτάτων παίδων φόνον

Φεύγουσα, καὶ τλᾶσ' ἔργον ἀνοσιώτατον.
Οὐ γὰρ γελᾶσθαι τλητὸν ἐξ ἐχθρῶν, φίλαι.
Ἴτω· τί μοι ζῆν κέρδος; οὔτ' ἐμοὶ πατρὶς,
Οὔτ' οἶκός ἐστιν, οὔτ' ἀποστροφὴ κακῶν.   795
Ἡμάρτανον τόθ', ἡνίκ' ἐξελίμπανον
Δόμους πατρῴους, ἀνδρὸς Ἕλληνος λόγοις
Πεισθεῖσ'· ὃς ἡμῖν ξὺν θεῷ τίσει δίκην.
Οὔτ' ἐξ ἐμοῦ γὰρ παῖδας ὄψεταί ποτε
Ζῶντας τὸ λοιπὸν, οὔτε τῆς νεοζύγου   800
Νύμφης τεκνώσει παῖδ', ἐπεὶ κακὴν κακῶς
Θανεῖν σφ' ἀνάγκη τοῖς ἐμοῖσι φαρμάκοις.
Μηδείς με φαύλην κἀσθενῆ νομιζέτω,
Μηδ' ἡσυχαίαν, ἀλλὰ θατέρου τρόπου,
Βαρεῖαν ἐχθροῖς, καὶ φίλοισιν εὐμενῆ.   805
Τῶν γὰρ τοιούτων εὐκλεέστατος βίος.

Χο.   Ἐπείπερ ἡμῖν τόνδ' ἐκοίνωσας λόγον,
Σέ τ' ὠφελεῖν θέλουσα, καὶ νόμοις βροτῶν
Ξυλλαμβάνουσα, δρᾶν σ' ἀπεννέπω τάδε.

Μη.   Οὐκ ἔστιν ἄλλως· σοὶ δὲ συγγνώμη λέγειν   810
Τάδ' ἐστὶ, μὴ πάσχουσαν, ὡς ἐγὼ, κακῶς.

Χο.   Ἀλλὰ κτανεῖν σὼ παῖδε τολμήσεις, γύναι;
Μη.   Οὕτω γὰρ ἂν μάλιστα δηχθείη πόσις.
Χο.   Σὺ δ' ἂν γένοιό γ' ἀθλιωτάτη γυνή.

Μη.   Ἴτω· περισσοὶ πάντες οἱ 'ν μέσῳ λόγοι.   815
Ἀλλ' εἶα, χώρει, καὶ κόμιζ' Ἰάσονα·
Εἰς πάντα γὰρ δὴ σοὶ τὰ πιστὰ χρώμεθα.
Λέξεις δὲ μηδὲν τῶν ἐμοὶ δεδογμένων,
Εἴπερ φρονεῖς γ' εὖ δεσπόταις, γυνή τ' ἔφυς.

Στροφὴ ά.

Χο.   Ἐρεχθεῖδαι τὸ παλαιὸν ὄλβιοι,   820
Καὶ θεῶν παῖδες μακάρων,

- 'Ιερᾶς χώρας ἀπορθήτου τ'
  Ἀποφερβόμενοι
  Κλεινοτάτην σοφίαν,
  Ἀεὶ διὰ λαμπροτάτου   825
  Βαίνοντες ἀβρῶς αἰθέρος,
  Ἔνθα ποθ' ἁγνὰς
  Ἐννέα Πιερίδας
  Μούσας λέγουσι
  Ξανθὰν 'Ἁρμονίαν φυτεῦσαι.   830

Ἀντιστροφὴ ά.

Τοῦ καλλινάου τ' ἀπὸ Κηφισοῦ ῥοὰς
Τὰν Κύπριν κλῄζουσιν ἀφυσ-
σαμέναν, χώρας καταπνεῦσαι
Μετρίας ἀνέμων
'Ἡδυπνόους αὔρας·   835
Ἀεὶ δ' ἐπιβαλλομέναν
Χαίταισιν εὐώδη ῥοδέ-
ων πλόκον ἀνθέων,
Τᾷ σοφίᾳ παρέδρους
Πέμπειν ἔρωτας,   840
Παντοίας ἀρετᾶς ξυνεργούς.

Στροφὴ β'.

Πῶς οὖν ἱερῶν ποταμῶν
Ἡ πόλις, ἢ φίλων
Πόμπιμός σε χώρα
Τὰν παιδολέτειραν ἕξει,   845
Τὰν οὐχ ὁσίαν; μετ' ἄλλων
Σκέψαι τεκέων πλαγὰν,
Σκέψαι φόνον οἷον αἴρει.
Μὴ, πρὸς γονάτων σε πάντες

Πάντως ἱκετεύομεν, 850
Τέκνα φονεύσῃς.

Ἀντιστροφὴ β'.

Πῶς δὲ θράσος ἢ φρενὸς, ἢ
Χειρὶ τέκνων σέθεν
Καρδίᾳ τε λήψει,
Δεινὰν προσάγουσα τόλμαν; 855
Πῶς δ' ὄμματα προσβαλοῦσα
Τέκνοις, ἄδακρυν μοῖραν
Σχήσεις φόνου; οὐ δυνάσει,
Παίδων ἱκετᾶν πιτνόντων,
Τέγξαι χέρα φοινίαν 860
Τλάμονι θυμῷ.

Ια. Ἥκω κελευσθείς· καὶ γὰρ οὖσα δυσμενὴς,
Οὔ τ' ἂν ἁμάρτοις τοῦδέ γ', ἀλλ' ἀκούσομαι,
Τί χρῆμα βούλει καινὸν ἐξ ἐμοῦ, γύναι.
Μη. Ἰᾶσον, αἰτοῦμαί σε τῶν εἰρημένων 865
Ξυγγνώμον' εἶναι· τὰς δ' ἐμὰς ὀργὰς φέρειν
Εἰκός σ', ἐπεὶ νῷν πόλλ' ὑπείργασται φίλα.
Ἐγὼ δ' ἐμαυτῇ διὰ λόγων ἀφικόμην,
Κἀλοιδόρησα· Σχετλία, τί μαίνομαι,
Καὶ δυσμεναίνω τοῖσι βουλεύουσιν εὖ; 870
Ἐχθρὰ δὲ γαίας κοιράνοις καθίσταμαι,
Πόσει θ', ὃς ἡμῖν δρᾷ τὰ συμφορώτατα,
Γήμας τύραννον, καὶ κασιγνήτους τέκνοις
Ἐμοῖς φυτεύων; οὐκ ἀπαλλαχθήσομαι
Θυμοῦ; τί πάσχω, θεῶν ποριζόντων καλῶς; 875
Οὐκ εἰσὶ μέν μοι παῖδες, οἶδα δὲ χθόνα
Φεύγοντας ἡμᾶς, καὶ σπανίζοντας φίλων;—
Ταῦτ' ἐννοηθεῖσ', ᾐσθόμην ἀβουλίαν
Πολλὴν ἔχουσα, καὶ μάτην θυμουμένη.

Νῦν οὖν ἐπαινῶ, σωφρονεῖν τ᾽ ἐμοὶ δοκεῖς,   880
Κῆδος τόδ᾽ ἡμῖν προσλαβών· ἐγὼ δ᾽ ἄφρων,
Ἧ χρῆν μετεῖναι τῶνδε τῶν βουλευμάτων,
Καὶ ξυμπεραίνειν, καὶ παρεστάναι λέχει,
Νύμφην τε κηδεύουσαν ἥδεσθαι σέθεν.
Ἀλλ᾽ ἐσμὲν οἷον ἐσμὲν, οὐκ ἐρῶ κακὸν,   885
Γυναῖκες. οὐκ οὖν χρῆν σ᾽ ὁμοιοῦσθαι κακοῖς,
Οὐδ᾽ ἀντιτείνειν νήπι᾽ ἀντὶ νηπίων.
Παριέμεσθα, καὶ φαμὲν κακῶς φρονεῖν
Τότ᾽· ἀλλ᾽ ἄμεινον νῦν βεβούλευμαι τάδε.
Ὦ τέκνα, τέκνα, δεῦτε, λείπετε στέγας·   890
Ἐξέλθετ᾽, ἀσπάσασθε καὶ προσείπατε
Πατέρα μεθ᾽ ἡμῶν, καὶ διαλλάχθηθ᾽ ἅμα
Τῆς πρόσθεν ἔχθρας εἰς φίλους μητρὸς μέτα·
Σπονδαὶ γὰρ ἡμῖν, καὶ μεθέστηκεν χόλος.
Λάβεσθε χειρὸς δεξιᾶς. οἴμοι κακῶν,   895
Ὡς ἐννοοῦμαι δή τι τῶν κεκρυμμένων.
Ἆρ᾽, ὦ τέκν᾽, οὕτω καὶ πολὺν ζῶντες χρόνον
Φίλην ὀρέξετ᾽ ὠλένην; τάλαιν᾽ ἐγὼ,
Ὡς ἀρτίδακρύς εἰμι, καὶ φόβου πλέα·
Χρόνῳ δὲ νεῖκος πατρὸς ἐξαιρουμένη,   900
Ὄψιν τέρειναν τήνδ᾽ ἔπλησα δακρύων.

Χο. Κἀμοὶ κατ᾽ ὄσσων χλωρὸν ὡρμήθη δάκρυ.
    Καὶ μὴ προβαίη μεῖζον ἢ τὸ νῦν κακόν.

Ια. Αἰνῶ, γύναι, τάδ᾽, οὐδ᾽ ἐκεῖνα μέμφομαι·
    Εἰκὸς γὰρ ὀργὰς θῆλυ ποιεῖσθαι γένος   905
    Γάμους παρεμπολῶντί γ᾽ ἀλλοίους πόσει.
    Ἀλλ᾽ εἰς τὸ λῷον σὸν μεθέστηκεν κέαρ,
    Ἔγνως δὲ τὴν νικῶσαν, ἀλλὰ τῷ χρόνῳ,
    Βουλήν. γυναικὸς ἔργα ταῦτα σώφρονος.
    Ὑμῖν δὲ, παῖδες, οὐκ ἀφροντίστως πατὴρ   910
    Πολλὴν ἔθηκε σὺν θεοῖς προμηθίαν.
    Οἶμαι γὰρ ὑμᾶς τῆσδε γῆς Κορινθίας

Τὰ πρῶτ' ἔσεσθαι ξὺν κασιγνήτοις ἔτι.
Ἀλλ' αὐξάνεσθε· τἄλλα δ' ἐξεργάζεται
Πατήρ τε καὶ θεῶν ὅστις ἐστὶν εὐμενής.   915
Ἴδοιμι δ' ὑμᾶς εὐτραφεῖς ἥβης τέλος
Μολόντας, ἐχθρῶν τῶν ἐμῶν ὑπερτέρους.
Αὕτη, τί χλωροῖς δακρύοις τέγγεις κόρας,
Στρέψασα λευκὴν ἔμπαλιν παρῇδα,
Κοὐκ ἀσμένη τόνδ' ἐξ ἐμοῦ δέχει λόγον ;   920
Μη.   Οὐδέν· τέκνων τῶνδ' ἐννοουμένη πέρι.
Ια.   Θάρσει νυν· εὖ γὰρ τῶνδε θήσομαι πέρι.
Μη.   Δράσω τάδ', οὔτοι σοῖς ἀπιστήσω λόγοις·
        Γυνὴ δὲ θῆλυ, κἀπὶ δακρύοις ἔφυ.
Ια.   Τί δῆτα λίαν τοῖσδ' ἐπιστένεις τέκνοις ;   925
Μη.   Ἔτικτον αὐτούς· ζῆν δ' ὅτ' ἐξηύχου τέκνα,
        Εἰσῆλθέ μ' οἶκτος, εἰ γενήσεται τάδε.
        Ἀλλ' ὧνπερ οὕνεκ' εἰς ἐμοὺς ἥκεις λόγους,
        Τὰ μὲν λέλεκται, τῶν δ' ἐγὼ μεμνήσομαι.
        Ἐπεὶ τυράννοις γῆς μ' ἀποστεῖλαι δοκεῖ,   930
        Κἀμοὶ τάδ' ἐστὶ λῷστα, γιγνώσκω καλῶς,
        Μήτ' ἐμποδὼν σοί, μήτε κοιράνοις χθονὸς
        Ναίειν· δοκῶ γὰρ δυσμενὴς εἶναι δόμοις·
        Ἡμεῖς μὲν ἐκ γῆς τῆσδ' ἀπαίρομεν φυγῇ·
        Παῖδες δ' ὅπως ἂν ἐκτραφῶσι σῇ χερί,   935
        Αἰτοῦ Κρέοντα, τήνδε μὴ φεύγειν χθόνα.
Ια.   Οὐκ οἶδ' ἂν εἰ πείσαιμι· πειρᾶσθαι δὲ χρή.
Μη.   Σὺ δ' ἀλλὰ σὴν κέλευσον αἰτεῖσθαι πατρὸς
        Γυναῖκα, παῖδας τήνδε μὴ φεύγειν χθόνα.
Ια.   Μάλιστα, καὶ πείσειν γε δοξάζω σφ' ἐγώ,   940
        Εἴπερ γυναικῶν ἐστι τῶν ἄλλων μία.
Μη.   Ξυλλήψομαι δὲ τοῦδέ σοι κἀγὼ πόνου·
        Πέμψω γὰρ αὐτῇ δῶρ', ἃ καλλιστεύεται
        Τῶν νῦν ἐν ἀνθρώποισιν, οἶδ' ἐγώ, πολύ,
        Λεπτόν τε πέπλον καὶ στέφος χρυσήλατον,   945

Παῖδας φέροντας. ἀλλ᾽ ὅσον τάχος χρεὼν
Κόσμον κομίζειν δεῦρο προσπόλων τινά.
Εὐδαιμονήσει δ᾽ οὐχ ἕν, ἀλλὰ μυρία,
Ανδρός τ᾽ ἀρίστου σοῦ τυχοῦσ᾽ ὁμευνέτου,
Κεκτημένη τε κόσμον, ὅν ποθ᾽ Ἥλιος　　　　950
Πατρὸς πατὴρ δίδωσιν ἐκγόνοισιν οἷς.
Δάζυσθε φερνὰς τάσδε, παῖδες, εἰς χέρας,
Καὶ τῇ τυράννῳ μακαρίᾳ νύμφῃ δότε
Φέροντες. οὔτοι δῶρα μεμπτὰ δέξεται.

Ια.　Τί δ᾽, ὦ ματαία, τῶνδε σὰς κενοῖς χέρας;　　955
Δοκεῖς σπανίζειν δῶμα βασίλειον πέπλων;
Δοκεῖς δὲ χρυσοῦ; σῶζε, μὴ δίδου, τάδε.
Εἴπερ γὰρ ἡμᾶς ἀξιοῖ λόγου τινὸς
Γυνή, προθήσει χρημάτων, σάφ᾽ οἶδ᾽ ἐγώ.

Μη.　Μή μοι σύ· πείθειν δῶρα καὶ θεοὺς λόγος.　　960
Χρυσὸς δὲ κρείσσων μυρίων λόγων βροτοῖς.
Κείνης ὁ δαίμων· κεῖνα νῦν αὔξει θεός·
Νέα τυραννεῖ· τῶν δ᾽ ἐμῶν παίδων φυγὰς
Ψυχῆς ἂν ἀλλαξαίμεθ᾽, οὐ χρυσοῦ μόνον.
Ἀλλ᾽, ὦ τέκν᾽, εἰσελθόντε πλουσίους δόμους,　　965
Πατρὸς νέαν γυναῖκα, δεσπότιν δ᾽ ἐμὴν,
Ἱκετεύετ᾽, ἐξαιτεῖσθε, μὴ φεύγειν χθόνα,
Κόσμον διδόντες. τοῦδε γὰρ μάλιστα δεῖ,
Εἰς χεῖρ᾽ ἐκείνην δῶρα δέξασθαι τάδε.
Ἴθ᾽ ὡς τάχιστα· μητρὶ δ᾽, ὧν ἐρᾷ τυχεῖν,　　970
Εὐάγγελοι γένοισθε, πράξαντες καλῶς.

Στροφὴ ά.

Χο.　Νῦν ἐλπίδες οὐκέτι μοι παίδων ζόας,
Οὐκέτι· στείχουσι γὰρ εἰς φόνον ἤδη.
Δέξεται νύμφα χρυσέων ἀναδεσμῶν,
Δέξεται δύστανος ἄταν·　　　　　　975

Ξανθᾷ δ᾽ ἀμφὶ κόμᾳ
Θήσει τὸν Ἅιδα κόσμον αὐ-
τά γ᾽ ἐν χεροῖν λαβοῦσα.

Ἀντιστροφὴ ά

Πείσει χάρις ἀμβρόσιός τ᾽ αὐγὰ πέπλο
Χρυσότευκτόν τε στέφανον περιθέσθαι.   980
Νερτέροις δ᾽ ἤδη πάρα νυμφοκομήσει.
Τοῖον εἰς ἕρκος πεσεῖται,
Καὶ μοῖραν θανάτου
Προσλήψεται δύστανος, ἄ-
ταν δ᾽ οὐκ ὑπεκδραμεῖται.   985

Στροφὴ β΄.

Σὺ δ᾽, ὦ τάλαν, ὦ κακόνυμφε,
Κηδεμὼν τυράννων,
Παισὶν οὐ κατειδὼς
Ὀλέθριον βιοτὰν προσάγεις,
Ἀλόχῳ τε σᾷ στυγερὸν θάνατον.   990
Δύστανε, μοίρας ὅσον παροίχει.

Ἀντιστροφὴ β΄.

Μεταστένομαι δὲ σὸν ἄλγος,
Ὦ τάλαινα παίδων
Μᾶτερ, ἃ φονεύσεις
Σὰ τέκνα, νυμφιδίων ἕνεκεν   995
Λεχέων, ἃ σοι προλιπὼν ἀνόμως
Ἄλλῃ ξυνοικεῖ πόσις ξυνεύνῳ.

Παι. Δέσποιν᾽, ἀφεῖνται παῖδες οἵδε σοι φυγῆς,
Καὶ δῶρα νύμφη βασιλὶς ἀσμένη χεροῖν
Ἐδέξατ᾽· εἰρήνη δὲ τἀκεῖθεν τέκνοις.   1000

Μη. Εα.

Παι. Τί συγχυθεῖσ̓ ἕστηκας, ἡνίκ̓ εὐτυχεῖς ;

Μη. Αἶ αἶ.

Παι. Τάδ̓ οὐ ξυνῳδὰ τοῖσιν ἐξηγγελμένοις.

Μη. Αἶ αἶ μάλ̓ αὖθις.

Παι.   　　　Μῶν τιν̓ ἀγγέλλων τύχην   1005
Οὐκ οἶδα, δόξης δ̓ ἐσφάλην εὐαγγέλου;

Μη. Ηγγειλας οἷ̓ ἤγγειλας· οὐ σὲ μέμφομαι.

Παι. Τί δὴ κατηφεῖς ὄμμα, καὶ δακρυῤῥοεῖς;

Μη. Πολλή μ̓ ἀνάγκη, πρέσϐυ· ταῦτα γὰρ θεοὶ,
Κἀγὼ κακῶς φρονοῦσ̓ ἐμηχανησάμην.   1010

Παι. Θάρσει· κάτει τοι καὶ σὺ πρὸς τέκνων ἔτι.

Μη. Αλλους κατάξω πρόσθεν ἢ τάλαιν̓ ἐγώ.

Παι. Οὔτοι μόνη σὺ σῶν ἀπεζύγης τέκνων.
Κούφως φέρειν χρὴ θνητὸν ὄντα συμφοράς.

Μη. Δράσω τάδ̓· ἀλλὰ βαῖνε δωμάτων ἔσω,   1015
Καὶ παισὶ πόρσυν̓, οἷα χρὴ καθ̓ ἡμέραν·
Ω τέκνα, τέκνα, σφῷν μέν ἐστι δὴ πόλις,
Καὶ δῶμ̓, ἐν ᾧ, λιπόντες ἀθλίαν ἐμὲ,
Οἰκήσετ̓ ἀεὶ μητρὸς ἐστερημένοι·
Εγὼ δ̓ ἐς ἄλλην γαῖαν εἶμι δὴ φυγὰς,   1020
Πρὶν σφῷν ὄνασθαι, κἀπιδεῖν εὐδαίμονας,
Πρὶν λέκτρα καὶ γυναῖκα καὶ γαμηλίους
Εὐνὰς ἀγῆλαι, λαμπάδας τ̓ ἀνασχέθειν.
Ω δυστάλαινα τῆς ἐμῆς αὐθαδίας·
Αλλως ἄῤ ὑμᾶς, ὦ τέκν̓, ἐξεθρεψάμην,   1025
Αλλως δ̓ ἐμόχθουν, καὶ κατεξάνθην πόνοις,
Στεῤῥὰς ἐνεγκοῦσ̓ ἐν τόκοις ἀλγηδόνας.
Η μήν ποθ̓ ἡ δύστηνος εἶχον ἐλπίδας
Πολλὰς ἐν ὑμῖν, γηροβοσκήσειν τ̓ ἐμὲ,
Καὶ κατθανοῦσαν χερσὶν εὖ περιστελεῖν,   1030
Ζηλωτὸν ἀνθρώποισι. νῦν δ̓ ὄλωλε δὴ

Γλυκεῖα φροντίς· σφῷν γὰρ ἐστερημένη,
Λυπρὸν διάξω βίοτον, ἀλγεινόν τ' ἐμοί·
Ὑμεῖς δὲ μητέρ' οὐκέτ' ὄμμασιν φίλοις
Ὀψεσθ', ἐς ἄλλο σχῆμ' ἀποστάντες βίου.   1035
Φεῦ, φεῦ, τί προσδέρκεσθέ μ' ὄμμασιν, τέκνα;
Τί προσγελᾶτε τὸν πανύστατον γέλων;
Αἶ αἶ, τί δράσω; καρδία γὰρ οἴχεται,
Γυναῖκες, ὄμμα φαιδρὸν ὡς εἶδον τέκνων.
Οὐκ ἂν δυναίμην· χαιρέτω βουλεύματα   1040
Τὰ πρόσθεν· ἄξω παῖδας ἐκ γαίας ἐμούς.
Τί δεῖ με, πατέρα τῶνδε τοῖς τούτων κακοῖς
Λυποῦσαν, αὐτὴν δὶς τόσα κτᾶσθαι κακά;
Οὐ δῆτ' ἔγωγε· χαιρέτω βουλεύματα.
Καί τοι τί πάσχω; βούλομαι γέλωτ' ὄφλειν,   1045
Ἐχθροὺς μεθεῖσα τοὺς ἐμοὺς ἀζημίους;
Τολμητέον τάδ'· ἀλλὰ τῆς ἐμῆς κάκης,
Τὸ καὶ προέσθαι μαλθακοὺς λόγους φρενί.
Χωρεῖτε, παῖδες, εἰς δόμους. ὅτῳ δὲ μὴ
Θέμις παρεῖναι τοῖς ἐμοῖσι θύμασιν,   1050
Αὐτῷ μελήσει· χεῖρα δ' οὐ διαφθερῶ.
Α, ἄ· μὴ δῆτα, θυμέ, μὴ σύγ' ἐργάσῃ τάδε·
Εασον αὐτοὺς, ὦ τάλαν, φεῖσαι τέκνων·
Εκεῖ μεθ' ἡμῶν ζῶντες εὐφρανοῦσί σε.
Μὰ τοὺς παρ' Ἀιδῃ νερτέρους ἀλάστορας,   1055
Οὔτοι ποτ' ἔσται τοῦθ', ὅπως ἐχθροῖς ἐγὼ
Παῖδας παρήσω τοὺς ἐμοὺς καθυβρίσαι.
Πάντως σφ' ἀνάγκη κατθανεῖν· ἐπεὶ δὲ χρὴ,
Ἡμεῖς κτενοῦμεν, οἵπερ ἐξεφύσαμεν.
Πάντως πέπρωται ταῦτα, κοὐκ ἐκφεύξεται.   1060
Καὶ δὴ 'πὶ κρατὶ στέφανος, ἐν πέπλοισί τε
Νύμφη τύραννος ὄλλυται, σάφ' οἶδ' ἐγώ.
Ἀλλ', –εἶμι γὰρ δὴ τλημονεστάτην ὁδὸν,

Καὶ τούσδε πέμψω τλημονεστέραν ἔτι–
Παῖδας προσειπεῖν βούλομαι· δότ', ὦ τέκνα,   1065
Δότ' ἀσπάσασθαι μητρὶ δεξιὰν χέρα.
Ω φιλτάτη χεὶρ, φίλτατον δέ μοι κάρα,
Καὶ σχῆμα, καὶ πρόσωπον εὐγενὲς τέκνων·
Εὐδαιμονοῖτον·—ἀλλ' ἐκεῖ· τὰ δ' ἐνθάδε
Πατὴρ ἀφείλετ'·—ὦ γλυκεῖα προσβολὴ,   1070
Ω μαλθακὸς χρὼς, πνεῦμά θ' ἥδιστον τέκνων.
Χωρεῖτε, χωρεῖτ'· οὐκέτ' εἰμὶ προσβλέπειν
Οἷα τ' ἐς ὑμᾶς, ἀλλὰ νικῶμαι κακοῖς.
Καὶ μανθάνω μὲν, οἷα δρᾶν μέλλω κακά·
Θυμὸς δὲ κρείσσων τῶν ἐμῶν βουλευμάτων,   1075
Ὅσπερ μεγίστων αἴτιος κακῶν βροτοῖς.

Χο.   Πολλάκις ἤδη διὰ λεπτοτέρων
           Μύθων ἔμολον, καὶ πρὸς ἁμίλλας
           Ηλθον μείζους, ἢ χρὴ γενεὰν
           Θῆλυν ἐρευνᾶν. ἀλλὰ γάρ ἐστιν   1080
           Μοῦσα καὶ ἡμῖν, ἣ προσομιλεῖ
           Σοφίας ἕνεκεν· πάσαισι μὲν οὔ·
           Παῦρον γὰρ δὴ γένος ἐν πολλαῖς
               Εὔροις ἂν ἴσως
               Οὐκ ἀπόμουσον τὸ γυναικῶν.   1085
           Καὶ φημὶ βροτῶν, οἵτινές εἰσιν
           Πάμπαν ἄπειροι, μηδ' ἐφύτευσαν
           Παῖδας, προφέρειν εἰς εὐτυχίαν
               Τῶν γειναμένων.
           Οἱ μὲν γ' ἄτεκνοι, δι' ἀπειροσύναν,   1090
           Εἴθ' ἡδὺ βροτοῖς, εἴτ' ἀνιαρὸν
           Παῖδες τελέθουσ', οὐχὶ τυχόντες,
               Πολλῶν μόχθων ἀπέχονται.
           Οἷσιν δὲ τέκνων ἐστὶν ἐν οἴκοις

Γλυκερὸν βλάστημ', ἐσορῶ μελέτῃ   1095
Κατατρυχομένους τὸν ἅπαντα χρόνον·
Πρῶτον μὲν ὅπως θρέψουσι καλῶς,
Βίοτόν θ' ὁπόθεν λείψουσι τέκνοις·
Ἔτι δ' ἐκ τούτων, εἴτ' ἐπὶ φλαύροις,
    Εἴτ' ἐπὶ χρηστοῖς   1100
Μοχθοῦσι, τόδ' ἐστὶν ἄδηλον.
Ἐν δὲ τὸ πάντων λοίσθιον ἤδη
Πᾶσιν κατερῶ θνητοῖσι κακόν·
Καὶ δὴ γὰρ ἅλις βίοτόν θ' εὗρον,
Σώματά θ' ἥβην εἰσῆλθε τέκνων,   1105
Χρηστοί τ' ἐγένοντ'· εἰ δὲ κυρήσει
Δαίμων οὗτος, φροῦδος ἐς Ἀΐδαν
Θάνατος προφέρων σώματα τέκνων.
Πῶς οὖν λύει πρὸς τοῖς ἄλλοις
Τήνδ' ἔτι λύπην ἀνιαροτάτην   1110
    Παίδων ἕνεκεν
Θνητοῖσι θεοὺς ἐπιβάλλειν;

Μη. Φίλαι, πάλαι τοι προσμένουσα τὴν τύχην,
Καραδοκῶ τἀκεῖθεν, οἷ προβήσεται.
Καὶ δὴ δέδορκα τόνδε τῶν Ἰάσονος   1115
Στείχοντ' ὀπαδῶν, πνεῦμά τ' ἠρεθισμένον
Δείκνυσιν, ὥς τι καινὸν ἀγγελεῖ κακόν.

ΑΓΓΕΛΟΣ.

Ὦ δεινὸν ἔργον παρανόμως εἰργασμένη
Μήδεια, φεῦγε, φεῦγε, μήτε ναῦν
Λιποῦσ' ἀπήνην, μήτ' ὄχον πεδοστιβῆ.   1120
Μη. Τί δ' ἄξιόν μοι τῆσδε τυγχάνει φυγῆς;
Αγ. Ὄλωλεν ἡ τύραννος ἀρτίως κόρη,
Κρέων θ' ὁ φύσας, φαρμάκων τῶν σῶν ὕπο.

Μη. Κάλλιστον εἶπας μῦθον, ἐν δ' εὐεργέταις
Τὸ λοιπὸν ἤδη καὶ φίλοις ἐμοῖς ἔσει.　　　　1125

Αγ. Τί φής; φρονεῖς μὲν ὀρθὰ, κοὐ μαίνει, γύναι,
Ἥτις, τυράννων ἑστίαν ᾐκισμένη,
Χαίρεις κλύουσα, κοὐ φοβεῖ τὰ τοιάδε;

Μη. Ἔχω τι κἀγὼ τοῖσδε σοῖς ἐναντίον
Λόγοισιν εἰπεῖν· ἀλλὰ μὴ σπέρχου, φίλος,　　　1130
Λέξον δ' ὅπως ὤλοντο· δὶς τόσον γὰρ ἂν
Τέρψειας ἡμᾶς, εἰ τεθνᾶσι παγκάκως.

Αγ. Ἐπεὶ τέκνων σῶν ἦλθε δίπτυχος γονὴ
Ξὺν πατρὶ, καὶ παρῆλθε νυμφικοὺς δόμους,
Ἥσθημεν, οἵπερ σοῖς ἐκάμνομεν κακοῖς,　　　1135
Δμῶες· δι' ὤτων δ' εὐθὺς ἦν πολὺς λόγος,
Σὲ καὶ πόσιν σὸν νεῖκος ἐσπεῖσθαι τὸ πρίν.
Κυνεῖ δ' ὁ μέν τις χεῖρ', ὁ δὲ ξανθὸν κάρα
Παίδων· ἐγὼ δὲ καὐτὸς, ἡδονῆς ὕπο,
Στέγας γυναικῶν ξὺν τέκνοις ἅμ' ἑσπόμην.　　1140
Δέσποινα δ', ἣν νῦν ἀντὶ σοῦ θαυμάζομεν,
Πρὶν μὲν τέκνων σῶν εἰσιδεῖν ξυνωρίδα,
Πρόθυμον εἶχ' ὀφθαλμὸν εἰς Ἰάσονα·
Ἔπειτα μέντοι προὐκαλύψατ' ὄμματα,
Λευκήν τ' ἀπέστρεψ' ἔμπαλιν παρηΐδα,　　　1145
Παίδων μυσαχθεῖσ' εἰσόδους. πόσις δὲ σὸς
Ὀργάς τ' ἀφῄρει καὶ χόλον νεάνιδος,
Λέγων τάδ'· Οὐ μὴ δυσμενὴς ἔσει φίλοις,
Παύσει δὲ θυμοῦ, καὶ πάλιν στρέψεις κάρα,
Φίλους νομίζουσ', οὕσπερ ἂν πόσις σέθεν·　　1150
Δέξει δὲ δῶρα, καὶ παραιτήσει πατρὸς,
Φυγὰς ἀφεῖναι παισὶ τοῖσδ', ἐμὴν χάριν.
Ἡ δ', ὡς ἐσεῖδε κόσμον, οὐκ ἠνέσχετο,
Ἀλλ' ᾔνεσ' ἀνδρὶ πάντα. καὶ πρὶν ἐκ δόμων
Μακρὰν ἀπεῖναι πατέρα καὶ παῖδας σέθεν,　　1155

Λαβοῦσα πέπλους ποικίλους ἠμπέσχετο·
Χρυσοῦν τε θεῖσα στέφανον ἀμφὶ βοστρύχοις,
Λαμπρῷ κατόπτρῳ σχηματίζεται κόμην,
Ἄψυχον εἰκὼ προσγελῶσα σώματος.
Κἄπειτ' ἀναστᾶσ' ἐκ θρόνων διέρχεται   1160
Στέγας, ἁβρὸν βαίνουσα παλλεύκῳ ποδὶ,
Δώροις ὑπερχαίρουσα, πολλὰ πολλάκις
Τένοντ' ἐς ὀρθὸν ὄμμασι σκοπουμένη.
Τοὐνθένδε μέντοι δεινὸν ἦν θέαμ' ἰδεῖν·
Χροιὰν γὰρ ἀλλάξασα, λεχρία πάλιν   1165
Χωρεῖ, τρέμουσα κῶλα, καὶ μόλις φθάνει,
Θρόνοισιν ἐμπεσοῦσα, μὴ χαμαὶ πεσεῖν.
Καί τις γεραιὰ προσπόλων, δόξασά που
Ἢ Πανὸς ὀργὰς, ἤ τινος θεῶν μολεῖν,
Ἀνωλόλυξε, πρίν γ' ὁρᾷ διὰ στόμα   1170
Χωροῦντα λευκὸν ἀφρὸν, ὀμμάτων τ' ἀπὸ
Κόρας στρέφουσαν, αἷμά τ' οὐκ ἐνὸν χροῒ·
Εἶτ' ἀντίμολπον ἧκεν ὀλολυγῆς μέγαν
Κωκυτόν. εὐθὺς δ' ἡ μὲν ἐς πατρὸς δόμους
Ὥρμησεν, ἡ δὲ πρὸς τὸν ἀρτίως πόσιν,   1175
Φράσουσα νύμφης ξυμφοράν· ἅπασα δὲ
Στέγη πυκνοῖσιν ἐκτύπει δρομήμασιν.
Ἤδη δ' ἀνέλκων κῶλον, ἐκπλέθρου δρόμου
Ταχὺς βαδιστὴς τερμόνων ἂν ἥπτετο·
Ἡ δ' ἐξ ἀναύδου καὶ μύσαντος ὄμματος   1180
Δεινὸν στενάξασ' ἡ τάλαιν' ἠγείρετο·
Διπλοῦν γὰρ αὐτῇ πῆμ' ἐπεστρατεύετο.
Χρυσοῦς μὲν ἀμφὶ κρατὶ κείμενος πλόκος
Θαυμαστὸν ἵει νᾶμα παμφάγου πυρός·
Πέπλοι δὲ λεπτοὶ, σῶν τέκνων δωρήματα,   1185
Λευκὴν ἔδαπτον σάρκα τῆς δυσδαίμονος.
Φεύγει δ' ἀναστᾶσ' ἐκ θρόνων πυρουμένη,

Σείουσα χαίτην κρᾶτά τ᾽ ἄλλοτ᾽ ἄλλοσε,
Ῥῖψαι θέλουσα στέφανον· ἀλλ᾽ ἀραρότως
Ξύνδεσμα χρυσὸς εἶχε· πῦρ δ᾽, ἐπεὶ κόμην   1190
Ἔσεισε, μᾶλλον δὶς τόσως τ᾽ ἐλάμπετο.
Πιτνεῖ δ᾽ ἐς οὖδας ξυμφορᾷ νικωμένη,
Πλὴν τῷ τεκόντι κάρτα δυσμαθὴς ἰδεῖν.
Οὔτ᾽ ὀμμάτων γὰρ δῆλος ἦν κατάστασις,
Οὔτ᾽ εὐφυὲς πρόσωπον· αἷμα δ᾽ ἐξ ἄκρου   1195
Ἔσταζε κρατὸς, ξυμπεφυρμένον πυρί·
·   Σάρκες δ᾽ ἀπ᾽ ὀστέων, ὥστε πεύκινον δάκρυ
Γναθμοῖς ἀδήλοις φαρμάκων ἀπέρρεον,
Δεινὸν θέαμα. πᾶσι δ᾽ ἦν φόβος θιγεῖν
Νεκροῦ· τύχην γὰρ εἴχομεν διδάσκαλον.   1200
Πατὴρ δ᾽ ὁ τλήμων ξυμφορᾶς ἀγνωσίᾳ
▪   Ἄφνω προσελθὼν δῶμα, προσπιτνεῖ νεκρῷ·   ·
·   Ὤμωξε δ᾽ εὐθὺς, καὶ περιπτύξας δέμας,
Κυνεῖ, προσαυδῶν τοιάδ᾽· Ὦ δύστηνε παῖ,
Τίς σ᾽ ὧδ᾽ ἀτίμως δαιμόνων ἀπώλεσε;   1205
Τίς τὸν γέροντα τύμβον ὀρφανὸν σέθεν
Τίθησιν; οἴμοι, ξυνθάνοιμι σοὶ, τέκνον.
Ἐπεὶ δὲ θρήνων καὶ γόων ἐπαύσατο,
Χρῄζων γεραιὸν ἐξαναστῆσαι δέμας,
Προσείχεθ᾽, ὥστε κισσὸς ἔρνεσιν δάφνης,   1210
Λεπτοῖσι πέπλοις· δεινὰ δ᾽ ἦν παλαίσματα·
Ὁ μὲν γὰρ ἤθελ᾽ ἐξαναστῆσαι γόνυ,
Ἡ δ᾽ ἀντελάζυτ᾽· εἰ δὲ πρὸς βίαν ἄγοι,
Σάρκας γεραιὰς ἐσπάρασσ᾽ ἀπ᾽ ὀστέων.
Χρόνῳ δ᾽ ἀπέσβη, καὶ μεθῆχ᾽ ὁ δύσμορος   1215
Ψυχήν· κακοῦ γὰρ οὐκέτ᾽ ἦν ὑπέρτερος.
Κεῖνται δὲ νεκροὶ, παῖς τε καὶ γέρων πατὴρ,
Πέλας· ποθεινὴ δακρύοισι συμφορά.
Καί μοι τὸ μὲν σὸν ἐκποδὼν ἔστω λόγου·

Γνώσει γὰρ αὐτὴ ζημίας ἀποστροφήν. 1220
Τὰ θνητὰ δ᾽ οὐ νῦν πρῶτον ἡγοῦμαι σκιάν·
Οὐδ᾽ ἂν τρέσας εἴποιμι, τοὺς σοφοὺς βροτῶν
Δοκοῦντας εἶναι, καὶ μεριμνητὰς λόγων,
Τούτους μεγίστην μωρίαν ὀφλισκάνειν.
Θνητῶν γὰρ οὐδείς ἐστιν εὐδαίμων ἀνήρ· 1225
Ολβου δ᾽ ἐπιῤῥυέντος, εὐτυχέστερος
Αλλου γένοιτ᾽ ἂν ἄλλος, εὐδαίμων δ᾽ ἂν οὔ.

Χο. Εοιχ᾽ ὁ δαίμων πολλὰ τῇδ᾽ ἐν ἡμέρᾳ
Κακὰ ξυνάψειν ἐνδίκως Ἰάσονι.
Ω τλῆμον, ὥς σου ξυμφορὰς οἰκτείρομὲν, 1230
Κόρη Κρέοντος, ἥτις εἰς Ἀιδου πύλας
Οἴχει, γάμων ἕκατι τῶν Ἰάσονος.

Μη. Φίλαι, δέδοκται τοὖργον, ὡς τάχιστά μοι
Παῖδας κτανούσῃ τῆσδ᾽ ἀφορμᾶσθαι χθονὸς,
Καὶ μὴ σχολὴν ἄγουσαν ἐκδοῦναι τέκνα 1235
Αλλῃ φονεῦσαι δυσμενεστέρᾳ χερί.
Αλλ᾽ εἶ, ὁπλίζου, καρδία· τί μέλλομεν
Τὰ δεινὰ κἀναγκαῖα μὴ πράσσειν κακά;
Αγ᾽, ὦ τάλαινα χεὶρ ἐμὴ, λάβε ξίφος,
Λάβ᾽, ἕρπε πρὸς βαλβῖδα λυπηρὰν βίου· 1240
Καὶ μὴ κακισθῇς, μηδ᾽ ἀναμνησθῇς τέκνων,
Ὡς φίλταθ᾽, ὡς ἔτικτες· ἀλλὰ τήνδε γε
Λαθοῦ βραχεῖαν ἡμέραν παίδων σέθεν,
Κἄπειτα θρήνει· καὶ γὰρ εἰ κτενεῖς σφ᾽, ὅμως
Φίλοι γ᾽ ἔφυσαν, δυστυχὴς δ᾽ ἐγὼ γυνή. 1245

Στροφή.

Χο. Ἰὼ Γᾶ τε καὶ παμφαὴς
Ακτὶς Αελίου, κατίδετ᾽,
Ιδετε τὰν ὀλομέναν
Γυναῖκα, πρὶν φοινίαν
Τέκνοις προσβαλεῖν χέρ᾽ αὐτοκτόνον. 1250

Σᾶς γὰρ ἀπὸ χρυσέας
Γονᾶς ἔβλαστεν· θεῶν δ'
Αἷμα πιτνεῖν φόβος ὑπ' ἀνέρων.
Ἀλλά νιν, ὦ φάος διογενὲς, κάτειργε,
Κατάπαυσον, ἔξελ' οἴκων φοινίαν   1255
Τάλαινάν τ' Ἐριννὺν ὑπ' ἀλαστόρων.

Ἀντιστροφή.

Μάταν μόχθος ἔρρει τέκνων,
Μάταν ἄρα γένος φίλιον
Ετεκες, ὦ κυανεᾶν
Λιποῦσα Συμπληγάδων   1260
Πετρᾶν ἀξενωτάταν εἰσβολάν.
Δειλαία, τί σοι φρενῶν
Βαρὺς χόλος προσπιτνεῖ,
Καὶ δυσμενὴς φόνος ἀμείβεται;
Χαλεπὰ γὰρ βροτοῖς ὁμογενῆ μιάσματ'·   1265
Ἐπὶ γαῖαν αὐτοφόνταισι ξυνῳ-
δὰ θεόθεν πιτνοῦντ' ἐπὶ δόμοις ἄχη.

ΠΑΙΣ.

Οἴμοι, τί δράσω; ποῖ φύγω μητρὸς χέρας;

ΠΑΙΣ ἙΤΕΡΟΣ.

Οὐκ οἶδ', ἀδελφὲ φίλτατ', ὀλλύμεσθα γάρ.
Xo. Ἀκούεις βοὰν, ἀκούεις τέκνων;   1270
Ἰὼ τλᾶμον, ὦ κακοτυχὲς γύναι.
Παρέλθω δόμους; ἀρῆξαι φόνον
Δοκεῖ μοι τέκνοις.
Παῖδες. Ναὶ, πρὸς θεῶν ἀρῆξατ'· ἐν δέοντι γάρ·
Ὡς ἐγγὺς ἤδη γ' ἐσμὲν ἀρκύων ξίφους.   1275
Xo. Τάλαιν', ὡς ἄρ' ἦσθα πέτρος ἢ σίδα-
ρος, ἅτις τέκνων, ὧν ἔτεκες,

Ἄροτον αὐτόχειρι μοίρᾳ κτενεῖ.
Μίαν δὴ κλύω, μίαν τῶν πάρος
Γυναῖκ᾽ ἐν φίλοις χέρα βαλεῖν τέκνοις,   1280
Ἰνὼ μανεῖσαν ἐκ θεῶν, ὅθ᾽ ἡ Διὸς
Δάμαρ νιν ἐξέπεμψε δωμάτων ἄλῃ.
Πιτνεῖ δ᾽ ἁ τάλαιν᾽ ἐς ἅλμαν, φόνῳ
Τέκνων δυσσεβεῖ,
Ἀκτῆς ὑπερτείνασα ποντίας πόδα,   1285
Δυοῖν τε παίδοιν ξυνθανοῦσ᾽ ἀπόλλυται.
Τί δή ποτ᾽ οὖν γένοιτ᾽ ἂν ἔτι δεινόν;
Ὦ γυναικῶν λέχος πολύπονον,
Ὅσα δὴ βροτοῖς ἔρεξας ἤδη κακά.

Ἰα.   Γυναῖκες, αἳ τῆσδ᾽ ἐγγὺς ἕστατε στέγης,   1290
Ἆρ᾽ ἐν δόμοισιν ἡ τὰ δείν᾽ εἰργασμένη
Μήδεια τοισίδ᾽, ἢ μεθέστηκεν φυγῇ;
Δεῖ γάρ νιν ἤτοι γῆς σφε κρυφθῆναι κάτω,
Ἢ πτηνὸν ἆραι σῶμ᾽ ἐς αἰθέρος βάθος,
Εἰ μὴ τυράννων δώμασιν δώσει δίκην.   1295
Πέποιθ᾽, ἀποκτείνασα κοιράνους χθονὸς,
Ἀθῶος αὐτὴ τῶνδε φεύξεσθαι δόμων;
Ἀλλ᾽, οὐ γὰρ αὐτῆς φροντίδ᾽, ὡς τέκνων, ἔχω·
Κείνην μὲν οὓς ἔδρασεν, ἔρξουσιν κακῶς·
Ἐμῶν δὲ παίδων ἦλθον ἐκσώσων βίον,   1300
Μή μοι τι δράσωσ᾽ οἱ προσήκοντες γένει,
Μητρῷον ἐκπράσσοντες ἀνόσιον φόνον.
Χο.   Ὦ τλῆμον, οὐκ οἶσθ᾽, οἷ κακῶν ἐλήλυθας,
Ἰᾶσον· οὐ γὰρ τούσδ᾽ ἂν ἐφθέγξω λόγους.
Ἰα.   Τί δ᾽ ἔστιν; ἦ που κἄμ᾽ ἀποκτεῖναι θέλει;   1305
Χο.   Παῖδες τεθνᾶσι χειρὶ μητρῴᾳ σέθεν.
Ἰα.   Οἴμοι, τί λέξεις; ὥς μ᾽ ἀπώλεσας, γύναι.
Χο.   Ὡς οὐκέτ᾽ ὄντων σῶν τέκνων, φρόντιζε δή.
Ἰα.   Ποῦ γάρ νιν ἔκτειν᾽, ἐντὸς, ἢ ᾿ξωθεν δόμων;

Χο. Πύλας ἀνοίξας, σῶν τέκνων ὄψει φόνον.   1310
Ια. Χαλᾶτε κλῇδας ὡς τάχιστα, πρόσπολοι·
 .   Ἐκλύεθ᾽ ἁρμούς, ὡς ἴδω διπλοῦν κακόν,
        Τοὺς μὲν θανόντας, τὴν δὲ τίσωμαι φόνῳ.
Μη. Τί τάσδε κινεῖς κἀναμοχλεύεις πύλας,
        Νεκροὺς ἐρευνῶν, κἀμὲ τὴν εἰργασμένην;   1315
        Παῦσαι πόνου τοῦδ᾽· εἰ δ᾽ ἐμοῦ χρείαν ἔχεις,
        Λέγ᾽ εἴ τι βούλει· χειρὶ δ᾽ οὐ ψαύσεις ποτέ·
        Τοιόνδ᾽ ὄχημα πατρὸς Ἥλιος πατὴρ
        Δίδωσιν ἡμῖν, ἔρυμα πολεμίας χερός.
Ια. Ὦ μῖσος, ὦ μέγιστον ἐχθίστη γύναι   1320
        Θεοῖς τε κἀμοί, παντί τ᾽ ἀνθρώπων γένει,
        Ἥτις τέκνοισι σοῖσιν ἐμβαλεῖν ξίφος
        Ἔτλης τεκοῦσα, κἄμ᾽ ἄπαιδ᾽ ἀπώλεσας.
        Καὶ ταῦτα δράσασ᾽, ἥλιόν τε προσβλέπεις,
        Καὶ γαῖαν, ἔργον τλᾶσα δυσσεβέστατον.   1325
        Ὄλοι᾽· ἐγὼ δὲ νῦν φρονῶ, τότ᾽ οὐ φρονῶν,
        Ὅτ᾽ ἐκ δόμων σὲ βαρβάρου τ᾽ ἀπὸ χθονὸς
        Ἕλλην᾽· ἐς οἶκον ἠγόμην, κακὸν μέγα,
        Πατρός τε καὶ γῆς προδότιν, ἥ σ᾽ ἐθρέψατο.
        Τὸν σὸν δ᾽ ἀλάστορ᾽ εἰς ἔμ᾽ ἔσκηψαν θεοί·   1330
        Κτανοῦσα γὰρ δὴ σὸν κάσιν παρέστιον,
        Τὸ καλλίπρωρον εἰσέβης Ἀργοῦς σκάφος.
        Ἤρξω μὲν ἐκ τοιῶνδε· νυμφευθεῖσα δὲ
        Παρ᾽ ἀνδρὶ τῷδε, καὶ τεκοῦσά μοι τέκνα,
        Εὐνῆς ἕκατι καὶ λέχους σφ᾽ ἀπώλεσας.   1335
        Οὐκ ἔστιν ἥτις τοῦτ᾽ ἂν Ἑλληνὶς γυνὴ
        Ἔτλη ποθ᾽, ὧν γε πρόσθεν ἠξίουν ἐγὼ
        Γῆμαι σέ, κῆδος ἐχθρὸν, ὀλέθριόν τ᾽ ἐμοί,
        Λέαιναν, οὐ γυναῖκα, τῆς Τυρσηνίδος
        Σκύλλης ἔχουσαν ἀγριωτέραν φύσιν.   1340
 .   Ἀλλ᾽,—οὐ γὰρ ἄν σε μυρίοις ὀνείδεσι
        Δάκοιμι· τοιόνδ᾽ ἐμπέφυκέ σοι θράσος·—

Ἐῤῥ᾽, αἰσχροποιὲ, καὶ τέκνων μιαιφόνε.
Ἐμοὶ δὲ τὸν ἐμὸν δαίμον᾽ αἰδζειν πάρα,
Ὃς οὔτε λέκτρων νεογάμων ὀνήσομαι,   1345
Οὐ παῖδας, οὓς ἔφυσα κἀξεθρεψάμην,
Ἔξω προσειπεῖν ζῶντας, ἀλλ᾽ ἀπώλεσα.

Μη. Μακρὰν γ᾽ ἂν ἐξέτεινα τοῖσδ᾽ ἐναντία
Λόγοισιν, εἰ μὴ Ζεὺς πατὴρ ἠπίστατο,
Οἷ᾽ ἐξ ἐμοῦ πέπονθας, οἷά τ᾽ εἰργάσω·   1350
Σὺ δ᾽ οὐκ ἔμελλες, τἀμ᾽ ἀτιμάσας λέχη,
Τερπνὸν διάξειν βίοτον, ἐγγελῶν ἐμοὶ,
Οὔθ᾽ ἡ τύραννος, οὔθ᾽ ὁ σοὶ προσθεὶς γάμους
Κρέων ἀνατεὶ τῆσδέ μ᾽ ἐκβαλεῖν χθονός.
Πρὸς ταῦτα καὶ λέαιναν, εἰ βούλει, κάλει,   1355
Καὶ Σκύλλαν, ἣ Τυρσηνὸν ᾤκησε σπέος·
Τῆς σῆς γὰρ, ὡς χρὴ, καρδίας ἀνθηψάμην.

Ια. Καὐτή γε λυπεῖ, καὶ κακῶν κοινωνὸς εἶ.

Μη. Σάφ᾽ ἴσθι· λύει δ᾽ ἄλγος, ἢν σὺ μὴ 'γγελᾷς.

Ια. Ὦ τέκνα, μητρὸς ὡς κακῆς ἐκύρσατε.   1360

Μη. Ὦ παῖδες, ὡς ὤλεσθε πατρῴα νόσῳ.

Ια. Οὔ τοί νυν ἡ 'μὴ δεξιά σφ᾽ ἀπώλεσεν.

Μη. Ἀλλ᾽ ὕβρις, οἵ τε σοὶ νεοδμῆτες γάμοι.

Ια. Λέχους σφὲ γ᾽ ἠξίωσας οὕνεκα κτανεῖν;

Μη. Σμικρὸν γυναικὶ πῆμα τοῦτ᾽ εἶναι δοκεῖς;   1365

Ια. Ἥτις γε σώφρων· σοὶ δὲ πάντ᾽ ἐστὶν κακά.

Μη. Οἵδ᾽ οὐκέτ᾽ εἰσί· τοῦτο γάρ σε δήξεται.

Ια. Οἵδ᾽ εἰσὶν, οἴμοι, σῷ κάρᾳ μιάστορες.

Μη. Ἴσασιν, ὅστις ἦρξε πημονῆς, θεοί.

Ια. Ἴσασι δῆτα σήν γ᾽ ἀπόπτυστον φρένα.   1370

Μη. Στυγεῖ· πικρὰν δὲ βάξιν ἐχθαίρω σέθεν.

Ια. Καὶ μὴν ἐγὼ σήν· ῥᾴδιοι δ᾽ ἀπαλλαγαί.

Μη. Πῶς οὖν; τί δράσω; κάρτα γὰρ κἀγὼ θέλω.

Ια. Θάψαι νεκρούς μοι τούσδε, καὶ κλαῦσαι πάρες.

Μη. Οὐ δῆτ᾽, ἐπεὶ σφᾶς τῇδ᾽ ἐγὼ θάψω χερὶ,   1375

Φέρουσ᾽ ἐς Ἥρας τέμενος Ἀκραίας θεοῦ,
Ὡς μή τις αὐτοὺς πολεμίων καθυβρίσῃ,
Τύμβους ἀνασπῶν· γῇ δὲ τῇδε Σισύφου
Σεμνὴν ἑορτὴν καὶ τέλη προσάψομεν
Τὸ λοιπὸν, ἀντὶ τοῦδε δυσσεβοῦς φόνου.   1380
Αὐτὴ δὲ γαῖαν εἶμι τὴν Ἐρεχθέως,
Αἰγεῖ ξυνοικήσουσα τῷ Πανδίονος.
Σὺ δ᾽, ὥσπερ εἰκὸς, κατθανεῖ κακὸς κακῶς,
Ἀργοῦς κάρα σὸν λειψάνῳ πεπληγμένος,
Πικρὰς τελευτὰς τῶν ἐμῶν ἰδὼν γάμων.   1385

Ια.   Ἀλλά σ᾽ Ἐριννὺς ὀλέσειε τέκνων,
         Φονία τε Δίκη.
Μη.   Τίς δὲ κλύει σοῦ θεὸς ἢ δαίμων,
         Τοῦ ψευδόρκου καὶ ξειναπάτα;
Ια.   Φεῦ, φεῦ, μυσαρὰ καὶ παιδολέτορ.   1390
Μη.   Στεῖχε πρὸς οἴκους, καὶ θάπτ᾽ ἄλοχον.
Ια.   Στείχω, δισσῶν γ᾽ ἄμορος τέκνων.
Μη.   Οὔπω θρηνεῖς· μένε καὶ γήρασκ᾽.
Ια.   Ὦ τέκνα φίλτατα. Μ. Μητρί γε, σοὶ δ᾽ οὔ.
Ια.   Κἄπειτ᾽ ἔκτας; Μ. Σέ γε πημαίνουσ᾽.   1395
Ια.   Αἴ αἴ, φιλίου χρῄζω στόματος
         Παίδων ὁ τάλας προσπτύξασθαι.
Μη.   Νῦν σφε προσαυδᾷς, νῦν ἀσπάζει,
         Τότ᾽ ἀπωσάμενος. Ι. Δός μοι, πρὸς θεῶν,
         Μαλακοῦ χρωτὸς ψαῦσαι τέκνων.   1400
Μη.   Οὐκ ἔστι· μάτην ἔπος ἔῤῥιπται.
Ια.   Ζεῦ, τάδ᾽ ἀκούεις, ὡς ἀπελαυνόμεθ᾽,
         Οἷά τε πάσχομεν ἐκ τῆς μυσαρᾶς
         Καὶ παιδοφόνου τῆσδε λεαίνης;
         Ἀλλ᾽ ὁπόσον γοῦν πάρα, καὶ δύναμαι,   1405
         Τάδε καὶ θρηνῶ, κἀπιθοάζω,
         Μαρτυρόμενος δαίμονας, ὥς μοι

Τέκν᾽ ἀποκτείνασ᾽, ἀποκωλύεις
Ψαῦσαί τε χεροῖν, θάψαι τε νεκρούς·
Οὓς μή ποτ᾽ ἐγὼ φύσας ὄφελον,   1410
   Πρὸς σοῦ φθιμένους ἐπιδέσθαι.

Χα. Πολλῶν ταμίας Ζεὺς ἐν Ολύμπῳ,
Πολλὰ δ᾽ ἀέλπτως κραίνουσι θεοί·
Καὶ τὰ δοκηθέντ᾽ οὐκ ἐτελέσθη,
Τῶν δ᾽ ἀδοκήτων πόρον εὗρε θεός.   1415
   Τοιόνδ᾽ ἀπέβη τόδε πρᾶγμα.

FINIS

EXCERPTORUM EX POETIS TRAGICIS.

ANALECTA GRAECA MAJORA.

TOMI POSTERIORIS

PARS TERTIA.

EXCERPTA BUCOLICA.

ΠΛΑΤΩΝΟΣ ΤΟΥ ΦΙΛΟΣΟΦΟΥ,

Εἰς ἄγαλμα Πανὸς συρίζον.

ΣΙΓΑΤΩ λάσιον Δρυάδων λέπας, οἵ τ' ἀπὸ πέτρας
Κρουνοὶ, καὶ βληχὴ πουλυμιγὴς τοκάδων,
Αὐτὸς ἐπεὶ σύριγγι μελίσδεται εὐκελάδῳ Πὰν,
῾Υγρὸν ἱεὶς ζευκτῶν χεῖλος ὑπὲρ καλάμων·
Αἱ δὲ πέριξ θαλεροῖσι χορὸν ποσὶν ἐστήσαντο
῾Υδριάδες Νύμφαι, Νύμφαι Ἀμαδρυάδες.

ΘΕΟΚΡΙΤΟΥ ΤΟΥ ΣΤΡΑΚΟΥΣΙΟΥ

Ἐπίγραμμα.

ΔΑΦΝΙΣ ὁ λευκόχρως, ὁ καλᾷ σύριγγι μελίσδων
Βωκολικὰς ὕμνως, ἄνθετο Πανὶ τάδε·
Τὼς τρητὼς δόνακας, τὸ λαγωβόλον, ὀξὺν ἄκοντα,
Νεβρίδα, τὰν πήραν, ᾇ ποκ' ἐμαλοφόρει.

ΑΛΛΟ.

ΔΗΣ, ποτὶ τᾶν Νυμφᾶν, διδύμοις αὐλοῖσιν ἀείδαι
Ἁδύ τι μοί; κἠγὼν πακτίδ' ἀειράμενος
Ἀρξεῦμαί τι κρέκειν· ὁ δὲ βωκόλος ἄμμιγα θελξεῖ
Δάφνις, καροδέτῳ πνεύματι μελπόμενος.
Ἐγγὺς δὲ στάντες λασίας δρυὸς ἄντρου ὄπισθεν,
Πᾶνα τὸν αἰγιβόταν ὀρφανίσωμες ὕπνου.

I.

*E THEOCRITO.

[Juxta Edit. L. C. Valckenaer. Lugd. Bat. 1781. in 8vo.]

Admirabilis in suo genere Theocritus, *sed musa illa rustica et pastoralis non forum modò, verùm ipsam etiam urbem reformidat.*   Quinctil. X. 1.

ΕΚ ΤΩΝ

ΘΕΟΚΡΙΤΟΥ ΤΟΥ ΣΥΡΑΚΟΥΣΙΟΥ

ΒΟΥΚΟΛΙΚΩΝ.

῾ΥΠΟΘΕΣΙΣ

τοῦ Πρώτου Εἰδυλλίου.

ΕΝ τούτῳ τῷ Εἰδυλλίῳ διαλέγονται πρὸς ἀλλήλους Θύρσις ποιμὴν καὶ Αἰπόλος. ῾Ο δὲ Θύρσις βουκολικῶς ᾖδει τὸν ὑπ᾽ ἔρωτος τηκόμενον καὶ ἀποθνήσκοντα Δάφνιδα· καὶ ἀντὶ τούτου αἶγα ἐς τρὶς ἀμέλξαι, καὶ καλὸν κισσύβιον παρὰ τοῦ Αἰπόλου γέρας λαμβάνει.

ΘΥΡΣΙΣ, ἢ ΩΔΗ.

† Εἰδύλλιον α΄.

ΘΥΡΣΙΣ ποιμὴν, καὶ ΑΙΠΟΛΟΣ.

ΘΥΡΣΙΣ.

῾ΑΔΥ τι τὸ ψιθύρισμα καὶ ἁ πίτυς, αἰπόλε, τήνα,
῾Α ποτὶ ταῖς παγαῖσι μελίσδεται· ἁδὺ δὲ καὶ τὺ
Συρίσδες· μετὰ Πᾶνα τὸ δεύτερον ἆθλον ἀποισῇ.

Αἴκα τῆνος ἕλῃ κεραὸν τράγον, αἶγα τὺ λαψῇ
Αἴκα δ᾽ αἶγα λάβῃ τῆνος γέρας, ἐς τὲ καταῤῥεῖ   5
Ἁ χίμαρος· χιμάρῳ δὲ καλὸν κρέας, ἔστε κ᾽ ἀμέλξῃς.

ΑΙΠΟΛΟΣ.

Ἅδιον, ὦ ποιμὰν, τὸ τεὸν μέλος, ἢ τὸ καταχὲς
Τῆν᾽ ἀπὸ τᾶς πέτρας καταλείβεται ὑψόθεν ὕδωρ.
Αἴκα ταὶ Μῶσαι τὰν οἴϊδα δῶρον ἄγωνται,
Ἄρνα τὺ σακίταν λαψῇ γέρας· αἰ δέ κ᾽ ἀρέσκῃ   10
Τήναις ἄρνα λαβεῖν, τὺ δὲ τὰν οἶν ὕστερον ἀξῇ·

ΘΥΡΣΙΣ.

Λῇς, ποτὶ τᾶν Νυμφᾶν, λῇς, αἰπόλε, τᾷδε καθίξας,
Ὡς τὸ κάταντες τοῦτο γεώλοφον, ᾇ τε μυρῖκαι,
Συρίσδεν; τὰς δ᾽ αἶγας ἐγὼν ἐν τῷδε νομευσῶ.

ΑΙΠΟΛΟΣ.

Οὐ θέμις, ὦ ποιμὰν, τὸ μεσαμβρινὸν, οὐ θέμις ἄμμιν   15
Συρίσδεν· τὸν Πᾶνα δεδοίκαμες· ἦ γὰρ ἀπ᾽ ἄγρας
Τανίκα κεκμακὼς ἀμπαύεται· ἐντί γε πικρὸς,
Καί οἱ ἀεὶ δριμεῖα χολὰ ποτὶ ῥινὶ κάθηται.
Ἀλλὰ, (τὺ γὰρ δὴ, Θύρσι, τὰ Δάφνιδος ἄλγεα εἶδες,
Καὶ τᾶς βωκολικᾶς ἐπὶ τὸ πλέον ἵκεο μώσας,)   20
Δεῦρ᾽, ὑπὸ τὰν πτελέαν ἑσδώμεθα, τῶ τε Πριήπω
Καὶ τᾶν Κρανιάδων κατεναντίον, ᾇπερ ὁ θῶκος
Τῆνος ὁ ποιμενικὸς καὶ ταὶ δρύες· αἰ δέ κ᾽ ἀείσῃς,
Ὡς ποκα τὸν Λιβύαθε ποτὶ Χρόμιν ᾆσας ἐρίσδων,
Αἴγά τέ τοι δωσῶ διδυματόκον ἐς τρὶς ἀμέλξαι,   25
Ἁ, δύ᾽ ἔχοισ᾽ ἐρίφως, ποταμέλξεται ἐς δύο πέλλας·
Καὶ βαθὺ κισσύβιον, κεκλυσμένον ἀδέϊ καρῷ,
Ἀμφῶες, νεοτευχὲς, ἔτι γλυφάνοιο ποτόσδον·
Τῷ περὶ μὲν χείλη μαρύεται ὑψόθι κισσὸς,
Κισσὸς ἑλιχρύσῳ κεκονισμένος· ἁ δὲ κατ᾽ αὐτὸν   30
Καρπῷ ἕλιξ εἰλεῖται ἀγαλλομένα κροκόεντι.
Ἔντοσθεν δὲ γυνὰ, τι θεῶν δαίδαλμα, τέτυκται,
Ἀσκητὰ πέπλῳ τε καὶ ἄμπυκι· πὰρ δέ οἱ ἄνδρες

Καλὸν ἐθειράζοντες ἀμοιβαδὶς ἄλλοθεν ἄλλος
Νεικείουσ᾽ ἐπέεσσι· τὰ δ᾽ οὐ φρενὸς ἅπτεται αὐτᾶς.   35
Ἀλλ᾽ ὅκα μὲν τῆνον ποτιδέρκεται ἄνδρα γελεῦσα,
Ἄλλοκα δ᾽ αὖ ποτὶ τὸν ῥιπτεῖ νόον· οἱ δ᾽ ὑπ᾽ ἔρωτος
Δηθὰ κυλοιδιόωντες ἐτώσια μοχθίζοντι.
Τοῖς δὲ μέτα γριπεύς τε γέρων, πέτρα τε τέτυκται
Λεπρὰς, ἐφ᾽ ᾇ σπεύδων μέγα δίκτυον ἐς βόλον ἕλκει   40
Ὁ πρέσβυς, κάμνοντι τὸ καρτερὸν ἀνδρὶ ἐοικώς·
Φαίης κεν γυίων νιν ὅσον σθένος ἐλλοπιεύειν·
Ὧδέ οἱ ᾠδήκαντι κατ᾽ αὐχένα πάντοθεν ἶνες,
Καὶ πολιῷ περ ἐόντι· τὸ δὲ σθένος ἄξιον ἄβας.
Τυτθὸν δ᾽ ὅσσον ἄπωθεν ἁλιτρύτοιο γέροντος,   45
Πυρναίαις σταφυλαῖσι καλὸν βέβριθεν ἀλωά·
Τὰν ὀλίγος τις κῶρος ἐφ᾽ αἱμασιαῖσι φυλάσσει
Ἥμενος· ἀμφὶ δέ μιν δύ᾽ ἀλώπεκες· ἁ μὲν ἀν᾽ ὄρχως
Φοιτῇ, σινομένα τὰν τρώξιμον· ἁ δ᾽, ἐπὶ πήραν
Πάντα δόλον τεύχοισα, τὸ παιδίον οὐ πρὶν ἀνήσειν   50
Φατὶ, πρὶν ἢ ἀκράτιστον ἐπὶ ξηροῖσι καθίξῃ.
Αὐτὰρ ὅγ᾽ ἀνθερίκεσσι καλὰν πλέκει ἀκριδοθήραν,
Σχοίνῳ ἐφαρμόσδων· μέλεται δέ οἱ οὔτε τι πήρας,
Οὔτε φυτῶν τοσσῆνον, ὅσον περὶ πλέγματι γαθεῖ.
Πάντα δ᾽ ἀμφὶ δέπας περιπέπταται ὑγρὸς ἄκανθος.   55
Αἰολικόν τι θάημα· τέρας κέ τυ θυμὸν ἀτύξαι.
Τῷ μὲν ἐγὼ πορθμεῖ Καλυδωνίῳ αἶγά τ᾽ ἔδωκα
Ὦνον, καὶ τυρόεντα μέγαν λευκοῖο γάλακτος.
Οὐδ᾽ ἔτι πα ποτὶ χεῖλος ἐμὸν θίγεν, ἀλλ᾽ ἔτι κεῖται
Ἄχραντον. τῷ κέν τυ μάλα πρόφρων ἀρεσαίμαν,   60
Αἴκεν μοι τὺ φίλος τὸν ἐφίμερον ὕμνον ἀείσῃς.
Κοὔ τοι τὶ φθονέω· πόταγ᾽, ὦ ᾽γαθέ· τὰν γὰρ ἀοιδὰν
Οὔτι πα εἰς Ἀΐδαν γε τὸν ἐκλελάθοντα φυλαξεῖς.

ΘΥΡΣΙΣ.

Ἄρχετε βωκολικᾶς, Μῶσαι φίλαι, ἄρχετ᾽ ἀοιδᾶς.
Θύρσις ὅδ᾽ ὡ᾽ξ Αἴτνας, καὶ Θύρσιδος ἁδ᾽ ἁ φωνά.   65

Πᾷ ποκ᾽ ἄρ᾽ ἦθ᾽, ὅκα Δάφνις ἐτάκετο, πᾷ ποκα, Νύμφαι;
Ἢ κατὰ Πηνειῶ καλὰ τέμπεα, ἢ κατὰ Πίνδω;
Οὐ γὰρ δὴ ποταμοῖο μέγαν ῥόον εἴχετ᾽ Ἀνάπω,
Οὐδ᾽ Αἴτνας σκοπιὰν, οὐδ᾽ Ἀκιδος ἱερὸν ὕδωρ.

Ἄρχετε βωκολικᾶς, Μῶσαι φίλαι, ἄρχετ᾽ ἀοιδᾶς.   70
Τῆνον μὰν θῶες, τῆνον λύκοι ὠρύσαντο,
Τῆνον.χὠ 'κ δρυμοῖο λέων ἀνέκλαυσε θανόντα.

Ἄρχετε βωκολικᾶς, Μῶσαι φίλαι, ἄρχετ᾽ ἀοιδᾶς.
Πολλαί οἱ πὰρ ποσσὶ βόες, πολλοὶ δέ τε ταῦροι,
Πολλαὶ δ᾽ αὖ δαμάλαι καὶ πόρτιες ὠδύραντο.   75

Ἄρχετε βωκολικᾶϑ, Μῶσαι φίλαι, ἄρχετ᾽ ἀοιδᾶς.
Ἦνθ᾽ Ἑρμᾶς πράτιστος ἀπ᾽ ὤρεος, εἶπε δὲ, Δάφνι,
Τίς τυ κατατρύχει; τίνος, ὦ 'γαθὲ, τόσσον ἔρασσαι;

Ἄρχετε βωκολικᾶς, Μῶσαι φίλαι, ἄρχετ᾽ ἀοιδᾶς.
Ἦνθον τοὶ βῶται, τοὶ ποιμένες, ᾠπόλοι ἦνθον·   80
Πάντες ἀνηρώτευν, τί πάθοι κακόν. ἦνθ᾽ ὁ Πρίηπος,
Κῆφα, Δάφνι τάλαν, τί τὺ τάκεαι; ἁ δέ τε κώρα
Πάσας ἀνὰ κράνας, πάντ᾽ ἄλσεα ποσσὶ φορεῖται
(Ἄρχετε βωκολικᾶς, Μῶσαι φίλαι, ἄρχετ᾽ ἀοιδᾶς)
Ζαλοῖσ᾽. ἁ δύσερώς τις ἄγαν καὶ ἀμάχανος ἐσσί.   85
Βώτας μὰν ἐλέγευ· νῦν δ᾽ αἰπόλῳ ἀνδρὶ ἔοικας.—

92—152.

Τὼς δ᾽ οὐδὲν.ποτελέξαθ᾽ ὁ βωκόλος, ἀλλὰ τὸν αὑτῶ
Ἄνυε πικρὸν ἔρωτα, καὶ ἐς τέλος ἄννε μοίρας.

Ἄρχετε βωκολικᾶς, Μῶσαι φίλαι, ἄρχετ᾽ ἀοιδᾶς.
Ἦνθέ γε μὰν ἀδεῖα καὶ ἁ Κύπρις γελάοισα,   95
Λάθρια μὲν γελάοισα, βαρὺν δ᾽ ἀνὰ θυμὸν ἔχοισα,
Κῆπε, τὺ.θὴν τὸν ἔρωτα κατεύχεο, Δάφνι, λυγιξεῖν·
Ἆρ᾽ οὐκ αὐτὸς ἔρωτος ὑπ᾽ ἀργαλέω ἐλυγίχθης;

Ἄρχετε βωκολικᾶς, Μῶσαι φίλαι, ἄρχετ' ἀοιδᾶς.
Τὰν δ' ἄρα χὠ Δάφνις ποταμείβετο, Κύπρι βαρεῖα,   100
Κύπρι νεμεσσατά, Κύπρι θνατοῖσιν ἀπεχθής·
Ἤδη γὰρ φράσδει πάνθ', ἅλιον ἄμμι δεδύκειν·
Δάφνις κ' εἰν ἀΐδᾳ κακὸν ἔσσεται ἄλγος ἔρωτος.

Ἄρχετε βωκολικᾶς, Μῶσαι φίλαι, ἄρχετ' ἀοιδᾶς.
Οὐ λέγεται τὰν Κύπριν ὁ βωκόλος, ἕρπε ποτ' Ἴδαν,   105
Ἕρπε ποτ' Ἀγχίσαν· τηνεὶ δρύες, ὧδε κύπειρος,
Ὧδε καλὸν βομβεῦντι ποτὶ σμάνεσσι μέλισσαι.

Ἄρχετε βωκολικᾶς, Μῶσαι φίλαι, ἄρχετ' ἀοιδᾶς.
Ὡραῖος χ' Ὡδωνις, ἐπεὶ καὶ μᾶλα νομεύει,
Καὶ πτῶκας βάλλει, καὶ θηρία τἄλλα διώκει.   110

Ἄρχετε βωκολικᾶς, Μῶσαι φίλαι, ἄρχετ' ἀοιδᾶς.
Αὖτις ὅπως στασῇ Διομήδεος ἆσσον ἰοῖσα,
Καὶ λέγε, τὸν βώταν νικῶ Δάφνιν, ἀλλὰ μάχευ μοι.

Ἄρχετε βωκολικᾶς, Μῶσαι φίλαι, ἄρχετ' ἀοιδᾶς.
Ὦ λύκοι, ὦ θῶες, ὦ ἀν' ὤρεα φωλάδες ἄρκτοι,   115
Χαίρεθ'· ὁ βωκόλος ὔμμιν ἐγὼ Δάφνις οὐκ ἔτ' ἀν' ὔλαν,
Οὐκ ἔτ' ἀνὰ δρυμὼς, οὐκ ἄλσεα. χαῖρ' Ἀρέθοισα,
Καὶ ποταμοί, τοὶ χεῖτε καλὸν κατὰ Θύμβριδος ὕδωρ.

Ἄρχετε βωκολικᾶς, Μῶσαι φίλαι, ἄρχετ' ἀοιδᾶς.
Δάφνις ἐγὼν ὅδε τῆνος ὁ τὰς βόας ὧδε νομεύων,   120
Δάφνις ὁ τὼς ταύρως καὶ πόρτιας ὧδε ποτίσδων.

Ἄρχετε βωκολικᾶς, Μῶσαι φίλαι, ἄρχετ' ἀοιδᾶς.
Ὦ Πάν, Πάν, εἴτ' ἐσσὶ κατ' ὤρεα μακρὰ Λυκαίω,
Εἴτε τύ γ' ἀμφιπολεῖς μέγα Μαίναλον, ἔνθ' ἐπὶ νᾶσον
Τὰν Σικελὰν, Ἑλίκας δὲ λίπε Ῥίον, αἰπύ τε σᾶμα   125
Τῆνο Λυκαονίδαο, τὸ καὶ μακάρεσσιν ἀγαστόν.

Λήγετε βωκολικᾶς, Μῶσαι, ἴτε, λήγετ' ἀοιδᾶς.
Ἐνθ', ὦ 'ναξ, καὶ τάνδε φέρ' εὐπάκτοιο μελίπνουν
Ἐκ κηρῶ σύριγγα καλὰν, περὶ χεῖλος ἑλικτάν.
Ἤ γὰρ ἐγὼν ὑπ' ἔρωτος ἐς Ἄϊδος ἕλκομαι ἤδη.   130

Λήγετε βωκολικᾶς, Μῶσαι, ἴτε, λήγετ᾽ ἀοιδᾶς.
Νῦν ἴα μὲν φορέοιτε βάτοι, φορέοιτε δ᾽ ἄκανθαι,
Ἁ δὲ καλὰ νάρκισσος ἐπ᾽ ἀρκεύθοισι κομάσαι,
Πάντα δ᾽ ἔναλλα γένοιντο, καὶ ἁ πίτυς ὄχνας ἐνείκαι,
Δάφνις ἐπεὶ θνάσκει· καὶ τὰς κύνας ἔλαφος ἕλκοι,   135
Κἠξ ὀρέων τοὶ σκῶπες ἀηδόσι γαρύσαιντο.

Λήγετε βωκολικᾶς, Μῶσαι, ἴτε, λήγετ᾽ ἀοιδᾶς.
Χὼ μὲν τόσσ᾽ εἰπὼν ἀπεπαύσατο· τὸν δ᾽ Ἀφροδίτα
Ἤθελ᾽ ἀνορθῶσαι· τά γε μὰν λίνα πάντα λελοίπει
Ἐκ Μοιρᾶν· χὼ Δάφνις ἔβα ῥόον, ἔκλυσε δίνα   140
Τὸν Μώσαις φίλον ἄνδρα, τὸν οὐ Νύμφαισιν ἀπεχθῆ.

Λήγετε βωκολικᾶς, Μῶσαι, ἴτε, λήγετ᾽ ἀοιδᾶς.
Καὶ τὺ δίδου τὰν αἶγα, τό τε σκύφος· ὥς μιν ἀμέλξας
Σπείσω ταῖς Μοίσαις. ὦ χαίρετε πολλάκι Μοῖσαι,
Χαίρετ᾽· ἐγὼ δ᾽ ὕμμιν καὶ ἐς ὕστερον ἅδιον ᾀσῶ.   145

ΑΙΠΟΛΟΣ.

Πλῆρές τοι μέλιτος τὸ καλὸν στόμα, Θύρσι, γένοιτο,
Πλῆρές τοι σχαδόνων· καὶ ἀπ᾽ Αἰγίλω ἰσχάδα τρώγοις
Ἀδεῖαν· τέττιγος ἐπεὶ τύ γα φέρτερον ᾄδεις.
Ἠνίδε τοι τὸ δέπας· θᾶσαι, φίλος, ὡς καλὸν ὄσδει·
Ὡρᾶν πεπλύσθαι νιν ἐπὶ κράναισι δοκασεῖς.   150
Ὧδ᾽ ἴθι, Κισσαίθα· τὺ δ᾽ ἄμελγέ νιν· αἱ δὲ χίμαιραι
Οὐ μὴ σκιρτάσητε, μὴ ὁ τράγος ὕμμιν ἀναστῇ.

ΥΠΟΘΕΣΙΣ

τοῦ Δευτέρου Εἰδυλλίου.

ΥΠΟΚΕΙΤΑΙ Σιμαίθα, Δέλφιδος Μυνδίου τινὸς ἐρῶσα, ὃν ἐκ παλαί-
στρας φίλτροις τε καὶ φαρμάκοις, διά τινος θεραπαίνης Θεστυλίδος
ὑποδιακονουμένη, ἐφ᾽ ἑαυτὴν πειρᾶται μετάγειν, ἐπικαλουμένη τὴν
Σελήνην καὶ τὴν Ἑκάτην, ὡς ἐπὶ τῷ ἔρωτι συμβαλλομένας νυκτε-
ρινὰς θεάς. Τὴν δὲ Θεστύλιδα ὁ Θεόκριτος ἐκ τῶν Σώφρονος
μετήνεγκε μίμων.

* ΦΑΡΜΑΚΕΥΤΡΙΑ.

Εἰδύλλιον β'.

1—41.

ΠΑ μοι ταὶ δάφναι; φέρε Θέστυλι· πᾷ δὲ τὰ φίλτρα;
Στέψον τὰν κελέβαν φοινικέῳ οἰὸς ἀώτῳ,
Ὡς τὸν ἐμὸν βαρὺν ἐόντα φίλον καταθύσομαι ἄνδρα,
Ὅς μοι δωδεκαταῖος ἀφ᾽ ᾧ τάλας οὐδέποθ᾽ ἥκει,
Οὐδ᾽ ἔγνω πότερον τεθνάκαμες, ἢ ζοοὶ εἰμές,   5
Οὐδὲ θύρας ἄραξεν ἀνάρσιος. ἦ ῥά οἱ ἄλλᾳ
ᾤχετ᾽ ἔχων ὅ τ᾽ Ἔρως ταχινὰς φρένας, ἅ τ᾽ Ἀφροδίτα.
Βασεῦμαι ποτὶ τὰν Τιμαγήτοιο παλαίστραν
Αὔριον, ὥς νιν ἴδω, καὶ μέμψομαι οἷά με ποιεῖ.
Νῦν δέ νιν ἐκ θυέων καταθύσομαι· ἀλλά, Σελάνα,   10
Φαῖνε καλόν· τὶν γὰρ ποταείσομαι ἄσυχα, δαῖμον,
Τᾷ χθονίᾳ θ᾽ Ἑκάτᾳ, τὰν καὶ σκύλακες τρομέοντι
Ἐρχομέναν νεκύων ἀνά τ᾽ ἠρία καὶ μέλαν αἷμα.
Χαῖρ᾽ Ἑκάτα δασπλῆτι, καὶ ἐς τέλος ἄμμιν ὀπάδει,
Φάρμακα ταῦθ᾽ ἔρδοισα χερείονα μήτε τι Κίρκας,   15
Μήτε τι Μηδείας, μήτε ξανθᾶς Περιμήδας.
    Ἴυγξ, ἕλκε τὺ τῆνον ἐμὸν ποτὶ δῶμα τὸν ἄνδρα.

Ἀλφιτά τοι πρᾶτον πυρὶ τάκεται· ἀλλ᾽ ἐπίπασσε,
Θέστυλι δειλαία· πᾷ τὰς φρένας ἐκπεπότασαι;
Ἡ ῥά γέ τοι, μυσαρά, καὶ τὶν ἐπίχαρμα τέτυγμαι;   20
Πάσσ᾽, ἅμα καὶ λέγε ταῦτα, τὰ Δέλφιδος ὀστέα πάσσω.

   Ἴυγξ, ἕλκε τὺ τῆνον ἐμὸν ποτὶ δῶμα τὸν ἄνδρα.
Δέλφις ἔμ᾽ ἀνίασεν· ἐγὼ δ᾽ ἐπὶ Δέλφιδι δάφναν
Αἴθω· χ᾽ ὡς αὐτὰ λακεῖ μέγα, καππυρίσασα,
Κἠξαπίνας ἄφθη, κοὐδὲ σποδὸν εἴδομες αὐτᾶς·   25
Οὕτω τοι καὶ Δέλφις ἐνὶ φλογὶ σάρκ᾽ ἀμαθύνοι.

   Ἴυγξ, ἕλκε τὺ τῆνον ἐμὸν ποτὶ δῶμα τὸν ἄνδρα.
Ὡς τοῦτον τὸν καρὸν ἐγὼ σὺν δαίμονι τάκω,
Ὡς τάκοιθ᾽ ὑπ᾽ ἔρωτος ὁ Μύνδιος αὐτίκα Δέλφις.
Χ᾽ ὡς δινεῖθ᾽ ὅδε ῥόμβος ὁ χάλκεος, ἐξ Ἀφροδίτας   30
Ὡς κεῖνος δινοῖτο ποθ᾽ ἁμετέρῃσι θύρῃσιν.

   Ἴυγξ, ἕλκε τὺ τῆνον ἐμὸν ποτὶ δῶμα τὸν ἄνδρα.
Νῦν θυσῶ τὰ πίτυρα. τὺ δ᾽, Ἄρτεμι, καὶ τὸν ἐν ᾄδᾳ
Κινήσαις ᾽ ἀδάμαντα, καὶ εἴ τί περ ἀσφαλὲς ἄλλο.
Θέστυλι, ταὶ κύνες ἄμμιν ἀνὰ πτόλιν ὠρύονται·   35
Ἁ θεὸς ἐν τριόδοισι· τὸ χαλκίον ὡς τάχος ἄχει.

   Ἴυγξ, ἕλκε τὺ τῆνον ἐμὸν ποτὶ δῶμα τὸν ἄνδρα.
Ἠνίδε σιγᾷ μὲν πόντος, σιγῶντι δ᾽ ἀῆται·
Ἁ δ᾽ ἐμὰ οὐ σιγᾷ στέρνων ἔντοσθεν ἀνία·
Ἀλλ᾽ ἐπὶ τήνῳ πᾶσα καταίθομαι, ὅς με τάλαιναν   40
Ἀντὶ γυναικὸς ἔθηκε κακὰν καὶ ἀπάρθενον ἦμεν.

47—134.

   Ἴυγξ, ἕλκε τὺ τῆνον ἐμὸν ποτὶ δῶμα τὸν ἄνδρα.
Ἱππομανὲς φυτόν ἐστι παρ᾽ Ἀρκάσι· τῷδ᾽ ἔπι πᾶσαι
Καὶ πῶλοι μαίνονται ἀν᾽ ὤρεα καὶ θοαὶ ἵπποι.
Ὡς καὶ Δέλφιν ἴδοιμι καὶ ἐς τόδε δῶμα περῆσαι   50
Μαινομένῳ ἴκελον, λιπαρᾶς ἔκτοσθε παλαίστρας.

   Ἴυγξ, ἕλκε τὺ τῆνον ἐμὸν ποτὶ δῶμα τὸν ἄνδρα.

Τοῦτ' ἀπὸ τᾶς χλαίνας τὸ κράσπεδον ὤλεσε Δέλφις,
'Ω 'γὼ νῦν τίλλοισα κατ' ἀγρίῳ ἐν πυρὶ βάλλω.

Αἲ αἲ, ἔρως ἀνιαρὲ, τί μευ μέλαν ἐκ χροὸς αἷμα   55
Ἐμφὺς ὡς λιμνᾶτις ἅπαν ἐκ βδέλλα πέπωκας;

Ἴυγξ, ἕλκε τὺ τῆνον ἐμὸν ποτὶ δῶμα τὸν ἄνδρα.

Σαύραν τοι τρίψασα, ποτὸν κακὸν αὔριον οἰσῶ.

Θέστυλι, νῦν δὲ λαβοῖσα τὺ τὰ θρόνα ταῦθ' ὑπόμαξον
Τᾶς τήνω φλιᾶς καθυπέρτερον, ἇς ἔτι καὶ νῦν   60
Ἐκ θυμῶ δέδεμαι· (ὁ δέ μευ λόγον οὐδένα ποιεῖ·)
Καὶ λέγ' ἐπιφθύσδοισα, τὰ Δέλφιδος ὀστέα πάσσω.

Ἴυγξ, ἕλκε τὺ τῆνον ἐμὸν ποτὶ δῶμα τὸν ἄνδρα.

Νῦν δὴ μούνη ἐοῖσα πόθεν τὸν ἔρωτα δακρυσῶ;
Ἐκ τίνος ἀρξεῦμαι; τίς μοι κακὸν ἄγαγε τοῦτο;   65
Ἦνθ' ἁ τῶ 'Υβούλοιο καναφόρος ἄμμιν Ἀναξὼ
Ἄλσος ἐς Ἀρτέμιδος· τᾷ δή ποκα πολλὰ μὲν ἄλλα
Θηρία πομπεύεσκε περισταδὸν, ἐν δὲ λέαινα.

Φράζεό μευ τὸν ἔρωθ' ὅθεν ἵκετο, πότνα Σελάνα.

Καί μ' ἁ Θευχαρίλα, Θρᾷσσα τροφὸς ἁ μακαρῖτις,   70
Ἀγχίθυρος ναίοισα κατεύξατο καὶ λιτάνευσε
Τὰν πομπὰν θάσασθαι· ἐγὼ δέ οἱ ἁ μεγάλοιτος
'Ωμάρτευν, βύσσοιο καλὸν σύροισα χιτῶνα,
Κἀμφιστειλαμένα τὰν ξυστίδα τᾶς Κλεαρίστας.

Φράζεό μευ τὸν ἔρωθ' ὅθεν ἵκετο, πότνα Σελάνα.   75

Ἤδη δ' εὖσα μέσαν κατ' ἀμαξιτὸν, ᾇ τὰ Λύκωνος,
Εἶδον Δέλφιν ὁμοῦ τε καὶ Εὐδάμιππον ἰόντας.
Τοῖς δ' ἦν ξανθοτέρα μὲν ἑλιχρύσοιο γενειὰς,
Στήθεα δὲ στίλβοντα πολὺ πλέον, ἢ τὺ Σελάνα,
'Ως ἀπὸ γυμνασίοιο καλὸν πόνον ἄρτι λιποῦσι.   80

Φράζεό μευ τὸν ἔρωθ' ὅθεν ἵκετο, πότνα Σελάνα.

Χ' ὡς ἴδον, ὡς ἐμάνην, ὥς μευ περὶ θυμὸς ἰάφθη
Δειλαίας· τὸ δὲ κάλλος ἐτάκετο, κοὐδ' ἔτι πομπᾶς
Τήνας ἐφρασάμαν, οὐδ' ὡς πάλιν οἴκαδ' ἀπῆνθον
Ἔγνων· ἀλλά μέ τις καπυρὰ νόσος ἐξαλάπαξε·   85

Κείμαν δ' ἐν κλιντῆρι δέκ' ἅματα καὶ δέκα νύκτας.

   Φράζεό μευ τὸν ἔρωθ' ὅθεν ἵκετο, πότνα Σελάνα.

Καί μευ χρὼς μὲν ὁμοῖος ἐγίνετο πολλάκι θάψῳ·

Ἔρρευν δ' ἐκ κεφαλᾶς πᾶσαι τρίχες· αὐτὰ δὲ λοιπὰ

Ὀστέ' ἔτ' ἦς καὶ δέρμα. καὶ ἐς τίνος οὐκ ἐπέρασα,   90

Ἢ ποίας ἔλιπον γραίας δόμον, ἅτις ἐπᾷδεν;

Ἀλλ' ἦς οὐδὲν ἐλαφρόν. ὁ δὲ χρόνος ἄνυτο φεύγων.

   Φράζεό μευ τὸν ἔρωθ' ὅθεν ἵκετο, πότνα Σελάνα.

Χ' οὕτω τᾷ δώλᾳ τὸν ἀλαθέα μῦθον ἔλεξα·

Εἶδ' ἄγε, Θέστυλι, μοὶ χαλεπᾶς νόσω εὑρέ τι μᾶχος.   95

Πᾶσαν ἔχει με τάλαιναν ὁ Μύνδιος· ἀλλὰ μολοῖσα

Τήρησον ποτὶ τὰν Τιμαγήτοιο παλαίστραν·

Τηνεὶ γὰρ φοιτῇ, τηνεὶ δέ οἱ ἁδὺ καθῆσθαι.

   Φράζεό μευ τὸν ἔρωθ' ὅθεν ἵκετο, πότνα Σελάνα.

Κἠπεί κά νιν ἐόντα μάθοις μόνον, ἄσυχα νεῦσον,   100

Κἠφ', ὅτι Σιμαίθα τὺ καλεῖ· καὶ ὑφάγεο τάδε.

Ὡς ἐφάμαν· ἁ δ' ἦνθε, καὶ ἄγαγε τὸν λιπαρόχρων

Εἰς ἐμὰ δώματα Δέλφιν. ἐγὼ δέ μιν ὡς ἐνόησα

Ἄρτι θύρας ὑπὲρ οὐδὸν ἀμειβόμενον ποδὶ κούφῳ,

   (Φράζεό μευ τὸν ἔρωθ' ὅθεν ἵκετο, πότνα Σελάνα,) 105

Πᾶσα μὲν ἐψύχθην χιόνος πλέον, ἐκ δὲ μετώπω

Ἱδρώς μευ κοχύεσκεν ἴσον νοτίαισιν ἐέρσαις·

Οὐδέ τι φωνᾶσαι δυνάμαν, οὐδ' ὅσσον ἐν ὕπνῳ

Κνυζῶνται φωνεῦντα φίλαν ποτὶ ματέρα τέκνα·

Ἀλλ' ἐπάγην δαγῦδι καλὸν χρόα πάντοθεν ἴσα.   110

   Φράζεό μευ τὸν ἔρωθ' ὅθεν ἵκετο, πότνα Σελάνα.

Καί μ' ἐσιδὼν ὁ ᾿στοργος, ἐπὶ χθονὸς ὄμματα πήξας,

Ἕζετ' ἐπὶ κλιντῆρι, καὶ ἑζόμενος φάτο μῦθον·

Ἦ ῥά με, Σιμαίθα, τόσον ἔφθασας, ὅσσον ἐγώ θην

Πράν ποκα τὸν χαρίεντα τρέχων ἔφθαξα Φιλῖνον,   115

Ἐς τὸ τεὸν καλέσασα τόδε στέγος, ἤ με παρῆμεν.

   Φράζεό μευ τὸν ἔρωθ' ὅθεν ἵκετο, πότνα Σελάνα.

Ἦνθον γὰρ κἠγὼν, ναὶ τὸν γλυκὺν, ἦνθον, ἔρωτι,

Ἢ τρίτος ἠὲ τέταρτος ἐὼν φίλος, αὐτίκα νυκτὸς,
Μᾶλα μὲν ἐν κόλποισι Διωνύσοιο φυλάσσων,   120
Κρατὶ δ᾽ ἔχων λεύκαν, Ἡρακλέος ἱερὸν ἔρνος,
Πάντοσε πορφυρέῃσι περιζώστρῃσιν ἑλικτάν.

Φράζεό μευ τὸν ἔρωθ᾽ ὅθεν ἵκετο, πότνα Σελάνα.
Καί μ᾽ εἰ μέν κ᾽ ἐδέχεσθε, τάδ᾽ ἦς φίλα· καὶ γὰρ ἐλαφρὸς
Καὶ καλὸς πάντεσσι μετ᾽ ἠϊθέοισι καλεῦμαι.   125
Εὗδον δ᾽, εἴκε μόνον τὸ καλὸν στόμα τεῦς ἐφίλασα·
Εἰ δ᾽ ἄλλα μ᾽ ὠθεῖτε, καὶ ἁ θύρα εἴχετο μοχλῷ,
Πάντως καὶ πελέκεις καὶ λαμπάδες ἦνθον ἐφ᾽ ὑμέας.

Φράζεό μευ τὸν ἔρωθ᾽ ὅθεν ἵκετο, πότνα Σελάνα.
Νῦν δὲ χάριν μὲν ἔφαν τᾷ Κύπριδι πρᾶτον ὀφείλειν·   130
Καὶ, μετὰ τὰν Κύπριν, τύ με δευτέρα ἐκ πυρὸς εἵλευ,
Ὦ γύναι, ἐσκαλέσασα τεὸν ποτὶ τοῦτο μέλαθρον,
Αὔτως ἡμίφλεκτον. Ἔρως δ᾽ ἄρα καὶ Λιπαραίου
Πολλάκις Ἀφαίστοιο σέλας φλογερώτερον αἴθει.

144—149

Κοὔτε τι τῆνος ἐμὶν ἐπεμέμψατο μέσφα τοι ἐχθὲς,
Οὔτ᾽ ἐγὼ αὖ τήνῳ· ἀλλ᾽ ἦνθέ μοι ἅ τε Φιλίστας   145
Μάτηρ τᾶς γε ἐμᾶς αὐλητρίδος, ἅ τε Μελιξοῦς,
Σάμερον, ἀνίκα πέρ τε ποτ᾽ οὐρανὸν ἔτρεχον ἵπποι,
Ἀῶ τὰν ῥοδόπαχυν ἀπ᾽ Ὠκεανοῖο φέροισαι·
Κἠπέ μοι ἄλλα τε πολλὰ, καὶ ὡς ἄρα Δέλφις ἐρᾶται.

154—166.

Ταῦτά μοι ἁ ξείνα μυθήσατο· ἔστι δ᾽ ἀλαθής·
Ἦ γάρ μοι καὶ τρὶς καὶ τετράκις ἄλλοτ᾽ ἐφοίτη,   155
Καὶ παρ᾽ ἐμὶν ἐτίθει τὰν Δωρίδα πολλάκις ὄλπαν·
Νῦν δέ τε δωδεκαταῖος ἀφ᾽ ὥτέ νιν οὐδέποκ᾽ εἶδον.
Ἦ ῥ᾽ οὐκ ἄλλο τι τερπνὸν ἔχει, ἁμῶν δὲ λέλασται;

Νῦν μὲν τοῖς φίλτροις καταθύσομαι· αἱ δ᾽ ἔτι κήμὲ
Λυκῆ, τὰν Ἀΐδαο πύλαν, ναὶ Μοῖρας, ἀράξεῖ·   160
Τοῖά οἱ ἐν κίστᾳ κακὰ φάρμακα φαμὶ φυλάσσειν,
Ασσυρίω, δέσποινα, παρὰ ξείνοιο μαθοῖσα.
   Ἀλλὰ τὺ μὲν χαίροισα ποτ᾽ Ὠκεανὸν τρέπε πώλους,
Πότνι᾽· ἐγὼ δ᾽ οἰσῶ τὸν ἐμὸν πόνον, ὥσπερ ὑπέσταν.
Χαῖρε Σελαναία λιπαρόχροε· χαίρετε δ᾽ ἄλλοι   165
Ἀστέρες, εὐκήλοιο κατ᾽ ἄντυγα νυκτὸς ὑπαδοί.

ΥΠΟΘΕΣΙΣ

τοῦ Τρίτου Εἰδυλλίου.

ΕΠΙΓΡΑΦΕΤΑΙ μὲν τὸ Εἰδύλλιον τοῦτο Αἰπόλος ἀπὸ τοῦ ἐρῶν-
τος, ἢ Ἀμαρυλλὶς ἀπὸ τῆς κόρης τῆς ἐρωμένης, ἢ Κωμαστὴς ἀπ᾽
αὐτοῦ τοῦ πράγματος· ἐπικωμάζει γάρ τις τῇ Ἀμαρυλλίδι, τοῦ
ὀνόματος μὴ δηλουμένου. εἰκάσειε δ᾽ ἄν τις Βάττον εἶναι· τοῦτον
γὰρ Αἰπόλον ὄντα δι᾽ ἑτέρου ποιεῖ ὁ Θεόκριτος προσδιαλεγόμενον
Κορύδωνι, καὶ τὸν ἔρωτα, ὃν εἶχε πρὸς τὴν Ἀμαρυλλίδα, ἐμφαίνον-
τα. Τινὲς δὲ τὸν Θεόκριτον εἶναι νομίζουσιν, ἐκ τοῦ, Η ῥά γέ τοι
σιμὸς καταφαίνομαι; Σιμιχίδην αὐτὸν καλοῦντες. Τὸν Τίτυρον
οἱ μὲν κύριον, οἱ δὲ σάτυρον εἶναί φασι. Τὰ δὲ πράγματα εἴη ἂν
ἐπὶ Ἰταλίας περὶ Κρότωνα.

ΑΙΠΟΛΟΣ, ἢ ΑΜΑΡΥΛΛΙΣ, ἢ ΚΩΜΑΣΤΗΣ.

Εἰδύλλιον γ΄.

ΚΩΜΑΣΔΩ ποτὶ τὰν Ἀμαρυλλίδα· ταὶ δέ μοι αἶγες
Βόσκονται κατ᾽ ὄρος, καὶ ὁ Τίτυρος αὐτὰς ἐλαύνει.
Τίτυρ᾽, ἐμὶν τὸ καλὸν πεφιλαμένε, βόσκε τὰς αἶγας,
Καὶ ποτὶ τὰν κράναν ἄγε, Τίτυρε· καὶ τὸν ἐνόρχαν
Τὸν Διβυκὸν κνάκωνα φυλάσσεο, μή τυ κορύξῃ.   5

Ω χαρίεσσ' Ἀμαρυλλὶ, τί μ' οὐκ ἔτι τοῦτο κατ' ἄντρον
Παρκύπτοισα καλεῖς τὸν ἐρωτύλον; ἦ ῥά με μισεῖς;
Ἦ ῥά γέ τοι σιμὸς καταφαίνομαι ἐγγύθεν ἦμεν,
Νύμφα, καὶ προγένειος; ἀπάγξασθαί με ποιησεῖς.
Ἠνίδε τοι δέκα μᾶλα φέρω· τηνῶθε καθεῖλον,　　　　　10
Ὡ μ' ἐκέλευ καθελεῖν τύ· καὶ αὔριον ἄλλα τοι οἰσῶ.
Θᾶσαι μὰν θυμαλγὲς ἐμὸν ἄχος. αἴθε γενοίμαν
Ἁ βομβεῦσα μέλισσα, καὶ ἐς τεὸν ἄντρον ἱκοίμαν,
Τὸν κισσὸν διαδὺς, καὶ τὰν πτέριν, ᾇ τὺ πυκάσδῃ.
Νῦν ἔγνων τὸν Ἔρωτα· βαρὺς θεός· ἦ ῥα λεαίνας　　　15
Μασδὸν ἐθήλαξε, δρυμῷ τέ μιν ἔτραφε μάτηρ·
Ὅς με κατασμύχων καὶ ἐς ὀστέον ἄχρις ἰάπτει.
Ω τὸ καλὸν ποθορεῦσα· τὸ πᾶν λίθος· ὦ κυάνοφρυ
Νύμφα, πρόσπτυξαί με τὸν αἰπόλον, ὥς τυ φιλάσω·
Ἔστι καὶ ἐν κενεοῖσι φιλάμασιν ἀδέα τέρψις.　　　　20
Τὸν στέφανον τῖλαί με κατ' αὐτίκα λεπτὰ ποιησεῖς,
Τόν τοι ἐγὼν, Ἀμαρυλλὶ φίλα, κισσοῖο φυλάσσω
Ἐμπλέξας καλύκεσσι καὶ εὐόδμοισι σελίνοις.
Ω μοι ἐγώ, τί πάθω; τί ὁ δύσσοος; οὐχ ὑπακούεις;
Τὰν βαίταν ἀποδὺς ἐς κύματα τῆνα ἀλεῦμαι,　　　　25
Ὧπερ τὼς θύννως σκοπιάζεται Ὄλπις ὁ γριπεύς.
Κἤκα μὴ 'ποθάνω, τό γε μὰν τεὸν ἀδὺ τέτυκται.
Ἔγνων πρὰν, ὅκα, μευ μεμναμένω εἰ φιλέεις με,
Οὐδὲ τὸ τηλέφιλον ποτεμάξατο τὸ πλατάγημα,
Ἀλλ' αὔτως ἁπαλῷ ποτὶ πάχεϊ ἐξεμαράνθη.　　　　30
Εἶπε καὶ Ἀγροιὼ τἀλαθέα κοσκινόμαντις,
Ἁ πρὰν ποιολογεῦσα παραιβάτις, οὕνεκ' ἐγὼ μὲν
Τὶν ὅλος ἔγκειμαι, τὺ δέ μευ λόγον οὐδένα ποιῇ.
Ἦ μάν τοι λευκὰν διδυματόκον αἶγα φυλάσσω,
Τάν με καὶ ἁ Μέρμνωνος Ἐριθακὶς ἁ μελανόχρως.　　35
Αἰτεῖ· καὶ δωσῶ οἱ, ἐπεὶ τύ μοι ἐνδιαθρύπτῃ.
Ἅλλεται ὀφθαλμός μευ ὁ δεξιός· ἆρά γ' ἰδησῶ
Αὐτάν; ᾀσεῦμαι ποτὶ τὰν πίτυν ὧδ' ἀποκλινθείς·

Καί κέ μ' ἴσως ποτίδοι, ἐπεὶ οὐκ ἀδαμαντίνα ἐντί.
Ἱππομένης, ὅκα δὴ τὰν παρθένον ἤθελε γᾶμαι,   **40**
Μᾶλ' ἐνὶ χερσὶν ἑλὼν δρόμον ἄννεν· ἁ δ' Ἀταλάντα
Ὡς ἴδεν, ὡς ἐμάνη, ὡς ἐς βαθὺν ἅλλετ' ἔρωτα.
Τὰν ἀγέλαν χὠ μάντις ἀπ' Ὄθρυος ἆγε Μελάμπους
Ἐς Πύλον· ἁ δὲ Βίαντος ἐν ἀγκοίνησιν ἐκλίνθη
Μάτηρ ἁ χαρίεσσα περίφρονος Ἀλφεσιβοίας.   **45**
Τὰν δὲ καλὰν Κυθέρειαν ἐν ὤρεσι μᾶλα νομεύων
Οὐχ οὕτως Ὠδωνις ἐπὶ πλέον ἄγαγε λύσσας,
Ὥστ' οὐδὲ φθίμενόν μιν ἄτερ μασδοῖο τίθητι;
Ζαλωτὸς μὲν ἐμὶν ὁ τὸν ἄτροπον ὕπνον ἰαύων
Ἐνδυμίων· ζαλῶ δὲ, φίλα γύναι, Ἰασίωνα,   **50**
Ὃς τόσσων ἐκύρησεν, ὅσ' οὐ πευσεῖσθε βέβαλοι.
Ἀλγέω τὰν κεφαλάν· τὶν δ' οὐ μέλει. οὐκ ἔτ' ἀείδω,
Κεισεῦμαι δὲ πεσών, καὶ τοὶ λύκοι ὧδέ μ' ἔδονται.
Ὡς μέλι τοι γλυκὺ τοῦτο κατὰ βρόχθοιο γένοιτο.

ΥΠΟΘΕΣΙΣ

τοῦ Ογδόου Εἰδυλλίου.

ΤΑ μὲν πράγματα ἐπὶ Σικελίας· ὁ δὲ λόγος ἐκ τοῦ ποιητικοῦ προσώπου. εἰσὶ δ᾽ ἐρίζοντες ἀλλήλοις Μενάλκας ποιμὴν καὶ Δάφνις βουκόλος, εἰληφότες κριτὴν αἰπόλον, οὗ τὸ ὄνομα σεσιώπηται· ἔπαθλον δὲ τιθεῖσι τὰς ἰδίας σύριγγας. τελεσάντων δὲ τὴν ἄμιλλαν, ὁ αἰπόλος τῷ Δάφνιδι τὴν νίκην ἀπονέμει. Εστι μὲν οὖν τοῦτο τὸ Εἰδύλλιον μικτὸν ἔκ τε τοῦ διηγηματικοῦ καὶ τοῦ μιμητικοῦ.

* ΒΟΥΚΟΛΙΑΣΤΑΙ.

Εἰδύλλιον ή.

ΔΑΦΝΙΣ, ΜΕΝΑΛΚΑΣ, καὶ ΑΙΠΟΛΟΣ.

ΔΑΦΝΙΔΙ τῷ χαρίεντι συνήντετο βωκολέοντι
Μᾶλα νέμων, ὡς φαντί, κατ᾽ ὤρεα μακρὰ Μενάλκας.
Αμφω τώγ᾽ ἤτην πυρροτρίχω, ἄμφω ἀνάβω,
Αμφω συρίσδεν δεδαημένω, ἄμφω ἀείδεν.
Πρᾶτος δ᾽ ὦν ποτὶ Δάφνιν ἰδὼν ἀγόρευε Μενάλκας·   5

ΜΕΝΑΛΚΑΣ.

Μυκητᾶν ἐπίουρε βοῶν, Δάφνι, λῇς μοι ἀεῖσαι;
Φαμί τυ νικασεῖν, ὅσσον θέλω αὐτὸς, ἀείδων.
Τὸν δ᾽ ἄρα χὠ Δάφνις τοιῷδ᾽ ἀπαμείβετο μύθῳ·

ΔΑΦΝΙΣ.

Ποιμὰν εἰροπόκων ὄίων, συρικτὰ Μενάλκα,
Οὔποτε νικασεῖς μ᾽, οὐδ᾽ εἴ τι πάθοις τύ γ᾽ ἀείδων.   10

ΜΕΝΑΛΚΑΣ.

Χρῇσδεις ὦν ἐσιδεῖν, χρῇσδεις καταθεῖναι ἄεθλον;

ΔΑΦΝΙΣ.

Χρῇσδω τοῦτ᾽ ἐσιδεῖν· χρῇσδω καταθεῖναι ἄεθλον.

ΜΕΝΑΛΚΑΣ.

Ἀλλὰ τί θησεύμεσθ᾽, ὅ κεν ἁμῖν ἄρκιον εἴη;

ΔΑΦΝΙΣ.

Μόσχον ἐγὼ θησῶ· τὺ δὲ θές γ᾽ ἰσομάτορα ἀμνόν.

ΜΕΝΑΛΚΑΣ.

Οὐ θησῶ ποκα ἀμνόν· ἐπεὶ χαλεπός θ᾽ ὁ πατήρ μευ   15
Χ᾽ ἁ μάτηρ· τὰ δὲ μᾶλα ποθέσπερα πάντ᾽ ἀριθμεῦντι.

ΔΑΦΝΙΣ.

Ἀλλὰ τί μὰν θησεῖς; τί δὲ τὸ πλέον ἕξεῖ ὁ νικῶν;

ΜΕΝΑΛΚΑΣ.

Σύριγγ᾽ ἂν ἐποίησα καλὰν ἐγὼ ἐννεάφωνον,
Λευκὸν καρὸν ἔχοισαν, ἴσον κάτω, ἴσον ἄνωθεν,
Ταύταν κατθείην· τὰ δὲ τῶ πατρὸς οὐ καταθησῶ.   20

ΔΑΦΝΙΣ.

Ἦ μάν τοι κῆγὼ σύριγγ᾽ ἔχω ἐννεάφωνον,
Λευκὸν καρὸν ἔχοισαν, ἴσον κάτω, ἴσον ἄνωθεν.
Πρώαν νιν συνέπαξ᾽· ἔτι καὶ τὸν δάκτυλον ἀλγῶ
Τοῦτον, ἐπεὶ κάλαμός γε διασχισθεὶς διέτμαξεν.
Ἀλλὰ τίς ἄμμε κρινεῖ; τίς ἐπάκοος ἔσσεται ἀμέων;   25

ΜΕΝΑΛΚΑΣ.

Τῆνον πῶς ἐνταῦθα τὸν αἰπόλον ἢν καλέσωμες,
Ὧ ποτὶ ταῖς ἐρίφοις ὁ κύων ὁ φαλαρὸς ὑλακτεῖ;
   Χ᾽ οἱ μὲν παῖδες ἄυσαν, ὁ δ᾽ αἰπόλος ἦνθ᾽ ἐπακούσας·
Χ᾽ οἱ μὲν παῖδες ἄειδον, ὁ δ᾽ αἰπόλος ἤθελε κρῖναι.
Πρᾶτος δ᾽ ἂν ἄειδε λαχὼν ἰύχτα Μενάλκας·   30
Εἶτα δ᾽ ἀμοιβαίαν ὑπελάμβανε Δάφνις ἀοιδὰν
Βωκολικάν· οὕτω δὲ Μενάλκας ἄρξατο πρᾶτος·

ΜΕΝΑΛΚΑΣ.

Ἄγκεα καὶ ποταμοὶ, θεῖον γένος, αἴ τι Μενάλκας
Πᾷ ποχ᾽ ὁ συρίχτα προσφιλὲς ᾆσε μέλος,
Βόσκοιτ᾽ ἐκ ψυχᾶς τὰς ἀμνίδας· ἢν δέ ποκ᾽ ἔνθῃ   35
Δάφνις ἔχων δαμάλας, μηδὲν ἔλασσον ἔχοι.

ΔΑΦΝΙΣ.

Κρᾶναι καὶ βοτάναι, γλυκερὸν φυτὸν, αἴπερ ὁμοῖον
    Μουσίσδει Δάφνις ταῖσιν ἀηδονίσι,
Τοῦτο τὸ βωκόλιον πιαίνετε· κῆν τι Μενάλκας
    Τῇδ᾽ ἀγάγῃ, χαίρων ἄφθονα πάντα νέμοι.   40

ΜΕΝΑΛΚΑΣ.

Παντᾶ ἔαρ, παντᾶ δὲ νομοὶ, παντᾶ δὲ γάλακτος
    Οὔθατα πλήθουσιν, καὶ τὰ νέα τρέφεται,
Ενθ᾽ ἁ καλὰ παῖς ἐπινίσσεται· αἱ δ᾽ ἂν ἀφέρποι,
    Χὠ ποιμὰν ξηρὸς τηνόθι, χ᾽ αἱ βοτάναι.

ΔΑΦΝΙΣ.

Ενθ᾽ ὄϊς, ἔνθ᾽ αἶγες διδυματόκοι, ἔνθα μέλισσαι   45
    Σμάνεα πληροῦσιν, καὶ δρύες ὑψίτεραι,
Ενθ᾽ ὁ καλὸς Μίλων βαίνει ποσίν· αἱ δ᾽ ἂν ἀφέρποι,
    Χὠ τὰς βῶς βόσκων, χ᾽ αἱ βόες αὐότεραι.

ΜΕΝΑΛΚΑΣ.

Ω τράγε, τᾶν λευκᾶν αἰγᾶν ἄνερ, ὦ βάθος ὕλας
    Μυρίον, ὦ σιμαὶ δεῦτ᾽ ἐφ᾽ ὕδωρ ἔριφοι·   50
Ἐν τήνῳ γὰρ τῆνος. ἴθ᾽ ὦ κόλε, καὶ λέγε Μίλων᾽,
    Ὡς Πρωτεὺς φώκας, καὶ θεὸς ὢν, ἔνεμε.

ΔΑΦΝΙΣ.

Μή μοι γᾶν Πέλοπος, μή μοι χρύσεια τάλαντα
    Εἴη ἔχεν, μηδὲ πρόσθε θέειν ἀνέμων·
Ἀλλ᾽ ὑπὸ τᾷ πέτρᾳ τᾷδ᾽ ᾄσομαι ἀγκὰς ἔχων τυ,   55
    Σύννομα μᾶλ᾽ ἐσορῶν, τὰν Σικελὰν ἐς ἅλα.

ΜΕΝΑΛΚΑΣ.

Δένδρεσι μὲν χειμὼν φοβερὸν κακὸν, ὕδασι δ᾽ αὐχμὸς,
    Ορνισιν δ᾽ ὕσπλαγξ, ἀγροτέροις δὲ λίνα·
Ανδρὶ δὲ, παρθενικᾶς ἁπαλᾶς πόθος. ὦ πάτερ, ὦ Ζεῦ,
    Οὐ μόνος ἠράσθην· καὶ τὺ γυναικοφίλας.   60

Ταῦτα μὲν ὦν δι᾽ ἀμοιβαίων οἱ παῖδες ἄεισαν.
Τὰν πυμάταν δ᾽ ᾠδὰν οὕτως ἐξᾶρχε Μενάλκας·
ΜΕΝΑΛΚΑΣ.
Φείδευ τᾶν ἐρίφων, φείδευ, λύκε, τᾶν τοκάδων μεν,

Μηδ᾽ ἀδίκει μ᾽, ὅτι μικκὸς ἐὼν πολλαῖσιν ὁμαρτῶ.
Ὦ Λάμπουρε κύων, οὕτω βαθὺς ὕπνος ἔχει τυ; 65
Οὐ χρὴ κοιμᾶσθαι βαθέως σὺν παιδὶ νέμοντα.
Ταὶ δ᾽ ὄϊες, μηδ᾽ ὕμμες ὀκνεῖθ᾽ ἁπαλᾶς κορέσασθαι
Ποίας· οὔτι καμεῖσθ᾽, ὅκκα πάλιν ἅδε φύηται.
Σίττα νέμεσθε, νέμεσθε· τὰ δ᾽ οὔθατα πλήσατε πᾶσαι,
Ὡς τὸ μὲν ὣ ᾽ρνες ἔχωντι, τὸ δ᾽ ἐς ταλάρως ἀπόθωμαι. 70
Δεύτερος αὖ Δάφνις λιγυρῶς ἀνεβάλλετ᾽ ἀείδεν·

ΔΑΦΝΙΣ.

Κᾆμ᾽ ἐκ τῶ ἄντρω σύνοφρυς κόρα ἐχθὲς ἰδοῖσα
Τὰς δαμάλας παρελεῦντα, καλὸν, καλὸν ἦμες ἔφασκεν·
Οὐ μὰν οὐδὲ λόγον ἐκρίθην ἄπο τὸν πικρὸν αὐτᾷ,
Ἀλλὰ κάτω βλέψας τὰν ἁμετέραν ὁδὸν εἷρπον. 75
Ἁδεῖ᾽ ἁ φωνὰ τᾶς πόρτιος, ἁδὺ τὸ πνεῦμα·
Ἁδὺ δὲ χὠ μόσχος γαρύεται, ἁδὺ δὲ χ᾽ ἁ βῶς·
Ἁδὺ δὲ τῶ θέρεος παρ᾽ ὕδωρ ῥέον αἰθριοκοιτῆν.
Τᾷ δρυῒ ταὶ βάλανοι κόσμος, τᾷ μαλίδι μᾶλα·
Τᾷ βοῒ δ᾽ ὁ μόσχος, τῷ βωκόλῳ αἱ βόες αὐταί. 80
Ὡς οἱ παῖδες ἄεισαν· ὁ δ᾽ αἰπόλος ὧδ᾽ ἀγόρευεν·

ΑΙΠΟΛΟΣ.

Ἁδύ τι τὸ στόμα τοι, καὶ ἐφίμερος, ὦ Δάφνι, φωνά·
Κρέσσον μελπομένω τεῦ ἀκουέμεν, ἢ μέλι λείχεν.
Λάσδεο τᾶς σύριγγος· ἐνίκησας γὰρ ἀείδων.
Αἰ δέ τι λῇς με καὶ αὐτὸν ἅμ᾽ αἰπολέοντα διδάξαι, 85
Τήναν τὰν μιτύλαν δωσῶ τὰ δίδακτρά τοι αἶγα,
Ἅτις ὑπὲρ κεφαλᾶς αἰεὶ τὸν ἀμολγέα πληροῖ.
Ὡς μὲν ὁ παῖς ἐχάρη, καὶ ἀνάλατο, καὶ πλατάγησε
Νικήσας· οὕτως ἐπὶ ματέρα νεβρὸς ἅλοιτο.
Ὡς δὲ κατεσμύχθη καὶ ἀνετράπετο φρένα λύπᾳ 90
Ὥτερος· οὕτω καὶ νύμφα γαμεθεῖσ᾽ ἀκάχοιτο.
Κἠκ τούτω Δάφνις παρὰ ποιμέσι πρᾶτος ἔγεντο,
Καὶ νύμφαν, ἄκραβος ἐὼν ἔτι, Ναΐδα γᾶμεν.

ΥΠΟΘΕΣΙΣ

τοῦ Ἐνδεκάτου Εἰδυλλίου.

ΥΠΟΚΕΙΤΑΙ ὁ Κύκλωψ παρηγορῶν ἑαυτοῦ τὸν ἐπὶ Γαλατείᾳ ἔρω-
τα δι᾿ ᾠδῆς. Προσδιαλέγεται δὲ ὁ Θεόκριτος ἰατρῷ Νικίᾳ, Μιλη-
σίῳ τὸ γένος· ὃς συμφοιτητὴς γέγονεν Ερασιστράτου, ἰατροῦ ὄντος
καὶ αὐτοῦ. Φέρεται δὲ καί τι ποιημάτων αὐτοῦ ἀντιγεγραμμένον
ὑπὲρ Κύκλωπος πρὸς Θεόκριτον.

* Κ Υ Κ Λ Ω Ψ.

Εἰδύλλιον ιά.

ΟΥΔΕΝ ποττὸν ἔρωτα πεφύκει φάρμακον ἄλλο,
Νικία, οὔτ᾿ ἔγχριστον, ἐμὶν δοκεῖ, οὔτ᾿ ἐπίπαστον,
Ἢ ταὶ Πιερίδες· κοῦφον δέ τι τοῦτο καὶ ἁδὺ
Γίνετ᾿ ἐπ᾿ ἀνθρώποις· εὑρῆν δ᾿ οὐ ῥᾴδιόν ἐντι,
Γινώσκεν δ᾿ οἶμαί τυ καλῶς, ἰατρὸν ἐόντα,   5
Καὶ ταῖς ἐννέα δὴ πεφιλαμένον ἔξοχα Μοίσαις.
  Οὕτω γοῦν ῥᾷστα διᾶγ᾿ ὁ Κύκλωψ ὁ παρ᾿ ἁμῖν,
Ὡρχαῖος Πολύφαμος, ὅκ᾿ ἤρατο τᾶς Γαλατείας,
Ἄρτι γενειάσδων περὶ τὸ στόμα τὼς κροτάφως τε.
Ἤρατο δ᾿ οὔτι ῥόδοις, οὐ μάλοις, οὐδὲ κικίννοις,   10
Ἀλλ᾿ ὀλοαῖς μανίαις· ἁγεῖτο δὲ πάντα πάρεργα.
Πολλάκι ταὶ ὄϊες ποτὶ ταὔλιον αὐταὶ ἀπῆνθον
Χλωρᾶς ἐκ βοτάνας· ὁ δὲ τὰν Γαλάτειαν ἀείδων
Αὐτῶ ἐπ᾿ ἀϊόνος κατετάκετο φυκιοέσσας,
Ἐξ ἀοῦς, ἔχθιστον ἔχων ὑποκάρδιον ἕλκος   15
Κύπριος ἐκ μεγάλας, ἅ οἱ ἥπατι πᾶξε βέλεμνον.
Ἀλλὰ τὸ φάρμακον εὗρε· καθεζόμενος δ᾿ ἐπὶ πέτρας
Ὑψηλᾶς, ἐς πόντον ὁρῶν, ἄειδε τοιαῦτα·
  Ὦ λευκὰ Γαλάτεια, τί τὸν φιλέοντ᾿ ἀποβάλλῃ;

Λευκοτέρα πακτᾶς ποτιδεῖν, ἁπαλωτέρα δ᾽ ἀρνός,   20
Μόσχω γαυροτέρα, φιαρωτέρα ὄμφακος ὠμᾶς.
Φοιτῆς δ᾽ αὖθ᾽ οὕτως, ὅκκα γλυκὺς ὕπνος ἔχῃ με·
Οἴχῃ δ᾽ εὐθὺς ἰοῖσα, ὅκα γλυκὺς ὕπνος ἀνῇ με·
Φεύγεις δ᾽ ὥσπερ ὄϊς πολιὸν λύκον ἀθρήσασα.
Ἠράσθην μὲν ἔγωγα τεοῦς, κόρα, ἁνίκα πρᾶτον   25
Ἦνθες ἐμᾷ σὺν ματρὶ, θέλοισ᾽ ὑακίνθινα φύλλα
Ἐξ ὄρεος δρέψασθαι· ἐγὼ δ᾽ ὁδὸν ἁγεμόνευον.
Παύσασθαι δ᾽ ἐσιδών τυ καὶ ὕστερον οὐδέτι πω νῦν
Ἐκ τήνω δύναμαι: τὶν δ᾽ οὐ μέλει, οὐ μὰ Δί᾽, οὐδέν.
Γινώσκω, χαρίεσσα κόρα, τίνος οὕνεκα φεύγεις·   30
Οὕνεκά μοι λασία μὲν ὀφρὺς ἐπὶ παντὶ μετώπῳ
Ἐξ ὠτὸς τέταται ποτὶ θὤτερον ὡς μία μακρά·
Εἷς δ᾽ ὀφθαλμὸς ἔπεστι, πλατεῖα δὲ ῥὶς ἐπὶ χείλει.
Ἀλλ᾽ ὡὗτὸς, τοιοῦτος ἐὼν, βοτὰ χίλια βόσκω,
Κἤκ τούτων τὸ κράτιστον ἀμελγόμενος γάλα πίνω·   35
Τυρὸς δ᾽ οὐ λείπει μ᾽ οὔτ᾽ ἐν θέρει, οὔτ᾽ ἐν ὀπώρῃ,
Οὐ χειμῶνος ἄκρω· ταρσοὶ δ᾽ ὑπεραχθέες αἰεί.
Συρίσδεν δ᾽ ὡς οὔτις ἐπίσταμαι ὧδε Κυκλώπων
Τὶν, τὸ φίλον γλυκύμαλον, ἁμᾶ κἠμαυτὸν ἀείδων,
Πολλάκι νυκτὸς ἀωρί· τρέφω δέ τοι ἕνδεκα νεβρὼς   40
Πάσας ἀμνοφόρως, καὶ σκύμνως τέσσαρας ἄρκτων.
Ἀλλ᾽ ἀφίκευ τὺ ποτ᾽ ἄμμε, καὶ ἑξεῖς οὐδὲν ἔλασσον·
Τὰν γλαυκὰν δὲ θάλασσαν ἔα ποτὶ χέρσον ὀρεχθῆν.
Ἅδιον ἐν τᾤντρῳ παρ᾽ ἐμὶν τὰν νύκτα διαξεῖς.
Ἐντὶ δάφναι τηνεὶ, ἐντὶ ῥαδιναὶ κυπάρισσοι,   45
Ἐντὶ μέλας κισσὸς, ἔντ᾽ ἄμπελος ἁ γλυκύκαρπος·
Ἐντὶ ψυχρὸν ὕδωρ, τό μοι ἁ πολυδένδρεος Αἴτνα
Λευκᾶς ἐκ χιόνος, ποτὸν ἀμβρόσιον, προΐητι.
(Τίς κεν τῶνδε θάλασσαν ἔχειν ἢ κύμαθ᾽ ἕλοιτο;)
[Αἰ δέ τοι αὐτὸς ἐγὼν δοκέω λασιώτερος ἦμεν,]   50
Ἐντὶ δρυὸς ξύλα μοι, καὶ ὑπὸ σποδῷ ἀκάματον πῦρ·
Καιόμενος δ᾽ ὑπὸ τεῦς καὶ τὰν ψυχὰν ἀνεχοίμαν,

Καὶ τὸν ἕν᾽ ὀφθαλμὸν, τῷ μοι γλυκερώτερον οὐδέν.
Ὦ μοι, ὅτ᾽ οὐκ ἔτεκέν μ᾽ ἁ μάτηρ βράγχι᾽ ἔχοντα,
Ὡς κατέδυν ποτὶ τὶν, καὶ τὰν χέρα τεῦς ἐφίλασα,   55
Αἰ μὴ τὸ στόμα λῇς· ἔφερον δέ τοι ἢ κρίνα λευκὰ,
Ἢ μάκων᾽ ἁπαλὰν ἐρυθρὰ πλαταγώνι᾽ ἔχοισαν.
Ἀλλὰ τὰ μὲν θέρεος, τὰ δὲ γίνεται ἐν χειμῶνι·
Ὡστ᾽ οὐκ ἄν τοι ταῦτα φέρειν ἅμα πάντ᾽ ἐδυνάθην.
Νῦν μὰν, ὦ κόριον, νῦν αὐτόθι νεῖν γε μαθεῦμαι,   60
Αἴκα τις σὺν ναῒ πλέων ξένος ὧδ᾽ ἀφίκηται·
Ὡς κεν ἴδω, τί ποθ᾽ ἁδὺ κατοικῆν τὸν βυθὸν ὕμμιν.
Ἐξένθοις, Γαλάτεια, καὶ ἐξενθοῖσα λάθοιο
(Ὥσπερ ἐγὼν νῦν ὧδε καθήμενος) οἴκαδ᾽ ἀπενθεῖν.
Ποιμαίνειν δ᾽ ἐθέλοις σὺν ἐμὶν ἅμα, καὶ γάλ᾽ ἀμέλγειν, 65
Καὶ τυρὸν πᾶξαι, τάμισον δριμεῖαν ἐνεῖσα.
Ἁ μάτηρ ἀδικεῖ με μόνα, καὶ μέμφομαι αὐτᾷ·
Οὐδὲν πᾷ ποχ᾽ ὅλως ποτὶ τὶν φίλον εἶπεν ὑπὲρ μεῦ,
Καὶ ταῦτ᾽, ἆμαρ ἐπ᾽ ἆμαρ ὀρεῦσά με λεπτὸν ἐόντα.
Φασῶ τὰν κεφαλὰν καὶ τὼς πόδας ἀμφοτέρως μευ   70
Σφύσδειν· ὡς ανιαθῇ, ἐπεὶ κἠγὼν ἀνιῶμαι.
Ὦ Κύκλωψ, Κύκλωψ, πᾷ τὰς φρένας ἐκπεπότασαι;
Αἴκ᾽ ἐνθὼν ταλάρως τε πλέκοις, καὶ θαλλὸν ἀμάσας
Ταῖς ἄρνεσσι φέροις, τάχα κεν πολὺ μᾶλλον ἔχοις νοῦν.
Τὰν παρεοῖσαν ἄμελγε· τί τὸν φεύγοντα διώκεις;   75
Εὑρήσεις Γαλάτειαν ἴσως καὶ καλλίον᾽ ἄλλαν.
Πολλαὶ συμπαίσδεν με κόραι τὰν νύκτα κέλονται,
Κιχλίσδοντι δὲ πᾶσαι, ἐπήν κ᾽ αὐταῖς ὑπακοίσω·
Δηλονότ᾽ ἐν τᾷ γᾷ κἠγὼν τὶς φαίνομαι ἦμες.
   Οὕτω τοι Πολύφαμος ἐποίμαινεν τὸν ἔρωτα,   80
Μουσίσδων· ῥᾷον δὲ διᾶγ᾽, ἢ χρυσὸν ἔδωκεν.

ΥΠΟΘΕΣΙΣ

τοῦ Πεντεκαιδεκάτου Εἰδυλλίου.

ΕΠΙΓΡΑΦΕΤΑΙ μὲν τοῦτο τὸ Εἰδύλλιον Συρακούσιαι, ἢ Ἀδωνιάζουσαι· ὑποτίθεται δέ τινας Συρακουσίας τὸ γένος, παρεπιδημούσας ἐν Ἀλεξανδρείᾳ, καὶ ἐπὶ θέαν ἐξιούσας τῆς πομπῆς τοῦ κομισθέντος Ἀδώνιδος ὑπὸ Ἀρσινόης τῆς τοῦ Πτολεμαίου τοῦ Φιλαδέλφου γυναικός. Ἔθος δὲ εἶχον οἱ ἐν Ἀλεξανδρείᾳ ἐν τοῖς Ἀδωνίοις, διακομίσαντας τὰ εἴδωλα τοῦ Ἀδώνιδος μετὰ τῶν νομιζομένων ἐπὶ τὴν θάλασσαν κομίζειν. Διαγράφει δὲ ὁ Θεόκριτος, χαριζόμενος τῇ βασιλίδι, ᾄδουσάν τινα, καὶ τὴν πολυτέλειαν τῆς Ἀρσινόης δι' ᾠδῆς ἀπαγγέλλουσαν.

* ΣΥΡΑΚΟΥΣΙΑΙ ἢ ΑΔΩΝΙΑΖΟΥΣΑΙ.

Εἰδύλλιον ιέ.

ΓΟΡΓΩ, ΠΡΑΞΙΝΟΗ, ΓΡΑΥΣ, ΞΕΝΟΣ, [ἙΤΕΡΟΣ ΞΕΝΟΣ, ΓΥΝΗ ΑΟΙΔΟΣ.]

ΓΟΡΓΩ.

ΕΝΔΟΙ Πραξινόα;

ΠΡΑΞΙΝΟΗ.

Γοργοῖ φίλα, ὡς χρόνῳ; ἔνδοῖ.
Θαῦμ' ὅτι καὶ νῦν ἦνθες. ὅρη δίφρον, Εὐνόα, αὐτᾷ·
Ἔμβαλε καὶ ποτίκρανον.

ΓΟΡΓΩ.

Ἔχει κάλλιστα.

ΠΡΑΞΙΝΟΗ.

Καθίζευ.

ΓΟΡΓΩ.

Ὦ τᾶς ἀδαμάτω ψυχᾶς· μόλις ὕμμιν ἐσώθην,
Πραξινόα· πολλῶ μὲν ὄχλω, πολλᾶν δὲ τεθρίππων.   5

Παντᾷ κρηπῖδες, παντᾷ χλαμυδηφόροι ἄνδρες·
Ἁ δ᾽ ὁδὸς ἄτρυτος· τὺ δ᾽ ἑκαστέρω ἄμμιν ἀποικεῖς.

ΠΡΑΞΙΝΟΗ.

Ταῦθ᾽ ὁ πάραρος τῆνος ἐπ᾽ ἔσχατα γᾶς ἔλαβ᾽ ἐνθὼν
Πλεόν, οὐκ οἴκησιν· ὅπως μὴ γείτονες ὦμες
Ἀλλάλαις, ποτ᾽ ἔριν, φθονερὸν κακὸν, αἰὲν ὁμοῖος.   10

ΓΟΡΓΩ.

Μὴ λέγε τὸν τεὸν ἄνδρα, φίλα, Δείνωνα τοιαῦτα,
Τῶ μικκῶ παρεόντος· ὅρη, γύναι, ὡς ποθορῇ τυ.

ΠΡΑΞΙΝΟΗ.

Θάρσει, Ζωπυρίων, γλυκερὸν τέκος· οὐ λέγω ἀπφῦν.

ΓΟΡΓΩ.

Αἰσθάνεται τὸ βρέφος, ναὶ τὰν πότνιαν· καλὸς ἀπφῦς.

ΠΡΑΞΙΝΟΗ.

Ἀπφῦς μὰν τῆνος πρώαν, (λέγομες δὲ πρώαν θὴν   15
Πάντα,) νίτρον καὶ φῦκος ἀπὸ σκανᾶς ἀγοράσδων,
Ἦνθε φέρων ἅλας ἄμμιν, ἀνὴρ τρισκαιδεκάπαχυς.

ΓΟΡΓΩ.

Χὠμὸς ταὐτά γ᾽ ἔχει, φθόρος ἀργυρίω, Διοκλείδας·
Ἑπτὰ δραχμῶν, κυνάδας, γραιᾶν ἀποτίλματα πηρᾶν,
Πέντε πόκως ἔλαβ᾽ ἐχθὲς, ἅπαν ῥύπον, ἔργον ἐπ᾽ ἔργῳ. 20
Ἀλλ᾽ ἴθι, τὠμπέχονον καὶ τὰν περονατρίδα λάζευ·
Βᾶμες τῶ βασιλῆος ἐς ἀφνειῶ Πτολεμαίω,
Θασόμεναι τὸν Ἀδωνιν· ἀκούω χρῆμα καλόν τι
Κοσμῆν τὰν βασίλισσαν.

ΠΡΑΞΙΝΟΗ.
Ἐν ὀλβίω ὄλβια πάντα.
Ὧν εἶδες, χ᾽ ὧν εἶπας, ἰδοῖσα τὺ τῷ μὴ ἰδόντι.   25

ΓΟΡΓΩ.

Ἕρπειν ὥρα κ᾽ εἴη· ἀεργοῖς αἰὲν ἑορτά.

ΠΡΑΞΙΝΟΗ.

Εὐνόα, αἶρε τὸ νᾶμα, καὶ ἐς μέσον, αἰνόθρυπτε,
Θὲς πάλιν. αἱ γαλέαι μαλακῶς χρῄσδοντι καθεύδεν.

Κινεῦ δὴ, φέρε θᾶσσον ὕδωρ· ὕδατος πρότερον δεῖ.

'Αδ' ὡς νᾶμα φέρει· δὸς ὅμως· μὴ πουλὺ, ἄπληστε,   30

Εγχει ὕδωρ· δύστανε, τί μευ τὸ χιτώνιον ἄρδεις;

Παῦσαι· ὁποῖα θεοῖς ἐδόκει, τοιαῦτα νένιμμαι.

'Α κλὰξ τᾶς μεγάλας πᾷ λάρνακος; ὧδε φέρ' αὐτάν.

ΓΟΡΓΩ.

Πραξινόα, μάλα τοι τὸ καταπτυχὲς ἐμπερόναμα

Τοῦτο πρέπει· λέγε μοι, πόσσω κατέβα τοι ἀφ' ἱστῶ;   35

ΠΡΑΞΙΝΟΗ.

Μὴ μνάσῃς, Γοργοῖ· πλέον ἀργυρίω καθαρῷ μνᾶν

Η δύο· τοῖς δ' ἔργοις καὶ τὰν ψυχὰν ποτέθηκα.

ΓΟΡΓΩ.

Αλλὰ κατὰ γνώμαν ἀπέβα τοι.

ΠΡΑΞΙΝΟΗ.

Ναί· καλὸν εἶπες.

Τὠμπέχονον φέρε μοι, καὶ τὰν θολίαν· κατὰ κόσμον

Αμφίθες. οὐκ ἀξῶ τύ, τέκνον· μορμὼ, δάκνει ἵππος.   40

Δάκρυ' ὅσσα θέλεις· χωλὸν δ' οὐ δεῖ τυ γενέσθαι.

'Ερπωμες.   Φρυγία, τὸν μιχκὸν, παῖσδε, λαβοῖσα·

Τὰν κύν' ἔσω κάλεσον, τὰν αὐλείαν ἀπόκλαξον.

   Ω θεοὶ, ὅσσος ὄχλος· πῶς καὶ πόκα τοῦτο περᾶσαι

Χρὴ τὸ κακόν; μύρμακες ἀνάριθμοι καὶ ἄμετροι.   45

Πολλά τοι, ὦ Πτολεμαῖε, πεποίηται καλὰ ἔργα·

Εξ ὦ ἐν ἀθανάτοις ὁ τεκὼν, οὐδεὶς κακοεργὸς

Δαλεῖται τὸν ἰόντα, παρέρπων Αἰγυπτιστί·

Οἷα πρὶν ἐξ ἀπάτας κεχροταμένοι ἄνδρες ἔπαισδον,

Αλλάλοις ὁμαλοὶ, κακὰ παίγνια, πάντες ἐρειοί.   50

'Αδίστα Γοργοῖ, τί γενοίμεθα; τοὶ πτολεμισταὶ

'Ιπποι τῶ βασιλῆος. ἄνερ φίλε, μή με πατήσῃς.

Ορθὸς ἀνέστα ὁ πυῤῥός· ἴδ' ὡς ἄγριος. κυνοθαρσὴς

Εὐνόα, οὐ φευξῇ; διαχρησεῖται τὸν ἄγοντα.

Ωνάθην μεγάλως, ὅτι μοι τὸ βρέφος μένει ἔνδοι.   55

ΓΟΡΓΩ.

Θάρσει, Πραξινόα· καὶ δὴ γεγενήμεθ᾽ ὄπισθεν·
Τοὶ δ᾽ ἔβαν ἐς χώραν.

ΠΡΑΞΙΝΟΗ.

Καὐτὰ συναγείρομαι ἤδη.

Ἵππον καὶ τὸν ψυχρὸν ὄφιν ταμάλιστα δεδοίκω
Εκ παιδός. σπεύδωμες· ὅσος ὄχλος ἄμμιν ἐπιῤῥεῖ.

ΓΟΡΓΩ.

Εξ αὐλᾶς, ὦ μᾶτερ;

ΓΡΑΤΣ.

Εγὼν, ὦ τέκνα.

ΓΟΡΓΩ.

Παρενθεῖν   60

Εὐμαρές;

ΓΡΑΤΣ.

Ες Τροίαν πειρώμενοι ἦνθον Αχαιοί.
Καλλίστα παίδων, πείρῃ θὴν πάντα τελεῖται.

ΓΟΡΓΩ.

Χρησμὼς ἁ πρεσβῦτις ἀπῴχετο θεσπίξασα.

ΠΡΑΞΙΝΟΗ.

Πάντα γυναῖκες ἴσαντι, καὶ ὡς Ζεὺς ἀγάγεθ᾽ Ἥραν.

ΓΟΡΓΩ.

Θᾶσαι, Πραξινόα, περὶ τὰς θύρας ὅσσος ὅμιλος.   65

ΠΡΑΞΙΝΟΗ.

Θεσπέσιος.   Γοργοῖ, δὸς τὰν χέρα μοι· λαβὲ καὶ τὺ,
Εὐνόα, Εὐτυχίδος· πότεχ᾽ αὐτᾷ, μὴ τὺ πλανηθῇς.
Πᾶσαι ἅμ᾽ εἰσένθωμες· ἀπρὶξ ἔχευ, Εὐνόα, ἁμῶν.
Ω μοι δειλαία, δίχα μεν τὸ θερίστριον ἤδη
Εσχισται, Γοργοῖ. ποττῶ Διὸς, εἴτι γένοιο   70
Εὐδαίμων, ὦ ᾽νθρωπε, φυλάσσεο τὠμπέχονόν μευ.

ΞΕΝΟΣ.

Οὐκ ἐπ᾽ ἐμὶν μέν· ὅμως δὲ φυλάξομαι.

ΠΡΑΞΙΝΟΗ.

Αθρόος ὄχλος·

Ωθεῦνθ᾽ ὥσπερ ὗες.

ΞΕΝΟΣ.

Θάρσει, γύναι· ἐν καλῷ εἰμές.

ΠΡΑΞΙΝΟΗ.

Κεὶς ὥρας, κἤπειτα, φίλ' ἀνδρῶν, ἐν καλῷ εἴης,
Ἄμμε περιστέλλων· χρηστῶ κ' οἰκτίρμονος ἀνδρός.   75
Φλίβεται Εὐνόα ἄμμιν· ἄγ', ὦ δειλά, τὺ βιάζευ.
Κάλλιστ' ἐνδοῖ πᾶσαι, ὁ τὰν νυὸν εἶπ' ἀποκλάξας.

ΓΟΡΓΩ.

Πραξινόα, πόταγ' ὧδε· τὰ ποικίλα πρᾶτον ἄθρησον
Λεπτὰ καὶ ὡς χαρίεντα· θεῶν περονάματα φασεῖς.

ΠΡΑΞΙΝΟΗ.

Πότνι' Ἀθαναία· ποῖαί σφ' ἐπόνασαν ἔριθοι;   80
Ποῖοι ζωογράφοι τἀκριβέα γράμματ' ἔγραψαν;
Ὡς ἔτυμ' ἑστάκαντι, καὶ ὡς ἔτυμ' ἐνδινεῦντι·
Ἔμψυχ', οὐκ ἐνυφαντά.   Σοφόν τι χρῆμ' ἄνθρωπος.
Αὐτὸς δ' ὡς θαητὸς ἐπ' ἀργυρέῳ κατάκειται
Κλισμῷ, πρᾶτον ἴουλον ἀπὸ κροτάφων καταβάλλων,   85
Ὁ τριφίλατος Ἄδωνις, ὁ κἠν Ἀχέροντι φιλεῖται.

ἙΤΕΡΟΣ ΞΕΝΟΣ.

Παύσασθ', ὦ δύστανοι, ἀνάνυτα κωτίλλοισαι
Τρυγόνες· ἐκκναισεῦντι πλατειάσδοισαι ἅπαντα.

ΓΟΡΓΩ.

Μᾶ, πόθεν ὥνθρωπος; τί δὲ τὶν, εἰ κωτίλαι εἰμές;
Πασάμενος ἐπίτασσε.   Συρακοσίαις ἐπιτάσσεις;   90
Ὡς εἰδῇς καὶ τοῦτο, Κορίνθιαι εἰμὲς ἄνωθεν,
Ὡς καὶ ὁ Βελλεροφῶν· Πελοποννασιστὶ λαλεῦμες·
Δωρίσδεν δ' ἔξεστι, δοκῶ, τοῖς Δωριέσσι.

ΠΡΑΞΙΝΟΗ

Μὴ φυῇ, Μελιτῶδες, ὃς ἁμῶν καρτερὸς εἴη,
Πλὰν ἑνός· οὐκ ἀλέγω, μή μοι κενεὰν ἀπομάξῃς.   95

ΓΟΡΓΩ.

Σίγα, Πραξινόα· μέλλει τὸν Ἄδωνιν ἀείδειν
Ἁ τᾶς Ἀργείας θυγάτηρ πολύϊδρις ἀοιδός,

Ἄτις καὶ Σπέρχιν τὸν ἰάλεμον ἀρίστευσε·
Φθεγξεῖταί τι (σάφ' οἶδα) καλόν· διαθρύπτεται ἤδη.

ΓΥΝΗ ΔΟΙΔΟΣ.

Δέσποιν', ἃ Γολγώς τε καὶ Ἰδάλιον ἐφίλασας,   100
Δίπεινόν τ' Ἔρυκα, χρυσῷ παίσδοισ' Ἀφροδίτα,
Οἷόν τοι τὸν Ἄδωνιν ἀπ' ἀενάω Ἀχέροντος
Μηνὶ δυωδεκάτῳ μαλακαίποδες ἄγαγον Ὧραι·
Βάρδισται μακάρων Ὧραι φίλαι, ἀλλὰ ποθειναὶ
Ἔρχονται, πάντεσσι βροτοῖς αἰεί τι φέροισαι.   105
Κύπρι Διωναία, τὺ μὲν ἀθανάταν ἀπὸ θνατᾶς
(Ἀνθρώπων ὡς μῦθος) ἐποίησας Βερενίκαν
Ἀμβροσίαν ἐς στῆθος ἀποστάξασα γυναικός·
Τὶν δὲ χαριζομένα, πολυώνυμε, καὶ πολύναε,
Ἀ Βερενικεία θυγάτηρ, Ἑλένᾳ εἰκνῖα,   110
Ἀρσινόα, πάντεσσι καλοῖς ἀτιτάλλει Ἄδωνιν·
Πὰρ μέν οἱ ὥρια κεῖται ὅσα δρυὸς ἄκρα φέροντι,
Πὰρ δ' ἁπαλοὶ κᾶποι πεφυλαγμένοι ἐν ταλαρίσκοις
Ἀργυρέοις, Συρίω δὲ μύρω χρύσει' ἀλάβαστρα.
Εἴδατά θ' ὅσσα γυναῖκες ἐπὶ πλαθάνῳ πονέονται,   115
Ἄνθεα μίσγοισαι λευκῷ παντοῖ' ἅμ' ἀλεύρῳ,
Ὅσσα τ' ἀπὸ γλυκερῶ μέλιτος, τά τ' ἐν ὑγρῷ ἐλαίῳ,
Πάντ' αὐτῷ πετεηνὰ καὶ ἑρπετὰ τᾶδε πάρεστι.
Χλωραὶ δὲ σκιάδες, μαλακῷ βρίθοισαι ἀνήθῳ,
Δέδμανθ'· οἱ δέ τε κῶροι ὑπερποτῶνται Ἔρωτες,   120
Οἷοι ἀηδονιδῆες ἐφεζόμενοι ἐπὶ δένδρων
Πωτῶνται, πτερύγων πειρώμενοι, ὄζον ἀπ' ὄζω.
Ὦ ἔβενος, ὦ χρυσὸς, ὦ ἐκ λευκῶ ἐλέφαντος
Αἰετὼ, οἰνοχόον Κρονίδᾳ Διὶ παῖδα φέροντες.
Πορφύρεοι δὲ τάπητες ἄνω, μαλακώτεροι ὕπνω   125
Ἀ Μίλατος ἐρεῖ, χὠ τὰν Σαμίαν καταβόσκων.
Ἔστρωται κλίνα τῷ Ἀδώνιδι τῷ καλῷ ἄλλα·
Τὰν μὲν Κύπρις ἔχει, τὰν δ' ὁ ῥοδόπαχυς Ἀδωνὶς,
Ὀκτωκαιδεκέτης ἢ ἐννεακαίδεχ' ὁ γαμβρός.

Οὐ κεντεῖ τὸ φίλαμ'· ἔτι οἱ περὶ χείλεα πυῤῥά.　　　　130
Νῦν μὲν Κύπρις ἔχοισα τὸν αὐτᾶς χαιρέτω ἄνδρα.
Ἀῶθεν δ' ἄμμες νιν ἅμα δρόσῳ ἀθρόαι ἔξω
Οἰσεῦμες ποτὶ κύματ' ἐπ' ἀϊόνι πτύοντα·
Λύσασαι δὲ κόμαν, καὶ ἐπὶ σφυρὰ κόλπον ἀνεῖσαι,
Στήθεσι φαινομένοις, λιγυρᾶς ἀρξώμεθ' ἀοιδᾶς.　　　　135

　　'Ερπεις, ὦ φίλ' Ἀδῶνι, καὶ ἐνθάδε, κεἰς Ἀχέροντα,
'Αμιθέων (ὡς φαντὶ) μονώτατος· οὔτ' Ἀγαμέμνων
Τοῦτ' ἔπαθ', οὔτ' Αἴας ὁ μέγας βαρυμάνιος ἥρως,
Οὔθ' Ἕκτωρ 'Εκάβας ὁ γεραίτατος εἴκατι παίδων,
Οὐ Πατροκλῆς, οὐ Πύῤῥος ἀπὸ Τροίας ἐπανελθών·　　　　140
Οὔθ', οἱ ἔτι πρότεροι, Λαπίθαι, καὶ Δευκαλίωνες,
Οὐ Πελοπηϊάδαι τε, καὶ Ἀργεος ἄκρα Πελασγοί.
'Ιλαθι νῦν, φίλ' Ἀδῶνι, καὶ ἐς νέωτ' εὐθυμήσαις.
Καὶ νῦν ἦνθες, Ἀδῶνι, καὶ, ὅκκ' ἀφίκῃ, φίλος ἥξεῖς.

　　　　　　ΓΟΡΓΩ.

Πραξινόα, τὸ χρῆμα σοφώτερον· ἁ θήλεια　　　　145
Ολβία ὅσσα ἴσατι, πανολβία ὡς γλυκυφωνεῖ.
'Ωρα ὅμως κεἰς οἶκον· ἀνάριστος Διοκλείδας·
Χἀνὴρ ὄξος ἅπαν· πεινᾶντι δὲ μηδὲ ποτένθῃς.
Χαῖρε, Ἀδῶν' ἀγαπατέ, καὶ ἐς χαίροντας ἀφικνεῦ.

*'ΕΛΕΝΗΣ ΕΠΙΘΑΛΑΜΙΟΣ.

Εἰδύλλιον ιή.

ΕΝ ποκ' ἄρα Σπάρτᾳ, ξανθότριχι πὰρ Μενελάῳ,
Παρθενικαὶ, θάλλοντα κόμαις ὑάκινθον ἔχοισαι,
Πρόσθε νεογράπτω θαλάμω χορὸν ἐστάσαντο,
Δώδεκα ταὶ πρᾶται πόλιος, μέγα χρῆμα Λακαινᾶν,
'Ανίκα Τυνδάρεω κατεκλάξατο τὰν ἀγαπατὰν　　　　5
Μναστεύσας 'Ελέναν ὁ νεώτερος Ἀτρέος υἱός.

Ἄειδον δ᾽ ἄρα πᾶσαι ἐς ἓν μέλος ἐγκροτέοισαι
Ποσσὶ περιπλέκτοις· περὶ δ᾽ ἴαχε δῶμ᾽ ὑμεναίῳ.

Οὕτω δὴ πρώϊζα κατέδραθες, ὦ φίλε γαμβρέ;

Ἦ ῥά τις ἐσσὶ λίαν βαρυγούνατος; ἦ ῥα φίλυπνος;   10

Ἦ ῥα πολύν τιν᾽ ἔπινες, ὅτ᾽ εἰς εὐνὰν κατεβάλλευ;

Εὕδειν μὲν χρήζοντα καθ᾽ ὥραν, αὐτὸν ἐχρῆν τυ,

Παῖδα δ᾽ ἐᾶν σὺν παισὶ φιλοστόργῳ παρὰ ματρὶ

Παίσδειν ἐς βαθὺν ὄρθρον· ἐπεὶ καὶ ἔνας καὶ ἐς ἀῶ,

Κῆς ἔτος ἐξ ἔτεος, Μενέλαε, τεὰ νυὸς ἅδε.   15

Ὄλβιε γάμβρ᾽, ἀγαθός τις ἐπέπταρεν ἐρχομένῳ τοι

Ἐς Σπάρταν, ὅποι ᾧ ἄλλοι ἀριστέες, ὡς ἀνύσαιο.

Μοῦνος ἐν ἁμιθέοις Κρονίδαν Δία πενθερὸν ἑξεῖς.

Ζανός τοι θυγάτηρ ὑπὸ τὰν μίαν ᾤχετο χλαῖναν,

Οἵα Ἀχαιϊάδων γαῖαν πατεῖ οὐδεμί᾽ ἄλλα.   20

Ἦ μέγα τοί κε τέκοιτ᾽, εἰ ματέρι τίκτεν ὁμοῖον.

Ἄμμες γὰρ πᾶσαι συνομάλικες, ἧς δρόμος αὐτὸς

Χρισαμέναις ἀνδριστὶ παρ᾽ Εὐρώταο λοετροῖς,

Τετράκις ἑξήκοντα κόραι, θῆλυς νεολαία·

Τᾶν οὐδ᾽ ἄν τις ἄμωμος, ἐπεί χ᾽ Ἑλένᾳ παρισωθῇ.   25

Ἀὼς ἀντέλλοισα καλὸν διέφαινε πρόσωπον,

Πότνια νύξ, ἅτε, λευκὸν ἔαρ χειμῶνος ἀνέντος,

Ὧδε καὶ ἁ χρυσέα Ἑλένα διεφαίνετ᾽ ἐν ἁμῖν.

Πιείρᾳ μεγάλα ἅτ᾽ ἀνέδραμε κόσμος ἀρούρᾳ

Ἢ κάπῳ κυπάρισσος, ἢ ἅρματι Θεσσαλὸς ἵππος·   30

Ὧδε καὶ ἁ ῥοδόχρως Ἑλένα Λακεδαίμονι κόσμος.

Οὔτε τις ἐν ταλάρῳ πανίσδεται ἔργα τοιαῦτα,

Οὔτ᾽ ἐνὶ δαιδαλέῳ πυκινώτερον ἄτριον ἱστῷ

Κερκίδι συμπλέξασα μακρῶν ἔταμ᾽ ἐκ κελεόντων.

Οὐ μὰν οὐ κιθάραν τις ἐπίσταται ὧδε κροτῆσαι,   35

Ἄρτεμιν ἀείδοισα καὶ εὐρύστερνον Ἀθάναν,

Ὡς Ἑλένα· τᾶς πάντες ἐπ᾽ ὄμμασιν ἵμεροι ἐντί.

Ὦ καλά, ὦ χαρίεσσα κόρα, τὺ μὲν οἰκέτις ἤδη·

Ἄμμες δ᾽ ἐς δρόμον ἦρι καὶ ἐς λειμώνια φύλλα

Ερψοῦμες, στεφάνως δρεψεύμεναι ἀδὺ πνέοντας,　　40
Πολλὰ τεοῦς, Ἑλένα, μεμναμέναι, ὡς γαλαθηναὶ
Ἄρνες γειναμένας ὄϊος μαστὸν ποθέοισαι.
Πράτα τοι στέφανον λωτῶ χαμαὶ αὐξομένοιο
Πλέξασαι, σκιερὰν καταθήσομεν ἐς πλατάνιστον·
Πράτα δ', ἀργυρέας ἐξ ὄλπιδος ὑγρὸν ἄλειφαρ　　45
Λασδόμεναι, σταξεῦμες ὑπὸ σκιερὰν πλατάνιστον·
Γράμματα δ' ἐν φλοιῷ γεγράψεται (ὡς παριών τις
Ἀννείμῃ) Δωριστί· Σέβευ μ', Ἑλένας φυτὸν ἐμμί.

Χαίροις, ὦ νύμφα, χαίροις, εὐπένθερε γαμβρέ.
Λατὼ μὲν δοίη, Λατὼ κουροτρόφος, ὔμμιν　　50
Εὐτεκνίαν· Κύπρις δὲ θεά, Κύπρις ἴσον ἔρασθαι
Ἀλλάλων· Ζεὺς δὲ Κρονίδας, Ζεὺς ἄφθιτον ὄλβον,
Ὡς ἐξ εὐπατριδᾶν εἰς εὐπατρίδας πάλιν ἔνθῃ.
Εὕδετ' ἐς ἀλλάλων στέρνον φιλότητα πνέοντες,
Καὶ πόθον· ἔγρεσθαι δὲ πρὸς ἀῶ μὴ 'πιλάθησθε.　　55
Νεύμεθα κἄμμες ἐς ὄρθραν, ἐπεί κα πρᾶτος ἀοιδὸς
Ἐξ εὐνᾶς κελαδήσῃ ἀνασχὼν εὔτριχα δειράν.
Ὑμὰν, ὦ Ὑμέναιε, γάμῳ ἐπὶ τῷδε χαρείης.

*ΚΗΡΙΟΚΛΕΠΤΗΣ.

Εἰδύλλιον ιθ'.

ΤΟΝ κλέπταν ποτ' Ἔρωτα κακὰ κέντασε μέλισσα,
Κηρίον ἐκ σίμβλων συλεύμενον· ἄκρα δὲ χειρῶν
Δάκτυλα πάνθ' ὑπένυξεν· ὁ δ' ἄλγεε, καὶ χέρ' ἐφύσση,
Καὶ τὰν γᾶν ἐπάταξε, καὶ ἅλατο· τᾷ δ' Ἀφροδίτᾳ
Δεῖξεν τὰν ὀδύναν, καὶ μέμφετο, ὅττι γε τυτθὸν　　5
Θηρίον ἐντὶ μέλισσα, καὶ ἁλίκα τραύματα ποιεῖ.
Χ' ἁ μάτηρ γελάσασα, Τὺ δ' οὐκ ἴσον ἐσσὶ μελίσσαις;
Χ' ὦ τυτθὸς μὲν ἔης, τὰ δὲ τραύματα ἁλίκα ποιεῖς.

*ΒΟΥΚΟΛΙΣΚΟΣ.

Εἰδύλλιον κ'.

ΕΥΝΙΚΑ μ' ἐγέλαξε θέλοντά μιν ἁδὺ φιλᾶσαι,
Καί μ' ἐπικερτομέοισα τάδ' ἔννεπεν· Ἐῤῥ' ἀπ' ἐμεῖο·
Βωκόλος ὢν ἐθέλεις με κύσαι, τάλαν; οὐ μεμάθηκα
Ἀγροίκως φιλέειν, ἀλλ' ἀστυκὰ χείλεα θλίβειν.
Μὴ τύ γά μευ κύσσῃς τὸ καλὸν στόμα, μηδ' ἐν ὀνείροις. 5
Οἷα βλέπεις, ὁπποῖα λαλεῖς, ὡς ἄγρια παίσδεις·
Ὡς τρυφερὸν γελάεις, ὡς κωτίλα ῥήματα φράσδεις·
Ὡς μαλακὸν τὸ γένειον ἔχεις, ὡς ἀδέα χαίταν.
Χείλεά τοι νοσέοντι, χέρες δέ τοι ἐντὶ μέλαιναι·
Καὶ κακὸν ἐξόσδεις. ἀπ' ἐμεῦ φύγε, μή με μολύνῃς. 10

Τοιάδε μυθίσδοισα, τρὶς εἰς ἑὸν ἔπτυσε κόλπον,
Καί μ' ἀπὸ τᾶς κεφαλᾶς ποτὶ τὼ πόδε συννεχὲς εἶδεν
Χείλεσι μυχθίσδοισα, καὶ ὄμμασι λοξὰ βλέποισα·
Καὶ πολὺ τᾷ μορφᾷ θηλύνετο, καί τι σεσαρὸς
Καὶ σοβαρόν μ' ἐγέλαξεν. ἐμοὶ δ' ἄφαρ ἔζεσεν αἷμα, 15
Καὶ χρόα φοινίχθην ὑπὸ τἄλγεος, ὡς ῥόδον ἔρσᾳ.
Χ' ἁ μὲν ἔβα με λιποῖσα· φέρω δ' ὑποκάρδιον ὀργὰν,
Ὅττι με τὸν χαρίεντα κακὰ μωμήσαθ' ἑταίρα.

Ποιμένες, εἴπατέ μοι τὸ κρήγυον· οὐ καλὸς ἐμμί;
Ἀρά τις ἐξαπίνας με θεὸς βροτὸν ἄλλον ἔτευξε; 20
Καὶ γὰρ ἐμοὶ τὸ πάροιθεν ἐπάνθεεν ἁδύ τι κάλλος,
Ὡς κισσὸς ποτὶ πρέμνον, ἐμὰν δ' ἐπύκαζεν ὑπήναν
Χαῖται δ', οἷα σέλινα, περὶ κροτάφοισι κέχυντο·
Καὶ λευκὸν τὸ μέτωπον ἐπ' ὀφρύσι λάμπε μελαίναις.
Ὄμματά μοι γλαυκᾶς χαροπώτερα πολλὸν Ἀθάνας· 25
Τὸ στόμα καὶ πακτᾶς γλυκερώτερον· ἐκ στομάτων δὲ
Ἐῤῥεέ μοι φωνὰ γλυκερωτέρα ἢ μελικήρω.

ᾬδὺ δέ μοι τὸ μέλισμα, καὶ ἢν σύριγγι μελίσδω,
Κἢν αὐλῷ λαλέω, κἢν δώνακι, κἢν πλαγιαύλῳ.
Καὶ πᾶσαι καλόν με κατ᾽ ὤρεα φαντὶ γυναῖκες,　　　30
Καὶ πᾶσαί με φιλεῦνθ᾽· ἁ δ᾽ ἀστυκὰ οὐκ ἐφίλασεν,
Ἀλλ᾽, ὅτι βωκόλος ἐμμὶ, παρέδραμε· κ᾽ οὔποτ᾽ ἀκούει,
ᾬς καλὸς Διόνυσος ἐπ᾽ ἄγκεσι πόρτιν ἐλαύνει·
Οὐκ ἔγνω δ᾽, ὅτι Κύπρις ἐπ᾽ ἀνέρι μήνατο βάτᾳ,
Καὶ Φρυγίης ἐνόμευσεν ἐν ὤρεσιν· αὐτὸν Ἀδωνιν　　　35
Ἐν δρυμοῖσι φίλασε, καὶ ἐν δρυμοῖσιν ἔκλαυσεν.
Ἐνδυμίων δὲ τίς ἦν; οὐ βωκόλος; ὃν γε Σελάνα
Βωκολέοντα φίλασεν· ἀπ᾽ Οὐλύμπω δὲ μολοῖσα
Λάτμιον ἀννάπος ἦλθε, καὶ εἰς ἕνα παιδὶ κάθευδε.
Καὶ τὺ, ᾬΡέα, κλαίεις τὸν βωκόλον. οὐχὶ δὲ καὶ τὺ,　　　40
Ὦ Κρονίδα, διὰ παῖδα βοηνόμον ὄρνις ἐπλάγχθης;
　　Εὐνίκα δὲ μόνα τὸν βωκόλον οὐκ ἐφίλασεν,
Ἁ Κυβέλας κρέσσων, καὶ Κύπριδος, ἅ τε Σελάνας.
Μηκέτι μηδὲ σὺ, Κύπρι, τὸν ἀδέα μήτε κατ᾽ ἄστυ
Μήτ᾽ ἐν ὄρει φιλέοις, μάνη δ᾽ ἀνὰ νύκτα καθεύδοις.　　　45

*ᾬ Η Ρ Α Κ Δ Ι Σ Κ Ο Σ.

Εἰδύλλιον κδ΄.

ᾬΗΡΑΚΛΕΑ δεκάμηνον ἐόντα ποχ᾽ ἁ Μιδεᾶτις,
Ἀλκμήνα, καὶ νυκτὶ νεώτερον Ἰφικλῆα,
Ἀμφοτέρως λούσασα καὶ ἐμπλήσασα γάλακτος,
Χαλκείαν κατέθηκεν ἐς ἀσπίδα, τὰν Πτερελάου
Ἀμφιτρύων καλὸν ὅπλον ἀπεσκύλευσε πεσόντος.　　　5
ᾬπτομένα δὲ γυνὰ κεφαλᾶς μυθήσατο παίδων·
　　Εὕδετ᾽, ἐμὰ βρέφεα, γλυκερὸν καὶ ἐγέρσιμον ὕπνον,
Εὕδετ᾽, ἐμὰ ψυχὰ, δύ᾽ ἀδελφεὼ, εὔσοα τέκνα,
Ὄλβιοι εὐνάζοισθε, καὶ ὄλβιοι ἀῶ ἵκοισθε.

Ὡς φαμένα δίνασε σάκος μέγα· τοὺς δ᾽ ἔλαβ᾽ ὕπνος. 10
Ἆμος δὲ στρέφεται μεσονύκτιον ἐς δύσιν ἄρκτος
Ὠρίωνα κατ᾽ αὐτόν, ὁ δ᾽ ἀμφαίνει μέγαν ὦμον·
Τᾶμος ἄρ᾽ αἰνὰ πέλωρα δύω πολυμήχανος Ἥρη
Κυανέαις φρίσσοντας ὑπὸ σπείραισι δράκοντας
Ὦρσεν ἐπὶ πλατὺν οὐδόν, ὅθι σταθμὰ κοῖλα θυράων   15
Οἴκω, ἀπειλήσασα φαγεῖν βρέφος Ἡρακλῆα.
Τὼ δ᾽ ἐξειλυσθέντες ἐπὶ χθονὶ γαστέρας ἄμφω
Αἱμοβόρως ἐκύλιον· ἀπ᾽ ὀφθαλμῶν δὲ κακὸν πῦρ
Ἐρχομένοις λάμπεσκε, βαρὺν δ᾽ ἐξέπτυον ἰόν.
Ἀλλ᾽ ὅτε δὴ παίδων λιχμώμενοι ἐγγύθεν ἦνθον,   20
Καὶ τότ᾽ ἄρ᾽ ἐξέγροντο (Διὸς νοέοντος ἅπαντα)
Ἀλκμήνας φίλα τέκνα· φάος δ᾽ ἀνὰ οἶκον ἐτύχθη.
Ἤτοι ὅ γ᾽ εὐθὺς ἄϋσεν, ὅπως κακὰ θηρί᾽ ἀνέγνω
Κοίλω ὑπὲρ σάκεος, καὶ ἀναιδέας εἶδεν ὀδόντας,
Ἰφικλέης, οὖλαν δὲ ποσὶν διελάκτισε χλαῖναν,   25
Φευγέμεν ὁρμαίνων. ὁ δ᾽ ἐναντίος εἴχετο χερσὶν
Ἡρακλέης, ἄμφω δὲ βαρεῖ ἐνεδήσατο δεσμῷ,
Δραξάμενος φάρυγος, ὅθι φάρμακα λυγρὰ τέτυκται
Οὐλομένοις ὀφίεσσι, τὰ καὶ θεοὶ ἐχθαίροντι.
Τὼ δ᾽ αὖτε σπείραισιν ἑλισσέσθην περὶ παῖδα   30
Ὀψίγονον, γαλαθηνόν, ὑπὸ τροφῷ αἰὲν ἄδακρυν.
Ἂψ δὲ πάλιν διέλυον, ἐπεὶ μογέοιεν ἀκάνθας,
Δεσμῶ ἀναγκαίω πειρώμενοι ἔκλυσιν εὑρῆν.
Ἀλκμήνα δ᾽ ἐσάκουσε βοᾶς καὶ ἐπέγρετο πράτα.
    Ἄνσταθ᾽, Ἀμφιτρύων· ἐμὲ γὰρ δέος ἴσχει ὀκνηρόν·   35
Ἄνστα, μηδὲ πόδεσσι τεοῖς ὑπὸ σάνδαλα θείης.
Οὐκ ἀΐεις, παίδων ὁ νεώτερος ὅσσον ἀϋτεῖ;
Οὐ νοέεις, ὅτι νυκτὸς ἀωρί που οἶδέ τε τοῖχοι
Πάντες ἀριφραδέες, καθαρᾶς ἄτερ ἠριγενείας;
Ἔστι τί μοι κατὰ δῶμα νεώτερον, ἔστι, φίλ᾽ ἀνδρῶν.   40
    Ὣς φάθ᾽· ὁ δ᾽ ἐξ εὐνᾶς ἀλόχῳ κατέβαινε πιθήσας·
Δαιδάλεον δ᾽ ὥρμησε μετὰ ξίφος, ὅρρ᾽ οἱ ὕπερθε

Κλιντῆρος κεδρίνῳ περὶ πασσάλῳ αἰὲν ἄωρτο.
Ἤτοι ὅγ᾽ ὠριγνᾶτο νεοκλώστω τελαμῶνος,
Κουφίζων ἑτέρᾳ κολεὸν, μέγα λώτινον ἔργον·   45
Ἀμφιλαφὴς δ᾽ ἄρα παστὰς ἐνεπλήσθη πάλιν ὄρφνης.
Δμῶας δὴ τότ᾽ ἄϋσεν ὕπνον βαρὺν ἐκφυσῶντας·

Οἴσετε πῦρ ὅτι θᾶσσον ἀπ᾽ ἐσχαρεῶνος ἑλόντες,
Δμῶες ἐμοὶ, στιβαροὺς δὲ θυρᾶν ἀνακόψατ᾽ ὀχῆας·
Ἄνστατε, δμῶες ταλασίφρονες· αὐτὸς ἀϋτεῖ.   50

Οἱ δ᾽ αἶψα προγένοντο λύχνοις ἅμα δαιομένοισι
Δμῶες· ἐνεπλήσθη δὲ δόμος, σπεύδοντος ἑκάστω.
Ἤτοι ἄρ᾽ ὡς εἶδον ἐπιτίτθιον Ἡρακλῆα
Θῆρε δύω χείρεσσιν ἀπρὶξ ἁπαλαῖσιν ἔχοντα,
Συμπλήγδην ἰάχησαν. ὁ δ᾽ ἐς πατέρ᾽ Ἀμφιτρύωνα   55
Ἑρπετὰ δεικανάεσκεν, ἐπάλλετο δ᾽ ὑψόθι χαίρων
Κωροσύνᾳ, γελάσας δὲ πάρος κατέθηκε ποδοῖῖν
Πατρὸς ἑοῦ θανάτῳ κεχαρωμένα δεινὰ πέλωρα.

Ἀλκμήνα μὲν ἔπειτα ποτὶ σφέτερον βάλε κόλπον
Ξηρὸν ὑπαὶ δείους ἀκράχολον Ἰφικλῆα.   60
Ἀμφιτρύων δὲ τὸν ἄλλον ὑπ᾽ ἀμνείαν θέτο χλαῖναν
Παῖδα· πάλιν δ᾽ ἐς λέκτρον ἰὼν ἐμνάσατο κοίτω.

Ὄρνιχες τρίτον ἄρτι τὸν ἔσχατον ὄρθρον ἄειδον·
Τειρεσίαν τόκα μάντιν, ἀλαθέα πάντα λέγοντα,
Ἀλκμήνα καλέσασα, χρέος κατέλεξε νεοχμὸν,   65
Καί νιν ὑποκρίνεσθαι, ὅπως τελέεσθαι ἔμελλεν,
Ἠνώγει· Μηδ᾽, εἴ τι θεοὶ νοέοιντο πονηρὸν,
Αἰδόμενος ἐμὲ κρύπτε· καὶ ὡς οὐκ ἔστιν ἀλύξαι
Ἀνθρώποις, ὅ τι μοῖρα κατὰ κλωστῆρος ἐπείγει,
Μάντι Εὐηρείδα, μάλα σε φρονέοντα διδάσκω.   70

Τὼς ἔλεγεν βασίλεια· ὁ δ᾽ ἀνταμείβετο τοίως·
Θάρσει, ἀριστοτόκεια γύναι, Περσήϊον αἷμα·
Ναὶ γὰρ ἐμὸν γλυκὺ φέγγος ἀποιχόμενον πάλαι ὄσδων,
Πολλαὶ Ἀχαιιάδων μαλακὸν περὶ γούνατι νῆμα
Χειρὶ κατατρίψοντι, ἀκρέσπερον ἀείδοισαι   75

Ἀλκμήναν ὀνομαστί· σέβας δ᾽ ἔσῃ Ἀργείαισι.

Τοῖος ἀνὴρ ὅδε μέλλει ἐς οὐρανὸν ἄστρα φέροντα

Ἀμβαίνειν τεὸς υἱός, ἀπὸ στέρνων πλατὺς ἥρως,

Οὗ καὶ θηρία πάντα καὶ ἀνέρες ἥσσονες ἄλλοι.

Δώδεκά οἱ τελέσαντι πεπρωμένον ἐν Διὸς οἰκῆν   80

Μόχθως· θνατὰ δὲ πάντα πυρὰ Τραχίνιος ἕξεῖ.

Γαμβρὸς δ᾽ ἀθανάτων κεκλήσεται, οἳ τάδ᾽ ἐπῶρσαν

Κνώδαλα φωλεύοντα βρέφος διαδηλήσασθαι.

Εσται δὴ τοῦτ᾽ ἆμαρ, ὁπανίκα νεβρὸν ἐν εὐνᾷ

Καρχαρόδων σίνεσθαι ἰδὼν λύκος οὐκ ἐθελήσει.   85

Ἀλλά, γύναι, πῦρ μέν τοι ὑπὸ σποδῷ εὔτυκον ἔστω,

Κάγκανα δ᾽ ἀσπαλάθω ξύλ᾽ ἑτοιμάσαι᾽, ἢ παλιούρω,

Ἢ βάτω, ἢ ἀνέμῳ δεδονημένον αὖον ἄχερδον·

Καῖε δὲ τώδ᾽ ἀγρίαισιν ἐπὶ σχίζαισι δράκοντε

Νυκτὶ μέσᾳ, ὅκα παῖδα κανῆν τεὸν ἤθελον αὐτοί.   90

Ἠρι δὲ συλλέξασα κόνιν πυρὸς ἀμφιπόλων τις

Ῥιψάτω εὖ μάλα πᾶσαν, ὑπὲρ ποταμοῖο φέροισα,

Ῥωγάδας ἐς πέτρας, ὑπὲρ οὔριον· ἂψ δὲ νέεσθαι,

Αστρεπτος. καθαρῷ δὲ πυρώσατε δῶμα θεείῳ

Πρᾶτον· ἔπειτα δ᾽ ἅλεσσι μεμιγμένον (ὡς νενόμισται) 95

Θαλλῷ ἐπιῤῥαίνειν ἐστεμμένον ἀβλαβὲς ὕδωρ·

Ζηνὶ δ᾽ ἐπιῤῥέξαι καθυπερτέρῳ ἄρσενα χοῖρον,

Δυσμενέων αἰεὶ καθυπέρτεροι ὡς τελέθοιτε.

Φᾶ, καὶ ἐρωήσας ἐλεφάντινον ᾤχετο δίφρον

Τειρεσίας, πολλοῖσι βαρύς περ ἐὼν ἐνιαυτοῖς.   100

Ἡρακλέης δ᾽ ὑπὸ ματρί, νέον φυτὸν ὡς ἐν ἀλωᾷ,

Ετρέφετ᾽, Ἀργείῳ κεκλημένος Ἀμφιτρύωνος.

Γράμματα μὲν τὸν παῖδα γέρων Λίνος ἐξεδίδαξεν,

Υἱὸς Ἀπόλλωνος, μελεδωνεύς, ἄγρυπνος ἥρως.

Τόξον δ᾽ ἐντανύσαι καὶ ἐπίσκοπον εἶναι ὀϊστῶν,   105

Εὔρυτος, ἐκ πατέρων μεγάλαις ἀφνειὸς ἀρούραις.

Αὐτὰρ ἀοιδὰν ἔθηκε καὶ ἄμφω χεῖρας ἔπλασσεν

Πυξίνᾳ ἐν φόρμιγγι Φιλαμμονίδας Εὔμολπος.

Ὄσσα δ' ἀπὸ σκελέων ἑδροστρόφοι Ἀργόθεν ἄνδρες
Ἀλλάλως σφάλλοντι παλαίσμασιν, ὅσσα τε πύκται   110
Δεινοὶ ἐν ἱμάντεσσιν, ἅ τ' εἰς γαῖαν προπεσόντες
Πυγμάχοι ἐξεύροντο παλαίσματα σύμφορα τέχνα,
Πάντ' ἔμαθ' Ἑρμείαο διδασκόμενος παρὰ παιδὶ
Ἁρπαλύκῳ Φανοτῆϊ· τὸν οὐδ' ἂν τηλόθι λεύσσων
Θαρσαλέως τις ἔμεινεν ἀεθλεύοντ' ἐν ἀγῶνι.   115
Τοῖον ἐπισκύνιον βλοσυρῷ ἐπέκειτο προσώπῳ.
Ἵππους δ' ἐξελάσασθαι ὑφ' ἅρματι, καὶ, περὶ νύσσαν
Ἀσφαλέως κάμπτοντα, τροχῶ σύριγγα φυλάξαι,
Ἀμφιτρύων ὃν παῖδα φίλα φρονέων ἐδίδασκεν
Αὐτός· ἐπεὶ μάλα πολλὰ θοῶν ἐξήρατ' ἀγώνων   120
Ἀργει ἐν ἱπποβότῳ κειμήλια· καί οἱ ἀαγεῖς
Δίφροι, ἐφ' ὧν ἐπέβαινε, χρόνῳ διέλυσαν ἱμάντας.
Δούρατι δὲ προβολαίῳ, ὑπ' ἀσπίδι νῶτον ἔχοντα,
Ανδρὸς ὀρέξασθαι, ξιφέων τ' ἀνέχεσθαι ἀμυχμὸν,
Κοσμῆσαί τε φάλαγγα, λόχον τ' ἀναμετρήσασθαι   125
Δυσμενέων ἐπιόντα, καὶ ἱππήεσσι κελεῦσαι,
Κάστωρ ἱππαλίδας ἔδαεν, φυγὰς Ἀργεος ἐνθὼν,
Ὁππόκα κλᾶρον ἅπαντα καὶ οἰνόπεδον μέγα Τυδεὺς
Ναῖε, παρ' Ἀδρήστοιο λαβὼν ἱππήλατον Ἀργος.
Κάστορι δ' οὔτις ὁμοῖος ἐν ἁμιθέοις πολεμιστὰς   130
Ἄλλος ἔην, πρὶν γῆρας ἀποτρίψαι νεότητα.
   Ὧδε μὲν Ἡρακλῆα φίλα παιδεύσατο μάτηρ.
Εὐνὰ δ' ἦς τῷ παιδὶ τετυγμένα ἀγχόθι πατρὸς,
Δέρμα λεόντειον, μάλα οἱ κεχαρισμένον αὐτῷ.
Δεῖπνον δὲ, κρέα τ' ὀπτὰ, καὶ ἐν κανέῳ μέγας ἄρτος   135
Δωρικὸς, ἀσφαλέως κε φυτοσκάφον ἄνδρα κορέσσαι.
Αὐτὰρ ἐπ' ἄματι τυννὸν ἄνευ πυρὸς αἴνυτο δόρπον.
Εἵματα δ' οὐκ ἀσκητὰ μέσας ὑπὲρ ἕννυτο κνάμας.

[Λείπει τὸ τέλος τοῦ παρόντος Εἰδυλλίου.]

*Ε ΒΙΟΝΕ.

[Juxta Edit. L. C. Valckenaer. Lugd. Bat. 1781. in 8vo.]

ΚΕΙΝΟΣ δ' οὐ πολέμως, οὐ δάκρυα, Πᾶνα δ' ἔμελπε,
Καὶ βώτας ἐλίγαινε, καὶ ἀείδων ἐνόμευε,
Καὶ σύριγγας ἔτευχε, καὶ ἀδέα πόρτιν ἄμελγε,
Καὶ παίδων ἐδίδασκε φιλάματα, καὶ τὸν Ερωτα
Ετρεφεν ἐν κόλπαισι, καὶ ἤρεθε τὰν Αφροδίταν.

        ΜΟΣΧΟΥ ΕΠΙΤΑΦ. ΒΙΩΝ͵

ΕΚ ΤΩΝ

ΒΙΩΝΟΣ ΤΟΥ ΣΜΥΡΝΑΙΟΥ

ΒΟΥΚΟΛΙΚΩΝ.

† Εἰδύλλιον γ'.

'Α ΜΕΓΑΛΑ μοι Κύπρις ἔθ' ὑπνώοντι παρέστα,
Νηπίαχον τὸν Ερωτα καλᾶς ἐκ χειρὸς ἄγοισα,
Ες χθόνα νευστάζοντα, τόσον δέ μοι ἔφρασε μῦθον·
Μέλπειν μοι, φίλε βοῦτα, λαβὼν τὸν Ερωτα δίδασκε.
'Ως λέγε, χ' ἀ μὲν ἀπῆνθεν· ἐγὼ δ', ὅσα βωκολίασδον,   5
Νήπιος, ὡς ἐθέλοντα μαθεῖν, τὸν Ερωτα δίδασκον·
'Ως εὗρεν πλαγίαυλον ὁ Πὰν, ὡς αὐλὸν Αθάνα,
Ως χέλυν Ἑρμάων, κίθαριν δ' ὡς ἀδὺς Απόλλων.
Ταῦτά μιν ἐξεδίδασκον· ὁ δ' οὐκ ἐμπάζετο μύθων,
Αλλά μοι αὐτὸς ἄειδεν ἐρωτύλα, καί μ' ἐδίδασκε   10
Θνατῶν τ' ἀθανάτων τε πόθους, καὶ ματέρος ἔργα.
Κἠγὼν ἐκλαθόμαν μὲν ὅσων τὸν ἔρωτα δίδασκον,
'Οσσα δ' ἔρως μ' ἐδίδαξεν ἐρωτύλα, πάντ' ἐδιδάχθην.

* Εἰδύλλιον δ'.

ΤΑΙ Μοῖσαι τὸν Ερωτα τὸν ἄγριον οὐ φοβέονται,
Εκ θυμῷ δὲ φιλεῦντι, καὶ ἐκ ποδὸς αὐτῷ ἕπονται.
Κ' ἢν μὲν ἄρα ψυχάν τις ἔχων ἀνέραστον ὁπηδῆ,
Τῆνον ὑπεκφεύγοντι, καὶ οὐκ ἐθέλοντι διδάσκειν·
Ην δὲ νόον τις Ερωτι δονεύμενος ἁδὺ μελίσδῃ,   5
Ες τῆνον μάλα πᾶσαι ἐπειγόμεναι προρέοντι.
Μάρτυς ἐγὼν, ὅτι μῦθος ὅδ' ἔπλετο πᾶσιν ἀληθής·
Ην μὲν γὰρ βροτὸν ἄλλον ἢ ἀθανάτων τινὰ μέλπω,
Βαμβαίνει μευ γλῶσσα, καὶ ὡς πάρος οὐκ ἔτ' ἀείδει·
Ην δ' αὖτ' ἐς τὸν Ερωτα καὶ ἐς Λυκίδαν τι μελίσδω,   10
Καὶ τόκα μοι χαίροισα διὰ στόματος ῥέει ᾠδά.

† ιϛ'.

ΕΣΠΕΡΕ, τᾶς ἐρατᾶς χρύσεον φάος Αφρογενείας,
Εσπερε, κυανέας ἱερὸν, φίλε, νυκτὸς ἄγαλμα,
Τόσσον ἀφαυρότερος μήνας, ὅσον ἔξοχος ἄστρων,
Χαῖρε φίλος· καί μοι ποτὶ ποιμένα κῶμον ἄγοντι
Αντὶ Σελαναίας τὺ δίδου φάος· ἄνεκα τήνα,   5
Σάμερον ἀρχομένα, τάχιον δύεν. οὐκ ἐπὶ φωρὰν
Ερχομαι, οὐδ' ἵνα νυκτὸς ὁδοιπορέοντ' ἐνοχλήσω·
Αλλ' ἐράω· καλὸν δέ τ' ἐρασσαμένῳ συνερᾶσθαι.

‡ ιζ'.

ΑΜΕΡΕ Κυπρογένεια, Διὸς τέκος ἠδὲ θαλάσσας,
Τίπτε τόσον θνατοῖσι καὶ ἀθανάτοισι χαλέπτεις;
Τυτθὸν ἔφαν· τί νυ τόσσον ἀπέχθεο, καὶ τί νυ αὐτὰ
Ταλίκον ὡς πάντεσσι κακὸν τὸν Ερωτα τέκηαι,
Αγριον, ἄστοργον, μορφᾷ νόον οὐδὲν ὅμοιον;   5
Ες τί δέ νιν πτανὸν καὶ ἑκαβόλον ὤπασας ἄμμιν,
Ως μὴ πικρὸν ἐόντα δυναίμεθα τῆνον ἀλύξαι;

III.

* E MOSCHO.

[JUXTA EDIT. L. C. VALCKENAER. LUGD. BAT. 1781. IN 8vo.]

Ἄλλοις μὲν τεὸν ὄλβον, ἐμοὶ δ' ἀπέλειπες ἀαδάν.
ΜΟΣΧΟΥ ΕΠΙΤΑΦ. ΒΙΩΝ.

EK ΤΩΝ

ΜΟΣΧΟΥ ΤΟΥ ΣΥΡΑΚΟΥΣΙΟΥ

ΕΙΔΥΛΛΙΩΝ.

† *Εἰδύλλιον έ.*

ΤΑΝ ἅλα τὰν γλαυκὰν ὅταν ἄνεμος ἀτρέμα βάλλῃ,
Τὰν φρένα τὰν δειλὰν ἐρεθίζομαι, οὐδ' ἔτι μοι γᾶ
Ἐντὶ φίλα, ποτάγει δὲ πολὺ πλέον ἄμμε γαλάνα.
Ἀλλ' ὅταν ἀχήσῃ πολιὸς βυθὸς, ἁ δὲ θάλασσα
Κυρτὸν ἐπαφρίζῃ, τὰ δὲ κύματα μακρὰ μεμήνῃ,   5
Ἐς χθόνα παπταίνω καὶ δένδρεα, τὰν δ' ἅλα φεύγω·
Γᾶ δέ μοι ἀσπαστὰ, τάχα δάσκιος εὔαδεν ὕλα,
Ἔνθα καὶ, ἢν πνεύσῃ πολὺς ἄνεμος, ἁ πίτυς ᾄδει.
Ἦ κακὸν ὁ γριπεὺς ζώει βίον, ᾧ δόμος ἁ ναῦς,
Καὶ πόνος ἐντὶ θάλασσα, καὶ ἰχθῦς ἁ πλάνος ἄγρα.   10
Αὐτὰρ ἐμοὶ γλυκὺς ὕπνος ὑπὸ πλατάνῳ βαθυφύλλῳ,
Καὶ παγᾶς φιλέοιμι τὸν ἐγγύθεν ἦχον ἀκούειν,
Ἁ τέρπει ψοφέοισα τὸν ἄγριον, οὐχὶ ταράσσει.

* *Εἰδύλλιον* ς΄

ΗΡΑ Πὰν Ἀχῶς τᾶς γείτονος· ἤρατο δ᾽ Ἀχὼ
Σκιρτητᾶ Σατύρω· Σάτυρος δ᾽ ἐπεμαίνετο Λύδᾳ.
῾Ως Ἀχὼ τὸν Πᾶνα, τόσον Σάτυρος φλέγεν Ἀχῶ,
Καὶ Λύδα Σατυρίσκον· ἔρως δ᾽ ἐσμύχετ᾽ ἀμοιβᾷ.
῾Οσσον γὰρ τήνων τις ἐμίσεε τὸν φιλέοντα,   5
Τόσσον ὁμῶς φιλέων ἐχθαίρετο, πάσχε δ᾽ ἄποινα.
Ταῦτα λέγω πᾶσιν τὰ διδάγματα τοῖς ἀνεράστοις·
Στέργετε τοὺς φιλέοντας, ἵν᾽, ἢν φιλέητε, φιλῆσθε.

† *Εἰδύλλιον* ζ΄

ΑΛΦΕΙΟΣ, μετὰ Πῖσαν ἐπὴν κατὰ πόντον ὁδεύῃ,
Ἐρχεται εἰς Ἀρέθοισαν ἄγων κοτινηφόρον ὕδωρ,
῾Εδνα φέρων, καλὰ φύλλα καὶ ἄνθεα, καὶ κόνιν ἱράν·
Καὶ βαθὺς ἐμβαίνει τοῖς κύμασι· τὰν δὲ θάλασσαν
Νέρθεν ὑποτροχάει, κοὐ μίγνυται ὕδασιν ὕδωρ·   5
῾Α δ᾽ οὐκ οἶδε θάλασσα διερχομένου ποταμοῖο.
Κῶρος δεινοθέτας, κακομάχανος, αἰνὰ διδάσκων,
Καὶ ποταμὸν διὰ φίλτρον Ἐρως ἐδίδαξε κολυμβῆν.

FINIS

EXCERPTORUM EX POETIS BUCOLICIS.

ANALECTA GRAECA MAJORA.

TOMI POSTERIORIS

PARS QUARTA.

EXCERPTA LYRICA.

ΕΠΙΓΡΑΜΜΑΤΑ ΑΔΕΣΠΟΤΑ.

Εἰς τοὺς ἐννέα Λυρικούς.

ΠΙΝΔΑΡΕ, Μουσάων ἱερὸν στόμα, καὶ λάλε Σειρὴν
    Βακχυλίδη, Σαπφοῦς τ᾽ Αἰολίδες χάριτες,
Γράμμα τ᾽ Ἀνακρείοντος, Ὁμηρικὸν ὅς τ᾽ ἀπὸ ῥεῦμα
    Ἔσπασας οἰκείοις Στησίχορ᾽ ἐν καμάτοις,
Ἥ τε Σιμωνίδεω γλυκερὴ σελίς, ἡδύ τε πειθοῦς
    Ἴβυκε καὶ παίδων ἄνθος ἀμησάμενε,
Καὶ ξίφος Ἀλκαίοιο, τὸ πολλάκις αἷμα τυράννων
    Ἔσπεισε, πάτρης θέσμια ῥυόμενον,
Θηλυμελεῖς τ᾽ Ἀλκμᾶνος ἀηδόνες, ἵλατε, πάσης
    Ἀρχὴν οἳ λυρικῆς καὶ πέρας ἐσπάσατε.

Εἰς τοὺς αὐτούς.

ΕΚΛΑΓΕΝ ἐκ Θηβῶν μέγα Πίνδαρος. ἔπνεε τερπνὰ
    Ἡδυμελιφθόγγου μοῦσα Σιμωνίδεω.
Λάμπει Στησίχορός τε καὶ Ἴβυκος. ἦν γλυκὺς Ἀλκμάν.
    Λαρὰ δ᾽ ἀπὸ στομάτων φθέγξατο Βακχυλίδης.
Πειθὼ Ἀνακρείοντι συνέσπετο. ποικίλα δ᾽ αὐδᾷ
    Ἀλκαῖος κιθάρᾳ Λέσβιος Αἰολίδι.
Ἀνδρῶν δ᾽ οὐκ ἐνάτη Σαπφὼ πέλεν, ἀλλ᾽ ἐρατειναῖς
    Ἐν Μούσαις δεκάτη Μοῦσα καταγράφεται.

Non, si priores Maeonius tenet
Sedes Homerus, Pindaricae latent,
Ceaeque, et Alcaei minaces,
    Stesichorique graves camoenae:
Nec, si quid olim lusit Anacreon,
Delevit aetas: spirat adhuc amor,
Vivuntque commissi calores
    Aeoliae fidibus puellae.
              HOR. L. IV. OD. IX.

† ΕΚ ΤΩΝ ΣΑΠΦΟΥΣ

ΛΕΙΨΑΝΑ ΤΙΝΑ.

ά. Εἰς Ἀφροδίτην.

ΠΟΙΚΙΛΟΘΡΟΝ᾽, ἀθάνατ᾽ Ἀφροδίτα,
Παῖ Διὸς, δολοπλόκε, λίσσομαί σε,
Μή μ᾽ ἄσαισι, μηδ᾽ ἀνίαισι δάμνα,
    Πότνια, θῦμον.
Ἀλλὰ τυῖδ᾽ ἔλθ᾽, αἴ ποκα κἀτερῶτα   5
Τᾶς ἐμᾶς αὐδᾶς ἀΐοισα πόλλυ
Ἐκλυες, πατρὸς δὲ δόμον λιποῖσα
    Χρύσεον ἦλθες
Ἀρμ᾽ ὑποζεύξασα, κάλοι δέ σ᾽ ἆγον
Ὠκέες στροῦθοι, περὶ γᾶς μελαίνας   10
Πύκνα δινῦντες πτέρ᾽ ἀπ᾽ ὠρανῶ, αἰθέ-
    ρος διὰ μέσσω

Αἶψα δ᾽ ἐξίκοντο· τὺ δ᾽, ὦ μάκαιρα,
Μειδιάσασ᾽ ἀθανάτω προσώπω,
Ἤρε᾽ ὅ ττι γ᾽ ἦν τὸ πέπονθα, κ᾽ ὅ ττι   15
    Δή σε κάλημι,
Κ᾽ ὅ ττι ἐμῷ μάλιστ᾽ ἐθέλω γενέσθαι
Μαινόλα θύμω, τίνα δ᾽ αὖτε πείθω
Τὰν σαγηνέσσαν φιλότατα· τίς, Σαπ-
    φοῖ, ἀδικεῖ σε;   20
Καὶ γὰρ αἰ φεύγει, ταχέως διώξει·
Αἰ δὲ δῶρα μὴ δέκετ᾽, ἀλλὰ δώσει·
Αἰ δὲ μὴ φιλεῖ, ταχέως φιλάσει,
    Ἢ οὔ κεν ἐθέλλοις.
Ἐλθ᾽ ἐμοὶ καὶ νῦν, χαλεπᾶν δὲ λῦσον   25
Ἐκ μεριμνᾶν, ὄσσα δ᾽ ἐμοὶ τελέσσαι
Θῦμος ἰμέρρει, τέλεσον· τὺ δ᾽ αὐτὰ
    Σύμμαχος ἔσσο.

β΄.   Πρὸς γυναῖκα ἐρωμένην.

Φαίνεταί μοι κῆνος ἴσος θεοῖσιν
Ἔμμεν ἀνὴρ, ὅστις ἐναντίος τοι
Ἰσδάνει, καὶ πλασίον ἀδὺ φωνά-
    σαί σ᾽ ὑπακούει,
Καὶ γελάϊς ἰμερόεν· τό μοι ᾽μὰν   5
Καρδίαν ἐν στήθεσιν ἐπτόασεν.
Ὡς γὰρ εἴδω σε, βροχέως με φωνᾶς
    Οὐδὲν ἔτ᾽ ἴκει·
Ἀλλὰ καμμὲν γλῶσσα ἔαγε· λέπτον δ᾽
Αὐτίκα χρῷ πῦρ ὑποδεδρόμακεν,   10
Ὀππάτεσσιν δ᾽ οὐδὲν ὄρημι, βομβεῦ-
    σιν δ᾽ ἀκοαί μοι·

Καδδ' ἰδρὼς ψύχρος χέεται, τρόμος δὲ
Πᾶσαν ἀγρεῖ, χλωροτέρα δὲ ποίας
Εμμί· τεθνάκην δ' ὀλίγω 'πιδεῦσα,   15
    Φαίνομαι ἄπνους.
Ἀλλὰ πᾶν τολματὸν, ἐπεὶ πένητα—

* * * * * * *

* ΣΙΜΩΝΙΔΟΥ ΚΕΙΟΥ

ΛΕΙΨΑΝΟΝ.

  Ὅτε λάρνακι ἐν δαιδαλέᾳ ἄνεμος
Βρέμε πνέων, κινηθεῖσά τε λίμνα
Δείματι ἤριπεν, οὐδ' ἀδιάντοισι
Παρειαῖς, ἀμφί τε Περσεῖ βάλε
Φίλαν χέρα, εἶπέν τε· ὦ τέκος,   5
Οἷον ἔχω πόνον· σὺ δ' ἀωτεῖς, γαλαθηνῷ τ'
Ἠτορι κνώσσεις ἐν ἀτερπεῖ δώματι,
Χαλκεογόμφῳ δὲ, νυκτιλαμπεῖ,
Κυανέῳ τε δνόφῳ· τὺ δ' αὐαλέαν
Ὕπερθε τεὰν κόμαν βαθεῖαν   10
Παριόντος κύματος οὐκ ἀλέγεις,
Οὐδ' ἀνέμου φθόγγων, πορφυρέᾳ
Κείμενος ἐν χλανίδι, πρόσωπον καλόν.
Εἰ δέ τοι δεινὸν τόγε δεινὸν ἦν,
Καί κεν ἐμῶν ῥημάτων λεπτὸν   15
Ὕπεῖχες οὖας, κέλομαι, εὖδε, βρέφος,
Εὑδέτω δὲ πόντος, εὑδέτω ἄμετρον κακόν,
Ματαιοβουλία δέ τις φανείη,
Ζεῦ πάτερ, ἐκ σέο· ὅ τι δὴ θαρσαλέον
Επος, εὔχομαι τεκνόφι δίκας μοι.   20

*ΒΑΚΧΥΛΙΔΟΥ

ΛΕΙΨΑΝΟΝ.

Τίκτει δέ τε θνατοῖσιν Εἰρήνη μεγάλα,
Πλοῦτον, καὶ μελιγλώσσων ἀοιδῶν ἄνθεα·
Δαιδαλέων τ᾽ ἐπὶ βωμῶν θεοῖσιν αἴθεται βοῶν
Ξανθᾷ φλογὶ μηρία, εὐτρίχων τε μήλων.
Γυμνασίων τε νέοις αὐλῶν τε καὶ κώμων μέλει.   5
Ἐν δὲ σιδαροδέτοισι κόρπαξιν αἰθᾶν ἀραχνᾶν
Ἱστοὶ πέλονται· ἔγχεά τε λογχωτὰ,
Ξίφεά τ᾽ ἀμφάκεα εὐρὼς δάμναται· χαλκέων δ᾽
Οὐκέτι σαλπίγγων κτύπος, οὐδὲ συλᾶται μελίφρων ὕπνος
Ἀπὸ βλεφάρων, ἁμὸν ὃς θάλπει κέαρ.   10
Συμποσίων δ᾽ ἐρατῶν βρίθοντ᾽ ἀγυιαὶ,
Παιδικοί θ᾽ ὕμνοι φλέγονται.

†ΕΚ ΤΩΝ ΑΝΑΚΡΕΟΝΤΟΣ ΤΙΝΑ.

‡ ιζ´.   Εἰς ποτήριον ἀργυροῦν.

Τὸν ἄργυρον τορεύων,
Ἥφαιστέ, μοι ποίησον,
Πανοπλίαν μὲν οὐχὶ,
(Τί γὰρ μάχαισι κἀμοί;)
Ποτήριον δὲ κοῖλον,   5
Ὅσον δύνῃ, βαθύνας.
Ποίει δ᾽ ἐμοὶ κατ᾽ αὐτὸ
Μήτ᾽ ἄστρα, μήθ᾽ ἅμαξαν,
Μὴ στυγνὸν Ὠρίωνα.
Τί Πλειάδων μέλει μοι,   10
Τί δ᾽ ἀστέρος Βοώτεω;
Ποίησον ἀμπέλους μοι,

Καὶ βότρυας κατ᾽ αὐτῶν,
Καὶ Μαινάδας τρυγώσας·
Ποίει δὲ ληνὸν οἴνου, 15
Καὶ χρυσέους πατοῦντας
Ὁμοῦ καλῷ Λυαίῳ
Ερωτα καὶ Βάθυλλον.

* ιθ'.   Εἰς τὸ δεῖν πίνειν.

Ἡ γῆ μέλαινα πίνει,
Πίνει δὲ δένδρε᾽ αὐτήν.
Πίνει θάλασσ᾽ ἀναύρους,
Ὁ δ᾽ ἥλιος θάλασσαν,
Τὸν δ᾽ ἥλιον σελήνη. 5
Τί μοι μάχεσθ᾽, ἑταῖροι,
Καὐτῷ θέλοντι πίνειν;

† λ'.   Εἰς Ερωτα.

Αἱ Μοῦσαι τὸν Ερωτα
Δήσασαι στεφάνοισι
Τῷ Κάλλει παρέδωκαν·
Καὶ νῦν ἡ Κυθέρεια
Ζητεῖ, λύτρα φέρουσά, 5
Λύσασθαι τὸν Ερωτα.
Κἂν λύσῃ δέ τις αὐτὸν,
Οὐκ ἔξεισι, μενεῖ δέ·
Δουλεύειν δεδίδακται.

‡ λά.   Εἰς ἑαυτόν.

Αφες με τοῖς θεοῖσι
Πιεῖν, πιεῖν ἀμυστί.
Θέλω, θέλω μανῆναι.

Ἐμαίνετ᾽ Ἀλκμαίων τε,
Χ᾽ ὁ λευκόπους Ὀρέστης,   5
Τὰς μητέρας κτανόντες.
Ἐγὼ δὲ μηδένα κτὰς,
Πιὼν δ᾽ ἐρυθρὸν οἶνον,
Θέλω, θέλω μανῆναι.
Ἐμαίνεθ᾽ Ἡρακλῆς πρὶν,   10
Δεινὴν κλονῶν φαρέτρην,
Καὶ τόξον Ἰφίτειον.
Ἐμαίνετο πρὶν Αἴας
Μετ᾽ ἀσπίδος κραδαίνων
Τὴν Ἑκτορος μάχαιραν.   15
Ἐγὼ δ᾽ ἔχων κύπελλον,
Καὶ στέμμα τοῦτο χαίταις,
Οὐ τόξον, οὐ μάχαιραν,
Θέλω, θέλω μανῆναι.

* λέ.   Εἰς Εὐρώπης εἰκόνα.

Ὁ ταῦρος οὗτος, ὦ παῖ,
Ζεύς μοι δοκεῖ τις εἶναι.
Φέρει γὰρ ἀμφὶ νώτοις
Σιδωνίην γυναῖκα·
Περᾷ δὲ πόντον εὐρὺν,   5
Τέμνει τε κῦμα χηλαῖς.
Οὐκ ἂν δὲ ταῦρος ἄλλος
Ἐξ ἀγέλης ἐλασθεὶς
Ἐπλευσε τὴν θάλασσαν,
Εἰ μὴ μόνος γ᾽ ἐκεῖνος.   10

* λϛ'. Εἰς τὸ ἀνειμένως ζῆν.

Τί με τοὺς νόμους διδάσκεις,
Καὶ ῥητόρων ἀνάγκας;
Τί δ' ἐμοὶ λόγων τοσούτων
Τῶν μηδὲν ὠφελούντων;
Μᾶλλον δίδασκε πίνειν   5
Ἁπαλὸν πόμα Λυαίου·
Μᾶλλον δίδασκε παίζειν
Μετὰ χρυσῆς Ἀφροδίτης.
Πολιαὶ κάρα στέφουσι.
Δὸς ὕδωρ, βάλ' οἶνον, ὦ παῖ,   10
Τὴν ψυχήν μου κάρωσον.
Βραχὺ μὴ ζῶντα καλύπτεις·
Ὁ θανὼν οὐκ ἐπιθυμεῖ.

† ΠΙΝΔΑΡΟΥ ΟΛΥΜΠΙΑ.

‡ Εἶδος ά.

‖ ΙΕΡΩΝΙ ΣΥΡΑΚΟΥΣΙΩ,

Κέλητι.

Στροφὴ ά.   Κῶλων ιζ'.

ΑΡΙΣΤΟΝ μὲν ὕδωρ· ὁ δὲ
Χρυσὸς αἰθόμενον πῦρ
Ἅτε διαπρέπει νυ-
κτὶ μεγάνορος ἔξοχα πλούτου·
Εἰ δ' ἄεθλα γαρύεν   5
Ἔλδεαι, φίλον ἦτορ,
Μηκέθ' ἁλίου σκόπει
Ἄλλο θαλπνότερον

Εν ἀμέρᾳ φαεινὸν ἄστρον
Ερήμας δι' αἰθέρος·   10
Μηδ' Ολυμπίας ἀγῶνα
Φέρτερον αὐδάσομεν·
'Οθεν ὁ πολύφατος
'Υμνος ἀμφιβάλλεται
Σοφῶν μητίεσσι, κελαδεῖν   15
Κρόνου παῖδ', ἐς ἀφνεὰν ἱκομένους
Μάχαιραν 'Ιέρωνος ἑστίαν·

Ἀντιστροφὴ ά.   K. ιζ'.

Θεμιστεῖον ὃς ἀμφέπει
Σκᾶπτον ἐν πολυμάλῳ
Σικελίᾳ, δρέπων μὲν   20
Κορυφὰς ἀρετᾶν ἀπὸ πασᾶν·
Αγλαΐζεται δὲ καὶ
Μουσικᾶς ἐν ἀώτῳ,
Οἷα παίζομεν φίλαν
Ανδρες ἀμφὶ θαμὰ   25
Τράπεζαν. ἀλλὰ Δωρίαν ἀ-
πὸ φόρμιγγα πασσάλου
Λάμβαν'· εἴ τί τοι Πίσας τε
Καὶ Φερενίκου χάρις
Νόον ὑπὸ γλυκυτά-   30
ταις ἔθηκε φροντίσιν·
'Οτε παρ' Αλφεῷ σύτο, δέμας
Ακέντητον ἐν δρόμοισι παρέχων,
Κράτει δὲ προσέμιξε δεσπόταν,

Επῳδὸς ά.   K. ιγ'.

Συρακόσιον, ἱπποχάρμαν   35
Βασιλῆα. λάμπει
Δὲ οἱ κλέος παρ' εὐάνορι Λυδοῦ

Πέλοπος ἀποικίᾳ· τοῦ μεγασθενὴς
Ερἀσσατο γαιόχος Ποσειδᾶν,
Επεί νιν καθαροῦ λέβητος ἔξελε   40
Κλωθὼ, ἐλέφαντι φαίδιμον·
Ωμον κεκαδμένον.
Η θαύματα πολλά·
Καί πού τι καὶ βροτῶν φρένας
Ὑπὲρ τὸν ἀληθῆ λόγον   45
Δεδαιδαλμένοι ψεύδεσι ποικίλοις
Εξαπατῶντι μῦθοι·

Σ. β'.   Κ. ιζ'.

Χάρις δ', ἄπερ ἅπαντα τεύ-
χει τὰ μείλιχα θνατοῖς,
Επιφέροισα τιμὰν,   50
Καὶ ἄπιστον ἐμήσατο πιστὸν
Εμμεναι τὸ πολλάκις.
Ἀμέραι δ' ἐπίλοιποί
Μάρτυρες σοφώτατοι.
Εστι δ' ἀνδρὶ φάμεν   55
Εοικὸς ἀμφὶ Δαιμόνων κα-
λά· μείων γὰρ αἰτία.
Ὑιὲ Ταντάλου, σὲ δ', ἀντί-
α προτέρων, φθέγξομαι,
Ὁπότ' ἐκάλεσε πα-   60
τὴρ τὸν εὐνομώτατον
Ες ἔρανον, φίλαν τε Σίπυλον,
Αμοιβαῖα Θεοῖσι δεῖπνα παρέχων,
Τότ' Αγλαοτρίαιναν ἁρπάσαι,

Δ. β'.   Κ. ιζ'

Δαμέντα φρένας ἱμέρῳ,   65
Χρυσέαισί τ' ἀν' ἵπποις

Ὕπατον εὐρυτίμου
Ποτὶ δῶμα Διὸς μεταβᾶσαι·
Ἔνθα δευτέρῳ χρόνῳ
Ἦλθε καὶ Γανυμήδης   70
Ζηνὶ τωῦτ᾽ ἐπὶ χρέος.
Ὡς δ᾽ ἄφαντος ἔπε-
    λες, οὐδὲ ματρὶ πολλὰ μαιό-
    μενοι φῶτες ἄγαγον·
Ἔννεπε κρυφᾶ τις αὐτί-   75
    κα φθονερῶν γειτόνων,
Ὕδατος ὅτι τε πυ-
    ρὶ ζέοισαν ἀμφ᾽ ἀκμὰν
Μαχαίρᾳ τάμον κατὰ μέλη,
Τραπέζαισί τ᾽ ἀμφὶ δεύτατα κρεῶν   80
Σέθεν διεδάσαντο, καὶ φάγον.

Ε. β΄.   Κ. ιγ΄.

Ἐμοὶ δ᾽ ἄπορα, γαστρίμαργον
Μακάρων τιν᾽ εἰπεῖν.
Ἀφίσταμαι. ἀκέρδεια λέλογχεν
Θαμινὰ κακαγόρως. Εἰ δὲ δή τιν᾽ ἄν-   85
    δρα θνατὸν Ὀλύμπου σκοποὶ ἐτίμα-
    σαν, ἦν Τάνταλος οὗτος. ἀλλὰ γὰρ κατα-
    πέψαι μέγαν ὄλβον οὐκ ἐδυ-
    νάσθη· κόρῳ δ᾽ ἕλεν
Ἄταν ὑπέροπλον,   90
Τάν οἱ πατὴρ ὑπερκρέμα-
    σε, καρτερὸν αὐτῷ λίθον,
Τὸν αἰεὶ μενοινᾶν κεφαλᾶς βαλεῖν,
Εὐφροσύνας ἀλᾶται.

Σ. γ'. Κ. ιζ'.

Εχει δ' ἀπάλαμον βίον 95
Τοῦτον, ἐμπεδόμοχθον,
Μετὰ τριῶν τέταρτον
Πόνον· ἀθανάτων ὅτι κλέψας
Ἁλίκεσσι συμπόταις
Νέκταρ ἀμβροσίαν τε 100
Δῶκεν, οἷσιν ἄφθιτον
Θέσσαν. εἰ δὲ Θεὸν
Ἀνὴρ τις ἔλπεταί τι λαθέ-
μεν ἔρδων, ἁμαρτάνει.
Τοὔνεκα προῆκαν υἱὸν 105
Ἀθάνατοί οἱ πάλιν
Μετὰ τὸ ταχύποτμον
Αὖθις ἀνέρων ἔθνος.
Πρὸς εὐάνθεμον δ' ὅτε φυὰν
Λάχναι νιν μέλαν γένειον ἔρεφον, 110
Ἑτοῖμον ἀνεφρόντισεν γάμον

Δ. γ'. Κ. ιζ'.

Πισάτα παρὰ πατρὸς εὔ-
δοξον Ἱπποδάμειαν
Σχεθέμεν. ἄγχι δ' ἐλθὼν
Πολιᾶς ἁλὸς οἶος ἐν ὄρφνᾳ, 115
Ἀπυεν βαρύκτυπον
Εὐτρίαιναν· ὁ δ' αὐτῷ
Πὰρ ποσὶ σχεδὸν φάνη.
Τῷ μὲν εἶπε· Φίλι-
α δῶρα Κυπρίας, ἄγ', εἴ τι, 120
Ποσείδαον, ἐς χάριν
Τέλλεται, πέδασον ἔγχος
Οἰνομάου χάλκεον·

Ἐμὲ δ᾽ ἐπὶ ταχυτά-
των πόρευσον ἁρμάτων   125
Ἐς Ἄλιν, κράτει δὲ πέλασον.
Ἐπεὶ, τρεῖς γε καὶ δέκ᾽ ἄνδρας ὀλέσας
Ἐρῶντας, ἀναβάλλεται γάμον

Ε. γ΄.   Κ. ιγ΄.

Θυγατρός. ὁ μέγας δὲ κίνδυ-
νος ἄναλκιν οὐ φῶ-   130
τα λαμβάνει. θανεῖν δ᾽ οἷσιν ἀνάγκα,
Τί κέ τις ἀνώνυμον γῆρας ἐν σκότῳ
Καθήμενος ἕψοι μάταν, ἁπάντων
Καλῶν ἄμμορος; ἀλλ᾽ ἐμοὶ μὲν οὑτοσὶ
Ἀθλός γ᾽ ὑποκείσεται· τὸ δὲ   135
Πρᾶξιν φίλαν δίδοι.
Ὡς ἔννεπεν· οὐδ᾽ ἀ-
κράντοις ἐφάψατ᾽ ὦν ἔπεσ-
σι. τὸν μὲν ἀγάλλων Θεὸς
Ἐδωκεν δίφρον χρύσεον, ἐν πτεροῖ-   140
σίν τ᾽ ἀκάμαντας ἵππους.

Σ. δ΄.   Κ. ιζ΄.

Ἑλεν δ᾽ Οἰνομάου βίαν
Παρθένον τε σύνευνον·
Τέκε δὲ λαγέτας ἓξ
Ἀρεταῖσι μεμαλότας υἱούς.   145
Νῦν δ᾽ ἐν αἱμακουρίαις
Ἀγλααῖσι μέμικται,
Ἀλφεῦ πόρῳ κλιθεὶς,
Τύμβον ἀμφίπολον
Ἔχων πολυξενωτάτῳ πα-   150
ρὰ βωμῷ. τὸ δὲ κλέος

Τηλόθεν δέδορκε, τᾶν Ο-
λυμπιάδων ἐν δρόμοις,
Πέλοπος, ἵνα ταχυ-
τὰς ποδῶν ἐρίζεται,   155
Ἀκμαί τ᾽ ἰσχύος θρασύπονοι.
Ὁ νικῶν δὲ λοιπὸν ἀμφὶ βίοτον
Ἔχει μελιτόεσσαν εὐδίαν

Δ. δ᾽. Κ. ιζ᾽.

Ἀέθλων γ᾽ ἕνεκεν. τὸ δ᾽ ἀ-
εὶ παράμερον ἐσλὸν   160
Ὕπατον ἔρχεται παν-
τὶ βροτῷ. ἐμὲ δὲ στεφανῶσαι
Κεῖνον ἱππικῷ νόμῳ
Αἰοληΐδι μολπᾷ
Χρή. πέποιθα δὲ ξένον   165
Μή τιν᾽ ἀμφότερα
Καλῶν τε ἴδριν ἄλλον, ἢ δύ-
ναμιν κυριώτερον,
Τῶν γε νῦν, κλυταῖσι δαιδα-
λωσέμεν ὕμνων πτυχαῖς.   170
Θεὸς ἐπίτροπος ἐ-
ὼν τεαῖσι μήδεται
Ἔχων τοῦτο κῆδος, Ἱέρων,
Μερίμναισιν. εἰ δὲ μὴ ταχὺ λίποι,
Ἔτι γλυκυτέραν κεν ἔλπομαι   175

. Ε. δ᾽. Ε. ιγ᾽.

Σὺν ἅρματι θοῷ κλεΐξειν
Ἐπίκουρον εὑρὼν
Ὁδὸν λόγων, παρ᾽ εὐδείελον ἐλθὼν
Κρόνιον. ἐμοὶ μὲν ὦν Μοῖσα καρτερώ-
τατον βέλος ἀλκᾷ τρέφει. ἐπ᾽ ἄλλοι-   180

σι δ' ἄλλοι μεγάλοι· τὸ δ' ἔσχατον κορυ-
φοῦται βασιλεῦσι. μηκέτι
Πάπταινε πόρσιον.
Εἴη σέ τε τοῦτον
Ὑψοῦ χρόνον πατεῖν, ἐμέ   185
Τὲ τοσσάδε νικαφόροις
Ὁμιλεῖν, πρόφαντον σοφίᾳ καθ' Ἑλ-
λανας ἐόντα παντᾶ.

_____

ΠΙΝΔ. ΟΛΥΜΠ.

Εἶδος β'.

* ΘΗΡΩΝΙ ΑΚΡΑΓΑΝΤΙΝΩ,

Ἅρματι.

Σ. α.   Κ. ιδ'.

Ἀναξιφόρμιγγες ὕμνοι,
Τίνα θεὸν, τίν' ἥρωα,
Τίνα δ' ἄνδρα κελαδήσομεν;
Ἤτοι Πίσα μὲν Διός·
Ὀλυμπιάδα δ' ἔστα-   5
σεν Ἡρακλέης,
Ἀκρόθινα πολέμου·
Θήρωνα δὲ τετραορίας
Ἕνεκα νικαφόρου
Γεγωνητέον ὀπὶ,   10
Δίκαιον ξένον,
Ἐρεισμ' Ἀκράγαντος,
Εὐωνύμων τε πατέρων
Ἄωτον, ὀρθόπολιν·

Δ. ά. Κ. ιδ'.

Καμόντες οἳ πολλὰ θυμῷ, 15
Ἱερὸν ἔσχον οἴκημα
Ποταμοῦ, Σικελίας τ᾽ ἔσαν
Οφθαλμός· αἰών τ᾽ ἔφε-
πε μόρσιμος, πλοῦτόν
Τε καὶ χάριν ἄγων 20
Γνησίαις ἐπ᾽ ἀρεταῖς.
Ἀλλ᾽, ὦ Κρόνιε παῖ Ῥέας,
Ἕδος Ολύμπου νέμων,
Ἀέθλων τε κορυφὰν,
Πόρον τ᾽ Ἀλφεσῦ, 25
Ιανθεὶς ἀοιδαῖς,
Εὔφρων ἄρουραν ἔτι πα-
τρίαν σφίσιν κόμισον

Ε. ά. Κ. ή.

Λοιπῷ γένει. τῶν δὲ πεπραγμένων,
Εν δίκᾳ τε καὶ παρὰ δίκαν, 30
Αποίητον οὐδ᾽ ἂν
Χρόνος, ὁ πάντων πατὴρ,
Δύναιτο θέμεν ἔργων τέλος.
Λάθα δὲ πότμῳ σὺν εὐδαίμονι γένοιτ᾽ ἂν.
Εσλῶν γὰρ ὑπὸ χαρμάτων, 35
Πῆμα θνάσκει παλίγκοτον δαμασθὲν,

Σ. β'. Κ. ιδ'.

Ὅταν θεοῦ μοῖρα πέμπῃ
Ανεκὰς ὄλβον ὑψηλόν.
Ἕπεται δὲ λόγος εὐθρόνοις
Κάδμοιο κούραις, ἔπα- 40
θον αἳ μεγάλα· πένθος

Δὲ πίτνει βαρὺ
Κρεσσόνων πρὸς ἀγαθῶν.
Ζώει μὲν ἐν Ὀλυμπίοις,
Ἀποθανοῖσα βρόμῳ   45
Κεραυνοῦ, ταννέθει-
   ρα Σεμέλα· φιλεῖ
Δέ μιν Παλλὰς αἰεὶ,
Καὶ Ζεὺς πατὴρ μάλα· φιλεῖ
Δὲ παῖς ὁ κισσοφόρος.   50

Δ. β′.   Κ. ιδ′.

Λέγοντι δ᾽ ἐν καὶ θαλάσσᾳ,
Μετὰ κόραισι Νηρῆος
Ἁλίαις, βίοτον ἄφθιτον
Ἰνοῖ τετάχθαι τὸν ὅ-
   λον ἀμφὶ χρόνον.   Ἤτοι   55
Βροτῶν κέκριται
Πεῖρας οὔ τι θανάτου,
Οὐδ᾽, ἀσύχιμον ἀμέραν
Ὁπότε, παῖδ᾽ ἀλίου,
Ἀτειρεῖ σὺν ἀγαθῷ   60
Τελευτάσομεν.
Ῥοαὶ δ᾽ ἄλλοτ᾽ ἄλλαι
Εὐθυμιᾶν τε μετὰ καὶ
Πόνων ἐς ἄνδρας ἔβαν.

Ε. β′.   Κ. ή.

Οὕτω δὲ Μοῖρ᾽, ἅτε πατρώιον   65
Τῶνδ᾽ ἔχει τὸν εὔφρονα πότμον,
Θεόρτῳ σὺν ὄλβῳ
Ἐπί τι καὶ πῆμ᾽ ἄγει
Παλιντράπελον ἄλλῳ χρόνῳ·
Ἐξ οὗ περ ἔκτεινε Λᾶον μόριμος υἱὸς   70

Συναντόμενος, ἐν δὲ Πυ-
θῶνι χρησθὲν παλαίφατον τέλεσσεν.

Σ. γ΄.   Κ. ιδ΄.

Ἰδοῖσα δ᾽ ὀξεῖ᾽ Ἐρινννὺς
Ἐπεφνέ οἱ σὺν ἀλλαλο-
φονίᾳ γένος ἀρήϊον.   75
Λείφθη δὲ Θέρσανδρος ἐ-
ριπόντι Πολυνείχει,
Νέοις ἐν ἀέθλοις
Ἐν μάχαις τε πολέμου
Τιμώμενος, Ἀδραστιδᾶν   80
Θάλος ἀρωγὸν δόμοις.
Ὅθεν σπέρματος ἔχον-
τα ῥίζαν, πρέπει
Τὸν Αἰνησιδάμου
Ἐγκωμίων τε μελέων   85
Λυρᾶν τε τυγχανέμεν.

Δ. γ΄.   Κ. ιδ΄.

Ὀλυμπίᾳ μὲν γὰρ αὐτὸς
Γέρας ἔδεχτο· Πυθῶνι
Δ᾽ ὁμόχλαρον ἐς ἀδελφεὸν
Ἰσθμοῖ τε κοιναὶ χάρι-   90
τες ἄνθεα τεθρίππων
Δυωδεκαδρόμων
Ἀγαγον. τὸ δὲ τυχεῖν
Πειρώμενον ἀγωνίας
Παραλύει δυσφρόνων.   95
Ὁ μὰν πλοῦτος ἀρεταῖς
Δεδαιδαλμένος
Φέρει τῶν τε καὶ τῶν

Καιρὸν, βαθεῖαν ὑπέχων
Μέριμναν ἀγροτέραν·   100

Ε. γ'.   Κ. ή.

Ἀστὴρ ἀρίζαλος, ἀλαθινὸν
Ἀνδρὶ φέγγος· εἰ δέ μιν ἔχει
Τὶς, οἶδεν τὸ μέλλον,
'Ὅτι θανόντων μὲν ἐν-
    θάδ' αὐτίκ' ἀπάλαμνοι φρένες   105
Ποινὰς ἔτισαν· τὰ δ' ἐν τᾷδε Διὸς ἀρχᾷ
Ἀλιτρὰ κατὰ γᾶς δικά-
    ζει τὶς, ἐχθρᾷ λόγον φράσας ἀνάγκᾳ.

Σ. δ'.   Κ. ιδ'.

Ἴσον δὲ νύκτεσσιν αἰεὶ,
Ἴσα δ' ἐν ἀμέραις ἅλι-   110
    ον ἔχοντες, ἀπονέστερον
Ἐσθλοὶ νέμονται βίο-
    τον, οὐ χθόνα ταράσσον-
    τες ἀλκᾷ χερῶν,
Οὐδὲ πόντιον ὕδωρ,   115
Κεινὰν παρὰ δίαιταν· ἀλ-
    λὰ παρὰ μὲν τιμίοις
Θεῶν, οἵτινες ἔχαι-
    ρον εὐορκίαις,
Ἀδακρυν νέμονται   120
Αἰῶνα. τοὶ δ' ἀπροσόρα-
    τον ὀχχέοντι πόνον.

Α. δ'.   Κ. ιδ'.

Ὅσοι δ' ἐτόλμασαν, ἐς τρὶς
_Ἑκατέρωθι μείναντες,
Ἀπὸ πάμπαν ἀδίκων ἔχειν   125

Ψυχὰν, ἔτειλαν Διὸς
Ὁδὸν παρὰ Κρόνου τύρ-
σιν· ἔνθα μακάρων
Νᾶσον ὠκεανίδες
Αὖραι περιπνέουσιν· ἄν-   130
θεμα δὲ χρυσοῦ φλέγει,
Τὰ μὲν χερσόθεν, ἀπ᾽ ἀ-
γλαῶν δενδρέων,
Ὕδωρ δ᾽ ἄλλα φέρβει·
Ὅρμοισι τῶν χέρας ἀνα-   135
πλέκοντι καὶ στεφάνοις·

Ε. δ'. Κ. ή.

Βουλαῖς ἐν ὀρθαῖς Ῥαδαμάνθυος·
Ὁν πατὴρ ἔχει Κρόνος ἑτοῖ-
μον αὐτῷ πάρεδρον,
Πόσις ὁ πάντων Ῥέας   140
Ὑπέρτατον ἐχοίσας θρόνον.
Πηλεύς τε καὶ Κάδμος ἐν τοῖσιν ἀλέγονται·
Ἀχιλλέα τ᾽ ἔνεικ᾽, ἐπεὶ
Ζηνὸς ἦτορ λιταῖς ἔπεισε, μάτηρ·

Σ. έ. Κ. ιδ'.

Ος Ἕκτορ᾽ ἔσφαλε, Τροίας   145
Ἄμαχον ἀστραβῆ κίο-
να· Κύκνον τε θανάτῳ πόρεν·
Αοῦς τε παῖδ᾽ Αἰθίο-
πα. Πολλά μοι ὑπ᾽ ἀγκῶ-
νος ὠκέα βέλη   150
Ενδον ἐντὶ φαρέτρας
Φωνᾶντα συνετοῖσιν· ἐς
Δὲ τὸ πὰν ἑρμηνέων

Χατίζει σοφὸς ὁ πολ-
λὰ εἰδὼς φυᾷ·   ‹›·   155
Μαθόντες δὲ, λάβροι
Παγγλωσσίᾳ, κόρακες ὣς,
Ακραντα γαρύετον,

Δ. ἐ. Κ. ιδ'.

Διὸς πρὸς ὄρνιχα θεῖον.
Επεχε νῦν σκοπῷ τόξον,   160
Αγε, θυμέ· τίνα βάλλομεν
Εκ μαλθακᾶς αὖτε φρε-
νὸς εὐκλέας ὀϊστοὺς
Ἱέντες; ἐπί τοι
Ακράγαντι τανύσαις,   165
Αὐδάσομαι ἐνόρκιον
Λόγον ἀλαθεῖ νόῳ,
Τεκεῖν μήτιν' ἑκατόν
Γε ἐτέων πόλιν
Φίλοις ἄνδρα μᾶλλον   170
Εὐεργέταν πραπίσιν, ἀ-
φθονέστερόν τε χέρα,

Ε. ἐ. Κ. ή.

Θήρωνος. Αλλ' αἶνον ἔβα κόρος,
Οὐ δίκᾳ συναντόμενος, ἀλ-
λὰ μάργων ὑπ' ἀνδρῶν,   175
Τὸ λαλαγῆσαι θέλων,
Κρύφον τε θέμεν ἐσθλῶν κακοῖς
Εργοις. ἐπεὶ ψάμμος ἀριθμὸν περιπέφευγεν·
Εκεῖνος ὅσα χάρματ' ἄλ-
λοις ἔθηκεν, τίς ἂν φράσαι δύναιτο;   180

* ΠΙΝΔΑΡΟΥ ΠΥΘΙΑ.

Εἶδος ά.

† ʹΙΕΡΩΝΙ ΑΙΤΝΑΙΩ ΣΤΡΑΚΟΥΣΙΩ,

ʹΑρματι.

Σ. ά. Κ. ιϛ΄.

Χρυσέα φόρμιγξ, Ἀπόλλω-
νος καὶ ἰοπλοκάμων
Σύνδικον Μοισᾶν κτέανον·
Τᾶς ἀκούει μὲν βάσις, ἀγλαΐας ἀρχά,
Πείθονται δ᾽ ἀοιδοὶ σάμασιν,   5
Ἀγησιχόρων ὁπόταν τῶν φροιμίων
Ἀμβολὰς τεύχῃς ἐλελιζομένα.
Καὶ τὸν αἰχματὰν κεραυνὸν σβεννύεις
Ἀενάου πυρός· εὕ-
δει δ᾽ ἀνὰ σκάπτῳ Διὸς αἰετὸς, ὠ-   10
κεῖαν πτέρυγ᾽ ἀμφοτέρω-
θεν χαλάξαις,

Λ. ά. Κ. ιϛ΄.

Ἀρχὸς οἰωνῶν· κελαινῶ-
πιν δ᾽ ἐπί οἱ νεφέλαν
Ἀγκύλῳ κρατὶ, βλεφάρων   15
ʹΑδὺ κλαῖστρον, κατέχευας· ὁ δὲ κνώσσων
ʹΥγρὸν νῶτον αἰωρεῖ, τεαῖς
ʹΡιπαῖσι κατασχόμενος. καὶ γὰρ βια-
τὰς Ἄρης, τραχεῖαν ἄνευθε λιπὼν

Εγχέων ἀκμὰν, ἰαίνει καρδίαν   20
Κώματι. κῆλα δὲ καὶ
Δαιμόνων θέλγει φρένας, ἀμφί τε Δα-
τοίδα σοφίᾳ βαθυκόλ-
πων τε Μοισᾶν.

                    Ε. ά.   Κ. ιέ.

Ὅσσα δὲ μὴ πεφίληκε   25
Ζεὺς, ἀτύζονται βοὰν
Πιερίδων ἀΐοντα,
Γᾶν τε καὶ πόντον κατ᾽ ἀμαιμάκετον·
Ὅς τ᾽ ἐν αἰνᾷ Ταρτάρῳ κεῖ-
ται, Θεῶν πολέμιος,   30
Τυφὼς ἑκατοντακάρανος· τόν ποτε
Κιλίκιον θρέψεν πολυώ-
νυμον ἄντρον· νῦν γε μὰν
Ταί θ᾽ ὑπὲρ Κύμας ἁλιερκέες ὄχθαι
Σικελία τ᾽ αὐτοῦ πιέζει   35
Στέρνα λαχνάεντα· κίων
Δ᾽ οὐρανία συνέχει,
Νιφόεσσ᾽ Αἴτνα, πάνετες
Χιόνος ὀξείας τιθήνα·

                    Σ. β΄.   Κ. ιϛ΄.

Τᾶς ἐρεύγονται μὲν ἁπλά-   40
του πυρὸς ἁγνόταται
Ἐκ μυχῶν παγαί· ποταμοὶ
Δ᾽ ἀμέραισιν μὲν προχέοντι ῥόον καπνοῦ
Αἴθων᾽· ἀλλ᾽ ἐν ὄρφναισιν πέτρας
Φοίνισσα κυλινδομένα φλὸξ ἐς βαθεῖ-   45
αν φέρει πόντου πλάκα σὺν πατάγῳ.
Κεῖνο δ᾽ Ἀφαίστοιο κρουνοὺς ἑρπετὸν

Δεινοτάτους ἀναπέμ-
πει· τέρας μὲν θαυμάσιον προσιδέ-
σθαι· θαῦμα δὲ καὶ παριόν-   50
των ἀκοῦσαι·

Δ. β΄. Κ. ιβ΄.

Οἷον Αἴτνας ἐν μελαμφύλ-
λοις δέδεται κορυφαῖς
Καὶ πέδῳ· στρωμνὰ δὲ χαράσ-
σοισ᾽ ἅπαν νῶτον ποτικεκλιμένον κεντεῖ. 55
Εἴη, Ζεῦ, τὶν εἴη ἀνδάνειν,
Ὃς τοῦτ᾽ ἐφέπεις ὄρος, εὐκάρποιο γαί-
ας μέτωπον, τοῦ μὲν ἐπωνυμίαν
Κλεινὸς οἰκιστὴρ ἐκύδανεν πόλιν
Γείτονα· Πυθιάδος   60
Δ᾽ ἐν δρόμῳ κάρυξ ἀνέειπέ νιν ἀγ-
γέλλων Ἱέρωνος ὑπὲρ
Καλλινίκου

Ε. β΄. Κ. ιέ.

Ἅρμασι. Ναυσιφορήτοις
Δ᾽ ἀνδράσι πρῶτα χάρις   65
Ἐς πλόον ἀρχομένοις πομ-
παῖον ἐλθεῖν οὖρον· ἐοικότα γὰρ
Κἂν τελευτᾷ φερτέρου νό-
στου τυχεῖν. ὁ δὲ λόγος
Ταύταις ἐπὶ συντυχίαις δόξαν φέρει,   70
Λοιπὸν ἔσσεσθαι στεφάνοι-
σί νιν ἵπποις τε κλυτὰν
Καὶ σὺν εὐφώνοις θαλίαις ὀνομαστάν.
Λύκιε καὶ Δάλου ἀνάσσων
Φοῖβε, Παρνασῷ τε κράναν   75

Κασταλίαν φιλέων,
Εθελήσαις ταῦτα νόῳ
Τιθέμεν εὔανδρόν τε χώραν.

Σ. γ΄. Κ. ιϛ΄.

Εκ Θεῶν γὰρ μαχαναὶ πᾶ-
σαι βροτέαις ἀρεταῖς,   80
Καὶ σοφοὶ καὶ χερσὶ βια-
ταὶ περίγλωσσοί τ᾽ ἔφυν. Ἄνδρα δ᾽ ἐγὼ κεῖνον
Αἰνῆσαι μενοινῶν, ἔλπομαι
Μὴ χαλκοπάραον ἄκονθ᾽ ὡσεί τ᾽ ἀγῶ-
νος βαλεῖν ἔξω παλάμᾳ δονέων,   85
Μακρὰ δὲ ῥίψαις ἀμεύσεσθ᾽ ἀντίους.
Εἰ γὰρ ὁ πᾶς χρόνος ὄλ-
βον μὲν οὕτω καὶ κτεάνων δόσιν εὐ-
θύνοι, καμάτων δ᾽ ἐπίλα-
σιν παράσχοι.   90

Α. γ΄. Κ. ιϛ΄.

Ἦ κεν ἀμμνάσειεν, οἵαις
Εν πολέμοισι μάχαις
Τλάμονι ψυχᾷ παρέμει-
ν᾽, ἁνίχ᾽ εὑρίσκοντο Θεῶν παλάμαις τιμάν,
Οἵαν οὔτις Ἑλλάνων δρέπει,   95
Πλούτου στεφάνωμ᾽ ἀγέρωχον. νῦν γε μὰν
Τὰν Φιλοκτήταο δίκαν ἐφέπων
Εστρατεύθη. σὺν δ᾽ ἀνάγκᾳ μιν φίλον
Καί τις ἐὼν μεγαλά-
νωρ ἔσανεν. φαντὶ δὲ Λαμνόθεν ἕλ-   100
κει τειρόμενον μεταλάσ-
σοντας ἐλθεῖν

Ε. γ΄. Κ. ιέ.

Ἥρωας ἀντιθέους Ποί-
αντος υἱὸν τοξόταν·
Ὃς Πριάμοιο πόλιν πέρ-   105
σεν, τελεύτασέν τε πόνους Δαναοῖς,
Ἀσθενεῖ μὲν χρωτὶ βαίνων
Ἀλλὰ μοιρίδιον ἦν.
Οὕτω δ᾽ Ἱέρωνι Θεὸς ὀρθωτὴρ πέλοι
Τὸν προσέρποντα χρόνον, ὧν   110
Ἔραται, καιρὸν διδούς.
Μοῖσα, καὶ πὰρ Δεινομένει κελαδῆσαι
Πείθεό μοι ποινὰν τεθρίππων.
Χάρμα δ᾽ οὐκ ἀλλότριον νι-
καφορία πατέρος.   115
Ἀγ᾽, ἔπειτ᾽ Αἴτνας βασιλεῖ
Φίλιον ἐξεύρωμεν ὕμνον

Σ. δ΄. Κ. ιϛ΄.

Τῷ πόλιν κείναν θεοδμά-
τῳ σὺν ἐλευθερίᾳ
Ὑλλίδος στάθμας Ἱέρων   120
Ἐν νόμοις ἔκτισσε.   Θέλοντι δὲ Παμφύλου
Καὶ μὰν Ἡρακλειδᾶν ἔκγονοι,
Ὄχθαις ὕπο Ταϋγέτου ναίοντες, αἰ-
εὶ μένειν τεθμοῖσιν ἐν Αἰγιμιοῦ
Δωριῆς. ἔσχον δ᾽ Ἀμύκλας ὄλβιοι,   125
Πινδόθεν ὀρνύμενοι,
Λευκοπώλων Τυνδαριδᾶν βαθύδο-
ξοι γείτονες, ὧν κλέος ἄν-
θησεν αἰχμᾶς.

Δ. δ'. Κ. ιδ'.

Ζεῦ, τέλει αἰεὶ δὲ τοιαύ-   130
ταν Ἀμένα παρ' ὕδωρ
Αἶσαν ἀστοῖς καὶ βασιλεῦ-
σιν διακρίνειν ἔτυμον λόγον ἀνθρώπων.
Σύν τοι τίν κεν ἁγητὴρ ἀνὴρ
Υἱῷ τ' ἐπιτελλόμενος δᾶμόν τε γέ-   135
ϱων τράποι σύμφωνον ἐφ' ἀσυχίαν.
Λίσσομαι, νεῦσον, Κρονίων, ἅμερον
Οφρα κατ' οἶκον ὁ Φοί-
νιξ, ὁ Τυρσανῶν τ' ἀλαλατὸς ἔχῃ,
Ναυσίστονον ὕβριν ἰδὼν,   140
Τὰν πρὸ Κύμας·

Ε. δ'. Κ. ιέ.

Οἷα Συρακοσίων ἀρ-
χῷ δαμασθέντες πάθον,
Ὠκυπόρων ἀπὸ ναῶν
Ὅς σφιν ἐν πόντῳ βάλεθ' ἀλικίαν,   145
Ἑλλάδ' ἐξέλκων βαρείας
Δουλίας. αἱρέομαι
Πὰρ μὲν Σαλαμῖνος Ἀθηναίων χάριν
Μισθόν· ἐν Σπάρτᾳ δ' ἐρέω
Πρὸ Κιθαιρῶνος μάχαν·   150
Ταῖσι Μῆδοι μὲν κάμον ἀγκυλότοξοι·
Πὰρ δέ γε τὰν εὔυδρον ἀκτὰν
Ἱμέρα, παίδεσσιν ὕμνον
Δεινομένευς τελέσαις,
Τὸν ἐδέξαντ' ἀμφ' ἀρετᾷ,   155
Πολεμίων ἀνδρῶν καμόντων.

Σ. ἐ. Κ. ιϛ'.

Καιρὸν εἰ φθέγξαιο, πολλῶν
Πείρατα συντανύσαις
Εν βραχεῖ, μείων ἕπεται
Μῶμος ἀνθρώπων. ἀπὸ γὰρ κόρος ἀμβλύνει
Αἰανὴς ταχείας ἀπάδις.			161
Αστῶν δ᾽ ἀκοὰ κρύφιον θυμὸν βαρύ-
·νει μάλιστ᾽ ἐσλοῖσιν ἐπ᾽ ἀλλοτρίοις.
Αλλ᾽ ὅμως, -κρέσσων γὰρ οἰκτιρμῶν φθόνος,-
Μὴ παρίει καλά. νώ-			165
μα δικαίῳ πηδαλίῳ στρατὸν, ἀ-
ψευδεῖ δὲ πρὸς ἄκμονι χάλ-
κευε γλῶσσαν.

Δ. ἐ. Κ. ιϛ'.

Εἴ τι καὶ φλαῦρον παραιθύσ-
σει, μέγα τοι φέρεται •			170
Πὰρ σέθεν. πολλῶν ταμίας
Εσσί· πολλοὶ μάρτυρες ἀμφοτέροις πιστοί.
Εὐανθεῖ δ᾽ ἐν ὀργᾷ παρμένων,
Εἴπερ τι φιλεῖς ἀκοὰν ἀδεῖαν αἰ-
εὶ κλύειν, μὴ κάμνε λίαν δαπάναις·		175
Εξίει δ᾽ ὥσπερ κυβερνάτας ἀνὴρ
Ἱστίον ἀνεμόεν.
Μὴ δολωθῇς, ὦ φίλε, κέρδεσιν εὐ-
τραπέλοις.   Οπιθόμβροτον αὔ-
χημα δόξας				180

Ε. ἐ. Κ. ιξ.

Οἷον ἀποιχομένων ἀν-
δρῶν δίαιταν μανύει

Καὶ λογίοις καὶ ἀοιδοῖς.
Οὐ φθίνει Κροίσου φιλόφρων ἀρετά.
Τὸν δὲ ταύρῳ χαλκέῳ καυ-   185
   τῆρα νηλέα νόον
Εχθρὰ Φάλαριν κατέχει παντᾶ φάτις·
Οὐδέ μιν φόρμιγγες ὑπω-
   ρόφιαι κοινωνίαν
Μαλθακὰν παίδων ὀάροισι δέχονται.   190
Εὖ δὲ παθεῖν, τὸ πρῶτον ἄθλων·
Εὖ δ᾽ ἀκούειν, δευτέρα μοῖ-
   ρ᾽· ἀμφοτέροισι δ᾽ ἀνὴρ
Ὃς ἂν ἐγκύρσῃ, καὶ ἕλῃ,
Στέφανον ὕψιστον δέδεκται.   195

* ΗΡΙΝΝΗΣ ᾨΔΗ

εἰς τὴν ῥώμην.

Χαῖρέ μοι, Ῥώμα, θυγάτηρ Ἄρηος,
Χρυσεομίτρα, δαΐφρων ἄνασσα,
Σεμνὸν ἃ ναίεις ἐπὶ γᾶς Ολυμπον
     Αἰὲν ἄθραυστον.
Σοὶ μόνᾳ πρεσβίστα δέδωκε Μοῖρα   5
Κῦδος ἀῤῥήκτω βασιλῆον ἀρχᾶς,
Οφρα κοιρανῆον ἔχοισα κάρτος
     Ἁγεμονεύῃς.
Σᾷ δ᾽ ὑπὸ σδεύγλᾳ κρατερῶν λεπάδνων
Στέρνα γαίας καὶ πολιᾶς θαλάσσας   10
Σφίγγεται· σὺ δ᾽ ἀσφαλέως κυβερνᾷς
     Αστεα λαῶν.
Πάντα δὲ σφάλλων ὁ μέγιστος αἰών,
Καὶ μεταπλάσσων βίον ἄλλοτ᾽ ἄλλως,

Σοὶ μόνᾳ πλησίστιον οὖρον ἀρχᾶς   15
    Οὐ μεταβάλλει.
Ἡ γὰρ ἐκ πάντων σὺ μόνα κρατίστους
Ἄνδρας αἰχματὰς, μεγάλους, λοχεύεις,
Εὔσταχυν Δάματρος ὅπως συνοίσῃς
    Καρπὸν ἀπ' ἀνδρῶν.   20

ΘΕΟΚΡΙΤΟΥ

* ΕΙΣ ΝΕΚΡΟΝ ΑΔΩΝΙΝ.

ΑΔΩΝΙΝ ἡ Κυθήρη
'Ως εἶδε νεκρὸν ἤδη,
Στυγνὰν ἔχοντα χαίταν,
Ωχράν τε τὰν παρειὰν,
Ἄγειν τὸν ὗν πρὸς αὐτὰν   5
Ἔταξε τὼς Ἔρωτας.
  Οἱ δ' εὐθέως, ποτανοὶ
Πᾶσαν δραμόντες ὕλαν,
Στυγνὸν τὸν ὗν ἀνεῦρον,
Δῆσάν τε κἀπέδησαν.   10
Χὠ μὲν, βρόχῳ καθάψας,
Ἔσυρεν αἰχμάλωτον.
'Ο δ', ἐξόπισθ' ἐλαύνων,
Ἔτυπτε τοῖσι τόξοις.
'Ο θὴρ δ' ἔβαινε δειλῶς·   15
Φοβεῖτο γὰρ Κυθήρην.
  Τῷ δ' εἶπεν Ἀφροδίτα,
Πάντων κάκιστε θηρῶν,
Σὺ τόνδε μηρὸν ἴψω;
Σὺ μευ τὸν ἄνδρ' ἔτυψας;   20

Ὁ θὴρ δ' ἔλεξεν ὧδε,
Ὀμνυμί σοι, Κυθήρη,
Αὐτάν σε, καὶ τὸν ἄνδρα,
Καὶ ταῦτά μευ τὰ δεσμὰ,
Καὶ τώσδε τὼς κυναγὼς,   25
Τὸν ἄνδρα τὸν καλόν σευ
Οὐκ ἤθελον πατάξαι·
Ἀλλ' ὡς ἄγαλμ' ἐσεῖδον,
Καὶ, μὴ φέρων τὸ καῦμα,
Γυμνὸν τὸν εἶχε μηρὸν   30
Ἐμαινόμαν φιλᾶσαι·
Καί μευ κατεσίναζε.
Τούτους λαβοῦσα, Κύπρι,
Τούτους κόλαζε, τέμνε,
(Τί γὰρ φέρω περισσῶς ;)   35
Ἐρωτικὼς ὀδόντας·
Αἰ δ' οὐχί σοι τάδ' ἀρκεῖ,
Καὶ ταῦτ' ἐμεῦ τὰ χείλη.
Τί γὰρ φιλεῖν ἐτόλμαν;
Τὸν δ' ἠλέησε Κύπρις,   40
Εἶπέν τε τοῖς Ἐρωσι
Τὰ δεσμὰ οἱ 'πιλῦσαι.
Ἐκ τῶδ' ἐπηκολούθει,
Κᾀς ὕλαν οὐκ ἔβαινε·
Καὶ τῷ πυρὶ προσελθὼν   45
Ἔκαιε τὼς ἐρῶντας.

ΑΝΑΚΡΕΟΝΤΕΙΑ ΤΙΝΑ.

* α. ΒΑΣΙΛΙΟΥ.

Ανακρέων ἰδών με
'Ο Τήϊος μελωδὸς,
Οναρ λέγων προσεῖπε.
Κἀγὼ δραμὼν πρὸς αὐτὸν,
Περιπλάκην φιλήσας·   5
Γέρων μὲν ἦν, καλὸς δὲ,
Καλός τε καὶ φίλευνος.
Τὸ χεῖλος ὦζεν οἴνου.
Τρέμοντα δ' αὐτὸν ἤδη
Ερως ἐχειραγώγει.   10
'Ο δ' ἐξελὼν καρήνου
Εμοὶ στέφος δίδωσι·
Τὸ δ' ὦζ' Ανακρέοντος.
Εγὼ δ' ὁ μωρὸς ἄρας
Εδησάμην μετώπῳ·   15
Καὶ δῆθεν ἄχρι καὶ νῦν
Ερωτος οὐ πέπαυμαι.

† β'. ΤΟΥ ΑΥΤΟΥ.

Πρὸς ζωγράφον.

Αγε, ζωγράφων ἄριστε,
Λυρικῆς ἄκουε Μούσης,
Φιλοπαίγμονός τε Βάκχου
'Ετεροπνόους ἐναύλους.
Γράφε τὰς πόλεις τὸ πρῶτον   5
'Ιλαράς τε καὶ γελώσας·
'Ο δὲ κηρὸς εἰ δύναιτο,
Γράφε καὶ νόμους φιλούντων.

* γ. ΙΟΥΛΙΑΝΟΥ ΑΙΓΥΠΤΙΟΥ.

Στέφος πλέκων ποθ᾽ εὗρον·
Εν τοῖς ῥόδοις Ερωτα,
Καὶ τῶν πτερῶν κατασχὼν
Εβάπτισ᾽ εἰς τὸν οἶνον,
Λαβὼν δ᾽ ἔπινον αὐτόν.   5
Καὶ νῦν ἔσω μελῶν μου
Πτεροῖσι γαργαλίζει.

II.

S C O L I A.

ΔΙΑΦΟΡΩΝ ΠΟΙΗΤΩΝ

ΑΣΜΑΤΑ Η ΣΚΟΛΙΑ.

† *ΠΙΤΤΑΚΟΥ ΜΙΤΥΛΗΝΑΙΟΥ.*

I.

ΕΧΟΝΤΑ δεῖ τόξον καὶ ἰοδόκον φαρέτραν
Στείχειν ποτὶ φῶτα κακόν.
Πιστὸν γὰρ οὐδὲν γλῶσσα διὰ στόματος λαλεῖ,
Διχόμυθον ἔχουσα κραδίη νόημα.

II.

Συνετῶν ἐστὶν ἀνδρῶν,
Πρὶν γενέσθαι τὰ δυσχερῆ,
Προνοῆσαι, ὅπως μὴ γένηται·
Ἀνδρείων δὲ, γενόμενα εὖ θέσθαι.

* ΣΟΛΩΝΟΣ ΑΘΗΝΑΙΟΥ.

Πεφυλαγμένος ἄνδρα ἕκαστον,
Ὅρα μὴ κρυπτὸν ἔγχος ἔχων
Κραδίῃ, φαιδρῷ προσενέπῃ προσώπῳ,
Γλῶσσα δέ οἱ διχόμυθος
Ἐκ μελαίνας φρενὸς γεγωνῇ.　　　**5**

ΣΙΜΩΝΙΔΟΥ.

Ὑγιαίνειν μὲν ἄριστον ἀνδρὶ θνατῷ·
Δεύτερον δὲ, φυὰν καλὸν γενέσθαι·
Τρίτον δὲ, πλουτεῖν ἀδόλως· εἶτα
Τέταρτον, ἡβᾶν μετὰ τῶν φίλων.

† ΚΑΛΛΙΣΤΡΑΤΟΥ.

Ἐν μύρτου κλαδὶ τὸ ξίφος φορήσω,
Ὥσπερ Ἁρμόδιος κ' Ἀριστογείτων,
Ὅτε τὸν τύραννον κτανέτην,
Ἰσονόμους τ' Ἀθήνας ἐποιησάτην.

Φίλταθ' Ἁρμόδι, οὔ τί που τέθνηκας·　**5**
Νήσοις δ' ἐν μακάρων σε φασὶν εἶναι,
Ἵνα περ ποδώκης Ἀχιλεὺς,
Τυδείδην τε φασὶν Διομήδεα.

Ἐν μύρτου κλαδὶ τὸ ξίφος φορήσω,
Ὥσπερ Ἁρμόδιος κ' Ἀριστογείτων,　**10**
Ὅτ' Ἀθηναίης ἐν θυσίαις
Ἄνδρα τύραννον Ἵππαρχον ἐκαινέτην.

Ἀεὶ σφῶν κλέος ἔσσεται κατ' αἶαν,
Φίλταθ' Ἁρμόδιε κ' Ἀριστόγειτον,
Ὅτι τὸν τύραννον κτάνετον,　　**15**
Ἰσονόμους τ' Ἀθήνας ἐποιήσατον.

ΤΙΜΟΚΡΕΟΝΤΟΣ ΡΟΔΙΟΥ.

Ωφελές γ᾽, ὦ τυφλὲ Πλοῦτε,
Μήτε γῇ, μήτ᾽ ἐν θαλάσσῃ,
Μήτ᾽ ἐν ἠπείρῳ φανῆναι,
Ἀλλὰ Τάρταρόν τε ναίειν
  Κἀχέροντα· διὰ σὲ γὰρ   5
Πάντ᾽ ἐν ἀνθρώποις κάκ᾽ ἐστί.

*ΥΒΡΙΟΥ ΚΡΗΤΟΣ.

Εστι μοι πλοῦτος μέγα δόρυ καὶ ξίφος,
Καὶ τὸ καλὸν λαισήϊον, πρόβλημα χρωτός·
Τούτῳ γὰρ ἀρῶ, τούτῳ θερίζω, τούτῳ
Πατέω τὸν ἁδὺν οἶνον ἀπ᾽ ἀμπέλω·
Τούτῳ δεσπότας μνοίας κέκλημαι· τοὶ δὲ   5
Μὴ τολμῶντες ἔχειν δόρυ καὶ τὸ καλὸν λαισήϊον,
Πάντες γόνυ πεπτηότες ἐμοὶ, κυνέοντι
Δεσπόταν, καὶ βασιλέα μέγαν φωνέοντι.

† ΑΛΦΕΙΟΥ ΜΙΤΥΛΗΝΑΙΟΥ.

Οὐ στέργω βαθυληΐους ἀρούρας,
Οὐκ ὄλβον πολύχρυσον, οἷα Γύγης.
Αὐτάρκους ἔραμαι βίου, Μακρῖνε·
Τὸ ΜΗΔΕΝ γὰρ ΑΓΑΝ ἄγαν με τέρπει.

‡ ΑΔΕΣΠΟΤΑ.

I.

Εἴθ᾽ ἐξῆν, ὁποῖός τις
Ην ἕκαστος, τὸ στῆθος
Διελόντα γνῶναι, ἔπειτα

Τὸν νοῦν ἐσιδόντα, πάλιν τε κλείσαντ᾽,
Ἄνδρα φίλον νομίζειν ἀδόλῳ φρενί.   5

II.

Παλλὰς Τριτογένει᾽, ἄνασσ᾽ Ἀθηνᾶ,
Ὄρθου τήνδε πόλιν τε καὶ πολίτας,
Ἄτερ ἀλγέων καὶ στάσεων
   Καὶ θανάτων ἀώρων,
    Σύ τε καὶ πατήρ.   5

III.

Ὅστις ἄνδρα φίλον μὴ προδίδωσιν,
Μεγάλην ἔχει τιμὰν, ἔν τε βροτοῖς,
Ἐν τε θεοῖσιν, κατ᾽ ἐμὸν νόον.

IV.

Σύν μοι πῖνε, συνήβα,
Συνέρα, συνστεφανηφόρει,
Σύν μοι μαινομένῳ μαίνεο,
Συνσωφρόνησω σώφρονι.

III.

*PAEANES.

Conspicit, ecce! alios dextrâ laevâque per herbam,
Vescentes, laetúmque choro Paeana canentes,
Inter odoratum lauri nemus.

VIRG. AEN. VI. 656.

---

† ΑΡΙΦΡΟΝΟΣ ΣΙΚΥΩΝΙΟΥ.

ῙΥΓΙΕΙΑ, πρεσβίστα μακάρων,
  Μετὰ σεῦ ναίοιμι
  Τὸ λειπόμενον βιοτᾶς·
Σὺ δ᾽ ἐμοὶ πρόφρων σύνοικος εἴης.
Εἰ γάρ τις ἢ πλούτου χάρις, ἢ τεκέων,   5
  Τᾶς ἰσοδαίμονός τ᾽ ἀνθρώποις
  Βασιλῆδος ἀρχᾶς, ἢ πόθων,
Οὓς κρυφίοις Ἀφροδίτης ἄρκυσι θηρεύομεν,
Ἢ εἴ τις ἄλλα θεόθεν ἀνθρώποισι τέρψις,
  Ἢ πόνων ἀμπνοὰ πέφανται,   10
  Μετὰ σεῖο, μάκαιρ᾽ Ὑγίεια,
Τέθηλε πάντα, καὶ λάμπει Χαρίτων ἔαρ·
  Σέθεν δὲ χωρὶς οὔ τις εὐδαίμων.

*ΑΡΙΣΤΟΤΕΛΟΥΣ ΠΑΙΑΝ.

Αρετὰ πολύμοχθε γένει βροτείῳ,
Θήραμα κάλλιστον βίῳ,
Σᾶς περὶ, παρθένε, μορφᾶς
Καὶ θανεῖν ζαλωτὸς ἐν Ἑλλάδι πότμος,
Καὶ πόνους τλῆναι μαλερους ἀκάμαντας·   5
   Τοῖον ἐπὶ φρέν᾽ ἔρωτα βάλλεις,
   Καρπὸν φέρεις τ᾽ ἀθάνατον,
   Χρυσοῦ τε κρέσσω καὶ γονέων,
· Μαλαχαυγητοῖό θ᾽ ὕπνου.
Σεῦ δ᾽ ἕνεχ᾽ οὐκ Διὸς Ἡρακλῆς,   10
Λήδας τε κοῦροι πόλλ᾽ ἀνετλασαν,
Εργοις σὰν ἀγορεύοντες δύναμιν.
   Σοῖς τε πόθοις Αχιλλεὺς,
   Αἴας τ᾽ Αΐδαο δόμους ἦλθον.
Σᾶς δ᾽ ἕνεκα φιλίου μορφᾶς   15
   Ὁ Αταρνέως ἔντροφος
Αελίου χήρωσεν αὐγάς.
Τοιγὰρ ἀοίδιμον ἔργοις
Αθάνατόν τέ μιν αὐξήσουσι Μοῦσαι
   Μναμοσύνας θύγατρες,   20
Διὸς Ξενίου σέβας αὔξουσαι,
Φιλίας τε γέρας βεβαίου.

FINIS

EXCERPTORUM LYRICORUM.

ANALECTA GRAECA MAJORA.

TOMI POSTERIORIS

PARS QUINTA,

EXCERPTA POETICA MISCELLANEA.

ΚΑΛΛΙΜΑΧΟΥ,

Εἰς τὸν ἑαυτοῦ πατέρα.

ΟΣΤΙΣ ἐμὸν παρὰ σῆμα φέρεις πόδα, Καλλιμάχουμε
Ἴσθι Κυρηναίου παῖδά τε καὶ γενέτην.
Εἰδείης δ' ἄμφω κεν· ὁ μέν ποτε πατρίδος ὅπλων
Ἦρξεν· ὁ δ' ἤεισε κρέσσονα βασκανίης.
Οὐ νέμεσις· Μοῦσαι γὰρ ὅσους ἴδον ὄμματι παῖδας
Μὴ λοξῷ, πολιοὺς οὐκ ἀπέθεντο φίλους.

- · - · · -

ΑΔΗΛΟΥ,

Ἀποφθέγματα τῶν ἑπτὰ Σοφῶν.

ΕΠΤΑ Σοφῶν ἐρέω κατ' ἔπος πόλιν, οὔνομα, φωνήν.
ΜΕΤΡΟΝ μὲν ΚΛΕΟΒΟΥΛΟΣ ὁ Λίνδιος εἶπεν ΑΡΙΣΤΟΝ.
ΧΙΛΩΝ δ' ἐν κοίλῃ Λακεδαίμονι, ΓΝΩΘΙ ΣΕΑΥΤΟΝ,
Ὃς δὲ Κόρινθον ἔναιε, ΧΟΛΟΥ ΚΡΑΤΕΕΙΝ, ΠΕΡΙΑΝΔΡΟΣ.
ΠΙΤΤΑΚΟΣ, ΟΥΔΕΝ ΑΓΑΝ, ὃς ἔην γένος ἐκ Μιτυλήνης.
ΤΕΡΜΑ δ' ΟΡΑΝ ΒΙΟΤΟΙΟ, ΣΟΛΩΝ ἱεραῖς ἐν Ἀθήναις.
ΤΟΥΣ ΠΛΕΟΝΑΣ ΚΑΚΙΟΥΣ δὲ ΒΙΑΣ ἀπέφηνε Πριηνεύς.
ΕΓΓΥΗΝ ΦΕΥΓΕΙΝ δὲ ΘΑΛΗΣ Μιλήσιος ηὔδα.

I.

*HYMNI.

[Ex Brunckii Analect. Vet. Poet. Gr. Argent. 1785. 8vo.]

Quid prius dicam solilis Parentis
Laudibus?——
Proximos illi tamen occupavit
    Pallas honores. Hor. I. xii.

---

† Κ Λ Ε Α Ν Θ Ο Υ Σ

ΥΜΝΟΣ ΕΙΣ ΔΙΑ.

ΚΥΔΙΣΤ' ἀθανάτων, πολυώνυμε, παγκρατὲς αἰεὶ,
Ζεῦ, φύσεως ἀρχηγὲ, νόμου μέτα πάντα κυβερνῶν,
Χαῖρε· σὲ γὰρ πάντεσσι θέμις θνητοῖσι προσαυδᾶν.
Εκ σοῦ γὰρ γένος ἐσμὲν, ἰῆς μίμημα λαχόντες
Μοῦνοι, ὅσα ζώει τε καὶ ἕρπει θνήτ' ἐπὶ γαῖαν.   5
Τῷ σε καθυμνήσω, καὶ σὸν κράτος αἰὲν ἀείσω.
Σοὶ δὴ πᾶς ὅδε κόσμος ἑλισσόμενος περὶ γαῖαν
Πείθεται, ᾗ κεν ἄγῃς, καὶ ἑκὼν ὑπὸ σεῖο κρατεῖται.
Τοῖον ἔχεις ὑποεργὸν ἀνικήτοις ἐνὶ χερσὶν
Αμφήκη, πυρόεντα, ἀειζώοντα κεραυνόν.   10
Τοῦ γὰρ ὑπὸ πληγῆς φύσεως πάντ' ἐῤῥίγασιν·
Ὡ σὺ κατευθύνεις κοινὸν λόγον, ὃς διὰ πάντων
Φοιτᾷ, μιγνύμενος μεγάλοις μικροῖς τε φάεσσιν.
Ὁς τόσσος γεγαὼς ὕπατος βασιλεὺς διὰ παντὸς - -
*   *   *   *   *   *
Οὐδέ τι γίγνεται ἔργον ἐπὶ χθονὶ σοῦ δίχα, δαῖμον,   15
Οὔτε κατ' αἰθέριον θεῖον πόλον, οὔτ' ἐνὶ πόντῳ,

Πλὴν ὁπόσα ῥέζουσι κακοὶ σφετέρῃσιν ἀνοίαις.
Καὶ κοσμεῖς τὰ ἄκοσμα, καὶ οὐ φίλα σοὶ φίλα ἐστίν.
Ὧδε γὰρ εἰς ἓν πάντα συνήρμοκας ἐσθλὰ κακοῖσιν,
Ὥσθ' ἕνα γίγνεσθαι πάντων λόγον αἰὲν ἐόντα·   20
Ὃν φεύγοντες ἐῶσιν, ὅσοι θνητῶν κακοί εἰσι,
Δύσμοροι, οἵτ' ἀγαθῶν μὲν ἀεὶ κτῆσιν ποθέοντες,
Οὔτ' ἐσορῶσι θεοῦ κοινὸν νόμον, οὔτε κλύουσιν,
Ὧ κεν πειθόμενοι σὺν νῷ βίον ἐσθλὸν ἔχοιεν.
Αὐτοὶ δ' αὖθ' ὁρμῶσιν ἄνευ καλοῦ ἄλλος ἐπ' ἄλλα,   25
Οἱ μὲν ὑπὲρ δόξης σπουδὴν δυσέριστον ἔχοντες,
Οἱ δ' ἐπὶ κερδοσύνας τετραμμένοι οὐδενὶ κόσμῳ,
Ἄλλοι δ' εἰς ἄνεσιν, καὶ σώματος ἡδέα ἔργα,
Σπεύδοντες μάλα πάμπαν ἐναντία τῶνδε γενέσθαι.
Ἀλλὰ Ζεῦ πάνδωρε, κελαινεφές, ἀρχικέραυνε,   30
Ανθρώπους ῥύοιο ἀπειροσύνης ἀπὸ λυγρῆς,
Ἣν σύ, πάτερ, σκέδασον ψυχῆς ἄπο, δὸς δὲ κυρῆσαι
Γνώμης, ᾗ πίσυνος σὺ δίκης μέτα πάντα κυβερνᾷς·
Οφρ' ἂν τιμηθέντες ἀμειβώμεσθά σε τιμῇ,
Ὑμνοῦντες τὰ σὰ ἔργα διηνεκές, ὡς ἐπέοικε   35
Θνητὸν ἐόντ'· ἐπεὶ οὔτε βροτοῖς γέρας ἄλλο τι μεῖζον,
Οὔτε θεοῖς, ἢ κοινὸν ἀεὶ νόμον ἐν δίκῃ ὑμνεῖν.

* ΚΑΛΛΙΜΑΧΟΥ ΚΥΡΗΝΑΙΟΥ

ΥΜΝΟΣ ΕΙΣ ΔΙΑ.

ΖΗΝΟΣ ἔοι τί κεν ἄλλο παρὰ σπονδῇσιν ἀείδειν
Λώϊον, ἢ θεὸν αὐτόν, ἀεὶ μέγαν, αἰὲν ἄνακτα,
Πηλαγόνων ἐλατῆρα, δικασπόλον οὐρανίδῃσι;
Πῶς καί νιν, ΔΙΚΤΑΙΟΝ ἀείσομεν, ἠὲ ΛΥΚΑΙΟΝ;
Εν δοιῇ μάλα θυμός· ἐπεὶ γένος ἀμφήριστον.   5
Ζεῦ, σὲ μὲν Ἰδαίοισιν ἐν οὔρεσι φασὶ γενέσθαι,

Ζεῦ, σὲ δ' ἐν Ἀρκαδίῃ· πότεροι, πάτερ, ἐψεύσαντο;
Κρῆτες ἀεὶ ψεῦσται· καὶ γὰρ τάφον, ὦ ἄνα, σεῖο
Κρῆτες ἐτεκτήναντο· σὺ δ' οὐ θάνες· ἐσσὶ γὰρ αἰεί.
Ἐν δέ σε Παῤῥασίῳ Ῥείη τέκεν, ἧχι μάλιστα   10
Ἔσκεν ὄρος θάμνοισι περισκεπές· ἔνθεν ὁ χῶρος
Ἱερός· οὐδέ τι μὴν κεχρημένον Εἰλειθυίης
Ἑρπετὸν, οὐδὲ γυνὴ ἐπιμίσγεται· ἀλλά ἑ Ῥείης
Ὠγύγιον καλέουσι λεχώϊον Ἀπιδανῆες.
Ἔνθα σ' ἐπεὶ μήτηρ μεγάλων ἀπεθήκατο κόλπων,   15
Αὐτίκα δίζητο ῥόον ὕδατος, ᾧ κε τόκοιο
Λύματα χυτλώσαιτο, τεὸν δ' ἐνὶ χρῶτα λοέσσαι.
Λάδων ἀλλ' οὔπω μέγας ἔῤῥεεν, οὐδ' Ἐρύμανθος,
Λευκότατος ποταμῶν· ἔτι δ' ἄβροχος ἦεν ἄπασα
Ἀρκαδίη· (μέλλεν δὲ μάλ' εὔυδρος καλέεσθαι   20
Αὖτις·) ἐπεὶ τημόσδε, Ῥέη ὅτ' ἐλύσατο μίτρην,
Ἦ πολλὰς ἐφύπερθε σαρωνίδας ὑγρὸς Ἰάων
Ἤειρεν, πολλὰς δὲ Μέλας ὤχησεν ἀμάξας,
Πολλὰ δὲ Καρνίωνος ἄνω, διεροῦ περ ἐόντος,
Ἰλυοὺς ἐβάλοντο κινώπετα· νίσσετο δ' ἀνὴρ   25
Πεζὸς ὑπὲρ Κρᾶθίν τε, πολύστιόν τε Μετώπην
Διψαλέος· τὸ δὲ πολλὸν ὕδωρ ὑπὸ ποσσὶν ἔκειτο.
Καί ῥ' ὑπ' ἀμηχανίης σχομένη φάτο πότνια Ῥείη·
Γαῖα φίλη, τέκε καὶ σύ· τεαὶ δ' ὠδῖνες ἐλαφραί.
Εἶπε, καὶ ἀντανύσασα θεὴ μέγαν ὑψόθι πῆχυν   30
Πλῆξεν ὄρος σκήπτρῳ· τὸ δέ οἱ δίχα πουλὺ διέστη,
Ἐκ δ' ἔχεε μέγα χεῦμα. τόθι χρόα φαιδρύνασα,
Ὦ 'να, τεὸν σπείρωσε, Νέδῃ δέ σ' ἔδωκε κομίσσαι
Κευθμῶν ἐς Κρηταῖον, ἵνα κρύφα παιδεύοιο,
Πρεσβυτάτη Νυμφέων, αἵ μιν τότε μαιώσαντο,   35
Πρωτίστη γενεῆφι, μετὰ Στύγα τε, Φιλύρην τε.
Οὐδ' ἁλίην ἀπέτισε θεὴ χάριν· ἀλλὰ τὸ χεῦμα
Κεῖνο Νέδην ὀνόμηνε· τὸ μέν ποθι πουλὺ, κατ' αὐτὸ
Καυκώνων πτολίεθρον, ὃ Λέπρειον πεφάτισται,

Συμφέρεται Νηρῆϊ· παλαιότατον δέ μιν. ὕδωρ   **40**
Ὑϊωνοὶ πίνουσι Λυκαονίης ἄρκτοιο.
Εὖτε Θενὰς ἀπέλειπεν, ἐπὶ Κνωσσοῖο φέρουσα,
Ζεῦ πάτερ, ἡ Νύμφη σε, (Θεναὶ δ᾽ ἔσαν ἐγγύθι Κνωσσοῦ,)
Τουτάκι τοι πέσε, δαῖμον, ἀπ᾽ ὀμφαλός· ἔνθεν ἐκεῖνο·
Ὀμφάλιον μετέπειτα πέδον καλέουσι Κύδωνες.   **45**
Ζεῦ, σὲ δὲ Κυρβάντων ἔταραι προσεπηχύναντο
Δικταῖαι Μελίαι· σὲ δ᾽ ἐκοίμισεν Ἀδρήστεια
Λίκνῳ ἐνὶ χρυσέῳ· σὺ δ᾽ ἐθήσαο πίονα μαζὸν
Αἰγὸς Ἀμαλθείης, ἐπὶ δὲ γλυκὺ κηρίον ἔβρως.
Γέντο γὰρ ἐξαπιναῖα Παναχρίδος ἔργα μελίσσης   **50**
Ἰδαίοις ἐν ὄρεσσι, τά τε κλείουσι Πάνακρα.
Οὖλα δὲ Κούρητές σε πέρι πρύλιν ὠρχήσαντο
Τεύχεα πεπλήγοντες, ἵνα Κρόνος οὔασιν ἠχὴν
Ἀσπίδος εἰσαΐοι, καὶ μὴ σέο κουρίζοντος.
Καλὰ μὲν ἤέξεν, καλὰ δ᾽ ἔτραφες, οὐράνιε Ζεῦ·   **55**
Ὀξὺ δ᾽ ἀνήβησας, ταχινοὶ δέ τοι ἦλθον ἴουλοι.
Ἀλλ᾽ ἔτι παιδνὸς ἐὼν ἐφράσσαο πάντα τέλεια·
Τῷ τοι καὶ γνωτοί, προτερηγενέες περ ἐόντες,
Οὐρανὸν οὐκ ἐμέγηραν ἔχειν ἐπιδαίσιον οἶκον.
Δηναιοὶ δ᾽ οὐ πάμπαν ἀληθέες ἦσαν ἀοιδοί·   **60**
Φάντο πάλον Κρονίδῃσι διὰ τρίχα δώματα νεῖμαι·
Τίς δέ κ᾽ ἐπ᾽ οὐλύμπῳ τε καὶ ἄϊδι κλῆρον ἐρύσσαι,
Ὃς μάλα μὴ νενίηλος; ἐπ᾽ ἰσαίῃ γὰρ ἔοικε
Πήλασθαι· τὰ δὲ τόσσον ὅσον διὰ πλεῖστον ἔχουσι.
Ψευδοίμην, ἀΐοντος ἅ κεν πεπίθοιεν ἀκουήν.   **65**
Οὔ σε θεῶν ἐσσῆνα πάλοι θέσαν· ἔργα δὲ χειρῶν,
Σή τε Βίη, τό τε Κάρτος, ὃ καὶ πέλας εἶσαο δίφρου.
Θήκαο δ᾽ οἰωνῶν μέγ᾽ ὑπείροχον ἀγγελιώτην
Σῶν τεράων· ἅτ᾽ ἐμοῖσι φίλοις ἐνδέξια φαίνοις.
Εἵλεο δ᾽ αἰζηῶν ὅ τι φέρτατον· οὐ σύ γε νηῶν   **70**
Ἐμπεράμους, οὐκ ἄνδρα σακέσπαλον, οὐ μὲν ἀοιδόν·
Ἀλλὰ τὰ μὲν μακάρεσσιν ὀλίζοσιν ἀντιπαρῆκας,

Ἀλλα μέλειν ἑτέροισι· σὺ δ' ἐξέλεο πτολιάρχους
Αὐτοὺς, ὧν ὑπὸ χεῖρα γεωμόρος, ὧν ἴδρις αἰχμῆς,
Ὧν ἐρέτης, ὧν πάντα· τί δ' οὐ κρατέοντος ὑπ' ἰσχύν;   75
Αὐτίκα χαλκῆας μὲν ὑδείομεν Ἡφαίστοιο,
Τευχηστὰς δ' Ἄρηος, ἐπακτῆρας δὲ Χιτώνης
Ἀρτέμιδος, Φοίβου δὲ, λύρης εὖ εἰδότας οἴμους·
Εκ δὲ Διὸς βασιλῆες· ἐπεὶ Διὸς οὐδὲν ἀνάκτων
Θειότερον· τῷ καί σφε τεὴν ἐκρίναο λῆξιν·   80
Δῶκας δὲ πτολίεθρα φυλασσέμεν· ἷζεο δ' αὐτὸς
Ἀκρῃς ἐν πτολίεσσιν ἐπόψιος, οἵ τε δίκῃσι
Λαὸν ὑπὸ σκολιῆς, οἵ τ' ἔμπαλιν ἰθύνουσιν.
Ἐν δὲ ῥυηφενίην ἔβαλες σφίσιν, ἐν δ' ἅλις ὄλβον·
Πᾶσι μὲν, οὐ μάλα δ' ἶσον· ἔοικε δὲ τεκμήρασθαι   85
Ἡμετέρῳ μεδέοντι· περὶ πρὸ γὰρ εὐρὺ βέβηκεν.
Ἑσπέριος κεῖνός γε τελεῖ τά κεν ἦρι νοήσῃ·
Ἑσπέριος τὰ μέγιστα, τὰ μείονα δ' εὖτε νοήσῃ·
Οἱ δὲ, τὰ μὲν πλειῶνι· τὰ δ' οὐχ ἑνί· τῶν δ' ἀπὸ πάμπαν
Αὐτὸς ἄνην ἐκόλουσας, ἐνέκλασσας δὲ μενοινήν.   90
Χαῖρε μέγα, Κρονίδη πανυπέρτατε, δῶτορ ἐάων,
Δῶτορ ἀπημονίης· τεὰ δ' ἔργματα τίς κεν ἀείδοι;
Οὐ γένετ', οὐκ ἔσται, τίς κεν Διὸς ἔργματ' ἀείσει.
Χαῖρε, πάτερ, χαῖρ' αὖθι· δίδου δ' ἀρετήν τ' ἄφενός τε.
Οὔτ' ἀρετῆς ἄτερ ὄλβος ἐπίσταται ἄνδρας ἀέξειν,   95
Οὔτ' ἀρετὴ ἀφένοιο· δίδου δ' ἀρετήν τε καὶ ὄλβον.

* ΕΙΣ ΛΟΥΤΡΑ ΤΗΣ ΠΑΛΛΑΔΟΣ.

ΌΣΣΑΙ λωτροχόοι τᾶς Παλλάδος, ἔξιτε πᾶσαι,
　　Ἐξιτε· τᾶν ἵππων ἄρτι φρυασσομέναν
Τᾶν ἱερᾶν ἐσάκουσα, καὶ ἁ θεὸς εὔτυχος ἔρπει·
　　Σοῦσθέ νυν, ὦ ξανθαὶ, σοῦσθε Πελασγιάδες.
Οὔ ποχ᾽ Ἀθαναία μεγάλως ἀπενίψατο πάχεις,　　　5
　　Πρὶν κόνιν ἱππείαν ἐξελάσαι λαγόνων·
Οὐδ᾽ ὅκα δὴ, λύθρῳ πεπαλαγμένα πάντα φέροισα
　　Τεύχεα, τῶν ἀδίκων ἦνθ᾽ ἀπὸ γηγενέων·
Ἀλλὰ πολὺ πράτιστον ὑφ᾽ ἅρματος αὐχένας ἵππων
　　Λυσαμένα, παγαῖς ἔκλυσεν Ὠκεανῶ　　　　　10
Ἱδρῶ καὶ ῥαθάμιγγας· ἐφοίβασεν δὲ παγέντα
　　Πάντα χαλινοφάγων ἀφρὸν ἀπὸ στομάτων.
Ὦ ἴτ᾽ Ἀχαιάδες, καὶ μὴ μύρα, μηδ᾽ ἀλαβάστρως,
　　(Συρίγγων ἀΐω φθόγγον ὑπαξονίαν)
Μὴ μύρα λωτροχόοι τᾷ Παλλάδι, μηδ᾽ ἀλαβάστρως　15
　　(Οὐ γὰρ Ἀθαναία χρίματα μικτὰ φιλεῖ)
Οἴσετε, μηδὲ κάτοπτρον· ἀεὶ καλὸν ὄμμα τὸ τήνας.
　　Οὐδ᾽ ὅκα τὰν Ἴδᾳ Φρὺξ ἐδίκαζεν ἔριν,
Οὐδ᾽ ἐς ὀρείχαλκον μεγάλα θεὸς, οὐδὲ Σιμοῦντος
　　Ἔβλεψε δίναν ἐς διαφαινομέναν·　　　　　20
Οὐδ᾽ Ἥρα· Κύπρις δὲ διαυγέα χαλκὸν ἑλοῖσα,
　　Πολλάκι τὰν αὐτὰν δὶς μετέθηκε κόμαν.
Ἁ δὲ, δὶς ἑξήκοντα διαθρέξασα διαύλως,
　　Οἷα παρ᾽ Εὐρώτᾳ τοὶ Λακεδαιμόνιοι
Ἀστέρες, ἐμπεράμως ἐτρίψατο λιτὰ λαβοῖσα　　　25
　　Χρίματα, τᾶς ἰδίας ἔκγονα φυταλιᾶς·
Ὦ κῶραι, τὸ δ᾽ ἔρευθος ἀνέδραμε, πρώϊον οἷαν
　　Ἤ ῥόδον ἤ σίβδας κόκκος ἔχει χροίαν.

Τῷ καὶ νῦν ἄρσεν τε κομίσσατε μῶνον ἔλαιον,
  'Ω Κάστωρ, ᾧ καὶ χρίεται 'Ηρακλέης.   30
Οἴσετε καὶ κτένα οἱ παγχρύσεον, ὡς ἀπὸ χαίταν
  Πέξηται, λιπαρὸν σμασαμένα πλόκαμον.
Ἔξιθ' Ἀθαναία· πάρα τοι καταθύμιος ἴλα,
  Παρθενικαί, μεγάλων παῖδες Ἀκεστοριδᾶν.
Ω 'θάνα, φέρεται δὲ καὶ ἁ Διομήδεος ἀσπὶς,   35
  'Ως ἔθος Ἀργείως τοῦτο παλαιότερον
Εὐμήδης ἐδίδαξε, τεῒν κεχαρισμένος ἱρεύς·
  'Ος ποκα βουλευτὸν γνοὺς ἐπί οἱ θάνατον
Δᾶμον ἑτοιμάσδοντα, φυγᾷ τεὸν ἱρὸν ἄγαλμα
  Ωχετ' ἔχων, Κρεῖον δ' εἰς ὄρος ᾠκίσατο,   40
Κρεῖον ὄρος· σὲ δὲ, δαῖμον, ἀποῤῥώγεσσιν ἔθηκεν
  Εν πέτραις, αἷς νῦν ὄνομα Παλλατίδες.
Ἔξιθ' Ἀθαναία περσέπτολι, χρυσεοπήληξ,
  'Ιππων καὶ σακέων ἁδομένα πατάγῳ.
Σάμερον ὑδροφόροι μὴ βάπτετε· σάμερον Ἀργος   45
  Πίνετ' ἀπὸ κρανᾶν, μηδ' ἀπὸ τῶν ποταμῶν·
Σάμερον αἱ δῶλαι τὰς κάλπιδας ἐς Φυσάδειαν
  Η ἐς Ἀμυμώνην οἴσετε τὰν Δαναῶ.
Καὶ γὰρ δὴ χρυσῷ τε καὶ ἄνθεσιν ὕδατα μίξας
  'Ηξεῖ φορβαίων Ιναχος ἐξ ὀρέων,   50
Τᾷ 'θάνᾳ τὸ λοετρὸν ἄγων καλόν. ἀλλὰ, Πελασγὲ,
  Φράσδεο, μὴ οὐκ ἐθέλων τὰν βασίλειαν ἴδῃς.
'Ος κεν ἴδῃ γυμνὰν τὰν Παλλάδα τὰν πολιοῦχον,
  Τὦργος ἐσοψεῖται τοῦτο πανυστάτιον.
Πότνι' Ἀθαναία, σὺ μὲν ἔξιθι· μέσφα δ' ἐγών τι   55
  Ταῖσδ' ἐρέω· μῦθος δ' οὐκ ἐμὸς, ἀλλ' ἑτέρων.
Παῖδες, Ἀθαναία νύμφαν μίαν ἔκ ποκα Θήβας
  Πουλύ τι καὶ περὶ δὴ φίλατο τᾶν ἑταρᾶν,
Ματέρα Τειρεσίαο, καὶ οὔ ποκα χωρὶς ἔγεντο·
  Ἀλλὰ καὶ ἀρχαίων εὖτ' ἐπὶ Θεσπιέων,   60

Ἠ 'πὶ Κορωνείας, ἵνα οἱ τεθνωμένον ἄλσος,
    Καὶ βωμοὶ ποταμῷ κεῖντ' ἐπὶ Κουραλίῳ,
Ἠ 'πὶ Κορωνείας, ἢ εἰς Ἁλίαρτον ἐλαύνοι
    Ἵππως, Βοιωτῶν ἔργα διερχομένα,
Πολλάκις ἁ δαίμων μιν ἑῷ ἐπεβάσατο δίφρῳ.   65
    Οὐ δ' ὄαροι Νυμφᾶν, οὐδὲ χοροστασίαι
Ἁδεῖαι τελέθεσκον, ὅθ' οὐχ ἁγεῖτο Χαριχλώ.
    Ἀλλ' ἔτι καὶ τήναν δάκρυα πόλλ' ἔμενε,
Καίπερ Ἀθαναίᾳ καταθύμιον εὖσαν ἑταίραν.
    Δή ποκα γὰρ πέπλων λυσαμένα περόνας,   70
Ἵππω ἐπὶ κράνᾳ Ἑλικωνίδι καλὰ ῥεοίσᾳ
    Λῶντο· μεσαμερία δ' εἶχ' ὄρος ἀσυχία.
Τειρεσίας δ' ἔτι μῶνος ἁμᾶ κυσὶν, ἄρτι γένεια
    Περκάζων, ἱερὸν χῶρον ἀνεστρέφετο·
Διψάσας δ' ἄφατόν τι, ποτὶ ῥόον ἦλθε κράνας,   75
    Σχέτλιος· οὐκ ἐθέλων δ' εἶδε τὰ μὴ θέμις ἦς.
Τὸν δὲ, χολωσαμένα περ, ὅμως προσέφασεν Ἀθάνα·
    Τίς σε, τὸν ὀφθαλμὼς οὐκ ἔτ' ἀποισόμενον,
Ω Εὐηρείδα, χαλεπὰν ὁδὸν ἄγαγε δαίμων;
    Ἁ μὲν ἔφα, παιδὸς δ' ὄμματα νὺξ ἔβαλεν·   80
Ἑστάθη δ' ἄφθογγος· ἐκόλλασαν γὰρ ἀνίαι
    Γώνατα, καὶ φωνὰν ἔσχεν ἀμαχανία.
Ἁ Νύμφα δ' ἐβόασε· Τί μοι τὸν χῶρον ἔρεξας,
    Πότνια; τοιαῦται δαίμονες ἐστὲ φίλαι;
Ὄμματά μοι τῶ παιδὸς ἀφείλεο. τέκνον ἄλαστε,   85
    Εἶδες Ἀθαναίας στάθεα καὶ λαγόνας·
Ἀλλ' οὐκ ἀέλιον πάλιν ὄψεαι· ὦ ἐμὲ δειλάν.
    Ω ὄρος, ὦ Ἑλικὼν οὐκ ἔτι μοι παριτὲ,
Ἠ μεγάλ' ἀντ' ὀλίγων ἐπράξαο· δόρκας ὀλέσσας
    Καὶ πρόκας οὐ πολλὰς, φάεα παιδὸς ἔχεις.   90
Πάχεσιν ἀμφοτέροισι φίλον περὶ παῖδα λαβοῖσα,
    Μάτηρ μὲν γοερᾶν οἶτον ἀηδονίδων

Εσχε, βαρὺ χλαίοισα· θεὰ δ' ἐλέησεν ἑταίραν,
   Καί μιν Αθαναία πρὸς τόδ'. ἔλεξεν ἔπος·
Δῖα γύναι, μετὰ πάντα βαλεῦ πάλιν, ὅσσα δι' ὀργὰν   95
   Εἶπας· ἐγὼν δ' οὔ τοι τέκνον ἔθηκ' ἀλαόν.
Οὐ γὰρ Αθαναία γλυκερὸν πέλει ὄμματα παίδων
   Ἁρπάσδειν· Κρόνιοι δ' ὧδε λέγοντι νόμοι·
Ὅς κέ τιν' ἀθανάτων, ὅκα μὴ θεὸς αὐτὸς ἕληται,
   Αθρήσῃ, μισθῷ τοῦτον ἰδεῖν μεγάλῳ.   100
Δῖα γύναι, τὸ μὲν οὐ παλινάγρετον αὖθι γένοιτο
   Εργον· ἐπεὶ Μοιρᾶν ὧδ' ἐπένευσε λίνα,
Ἁνίκα τοπρᾶτόν νιν ἐγείναο. νῦν δὲ κομίσδευ,
   Ω Εὐηρείδα, τέλθος ὀφειλόμενον.
Πόσσα μὲν ἁ Καδμηῒς ἐσύστερον ἔμπυρα καυσεῖ,   105
   Πόσσα δ' Αρισταῖος, τὸν μόνον εὐχόμενοι
Παῖδα, τὸν ἁβδᾶν Ακταίονα, τυφλὸν ἰδέσθαι;
   Καὶ τῆνος μεγάλας σύνδρομος Αρτέμιδος
Εσσεται· ἀλλ' οὐκ αὐτὸν ὅ τε δρόμος, αἵ τ' ἐν ὄρεσσι
   Ῥυσεῦνται ξυναὶ τᾶμος ἑκαβολίαι,   110
Ὁππόταν οὐκ ἐθέλων περ ἴδῃ χαρίεντα λοετρὰ
   Δαίμονος· ἀλλ' αὐταὶ τὸν πρὶν ἄνακτα κύνες
Τουτάκι δειπνασεῦντι· τὰ δ' υἱέος ὀστέα μάτηρ
   Αεξεῖται, δρυμὼς πάντας ἐπερχομένα.
Ολβίσταν ἐρέει σὲ καὶ εὐαίωνα γενέσθαι,   115
   Εξ ὀρέων ἀλαὸν παῖδ' ὑποδεξαμέναν.
Ω ἑτάρα, τῷ μή τι μινύρεο· τῷδε γὰρ ἄλλα,
   Τεῦ χάριν, ἐξ ἐμέθεν πολλὰ μενεῦντι γέρα·
Μάντιν ἐπεὶ θησῶ νιν ἀοίδιμον ἐσσομένοισιν,
   Η μέγα τῶν ἄλλων δή τι περισσότερον.   120
Γνωσεῖται δ' ὄρνιχας, ὃς αἴσιος, οἵ τε πέτονιαι
   Ηλιθα, καὶ ποίων οὐκ ἀγαθαὶ πτέρυγες.
Πολλὰ δὲ Βοιωτοῖσι θεοπρόπα, πολλὰ δὲ Κάδμῳ
   Χρησεῖ, καὶ μεγάλοις ὕστερα Λαβδακίδαις.

Δωσῶ καὶ μέγα βάκτρον, ὅ οἱ πόδας ἐς δέον ἀξεῖ·   125
  Δωσῶ καὶ βιότω τέρμα πολυχρόνιον.   (
Καὶ μόνος, εὖτε θάνῃ, πεπνυμένος ἐν νεκύεσσι
  Φοιτασεῖ, μεγάλῳ τίμιος Ἀγεσίλᾳ.
Ὣς φαμένα κατένευσε· τὸ δ᾽ ἐντελὲς, ᾧ κ᾽ ἐπινεύσῃ
  Παλλάς· ἐπεὶ μόνᾳ Ζεὺς τό γε θυγατέρων   130
Δῶκεν Ἀθαναίᾳ, πατρώϊα πάντα φέρεσθαι.
  Δωτροχόοι, μάτηρ δ᾽ οὔτις ἔτικτε θεάν·
Ἀλλὰ Διὸς κορυφά. κορυφὰ Διὸς οὐκ ἐπινεύει
  Ψεύδεα· [μηδ᾽ ἀτελῆ νεῦσε Διὸς] θυγάτηρ.

Ἔρχετ᾽ Ἀθαναία νῦν ἀτρεκές· ἀλλὰ δέχεσθε   135
  Τὰν θεὸν, ὦ κῶραι, τὦργος ὅσαις μέλεται,
Σύν τ᾽ εὐαγορίᾳ, σύν τ᾽ εὔγμασι, σύν τ᾽ ὀλολυγαῖς.
  Χαῖρε, θεά, κάδευ δ᾽ Ἄργεος Ἰναχίω.
Χαῖρε καὶ ἐξελάοισα, καὶ ἐς πάλιν αὖτις ἐλάσσαις
. Ἵππως, καὶ Δαναῶν κλᾶρον ἅπαντα σάω.   140

II.

*SENTENTIAE.

[Ex Brunckii Poetis Gr. Gnomicis. Argent. 1784. 12mo.]

*Vos lene consilium et datis, et dato
Gaudetis, almae.*
Hor. Od. III. 4. 41.

† ΜΙΜΝΕΡΜΟΥ ΚΟΛΟΦΩΝΙΟΥ.

I.

ΤΙΣ δὲ βίος, τί δὲ τερπνὸν ἄτερ χρυσέης Ἀφροδίτης;
Τεθναίην, ὅτ᾽ ἐμοὶ μηκέτι ταῦτα μέλοι,
Κρυπταδίη φιλότης, καὶ μείλιχα δῶρα, καὶ εὐνή.
Ἄνθεα τῆς ἥβης γίγνεται ἁρπαλέα
Ἀνδράσιν ἠδὲ γυναιξίν. ἐπὴν δ᾽ ὀδυνηρὸν ἐπέλθῃ   5
Γῆρας, ὅ τ᾽ αἰσχρὸν ὁμῶς καὶ καλὸν ἄνδρα τιθεῖ,
Ἀιεὶ μὲν φρένας ἀμφὶ κακαὶ τείρουσι μέριμναι,
Οὐδ᾽ αὐγὰς προσορῶν τέρπεται ἠελίου·
Ἀλλ᾽ ἐχθρὸς μὲν παισὶν, ἀτίμαστος δὲ γυναιξίν
Οὕτως ἀργαλέον γῆρας ἔθηκε θεός.   10

II.

Ἡμεῖς δ᾽, οἷά τε φύλλα φύει πολυάνθεμος ὥρη
Ἦρος, ὅτ᾽ ἀψ αὐγῇ αὔξεται ἠελίου,
Τοῖς ἴκελοι, πήχυιον ἐπὶ χρόνον ἄνθεσιν ἥβης
Τερπόμεθα, πρὸς θεῶν εἰδότες οὔτε κακὸν,

Οὔτ᾽ ἀγαθόν.   Κῆρες δὲ παρεστήκασι μέλαιναι·   5
'Η μὲν ἔχουσα τέλος γήραος ἀργαλέου,
'Η δ᾽ ἑτέρη θανάτοιο. μίνυνθα δὲ γίγνεται ἥβης
Καρπὸς, ὅσον τ᾽ ἐπὶ γῆν κίδναται ἠέλιος.
Αὐτὰρ ἐπεὶ δὴ τοῦτο τέλος παραμείψεται ὥρης,
Αὐτίκα δὴ τεθνάναι βέλτιον, ἢ βίοτος.   10
Πολλὰ γὰρ ἐν θυμῷ κακὰ γίγνεται· ἄλλοτε δ᾽ οἶκος
Τρυχοῦται, πενίης δ᾽ ἔργ᾽ ὀδυνηρὰ πέλει·
Ἄλλος δ᾽ αὖ παίδων ἐπιδεύεται, ὧν τε μάλιστα
'Ιμείρων κατὰ γῆς ἔρχεται εἰς Ἀΐδην·
Ἄλλος νοῦσον ἔχει θυμοφθόρον· οὐδέ τις ἐστὶν   15
Ἀνθρώπων, ᾧ Ζεὺς μὴ κακὰ πολλὰ διδοῖ.

III.

Αὐτίχ᾽ ἐμοὶ κατὰ μὲν χροιὴν ῥέει ἄσπετος ἱδρὼς,
Πτοιῶμαι δ᾽ ἐσορῶν ἄνθος ὁμηλικίης
Τερπνὸν ὁμῶς καὶ καλὸν, ἐπεὶ πλέον ὤφελεν εἶναι.
Ἀλλ᾽ ὀλιγοχρόνιον γίγνεται, ὥσπερ ὄναρ,
'Ήβη τιμήεσσα. τὸ δ᾽ ἀργαλέον καὶ ἄμορφον   5
Γῆρας ὑπὲρ κεφαλῆς αὐτίχ᾽ ὑπερκρέμαται,
Ἐχθρὸν ὁμῶς καὶ ἄτιμον, ὅ τ᾽ ἄγνωστον τιθεῖ ἄνδρα,
Βλάπτει δ᾽ ὀφθαλμοὺς καὶ νόον ἀμφιχυθέν.

IV.

Αἲ γὰρ ἄτερ νούσων τε καὶ ἀργαλέων μελεδάνων
'Εξηκονταέτη μοῖρα κίχοι θανάτου.

V.

Δεινοὶ γὰρ ἀνδρὶ πάντες ἐσμὲν εὐκλεεῖ
Ζῶντι φθονῆσαι, κατθανόντα δ᾽ αἰνέσαι.

* ΣΟΛΩΝΟΣ ΑΘΗΝΑΙΟΥ.

I.

ΙΣΟΝ τοι πλουτοῦσιν, ὅτῳ πολὺς ἄργυρός ἐστι
Καὶ χρυσὸς, καὶ γῆς πυροφόρου πεδία,
῾Ίπποι θ᾽ ἡμίονοί τε, καὶ ᾧ μόνα ταῦτα πάρεστι,
Γαστρί τε καὶ πλευραῖς καὶ ποσὶν ἀβρὰ παθεῖν,
Παῖδές τ᾽ ἠδὲ γυναῖκες· ὅταν δέ γε τῶνδ᾽ ἐφίκηται   5
῾Ώρη, σὺν δ᾽ ἥβη γίγνεται ἁρμοδία,
Ταῦτ᾽ ἄφενος θνητοῖσι· τὰ γὰρ περιώσια πάντα
Χρήματ᾽ ἔχων οὐδεὶς ἔρχεται εἰς Ἀΐδην·
Οὐδ᾽ ἂν ἄποινα διδοὺς θάνατον φύγοι, οὐδὲ βαρείας
Νούσους, οὐδὲ κακὸν γῆρας ἐπερχόμενον.   10

II.

Παῖς μὲν ἄνηβος ἐὼν ἔτι νήπιος ἕρκος ὀδόντων
Φύσας, ἐκβάλλει πρῶτον ἐν ἕπτ᾽ ἔτεσι.
Τοὺς δ᾽ ἑτέρους ὅτε δὴ τελέσει θεὸς ἕπτ᾽ ἐνιαυτοὺς,
῾Ήβης ἐκφαίνει σήματα γιγνομένης.
Τῇ τριτάτῃ δὲ γένειον, ἀεξομένων ἐπὶ γυίων,   5
Λαχνοῦται, χροιῆς ἄνθος ἀμειβομένης.
Τῇ δὲ τετάρτῃ πᾶς τις ἐν ἑβδομάδ᾽ ἐστὶν ἄριστος
Ἰσχὺν, οἵ τ᾽ ἄνδρες σήματ᾽ ἔχουσ᾽ ἀρετῆς.·
Πέμπτῃ δ᾽ ὥριον ἄνδρα γάμου μεμνημένον εἶναι,
Καὶ παίδων ζητεῖν εἰσοπίσω γενεήν.   10
Τῇ δ᾽ ἕκτῃ περὶ πάντα καταρτύεται νόος ἀνδρὸς,
Οὐδ᾽ ἔρδειν ἔθ᾽ ὁμῶς ἔργ᾽ ἀπάλαμνα θέλει.
῾Επτὰ δὲ νοῦν καὶ γλῶσσαν ἐν ἑβδομάσιν μέγ᾽ ἄριστος,
Οκτώ τ᾽· ἀμφοτέρων τέσσαρα καὶ δέκ᾽ ἔτη.
Τῇ δ᾽ ἐνάτῃ δύναται μὲν ἔτι, μαλακώτερα δ᾽ αὐτοῦ   15
Πρὸς μεγάλην ἀρετὴν σῶμά τε καὶ σοφίη.

Τῇ δεκάτῃ δ᾽, ὅτε δὴ τελέσει θεὸς ἕπτ᾽ ἐνιαυτοὺς,
  Οὐκ ἂν ἄωρος ἐὼν μοῖραν ἔχοι θανάτου.

III.

Ἐκ νεφέλης φέρεται χιόνος μένος ἠδὲ χαλάζης·
  Βροντὴ δ᾽ ἐκ λαμπρᾶς γίγνεται ἀστεροπῆς·
Ἐξ ἀνέμων δὲ θάλασσα ταράσσεται· ἢν δέ τις αὐτὴν
  Μὴ κινῇ, πάντων ἐστὶ δικαιοτάτη.
Ἀνδρῶν δ᾽ ἐκ μεγάλων πόλις ὄλλυται· εἰς δὲ μονάρχου   5
  Δῆμος ἀϊδρις ἐὼν δουλοσύνην ἔπεσε.

IV.

Πρὸς Μίμνερμον εἰπόντα,

'ΕΞΗΚΟΝΤΑΕΤΗ ΜΟΙΡΑ ΚΙΧΟΙ ΘΑΝΑΤΟΥ.

Ἀλλ᾽ εἴ μοι κἂν νῦν ἔτι πείσεαι, ἔξελε τοῦτο·
  Μηδὲ μέγαιρ᾽, ὅτι σεῦ λώϊον ἐφρασάμην·
Καὶ μεταποίησον λιγέως ταδὶ, ὧδε δ᾽ ἄειδε·
  ΟΓΔΩΚΟΝΤΑΕΤΗ ΜΟΙΡΑ ΚΙΧΟΙ ΘΑΝΑΤΟΥ.
Μηδ᾽ ἐμοὶ ἄκλαυστος θάνατος μόλοι, ἀλλὰ φίλοισι   5
  Καλλείποιμι θανὼν ἄλγεα καὶ στοναχάς.

V.

Πολλοὶ γὰρ πλουτοῦσι κακοὶ, ἀγαθοὶ δὲ πένονται.
  Ἀλλ᾽ ἡμεῖς αὐτοῖς οὐ διαμειψόμεθα
Τῆς ἀρετῆς τὸν πλοῦτον· ἐπεὶ τὸ μὲν ἔμπεδόν ἐστι,
  Χρήματα δ᾽ ἀνθρώπων ἄλλοτε ἄλλος ἔχει.

* ΣΙΜΩΝΙΔΟΥ ΚΕΙΟΥ.

I.

ΟΥΔΕΝ ἐν ἀνθρώποισι μένει χρῆμ' ἔμπεδον αἰεί.
Ἐν δὲ τὸ κάλλιστον Χῖος ἔειπεν ἀνήρ·
ΟΙΗΠΕΡ ΦΥΛΛΩΝ ΓΕΝΕΗ, ΤΟΙΗΔΕ ΚΑΙ ΑΝΔΡΩΝ.
Παῦροί μιν θνητῶν οὔασι δεξάμενοι
Στέρνοις ἐγκατέθεντο· πάρεστι γὰρ ἐλπὶς ἑκάστῳ,   5
Ἀνδρῶν ἥτε νέων στήθεσιν ἐμφύεται.
Θνητῶν δ' ὄφρα τις ἄνθος ἔχῃ πολυήρατον ἥβης,
Κοῦφον ἔχων θυμὸν, πόλλ' ἀτέλεστα νοεῖ.
Οὔτε γὰρ ἐλπίδ' ἔχει γηρασσέμεν, οὔτε θανεῖσθαι,
Οὐδ', ὑγιὴς ὅταν ᾖ, φροντίδ' ἔχει καμάτου.   10
Νήπιοι, οἷς ταύτῃ κεῖται νόος, οὐδέ τ' ἴσασιν
Ὡς χρόνος ἔσθ' ἥβης καὶ βιότου ὀλίγος
Θνητοῖς. ἀλλὰ σὺ ταῦτα μαθὼν βιότου ποτὶ τέρμα
Ψυχῇ τῶν ἀγαθῶν τλῆθι χαριζόμενος.

II.

Ὦ παῖ, τέλος μὲν Ζεὺς ἔχει βαρύκτυπος
Πάντων, ὅσ' ἐστὶ, καὶ τίθησ' ὅπῃ θέλει.
Νοῦς δ' οὐκ ἐπ' ἀνθρώποισιν· ἀλλ' ἐφήμεροι
Ἀεὶ βροτοὶ δὴ ζῶμεν, οὐδὲν εἰδότες,
Ὅπως ἕκαστον ἐκτελευτήσει θεός.   5
Ἐλπὶς δὲ πάντας κἀπιπειθείη τρέφει
Ἀπρηκτον ὁρμαίνοντας. οἱ μὲν ἡμέρην
Μένουσιν ἐλθεῖν, οἱ δ' ἐτέων περιτροπάς.
Νέωτα δ' οὐδεὶς ὅστις οὐ δοκεῖ βροτῶν
Πλούτῳ τε κἀγαθοῖσιν ἵξεσθαι φίλον.   10
Φθάνει δὲ τὸν μὲν γῆρας ἄζηλον λαβὸν,
Πρὶν τέρμ' ἵκηται· τοὺς δὲ δύστηνοι νόσοι

Φθείρουσι θνητῶν· τοὺς δ' Ἄρει δεδμημένους
Πέμπει μελαίνης Ἀΐδης ὑπὸ χθονός.
Οἱ δ' ἐν θαλάσσῃ, λαίλαπι κλονεύμενοι   15
Καὶ κύμασιν πολλοῖσι πορφυρῆς ἁλὸς,
Θνήσκουσιν, εὖτ' ἂν μὴ δυνήσωνται ζώειν.
Οἱ δ' ἀγχόνην ἥψαντο δυστήνῳ μόρῳ,
Καὐτάγρετοι λείπουσιν ἡλίου φάος.
Οὕτω κακῶν ἄπ' οὐδέν· ἀλλὰ μυρίαι   20
Βροτοῖσι κῆρες, κἀνεπίφραστοι δύαι,
Καὶ πήματ' ἐστίν. εἰ δ' ἐμοὶ πιθοίατο,
Οὐκ ἂν κακῶν ἐρῷμεν, οὐδ' ἐν ἄλγεσι
Κακοῖς ἔχοντες θυμὸν αἰκιζοίμεθα.

III.

Γυναικὸς οὐδὲν χρῆμ' ἀνὴρ ληΐζεται
Εσθλῆς ἄμεινον, οὐδὲ ῥίγιον κακῆς.

* ΠΥΘΑΓΟΡΟΥ ΧΡΥΣΑ ΕΠΗ.

ΑΘΑΝΑΤΟΥΣ μὲν πρῶτα θεοὺς, νόμῳ ὡς διάκειται,
Τίμα· καὶ σέβου ὅρκον· ἔπειθ' ἥρωας ἀγανοὺς,
Τούς τε καταχθονίους σέβε δαίμονας, ἔννομα ῥέζων·
Τούς τε γονεῖς τίμα, τούς τ' ἄγχιστ' ἐκγεγαῶτας.
Τῶν δ' ἄλλων ἀρετῇ ποιεῦ φίλον ὅστις ἄριστος.   5
Πραέσι δ' εἶκε λόγοις, ἔργοισί τ' ἐπωφελίμοισι.
Μηδ' ἔχθαιρε φίλον σὸν ἁμαρτάδος εἵνεκα μικρῆς,
Ὄφρα δύνῃ· δύναμις γὰρ ἀνάγκης ἐγγύθι ναίει.
Ταῦτα μὲν οὕτως ἴσθι· κρατεῖν δ' εἰθίζεο τῶνδε,
Γαστρὸς μὲν πρώτιστα, καὶ ὕπνου, λαγνείης τε,   10
Καὶ θυμοῦ. πρήξεις δ' αἰσχρόν ποτε μήτε μετ' ἄλλου,
Μήτ' ἰδίῃ· πάντων δὲ μάλιστ' αἰσχύνεο σαυτόν.

Εἶτα δικαιοσύνην ἄσκει ἔργῳ τε λόγῳ τε.
Μηδ᾽ ἀλογίστως σαυτὸν ἔχειν περὶ μηδὲν ἔθιζε.
Ἀλλὰ γνῶθι μὲν, ὡς θανέειν πέπρωται ἅπασι·   15
Χρήματα δ᾽ ἄλλοτε μὲν κτᾶσθαι φιλεῖ, ἄλλοτ᾽ ὀλέσσαι.
Ὅσσα τε δαιμονίῃσι τύχαις βροτοὶ ἄλγε᾽ ἔχουσιν,
Ἢν ἂν μοῖραν ἕλῃς, ταύτην φέρε, μηδ᾽ ἀγανάκτει·
Ἰᾶσθαι δὲ πρέπει, καθόσον δύνῃ· ὧδε δὲ φράζευ·
Οὐ πάνυ τοῖς ἀγαθοῖς τούτων πολὺ μοῖρα δίδωσι.   20
Πολλοὶ δ᾽ ἀνθρώποισι λόγοι δειλοί τε καὶ ἐσθλοὶ
Προσπίπτουσ᾽, ὧν μήτ᾽ ἐκπλήσσεο, μήτ᾽ ἄρ᾽ ἐάσῃς
Εἴργεσθαι σαυτόν· ψεῦδος δ᾽ ἤν πέρ τι λέγηται,
Πρᾴως ἴσχ᾽· ὃ δέ τοι ἐρέω, ἐπὶ παντὶ τελείσθω·
Μηδεὶς μήτε λόγῳ σε παρείπῃ, μήτε τι ἔργῳ,   25
Πρῆξαι, μήτ᾽ εἰπεῖν, ὅ τι τοι μὴ βέλτερόν ἐστι.
Βουλεύου δὲ πρὸ ἔργου, ὅπως μὴ μῶρα πέληται.
Δειλοῦ τοι πρήσσειν τε λέγειν τ᾽ ἀνόητα πρὸς ἀνδρός.
Ἀλλὰ τάδ᾽ ἐκτελέειν, ἃ σε μὴ μετέπειτ᾽ ἀνιήσει.
Πρῆσσε δὲ μηδὲν τῶν μὴ ἐπίστασαι, ἀλλὰ διδάσκευ   30
Ὅσσα χρεών· καὶ τερπνότατον βίον ὧδε διάξεις.

Οὐδ᾽ ὑγιείης τῆς περὶ σῶμ᾽ ἀμέλειαν ἔχειν χρή·
Ἀλλὰ ποτοῦ τε μέτρον, καὶ σίτου, γυμνασίων τε
Ποιεῖσθαι· μέτρον δὲ λέγω τόδ᾽, ὃ μή σ᾽ ἀνιήσει.
Εἰθίζου δὲ δίαιταν ἔχειν καθάρειον, ἄθρυπτον.   35
Καὶ πεφύλαξό γε ταῦτα ποιεῖν, ὁπόσα φθόνον ἴσχει.
Μὴ δαπανᾶν παρὰ καιρὸν, ὁποῖα καλῶν ἀδαήμων·
Μηδ᾽ ἀνελεύθερος ἴσθι· μέτρον δ᾽ ἐπὶ πᾶσιν ἄριστον.
Πρῆσσε δὲ ταῦθ᾽, ἃ σε μὴ βλάψει· λόγισαι δὲ πρὸ ἔργου.

Μηδ᾽ ὕπνον μαλακοῖσιν ἐπ᾽ ὄμμασι προσδέξασθαι,   40
Πρὶν τῶν ἡμερινῶν ἔργων τρὶς ἕκαστον ἐπελθεῖν·
Πῇ παρέβην; Τί δ᾽ ἔρεξα; Τί μοι δέον οὐκ ἐτελέσθη;
Ἀρξάμενος δ᾽ ἀπὸ πρώτου ἐπέξιθι· καὶ μετέπειτα,
Δειλὰ μὲν ἐκπρήξας, ἐπιπλήσσεο· χρηστὰ δὲ, τέρπου.

Ταῦτα πόνει, ταῦτ᾽ ἐκμελέτα· τούτων χρὴ ἐρᾷν σε· 45
Ταῦτά σε τῆς θείης ἀρετῆς εἰς ἴχνια θήσει·
Ναὶ μὰ τὸν ἁμετέρᾳ ψυχᾷ παραδόντα τετρακτὺν,
Παγὰν ἀενάου φύσεως. ἀλλ᾽ ἔρχευ ἐπ᾽ ἔργον,
Θεοῖσιν ἐπευξάμενος τελέσαι. τούτων δὲ κρατήσας,
Γνώσῃ ἀθανάτων τε θεῶν, θνητῶν τ᾽ ἀνθρώπων 50
Σύστασιν, ᾗ τε ἕκαστα διέρχεται, ᾗ τε κρατεῖται·
Γνώσῃ δ᾽, ᾗ θέμις ἐστὶ, φύσιν περὶ παντὸς ὁμοίην
Ὥστε σε μήτε ἄελπτ᾽ ἐλπίζειν, μήτε τι λήθειν.
Γνώσῃ δ᾽ ἀνθρώπους αὐθαίρετα πήματ᾽ ἔχοντας·
Τλήμονες, οἵτ᾽, ἀγαθῶν πέλας ὄντων, οὐκ ἐσορῶσιν, 55
Οὔτε κλύουσι· λύσιν δὲ κακῶν παῦροι συνίσασι.
Τοίη μοῖρα βροτῶν βλάπτει φρένας· ὡς δὲ κύλινδροι
Ἄλλοτ᾽ ἐπ᾽ ἄλλα φέρονται, ἀπείρονα πήματ᾽ ἔχοντες.
Λυγρὴ γὰρ συνοπαδὸς ἔρις βλάπτουσα λέληθε
Σύμφυτος, ἣν οὐ δεῖ προσάγειν, εἴκοντα δὲ φεύγειν. 60
Ζεῦ πάτερ, ἦ πολλῶν κε κακῶν λύσειας ἅπαντας,
Εἰ πᾶσιν δείξαις, οἴῳ τῷ δαίμονι χρῶνται.
Ἀλλὰ σὺ θάρσει, ἐπεὶ θεῖον γένος ἐστὶ βροτοῖσιν,
Οἷς ἱερὰ προφέρουσα φύσις δείκνυσιν ἕκαστα.
Ὧν εἴ σοί τι μέτεστι, κρατήσεις ὧν σε κελεύω, 65
Ἐξακέσας, ψυχὴν δὲ πόνων ἀπὸ τῶνδε σαώσεις.
Ἀλλ᾽ εἴργου βρωτῶν, ὧν εἴπομεν, ἔν τε καθαρμοῖς,
Ἐν τε λύσει ψυχῆς κρίνων· καὶ φράζευ ἕκαστα,
Ἡνίοχον γνώμην στήσας καθύπερθεν ἀρίστην.
Ἢν δ᾽ ἀπολείψας σῶμα ἐς αἰθέρ᾽ ἐλεύθερον ἔλθῃς, 70
Ἔσσεαι ἀθάνατος, θεὸς ἄμβροτος, οὐκ ἔτι θνητός.

* ΘΕΟΓΝΙΔΟΣ ΜΕΓΑΡΕΩΣ.

ΒΟΥΛΕΟ δ᾽ εὐσεβέων ὀλίγοις σὺν χρήμασιν οἰκεῖν,
Η πλουτεῖν, ἀδίκως χρήματα πασάμενος.

Κριοὺς μὲν καὶ ὄνους διζήμεθα, Κύρνε, καὶ ἵππους
Εὐγενέας, καί τις βούλεται ἐξ ἀγαθῶν
Κτήσασθαι· γῆμαι δὲ κακὴν κακοῦ οὐ μελεδαίνει   5
Εσθλὸς ἀνὴρ, ἢν οἱ χρήματα πολλὰ διδῷ.
Οὐδὲ γυνὴ κακοῦ ἀνδρὸς ἀναίνεται εἶναι ἄκοιτις
Πλουσίου· ἀλλ᾽ ἀφνεὸν βούλεται ἀντ᾽ ἀγαθοῦ.
Χρήματα γὰρ τιμῶσι· καὶ ἐκ κακοῦ ἐσθλὸς ἔγημε,
Καὶ κακὸς ἐξ ἀγαθοῦ· πλοῦτος ἔμιξε γένος.   10
Οὕτω μὴ θαύμαζε γένος, Πολυπαΐδη, ἀστῶν
Μαυροῦσθαι· σὺν γὰρ μίσγεται ἐσθλὰ κακοῖς.
Αὐτός τοι ταύτην εἰδὼς κακόπατριν ἐοῦσαν,
Εἰς οἴκους ἄγεται, χρήμασι πειθόμενος,
Ενδοξος κακόδοξον· ἐπεὶ κρατερή μιν ἀνάγκη   15
Εντύει, ἥτ᾽ ἀνδρὸς τλήμονα θῆκε νόον.

Ὅστις τοι δοκέει τὸν πλησίον ἴδμεναι οὐδὲν,
Ἀλλ᾽ αὐτὸς μοῦνος ποικίλα δήνε᾽ ἔχειν,
Κεῖνός γ᾽ ἄφρων ἐστὶ, νόου βεβλαμμένος ἐσθλοῦ·
Ἴσως γὰρ πάντες ποικίλ᾽ ἐπιστάμεθα.   20

Οἱ κακοὶ οὐ πάντως κακοὶ ἐκ γαστρὸς γεγόνασιν,
Ἀλλ᾽ ἄνδρεσσι κακοῖς συνθέμενοι φιλίην.
Εργα τε δείλ᾽ ἔμαθον, καὶ ἔπη δύσφημα, καὶ ὕβριν,
Ελπόμενοι κείνους πάντα λέγειν ἔτυμα.

Πολλῷ τοι πλέονας λιμοῦ κόρος ὤλεσεν ἤδη   25
Ανδρας, ὅσοι μοίρης πλεῖον ἔχειν ἔθελον.

Ελπίς και τύχοος εν ανθρώποισιν ομοία
Ούτοι γαρ χαλεπαι δαίμονες αμφότεραι

Ουδεις ανθρώπων ότι ζώσεται ούτε πέφυσεν.   30
Ὅστις πάσιν άλων δύσεται εις Ἅδου.

Εστι τὸ μὲν χειρον, τὸ δ' ἀμεινον ᾗ ἐργον ἑκάστου
Ούδεις δ' ανθρώπων αυτὸς άπαντα σοφός.

Ούκ ἔραμαι χιλερῷ βασιλήϊῳ ἐγκατακεῖσθαι
Τεθνεώς· ἀλλά τί μοι ζῶντι γένοιτ' αγαθόν.   35
Ασπάλαθοί γε τάτησιν ομοίον στρῶμα θανόντι.
Τὸ ξύλον ἢ σκληρὸν γίγνεται, ἢ μαλακόν.

---

* ΕΚ ΤΩΝ ΑΜΦΙΔΟΣ.

ΕΝ οἷς ἂν ἀτυχήσῃ τις ἄνθρωπος τόποις,
Ἥκιστα τούτοις πλησιάζων ἥδεται.

† ΕΚ ΤΩΝ ΑΝΤΙΦΑΝΟΥΣ.

Κρύψαι, Φειδία,
Ἅπαντα τἄλλα τις δύναιτ' ἂν, πλὴν δυοῖν,
Οἶνόν τε πίνων, εἰς ἐρατά τ' ἐμπεσόν·
Ἀμφότερα μηνύει γὰρ ἀπὸ τῶν βλεμμάτων,
Καὶ τῶν λόγων αὖ· ὥστε τοὺς ἀρνουμένους
Μάλιστα ταῦτα καταφανεῖς πολλοὺς ποιεῖν   6

‡ ΕΚ ΤΩΝ ΕΥΒΟΥΛΟΥ

ΤΡΕΙΣ γὰρ μόνους κρατῆρας ἐγκεραννύω
Τοῖς εὖ φρονοῦσι· τὸν μὲν ὑγιείας ἕνα,
Ὃν πρῶτον ἐκπίνουσι· τὸν δὲ δεύτερον

Ερωτος ἡδονῆς τε· τὸν τρίτον δ᾽ ὕπνου,
Ὃν εἰσπιόντες οἱ σοφοὶ κεκλημένοι   5
Οἴκαδε βαδίζουσ᾽· ὁ δὲ τέταρτος οὐκ ἔτι
Ἡμέτερός ἐστ᾽, ἀλλ᾽ ὕβρεος· ὁ δὲ πέμπτος, βοῆς·
Ἕκτος δὲ κώμων· ἕβδομος δ᾽ ὑπωπίων·
Ὄγδοος ἀνακλητόρων· ὁ δ᾽ ἔννατος χολῆς·
Δέκατος δὲ μανίας, ὥστε καὶ βάλλειν ποιεῖν.   10
Πολὺς γὰρ εἰς ἓν μικρὸν ἀγγεῖον χυθεὶς
Ὑποσκελίζει ῥᾷστα τοὺς πεπωκότας.

* ΕΚ ΤΩΝ ΦΙΛΗΜΟΝΟΣ

I.

ΑΝΗΡ δίκαιός ἐστιν, οὐχ ὁ μὴ ἀδικῶν,
Ἀλλ᾽ ὅστις, ἀδικεῖν δυνάμενος, μὴ βούλεται·
Οὐδ᾽ ὃς τὰ μικρὰ λαμβάνειν ἀπέσχετο,
Ἀλλ᾽ ὃς τὰ μεγάλα καρτερεῖ μὴ λαμβάνων,
Ἔχειν δυνάμενος καὶ κρατεῖν ἀζημίως·   5
Οὐδ᾽ ὅς γε ταῦτα πάντα διατηρεῖ μόνον,
Ἀλλ᾽ ὅστις ἄδολον γνησίαν τ᾽ ἔχων φύσιν,
Εἶναι δίκαιος, κοὐ δοκεῖν εἶναι θέλει.

II.

Ἥδιον οὐδὲν, οὐδὲ μουσικώτερον
Ἐστ᾽, ἢ δύνασθαι λοιδορούμενον φέρειν.
Ὁ λοιδορῶν γάρ, ἐὰν ὁ λοιδορούμενος
Μὴ προσποιῆται, λοιδορεῖται λοιδορῶν.

III.

Πάντ᾽ ἐστὶν ἐξευρεῖν, ἐὰν μὴ τὸν πόνον
Φεύγῃ τις, ὃς πρόσεστι τοῖς ζητουμένοις.

IV.

Πολὺ μεῖζόν ἐστι τοῦ κακῶς ἔχειν κακὸν,
Τὸ καθ' ἕνα πᾶσι τοῖς ἐπισκοπουμένοις
Δεῖν τὸν κακῶς ἔχοντα, πῶς ἔχει, λέγειν.

V.

Ανθρωπον ὄντα ῥάδιον παραινέσαι
Εστὶν, ποιῆσαι δ' αὐτὸν οὐχὶ ῥάδιον.
Τεκμήριον δὲ, τοὺς ἰατροὺς οἶδ' ἐγὼ
Ὑπὲρ ἐγκρατείας τοῖς νοσοῦσιν εὖ σφόδρα
Πάντας λαλοῦντας· εἶτ' ἐπὰν πταίσωσί τι,   b
Αὐτοὺς ποιοῦντας πάνθ', ὅσ' οὐκ εἴων τότε.
Ἕτερον τό τ' ἀλγεῖν καὶ τὸ θεωρεῖν ἐστ' ἴσως.

VI.

Τὸν μὴ λέγοντα τῶν δεόντων μηδὲ ἓν,
Μακρὸν νόμιζε, κἂν δύ' εἴπῃ συλλαβάς.
Τὸν δ' εὖ λέγοντα μὴ νόμιζ' εἶναι μακρὸν,
Μηδ' ἂν σφόδρ' εἴπῃ πολλὰ, καὶ πολὺν χρόνον.
Τεκμήριον δὲ τοῦδε τὸν Ὅμηρον λάβε.   b
Οὗτος γὰρ ἡμῖν μυριάδας ἐπῶν γράφει,
Ἀλλ' οὐδὲ εἷς Ὅμηρον εἴρηκεν μακρόν.

* ΕΚ ΤΩΝ ΜΕΝΑΝΔΡΟΥ.

I.

ΑΕΙ κράτιστόν ἐστι τἀληθῆ λέγειν
Εν παντὶ καιρῷ· τοῦτ' ἐγὼ παρεγγυῶ
Εἰς ἀσφάλειαν τῷ βίῳ πλεῖστον μέρος.

II.

Μὴ τοῦτο βλέψῃς, εἰ νεώτερος λέγω,
Ἀλλ᾽ εἰ φρονούντων τοὺς λόγους ἀνδρῶν ἐρῶ.

III.

Ὅστις δὲ διαβολαῖσι πείθεται ταχὺ,
Ἢ τοι πονηρὸς αὐτός ἐστι τοὺς τρόπους,
Ἢ παντάπασι παιδαρίου γνώμην ἔχει.

IV.

Οὗτος κράτιστός ἐστ᾽ ἀνὴρ, ὦ Γοργία,
Ὅστις ἀδικεῖσθαι πλεῖστ᾽ ἐπίσταται βροτῶν.

* ΕΚ ΤΩΝ ΚΛΕΑΡΧΟΥ.

ΕΙ τοῖς μεθυσκομένοις ἑκάστης ἡμέρας
Ἀλγεῖν συνέβαινε τὴν κεφαλὴν πρὸ τοῦ πιεῖν
Τὸν ἄκρατον, ἡμῶν οὐδὲ εἷς ἔπινεν ἄν·
Νῦν δὲ πρότερόν γε τοῦ πόνου τὴν ἡδονὴν
Προλαμβάνοντες, ὑστεροῦμεν τἀγαθοῦ.   5·

† ΓΝΩΜΑΙ ΜΟΝΟΣΤΙΧΟΙ.

ΕΚ ΔΙΑΦΟΡΩΝ ΠΟΙΗΤΩΝ.

ΟΠΛΟΝ μέγιστόν ἐστιν ἡ ᾽ρετὴ βροτοῖς.
Δίκαιος εἶναι μᾶλλον ἢ χρηστὸς θέλε.
Ἄνθρωπος· ἱκανὴ πρόφασις εἰς τὸ δυστυχεῖν.
Ὑπὲρ σεαυτοῦ μὴ φράσῃς ἐγκώμια.
Φίλων ἔπαινον μᾶλλον ἢ σαυτοῦ λέγε.   5

Τῶν εὐτυχούντων πάντες εἰσὶ συγγενεῖς.

Ὀργὴ φιλούντων ὀλίγον ἰσχύει χρόνον.

Φεῦγ᾽ ἡδονὴν φέρουσαν ὕστερον βλάβην.

Ὡς μέγα τὸ μιχρόν ἐστιν ἐν καιρῷ δοθέν.

Χωρὶς, τό τ᾽ εἰπεῖν πολλὰ, καὶ τὸ τὰ καίρια.   10

Μή μοι γένοιθ᾽ ἃ βούλομ᾽, ἀλλ᾽ ἃ συμφέρει.

Βούλου δ᾽ ἀρέσκειν πᾶσι, μὴ σαυτῷ μόνον.

Ἴσος μὲν ἴσθι πᾶσι, κἂν προὔχῃς βίῳ.

Μέμνησο νέος ὢν, ὡς γέρων ἔσῃ ποτέ.

Πλάνη βίον τίθησι σωφρονέστερον.   15

Οὐκ ἀνδρὸς ὅρκοι πίστις, ἀλλ᾽ ὅρκων ἀνήρ.

Ὡς πανταχοῦ γε πατρὶς ἡ βόσκουσα γῆ.

Διὰ δὲ σιωπῆς πικρότερον κατηγορεῖ.

Εὐκαταφρόνητόν ἐστι σιγηλὸς τρόπος.

Ἰδίας νόμιζε τῶν φίλων τὰς συμφοράς.   20

Λίαν φιλῶν σεαυτὸν οὐχ ἕξεις φίλον.

Φιλεῖ δ᾽ ἑαυτοῦ πλεῖον οὐδεὶς οὐδένα.

Μόχθειν ἀνάγκη τοὺς θέλοντας εὐτυχεῖν.

Τῆς ἐπιμελείας δοῦλα πάντα γίγνεται.

Οὐδεὶς ὃ νοεῖς μὲν οἶδεν, ὃ δὲ ποιεῖς βλέπει.   25

III.

*EPIGRAMMATA.

[EX ANAL. VET. POET. GR. EDIT. BRUNCK. ARGENT. III TOM. 8vo.]

Sed tamen et parvae nonnulla est gratia Musae.

MART. IX. 27.

EK TΗΣ

ΔΙΑΦΟΡΩΝ ΕΠΙΓΡΑΜΜΑΤΩΝ

ΑΝΘΟΛΟΓΙΑΣ,

*ΗΡΙΝΝΗΣ.

Εἰς Βαυκίδα τὴν νύμφην ἐν τῷ θαλάμῳ τελευτήσασαν.

ΝΥΜΦΑΣ Βαυκίδος ἐμμί· πολυκλαύταν δὲ παρέρπων
Στάλαν, τῷ κατὰ γᾶς τοῦτο λέγοις Ἀΐδᾳ·
ΒΑΣΚΑΝΟΣ ΕΣΣ', ΑΙΔΑ. τὰ δέ τοι καλά μευ ποθορῶντι
Ὠμοτάταν Βαυκοῦς ἀγγελέοντι τύχαν·
Ὡς τὰν παῖδ' Ὑμέναιος ὑφ' ᾆς δόμον ἄγετο πεύκας,   5
Τᾷδ' ἐπὶ καδεστὰς ἔφλεγε πυρκαϊᾶς·
Καὶ σὺ μὲν, ὦ Ὑμέναιε, γάμων μολπαῖαν ἀοιδὰν
Ἐς θρήνων γοερὸν φθέγμα μεθηρμόσαο.

ΣΙΜΩΝΙΔΟΥ.

*I.

Ανδρὸς ἀριστεύσαντος ἐν Ἑλλάδι τῶν ἐφ᾽ ἑαυτοῦ
   Ἱππίου Αρχεδίκην ἥδε κέκευθε κόνις,
Ἡ πατρός τε, καὶ ἀνδρὸς, ἀδελφῶν τ᾽ οὖσα τυράννων,
   Παίδων τ᾽, οὐκ ἤρθη νοῦν ἐς ἀτασθαλίην.

II.

Πραξιτέλης, ὃν ἔπασχε, διηκρίβωσεν Ερωτα,
   Εξ ἰδίης ἕλκων ἀρχέτυπον κραδίης,
Φρύνῃ μισθὸν ἐμεῖο διδοὺς ἐμέ· φίλτρα δὲ τίκτω
   Οὐκέτι τοξεύων, ἀλλ᾽ ἀτενιζόμενος.

*ΣΙΜΜΙΟΥ ΘΗΒΑΙΟΥ.

Ηρέμ᾽ ὑπὲρ τύμβοιο Σοφοκλέος, ἠρέμα, κισσέ,
   Ἑρπύζοις, χλοεροὺς ἐκπροχέων πλοκάμους,
Καὶ πεταλὸν πάντῃ θάλλοι ῥόδου, ἥ τε φιλόρρωξ
   Αμπελος, ὑγρὰ πέριξ κλήματα χευαμένη,
Εἵνεκεν εὐμαθίης πινυτόφρονος, ἣν ὁ μελιχρὸς   5
   Ησκησεν, Μουσῶν ἄμμιγα καὶ Χαρίτων.

ΠΛΑΤΩΝΟΣ.

I.

Ἡ σοβαρὸν γελάσασα καθ᾽ Ἑλλάδος, ἥ τὸν ἐραστῶν
   Εσμὸν ἐνὶ προθύροις Λαῒς ἔχουσα νέαν,
Τῇ Παφίῃ τὸ κάτοπτρον· ἐπεὶ τοίη μὲν ὁρᾶσθαι
   Οὐκ ἐθέλω· οἵη δ᾽ ἦν πάρος οὐ δύναμαι.

II.

Αἱ Χάριτες τέμενός τι λαβεῖν, ὅπερ οὐχὶ πεσεῖται,
Ζητοῦσαι, ψυχὴν εὗρον Ἀριστοφάνους.

*III.

Ναυηγοῦ τάφος εἰμί· ὁ δ᾽ ἀντίον ἐστὶ γεωργοῦ·
Ὡς ἁλὶ καὶ γαίῃ ξυνὸς ὕπεστ᾽ Ἀΐδης.

*ΜΝΑΣΑΛΚΟΥ.

Ἆδ᾽ ἐγὼ ἁ τλάμων Ἀρετὰ παρὰ τῇδε κάθημαι
Ἡδονῇ, αἰσχίστως κειραμένα πλοκάμους,
Θυμὸν ἄχει μεγάλῳ βεβολημένα, εἴπερ ἅπασιν
Ἁ κακόφρων Τέρψις κρεῖσσον ἐμοῦ κέκριται.

*ΑΝΥΤΗΣ.

Μάνης οὗτος ἀνὴρ ἦν ζῶν ποτε· νῦν δὲ τεθνηκὼς
Ἴσον Δαρείῳ τῷ μεγάλῳ δύναται.

ΛΕΩΝΙΔΑ ΤΑΡΑΝΤΙΝΟΥ.

I.

Μὴ σύ γ᾽ ἐπ᾽ οἰονόμοιο περίπλεον ἰλύος᾽ ὅδε
Τοῦτο χαραδραίης θερμὸν, ὁδῖτα, πίῃς·
Ἀλλὰ μολὼν μάλα τυτθὸν ὑπὲρ δαμαλήβοτον ἄκραν,
Κεῖσέ γε πὰρ κείνᾳ ποιμενίᾳ πίτυϊ,
Εὑρήσεις κελαρύζον ἐϋκρήνου διὰ πέτρης   5
Νᾶμα, Βορειαίης ψυχρότερον νιφάδος.

II.

Ἴξαλος εὐπώγων αἰγὸς πόσις ἔν ποτ᾽ ἀλωῇ
Οἴνης τοὺς ἁπαλοὺς πάντας ἔδαψε κλάδους.

Τῷ δ᾽ ἔπος ἐκ γαίης τόσον ἄπνε· κεῖρε, κάκιστε,
Γναθμοῖς ἡμέτεραν κλῆμα τὸ καρποφόρον·
Ῥίζα γὰρ ἔμπεδος οὖσα πάλιν γλυκὺ νέκταρ ἀνήσει,   5
Ὅσσον ἐπισπεῖσαί σοι, τράγε, θυομένῳ.

III.

Ὁλκάδα πῦρ μ᾽ ἀνέφλεξε, τόσην ἅλα μετρήσασαν,
Ἐν χθονὶ, τῇ πεύκας εἰς ἐμὲ κειραμένῃ,
Ἣν πέλαγος διέσωσεν ἐπ᾽ ἠόνος· ἀλλὰ θαλάσσης
Τὴν ἐμὲ γειναμένην εὗρον ἀπιστοτέρην.

ΘΕΟΚΡΙΤΟΥ.

Ἀ δείλαιε τὺ Θύρσι, τί τὸ πλέον, εἰ καταταξεῖς
Δάκρυσι διγλήνους ὦπας ὀδυρόμενος ;
Οἴχεται ἁ χίμαρος, τὸ καλὸν τέκος, οἴχετ᾽ ἐς Ἀδαν·
Τραχὺς γὰρ χαλαῖς ἀμφεπίαξε λύκος·
Αἱ δὲ κύνες κλαγγεῦντι· τί τὸ πλέον, ἀνίκα τήνας   5
Ὀστέον οὐδὲ τέφρα λείπεται οἰχομένας ;

ΚΑΛΛΙΜΑΧΟΥ.

*I.

Τῇδε Σάων ὁ Δίκωνος Ἀκάνθιος ἱερὸν ὕπνον
Κοιμᾶται. θνάσκειν μὴ λέγε τοὺς ἀγαθούς.

II.

ᵃΣύντομος ἦν ὁ ξεῖνος, ὁ καὶ στίχος οὐ μακρὰ λέξων·
Θῆρις Ἀρισταίου Κρὴς ὑπ᾽ ἐμοί. ᵇδολιχόν.

III.

Εἶπας, Ἥλιε χαῖρε, Κλεόμβροτος ὡ ᾽μβρακιώτης
Ἧλατ᾽ ἀφ᾽ ὑψηλοῦ τείχεος εἰς Ἀΐδην,
Ἄξιον οὔτι παθὼν θανάτου κακὸν, ἀλλὰ Πλάτωνος
Ἕν, τὸ περὶ ψυχῆς, γράμμ᾽ ἀναλεξάμενος.

ʿΗΔΥΛΟΥ.

Λυσιμελοῦς Βάκχου καὶ λυσιμελοῦς Ἀφροδίτης
Γεννᾶται θυγάτηρ λυσιμελὴς ποδάγρα.

*ΔΙΟΣΚΟΡΙΔΟΥ.

Τὰν Πιτάναν Θρασύβουλος ἐπ᾽ ἀσπίδος ἤλυθεν ἄπνους,
 Ἑπτὰ πρὸς Ἀργείων τραύματα δεξάμενος,
Δεικνὺς ἀντία πάντα· τὸν αἱματόεντα δ᾽ ὁ πρέσβυς
 Θεὶς ἐπὶ πυρκαϊῆς Τύννιχος εἶπε τάδε·
Δειλοὶ κλαιέσθωσαν· ἐγὼ δέ σε, τέκνον, ἄδακρυς   5
 Θάψω, τὸν καὶ ἐμὸν καὶ Λακεδαιμόνιον.

ΤΥΜΝΕΩ.

I.

Τὸν παραβάντα νόμους Δαμάτριον ἔκτανε μάτηρ,
 Ἁ Λακεδαιμονία τὸν Λακεδαιμόνιον·
Θηκτὸν δ᾽ ἐν προβολᾷ θεμένα ξίφος, εἶπεν, ὀδόντα
 Ὀξὺν ἐπιβρύχουσ᾽, οἷα Λάκαινα γυνά·
Ἔῤῥε κακὸν φίτυμα διὰ σκότος, οὗ διὰ μῖσος   5
 Εὐρώτας δειλαῖς μηδ᾽ ἐλάφοισι ῥέοι·
Ἀχρεῖον σκυλάκευμα, κακὰ μερὶς, ἔῤῥε ποθ᾽ Ἀΐδαν, ·
 Ἔῤῥε· τὸν οὐ Σπάρτας ἄξιον, οὐ σ᾽ ἔτεκον.

II.

Μή σοι τοῦτο, Φιλαινὶ, λίην ἐπικήριον ἔστω,
 Εἰ μὴ πρὸς Νείλῳ γῆς μορίης ἔτυχες,
Ἀλλά σ᾽ Ἐλευθέρνης ὅδ᾽ ἔχει τάφος· ἔστι γὰρ ἴση
 Πάντοθεν εἰς Ἀΐδην ἐρχομένοισιν ὁδός.

ΑΝΤΙΠΑΤΡΟΥ ΣΙΔΩΝΙΟΥ.

*I.

Ἑπτὰ πόλεις μάρναντο σοφὴν διὰ ῥίζαν Ὁμήρου,
Σμύρνα, Χίος, Κολοφὼν, Ἰθάκη, Πύλος, Ἀργος, Ἀθῆναι.

II.

Πλοῦτος Ἀριστείδῃ δάμαλις μία καὶ τριχόμαλλος
   Ἦν ὄις· ἐκ τούτων λιμὸν ἔλαυνε θύρης.
Ἤμβροτε δ᾿ ἀμφοτέρων· ἀμνὴν λύκος, ἔκτανε δ᾿ ὠδὶς·
   Τὴν δάμαλιν· πενίης ὤλετο βουκόλιον.
Πηροδέτῳ δ᾿ ὅγ᾿ ἱμάντι κατ᾿ αὐχένος ἅμμα λυγώσας,   5
   Οἰκτρὸς ἀμυκήτῳ κάτθανε πὰρ καλύβῃ.

III. ·

Ὁ πρὶν ἐγὼ καὶ ψῆρα καὶ ἁρπάκτειραν ἐρύκων
   Σπέρματος ὑψιπετῆ Βιστονίαν γέρανον,
Ῥινοῦ χερμαστῆρος ἐύστροφα κῶλα τιταίνων,
   Ἀλκιμένης, πτανῶν εἶργον ἄπωθε νέφος.
Καί με τις οὐτήτειρα παρὰ σφυρὰ διψὰς ἔχιδνα   5
   Σαρκὶ τὸν ἐκ γενύων πικρὸν ἐνεῖσα χόλον
Ἡελίου χήρωσεν. ἴδ᾿ ὡς τὰ κατ᾿ αἰθέρα λεύσσων
   Τοὺν ποσὶν οὐκ ἐδάην πῆμα κυλινδόμενον.

ΘΕΟΔΩΡΙΔΑ.

Ναυηγοῦ τάφος εἰμί· σὺ δὲ πλέε· καὶ γὰρ ὅθ᾿ ἡμεῖς
   Ὀλλύμεθ᾿, αἱ λοιπαὶ νῆες ἐποντοπόρουν.

ΠΟΣΕΙΔΙΠΠΟΥ.

Τὸν τριέτη παίζοντα περὶ φρέαρ Ἀρχιάνακτα
   Εἴδωλον μορφᾶς κωφὸν ἐπεσπάσατο.

Ἐκ δ' ὕδατος τὸν παῖδα διάβροχον ἅρπασε μάτηρ,
Σκεπτομένα ζωᾶς εἴ τινα μοῖραν ἔχει.
Νύμφας δ' οὐκ ἐμίηνεν ὁ νήπιος, ἀλλ' ἐπὶ γούνων   5
Ματρὸς κοιμαθεὶς τὸν βαθὺν ὕπνον ἔχει.

ΜΕΛΕΑΓΡΟΥ.

I.

Εὔφορτοι νᾶες πελαγίτιδες, αἳ πόρον Ἕλλης
Πλεῖτε, καλὸν κόλποις δεξάμεναι Βορέαν,
Ἢν που ἐπ' ἠιόνων Κώαν κατὰ νᾶσον ἴδητε
Φανίον ἐς χαροπὸν δερχομέναν πέλαγος,
Τοῦτ' ἔπος ἀγγείλασθε· Καλὴ νυέ, σός με κομίζει   5
Ἵμερος, οὐ ναύταν, ποσσὶ δὲ πεζοπόρον.
Εἰ γὰρ τοῦτ' εἴποιτ', εὖ ἐς τέλος αὐτίκα καὶ Ζεὺς
Οὔριος ὑμετέρας πνεύσεται εἰς ὀθόνας.

*II.

Δάκρυά σοι καὶ νέρθε διὰ χθονὸς, Ἡλιοδώρα,
Δωροῦμαι, στοργᾶς λείψανον εἰς Ἀΐδαν,
Δάκρυα δυσδάκρυτα· πολυκλαύτῳ δ' ἐπὶ τύμβῳ
Σπένδω νᾶμα πόθων, μνᾶμα φιλοφροσύνας.
Οἰκτρὰ γὰρ, οἰκτρὰ φίλαν σε καὶ ἐν φθιμένοις Μελέαγρος
Αἰάζω, κενεὰν εἰς Ἀχέροντα χάριν.   6
Αἲ αἲ, ποῦ τὸ ποθεινὸν ἐμοὶ θάλος; ἅρπασεν Ἀΐδας,
Ἅρπασεν· ἀκμαῖον δ' ἄνθος ἔφυρε κόνις.
Ἀλλά σε γουνοῦμαι, γᾶ παντρόφε, τὰν πανόδυρτον
Ἠρέμα σοῖς κόλποις, μᾶτερ, ἐναγκάλισαι.   10

III.

Οὐ γάμον, ἀλλ' Ἀΐδαν ἐπινυμφίδιον Κλεαρίστα
Δέξατο, παρθενίας ἄμματα λυομένα.

Ἄρτι γὰρ ἑσπέριοι νύμφας ἐπὶ δικλίσιν ἄχευν
Λωτοί, καὶ θαλάμων ἐπλαταγεῦντο θύραι·
Ἠῷος δ᾽ ὀλολυγμὸς ἀνέκραγεν, ἐν δ᾽ Ὑμέναιος   5
Σιγαθεὶς γοερὸν φθέγμα μεθαρμόσατο.
Αἱ δ᾽ αὐταὶ καὶ φέγγος ἐδαδούχουν παρὰ παστῷ
Πεῦκαι, καὶ φθιμένᾳ νέρθεν ἔφαινον ὁδόν.

ΑΡΧΙΟΥ.

Θρῆϊκας αἰνείτω τις, ὅτι στοναχεῦσι μὲν υἷας
Ματέρος ἐκ κόλπων πρὸς φάος ἐρχομένους·
Ἔμπαλι δ᾽ ὀλβίζουσιν ὅσους αἰῶνα λιπόντας
Ἀπροϊδὴς Κηρῶν λάτρις ἔμαρψε Μόρος.
Οἱ μὲν γὰρ ζώοντες ἀεὶ παντοῖα περῶσιν   5
Ἐς κακά· τοὶ δὲ κακῶν εὗρον ἄκος φθίμενοι.

*ΑΝΤΙΠΑΤΡΟΥ ΘΕΣΣΑΛΟΝΙΚΕΩΣ.

Ἴσχετε χεῖρα μυλαῖον, ἀλετρίδες, εὕδετε μακρὰ,
Κἢν ὄρθρον προλέγῃ γῆρυς ἀλεκτρυόνων.
Δηὼ γὰρ Νύμφαισι χερῶν ἐπετείλατο μόχθους·
Αἱ δὲ κατ᾽ ἀκροτάτην ἁλλόμεναι τροχιὴν,
Ἄξονα δινεύουσιν· ὁ δ᾽ ἀκτίνεσσιν ἑλικταῖς   5
Στρωφᾶται πισύρων κοῖλα βάρη μυλάκων.
Γευόμεθ᾽ ἀρχαίου βιότου πάλιν, εἰ δίχα μόχθου
Δαίνυσθαι Δηοῦς ἔργα διδασκόμεθα.

*ΑΛΦΕΙΟΥ ΜΙΤΥΛΗΝΑΙΟΥ.

Χειμερίοις νιφάδεσσι παλυνομένα τιθὰς ὄρνις,
Τέκνοις εὐναίας ἀμφέχεε πτέρυγας,
Μέσφα μιν οὐράνιον κρύος ὤλεσεν· ἦ γὰρ ἔμεινεν
Αἰθέρος ἠδ᾽ αἰνῶν ἀντίπαλος νεφέων.

Πρόκνη καὶ Μήδεια, κατ᾽ Ἀΐδος αἰδέσθητε,   5
Μητέρες, ὀρνίθων ἔργα διδασκόμεναι.

ΑΠΟΛΛΩΝΙΔΑ.

Ἰχθυοθηρητῆρα Μενέστρατον ὤλεσεν ἄγρη,
Δούνακος ἱππείης ἐκ τριχὸς ἑλκομένη,
Εἶδαρ ὅτ᾽ ἀγκίστρου φόνιον πλάνος ἀμφιχανοῦσα
Ὀξείην ἐρυθρῇ φυκὶς ἔφριξε πάγην·
Ἀγρυμένη δ᾽ ὑπ᾽ ὀδόντι κατέκτανεν, ἅλματι λάβρῳ   5
Ἐντὸς ὀλισθηρῶν δυσαμένη φαρύγων.

ΚΡΙΝΑΓΟΡΟΥ.

*I.

Εἴαρος ἠνθοῦμεν τοπρὶν ῥόδα, νῦν δ᾽ ἐνὶ μέσσῳ
Χείματι πορφυρέας ἐσχάσαμεν κάλυκας,
Σοὶ ἐπιμειδήσαντα γενεθλίῃ ἄσμενα τῇδε
Ἠοῖ, νυμφιδίων ἄσσοτάτῃ λεχέων.
Καλλίστης ὀφθῆναι ἐπὶ κροτάφοισι γυναικὸς   5
Λώϊον, ἢ μίμνειν ἠρινὸν ἠέλιον.

*II.

Ὀθρυάδην, Σπάρτης τὸ μέγα κλέος, ἢ Κυνέγειρον
Ναύμαχον, ἢ πάντων ἔργα κάλει πολέμων.
Ἀρρίος αἰχμητὴς Ἰταλὸς παρὰ χεύμασι Ῥήνου
Κλινθεὶς, ἐκ πολλῶν ἡμιθανὴς βελέων,
Ἀϊετὸν ἁρπασθέντα φίλου στρατοῦ ὡς ἴδ᾽ ὑπ᾽ ἐχθροῖς,   5
Αὖτις ἀρηϊφάτων ἄνθορεν ἐκ νεκύων·
Κτείνας δ᾽, ὅς σφ᾽ ἐκόμιζεν, ἑοῖς ἀνεσώσατο ταγοῖς,
Μοῦνος ἀήττητον δεξάμενος θάνατον.

III.

Αἶγά με τὴν εὔθηλον, ὅσων ἐκένωσεν ἀμολγεὺς
Οὔθατα, πασάων πουλυγαλακτοτάτην,

Γευσάμενος, μελιηδὲς ἐπεὶ ἐφράσσατο πῖαρ
Καῖσαρ, κὴν νηυσὶ σύμπλοον ἠγάγετο.
Ἥξω δ᾽ αὐτίκα που καὶ ἐς ἀστέρας· ᾧ γὰρ ἐπέσχον   5
Μαζὸν ἐμὸν, μείων οὐδ᾽ ὅσον Αἰγιόχου.

*ΛΟΛΛΙΟΥ ΒΑΣΣΟΥ.

Μήτε με χείματι πόντος ἄγει θρασὺς, οὐδὲ γαλήνης
Ἀργῆς ἠσπασάμην τὴν πολυνηνεμίην.
Αἱ μεσότητες ἄρισται, ὅπη δέ γε πράξιες ἀνδρῶν·
Καὶ μάλα μέτρον ἐγὼ τἄρκιον ἠσπασάμην.
Τοῦτ᾽ ἀγάπα, φίλε Λάμπι, κακὰς δ᾽ ἔχθαιρε θυέλλας·   5
Εἰσὶ τινὲς πρηεῖς καὶ βιότου Ζέφυροι.

*ΓΑΙΤΟΥΛΙΚΟΥ.

Παῖδα πατὴρ Ἀλκων ὀλοῷ σφιγχθέντα δράκοντι
Ἀθρήσας, δειλῇ τόξον ἔκαμψε χερί·
Θηρὸς δ᾽ οὐκ ἀφάμαρτε· διὰ στόματος γὰρ ὀϊστὸς
Ἤϊξεν, τυτθοῦ βαιὸν ὕπερθε βρέφους.
Παυσάμενος δὲ φόνοιο, παρὰ δρυῒ τῇδε φαρέτρην,   5
Σῆμα καὶ εὐτυχίης θῆκε καὶ εὐστοχίης.

*ΑΝΤΙΦΙΛΟΥ.

I.

Ἡ πήρη, καὶ χλαῖνα, καὶ ὕδατι πιληθεῖσα
Μᾶζα, καὶ ἡ πρὸ ποδῶν ῥάβδος ἐρειδομένη,
Καὶ δέπας ἐκ κεράμοιο, σοφῷ κυνὶ μέτρα βίοιο
Ἀρκια· κὴν τούτοις ἦν τι περισσότερον.
Κοίλαις γὰρ πόμα χερσὶν ἰδὼν ἀρύοντα βοώτην,   5
Εἶπε· Τί καὶ σὲ μάτην, ὄστρακον, ἠχθοφόρουν;

*II.

Ἀ καλὸν, αὐτοπόνητον ἐν αἰθέρι ῥεῦμα μελισσῶν,
Ἄπλαστοι χειρῶν, αὐτοπαγεῖς θαλάμαι,

Προίκιος ἀνθρώπων βιότῳ χάρις, οὐχὶ μακέλλας,
  Οὐ βοὸς, οὐ γαμψῶν δευομένα δρεπάνων,
Γαυλοῦ δὲ σμικροῖο, τόθι γλυκὺ νᾶμα μέλισσα   5
  Πηγάζει σκήνευς δαψιλὲς ἐξ ὀλίγου.
Χαίροιτ᾽ εὐαγέες, καὶ ἐν ἄνθεσι ποιμαίνεσθε,
  Αἰθερίου πτηναὶ νέκταρος ἐργάτιδες.

---

*ΛΕΩΝΙΔΟΥ ΑΛΕΞΑΝΔΡΕΩΣ.

Μάντιες, ἀστερόεσσαν ὅσοι ζητεῖτε κέλευθον,
  Ἔῤῥοιτ᾽, εἰκαίης ψευδολόγοι σοφίης.
Ὑμέας ἀφροσύνη μαιώσατο, τόλμα δ᾽ ἔτικτε,
  Τλήμονας, οὐδ᾽ ἰδίην εἰδότας ἀκλεΐην.

ΚΑΠΙΤΩΝΟΣ.

Κάλλος ἄνευ χαρίτων τέρπει μόνον, οὐ κατέχει δὲ,
  Ὡς ἄτερ ἀγκίστρου νηχόμενον δέλεαρ.

ΑΥΤΟΜΕΔΟΝΤΟΣ.

I.

Ἄνθρωποι δείλης, ὅτε πίνομεν· ἢν δὲ γένηται
  Ὄρθρος, ἐπ᾽ ἀλλήλους θῆρες ἐγειρόμεθα.

II.

Εὐδαίμων, πρῶτον μὲν ὁ μηδενὶ μηδὲν ὀφείλων·
  Εἶτα δ᾽ ὁ μὴ γήμας· τὸ τρίτον, ὅστις ἄπαις.
Ἢν δὲ μανεὶς γήμῃ τις, ἔχει χάριν, ἢν κατορύξῃ
  Εὐθὺς τὴν γαμετὴν, προῖκα λαβὼν μεγάλην.
Ταῦτ᾽ εἰδὼς σοφὸς ἴσθι· μάτην δ᾽ Ἐπίκουρον ἔασον,   5
  Ποῦ τὸ κενὸν, ζητεῖν, καὶ τίνες αἱ μονάδες.

ΑΡΙΣΤΩΝΟΣ.

Ἀμπελὶς ἡ φιλάκρητος, ἐπὶ σκήπωνος ὁδηγοῦ
   Ἤδη τὸ σφαλερὸν γῆρας ἐρειδομένη,
Δαθριδίῃ Βάκχοιο νεοθλιβὲς ἦλθ' ἐπὶ ληνοῦ
   Πῶμα, κυκλωπείην πλησομένη κύλικα·
Πρὶν δ' ἀρύσαι μογερὰν ἔκαμεν χέρα, ὡς δὲ παλαιὴ   5
   Νηῦς ὑποβρύχιος, ζωρὸν ἔδυ πέλαγος.
Εὐτέρπη δ' ὑπὸ τύμβον ἀποφθιμένης θέτο σῶμα
   Δάινον, οἰνηρῶν γείτονα θειλοπέδων.

ΑΡΓΕΝΤΑΡΙΟΥ.

I.

Οὐκ ἔσθ' οὗτος ἔρως, εἴ τις καλὸν εἶδος ἔχουσαν
   Βούλετ' ἔχειν, φρονίμοις ὄμμασι πειθόμενος·
Ἀλλ' ὅστις κακόμορφον ἰδὼν, πεφορημένος οἴστρῳ
   Στέργει, μαινομένης ἐκ φρενὸς αἰθόμενος·
Οὗτος ἔρως, πῦρ τοῦτο· τὰ γὰρ καλὰ πάντας ὁμοίως   5
   Τέρπει, τοὺς κρίνειν εἶδος ἐπισταμένους.

II.

Ἠράσθης πλουτῶν, Σωσίκρατες· ἀλλὰ πένης ὢν
   Οὐκέτ' ἐρᾷς· λιμὸς φάρμακον οἷον ἔχει.
Ἡ δὲ πάρος σε καλεῦσα μύρον καὶ τερπνὸν Ἄδωνιν
   Μηνοφίλα, νῦν σευ τοὔνομα πυνθάνεται·
Τίς; πόθεν εἰς ἀνδρῶν; πόθι τοι πτόλις; ἦ μόλις ἔγνως   5
   Τοῦτ' ἔπος, Ὡς οὐδεὶς οὐδὲν ἔχοντι φίλος.

ΑΙΜΙΔΙΑΝΟΥ ΝΙΚΑΕΩΣ.

Εἰς Παῖδα τῆς μητρὸς τεθνηκυίας μαστὸν θηλάζοντα.

Ἕλκε τάλαν παρὰ μητρὸς ὃν οὐκέτι μαζὸν ἀμέλξεις,
   Ἕλκυσον ὑστάτιον νᾶμα καταφθιμένης·

Ἤδη γὰρ ξιφέεσσι λιπόπνοος· ἀλλὰ τὰ μητρὸς
Φίλτρα καὶ εἰν Ἀΐδῃ παιδοκομεῖν ἔμαθε.

ΑΠΟΛΛΙΝΑΡΙΟΥ.

Ἂν μὲν ἀπόντα λέγῃς με κακῶς, οὐδὲν ἀδικεῖς με·
Ἂν δὲ παρόντα καλῶς, ἴσθι κακῶς με λέγων.

*ΟΝΕΣΤΟΥ.

Ἀμβαίνων Ἑλικῶνα μέγαν κάμες· ἀλλ᾽ ἐκορέσθης
Πηγασίδος κρήνης νεκταρέων λιβάδων.
Οὕτω καὶ σοφίης πόνος ὄρθιος· ἢν δ᾽ ἄρ᾽ ἐπ᾽ ἄκρον
Τέρμα μόλῃς, ἀρύσῃ Πιερίδων χάριτας.

ΛΟΥΚΙΑΝΟΥ.

I.

Ἐν πᾶσιν μεθύουσιν Ἀκίνδυνος ἤθελε νήφειν,
Τοὔνεκα καὶ μεθύειν αὐτὸς ἔδοξε μόνος.

II.

Παῖδά με πενταέτηρον, ἀκηδέα θυμὸν ἔχοντα,
Νηλειὴς Ἀΐδης ἥρπασε, Καλλίμαχον.
Ἀλλά με μὴ κλαίοις· καὶ γὰρ βιότοιο μετέσχον
Παύρου, καὶ παύρων τῶν βιότοιο κακῶν.

III.

Τοῖσι μὲν εὖ πράττουσιν ἅπας ὁ βίος βραχύς ἐστι·
Τοῖς δὲ κακῶς, μία νὺξ ἄπλετός ἐστι χρόνος.

*IV.

Ἀνθρώπους μὲν ἴσως λήσεις ἄτοπόν τι ποιήσας·
Οὐ λήσεις δὲ θεοὺς, οὐδὲ λογιζόμενος.

*V.

Πλοῦτος ὁ τῆς ψυχῆς, πλοῦτος μόνος ἐστὶν ἀληθής·
Τἆλλα δ᾽ ἔχει λύπην πλείονα τῶν ἀγαθῶν.

ΛΟΥΚΙΛΛΙΟΥ.

I.

Πανὶ φιλοσπήλυγγι, καὶ οὐρεοφοιτάσι Νύμφαις,
Καὶ Σατύροις, ἱεραῖς τ᾽ ἔνδον Ἀμαδρυάσι,
Σὺν κυσὶ καὶ λόγχαις ταῖς πρὶν συοφόντισι Μάρκος.
Μηδὲν ἑλὼν, αὐτοὺς τοὺς κύνας ἐκρέμασε.

II.

Ῥύγχος ἔχων τοιοῦτον, Ὀλυμπικὲ, μήτ᾽ ἐπὶ κρήνην
Ἔλθῃς, μήτ᾽ ἐν ὄρει πρός τι διαυγὲς ὕδωρ.
Καὶ σὺ γὰρ, ὡς Νάρκισσος, ἰδὼν τὸ πρόσωπον ἐναργὲς,
Τεθνήξῃ, μισῶν σαυτὸν ἕως θανάτου.

III.

Τὰς τρίχας, ὦ Νίκυλλα, τινὲς βάπτειν σε λέγουσιν,
Ἃς σὺ μελαινοτάτας ἐξ ἀγορᾶς ἐπρίω.

IV.

Τοῦ λιθίνου Διὸς ἐχθὲς ὁ κλινικὸς ἥψατο Μάρκος·
Καὶ λίθος ὢν, καὶ Ζεὺς, σήμερον ἐκφέρεται.

V.

Πλοῦτον μὲν πλουτοῦντος ἔχεις, ψυχὴν δὲ πένητος,
Ὦ τοῖς κληρονόμοις πλούσιε, σοὶ δὲ πένης.

VI.

Μακροτέρῳ σταυρῷ σταυρούμενον ἄλλον ἑαυτοῦ
Ὁ φθονερὸς Διοφῶν ἐγγὺς ἰδὼν ἐτάκη.

VII.

Εἴ τις γηράσας ζῆν εὔχεται, ἄξιός ἐστι
Γηράσκειν πολλὰς εἰς ἐτέων δεκάδας.

VIII.

Τοὺς καταλείψαντας γλυκερὸν φάος οὐκέτι θρηνῶ,
Τοὺς δ' ἐπὶ προσδοκίῃ ζῶντας ἀεὶ θανάτου.

IX.

Μάγνον, ὅτ' εἰς Ἀίδην κατέβη, τρομέων Ἀϊδωνεὺς,
Εἶπεν Ἀναστήσων ἦλυθε καὶ νέκυας.

*ΚΕΡΕΑΛΙΟΥ.

Οὐ τὸ λέγειν παράσημα, καὶ Ἀττικὰ ῥήματα πέντε,
Εὐζήλως ἐστὶν καὶ φρονίμως μελετᾶν.
Οὐδὲ γὰρ, εἰ κάρχαιρε, καὶ εἰ κοναβεῖ, τό τε σίζει,
Καὶ κελάρυζε λέγεις, εὐθὺς Ὅμηρος ἔσῃ.
Νοῦν ὑποκεῖσθαι δεῖ τοῖς γράμμασι, καὶ φράσιν αὐτῶν   5
Εἶναι κοινοτέραν, ὥστε νοεῖν, ἃ λέγεις.

*ΝΙΚΑΡΧΟΥ.

Εἰς Ῥόδον εἰ πλεύσει, τὶς Ὀλυμπικὸν ἦλθεν ἐρωτῶν
Τὸν μάντιν, καὶ πῶς πλεύσεται ἀσφαλέως.
Χώ μάντις, Πρῶτον μὲν, ἔφη, καινὴν ἔχε τὴν ναῦν,
Καὶ μὴ χειμῶνος, τοῦ δὲ θέρους ἀνάγου.
Τοῦτο γὰρ ἂν ποιῇς, ἥξεις κἀκεῖσε καὶ ὧδε,   5
Ἂν μὴ πειρατὴς ἐν πελάγει σε λάβῃ.

ΑΜΜΙΑΝΟΥ.

I.

Εἴη σοι κατὰ γῆς κούφη κόνις, οἰκτρὲ Νέαρχε,
Ὄφρα σε ῥηϊδίως ἐξερύσωσι κύνες.

II.

Οὐ δύναταί τῇ χειρὶ Πρόκλος τὴν ῥῖν' ἀπομύσσειν,
Τῆς ῥινὸς γὰρ ἔχει τὴν χέρα μικροτέρην.

Οὐδὲ λέγει, ΖΕΥ ΣΩΣΟΝ, ἐὰν πταρῇ· οὐ γὰρ ἀκούει
Τῆς ῥινὸς, πολὺ γὰρ τῆς ἀκοῆς ἀπέχει.

†ΡΟΥΦΙΝΟΥ.

Ὄμματ᾽ ἔχεις Ἥρης, Μελίτη, τὰς χεῖρας Ἀθήνης,
Τοὺς μαζοὺς Παφίης, τὰ σφυρὰ τῆς Θέτιδος.
Εὐδαίμων ὁ βλέπων σε· τρισόλβιος ὅστις ἀκούει·
Ἡμίθεος δ᾽ ὁ φιλῶν· ἀθάνατος δ᾽ ὁ γαμῶν.

ΠΑΛΛΑΔΑ ΑΛΕΞΑΝΔΡΕΩΣ.

†I.

Πᾶσα γυνὴ χόλος ἐστίν· ἔχει δ᾽ ἀγαθὰς δύο ὥρας,
Τὴν μίαν ἐν θαλάμῳ, τὴν μίαν ἐν θανάτῳ.

†II.

Ὁ Ζεὺς ἀντὶ πυρὸς πῦρ ὤπασεν ἄλλο, γυναῖκας.
Εἴθε δὲ μήτε γυνὴ, μήτε τὸ πῦρ ἐφάνη.
Πῦρ μὲν δὴ ταχέως καὶ σβέννυται· ἡ δὲ γυνὴ πῦρ
Ἄσβεστον, φλογερὸν, πάντοτ᾽ ἀναπτόμενον.

†III.

Πᾶσαν Ὅμηρος ἔδειξε κακὴν σφαλερήν τε γυναῖκα,
Σώφρονα, καὶ πόρνην, ἀμφοτέρας ὄλεθρον.
Ἐκ γὰρ τῆς Ἑλένης μοιχευσαμένης φόνος ἀνδρῶν,
Καὶ διὰ σωφροσύνην Πηνελόπης θάνατοι.
Ἰλιὰς οὖν τὸ πόνημα μιᾶς χάριν ἐστὶ γυναικός·
Αὐτὰρ Ὀδυσσείη Πηνελόπη πρόφασις.

5

IV.

Πάντα μὲν οἶδα, λέγεις· ἀτελὴς δ᾽ ἐν πᾶσιν ὑπάρχεις.
Γενόμενος πάντων οὐδὲν ἔχεις ἴδιον.

V.

Πᾶς τις ἀπαίδευτος φρονιμώτατός ἐστι σιωπῶν,
Τὸν λόγον ἐγκρύπτων, ὡς πάθος αἰσχρότατον.

VI.

Σκηνὴ πᾶς ὁ βίος, καὶ παίγνιον. ἢ μάθε παίζειν,
Τὴν σπουδὴν μεταθεὶς, ἢ φέρε τὰς ὀδύνας.

VII.

Ἐλπίδος οὐδὲ Τύχης ἔτι μοι μέλει, οὐδ' ἀλεγίζω
Λοιπὸν τῆς ἀπάτης· ἤλυθον εἰς λιμένα·
Εἰμὶ πένης ἄνθρωπος, ἐλευθερίῃ δὲ συνοικῶ·
Ὑβριστὴν πενίης πλοῦτον ἀποστρέφομαι.

ΠΩΛΛΙΑΝΟΥ.

Χαλκὸν ἔχων, πῶς οὐδὲν ἔχεις; μάθε· πάντα δανείζεις.
Οὕτως οὐδὲν ἔχεις αὐτὸς, ἵν' ἄλλος ἔχῃ.

ΙΟΥΛΙΑΝΟΥ ΑΙΓΥΠΤΙΟΥ.

Κερδαλέους δίζεσθε δόμους, λήστορες, ἄλλους·
Τοῖσδε γάρ ἐστι φύλαξ ἔμπεδος, ἡ πενίη.

ΘΕΟΔΩΡΟΥ.

Ἑρμοκράτης τῆς ῥινός· ἐπεὶ τὴν ῥῖνα λέγοντες
Ἑρμοκράτους, μικροῖς μακρὰ χαριζόμεθα.

ΑΓΑΘΙΟΥ.

I.

Σπεύδων εἰ φιλέει με μαθεῖν εὐῶπις Ἐρευθώ,
   Πείραζον κραδίην πλάσματι κερδαλέῳ.
Βήσομαι ἐς ξείνην τιν᾽, ἔφην. χθόνα· μίμνε δὲ κούρη
   Ἀρτίπος, ἡμετέρου μνῆστιν ἔχουσα πόθου.
Ἡ δὲ μέγ᾽ ἐστονάχησε καὶ ἥλατο, καὶ τὸ πρόσωπον   5
   Πλῆξε, καὶ εὐπλέκτου βότρυν ἔρηξε κόμης,
Καί με μένειν ἱκέτευσεν. ἐγὼ δέ τις ὡς βραδυπειθὴς
   Ὄμματι θρυπτομένῳ συγκατένευσα μένων.
Ὄλβιος ἐς πόθον εἰμί· τὸ γὰρ μενέαινον ἀνύσσαι
   Πάντων, εἰς μεγάλην τοῦτο δέδωκα χάριν.   10

II.

Σοὶ, μάκαρ αἰγίκναμε, παράκτιον ἐς περιωπὰν,
   Τὸν τράγον, ὦ δισσᾶς ἀγέτα θηροσύνας—
Σοὶ γὰρ καστορίδων ὑλακὰ καὶ τρίστομος αἰχμὰ
   Εὗαδε, καὶ ταχινῆς ἔργα λαγοσφαγίης,
Δίκτυά τ᾽ ἐν ῥοθίοις ἁπλούμενα, καὶ καλαμευτὰς   5
   Κάμνων, καὶ μογερῶν πεῖσμα σαγηνοβόλων—
Ἄνθετο δὲ Κλεόνικος, ἐπεὶ καὶ πόντιον ἄγραν
   Ἄνυε, καὶ πτῶκας πολλάκις ἐξεσόβει.

ΠΑΥΛΟΥ ΣΙΛΕΝΤΙΑΡΙΟΥ.

I.

Οὔτε ῥόδον στεφάνων ἐπιδεύεται, οὔτε σὺ πέπλων,
   Οὔτε λιθοβλήτων, πότνια, κεκρυφάλων.
Μάργαρα σῆς χροιῆς ἀπολείπεται, οὐδὲ κομίζει
   Χρυσὸς ἀπεκτήτου σῆς τριχὸς ἀγλαΐην.

Ἰνδῴη δ' ὑάκινθος ἔχει χάριν αἴθοπος αἴγλης,　　5
Ἀλλὰ τεῶν λογάδων πολλὸν ἀφαυροτέρην.
Χείλεα δὲ δροσόεντα, καὶ ἡ μελίφυρτος ἐκείνη
Ἤθεος ἁρμονίη, κεστὸς ἔφυ Παφίης.
Τούτοις πᾶσιν ἐγὼ καταδάμναμαι· ὄμμασι μούνοις
Θέλγομαι, οἷς ἐλπὶς μείλιχος ἐνδιάει.　　10

II.

Παίγνια μὲν τάδε πάντα· Τύχης δ' ἑτερότροπος ὁρμὴ
Ταῖς ἀλόγοις ταύταις ἐμφέρεται βολίσι.
Καὶ βροτέου βιότου σφαλερὸν μίμημα νοήσεις,
Νῦν μὲν ὑπερβάλλων, νῦν δ' ἀπολειπόμενος.
Αἰνέομεν δὴ κεῖνον, ὃς ἐν βιότῳ τε κύβῳ τε　　5
Χάρματι καὶ λύπῃ μέτρον ἐφηρμόσατο.

III.

Καλὰ τὰ παρθενίης κειμήλια· παρθενίη δὲ
Τὸν βίον ὤλεσεν ἂν πᾶσι φυλαττομένη.
Τοὔνεκεν ἐνθέσμως ἄλοχον λάβε, καί τινα κόσμῳ
Δὸς βροτὸν ἀντὶ σέθεν· φεῦγε δὲ μαχλοσύνην.

IV.

ᵃΟὔνομά μοι...ᵝτί δὲ τοῦτο; ᵃπατρὶς δέ μοι..ᵝἐς τί δὲ τοῦτο;
ᵃΚλεινοῦ δ' εἰμὶ γένους. ᵝεἰ γὰρ ἀφαυροτάτου;
ᵃΖήσας ἐνδόξως ἔλιπον βίον. ᵝεἰ γὰρ ἀδόξως;
ᵃΚεῖμαι δ' ἐνθάδε νῦν...ᵝτίς τίνι ταῦτα λέγεις;

*V.

Ἐνθάδε Πιερίδων τὸ σοφὸν στόμα, θεῖον Ὅμηρον,
Κλεινὸς ἐπ' ἀγχιάλῳ τύμβος ἔχει σκοπέλῳ.
Εἰ δ' ὀλίγη γεγαυῖα τόσον χάδεν ἀνέρα νῆσος,
Μὴ τόδε θαμβήσῃς, ὦ ξένε, δερκόμενος.

Καὶ γὰρ ἀλητεύουσα κασιγνήτη ποτὲ Δῆλος   5
Μητρὸς ἀπ᾽ ὠδίνων. δέξατο Λητοΐδην.

ΑΔΕΣΠΟΤΑ.

I.

ΤΩΝ ΜΟΤΣΩΝ ᾽ΕΤΡΗΜΑΤΑ.

Καλλιόπη σοφίην ἡρωΐδος εὗρεν ἀοιδῆς·
Κλειὼ καλλιχόρου κιθάρης μελιηδέα μολπήν·
Εὐτέρπη τραγικοῖο χοροῦ πολυηχέα φωνήν.
Μελπομένη θνητοῖσι μελίφρονα βάρβιτον εὗρε.
Τερψιχόρη χαρίεσσα πόρεν τεχνήμονας αὐλούς.   5
῾Ύμνους ἀθανάτων Ἐρατὼ πολυτερπέας εὗρε.
Τέρψιας ὀρχηθμοῖο Πολύμνια πάνσοφος εὗρεν.
Οὐρανίη πόλον εὗρε καὶ οὐρανίων χορὸν ἄστρων.
Κωμικὸν εὗρε Θάλεια βίον τε καὶ ἤθεα κεδνά.

II.

Τὸ ῥόδον ἀκμάζει βαιὸν χρόνον· ἢν δὲ παρέλθῃ,
. Ζητῶν εὑρήσεις οὐ ῥόδον, ἀλλὰ βάτον. .

III.

Μὴ μύρα, μὴ στεφάνους στήλῃ χαρίσῃ, λίθος ἐστί·
Μηδὲ τὸ πῦρ φλέξῃς· ἐς κενὸν ἡ δαπάνη.
Ζῶντί μοι, εἴ τί γ᾽ ἔχεις, μετάδος· τέφραν δὲ μεθύσκων
Πηλὸν ποιήσεις, κοὐχ ὁ θανὼν πίεται.

IV.

῾Η δὶς Κάστορός ἐστιν, ὅταν σκάπτῃ τι, δίκελλα·
Σάλπιγξ δ᾽, ἂν ῥέγχῃ· τῇ δὲ τρύγῃ δρέπανον·
Ἐν πλοίοις ἄγκυρα· κατασπείροντι δ᾽ ἄροτρον·
Ἄγκιστρον γριπεῖ· ὀψοφάγοις κρεάγρα·

Ναυπηγοῖς σχένδυλα· γεωργοῖς δὲ πρασόκουρον·
Τέκτοσιν ἀξίνη· τοῖς δὲ πυλῶσι κόραξ.
Οὕτως εὐχρήστου σκεύους Κάστωρ τετύχηκε,
'Ρῖνα φέρων πάσης ἄρμενον ἐργασίας.

*V.

'Ιρὰ θεῶν ἀγαθοῖς ἀναπέπταται, οὐδὲ καθαρμῶν
Χρειώ· τῆς ἀρετῆς ἥψατο οὐδὲν ἄγος.
'Οστις δ' οὐλοὸν ἦτορ, ἀπόστιχε· οὔ ποτε γὰρ σὴν
Ψυχὴν ἐκνίψεις, σῶμα διαινόμενος.

†VI.

Γυμνὴν εἶδε Πάρις με, καὶ Ἀγχίσης, καὶ Ἀδωνις.
Τοὺς τρεῖς οἶδα μόνους· Πραξιτέλης δὲ πόθεν;

†VII.

Εἰς τὴν ἐν Σπάρτῃ ἔνοπλον Ἀφροδίτην.

Παλλὰς τὰν Κυθέρειαν ἔνοπλον ἔειπεν ἰδοῦσα·
Κύπρι, θέλεις οὕτως ἐς κρίσιν ἐρχόμεθα;
'Η δ' ἁπαλὸν γελάσασα· Τί μοι σάκος ἀντίον αἴρειν;
Εἰ γυμνὴ νικῶ, πῶς ὅταν ὅπλα λάβω;

VIII.

Εἰς ἄγαλμα Νιόβης.

Ἐκ ζωῆς με θεοὶ τεῦξαν λίθον· ἐκ δὲ λίθοιο
Ζωὴν Πραξιτέλης ἔμπαλιν εἰργάσατο.

IX.

Λάδας τὸ στάδιον εἶθ' ἥλατο, εἴτε διέπτη,
Δαιμόνιον τὸ τάχος, οὐδὲ φράσαι δυνατόν.
'Ο ψόφος ἦν ὑαπληγγος ἐν οὔασι, καὶ στεφανοῦτο
Λάδας, οἱ δ' ἄλλοι δάκτυλον οὐκ ἔδραμον.

X.

Μὴ νεμέσα βαιοῖσι· χάρις βαιοῖσιν ὀπηδεῖ·
Βαιὸς καὶ Παφίης ἔπλετο κοῦρος Ἐρως.

XI.

Εἴ τις ἅπαξ γήμας πάλι δεύτερα λέκτρα διώκει,
Ναυηγὸς πλώει δὶς βυθὸν ἀργαλέον.

*XII.

Ὠκεῖαι χάριτες γλυκερώτεραι· ἣν δὲ βραδύνῃ,
Πᾶσα χάρις κενεὴ, μηδὲ λέγοιτο χάρις.

XIII.

Εἰς αἶγα θηλάζουσαν λύκον.

Τὸν λύκον ἐξ ἰδίων μαζῶν τρέφω οὐκ ἐθέλουσα,
Ἀλλά μ' ἀναγκάζει ποιμένος ἀφροσύνη.
Αὐξηθεὶς δ' ὑπ' ἐμοῦ, κατ' ἐμοῦ πάλι θηρίον ἔσται.
Ἡ ΧΑΡΙΣ ΑΛΛΑΞΑΙ ΤΗΝ ΦΥΣΙΝ ΟΥ ΔΥΝΑΤΑΙ.

*XIV.

Ὁ φθόνος ἐστὶ κάκιστος, ἔχει δέ τι καλὸν ἐν αὑτῷ·
Τήκει γὰρ φθονερῶν ὄμματα καὶ κραδίην.

XV.

Ἦν νέος ἀλλὰ πένης· νῦν γηρῶν πλούσιός εἰμι·
Ὢ μόνος ἐκ πάντων οἰκτρὸς ἐν ἀμφοτέροις·
Ὃς τότε μὲν χρῆσθαι δυνάμην, ὁπότ' οὐδὲ ἓν εἶχον·
Νῦν δ' ὁπότε χρῆσθαι μὴ δύναμαι, τότ' ἔχω.

XVI.

Οἶνος καὶ τὰ λοετρὰ καὶ ἡ περὶ Κύπριν ἐρωὴ
Ὀξυτέρην πέμπει τὴν ὁδὸν εἰς Ἀΐδην.

*XVII.

Πᾶν τὸ περιττὸν ἄκαιρον, ἐπεὶ λόγος ἐστὶ παλαιὸς,
Ὡς καὶ τοῦ μέλιτος τὸ πλέον ἐστὶ χολή.

XVIII.

Πλουτεῖν φασί σε πάντες, ἐγὼ δέ σε φημὶ πένεσθαι.
Χρῆσις γὰρ πλούτου μάρτυς, Ἀπολλόφανες.
Ἂν μετέχῃς αὐτῶν σὺ, σὰ γίνεται· ἂν δὲ φυλάττῃς
Κληρονόμοις, ἀπὸ νῦν γίνεται ἀλλότρια.

*XIX.

Σώματα πολλὰ τρέφειν, καὶ δώματα πόλλ' ἀνεγείρειν,
Ἀτραπὸς εἰς πενίην ἐστὶν ἑτοιμοτάτη.

*XX.

Ζεῦ βασιλεῦ, τὰ μὲν ἐσθλὰ καὶ εὐχομένοις καὶ ἀνεύκτοις
Ἄμμι δίδου· τὰ δὲ λυγρὰ καὶ εὐχομένων ἀπερύκοις.

*XXI.

Κἂν με κατακρύπτῃς, ὡς οὐδενὸς ἀνδρὸς ὁρῶντος,
Ὄμμα Δίκης καθορᾷ πάντα τὰ γινόμενα.

*XXII.

Τίς ποθ' ὁ τὸν Τροίης πόλεμον σελίδεσσι χαράξας,
Ἢ τίς ὁ τὴν δολιχὴν Λαρτιάδαο πλάνην;
Οὐκ ὄνομ' εὑρίσκω σαφὲς, οὐ πόλιν. Οὐράνιε Ζεῦ,
Μή ποτε σῶν ἐπέων δόξαν Ὅμηρος ἔχει;

*XXIII.

Τοῦτό τοι ἡμετέρης μνημήϊον, ἐσθλὲ Σαβῖνε,
Ἡ λίθος ἡ μικρὴ τῆς μεγάλης φιλίης.
Αἰεὶ ζητήσω σε· σὺ δ', εἰ θέμις, ἐν φθιμένοισι
Τοῦ Λήθης ἐπ' ἐμοὶ μή τι πίῃς ὕδατος.

*XXIV.

Οὐκ ἔθανες, Πρώτη, μετέβης δ᾽ ἐς ἀμείνονα χῶρον,
Καὶ ναίεις μακάρων νήσους θαλίῃ ἐνὶ πολλῇ,
Ἔνθα κατ᾽ Ἠλυσίων πεδίων σκιρτῶσα γέγηθας
Ἄνθεσιν ἐν μαλακοῖσι, κακῶν ἔκτοσθεν ἁπάντων.
Οὐ χειμὼν λυπεῖ σ᾽, οὐ καῦμ᾽, οὐ νοῦσος ἐνοχλεῖ,   5
Οὐ πείνη σ᾽, οὐ δίψος ἔχει σ᾽· ἀλλ᾽ οὐδὲ ποθεινὸς
Ἀνθρώπων ἔτι σοι βίοτος· ζώεις γὰρ ἀμέμπτως
Αὐγαῖς ἐν καθαραῖσιν Ὀλύμπου πλησίον ὄντος.

FINIS

EXCERPTORUM MISCELLANEORUM.

NOTAE PHILOLOGICAE

AD

ANALECTORUM GRAECORUM MAJORUM

TOMUM POSTERIOREM,

IN GRATIAM

STUDIOSAE JUVENTUTIS.

EDITIO QUARTA AMERICANA,

PRIORIBUS EMENDATIOR.

NOTAE PHILOLOGICAE

AD

EXCERPTA HEROICA.

I. NOTAE IN HOMERUM.

* Ex Homero.] Partem hanc alteram hujus Delectûs, quae est Poë- 3. tica, incipiendam duximus à selectis quibusdam ex Odysseâ Homeri. Nihil ex Iliade hîc exhibuimus, quia hujus exemplaria comparatu faciliora sunt quam Odysseae; et unusquisque Linguae Graecae Studiosus, utcunque tenuis sit ejus bibliotheca, imprimis possidere debet exemplar Novi Foederis Graecè; deinde Iliadis Homeri. Quemadmodum igitur nihil ex illo in priorem, ita nihil ex hac in posteriorem hunc tomum transtulimus.

Quod ad Homerum, auctorem et Iliadis et Odysseae, attinet, is antiquissimus omnium scriptorum Graecorum, quorum ulla opera ad nostra tempora pervenere, habendus est. Quae enim composuisse dicitur Orpheus, Musaeus, Linus, aliique, qui ante Homerum vixerint, eorum nihil quod genuinum aestimandum sit hodiè extat. Hesiodus forsan Homero fuit aequalis; sed vix audiendi sunt ii qui illum perhibent vetustiorem.

Neque Homerus tantùm poëtarum Graecorum antiquissimus est, verùm etiam omnium poëtarum tum veterum tum recentiorum longè praestantissimus; unde princeps omnium saeculorum poëtarum, et praecipuus Poëta, semper habitus fuit et dictus. "Homerus," inquit Cicero, "propter excellentiam, commune poëtarum nomen "apud Graecos efficit suum." [Top. cap. 13.] Et alibi, "Certè "similis nemo Homeri." [De Divin. lib. ii. cap. 47.] Atque Velleius Paterculus, de eodem loquens, his verbis utitur; "Clarissimum "—Homeri illuxit ingenium, sine exemplo maximum: qui magnitudine operis, et fulgore carminum solus appellari Poëta meruit. "In quo hoc maximum est, quod neque ante illum, quem ille imita- "retur, neque post illum, qui eum imitari possit, inventus est." [Lib. i. cap. 5.] Verùm enimvero praeconiorum, quae de eo antiqui scriptores memoriae prodiderunt, vel quae ei à recentioribus tributa sunt, magnum aliquem numerum hîc proferre nimis foret longum, et ab instituto nostro alienum. Eorum amplam messem inveniet lector curiosus ad finem Gnomologiae Homeri, per doctissimum Jacobum Duportum. Quicunque autem Homeri excellentiam penitùs cognoscere cupit, is potius praecipui ipsius Poëtae opera diligenter perscrutari debet. Sine horum intimâ cognitione nemo eruditus meritò haberi potest. Qui Homeri poëmata ignorat, nihil ferè novit de vetustis mundi temporibus.

Liceat igitur nobis studiosam juventutem obsecrare, ut summam attentionem adhibeat ingenii monumentis quae supersunt exquisitis-

3. simi hujus poëtae. Quanquam enim, cum quibusdam ex summis
ejus laudatoribus, dicere nolumus omne genus scientiae in Homeri
carminibus posse inveniri, hoc tamen confirmare audemus, Iliadem
et Odysseam abundare adeò immensâ varietate imaginum et simili-
tudinum, atque incredibili numero rerum gestarum, quibus hominum
mores, studia et affectus ad vivum, ut dicam, repraesentantur, ut fieri
non possit quin lectoris animus, cui acies non prorsus est obtusa, sum-
mum fructum et voluptatem unâ capiat, cum ingenti quadam admira-
tione conjunctam. "Quid enim," ut verbis utar viri ornatissimi
Roberti Lowth, "nobis usu venit Homerum legentibus? Quis est tam
"iners, tam inhumanus, quem non incredibili voluptate perfundat,
"quem non moveat et percellat, suoque veluti afflatum instinctu se-
"cum abripiat divinum illud ingenium?" [De Sacr. Poës. Hebr. Prael.
i.] Etiam interpositio illa ac ministerium deorum, quae totam Iliadem
et Odysseam pervadunt, doctrinam nequaquam inutilem cum lectoribus
communicant. Namque ibi disci potest quid Graecorum antiquissimi
censerent et quomodo agerent de rebus divinis : Et quanquam Lon-
ginus aliique critici Homerum in eo reprehenderunt, quod personas
suas divinas ad naturae humanae imbecillitatem saepissimè deduxe-
rit; hoc tamen, utcunque verum sit, summo poëtae nequaquam vitio
verti debuisset. Nam si deos aliter quam pro captu vulgi repraesen-
tare conatus esset, hoc philosophum non poëtam fuisset agere ; atque
in unâ parte artis suae se planè hospitem ostendere : Quippe Ho-
meri fuit deos suos, juxta atque heroas exhibere, non quales esse de-
buerint, sed quales famâ accepisset.* In hoc igitur, ut in multis
aliis, eum imitati sunt sequentes poëtae ; et praesertim elegantissi-
mus Virgilius, qui, etsi ministerio deorum in Aeneide utatur, modo
multò magis artificioso, quod ad structuram fabulae suae, quàm noster
Homerus, (uti praeclarè ostendit vir eruditissimus Chr. G. Heyne,
in Excursu suo primo ad Lib. i. Aeneidos,†) tamen notioni Homeri-
cae de essentiâ et naturâ deorum ubique adhaeret. Et qui naturam
et attributa deorum Homericorum ignorat, nae is poëtas nec Graecos
nec Latinos rectè intelligere potest.

Porrò; Homeri poëmata optimam descriptionem statûs civilis
Graeciae aliquandiu et ante et post bellum Trojanum continent ;
unde historici quoque nomen mereri à quibusdam habitus sit. ‡ Geo-
graphorum sui saeculi eum fuisse facilè principem inter omnes
constat. Cujus rei egregia indicia in carminibus ejus subindè appa-
rent, praesertim in posteriore parte libri secundi Iliadis, quae vocatur
Catalogus. Differt quidem narratio Homeri in formâ à narratione
historici ; nec sua regionum mentio eadem est ac descriptio geogra-
phi : quippe longè alia est ratio poëtica ac historica vel geographica.
Peculiaris autem laus est Homeri, ut finem historici et geographi
quodammodo attingat, per viam quidem minùs directam, sed multò
jucundiorem et amoeniorem. Immò, Horatio judice, etiam philoso-
phis Homerus anteponendus est.

*Qui quid sit pulchrum, quid turpe, quid utile, quid non,
Plenius ac melius Chrysippo et Crantore dicit :*

* Vid. Sam. Clarke ad Iliad. 4, 2.

† Editt. scil. 2. et 3.

‡ Vide *Wood's Essay on the Original Genius and Writings of Homer.*

" Pleniùs,"—(verbis iterum utor ornatissimi Praesulis suprà citati,) 3.
" qui non partitionum ac definitionum formulas jejunè explicet, sed
" morum atque affectuum humanorum imaginem, vitaeque communis
" et civilis universam rationem, tot tamque variis in omni genere
" exemplis tam accurate perfectéque exprimat, ut, qui ex Philoso-
" phorum scholis ad illius acroamata se conferat, sentiat sese ex
" implicatissimis angustiis in amplissimi cujusdam et florentissimi
" campi spatia delatum :—Meliùs,—qui non monitis solùm et prae-
" ceptionibus et nudis sententiis doceat, sed suavitate carminis, pul-
" chritudine imaginum, fabulae artificio, veritate imitationis, lectoris
" animum alliciat, penetret, delectet, percellat, ad omnem virtutis
" habitum formet, atque ipsius honesti spiritu quodam imbuat."
[De Sacr. Poes. Hebr. Prael. i.] Sed in Homeri carminibus tam
multa quoque occurrunt de rebus militaribus, de medicinâ, sculpturâ,
commercio, variisque aliis artibus et opificiis, prout nota erant in
illis antiquis mundi temporibus, ut summi poëtae opera promptuarium
quoddam scientiae heroicarum aetatum meritò haberi possint ;—
scientiae non quidem acquirendae ex jejunis et abstractis principiis
ac praeceptis, sed ab exemplis in actionibus et affectibus humanis et
divinis exhibitis, et quasi ob oculos positis, ultrò profluentis. Horum
autem exemplorum tanta est varietas, quanta nullius hominis obser-
vationi, nisi summo ingenio et mente perspicacissimâ ac penè divinâ
praediti, unquam obversari potuisset.

Quin et omnia haec tradita sunt dictione adeò copiosâ, eâdemque
simplici, nitidâ, purâ ac dilucidâ; adeò ad sententiam, sive ea
sit sublimis, sive mediocris, seu humilis, exprimendam accom-
modata, ut etiam hac in parte optimi in omni aevo critici ad
Homerum semper summâ cum admiratione respexerint. De eo
loquens Aristoteles—Λέξει, inquit, καὶ διανοίᾳ πάντας ὑπερβέ-
βληκε. [De Poet. cap. 24.] " Hunc," inquit Quinctilianus, " nemo
" in magnis sublimitate, in parvis proprietate superaverit. Idem
" laetus ac pressus, jucundus et gravis, tum copiâ, tum brevitate,
" mirabilis: nec poëticâ modò, sed oratoriâ virtute eminentissi-
" mus." Et paulò post :—" Verùm hic omnes sine dubio, et in
" omni genere eloquentiae procul à se reliquit." [Inst. Orator. lib.
x. cap. 1.] Rhetores quidem, critici, et grammatici, non solum
varia eloquentiae genera in variis orationibus, quae personis loquen-
tium mirè conveniunt, apud Homerum illustrata animadverterunt;
sed et ibidem repererunt exempla copiosissima omnium orationis et
syntaxeos partium, omniumque dictionis troporum ac figurarum,
quales sunt metaphorae, allegoriae, prosopopoeïae, atque id genus
alia, quae scilicet suarum est artium singulatim enarrare ; sed quo-
rum usum Homeri ingenium atque mens divinior ab ipsâ Naturâ
didicisse videtur.—Sed ne longiùs in campum hunc immensum pro-
grediar, (ubi quicunque Homerum justis laudibus prosequi aggres-
sus fuerit, finis ei circumspicienti nusquem apparere videtur,) mihi
tantùm observare liceat, quicquid animum humanum heroicorum fa-
cinorum admiratione in sublime rapiat, quicquid laetitiam, luctum,
misericordiam, caeterosque affectus, quorum exercitatione aut is
valdè delectatur, aut promovetur, excitet, id omne inesse carminibus
Homeri. Neque effectus hi planè admirandi ex inconditâ rerum
gestarum, descriptionum, aut narrationum congerie oriuntur; sed in
Iliade et Odysseâ exhibentur duo pulcherrima opera, quorum partes

3. tam benè sunt dispositae, omnesque tam aptè inter se connexae, ut exempla adhuc absolutissima praebeant nobilissimi illius foetûs humani ingenii, Epici nimirum, vel Heroici Poëmatis.

Quisnam igitur est Ille, aut undè venit, qui legislatores scientiam politicam, qui historicos ac philosophos artem scribendi, qui poëtas et oratores quomodò affectus commovendi sint docet? atque cujus excellentiam omnes tam facilè agnoscunt quàm splendorem solis qui totum mundum illuminat.* Dolendum quidem est talia interroganti nullum posse reddi idoneum responsum. Ille qui tantâ eloquentiâ, venustate, atque perspicuitate de rebus gestis aliorum scripserit, de se, quae ejus erat modestia, omninò reticuit.† "Omnes homines," inquit doctissima Dacieria, "cupiunt cognoscere qualis ille fuerit, "qui eorum admirationem excitavit; sed ita res est, hujusmodi de "Homero desiderium nunquam expleri poterit; et omnium mortalium "celeberrimus semper erit maximè omnium tenebris obvolutus." [Praef. ad Iliad.] Unde factum est ut olim à quibusdam divinâ origine fuisse crederetur. Quin et templa ei in variis locis extructa erant; et apotheosis ejus, vel consecratio, in antiquo lapide designata, adhuc asservatur.‡ "Adeò nimirum," inquit Politianus, vir elegantis ingenii, "sese supra hominum conditionem vates hic emi- "nentissimus atque incomparabilis attollit, adeóque nihil mortale "sonat, ut meritò illi et patria coelum, et mater esse Calliope videri "possit." [Praef. in Iliad.]

Narrationem quidem habemus de vitâ Homeri ab antiquis temporibus nobis traditam, et Herodoto historiae patri vulgò, sed, ut eruditissimi homines putant, falsò adscriptam. Enimverò ubique exhibet res evidenter fictas et falsas. Fabulas quae de eo ibi narrantur quicunque cognoscere cupiat, eum ad ipsum opus relegare visum est. Nec quae de vitâ celeberrimi hujus poëtae scripsit Plutarchus, et quidam alii, majorem fidem obtinere merentur.

Quàm longè à belli Trojani temporibus remotus Homerus vixerit, ne id quidem inter eruditos convenit. Secundum optimos auctores Troja capta fuit A. M. 2820; ante primam Olympiad. 408; ante Chr. N. 1184.‖ Marmor autem Arundelianum casum hunc 25 annis ponit altiùs, nempe ante prim. Olymp. 433; hoc est, ante Chr. N. 1209. Vix ullus est scriptor, qui hominem floruisse statuit propriùs ad Trojae excidium quàm annis quinquaginta;§ [i. e. ante Chr. N.

---

* Vide *Les Voyages du jeune Anacharsis.* Introd.

† In illo ad Apollinem hymno, qui Homero vulgò adscribitur, auctor quidem de se mentionem inducit; vers. 165—176; unde apparet eum tunc temporis fuisse in insulâ Delo, domicilium autem habuisse in Chio, et caecum esse. Sed an hoc carmen re verâ sit Homeri non convenit inter doctos. Quidam id adscribunt cuidam Cynaetho, qui Chius erat et Rhapsodus vel Homeristes, i. e. Cantator carminum Homeri; quorum magnus erat numerus, qui per Graeciam olim errabant. De quibus vide Fab. Bib. Gr. Vol. i. p. 369. sqq. edit. Harles. "Thucydides Homero hymnum adscribit, et hos versus repetit. L. III. 104. P.

‡ Vide Gisberti Cuperi commentarium, Amst. 1683. 4to. et Jo. Car. Schotti novam explanationem Homericae apotheosis. Extat in Poleni-Suppl. Thes. Antiq. Gr. &c. Vol. ii. col. 292.

‖ Vide Heynii Excurs. ii. ad Aen. Lib. iii.

† Vide *Essay on the Genius and Writings of Homer;* ubi Woodius Homerum facit tam antiquum, quo melius ut videtur sententiam suam suffulciat, summum nempè poëtam artem scribendi nescisse; quam stabilire sed nullo successu labora+

1134;] nec exinde remotiùs quam quingentis et viginti quatuor; [i. e. 3.
ante Chr. N. 660. Olymp. xxx.*] In tantâ de hac· re sententiarum
varietate, nobis visum est sequi multò majorem virorum doctorum
numerum,† aetatem summi poëtae ponendo circiter annum post
captam Trojam 240; i. e. circiter 944 annos ante Chr. N.‡

Quibus parentibus ortus fuerit prorsus est ignotum. Nam quae
de his vulgò circumferuntur narrationes omninò sunt incredibiles.
Exempli gratiâ; refert auctor in illâ brevi Homeri vitâ, quae à
Plutarcho conscripta dicitur: " Fuisse in Io insulâ, quo tempore Ne-
" leus Codri filius Ionicam Coloniam deduxit, quandam puellam indi-
" genam à daemone quodam Musarum familiari compressam; eamque
" gravidam factam in regionem nomine Aeginam concessisse; unde
" latrones, qui irruptionem illuc fecissent, eam Smyrnam in servi-
" tutem duxisse; ibique Maeoni Lydorum regi donâsse. Cúmque
" rex puellam propter pulchritudinem amâsset, inque matrimo-
" nium duxisset; illam, dum apud Meletem ambularet, partûs
" doloribus correptam, Homerum juxta flumen peperisse." Haec
fabula, quam narrator se apud Aristotelem in tertio de Poëticâ libro,
sed qui nunc deperditus est, invenisse ait, mentionem non meruisset,
nisi quòd indè scimus Homerum à Maeone *Maeonidem*, à Melete
Melesigenem interdum fuisse appellatum. Sed utcunque fide sit in-
digna haecce fabula, multae aliae non minus incredibiles de Homero
narrantur, quarum repetitio et operam et oleum foret perdentis.

Solum ejus natale admodùm apud veteres incertum fuisse vel ex
eo apparet, quòd de hoc honore septem civitates olim contenderint;
quarum nomina sequente versiculo continentur:

Smyrna, Rhodus, Colophon, Salamis, Chios, Argos, Athenae.

Unde Cicero, " Homerum," inquit, " Colophonii civem esse dicunt
" suum, Chii suum vindicant, Salaminii repetunt, Smyrnaei verò suum
" esse confirmant. Itaque etiam delubrum ejus in oppido dedicave-
" runt. Permulti alii praeterea pugnant inter se atque contendunt."
[Orat. pro Archiâ Poëtâ.] Sed neque de nominibus harum certan-
tium civitatum auctores consentiunt; nam quidam pro Salamine Cu-
mas, alii pro Salamine et Rhodo Pylum atque Ithacam substituunt.
Vir doctissimus Leo Allatius, ipse Chius, in libro singulari de Pa-
triâ Homeri conscripto, Homerum in celeberrimâ insulâ Chio natum
esse contendit, et hanc suam opinionem variis testimoniis eruditè
suffulsit. [Gron. Thesaur. Ant. Gr. Vol. x.] Scriptor non inelegans
Robertus Wood, qui regiones quasdam Asiaticas peregrinans lustra-

---

* Opinatur doctissimus Dodwellus Homerum post Olymp. xxiii. floruisse;
500 annis post Trojae excidium; et hanc suam opinionem summâ cum erudi-
tione tueri conatur. [De Cyclis Diss. iii. ¶ 6—69.] Quod miratur doctissimus
Corsinius, Fast. Att. Tom. iii. p. 158.

† Vide Salmasium ad Solin. p. 608. et Heynium ad Apollod. p. 1086.

‡ Herodotus, qui vixisse vulgò statuitur circiter Olympiad. lxxxiv, hoc est,
circiter annum ante Chr. N. 444, refert in suâ historiâ, lib. ii. 53, Homerum et
Hesiodum ante se ut ipse putabat extitisse annis quadringentis et non amplius.
Secundum Herodotum igitur Homerus vixit ante Chr. N. annis 844; et post
captam Trojam 340. Sed cum hoc non consentit quod invenitur in Vitâ Ho-
meri Herodoto adscriptâ, nisi legatur cum Scaligero τετρακόσια pro ἑκατόν. Vide
Corsinii Fast. Att. ubi supra.

3. verat, patriam Homeri credidit vel Chion insulam, vel Smyrnam,
vel saltem locum aliquem orae Asiaticae inter Rhodon et Tenedon
jacentem ; et hoc quidem verisimillimum reddit argumentis ex ipsis
Homeri carminibus petitis, quae admodùm difficile foret infirmare.
[*Essay on the Original Genius and Writings of Homer*,* p. 13. 33.]
Ex iis autem quae de Homero narrantur unum est de quo nullus
omninò dubitationi locus esse possit, eum nempè egregium fuisse
peregrinatorem.   Ipse, tanquam suus Hlysses,

—————*multorum providus urbes*
Et mores hominum inspexit.

Hoc quoque ex carminibus ejus passim, et praesertim è parte pos-
teriore libri secundi Iliadis, qui *Catalogus* vulgò vocatur, manifestis-
simum est.   Haec enim, eâ qua Homerus vixit aetate, à nemine
componi potuisset, nisi ab illo qui regiones ibi descriptas ipse visisset.
Volunt nonnulli eum fuisse Aegyptium genere, ex domo illustri et
regiâ, liberalissimis studiis educatum ; eumque divitiis omnibusque
copiis instructum itinera sua confecisse.   Sed haec opinio nullis ido-
neis argumentis confirmatur.   Verisimilius videtur, quod affirmant
alii, eum *ΑΟΙΔΟΝ*, sive *Vatem errantem*, fuisse, et varias regiones
sub hac personâ peragrâsse, domos principum aliorumque divitum
frequentantem, et omnes ad quos adierit divinis suis cantilenis mirè
delectantem.   [*Blackwell's Enquiry into the Life and Writings of
Homer, Sect.* viii.]   Fertur praeterea Homerum fuisse caecum : et
multi credidere eum sub personâ Demodoci, caeci vatis regis Alcinoi,
semet ipsum adumbratum voluisse :

Τὸν περὶ Μοῦσ᾽ ἐφίλησε, δίδου δ᾽ ἀγαθόν τε, κακόν τε,
Ὀφθαλμῶν μὲν ἄμερσε, δίδου δ᾽ ἡδεῖαν ἀοιδήν.
                                                   Odyss. ϑ, 63.

Sed et ipsa ejus caecitas à nonnullis negatur.   " Traditum est," in-
quit Cicero, " Homerum caecum fuisse.   At ejus picturam, non
" poësin videmus.   Quae regio, quae ora, qui locus Graeciae, quae
" species formaque pugnae, quae acies, quod remigium, qui mo-
" tus hominum, qui ferarum, non ita expictus est, ut quae ipse
" non viderit, nos ut videremus, effecerit?" [Tuscul. Disp. v. 39.]
" Homerum," inquit Velleius Paterculus, " si quis caecum genitum
" putat, omnibus sensibus orbus est." [Lib. i. c. v.]   Potuisset tamen
ille captus esse oculis in senectute : rem enim tam latè divulgatam
omni veritate carere vix verisimile est.   Quum, inter varias regio-
nes ad quas iter faciebat, Samum, Athenas et Ion adiisset ; in Io
tandem mortuus fuisse ac sepultus dicitur.   Incolae ejus loci, multos

————————————
* Accedit huic operi—*A Comparative View of the ancient and present state
of the Troade.*   Sed viator noster nihil distinctè vidit in Troade : nam, cum
ibi totâ viâ errasset, omnia in descriptione suâ mirè perturbavit ; ut videre erit
cum eâ conferendo inclytae istius regionis descriptionem, quae auctorem habet
Chevalierium, virum ingeniosum, nuper editam Gallicè in Actorum Reg. So-
ciet. Edin. Vol. iii. vel seorsum Anglicè nostris annotationibus illustratam.
[Vide parergum ad init. Lib. iii. Virg. Aeneid. in Heynii edit. 3tiâ. Lips.
1800.]   Non tamen, propter hanc in Troade infelicitatem, justâ suâ laude
fraudandus est Woodius, quippe qui de summi poëtae lectoribus, in multis
locis, etsi non in omnibus, tentaminis supra laudati, optimè meritus sit.

post annos, monumentum quoddam in littore situm pro Homeri se- 3.
pulchro monstrare solebant.*

Duo maxima summi poëtae opera, quae ad nostra tempora per-
venere, sunt Ilias et Odyssea. In illâ de irâ Achillis, atque adeò de
bello Graecorum ad Trojam gesto ; in hac de erroribus et peregri-
natione Ulyssis, post bellum Trojanum patriam Ithacam repetentis,
cecinit. Praeter haec duo poëmata, extant etiam Batrachomyoma-
chia, Hymni et quaedam Epigrammata, Homero vulgò adscripta.
Sed utrum haec sint carmina genuina summi poëtae non convenit
inter eruditos.

Caeterùm apud antiquos nihil unquam fuit celebrius Iliade et
Odysseâ. Maximis principibus et heroibus semper fuerunt in deli-
ciis. "Quam multos," inquit Cicero, "scriptores rerum suarum
"magnus ille Alexander secum habuisse dicitur? Atque is tamen,
"cum in Sigeo ad Achillis tumulum adstitisset, O fortunate, inquit,
"adolescens, qui tuae virtutis Homerum praeconem inveneris. Et verè ;
"nam nisi Ilias illa extitisset, idem tumulus, qui corpus ejus con-
"texerat, nomen etiam obruisset." [Pro Archiâ Poët.] Neque vete-
res magistri ullum scriptorem, in erudiendâ juventute, priorem po-
tioremve Homero habuerunt. "Igitur," inquit Quinctilianus, "ut
"Aratus ab Jove incipiendum putat, ita nos rite coepturi ab Homero
"videmur. Hic enim (quemadmodum ex oceano dicit ipse amnium
"vim fontiumque cursus initium capere) omnibus eloquentiae partibus
"exemplum et ortum dedit." [Inst. Orator. x. 1.] Atque scripta
Homeri, diù ante tempora Quinctiliani, juventuti solere praelegi ex
eo apparet, quod refert Plutarchus de celeberrimo Alcibiade ; qui,
quum ex pueris excessisset, adiit quendam ludimagistrum ; quum-
que librum aliquem Homeri ab eo petiisset, atque ab homine tulisset
hoc responsum, Se nihil Homeri habere ; eum, colapho impacto, sta-
tim reliquit. [In Alcibiad. c. 7.]

Sed inter tot tantasque laudes quibus Homerus in omni aevo ad
coelum sublatus fuerit, non mirum est eum quosdam quoque nactum
fuisse vituperatores. In hoc genere apud veteres palmam omnibus
praeripuit famosus Zoïlus ; qui vixit sub rege Ptolemaeo Philadelpho,
et propter convicia, quae in summum Poëtam profuderit, cognomen
'Ομηρομάστιγος meruit, regisque indignationem excitavit. Dicitur
tandem violentâ morte periisse ; illud tantùm malevolentiae prae-
mium consequutus, quòd nomen suum nobilium apud posteros scrip-
torum castigatoribus legaverit. [Ovid. Rem. Amor. 365.] Fuerunt
etiam haud ita pridem apud Gallos nonnulli recentiores Zoïli, qui
famàm quoque Homeri obscurare conabantur. Sed, eorum operibus
in oblivionem jam properantibus, carmina divini Vatis redintegrato
splendore fulgent.

Verùm hoc argumento diutius forsan immorati sumus quàm insti-
tuti nostri ratio postulabat. Sed de Homero loqui orsus quis facilè
potest silere ? Hactenùs processisse non tamen poenitebit, si modò

---

* Hodiè asservatur Petropoli, in hortis Comitis Stroganoff, Sarcophagus mar-
moreus, variis figuris pulchrè ornatus, qui è mari Aegaeo classe Russicâ, ante
paucos hos annos, illuc adductus erat. Monumentum Homeri dicitur ex Insulâ
Io. Hujus notitia nuper vulgata fuit Germanicè, item Anglicè, sub hoc titulo:
The pretended Tomb of Homer : drawn by Dominic Fiorillo, from a sketch of
M. Chevalier, with illustrations and notes by C. G. Heyne. Lond. 1795. in 4to.
pp. 20. cum tab. aeneis.

3. juvenilis indè animus Iliadis et Odysseae penitùs cognoscendae cu pidine incendatur. Quicunque plura scire cupit de Homero ejus que scriptis, eum relegamus ad libros, quorum plenam enarrationem inveniet in novâ Fabricii Bib. Gr. editione, quam procuravit doctissi mus et diligentissimus Harlesius, Vol. I. p. 317, seqq. " L. II. c. I.

HOMERI EDITIONES PRAECIPUAE.

[Omninò abhorreret ab instituti nostri brevitate hīc recensere vel majorem numerum Homericarum editionum. Ex iis tantùm paucas notabimus; illum qui pleniorem enumerationem desideret remitten tes ad edit. Fab. Bib. Gr. jam indicatam; item ad Harles. Introd. in Hist. L. Gr. p. 25. seqq.] " S. II. § 2. P.

1. Homeri Opera, (scil. Ilias, Odyssea, Batrachomyomachia, et Hymni,) Graecè, recensita ad MSS. codices et Eustathii ineditos tunc commentarios, labore et industriâ Demetrii Chalcondylae, &c. *Florentiae*, 1488, 2 vol. *in fol.* [Quae est Editio princeps.]

2. ———————— Graecè. *Venetiis*, in aedibus *Aldi*, 1524, 2 vol. *in 8vo.* [Hanc vocat Ernestius in praef. Aldinam tertiam.]

3. ———————— ab Antonio Francino, *Venetiis, apud Luc. Anton. Juntam*, 1537, 2 tom. *in 8vo.* [Haec est Classica editio, cum Venetis codd. collata et castigata, ita ut Francinus in epist. ad lectores gloria retur, poëtae textum neque purgatiorem neque emendatiorem ante hac fuisse. Haec est Editio, quam Dorvilius in Vanno Criticâ, p. 390, vocat accuratissimam: quod judicium Ernestius in praef. Hom. p. x. de Florentinâ an. 1519, intelligens, haud rectè vituperavit. HARLES.]

4. ———————— Ilias et Odyssea, cum commentariis Eustathii. Titulus libri est: *Εὐσταθίου Ἀρχιεπισκόπου Θεσσαλονίκης Παρεκ βολαὶ εἰς τὴν Ὁμήρου Ἰλιάδα,—καὶ εἰς τὴν Ὀδύσσειαν, μετὰ εὐπο ρωτάτου καὶ πάνυ ὠφελίμου πίνακος. Romae, apud Antonium Bla dum*, 1542–1550, IV tom. *in fol.* [Prodiêre iterum, *Basileae*, apud *Frobenium*, 1560. Edita sunt etiam III volumina novae Eustathii editionis ab Alexandro Polito, cum versione Latinâ, notisque per petuis, quae quinque priores libros Iliados tantùm continent. *Flo rent.* 1730—35, *in fol.*]

5. ———————— Extant apud Poëtas Graecos principes heroi ci carminis, &c. Excudebat *Hen. Stephanus*, anno 1566, *in fol.* [Opus pulcherrimum.]

6. ———————— Ilias et Odyssea, et in easdem Scholia, sive in terpretatio veterum, &c. operâ, studio et impensis Josuae Barnes, S. T. B. &c. *Cantabrigiae*, 1711, 2 vol. *in 4to.*

7. ———————— Ilias et Odyssea, Gr. Oxon. 1714, 2 vol. *in 8vo.*

8. ———————— Ilias, Graecè et Latinè. Annotationes—scrip sit atque edidit Samuel Clarke, S. T. P. *Londini*, 1729–1732, 2 vol. *in 4to.* [Iterùm, 1754, eâdem formâ, typis nitidioribus, sed minus emendatè.]—Odyssea, Gr. et Lat. Item Batrachomyomachia, Hymni et Epigrammata, Homero vulgò adscripta. Edidit, Annotationesque, ex notis nonnullis MStis à Sam. Clarke, S. T. P. defuncto relictis partim collectas, adjecit Sam. Clarke, S. R. S. *Lond.* 1740, 2 vol. *in 4to.* [Ilias et Odyssea Clarkiana, praesertim Ilias, saepè prodiêre in formâ 8vá, et multos invenerunt lectores. Variae item editiones textûs et versionis sine notis in locis diversis prodierunt.]

9. *ΤΗΣ ΤΟΥ ΟΜΗΡΟΥ ΙΛΙΑΔΟΣ Ο ΤΟΜΟΣ ΠΡΟ·*

ΤΕΡΟΣ—ΌΟ ΤΟΜΟΣ ΔΕΥΤΕΡΟΣ. *Glasguae*, 1756, in *fol.—* 3.
ΤΗΣ ΤΟΥ ΌΜΗΡΟΥ ΟΔΥΣΣΕΙΑΣ ΌΟ ΤΟΜΟΣ ΠΡΟΤΕ-
ΡΟΣ—ΌΟ ΤΟΜΟΣ ΔΕΥΤΕΡΟΣ, cui subjuncta sunt reliqua Ho-
mero vulgò adscripta. *Ibid.* 1758, in *fol.* IV Vol. [Opus splendidis-
simum atque emendatissimum.] "*Apud R. et A. Foulis.* P.

10. Opera omnia, ex recensione et cum notis Sam. Clarkii. Ac-
cessit varietas lectionum, &c. curâ J. Aug. Ernesti, qui et suas notas
adspersit. *Lipsiae*, 1759—1764, 5 vol. in *8vo.*

11. Homeri Ilias, ad veteris codicis Veneti fidem recensita.
Scholia in eam antiquissima, &c.—nunc primum edidit cum asteris-
cis, &c. Jo. Baptista Caspar d' Ansse de Villoison——*Venetiis*, 1788,
in *fol.* [Praemisit editor doctissima prolegomena.]

12. *ΌΜΗΡΟΥ ΙΛΙΑΣ ΚΑΙ ΟΔΥΣΣΕΙΑ.* [*Εν δ' Τομοις.*]
ΕΞ ΕΡΓΑΣΤΗΡΙΟΥ ΤΥΠΟΓΡΑΦΙΚΟΥ ΕΝ ΟΞΟΝΙΑι.
Ετει φ ώ, in *4to.* [Edit. vulgo vocata Grenvilliana, quae est pul-
cherrima et emendatissima.]

13. HOMERI ILIAS CUM BREVI ANNOTATIONE, CURANTE C. G. HEYNE.
VIII vol. in 8vo. *Lipsiae et Londini*, 1802. [Opus immensae erudi-
tionis.] "Item breviùs, 2 vol. in 8vo. 1804. P.

"14· OPERA, ex recensione FRID. AUG. WOLFII, cum praeff. sine
notis. Iliadis Pars I. XII Lib. fol. splendidissima. *Lipsiae*, 1806.
Omnia, IV vol. sive partes, 4to. vel 8vo. 1784—1794—1804—1817,
Lips. Prolegomena, Vol. I. 8vo. maj. *Halis Sax.* 1795. P.

Verùm Studiosae Juventuti plurimùm commendari debet libellus
cui titulus : INITIA HOMERICA ; sive Excerpta ex Iliade Homeri ; cum
locorum omnium Graecâ Metaphrasi ex Codd. Bodleianis et Novi
Coll. MSS. &c. Edidit THOMAS BURGESS, A. M. Coll. Corporis
Christi olim Socius, nunc Episcopus Menevensis. *Oxon.* 1788. pp.
76. in *8vo.* [Magna autem exemplarium penuria novam hujus uti-
lissimi libelli editionem nunc flagitat ; qua Editor doctissimus, de
Graecis literis optimè meritus, et à me nunquam sine laude nomi-
nandus, Juventutem Φιλέλληνα egregiè demereret.]

† *ΤΗΣ ΤΟΥ ΌΜΗΡΟΥ ΟΔΥΣΣΕΙΑΣ ΡΑΨΩΔΙΑ,* ἤ
ΓΡΑΜΜΑ, Α.] i. e. HOMERI ODYSSEAE *Rhapsodia, sive Litera, pri-
ma.* Ραψωδία, *Contextura carminum* et quasi *consarcinatio.* Ego
existimo ῥαψωδίας initio dictas fuisse poëmata longiuscula, et qui-
dem hexametris versibus scripta, quòd multos versus veluti consutos
haberent: postea verò latiorem fuisse datam huic verbo significa-
tionem ; sic tamen ut de scriptione versuum heroicorum potius dic-
tum sit, et quidem de Homericis etiam interdum peculiariter : unde
etiam peculiariter singuli ejus Iliadis et Odysseae libri ῥαψωδίαι ap-
pellantur. H. STEPHANUS. Homeri Poëmata ex Asiâ in Graeciam
primum transvexisse Lycurgum refert Plutarchus ; item Aelianus.
In Graeciâ diù circumferebantur, non, uti nunc habemus, in duos
libros disposita ; sed tanquam cantilenae quaedam disjunctae.—Li-
bellos istos primus ordine disposuit, contexuit, et quasi consuit,
[ἐῤῥαψῴδησε] Pisistratus : "Qui primus Homeri libros, confusos
"antea, sic disposuisse dicitur, ut nunc habemus." Cicero de Orat.
iii. 34. CLARKE. Hoc autem munus colligendi ac disponendi scripta
Homerica quidam eidem Cynaetho attribuunt, quem auctorem vo-
lunt hymni ad Apollinem. [Vide Leon. Allat. de Patr. Hom. c. v.
et Villoisoni Prolegomena ad Hom. edit. Ven. p. 35.] Libros autem

3. singulos et Iliadis et Odysseae singulis literis alphabeti, diu post aetatem Homeri, designatos esse notissimum est. Verum ut studiosa juventus facilius videat quibus ex locis poëmatis desumpta fuerint sequentia Excerpta, atque ita eorum relationem ad totum opus intelligat, visum est ut hic exhiberetur brevis

CONSPECTUS TOTIUS ODYSSEAE.

Poëma initium capit ab invocatione Musae et propositione universae materiae ; ut postea fieri solebat, ad exemplum Homeri, in caeteris hujusmodi carminibus heroicis. Celebraturus summus Poëta varios Ulyssis, post captam Trojam, errores, varios casus, variaque discrimina ab eo priùs exantlanda quàm in patriam Ithacam reditùs diem possit videre, victoriamque reportare de procis uxoris Penelopes, qui regiam ejus infestabant, ibique omne genus molestiae, illo absente, ciebant; narrationem suam non, ut historicus, secundum rerum ordinem aggreditur : sed, primum omnium, heroëm suum exhibet detentum, anno jam octavo, in insulâ Ogygiâ à Calypso, postquam illuc tempestate delatus esset. Decreto autem à diis reditu ejus in patriam ; Minerva in Ithacam profecta, speciem induta Mentae Taphiorum ducis, Telemacho Ulyssis filio. persuadet, ut adeat Pylum et Spartam, Nestorem et Menelaum de patre sciscitaturus. Interea Mercurius ad Calypso à Jove missus, eam jubet dimittere Ulyssem. Calypso, quanquam invita, Jovis imperio paret. Profectus igitur Ulysses rate quam ipse fabricaverat, à tempestate obruitur, quam immiserat Neptunus, ei infestissimus. Naufragium passus, ipse in Scheriam, insulam Phaeacum, nudus enatat; ibique, quum, valdè fatigatus, ad dormiendum in sylvâ se recepisset coopertus foliis, postridie, strepitu Nausicaae, regis Alcinoi filiae, ejusque virginum, quae ad flumen propinquum ut vestes lavarent pervenerant, somno experrectus est. Ad regiam Alcinoi deductus ibi benignè excipitur; conviviisque, ludis, donis, liberaliter tractatur. Interrogatus ut de seipso, deque erroribus suis verba faceret, multa narrat, quae ipse viderat, quaeque passus erat. Loquitur praesertim de Ciconibus, Lotophagis, Polyphemo Cyclope, Aeolo, Laestrigonibus, Circe, descensu ad inferos, Sirenibus, bobus Solis caesis à sociis suis, tempestate propterea immissâ, quae illis omnibus exitio erat ; quo modo autem ipse solus, fractâ nave, ad Ogygiam Calypsûs insulam evaserat. Aliquandiu apud Phaeaces commoratus, Ithacam redire vehementer cupit. Suppeditante navem Alcinoo, in patriam tandem navigat ; ibique primùm, Minervae monitu, adit Eumaeum subulcum, à quo de rerum suarum statu, de Penelopes fide, de procorum injuriis et insolentiâ, de Telemachi profectione, atque de patre et matre certior factus est. Interea Telemachus, jussu Minervae, in patriam redire parat, ipsâque adjutrice, insidias fugit quas ei proci struxissent. Is quoque, monente deâ, eundem Eumaeum adit ; quem ad Penelopen mittit, ut de reditu suo nunciat. Absente Eumaeo, Ulysses se notum facit Telemacho ; eumque domum mittit, postquam quid et quomodò acturus esset admonuisset. Ipse Ulysses postea ab Eumaeo in urbem atque regiam, pannis obsitus baculoque innixus, deductus, primùm ab Argo cane agnoscitur, post absentiam viginti annorum ; à procis autem atque servis euis et ancillis contumeliosè exceptus et multa indigna passus, tandem noctu, postquam proci cubitum ivissent, armis omnibus, auxilio Telemachi, 3. remotis, eos aggredi parat ; et cunctos, servato Phemio cantore et Medonte praecone, interficit; dum Euryclea, quae eum inter lavandum è cicatrice agnoverat, servique fideles, quibus se aperuerat, fores custodiendas curabant. Procis interfectis, ancillis impudicis à Telemacho suspensis, et scelerato caprario Melanthio crudeli supplicio affecto, tandem à Penelope agnoscitur; deinde patri suo Laërti se notum reddit. Ithacenses autem, duce Eupithe, patre Antinoi, accenso propter interfectum inter procos filium, ad arma conçurrunt, et cum Ulysse ac Telemacho praelium committunt : sed citò placantur à Minervâ, quae foedera inter utrosque facit,—

Μέντορι εἰδομένη, ἠμὲν δέμας, ἠδὲ καὶ αὐδήν.
Mentori assimilata, tum corpore, tum etiam voce.

PER totum hoc opus egregium,—hoc alterum Homerici ingenii ac mentis divinioris monumentum, mira atque suavissima regnat simplicitas. In Odysseâ quidem summus poëta minùs sublimis est, minùs "af-" flatus numine jam propiore dei," quam in Iliade   Quod si illa hujus majestatem non aequet, exemplis tamen ethicis, ad vitam humanam dirigendam utilissimis, multo magis abundat.   Ilias quidem exhibet heroum pugnas, deorum rixas, discordiam, caedemque ferè perpetuam ; Odyssea verò rerum seriem amoeniorem, vetus hospitium, naturae simplicis imagines, vitae privatae sollicitudines et oblectamenta, atque multa id genus alia, ob oculos ponit.   Illa, ut verbis utar Horatii ad Lollium,

Stultorum regum ac populorum continet aestus:

Haec autem—

——quid virtus et quid sapientiâ possit,
Utile proposuit nobis exemplar Ulyssem.

Longinus quidem, magni nominis criticus, censuisse videtur Iliada ingenii palmam Odysseae facilè praeripere ; quia argumentum ac stylus in illâ quàm in hac multò plerumque sublimior.   Undè etiam colligit Poëtam composuisse Odysseam in senectute, quando vigor ingenii jam declinaret. [De Subl. § ix.]   " E contrario" (ut observavit vir doctissimus Sam. Clarke F.) "contendit Dna. *Dacier*, in " praefatione ad Odysseam, hoc non Poëtae ingenio deficienti, sed " rei utique ipsius diversitati tribuendum ; Homerumque, etiam si " Odysseam priorem, Iliadem posteriorem composuisset ; utram- " que tamen eandem, ac nunc habemus, compositurum fuisse. Simi- " liter et Duportus, *Par*, inquit, *in utroque Opere vis et vigor et splen-* " *dor ingenii*. [Praef. in Gnomologiam Homericam.]   Ac quamvis " fatendum quidem in Iliade, cujus materia grandior, stylum multo " magis sublimem esse quàm in Odysseâ, ubi materia plerumque " tenuior ; notandum tamen et in Odysseâ omnia ubique tam aptè et " vividè depicta esse, ut dubitari possit, annon arti potiùs quàm ingenii " defectui adscribenda sit ista diversitas.   Homerum enim *nemo* (ut " rectè observavit Quinctilianus, lib. x. cap. i.) *in Magnis sublimi* " *tate, in Parvis proprietate superaverit.*" [Ad ver. i. Odyss.] Operae pretium erit etiam inspicere quae de hac re disseruit Popius, in Postscripto suo ad Versionem Anglicam Odysseae.

:

ARGUMENTUM LIBRI I. ODYSSEAE.

3.   Deorum concilium fit de Ulyssis in Ithacam è Calypsûs insulâ di-
missione. Minerva descendit ad Telemachum; et, formam induta
Mentae regis Taphiorum, eum in Pylum ad Nestorem et in Spartam
ad Menelaum, ut de patre absente eos interrogaret, proficisci horta-
tur. Dea discedens numen suum Telemacho admiranti prodit.
Mox ille adit procos matris suae, qui sedent auscultantes Phemium
inclytum cantorem. Ipsa Penelope apparet; cujus adventus pulchrè
describitur. Cantorem, qui reditum Graecorum à Trojâ canebat,
illa lachrymans reprehendit; sed, hortante filio, ad cubiculum redit.
Proci per aedes tumultuantur, quorum strepitum et audaciam Tele-
machus reprimere conatur. Illi saltatione et cantu se oblectant. Tan-
dem dormituri adeunt quisque suam domum. Telemachus quoque
lectum in thalamo adit, et tota nocte secum de suo itinere reputat.

Ver. 1.   Ανδρα—έννεπε—πολύτροπον,] Virum—dic—versutum,—
Epitheton πολύτροπος indicat (non, ut quidam putant, virum vexa-
tum et " actum fatis maria omnia circum," quod Poëta exprimit
per—ός μάλα πολλά Πλάγχθη, sed) animi, ingeniique versutiam ac
solertiam variam, quibus egregiè praeditus erat Ulysses, et quae
personam ejus ubique designant. Quum enim plerisque heroum
personis, tum in Iliade, tum in Odysseâ, communis insit fortitudinis,
vel magnanimitatis, longè supra sortem vulgi mortalium, qualitas,
qua lectorum admiratio magnoperè excitetur, in eo tamen elucet
Homeri ingenium, quòd eorum unumquemque ita ubique repraesen-
taverit, ut eum à caeteris omnibus facilè possis distinguere: neque
ullus est poëta dramaticus, si Shakesperium forsan excipias, nedum
epicus, qui in hac parte cum Homero conferri possit. Quod autem
ad Ulyssem attinet, hunc Poëta prudentem, callidum, versutum, per
varios illos casus, perque tot discrimina quibus conflictatur, modo
planè admirando, ubique exhibet; et non solùm epitheton πολύτρο-
πος, quo hîc et alibi [vide Odyss. x, 330.] utitur; sed aliae voces et
locutiones, in utroque poëmate passim occurrentes, hujusmodi per-
sonam egregiam optimè depingunt: e. g. πολύμητις Οδυσσεύς, ple-
nus consilii Ulysses. [Iliad. α, 311, 440. γ, 200, 216. ψ, 709, &c.—
Od. β, 173. δ, 763. φ, 274, &c.] δαΐφρων ποικιλομήτης, bellicosus, ver-
sutus. [Iliad. λ, 482. Od. γ, 163. η, 168, &c.] πολυμήχανος, qui multa
et bona novit consilia. [Iliad. β, 173. δ, 358, &c. Od. α, 205. ε, 203,
&c.] πολύτλας δίος Οδυσσεύς, patiens nobilis Ulysses, ob multa ad-
versa quae sapienter tulit. [Iliad. ϑ, 97. ι, 672, &c. Od. ε, 171. ρ,
280, &c.] πολύαινος, de quo multa ad laudem narrantur. [Iliad. ι, 669.
x, 544. Od. μ, 184. atque Iliad. λ, 430,] Ω Οδυσεῦ πολύαινε, δόλων
άτ', ηδέ πόνοιο· O Ulysse laudatissime, dolorum insatiabilis, atque
laboris. τλήμων, fortis, patiens. [Iliad. x, 231, 498.] ταλασίφρων,
magnanimus. Οδυσσῆος ταλασίφρονος—αύτη, Ulyssis magnanimi
clamor. [Iliad. λ, 466. Od. α, 87, 129. γ, 84, &c.] Dicitur etiam
ατάλαντος Διΐ μῆτιν, aequalis Jovi consilio. [Iliad. β. 169, 407,
636. x, 137, &c.] Ab Helenâ dicitur—πολυμήτις Οδυσσεύς, Ός τρά-
φη έν δήμω Ιθάκης, χραναής περ εούσης, Ειδώς παντοίους τε δό-
λους και μήδεα πυκνά.—solers Ulysses, Qui nutritus est in populo
Ithacae, asperae licet existentis, Sciens omnimodosque dolos et consilia

prudentia. [Iliad. γ, 200.] A Diomede autem sic describitur,—*Εἰ* 3.
μὲν δὴ ἕταρόν γε κελεύετέ μ' αὐτὸν ἑλέσθαι, Πῶς ἂν ἔπειτ' Ὀδυσῆος
ἐγὼ θείοιο λαθοίμην, Οὗ περὶ μὲν πρόφρων κραδίη καὶ θυμὸς ἀγή-
νωρ Ἐν πάντεσσι πόνοισι, φιλεῖ δέ ἑ Παλλὰς Ἀθήνη ; Τούτου δ'
ἑσπομένοιο, καὶ ἐκ πυρὸς αἰθομένοιο Ἀμφω νοστήσαιμεν, ἐπεὶ περὶ
οἶδε νοῆσαι. *Si quidem revera socium jubetis me ipsum eligere, Quo-
modo tunc Ulyssis ego divini oblivisci potero, Cujus eximiè quidem pro-
pensum cor et animus fortis In omnibus laboribus ; amatque ipsum
Pallas Minerva ? Eo certè comitante, etiam ex igne ardenti Ambo re-
dierimus, quoniam est admodum peritus consilii.* [Iliad. κ, 242.] Cae-
terùm de proprio nomine herois hîc, in operis exordio, suppresso,
ita Eustathius :—Σημείωσαι δὲ, ὅτι σιωπᾷ τὸ τοῦ Ὀδυσσέως ἐξ ἀρχῆς
ὄνομα ὁ Ποιητὴς, ἐξαίρων αὐτὸν σεμνοῖς ἐπιθέτοις καὶ ἐγκωμίοις,
καὶ ἀναρτῶν τὸν ἀκροατήν. *Nota autem, quòd ab initio nomen Ulys-
sis Poëta reticeat, efferens eum honestis epithetis atque encomiis, et alli-
ciens auditorem.*

2. Πλάγχθη,] *errare factus est, erravit.* Nam verbum πλάζω
[f. -άγξω, pro -άξω, (Vide Frag. Gram. Gr. p. 26.) undè πλάγχθη,
sine augm. pro ἐπλάγχθη, aor. 1. pass.] significat in voce act. *errare
facio,* in voce pass. *errare fio,* in voce med. *errare facio meipsum,
erro.* Et quoniam in multorum verborum quibusdam temporibus
haud multum discriminis est, utrum medium vel passivum sensum
usurpaveris, idcirco uterque aoristus pass. nec non perf. et plusq.
pass. sumi saepissimè videntur in sensu medio. [Vide Coll. Gr. Min.
ad Anacr. Od. iii. ver. 12, 13.] Verùm solenne est Homero aug-
mentum omittere, more Ionico. Nam Linguae Graecae forma,
quâ utebatur summus poëta, ea est quae ex dialectis Ionicâ et
Aeolicâ praecipuè constabat ; inter quas magna erat affinitas, et
quas usurpâsse videtur sine ullo discrimine. Has tamen locuple-
tavit aliis interdum vocibus immixtis, quas verisimile est eum pere-
grinantem collegisse ; quum tamen illae differentiae inter varias
Gr. Linguae dialectos, de quibus nunc loquuntur grammatici, adhuc
essent ignotae. [Sed de hoc argumento vide quae doctissimè dis-
seruit vir clarissimus, mihique amicissimus, Th. Burgess, in annot.
sua ad Dawes. Misc. Crit. p. 397. itemque in praef. sua. p. 17. qui-
bus calculum apposuit celeberr. Villoisonus, in Addend. ad sua pro-
legom. in Hom. edit. Ven. p. 58.]—ἐπεὶ Τροίης ἱερ. πτολ. ἔπερ. *post-
quam Trojae sacram urbem evertisset.* Undè Ulysses ab Horatio
[Epist. lib. i. ii. 19.] vocatur *domitor Trojae ;* quia scil. plus potest,
quo maximè pollebat Ulysses, consilium quam vis. Nam uti loqui-
tur idem Horatius, [Carm. lib. iii. Od. iv. 65.] *Vis consili expers
mole ruit suâ.* Caeterùm Troja vocatur *sacra,* tum quia hoc omnium
munitarum urbium commune fuerit epitheton, tum praesertim quod
Trojae moenia structa dicerentur ab Apolline et Neptuno. [Διὰ
τὸ τετειχίσθαι ὑπὸ θεῶν. *Schol.*] "Vel simpliciter ob magnitudinem
"et nobilitatem. Hesych. ἱερή, μεγάλη, ἀγαθή." T. Y.

3. Πολλῶν δ' ἀνθρώπων—] *Qui mores hominum multorum vidit et
urbes.* Hor. Art. Poetic. 142. Vide etiam Epist. lib. i. ii. 19.

4. Πολλὰ δ' ὅγ' ἐν πόντῳ—] —*multum ille et terris jactatus et alto.*
Aen. i, 3.

5. Ἀρνύμενος ἥν τε ψυχὴν καὶ ν. ἑ.] *Anxiè cupiens vitam suam
servare, et reditum sociorum comparare.* Ἀρνυμαι verb. defect. *ser-
vare, comparare, perficere cupio ; expecto tanquam praemium laboris.*

3. 6. —ἐρρύσατο] *servavit.* 'Ρύω, *traho, libero, eripio;* in form.
med. quae saepissimè occurrit apud Hom. *servo quod meum est, servo
pro meipso,* et simpliciter *servo.* ἐμενός περ, *cupiens licet.* Ἵημι mitto ;
ἵεμαι in med. *mitto ipse me, cupio.*

7. —σφετέρῃσιν ἀτασθαλίῃσιν—] *suâ temeritate.* ἀτάσθαλος, [unde
ἀτασθαλία] *stultus, amens ;* quasi ex ἄτη *damnum, noxa,* et θάλλω,
vireo ; σφετέρῃσιν ἀτασθαλίῃσιν, Ion. pro σφετέραις &c.

8, 9. —οἳ κατὰ βοῦς—Ἠθίον·] i. e. κατήσθιον βοῦς, *comederunt
boves ;* ὑπερίονος—ὑπερίων, ἀπὸ τοῦ ὑπὲρ ἡμᾶς ἰέναι. *Schol.* Sic
T. *Gray,* poëta lyricus celeberrimus :—*Hyperion's march they spy*—
[*Progr. of Poesy, an Ode.*] Caeterùm de sociis Ulyssis boves Solis
comedentibus narrat Poëta infrà in lib. xii. Hîc autem, in exordio
poëmatis, " non erat his locus."

10. ἀμόθεν γε,] *ex aliquâ saltem parte.* ἀμός, Ion. et Dor. pro εἷς
vel τὶς, *unus, aliquis :* unde ἀμόθεν, adv.

11. Ἐνθ᾽ ἄλλοι μὲν πάντες,—] Omnes scil. alii Graecorum duces.
Nam incipit narrationem suam poëta non statim ab Ulyssis errori-
bus, sed ab illo tempore quo Dii deliberant de profectione ejus ab
insulâ Calypsûs, ubi septem jam annos detentus fuerat. Postea,
more aliis indè poëtis epicis solenni, Ulyssem ipsum inducit nar-
rantem res praecipuas, quae sibi ante id tempus acciderant. Scrip-
tor enim ejusmodi, ut observavit Horatius, *Semper ad eventum
festinat ; et in medias res, Non secus ac notas, auditorem rapit.* [Art.
P. 148.] Quanquam igitur inter Ulyssis à Troade dicessum et redi-
tum in patriam Ithacam intercesserant amplius novem anni, argu-
mentum tamen Odysseae non ultra triginta novem dies extenditur.
Vide viri eruditissimi Heynii Excurs. ii. ad lib. iii. Aen. item ejus-
dem Disquisit. i. de Carmine Epico Virgilii.

12. —πεφευγότες—] Non est perf. part. med. uti putâsse videtur
vir doctus Sam. Clarke F. sed act. πέφευγα pro πέφευχα, ad vitan-
dam repetitionem soni asperi. πέφυγα est perf. med. Vide Moor
Element. L. Gr. p. 133. ″Vide Il. β. 314. Clark. et Gr. Buttmann.

13. κεχρημένον] *desiderantem*—non à χράομαι, *utor,* sed, auctore
Eustathio, à χρηΐζω, χρῄζω, *indigeo,* per ellipsin literae σ. Nimirùm
κεχρημένον hîc idem sonat ac χρῄζοντα, et H. Steph. vertendum
potius censet *carentem.*

4. 15. Ἐν σπέσσι γλαφυροῖσι,—] Pro σπέεσι γλαφυροῖς, *in speubus
cavis,* λιλαιομένη πόσιν εἶναι, *quae cupiebat ut is maritus sibi esset.*

16. —περιπλομένων ἐνιαυτῶν,] *volventibus annis.* Aen. i, 234. ad
quem locum ita celeberr. Heyne: " Volventibus annis sc. se, nota
" poëtica ratio, quoniam annus in orbem redit."

17, 18. —ἐπεκλώσαντο] *sibi destinarunt.* à κλώθω, *neo, glomero.*
Est autem ἡ Κλωθώ nomen propr. unius Parcarum.—πεφυγμένος
ἦεν [ἦν] *evaserat.*

21. —πάρος ἦν γαῖαν ἱκέσθαι.] i. e. εἰς ἦν γαῖαν, *antequam is
suam in terram venisset.* πάρος, adv. loci et temp. cum inf.

22. —Αἰθίοπας—] Aethiopes incolae erant regionis ultra Aegyp-
tum, meridiem versus, sitae. Olim erant valdè δεισιδαίμονες, ut
hinc dii certis temporibus epulari dicantur. Vide Iliad. α, 423.
ψ, 206.

23. —δεδαίαται,] Ion. pro δέδαινται. τοὶ [οἳ] διχθὰ δεδ. qui
bifariam divisi sunt. Aegyptum superiorem videtur intelligere,
per quam mediam fluit Nilus, eamque in partem Orientalem et

Occidentalem dividit : et dicuntur ἔσχατοι ἀνδρῶν, nam habitatores 4. Aegypti inferioris putabant hos superioris Aegypti incolas esse ultimos hominum meridiem versus. Damm. *Lex.*

24. —*δυσομένου*—] praes. part. à δύσομαι, verb. nov. à fut. med.· verbi δύω, *subeo.* Oἱ μὲν δυσ. ὑπερίων. οἱ δ᾽ ἀνιόντ. *alii quidem ad occidentem solem, alii verò ad orientem.* Putat amicissimus T. Young, δυσομένου ideo fortasse in forma futuri dici potuisse, quia Sol occasurus tantum conspicitur, vix in occasu ipso.

25. Ἀντιόων] *ut adesset.* Verbum est ἀντιάω, contr. ἀντιῶ, unde Homericum ἀντιόω, reduplicato scil. dimidio τοῦ ω, quod est ο quae mutatio saepissimè occurrit apud nobilissimum poëtam. Vide infrà ver. 32. cf. Iliad. α, 31. φ, 431. β, 323, 472, &c.

29. —ἀμύμονος Αἰγίσθοιο,] *nobilis Aegisthi,*—Refertur hoc epitheton ἀμύμων non ad praestantiam animi, qui in hoc homine turpissimus erat, sed ad natalium splendorem ; fuit enim regio genere Atridarum. De pulchritudine intelligit Ernestius ; nam et mulieres, nullâ aliâ magis de causâ quam propter pulchritudinem, ἀμύμονες apud Homerum appellantur.

32. —αἰτιόωνται !] *culpant.* Vide suprà ad v. 25.

33. Ἐξ ἡμίων—ἔμμεναι·] i. e. ἐξ ἡμῶν—εἶναι.

34. —ὑπὲρ μόρον,] *praeter fatum,* contra quam destinatum est fatis. Sic ὑπὲρ αἶσαν, Iliad. π, 780. Confer Iliad. ρ, 321. φ, 517. Od. ε, 436.

35. —Ἀτρείδαο] Ἀτρείδης,—ου. Ionicus genitiv. est Ἀτρείδεω, Poeticè Ἀτρηϊάδεω. Aeol. Ἀτρείδαο.

37. Εἰδὼς αἰπὺν ὄλεθρον·] *quanquam gnarus esset gravis exitii,* cui ipse foret obnoxius ; ἐπεὶ πρό οἱ εἴπομεν ἡμεῖς, i. e. προείπομέν οἱ, *quoniam illi nos praedixeramus.*

39. —μνάασθαι] μνάεσθαι contr. μνᾶσθαι, et apud Hom. reduplicato α, μνάασθαι. μήτε μνάασθαι ἄκοιτιν, *neque ambiret ejus uxorem.* μνάω, *in memoriam revoco, facio ut aliquid in mente haereat et maneat.* μνάομαι, in med. *in memoriam mihi ipsi revoco,* unde *recordor :* et ita usurpatur ut verbum deponens : atque significat etiam *ambio,* quasi *mentem meam in sponsam defigo, ambio constanter sponsam ;* in quo sensu saepissimè occurrit in Odysseâ. Conf. α, 248. ζ, 34, 284. λ, 116. ν, 378, &c.

40. —τίσις ἔσσεται—] *ultio foret,* vel *ultionem fore*—praediximus scil.—non *ultio erit.* Vide Vol. I. ad p. 122. n. 6.

41. —ἧς ἱμείρεται αἴης.] *suam desideraret patriam, cuperet in patriam suam redire.* Latuit enim Orestes apud Strophium regem Phocidis per complures annos.

43. —ἀθρόα πάντ᾽ ἀπέτισε.] *cumulatè omnia luit.*

46. —λίην—ἐοικότι—ὀλέθρῳ·] *meritissimâ pernicie.*

50. —ὀμφαλός—θαλάσσης,] *umbilicus maris.* Eodem modo 5. Graecis antiquissimis, geographiam minus scientibus, Delphi umbilicus terrae esse dicebantur. Conf. Eur. Med. 666.

52. Ἀτλαντος—] Conf. Aen. iv, 247, seqq. et celeberr. Heyne ad locum. De Atlante vide etiam propriorum nominum lexica. Ejus filia fingitur fuisse Calypso, " insulam Ogygiam possidens, " quam Melitam infra Siciliam autumant, qui rem verè factam " Homerum narrare opinantur. Poëta eam insulam suo more " ἐκτοπίζει, (in alium locum transponit,) et in Atlanticum mare " transferre videtur. Hinc frustra est quaerere, cur dicatur haec

5. " insula media maris ? nam est in vasto Oceano ex fictione poëtae."
Damm. *"δώματα* Wolfius legit, pro *δώμασι.* P.

55. *Τοῦ θυγάτηρ*—] *Hunc Phoenissa tenet Dido, blandisque mora-
tur Vocibus*—Aen. i, 670.

57—60. —*αὐτὰρ Ὀδυσσεὺς,*—] Sensus est :—Ulysses cupit fumum
exilientem videre suae terrae, etsi mortem extemplò subiturus ; [ut
rectè Dio Chrysostomus, Orat. xiii. notante Sam. Clarke F.] imago
ad commovendos affectus quam aptissima ! [Conf. Ovid. Ex Ponto,
Lib. I. Epist. iii. 33. et Apul. Apol. I.]—*οὐδέ νυ σοί περ Ἐντρέπεται
φίλον ἦτορ, neque sanè tibi commovetur tuum cor.*

62. —*τί νύ οἱ τόσον ὠδύσαο,*] *quid tandem illi tantùm irasceris ?*
ὀδύσσομαι, succenseo ; f. *ὀδύσομαι ;* aor. 1. *ὠδυσάμην, ὠδύσαο,* eliso *σ,*
ὠδύσαο, Atticè contractè *ὠδύσω·* et sic vulgò flectitur in grammaticis.

63. —*νεφεληγερέτα*—] *nubium coactor,* Aeolicus nominativus, Ho-
mero frequentatus, idem ac *νεφεληγερέτης.* Epitheton est Jovis,
quia Jupiter est aër superior, ubi nubes colliguntur et pendent. Cf.
Iliad. *α,* 511, 560. *δ,* 30, &c.

64. *ἕρκος ὀδόντων* !—] *septum dentium,* i. e. *τὰ χείλη, labra.*

66. '*Ὃς περὶ μὲν νόον ἐστὶ βροτῶν,* &c.] Notandum praep. *περὶ*
in compos. saepè denotare *eminentiam,* item *abundantiam.* Hîc, per
tmesin, distrahitur à suis verbis ; et constructio est, '*Ὃς μὲν περίεστι*
*βροτῶν [κατὰ] νόον, περιέδωκε δὲ ἱρὰ ἀθανάτοισι θεοῖσι, qui quidem
mente superat alios mortales, affatim verò dedit sacra immortalibus diis.*
" περὶ pro *πέρι* reposui. Vide Il. *α,* 258, cum nota Heynii. P.

69. *Κύκλωπος κεχόλωται,*—] subauditur *ἕνεκα.* Angl. *is enraged
on account of the Cyclops.* Tempus est scil. quod ritè vocatur *praes.
perf.*—*ὀφθαλμοῦ ἀλάωσεν,* [sine augm. pro *ἠλάωσεν,* ab *ἀλαόω, caecum
reddo,*] Angl. *made him blind of his eye, put out his eye.* De Cyclope
vide infrà Od. *ι.* *" γαιήοχος, terram continens.* Interp. P.

71. *Πᾶσιν*] Ita 5ta, pro *πᾶσι.* Vid. infrà ad p. 86. v. 147.

74. —*Ποσειδάων ἐνοσίχθων*—] *Neptunus terrae quassator.* Ita
dicitur, quia mare causa motuum terrae credebatur.

75. —*πλάζει*—] *errare facit.* Vide suprà ad v. 2.

76. —*ἡμεῖς οἵδε περιφραζώμεθα πάντες Νόστον,*] *nos ipsi delibe-
remus de reditu ipsius. φράζω,* in voc. med. saepe sign. *delibero.*
" Notent tirones idioma Graecum, *ἡμεῖς οἵδε πάντες,* cui illud ferè
" respondet, quod nos dicimus, *let all of us here,* &c." I. T.

79. —*ἐριδαινέμεν*—] Pro *ἐριδαίνειν.*

6. 84. —*διάκτορον Ἀργειφόντην*] *internuncium Argicidam.* Ita dici-
tur Mercurius, quia nuncius erat deorum, et, jubente Jove, Argum
multoculum, quem Juno custodem Iûs designâsset, interfecerat.
Quae Eustathius aliique commenti sunt de etymologiâ vocis *Ἀργει-
φόντης* ad rem esse minimè videntur.

85. *Νῆσον ἐς Ὠγυγίην*—] Vide suprà ad v. 52. *ὀτρύνομεν* pro
ὀτρύνωμεν, celeriter mittamus.

90. —*καρηκομόωντας*] Vide suprà ad v. 25.

91. —*μνηστήρεσσιν ἀπειπέμεν,*] Poët. pro *μνηστῆρσιν ἀπειπεῖν,*
omnibus procis interdicere. *" In οἵτε, ὄφρα,* et similibus, jam sequor
Wolfium, Clarkium, et alios. Romana vero cum Eustathio, 1549,
Edinensis, Oxoniensis, 1797, *οἵτέ, ὄφρά* oi exhibent. Oxon. 1815,
•*οἵτε,* &c. P.

92. —*ἀδινὰ*—] neutr. plur. adverbialiter. —*εἰλίποδας ἕλικας*

βοῦς, *flexipedes camuris cornibus boves.* εἰλίπους, -οδος, ὁ, ἡ, Angl. 6. *crooked or bent-footed ;* ἕλιξ, -ικος, ὁ, ἡ, Angl. *crankle horned.* ἕλιξ, ἡ, est etiam substantivum, et signif. *res torquens se.* " εἰλίπους, Clark. Wolf. Edin. 5ta. εἰλίπους, Rom. Oxon. et Lexica. P.

94. —ἤν που—] *sicubi.* Cf. Coll. Gr. Min. ad p. 35. n. 2.

95. —μιν κλέος ἐσθλὸν—ἔχῃσιν.] i. e. ἔχῃ.—*ipsum,* scil. Telemachum, *gloria insignis habeat.*

96. —ὑπὸ ποσσὶν ἐδήσατο—πέδιλα,] Observa vim med. voc. [item infrà in εἵλετο,] *ligavit sua talaria,*—τά, *quae,* pro relativ. vel articul. postpos. [conf. Vol. I. ad p. 3. n. 4.] ἡμὲν—ἠδ᾽—*tam—quam.* ὑγρὴν, supple θάλασσαν, uti ἡ γῆ, *terra,* vocatur ξηρά. Cf. Il. ω, 339, et infrà Od. ε, 44. item Aen. iv. 239.

98. —ἅμα πνοιῇς ἀνέμοιο] ἅμα σὺν πνοιαῖς ἀνέμου, *simul cum flatibus venti.*

99. —ἀκαχμένον—] *acuminatam.* Ab ἀκή, *cuspis,* venit ἀκάζω, *acuo,* f. -άσω, vel -άξω, unde in perf. pass. ἤκασμαι, vel ἤκαχμαι, et in particip. ἠκασμένος, vel ἠκαχμένος, et sine augm. Ion. ἀκαχμένος.

100. Βριθύ, μέγα, &c.] Pulcherrima descriptio ! δάμνῃσι, Ion. pro δάμνῃ.—''δάμνημι, ης, ησι, ind. sine iota subscripto, in editt. P.

101. —τοῖσίντε κοτέσσεται] i. e. οἷς κοτέσεται, *contra quos irata erit.*

102. Βῆ δὲ κατ᾽ Οὐλύμποιο καρήνων] i. e. δὲ κατέβη [ἀπὸ] καρήνων Ὀλύμπου. conf. ll. α, 44.

103. Στῆ—] Pro ἔστη. *Stetit.* Vide Vol. I. ad p. 3. n. 7.

106. —μνηστῆρας ἀγήνορας·] *procos superbos.* Erant nimirum nobilissimi ex circumjacentibus insulis.

107. Πεσσοῖσι—θυμὸν ἕτερον,] Vide Athenaeum, lib. i. cap. 14. ubi lusus hic procorum particulatim describitur. CLARKE.

114. Ἧστο—τετιημένος ἦτορ,] i. e. κατ᾽ ἦτορ, *moestus corde.* τίω, 7. *punio, crucio.* cf. Od. β, 298, &c.

115. Ὀσσόμενος πατέρ᾽ ἐσθλὸν ἐνὶ φρεσὶν,] Pulcherrima quidem phantasia !

116. —σκέδασιν—θείη,] *dispersionem faceret.*

120. Ξεῖνον δηθὰ θύρῃσιν ἐφεστάμεν·] Ion. pro Ξένον δηθὰ θύραις ἐφεστάναι· *Hospitem diu ad januam stare.* "Vide Gr. Butt. p. 176.

123. —πάρ ἄμμι φιλήσεαι·] i. e. παρ᾽ ἡμῖν φιλήσῃ, *à nobis amicè excipiéris.* φιλήσομαι, φιλήσεσαι, eliso σ, φιλήσεαι, contractè φιλήσῃ. Vide Vol. l. ad p. 9. n. 8. "p. 99. n. 1. 4. p. 250. n. 2. P.

124. —πασσάμενος] pro πασάμενος, à πάομαι, *possideo,* et saepè, apud Homerum, *gusto.* ὅττεό σε χρή. *quo opus est tibi.* ὅττεο, Ion. et Poet. pro οὗτινος.

130. —ὑπὸ λῖτα πετάσσας,] i. e. ὑποπετάσας λῖτα, *tegumento molli substrato.* λιτός, ἡ, όν, *tenuis. tenui filo textus.* [cf. Iliad. ϑ, 441.] Sed λῖτα est hic accus. à λῖς, quod in hoc sensu in usu est tantùm in dat. et accus. Λῖς, -ιός, vel λῖν, λινός, ὁ, est *leo.* Vid. Il. λ, 239. cf. Il. ϑ, 441, ubi λῖτα potest esse accus. plur. à λῖτον. "Λῖς, *Leo.* acc. λῖν, tantum. LEX. P.

134. —ἀδήσειεν,] opt. aor. 1. idem quod ἀδῆσαι. [vide Vol. I. ad p. 27. n. 11.] ab ἀδέω, *taedio afficior,* &c. quod pro ἀηδέω, ex α priv. et ἥδυς, *suavis.* ὑπερφιάλοισι μετελθών, i. e. ἐλθὼν μεθ᾽ ὑπερφιάλοις, *veniens inter superbos.* Caeterùm ὑπερφίαλος est ὁ ὑπὲρ τὴν ἱερὰν φιάλην ποιῶν, *foedifragus ;* indè *insolens, superbus.* Vide infrà ad ι, 106. p. 32.

8.   149. *Κοῦροι—ἐπεστέψαντο*] *Juvenes coronabant,* ſ. e. **implebant** *usque ad summum,* &c. Hinc Virg. *Crateras magnos statuunt, et vina coronant.* Aen. i, 724. ubi vide quae annotavit doctissimus Heynius.

150. *ἐξ ἕρον ἕντο*—] i. e. *ἐξέντο ἕρον, exemerant desiderium*—cf. Il. *α*, 469. et quae ibi protulit acutissimus Clarkius.

151. —*ἄλλα μεμήλει,*] *alia curae erant.* *μεμήλει,* per Sync. et sine augm. pro *ἐμεμελήκει.*

155. —*ἀνεβάλλετο*—] *praeludebat,* in quo sensu saepissimè sumitur *ἀναβάλλεσθαι.* Vide Theocr. Idyll. viii. 71. "Infra, p. 232.

157. —*πειθοίαθ'*] "Ita Wolf. Clark. Oxon."—Ante vocal. aspir. pro *πειθοίατο,* et hoc Ion. pro *πεύθωντο.* "Edin. 5ta, *πειθοίατο.* P.

158. —*ἦ καί μοι νεμεσήσεαι, ὅ ττι κεν εἴπω;*] *num etiam mihi* [*νεμεσήσῃ*] *irasceris,* [*ὅ ττι,* i. e. *δι' ὅ τι*] *ob id quod dixero?* "In- "terrogationis nota hic et infrà v. 389, mihi potius omittenda vide- "tur; *εἰ* interrogativum vix extra Septuaginta et Novum Test. "occurrit. Locus Platonis ab Hoogeveen allatus Serrano jamdu- "dum displicuerat. Facilis autem est ellipsis vocum *dicam tamen.*" T. Y. "In 5tâ *ὅ, τι.* In prioribus, *ὅ, ττι,* quod reposui, secundum F. A. Wolfium, qui criticus optimus existimatur. Idem legit *ἦ καί* pro *εἰ καί.* P.

163, 164. —*ἰδοίατο—ἀρησαίατ'*] Pro *ἴδαντο, ἀρήσαιντο.* Vide suprà v. 157.

166. —*κακὸν μόρον,*] i. e. *διὰ κακὸν μ. malo fato.*

169. —*ἀτρεκέως*] *non verè, sed accuratè, particulatim.*

171. —*ἀφίκεο*—] *ἀφικόμην, ἀφίκεσο,* eliso *σ, ἀφίκεο,* Atticè *ἀφίκου.*

172. —*τίνες ἔμμεναι εὐχετόωνται ;*] *quosnam se esse praedicant?* Vide suprà ad v. 25. item Coll. Gr. Min. ad p. 32. n. 17.

9.   184. —*μετὰ χαλκόν·*] Angl. *in quest of brass.*

188. —*εἴρηαι*—] *ἔρομαι* vel *εἴρομαι, interrogo,* in subj. *εἴρωμαι, εἴρηθαι,* eliso *σ, εἴρηαι,* pòst contractè *εἴρη.*

192. *Παρτιθεῖ,*] per sync. pro *παρατιθεῖ. τιθέω,* idem quod *τίθημι,* interdum in usu est.

193. —*ἀνὰ γουνὸν ἀλωῆς οἰνοπέδοιο.*] *per fertile solum areae vitibus consitae.*

195. —*βλάπτουσι κελεύθου.*] *impediunt à viâ. ἀπὸ κελεύθου* scil.

199. —*ἐρυκανόωσ'*] *detinent.* Vide suprà ad v. 25.

201. —*καὶ ὡς τελέεσθαι ὀΐω,*] Angl. *and as I think it will turn out,*—nam *τελέεσθαι,* idem quod *τελεῖσθαι,* est inf. fut. 2. med. vel potius fut. 1. pro *τελέσεσθαι.* Vide Villoisoni Animadversiones ad Longi Past. p. 248.

204. —*ἔχῃσι·*] Ion. pro *ἔχῃ.*—"v. 203. *οὗτοι,* Wolfius. P.

205. *Φράσσεται,*] Poeticè pro *φράσεται,* Angl. *He will contrive,* —*πολυμήχανος,* vide suprà ad v. 1.

209. —*τοῖον ἐμισγόμεθ' ἀλλήλοισι,*] *ad hunc modum nos invisebamus invicem.*

210. —*ἀναβήμεναι,*] pro *ἀναβῆναι.*

10.   212. *Ἐκ τοῦδ',*] scil. *τοῦ χρόνου.*

213. —*πεπνυμένος*] Angl. *discreet,* à *πνύω,* "sive *πνῦμι,*" *spiro; πνύομαι,* apud Hom. *sapio.* Vide infra ad *ϑ,* 586. p. 28.

216. —*οὐ γάρ πώ τις ἑὸν γόνον αὐτὸς ἀνέγνω.*] *nunquam quis suam stirpem, undè ortus sit, ipse per se cognovit, sed ex parentibus suis audivit,—nunquam quis genituram suam ipse per se scivit:* nam non

cavillatur—Telemachus, quasi nullus filius certum habeat patrem, 10.
sed matri tantùm de patre credendum esset : sed simpliciter loqui-
tur, maximè cum is nunquam patrem suum ipse adhuc vidisset, et
ex eo de ea re certior fieri nondum potuisset. Est ergo h. l. γόνος
abstractum, loco concreti πατήρ. DAMMII *Lexicon.* Nam vulgaris
significatio τοῦ γόνος est *natus, soboles.*

217. '*Ως δὴ ἔγωγ'* ὄφελον—ἔμμεναι] *Utinam sanè ego fuissem,—*
[Vide inf. ad Eur. Med. ver. 1.] τευ, i. e. του, quod pro τινος.

218. —κτεάτεσσιν ἑοῖς ἔπι—] i. e. ἐφ' οἷς κτέασιν, *in bonorum
suorum possessione*—κτέαρ -ατος, τό, *possessio.*

222. νώνυμνον]'Edin. 5ta."Nullâ ex analogiâ produci potest media
vocis, νώνυμον. Pronuntiabatur fortassè hîc νώνυμμον. CLARKE.
Vide tamen infrà ad p. 72. v. 154.

225. —ἔπλετο ;] i. e. ἐπέλετο, quod quanquam sit imperf. temp.
omninò hîc, et alibi saepissimè apud Hom. reddendum per *est.* [cf.
Iliad. α, 418. β, 480. ζ, 434, &c. Od. β, 364. δ, 441, &c.] τίπτε δέ
σε χρεώ ; scil. ἱκάνει εἰς σέ. *quae necessitas urget te?* χρεὼ vel χρειώ,
-όος, contr. -οῦς, ή, vox Ionica idem notans quod ἡ χρεία. DAMMII
Lex. " Athenaeus L. VIII. c. 16. legit—χρεών. CLARKE. P.

226. Εἰλαπίν', ἠὲ γάμος ;—ἔρανος—] Εἰλαπίνη, ἡ μεγάλη εὐω-
χία, ἐν ᾗ κατὰ εἴλας καὶ σύστροφὰς εὐωχοῦνται.—Ἔρανος, τὸ ἀπὸ
συμβολῆς δεῖπνον. Schol. Εἰλαπίν'—rarissimè eliditur longa vocalis,
vel diphthongus ου. Vide Morelli Prosod. p. 5.

227. ὑπερφιάλως—] Vide suprà ad v. 134.

229. —ὁρόων,] Vide suprà ad v. 25.

231. ἀνείρεαι] Vide suprà ad v. 123.

232. Μέλλεν μέν ποτε, &c.] Constructio est ; ποτὲ μὲν ὅδ' οἶκος
ἔμελλεν ἔμμεναι ἀφνειὸς καὶ ἀμύμων, Angl. *Formerly indeed this
house used to be opulent and flourishing,* &c.

234. Νῦν δ' ἑτέρως ἐβάλοντο θεοί,] Angl. *But now the gods other-
wise ordain ;* μητιόωντες, vide suprà ad v. 25.

241. —'Αρπυιαι ἀνηρείψαντο] *Harpyiae abripuerunt,* proverbium
de iis qui nobis sunt erepti, nec scimus qua delati sint. cf. Od. ξ, 371.
et υ, 77. item Aen. iii. 210, 214. ibique Excurs. eruditissimi Heynii;
nec non *The Epigoniad,* eximium poëma epicum Anglicum, prope
initium. " ἀνερείπτω. P.

243. Κάλλιπεν'] pro κατέλιπεν.

246. Δουλιχίῳ τε, Σάμῃ τε, &c.] *Nemorosa Zacynthus Dulichium-* 11.
que Sameque. Aen. iii, 270. Δουλίχιόν τε, Σάμη τε, καὶ ὑλήεσσα
Ζάκυνθος. Od. ι, 24. ἐν ὑλήεντι Ζακύνθῳ occurrit et alibi. At
Σάμη lectum fuit etiam à Virgilio, contra atque Apollodorus vole-
bat ap. Strab. x. p. 453. D. Sanè communius nomen *Samos* etiam
apud Homerum, quae deinceps Cephallenia. *Dulichium* est prope
Cephalleniam, undè etiam nunc *parva Cephallenia* vel *Teaki* appella-
tur. cf. *Wheeler,* p. 35, sqq. HEYNE.

247. —κραναὴν Ἰθάκην] *Scopulos Ithacae, Laertia regna.* Aen.
iii. 272.

262. Ἰοὺς χρίεσθαι—] non nisi admodum barbarorum populorum
mos, in Il. vix occurrit, sed in Od. α, 260. HEYNE, ad Aen. ix,
773.

264—274. —φιλέεσκε—] Ion. 3. sing. imperf. ind. pro ἐφίλεε.—
ὑμιλήσειεν, subauditur εἰ. [" Vide supra I. 255, 257, &c. P.]—γενοίατο
—Ion. pro γένοιντο.—θεῶν ἐν γούνασι κεῖται. Ἐν τῇ τῶν θεῶν

11. *ἐξουσία ἐστί. Schol.*—*ἄνωγα, jubeo.* Est praes. scil. perf.—*ἀπό-*
θεαι— pro commun. *ἀπώθῃ.* Vide suprà ad v. 123.—*ξυνίει,* contr.
pro *ξυνίεε,* praes. imperat. verbi *ξυνιέω,* id. quod *ξυνίημι, committo ;*
item *intelligo, attendo :* ab eodem *ξυνιέω,* in usu est imperf. *ξυνίεεν,*
contr. *ξυνίουν,* et *ξύνιον,* quasi à *ξυνίω.*—*ἐμπάζεο,* ex *ἐμπάζεσο,*
quod vulgò *ἐμπάζου.* Sic *ἔρχεο* infrà 281 ; et *εἴρεο,* 284.—*πέφραδε,*
non perf. med. à *φράζω,* sed praes. imperat. à verbo poëtico *πεφρά-*
δω, *dico, edissero.* [cf. Il. ξ, 500, σ, 9, et v, 340.] —*ἄνωχθι,* pro
ἀνώγηθι, ab *ἀνώγημι,* id. quod *ἀνώγω, jubeo, hortor.*

275. *Μητέρα δ',*] *"Μήτηρ* in 5tâ et 3tiâ. *Μητέρα* in prioribus."
Schol. legendum conjicit *Μήτηρ δ',* sed nihil opus ; nam hujusmodi
syntaxis *ἀνακόλουθος* saepe occurrit apud Homerum. Vid. Il. δ, 353.
γ, 211. ζ, 510. x, 224. annotante Clarkio.

277. *Οἱ δὲ*—] Eustathius de patre, Scholiastes de procis expli-
cat : certè *ἕεδνα* propriè à procis vel nuptae vel nupturae, vel patri
dabantur. [Vide Eurip. Med. 234, et lexica in voce.] Dabantur
saepius utrinque dona, quae hinc *μείλια* et *ἐπιμείλια,* inde *ἕεδνα*
dicebantur. Vult autem aliquando *ἕεδνα* idem ac *μείλια,* undè in
utroque sensu sponsae dicebantur *ἀνάεδνα,* cum secundum varias
facultates, corporisque atque animi dotes, vel nihil marito afferebant,
vel nihil ab eo accipiebant. *Φερναὶ* pro donis quibuslibet sponsae
datis occurrit apud Eur. Med. 952. Hîc autem probabilius videtur pro-
cos munera dare pro Penelope juberi, quàm cum eâ accipere. T. Y.

12.   279. —*πίθηαι*] subj. aor. 2. m. *πίθωμαι, πίθησαι,* eliso σ, *πίθηαι,*
unde contractè *πίθῃ.*

282. —*ὄσσαν*—] *ὄσσα ἐκ Διὸς* est fortuitò audita quaedam vox,
index veri ; vel et oraculi et vatis alicujus vox. Sic Od. δ, 216. Damm.

286. *'Ὃς γὰρ δεύτατος ἦλθεν*] *Τουτέστιν ὕστατος ἐπανῆλθε.* Eu-
stathius.

288. *Ἦ τ' ἄν,*—] *Ἦ τ' ἄν τλαίης ἐνιαυτὸν,* Angl. *Thou mightest*
surely endure even for a year, περ τρυχόμενος, though distressed.

289. *"μηδ' ἔτ' ἐόντος,*] Wolfius. Priores, *μηδέ τ' ἐόντος.* P.

291. *Σῆμά τέ οἱ χεῦσαι,*] *Tumulum ei erige, καὶ ἐπὶ κτέρεα κτε-*
ρεΐξαι Πολλὰ μάλ', et infer ei inferias multas. Hùc scil. pertine-
bant sepulchri et monumenti honor, ludi funebres, dona mortuo
congesta. Damm. Caeterùm de hujusmodi *σήμασι, τύμβοις,* &c.
vide quae nos notavimus ad *Troadis Descript.* auctore *Chevalierio.*
[p. 89. Version. Angl. in 4to.] *χεῦσαι, κτερεΐξαι,* sunt aor. ι. inf.
act. subauditur scil. *ὅρα,* vel tale aliquid ; uti in *φράζεσθαι,* ver.
294. et alibi saepissimè.

297. *Νηπιάας ὀχεῖν,*] *τουτέστιν, ἄφρονα εἶναι. Schol. Puerilia*
perferre, consectari. ὀχέω, est propriè *porto, habeo in dorso.*

298. *Ἦ οὐκ ἀίεις,*] Pronuntiabatur *ἦυκ ἀίεις.* Vide quae acutis-
simus Sam. Clarke annotavit ad Il. ε, 349, et ad v, 188.

304. 305. —*ἀσχαλόωσι*] vide supra ad v. 25. —*ἐμπάζεο,* vide su-
prà ad v. 264—274.

309. —*ἐπειγόμενός περ ὁδοῖο,*] *festinans de itinere. ὁδοῖο* regitur
à *περὶ* subauditâ : praeposit. exprimitur Il. ψ, 437. *ἐπειγόμεναι περὶ*
νίκης. ἐπείγω, impello : ἐπείγομαι, in med. *festino.*

13.   317, 318.—*δόμεναι*] pro *δοῦναι.*—*Καὶ μάλα καλὸν ἑλών· Etiamsi*
donum pulcherrimum (mihi dandum) sumas, σοὶ δ' ἄξιον ἔσται ἀμοιβῆς.
tibi etiam erit (donum aliud) quod permutatione dignum sit. T. Y.

320. *Ὄρνις δ' ὣς ἀνοπαῖα διέπτατο*] *Tanquam avis autem è con-*

spectu avolavit. ἀνοπαῖα sumitur adverbialiter; nominat. scil. plur. neut. ab ἀνοπαῖος, -α, -ον, quasi ex α priv. et ὄπτομαι, *video.*

323. —ὀΐσσατο] *suspicatus est.* aor. ι. med. sine augm. reduplicato ὅ, ab οἴω, *puto.*

326. Εἴατ'] pro ἥντο.

340. —πινόντων·] pro πινέτωσαν. Vide Vol. I. ad p. 99. n. 3.

343. Τοίην γὰρ κεφαλὴν ποθέω,] *tale enim caput,* i. e. talem virum *desidero.* Sic Hor.—*desiderio—tam chari capitis.* L. i. Od. 24.

344. —καθ' Ἑλλάδα—] Κατὰ τὴν Θετταλίαν, ἀπὸ μιᾶς πόλεως, 14. ὀνόματι Ἑλλάδος. Schol. Rectè, nam Homerus nusquam utitur voce Ἑλλὰς pro universâ Graeciâ, nec Ἕλληνες pro omnibus Graecis.

349. Ἀνδράσιν ἀλφηστῇσιν,] ἀλφηστῇσιν, dat. plur. Ion. pro ἀλφησταῖς, ab ἀλφηστής, οῦ, ὁ, *inventor,* ab ἀλφέω, *invenio.* ἄνδρες ἀλφησταὶ in genere sunt ἄνθρωποι. Damm.

352, 353. Ἥτις ἀκουόντεσσι, &c.] *quae audientibus recentissima obversetur auribus.* Idem. ἀκουόντεσσι, pro ἀκούουσι.—ἐπιτολμάτω— *sustineat.*

361. —πεπνυμένον—] Vide suprà ad v. 213.

373. —ἵν' ὑμῖν μῦθον ἀπηλεγέως ἀποείπω,] *ut vobis sermonem sine curâ* [i. e. audenter] *edicam.* ἀπηλεγέως, adv. ab ἀπηλεγής, *non curans,* quod ex ἀπὸ et ἀλέγω, *curo.*

379. —παλίντιτα ἔργα γενέσθαι·] *facta retributa fieri.* 15.

381. —ὀδὰξ ἐν χείλεσι φύντες,] i. e. ἐμφύντες χείλεσιν ὀδὰξ, *adhaerentes labris mordicùs,* i. e. *dentibus,* Angl. *making their teeth adhere to their lips,* i. e. *gnawing their lips.* Nam, ut observat Dammius, ἐμφῦναι est ἅμασθαι γενναίως καὶ ἐμπλακῆναι καὶ οἷον εἰς ἓν γενέσθαι. Vide Il. α, 513.—Ὡς ἔχετ' ἐμπεφυῖα, Sic tenebat *adhaerescens,* Angl. *thus she held fast clinging;* sermo est de Thetide suppliciter adhaerescente genibus Jovis.

383. Ἀντίνοος—] Inter procos Penelopes admodum conspicuus. Nobilis erat Ithacensis,, superbus, audax, et imprimis Telemacho infestus.

386, 387. Μή σέ γ'—βασιλῆα Κρονίων Ποιήσειεν·] Angl. *O may Jupiter never make thee king,* ἐν ἀμφιάλῳ Ἰθάκῃ, *in the sea-begirt Ithaca.* Haec loquitur deridens Telemachum.

391—393. —τετύχθαι;] Hîc et interdum alibi reddi potest *esse;* quamquam revera sit à verbo τεύχω, τεύξω, τέτευχα, τυχθήσομαι, τέτυγμαι, *affabrè facio, extruo, affingo,* &c. quod verbum, quamvis in *operibus,* navibus scil. aedibus, poculis, scutis, adhibeatur propriè; latiùs de *diis* tamen et *hominibus* usurpatur, quorum vel *natura,* vel *officium,* vel *status* describendus est. Hoc in loco τετύχθαι id fere significat, quod Lat. dicitur *naturâ comparatum esse;* seu mavis, hîc et alibi, cum minimo sententiae damno, saepè poteris hoc verbo, *esse,* rem totam conficere. I. T. Οὐ μὲν γὰρ, " refertur istud " γὰρ ad id quod eleganter reticetur: *Miror te ita dixisse:* vel " *Tibi in hac re non assentior: non* ENIM, &c." [Vide ad Il. ε, 22.] CLARKE. τι κακὸν βασιλευέμεν, *aliquid malum est regem esse:* αἶψα τέ οἱ δῶ Ἀφνειὸν πέλεται, *statimque ei* [i. e. regi, quod βασιλευέμεν, *regnare, regem esse,* indicat,] *domus dives fit.* δῶ pro δῶμα. P.

394. Ἀλλ' ἤτοι βασιλῆες Ἀχαιῶν, &c.] Principes Achaeorum juvenes et senes, ex quibus potest rex eligi: ergo soli vos juvenes proci non estis ii, ad quos solos spectat regis dignitas:— inest praeterea his verbis lenis quidam μυκτὴρ in Antinoum. DAMM.

398. —*δμώων, οὕs μοι ληΐσσατο*, &c.] *servorum, quos mihi* (filio et heredi suo) *praedando peperit Ulysses.* Ergo bellicosum patrem innuit fuisse, qui servos ex bellicâ praedâ ceperit. *Idem.*

399. —*Εὐρύμαχος*] Nobilis quoque Ithacensis, unus ex procis Penelopes, mitior aliis ingenio, sed callidior. Hic blanditur Telemacho decipiendi causâ. *Idem.*

402. —*δώμασιν οἷσιν*] *aedibus tuis* : nam *οἷσιν*, quod idem est ac *οἷς*, videtur hîc poni pro *σοῖς*.

403. *Μὴ γὰρ ὅγ' ἔλθοι ἀνήρ,*—] Angl. *For never may the man come,* ὅστις ἀποῤῥαίσει κτήματά σε ἀέκοντα βίηφι, *who shall violently destroy thy possessions against thy will!* Ubi observa, verbum *ἀποῤῥαίω* habere duplicem accusativum ; et *βίηφι*, quod est pro *βίῃ*, Ion. pro *βίᾳ*, hîc sumi adverbialiter.

408. *τοι*] *τιν'*, Wolfius et alii. P.

409. —*τόδ' ἱκάνει ;*] *hùc venit?* nam *τόδε* 'saepè significat idem ac *ἐνταῦθα, δεῦρο,* hîc, hùc.

16. 410, 411. *Οἷον ἀναΐξας ἄφαρ οἴχεται,*] *Quam exsurgens statim abit!* οὐδ' ὑπέμεινε Γνώμεναι· *neque toleravit ut cognosceremus:* γὰρ οὐ μὲν ἐῴκει κακῷ [κατά] τι εἰς ὦπα, *non enim vultu similis est vili homini.* γνώμεναι, contractè γνῶναι.

414. —*ἀγγελίης*] Haec vox hîc vulgò putatur esse dat. pl. Ion. pro ἀγγελίαις· sed quia verbum *ἔλθοι* sequitur in sing. num. quod constructionem efficit valde duram, mallem Eustathio adstipulari, qui legendum proponit *ἀγγελίης* in gen. sing. adeo ut regatur ab *ὑπὸ* subintellectá. Nam quod à Sam. Clarke F. observatur, verbum scil. *πείθομαι* cum *Genitivo* constructum apud Poëtam nusquam occurrere, id quidem minimè ad rem esse videtur. Nam *πείθομαι* in voce passivâ, significans *persuadeor*, necessario habet post se gen. cum praep. *ὑπό.* Sed *πείθομαι*, in voce med. significans *pareo, obtempero, obedio,* &c. habet post se dativum. Praefert tamen *ἀγγελίης* edit. Oxon. *Ετει, α ώ.* "Vide infra p. 95. Apoll. L. iii. v. 307, 308. P.

433. *οὔποτ'*—] *nunquam,* cum eâ, scil.

441. *Βῆ ῥ' ἴμεν*—] Vel *βῆ ῥ' ἰέναι,* vel *βῆ δ' ἰέναι,* locutio frequens apud Homerum ; *gradiebatur ire, perrexit ire.* [cf. Il. δ, 199, et 209. ε, 167. ϑ, 220, &c.] sic etiam *βάσχ' ἴθι, vade, age,* Il. β, 8.

442. —*ἐπὶ δὲ κληΐδ' ἐτάνυσσεν ἱμάντι.*] Constructio est ; *ἐπετάνυσσεν δὲ κλ. ἱμάντι. pessulamque obtendit loro.*

17. 443. —*οἰὸς ἀώτῳ,*] *ovis floridâ land.* ἄωτος vel -ον, *flos, praestantissimum cujusvis rei.*

444. —*πέφραδ'*} Vide 'supra ad v. 273.

---

* *Ex τῆς 'ΟΜΗΡΟΥ ΟΔΥΣΣΕΙΑΣ Ε.*] *Ex* Homeri Odyss. Lib. V, 43—269. Jupiter Mercurium mittit ad Calypso, ut eam jubeat dimittere Ulyssem. Calypso aegrè paret imperio Jovis ; et Ulyssi materiem et instrumenta ad ratem fabricandam subministrat. Ulysses, rate fabricatâ, ab insulâ Calypsûs solvit.

43. —*διάκτορος*—] Vide supra ad α, 84.

44. *Αὐτίκ' ἔπειθ'*—] Conf. supra α, 96 ; et Aen. iv, 238. *Dixerat,* &c.

47. *Εἵλετο δὲ ῥάβδον,*—] *Tum virgam capit,* &c. Aen. iv, 242. Conf. Statii Thebaid. i, 306. Hor. Carm. L. i. Od. x, 17.

48. —ὑπνώοντας—] *dormientes*, pro ὑπνόοντας, ab ὑπνόω, *dormio.*
50. Πιερίην—] Πιερία, ὄρος Μακεδονίας, ἱερὸν Μοισῶν. *Schol.*
51. —λάρῳ ὄρνιθι ἐοικὼς,] Τὴν ὁρμὴν, οὐ τὸ σῶμα. Λάρος δὲ, ὄρνεον θαλάσσιον. *Schol.* Angl. *a gull; or sea-mew.* Vide Aen. iv. 254.
54. Τῷ—] i. e. τούτῳ λάρῳ scil.
56. —πόντου—ἰοειδέος] ἰοειδής, -έος, ὁ, ἡ, *nigricans*, ὁ μέλας, ὁ ἄνθους ἴου [*floris violae*] εἶδος ἔχων, *speciem et formam habens.* DAMM.
59. —ἐπ᾽ ἐσχαρόφιν—] *ad focum.* ἐσχαρόφιν, Poëticè pro ἐσχάρᾳ.
60. —εὐκεάτοιο,] εὐκέατος, -ου, ὁ, ἡ, *quod facilè finditur;* ex εὖ et κεάζω, *findo.* θύα, ἡ, vel, ut hic, θύον τὸ, *thya arbor.* " Est δέι- " δρον εὐῶδες," inquit Dammius, " maximè si ligna ejus uruntur."
62. Ἱστὸν ἐποιχομένη,] Angl. *plying the loom.* Vide Il. α, 31.
63. Ὕλη δὲ σπέος—] Ordo est : Ὕλη δὲ τηλεθόωσα πεφύκει ἀμφὶ σπέος, *Sylva autem virescens circumcreverat specum.* τηλεθάω, verbum poëticum, idem quod θάλλω, praes. part. τηλεθάων, contractè τηλεθῶν, undè Homericum τηλεθόων, reduplicato scil. dimidio τοῦ ω, quod est ὀμικρόν.
66. —ἱρηκὲς—] Ἰωνικῶς ψιλοῦται.—Κορῶναι δὲ εἰνάλιαι, κατὰ 18 τοὺς Παλαιοὺς, αἱ αἴθυιαι. EUSTATHIUS. Angl. *cormorants.*
69. Ἡμερὶς ἡβώωσα,] *Vitis pubescens*, Angl. *a young luxuriant vine.* " *On arriva à la porte de la grotte de Calypso,—elle itoit tapis-* " *sée d'une jeune vigne, qui étendoit également ses branches souples de* " *tous côtés.*" *Les Aventures de Télémaque, par Fénélon, Liv.* i. Ἡμερὶς, Ἄμπελος, εἰς διαστολὴν τῆς ἀγρίας,—*Schol.* ἡβάω, verbum poëticum, idem quod ἡβάω. τεθήλει, plusquamperf. med. verbi θάλλω, *floreo, vireo ;* τέθηλα, quod est praes. perf. signif. Angl. *I flourish*, vel *I am become luxuriant ;* ἐτεθήλειν, vel Ionicè τεθήλειν, in plusq. *I flourish- ed.* Vide notas S. Clarke ad Iliada, passim ; et *Origin and Progress of Language,* vol. ii. Vide etiam horum Coll. Vol. I. p. 151. n. 4.
74. Θηήσαιτο—] Pro θεάομαι dicunt interdum Iones θηέομαι, f. θηήσομαι. Sic v. 75. θηεῖτο, pro ἐθήετο. item v. 76.
84. —δερκέσκετο,] More Ionico, pro ἐδέρκετο, imperf. à δέρκω, vel δέρκομαι, *aspicio.*
86. —σιγαλόεντι—] σιγαλόεις vulgò redditur *admirabilis, admiran- dus ; cum admiratione et silentio spectatus ;* quasi à σιγή, *silentium.* Vir doctissimus Joannes Taylor, in Lection. Lysiac. 703. legendum conjicit hic et alibi passim apud Homerum, (ope Aeolicae literae F, quam *Digamma* vocant,) σιϜαλόϜεις. "Vexatissima," inquit, " ista " ῥήγεα vel ἠνία, εἵματα, δέσματα ΣΙΓΑΛΟΕΝΤΑ, quae passim " apud Homerum·leguntur,—emendari jubeo semper σιϜαλόϜεντα. " Qui à σιγή deducunt, vel potius cogunt, operam ludunt. Σιαλῶσαι " apud Hesychium est ποικίλαι. Rectè igitur Σιγαλόεν (corruptè " Γ pro F) exponitur ab eodem ποικίλον τῇ γραφῇ, λαμπρὸν, &c. " Σιγαλόεντα, λαμπρά, ποικίλα, καὶ τὰ ὅμοια." Caeterùm de *Di- gamma* Aeolico, deque ejus usu multiplici, vide *Foster on Accent and Quantity,* p. 122. Dawes Miscell. Crit. Edit. Burgess, p. 113. et quae ibi annotavit editor doctissimus, p. 396. caeterósque de hac materiâ scriptores ab eo indicatos. "Vid. Reisk. Or. Vol. 6. p. 287. P.
87. —Ἑρμεία χρυσόῤῥαπι,] *Mercuri aureâ virgâ.* Ἑρμείας, vel Ἑρμείας, vel contractè Ἑρμῆς. *Mercurius.* εἰλήλουθας, Poëticè pro ἐλήλυθας, vel ἤλυθας. Sic Iliad. α, 202. et alibi.
88. —πάρος γε μὲν οὔτι θαμίζεις.] Quum πάρος, *antea*, cum tem-

pore praeterito conjungi postulet, Barnesius hîc legendum proponit *θάμιξες*, in imperfecto, sine augm. pro *ἐθάμιζες*, ut sensus sit, *antea quidem neutiquam frequens hîc adesse solebas ;* quod non improbat Sam. Clarke F. Sed nihil mutatione opus est : Nam alibi Homerus hoc adverbium cum tempore praesenti conjungit; tûmque reddi possit, *aliàs.* Sic, [Iliad. α, 553.] *Καὶ λίην σε πάρος γ᾽ οὔτ᾽ εἴρομαι, οὔτε μεταλλῶ· Et omninò te aliàs neque interrogo neque perscrutor.* Juno scil. alloquitur Jovem. [Od. ϑ, 36.] —*ὅσα πάρος εἰσὶν ἄριστοι. quicunque aliàs sunt praestantissimi.* Inf. p. 24. Et hîc,—*aliàs quidem tu non frequens ades* hîc. Vide Iliad. σ, 386, 425.

90. —*εἰ τετελεσμένον ἐστίν.*] *εἰ φύσιν ἔχει τοῦ δύνασθαι τελειωθῆναι, ἢ δυνατόν ἐστι γενέσθαι. Schol.*

93. —*κέρασσε*—] Pro *ἐκέρασε,* à *κεράννυμι.*

94. —*ἦσθε*] *comedebat ;* ab *ἔσθω,* quod idem est cum *ἐσθίω.*

95. —*ἤραρε*—] pro *ἦρε, refecerat.* Non à praeterito med. *ἤραρα,* sed ab aoristo *ἤραρον.* CLARKE, ad Iliad. σ, 110.

19.   103. —*Διός—Αἰγιόχοιο*] *Aegidem habentis Jovis.* Sunt qui vertunt, *à caprâ nutriti.* Vera autem prior interpretatio. *Idem,* ad α, 202.—" l. 104. *παρεξελθεῖν,* Wolfius, pro *παρὲξ ἐλθεῖν.* P.

108. *Ἀθηναίην ἀλίτοντο,*] *peccârunt graviter in Minervam.* [*ἀλιτέω* et *ἀλείτω,* in aor. 2. m. *ἠλιτόμην.*] Cf. Aen. i, 39. *Pallasne exurere classem,* &c. et quae ibi annotavit celeberr. Heynius.

110. —*ἀπέφθιθον*] *perierunt. ἀποφθίθω* est Ionicè pro *ἀποφθίνουαι, pereo.*

111. —*πέλασσε.*] *appropinquare fecit, appulit.* Scriptum est cum duplice σ, quia fut. et aor. 1. *ἐπέλασα,* penult. corripiunt.

118. —*ζηλήμονες*] Angl. *jealous,* à *ζηλέω,* f. *ήσω.* Scribitur et, teste Eustathio, *δηλήμονες,* ὅ *ἐστι βλαπτικοί.* Sed hoc frigidum.

119, 120. —*ἀγάασθε*] *invidetis.* Occurrit *ἀγάω* tantùm in formâ med. *ἀγάεσθε,* contractè *ἀγᾶσθε,* duplicato α, *ἀγάασθε,* more Homerico. Sic infrà, 122, *ἠγάασθε* in imperf. *ποιήσετ᾽,* i. e. *ποιήσεται.*

123, 124. ‘Εως μιν] Pronuntiabatur *ὣς μιν.* CLARKE. *Ὀρτυγίη, τῇ Δήλῳ νῆσος δὲ ἡ Δῆλός ἐστιν ἀνὰ μέσον τῶν Κυκλάδων. Schol.* [Vide Coll. Gr. Min. ad p. 46. n. 2.] —*Ἄρτεμις ἀγνή.* Hor. Carm. Lib. iii. Od. iv.—*et integrae Tentator Orion Dianae, Virgineâ domitus sagittâ. κατέπεφνεν,* à perf. med. verbi *φένω, occido,* oritur novum verbum *πεφένω,* per sync. *πέφνω,* undè in imperf. *ἔπεφνον.*

125, 127. ‘Ὡς δ᾽ ὁπότ᾽ Ἰασίωνι—] *Δημήτηρ μὲν Πλοῦτον ἐγείνατο, δῖα θεάων, Ἰασίῳ ‘Ηρωΐ μιγεῖσ᾽ ἐρατῇ φιλότητι.* Hesiod. Theogon. 969.—‘*Ω θυμῷ εἴξασα, suo animo obsecuta.—Νειῷ ἐνὶ τριπόλῳ* Angl. *in a thrice tilled fallow.* Caeterùm apud Jasionem, post diluvium, inventa sunt semina frugum. Undè Ceres eum adamâsse dicitur.

129. —*ἀγάσσθε,*] Wolf. *invidetis ;* contr. pro *ἀγάεσθε.* Aliter *ἄγασθε* ab *ἄγαμαι.* Vide suprà ad v. 119.

130. —*περὶ τρόπιος βεβαῶτα*—] Angl. *riding on his keel.* Ab obsoleto *βάω,* venit in perf. med. *βέβαα,* in particip. *βεβαὼς,* in gen. *βεβαότος,* et *βεβαῶτος.* Vide Sam. Clarke, ad Il. ν, 46. etiam Fragm. Gram. Gr. p. 18.

'0.   132. —*ἑλσας*—] Per sync. pro *ἐλάσας.* Ita vulgò; sed amicus meus doctissimus Tho. Burgess, *Ελσαι,* inquit, (quod Grammatici contractum esse aiunt ab *ἐλάσαι*) idem esse putem ac *εἶλαι,* sed antiquioris formae. Ab *ἕλω* nempe, sive *ἕλλω, ἕλσω, ἕλσαι,* ut à *κέλλω, κέλσαι,* &c. Index iv ad Dawes. Misc. Crit. *κεάζω, findo,* f. *κεάσω,* aor. 1. ἐχέαθα, et apud Hom. ἐχέαθα, ut sit penultima longa. Vide 20. suprà ad v. 111.

133. *Ἐνθ' ἄλλοι*—] Hi duo versus, qui rem jam satis notam ex superioribus exprimunt, merito suspecti sunt Ernestio ; nec sunt in comment. Eustathii.

139. *Ἐῤῥέτω,*] Angl. *Let him begone,* Ulysses scil. Mirum hoc cuiquam unquam ambiguum fuisse ; uti Scholiastae apud Barnesium.

140. —*πέμψω δὲ μιν*—] Non: *dimittṃ ipsum nusquam ego :* Immo dimissura erat : sed *nusquam eum deducere*—*prosequi potero,* ut mox, et alibi. Ernesti.

144. —*ἀσκηθής*—] *ἀ-σκηθής.* Idem ferè sensus atque sonus vocis Gothicae *scathe.* T. Y. Eadem vox benè nota apud Scotos.

150. *Ἥι'*] i. e. ἤιε, *ibat.* Ab ἔω, et εἴω, pro quo *εἶμι, eo, vado ;* est imperf. in usu apud Hom. ἤιον, -ιες, -ιε· et perf. med. ἤια, -ιας, -ιε· quae formae saepissimè occurrunt.

152. *Δακρυόφιν τέρσοντο*] *A lachrymis siccabantur.* δακρυόφιν, i. e. ἀπὸ δακρύων. κατείβετο δὲ γλυκὺς αἰὼν—Ἐν δάκρυσιν ἦν αὐτῷ ὁ τοῦ βίου χρόνος, καὶ κατετήκετο. *Schol.*

154. —*ἰαύεσκεν*—] Ionicè pro ἴαυε, ab ἰαύω, *respiro, dormio :* sic paulò infrà δερχέσκετο pro ἐδέρχετο.

163, 164. —*ἀτὰρ ἴκρια πῆξαι*—] Angl. *but make a close-compacted deck*—τὰ ἴκρια sunt *tabulata, quibus navis contegitur supernè.* πῆξαι propriè significat *compinge tibimet ipsi,* vel *tuo commodo ;* ut planè indicat vox med. [Vide Vol. I. ad p. 37. n. 6.] ἠεροειδέα πόντον, *obscurum pontum.* Notandum : ἀήρ, ἀέρος, ὁ, *aër* ꞏ sed ἀήρ, vel Ion. ἠήρ, -έρος, ἡ, [unde ἠεροειδής ;] *caligo, nebula.*

170. *χρῆναι*] Wolf. a χραίνω. χρῖναι, Vulg. τελειῶσαι, Schol. P. 21.

171. —*πολύτλας*—] Vide supra ad α, 1.

174. —*πέλεαι*—] Iambus est. Eadem synaloepha saepè occurrit. Sic infrà p. 22. v. 215. θεά; p. 23. v. 231. ἰξύϊ, quod potius sine diaeresi scribendum, p. 37. v. 289. Νέα; p. 39. v. 347. χρέα. T. Y. Idem saepe notatum à Sam. Clarkè. Vide ad Iliad. α, 18. β, 268. &c.

175. —*νῆες ἔϊσαι*] sunt *naves utrinque aequales,* vel *aequales sibi ab utroque latere,* atque ita ad navigandum aptissimae. Sic Schol. ἴσαι κατὰ τοὺς τοίχους· De—περόωσι, vide supra ad α, 25.

181. *Χειρί τέ μιν κατέρεξεν,*] Angl. *and she stroked him with her hand.* Idem versus saepe occurrit apud Homerum. καταρέζω, *blandè mulceo.* Vide H. α, 381. Od. δ, 610, &c.

182. *Ἦ δὴ ἀλιτρός γ' ἔσσι,*] Τὸ—ἀλιτρὸς ἐσσι, καὶ οὐκ ἀποφώλια εἰδὼς, ἀντὶ τοῦ ἤλιτες καὶ οὐκ εἶπας τὸ ἀληθές, καὶ ταῦτα μὴ ἀπαίδευτος ὤν· ἀποφώλιος γὰρ ὁ ἀπαίδευτος καὶ ἀδίδακτος. Εustath. " *Profectò improbus es,* et non *incauta sciens.* Clarke. P.

183, 184. —*ἐπεφράσθης ἀγορεῦσαι.*] *induxisti in animum proloqui.* φράζω, dico ; φράζομαι, in voce med. deliberó : ἐπιφράζομαι, cogito, molior, *indico in animum,* ἐπεφράσθην, aor. 1. pass. in sensu med. [Vide supra ad α, 2. item Vol. I. ad p. 7. n. 10.] Ἴστω νῦν τόδε Γαῖα—Conf. Aen. xii, 176. *Esto nunc sol testis,* &c. Ibid. 181, 197, 816. ix, 104. x, 113. vi, 323.

195. —*καθίζεν*] *resedit ;* subaudito scil. pron. recipr. nam ἵζω, vel καθίζω, est *sedere facio.* ἵζεν paulò infrà, *sedit.* Vide Vol. I. ad p. 3. n. 7.

205. —*σὺ δὲ χαῖρε καὶ ἔμπης.*] Τὸ ἔμπης, ὃ καὶ ἔμπα λέγεται, 22. ἐν τούτῳ τῷ τόπῳ, ὅμως σημαίνει. *Schol.* Quae si vera sit interpre-

tatio, sententia erit ; *Quamvis discedere et me linquere paras, opto tibi nihilominùs omnia benè cedant.* CLARKE F.

209. —*ἱμειρόμενός περ*—] *quantumvis cupidus*—

224. —*μετὰ καὶ τόδε τοῖσι γενέσθω.*] Ordo est : *καὶ τόδε γενέσθω μετὰ τοῖσι.* Angl. *let this disaster happen among the rest.*

228. *Ημος δ᾽ ἠριγένεια,* &c.] *Ημος, quando, cum ;* conj. poëtica, cui respondet, *τῆμος, tum, tunc. ἠριγένεια,* epith. Aurorae; est ex *ἠρ, ἠρος, τὸ, tempus matutinum, lux matutina,* et *γίνομαι· et* sign. vel *tempore matutino nata,* vel *lucem matutinam gignens.* Occurrit hic vers. Il. *α,* 477. et alibi apud Hom. *ῥοδοδάκτυλος, rosea-digitos ;* epith. laudatissimum Aristoteli. Virg. passim imitatus est versum huncce pulcherrimum. Vide Sam. Clarke ad Il. *α,* 477.

23. 244. *Εἴκοσι δ᾽ ἔκβαλε πάντα,*] *δένδρα* scil. *viginti arbores ipsas dejecit.* Angl. *He felled full twenty trees.* "De fabricâ navis Ulys-"seae et navigatione lege Cl. Riccii Diss. Homer. xlix." ERNESTI. Conf. Popii annotationem ad v. 311, lib. v. suae Versionis.

246. —*ἔνειχε τέρετρα*—] Angl. *brought wimbles, augers.*

248. *Γόμφοισιν—καὶ ἁρμονίῃσιν*—] Angl. *with large nails and seams ;* *ἄρηρεν, aptavit,* pro *ἠρεν,* vel *ἠρε,* perf. m. verbi *ἄρω, apto.*

249. *Ὄσσον τίς τ᾽ ἔδαφος*—] *Quantumque quis faciet ventrem imam navis onerariae capacis benè peritus fabrilis artis vir, in tantum latam ratem confecit Ulysses. ἔδαφος νηὸς,* Angl. *the hold of a ship.*

252. *Ἴκρια δὲ στήσας,*] Vide suprà ad v. 163.

253—255. —*ἀτὰρ μακρῇσιν ἐπηγκενίδεσσι τελεύτα.*] *caeterùm longis asseribus perficiebat. ἐπηγκενὶς, ίδος, ἡ,* [unde *ἐπηγκενίδεσσι,* dat. pl. Poëticè pro *ἐπηγκενίσι,*] esse videtur id quod vocant Angl. *the gunnel. Ἐπηγκενίδες,* inquit Eustathius, *σανίδες ἐκ πρώρας εἰς πρύμναν τεταμέναι καὶ ἐπενηνεγμέναι.—ἐπίκριον, antenna ; πηδάλιον, gubernaculum.*

256, 257. *Φράξε δὲ μιν ῥίπεσσι*—] Angl. *He fenced her with a border of wicker-worker all around. οἰσυΐνῃσι,* dat. pl. Ion. pro *οἰσυΐναις,* ab *οἰσυΐνος, η, ον, Salignus, ex salice.* Th. *οἰσύα, salix. Κύματος εἶλαρ ἔμεν* [i. e. *εἶναι*] Angl. *to ward off the waves. πολλὴν ἐπεχεύατο ὕλην, he stowed in her abundance of ballast.*

260. —*ὑπέρας*] *Ὑπέραι,* sunt funes, quibus antennae ad malum adligantur ; vel, ut Caesar loquitur, B. G. iii, 14, destinantur. ERNESTI. *κάλους, τὰ σχοινία, δι᾽ ὦν ἀνάγεται καὶ κατάγεται ἡ κεραία. Schol. Πόδες* sunt funes quibus anguli extremi velorum puppim versus ducuntur. ERNESTI. *Ὑπέρα,* Angl. *the rope at the upper extremity of the sail ; ὁ πούς, the rope at the lower extremity :* illa scil. extendit sursùm à cornu antennae obliquè ad malum ; hic deorsùm ab angulo veli ad latus navis puppim versus.

262. —*τῷ τετέλεστο*—] ei [i. e. *ab eo*] *finita sunt*—

24. 266. —*ῆια*] —*ων, τά, viatica.* Hic pronuntiatur *ῆα,* uti notavit Barnesius et Clarkius F. *" ῆια,* Wolf. *ῆία,* Alii. P.

---

* *Ex τῆς ΟΜΗΡΟΥ ΟΔΥΣΣΕΙΑΣ Θ.*] *Ex* HOMERI ODYSS. Lib. VIII, 24—71. 485—563. 572—586. Alcinous Phaeacum rex, ignoto hospiti suo amicissimus, de ejus deductione concionatur. Jussu regis, nautae navem in profundum deducunt. Interea instruitur convivium ; Introducitur Demodocus cantor amabilis ; epulantur.

Rogatu Ulyssis, Demodocus *Equum ligneum* canit; et, mentione in- 24.
ductâ ipsius Ulyssis, lachrymae heroi oboriuntur. Quibus observatis
Alcinous cantilenae finem imponit, atque Ulyssem interrogat, quis-
nam et unde gentium sit.

24. Αὐτὰρ ἐπεί ῤ̓ ἤγερθεν,—] *Caeterùm postquam convenerant,—ῤ̓ ,*
ut dictum est suprà. CLARKE F. [ἤγερθεν pro ἠγέρθησαν, ut saepissi-
mè:] Phaeaces scil. in cujus insulam, post tempestatem à Neptuno
ei immissam, Ulysses, relictâ Calypso, vix tandem pervenerat.

30. Πομπὴν δ᾿ ὀτρύνει,—] Angl. *He implores a safe conduct; and*
begs that his request may be ratified.

35. Πρωτόπλοον] Angl. *of first rate speed.* κούρω δὲ δύω, καὶ
πεντήκοντα, i. e. secundum Sam. Clarke, [ad Il. ι, 182.] κούρω δύω,
καὶ κοῦροι πεντήκοντα, et κούρω δύω κρινάσθων, καὶ κοῦροι πεντή-
κοντα κρινάσθωσαν, Angl. *let two and fifty youths set themselves apart,*
ὅσοι εἰσὶν ἄριστοι πάρος, *who on other occasions distinguish themselves.*
[De πάρος cum praes. temp. vide suprà ad ε, 88.] Caeterùm eorum
opinionem, qui putant optimos Scriptores Graecos duali numero
pro plurali interdum usurpâsse, vide eundem virum doctissimum
Sam. Clarkium more suo, i. e. acutissimè, refellentem, ubi suprà.
[item ad Iliad. α, 566. β, 288.] et alibi passim. Contra Clarkium
tamen affirmat Ernestius [ad Il. α, 566.] exempla ita perspicua esse,
ut nullo modo eludi possint. Verùm unum tantùm protulit è scrip-
tis Homeri, ex Iliad. scil. δ, 452. ποταμοί—σύμβαλλετον·—infelici-
ter! Nam sermo est ibi de *duobus* fluminibus. Duo quidem alia
citavit, alterum ex Arato, v. 1004. [rectiùs 1023.] βοῶντε κολοιοί·
alterum è poëmate περὶ λίθων, Orpheo vulgò sed falsò adscrip-
to, v. 77. ubi φυγέτην ponitur pro φύγον vel ἔφυγον· ad quem locum
ita annotavit vir eruditissimus Gesnerus, Ernestii amicus: " Hîc
" quidem apertè dualis numerus pro plurali ponitur, quod cupidè
" nimis negâsse Clarkium ab Homero fieri, pulchrè jam monuit vir
" summus Ernestius, qui ad ll. α, 566. et hoc loco Orphico et Ho-
" meri ipsius pluribus prolatis ostendit, omninò etiam duali usos
" esse, ubi de pluribus ageretur." Nihil tamen ejusmodi, nisi jam
supra dicta, ex Homero, vel ullo alio auctore, protulit Ernestius.
Addit quidem, " se talia exempla plura reperisse, quae notare omnia
" supersedit." Nescio an hoc sit, quod Gesnerus vocat *pulchrè mo-*
nuisse. Ad istud autem Pseudo-Orphei quod attinet, ita annotavit
vir egregius Thomas Tyrwhitt: " Numerum dualem pro plurali
" hîc poni non inficiandum est; sed nolim ex hoc scriptore canones
" grammaticos conficere." [Vide edit. Th. Tyrwhitt. Lond. 1781.]
Quae igitur de hac re protulit Ernestius non sunt magni momenti,
nisi forsan excipias exemplum ex Arato; quod notavit quoque Scho-
liastes his verbis: τῷ δὲ βοῶντε, δυικῷ ἀριθμῷ ἐχρήσατο ἀντὶ πλη-
θυντικοῦ· τοῦτο γὰρ ἔθος αὐτῷ δ καὶ Ὅμηρος οἶδε. Sed quod ad
Homerum attinet, hoc nimis temerè dictum videtur. Hujusmodi
syntaxeos usum confirmare quoque conatur vir magno ingenii acu-
mine Gilbertus Wakefield, [Sylv. Crit. par. i. p. 59.] exemplis non-
nullis allatis. 1. Ex Pind. Ol. ii. 158. γαρύετον,—de quo vide infrà ad
locum, p. 276. 2. Ex Orph. Arg. 818. Φράζετον, ἅτινές ἐστέ—Sed
Aeëtes hîc alloquitur Jasonem, qui—ἐν πάντεσσι μετέπρεπε,—et co-
mites Jasonis in uno sodalitio. 3. Ex Hesiod. Op. et D. 183. [al.
186.]—Βάζοντ᾿ ἐπέεσσι. Ibi sana lectio est βάζοντες ἔπεσσι. Vide inf.
ad loc. p. 73. 4. Arat. 968.—κρώξαντε βαρείῃ δισσάκι φωνῇ—quod ad

rem facere videtur, nisi forsan sermo sit de duobus generibus, corvis scil. et graculis. Ad summam : major exemplorum copia adhuc desiderari videtur ad infirmandam differentiam inter dualem et pluralem numerum.

37. *Δησάμενοι*—] Ordo est : *εὖ δὲ δησάμενοι ἐρετμὰ ἐπὶ κληῖσι πάντες ἔκβητε· Quum autem bene ligaveritis remos ad transtra omnes exite :—ἀλεγύνετε θοὴν δαῖτα, subitum parate convivium.*

25. 45. —*ὅππη θυμὸς ἐποτρύνῃσιν*—] i. e. *ὅπη θυμὸς ἐποτρύνῃ ubicunque animus ipsum impellat.*

48. —*κρινθέντε*—] Ita recte edidit Barnesius. Vulgati habent *κριθέντε,* quod primam necessario corripit. Vide ad Il. *α,* 309; et *ν,* 129. CLARKE. De duali numero vide supra ad v. 35.

53. *Ἠρτύναντο δ' ἐρετμὰ*—] *Aptárưntque remos, ἐν τροποῖς δερματίνοισι, strophis pelliceis.* [Vide Coll. Gr. Min. ad p. 37. n. 15.] *πάντα κατὰ μοῖραν, omnia rite. ἀνὰ δ' ἱστία, κ. τ. λ.* i. e. *ἀνακέτασαν δὲ λευκὰ ἱστία.* Vide Il. *α,* 480.

55. ᾽*Υψοῦ δ' ἐν νοτίῳ*] ᾽*Ορμίζειν ὑψοῦ ἐν νοτίῳ,* scil. *ὑγρῷ,* est solventium è portu vel à littore, cùm navis deducta stat in aquâ altâ : at *ὁρμίζειν ὑψοῦ ἐν ξηρῷ* est appellentium, cùm navis, finito cursu, subducitur. ERNESTI.

56. *Βάν ῥ' ἴμεν*—] i. e. *ἔβησαν ἴεναι.* Vide supra ad *α,* 441.

57. *αἴθουσαι*] *Αἱ πρὸς ἥλιον τετραμμέναι στοαί. Schol. ἔρκεα, septa;* Angl. *the courts. δόμοι, triclinia, diaetae, oeci.* ERNESTI.

59. —*δυοκαίδεκα μῆλ' ἱέρευσεν,*] Conf. Aen. i. 633. *Nec minùs intereà,* &c. Ubi ita notavit Heynius :—" ex toto Homero satis " constat, heroicis temporibus, hospitis adventu in domo statim " sacrum fit, caeditur victima, et ex eâ epulo sacro hospes excipi- " tur."

60. —*δύο δ' εἰλίποδας βοῦς·*} Vide supra ad *α,* 92.

61. *ἀμφί θ' ἕπον,*] i. e. *τε·ἄμφεπον, et curárunt. τετύχοντό τε δαῖτ' ἐρατεινήν. apparárưntque convivium amoenum. τετύχοντο* pro *ἐτύχοντο.* Vide Il. *α,* 467.

62. —*ἐρίηρον ἀοιδόν·*] Heroicis temporibus semper *ἀοιδὸς* conviviis, quae fere cum re divinâ erant conjuncta, aderat. HEYNE, ad Aen. i. 740. Vide *Blackwell's Enquiry into the Life and Writings of Homer,* p. 113.

63. *Τὸν πέρι Μοῦσ' ἐφίλησε,*—] Duo versus exquisitissimi. Sub personâ cantoris Demodoci quidam putárunt Homerum seipsum depictum voluisse ; sed talis opinio nullis satis idoneis argumentis nititur.—*περιεφίλησε, valdè dilexit.*

67. *Κὰδ δ' ἐκ πασσαλόφιν κρέμασεν*—] i. e. *κατεκρέμασε δὲ φόρμιγγα·ἐκ πασσάλου.*

68. —*ἐπέφραδε χερσὶν ἑλέσθαι Κήρυξ·*] *Ἧσοι ἐσήμανεν, ἵνα ἀνέληται ταῖς χερσίν· ἢ τὰς χεῖρας ἐπέθηκεν, ἵνα γνῷ ἔνθα κεῖται. Schol. ἐπέφραδε,* aor. 2, ab *ἐπιφράζω, indico, admoneo.*

26. 485. —*ἐξ ἔρον ἔντο,*] i. e. *ἐξέντο ἔρον, examissent desiderium :*— Vide supra ad Odyss. *α,* 150. [Conf. Aen. i. 220. 727. viii. 184.]

488. *Ἢ σέ γε Μοῦσ'*—] *Aut te Musa docuit,*—Vide Vol. I. ad p. 25. n. 4.

489. *Ἀχαιῶν οἶτον ἀείδεις,*] *Achivorum fatum canis,*—Alludit ad priorem Demodoci cantilenam—*Νεῖκος Ὀδυσσῆος*—κ. τ. λ. hujus Libri ver. 75, sqq.

493. *τὸν Ἐπειὸς ἐποίησεν σὺν Ἀθήνῃ,*] *Instar montis equum, divi-*

nd Palladis arte, Aedificant,—Aen. ii. 15. et alibi passim. Vide celeberrimi Heynii Excurs. iii. et vii. ad Lib. ii. Aen.

508. *H κατὰ πετράων βαλέειν*—] Vide *Description of the Plain of Troy, by M. Chevalier,* p. 117. et Aen. ii. 31.

510. *Τῇ περ δὴ*—] *Quā utique demùm* sententiā *etiam posteà peragendum esset.* CLARKE F.

511. *Αἶσα γὰρ ἦν ἀπολέσθαι,*] *Jam Trojae sic fata ferebant.* Aen. ii. 34. *ἐπὴν πόλις, κ. τ. λ. postquam urbs intra-se-concuvisset*—

519. *Κεῖθι δὴ*—] Ordo est: *φάτο δὴ* [*ἐκεῖνον*—*Οδυσσέα* nempè] 27. *τολμήσαντα αἰνότατον πόλεμον κεῖθι.*—Angl. *He sang that Ulysses having there risked a dreadful engagement, then too proved victorious,*—

523.—*φίλον πόσιν ἀμφιπεσοῦσα,*] *suum maritum amplexata,*—

527. *Ἀμφ' αὐτῷ χυμένη*—] *Ipsi circumfusa, λίγα κωκύει· stridulè ejulat :*—[Vide Il. τ, 284.] Nihil amplius vult haec similitudo, quam quod Ulysses *ἐλεεινὰ ἔκλαιεν.* —*οἱ δέ τ' ὄπισθεν κόπτοντες δούρεσσι μετάφρενον, κ. τ. λ. illi verò pone* [i. e. hostes] *caedentes hastis tergum atque humeros*[foeminae scil.] *εἴρερον εἰσανάγουσι, ducunt eam in servitutem.*—*Εἴρερος, ου, ὁ, servitus ;* ab *εἴρω, necto.*

539. —*ὥρορε*] *se excitavit, exorsus est,*— aor. 2. act. pro ὦρε· et hìc subauditur *ἑαυτόν.* Vide Vol. I. ad p. 3. n. 7.

544. *τέτυκται,*] *parata sunt,* et paulò infrà, *est :*—praes. scil. perf. Vide Vol. I. ad p. 27. n. 4.

547. —*ὅστ' ὀλίγον περ ἐπιψαύει πραπίδεσσι.*] *qui scilicet vel minimum attingit mente.* Angl. *who possesses the smallest intelligence.* *Ἅπτεται ταῖς φρεσίν* —*φρόνιμός ἐστι.* Schol.

556. —*τιτυσκόμεναι φρεσὶ νῆες.*] *naves quae dirigunt se et conten-* 28. *dunt ad propositum locum mentibus propriis,*—quasi rationales. DAMM. Haec et quae sequuntur de navibus Phaeacum, ad verbum sumta, planè sunt fabulosa et incredibilia. Sed ex portentosâ hac descriptione hoc, in genere, colligendum est, Phaeaces praestantissimos fuisse remiges, ut possent gubernaculo carere : eosque portentosis narrationibus delectatos fuisse.

563. —*ἔπι*—] hìc, ut alibi passim, pro *ἔπεστι.*

573. —*ἀπεπλάγχθης*] Vide suprà ad α, 1.

586. —*πεπνυμένα εἰδῇ.*] *res prudentes intelligat. πνύω,* f. *πνύσω,* *spiro, spirare facio ;* it. *sapere facio ;* hinc pass. *πνύομαι, sapio, habeo spiritus egregios :* hujus verbi solum perfectum pass. per omnes modos, apud poëtam occurrit, *πέπνυμαι, sapiens factus sum, valdè sapio, &c.* DAMM. Vide suprà ad α, 213.

---

* *ΤΗΣ ΤΟΥ ʻΟΜΗΡΟΥ ΟΔΥΣΣΕΙΑΣ ʻΡΑΨΩΔΙΑ,* ἢ 29. *ΓΡΑΜΜΑ, I.*] HOMERI ODYSS. LIB. IX. [Vide suprà ad p. 3. n. †.] *Ulysses* se notum facit Phaeacibus ; et historiam suorum errorum incipit. Narrat pugnam suam cum Ciconibus, quorum urbem Ismarum evertit ; adventum ad Lotophagos ; deindè ad terram Cyclopum ; ibique inclusionem in antro Polyphemi, undè non prius egreditur quàm, sex sociorum ejus à Cyclope devoratis, ipsum Polyphemum vino somnoque gravatum excaecet.

Ver. 5.—*τέλος χαριέστερον*—] *rem gratiorem*—"Est—familiaris " Ionicè scribentibus dictio *τέλος,* quae saepè nihil sonat aliud quam

29. " χρῆμα, *res.*" Casaubonus, ad Athen. lib. ii. cap. 3.—ἔρη κατὰ δῆμον—i. e. κατέχη δῆμον—

12. —θυμὸς ἐπετράπετο—] Angl. *thy mind has a desire*—Sic Virg. *Sed si tantus amor,* &c. Aen. ii. ad init. "στεναχίζω, Wolf. P.

17. —ἐγὼ δ' ἂν ἔπειτα,—] ἐγὼ δὲ ἔπειτα, ὑποφυγὼν νηλεὲς ἦμαρ. καὶ ναίων δώματα ἀπόπροθι, ἂν ἑω ξεῖνος ὑμῖν. Angl. *And that I afterwards, when I have escaped the fatal day, and dwelling in my own habitation afar, may have a mutual intercourse of hospitality with you.*

19. Εἴμ' Ὀδυσεὺς—] Sic Virg. *Sum pius Aeneas—famâ super aethera notus.* [Aen. i. 378, 379.] Notati hi versus, quod Aeneas egregiè se ipsum commendat. Rectè, nostris moribus si rem aestimes; secùs, si heroicis; ut ex toto Homero satis constat. Exempla aliorum v. ap. Pierson. Verisim. p. 206 : adde Spencium [in *Essay on Pope's Odyssey*, P. I. p. 52.] Hic ipse versus ex Homero adumbratus Odyss. ι, 19. Ulysses apud Alcinoum: Εἴμ' Ὀδυσεὺς Λαερτιάδης, ὃς πᾶσι δόλοισιν Ἀνθρώποισι μέλω, (*carus et honoratus sum propter sagacitatem consiliorum in re bellicâ,*) καί μευ κλέος οὐρανὸν ἵκει. *famâ super aethera notus,* ex poëticae orationis genio, nihil aliud quam simpliciter, celeber et inclytus. Inclytum autem ac notum se calamitatibus suis dicere, minus habet offensionis etiam nostris moribus, &c. Heyne, Excurs. ad locum, xii.

21. —εὐδείελον·] *conspicuam.* εὔδηλος, resoluto η, εὐδέελος, inserto ι, εὐδείελος.

23—25. —ναιετάουσι] *habitantur.* ναιετάω, *habito, frequento;* signif. etiam, *sum frequens, habitor.*—Δουλίχιόν τε,—Vide suprà ad α, 246.—χθαμαλὴ—vulgò redditur *humilis, depressa;* et πανυπερτάτη, *omnium suprema.* Locum ab interpretibus minùs rectè acceptum ita interpretatur vir ornatissimus Sam. Clarke, [ad Iliad. γ, 201.] ac si poëta dixisset, " non modò montem istum, ver. 21, sed totam " insulam, etiam χθαμαλὴν, etiam quibus in partibus *depressior es-* " set, comparatè tamen cum circumjacentibus insulis πανυπερτάτην " εἶν ἁλὶ κεῖσθαι." Cf. Cicer. de Orat. Lib. i. 44. Hor. Epist. i. vii.

" 41. Πανυπερτάτη reddi potest *extrema,* nempe occidentem versus, " quod voluisse videtur poëta." T. Y.

30. 28. Ἧς γαίης—] i. e. ἰδίας γῆς, Angl. *than one's native land.*

30. Ἐν σπέσσι—] Vide suprà ad α, 15.

32. Αἰαίη—] *Aeaea.* Ita dicitur Circe ab Αἴα, quae urbs erat Colchidis. Erat nimirum Circe soror Colchici regis; et insula ejus dicitur νῆσος Αἰαίη.

39, 40. Κικόνεσσι πέλασσεν, Ἰσμάρῳ] idem valet ac ἐπέλασσέ με Κικόνων πόλει Ἰσμάρῳ. Erant autem Κίκονες Thraciae populus. Trojanis auxilia tulerant; hinc Ulysses eos pro hostibus habuit. Vide Il. ρ, 73.

42.—ἀτεμβόμενος—ἴσης.] Supple μοίρας, *fraudatus aequali portione.* ἀτέμβω, est, uti Dammius interpretatur, εἰς ἄτην ἐμβιβάζω, in labem et offensionem induco. ἀτέμβομαι est, εἰς ἄτην ἐμβαίνω, hinc ἀτεμβόμενος, *fraudatus.*

43. —διερῷ ποδὶ—] *celeri pede*—διερὸς propriè significat, qui humorem habet, qui rigatus est, recens: inde metaphoricè vegetus, vivus; à διαίνω, rigo. Sunt qui putant διερῷ ποδὶ hic de navi intelligi; sed hoc simplicitatem Homeri minùs redolet.

46. —καὶ εἰλίποδας ἕλικας βοῦς.] Vide suprà ad α, 92.

49, 50. ἀφ' ἵππων—μάρνασθαι,] non *ex ipsis equis*, sed *è curribus pugnare*, uti ex innumeris Iliados locis liquet. SAM. CLARKE F. καὶ ὅτι χρὴ πεζὸν ἐόντα, et, *ubi opus est, pedibus*, nam πεζὸν ἐόντα idem sonat ac πεζοὺς ἐόντας.

54. Στησάμενοι δ' ἐμάχοντο] Στησάμενοι est *instructâ acie*. ERNESTI. "l. 57. ἀλεξόμενοι pro ἀλεξάμενοι, Wolf. P.

58. Ἦμος δ' ἠέλιος μετενίσσετο βουλυτόνδε,] Μετεπορεύετο μετὰ 31. τὴν τῆς ἡμέρας αὔξησιν ὁ Ἥλιος κατὰ ὥραν βουλυτοῦ· ὅς ἢ μεσημβρία ἐστὶν, ἢ ὀλίγον τι μετὰ μεσημβρίαν, ὅτε βόες λύονται τοῦ κάμνειν. EUSTATHIUS. *Cum sol transiret ad eum locum coeli, in quo cum est, boves solvi solent ab opere.* DAMM. Conf. Virg. Eclog. ii. 66. et *Gray's Elegy*, ad init.

59. —κλῖναν—] i. e. ἔκλιναν Αχαιούς· *inclinârunt Achivos*, sensu transitivo; *pepulerunt Achivos*.

60. Ἐξ δ' ἀφ' ἑκάστης—] i. e. Numerus occisorum erat 72; sex scil. *pro* unaquaque nave, non sex *ex* unaquaque nave. Numerus navium Ulyssis erat 12. Vide infrà ver. 159.

64. Οὐδ' ἄρα μοι—] Non hic supervacaneum est istud ἄρα· sed vim habet hujusmodi : *Neque, uti tam properè fugientibus fieri verisimillimum erat,*—Vel, *Neque impediit trepida nostra fuga quin, priusquam ulteriùs progrederemur,* &c. CLARKE F. πρὶν τρὶς αὖσαί τινα ἕκαστον—*priusquam ter vocâssemus unumquemque,* &c. Αρχαῖον ἔθος (inquit Schol.) τῶν ἐπὶ ξένης ἀπολλυμένων τὰς ψυχὰς ἀνακαλεῖν τρίτον τοὺς περιλειφθέντας, ἐπὰν ἀπίωσιν οἴκαδε· ἢ ἵνα καὶ εἴ τις ἔτι ἀπολίποιτο ἐν τῷ πεδίῳ, προσέλθοι. Conf. Virg. Aen. vi. 506.

66. —δηωθέντες.] *trucidati.* δηϊωθέντες pronuntiabatur δηωθέντες, uti observârunt Barnesius et Clarkius F. "Scripsit Wolf. P.

68. —σὺν δὲ νεφέεσσι—] Conf. Aen. i. 92. iii. 198. v. 11.

70, 71. —ἐπικάρσιαι,] Vulgò redditur *obliquae :* Eustathius autem, Επικάρσιαι δὲ, (inquit) οὐ πλάγιαι νῦν ὁμοίως τῷ ἐγκάρσιοι, ἀλλ' ἐπὶ κεφαλὴν, διὰ τὴν ἐκ τοῦ σφοδροῦ πνεύματος τῶν ἱστίων πολλὴν ἔντασιν.—ἐφέροντ' ἐπικάρσιαι, Angl. *plunged as it were headlong :* cui interpretationi favet vocis etymon ; est scil. ex ἐπὶ et κάρ.—ἱστία δὲ σφιν—*Vela autem ipsis*—ἲς ἀνέμοιο διέσχισε τριχθά τε καὶ τετραχθὰ, *vis venti discidit in tres quatuorque partes.* Versus notissimus, cujus numeri optimè repraesentant vim ejus rei, quam poëta vult exprimere. Conf. Il. γ, 363. et quae ibi annotavit vir ornatissimus Sam. Clarke.

73. Αὐτὰς δ' ἐσσυμένως—] *Ipsas vero* [naves scil.] *festinantèr—προερύσσαμεν* [ἐρετμοῖς] ἤπειρόνδε, *protrusimus remis ad* terram *continentem.* Vide Il. α, 435.

80. Μάλειαν,] Ακρωτήριον τῆς Λακωνικῆς. Κύθηρα, -ων, τά· νῆσος τῆς Λακωνικῆς. Schol.

83, 84. —ἐπέβημεν Γαίης Λωτοφάγων,] *conscendimus* terram *Lotophagorum,*—[quae scil. sita erat, non in Siciliâ, ut quidam putârunt, sed in Libyâ,] αἵτ' ἄνθινον εἶδαρ ἔδουσιν, *qui florentem cibum edunt.*

106. Κυκλώπων—] In singulari Polyphemus κατ' ἐξοχὴν voca- 32, tur Κύκλωψ. In plurali Κύκλωπες sunt populus Siciliae, in regione valdè fertili, οἱ Λεοντῖνα postea dicti. Ulyssis aevo habitabant sparsim, quisque in agro suo : hinc credibile fit, potuisse Polyphemum pati ea quae passus est, utpote solus, extra societatem aliorum, et detestabilis sine dubio omnibus. Cave vero putes, poëtam Cyclopes omnes fingere μονοφθάλμους· nescit omninò hunc

32. monstrosum μῦθον recentiorum, ineptè et immoderatè fingentium.
Imo ipse Polyphemus fuit quidem unoculus ; sed casu fortasse ami-
serat alterum : poëta enim dat ei βλέφαρα καὶ ὀφρύας, nec certè
siluisset hanc ἰδιότητα, si in mediâ fronte oculum unum habuisset.
Damm. Vide Eustath. ad ver. 187. qui hujus quoque sententiae est.
ὑπερφίαλος vulgò redditur *foedifragus, perfidus ;* item *superbus, arro-
gans ;* interdùm *vinosus ;* quasi ex ὑπὲρ et φιάλη, quia foedera per
φιάλας fiebant. Alii deducunt ab ὑπερφυής, *qui nimis excrevit,* indè
excellens. Potest igitur hîc reddi *ingens,* ut ad *staturam* Cyclopum
referatur. [Vide suprà ad α, 134.] Caeterùm in hujus vocis con-
sonante φ latere Aeolicum digamma putat amicus meus doctissimus
Episcopus ·Menevensis, quasi olim scriptum esset ὑπερϝίαλος ; at-
que adeò vocem ipsam deducendam ab ὑπερϝίω, *super eo, supero,* ut
cognatum sit verbi ὑπέρϐω, ὑπερβαίνω, undè Latinum Superbus.
　　111. —ἐριστάφυλον,] ἐκ τελείου καρποῦ τῆς σταφυλῆς γινόμενον.
Schol.
　　116. —λάχεια] ας, ἡ, *mollis, molli solo.* à λαχαίνω, *terram fodien-
do mollio.*
　　120. —μιν εἰσαιχνεῦσι] ipsam *ingrediuntur,*—pro εἰσαιχνοῦσι· ab
οἰχνέω.
33. 125. —μιλτοπάρῃαι,] Μίλτῳ τὰς παρειὰς κεχρισμέναι, τουτέστι
τὰς πρώρας. Μίλτος δὲ πηλὸς ῥουσιώδης. Schol.
　　128. —οἷά τε πολλά] Adverbialiter, *veluti crebrò.*—
　　130, 131. Οἵ κέ σφιν—] Construe : Οἵ καί κε ἐκάμοντό σφισ
ἐϋκτιμένην νῆσον. Angl. *and who might cultivate for themselves the
populous island.* Οὐ μὲν γάρ [ἐστι] γέ τι κακή, *for it is not by any
means unfruitful.*
　　134, 135. —μάλα κεν βαθύ—] Ordo est : κεν ἀμῷεν μάλα βαθὺ
λήϊον αἰὲν εἰς ὥρας· Angl. *they might reap a very tall crop constantly
at the stated season ;* ἐπεὶ οὖδας ὑπ' [ἐστι] μάλα πῖαρ, *since the soil
underneath is very rich.* οὖδας, τό, *solum ;* in usu tantùm in nominat.
et accus. πῖαρ, τό, idem quod πῖον, *pingue.* "ὑπ', ὕπεστι. Wolf. P.
　　136. —ἵν' οὐ χρεὼ πείσματός ἐστιν,] *ubi non opus est fune,*—Conf.
Virg. Aen. i. 168. *Hîc fessas non vincula naves Ulla tenent,*—&c.
　　138. Ἀλλ' ἐπικέλσαντας μεῖναι χρόνον,] Angl. *but for those who
arrive only to remain a while.* ἐπικέλλω, f. Aeolicè, -έλσω, *appello
navem in littus,* &c.
　　152. Ἦμος δ' ἠριγένεια—] Vide suprà p. 22. ad ver. 228.
34. 159. —ἐς δὲ ἑκάστην] Conf. Aen. i. 193, &c.
　　162. —δαινύμενοι κρέα—καὶ μέθυ] Vide infrà ad Soph. Oed.
Tyr. ver. 269. λαγχάνω, *sortior,* sonat etiam *sorte contingere.*
　　185. —κατωρυχέεσσι λίθοισι,] Τοῖς ἐν τῇ γῇ ἐνωρυγμέναις, ὅ ἐστι
τεθεμελιωμέναις. Schol. κατωρυχής, -έος, ὁ, ἡ, reddit Dammius, *infra
infossus,* sic ut *inferior pars sit defossa, superior emineat.*
　　187. —ἀνὴρ ἐνίαυε πελώριος,] Conf. Theocr. Idyll. xi. "Inf. p. 233.
35. 190. —ἐτέτυκτο] *erat.* τέτυγμαι, *sum,* ἐτετύγμην, *eram,* in hoc
sensu saepè occurrunt apud Homerum. Sic, Ὠκεανὸς γένεσις πάν-
τεσσι τέτυκται, *Oceanus nativitas omnibus est.* Il. ξ, 246. ἄριστος ἐπι
Θρῃκεσσι τέτυκτο, *erat praestantissimus inter Thraces.* Il. ζ, 7. et
alibi passim.
　　198. —ὅς Ἴσμαρον ἀμφιβέβηκει] Angl. *who was the guardian of
Ismarus?* ἀμφιβέβηκα, *I am the guardian,* &c. Vide Il. α, 37. et quae
ibi acutè annotavit vir ornatissimus S. Clarke.

199. Οὕνεκά μιν—περιόχόμεθ—] Quoniam ipsum conservaveramus, 35.
—περίόχομαι est, quasi dicas, Angl. I hold myself round; i. e. I protect.

202. Χρυσοῦ—εὐεργέος—] Auri bene elaborati et puri—

204. —ἀμφιφορεῦσι δυώδεκα πᾶσιν—] amphoris duodecim ipsis;—
non paucioribus quàm duodecim. Vide ll. x, 560. et ibi Sam. Clarke.

209. Ἐν δέπας ἐμπλήσας,—] Unum poculum qui impleverat,
ἔχευε ἀνὰ εἴκοσι μέτρα ὕδατος, infundebat vicenas mensuras aquae :
nam ἀνὰ est hîc distributivum.

210. —ὀδμὴ—ὀδώδει,] odor spirabat. ὄζω, est oleo, odorem emitto :
in perf. med. ὦδα et ὄδωδα, unde in plusq. ὀδώδειν. " Ista praete-
" rita med. (inquit Dammius) saepè in notione praesentis et imper-
" fecti ponuntur." Vide suprà ad v. 198.

212. —ἦια] ων, τά, viatica : hîc enuntiatur ἦα. " Vid. sup. p. 24.
v. 266. P.

213. αὐτίκα γάρ—] statim enim mihi suspicatus est animus gene-
rosus, virum superventurum ingenti praeditum robore. CLARKE F.

219. Ταρσοί] Οἱ καλαθίσκοι, ἐν οἷς τιροκομοῦσι, καὶ ἐκτυποῦνται
οἱ τυροί. Schol. Angl. the strainers. σηκοί—Αἱ μάνδραι καὶ περί-
βολοί, ἐν οἷς συγκέκλεισται τὰ θρέμματα. Id. Angl. the penns.

221. Ἔρχατο] inclusae erant : Ionicè pro εἰργμέναι ἦσαν ab
ἔργω, vel εἴργω, includo.

222. —ἔρσαι·] Αἱ νεογναὶ καὶ ἀπαλαὶ καὶ δροσώδεις, ἀπὸ τῆς 36.
ἔρσης· ἢ ἐνδεεῖς τῇ ἡλικίᾳ. Schol. Quia ros est ἀσθενὴς καὶ ἀδρανὴς
ὄμβρος, ideo rori comparantur quae sunt tenera et mollia.—Aeschy-
lus quoque, in Agamemnone, δρόσους nominat teneros avium pullos.
—Sed primus omnium pater elegantiarum Homerus ἔρσην, id est,
rorem, tenellos agniculos vocavit :—χωρὶς μὲν πρόγονοι, χωρὶς δὲ
μέτασσαι, Χωρὶς δ' αὖτ' ἔρσαι· quasi dicat, τὰ ἐρσώδη sive δροσώδη
πρόβατα. CASAUBONUS, ad Athenaeum ix, 8. citante Clarkio F.
—ὀρὸς—λέγεται, ἡ τοῦ γάλακτος ὑδατώδης ὑπόστασις. Schol. Angl.
whey.

225. Τυρῶν αἰνυμένους] Sumtis caseorum nonnullis— Vide Vol. I.
ad p. 53. n. 3.

331. —κείαντες] Aliter κήαντες.—ἐθύσαμεν· ἠδὲ καὶ αὐτοὶ Τυ-
ρῶν αἰνύμενοί φάγομεν. Ex parte nimirùm sacra faciebant, partem
ipsi comedebant. CLARKE F.

245. —ὑπ' ἔμβρυον ἧκεν—] Ὑπέθηκεν ἔμβρυον. Ὅμηρος γὰρ,
ὑπεναντίον τῆς συνηθείας, βρέφος μὲν λέγει τὸ κατὰ γαστρός· ἔμβρυον
δὲ, νεογνὸν, ἢ τὸ τέκνον. Schol.

246. —θρέψας] quum coagulâsset—Nam τρέφω est coagulo; etiam
alo, nutrio. λευκοῖο—Conf. Theocr. Idyll. i, 58. " Infra p. 217.

252. Ω ξεῖνοι, τίνες ἐστέ;] Conf. Eur. Cyclop. 89, 274. Aen. i,
369, item Od. γ, 71.

254. —ἀλόωνται] errant. Vide suprà ad α, 25. " τοῖτ' Wolf.

256, 257. —ἡμῖν δ' αὖτε κατεκλάσθη φίλον ἦτορ, Δεισάντων—] 37.
Syntaxis postulat Δεισάσι, ut concordet cum ἡμῖν. Sed hujusmodi
structura non infrequens est apud Homerum ; [Vide Il. x, 187. ξ,
139. et alibi passim :] nam ut aequè dici potest φίλον ἦτορ ἡμῶν
δεισάντων, et φίλον ἦτορ ἡμῖν δείσασι, Poëta, sine scrupulo, usur-
pat φίλον ἦτορ ἡμῖν δεισάντων. Sin autem hoc displicet, potest
sumi δεισάντων in genit. absoluto.

262. —μητιάασθαι.] constituere, Angl. to ordain; pro μητιάεσθαι,
contractè μητιᾶσθαι.

266. *—ἡμεῖς δ᾽ αὖτε κιχανόμενοι—*] *nos venimus supplices accidentes ad tua genua.—κιχάνω,* vel *κιχάνομαι, invenio, assequor.*

280. *Ἡ που ἐπ᾽ ἐσχατιῆς, ἢ καὶ σχεδὸν,*] Verte : *utrum in remoto aliquo abhinc loco,* s. *utrùm longè hinc, an propè,* ut ver. 117. *οὔτε σχεδὸν, οὔτ᾽ ἀποτηλοῦ.* ERNESTI.

38. 239. *Σὺν δὲ δύω μάρψας,—*] i. e. *συμμάρψας δὲ δύω—*Conf. Virg. Aen. iii. 623, sqq. *Vidi egomet,* &c. ad quem locum vide celeberrimum Heynium, in Excurs. xvi, poëtam tuentem contra reprehensionem Homii, viri ill. [*Elem. of Crit.* ch. xxi. sub fin.] Caeterùm hujusmodi descriptiones gigantum crudelium nauseam et aversionem foeditate suâ non facere, probant, inter caetera, quae Shakesperius, peritissimus ille judex humanae naturae, Maurum suum narrantem inducit de modo quo is Desdemonae, pulcherrimae ac nobilissimae puellae, amorem conciliâsset. [Vide *Othello,* Act. i. Sc. 3. *Her father loved me,* &c.] Nec dubitavi hanc totam de Polyphemo historiam ex Odysseâ hîc exhibere ; quia tales summi poëtae miras narrationes non solùm ingenuae juventutis nauseam et aversionem non excitare, sed animum juvenilem valdè oblectare animadverti. Res ipsae quae describuntur utcunque foedae sint et horrendae, earum tamen à summis poëtis descriptiones animos audientium mirè allicere et attrahere solent.

301. *Οὐτάμεναι—*] Non ex *οὐτᾶν,* indè enim fit *οὐτήμεναι,* vel *οὐτάμεναι,* quod antepenultimam necessariò producit : sed, quâ analogiâ ex *τίθημι* fit *τιθέναι,* ex *δίδωμι, διδόναι·* eâdem ex *οὔτημι* fit *οὐτάναι,* indéque *οὐτάμεναι,* quòd antepenultimam necessariò corripit. CLARKE, ad Il. *φ,* 68.

319. Cf. *Cowper's* transl. *Virg.* de Polyphemo. *Ovid.* Metam. xiii. 782, 3. *Cowley* de Goliath. *Milton* de Satanâ. *Pope's* Version. *Johnson's* Works, *"Cowley,"* Vol. IX. p. 64. indicante J. T.

39. 325. *—ὅσον τ᾽ ὄργυιαι—*] *Εκτεταμένων τῶν χειρῶν τὸ διάστημα ὄργυιά ἐστι. Schol.* Angl. *a fathom.* Vide Vol. I. ad p. 88. n. 7.

327. *—ἐθόωσα*] *acui.* "*ἀποξῦναι, laevigare.* Cl. Vid. Od. *ζ,* 269. P.

335 *—ἐλέγμην.*] Per Sync. pro *ἐλεγόμην,* vel *ἐλελέγμην.*

347. *—τῆ,*] Ionicè pro *τᾶ,* quod contractè pro *τάε, accipe ; à τάω,* f. *ἄσω, capio, accipio.*

40. 359. *—ἀποῤῥώξ.*] *ὁ, ἡ, avulsus,* &c. item substant. *portio, pars,* &c. à *ῥήσσω, frango.* "*Rivus,* a stream. Vid. Il. *β,* 755. P.

366. *Οὖτις ἔμοιγ᾽ ὄνομα·*]"Ita Wolf." *Οὖτις, nemo,* habet in accus. *οὔτινα,* non *οὔτιν.* Nec est *οὔτιν* hîc per apocopen pro *οὔτινα,* ut esse potuisset ante vocalem ; sed exquisito artificio hic ponitur ante consonantem, quò meliùs Cyclops, jam penè ebrius, nomen id Ulyssis fuisse proprium crederet. Pòst autem ipse Polyphemus [ver. 369.] *Οὖτιν ἐγὼ πύματον ἔδομαι*—inquit, id tanquam nomen proprium hospitis intelligens, quod lector interpretari possit *οὔτινα, neminem,* [*οὔτιν* scil. pro *οὔτιν᾽* ante vocalem,] atque exindè, cognito jam Ulyssis consilio, Cyclopem irrideat, utpote re verâ *neminem* postea devoraturum. Caeterùm se ita appellari ideò praesertim finxit Ulysses, quod providisset ambiguitatem indè oriri, Polyphemo exitio mox futuram. Vide infrà ver. 408, sqq.

372, 373. *—ἀποδοχμώσας—*] *Πλαγιώσας· δοχμὸς γὰρ τὸ πλάγιον. Schol. Inflexâ crassâ cervice.* Conf. Aen. iii. 631. sqq. *Cervicem inflexam posuit,* &c. *καδδέ μιν—Ἥρει—* i. e. *καθῄρει δὲ μιν—*

φάρυγος δ' ἐξέσσυτο οἶνος, i. e. οἶνος δὲ ἐσέσυτο ἐκ φάρυγος, vinum è gutture erumpebat. Conf. Ovid. Metam. xiv. 211.

377. ἀναδύῃ.] Angl. *should flinch*. ἀναδύω, *emergo ex aliqua re; refugere et detrectare aliquid*.

384. Δίνεον·] Angl. *I twirled it round*. τρυπῷ contractè pro τρυπάοι, à τρυπάω, *terebro*.

386. —τὸ δὲ τρέχει ἐμμενὲς αἰεί·] Angl. *and it spins incessantly*.

389. εὗσεν αὗτμῇ,] Angl. *the steam singed*, &c. εὕω, f. εὕσω, 41. *amburo*. αὗτμή, *spiritus, vapor*.

390. —σφαραγεῦντο] Ionicè pro ἐσφαραγοῦντο, à σφαραγέω, f. ήσω, *sonum edo*. ῥίζαι δὲ [ὀφθαλμοῦ] σφαραγεῦντο πυρὶ, Angl. *and the roots of his eye crackled with the fire*.

394. 'Ὣς τοῦ σίζ' ὀφθαλμὸς—] De vi vocis hujus, σίζε, ita Quinctilianus : " Minime," inquit, " nobis concessa est ὀνοματο-" ποιΐα. Quis enim ferat, siquid simile illis meritò laudatis, λίγξε " βιὸς, et σίζε ὀφθαλμὸς, fingere audeamus ?" Lib. I. cap. 5. sub finem, citante Clarkio F. " Vide Il. δ. 455. P.

403. Τίπτε τόσον—ἐβόησας,] Τίπτε τόσον referendum ad ἀρημέ-νος, vertendumque non *cur*, sed *quid tantum laesus, tantoperè vociferatus es :* quid tibi mali tanti accidit, ut tantoperè vociferarêre. ERNESTI.

404. —ἄμμε] Non est, ut quidam putant, dualis pro plurali ; sed, ut Scholiastes, Ἄμμε, ἡμᾶς, Αἰολικῶς. ad Il. α, 59. τίθησθα, etiam Aeolicè, pro τίθης.

408. —Οὖτίς με κτείνει—] Vide suprà ad v. 366.

416. Χερσὶ ψηλαφόων,] Angl. *groping with his hands*,—ψηλα-φόων, pro ψηλαφάων. Vide suprà ad α, 25.

425. —ὄϊες—] Dactylus esse videtur eadem ratione, qua ἀθάνα-42. τοι choriambus. ERNESTI. Ita ἀπονέεσθαι infrà v. 451: in ὄϊες autem quibusdam viris doctissimis digamma non otiosum videri potest : id enim in ὄϊς affuisse è voce Latinâ, *ovis*, colligitur. T. Y.

426. —ἰοδνεφὲς εἶρος] 'Ο ἐστι μέλαν, ὡς καὶ ἐν ἄλλοις κεῖται. EUSTATHIUS.

427. Τοὺς ἀκέων συνέεργον—] Angl. *These I silently bound together with well twisted twigs*— Σύντρεις αἰνύμενος, *taking three of them together*.

433. —λασίην ὑπὸ γαστέρ' ἐλυσθεὶς,] *villosum sub ventrem involu-tus*—ἐλύω, f. ύσω, *involvo, curvo*, &c.

434. ἀώτου θεσπεσίοιο] *lanae egregiae*. Vide suprà ad α, 443.

435. Νωλεμέως στρεφθεὶς] *Firmiter implicitus*—ἐχόμην τετληότι [pro τετληκότι] θύμῳ, *haerebam constanti animo*." sc. ἀώτου. P.

438. —νομόνδ' ἐξέσσυντο] *ad pascua ruebant*—ἐκσεύω, *exagito*, ἐκσεύομαι, in med. *ruo*, perf. pass. ἐκσέσυμαι, per metath. ἐξέσσυμαι, unde in plusq. ἐξεσσύμην, in med. sensu, *ruebam*.

440. —σφαραγεῦντο.] *distendebantur ; pro* σφαραγοῦντο· σφαρα-γέω, f. ήσω, *sonum edo ; item, ut hîc, extendo*, &c.

441. ἐπεμαίετο—] *contrectabat*.

442. Ὀρθῶν ἑσταότων·] *Rectè stantium :*—ἑσταὼς, [in gen. ἑσταὼ τος vel ἑσταότος,] id. quod ἑσταχὼς, subintell. pron. recipr. Vide Coll. Gr. Min. ad p. 38. n. 2.

445. Λαχμῷ στεινόμενος,] *Vellere denso gravatus*,—*et me multa cogitante*.

447. —ἔσσυο—] Per metath. pro σέσυο, et hoc pro ἐσέσυσο, 2. sing. plusquam. pass. à σεύω.

NOTAE IN HOMERUM.

43. 459, 460. —καδδὲ ἐμὸν κῆρ Λωφήσειε—] i. e. δὲ ἐμὸν κῆρ καταλωφήσειε—quod est καταλωφῆσαι, ut notum tironibus. Conf. Ovid. Met. xiv, 192—197. "καδ δέ κ'—Wolf.

467. γοῶντες.] Vide suprà ad α, 25. " γοάω, γοάων, γοῶν. P.

468. ἀνὰ δ' ὀφρύσι νεῦον—] i. e. δὲ ἀνένευον ὀφρύσι, *superciliorum nutu prohibebam flere*—

473. ὅσσον τε γέγωνε βοήσας,] i. e. *quantum quis magnâ voce clamans audiri posset.* γεγώνω et γεγωνέω, *ita clamo,* vel *loquor, ut audiar procul.* γέγωνε, sine augm. pro ἐγέγωνε.

475, 476. —οὐκ ἄρ' ἔμελλες ἀνάλκιδος ἀνδρὸς—] Angl. *thou wast not, it seems, to eat the companions of a timid chief*—Ἔδμεναι, per sync. pro ἐδέμεναι, et hoc pro ἔδειν.

477, 478. Καὶ λίην σέ γε—] Ordo est : Καὶ λίην κατα ἔργα γε ἔμελλε κιχήσεσθαί σε, *Et omninò mala facta assecutura erant te,* Σχέτλι'· *execrande ;* ἐπεὶ οὐχ ἅζου ἔσθειν ξείνους ἐνὶ σῷ οἴκῳ· *quoniàm non verebaris comedere hospites in tuâ domo.*

485. —παλιῤῥόθιον—κῦμα,] Angl. *the refluent wave.* Pulcherrimè Miltonus : *Me tenet urbs refluâ quam Thamesis alluit undâ.* Eleg. i. 9.

44. 486. Πλημμυρὶς ἐκ πόντοιο,] *Uti inundatio ex mari,* θέμωσε δὲ χέρσον ἱκέσθαι, *adegitque ut veniret prope terram.* Ad verbum, *legem quasi injungebat navi, terram versus ire.* Nam, uti notavit Dammius, θεμόω, f. ώσω, est *cogo, legem praescribo et impono.*

498. Σύν κεν ἄραξ'] i. e. κεν συνάραξε.

499. Μαρμάρῳ ὀκριόεντι βαλών·] *saxo aspero conjecto.*

501. —κεκοτηότι θυμῷ·] *irato animo.* Pro κεκοτηκότι, à κοτέω, *simultatem foveo,* Angl. *I bear a grudge.*

507. —με—ἱκάνει] εἴς με scil.

508. Ἔσκε] Ion. imperf. pro ἦν.

513. —ἐδέγμην] *expectaveram.*—Pro ἐδεδέγμην, à δέχομαι, *capio, expecto,* &c.

45. 523. Αἲ γὰρ δή—] Εἰ [Poët. αἰ] per se solum, aliquandò sumitur pro εἴθε, id est, *utinam.* VIGERUS. Nunquam, quod sciam, per se solum, sed conjunctum cum particulâ γάρ. HOOGEVEEN, ad locum; quem virum doctissimum vide de hac locutione pleniùs disserentem, in libro suo de Particulis Ling. Gr. p. 333. Vide etiam Vol. I. ad p. 70. n. 4. " Viger. VIII. vi. 2.

532. Ἀλλ' εἰ οἱ μοῖρ' ἐστί] Conf. Aen. iv, 612. *Si tangere portus,* &c.

538. ἐπέρεισε δὲ ἲν' ἀπέλεθρον·] Angl. *he exerted his immense strength.* ἐπερείδω, *nitor, innitor,* &c. ἲς, -νὸς, ἡ, *nervus in corpore, vis.* ἀπέλεθρος, ου, ὁ, ἡ, *cujus magnitudo certâ mensurâ determinari nequit;* inde, *immensus :* ex α privat. et πέλεθρον, *jugerum.*

540. οἰήϊον ἄκρον ἱκέσθαι·] supple εἰς. οἰήϊον, ου, τό, *gubernaculum :* idem quod πηδάλιον.

46. 558. —καὶ ἐπὶ κνέφας ἦλθε,] i. e. καὶ κνέφας ἐπῆλθε, Angl. *and darkness came on.* Vide Il. α. 475.

** In Polyphemi formâ ac robore—sunt multa, quae sibi repugnant, multa absurda, si subtilius judicium adhibeas ; sed phantasiae sensusque voluptati ista scripta, non philosophico acumini.—Homerus multò atrocius spectaculum, et carnificinam veriùs, exhibuerat; sed alios homines, aliud seculum, quod repiceret, habebat. Ovi-

dius ab omni atrocitate alienissimus non tamen horrendum hoc Po- 46.
lyphemi spectaculum, Metamorph. Lib. xiv. iterùm exhibere
dubitavit. Euripides autem in Cyclope Satyrici dramatis naturâ
tueri se potest.—Sanè Theocriteus Cyclops paullò humaniore cultu
exhibetur, Idyll. xi. HEYNE, Excurs. xvi. ad Aen. Lib. iii. ubi vide
plura.

---

* *Ex τῆς 'ΟΜΗΡΟΥ ΟΔΥΣΣΕΙΑΣ Λ.*] *Ex* HOMERI ODYSS.
LIB. XI. 1—43. 386—639. Hic Liber Odysseae vulgò inscribitur
Νεκυία, [interdum Νεκυομαντεία,] i. e. πραγματεία κατὰ τοὺς
νέκυας, quandò de mortuis agitur, vel mortui agentes inducuntur;
vel quandò manes evocantur, ut respondeant de futuris. Ulysses
apud Circem integrum annum moratus, illâ monente, ad domum
Plutonis proficiscitur, consulturus animam Tiresiae, vatis caeci, de
iis quae sibi campliùs eventura essent, antequam in patriam redire
posset. Manè igitur cum sociis profectus, venit, cum sole occidente,
εἰς ᾅδου, ubi unâ nocte peractâ, altero die ad Circem revectus est.
Hanc Ulyssis ad domum Ditis profectionem imitati sunt multi alii
poëtae : sed in hoc genere palmam omnibus praeripuit eleganitssi-
mus Virgilius, in Aeneidis lib. vi. " Virgilio," ut verbis utar Hey-
nii, " sanè omninò major laus inventa aliorum ornandi quam nova
" excogitandi convenit; inventis tamen alienis tam sollerter inter-
" dum usus est, ut aequalem cum primo inventore laudem mereatur.
" Inter haec ponemus descensum Aeneae ad inferos. Homerum
" haud dubiè ante oculos habuit ; at ab Homericâ Necyiâ quantus
" artis et ingenii progressus ad Aeneidis librum sextum !" [Excurs.
xiv. ad Aen. Lib. vi. Vide totum hunc Excursum, itemque caete-
ros quibus librum vi. Aeneidis, atque adeò totam hanc de Νε-
κυίαις materiam, doctissimè illustravit vir egregius; ubi simul
calamum primarii philologi facilè possis indagare.] Quanquam
autem in hac parte operis sui Virgilius omnes aemulos procul à se
reliquerit, insunt tamen in Homeri simpliciore Νεκυία, quaedam
imagines et descriptiones planè admirandae ; ideóque ante oculos
ingenuae juventutis ponendae.

Ver. 6. —νεὸς κυανοπρώοιο] κυανόπρωρος, *nigricantem proram*
habens.

7. Ἴκμενον οὖρον ἵει πλησίστιον,] *Secundum ventum immisit implen-*
tem velum.—ἵει ἱέω, unde ἵημι, habet in imperf. ἵεον, ἵουν· ἵεες, ἵεις·
ἵεε, ἵει. κ. τ. λ.

8. Κίρκη] *Circes pocula nosti ; Quae si cum sociis stultus cupidus-*
que bibisset, Sub dominâ meretrice fuisset turpis et excors ; Vixisset
canis immundus, vel amica luto sus. HOR. Lib. i. Epist. ii, 23. De
iis, quae apud Circen Ulysses sociique sunt experti, expositum est
in libro superiore. De Circes insulâ, vide Heynii Excurs. i. ad
Aen. Lib. vii. —" αὐδήεσσα, 'Η περιβόητος, ἢ διαλέκτῳ ἀνθρωπίνῃ
χρωμένη." EUSTATHIUS. Fortassè per αὐδήεσσα hic intelligendum
est *cantu excellens.* CLARKE F. Od. κ. 136. Rectè. Cf. Od. κ, 221.
et 227. item Aen. vii, 11.

12. —σκιόωντό] Vide suprà ad α, 25.

14. —Κιμμερίων ἀνδρῶν—] Gens erat Cimmeriorum, quae habi- 47.
tabat supra pontum Euxinum ; sed per viros Cimmerios hìc intelli-

47. gendus est populus Italiae prope Baias et lacum Avernum. " Locus
" (inquit doctissimus Heynius) apprimè erat idoneus ad hominum
" animos religionum terroribus sollicitandos. Accedebant tamen
" ad hanc locorum naturam priscae opiniones de extremo occidente,
" adeóque de locorum inferorum aditu, quem aliquando in his locis
" constituerant Graeci omnis terrarum occidentalium faciei prorsus
" ignari. Ad has opiniones mythos suos attemperavit Homerus;
" Virgilii aevo locorum notitia satis magna vigebat, quam ut iis
" inhaerere liceret.—Admodum probabile est—priscâ aetate ca-
" vernas, quae ibi erant, hominibus pro domibus fuisse, donec ad
" meliorem vitae cultum procederent, natámque hinc esse de
" Cimmeriis fabulam, Od. λ, 13, sqq.; etsi tenebris illis perpetuis
" silvae quoque continuae, quibus convalles montium obsitae erant,
" majorem horrorem addere debuerunt." Excurs. ii. ad Aen. lib.
vi. ubi vide plura : item Excurs. iii. Conf. Ovid. Metam. xi. 592.
Est prope Cimmerios, &c. Tibull. iv. i. 64. Virg. Geor. iii,
357.

18. οὐρανόθεν] *de coelo.* Saepè apud Homerum, ut hîc, construi-
tur cum praep. adeò ut ἀπ᾽ οὐρανόθεν sit idem quod ἀπ᾽ οὐρανοῦ.

26. —χοὰς χέομεν] *libamina fundebamus*— Vide Vol. I. ad p.
31. n. 11.

27. μελικρήτῳ,] *mulso ;* μελίχρητον, vel μελίκρατον, est *infusum
ex melle et lacte.*

29. Πολλὰ δὲ γουνούμην—] *multum autem supplicabam manibus
inanibus personis,*—γουνοῦμαι [unde γουνούμην pro ἐγουνούμην
imperf.] est *genibus advolutus oro* : " nam," ut observavit doctissi-
mus Dammius, " mos erat veterum genua superiorum, aut à quibus
" opem rogabant, blandè amplecti aut tangere passis manibus." No-
tandum autem hîc exemplum syntaxeos Graecae : ἐγὼ ἐγουνούμην—
κάρηνα νεκύων, supple ὑπισχνούμενος, vel tale quid, Ἐλθὼν εἰς
Ἰθάκην ῥέξειν στεῖραν βοῦν, ad verbum, *ego supplicabam mortuis
vovens, reversus in Ithacam, sacrificaturus esse*, &c. i. e.—*vovens me,
reversum in Ithacam, sacrificaturum juvencam quae nondum peperit.*
Hanc formam imitantur, sed rarò, Latini ; sic Hor. iii. Od. 27.
Uxor invicti Jovis esse nescis? στεῖραν βοῦν—Sic Virg. Aen. vi, 251.
sterilem vaccam.

31. —πυρήν τ᾽ ἐμπλησέμεν ἐσθλῶν·] *pyramque impleturum bonis.*
ἐμπλησέμεν, et ἐμπλησέμεναι, pro ἐμπλήσειν. Sic ἱερευσέμεν pro
ἱερεύσειν.

34. Τοὺς δ᾽ ἐπεὶ—] Constructio est : Ἐπεὶ δ᾽ ἐλλισάμην τοὺς εὐ-
χωλαῖς λιταῖς τε, [δηλονότι] ἔθνεα νεκρῶν, *Sed quando precatus sum
hos votis precibusque*—scil. *gentes mortuorum,*—τὰ δὲ μῆλα λαβὼν
ἀπεδειροτόμησα ἐς βόθρον, *tum pecudes prehensas jugulavi ad fossam.*
Conf. Virg. Aen. vi, 305. "Sil. Ital. xiii, 438." *Ecce ruunt variae
species,*—&c.

37. —Ἐρέβευς] Pro Ἐρέβους, Ionicè ; ab Ἔρεβος, -εος, τό.

48. 386. Ἦλθε δ᾽ ἐπι—] i. e. ἐπῆλθε δὲ—ἀγηγέραθ᾽, ante vocalem
aspirat. pro ἀγηγέρατο, quod Ionicè pro ἠγερμέναι ἦσαν, *congregatae
erant.*

388. —πότμον ἐπέσπον.] *fatum obierunt.* ἐπέσπον, aor. 2. ab ἐπι-
σπέω, f. 2. ἐπισπῶ, *obeo, sector,* &c. "Vid. sup. ε, 98. p. 18. P.

391. Πιτνὰς] *expandens ;* praes. part. à πίτνημι, quod idem est
ac πιτνάω. Vide Fragm. Gram. Gr. p. 43.

392. *Ἀλλ' οὐ γάρ*—] *Sed frustra, nam . non amplius ei erat vis firma*, &c.

401. *Βοῦς περιταμνόμενον,*] *Boves tuo commodo intercipientem et abigentem,*—*Ἐπειδὴ αὐτὸς ἐλθὼν εἰς Κίκονας, καὶ ἁρπαγῆς ἐκεῖ ἐπιχειρήσας, οὐκ εὖ ἀπήλλαξεν, εἰκότως τὰ· ὅμοια ὑποπτεύει πεποιθέναι τὸν Ἀγαμέμνονα*. Schol. Vide Od. ι, 45. sup. p. 30. et Vol. I. ad p. 31. n. 10.

409. *Ἔκτα,*] *κτῆμι, occido,* idem quod *κτείνω,* habet in aor. 2. *ἔκτην, ἔκτης, ἔκτη,* pro quo *ἔκτα.*

413. *Οἵ ῥά*—] Supple *κτείνονται·—εἰλαπίνῃ τεθαλυίῃ, epulis lautis.* Vide suprà ad α, 226. p. 10.

417. *Ἀλλά κε—ὀλοφύραο*—] *Sed misertus esses*—Vide suprà ad α, 49. 62. p. 6.

419. —*θῦεν*—] *undabat*—*θύω, furo, cum impetu feror ;* undè, metaphoricè, ut hìc.

422. —*αὐτὰρ ἐγὼ*—] Ordo est : *αὐτὰρ ἐγὼ πρὸς γαίῃ ἀείρων χεῖρας ἔβαλλον περὶ φασγάνῳ ἀποθνήσκων.* Angl. *But I, while extended on the earth, raising up my hands, grasped my sword, dying as I was:* ἡ δὲ κυνῶπις Ναφίδατο, *but the abandoned woman retired,* οὐδὲ ἔτλη καθέλειν χερσὶ ὀφθαλμούς μοι ἰόντι περ εἰς [δῶμα] Ἀΐδου, συνερεῖδαί τε στόμα. *nor did she take the trouble to close my dying eyes, or my mouth, with her hands,* &c.

429. *Κουριδίῳ—πόσει*] *Marito cui virgo nupserat*—*κουρίδιος* est, ut interpretatur Dammius, [Lex. ad vocem,] epitheton quod datur uxori, quae virgo primùm nupsit alicui ; vel marito, qui conjugem virginem duxit. Quod autem tradit Euripides, Tantalum fuisse primum Clytaemnestrae maritum, eumque ab Agamemnone interfectum, de eo nihil noverat Homerus. Iph. in Ā. 1149. P.

432. *Ἥ τε κατ' αἶσχος ἔχευε,*] i. e. *Ἥ τε κατέχευε αἶσχος, Sibique offudit ignominiam, et futuris in posterum Foemineis mulieribus,*—*καὶ* [ἐκείνη] ἥ κεν ἐησιν [i. e. ᾗ] εὐεργός, *etiam ei quae proba fuerit.* "ᾗ τε, ab ὅς, ἥ, ὅ, pro οἷ, *sibi.* οἷ legit Wolf. P.

435. —*εὐρύοπα*] *Altitonans* : nominat. pro *εὐρυόπης,* ut *νεφεληγερέτα, μητίετα, κ. τ. λ.*

436. —*γυναικείας διὰ βουλάς,*] *Ἔνθα συννοητέον καὶ τὴν τοῦ Ἀτρέως γυναῖκα Ἀερόπην, δι' ἣν καὶ αὐτὴν μοιχευθεῖσαν ὑπὸ Θυέστου πολλὰ ἐγένετο δεινά.* EUSTATHIUS.

440. *Τῷ νῦν μήποτε*—] *εἶναι* est, ut loquuntur Grammatici, inf. pro imperat. vel subaudiri potest *θέλῃς.* Sic infrà *πιφαύσκεμεν,* quod pro *πιφαύσκειν,* et *φάσθαι,* et iterum *εἶναι.* Pro *φημί,* dicunt poëtae, *φάσκω, φαύσκω,* et *πιφαύσκω.*

448. —*μετ' ἀνδρῶν ἴζει ἀριθμῷ,*] *Τουτέστι, συντιμᾶται τοῖς ἀνδράσι, ἢ ἐν ἀνδράσι τελείοις τέτακται αὐξηθείς.* EUSTATHIUS.

455. *Νῆα κατισχέμεναι·*] *Navem appelle.* κατισχέμεναι, l. e. κατισχεῖν, infinit. uti suprà, pro imperat.

457. —*ζώοντος*] Vide suprà ad α, 25. "ζώω pro ζάω. P.

465. —*Ἕσταμεν ἀχνύμενοι,*—] *stamus dolentes.* Nam ἕσταμεν, cum spiritu aspero, est pro ἑστάκαμεν· et ἕσταχα, quod est praes. perf. saepe significat *sto ;* et εἱστάκειν, *stabam.* Alii malunt spiritum lenem, ut sit ἕσταμεν pro ἕστημεν, aor. 2. *stetimus.* In hisce autem omnibus subauditur pronomen reciprocum. Vide suprà ad ι, 442. p. 42. "Vid. Butt. Gram. p. 176. Everett. P.

466. —*Πηληϊάδεω*] *Πηλείδης, ου.* Ionicè *Πηλῄδης, Πηλήϊ-*

50. δέω, et Πηληϊάδεω· et -δεω pronuntiatur tanquam una syllaba.
[Vide Iliad. α, 1.] Aeol. Gen. Πηληϊάδαο. Caeterùm Achilles ita dictus, ut et Πηλείων, à patre Peleo; atque Αίακίδης, ab avo Aeaco.
473. —μήσεαι—] molieris— Μήδομαι, f. μήσομαι, μήσεσαι, elisa σ, μήσεαι, pòst, contractè, μήση.
474. —Αίδόσδε κατελθέμεν,—] ad inferos descendere. Non liquidò constat utrùm Ulysses, sacris factis ad fauces Averni, uti mandaverat Circe, manes tantùm ad se evocârit; an intra ostium ipse ingressus esset. Quae hîc dicta sunt ab animâ Achillis, et quae postea visa sunt ab Ulysse, posteriori opinioni; quae autem describuntur ab eo facta, initio hujus libri, maniumque turba quae evocata ad eum confluit, priori favere videntur. Sed de industriâ forsan à summo poëtâ haec obscuritate sunt involuta, quò magis sublimem suam narrationem redderet. Vide *Burke on the Sublime*, &c.
475. —βροτῶν—καμόντων ;] hominum defunctorum ?
477. —Πηλέος—] Pronuntiatur, duobus syllabis, Pelyos.
478. Τειρεσίαο κατα χρέος,] χρέος, χρέεος, τό, debitum, officium, item oraculum, vaticinium, &c. ut hîc.
480. —άμῆς] Aeol. pro ήμῆς, quod per syncopen pro ήμετέρης.
Vide Il. χ, 448. π, 830, &c.

51. 482. —μακάρτατος] μακαριώτερος, ευδαιμονέστερος. Schol. Superlativus scil. comparativè positus. Nec insolita est apud Graecos talis graduum permutatio. Sic apud Anacr. Od. xlvi, 3. χαλεπώτερον, pro χαλεπώτατον.
485. —τῷ μήτι θανών ἀκαχίζευ,] quare neutiquam luge quòd mortuus sis,—ἀκαχίζευ, Ion. pro ἀκαχίζου.
488. Βουλοίμην—] Ordo est : κε βουλοίμην ἐὼν ἐπάρουρος θητεύειν παρ' ἄλλῳ ἀκλήρῳ ἀνδρί, ῷ, κ. τ. λ. mallem rusticus existens mercede servire alii inopi viro, cui, &c. Quam sententiam vituperat Plato, de Republ. lib. iii. sub init. Et Lucianus ex eodem loco argumentum sumsit Dialogi inter Antilochum et Achillem.
493. εἴ τι πέπυσσαι,] si quid audiveris,—πέπυσμαι, πέπυσσαι, πέπυσται, perf. pass. à πυνθάνομαι, f. πεύσομαι, perf. πέπυσμαι.
501. τῷ κέ τεῳ στύξαιμι μένος—] Sic construe : Τῷ, tunc, [i. e. ἐν τούτῳ τῷ χρόνῳ] κε στύξαιμι μένος καὶ χεῖρας ἀάπτους, facerem robur et invictas manus meas horrendas— [nam στυγέω, quod vulgò significat horreo aliquid, vel odi, hîc transitivè sonat horrendum vel odiosum reddo] τεῳ [i. e. τῳ, quod pro τινι] cuivis [eorum scil.] οἳ κεῖνον βιόωνται, [pro βιῶνται, et hoc contractè pro βιάονται] qui illum violant, ἐέργουσίν τ' ἀπὸ τιμῆς, arcentque ab honore. Ubi notandum quàm pulcherrimè depingatur pietas Achillis in senem patrem Peleum. Στύξαιμι, à στύγω. P.
508. ἐκ Σκύρου] Σκῦρος δὲ, πόλις Δολοπίας. Schol.

52. 518. —οἷον τὸν Τηλεφίδην—] i. e. ὀνομήνω τὸν Τηλεφίδην οἷος ἦν ὃν κατενήρατο—tantum nominabo qualis erat Telephides quem interfecit, &c. —γυναίων εἵνεκα δώρων· muliebria propter dona. Obscurus habetur hic locus ob defectum historiae. Alii aliter interpretantur. Κήτειος à quibusdam redditur, ad magna marina animalia pertinens, undè valdè magnus. Aliis est nomen populi in Mysiâ. γύναια δῶρα vulgò putantur dona data à Priamo matri et uxori Eurypyli, ut ei persuaderent, ut cum multis auxiliis Trojanos juvaret. Dicitur et Priamus unam suarum filiarum Eurypylo promisisse.

522. —ὃν κάμ' Ἐπειός,] Vide suprà ad ϑ, 493. p. 26. '

534, 535. —οὔτ' ἄρ βεβλημένος—] neque eminùs ictus acuto aere, neque cominùs vulneratus.

541. —εἴροντο δὲ κήδε' ἑκάστη.] narrabant singulae aerumnas suas. εἴροντο imperf. med. ab ἔρω vel εἴρω, quod est idem ac ῥέω, dico.

543. —ἀφεστήκει,] absistebat. Vide Vol. I. ad p. 98. n. 3.

546. Παῖδες δὲ Τρώων δίκασαν] Multò minore invidiâ ad Trojanos refertur hoc judicium, quàm ad Graecorum duces et proceres, uti apud recentiores : Consedere duces, &c. Ovid. Met. l. xiii. ver. 1. CLARKE F.

547. Ὡς δή μὴ ὄφελον νικᾶν—] Utinam sanè non vicissem, &c. Vide infrà ad Eur. Med. ver. 1.

548. —γαῖα κατέσχεν,] Vide Chevalier's Description of the Plain 53. of Troy, quam nos Angl. fecimus : Index, voce Ajax.

549. —ὃς πέρι μὲν εἶδος,—] i. e. ὃς μὲν περιτέτυκτο [κατ'] εἶδος, δὲ περιτέτυκτο [κατ'] ἔργα, qui quidem formâ praestantissimus erat et rebus gestis. πέρι in comp. cum gen. saepè excellentiam denotat. [Vide Il. α, 258.] De τέτυκτο vide suprà ad ι, 190. p. 35. ῞πέρι, Edin. Cl. Oxon. Wol. Rom. Malim πέρι'. Vid. Heyn. ad Il. α, 258. P.

555. —σεῖο] Supple ἕνεκα.

559. —τεῖν] Ion. et Poët. pro σοί. ἐπὶ μοῖραν ἔθηκεν, i. e. ἐπέθηκε μοῖραν.

562. —ὁ δέ μ' οὐδὲν ἀμείβετο,—] Exquisitissimè, ut benè notum est, imitatus est hunc locum elegantissimus Virgilius ; Aen. vi. 469. Illa solo fixos oculos, &c. Vide Longin. § ix. "Vol. I. p. 307. P.

564. —χ' ὁμῶς προσέφη—] i. e. ὁμῶς κε [quod est ἄν] προσέφη, tamen ille me allocutus fuisset, &c.

569. —δίκας εἴροντο—] causas dicebant—Cf. Aen. vi, 431. et Heynii Excurs. xi. " v. 568. νέκυσσιν. Wolf. P.

572. Θῆρας ὁμοῦ εἰλεῦντα,] feras und cogentem et includentem. εἰλεῦντα pro εἰλοῦντα, ab εἰλέω, [et εἰλέω,] volvo, includo. De Orione vide Diodor. Siculum, Hist. Lib. iv. ad fin.

574. —ἀαγές.] ἀαγής, έος, ὁ, ἡ, non fractus, non frangendus, ex α priv. et ἄγω, frango.

575. Καὶ Τιτυὸν εἶδον,—] Conf. Aen. vi, 595. Nec non et Tityon, &c. [Heyn. ad loc.] et Lucret. iii, 997.

576. —ὁ δ' ἐπ' ἐννέα κεῖτο πέλεθρα·] Antiquo sermone ad corporis vasti speciem declarandam hoc valere potuit. HEYNE.

578. Δέρτρον ἔσω δύνοντες·] In viscera penetrantes.

579. ἥλκησε,] Propriè est rapuit, quod et Latini de eo dicunt, qui vim foeminae facit. Unde Horatio dictus Tityos raptor. "Od. IV. 6. 2." ERNESTI. "Ab ἑλκέω. P.

584. Στεῦτο δὲ διψάων,] Angl. He shewed signs of extremè thirst, 54. —Nam, ut observavit Mericus Casaubonus, "est in isto verbo "[στεῦτο scil. quod pro ἐστεύετο] (ut alibi pluribus) animi gestientis, "et aliquid cupidè molientis, per externos gestus indicatio.—Hoc "igitur vult Poëta his verbis, eam fuisse Tantali, seu in pedes "erecti, sive alio quocunque gestu, (ut de pugilibus olim loqui "soliti,) προβολὴν, ut ardentissimam sitim prae se ferret." Conf. Il. γ, 83. β. 597. ι, 241, &c. πιέειν δ' οὐκ εἶχεν ἑλέσθαι· but could get hold of nothing to drink. Vide Coll. Gr. Min. ad p. 38. n. 2.

585. Τοσσάχ' ὕδωρ ἀπολέσκετ' ἀναβροχέν] toties aqua peribat absorpta. ἀπολέσκετο, Ionicè pro ἀπώλετο. ἀναβροχέν, aor. 2.

54 part. pass. verbi ἀναβρόχω, *deglutio, absorbeo.* Vide Od. μ, 240.

586. καταζήνασκε] Ionicè pro κατήξηνε, aor. 1. à καταζαίνω, *arefacio :* ex κατὰ et ἀζαίνω, *sicco ;* quod ab ἄζω, idem sign.

593. Λᾶαν βαστάζοντα π. a.] *protrudentem ante se in sublime lapidem ingentem ambabus* manibus. βαστάζω, *in altum procedere facio, extollo ;* nam est à βάω, *ire facio.* DAMM. Caeterùm haec laboris Sisyphei descriptio inter Criticos celeberrima est, ubi Poëta scil. versûs sui numeros, verborumque ipsorum sonum ad rei dicendae naturam miro artificio accommodavit. [Vide Sam. Clarke ad Il. γ, 363.] Dionys. Halicarn. Πῶς οὖν δηλώσει ταῦτα [τὰ περὶ τὸν Σίσυφον] μιμητικῶς, καὶ κατ᾽ αὐτὴν τὴν σύνθεσιν τῶν ὀνομάτων, ἄξιον ἰδεῖν. Καὶ μὴν Σίσυφον εἰσεῖδον,—Λᾶαν ἄνω ὤθεσκε ποτὶ λόφον. Ἐνταῦθα ἡ σύνθεσίς ἐστιν ἡ δηλοῦσα τῶν γινομένων ἕκαστον, τὸ βάρος τοῦ πέτρου, τὴν ἐπίπονον ἐκ τῆς γῆς κίνησιν, τὸν διερειδόμενον τοῖς κώλοις, τὸν ἀναβαίνοντα πρὸς τὸν ὄχθον, τὴν μόγις ἀνωθουμένην πέτραν. Περὶ συνθ. § 20. Conf. Demetr. Phal. περὶ Ερμ. § 72. *Pope* hujus loci vers. cum ejus annot. item *Campbell's Philosophy of Rhet.* Vol. II. p. 238. "B. III. c. i. s. 3.

596. —κραταῖς] Ἡ ἰσχυρὰ δύναμις. Schol. ἐπίῤῥημά ἐστιν, ἀντὶ τοῦ κραταιῶς.—Γράφεται δὲ καὶ ἐν δυσὶ λέξεσι, κραταί ἷς, ἤγουν ἡ κραταιὰ ἰσχὺς τοῦ λίθου. EUSTATHIUS. τότ᾽ ἀποστρέψασκε [ἀπέστρεψε] κραταῖς, Angl. *then the impetuous force of the stone recoiled upon him.* Est et Κραταῖς nomen proprium. Vide Od. μ, 124.

597. —λᾶας ἀναιδής.] *lapis impudens,* i. e. *impetuosus, immanis.* Mirâ felicitate in hoc versu summus poëta venustatem suprà notatam assequutus est.

599. —κονίη] *vapor* pulveri similis. Angl. *a steam.*

600. —βίην Ἡρακληείην,] *vim Herculeam ;* i. e. simpliciter *Herculem.* [Cf. Il. σ, 117. γ, 105. et multa alia loca.] Sic Hor. *Perrupit Acheronta Herculeus labor.* Lib. i. Od. iii, 36.

612. Μὴ τεχνησάμενος,] Ordo est; Ὃς ἐγκάτθετο κεῖνον τελαμῶνα ἑῇ τέχνῃ, μὴ τεχνησάμενος, [τι ἄλλο,] μηδὲ τεχνήσαιτό τι ἄλλο. Angl. *He who had designed that thong by his art, never having executed, nor ever would he execute, such another.* Erat nimirùm unicum in suo genere.

55. 617. —ἠγηλάζεις,] ἠγηλάζω, verbum Homericum, idem quod ἄγω, *duco, fero,* &c.

633. —Γοργείην κεφαλὴν δεινοῖο πελώρου] idem quod Γοργόνος κεφαλὴν δ. π. *Gorgonis caput horrendi monstri.*

---

56. * Εκ τῆς ΟΜΗΡΟΥ ΟΔΥΣΣΕΙΑΣ Ψ.] *Ex* HOMERI ODYSS. LIB. XXIII, 205—230. Penelope tandèm agnoscit Ulyssem.

205. Ὣς φάτο·] Sic *dixit*—Ulysses scil. qui Penelopae, antea dubitanti, certis indiciis se reverâ Ulyssem esse jam demonstraverat.

210—212. —πέπνυσο] *prudens eras.* Plusq. pro ἐπέπνυσο. [Vide suprà ad ϑ, 586. p. 28.] θεοὶ δ᾽ ὤπαζον ἀζὺν, *Dii autem dabant aerumnam,* Οἵ νῶϊν ἀγάσαντο, *qui nobis inviderunt,* [νῶϊ] μένοντε παρ᾽ ἀλλήλοις ταρπῆναι ἥβης, *nos unà invicèm manentes delectari juventute,* καὶ ἱκέσθαι [εἰς] οὐδὸν γήραος, *et pervenire* ad *limen senectutis.*

216. —*ἀπάφοιτ'*] Aor. 2. opt. med. ab *ἀπαφάω*, pro *ἀπατάω*, *decipio*.

220. —*Εἰ ἤδη,*—] Dicit nimirùm Penelope, " *Nequaquàm Hele-* " *nam viro se dedisse alieno, si praevidisset tot ac tanta mala inde esse* " *oritura*." Clarke F.

225. *Νῦν δ', ἐπεὶ ἤδη σήματ'*] Signa scil. per quae Ulyssem suum Penelope agnoverat: uti in hoc libro suprà expositum est, ver. 183 et sqq.

* *Ex τῆς ΟΜΗΡΟΥ ΟΔΥΣΣΕΙΑΣ—*] Ex Homeri Odyss 57. *Quaedam* Comparationes *ac* Descriptiones *Selectae.*

† 1. *Δ,*—] 1. Lib. IV, 333—340. Proci in domo Ulyssis comparantur à Menelao hinnulis in specu leonis à matre cervâ depositis.

333. *Ω πόπα,*] Occurrit haec exclamatio saepissimè apud Homerum; et notat vel luctum, vel indignationem, &c. quasi à particulâ *οἴ*, gementis voce, cum repetitione *τοῦ π.*—*ἦ*, *verè.* " Adjicitur et " *μάλα* confirmationem adjuvans, quare Hesych. *ἦ μάλα* explicat " *ὄντως λίαν.*—Confirmationi cumulus additur, quandò tria haec " junguntur, *ἦ μάλα δή*, quorum usus est in summâ admiratione." Hoogeveen. " p. 493.

334. *Ηθελον εὐνηθῆναι,*] Angl. *they wish to lie*, &c. nam praes. tempore nos utimur, ubi Graeci interdum imperfecto; ut *ἦν* pro *ἐστί*, et *ἔπλετο*, i. e. *ἐπέλετο*, pro *πέλεται*, ut notum. Latini quoque usurpant interdum *erat* pro *est.*

335. —*ξυλόχῳ*] Συνδένδρῳ τόπῳ, κοίτη θηρίων. Schol. Ἐνταῦθα δὲ, λέοντος ξύλοχος, ὡς εἴτις εἴπῃ, κοίτη, τόπος, ὀρεινὴ κατάδυσις. Eustathius. Angl. *in the den.*

337. *Κνημοὺς ἐξερέῃσι*] Angl. *she roams the mountain sides*—*ἐξερέῃσι*, pro *ἐξέρῃ. Ἐξέρω, ἐξείρω,* et *ἐξερέω, eloquor, interrogo,* item *ex-quiro, investigo.*

338, 339. —*ἐὴν εἰσήλυθεν εὐνὴν,*] Angl. *enters his lair*—ut redditur aor. in sensu maximè indeterminato. *Ἀμφοτέραισι δὲ τοῖσιν,* et *cervae* scil. *et hinnulis. κείνοισιν,* i. e. *ἐκείνοις, procis* scil. Penelopes.

⁎ Occurrit eadem comparatio ρ, 124.

‡ 2. *Ε,*—] 2. Lib. V, 391—398. Ulysses, quum diu in fluctibus natâsset, tandem conspicatus terram, comparatur liberis laetis ob bonam patris restitutam valetudinem.

396, 397. —*στυγερὸς δέ οἱ ἔχραε δαίμων,*] ἔχραε, ἐπέσκηψεν, ἢ ἐπεβάρησεν, ἢ μετὰ βλάβης ἐπῆλθεν. Schol. χράω, proprié est *in-gruo, adorior* et *invado violenter.* Tandem significabat *utendum do*— et *oraculum edo. χράομαι* est *utor,* ut notum tironibus.—*κακότητος ἔλυσαν, à morbo liberant.*

398. *Ὄδισῇ ἀσπαστὸν ἐείσατο γαῖα καὶ ὕλη.*] *Ulyssi dulce apparuit terra et sylva.* Sic Virg. *Triste lupus stabulis,* Ecl. iii, 80. " Legitur et *Ὀδυσεῖ,* quod malo." T. Y.

‖ 3. *Ζ,*—] 3. Lib. VI, 102—109. Nausicaa inter ancillas comparatur Dianae inter Nymphas.

102. *Οἴη δ' Ἀρτεμις εἶσι*—] *Qualis autem Diana incedit de monte sagittis-gaudens*,—Conf. omninò hanc exquisitissimam similitudinem cum ejus admirandâ imitatione Virgilianâ, Aen. i, 498—504. *Qualis in Eurotae ripis*, &c. et vide praestantissimi Heynii Excurs. **xx**. ad locum. Suprà [δ, 121, 122.] Helena quoque comparatur Dianae: *Ἐκ δ' Ἑλένη θαλάμοιο θυώδεος ὑψορόφοιο Ἤλυθεν, Ἀρτέμιδι χρυσηλακάτῳ εἰκυῖα.*

58.   106, 107. —*γέγηθε δέ τε φρένα Λητώ*] *gaudet verò mente Latona*, intuens filiam Dianam.—*ἥγε ἔχει κάρη ἠδὲ μέτωπα ὑπὲρ πασάων*, *ipsa tenet caput et frontem super omnes*, *κάρη*, *τὸ*, indecl. *μέτωπον*, *ον*, *τὸ*. Sed poëtae saepè utuntur pl. num. *γέγηθε* est praes. perf. med.

108. *καλαὶ δέ τε πᾶσαι·*] *pulchrae verò et omnes*, i. e. tametsi omnes suae Nymphae sunt pulchrae.—*παρθένος ἀδμής· Virgo intacta*, seu *innupta ; ut rectè Ernestius.

* 4. *Z*,] 4. LIB. VI, 229—235. Ulysses, lotus et unctus, vestes indutus, et pulcherrimus à Minervâ factus, comparatur argento auro incluso.

230. —*καδδὲ κάρητος*] Ordo est: *καθῆκε δὲ οὔλας κόμας [ἀπὸ] κάρητος, demisit autem crispas comas à capite*.

232. *Ὡς δ' ὅτε τις*, &c.] Apparet ex his ipsis locis talem argenti aurique in uno opere consociandi usum ac morem viguisse et placuisse Homeri saltem aetate. Talis erat calathus Helenae ex Aegypto apportatus Odyss. δ, 132. *τάλαρον Ἀργύρεον· χρυσῷ δ' ἐπὶ χείλεα κεκράαντο*. Talis erat crater ibid. v. 615. Omninò variis metallis vas vel utensile exornandi morem fuisse declarat v. c. lectus Ulyssis Od. ψ, 200. HEYNE, Excurs. **xxii**. ad Aen. Lib. i. ubi vide plura. Conf. quae nos annotavimus ad *Chevalier's Description of the Plain of Troy*, p. 150, sqq.

235. *Ὡς ἄρα τῷ*—] Ulyssi scil. Conf. hujus loci imitationem Virgilianam, Aen. i, 588, *Restitit Aeneas*, &c.

† 5. *K*,—] 5. LIB. X, 407—417. Ulyssis Socii, eum laeti excipientes redeuntem à Circes domicilio, comparantur vitulis excipientibus Matres.

407. *Βῆν δ' ἰέναι*—] *Perrexi autem ire*—vel *Statim profectus sum. βῆν*, pro *ἔδην*, saepè autem invenitur hoc modo constructum apud Hom. Vide Il. *x*, 73, et 273, ubi *βάν ῥ' ἰέναι* est pro *ἔβησαν ἄρ' ἰέναι*. Od. *v*, 160, *βῆ ῥ' ἴμεν*, quod est *ἔβη ῥ' ἰέναι*. et alibi saepissimè. Vide suprà ad α, 441. p. 16.

410. *περὶ βοῦς ἀγελαίας*] *circum vaccas armentales*—*πᾶσαι* &c *omnes simul saliunt obviam factae.*—*πόρτιες* enuntiatur tanquam duae syllabae. " *πόριες*, Wolf. *κόπρος* pro *mandra*. P.

415. *Δακρυόεντες ἔχυντο*] Dammius reddit : *effundebantur mihi obviam lacrimabundi, prae gaudio tristitiae commixto.*

416, 417. —*ἔμεν*,] pro *εἶναι*.—*ἰκοίατο*, pro *ἴκοιντο*.—*ἐτράφεν*, pro *ἐτράφησαν*. " *ἔτραφεν* Rom. et Gramm. *ἐτράφεν*, C. W. E. O.— P.

‡ 6. *Π*,—] 6. LIB. XVI, 15—21. Eumaeus fidelis subulcus excipiens Telemachum reducem comparatur patri excipienti filium dilectum post diuturnam absentiam.

15. *Κύσσε δέ μιν κεφαλήν τε*,] *Osculatus est eum caput*—Eumaeus

scil. Telemachum reducem à peregrinatione, [κεφαλήν τε—supple κατά,] καί ἄμφω φάεα καλά, et ambo lumina pulchra.

18. —ἐξ ἀπίης γαίης] è longinquâ terrâ, secundum Hesychium; 59. sed Etymol. Magnum exponit; ἀπὸ τῆς Πελοποννήσου.

19. Μοῦνον, τηλύγετον,] Unicum, dilectissimum. [τηλύγετος proprié est natus cùm pater jam senex est, Angl. a Son born to one in his old age; unde, a favourite Son. Vide plura in Lexicis.] ἐπὶ τῷ, upon whose account, &c.

20. —δῖος ὑφορβός] Quem paulò suprà συβώτην appellaverat, eundem hîc vocat ὑφορβόν, quod eodem redit. In antiquissimis nimirum temporibus neutiquam erat inhonestum negotium pascere et curare sues. Eumaeum autem δῖον appellat ob egregiam ejus in dominos fidem et pietatem.

21. Πάντα κύσεν περιφὺς,] Totum osculatus est circumplexus,—Mos erat oscula figere in caput, oculos, manus, &c. ut suprà potuisset notari ad v. 15.

* 7. T,—] 7. Lɪʙ. XIX, 515—524. Penelope comparatur lusciniae. Ipsa Penelope loquitur.

516, 517. —πυκιναὶ δέ μοι] Ordo est: πυκιναὶ δὲ ὀξεῖαι μελεδῶναι ἀμφ' ἀδινὸν κῆρ μοι ἐρέθουσιν [ἐμὲ] ὀδυρομένην, crebrae autem acutae curae circa intimum meum cor lacessunt me lugentem.

518. —Πανδαρέου κούρη,] Aëdon filia Pandarei Milesii nupsit Zetho fratri Amphionis, atque ex eo peperit filium Itylum, quem insipiens interfecit. In lusciniam, vel, secundum alios, in carduelem, mutata, casum filii deplorat, eumque lugens saepè nomine vocat.—ἔαρος νέον ἱσταμένοιο, vere recens orto.

⁎ Conf. Virg. Geor. iv, 511. Qualis populea moerens Philomela, &c. et quae ibi notavit praestantissimus Heynius.

† 8. X,—] 8. Lɪʙ. XXII, 299—309. Duplex comparatio: priore, Proci trepidi et confusi assimilantur bobus armentalibus agitatis asilo: posteriore, Ulysses et socii vulturibus, qui minoribus avibus insiliunt.

299. Οἱ δ' ἐφέβοντο—] Ii vero trepidabant,—Proci scil.

300. —αἰόλος οἶστρος] celer asilus—Virg.—cui nomen asilo Romanum est, oestron Graii vertère vocantes; Geor. iii, 147, ubi vide quae annotavit Heynius.

302. Οἱ δ',] Ulysses scil. cum sociis—

304. Ταὶ μέν τ'—] Hae quidem in campo, ἵενται [εἰς] νέφεα πτώσσουσαι, volant ad nubes perterritae,—" v. inf. p. 326.

306. χαίρουσι δέ τ' ἀνέρες ἄγρῃ] Viri intelligendi pastores vel rustici, spectantes illam quasi venationem et capturam, delectantur hoc spectaculo. Eʀɴᴇsᴛɪ. Melius Popius, qui ἄγρῃ de praedâ intelligit. T. Y. " νέφεα,—δικτυων εἶδος,—Eᴜsᴛᴀᴛʜ. P.

309. —αἵματι θῦεν.] sanguine undabat. θύω est furo; cum impetu feror, &c. ἔθυεν, i. e. φαντασίαν εἶχε τοῦ θύειν. Vide ad Od. λ, 419. supra p. 49.

* 9. X,—] 9. Lɪʙ. XXII, 381—389. Proci jacentes trucidati com- 60. parantur piscibus extractis reti et in littore jacentibus.

381. Πάπτηνεν δ' Ὀδυσεὺς] Circumspectavit autem Ulysses—πάπτηνε pro ἐπάπτηνε, à παπταίνω.

60.   384. *Πεπτεῶτας*] *Collapsos—πεπτεῶτας* enuntiatur tribus syl. labis.

385, 386.—*πολιῆς ἔκτοθε θαλάσσης*, &c.] *canum extra mare* [i. e. ad littus—] *reti extrahunt multiforo.*

388. *Τῶν μὲν—*] *Et horum quidem sol lucens aufert animam.*

† 10. *X,—*] 10. Lib. XXII, 401—406. Ulysses, procis interfectis, comparatur leoni qui pastus venit de bove agresti.

401. *Εὗρεν ἔπειτ'*] *Invenit deindè Ulyssem—*Euryclea scil. "*κτα. μένοισι νέκυσσιν*, Wolf. Item supra p. 53. λ, 568. Vid. Clark. P.

‡ 11. *Ψ,—*] 11. Lib. XXIII, 233—239. Ulysses venit optatus Penelopae tanquam terra naufragis.

237. —*πολλῇ δὲ περὶ χροΐ τέτροφεν ἅλμη*] *multa verò circa corpus accrescit salsugo.* ΄*τέτροφεν*, perf. med. [et est praes. perf.] à *τρέφω*, quod propriè est *coagulo, condenso. Ἀσπάσιοι δ' ἐπέβαν γαίης, Laeti verò conscendunt terram; ἐπέβαν* pro *ἐπέβησαν, conscendunt;* et, paulò suprà, *ἐξέφυγον, effugiunt.* De aor. in hoc sensu vide Vol. I. ad p. 19. n. 6.

61.   * 1. *B,—*] 1. Lib. II, 1—13.   Telemachus manè surgens et ad concionem proficiscens.

1. *Ημος δ' ἠριγένεια—*] Vide suprà ad p. 22. v. 228.

2. —*εὐνῆφιν*] pro *εὐνῆς* poëticè.

5. *Βῆ δ' ἴμεν—*] pro *ἔβη δ' ἰέναι, perrexitque ire,* vel *extemplò ivit.* Vide suprà ad α, 441. p. 16.

13. —*θηεῦντο.*] pro *ἐθηοῦντο*, imperf. ab Ion. verbo *θηέομαι*, quod idem est ac *θεάομαι.*

† 2. *B,—*] 2. Lib. II, 420—434. Initium navigationis prosperae.

420, 421. *Τοῖσιν—*] Telemacho scil. cum sociis. *ἴει*, imperf. *ἴεον, ἴεες, ἴεε*, contract. *ἴουν, ἴεις, ἴει*, ab *ἰέω*, quod id. ac *ἵημι, mitto.— Ἀκραῆ, opportunum—ἀκραής, έος, ὁ, ἡ, purè spirans;* quasi ex α priv. et *κεράω, misceo.* Eustathius tamen: *Ἀκραῆ δὲ λέγει, τὸ; ἄκρως ἀέντα, ἤτοι πνέοντα.* agnoscit et priorem etym.

424. —*μεσόδμης*] *Μεσόδμη δὲ, ἡ ὀπὴ δι' ἧς ὁ ἱστὸς ἐνείρεται· λεχθεῖσα οὕτω, παρὰ τὸ μέσον τῆς νηὸς δεδομῆσθαι. Schol.* "Clarke.

426. —*ἐϋστρέπτοισι βοεῦσιν.*] *benè-tortis loris. Βόεας καὶ βοεῖς λέγει τοὺς ἐκ βοείων ἱμάντας κάλωας. Schol.*

428. —*νηὸς ἰούσης·*] Angl. *while the ship was on her way.* Occurrunt hi tres versus Il. α, 481.

429. *διαπρήσσουσα κέλευθον.*] Angl. *performing her voyage. δια. πράσσω*, Ion. *διαπρήσσω, conficio.*

431. —*ἐπιστεφέας οἴνοιο.*] *plenos vini. ἐπιστεφής, -έος, ὁ, ἡ, plenus usque ad labra.* Angl. *brim full. ἐπιστέφειν κρητῆρας, coronare pocula; implere summo tenus.*

62.   * 3. *Δ.—*] 3. Lib. IV, 71—75.   Menelai Regia.

71. *Φράζεο, Νεστορίδη,*] *Observa, Nestoride,—*Alloquitur Telemachus Pisistratum Nestoris filium comitem itineris sui à Pylo ad Spartam.—*καδδώματα* pro *κατὰ δώματα, ἠχήεντα*, Angl. *resounding;* indè, *grand, magnificent.*

75. '*Oββα τάδ' άβπετα πολλά·*] Angl. *What immense variety there* 82. *is!* άβπετος, ex α priv. et poëtico έβπω, dico.

† 4. *E,—*] 4. Lib. V, 291—296. Tempestas.
291. '*Ωc είπων,—*] Neptunus scil. infestus Ulyssi. Conf. Aen. i. 81. *Haec ubi dicta,—ac venti, velut agmine facto, Qua data porta, ruunt,* &c. Ubi Heynius, "simplicior" inquit " Homerus Od. ε, 291, " sq. nec tamen minùs sublimis."
294. όρώρει δ' ουρανόθεν νύξ.] *ingruit autem à coelo nox.* όρω, in perf. med. άρα et όρωρα, unde nov. verb. poët. in praes. όρώρω. Σὺν δ' Εύρος—Sic Virg. supra. *Unà Eurusque Notusque ruunt*—Ad quem locum—" Sequitur," inquit Heynius, " tempestatis descriptio omnium " ferè post Virgilium poëtarum imitatione nobilitata, in qua obser- " vandum, quomodo omnia sint ad terrorem et admirationem nar- " rata." Ubi vide plura: et conf. ejusdem Excurs. iii. ad Aen. Lib. i. ubi vir eruditus miratur absentiam Aquilonis ; eóque magis, quod cum caeteris ventis Βορέης αίθρηγενέτης ab Homero memo- ratus sit. Caeterùm Homerica haec procellae descriptio magno- perè laudatur à Dionys. Halicarn. Περὶ τῆς Ὁμήρου ποιήσεως. § 9. " Hom. Vita, in Opusc. Myth. &c. T. Gale, p. 314." Virgilium au- tem in hac Homero longè superiorem contendit Scaliger ; qui, iniquo et absurdo judicio, merita Homeri ubique ferè extenuare conatur. Poëtic. passim.

‡ 5. *Z,—*] 5. Lib. VI, 41—46. Deorum sedes.
42. —*όθι φαβὶ θεών έδος—*] Hunc locum felicissimè imitatus est Lucretius: *Apparet Divûm numen, sedesque quietae ; Quas neque con- cutiunt venti, neque nubila nimbis Adspergunt ; neque nix acri concreta pruinà Cana cadens violat ; semperque innubilus aether Integit, et largè diffuso lumine ridet.* Lib. iii, 18, sqq. quos versus exquisitissi- mos ideò apposuimus, quòd *Poëma de Rerum Naturà* Studiosae Juventuti vix unquam praestò adsit.
44. *ούτε χιών έπιπίλναται·*] *neque nix eò pertingit ; d'λλὰ μάλ' αίθρη πέπταται dννέφελος, sed omninò coeli serenitas expanditur immu- nis nubium,* [Conf. Aen. vi, 640. *Largior hic campos aether,* &c.] λευκὴ δ' έπιδέδρομεν αίγλη· *candidúsque ambit splendor.* δέδρομε, perf. med. et est praes. perf.

|| 6. *Z, —*] 6. Lib. VI, 149—161. Ulysses in ignotâ terrâ allo- quitur Nausicaam.
149. *Γουνοῦμαί σε, άναββα·*] *Supplex te oro, ò regina!* γουνοῦμαι, à γόνυ, est propriè *supplex oro tangens genua;* quod facere, apud veteres, solebant supplices. Sed γουνοῦμαι quoque significabat simpliciter *supplex oro;* et ferè idem erat quod λίββομαι, ut hìc. θεός νύ τις, &c. Conf. Aen. i, 327. *O, quam te memorem?* &c. et vide Heynium ad locum.
157. —*χορὸν είβαχνεύβαν.*] *choream ingredientem:* ubi ponitur 63 particip. in gen. fem. quia sermo fit de Nausicaâ. [Vide Coll. Gr. Min. ad p. 103. v. 16.] είβαχνεῦβαν, pro είβαχνοῦβαν, ab είβαχνέω, 'ngredior. Pro Λευββόντων syntaxis postulat λεύββουσι, uti obser- vavit Eustathius. Sed ejusmodi constructio non infrequens est apud Hom. Hìc genitiv. absolutus est. " Vide ad p. 37. v. 256, 257. P.
158. *Κεῖνος δ' αὖ,* &c.] Ordo est: '*Ος βρίσας έέδνοισι dγάγηταί*

63. δὲ οἶκόνδε. *Qui, praepotentior* aliis procis *sponsalibus, duxerit te domum.* βρίθω, *gravis sum ;* item *praepondero, sum potentior.* ἀγάγηται, vocis med. *duxerit* tanquam *sibi propriam.*

* 7. *H,*—] 7. Lɪʙ. VII, 81—132. Regis Alcinoi regia et hortus.

86. —ἐληλάδατ'—] pro ἐληλαμένοι ἦσαν, vel sine circumlocutione, ἐλήλαντο, plusq. pass. ab ἐλαύνω, vel ἐλάω. Hanc lectionem Barnesius restituit ex Scholiaste, pro vulgari ἐρηρέδατ', quod pro ἐρηρεισμένοι ἦσαν, et quod occurrit infrà v. 95.

87. —περὶ δὲ θριγκὸς κυάνοιο] Angl. *and an azure-coloured cornice went round them.*

89. Ἀργύρεοι, &c.] *Argentei autem postes in aereo stabant limine,* ἀργύρεον δ' ὑπερθύριον ἐπί—Angl. *and a silver lintel upon them,* χρυσέη δὲ κορώνη, *and a golden architrave.* κορώνη, *cornix ;* sumitur etiam pro *curvo manubrio vel annulo, quo janua attrahitur ;* ut α, 441. Sed, ut H. Steph. observat, pro quavis summitate poni quoque videtur.

89. Ἀργύρεοι δὲ σταθμοί—] In hac lectione prima in σταθμοί est corripienda. Eʀɴᴇsᴛɪ. Malè ; nam δὲ ante στ corripi non potest : potius ejiciendum ε, σταθμοῖ'ν. Neque hoc numerosum. Nimis autem audax σταθμοὶ δ' ἀργ.—Barnesii. T. Y. Sed qua ratione per synaloepham effertur κέλεαι dissyllaba, et θεά' vel κρέα monosyllaba, eadem ferè—pronuntiari posset—μοὶ ἐν. Vide suprà ad p. 21, v. 174.

92. —ἰδυίῃσι πραπίδεσσι,—] Angl. *with exquisite skill.* ἰδυίῃσι, vel εἰδυίῃσι, pro εἰδηκυίαις. πραπίδεσσι, pro πραπίσι, à πραπὶς, ἡ, *pectus,* in pl. αἱ πραπίδες, *praecordia.* Eadem locutio occurrit alibi saepè, et de Vulcano.

95—97. Ἐν δὲ θρόνοι, &c.] *Intùs verò solia ad parietem acclinata erant utrinque,* [Vide ad v. 86.] *in loca interiora à limine usque :* ἔνθα πέπλοι λεπτοὶ εὔνηται ἐμβεβλήατο, [Ion. pro ἐνεβέβληντο] *ibi pepli* [forsan *tapetes* vel *pulvinaria*] *tenues benè-neti instrati erant.—*

99. —ἐπηετανὸν γὰρ ἔχεσκον.] *assiduè enim epulabantur ;* i. e. epulis delectabantur.

64. 100. Χρύσειοι—κοῦροι] i. e. *Auratae statuae juvenum—*

106. —οἷά τε φύλλα μακεδνῆς αἰγείροιο] *tales qualia folia procerae populi ;* quae scil. perpetuò moventur.

107. Καιροσέων δ' ὀθονέων, &c.] *Benè-textis autem à linteis distillat humidum oleum ;* i. e. tam benè texta erant lintea, ut liquidum oleum texturam penetrare nequiret, sed deflueret. Alii aliter interpretantur ; has interpretationes ita enumerat Schol. Ἦσα οὕτως ἦσαν πυκναί, ὡς μηδὲ ἔλαιον δι' αὐτῶν διελθεῖν· ἢ ἔξωθεν ὡς ἔλαιον ἔστιλβον, διὰ τὴν λευκότητα· ἢ τρυφεραὶ ἦσαν, ὡς δοκεῖν ἔλαιον ἀποῤῥεῖν· ἢ οὕτως ἀποστίλβειν τὸν μίτον, ὡς δοκεῖν ἔλαιον ἀποβάλλειν. Caeterùm καιροσέων est pro καιροεσσῶν, à nominat. καιρόεις, &c. benè *contextus licio ;* à καῖρος, *licium.*

109. —ὡς δὲ γυναῖκες] Intellige ex superioribus, εἰσὶν ἴδριες, &c. *peritae sunt in telâ texendâ.*

113. Τετράγυος] *Quatuor jugerum.* τεσσάρων γυῶν· γύη δὲ μέτρον γῆς γεωργικόν. Schol.

114. —πεφύκει] *crescunt* [πεφύκω verbum nov. poët. à perf. verbi φύω.] τηλεθόωντα, *virentes.* τηλεθάω, idem quod θάλλω. τηλεθόων, τηλεθόωσα, &c. pro τηλεθάων, τηλεθάουσα, &c. Vide suprà ad α, 25.

117. *Τάων*] Aeol. pro *τῶν*, i. e. *ἐκ τῶν*. *"ἀπολείπει*, Wolf. Rom. P. 64.

122—126.—*ἀλωὴ ἐῤῥίζωται·*] *vinea plantata est.* *Τῆς μὲν ἕτε-ρον* [*μέρος ὃν*] *ϑειλόπεδον ἐνὶ λευρῷ χώρῳ τέρσεται ἠελίῳ Hujus quidem altera pars, quae est apricum solum in lato loco, siccatur sole: δ' ἄρα τε τρυγάουσι ἑτέρας* [*σταφυλὰς,*] *δὲ τραπέουσιν ἄλλας, et quidem vindemiant alias uvas, alias verò calcant: πάροιθε δέ τε,* &c. *et coram iis in conspectu sunt uvae immaturae, florem deponentes, aliae verò submaturescunt.*

127, 128. *Ἔνθα δὲ,* &c.] *Ibi verò excultae areolae ad extremum ordinem omnis generis consitae sunt, perennè florentes.*

131. —*ὅθεν,* &c.] *undè aquabantur cives.* *Τοῖ* ἄρ' ἐν Ἀλκινόοιο* [*νήσῳ*] *ἴσαν pro ᾔσαν,* &c. Notandum neutr. plurale hîc construi cum verbo quoque plur. Caeterùm ad hanc poëticam descriptionem alludit Miltonus, doctissimus poëta, de suo Paradiso loquens: *Spot more delicious! than those gardens feign'd Or of reviv'd* ADONIS, *or renown'd* ALCINOUS, *host of old* LAERTES' *son.* LIB. ix. 439.

* 8. *M,*—] 8. LIB. XII, 39—52. Sirenes. Circe Ulyssem allo- 65. quitur.

39. *Σειρῆνας μὲν πρῶτον ἀφίξεαι,*] subauditur *εἰς. Sirenum voces, et Circes pocula nosti.* HOR. Epist. ad Loll. I. ii. 23.

42. —*τῷ δ' οὔτι γυνὴ,* &c.] *huic neutiquam uxor,* &c. Conf. *Gray's Elegy: For them no more the blazing hearth shall burn,* &c.

45. —*ὀστεόφιν*] hîc pro *ὀστέων.*

47. *παρὲξ ἐλάαν·*] *praeternavigato. ἐλάαν* pro *ἐλάειν.* subauditur *ὅρα,* vel tale aliquid; ut alibi, quandò infinitivus pro imperat. poni dicitur. *῏Ι.* 51. *πείρατ' ἀνήφθω funes alligentur.* CLARKE. P.

† 9. *M,*—] 9. LIB XII, 85—107. Scylla et Charybdis. Circe Ulyssem alloquitur.

85. *Ἔνθα δ'*—] *Σκύλλη ἐνναίει,* &c. *Hîc autem Scylla inhabitat, horrendum vociferans.* "Apud Homerum, à quo primùm Scyllae "speciem declaratam habemus, mythum omninò simpliciorem et "rei declarandae magis consentaneum videmus, Odyss. *μ,* 85— "100. Scopulus est, cum antro, cujus fundo illa pedibus suis adnata "adhaerescit: undè *πόδες δυώδεκα πάντες ἄωροι* ei tribuuntur v. "89, saltèm illa pedibus suis insistere nequit; itaque medio tantùm "corpore ex antro prominet, et sex sua capita latè exerit, ut pisce- "tur, undè vivat, belluas marinas, *Δελφῖνάς τε, κύνας τε, καὶ* "*εἴποθι μεῖζον ἕλῃσι Κῆτος.* Vox porrò ejus est qualis catuli v. 86. "*τῆς ἤτοι φωνὴ μὲν, ὅση σκύλακος νεογιλῆς, Γίνεται.*" HEYNE, ad Virg. Bucol. Excurs. iv. Conf. Aen. iii. 420. sqq. et quae ibi notavit idem vir egregius.

89. —*ἄωροι·*] *inutiles ad movendum,* quasi ex *ἀ* priv. et *ὅρω, excito.* Alii aliter interpretantur.

95. *Αὐτοῦ δ' ἰχθυάα*—] *Illic autem piscatur, scopulum circumlustrans. ἰχθυάω, piscor,* in 3. pers. *ἰχθυάει,* contr. *ἰχθυᾷ,* Poët. *ἰχθυάα. περιμαιμώωσα,* idem quod *περιμαιμάουσα, cupidè quaerens.*

100. —*νεὸς κυανοπρῴροιο.*] Subauditur *ἐκ* vel *ἀπό. è nave caeru- 66. leam habente proram.* *῏Εξ* in compos. P.

101. —*χθαμαλώτερον*] *humiliorem. πλησίον,* supple *εἴσί.*—*καί κεν διοϊστεύσειας, et inter hos jaculum posses transmittere,* i. e. *distantia ejus à Scyllâ non major est jactu sagittae.*

66.   * 10. *N,*—] 10. Lib. XIII, 96—112.   Portus Phorcynis.

96.—98. *Φόρχυνος δέ τίς—λιμήν,*] *Λιμήν Ιθάκης, εφ' ᾦ λιμήν Φόρχυνός έστι ιερόν τοῦ θαλασσίου δαίμονος. Schol.* —*έν δήμφ Ιθάκης,* i. e. *έν Ιθάκη. δύο δὲ προβλῆτες έν αὐτῷ Ακταὶ ἀπορρῶγες,* duo verò *projecta* in ipso *Littora abrupta, λιμένος ποτιπεπτηῦαι,* [idem quod *προσπεπτωκυῖαι*] portui adjacentia et eum versus inclinantia se. *Προσπεπτωκυῖαι πρὸ τοῦ λιμένος, καὶ εἰς σκέπην οὖσαι τῶν ἀνέμων.* EUSTATH.   Conf. omninò amoenissimam illam descriptionem hujusmodi portûs, Aen. i. 159. *Est in secessu longo locus,* &c. [quae me puerum, benè memini, mirè delinivit.] Primae ejus lineae, ut observavit ad locum Heynius, petitae sunt partim ex Odyss. *ε*, 404, et 411, sqq. ubi Ulysses enatat naufragio in Phaeaciam, partim Odyss. *ν*, 96, sqq. ubi in Ithacam escendit.   De toto loco vide ejusdem eximii viri Excurs. vi. ad Lib. i. Aen.

99. *Αἵτ' ἀνέμων,* &c.] *Quae à ventis raucis defendunt magnum fluctum ab alto.*   " An, *Quae defendunt extra* [excludunt] *magnos fluctus ventorum graviter flantium :* i. e. fluctus a ventis talibus impulsos ? P.

101. —*ὅταν ὅρμου μέτρον ἵκωνται.*] *cùm portus spatium intraverint.* Vel, ut Schol. *ὅταν πρὸς τὸ ὁρμιδθῆναι ἀφίκωνται.*

106. —*τιθαιβώσσουσι—*] *ἀποτίθενται τὴν βόσιν, ὅ ἐστι τὸ μέλι. Schol.*

107. *Εν δ' ἱστοὶ λίθεοι περιμήκεες,* &c.] Angl. *And within likewise were long extended beams made of rock; and there the Nymphs weave their purple vestments,*—

109. *Εν δ' ὕδατ'*—] '*Υδωρ* primam ancipitem habet. T. Y.

110. —*καταιβαταὶ ἀνθρώποισιν,*] *permeabiles hominibus.*

II. NOTAE IN HESIODUM.

* **Ex Hesiodo.**] Hesiodus poëta fuit antiquissimus et celeberri- 67. mus, Ascraeus vulgò dictus, [Vide Virg. Geor. ii, 176. et Ecl. vi, 70.] ab Ascrâ Boeotiae vico, ad radices montis Heliconis: sive ibi natus, seu educatus tantùm, postquam pater è Cumâ, Aeolicarum urbium unâ, quae hujus patria erat, Ascram migrâsset: de qua migratione Hesiodus ipse nobis narrat. [*Ἐργ. καὶ Ἡμέρ.* v. 633, sqq.] Patris autem nomen Dius, Matris Pycimede fuisse dicitur. Scripta ejus remotissimam redolent antiquitatem; sed incertum adhùc est quo tempore potissimùm vixerit. Auctor Marmoris Arundeliani eum 37 annis facit antiquiorem Homero; alii eos aequales fuisse, alii Homerum Hesiodo longè vetustiorem affirmant. *Ἦν δὲ Ὁμήρου*, inquit Suidas, *κατά τινας, πρεσβύτερος· κατὰ δὲ ἄλλους, σύγχρονος. Πορφύριος καὶ ἄλλα πλεῖστα νεώτερον ἑκατὸν ἐνιαυτῶν ὁρίζουσι.* Non nostrum est hîc loci tantas lites componere conari. Eorum opinioni, qui Homerum seniorem Hesiodo statuunt, quae, teste Joan. Ger. Vossio, [De Poëtis Gr. cap. ii.] plurium est, potiùs acquiescamus; ita tamen ut hujus juventus in illius senectutem incidere potuisset. [Vide suprà ad p. 3. et Fab. Bib. Gr. Vol. I. p. 96. edit. Harles.] Ad hanc tamen rem tuendam nullum argumentum derivari debet à quodam libello, qui hodiè extat, cui titulus, *Ὁμήρου καὶ Ἡσιόδου ἀγὼν*, quem Graecè primus edidit celeberrimus Henr. Stephanus, [an. 1573, in 8vo.] et qui continet narrationem certaminis, quod Hesiodus cum Homero iniisse dicitur, in Chalcide coram Panide rege, qui primas Hesiodo detulit. Verisimile enim est universam hujus contentionis historiam à priscis Grammaticis fuisse confictam. Nec majorem fidem meretur istud de hac re epigramma in Anthologia: [edit. Wechel. p. 390. et Brunck. Analect. Vol. iii. p. 180.] *"* Anon. 151.

Ἡσίοδος Μούσαις Ἑλικωνίσι τόνδ' ἀνέθηκεν,
Ὕμνῳ νικήσας ἐν Χαλκίδι θεῖον Ὅμηρον.

Cujusdam quidem non absimilis certaminis mentionem facit ipse Hesiodus; [*Ἐργ. καὶ Ἡμέρ.* v. 654.] sed de Homero à se victo ne vel unum verbum profert: nec quidem credibile est Hesiodum unquàm in tali contentione ab incomparabili Homero victoriam reportâsse. Quanquam autem Hesiodus, in omnibus virtutibus, quae summum poëtam constituunt, Homero longè sit inferior, non tamen desunt et sua merita Ascraeo vati; de quo Quinctilianus, "Raro," inquit, "assurgit Hesiodus, magnaque pars ejus in nominibus est "occupata. Tamen utiles circa praecepta sententiae, lenitasque "verborum, et compositionis probabilis: daturque ei palma in illo "medio genere dicendi." [Lib. x. cap. 1.] Jucundâ dictionis simplicitate praecipuè commendabilis est Hesiodus: sin autem Fabius eum nunquàm assurgere affirmâsset, ad lectores *Titanomachiae*, quae tantâ sublimitate in Theogoniâ describitur, potuissemus provocare. Quae extant Hesiodi sunt *Ἐργα καὶ Ἡμέραι, Θεογονία*, et *Ἀσπὶς Ἡρακλέους*. Nonnulli tamen dubitant an *Scutum Herculis* re verâ sit è manu Hesiodi: atque id multi ab eo prorsùs abjudicant. *Opera*

67. *et Dies* vulgò putantur primam exhibuísse adumbrationem ejus gene-
ris poëmatis, quod nos hodiè nuncupamus *didacticum ;* cujus perfec-
tionem videmus in carmine illo *faceto* et *molli,*—Georgicis elegan-
tissimi Virgilii.   Negat autem praestantissimus Heynius *Hesiodi de
opere rustico* carmen à Virgilio imitatione esse expressum ; cui
opinioni ipse Virgilius ansam dedisse videtur, dum se *Ascraeum
carmen* Romana per oppida canere ait. [Georg. ii, 176.]   " Vix
" enim," ut affirmat idem vir egregius, " in tribus aut quatuor locis
" Georgicôn Hesiodeae sententiae sunt expressae.——Quod autem
" Ascraeum carmen appellat suum opus Virgilius, id eò pertinet,"
eodem Heynio judice, " quòd in simili ferè genere versatur, non
" quòd ex Hesiodeo petitum aut transcriptum aut ad ejus formam
" est compositum." [Prooem. in Geor. sub fin. ubi vide plura.]
Caeterùm quod ibidem observatur, " comparatione Virgilii ad Hesio-
" dum institutâ, nihil exilius, jejunius et aridius Hesiodo, nihil co-
" piosius et plenius esse Virgilio," in eo eximius criticus quibusdam
forsan videri posset Ascraeo seni paulò iniquior, si nescirent quae
ab eodem observata fuerint de loco sublimi in Theogoniâ.   " Ex
" his," inquit, " et similibus locis poëtarum antiquissimorum charac-
" ter constituendus est, quo assurgere illis licuerit ; nam simile quid
" seriorum poëtarum ingenia non protulêre ; et piget, Hesiodeum
" ingenium non tam ex hoc ac similibus in Herculis Clipeo, sed ex
" iis partibus aestimari, quae tenuiora sunt et ex placido ac medio-
" cri genere." [De Theog. ab Hesiod. conditâ. Commentat. Soc.
R. Gotting. Tom. II. 1779. p. 151.]   Ubi obiter notandum *Clipeum
Herculis* Heynio videri opus genuinum Hesiodi.   In *Theogoniâ*, car-
mine apud veteres longè celeberrimo, nullum traditur systema reli-
gionis Graecorum ; sed fabulosa deorum generatio exponitur, ita ut
narrationibus alioquin jejunis poëtica subindè accedant ornamenta.
Quod ad morem vitae attinebat, traditum est Hesiodum ruris et otii
fuisse amantissimum.   " Vir fuit," inquit Velleius Paterculus, " per-
" elegantis ingenii, et mollissimâ dulcedine carminum memorabilis,
" otii quietisque cupidissimus." [Hist. Lib. i.]   Musarum alumnum,
quod poëtis solenne est, se fuisse, agnos pascentem sub Helicone
divino, ipse testatur. [Theog. 22. Oper. et D. 662.]   Ad provectam
senectutem pervenisse, atque morte violentâ tandem perisse perhi-
betur.   Sed de hac auctores minùs consentiunt, nec ullius eorum
narratio prae se fert vel specimen veritatis.   De vitâ Hesiodi
scripsêre Suidas, aliique veteres ; atque è recentioribus Fulvius
Ursinus, Lilius Gyraldus, Ger. Jo. Vossius, et omnium copiosissimè
Operum ejus Oxoniensis editor Th. Robinson, qui Dissertationi suae
inserendum curavit calculum Astronomicum de aetate Hesiodi, qui
auctorem habet Josephum Atwell, S. T. P. Vide Fab. Bib. Gr. ubi
suprà ; item Vol. I. p. 567, sqq. edit. Harles. " L. I. c. xiii. ll. c. viii.

3. Hesiodi Ascraei Opera et Dies. Theogonia. Scutum Hercu- 67. lis. *Venetiis, anno à partu virginis,* 1537. *in 4to.* [Haec est edit. Fr. Trincavelli.]

4. Hesiodi Ascraei quae extant, cum Scholiis Graecis, &c. cum Indice copiosissimo. Gr. Lat. Operâ et studio Dan. Heinsii. *Ex Officinâ Plantinianâ Raphelingii,* 1603. *in 4to.* "In 8vo. 1613. 1622. P.

5. Poëtae minores Graeci. Hesiodus, &c. Edit. Radulphi Wintertoni, Gr. et Lat. *Cantabr.* 1635. *in 8vo.* [*Ibidem et Londini* saepiùs repetita. Optima est Lond. 1739.]

6. Hesiodi Opera omnia ex recensione Jo. Georgii Graevii, &c. Gr. Lat. *Amstel.* 1667. *in 8vo.*

7. Hesiodi Ascraei quaecunque extant, Gr. et Lat. ex recensione Joannis Clerici, &c. cum Indice Geor. Pasoris. *Amstelod.* 1701. *in 8vo.* [Clerici animadversiones, quae sunt copiosissimae, non magni aestimantur ab eruditis. Tam absurdis somniis refertas esse putat Heynius, ut eas in recentioribus editionibus repetitas videre molestum sit.]

8. Hesiodi Ascraei quae supersunt, cum notis variorum. Gr. et Lat. Edidit Thomas Robinson, S. T. P. *Oxon.* 1737. *in 4to.*

9. Hesiodi Ascraei quae extant Opera, cum notis selectis, accedit Pasoris Index studio Schrevelii, ad editionem Robinsonii recensuit notasque suas adjecit Jo. Tob. Krebsius. *Lipsiae,* 1746. *in 8vo.* et 1778.

10. Hesiodi Ascraei quae extant, cum notis variorum, &c. curante Chr. Frid. Loësnero. *Lipsiae,* 1778. *in 8vo.*

11. Theogonia Hesiodea, textu subindè reficto, in usum praelectionum seorsum edita à Frid. Aug. Wolf. Graecè. *Halae Saxon.* 1783. [Huic edit. accedunt quaedam praestantissimi Heynii.]

** Plenam editt. enumerationem vide apud Fab. Bib. G. Vol. I. p. 596, sqq. edit. Harles. "L. II. c. 8. s. 20.

† *Ex τῶν ΗΣΙΟΔΟΥ ΤΟΥ ΑΣΚΡΑΙΟΥ Εργων καὶ Ἡμέρων.*] i. e. *Ex* HESIODI ASCRAEI *Operibus et Diebus.* [1—201.] *Εργα καὶ Ἡμέραι, Opera et Dies,* est poëma didacticum, in quo cùm agri colendi rationem tradit, tùm in primis fratrem Persen ab ignaviâ et voluptate ad virtutem et diligentiam revocare studuit. HARLES.

Ver. 1—10. *Μοῦσαι,* &c.] Decem primos versus, qui continent invocationem Jovis et Musarum, auctorem non habere Hesiodum affirmant Pausanias, Tzetzes, aliique: et doctissimus Brunckius. in suâ Gnomicorum Poëtarum editione, eos omisit. [Vide Fab. Bib. Gr. Lib. ii. c. 8.] *Πιερίηθεν—ἐκ τῆς Πιερίας. ἀοιδῇσι—ταῖς ὑμετέραις μελωδίαις. κλείουσαι—δοξάζουσαι τους ἀνθρώπους. Schol. κλείω,* est *celebro, alicui gloriam concilio.* Post *κλείουσαι* rectè intelligit Moschopulus *οὕς ἂν ἐθέλητε. Δεῦτε δή—Agite quaeso. ἐννέπετε ὑμνείουσαι* rectè exponit Graevius *ὑμνεῖτε,* ut *ἁρπάζων ἐφόρεις* pro *ἥρπαζες, κρύψαντες ἔχουσι* pro *ἔκρυψαν,* &c. 3. *Ὃν τε διά,* &c. Sic construe et distingue, ut benè vidit Gronovius: *τε δι' ὃν βροτοὶ ἄνδρες* [*εἰσὶν*] *ἄφατοί τε φατοί τε·* [*εἰσί*] *τε ῥητοί τ' ἄρρητοι ἕκητι μεγάλοιο Διός.* Angl. *through whom mortal men are obscure or renowned: and they are noble or ignoble, according to the will of mighty Jove.* Simplicitatem quandam habent hae repetitiones, quae antiquitatem redolet. *ἕκητι,* est *volente aliquo. Ἑρμείαο ἕκητι. Mercurii voluntate* — Odyss. o,

318, &c. 5. Ῥεῖα μὲν γὰρ βριάει, *facilè enim extollit*, ῥεῖα δὲ χαλέπτει βριάοντα, [supple ἑαυτὸν,] *et facilè deprimit extollentem se.* 6. ἄδηλον ἀέξει, *obscurum auget*, h. e. evehit, ornat. 7. κάρφει, *attenuat.* 9. Κλῦθι, &c. ad Jovem refertur. Τύνη δὲ ἴθυνε θέμιστας [σὺν] δίκῃ, &c. *Tu autem Jupiter rege judicia justè; ego verò Persae vera dicam.*

11—13. Οὐκ ἄρα μοῦνον ἔην ἐρίδων γένος,] *Non sanè unum est contentionum genus*, i. e. duoᵗ sunt contentionum genera. ἔην pro ἦν, quod hîc idem ac ἐστί. Nec insolitum est *erat* pro *est* apud Latinos. [Vide Viger. de Idiotismis, C. V. s. iii. r. 11. fin.] 12. νοήσας est hîc *prudens, sapiens*, vir *intelligens.* διὰ δ᾽ ἄνδιχα, &c. et διάνδιχα δ᾽ ἔχουσι θυμόν. Angl. *and they are of a different disposition.* "Quid "verò miri," inquit Graevius, "Poëtam ἔρισιν tribuere animum, " quum inter deas referantur et hîc et in Theogoniâ ?"

68. 14—16. —ὀφέλλει,] αὐξάνει. σχετλίη—χαλεπή βαρεῖα. οὔτις— οὐδείς. τήνγε—ταύτην. Schol. ἀλλ᾽ ὑπ᾽ ἀνάγκης, &c. *sed necessariò immortalium consiliis litem colunt gravem.*

17—19. Τὴν δ᾽ ἑτέρην] τὴν καλήν. προτέρην—τῷ χρόνῳ. ἐγείνατο—ἐγέννησε. νὺξ—ἡ. ἐρεβεννὴ—σκοτεινή. θῆκε—ἔθηκε· ἐποίησε. μιν—αὐτήν. —ὑψίζυγος—ὁ ἐν τῷ ὕψει ἔχων τὴν καθέδραν. αἰθέρι—ἐν τῷ. ναίων—οἰκῶν. Schol. Θῆκε δέ μιν πολλὸν ἀμείνω, scilicet ἔριν, Κρονίδης ἐν γαίης ῥίζῃσιν καὶ ἀνδράσι. *Ponit illam longè meliorem in terrae radicibus*, [hoc est, in terrâ,] *et inter homines.* Ἐν ἀπὸ κοινοῦ repetendum. GRAEVIUS. Caeterùm haec Ἔρις bona nihil aliud videtur quam aemulatio. "V. 20. ἀπάλαμον, Brunck. P.

22. —ὅς] οὗτος, πτωχός. Iners, inquit, videns alium labore divitias invenisse, et ipse eâdem ratione opes quaerere studet. GRAEVIUS. ἀρόμμεναι—ἀροῦν. ἠδὲ—καί. Schol.

27. Ω Πέρση,] Alloquitur fratrem, et jam traditam doctrinam ad ejus emendationem accommodat : eúmque dehortatur à contentionibus forensibus, quia infeliciter circa eas versatur, cui singulis temporibus sui proventus non adfuerint. SYLBURGIUS. τεῷ—τῷ σῷ. ἐνικάτθεο—ἐγκατάθου. κακόχαρτος—ἡ ἐπὶ τοῖς κακοῖς χαίρουσα. νείκε᾽ ὀπιπτεύοντ᾽—πρὸς μόνας φιλονεικίας θεωροῦντα. Schol. ἀγορῆς ἐπακουὸν ἐόντα, *concionum auditorem factum.* Ἀγορῆς ἐπακουὸν εἶναι Plauto est *foro operam dare*; Terent. *lites sequi*; ut observavit eruditissimus Graevius.

30—36. Ὥρη γάρ τ᾽ ὀλίγη πέλεται—] *Cura enim parva esse debet*, &c. Nam πέλεται est hîc pro πέλεσθαι δεῖ, ut vidit Graevius. ᾧτινι μὴ βίος, &c. ei *cuicunque non est victus domi in annum repositus*; ὡραῖος, *aestate collectus*, uti interpretatur idem vir magnus. Δημήτερος ἀκτὴν, *Cereris munus*; τοῦ κε κορεσσάμενος, i. e. οὗ κορεσσάμενος, Angl. *with which when thou hast amply supplied thyself*, ὀφέλλοις νείκεα καὶ δῆριν ἐπ᾽ ἀλλοτρίοις κτήμασι. *then deal as much as thou hast a mind in strife and contention about the goods of other people.* Est scil. concessio ironica. δ᾽ οὐκέτι ἔσται σοὶ δεύτερον ἔρδειν ὧδε· *however it shall not any longer be in thy option to do so to me*; ἀλλ᾽ αὖθι, &c. *but afterwards let us decide any controversy that may be between us by fair trials, which proceed best from Jove.* [Vide Iliad. α, 239.] Ἰθείῃσι Ionicè pro ἰθείαις, quod idem ac εὐθείαις.

37—39. Ἤδη—ἐδασσάμεθ᾽·] *Jam—divisimus inter nos*: ἀλλά τε πολλὰ—Lege, cum Guieto, probante Robinson, ἀλλὰ τὰ πολλά, *sed plurima.* Haereditatem, inquit poëta, divisimus, (aequaliter 68. scil.) tu vero ambitu et donis *τα πολλα*, majorem partem rapuisti. —*βασιλῆας δωροφάγους,*—erant hi judices ac senatores, potiùs quam reges, qui, ut videtur, adeo corrupti erant, ut non solum publicè exigerent aliquod donum mercedis loco, sed et privatim à litiganti- bus munera acciperent. [Vide Herodotum de Dejoce, L. i. 96. et Odyss. *ϑ*, 40, 41.] *οἳ τήνδε δίκην. ἐθέλουσι δικάσσαι, qui hanc litem volebant judicare.* Scaliger notavit *ἐθέλουσι* hîc positum pro *ἤθελον.* Sed simul notâsse debuit auctores Graecos hoc modo tempore praes. uti solere, quippe qui tempus respiciant, quo res narratur. [Vide Vol. I. ad p. 122, n. 6.] *δικάσσαι*, reduplicato *σ*, pro *δικάσαι*, quod, à *δικάζω* veniens, necessariò penultimam corripit: ut *ἐδασσάμεθ'* suprà, pro *ἐδασάμεθα*, à *δάζω.*

40—43. —*ὅσῳ πλέον ἥμισυ παντός*,] Hîc propriè docet fratrem poëta, omissis litibus, praestare quietam possessionem dimidii, quàm totius litibus quaerendam, praesertim si parcè vivas. GRAEVIUS. Simul quoque, sine dubio, perstringit judices, *τοὺς βασιλῆας* suprà dictos, qui suis indulgent cupiditatibus, et à vitae frugalitate trans- eunt ad *πλεονεξίαν* injustam. *Οὐδ' ὅσον*, &c. victûs frugalitas hîc commendatur. Sic Hor. *Me pascant olivae, Me cichorea, levesque malvae.* [Lib. i. Od. 31.] *Κρύψαντες—ἔχοισι—* i. e. *ἔκρυψαν—βίον, vitam,* i. e. *vitae methodum.* *Ῥηϊδίως γάρ κεν—ἐργάσσαιο*, Verte, cum Graevio: *Facilè enim uno die tantum quaesivisses,*—nam *ἐργάζε- σθαι* hîc est, *labore parare, acquirere,* subintellecto *βίον.* "Vide Prov. Sol. xv. 16, 17. xvi. 8. xvii. 1. Eccl. iv. 6. *ἐργάσσαιο*, Gaisford. P.

45, 46. *Αἶψά κε πηδάλιον*, &c.] *Statim gubernaculum quidem in fumo poneres ;* i. e. Statim ad finem laborem perduceres : Est nempè metaphora desumpta ab eo quod facere solebant veteres, quum hyeme, post navigationem, naves erant subductae. Suspendebant nimirùm clavos in fumo, quo credebantur indurari atque à putredine servari. Sunt qui *πηδάλιον* pro *stivâ* accipiunt, stivamque pro ara- tro, quod rustici, finito opere, solebant super fumosa laquearia iti- dem collocare. Undè hunc versum ita exponit Scaliger : *non cures neque navigationem, neque agriculturam.* In hunc locum multus est eruditissimus Graevius, quem videsis.

47, 48. *Ἀλλὰ Ζεὺς ἔκρυψε*—] *βίον* scil. veram atque rectam 69 optimamque vivendi methodum.—*Προμηθεὺς ἀγκυλομήτης, Prome- theus versutus,* qui filius erat Japeti et Asiae vel Clymenes Nymphae, frater autem Epimethei. Is, post hominem à se è luto formatum, Minervae auxilio in coelum ascendisse dicitur, ignemque, admotâ ferulâ ad rotam solis, furatum esse, atque ex hoc igne coelesti hominem suum animâsse. "Vide Aeschyli Prometheum, 239, &c. P.

50—52. *Κρύψε δὲ πῦρ*—] Locus obscurus, quem intactum et sub silentio praeterierunt interpretes. Ordo, interpunctione mutatâ, vide- tur esse : *ἐῢς δὲ παῖς Ἰαπετοῖο ἔκρυψε ἐν κοίλῳ νάρθηκι πῦρ, τὸ μὲν ἔκλεψε αὖτις ἀνθρώποισι παρὰ μητιόεντος Διὸς, λαθὼν τερπικέραυ- νον Δία. Filius autem egregius Japeti abscondidit in cavâ ferulâ ignem, quem quidem furtim abstulit, hominum gratiâ, à prudente Jove, clam Jovem fulminibus gaudentem. κλέπτω αὖτις* est *furtim retrò fero, furtim aufero,* vel *asporto.* Appositè Horatius : *Audax Japeti genus Ignem fraude malâ gentibus intulit.* [L. i. Od. 3.] Caeterùm ignem in ferulae medullâ asservare, inventum Promethei fuisse tra- dit Plinius, Lib. vii. c. 56. "*Ζεὺς ἔκρυψε πῦρ.* Vid. Theog. 563. P.

69. 54. —πέρι] περισσότερον. μήδεα—βουλεύματα. εἰδὼς—γινώσκων. Schol.

60. 'Ήφαιστον δ' ἐκέλευσε—] Sequitur jam descriptio formationis Pandorae primae mulieris, quam dii deaeque, collatâ operâ, amabilem finxêre.

65. —ἀμφιχέαι] Idem quod ἀμφιχεῦσαι. [Vide Vol. I. ad p. 54. n. 4.] Conf. ll. γ, 54, sqq. —καὶ πόθον ἀργαλέον, et desiderium vehemens, καὶ γυιοκόρους μελεδώνας. " κορεῖν, inquit Graevius, est κοσμεῖν, " καλλωπίζειν. Hesych. κορεῖν, κοσμεῖν, καθαίρειν. undè et νεωκόρος, ' qui templum ornat et tuetur, aedituus.—Γυιοκόροι μελεδῶνες sunt curae, '' quae totae in ornando corpore sunt occupatae. Mulieres verò quo " studio magis tenentur, quàm comendi et excolendi corporis, quibus, ' ut Plautus ait, nulla satis ornandi satietas est?" Hanc tamen interpretationem respuit vir doctissimus Dav. Ruhnkenius, qui pro γυιοκόρους legit γυιοβόρους· μελεδώνας γυιοβόρους, curas quae membra consumunt: et hanc lectionem exemplis confirmat: quam et Proclus et Tzetzes vidisse videntur, hoc modo interpretantes: φροντίδας ἐσθίουσας τὰ μέλη. "μελεδῶναι, Brunck. Lips. n. γυιοκόρους, à κείρω, Guiet. P.

67. Ἐν δὲ θέμεν κύνεόν τε νόον] i. e. ἐνθεῖναι δέ τε κύνεον νόον, indere vero et impudentem mentem, καὶ ἐπίκλοπον ἦθος, et fallaces mores:—διάκτορον Ἀργειφόντην, internuncium Argicidam; notum Mercurii epitheton. Sic Il. β, 103. φ, 497. &c.

70, 71. —Ἀμφιγυήεις] Est ὁ ἀμφοτέρους τοὺς πόδας γυιός· γωλὸς, utroque crure: et est epitheton Vulcani, non ψεκτῶς seu sensu vituperatorio, sed χαρακτηριστικῶς κατά τινα ἰδιότητα· hinc et addi solet κλυτός, περικλυτός, ut apparet non ignominiae causa positum, sed ob personalem Vulcani characterem. Damm. Lex. Hom. Παρθένῳ αἰδοίῃ ἴκελον,—Subintellige ποίημα, πλάσμα· ἴκελόν τι πλάσμα, ἴνδαλμα, εἴδωλον. Guietus. Κρονίδεω διὰ βουλὰς, Saturni filii consiliis. -δεω διὰ, dactylus. Cf. Il. α, 1. et Clarkium ad locum.

79. —Ἐν δ' ἄρα φωνὴν] φωνὴ hic est ὄνομα, ut apud Il. γ, 161. ubi φωνῇ perperam παρέλκειν docent, et exponunt voce. Graevius. φωνὴ si idem valeret ac ὄνομα, dicendum fuisset ἐπέθηκε· neque in loco Homeri citato eum sensum habere videtur: distinguendum levius post βαρυκτύπου, plenius post κῆρυξ. T. Y.

70. 82. —πῆμ' ἀνδράσιν ἀλφηστῇσιν.] detrimentum hominibus industriis. ἀλφηστῇσι, Ion. pro ἀλφησταῖς, ab ἀλφέω, invenio.

96—98. —ἐν ἀῤῥήκτοισι δόμοισιν] in non fractâ pyxide—Δόμος enim, ut notavit Graevius, quodvis receptaculum, et vas notat.— πρόσθεν γὰρ ἐπέμβαλε πῶμα πίθοιο, priùs enim injecit operculum vasis —Pandora scil.

102. ἐφ' ἡμέρῃ—] Legendum censet Graevius ἐφήμερα. Hor. Post ignem aetheriâ domo Subductum, Macies et nova Febrium Terris incubuit cohors; &c. Lib. i. Od. 3.

106, 107. —ἐκκορυφώσω] ἐξ ἀρχῆς λέξω. Schol. ἐκτελέσω. an συντόμως ἐρῶ, λέξω; Guietus. —σὺ δ' ἐνὶ φρεσὶ βάλλεο σῇσιν. tu vero in praecordiis tuis conde. Locutio quae saepe occurrit apud Homerum.

108. 'Ώς—] ἴσθι, ὅτι. ὁμόθεν—ἐκ τοῦ αὐτοῦ γένους. γεγάασι— ἐγένοντο. Schol. Hic incipit celeberrima enarratio diversarum hominum aetatum.

111—116. Οἱ μὲν ἐπὶ Κρόνου ἦσαν,] Ii quidem qui temporibus

*Saturni erant, ὅτ' οὐρανῷ ἐμβασίλευεν· cum in coelo regnaret : ὅς τε
θεοὶ δ' ἔζωον,* [dele δ' et lege simpliciter ἔζωον, vel cum Graevio
ζώεσκον,] *et ut dei vivebant, securo animo praediti, νόσφιν ἄτερ τε
πόνων καὶ ὀϊζύος· seorsum sine laboribus et acrumnâ :* [″ ἄτερθε pro
ἄτερ τε, Brunck. Gnomici. 'Ωστε θεοὶ δ' ἔζωον, Ed. *Lips.* nota. P.]
—αἰεὶ δὲ [κατὰ] *πόδας καὶ χεῖρας ὁμοῖοι, semper autem similibus*
[i. e. sine mutatione] *pedibus et manibus gaudentes,* [hoc est, ut rectè
Guietus, semper integris membris, non senescentibus,] *τέρποντ'*
[pro ἐτέρποντο] *ἐν θαλίῃσι—delectabant se in conviviis,* &c. *Ἀφνειοὶ
μήλοισι, abundantes pomis, vel fructibus,* &c. Hunc versum ex Dio-
doro Siculo restituit Graevius. ″μῆλα hîc non sunt greges. *Id.* P.

119. —πολλόν—] à nominativo regulari πολλός, πολλὴ, πολλύν. 71.
πολὺς flectitur etiam regulariter, apud Homerum et nostrum ; gen.
πόλεος, in dat. pl. πολέεσσι, pro πόλεσι, ut in versu 120.

121. —ἐπειδὴ] Legendum videtur ἐπεὶ δὴ, nam κεν hîc locum
non habet. T. Y. ″ ἐπειδὴ, Brunck. Gnom. *Lips.* pro ἐπεί κεν. P.

125, 126. *Ἥρα ἑσσάμενοι,*] *Aëra induti,—ἑσσάμενοι,* reduplicato
σ, poëticè pro ἑσάμενοι, part. aor. 1. med. verbi ἕω, ἐννύω, vel
ἔννυμι, induo.—*Πλουτοδόται—πλουτίζοντες τοὺς ἀνθρώπους. Schol.*
—*γέρας βασιλήϊον*— Cur autem daemonibus tribuatur regius honor,
hanc rationem affert Plutarchus, libro de defectu oraculorum, quia
βασιλικὸν τὸ εὖ ποιεῖν. GRAEVIUS.

129. —οὔτε φυὴν ἐναλίγκιον, οὔτε νόημα.] Verte : *neque corporis
habitu simile, neque ingenio.* φυὴ hîc non est sola statura et proce-
ritas corporis sed conjuncta cum dignitate formae, ut rectè Graeci
magistri docent. *Νόημα* est *ingenium.* Glossae MS. Vossianae :
νόημα, φρόνησις. Hom. φρένες, Il. α, 115. *Id.*

130, 131. *Ἀλλ' ἑκατὸν μὲν,* &c.] *Sed centum annis puer apud ma-
trem sedulam nutriebatur*—Increpat Hesiodus mollem istam et effe-
minatam educationem, quae, ut ait Quinctilianus, *nervos omnes et
mentis et corporis frangit.* ROBINSON. ἀτάλλων μέγα νήπιος ᾧ ἐνὶ
οἴκῳ. *crescens valdè rudis in domo sud.* ″Vid. Gen. I—XI. Is. IXV, 20. 22.

132. καὶ ἥβης μέτρον ἵκοιτο,] *et ad pubertatem ἵκοιτο.* Poëtis
ἥβης μέτρον nihil aliud est quam ipsa ἥβη. GRAEVIUS. Haud absi-
mile est istud Homeri : τέλος θανάτοιο, quod est ipsa *mors.*

136—138. —ἔρδειν—] est hîc *sacrificare.* Sic Virg. *Cum faciam
vitulâ.* [Ecl. iii, 77.] et Princeps poëtarum: ῥέξαι ὑπὲρ Δαναῶν.
[Iliad. α, 444.] 'Η θέμις ἀνθρώποισι κατ' ἤθεα. *Ut justum est homi-
nibus in sedibus eorum consuetis ;* nam ἦθος interdum significat *locus
consuetus ad commorandum.* Cf. infrà v. 167. item Il. ζ, 511. Ζεὺς
Κρονίδης ἔκρυψε—supple τῇ γῇ.

141, 142. Τοὶ μὲν ἐπιχθόνιοι—] Haec est verborum συνέπεια·
Τοὶ μὲν μάκαρες θνητοὶ καλέονται δευτεροι ἐπιχθόνιοι. Hi beati
mortales secundi sunt terrestres, scilicet daemones: hoc est, secun-
di gradûs, inferiores illis daemonibus, qui ex aurei saeculi θνητοῖς
sunt orti. Qui quidem non regium honorem sunt adepti, ἀλλ' ἔμπης
τιμὴ καὶ τοῖσιν ὀπηδεῖ. sunt tamen et hi in dignitate constituti.—
Καλέονται verò hîc est εἰσί. GRAEVIUS.

145. *Ἐκ μελιᾶν,*] Has voces interpretes reddunt, *de fraxinis,*
quasi innuisset poëta hoc genus hominum durae firmaeque texturae
fuisse. Eademne autem generatio et aenea fuit et fraxinea? *Ἐκ
μελιᾶν δεινόν τε καὶ ὄμβριμον* verto, *Hastis terribile et validum.* Τὸ
μελιᾶν est genit plur. Dor. pro τοῦ μελιῶν *Μελία* autem non

solùm pro *fraxino* usurpatur, sed metaphoricè etiam ab Homero caeterisque poëtis pro *hastā*. [Vide II. β, 542.]—Obiter notari potest, Ovidium, qui in quatuor aetatum descriptione ad Hesiodum respexit, aeneum seculum per armorum studium ab aliis distinguere: *Tertia post illas successit aënea proles, Saevior ingeniis, et ad horrida promtior arma.* THEOBALD, apud *Robinson.* "Metam. i. 125.

72. 148, 149. *Ἄπλαστοι·*] Latinis sunt *incondili*, qui moribus sunt inculti. Tzetzes *ἄγριοι.* Cic. *vasti et agrestes.* GRAEVIUS. *μεγάλη δὲ βίη*— supple *ἦν αὐτοῖς*, erat *autem* illis *magnà vis; καὶ χεῖρες ἄαπτοι ἐπέφυκον ἐξ ὤμων ἐπὶ στιβαροῖς μελέεσσιν. et manus invictae super valida membra nascebantur ex humeris.*

153. —*ἐς εὐρώεντα δόμον κρυεροῦ Ἀΐδαο,*] *εὐρώεις* hîc est *squalidus,* ab *εὐρὼς, situs, squalor:* ut Virg. *loca senta situ* dicit : aut *tenebricosus.* Glossa MS. Vossii : *εὐρώεντα, σκοτεινόν.* Suidas : *εὐρώεντα, σκοτεινά, ζοφώδη.* Sic et Hesych. et Etymologicum Magnum.—*Κρυερὸς* verò non est meo judicio *frigidus,* sed *dirus, illaetabilis, horrendus.* Hesych. *Κρυερὸν, φρικτὸν, μισητὸν, ἀναιδές, φοβερὸν, ἐλεεινὸν, αἰσχρὸν, δεινὸν, χαλεπὸν, πονηρὸν, κακὸν, δυσχερές.* GRAEVIUS.

154. *Νώνυμοι·*] (pro *Νώνυμα*) Vide suprà ad Odyss. α, 222. p. 10.

160. —*προτέρῃ γενεῇ,*] Verte : *priori aetate,* non *generatione,* ut vulgò. GRAEVIUS.

161. *Τοὺς μὲν ἐφ᾽ ἑπταπύλῳ*] Intelligit non tantum *τοὺς ἑπτὰ ἐπὶ Θήβαις* dictos, sed etiam eos qui *Ἐπίγονοι* dicebantur, i. e. *τῶν ἑπτὰ τῶν ἐπὶ Θήβαις* filios. Utrique Thebas adorti sunt. HEINSIUS. Priores quidem argumentum subministrârunt Aeschylo nobilissimae tragoediae ejus nominis; posteriores verò pulcherrimi poëmatis Epici, cui titulus : *The Epigoniad ;* quod auctorem habuit summi ingenii et eruditionis virum, Gul. Wilkie, S. T. P. " *μήλων, ovium,* &c. pro *opibus.* P.

167. —*καὶ ἦθε᾽ ὀπάσσας*] *et sedes tribuens.* Vide suprà ad v. 37—39, et 136—138.

169. *Τηλοῦ ἀπ᾽ ἀθανάτων*] Hunc versum ex MS. reposuit Graevius.

171. *Ἐν μακάρων νήσοισι,*] Hae *νῆσοι μακάρων* decantatae erant apud veteres poetas. Cf. Odyss. δ, 563, sqq. Pind. Olymp. ii, 109 —119. Scolion Callistrati : *Ἐν μύρτου κλαδί, κ. τ. λ.* Infra p. 275. 290. Aeneid. vi, 638, sqq. et quae ibi annotavit doctissimus Heynius : item Plin. lib. vi. c. 32.

174. *Μηκέτ᾽ ἔπειτ᾽ ὤφειλον,* &c.] *O utinam ego quinto non interessem Hominum generi.* Vide infra ad Eur. Med. v. 1. p. 165.

73. 181, 182. *Εὖτ᾽ ἂν,* &c.] *γεινόμενοι* sunt *τεχθέντες.* Sic autem verte : *Quum vix nati canescant,* hoc est, senescant, quum vix postquam lucem aspexerunt senio conficiantur.—*Οὐδὲ πατὴρ παίδεσσιν ὁμοίϊος.* Non haec referenda sunt ad *ἰδέας ὁμαιότητα,* sed ad *γνώμης.* Loquitur de discordia et dissentione animorum. GRAEVIUS.

185—188. *ἀτιμήσουσι*] est *ἀτιμᾶν φιλοῦσι, contumeliá afficere solent.* et *μέμψονται* est *μέμφεσθαι φιλοῦσι.* et v. 189. *ἕτερος δ᾽ ἑτέρου πόλιν ἐξαλαπάξει,* est *ἐξαλαπάξειν εἴωθε, solet expugnare,* &c. Iliad. α, 80. *ὅτε χώσεται ἀνδρὶ χέρηϊ· quando irasci solet viro inferiori :* et sic saepè. *Idem.* Angli interdum utuntur futuro eodem ferè modo : *when he shall be enraged against a man of inferior degree.* [Conf. Viger. de Idiotism. C. V. iii. 11. n. 99. Zeunii.] *βαζοντ᾽,* quod pro *βάζοντες,* est hic, ut docent nonnulli, dualis pro plurali *βάζοντες.*

[Vide quae vir ornatissimus Sam. Clarke annotavit, ad Iliad. α, 566. 78. et vide suprà ad Odyss. ϑ, 35. p. 24.] Vera lectio hîc est: ῥάζοντες ἔπεσσι· atque ita legisse videtur Moschopulus. οὐδὲ θεῶν ὄπιν εἰδό- τες· neque deorum vindictam veriti: Nam ὄπις non est oculus, ut qui- dam putant, sed poena, vindicta divina, &c. Sic Iliad. π, 388. θεῶν ὄπιν οὐκ ἀλέγοντες· deorum ultionem nihil verentes. [Conf. Odyss. φ, 28.] οὐδὲ μὲν οἵγε ἀποδοῖεν [ἀποδοίησαν] θρεπτήρια γη- ραίντεσσι [γήραϊ] τοκεῦσιν, neque hi sanè senibus parentibus educa- tionis praemia reddere volunt. "γήρημι, γηράναι, γῆρας,—αντος; P.

191. ὕβριν] ὑβριστήν. Schol. abstractum scil. pro concreto.

194. —ἐπὶ δ' ὅρκον ὀμεῖται] i. e. per tmesin pro δ' ἐπομεῖται ὅρκον. "An pro δ' ἐπίορκον ὀμεῖται, pejerabit? P.

199, 200. Αθανάτων μετὰ φῦλ' ἵτην,] Αθανάτων φῦλα sunt Dii: Sic superiùs φῦλ' ἀνθρώπων sunt homines, φῦλα γυναικῶν mulieres. GRAEVIUS. προλιπόντ' pro προλιπούσα nominativo dual. feminino. Ostendit Brunckius, [ad Soph. Antigon. v. 926. et 986. atque ad Oedip. Col. 1676. item ad Electr. 977.] pronomen seu participium plurale masculini generis de femina adhiberi posse; ita etiam mas- culinum duale: sed in singulari numero id nunquam obtinere. Ἴδεσθε τώδε. ἀντὶ τοῦ τάσδε. inquit Schol. [ad Electr. 977.] ἐπὶ τῶν θηλυ- κῶν τοῖς ἀρσενικοῖς ἄρθροις κέχρηται, ὅπερ σύνηθες Ἀττικοῖς. τὼ χεῖ- ρε γάρ φασι. καὶ Ὅμηρος· (Il. ε, 778.) Τὼ δὲ βάτην τρήρωσι πελειάσιν ἴθμαθ' ὁμοῖαι. Ad quem locum Iliadis quae annotavit Clarkius Brunckio valdè sunt improbata. τὰ δὲ λείψεται ἄλγεα λυγρά—relin- quentur autem dolores graves— λείψεται—καταλειφθήσεται. Schol. Vide Vol. I. ad p. 99. n. 1.

---

* Εκ τῆς ΗΣΙΟΔΟΥ ΑΣΚΡΑΙΟΥ ΘΕΟΓΟΝΙΑΣ.] h. e. Ex 74. HESIODI ASCRAEI THEOGONIA, sive Deorum Generatione. [617—806.] Qui in hoc poëmate aliquod systema religionis Graecorum traditum putant, nae illi vehementer-errant. "Constat enim Hesiodum non " id egisse, ut fabulas à se congestas ad philosophicam rationem aut " excuteret aut argutè componeret, sed spectâsse hoc, ut pro poë- " tici ingenii modulo qualicunque ordine diversas fabulas in unum " carmen contexeret, easque poëticis ornamentis commendaret:"— uti ostendit celeberrimus Chr. G. Heyne, in Dissert. suâ de Theo- goniâ ab Hesiodo conditâ, [in Commentat. Soc. Reg. Scient. Gott. 1779, Vol. II. p. 125, sqq.] ubi totam Theogoniam Hesiodeam enucleatè enarravit vir ille praestantissimus, cui alias multas debemus veterum Scriptorum explanationes, judicio tam subacto cum summâ doctrinâ conjuncto prolatas, ut inter primarios, qui in hac palaestrâ sudarunt à renatis usque literis, meritò censendus sit. Ad dissertationem igitur quam indicavimus lectorem relegare visum est; nam instituti nostri brevitas partem aliquam Theo- goniae hîc tantùm exhiberi patitur: atque Titanum pugnam Tar- tarorumque descriptionem eo consilio selegimus, ut non solùm sim- plicitatis Hesiodeae exemplum, quod ex Operibus et Diebus jam dedimus, sed etiam sublimitatis, quâ Hesiodus excelluisse non vulgò creditur, cum ingenua Juventute communicaremus.

Ver. 617. Ὡς Βριάρεῳ τὰ πρῶτα—] Hesiodum consarcinâsse sua

74. è pluribus carminibus, iterùm intelligitur ex his, quibus Titanum pugnam persequitur, multò copiosiùs et ornatiùs quam reliqua tractatis. Redit primùm ad id quod suprà jam [v. 501.] attigerat, tres Centimanos, Briareum, Cottum et Gygen, fuisse à Jove vinculis solutos, quibus, virium vastarum metu, à Crono in Tartaro tenebantur : tum narratur bellum, nullâ expositâ causâ qua esset conflatum, nec disertâ satis commemoratione eorum qui illud gesserunt: pugna autem magnâ cum poëticâ vi et gravitate memoratur, ut habenda sit haec particula, unà cum sequente loco de Tartaro, inter potiora vetustioris poëseos specimina. Heyne. 'Ὡς Βριάρεῳ τὰ πρῶτα— Πατὴρ Κρόνος hic intelligitur. Lectio vulgata est : Βριάρεῳ ὃ' ὡς πρῶτα— Sed cum omnibus aliis locis poëtarum utriusque linguae Βριάρεως duabus primis brevibus sit, doctissimus Editor Wolfius levem hic mutationem fecit metri causâ " V. Th. 154.

626. Γαίης φραδμοσύνῃσιν—] Terras consiliis, &c.—αὐτὴ γὰρ κατέλεξέ σφιν ἅπαντα διηνεκέως, ipsa enim narravit illis omnia diserte; ἀρέσθαι σὺν κείνοις νίκην, &c. se cum illis victoriamque et splendidam gloriam reportaturum.

630. Τιτῆνές τε θεοί,—] Titanes intelligendi sunt veteres illi Uranidae, inter quos minor natu Cronos ipse : cui deorum et mythorum ordini antiquiori successit recentior ille. Heyne. Sunt igitur Τιτῆνες θεοί Cronus unà cum fratribus, qui et dii prioris aetatis: Dii vero posterioris sunt orti Saturno. " Croni autem ipsius," ut observavit Heynius, " nulla fit mentio ; ut ex poëtae mente bellum " hoc factum videri debeat post Cronum jam regno à Jove dejec- " tum, cum Titanes adversus novum principem seditionem movis- " sent. Infrà tamen [v. 851.] cum Titanibus in Tartarum dejectis " Cronus memoratur."

633. —δωτῆρες ἑάων.] datores bonorum. ἐΰς, ἐεῖα, ἐΰ. Ion. ἠΰς· genit. ἑΰος et ἠΰος. bonus, pulcher. genit. pl. ἐΰων, Aeol. ἑάων. [cf. Odyss. θ, 325, 335.] Versum sequentem uncis circumscripsit Wolfius, quia repetitus videri potest ex v. 625.

75. 636. Συνεχέως ἐμάχοντο, &c.] Quod decem annos continuatum est bellum, donec pugnâ illâ memorabili [quae narrata est] finiretur; potest id ornatui poëtico tribui; potest tamen tempus forte continuorum terrae motuum designari, donec erumperet intestina elementorum discordia. Heyne. Idem tamen vir egregius censet orationem hic fore expeditiorem si cum v. 634. abessent quoque 635—6.

638. —ἴσον δὲ τέλος τέτατο πτολέμοιο.] aequali adhuc fortunâ in pugnis usi fuerant. τέλος πολέμοιο pro πόλεμος notum est ex Homdui et ipse saepè sic loquitur. Aliàs est : θεὸς ἴσον τείνει πολέμου τέλος; vel, μάχη ἐπὶ ἴσα τέτατο. Rationem translationis optimè disces ex Il. o, 410, sqq. coll. simili loco μ, 433. V. sq. κείνοισι Centimanos designat, quos ut benevolos sibi et audaces reddat, bona fercula iis apponit Jupiter. Nam hunc ad παρέσχεθε extrinsecùs intelligimus. Wolf.

642. 'Ὡς νέκταρ—] Additamentum alienae manus hoc esse putant Guiet. et Heyn. Mihi quidem versus nunc ferendus videtur. Idem.

643. Δὴ τότε τοῖς—] Intellige Briareum, Cottum et Gygen, a Gyen : nam v. sqq. eos alloquitur. Heyne.

651. Μνησάμειοι φιλότητος ἐνηέος,] Memores placidae meae amicitiae, ἐξ ἧς scil. ὅσα παθόντες, &c. quantis beneficiis affecti in lucem iterùm venistis, &c. ἐνηέος, à nominat. ἐνηὴς, ὁ ἠ. ex ἐν et ἐΰς, uti suprà v. 633.

656. ὅτι περὶ μὲν πραπίδας, &c.] Corr. πέρι. Guiet. emend. περί σοι πραπίδες. Malui pro ἐστὶ scribere ἐσσὶ, quod magis Homericum est. Wolf. Si περὶ δ' ἐσσὶ νόημα ex judicio correctum legitur, necesse erit refingere quoque πραπίδας. Heyne. " πέρι μὲν πραπίδας, πέρι δ' ἐσσὶ ν. Wolf. in corr. Vid. sup. p. 5. v. 66. P.

657. —ἀρῆς—] Vulgò putatur Ion. genit. ab ἀρά, dirae, damnum: [et sic Scut. Herc. 29, et 128,] in quo, ut observavit Wolfius, prima syllaba ab antiquioribus intenditur, quae brevis contrà est in Ἄρης. Reponendum igitur censet ἄρεως. Vide D'Orvillii Crit. Vannum, p. 390. et Clarkium ad Il. ξ, 485. σ. 213.

658. Σῆσι δ' ἐπιφροσύνῃσιν—] Vulgò Σῆς δ' ἐπιφραδμοσύνῃσιν.

666. —μάχην δ' ἀμέγαρτον ἔγειραν] pugnam arduam excitârunt; ubi Dammius putat ad verbi etymologiam respici, εἰ; μέγα αἴρω, cum α intensivo. Caeterùm, ut rectè observat Robinsonus, " Ex " hac descriptione praelii Deorum et Titanum satis constat Poëtam " nostrum non solùm, ut vult Quinctilianus, in mediocri illo dicendi " genere excelluisse, sed etiam ad summum Poëtices fastigium assur- " gere potuisse. Nihil certè grandius occurrit in descriptione illâ " Homericâ τῆς θεομαχίας, quae adeò à Longino celebratur." S. 9.

669. —Ἐρέβευσφιν—] Per paragogen poëticam pro Ἐρέβευς, et 76. hoc pro Ἐρέβους, a nominat. Ἔρεβος, εος, τό. Et τὸ ἐξ subintelligitur, ut notavit Guietus.

675. Πέτρας ἠλιβάτους—] Vide Vol. I. ad p. 98. n. 2.

681, 682. —ἔνοσις—ποδῶν,—] videntur jungenda; ita melius procedunt reliqua, quae subjiciuntur. Heyne.

688. Εἶθαρ μὲν μένεος, &c.] Εὐθὺς, εὐθέως, εἰθὺς et ἰθὺς cognata, quibus adde τὸ εἶθαρ, —ἐκ δέ τε πᾶσαν φαῖνε βίην, i. e. ἐξέφαινε. Guietus. "l. 687. οὐ δ', Wolf. Edin. οὐδ', Rob. οὐδ', al. P.

690. —οἱ δὲ κεραυνοί] fulmina autem—ἅμα [σὺν] βροντῇ τε καὶ ἀστεροπῇ ἴκταρ ποτέοντο ἀπὸ στιβαρῆς χειρὸς, τε ταρφέες εἰλιφόωντες ἱερὴν φλόγα· unà cum tonitru et fulgure extemplò volabant à robustâ manu, et crebra contorquentia sacram flammam. De ἴκταρ ita Schol. εὐθέως, ἐκ τοῦ σύνεγγυς, ὡς ἀπὸ τοῦ ἱκνοῦμαι, ἴκταρ, ἰκτίκως, ταχέως· ἢ ἀντὶ τοῦ ἐγγὺς, ἐκ τοῦ παρεπομένου, ἐπειδὴ ὁ ἀφικνούμενος ἐγγὺς γίνεται. χρῶνται δὲ οἱ Τραγικοὶ ταυτῇ τῇ λέξει. Erit sic idem, quod antè συνωχαδόν. Conf. Hesych. h. v. ibique Intpp. Wolf. εἰλυφάω est contorqueo. Vide suprà ad Od. α, 25.

697. Τιτῆνας χθονίους·] Id est, Terrae filios. Guiet.

698. —ὄσσε δ' ἄμερδε—] ὄσσε per apocop. pro ὄσσεε. Et in Lex. Homerico ita Dammius: ἀμέρδω, f. σω, notat propriè ἀποστερέω μερίδος, privo aliquem portione ei debitâ, ab α priv. et μερίζω, non attribuo in divisione partem: in specie est, privo aliquem facultate videndi, &c.

700. —Χάος·] Notabile quod in hac particulâ χάος alio modo quam in theogoniis dictum pro immenso aëre; et quod v. 732, Tartaro πύλας ἐπέθηκε Ποσειδῶν χαλκείας, non Hephaestus.—εἴσατο (ἔδοξεν) δ', (ὥστε) ἄντα ο. ἰδεῖν, ἠδ' ο. ο. ἀκοῦσαι, αὕτως, ὡς ὅτε γαῖα καὶ οὐρανὸς εὐρὺς ὕπερθεν πίλνατο· τοῖος γάρ, &c. adspectu et auditu, videbatur res ita se habere, ac si coelum et terra miscerentur: talis enim ingens fragor futurus esset, si inter se corruerent. Ita accipienda haec; alias γάρ κε vitiosum esset. ὀρώρει κε pro ἄν' mox μέγας ὑπὸ in ed. Trincav. et ed. Paris. 1544. In hac quoque v. 725, ἤκοι. Versus autem 705. prorsus ex superioribus confictus, et otiosus est. Heyne. "Chaos propriè, puto: Åïr, v. 697. P.

77. 720. *Τόσσον ἔνερθ'*, &c.] Sic Apollodorus —*τοσοῦτον ἀπὸ γῆς ἔχων διάστημα, ὅσον ἀπ' οὐρανοῦ γῆ*. Biblioth. ad init. Sequens versus meritò rejectus est à Ruhnkenio, approbante Wolfio. Conf. Il. *ϑ*, 13, sqq. item Aen. vi, 577, sqq. "Vide Milton, P. L. VI. passim. P.

727. —*περὶ δειρήν*·] *circumcirca*. Sic intelligo. Loquutio alias mihi nondum obvia fuit. WOLF. Mos Hesiodeus postulat *δειρὴν πέρι*. Caeterùm quae indè à 729, *ἔνθα θεοὶ*, ad v. 745, sequuntur, passim à serioribus rhapsodis amplificata esse suspicari licet. Cohaerent inter se tantùm illa : quòd *Tartarus muro aheneo cinctus est, ejusque pinnacula tenebrae obsident, suprà eum verò terrae et maris fundamenta seu radices sunt :*—728. *eodemque in loco Noctis domus*. 744, 5. Nam mera repetitio è superioribus est in vss. 729—733, 736—744. In ultimis *καὶ Νυκτὸς ἐρ. οἰκία δεινὰ ἕστηκεν* parùm commodè dictum est, cum saltèm repetitum esse deberet *ἔνθα*· *eodem quoque in loco* Noctis aedes sunt; ut 758, *eodem in loco* Somnus et Mors domos habent, et 767, Hades et Proserpina et Styx. Caeterùm ex his ad intelligendum in promtu est, *Tartarum* antea locum *Hadae* obtinuisse, cui mox *omnd* successit. Virgilius Tartarum ab Elysio sejunctum in locis inferis collocavit, sceleratorum sedem : Aen. vi, 548, sq. et in Excurs. p. 658. HEYNE. "EXC. VIII.

728. —*πεφύασι*] Scrib. *πεφύασι*, ut editt. Trincav. Steph. &c. exhibent. *Πεφύκασι* antepenult. productam haberet. WOLF.

732. —*πύλας δ' ἐπέθηκε Ποσειδῶν*] Quòd Neptunus dicitur Tartarum munivisse portis, quae exitum Titanibus praecluderent, non Vulcanus, rectè mireris. Causam commenti unam hanc video, qu d hoc tempore, de quo nunc sermo est, Vulcanus ex Hesiodi mente nondum natus fuerit, quem tum demum, cùm Jovis imperium jam stabilitum erat, prodire videmus v. 927. *Idem*. Vide suprà ad v. 700.

78. 736—742. *Ἔνθα δὲ*—] In sequentibus dubito an omnia ab Hesiodo sunt et satis sana. Partim haec jam antea dicta, partim versus ab Homero mutuati sunt, ut statim v. 739. ex Il. *υ*, 65. V. 741, malit Guietus *ἵκα' εἰ—γένοιο*, 2dâ per. sed forte *τις* intelligi debet. Tum constr. *θύελλα θυέλλη προφέροι κεν ἔνθα καὶ ἔνθα*. Vide Il. *ζ*, 346, Od. *υ*, 63. *Una ex aliâ procella eum modò huc modò illuc abriperet*. *Idem*. " 736. Hinc novum quasi exordium factum. Vide Wolf. P.

745. ‘*Ἕστηκεν*,—] *Stat ;* et paulo post, ‘*Ἑστηὼς*, pro *ἑστηκὼς*, *stans*. Vide Vol. I. ad p. 98. n. 3.

749. —*ἀμειβόμεναι μ. ου. χ*.] *alternis vicibus subeuntes magnum limen aereum*.

750. —*καταβήσεται*,] Guietus corr. *καταδύεται*. Sed futurum à Graecis saepiùs pro aor. poni solet. WOLF. *καταβήσεται* potiùs novum videtur esse praes. idem quod ad formam ac fut. 1. med. Vide Clarke ad Hom. Iliad. *ε*, 109. ubi vir ornatissimus hoc novum praes. *καταβήσομαι* non agnoscit; quanquam analogiâ non dissimili persaepè usurpare visus est Homerus verbum *δύσομαι, δύσεο, ἐδύσετο*, &c. Occurrit quoque in vulgatis editt. Hom. *κατεδύσετο*, quod Clarkius legit *κατεδύσατο*, in aor. Sed et invenitur *καταβήσεται* [Il. *ο*, 382.] usurpatum tanquam tempus praes. quod vir acutissimus videtur non observâsse.

754. *Μίμνει τὴν*, &c.] *Expectat tempus sui itineris, donec venerit*, i. e. per notum Graecismum, *Manet donec tempus sui itineris venerit*.

Prius quoque benè Latinè dici potest. Tres sequentes versus Heynio et Wolfio inserti videntur alienâ manu.

759. —οὐδέ ποτ' αὐτοὺς] Conf. Od. λ, 15, sqq. " supra p. 47

766. —ἐχθρὸς δὲ, &c.] Hoc ita intelligo, ut θάνατος dicatur invisus esse vel illis, quorum tamen vita in ejus potestate non est, diis immortalibus. WOLF.

767. —θεοῦ χθονίου] χθόνιος h. l. est pro καταχθόνιος. Idem. δόμοι ἠχήεντες. Angl. resounding mansions. —ἑστᾶσιν, pro ἑστήκασιν, stant. Vide Vol. l. ad p. 98. n. 3.

778. —ἀμφὶ δὲ—] ex more rudis sermonis pro: κατηρεφέα καὶ 79. ἐστηριγμένα κίοσιν. HEYNE.

780. Παῦρα, &c.] Hi 4 versus, si sensum diligentiùs spectes, ita inepti sunt, ut nihil suprà. WOLF. " Παῦρα, Rarò, adv. Interp. P.

781. Αγγελίης] sc. ἕνεκα, nec mutandum in ἀγγελίῃ. Styx autem dea fontis et fluvii putanda est, eodem modo ut Nympha aliqua. Incolit illa antrum, è quo fons scaturire putandus est, mox loca infera subiturus. Primò honor habitus deae, ut per eam juraretur, posteà solenniùs factum, ut per ejus aquam juraretur : quam adeò afferri ad deos narrat poëta, quotiès jurandum sit. In 783, Trincav. ὅς κε ψεύσηται, Edit. Par. ὅς κε ψεύδηται, meliùs quàm vulgò. HEYNE.

789. Ὠκεανοῖο κέρας·] Κέρας fluvii pars est vel brachium, que sensu etiam Latini cornu dicunt. WOLF.

793. —τὴν—] Intellige διὰ τὴν Στύγα. In ἀπολείψας ut consonam duplicarem non necessarium erat. In compositione enim, etsi rariùs, particulae ἀπό, περὶ, ἐπὶ praesertim sequente λ postremam producunt vocalem. Pronunciando tum literam gemināsse videntur. WOL. Si ἀπολείψας est à λείβω, libans simpliciter significat. Sin à λείπω, redde, cum Wolfio, fidem deserens: qui ἐπίορκον adverbium putat. Heynius aut ἐπίορκος scribendum censet cum Guieto, aut ἐπίορκον ἐπομόσσῃ jungendum, qui pejeraverit.

798. —ἐπὶ κῶμα καλύπτει.] i. e. κῶμα ἐπικαλύπτει αὐτόν.

801. —ἀπομείρεται—] Occurrit sanè et in Εργ. 578, sed ibi est 80. vindicat sibi, sortitur. At h. l. est ἀποκεχώρισται, quod est ἀπαμείρεται. V. Etymol. et Hesych. h. v. "Et sic ed. Trincav. Par." HEYNE. " Eustath. non sensu, sed scriptura modo haec verba differre putat, ad Il. φ. 394. p. 1243. l. 23. Vide Wolf. addenda: item Soping. et Alberti ad Hesych. P.

804. Εἴραις] coetibus : idem quod ἰραῖς. Correctio est Ruhnkenii, pro vulgato Εἰρέας. Putat Heynius, quòd εἰράς non minùs locum habuisset, respectu alterius ἐς βουλήν.

805. Ὠγύγιον,] antiquam—Nam jungitur cum ὕδωρ aquam, et non eum ὅρκον, ut rectè Wolfius.

III. NOTAE IN APOLLONIUM RHODIUM.

81.   * Ex Apollonio Rhodio.] Apollonius, poëta heroicus, Sillei, vel,
ut quidam volunt, Illei filius, Alexandrinus fuit genere: sed quia
apud Rhodios per aliquod tempus Rhetoricam professus esset, et ab
illis jus civitatis accepisset, *Rhodius* vulgò dicebatur.   Floruit circi-
ter A. M. 3770. Olymp. cxxxvi, 3. ante C. N. 234. Rhodo Alexan-
driam reversus, Eratostheni successit in praefecturâ Bibliothecae
Alexandrinae, sub rege Ptolemaeo Euergetâ.   Callimachi discipulus
fuerat; sed ei postea factus est invisissimus, quia, ut vulgò creditur,
scripta ejus sive contempserat, seu sibi arrogaverat.

Scripsit iv libris Argonautica, seu de Expeditione Argonautarum,
qui celeberrimâ nave Argo vecti, hortante Peliâ, è Thessaliâ in
Colchidem navigabant, *Aureum Vellus* asportaturi.   Egregium inter
poëtas veteres argumentum, et quod tractavit Apollonius, judice
Quinctiliano, *aequali quadam mediocritate*.   Idem ferè judicium de
Apollonio tulit Longinus, qui eum appellat ἄπτωτον, *vitio carentem;*
hoc indicare volens plus studii et curae in eo fuisse quàm ingenii.
Proximus tamen ab Homero fuit in heroico genere Apollonius:
quamvis longò quidem intervallo cùm ingenii tùm aetatis.   Verùm
poëma ejus diligenter legenti judicium illorum criticorum plus justo
severum esse interdùm videbitur: nam et non rarò assurgit Apollo-
nius, atque in imaginum veritate et efficaciâ ipsi Homero vix impar
censeri potest.   "Itaque" (inquit Biblioth. Criticae auctor) "Virgi-
"lius, qui solus ex Antiquis proximè accessit ad Homeri praestan-
"tiam, quique ejus exemplum, cùm in descriptione argumenti, tùm
"in ornamentis et omni carminis cultu, secutus est; multas tamen
"easque elegantissimas imagines ex Apollonio assumsit."   Vol. II.
Part ii. p. 27.   Amstelod. 1783.   Ubi vide plura.   Item Fabr. Bib-
lioth. Gr. Vol. iv. p. 262. sqq. Edit. Harles. "L. III. c. 26. (olim 21.)

EDITIONES APOLLONII RHODII.

1. Apollonii Rhodii Argonautica, Graecè, cum Scholiis, litteris
quadratis, s. capitalibus, per Laur. Flor. de Alopa, 1496, *in 4to.*—al.
1498. [*Florentinam* hanc appellant.]
2. ———————————— Graecè, cum Scholiis, in aedi-
bus *Aldi et Andreae soceri, curante Francisco Asulano,* 1521, *in 8vo.*
[*Aldinam* vel *Venetam* appellant.]
3. ———————————— Graecè, sine Scholiis. *Parisiis,*
1541, *in 8vo.* [*Parisina.*]
4. ———————————— Graecè, cum Indice et Scholiis,
ex offic. *Petri Brubachii,* 1546, *in 8vo.* [*Francofurtensis.*]
5. ———————————— Graecè, cum Scholiis; item
Eadem carmine heroico Lat. translata per Valentinum Rotmarum
Salisburgensem, cum annotationibus. *Basileae,* 1572, *in 12mo.*
[*Basiliensis.*]
6. ———————————— Graecè, cum Scholiis; et an-
notat. "brevi" Henr. Stephani, 1574, *in 4to.* [*Genevensis.*]

7. Apollonii Rhodii Argonauticorum   Libri iv. ab Jeremia 81.
Hoelzlino in Latinum conversi; commentario et notis illustrati,
&c. *Lugd. Bat.* 1641, *in* 8*vo.*

8. ————————————— Edidit, novâ ferè interpreta-
tione illustravit, &c.   Joannes Shaw, A. M. *Oxon.* 1777, ii vol. 4*to.*
maj. [Eadem edit. *ibid.* repet. 1779, *in* 8*vo.*]

9. ————————————— è scriptis octo veteribus libris,
quorum plerique nondùm collati fuerant, nunc primùm emendatè edidit
Rich. Fr. Phil. Brunck, *Argentor.* 1780, *in* 8*vo, et* 4*to. " Lips.* 1810.

₊ E plurimis, qui post Homerum Epico carmini scribendo inge-
nium applicuere, solius Apollonii integrum ad nos pervenit opus
Argonauticorum, eo saltem nomine, sed et alias praeclaras ob dotes,
idonei editoris curâ dignissimum.   Neglectum quidem non omninò
fuit, quum illius septem prodierint editiones.—Sed illotis adeò ma-
nibus semper contrectatum fuit, ut collecto per longam barbariem
squalore ad hunc usque diem infuscatum remanserit.   Sunt enim
editiones illae omnes mendosissimae.—Tenebricosam versionem
adjecit Hoelzlinus, quam nemo intelligere possit, nisi sensum è
Graecis hauriat, *putidoque commentario poëtam oneravit, hominum
futilissimus ;* quod verum judicium de eo tulit *David Ruhnkenius.*—
In editionum censum referri non meretur Batavae repetitio, quae
Oxonii prodiit curâ Joannis Shaw, A. M.—Verum est profectò,
Homerum Apollonio faciliorem esse.   Sed quum salebrae pleraeque,
in quibus haerebant lectores,—complanatae sint, futurum confido, ut
qui semper doctissimus habitus est Poëta, idem deinceps mollior
suaviorque videatur. Brunck.

† *ΕΚ ΤΟΥ ΤΩΝ ΑΠΟΛΛΩΝΙΟΥ ΑΡΓΟΝΑΥΤΙΚΩΝ ΒΙ-
ΒΛΙΟΥ Α΄.*] i. e. *Ex* Apollonii Argonauticorum Lib. I, 1—233.
Invocatio, Argumenti Propositio, Catalogus.

Ver. 1. *Αρχόμενος σέο, Φοῖβε,*] Solennis hic est Poëtis mos Deum
aliquem initio carminis invocandi.   Homerus : *Μῆνιν ἄειδε, Θεά,*—
et *Ανδρα μοι ἔννεπε, Μοῦσα,*—Hesiodus : *Μυσάων 'Ελικωνιάδων
ἀρχώμεθ΄ ἀείδειν.*   Aratus : *Εκ Διός ἀρχώμεσθα*—Ab Apolline
unum è suis poëmatibus exorsus fuerat Megarensis Theognis :

> *Ω ἄνα, Λητοῦς υἱὲ, Διὸς τέκος, οὔποτε σεῖο*
> *Λήσομαι ἀρχόμενος, οὐδ' ἀναπαυόμενος·*
> *Αλλ' αἰεὶ πρῶτόν τε, καὶ ὕστατον, ἔν τε μέσοισιν*
> *Αείσω.*   Brunck.

Αρχόμενος σέο, [i. e. *ἀπὸ σοῦ,*] *Incipiens à te,* [De ἄρχω et ἀρχεσθαι,
vide Vol. I. ad p. 46. n. 1.] —*παλαιγενέων κλέα φωτῶν Μνήσο-
μαι,* —εἰς μνήμην ἄξω τὰ ἔνδοξα τῶν Αργοναυτικῶν ἔργα. Schol.

2, 3. —*Πόντοιο κατὰ στόμα,*] Bosphorum Thracium intelligit,
Pontum Euxinum versus. · De *πέτραις Κυανέαις,* quae et *Συμπλη-
γάδες* vocantur, vide infrà ad Eurip. Med. init.

4. *Χρύσειον μετὰ κῶας—ἤλασαν Αργώ.*] Angl. *in quest of the
golden Fleece.* [Cf. Eurip. Med. 6. et Theocr. Idyll. xiii. 16.] Dicitur
κῶας, ατος, τό, vel κῶος, εος, τό, *vellus.* De *Αργὼ* vide infrà ad
Eur. Med. init.

6, 7. *Μοῖρα μένει*—] *Fatum maneret*—[De praesenti temp. hoc

modo Graecis usurpato, vide Vol. I. ad p. 122, n. 6.] Quae sequuntur
sic construe: —δαμῆναι ὑπ᾽ ἐννεσίῃσι [ἐννεσίαις] τοῦδ᾽ ἀνέρος,
ὅντιν᾽ ἴδοιτο οἰοπέδιλον δημόθεν, Angl. to be [i. e. that he would be]
overwhelmed by the devices of the man from among the people, whom he
should see having only one sandal.

8. —ϑεὴν] idem quod ϑείην, hîc pro vulgari τεὴν, est ex felici
emendatione Gisberti Cuperi, approbante Brunckio his verbis:
" Invocatio desinit in versu 4. tum incipit narratio : Poëta nec Apol-
" linem, nec Peliam alloquitur; proinde τὸ τεὴν minimè stare
" potest." Caeterùm βάξις, à βάζω, loquor, hîc sumitur pro oraculo.

9. —Αναύρου,] Hîc, et lib. iii, 67, nomen est perennis fluvii.
Apollodorus p. 48, [54, edit. Heyn.] διαβαίνων δὲ ποταμὸν Αναυρον,
ἐξῆλθε μονοσάνδαλος, τὸ ἕτερον ἀπολέσας ἐν τῷ ῥείθρῳ πέδιλον.
Vide Th. Munkerum ad Hygini fab. xii. BRUNCK.

10. Ἀλλο μὲν ἐξεσάωσεν ὑπ᾽ ἰλύος,] Alterum quidem servavit, post-
quam esset sub limo, i. e. è limo.

82. 15—17. —ἐφράσσατο] cum duplici σ, ad syllabam longam efficien-
dam, ut benè notum Homerum legentibus ; φράζω, dico, aliis ostendo,
enarro ; sed φράζομαι, in voce med. mecum reputo, delibero, consilium
ineo. ἐφράσατο, secum reputavit, καί οἱ ἄεθλον ἔντυε ναυτιλίης πολυ-
κηδέος, atque ei certamen instruxit navigationis laboriosissimae, i. e.
postquam secum reputâsset, ei certamen, &c. ἠέ κεν—ὀλέσσῃ. κεν,
quod est ἄν, construitur cum ὀλέσῃ, ὄφρ᾽ ἂν ὀλέσῃ. Pro κεν vulgò
καὶ, malè, uti ostendit Brunckius.

18, 19. —ἐπικλείουσιν] Absurdè vulgò legitur ἔτι κλείουσιν. Illud
è v. 59. reponi debuit, ubi genuinam lectionem ab Homeri Scho-
liaste confirmatam revocavimus. BRUNCK. Ordo est : οἱ ἀοιδοὶ μὲν
οὖν πρόσθεν [γενόμενοι— vide infrà ad init. Soph. Oed. TYR.]
ἐπικλείουσιν Ἀργον κάμειν νῆα ὑποθημοσύνῃσι Ἀθηναίης. Veteres
quidem poëtae perhibent Argum fabricâsse navem consiliis Minervae.
De fabricatore navis Argûs non consentiunt auctores, neque de ety-
mologiâ nominis. Vide infrà ad init. Eurip. Med. Sed plena sunt
omnia ·Lexica ejusmodi historiis.

25, 26. —σκοπιῆς Πιμπληΐδος ἄγχι] prope speculam Pimplac—
Πίμπλη, unde Πιμπληΐς, mons Boeotiae, Musis sacer.*—Αὐτὰρ, &c.
cf. Hor. Lib. i. Od. xii. Unde vocalem temerè insecutae, &c. et Od.
xxiv. Quod si Threïcio blandiùs Orpheo, &c. item Congreve's Mourn-
ing Bride : Music hath charms, &c.* Thraciac ?

29. —τηλεθόωσαι] pro τηλεθάουσαι, florentes : vide suprà ad Od.
α, 25. Sic στιχόωσιν pro στιχάουσι.—ἃς ὅ γ᾽ ἐπιπρὸ, quas ille longo
tractu, ϑελγομένας, delinitas, ut vulgo reddunt : Sed observandum est
verba Latina carere participio praes. temporis in voce passivâ, quod
valdè est incommodum ; et interpretes Latinos cogit ad participium
perf. recurrere, quod interdùm sententiam auctoris prorsus extin-
guit. Vide Il. α, 410, ubi κτεινομένους redditur ab interpretibus
caesos ; quod absurdum est. ‘ Ζώνη nomen est loci proprium. BRUNCK.
‘Εξείης στιχόωσιν ἐπήτριμοι, Ordine stant conferti. P.

39. —ἀπόπροθι εἰς ἕν ἰόντες.] Vulgò legitur ἀπόπροθεν, sensu
diverso. Sed illud praestat. Longo tractu eodem fluentes alveo, scil.
usque in eum locum, ubi a Peneo recipiuntur. Conf. iv. 135. BRUNCK.

40—44. —ἐπὶ τοῖσι] i. e. ἐπὶ τούτοις, Angl. next to them. ἐρισθε-
νέων Λαπιθάων, supple ἐπὶ, tempore praepotentium Lapitharum.
Erat scil. hicce Polyphemus non Cyclops ille, de quo suprà in Odys-

seâ, sed unus è Lapithis. [Vide Iliad. α, 264.] ὁπλότερος, ab ὅπλον, *telum*, est propriè *armis instructior*, unde *junior*; ὁπλότερος γενεῇ, *natu minor*. [cf. Il. β, 707. γ, 108.] βαρύθεσκε, Ion. imperf. à βαρύθω, quod idem est ac βαρύνομαι, *molestiâ gravi afficior, ingravesco*. [conf. Iliad. π, 519.] ὡς τοπάρος περ, *sicut antea*. Vide Odyss. β, 305. ϑ, 31. et alibi. " Supra p. 24. Item Il. δ, 325. P.

48. Προσύνη καὶ κῆδος] Προσύνη affinitatem notat, τὴν ἐξ ἐπι- 83. γαμίας συγγένειαν· κῆδος autem τὴν ἐπιμέλειαν, τὴν φροντίδα, quae acceptio è lexicis nota. BRUNCK.

49. —εὐρήνεσσιν] Poëticè pro εὔρησι, à nominat. εὔρην, -νος, *abundans pecoribus*, ex εὖ et ἄρς, *agnus*; legitur et εὔρηνος, -η, -ον. In quibusdam libris scribitur cum duplici ρ, sed perperàm, uti ostendit Brunckius.

51, 52. —πολυλήἴα 'Ερμείαο υἱέες,] *manubiis divites Mercurii filii*. —'Ερμείαο, Aeol. genit. ab 'Ερμείας, quod idem ac 'Ερμίας, οι, contractè 'Ερμῆς, οῦ. εὖ δεδαῶτε δόλους, *benè docti dolos*. Δαέω, *disco, intelligo*, &c. in perf. med. δέδαα, unde in participio, δεδαὼς, -ὐῶα, -αως· quae methodus flexionis apud poëtas usitatissima est. Sic Odyss. ρ, 519. δεδαὼς ἐπέ ἱμερόεντα, *doctus carmina delectabilia*. " ἔδαε, *docuit*; ἐδάη, *didicit*. P.

53. —νισσομένοισιν] Vera scriptura hujus verbi est νίσσομαι, in f. 1. νίσομαι, antepenult. longâ, ut rectè ostendit Brunckius. ἐπὶ δὲ τοῖσι—νισσομένοισι, Angl. *and went to them while they were setting out*, &c.

60. Κενταύροισιν ὀλέσθαι,] *à Centauris periisse*,—

63, 64. —ἐδύσατο] Barbaram et Graecitati incognitam verbi formam exhibent editiones, ἐδύσσετο. Vero propius Homeri Scholiastes, ἐδύσσατο. In hoc verbo litera sibilans geminari non debet, quia υ per se longum est. Vide Clarkium ad Hom. Il. ι, 592. λ, 16. In sup. v. ἀγκλῖναι pro vulgato ἐγκλῖναι dedit idem Schol. τῷ ἀγκλῖναι *dejicere* opponitur ἄκαμπτος, ut ἄῤῥηκτος opponitur τῷ δαΐξαι. ἐγκλῖναι notat *inclinare, in fugam vertere*. Facilè haec composita commutantur. BRUNCK. Conf. Ovid. Metam. xii, 496. —*manet imperfossus ab omni*, &c. ἐδύσατο νειόθι γαίης, *subiit altus terram*. νειόθι, *in imo*, per sync. pro νειατόθι, à νείατος.—θεινόμενος στιβαρῇσι ἐλάτῃσιν καταΐγδην, *ictus validis abietibus cum impetu corruentibus*. καταΐγδην, adverb. à καταΐσσω, *corruo*.

67, 68. —ἄγχι δὲ λίμνης Ξυνιάδος—] Ξυνιάς λίμνη τῆς Θεσσαλίας. Κτιμένη πόλις τῆς Θεσσαλίας. Δολοπηΐδα δὲ τὴν Θεσσαλίαν εἶπε. Δόλοπες γὰρ ἔθνος Θεσσαλίας. Schol. ναιετάασκε, Ion. pro ἐναιέται, *habitabat*, à ναιετάω. cf. Il. λ, 672. ρ, 308. " Il. ι, 480. P.

69. —Ὁπόεντος—] à nominat. Ὁπόεις, contractè Ὁποῦς, οὖντος, quae urbs celebris Λοκρῶν Ἐπικνημιδίων.

75. Ἔξοχος ἠνορέην,] Subauditur κατά. Εὖ δεδαὼς, vide suprà ad v. 52.

81. Πλαγχθέντας] *vagatos*— Vide ad Odyss. α, 2. δηωθῆναι, 84. *interfici*, à δηόω, *interficio*: " pro δηϊόω. P.

82, 83. —κακὸν μηκιστὸν ἐπαύρειν,] Sic in quatuor codd. quam lectionem agnoscit et exponit Scholiastes: οὐκ ἔστι μέγιστον κακὸν, οὗ μὴ ἐπαυρεῖν τοῖς ἀνθρώποις συμβαίνει. E vulgato κακῶν nullus sensus elici potest. Nihil autem refert, utrum ἀπαυρεῖν, an ἐπαυρεῖν legatur. Vide Graevium ad Hesiodi Ἔργ. 240. et nos ad Aeschyli Prom. 28. BRUNCK. In hac autem Scholiastae interpretatione,

84. quae Brunckio adeò arridere videtur, nequeo, quae est mea caeci-
tas, vidère sensum poëtae : nec ullum accepi lumen à doctissimo
Graevio ad locum indicatum: et quae Brunckius ipse notavit ad
Aeschyli Prom. mihi videre non contigit. In verbis poëtae deside-
ro iteratam istam Scholiastae particulam negativam, et dubito an
μήχιστον hîc possit sumi pro μέγιστον, quanquam non ignoro Atti-
cos poëtas interdum dicere μάχιστος, pro μέγιστος· [Vide Soph.
Oed. Tyr. 1301. et Philoct. 849.] et μάχιστος, in chori cantilenis,
ubi voces Doricae admittuntur, potest esse pro μήχιστος. Construo et
interpretor hoc modo: ὡς ἐπαυρεῖν κακὸν, [vel κακῶν, nam hoc
verbum invenitur constructum interdùm cum accusativo, interdùm
cum genitivo,] οὐκ [ἔστιν] ἀνθρώποισι μήχιστον, adeo attingere mala,
vel plecti malis, non est hominibus res longissimè remota,—[ἐπαυρέω,
est attingo, gusto, fruor ; et sumitur in utramque partem. Sic Iliad. λ,
572. πάρος χρόα λευκὸν ἐπαυρεῖν, antequam corpus candidum attin-
geret.   Loquitur Poëta de jaculis. conf. ο, 316. ό, 302. item ψ, 340.
ubi construitur cum genitivo.   Invenitur etiam in voce med. apud
Homerum, Iliad. α, 410, ἵνα πάντες ἐπαύρωνται βασιλῆος· ubi ob-
servandum βασιλῆος regi ab ἕνεκα subaudito ; ut omnes seipsis fruan-
tur,—sibimet ipsis placeant, propter regem : vel sine ἕνεκα, ut omnes
fruantur suo rege.   Ironicè scil. dictum.   Sed Graevius reddit : ut
omnes plectantur propter regem. cf. Od. ό, 106.]   —ὁππότε ταρχύ-
σαντο ἐκείνους καὶ ἐνὶ Λιβύῃ—siquidem eos sepeliendos curaverint
etiam in Libyâ, τόσον ἑκάς [ἀπὸ] Κόλχων, ὅσον τέ περ δύσιές τε καὶ
ἀνατολαὶ ἠελίου εἰσοράονται [vide suprà ad v. 29.] μεσσηγύς. Locu-
tio poëtica ad magnam distantiam denotandam.   Hunc verò locum
difficilem ita reddendum proponit T. Y.: Ne malis quidem diu frui
hominibus licet. "Socii sepelierunt—P.

87. Εὐρύτου υἷες,] Vide Odyss. Ϡ, 226. τόξον autem in seq. v. ut
Eustathius adnotat ad Il. ο, 441. οὐ τὸ σκεῦος σημαίνει, ἀλλὰ τὴν
τοξικὴν τέχνην. BRUNCK.

101—104. Θησέα δ',—Πειρίθῳ] Legitur Πειρίθοος, ου, et Πειρί-
θους, ου, ό.   De Theseo et Pirithoo, vide in Propr. nom. Lexicis.
Vide etiam Virg. Aen. vi, 618. et Hor. Lib. iïl. Od. 4. ad fin. et
quae ibi annotârunt viri doctissimi Heyne et Jani. Pro vulgato
κείνην, vel κεινὴν ὁδὸν reposuit Brunckius κοινὴν ὁδὸν, communem
expeditionem.   Sic autem construe: ἀΐδηλος δὲ δεσμὸς ἔρυκε ὑπὸ
Ταιναρίην χθόνα Θησέα, ὃς ἐκέκαστο περὶ πάντας Ερεχθεΐδας, ἑσ-
πόμενον κοινὴν ὁδὸν [σὺν] Πειρίθῳ. ἦ τε ἄμφω κεν ἔθεντο ῥήτερον
τέλος καμάτοιο πάντεσσιν· exitiale autem vinculum cohibebat sub Tae-
nariâ terrâ Theseum, qui celebris erat supra omnes Erechtheidas, dum
communem expeditionem prosequebatur cum Pirithoo. Ambo certè im-
posuissent faciliorem exitum laboris omnibus—Argonautis scil. si eos
comitati essent. "ἀΐδηλος, ἀΐδης, ex ά et εἴδω, non video. P.

105—112. ΤΙΦΥΣ] Celeberrimus navis Argûs gubernator. conf.
Virg. Eclog. iv, 34. Alter erit tum Tiphys, &c.—ἀστέρι, Ursa major
.   sic dicta κατ' ἐξοχήν. Ex hoc loco apparet veteres cursum navium
solere dirigere observatione solis et stellarum. σὺν δέ οἱ, et cum ipsá,
[nam οἱ, à nominativ. ός, est omnium generum,] Αργος— vide
suprà v. 19. —κείνης ὑποθημοσύνῃσι, sic Virg. divinâ Palladis arte
Aen. ii, 15. et vide Odyss. Ϡ, 493. suprà p. 26.

85. 119. —οὕς τέκε Πηρὼ] Vide infrà ad Theocrit. Idyll. iii. v. 43
p. 228. cf. Propert. ii. 3, 51.

122. Οὐδὲ μὲν οὐδὲ βίην—] βίη Ἡρακλῆος est ipse Hercules, ut notum. [Iliad. σ, 117. cf. γ, 105, &c.] Sic Horat. Herculeus labor. [Lib. i. Od. iii. in fin.] quod est Homericum βίη Ἡρακληείη. Il. λ, 689. et alibi. Ἀλλ' ἐπεὶ, &c. Angl. ad verbum: But when he heard the report of the assembling of the heroes, soon after he had passed from Arcadia to Argos, once reigned over by Lynceus, on the journey when he carried the boar alive, who used to feed in the forests of Lampia, along the extensive marsh of Erymanthus: him, bound in fetters, he laid down from his immense back, at the entrance of the forum of Mycenae; and set out, himself of his own accord, without the knowledge of Eurystheus. Caeterùm historia et labores Herculis etiam pueris notissima.

138. —ὃς πέρι πάντας, &c.] Ordo est: ὃς περιεκαίνυτο πάντας ναυτιλίῃσι, qui vincebat omnes arte navigandi.

141. —μή οἱ, &c.] Ordo est: μὴ δῆμος ἀγάσαιτό οἱ [ἕνεκα] εὐκλείης, ne populus ei invideret propter gloriam. Nam ἀγάζομαι non solùm significat admiror, sed, cum dativo junctum, invideo. [Vide Iliad. ϱ, 71.] " Item, indignor, &c."—ἐτήτυμον, adverbialiter verè.

145. —ἔμπυρα σήματα] vocantur signa, quae πυροσκόποι in victimis ardentibus observabant, ut omen futurorum indè captarent. Küster, ad Suidam.

147. —ὧρσεν—] In hac voce et in similibus, ubi Brunckius et Wakefieldius [Vide Diatr. in Eur. Hec. p. 5. 25, &c. et Sylv. Crit. l. p. 81.] putârunt N ἐφελκυστικῷ, ut vocant, non opus esse ad syllabam longam efficiendam in Anapaesticis scil. et Iambicis, quando pes terminat in ε vel ι; et in Heroicis quando pes ab aliquâ ex hisce literis incipit, sequente consonante simplici; nos, monente amicissimo Tho. Young, in hac editione istud N, à Brunckio omissum, libenter revocavimus: [Vide infrà p. 87. v. 183. p. 88. v. 217.] Cujus rei in Tragico senario rationem quicunque requisiverit, eum communi sensu planè carentem pronunciavit clarissimus Gr. Ling. Prof. Cantabrigiensis Ricardus Porson; qui hanc quoque literam finalem in Tragoediis Euripideis nuper à se editis, etiam ubicunque subsequens vox incipit à mutâ ante liquidam, (quae quidem syllabam naturâ brevem patiantur brevem manere,) constanter retinuit: sic Orest. 64. —παρέδωκεν τρέφειν,— ubi vide quae vir ille acutissimus ulteriùs observavit. " V. 217. Κλείουσι, 5ta: Κλείουσιν, priores. P.

149, 150. Τηλυγέτους] charos, dilectos,—[sed significationes hujus vocis, Homero usitatissimae, dabunt Lexica. Vide ad p. 59. Od. π, 19.] —οὐδ' ἀπίθησε νισσομένοις· Angl. nor was she averse from their going; γὰρ μήδετο ἐπάξια λέκτρων Ζηνός. for she thought of their performing deeds worthy of the progeny of Jove.

151. —ΛΥΓΚΕΥΣ] Vide Coll. Gr. Min. p. 23.

159, 160. —ἠδ' ὅ ττι κεν ἀρήσαιτο Μαρνάμενος,] et quodcunque cuperet inter pugnandum, τὸ πέλεσθαι, id fieri, ἐνὶ ξυνοχῇ πυλέμοιο. ' Angl. in the brunt of the war. i. e. ei dedit potestatem sui in quamcunque vellet formam mutandi. Cf. Ovid. Metam. xii, 556.

166. —ἀμπόλιν] i. e. ἀνὰ πόλιν —ὅπασσε, pro ὧπασε, comitem dedit.

168. —ἄρκτου δέρος] non pendet à sequenti verbo πάλλων, sed ab alio suppresso verbo. Brunck. Vide hoc schema infrà illustratum ad Soph. Oed. Tyr. v. 269. p. 221.

172, 173 —ὃν δὴ φάτις Ἡελίοιο Ἐμμεναι] i. e. ὃν δὴ φάτις [ἐστὶ] εἶναι [υἱὸν] Ἡλίου. —κυδιόων— vide suprà ad v. 29.

176—178. —ΑΜΦΙΩΝ] Hic Amphion diversus fuit ab Amphi-

one, Jovis et Antiopes filio, conditore Thebarum, de quo Horat.
Lib. iii. Od. xi.—*ἐπ' ὀφρύσιν αἰγιαλοῖο. in oris elatioribus littoris.* nam
ὀφρὺς, supercilium, significat quoque, *prominentia terrae, littus arduum.*

87.   183, 184. —*οὐδὲ θοοὺς βάπτεν πόδας,*] Locus notabilis adumbra-
tus ex Il. υ. 226—229. ubi poëta describit equos Erichthonii. cf.
Virg. Aen. vii. 808. de Camillâ : *Illa vel intactae,* &c. et *Pope's Es-
say on Crit. Not so when swift Camilla,* &c.—*ἀλλὰ τεγγόμενα*
ἄκροις ἴχνεσιν ὅσον, [i. e. elipticè, pro *κατὰ τοσοῦτο ὅσον ἐστὶ τέγγε-*
σθαι, tantum quantum est madefieri, vel quantum vocari possit made-
fieri,] *πεφόρητο διερῇ κελεύθῳ.* Angl. *but just dipping the soles of
his feet, he skimmed along the watery way. ἴχνος,* non solùm *vestigium,*
sed interdùm, ut hîc, *planta pedis. διερὸς, qui humorem habet, humidus.*
πεφόρητο, pro *ἐπεφόρητο,* plusquamperf. pass. in med. sensa. Vide
Vol. I. ad p. 58. n. 1. 2. et ad p. 48. n. 2.

188. *Παρθενίην,*] Perperàm vulgò *Παρθενίης.* Ordo est: *ὁ δ'*
Αγκαῖος νοσφισθεὶς Παρθενίην, ἔδος Ιμβρασίης Ἥρης. Hac emen-
datione nihil certius: nominandus erat locus, unde Ancaeus venie-
bat. Cf. ii. 872. Insulae Sami antiquum nomen est *Παρθενίη.*
Vide Callimach. Hymn. in Delum, 48. BRUNCK.

203. *Αἴσονου ἐπίκλησιν,* &c.] i. e. *πᾶις Αἴσονου κατ' ἐπίκλησιν, γε*
μὲν πᾶις Ἡφαίστοιο κατὰ γενεήν.

204. —*πόδε*] Vulgò *πόδα.* Illud dant codd. quatuor.—Patrem
suum referebat, quem utroque pede claudum fuisse fabulantur.
ideo Poëtis *ἀμφιγυήεις* dicitur. —*σιφλὸς* autem hîc *πηρὸς, βεβλαμ-*
μένος notat: alias significationes apud Hesych. vide, et Eustath. ad
Il. ξ, 142. p. 972. BRUNCK.

88.   219. *Τῷ μὲν ἐπ' ἀκροτάτοισι,* &c.] Tota haec descriptio fratrum
Ζήτου et *Καλαῖος* est admodùm poética; non autem explicatu dif-
ficilis. Adi propr. nom. Lexica. *"τοῖς σφυροῖς.* Schol. P.

231. *εὐχετόωντο Εμμεναι·*] i. e. *εὐχετάοντο εἶναι, gloriabantur se*
esse. Vide suprà ad v. 29.

492—558.] Orphei Cantilena, Argûs Profectio.

492—495. —*προτέρω*—] Omnibus ad Argûs profectionem para-
tis, Argonautae, sole in vespertinam caliginem declinante, super
toris foliorum ad littus stratis discumbentes, genio indulgent epulis
ac vino. Orta lis est inter duos ex heroibus, Idam Idmonemque,
qui conviciis se invicem proscindunt ;—*προτέρω δέ κε νεῖκος ἐτύχθη.*
ulteriùs verò lis processisset, [Vide Iliad. ψ, 490.] *Εἰ μὴ ἑταῖροι ὑπο-*
κλήσαντες [*κατερήτυον*] *δηριάοντας, αὐτός τ' Αἰσονίδης κατερήτιεν*
nisi socii iis certantibus interminati cohibuissent, ipséque Jason cohibuis-
set: ἐν δὲ καὶ [*αὐτοῖς*] *Ορφεὺς, ἀνασχόμενος κίθαριν λαιῇ* [χειρὶ]
πείραζεν ἀοιδῆς. atque inter illos Orpheus, laevâ manu sustollens citha-
ram, tentâsset cantilenam.

496—500. *Ηειδε δ' ὡς γαῖα,* &c.] Cf. Virg. Eclog. vi, 31. *Nam-*
que canebat, &c.—*τὸ πρὶν συναρηρότα ἐπ' ἀλλήλοισι μιῇ μορφῇ, prius*
conjuncta inter se sub unâ facie vel formâ, [cf. Ovid. Metam. L. i. 5.
Ante mare et tellus, &c.] *ἐξ ὁλοοῖο νείκεος διεκρίθησαν ἕκαστα ἀμφὶς,*
è perniciosâ lite discreta erant singula à se invicem. —*ἠελίοιο κέλευθα.*
Sic Virg. Aen. vi. 797. *Extra anni Solisque vias,—*

89.   505. —*ὁ μὲν Κρόνῳ εἴκαθε τιμῆς,*] hic quidem Saturno cedebat
honoris causâ,—nam *τιμῆς* regitur ab *ἕνεκα* subaudito. "Vid. Vol. I.
p. 80. 9. P.

508. —*Oφρα Zεὺς ἔτι κοῦρος,*] Sic Juvenalis Sat. vi. 15.—*Jove* 89. *nondum Barbato,*—sed more Satyrico, diverso scil. ab Epico.

512—514. *H,*] Per aphaeresin pro *φῆ,* ut saepe apud Homerum, et hoc pro *ἔφη, dixit.* —*ἄμοτον, insatiabiliter. μοτὸν* est *linteum concerptum,* quo vulnera expleri solent à chirurgis: unde *ἄμοτος, ου, ὁ, ἡ, qui expleri non debet vel potest.* [cf. Iliad. *δ,* 440.] —*ἠρεμέοντες ἐπ' οὔασιν ὀρθοῖσιν κηληθμῷ quiescentes auribus erectis ad oblectationem.* "*ἄμοτον προὔχοντο—insatiabiliter protendebant*—P.

515. —*τοίην ὄφιν ἐνέλλιπε θελχτὺν ἀοιδῆς.*] *tale in ipsis blandimentum cantús relinquebat.* Ita ex MSS. quibusdam restituit Brunckius, pro vulgato *θέλχτιν ἀοιδήν.*

516—518. —*Oὐδ' ἐπὶ δὴν μετέπειτα*] *Neque diu post,* χεραόσάιμενα [reduplicato σ, ut saepe apud poëtas] *λαβάς, misto libamine, ῆ* [i. e. *ἐν τῇ ὁδῷ ῆ*] *θέμις ἐστὶ, prout fas est, τέως τε χέοντο ἐπὶ αἰθομέναις γλώσσῃσι, donec quoque profundebant in linguas ardentes,* [Libatio ista postrema, ut observavit Brunckius, super victimarum linguas in honorem Mercurii fiebat. Hom. Od. *η,* 136. *γ,* 332.] *δὲ ἐμνώοντο* [pro *ἐμνάοντο*] *ὕπνου διὰ κνέφας. et somni recordabantur per noctem.* Optimo verò jure suspicatur H. Stephanus, ut notavit T. Young, particulam *δὴ* pro *Διὰ* irrepsisse. "*τέως, tunc.* P.

523. *Βαινέμεναι*] et *βαινέμεν,* idem quod *βαίνειν· ἐπιβαίνειν νῆα,* Angl. *to go on board,* &c. "521. *ἄχραι, summitates undarum.* P.

525. *Πηλιὰς—Ἀργοὶ*] *Peliaca Argo.* Vide infrà ad Eur. Med. 3.

526, 527. *Ἐν γάρ οἱ δόρυ θεῖον ἐλήλατο,*] *In eâ enim trabs divina impacta erat,* [*δόρυ, hastile,* item *tota hasta,* propriè est, ut hîc, *lignum longum, cortice spoliatum, trabs,*] *τό ῥα* [ἐχ] *Δωδωνίδος φηγοῦ Ἀθηναίη ἥρμοσε ἀνὰ μέσσην στεῖραν. quam è Dodonaeâ quercu Minerva adaptaverat mediae carinae. φηγός, fagus,* item *quercus:* Dodonaeae quercus, scil. vocales erant.

528. —*ἐπισχερω*] *continuâ serie,* à *σχερός,* vel *σχερὸν, series, cohaerentia.* —*εὐκόσμως—ἑδριόωντο, ordine sedebant.* Vide supra ad v. 29.

531. —*μέγα τε σθένος Ἡρακλῆος*] Vide supra ad v. 122. *ἄγχι δέ* 90. *οἱ ῥόπαλον θέτο, prope se autem posuit suam clavam*—Hercules scil.

532. —*καί οἱ ἔνερθε*—] *atque ei sub pedibus* (altius) *immersa navis carina.* T. Y.

538, 539. —*ὁμαρτῆ—πέδον ῥήσσωσι πόδεσσιν*] Ex Homero, Il. *σ,* 571. —*τοὶ δὲ ῥήσσοντες ὁμαρτῆ Μολπῆ τ' ἰυγμῷ τε, ποσὶ σκαίροντες ἔποντο.* BRUNCK.

540. 541. *Ὡς οἱ ὑπ' Ορφῆος*] Ita, monente Dorvillio, [Miscell. Observ. iv, p. 194.] reposuit Brunckius, pro vulgato, *Ὡς ὑπ' Ορφῆος,* claudicante versu. Caeterùm quisnam est qui non admiratur hanc imaginem? Argonautas plangentes undam remis ad citharam Orphei! —*ῥόθια δ' ἐπικλύζοντο· fluctus autem fremebant:* —apud Homerum invenitur *ῥόθιος, ια, ιον, fremens, strepens,* &c. sed *τὸ ῥόθιον, fluxus,* est recentiorum poëtarum.

542. *Ἀφρῷ δ' ἔνθα καὶ ἔνθα,* &c.] Talis qualis hic et sequens versus ab Homericâ sublimitate non multùm distare videtur. Tantùm non sunt: *Οἶοι Τρώιοι ἵπποι, ἐπιστάμενοι πεδίοιο, Κραιπνὰ μάλ' ἔνθα καὶ ἔνθα διωκέμεν, ἠδὲ φέβεσθαι.* Il. *ε,* 222. Sed qui sequuntur, ad v. 559, ipso principe poëtarum non sunt indigni. Eorum autem pulchritudines discipulis suis particulatim enarrare periti est Magistri inter praeleg ndum." *ἐκήκιεν, saliit.* Vid. Il. *η,* 262. P.

90.   545. *Τεύχεα.*] Scholiastes: ἅπερ εἰώθασι τιθέναι περὶ τὴν ναῦ κοσμοῦντες αὐτήν. Virg. Aen. viii, 91. *Labitur uncta vadis abies mirantur et undae, Miratur nemus insuetum* FULGENTIA *longè* SCTΛ *virûm.* BRUNCK. Scholiastes verò sensum poëtae hîc minus rectè cepisse videtur : nam νηὸς ἰούσης [Angl. *while the ship was on her way,* cf. Iliad. α, 482.] est genit. abs. et τεύχεα non sunt *ornamenta navis,* sed *arma Argonautarum.* Reddas igitur sic : *Eorum autem arma, nave progrediente, fulgebant sub sole, tanquam flamma.* Sedebant nimirum, [ut suprà v. 530.] armis juxtà positis.

546—552. *Ἀτραπὸς*] est *semita directa, via* ex qua non est declinandum, ex α priv. et τρέπω—εἰδομένη διά, etc. —ἐθάμβεον εἰσορόωσθαι— [pro εἰσοράουσθαι, ut saepissimè suprà,] *admirabantur intuentes opus Minervae Itoniae.*—*Ἰτὼν, ὦνος, ἡ,* et *Ἰτώνη,* urbs Molossiae, ubi Minerva colebatur, indè dicta, ut hîc, *Ἰτωνίς. ἐπικραδάοντας ἐρετμά, vibrantes* vel *impellentes remos.* * Thessaliae ?

554. *Χείρων*—] Φιλύρας καὶ Κρόνου υἰός, εἷς τῶν Κενταύρων, magnus inventor in arte Medicâ : magister Aesculapii et Achillis. —ἀγὴ est *littus,* ab ἄγω, *frango,* quia ibi franguntur fluctus. καὶ πολλὰ βαρείη χειρὶ κελεύων, Angl. *and giving them many exhortations, accompanied with the motion of his huge hand,* ἐπευφήμησεν ἀκτῆς νόστον νισσομένοις, *he prayed for a safe return to them as they were setting off.* —παράκοιτις, *uxor* scil. Chironis, cui nomen erat Chariclo. —φίλῳ δειδίσκετο πατρί. *porrigebat eum suo patri,* Peleo scil jam proficiscenti cum caeteris Argonautis. δειδίσκομαι, interdùm redditur *propino :* vide Odyss. γ, 41. σ, 120. Pulcherrimè excogitata—haec de centauro Chirone et infante Achille.

_____

91.   * *Ex τοῦ ΒΙΒΛΙΟΥ Β.*] E LIB. II, 178—310. Phinei Historia. —Post varios casus et discrimina Argonautae tandem appellunt ad oram Bithyniae ; ibique, Amyco rege Bebryciorum à Polluce in certamine caestûs interfecto, cum Bebryciis pugnant, victoriamque reportant. Indè profecti ad oram adversam, Bosphorum ingrediuntur, et ad terram Phinei perveniunt.

178. *Ενθάδ' ἐπάκτιον οἶκον,* &c.] *Ibi ad littus domum habuit,* &c.

181—185. οὐδ' ὅσσον ὀπίζετο] *neque ullam reverentiam observabat* — [ὅσον, i. e. κατὰ τοσοῦθ' ὅσον ἐστί τι. vide infrà v. 190.] καὶ χρείων ἀτρεκέως ἀνθρώποισιν ἱερὸν νόον Διὸς αὐτοῦ. et *exponens intrepidè hominibus sacram mentem ipsius Jovis.* [χρέω, vel χρείω, idem quod χράω, *oraculum edo, vaticinor.*] Τῷ καὶ ἐπίαλλεν οἱ δηναιὸν μὲν γῆρας, *quapropter ei immisit* [Jupiter nempè] *perpetuam quidem senectutem,*—οὐδὲ εἴα γάννυσθαι ἀπειρεσίοισιν ὀνείασιν, *neque gaudere patiebatur copioso victu.* ἀπειρέσιος strictè signif. *infinitus, immensus.* &c. ὕειαρ, ατος, τό, in genere, inquit Dammius in Lexico, notat πᾶν εἰς ὄνησιν ἐπιτήδειον, *omne quod juvat et prodest, et quo frui possumus :* in specie est *cibus.*

188—190. 'Ἁρπυιαι—] Vide suprà ad Odyss. α, 241. p. 10.—ἵνα ζώων ἀχάχοιτο. ut *vivens cruciatus subiret.*

191—193. —οὐδέ τις ἔτλη] *nec quisquam* hunc [foetidum odorem scil.] *sustinere posset,* μὴ ὅτι φορεύμενος λευκανίηνδε, *nedum* reliquias illas *gutturi admovens,* ἀλλὰ μηδ' ἑστεὼς ἀπὸ τηλοῦ· *sed ne quidem stans procul.* Quae ferè est interpretatio Brunckii ; qui pro vulgato μὴ καὶ reposuit μὴ ὅτι, *non solum non, nedum ;* quibus par-

ticulis, ut hîc, negantibus, subjungitur semper in altero membro, 91.
ἀλλ' οὐκ, ἀλλ' οὐδέ· ut benè ostendit doctissimus Hoogeveen, [Doctr.
Particul. Ling. Gr. p. 741, sqq.] ἐστεὼς participium est, inquit
Brunckius, formae Ionicae, dissyllabum. τοῖόν οἱ ἀπέπνεε λείψανα
δαιτός. adeo ei exhalabant reliquiae epularum.   De hac foedâ imagine
vide praestantissimi Heynii Excurs. vii. ad lib. iii. Aen. sub fin. et
Excurs. xvi.
   195, 196.   Τούσδ' αὐτοὺς παρεόντας ἐπήϊσεν,] Illos ipsos [Argo-
nautas scil.] adesse sensit, ὧν ἰόντων, quibus venientibus, θέσφατόν οἱ
ἦεν ἐκ Διὸς, consilio Jovis ei constitutum erat, ἀπόνασθαι [per sync.
pro ἀπονήσασθαι] ἑῆς ἐδωδῆς. se suo cibo fruiturum.
   197—199. —ἀκήριον ἠΰτ' ὄνειρον,] vanum tanquam somnium.
ἀκήριος est non animosus, animâ privatus, mortuus. —ἀμφαφόων,
idem quod ἀμφαφάων, contrectans, vox Homerica.—ἄ ψεα, membra,
ἄ ψος, εος, τὸ, junctura membrorum: deinde membrum quodvis. "ῥιχνὸς,
macilentus. P.
   201. —ῥινοὶ δὲ, &c.] Ordo est: ῥινοὶ δὲ μοῦνον συνέεργον ὀστέα.
pellis vix continebat ossa. "Ἔσχληκει, a σχλέω, areo, durus sum. P.
   "203, 204. κάρος] "Veterni species. Apollonius, Vertigo." Const.
Lex. γαῖαν δὲ πέριξ, κ. τ. λ. Videbatur, vel putavit, terram circumagi
ex imo, vel subtùs. E Schol. P.
   205. ἀβληχρῷ δ' ἐπὶ κώματι κέκλιτ' ἄναυδος.] Angl. and without 92.
speaking, he was disposed to languid sleep, i. e. in silence he exhibited
a drowsy languor. "ἐξ ὑπάτοιο στήθεος, e summo pectore. P.
   220—222. οὐ γὰρ μοῦνον, &c.] nam non solum Erinnys extremo
pede invasit oculos mihi; quod nihil aliud esse videtur, quàm quòd
violenter eum privâsset lumine,—καὶ γήρας ἀμήρυτον ἐς τέλος Ἕλκω.
i. e. secundum Brunckium, καὶ Ἕλκω γῆρας, ὃ οὔ ποτε μέλλω εἰς
τέλος μηρύσεσθαι.   Scilicet voces εἰς τέλος, ut notavit idem vir
acutissimus, non cum verbo Ἕλκω, sed cum nomine ἀμήρυτον con-
nectendae. "μηρύω, glomero, to wind up.—Λὰξ, calce. P.
   231. Οὐδ' εἰ οἱ ἀδάμαντος ἐληλαμένον κέαρ εἴη.] Ne si ei ex ada-
mante ductum esset cor. ἐλαύνω, quod varias habet significationes,
redditur interdum, duco, ductile opus facio: ἀδάμας, pro ferro, vel
chalybe interdum sumitur; atque ita Schol. ἀδάμας——καὶ στερεοῦ
σιδήρου εἶδος.   Homini autem audacissimo, durissimo et planè effero
ascribere solebant veteres σιδήρειον ἦτορ vel θυμὸν, &c.   Vide Il.
χ, 357. ω, 205, &c.   Hor. Lib. i. Od. 3.   Illi robur et aes triplex Circa
pectus erat,—Ubi vide quae notavit doctissimus Jani.
   232. Ἀλλά με πικρή δῆτα κατίσχει δαιτὸς ἀνάγκη] Ita demùm,
ut dedimus, restituit hunc versum Brunckius, qui affirmat alium non
esse in hoc toto poëmate, qui pejùs à librariis vexatus fuerit.   Sed
non operae pretium foret nobis hanc rem hîc loci recoquere.
   234. Τὰς μὲν—] Quas verò vel has verò—Harpyias scil.
   236. Εἰ δὴ ἐγὼν ὁ πρὶν, &c.] Siquidem ego olim aliquandò, &c.
   240. Ἴσκεν Ἀγηνορίδης·] Sic dicebat filius Agenoris:—apud Hom. 93.
ἴσκω, est scio, fingo, assimilo: poëtis recentioribus dico.
   244. —ὀμυγερώτερον—] Sic rectè emendavit Rhunkenius, Epist.
Crit. ii. p. 56.   Vulgò στυγερώτερον. B. τί νύ τοι τόσα κήδε' ἀνῆπ-
ται ; Hom. habet Τρώεσσι δὲ κήδε' ἐφῆπται. Il. β, 15.
   260. οἱ μηδ' ὧδε θανόντι] Subauditur μοί. "ὧδε, ἐπιόρκως. Sch. P.
   263. —πεπονήατο] Ion. pro ἐπεπόνηντο, instruxerunt —
   281. Ἄκρης ἐν γενύεσσι—] extremis maxillis frustrâ frendent 94.

dentibus. [De aor. vide Vol. I. ad p. 19. n. 6.] conf. Aen. xii. 753. et Ovid. Met. i. 533. item Statii Theb. v. 165.

283. *Τάων*, &c.] i. e. *ἤλιθα ἐπέχραον τῶν ἀκροτάταις χερσί. frustrà invadebant eas extremis manibus.* Ubi notandą vis temporis imperf. *ἤλιθα* invenitur apud Homerum et signif. *satis, abundè, effusè, valdè;* quasi ab *ἅλις.* Ab Hesychio exponitur [ut observat H. Steph. in voce] non solum *μάτην, εἰκῆ,* sed etiam *χύδην, ἀθρόως, δαιμιλῶς. ἐπιχράω, cum impetu hostili invado, ingruo,* ut saepè apud Homerum.

288. —*Βορέω,*] *Βορέας, ου, ὁ.* Ion. genitiv. est *βορέοι,* à nominat. *βορᾶς,* Ion. *βορῆς,* contractè pro *βορέας.* Aeol. genit. est *βορέαο,* uti suprà.

291' 292. —*λαβὴν Στυγὸς ὤμοσεν,*] cf. Il. *o,* 37. Aen. xii. 816. —*τέτυκται, est.* Vide suprà ad Od. *ϑ,* 544. p. 27.

296. —*Στροφάδας*] Vide Aen. iii. 209. sqq. et quae ibi notavit praestantissimus Heynius. *"διέτμαγεν,* vid. inf. p. 108. v. 1147. P.

300. —*μεταχθονίη*] Probant hoc pro vulgato *μεταχρονίη* H. Steph. et Brunck. *μεταχθόνεος* significare videtur, *qui posthabet terram, qui reliquit terram. μεταχθονίη* hîc sonat *posthabitâ,* vel *relictâ terrâ.*

95. 308. —*ἐγρήσσοντες.*] Verbum poëticum, *vigilantes.* Sic Il. *λ,* 550. *ρ,* 660.

---

* *Ex τοῦ ΒΙΒΛΙΟΥ Γ'.*] E Lib. III. 1—5. Invocatio ad Erato. In fine libri secundi narratur quomodo Argonautae in terram Colchicam et fluenta Phasidis tandem pervenerunt. Novam rerum seriem ingressurus poëta, librum tertium orditur ab invocatione ad Erato, Musam nempè quae praeest amoribus. In sequentibus enim exponitur amor Medeae, cujus ope Jason aureo vellere potiturus erat.

3. —*σὺ γὰρ καὶ Κύπριδος,* &c.] *tu enim et Veneris officium sortita es,—ἀδμῆτας—παρθενικάς· innuptas puellas.*—Appositè Ovidius, *Nunc mihi, si quando, Puer et Cytherea, favete : Nunc Erato ; nam tu nomen amoris habes.* De Arte amandi, ii. 15.

299—339. 387—471.] Conditiones obtinendi Aurei Velleris. Medea Jasonem deperit.—Inter heroas convenerat oratores mittere ad aulam Aeetae regis Colchorum. Eò proficiscuntur ipse Jason, Augeas et Telamon, comitantibus quatuor Phrixi filiis. Nam post interitum Phrixi, à quo vellus illud aureum advectum fuerat Colchida, et qui à rege in matrimonium acceperat ejus filiam Chalciopen, hi filii Phrixi et Chalciopes, ut patris fatum, qui jussu Aeetae tandem interfectus fuerat, vitarent, Colchidem reliquerant, et in Graeciam navigantes naufragium fecerant ad insulam Martis. Ibi Argonautis obviam facti, cum his revecti fuerant Colchida. Eorum nomina erant Argus, Melas, Phrontis et Cytisorus. Tenendum tamen est Argum Phrixi filium non illum esse Argum, navis Argûs fabricatorem, sed alterum ejusdem nominis. Hi, ut jam dictum, Jasonem, Augeam et Telamonem, ad aulam regis comitantur. Ibi primum visus est Jason Medeae, regis alteri filiae, quae eum statim. sic volentibus Junone et Minervâ, auxiliantibus Venere et Cupidine, amore deperit. Oratores, à rege hospitio excepti, lautè epulantur. *"*Apollonius dicit, Phrixum mortuum esse in domo Aeetae.

ejusque filios, jussu patris morientis, profectos esse navi Colchicâ,
ut Orchomenum irent, ibique haereditatem reciperent; atque ita
naufragium passos. L. II. v. 1094, 1151. P.

299. —ὄφιν] pro ὄφίσι, *ipsis*— oratoribus scil. quos jam memoravimus, " cum filiis Phrixi. P.

302. *Ex δὲ τοῦ*—] i. e. *ἐκ δὲ τούτου τοῦ χρόνου, dehinc.*

306—308. —ἠὲ τίς ἄτη] ἐνέκλασεν μεσσηγὺς σωομένους ; *vel quid
malum interpellavit in medio vos servantes vosmet?* Pro vulgato σωομένοις praetulerunt H. Steph. et Brunck. σωομένους· activum enim
est, inquit hic, verbum ἐνικλᾶν, significans ἐμποδίζειν. σωομένους
reddi potest *proficiscentes ;* nam Hesychio σόονto est ὡρμῶντο, ἤρχοντο. " *Recte.*" οὐ μὲν πείθεσθε ἐμεῖο προφέροντος, &c. *non quidem
mihi paruistis ostendenti,* &c. " Genitiv. reg. Vid. sup. p. 16. v. 414 P.

311. Κίρκην] Vide suprà ad Od. λ, 8. p. 46.   -   96.

321. —αὐτοὺς δ' ὑπὸ δούρασι πεπτηῶτας, &c.] nos *ipsos autem
trabibus illapsos insulae Martis ad oram ejecit unda,* &c. πεπτηῶτας
pro πεπτηκότας. " An, πεπτωκώς, πεπτώς, πεπτεώς, πεπτηώς? P.

332. Χρειὼ δ' ἢν ἐθέλῃς ἐξίδμεναι,] *Rationem autem si vis cognoscere.* χρειὼ et χρεοὶ, όος, contractè, οὖς, ἡ, idem quod χρεία, u.ilitas,
usus, necessitas, &c. —ἴδμεναι, est ab ἴσημι, in infin. ἰσάναι, Ionicè
ἰσάμεν, per sync. ἴσμεν et ἴδμεν, unde ἴδμεναι.

333. Τόνδε—] *Hunc*— Jasonem scil. τις βασιλεὺς περιώσιον
ἱέμενος ἐλάσσαι ἀπάνευθεν πάτρης καὶ κτεάνων, *quidam rex impensè
cupiens abigere longè à patriâ et possessionibus.* περιώσιος, *qui circum
auditur ;* quasi à περιαύω, circumsono. indè περιώσιον, adverbialiter,
valdè, impensè.

335. Σφωιτέρη] hîc signif. *sud :* etsi σφωίτερος, à σφῶι, propriè
sonat *vester,* de duobus: [atque ita Hom. Il. α, 216.]—πέμπει νέεσθαι δεῦρο, *mittit hùc ire, ἀμήχανον, sine consilio.*

336. —οὐδ' ὑπαλύξειν] Ordo est: οὐδὲ στεῦται γενεὴν Αἰολιδέων
ὑπαλύξειν θυμαλγέα μῆνιν καὶ χόλον ἀμειλίκτοιο Διὸς, οὐδ' ἄτλητον ἄγος, τε ποινὰς Φρίξοιο, πρὶν κῶας ἱκέσθαι ἐς Ἑλλάδα. στεῦται,
per sync. pro στενέται, *promittit.* Vide suprà ad Od. λ, 583. p. 54.

375. —ὁμαρτήσαντε ἐφ' Ἑλλάδα ;] Ordo est: πρίν τινα ὑμῶν 97.
λευγαλέον δέρος καὶ λευγαλέον Φρίξον ἰδεῖν, αὐτίχ' ὁμαρτήσαντε ἐφ'
Ἑλλάδα, sensu perspicuo.   Est autem formula iratis et minitabundis
apta, hodiéque vulgi sermone satis trita. *Maturate fugam, ni quis
vestrum vellus et Phrixum in Graeciam reportare velit, quae nunquam
vidisse optaverit.*   Scilicet his verbis significat Aeetes, eos, ni properè
abeant, subitò iisdem suppliciis plexum iri, quae mox dicit se de
illis statim sumturum fuisse, ni hospitali mensâ fuissent à se excepti:
et sic exsectis linguis et amputatis manibus vellus in Graeciam, et
Phrixum reportâssent satis tristificum. Brunck. ὁμαρτήσαντε, pro
vulgari ὁμαρτήσαντες, è duobus codd. extractum fuit à Brunckio.
Refertur autem iste dualis ad δέρος et Φρίξον. Sed dubito an vir
acutissimus sensum poëtae rectè ceperit.   In vulgatis pro ἐφ' Ἑλλάδα scribitur ἀφ' Ἑλλάδος· ponatur igitur punctum interrogationis
post ἰδέσθαι, et comma post Ἑλλάδος· atque retineatur participium
in nominat. plur. ut ad Phrixi filios referatur. Reddas jam Angl.
*Won't you begone, before any one behold a woful fleece [a fleece to his
cost] —and a Phrixus too ?—You! who joined them on their way from
Greece, not on account of the fleece, but* &c. Judicent periti. . Locus
st difficilis. " Vide Hom. Od. ρ, 448. P.

386. —σχέο μοι τῷδε στολῷ·] μοι, ut saepè, redundat; et ante τῷδε subauditur περί. moderare teipsum de hac expeditione. σχέο, idem quod σχέσο, vel σχοῦ, ut tironibus notum.

388. —τίς δ' ἂν τόσον—] Conf. Od. ε, 100. supra p. 19.

98. 397. Διχθαδίην] Conf. Il. α, 189, sqq.

399. Ἦ ὅγε—] Vide Clarkium ad Il. γ, 409, aut ille periculum faceret vis eorum.

406. Ὡς αὐτοί, &c.] Hîc alludere videtur ad Peliam, de quo suprà ad v. 333. "Intell. μεγαίρειν. P.

408—410. Τόν ῥ' αὐτὸς περίειμι χεροῖν,] i. e. κατὰ τόν ῥ' αὐτός, &c. quo ipse supero manibus, ὀλοόν περ ἐόντα, periculosum quanquam sit. δοιὼ ταύρω χαλκόποδέ μοι νέμονται ἀμφί &c.

411—417. Τοὺς ἐλάω, &c.] quos jugatos impello per durum notale Martis quatuor jugerum, τὴν αἶψα ταμὼν ἐπὶ τέλσον ἀρότρῳ, quod cùm statim ad finem exaraverim, οὐ βάλλομαι ἀκτὴν Δηοῦς ἐν ὀλκῶσι σπόρον, non injicio fruges Cereris sulcis tanquam semen, ἀλλ' ὀδόντες δεινοῖο ὄφιος μεταλδήσκοντας ἀνδράσι τευχησταῖς δέμας· sed dentu horrendi serpentis generantes hominibus armatis corpus: seu hominum armatorum corpora: τοὺς δ' αὖθι δαΐζων κείρω ὑπ' ἐμῷ δουρὶ περισταδὸν ἀντιόοντας. quos ibi dissecans interficio circumcirca meá hastá obviam euntes.

419. —ἀπολέσαι ἐς βασιλῆος] οἶκον scil. ad domum regis Peliae.

426. —κερδαλέοισιν.] ἔπεσι scil. astutis verbis.

427. —μάλα τοί με δίκη, &c.] valdè admodùm circumcludis me. sed meritò.

99. 430. Ῥίγιον ἄνθρωπός γε, &c.] Hanc lectionem ex MSS. restituit Brunckius, pro vulgari, 'Ῥίγιον ἀνθρώποισι κακῆς ἐπιβήσεετ' ἀνάγκης, atque ita reddidit: Non enim alio magis horrendo commutabit homo duram necessitatem, quae me huc adegit. Id est: nihil mihi gravius accidere poterit ipsa necessitate, quae me huc adegit. Mavult T. Young vulgatam lectionem.

453. Προπρὸ δ' ἄρ', &c.] Ἐμφαντικῶς αἱ προθέσεις τὴν ἐντεγῶς ἀνειδωλοποιοῦσαν τῷ νῷ ἐμφαίνουσι. Καὶ παρ' Ὁμήρῳ, προπροκυλινδόμενος. Schol. "Il. χ, 221." Conf. Aen. iv. init. et vs. 83.

100. 466, 467. —ἦ μὲν ὄφελλεν ἀκήριος ἐξαλέασθαι.] utinam sanè sine damno effugiat! [Vide infrà ad Eur. Med. init.] —πότνα θεὰ Περσηΐς· Περσηΐδα τὴν Ἑκάτην λέγει, ὡς τοῦ Περσέως θυγατέρα. Τινὲς δὲ αὐτήν φασι Διὸς εἶναι παῖδα. Schol. " Πέρσης, Hes. Θ. 409. 377. P.

471. —ἐόλητο] In uno cod. Reg. Brunckius scriptum repetit αἰόλητο, reclamante metro. Etymol. M. p. 351. ἐόλητο, ἐκεκίνητο καὶ ἐτετάρακτο. γράφεται καὶ διὰ τῆς αι διφθόγγου. Hesych Ἐόληται, τετάρακται, ἐπτόηται, ὠδύνηται. " Ibid. n. ἐόλητο pro ἤλη) λητο, ab αἰολέω. Sic ξερὸν pro ξηρὸν, suprà p. 96. l. 322. P.

744—765. 828—843.] Statûs Medeae descriptio.

744—751. Νὺξ μὲν ἔπειτ'—] Omninò cum hac descriptione conferatur Virgiliana illa ejusdem generis, [Aen. iv. 522:] Nox erat. &c. quae, ut pulchrè memini, dulcedine sua me puerum mirè captabat Inventorem tamen Graecum, Brunckio judice, non assecutus est imitator Romanus. Vim somni quantò meliùs exprimunt ista Apollonii.

——— καί τινα παίδων
Μητέρα τεθνεώτων ἀδινὸν περὶ κῶμ' ἐκάλυπτεν

quàm Virgilii *pecudes*, frigidaque, licet verbis ornatissima, *volucrum* enumeratio ! Haec ille : nec temerè quis inficias iret totam descriptionem Graecam quidem simpliciorem esse ac sublimiorem; Romanam verò suaviorem atque ornatiorem. Verum *καί τινα*, &c. sic construe : *καὶ ἀδινὸν κῶμα περιεκάλυπτέν τινα μητέρα τεθνεώτων παῖδων·* et *altissima quies circumtegebat aliquam matrem mortuorum liberorum: ὄιγη δὲ ἔχεν μελαινομένην ὀρφνὴν. silentium autem tenebat nigrescentes tenebras.* cf. infrà Theocr. Idyll. ii. 38, 39. p. 222.

756. *Ἠελίου ὥς*—] Vide comparationem in Aeneide, hinc desumtam, viii, 22. et quae ibi notavit praestantiss. Heynius.

761—765. —*ἔνδοθι δ' αἰεὶ*] Ordo est: *δ' ὀδύνη σμύχουσα διὰ χροὸς αἰεὶ ἔτειρε ἔνδοθι, et dolor exurens per corpus semper conficiebat eam intus, τε ἀμφὶ ἀραιὰς ἶνας, καὶ ὑπὸ νείατον ἰνίον κεφαλῆς ἄχρις, ἔνθ' ἀλεγεινότατον ἄχος δύνει, ὁππότ' ἀκάματοι Ἔρωτες ἐνισκίμψωσιν ἀνίας πραπίδεσσιν. et circa teneros nervos, atque sub imum occipitium capitis penitùs, ubi accerrimus dolor subit, quando invicti amores infigunt molestias praecordiis.*

830. *Αἵ οἱ ἀτημελίῃ*, &c.] *quae ei negligenter demissae pendebant,* 101 —*καταειμέναι*, idem quod *καθειμέναι*, à *καθίημι*, demitto : *ἠερέθοντο*, imperf. ab *ἀερέθομαι*, quod interdùm, ut hîc, significat *pendeo.* Vide H Steph. Thes. in voce *ἀερέθω.*

833. *ἀρηράμενον*,] A praeterito medio *ἄρηρα* [scil. ab *ἄρω*] formatur verbum *ἀρήρομαι*, participium *ἀρηρόμενος·* aoristus *ἀρηράμην*, participium *ἀρηράμενος.* BRUNCK. I. 787. P.

835. *Ἀργυφέην*.] *albam.* Ita, pro vulgari *ἀργυρέην* è sex codd. et Florent. edit. reposuit Brunckius.

837. —*ἄλλα τ' ἔμελλεν ἀεξήσεσθαι ὀπίσσω.*] *et alia vel nova oritura erant in posterum.*

838. —*δυοκαίδεκα πᾶσαι*] *non pauciores quam duodecim, duodecim ipsae.* Vide Clarkium ad Il. *κ*, 560.

919. *Ἐνθ' οὔπω*—] Paratis medicamentis Medea ad templum Hecates, comitantibus ancillis, curru vehitur. Eò quum pervenisset, dimissis ancillis, ingreditur. Interim Jason, hortantibus Argo et Mopso, illam sequitur. Ad colloquium venit in templo solus cum solâ.

923. *Ἠμὲν ἔσαντα ἰδεῖν*, &c.] *seu coram spectandus, seu compellandus foret.* Cf. omnino Virgilium de suo Aeneâ similiter gloriantem. Aen. I. 586—594. IV. 141—150. J. T.

926. *Ἀμπυκίδης*,] Filius Ampycis, Mopsus scil. vates. *Ἀμπυκι, Sch.*

948. *Οὐδ' ἄρα*, &c.] *Nec animus quidem Medeae convertebat sese ad* 102. *alia consideranda, quantumvis canentis; [ὅμως, tamen,* eam hîc, ut opinor, habet vim ac si dixeris—*tamen,* inquam, non convertebat sese, &c.] *πᾶσαι δὲ [μολπαὶ,] ἥν τινα μολπὴν ἀθύροι, οὐκ ἐπὶ δηρὸν ἐφ' ἤνδανόν οἱ ἐμιάσθαι. et omnes cantilenae, quamcunque modularetur, non diù placebant ei, adeo ut delectarent.* Hujusmodi autem constructio, ubi relativum *ὅστις* ponitur in numero sing. post antecedens in plur. non insolita est. Sic, Xenoph. de Cyr. Inst. Lib. iii, sub fin. *πάντας ὅτῳ*—ubi vide quae annotavit Th. Hutchinson; qui alia exempla indicavit. *ἀθύροι, παίζοι. Schol.* P.

954. *Ἠ θαμὰ δὴ στηθέων ἰάγη κέαρ*,] *Certè crebrò in praecordiis cor agitatum est. ἰάγη*, pro *ἤγη*, aor. 2. pass. ab *ἄγω, frango.*

959. —*μήλοισι*, &c.] Sic construe : *δ' ἐνῆκεν ἄσπετον ὀϊζὺν μήλοισι. et immittit ingentem aerumnam pecori.* Aor. in hoc sensu studiosis jam notus. Vide Vol. I. ad p. 19. n. 6.

962. *Ex δ' ἄρα*, &c.] Descriptio quàm vigore plena!

973. *Γνῶ δέ μιν Αἰσονίδης*, &c.] *Sensit autem Aesonides ipsam implicitam esse malo divinitùs immisso,* —*ἐνιπεπτηυῖαν,* pro *ἐμπεπτωκυῖαν,* perf. part. verbi *ἐμπίπτω.* Vide suprà ad Od. ν, 96—98. p. 66. "Apoll. γ, 321. p. 96. P.

977—979. *ἐνιναιετάασκον,*] In quibusdam libris legitur disjunctim *ἔνι ναιετάασκον. ἦα* est Ion. pro *ἦν. τῷ*—*quare ne coram me nimis erubescas*—*ἤ τι παρεξερέεσθαι, ὅ τοι φίλον, ἠέ τι φάσθαι. quo minus percontęris, quodcunque placet, aut dicas.*

103. 983, 984. —*ἐπεὶ τὸ πρῶτον ὑπέστης*] *quoniam ab initio pollicita es sorori, te mihi grata medicamenta daturam.* Chalciopae enim id promiserat Medea.

986. *ὅς ξείνοις*, &c.] Vide Vol. I. ad p. 10. n. 3. "Vol. II. p. 37. r. 270.

990—993. *Σοὶ δ' ἄν ἐγώ*, &c.] *Tibi vero ego referam gratiam posteà ob auxilium, qua fas sit, sicut decet seorsum habitantes,* tibi scil. *nomen et pulchrum comparans decus; sic et alii quoque hcroes celebrabunt te,* &c. "ὦλλοι, Edin. Shaw. Steph. ὦλλοι, Brunck. P.

995. *Ἡμέας ἠϊόνεσσιν ἐφεζόμεναι γοάουσι*] Sic Poëta eximius, mihique amicissimus, in exquisitissimâ suâ Tragoediâ, cui titulus *Douglas: Ye Dames of Denmark! even for you I feel, Who sadly sitting on the sea-beat shore, Long look for lords that never shall return.*

1002—1004. —*φίλαντο*] pro *ἐφίλαντο,* imperf. med. à *φίλημι,* vel, aut alii volunt, pro *ἐφιλήσαντο,* à *φιλέω. μέσῳ δέ οἱ αἰθέρι τέκμαρ ἀστερόεις στέφανος, τόν τε κλείους' Ἀριάδνης, ἑλίσσεται πάντος γος οὐρανίοισιν εἰδώλοισιν.* eique in aethere medio *signum,* scil. *siderea corona, quam et vocant coronam Ariadnes, volvitur per noctem inter coelestia simulachra.* Alludit ad coronam septem stellis ornatam, quam Ariadne, à Theseo destituta, dicitur à Baccho amatore accepisse, qui istam coronam postea in astra retulit. Notandum est Jasonem de industriâ silere de Thesei in Ariadnen crudelitate. "*φίλαντο,* vel aor. 1. med. a *φίλομαι,* prima longa. Vide infra p. 303. v. 58. et Lex. Hed. &c. P.

1006. —*ῇ γάρ ἔοικας,* &c.] *etenim certè videris,* quantum judicare liceat *à formâ, blandis moribus ornata esse.*

104. 1013—1016. *Προπρὸ δ' ἀφειδήσασα*] *Et statim manu non parcâ* —&c. *Καί νυ καὶ δρύσασα πᾶσαν ψυχήν ἀπό στηθέων, ἀγαλλομέι ᾳ κεν ἐγγυάλιξέν οἱ χατέοντι.* Nihil hoc potuit expressiùs dici.

1018—1021. *Στράπτεν*] *στράπτω* hìc transitivum est, cujus neutralis tantum significatio lexicographis observata fuit. BRUNCK. Ordo est: *Τοῖος Ερως ἀπέστραπτεν ἡδεῖαν φλόγα ἀπό ξανθοῖο καρήατος Αἰσονίδαο·* &c. *talis amor emittebat dulcem flammam*—i. e. *talem dulcem flammam amor emittebat à flavo capite Aesonidis, et oculorum Medeae splendorem auferebat.* [conf. Ovid. Am. iii. 11. et ii. 19] *οἷόν τε ἐέρση τήκεται περὶ ῥοδέεσσιν ἰαιομένη ἠϊοισι φαέεσσιν.* relut *quum ros dissolvitur circa germina rosarum calefactus matutinis radiis* Pro vulgato *ῥοδέοισι,* Brunckius è quatuor codd. protulit *ῥοδέεσσι.* quod positum putat pro *ῥοδῆσι* è dialecto; quia Dores *η* in *εε* mutant. Idem tamen addit quae sequuntur: " Hanc lectionem qu- " non probârit, per me licet reponat *ῥοδέῃσιν.* Est autem *ῥοι·* " seu *ῥοδῆ, τὸ φυτόν, frutex* rosas producens." Conf. Il. ψ, 597.

1025. *Ὀψὲ δὲ δή τοίοισι*—] Supple *ἔπεσι. Vix tandem tali talibus verbis eum blandè compellavit virgo.*

1026. *Φράζεο νῦν,*] *Attende animum nunc,*—Vide infrà ad Theocr. Idyll. ii. v. 69. p. 223.

1029—1034. *Δῆ τότε*—] *tunc sanè observatâ mediâ nocte -aequis portionibus divisâ, postquam te laveris undis perennis fluvii, solus seorsùm ab aliis, in vestibus atris, foveam effodias rotundam ; inque eâ mactes agnam, et integram crudam pyrae imponas, quum ritè aggesseris pyram in ipsam foveam.* Conf. Aen. vi, 253. ubi praestantissimus Heynius observat, diis inferis fieri *holocausta.*

' 1035. *Μουνογενῆ,* &c.] Ordo est: *δὲ μειλίσσεο* [pro Ion. *μειλίσσεο,*] ʽ*Εκάτην μουνογενῆ Περσηΐδα, et places Hecaten unigenam Persae filiam,*—" Vide supra ad p. 100. v. 467. P.

1039. —*ὄρσῃσι μεταστρεφθῆναι ὀπίσσω,*] *impellat te retrò converti.* *ὄρω, excito, impello,* fut. Aeol. *ὄρσω,* unde aor. 1. ind. *ὦρσα,* subj. *ὄρσω, ὄρσῃς, ὄρσῃ,* Ion. *ὄρσῃσι.*

1040. *μή πως τὰ ἕκαστα χολοῴσας,*] *ne quo modo singulis imperfectis relictis.*—" *χολούω, imminuo, retundo, irritum reddo.* P.

1042. *Ἦρι*] *Manè,* ab *ἦρ, ρος, τὸ. ὁ ὄρθρος, tempus matutinum.* " *μυδήνας,* "*ubi humectaveris.*" Interp. *having moistened,* or *softened.* P.

1046. *Πρὸς δὲ,*—] Supple *τούτοις, praeterea. καὶ αὐτῷ δουρὶ*— 105. supple *σύν.*

1056—1060. —*νειοῖο*] i. e. *διὰ νειοῖο, per novale. λάθρη ἄφες στιβαρώτερον λᾶαν·* Angl. *secretly throw among them a heavy stone: οἱ δὲ ἐπ᾽ αὐτῷ, and they on account of this, ἄν ὀλέκοιεν,* &c. *καὶ ὁ αὐτὸς ἐπείγου ἰθῦσαι [διὰ] δηϊοτῆτος, et tu ipse festina ruere per ardentem pugnam.*

1061. —*νίσσεο δ᾽ ἔμπης,*] *attamen abi,—ῇ* [i. e. *ἐν τῇ ὁδῷ ἐν ῇ*] *φίλον [ἐστί σοι,] quo libeat, ῇ ἔαδέν σοι ἀφορμηθέντι νέεσθαι. quocunque placuerit tibi, quum profectus fueris, ire.*

1065. —*ὅτ᾽ ἔμελλεν*] *πλάγξασθαι ἐπὶ πόντον πολλὸν ἀπόπροθι ἕεῖο* [i. e. *οὗ*] *quod erraturus erat per pontum longissimè à se.*

1069. —*Μνώεο*] Ion. imperat. à *μιώομαι,* quod idem ac *μνάομαι, recordor,* &c.

1083. —*εὔαδε*] et suprà, v. 1062. *ἕαδε,* pro *ἥδε,* perf. med. verbi 106. *ἥδω, delecto.* " Vide infra p. 253. v. 7. p. 338. *Αγ.* II. v. 4. P.

1086. —*ἐΰρειτός*] Vulgò *εὔφρηνος, dives ovium. εὔρειτος,* quod praetulit Brunckius, est vox insolita significans hîc, ut ille putat, *πολλοὺς ἔχουσα ῥειτούς.* Hi autem *ῥειτοὶ* fuisse videntur *alvei* quidam [Angl. *canals*] ex aquâ salsâ ; aestuaria interdùm vocant, quae scil. aquâ implentur accessu maris aestuantis, ejusdemque recessu vacuantur; unde videntur cursu fluviis similia. Quod innuit Pausanias in Atticâ, L. i. c. 38. Vide etiam Thucyd. Lib. ii. c. 19. Hesych. in voce *ῥειτοὶ,* et Etymol. Magnum in *ῥείτης,* p. 703. Sed nimis " insolita" est vox *εὔρειτος,* solenne autem *πολύρρηνες πολύβουται·* quare mavult J. T. *εὔρρηνός τε καὶ εὔβοτος.* " Apud Scholiast. *fluviis et pascuis abundans. Ρειτοὶ,* prop. nom. in Attica. P.

1100. *Αἴθε γάρ,*—] Vide Vol. I. ad p. 70. n. 4. *Utinam, ut tunc Minos amicitiam iniit cum Theseo de illa, sic nobis pater tuus esset amicus.*

1109. *Αλλ᾽ οἶον*—] *Sed tantum*—

1115. *Οφρα σ᾽,*] Ordo est: *ὄφρα, προφέρουσα ἐλεγχείας ἐν ὀφθαλ*- 107. *μοῖσιν, μνήσω σε πεφυγμένον ἐμῇ ἰότητι.*

1127. —*ἄδην ἐσάωθεν*] *planè servati fuerint—ἐσάωθεν,* pro *ἐσαώ-*

θῆσαν. —δὲ πορδανέεις ἡμέτερον λέχος ἐνὶ κουριδίοισι θαλάμοις· *ornabis autem nostrum lectum in thalamis, ubi te virginem uxorem duxero.* πορδανέεις pro πορδανεῖς, fut. 1. à πορδαίνω, *augeo*, orno, &c. sic suprà [v. 1124.] πορδανέουσιν.

108.   "1145. ἀβολήσομεν] Ἀβολέω, *occurro, obvius fio*, ἀπαντῶ. Apoll. γ, 1145. ἀβολήσομεν, Interp. συντευξόμεθα. Constantini Lexicon. P.

    "1147. διέτμαγεν] Ita scripsi pro διέτμαγον, secundum Heynii notam ad Iliad. α, 531. scil. aor. 2. pass. pro διετμάγησαν. Vide supra ad p. 94. v. 298. P.

    "1152. Αὐτομάτοις δὲ πόδεσσι] *Pedibus ultrò se moventibus ;* scil. animo aliorsum attento. P.

    1157, 1158. 'Η δὲ παλιντροπίῃσιν ἀμήχανος] *illa verò animi agitationibus perplexa*—λελίητο, pro ἐλελίητο, perf. pass. à λιέω vel λιάω, quod idem ac λιλαίω, atque, ut deponens, λιλαίομαι, *cupio.*

    1161. —πορφύρουσα] *anxiè cogitans qualis mali facinoris particeps esset suo consilio.* —ξυνώσατο idem quod ἐκοινώσατο, à ξυνός, quod idem ac κοινός, *communis.*

„ Atque ex Apollonii Rhodii Argonauticis haec, in praesentiâ, satis sunto; quibus sedulò excussis, studiosus diligens, sine dubio. totius poëmatis perlegendi cupidine flagrabit.   In sequentibus Jason pugnat, vincit, aureum vellus aufert; et cum sociis, conscensâ Iterùm Argo nave, itineris comite Medeâ, Thessaliam tandem, multis exantlatis laboribus, per novam quidem ignotamque viam revehitur.

"Omissum supra p. 65. Hom. Od. μ, 87. πέλωρ κακόν· Wolf. Rom. πέλωρ κακός· Edin. Oxon. Clark. P.

NOTAE PHILOLOGICAE

AD

EXCERPTA TRAGICA.

Apud Graecos antiquissimos mos erat laudes Bacchi vindemiae tempore celebrare. His festis, cantores in choris dithyrambos, sive hymnos in Bacchi honorem, canere solebant, peruncti ora minio vel vini rubri faecibus. [Tibull. Eleg. ii. 1. 55. Horat. Art. P. 275, sqq.] De tenui hâc origine crevit Tragoedia; sic dicta ἀπὸ τοῦ τράγου καὶ τῆς ῳδῆς, quasi *hirci cantilena;* sive istud animal daretur in praemium cantoribus, seu tanquam hostis vinearum Baccho vindemiae tempore immolaretur. Ut verò cantores in hisce choris tempus aliquod interquiescendi haberent, vir quidam, Thespis nomine, unicum actorem vel histrionem introduxit, qui fabulam auditoribus interim narraret. Ex fabulis Thespidis, qui histriones suos plaustro circumvexisse dicitur, nihil nunc extat. Post hunc venit Aeschylus, poëta longè nobilior. Is, pro uno Thespidis interlocutore, duos substituit, dialogum et actionem dramaticam invenit, cantus chori breviores reddidit, histriones larvis et syrmate instruxit, atque cothurno elevavit, formámque veram Tragoediae dedit, qualem videmus in ipsius septem dramatibus quae adhuc supersunt. "Tragoedias" [verba sunt Quinctiliani] "primus in lucem *Aeschylus* protulit, "sublimis et gravis, et grandiloquus saepè usque ad vitium, sed "rudis in plerisque et incompositus.—Sed longè clariùs illustrave- "runt hoc opus *Sophocles* atque *Euripides:* quorum in dispari dicendi "viâ uter sit poëta melior, inter plurimos quaeritur." [Lib. x. 1.] Aeschylus clarus virtute bellicâ, clarior ingenio, natus est Olymp. LXIII. 4. ante Chr. N. 525. Tragoediarum ejus specimen hîc dare prohibet instituti nostri brevitas, quae nos non sinit, nisi unam Sophoclis, alteramque Euripidis proferre. Eandem ob causam non possumus hîc longiùs excurrere in historiam Poëseos dramaticae Graecorum; neque disserere de naturâ Tragoediae, deque Theatro Atheniensium. Multi auctores multa super hac materiâ scripsère. Praeceptoris diligentis est talia perscrutari, eorumque summam discipulis suis vivâ voce enucleatè tradere. Ad .hanc rem auxilium derivare potest ab Aristotelis de Poëticâ Libro, iisque qui in hunc annotationes et commentarios composuere. [Vide Vol. I. ad p. 277. n. 1.] Adeat praesertim *Aristotle's Treatise on Poetry translated with Notes by Thomas Twining, M. A. Lond.* 1789. in 4to. ubi multa doctissimè sanóque admodum judicio prolata inveniet: et *Mason's Elfrida, and Caractacus, Dramatic Poems written on the model of the Ancient Greek Tragedy; with Letters to Dr. Hurd.* Extant cum *Poems by W. Mason, M. A.* 1764. 8vo. Item *Le Theatre des Grecs, par Brunoy, nouvelle edition, Paris,* 1785, in 13 voll. in 12mo. *Voyage du Jeune Anacharsis en Grece,* ch. lxix. Alios indicatos videbit in Fab. Bib. Graec. Vol. II. p. 162. L. ii. c. 16. Edit. Harles.

1. NOTAE IN SOPHOCLEM.

111.   * E SOPHOCLE.] Sophocles Sophili filius, Atheniensis, poëta tragicus sublimis, natus est Olymp. LXXI, 2. ante Chr. N. 495; post Aeschylum 31 ; ante Euripidem 15; cum quorum utroque tragoediis postea certavit. Studiis liberalibus eum pater diligenter instituendum curavit. Musicam et saltandi artem, Lampro praeceptore, didicit; atque Poëticam ab Aeschylo edoctus, ingenio suo tragoediae provinciam magnoperè auxit et ornavit. Formâ corporis pulcherrimâ fuisse praedicatur, quod nonnihil decoris addidit excellenti ejus ingenio, cujus maturè dedit documenta. Nam post victoriam Salaminiam, vix annos 16 natus, epinicium paeana praelusit citharâ et desaltavit Atheniensibus. Viginti quinque annorum fuit, quum tragoediam suam primam edidit, magistrumque suum Aeschylum in tragico certamine vicit. Viginti ferè victorias ejus generis peperisse dicitur. Ex multis, quas scripsit, tragoediis septem tantùm supersunt, quae omnes in suo genere sunt exquisitissimae. Formam theatri mutavit, scenae ornamentum et picturas adjecit, atque tres histriones colloquentes induxit. Ingenii quidem sublimitate Aeschylo par erat : judicio autem et accuratione longè superior. Princeps Graecorum Poëtarum tragicorum ab aliis habitus est: alii palmam tantùm cum Euripide participare, vel eo etiam inferiorem esse contendunt. Majorem laudem gravitatis ac sublimitatis, fabularumque structurae artificiosae certè meretur Sophocles: in affectibus moeroris et misericordiae commovendis Euripides, sine dubio, primas obtinere debet. Sophocles quidem personas, quales esse oportet, finxit; Euripides verò, quales sunt. [Aristot. de Poët. p. 98. s. 46. Tyrwhitt.] Sed uter in universum alteri anteponendus sit, unicuique pro sensu suo liceat determinare. Sophocles, ut refert Cicero, in libello suo de Senectute, ad summam senectutem tragoedias fecit. Nonaginta quidem annos natus obiisse dicitur; scilicet Olymp. XCIII. 3. ante Chr. N. 406. eodem quo obiit Euripides anno, qui tamen suum septuagesimum quintum vix attigerat. Non tamen omnem suam operam in studio poëseos posuerat : Reipublicae quoque consuluerat. Annos enim 55 natus, septimo ante bellum Peloponnesiacum, unà cum celeberrimo Pericle, adversum Anaeam Samiorum civitatem dux missus fuerat. [Vide Brunckii notas in Vitam Sophoclis ; ubi pro Ol. LXXXIV, lege LXXIV.] De iis, qui plura de Sophocle scripserunt, vide apud Fab. Bib. Gr. Vol. II. p. 193. sqq. L. ii. c. 17. edit. Harles. "Rectè, Ol. LXXXIV, 4. P.

SOPHOCLIS EDITIONES PRAECIPUAE.

1. Sophoclis Tragoediae septem, cum commentariis. Gr. *Venetiis, in aedibus Aldi Romani*, mense Aug. 1502. in 8vo. [Praestantissima (inquit Brunckius) omnium haec editio est, quae majorem quam ceterae omnes auctoritatem habet.] "Commentarii—promissi absunt. Fab. et Harles. P.

2. ——————————— cum interpretationibus vetustis et valdè utilibus. Gr. *Florent. per haeredes Phil. Juntae*, 1522. in 4to. [Quae repetita est, 1547.]

3. Sophoclis Tragoediae septem, Gr. cum Graecis Demetrii Tri- 111.
clinii Scholiis seorsim; *apud Adrianum Turnebum, typis regiis.*
Paris. 1552. in 4to. [Haec edit. maximi habita est ab omnibus edi-
toribus usque ad Brunckium, à quo valde vituperatur, et prae Aldi-
nâ principe nihili aestimata.]

4. ————————— una cum omnibus Graecis Scho-
liis et cum Latinis Joach. Camerarii. Gr. Annotationes H. Stephani
in Sophoclem et Euripidem, seorsùm excusae, simul prodeunt. *Anno*
1568. in 4to. [Edit. rara.]

5. ——————————— Gr. in quibus praeter multa menda
sublata, carminum omnium ratio hactenus obscuriór, nunc apertior
proditur: operâ Gul. Canteri. *Antwerp. ex officinâ Christ. Plantini*,
1579. in 12mo. [Edit. rarissima.] "Repet. *Lugd. Bat.* 1593. P.

6. ——————————— Gr. 4to. Eaedem cum vers. Lat.
Additae sunt lect. variantes, et notae viri doct. Thom. Johnson in
4 tragoedias: ii tom. in 8vo. *Apud Foulis, Glasguae*, 1745.

7. ——————————— Gr. et Lat. novâ versione donatae,
scholiis veteribus, &c. notisque perpetuis et variis lect. illustratae,
operâ Thomae Johnson. *Londini*, 1746, iii tom. in 8vo. "Antè,
1705—8—22. Pòst, saepiùs. Fab. et Harles. P.

8. ——————————— cum interpretatione Latina et
scholiis veteribus ac novis. Editionem curavit Joannes Capperon-
nier, regiae Bibliothecae custos, &c. Eo defuncto edidit, notas, &c.
adjecit Jo. Franciscus Vauvilliers, regius lector et Gr. L. Professor.
Parisiis, 1781. ii tom. in 4to. [Haec editio, quae complures annos
sub prelo erat, et nimiam expectationem excitaverat, votis erudito-
rum non satisfecit. Atque hoc ipse eò magis dolebam, quod Capperon-
nerium olim noveram, virum certè doctissimum, benevolentissimum
atque optimum, et in exteros Bibliothecam regiam Lut. Parisiorum
visitantes officiosissimum. Quod equidem lubens agnosco, quippe
qui beneficentiae ejus particeps essem. Hujus editionis merita rectè
aestimari videntur in Bib. Crit. Amstel. Vol. ii. Par. ii. p. 38, sqq.
Vauvillierius, qui, etsi inter primarios criticos non numerandus sit,
non tamen contemnendus erat, in nimis acrem reprehensionem acu-
tissimi Brunckii incurrit.]

9. Sophoclis quae supersunt omnia; cum veterum Grammaticorum
Scholiis, &c. ad optimorum exemplarium fidem recensuit, versione
et notis illustravit, &c. Rich. Franc. Phil. Brunck.—*Argentorati*,
1786. ii Voll. in 4to. [Edit. pulcherrima, et omnium longè optima.
Prodiit quoque, 1786, ii tom. in 8vo; et, 1789, Scholia &c. in ter-
tio Vol. "al. tom."] Pleniorem vide enumerationem editt. inter alia
multa de Soph. Fab. Bib. Gr. Vol. ii. p. 219. edit. Harles.

"Sophoclis Tragoediae septem; cum scholiis veteribus, versione
Latina et notis: [omissis Triclinii scholiis, et recentioribus.] Ex
nova recog. splendida forma, 250 exemplaria suis sumtibus edidit
Brunck. *Argent.* 1788 vel 9. iii Tom. maj. 8vo. Fabr. et Harles.
Haec editio nitide repetita est, (cum indice et praef. ex Ed. I.) &c.
Oxonii, 1808. ii Tom. 8vo. [Lexicon Sophocleum omnes habent.] P.

"10. ——————————— Denuo recensuit, et R. F. P.
Brunckii annotatione integra, et aliorum et sua selecta illustravit
Frideric. Henr. Bothe. *Lipsiae*, 1806. ii Tom. 8vo. [Multa mutavit.
Scholia omisit.] P.

"11. ——————————— Emendavit, varietatem lectio-

111. nis, scholia notasque tum aliorum tum suas adjecit Carol. Gottl. Aug.
Erfurdt. Accedit Lexicon Sophocleum et Index—. *Lipsiae.* vɪ Vol.
8vc. ab 1802—ad 1811, recepimus. [Nondum omnia; non Oed.
Col. nec Lexicon.] P.

*** Has annotationes in Sophoclis Oedipum Tyrannum et Euri-
pidis Medeam visum est exordiri à brevi expositione metrorum
praecipuorum, quibus usi sunt Poëtae Graeci Tragici; metrorum
scilicet Iambici, Trochaici, et Anapaestici, quam expositionem
Tatius meus iterum a se accuratius descriptam mecum amicissime
communicavit.

In conficiendis quae infra traduntur in usum tironum rei metricae
regulis, ex Porsoni ad suam Hecubae Praefationem Supplemento,
thesauro verè aureo, quodcunque ad nostrum propositum pertineret,
libere sumebatur; quod factum vir ille egregius plane et Graecis
literis adornandis natus lubenter condonabit duabus causis quibus id
impulsi fecimus.

Primum ergo neque Hecubae iterum editae neque Supplementi
seorsùm impressi datur ulla optantibus copia; nec auditur quicquam
de novae editionis consilio.   Deinde, si vel maxima exemplarium
facultas suppeditaret, aliunde statim oporteret quam ex chartis tam
singulariter eruditis novos et imperitos discipulos primis elementis
imbui; quos tamen cum solos tutelae nostrae duximus, fieri certe
nolumus ut post inventas fruges glande vescantur.   Propterea, ex
acervo Porsoniano veniae securi tantum hausimus, quantum sit ne-
cessarium ad alumnos in praesens sustentandos, qui mox in ipsis
disciplinam fidemque se tradituri sunt.   Porsono autem a nobis
quicquid eo nomine debetur, id quantum quantum est, summâ reli-
gione notis appositis acceptum referimus; quod si qui volent ita
moniti Supplementum consulere, invenient ex regulis inde sumptis
unam et alteram totas cum ipsis verbis usurpatas, caeteras partim
verbis leviter immutatis, partim denique ad sententiam Porsoni
et auctoritatem, non ad verbum exactas.   De reliquis quae dantur
praeceptis, nihil hic attinet curiose loqui; docti ultro intelligent.

[R. P. cum numeralibus monstravit loca SUPPLEMENTI PORSONI.]

I.

DE METRO IAMBICO.

1. Versus Iambicus trimeter, sex constans pedibus, apud Tragi-
cos Scriptores, in locis omnibus Iambum amat; qui pes in omni
praeter ultimum loco potest in Tribrachyn dissecari.

'Ο πᾶσι κλεινὸς Οἰδίπους καλούμενος.

2. Idem versus in locis imparibus, primo, tertio, quinto, etiam
Spondaeum admittit; qui pes in primo loco vel in Dactylum vel in

Anapaestum, in tertio tantum in Dactylum, in quinto neque in Ana- 111.
paestum neque in Dactylum, dissecatur. [R. Porson. Supplem. ad
Hec. Praef. xix.]

Ἀλλ', ὦ κρατύνων, Οἰδίπους, χώρας ἐμῆς.

3. Tum in primum, tum in omnes praeter ultimum locos, licet
Anapaestum proprii nominis recipere, istâ lege tamen, ut Anapae-
stus in eâdem voce totus contineatur. [R. P. xxi.]

4. Caesurae, quâ versus in medio pede dividitur, duo sunt prae-
cipua genera; alterum post penthemimerim quod usitatius, alterum
post hepthemimerim reperitur. [vide R. P. xxiv. xxv.]

5. Est et aliud certâ lege Caesurae genus quae *pausa* nominatur,
nempe, si versum concludit pes creticus orationis intervallo quam-
vis brevi distinctus, locum penultimum rarissime Spondaeus obtinet:
Sin verba aliter cum verbis conjuncta incedunt, paulum interest
qui pes sit in quinto.

Στάντες τ' ἐς ὀρθὸν καὶ πεσόντες | ὕστερον.
Ὡς οὐδέν ἐστιν οὔτε πύργος | οὔτε ναῦς.

Ἔδωκ'· ὀλέσθαι δ' ὤφελον | τῇδ' ἡμέρᾳ.
Ἡμεῖς τοιοίδ' ἔφυμεν, ὡς μέν σοι | δοκεῖ.

[R. P. "xxx. xxxi.]

6. Est et alia senarii divisio, quam si non caesuram, *quasi-caesuram*
liceat nominare. Ea est, cum tertius pes elisionem patitur, sive in
eâdem voce, sive additis γ', δ', μ', σ', τ'.

Οἴμοι τάλας· ἔοικ' ἐμαυτὸν εἰς ἀράς.
Μὴ πρὸς θεῶν φρονῶν γ' ἀποστραφῇς, ἐπεί.
Ἀνὴρ γὰρ ἐν δείπνοις μ' ὑπερπλησθεὶς μέθης.

[R. P. xxv.]

Iambici Trimetri apud Tragicos Tabula.

Uterque caesurae locus denotatur lineâ simplici.

II.

DE METRO TROCHAICO.

1. Versus Trochaicus Tetrameter Catalecticus, septem pedibus

111. et unâ constans syllabâ, apud Tragicos scriptores, in locis omnibus Trochaeum amat; qui pes potest ubique in Tribrachyn dissecari.

'Αντιτάξομαι κτενῶν σε.   Κάμὲ τοῦδ' ἔρως ἔχει.

2. Idem versus in locis paribus, hoc est, in 2do, 4to, 6to, etiam Spondaeum patitur; qui pes ubique in Anapaestum dissecatur.

Κομπὸς εἶ, σπονδαῖς πεποιθὼς, αἵ σε σώζουσιν θανεῖν.

3. In omnes sedes praeter 4tam, et 7mam, licet Dactylum recipere proprii nominis; qui tamen vel in eâdem voce ante ultimam syllabam totus continendus est, vel ita certe distribuendus, ut duae breves syllabae priorem nominis partem efficiant.

Πάντες Ἕλληνες. Στρατὸς δὲ Μυρμιδόνων οὗ σοι παρῆν ;
Σύγγονόν τ' ἐμὴν Πυλάδην τε τὸν τάδε ξυνδρῶιτά μοι.
                        [R. P. xxiii.]

4. Trochaici Tragici caesura una est, quâ versus post quatuor pedes absolutos dividitur, ad finem integrae vocis, quae nec articulus nec praepositio sit oportet. [R. P. xliii.]

5. Quicquid de *pausâ* ante finalem Creticum in Iambico Senario dictum est, idem nominibus modo mutatis de Trochaico Tetrametro dictum puta; quippe et res ipsa et ratio rei in utroque est eadem.

6. In pedibus dissolutis, illud unum cavetur, ne Spondaeo (sive Anapaesto) in 6ta sede Tribrachys in 7ma subjiciatur; cujus rei vel apud Comicos rarissimae hoc est exemplum,

Οὔτε γὰρ ναυαγὸς, ἂν μὴ γῆς λάβηται φερόμενος.
                        [R. P. xliv.]

Trochaici Tetrametri apud Tragicos Tabula.

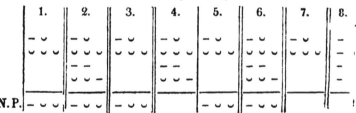

Linea simplex locum caesurae notat.

III.

DE METRO ANAPAESTICO.

1. Legitimum Anapaestorum systema ex dimetris constat, quibus interponitur aliquando monometer; et versu catalectico qui Paroemiacus dicitur, ex tribus pedibus et syllaba composito, claudatur necesse est.

2 Vel Dactylus vel Spondaeus creberrime pro Anapaesto adhi-

betur, nullo fere discrimine, nisi quod rarissime Dactylo Anapaestus 111. subjicitur. [R. P. xlvi.]

3. Sicubi hiatum Tragici relinquunt, is fere est vel in vocali longâ vel diphthongo, quae tum necessario corripitur: ut, *μοῦσα καὶ ἡμῖν, λείπεταί ὑμῶν*. [R. P. xlvi.]

4. Systematis Anapaestici ea lex est, quae *σινάφεια* dicitur, ut nulla sit ad finem singulorum versuum communis syllaba, sed totum systema scansione continuâ cohaereat.

Nempè, hic versus,

Εἰς ἀρθμὸν ἐμοὶ καὶ φιλότητα,

non esset probus, ni ad syllabam natura brevem positione producendam sequeretur statim

Σπείδων σπεύδοντί ποθ' ἥξει.

nec hunc versum

Ω μεγάλα Θέμι καὶ πότνι' Ἄρτεμι,

recte exciperet vel vocalis propter hiatum, vel duae consonantes quae quidem syllabam natura brevem non manere paterentur.

Verum sequitur *Λεύσσεθ' ἃ πάσχω, κ. τ. λ.*

5. Metra sive dipodiae tum maxime numerosos versus efficiunt, cum in integras voces desinunt; praeterquam in versu catalectico, qui tum maxime auribus placebit, cum hexametri dactylici finem constituet. Nonnunquam vero et is Dactylum admittit in primo loco, ut,

Οὐκ ἀπόμουσον τὸ γυναικῶν.

[R. P. xlvi.]

6. Eorum qui caesurâ carent versuum, gratissimus hic ad aures accidit, cujus altera dipodia post Anapaestum brevi syllabâ in alteram abundat.

Πτερύγων ἐρετμοῖσιν ἐρεσσόμενοι.

IV.

DE ICTU METRICO.

[Qui in singulis dipodiis prior duplici, posterior simplici notâ accentûs acuti hîc indicatur.]

In versu Trochaico et Iambico.

1. Cum Trimeter Iambicus, primo semipede subducto, numeros praeterquam in caesurâ [vid. supra, i. 4, 6. ii. 4.] eosdem habeat ac Tetrameter Trochaicus, cui prima sit subducta dipodia; qui leges ictûs in hoc versu tenebit, idem in utroque intelliget. Vid. Hareium et Bentleium, utrumque in suis ad Terentium *προλεγομένοις*.

ὥστε θνητὸν	*ὄντ' ἐκείνην*	*τὴν τελευταί*	*αν ἰδεῖν.*
ὡς	*εἴπερ ἄρξεις*	*τῆσδε γῆς ὡς*	*περ κρατεῖς.*

111. 2. In metro Trochaico, Tribrachys Trochaei, Anapaestus Spondaei temporibus par est; quorum quatuor pedum in primas omnium syllabas ictus pariter cadit.

Καί σὺ, μῆτερ; Οὐ΄ θεμίς σοι μή΄τρος ὀνομαξεί΄ν χαρά.
Ω΄ πολίς. Μολώ΄ν ες Ἀργος ἄ΄ναχαλεί Λερνῆς ὑδώρ.

3. Sin Iambica quis scansione uti malit, sciat Iambum et Spondaeum in ultima, Dactylum et Tribrachyn in mediâ percuti,

Πρωτό΄ν μεν ὀροφῳ πτέ΄ρυγα πέριβαλλεί΄ πεπλών.

In versu Anapaestico.

1. Ut spondaeus proxime cum anapaesto conjunctus duos pedes anapaesticos, ita cum dactylo dactylicos efficit.

2. Proinde in singulis dipodiis metri quod Anapaesticum vocatur. anapaesti in ultimam, dactyli in primam, spondaei prout anapaesti vel dactyli vicem sustinet, nunc in primam, nunc in ultimam, ictus cadit.

*Ἄ΄λλα δ΄ ὀ Μαίας * πομπαί΄ρς ανάξ*
    *πελασεί΄ε δομοίς,**
*ὡ΄ν τ΄ επινοίαν *σπευδεί΄ς κατεχών*
πραξεί΄ας, επεί γενναί΄ος ανήρ,
Αιγεύ, παρ΄ εμί δεδοκή΄σαι.

[Haec nota * in tironum usum ideo apponitur, ut numerorum ex Anapaesticis in Dactylicos, et versâ vice ex his in illos, conversio manifestius appareat.]

113. *ΟΙΔΙΠΟΥΣ ΤΥΡΑΝΝΟΣ.*] Oedipus Tyrannus seu Rex inscribitur haec Tragoedia, ad differentiam *Oedipi Colonei.* Caeterùm, (ut notavit Dammius, Lex. Hom. voce *Εχετος*,) " vox *Τύραν-* " *νος* Homeri aevo omninò nondum in usu erat : pòst recepta haec " vox in *bono* sensu designabat principem ; donec *malis* tantùm " principibus tribueretur *τὸ τυραννεῖν*, relictâ justis principibus " appellatione, *Βασιλεὺς, ἄναξ.*" Erat autem Oedipus filius Laii Thebanorum regis, et Jocastae ; quem pater, quum ex Apollinis oraculo à se de prole consulto, intellexit fore ut à filio suo interficeretur, recens natum pastori armentorum suorum occidendum tradidit ; qui misericordiâ commotus, ne spem omnem vitae auferret, parvuli pedibus gladio perforatis et vimine trajecto, eum ex arbore suspendit, tanquam inediâ moriturum. Sed Phorbas Polybi Corinthiorum regis pastor, illac iter faciens, quum vagitum audivisset, ad locum accurrit, puellum servavit, laetusque ad Meropen uxorem Polybi, liberis carentem, detulit ; à quâ, tanquam filius de coelo missus, summâ curâ susceptus est, atque a pedum tumore, *Oedipus* nominatus. Adolescens factus fortè audivit se filium Polybi et Meropes non esse. Statuit igitur Delphos clam adire, ut oraculum consultaret de veris parentibus. Ibi ei consulenti hoc tantum responsum Apollo dedit : " Fore ut ille cum matre concumberet, pa- " trémque, qui eum genuisset, occideret." His auditis, fugere decrevit, donec eò perveniret, ubi scelera tam infanda nunquam admittere posset. Per Phocidem iter faciens Laïo ignoto rhedâ vecto, cum aurigâ, fortè obviam factus, orto de viâ certamine, utrumue interfecit. Sede regiâ hoc modo vacuâ factâ, Thebani inte-

rèa valdè vexabantur à Sphinge, monstro quodam horrendo, quod, 113.
ex virgine, leone et aquilâ compositum, scopulo viae imminenti
insidebat, et aenigmata sua difficillima transeuntibus proponebat;
quae quum solvere non possent, ex improviso veniens alis et
unguibus ad se in rupem trahebat. Oedipo quoque, qui hâc pro-
ficiscebatur, hoc aenigma proponebat : " Quodnam animal manè
" quadrupes, meridie bipes, vesperi tripes esset ?" Cujus locutionis
nodum Oedipus dissolvit, respondendo,—" Hominem esse,—qui
" nimirùm in infantiâ manibus et pedibus repens, quadrupes est;
" factus vir, ut qui nullo alio quam pedum adminiculo nititur, bipes;
" et in senectute, viribus deficientibus, assumpto scipione, tripes."
Quam solutionem Sphinx tam aegrè tulit, ut statim se de saxo prae-
cipitaverit. Oedipus verò, qui filius Polybi regis Corinthiorum ha-
bitus est, acuminis ingenii mercedem regnum Thebarum et Jocas-
tam reginam in matrimonium obtinebat; secundum fidem publicam
ei datam qui hoc modo civitatem Sphinge liberaret. [Vide Eur.
Phoen. ad init.] Thebis igitur per aliquot annos jam regnaverat,
liberosque ex matre suâ Jocastâ susceperat, quum Thebani, gravis-
simâ pestilentiâ oppressi, oraculum Apollinis consultum miserunt,
quid potissimum facerent. Respondit deus, necesse esse ut de auc-
tore caedis Laïi supplicium sumerent. Oedipus ipse, tale facinus à
seipso posse admitti nunquam suspicatus, summâ ope nititur ne sce-
leris patrator diutiùs lateret. Ad agnitionem, sive, ut vocat Aristo-
teles, ἀναγνώρισιν, progressum, et quae indè evenerunt, Tragoedia
ipsa nobilissima docebit.

Ver. 1. *Κάδμου τοῦ πάλαι νέα τροφῆ,*] *τροφή,* à perf. med. verbi
τρέφω, alo, vulgò sign. *vivendi ratio, victus :* sed hîc *proles, progenies.*
Κάδμου τοῦ πάλαι, scil. *γενομένου·* frequens est hujusmodi dictio
elliptica: ut observavit Burtonus. Vide inf. v. 268.
    2. *Τίνας ποθ' ἕδρας τάσδ' ἐμοὶ θοάζετε,*] Ad verbum, *Quasnam tan-*
dem sessiones has mihi sedetis? h. e. *Quamobrem quaeso hic ita sedetis?*
Hujusmodi locutio solennis est apud Graecos scriptores, ubi scil.
vox cognata sequitur suum verbum; sic *λέγω λόγον, γράφω γραφὴν,*
et similia. [Vide Vol. I. ad p. 31. n. 11.] Nec insolita est eadem
phrasis apud Latinos : Nam etsi vix benè Latinè sit *sedere sessionem ;*
dici tamen potest *pugnare pugnam, dormire somnum,* et similia.
Caeterùm *θοάζω* est idem ac Homericum *θαάσσω,* vel *θάσσω, pono*
me in sedem, sedeo. Utraque vox derivari videtur à *θέω,* undè
τίθημι, pono. Omninò displicet opinio viri doctissimi H. Stephani
verbum *θοάζειν* à *θοὸς* deducentis, et conjicientis posse *θοάζειν*
exponi *celeriter* (i. e. *θοῶς*) *in sedile insilire ;* quod nullo modo con-
venit cum hoc Sophoclis loco. Occurrit *θαάσσει* infrà v. 161. *Ἕδρα*
saepe est sessio supplicum ad aras, vel focos. Vide Soph. Oed.
Col. 1158. 1163. ed. Br. Hom. Od. *η,* 153. sqq. et Tragicos passim. P.
    3. —*ἐξεστεμμέναι,*] *ἀντὶ τοῦ κεκοσμημέναι.* Schol.
    8. *Ὁ πᾶσι κλεινὸς—*] Confer Hom. Odyss. *ι,* 20. suprà p. 29.
et Virg. Aen. i, 378.
    9. —*ἐπεὶ πρέπων ἔφυς—*] *ἔφυν,* aor. 2. à *φύω, φῦμι,* saepè reddi
postulat *sum. πρέπων ἔφυς,* idem hîc est ac *πρέπει σοι.* Sic infrà
v. 587. *οὔτ' αὐτὸς ἱμείρων ἔφυν, neque ipse cupiens sum,* i. e. *neque*
ipse cupio : et Eur. Phoeniss. 133.—*παῖς μὲν Οἰνέως ἔφυ, filius qui-*
dem Oenei est. Vid. etiam Eur. Suppl. 292. et quae ibi notavit *vir*

13. doctus Jer. Markland. Item Viger. de praec. Gr. dict. idiotism.p.
209. edit. Zeunii. "C. V. s. xiv. r. 7. n. 71. P.

10. —*τίνι τρόπῳ καθέστατε ;*] *τίνι τρόπῳ, quo modo,* est, *quare,*
quamobrem : ut Sophocl. Oed. Tyran. ver. 10. MARKLAND. ad Eur.
Suppl. 147. *καθέστατε,* per sync. pro *καθεστήκατε. quare ita estis?*
11. —*στέρξαντες ;*] Sic, pro vulgari *στέξαντες,* restituit Brunck-
ius ex uno MS. Reg. quam lectionem agnoscit Scholiastes, male
expositam per *παθόντες. Στέργειν,* inquit Brunckius, hic valet
petere, cupere, orare ; ut Oed. Col. 1094. et reddit *δείσαντες, ἢ στέρ-*
ξαντες ; numquid metuentes, cupientesve? Eandem lectionem ante
Brunckium probaverat Burtonus.—*ὡς θέλοντος ἄν ἐμοῦ*—more
Attico, pro *ὡς ἐγὼ ἄν θέλοιμι,* Angl. *Since I should choose*—[Vide
Vol. I. ad p. 86. n. 6. et ibid. ad p. 87. n. 2.] *προσαρκεῖν* [*κατα*]
πᾶν, to assist you by all means.—*δυσάλγητος,* Angl. *unfeeling, hard-*
hearted. " De Burtoni Pentalogia vide infra ad p. 163. Notitiam. P.
16. *Βωμοῖσι τοῖς σοῖς·*] Non *aris tibi dicatis ;* sed *aris pro foribus*
tuarum aedium positis. Veterum hic mos notus. BRUNCK. "l. 17.
πτέσθαι, ἐπτόμην, aor. 2. à *πέτομαι.* Vide infra ad p. 165. v. 1. Eur. P.
18. *Ἱερῆς,*—] Brunckius restituit Atticismum *ἱερῆς,* pro vulgari
ἱερεῖς.—Idemque rescripsit *ἠθέων* pro *ἠϊθέων.* Quam lectionem
suffulsit auctoritate Valckenarii, qui in Eur. Phoen. 952. edidit
ἠθεος. Eustathium quoque in partes suas traxit, ad Iliad. *σ,* 593. p.
1166. 35. "*Ἱερεύς τ' ἐγώ*—BOTHE. P.
20—21. —*πρός τε Παλλάδος διπλοῖς ναοῖς,*] *Δύο ἱερά ἐν ταῖς*
Θήβαις ἵδρυται τῇ Ἀθηνᾷ, τὸ μὲν Ογκαίας, τὸ δὲ Ἰσμηνίας. Schol.
μαντεία σποδῷ. Dictio poëtica: *σποδῷ,* pro *βωμῷ* per Metony-
miam. Juxta Ismeni flumen stetit Apollinis ara, ubi per cineres et
flammam fiebant vaticinia. Vide Pausan. Boeotic. p. 730. edit.
Kuhnii. BURTON. *τὸ δ' ἄλλο φῦλον, caetera autem multitudo, ἐξεστεμ-*
μένον, ramis supplicibus ornata, *θακεῖ* [*ἐν*] *ἀγοραῖσι, sedet in foro,*
πρός τε Π. δ. ν. Palladisque ad gemina delubra, τε ἐπὶ μαντεία
σποδῷ Ἰσμηνοῦ, et ad fatidicum focum vel aram Ismeni ; vel Ismenii
Apollinis, i. e. Apollinis qui apud Thebanos juxta flumen Ismenum
colebatur. Caeterùm de *μαντεία σποδῷ* ita Krebsius : " Usitatissi-
" mum Graecis est duo substantiva ponere, ita ut alterum munus
" adjectivi sustineat.—Oed. Tyr. 21. *μαντεία σποδῷ* pro *μαντικῇ.*"
Ad Hesiod. Oper. et Di. 191.
22, 23. *ἄγαν ἤδη σαλεύει,*—] Angl. *now fluctuates exceedingly ;*
καὶ οὐκ_ἔτι οἵα τε [*ἐστί*] *ἀνακουφίσαι κάρα* [*ἐκ*] *βυθῶν φοινίου*
σάλου and is no longer able to raise its head from the depths of a
bloody tide. Genus nempè locutionis metaphoricum, à rebus mari-
nis desumtum. Caeterùm quod ad *οἵα τε* attinet, vide Vol. I. ad p.
5. n. 6.
114. 25—28. *Φθίνουσα μὲν κάλυξιν ἐγκάρποις χθονὸς,*] Angl. *wasting*
away with the fruits of the earth unripe : [*κάλυξ* est propriè, *flos rosae*
nondum apertus ; inde *folliculus quivis,* Angl. *the husk of any fruit :*
κάλυξ ἐγκαρπος, an *husk with fruit in it : βούνομος,* est *à bobus*
depastus ; sed *βουνόμος,* cum accent. in penult. (ut observ. H. Ste-
phanus ad vocem,) est *βοῶν θρεπτικὸς, bobus pascendis accommodatus :*
at *ἀγέλαις βουνόμοις,* hic tantùm significat, (notante eodem Stephano,)
boum gregibus, vel *boum more pascentibus gregibus.*] *τόκοισί τε ἀγό-*
νοις γυναικῶν, Angl. *and with the productions of women abortive ;*
nam *ἀγόνοις* est, secundum Scholiasten, *κακογόνοις, male natis :*—*ἐν*

δ' ὁ πυρφόρος, &c. constructio est: ὁ δὲ πυρφόρος θεὸς, ἔχθιστος 114. λοιμὸς, ἐνσκήψας, ἐλαύνει πόλιν, *ignifer autem Deus, pestis* scilicet *teterrima, ingruens, exagitat urbem.*

31—34. Θεοῖσι μέν νυν, &c.] νυν sine accent. idem quod οὖν, *igitur.* Sic autem construe: Εγώ νυν, οὐδ' οἶδε. παῖδες ἑζόμεσθ' ἐφέστιοι, κρίνοντές σε οὐκ ἰσούμενον μὲν θεοῖσι, πρῶτον δ' ἀνδρῶν ἕν τε συμφοραῖς βίου, ἔν τε ξυναλλαγαῖς δαιμόνων·—*Ego igitur hique pueri consedimus ad fores tuas, te censentes non quidem diis parem, primum autem inter homines, et in vitae calamitatibus, et in deorum interventibus.* Nam, " in συμφοραῖς βίου" [verba sunt Brunckii] " intel-" lige quicquid sponte suâ hominibus in vitâ evenire solet; ταῖς " συντυχίαις, τοῖς συναντήμασι· in δαιμόνων ξυναλλαγαῖς, quicquid " numen deorum invehit praeter solitum, quicquid fit deorum " interventu.—Infrà, 960, Oedipus quaerit num Polybus mortuus " fuerit νόσου ξυναλλαγῇ, *morbi interventu.* In Oed. Col. 410. " ποίας φανείσης ξυναλλαγῆς ; *cujusnam interventu?"* Porrò observandum idioma Graecum duplicem negationem [οὐδ' οὐκ] postulare, quarum alteram respuit linguae Latinae ratio.

35. 'Ος γ' ἐξέλυσας, ἄστυ—] Non est quod constructio difficilior exquiratur, sc. ἐξέλισας τοῦ δασμοῦ ὃν δασμὸν παρείχομεν,—cum sententia simplicior rectè interpuncta satis pateat : sc. *adveniens urbem Cadmeam exsolvisti illud Sphingis vectigal ;—nempè Sphingem interficiendo.* BURTON. Non immeritò tamen priorem istam Syntaxin, quam difficiliorem vocat Burtonus, tanquàm unicè veram calculo suo comprobavit Jacobus Tate, A. M. in literis ad me datis; ut sit: μολὼν [εἰς] ἄστυ Καδμεῖον ἔλυσας [ἡμᾶς] ἐκ [τοῦ δασμοῦ] σκληρᾶς ἀοιδοῦ, ὃν δασμὸν παρείχομεν· et observat constructionem ejusmodi apud Eur. Med. 12. " πολιτῶν ὧν—in ed. Musgravii, &c." Vide etiam Vol. I. ad p. 86. n. 4. et Porson. ad Eur. Orest. 1645. (Hanc constructionem calculo meo haud comprobare possum ; omnino similis est sequenti ad v. 100—ἢ φόνῳ φόνον πάλιν λύοντας. Ubi φόνον regitur a λύοντας eodem modo quo δασμὸν ab ἐξέλυσας. G. D.)

37. Καὶ ταῦθ'—] Angl. *And that too*—Phrasis quae effertur Graecè plurali numero. " λέγει, νομίζει, pass. ind. praes. 2. s. Att. P.

40. —Οἰδίπου κάρα,] *Oedipi caput,* pro ipso Oedipo. Loquendi modus Poëtis familiaris. Similiter Aeneas de Ascanio, Aen. iv, 354. *Capitisque injuria chari.* BURTON.

42. —εἴτε του θεῶν—] του pro τινος. οἶσθά που, *nosti quoquomodo.* Vide Coll. Gr. Min. ad p. 35. n. 2.

44. 'Ως τοῖσιν ἐμπείροισι—] *Usu enim peritis video felici quoque eventu consilia maximè vigere.* BRUNCK. Ita interpretes: sed συμφορὰν pro *eventu consilii* sumi posse non credo; ea enim vox fortuitum aliquid semper innuere videtur: hîc autem potius in primitivo sensu sumi, locúsque adeo totus ita reddi potest: *Sicubi alicujus deorum vocem audisti, vel etiam à mortalium quocunque quicquam acceperis ; video enim apud prudentes expertósque viros etiam collationes consilii maximè in usu esse.* Ipsius sapientiam suprà laudaverat ; jam etiam alios consultâsse posse addit : qui sensus vulgato multò melior videtur ; otiosum enim aliàs foret καί, neque tota sententia loco suo digna. Γ. Y. Esto ut ξυμφορὰ aliquid fortuiti semper innuit. Hoc ipsum est quod quaerimus. Sensus loci esse videtur, *Sapientes Fortuna juvat.* Cantab. Anon. " ξυμφορὰς, *eventus,* ζώσας, *vigentes, florentes.* P.

48. —τῆς πάρος προθυμίας·] ἕνεκα scil.

49. —μεμνῴμεθα,] Vide Vol. I. ad p. 27. n. 7. et ad p. 108. n. 5.
Sententiam autem sic reddidit Burtonus: *Salutis olim tuis sub auspiciis partae recordatio parùm proderit, siquidem ad breve tempus erecti postmodo demùm excidamus.* " μεμνῴμεθα, optativ. Erfurdt. P.

51—53. *Αλλ' ἀσφαλείᾳ τήνδ' ἀνόρθωσον πόλιν*] *Itaque restaurratam urbem in tuto colloca.* BRUNCK. γὰρ τότε παρέσχες τὴν τύχ,ε ἡμῖν, *tum enim fortunam exhibuisti nobis,* αἰσίῳ ὄρνιθι, *secundo omnine.* καὶ τανῦν ἴσος γενοῦ, *et nunc sis similis tui.* τανῦν, i. e. κατὰ τὰ πράγματα νῦν ὄντα.

54. —*εἴπερ ἄρξεις τῆσδε γῆς,*] Vide Vol. I. ad p. 3. n. 3.

115.　58. —γιωτὰ, κοὐκ ἄγνωτα—] Pleonasmus frequens apud Homerum. Vide Iliad. ζ, 333.

60. —ιοθοῦντες,—] Nominativ. absolutè usurpatus, ut saepè ut Angl. *distressed though you be.*

66, 67. *Αλλ' ἴστε πολλὰ*—] Angl. *but be assured that I have indeed shed many tears.* δακρύσαντα, participium ubi Latini utuntur infinitivo. ἐλθόντα δὲ [εἰς] πολλὰς ὁδοὺς [ἐν] πλάνοις φροντίδος, *and have wandered many ways in a labyrinth of care.* Pro πλάνοις, vulgares Editt. habent πλάναις, quod eodem redit.

70. —*ἐμαντοῦ γαμβρὸν,*—] Graecis γαμβροὶ appellantur quicunque per nuptias adfinitate juncti sunt; generi, soceri, uxoris fratres, sororum mariti. BRUNCK. ἐμ. γαμβ. Angl. *my kinsman.*

73. *Καί μ' ἦμαρ ἤδη ξυμμετρούμενον χρόνῳ*—] Constructio videtur esse: καὶ ἦμαρ ξυμμετρούμενον χρόνῳ ἤδη λυπεῖ με, τί πράσσει Angl. *And the present day, when calculated by the time of his departure, already begins to make me uneasy about what he is doing.* τοῦ μου εἰκότος πέρα, *for unreasonably,* &c. " *beyond probability.* P.

78. *Αλλ' εἰς καλὸν*—] Nempe juvenes, ex scenae parte exteriori prospicientes, opportunum Creontis adventum Sacerdotibus significant. BURTON. Vide Porson. ad Eur. Med. 863. " sc. σύ τ', σύ τοι. Ρ.

80. *Ω ναξ Απολλον, εἰ γὰρ*—] εἰ γάρ, *utinam.* [Vide Vol. I. ad p. 70. n. 4.] gl. εἴθε δή. Librorum omnium lectio est ἐν τύχῃ γέ τῳ, quam agnoscit Eustathius p. 1154. 27. et alibi: et retineri poterit. Nihilominùs certissima mihi videtur, ut elegantissima est, Marklandi emendatio in notâ ad Eurip. Suppl. 1145. τὼς, cui respondet in proximo versu ὥσπερ. BRUNCK; qui ita reddidit: *O rex Apollo, utinam ille ita felici sorte veniat, ut hilari vultu adest.* σωτῆρι vicem supplet adjectivi. Sed respuit istud τὼς Jac. Tate, tanquam Ionismum ignotum Iambicis Euripidis. " ἐν τύχῃ γε τῳ, Edin. 5ta.—τοὺς. Aj. 840. Aesch. S. Th. 485. 639. BR. τῳ pro τινι. Erf. P.

82. *Αλλ' εἰκάσαι μὲν,*] Sub. ὡς ἔστιν εἰκάσαι —οὐ γὰρ ἂν—elliptice; si enim aliter res se haberet, non utique—[κατὰ] κάρα πολιστέφής— BURTON. οὐ γὰρ ἂν κάρα.—Coronati enim soli domum redibant, quibus laetae sortes obtigerant. Quocirca benè in Scholio additum ἐπί τινι αἰσίῳ. Quibus verò vel tristia nuntiata fuerat, vel domum repetentibus adversi aliquid acciderat, ii coronas deponebant. BRUNCK; apud quem vide plura.

· 84, 85. —*ξύμμετρος γὰρ ὡς κλύειν.*] *propè enim satis adest, and ut nos possit.* —ἐμὸν κήδευμα, pro ἐμὸς κηδεστής. Sic Eur. Orest 479. *Ω χαῖρε καὶ σύ, Μενέλεως, κήδευμ' ἐμόν.* 1237. *Ω ξυγγένεια πατρὸς ἐμοῦ.* et Phoeniss. 298. *Ω ξυγγένεια τῶν Αγήνορος τέκνων* pro ὦ ξυγγενές. Et sic saepè res pro personâ, seu, ut barbare loquuntur, abstractum pro concreto ponitur. Infrà, 128. τηκτ-

νίὸς οὕτω πεδούσης, pro τυράννου οὕτω πεδόντος.—Hoc schema
Latinis etiam usitatum. Cicero de Oratore iii. 42. *Quo item in*
genere et virtutes et vitia pro ipsis, in quibus illa sunt, appellantur.
BRUNCK.

87. —λέγω γὰρ καὶ τὰ δύσφορ',—] Aenigmatica responsio du-
biam injiciens sollicitudinem, obscurè innuens quod postea disertè
indicat, videlicet salutem publicam per homicidae poenam esse
restituendam.—κατ' ὀρθὸν ἐξελθόντα,— sub. τέλος, vel simile
quiddam : ut interpretatio sit haec —*etiam adversa, modò viá rectá*
ad exitum perducantur, et à proposito non aberrent, in fortunam
bonam cedere—nempè εἰ τὰ ἄγνωστα γνωσθείη—τίς ὁ Λαΐου φονεύς.
BURTON.

92. Ἕταμος—] Sub. εἰμί. Id.   11ι

99. Ποίῳ καθαρμῷ ;—] Cum nominatim designaretur nemo, nec
adhuc certa expiationis methodus praeciperetur, plures impatiens
subdit interrogationes. *Id.*

100. Ἀνδρηλατοῦντας,—] *extra fines abigentes*—respondet scil.
Creon ad priorem Oedipi interrogationem.

101. ὡς τόδ' αἷμα χειμάζον—] Accusativus absolutè positus pro ge-
nitivo schema est Atticis scriptoribus perquam familiare. BRUNCK.
(ἔστι potius subintelligendum est. Since blood *is* deluging. Con-
structio Graecis usitatissima, et quâ nos Angli etiam utimur ad
notandum meliùs tempus, quod praesens ritè nuncupatur. G. D.) "Li-
bri omnes τόδ' αἷμα. BR. Ipse τήνδ'—πόλιν. Erf. τόδ'. Quos vide. P.

114, 115. Θεωρὸς,—] Est qui ad oraculum consulendum peregrè
proficiscitur. BURTON. Θεωροὶ λέγονται οὐ μόνον οἱ θεαταί, ἀλλὰ καὶ
οἱ εἰς θεοὺς πεμπόμενοι. HARP. SUID. Ἀπῆλθεν—ὁ Λάϊος εἰς Ἀπόλλω,
χρησόμενος περὶ τοῦ ἐκτεθέντος παιδὸς, εἰ ἄρα ζῴη. Schol. ὡς ἀπε-
στάλη— nempè *non rediit domum salvus*, undè *exierat salvus.* BURTON.
Caeterùm ἀποστέλλω, in voc. med. est quasi dicas *mitto meipsum*, i. e.
eo, proficiscor ; et aor. 2. pass. saepè sumitur in sensu medio. Sic
Eurip. Med. 666. τί δ'— ἐστάλης ; *quare verò ivisti*—? Vide Vol.
I. ad p. 7. n. 10.

117. —ὅτου τις ἐκμαθὼν ἐχρήσατ' ἄν ;] Constructio est : ἐξ ὅτου
[Atticè pro οὗτινος] τις μαθὼν ἄν ἐχρήσατο, Angl. *from whom one*
having learned the fact, *might make the* proper use of his knowledge.

118. Θνήσκουσι γὰρ,] γὰρ refertur ad aliquid subauditum—Nullus
est nuncius, &c.—*moriuntur enim* omnes *praeter*, &c. ubi observan-
dum praeterea, tempus, quod est praesens imperfectum indefinitum,
[Θνήσκουσι, *they die*,] poni pro praesenti perfecto definito, [τεθνήκα-
σι, *they are dead.*] Sed scriptores Graeci praesens illud saepissimè
usurpant de re praeteritâ indefinitâ loquentes, i. e. pro aoristo,
[Vide Vol. I. ad p. 85. n. 2.] et interdùm ut videtur, pro hoc prae-
senti definito, i. e. pro praesenti perfecto.

120. Τὸ ποῖον ;—] i. e. ποῖόν ἐστι τὸ ἐκεῖνο ἕν ; Angl. *of what*
sort is that one circumstance? γὰρ μαθεῖν ἐν ἂν ἐξεύροι πολλά, *for the*
knowledge of one circumstance might lead to the discovery of many.
εἰ λάβοιμεν, κ. τ. λ. *if we could obtain*, &c.

122. —μιᾷ ῥώμη—] idem quod τὸ ἑνὸς ἀνδρὸς ῥώμῃ. BURTON.

124. Πῶς οὖν ὁ λῃστής,—] Sic construe : πῶς οὖν ὁ λῃστής ἂν 117.
ἔβη ἐς τόδε τόλμης, εἰ μὴ [κατά] τι ἐπράσσετο ἐνθένδε ξὺν ἀργύ-
ρῳ ; Angl. *How could the robber have proceeded to such a pitch of*
audacity, if he had not been tampered with [bribed] *from hence.'* i. e.

117. by some citizen here.   Quomodo et Brunckium locum exposuisse
video, [*nisi oblato ab aliquo cive praemio incitatus fuisset :*] eumque
suffultum à Scholiaste : εἰ μή τις τῶν πολιτῶν διέφθειρεν αὐτόν, χρή-
μασι πείσας πρὸς τὸν κατ᾽ ἐκείνου φόνον.

128. *Κακὸν δὲ ποῖον ἐμποδών,*] Sup. ὄν. —*τυραννίδος οὕτω πι-
θούσης,* abstractum pro concreto. Vide suprà ad v. 84.

130. '*Η ποικιλῳδὸς Σφίγξ*—] Disquisitionis intermissae cau-a
verisimilis. BURTON. —*τά πρὸς ποδὶ σκοπεῖν,* &c.   Sic celeberri-
mus Drydenus, notante Jac. Tate : *And present cares soon buried* the
remote.

134. —*τήνδ᾽ ἔθεσθ᾽ ἐπιστροφήν·*] *curam hanc suscepistis.* BRUNCK.

138. *Ἀλλ᾽ αὐτὸς αὐτοῦ,*—] Scil. ὑπὲρ αὐτοῦ τοῦτ᾽ ἀποσκεδῶ μύσος.
sed meapte causâ hoc, amovebo scelus. ἀποσκεδῶ, Attica futuri forma
pro ἀποσκεδάσω. *Idem.*

142. —*βάθρων ἵστασθε,*—] gl. ἀνίστασθε, διάστητε ἀπὸ τῶν καθ-
εδρῶν. *Sedebant enim ad aram pro supplicum more.* Vide Oed.
Col. 1158. *Id.* " Et supra v. 2. P.

146. —*ἢ πεπτωκότες.*] Haec locutus exit e scenâ Oedipus, mox
rediturus, ingrediente populo Thebano, quem ut statim convocaret
modò aliquem jusserat ; interea manet senex sacerdos Jovis cum
suis, quos quatuor versibus his sequentibus alloquitur.

147. *Ω παῖδες, ἱστώμεσθα·*] Cum comitatu consurgit sacerdos,
quum ea impetraverant, quorum gratiâ supplicantes convenerant—
ὧν ὅδ᾽ ἐξαγγέλλεται, *ea quae hic palam jam promittit*—τὸ ὧν eodem
casu refertur ad τῶνδε, Atticè. BURTON.   Non autem è scenâ dece-
dunt, uti quidam putant ; exsurgunt tantùm ab aris, mutantque suam
positionem, quo partibus Chori meliùs fungantur ; quas quidem per
totum drama sustinere videntur, incipientes à sequente cantilenâ,
seu interludio pulcherrimo, quo quidem cantando tempus occupa-
tur, donec populus in scenam ingrediatur, redeatque Oedipus.
Quare nodum in scirpo quaerere videntur viri docti, qui de chori
personis in hac Tragoediâ disputant. Vide Hist. Acad. Inscrip.
Tom. ii. p. 173. " iii. p. 108. 4to. 1723. P.

151. *Ω Διὸς ἁδυεπὴς φάτι,*—] *O Jovis dulcisona dictio*—Quae
ab Apolline veniunt oracula, ad Jovem ultimò referuntur ; quia il ..
vaticinantium pater habebatur : quo volente et jubente data erant
responsa. BURTON. ἁδυεπής, vocativus Doricè. Cantiones tragic ..
Doricam dialectum solent usurpare. τίς ποτε ἔβας [εἰς] ἀγλαὰς Θή-
βας [ἀπὸ] τᾶς πολυχρύσου Πυθῶνος ;—ἔβας, τᾶς, Dor. pro ἔβης,
τῆς. Constituit hanc cantilenam Brunckius ita ut priores sedecim
versus efficerent Strophen et Antistrophen ; reliqui autem essent
monostrophici.   Caeterae Editiones hoc carmen totum exhibent
monostrophicum.

153—166. —*ἐκτέταμαι φοβερὰν φρένα,*—] Sup. κατά. Angl. ..
fearful mind is on the rack, [Vide Vol. I. ad p. 55. n. 5.] δείματι
πάλλων, *trembling with alarm,* [Observat Porsonus, ad Eur. Orest.
316. simplex πάλλω medio sensu occurrere Electr. Eur. 438. M.]
Ἰήϊε, Δάλιε Παιάν! O healing, Delian Apollo! [*Ἰήϊος* cum spiritu
leni derivatur Hesychio ab ἰάομαι, *sano,* quia scilicet Apollo Medi-
corum deus ; cum spiritu autem aspero, ab ἵημι, *mitto,* quia scilicet
mittit sagittas ex arcu. Alii hanc vocem deducunt ab Ἱή, quod

118. Apollini Pythonem interficienti acclamabatur.] ἁζόμενος [τά] ἀμφὶ
σοι, *regarding with profound veneration whatever is connected with th* ..

[Non tamen ignoro Triclinium referre ἀμφὶ σοὶ ad πάλλων, sed 118. minus rectè, ut mihi saltem videtur. Vide Iliad. α, 21.] Sit punctum post ἀξόμενος· et comma tantùm post χρέος, idemque post Φάμα, ut constructio hoc modo procedat: ὦ ἄμβροτε Φάμα, τέκνον χρυσέας Ἐλπίδος, εἰπέ μοι, τί χρέος ἐξανύσεις, ἢ νέον, ἢ πάλιν περιτελλομέναις ὥραις, μοι πρῶτα κεκλομένῳ σε, ἄμβροτ' Ἀθάνα, θύγατερ Διὸς, τε Ἀρτεμιν ἀδελφεὰν γαιάοχον, ἃ θᾶσσει εὐκλέα κυκλόεντα θρόνον ἀγορᾶς,—καὶ Φοῖβον ἑκαβόλον,—ἰὼ τρισσοὶ προφάνητέ μοι ἀλεξίμοροι,—εἴ ποτε καὶ προτέρας ἄτας ὑπερορνυμένας πόλει, ἠνύσατε φλόγα πήματος ἐκτοπίαν, ἔλθετε καὶ νῦν. *Fama immortalis, filia aureae Spei, dic mihi, quam rem conficies mihi, vel novam, vel rursus volventibus anni tempestatibus venientem, primùm invocanti te, immortalis Minerva, filia Jovis, et Dianam sororem terricolam, quae insidet throno splendido rotundo fori, et longè jaculantem Phoebum,— io! tres vos adeste mihi, malorum depulsores ;—si quando, priore noxâ civitati impendente, exterminâstis incendium tantae cladis ex hâc regione, etiam nunc venite.* Ubi notandum, Brunckium ex Aldo et plerisque codicibus, pro vulgari κεκλόμενος, reposuisse κεκλομένῳ, ut concordet cum proximo μοι, quod sine dubio bona fuisset lectio, si punctum post χρέος in comma mutâsset. Sed et altera lectio ab eodem viro docto non debuisset contemni, quanquam suffulta fuerit ab Eustathio rationibus non satis idoneis. Est re verâ nominativus absolutè positus, ut saepè fit apud Atticos scriptores, κεκλόμενος, Angl. *while I invoke*. Rectè autem Burtonus explicat, ἄμβροτε Φάμα, divina vox oraculum reddens ; idémque notat poëticae dictionis figurativae elegantiam in χρυσέας τέκνον Ἐλπίδος et "εὐκλέα, "ait, pro εὐκλεῆ, η puro, more Attico, in α mutato." More Dorico potius ; et observat Porsonus ad Eur. Phoen. 1307, "hunc Doris- "mum non obtinere, nisi ubi terminatio vocalem sequitur." Sed εὐκλέης in nominativo est contractè εὐκλῆς, undè regulariter in accusativo εὐκλέα, ut Ἡρακλέης, contractè Ἡρακλῆς, in accus. Ἡρακλέα, et similia. "ἀξόμενος, gl. φοβούμενος, τί ἐξανύσεις.—προφάνητέ μοι κεκλομένῳ. Brunck. *veritus, quam rem mihi conficies. τί χρέος.* P.

169. —πρόπας στόλος,] στόλος est *exercitus, expeditio ;* item *populus*, ut hîc.

170. Οὐδ' ἔνι φροντίδος ἔγχος,] ἔνι cum accentu acuto in penult. est pro ἔνεστι, ut ἔπι pro ἔπεστι, &c. Angl. *nor is there any force of mind*, ad verbum, *sword of thought ;* "metaphora," inquit Burtonus, "ab hastâ, quae in defensionem corporis adhibetur."

171. —οὔτε γὰρ ἔκγονα, &c.] *neque enim maturescunt inclytae terrae fruges.* Nempè arbitrabantur olim Deos hominibus iratos ob aliquod impium facinus, fructibus terrae obesse, fetúsque animantium perdere, donec placarentur, expiato scelere. Brunck. Caeterùm αὔξεται est praes. med. ab αὔξω, vide Frag. Gram. Gr. p. 9.

173. —οὔτε τόκοισιν, &c.] Syntaxis videtur esse —οὔτε γυναῖκες [ἐν] τόκαις ἀνέχουσιν [ἑαυτὰς ἐξ] ἰηῶν καμάτων, *neque mulieres parturientes exsurgunt ex lacrimosis doloribus.* Angl. *nor do women in childbirth survive their rueful throes.* ἀνέχω est *sursùm tollo ;* et pronomine reciproco subintellecto, (quod saepè requirunt ejusmodi verba in sermone Graeco,) significat *surgo.* Ἰήιοι κάματοι sunt *dolores* ubi *Apollini Ἰηῷ*, i. e. *Medico*, vel *Dianae*, vota fiebant. Vide suprà ad v. 154. (Ἰηῶν dedi metri gratiâ. Vide librum, cui titulus est, Prosodia Graeca, p. 81. Ed. 2da. G. D.)

177. *Κρεῖσσον ἀμαιμακέτου πυρός*—] Vulgò reddunt : οεγνὶς ἰγνε *indefesso*—de etymologiâ vocis ἀμαιμάκετος lexicographi non consentiunt. Secundum quosdam est ex α intensivo et μαιμάω, *cum impetu cupio et feror in aliquid :* sed alii aliter. Vide H. Steph. Thesaur. App. Ind. in voce.

178, 179. —*ἑσπέρου θεοῦ,*] τοῦ 'Ἄδου. Schol. 'Ὧν πόλις—sub. δι' ὧν—πόλις pro incolis—scil. tanta erat morientium turba, ut vix numerari posset. Burton.

180. *Νηλέα δὲ γένεθλα*—] νηλέα neutrum plurale adverbii vice. Brunck. —γένεθλα neut. pl. cum quo concordat νηλέα. Vide infrà v. 1425. J. Tate. "νηλεᾶ, Bothe. P.

183. *Ἐν δ' ἄλοχοι*, &c.] i. e. ἄλοχοι δὲ ἐν [τῇ πόλει] τε πολιαὶ μάτερες ἐπ' [αὐταῖς]— *Uxores autem ibi, et juxta illas canae matres,* ἱκτῆρες ἄλλαι ἄλλοθεν, *supplices aliae alibi,* ἐπιστοναχοῦσι αὐτὰν παραβώμιον, *clamorem lamentabilem edunt prope altaria,* [ἕνεκα] λυγρῶν πόνων, *propter tristia mala.* Sed αὐτὰν est ex conjecturâ Musgravii ad Euripid. Heracl. 44. quam, tanquam egregiam, laudavit Brunckius, et in textum recepit. Nescio tamen annon vulgaris lectio, ἀκτὰν scil. παρὰ βώμιον, sit potior ; quae ita construi et reddi potest, ut παρὰ βώμιον ἀκτὰν sit idem ac παρὰ ἀκτὰν τῶν βωμῶν, *ad littus altarium,* metaphoricè scil. pro *prope altaria :* nisi potiùs παρὰ βώμιον ἀκτὰν sit *ad littus* vel *marginem fluminis*— Ismeni scil. ubi altare Ismenii Apollinis constructum erat. Judicent eruditi, qui benè nôrunt, quàm sit difficile genuinum sensum poëtarum Tragicorum ubique in hisce chori cantilenis expromere.

119. 187. *Παιὰν δὲ λάμπει,*—] Elegans à visu ad auditum transitio, Poëtis admodum familiaris. Sic infrà v. 473. Burton. *Angl. The Paean sounds aloud.* Vide Bacchyl. infrà p. 260. ὕμνοι φλέγονται. " Sic ferè Ἔλαμψε, infrà v. 473." *Anon. Cantab.* "εὐῶπα ἀλκὰν, Erf. P.

190—197. *Ἀρεά τε τὸν μαλερὸν,* &c.] Sic construe : τε [supple δός—ut Schol. videtur] νωτίσαι [κατὰ] δράμημα παλίσσυτον τὸν μαλερὸν Ἀρεα, ὃς νῦν ἄχαλκος ἀσπίδων [scil. ἄνευ χαλκέου ἔγχους καὶ ἀσπίδος· locutio poëtica durior quidem illa et involuta ; sed non infrequens. Sic Eur. Phoeniss. 336. ἄπεπλος φαρέων, &c. Burton. οὐ χρώμενος ὅπλας— Schol.] φλέγει με ἀντιάζων περιβόητος, [δός ιωτίσαι] ἄπουρον πάτρας, εἴτ' ἐς μέγαν θάλαμον Ἀμφιτρίτας, εἴτ' ἐς τὸν ἀπόξενον ὅρμον Θρῄκιον κλύδωνα. Quae sic Angl. reddi possunt—*and do thou cause to retire, by a retrograde course, this pernicious God of war, who now, though unarmed with sword or shield, destroys me, while he advances with a tremendous noise ;—cause him, I beseech thee, to retire far away from the bounds of my native country, either into the capacious bed of Amphitrite, or into that inhospitable station for ships*—*the Thracian sea.* " Παλίσσυτον δράμημα νωτίσαι, gl. παλίνδρο- "μῆσαι. Supplendum est δὸς, quod in glossâ etiam notatum. Est " autem haec ellipsis in precibus maximè solennis. Vide Comicum, " Thesmoph. 286. Ran. 886. quo quidem intellecto, liquet copulam " τε in v. 190. neutiquam delendam esse. Πάτρας ἄπουρον, gl. τῆς " πατρίδος τῆς ἐμῆς δηλαδὴ μακράν. Sic membr. et tres alii co- " dices, cum Aldina editione ; optimè sanè. Altera lectio ἔπουρον "planè mendosa est." Brunck. Ἀπόξενον ὅρμον, Pontum Euxinum scilicet. Aeschylo similiter (apud Lycophronis Scholiasten ad Alex. v. 1286.) ἐχθρόξενον, uti et ipsi Lycophroni Aeschylum secuto κακόξεινον, appellatum propter immanem accolarum feritatem ;

qui, teste Apollodoro, (apud Strab. p. 458. edit. Amst. 1707.) hos- 119.
pites immolare solebant. Postea, cùm istarum gentium mores
Graecorum commercio emolliri coepissent, Pontus *Εὔξενος* et
Εὔξεινος dicebatur. Vide Ovid. Trist. L. iv. el. 4. v. 55. Pomp.
Mel. l. i. c. 19. Ammian. Marcell. l. xxii. c. 8. *Ἀρεά τε τὸν μαλε-
ρὸν*, catachrestice, pro morbo hostiliter grassante. Burton.

198. *Τέλει*—] Angl. *at its conclusion.*

200. *Τὸν*—] *illum*, illum Martem, scil. Morbum, quem hoc nomine
appellat. *"ἄστραπᾶν*, gen. pl. Doric. pro *ἄστραπῶν*. P.

203.—215. *Λύκει' ἄναξ*, &c.] Constructio est: *Λύκει' ἄναξ, ἅν
θέλοιμι ἐνδατεῖσθαί τε τὰ σὰ ἀδάμαστα βέλεα ἀπὸ χρυσοστρόφων
ἀγκυλῶν, προσταθέντα ἀρωγά, τε τὰς πυρφόρους αἴγλας Ἀρτέμιδος,
ξὺν αἷς διάσσει Λύκε' ὄρεα·* Lyciae rex Apollo, *utinam possem dis-
tribuere tela tua invicta ab aureo arcu, ad opem ferendam directa; et
igneos Dianae splendores,* [i. e. splendida Dianae spicula,] *cum buibus
Lycios montes percurrit:* [Dea scil. venatrix.] *τε κικλήσκω τὸν χρυ-
σομίτραν ἀνῶπα Βάκχον εὔιον, ἐπώνυμον τᾶσδε γᾶς, ὁμόστολον
Μαινάδων, φλέγοντα ἀγλαῶπι πεύκᾳ, πελασθῆναι ἐπὶ τὸν θεὸν ἀπό-
τιμον ἐν θεοῖς. et invoco aureâ decorum mitrâ purpureum Bacchum
Evium, cognominem hujus terrae,* [Bacchum Thebanum scil.] *Mae-
nadum comitem, flammantem splendidâ taedâ, ut appropinquet contra
hunc deum infamem inter deos.* *Θεὸν,* Pestis pro Deo habita, ut ob-
servavit Burtonus, propter potestatem nocendi. *ἀγκυλῶν,* genitivus
pluralis nominis *ἀγκύλη,* notante Brunckio, qui in textum recepit
ὁμόστολον ex duobus codd. pro vulgari *μονόστολον.* Glossae: *ὁμο-
δίαιτον· συνόμιλον, συνοδοιπόρον.* Caeterùm idem vir acutus, et de
Literis Graecis optimè meritus, mihi videtur minus accuratè sensum
poëtae cepisse, qui reddidit *ἄν θέλοιμι ἐνδατεῖσθαι τὰ σὰ ἀδάμαστα
βέλεα, utinam distribueres tela tua invicta;* quod utique debuisset esse
—*utinam ego distribuerem, vel distribuere possem, tela tua invicta, uti-
nam mihi praesto essent tua invicta tela, &c. quae distribuerem.* Nam
Brunckii interpretatio necessariò postulâsset *σε* ante *ἐνδατεῖσθαι.*
[Vide Coll. Gr. Min. ad p. 20. n. 4.] *ἐνδατοῦμαι* est verbum depo-
nens. "Vide infra v. 250. P.

216. *Αἰτεῖς·*—] *Petis adhuc*— Angl. *You are still imploring;* [*καθ'*]
ἃ δ' αἰτεῖς, but with respect to the object of your requests,— In scenam
scil. rediens Oedipus, ita alloquitur chorum, cujus verba proximè
prolata jam audierat, praesente nunc populi multitudine.

219. *Ἁγὼ ξένος*, &c.] *quae ego dicti hujus factique* hactenùs *in-* 120.
scius proferam. *τοῦ λόγου, τοῦ πραχθέντος* reguntur à *περὶ* subintel-
lectâ, notante Burtono. *οὐ γὰρ ἄν μακρὰν ἴχνευον αὐτός,* refertur
istud *γὰρ* ad aliquid subintellectum: Quae cum ita sint, opus est
mihi vestro auxilio,— *neque enim ipse investigando longè procederem
nullum habens indicium.* *μακρὰν,* sc. *κατὰ τὴν μακρὰν ὁδὸν,* ut ob-
servavit Burtonus. *μὴ οὐκ* in unam syllabam coalescunt, notante
Brunckio.

222. *Νῦν δ', ὕστερος*, &c.] *Nunc autem,—nuper enim civis censeor
apud vos cives.*—*ἀντὶ τοῦ,* inquit Schol. *πεπολιτογράφημαι, καὶ ἄρτι
αὐτὸς ἐνομίσθην ξένος ὤν, καὶ ἐβασίλευσα.* J. Tate. Eur. Bacch.
822. *εἰς γυναῖκας ἐξ ἀνδρὸς τελῶ.* Pollux L. II. s. 19. *εἰς ἐφήβους τε-
λεῖν.* Musgrave.

227. *Κεἰ μὲν φοβεῖται*—] Subaudiendum *σημαινέτω·* ut ita locus
vertatur: *Atque etiam si terrore afficiatur, ipse accusationem contra se*

120. *supprimens*, declaret tamen.   Quasi dixisset: Καὶ εἰ μὲν διὰ φόβον τις τὸ ἐπίκλημα καθ' ἑαυτὸν αὐτὸς ὑπεξαιρεῖ, σημαινέτω. Idem enim voluit poëta φοβεῖται ὑπεξελὼν dicens, ac si dixisset φοβούμενος ὑπεξέλῃ. Heath. Καὶ εἰ μὲν αὐτὸς εἴη ὁ πράξας, καὶ φοβεῖται λέγειν αὐτὸς καθ' αὑτοῦ, τὸν φόβον ὑπεξελὼν λεγέτω· οὐδὲν γὰρ δεινὸν πείσεται, εἰ μὴ ὅτι τῆσδε γῆς ἀπαλλάξεται. Ita Schol. sed *Heath* interpungit comma post φοβεῖται, et refert τοὐπίκλημα ad τὸ ὑπεξελὼν, non ad φοβεῖται· ut sententia sit—*atque etiam si terrore afficiatur, ipse accusationem contra se subtrahens vel dissimulans,* nihilominus omnia indicare jubeo—repeti enim hoc debet, ut constet ratio hujus clausulae, πείσεται γὰρ ἄλλο μὲν ἀστεργὲς οὐδέν· praeter exilium nihil omninò atrox et crudele patietur. Burton. J. T. hunc locum sic vernaculè reddidit : *And if he hath, from fear of punishment, hitherto kept back a confession of guilt, in which his own secret is involved,*—let him come forward and avow it now without fear—*for this is the only harm he shall suffer*—he must quit the country, but no injury shall be done to his person.   Idem addit :—De hoc διαπταποδότῳ notissimo, vide Sam. Clarke ad Il. α, 135, 136.   Quin poteris ἀπόδοσιν hîc quaesitam ex ipso Sophocle suppeditare, Trachin. v. 457. in oratione tamen dissimili, sic diserte, Κεἰ μὲν δέδοικας, οὐ καλῶς ταρβεῖς.

229. —ἄπεισιν] gl. ἀπελεύσεται.   Vide Vol. I. ad p. 50. n. 5.

235. Ἃ 'κ τῶνδε δράσω,—] Constructio est; χρὴ κλύειν [ἐξ] ἐμοῦ, ἃ δράσω ἐκ τῶνδε. ἐκ τῶνδε, Angl. *after these things,—next.* Sophocli valdè frequentatum, ut observavit Brunckius.

236. —ἀπαυδῶ—] refertur ad τό τινὰ infrà : scil. *interdico ne quis Thebanorum hominem istum quicunque fuerit,* &c. Burton.

240. —χέρνιβας νέμειν·] Quid sit χέρνιβας νέμειν docebit Athenaeus, cujus haec sunt verba L. ix. 18. p. 409. Ἔστι δὲ ΧΕΡΝΙΨ ὕδωρ, εἰς ὃ ἀπέβαπτον δαλὸν ἐκ τοῦ βωμοῦ λαμβάνοντες, ἐφ' οὗ τὴν θυσίαν ἐπετέλουν· καὶ τούτῳ περιραίνοντες τοὺς παρόντας ἥγνιζον. Brunck.

241. Ωθεῖν δὲ] i. e. κελεύω, Ellipsis scil. verbi *contrariae* significationis.   Quem usum illustrant Valckenarius ad Herodot. vii. 104. Forster Ind. ii. Plat. et, puto, Dorvill. ad Chariton. *Anonym. Cantab.* Vide infrà ad v. 269—271.

246. Κατεύχομαι δὲ τὸν δεδρακότ', εἴτε τις εἷς ὢν λέληθεν,] *Exsecror autem caedis auctorem, sive is sit unus ignotus,* &c.

248. Κακὸν κακῶς νιν—] Ingravescit jam execrationum violentia.   Nihil magis tragicum spirat, quam haec Oedipi oratio ; quid enim horribilius, vel miserabilius hac dirarum commemoratione. quas in suum ultro imprudens caput devocat? Burton.   Caeterùm, pro ἄμοιρον, lubens hîc reposui ἄμορον, jubente viro eruditissimo R. Porson, ut vitetur Anapaestus, quem optimo jure è tertio loco excludit. Vide praef. ejus in Eur. Hec. p. x. et vide suprà ad init. harum Nott. in Oed. Tyr.

250. —γένοιτο μὴ οὐ ξυνειδότος,] Sic optimè Marklandus ad Eurip. Suppl. 390.   Vulgò legitur prorsus absurdè ἐν τοῖς ἐμοῖς γένοιτ' ἐμοῦ ξυνειδότος.   At nulla causa erat, cur quidquam imprecaretur interfectori, quem ipse comperisset secum domi suae habitare : illum statim expellere poterat, aut quovis supplicio multare.   Quod sequitur παθεῖν, ad interfectorem spectat, si quis fortè in Oedipi domo nescientis versetur; non ad ipsum Oedipum, ut ineptè somniârunt

interpretes. Brunck. Mihi omninò non absurda videtur vulgaris lectio; neque quicquam facilius quam ut, quae aliis imprecatus esset Oedipus, eadem in se, si noxius fuisset, imprecaretur. T. Y. Quá interpretatione et censurâ Brunckii nesciens concurrit J. T. qui dubitat an ἐπεύχομαι παθεῖν aliquid aliud significare possit, quàm imprecationem contra loquentem. Certè idioma Graecum omnino postulat, ut ἐπεύχομαι παθεῖν significet—precor ut ego patiar, ἐπεύχῃ παθεῖν, precaris ut tu patiaris, &c. [Vide Coll. Gr. Min. ad p. 32. n. 17.] Exempla tamen occurrunt ubi Latinum idioma usurpatur. I. Vera videtur Brunckii objectio. Neque enim haec in se imprecaretur Oedipus, quasi ipse noxius esset; nam in hoc temporis articulo, quam maximè purum se putat: sed si noxium apud se retinuisset. Quod si voluisset Sophocles, haec verba versui 272 subjunxisset. II. ἐν τοῖς ἘΜΟΙΣ οἴκαις ἘΜΟΥ ξυνειδότος. Tam jejuna repetitione usum esse Sophoclem! III. Ego olim dubitabam, utrum subaudiri posset αὐτὸν ante παθεῖν. Sed vide annon haec faciat Oed. Tyr. 1179. Eur. Orest. 1054. οὐδ᾽ εἴφ᾽ ὑπέρ σου, μὴ θανεῖν [σε] σπουδὴν ἔχων Μενέλαος; Soph. Antig. 1102. καὶ ταῦτ᾽ ἐπαινεῖς, καὶ δοκεῖς παρεικάθειν [ἐμέ;] Cantab. Anon. "Vide supra v. 205. P.

258. —νῦν δέ γ᾽ ἐπικυρῶ τ᾽ ἐγώ,] *Nunc vero auctor sum ipse quo-* 121. *que,*—Sic liquidò scriptum est in codice chartaceo regio. Brunck.

260. —καὶ γυναῖχ᾽ ὁμόσπορον,] *et ejus conjugem consortem in procreandâ sobole,* τε κοινά κοινῶν παίδων [idem ac κοινοὶ παῖδες] ἄν —εἰ γένος ἐκείνῳ μὴ ἐδυστύχησεν—ἄν ἦν ἐκπεφυκότα· *et communes cum eo liberi suscepti fuissent mihi, si proles ejus non fuisset infelix.* Ubi notandum voculam ἄν praenuntiam esse verbi, eandemque unà cum suo verbo repeti; ut saepè fit. Vide Vol. I. ad p. 166. n. 2.

264. Ἀνθ᾽ ὧν ἐγὼ τοῦδ᾽,—] Verba sic ordinanda sunt: ἀνθ᾽ ὧν ἐγὼ μαχοῦμαι ὑπέρ τοῦδε, ὥσπερεί [ὑπὲρ] τοῦ ἐμοῦ πατρὸς,—In vulgatis, pro τοῦδ᾽ legitur τάδ᾽, quod et ferri potest. Caeterum fatalis haec circumstantia, ut benè observat Burtonus, ab Oedipo insciente saepè memoratur; et solerter sanè hoc est à Poëta consultum, ut subinde vehementior et horror et misericordia audientibus ingeneretur.

267. Τῷ Λαβδακείῳ παιδὶ—] idem ac τῷ Λαβδάκου παιδὶ, vel τοῦ παιδὸς Λαβδάκου· nam aequè dici potest τὸν αὐτόχειρα τοῦ φόνου τοῦ παιδὸς et τῷ παιδί. Atque similiter Homerus Dativo utitur, ubi potuisset esse genitivus; observante doctissimâ Dacieriá; Iliad, α, 24. Quod autem ad vocem Λαβδακείῳ attinet, est adjectivum possessivum pro casu possessivo, vel genitivo nominis: veluti quum Latinè dicimus *Epistolae Ciceronianae,* pro eo quod est *Epistolae Ciceronis.* Sic Iliad. β, 54. Νεστορέῃ παρὰ νηΐ Πυληγενέος βασιλῆος· ubi Νεστορέῃ, quod est idem ac Νέστορος, construitur cum βασιλῆος in genitivo. Vide etiam Iliad. ε, 741. Ubi Eustathius enarrans hoc Syntaxeos genus, citavit hunc locum Sophoclis, uti notavit Burtonus, et post eum Brunckius. Verum ellipsis hîc loci ita supplenda est—τῷ Λαβδακείῳ παιδὶ ὄντος [nam Λαβδακείῳ est idem ac Λαβδάκου, ut Νεστορέῃ pro Νέστορος] τοῦ παιδὸς Πολυδώρου, τε Πολυδώρου ὄντος τοῦ παιδὸς τοῦ Κάδμου γενομένου πρόσθε, atque ita porrò.

269—271. —εὔχομαι θεούς—] Constructio est: εὔχομαι θεοὺς μήτε γῆν ἀνιέναι αὐτοῖς τινα ἄροτον, μήτ᾽ οὖν παῖδας γυναικῶν *precor deos ne terra proferat iis ullum incrementum,*—hactenùs rectè

121· procedit sententia; sed quid est, μήτ' οὖν γῆν ἀνιέναι αὐτοῖς καὶ-δας γυναικῶν; nam haec plena syntaxis postulat—*neve igitur* terra proferat iis *sobolem mulierum*, vel *ex mulieribus*. Sine dubio haec locutio inter eas numeranda est, quae passim inveniuntur apud auctores utriusque linguae, ubi verbum duobus vel pluribus substantivis adhibetur, quod eorum tantùm uni proprium est. Pro ἀνιέναι igitur aliud verbum ex analogiâ substituendum est; e. g. τρέφειν, vel tale aliquid; quod et notavit Brunckius: ut sensus sit, *neve igitur nutriat iis sobolem ex mulieribus*, Angl. *and therefore may not nourish any children to them by their wives:* [quippe Terra jure appellatur παμβῶτις, et κουροτρόφος.] Sic Iliad. α, 532.—ἡ μὲν ἔπειτα Εἰς ἅλα ἅλτο βαθεῖαν ἀπ' αἰγλήεντος Ὀλύμπου, Ζεὺς δὲ ἑὸν πρὸς δῶμα. Ubi Thetis rectè dicitur *desilire* [ἅλλεσθαι] *in mare profundum*, non itidem Jupiter *in suam domum*, sed *redire*, vel *venire* in suam domum. Ad hunc locum ita Eustathius —ἰστέον ὅτι ἐν τῷ— ἐξ ἀναλόγου νοητέον ἔξωθεν ῥῆμα, ἵνα ᾖ, ὡς Θέτις μὲν ἥλατο εἰς θάλασσαν, Ζεῦς δὲ πρὸς τὸν ἴδιον δόμον ἦλθε. Atque Iliad. γ, 327. Ἵπποι ἀερσίποδες, καὶ ποικίλα τεύχε' ἔκειτο. Ubi in Scholiis veterum Grammaticorum ad Iliada, Venetiis nuper editam à doctissimo Villoisono, ita notatur—το ἔκειντο οὐκ ἐστι κοινον ἐπι των ἵππων, ἀλλα προϋπακουμεν το ἑσταδαν· ὡς ἐπι τοι. Που δε οι ἐντεα κειτοι ἀρηϊα, που δε οι ἵπποι; κ. 407. Vide etiam Odyss. γ, 289. et Eustath. ad locum: item Soph. Electram, 435. et quae ibi observavit Brunckius: nec non Virg. Aen. vii, 187. annotante Heynio. Verùm de hoc schemate omnium plenissimè disseruit vir eruditissimus D'Orvillius, ad Charitonem, p. 394, et sqq. Operae pretium erit inspicere etiam quae vir admodum Reverendus Richardus Hurd, nunc Vigorniensis Episcopus, olim de hâc re scripsit, in notis suis in Horatii epistolam ad Augustum, v. 97. ubi eruditissimum Batavum acerrimè reprehendit ob quaedam ab illo temerè effutita in viros elegantissimos Addisonium et Popium. —ἀλλὰ τῷ πότμῳ τῷ νῦν— Pestem intelligit, quá tum Thebani affligebantur.

276. Ὥσπερ μ' ἀραῖον ἔλαβες,—] *Since you have involved me in this execration,* ὧδε—ἐρῶ· *thus will I speak:* γὰρ οὔτ' ἔκτανον—particula γὰρ referri hîc videtur ad aliquid subintellectum—Et possum loqui faciliùs—*ego* ENIM *non interfeci,* οὔτε ἔχω [δύναμιν, i. e. δύναμαι, uti benè notum etiam tironibus] δεῖξαι τὸν κτανόντα· neque possum indicare interfectorem.

278. —τὸ δὲ ζήτημα—] Nominativus solutus; non verò qui vice genitivi est, et Latinorum ablativo absoluto respondet; sed per *Quod attinet* explicandus.—Aliter hic locus expediri etiam potest, sublatâ distinctione post ζήτημα, ut constructio sit: ἦν δὲ τοῦ πέμψαντος Φοίβου τόδε τὸ ζήτημα, εἰπεῖν, ὅστις εἴργασταί ποτε. Vel adhuc, transpositâ sequenti distinctione, ἦν δὲ τοῦ πέμψαντος Φοίβου τὸ ζήτημα, εἰπεῖν, ὅστις ποτὲ εἴργασται τόδε. Prima ratio omnium videtur optima. BRUNCK. "εἰπεῖν τόδε, ὅστις—Erf. P.

282. Τὰ δεύτερ' ἐκ τῶνδ'—] Hîc pulchrè officio fungitur Chorus, quid facto opus sit' opportunè suggerens, atque Tiresiae jam in scenam prodeunti praemuniens viam. —τὰ δεύτερ' ἐκ τῶνδε ἂν λέγοιμ', ἅ μοι δοκεῖ· sententia est: *siquidem, quod primum est,* Apollo mentem suam apertè declarare recuset, *at liceat id, quod secundas habet partes,* suggerere BURTON. Angl. reddi potest:—*I might mention what appears to me to be the next resource.* Respondet Oedipus cum animi

impetu—*εἰ καὶ τρίτ' ἐστὶ, μὴ παρῇς τὸ μὴ οὐ φράσαι. If you have still a third, by no means omit to mention it.* "λέγοιμ' ἄν hîc est "λέξω. v. Br. ad Aj. 88." *Anonym. Cantab.*

284. —ταῦθ' ὁρῶντ'] Id est τὰ αὐτά, ut rectè scriptum et expositum reperi in uno cod. Perperàm vulgò ταῦθ'. Brunck. Caeterùm Tiresias vocatur ἄναξ propter excellentiam artis planè divinam. ἄναξ est communis appellatio Apollinis.

287. Ἀλλ' οὐκ ἐν ἀργοῖς οὐδὲ τοῦτ' ἐπραξάμην.] *Neque hoc negli-* 122. *genter faciendum curavi.*—ἐν ἀργοῖς, idem ac ἀργῶς· et ἐπραξάμην in sensu remotiore vocis med. *faciendum mihi curavi.*

290. Καὶ μὴν τά γ' ἄλλα—] *Enimverò caetera, quae vulgò feruntur, nihili sunt et inanes rumores.* Brunck. Perstringit Chorus rumores, qui de Laïi morte jactabantur, incongruos quidem illos et parùm sibi constantes: quo magis necessarium videbatur Tiresiam consulere, ex quo solo veritatem possent exquirere. Burton. κωφά, gl. ἀνυπόστατα.—παλαιά, σαθρά.

295. Τὰς σὰς ἀκούων—] gl. τὰς σὰς ἀκούων τοιάσδε κατάρας οὐχ ὑπομενεῖ σιγῇ φυλάττων. Br.

297. Ἀλλ' οὐξελέγξων αὐτόν ἐστιν] gl. ὁ φανερώσων αὐτόν. Chorus nimirùm observat Tiresiam caecum Vatem appropinquantem, à quibusdam in scenam inductum.

305. —εἰ καὶ μὴ κλύεις τῶνδ' ἀγγέλων,] *si fortè id non jam audi- isti ab his nuntiis, qui te huc deduxerunt.* Brunck. " κλύεις, Libri. Erf.

310. Σὺ δ' οὖν,] Sic Aldus et codd. omnes. Perperàm Triclinius οὖν mutavit in οὐ, putans fortè negationem cum φθονήσας requiri, quae jam adest in geminato μήτε. Idem. Angl. *Do thou then, without being a niggard of thy skill in augury, or of any other mode of divination with which thou art acquainted,—*

314. Ἐν σοὶ γὰρ ἐσμεν·] *in te enim sumus : id est, in te omnis posita est spes nostra.* Brunck. Vide Valck. ad Phoen. 1256. J. T.

316—318. Φεῦ, φεῦ· φρονεῖν ὡς δεινὸν,—] Haec et quae sequuntur sic possunt reddi Anglicè : *Alas ! alas ! What a baleful thing is wisdom*, ἔνθα μὴ λύει τέλη, [i. e. λυσιτελεῖ,] *where it availeth not its possessor !* γὰρ ἐγὼ καλῶς εἰδὼς ταῦτα διώλεσα· *for though well acquainted with this maxim, I forgot it—did not recollect it ;—*οὐ γὰρ ἄν δεῦρ' ἱκόμην. *otherwise I would not have come hither.*

328, 329. —ἐγὼ δ' οὐ μή ποτε Τἄμ' ἐξενείπω,] Sic reposuit 123. Brunckius, pro vulgatâ—τἄμ' ὡς ἄν εἴπω. Sensus loci sic exprimitur in glossâ: οὐ μή ποτε εἴπω τἄμα, ἤγουν τὴν ἐμὴν μαντείαν, ὡς ἄν μὴ ἐκφανήσω, ἤγουν φανερὰ ποιήσω τὰ σὰ κακά· qui quidem è vulgatâ quoque lectione deduci posse videtur : ἐγὼ δ' οὐ μήποτε ἄν εἴπω τἄμα, [i. e. uti in gl. τὴν ἐμὴν μαντείαν] ὡς μὴ ἐκφήνω τὰ σὰ κακά. Angl. *never will I declare the truths which I possess from my skill in divination, that I may not expose thy disasters.*

332. Ἐγὼ οὔτ' ἐμαυτὸν,] Ita Brunckius pro vulgatâ, ἐγώ τ' ἐμαυτὸν, κ, τ. λ. quam suam lectionem invenit apud *Athenaeum* l. x. 20. p. 453. et in duobus codicibus. Nimirùm ἐγὼ οὔτ' rectiùs respondet sequenti οὔτε σ' ἀλγυνῶ· et passim occurrit ἐγὼ οὐ dissyllabum, uti monstravit idem vir doctissimus ex Oed. Col. 939. Antig. 458. et aliundè.

335. —ὀργάνειας,] gl. εἰς ὀργὴν κινήσειας.

336. Ἀλλ' ὧδ' ἄτεγκτος κἀτελεύτητος φανεῖ ;] Angl. *But wilt thou show thyself so harsh and obstinate ?* ἄτεγκτος, gl. σκληρὸς, ἀμεί-

123. λικτος. ἀτελεύτητος, ἄπρακτος, ἀκαμπής. Angl. *inflexible*. Caete-
rùm φανεῖ est Atticè pro φανῇ. et lectio est Eustathiana. Eodem
modo βούλομαι, οἴομαι, in 2dâ personâ βούλει, et οἴει. et ὄπτομαι,
ὄψομαι, ὄψει. Sed vide Porson. ad Eur. Hec. praef. pp. iv. v.

337. Ὀργὴν ἐμέμψω τὴν ἐμήν] Angl. *Thou findest fault with my*
temper. Nam ὀργὴ hìc ita significat.

341. 'Ἥξει γὰρ αὐτά,] γὰρ refertur ad aliquid subauditum.—Ni-
hil opus est ut taceam de his, *apparebunt* [gl. παραγενήσεται, φαι ἡ-
δεται] enim ultrò,— De αὐτός in hoc sensu vide Vol. I. ad p. 201.
n. 2. "Observent tirones, in hujusmodi responsionibus Anglicè
"reddendis, supplendam esse particulam *nay* vel *yes*. *For* aut ex-
"primi potest, aut non, sicut res postulet et auris patiatur. Hic
"autem locus ita reddi potest Angl. *Nay:* [you need not be so
"angry at my silence ; *for*] *the secret will find its own way to light,*
"*let me be ever so silent.* In multis exemplis (infra vv. 1000. 1017.
"1029. &c.) ubi ex responsione oritur alia interrogatio, idioma An-
"glicum postulare videtur *then.*" J. T.

342. Οὐκοῦν, ἅ γ' ἥξει,—] *Ergo, quae manifesta futura sunt, et te*
mihi par est dicere. BRUNCK.

* 343. —πρὸς τάδ',] *Proindè*— θυμοῦ δι' ὀργῆς, ἥτις [ἐστὶν] ἀγρι-
ωτάτη, *saevi iracundiâ atrocissimâ.*

345. —ὡς ὀργῆς ἔχω,] gl. ὡς διάκειμαι ἕνεκα ὀργῆς· alia—ὡς δύ-
νατός εἰμι ὀργίζεσθαι. Neutraliter adhiberi ἔχω cum genitivo os-
tendi ad Comici Lysistr. 173. BRUNCK. Hoc est post adverbia, ὡς,
ὅπως, πῶς, οὕτως, εὖ, καλῶς, et si quae similia. [Vide Viger. C. V.
vii. 9.] Non puto ἕνεκα vocem esse hîc supplendam, quippe quae in
tali locutione nunquam appareat. Syntaxis potius eadem est ac—
εἰς τόδ' ἀπορίας—ποῖ γῆς,—ἵν' εἰ κακοῦ.—Angl. *to this pitch of diffi-*
culty—to what place of the earth ?—in what a state of evil you are !
So ὡς ὀργῆς ἔχω,—*considering the degree of passion in which I am !*
Vel breviùs—*such is my present anger !* Τόδε, ποῖ, et ἵνα tanquam
nomina haberi possunt. J. T. (ὀργῆς mihi videtur non ab ὡς regi, sed
ab οὐδὲν, μέρος subintellecto. Conf. Herod. I. 114. ὁ δὲ Αρτεμβάρης
ὀργῇ, ὡς εἶχε. G. D.) ″Advv. reg. gen. cum ἔχω, vel seorsum. P.

346. —ἴσθι γὰρ δοκῶν ἐμοί] Constructio potest suppleri hoc
modo : ἴσθι—δοκῶν ἐμοί—εἰργάσθαι τε [κατὰ τοσοῦτον καθ'] ὅσον
[τις] μὴ χερσὶ καίνων [δύναται λέγεσθαι εἰργάσθαι τοῦτο.] *Idem.*

350. Ἀληθες ;] gl. εἰρωνικόν. *Itane verò ?* BRUNCK.

124. 355. —καί που—] Sic scribendum. Encliticum hîc est που, non
adverbium loci *quo*, ut malè vertit Johnson. *Idem.*

360. —ἢ 'ππειρᾷ λέγειν ;] λόγων est lectio Brunckiana, pro vul-
gatâ λέγειν. *aut sermonémne meum tentas ?* i. e. *experirisne an iterùm*
eadem tibi sim dicturus ? Nullus tamen dubitat Brunckius, quin So-
phocles scripserit: Οὐχὶ ξυνῆκας ; πρὸς τί μ' ἐππειρᾷ παλίν ; Forsan
tamen vulgata est vera lectio : *an tentas me loqui ulteriùs ?* ″λέγων
praefert Bothe. λέγειν, Erfurdt. P.

361. Οὐχ ὥστε γ' εἰπεῖν γνωστόν·] Ad priorem partem interro-
gationis respondet Oedipus, οὐχὶ ξυνῆκας ; scilicet ξυνῆκα μὲν,
ἀλλ' οὐχ οὕτως, ὥστε εἰπεῖν ἐγνωσμένον, ὅπερ ξυνῆκα. BRUNCK.

362. Φονέα σε φημὶ τἀνδρός, οὗ ζητεῖς κυρεῖν.] οὗ relativum re-
fertur ad ante edens φονέα, non ad ἀνδρός, et regitur in genitivo à
κυρεῖν. Vel forsitan, ut putat T. Young, non minus rectè interpreta-
tio vulgaris, *aio te interfectorem esse ejus viri, cujus interfectorem quaeris.*

363. Ἀλλ' οὔ τι χαίρων—] χαίρων est impunè : uti γεγηθὸς, infrà 124. v. 368. Sic Longin. sect. xvi. Χαίρων τις αὐτῶν τοὐμὸν ἀλγυνεῖ κέαρ. Ubi vide quae annotavit vir doctus Joan. Toupius. πημονὰς, gl. λοιδορίας. "Vide infra p. 178. Eur. Med. 399. P.

365. —ὡς μάτην εἰρήσεται.] ὡς μάτην, gl. ἐπεὶ ἀκαίρως. In usu sunt apud Homerum et alios Poëtas ἔρω et εἴρω, dico, undè in fut. 2. pass. εἰρήσομαι. Vide Iliad. ψ. 795. In usu sunt etiam ῥέω, ἐρέω, et εἰρέω, undè in fut. 1. med. εἰρήσομαι.

366, 367. Λεληθέναι σε φημὶ—ὁμιλοῦντ',—] Aio te non animadvertere te consuescere, vel, aio te inscium consuescere. [Vide Vol. I. ad p. 87. n. 1. etiam Vigerum de Gr. Dict. Idiotism. C. V. s. viii. r. 3.] " σὺν τοῖς φιλτάτοις. Plurali numero unam matrem innuit. Sic " infrà 1184. Oedipus ait : ξὺν οἷς τ᾽ οὐ χρῆν μ᾽ ὁμιλῶν, οὕς τ᾽ " ἔμ᾽ οὐκ ἔδει κτανών᾽ quorum hoc ad solum patrem, superius ad " solam matrem refertur. Est hoc schema Tragicis valdè usitatum, " de quo videndus Gatakerus Opp. T. i. p. 351." BRUNCK. ἵν᾽ εἰ κακοῦ— quo in statu miseriae positus es ! Hîc et passim τὸ ἵνα denotat tàm statum, quàm locum. BURTON. "ἵνα, ubi, adv. reg. gen. P.

374. Μιᾶς τρέφει πρὸς νυκτὸς,] Id est, μία σε νὺξ τρέφει. gl. διόλου ἐν τῷ σκότει διατρίβεις, qui verus est horum verborum sensus. Nemo ignorat, quantum frequentet Sophocles verbum τρέφειν sensu τοῦ ἔχειν, quâ de re videndi Casaubonus ad Athen. p. 549. et Valckenarius ad Hippol. 364. ὥστε μήτ᾽ ἐμὲ, μήτ᾽ ἄλλον, ὅστις φῶς ὁρᾷ, βλάψαι ποτ᾽ ἄν. ita ut nec me, nec alium, qui lucem videat, laedere possis. BRUNCK. In vulgatis legitur βλέψαι, errore typographico ortum, ut videtur. In omnibus codd. teste Brunckio, legitur βλάψαι. Quod autem Tiresias respondet in vulgatis editionibus, judice eodem Brunckio, planè contrarium est illius, quod respondere debuit : οὐ γάρ με μοῖρα πρός γε σοῦ πεσεῖν. Immò, inquit hic, οὐ γάρ σε μοῖρα πρός γ᾽ ἐμοῦ πεσεῖν. In istis γὰρ refertur ad suppressam sententiae partem, facilè supplendam : οὐδ᾽ ἄν σε βλάψαιμ᾽· οὐ γάρ μοῖρά ἐστι σὲ πρὸς ἐμοῦ πεσεῖν. Facilè, imperitis describentibus librariis, pronomina commutari potuerunt. τάδ᾽ ἐκπρᾶξαι, gl. τάδε τιμωρῆσαι. Quid verò ? Scelus, cujus auctorem investigas, quodque te ipsum patrâsse ignoras. Obscurè loquitur Tiresias, ita ut quod is cogitet, non statim adsequi possit Oedipus : sed nobis qui legimus, perspicua est sententia, modo ulcus lectionis sanetur. Hactenus Brunckius. Sed textum sine necessitate, imò cum magno sententiae detrimento, ab eo hîc mutatum feliciter ostendit J. T. in literis ad me datis ; qui hoc modo sensum poëtae enarravit : OED. *Thy blindness alone protects thee from harm, from my hand, or from any other's, who enjoys the blessing of sight.* We pity thy wretched state, and in that pity thou art safe. TIR. Nay ; pretend not to make me the object of thy pity—and therefore claim credit for not injuring me. *I fear thee not. My skill in prophecy assures me thou canst do me no harm.* (v. 448. οὐ γάρ ἔσθ᾽ ὅπου σύ γέ μ᾽ ὀλεῖς.) *Apollo is all-sufficient to protect his servant—or to avenge him.* Thou darest not harm me. Quod ad τάδ᾽ ἐκπρᾶξαι—attinet, τὰ κατ᾽ ἐμὲ ἐκδικῆσαι —inquit Scholiastes. Eodem modo (vv. 402—3.) denunciat ei Oedipus quid ipse facturus esset, nisi Tiresias senex fuisset et caecus, adeoque tutus ab injuriâ sub praesidio naturalis misericordiae. In hoc totius dialogi cardo vertitur ; (v. 363.) Ἀλλ' οὔ τι χαίρων— (v. 368.) Ἢ καὶ γεγηθὼς &c. deindè sequitur comminatio acerbissimè

prolata; (v. 374.) *Μιᾶς τρέφει,* &c. denique, (v. 402.) —*εἰ δὲ μὴ 'δόκεις γέρων* &c. " Acutè et eleganter J. T. Sed non video cur " in ultimis à Brunckio discesserit. *τάδ' ἐκπρᾶξαι, haec tua scelera,* " dé quibus tam diu jurgamur, *punire.* Vide Brunckii notam." *Cantab. Anon.* (Nemo est qui mentem tenori Dialogi adhibeat, quin sententiam Brunckii veram putet. *μᾶς νυκτὸς* ad *τυφλὸς τά τ' ὦτα, τόν τε νοῦν, τά τ' ὄμματ' εἶ,* certissime refertur, et *βλάψαι* ad miserias, quas Oedipo mox futuras esse Tiresias innuit. Hoc modo igitur interpreteris: OED. You are involved in one *continued* night of darkness, so that you can never injure me, nor any one, who sees the light. TIRES. No; for it is not fated that you should perish by me, since Apollo is sufficient, whose concern it is to punish your crimes. G. D.)

380. —*καὶ τέχνη τέχνης ὑπερφέρουσα] et tu ars* [vel *sapientia*] *ista mea, quae artem* [sapientiam] *aliorum hominum superat*—[alludit ad artem suam, quâ aenigma Sphingis explicâsset,] *τῷ πολυζήλῳ βίῳ, cum vitae genere* conjuncta, *quod magno studio expetitur,* subauditur scil. *σύν,* [vitam regalem intelligit,] *ὅσος* &c. Angl. *what a store of envy is laid up with you!*

125.   390. *Επεί,*—] *alioqui, si secus est.* gl. *εἰ δὲ μή, ἄγε εἰπέ.* BRUNCK.

391. —*ῥαψῳδὸς κύων,*] *perplexi carminis inventrix canis.* Diris- sima quaeque monstra *canes* appellant Graeci poëtae. Eurip. Herc. Fur. 1275. *τήν τ' ἀμφίκρανον καὶ παλιμβλαστῆ κύνα 'Ὓδραν φονεύ- σας.* Harpyias Apollonius, ii. 289. appellat *μεγάλοιο Διὸς κύνας.* BRUNCK. " Supra p. 94. P.

402. *Αγηλατήσειν*] Sententia est—*videmini sane tum et tu, et ille qui haec unà confinxit,* [nempè Creon,] *non sine damno vestro aggres- suri me tanquam piaculum regno expellere.* BURTON. *ἀγηλατήσειν,* gl. *ἐμὲ δηλονότι, ὃν λέγεις φονέα εἶναι.* Plerisque in Codd. ut in Adi- nâ edit. tenui spiritu notatur. At meliùs asperatur. Eustathius ad Odyss. λ. 617. p. 1704. *τὸ ἀγηλατεῖν παρὰ Σοφοκλεῖ. ἐκεῖνο μέν τι καὶ δασύνεται παρὰ τὸ ἄγος.* BRUNCK. Ita Grammatici, et forsitan rectè; sed vulgo etiam *ἄγος* cum leni spiritu scribitur. T. Y.

404. *'Ἡμῖν μὲν*—] Observa hîc Chori opportunè moderantis offi- cium: quale describit Horat. Art. Poëtic. v. 196. *Ille bonis faveat- que, et consilietur amicis, et regat iratos.* BURTON.

408. —*ἐξισωτέον τὸ γοῦν*] Constructio est: *τὸ γοῦν ἀντιλέξαι* Ἰοκ. *ἐξισωτέον ἐστί μοι·* quae Brunckius benè reddidit: *aequum tamen mihi jus dictis tuis paria referre: τοῦδε γάρ, κ. τ. λ.* hoc enim ego *etiam polleo.*

411. *'Ὥστ' οὐ Κρέοντος προστάτου γεγράψομαι.] quocirca nec Creonte patrono opus mihi erit.* BRUNCK. Nimirùm alludit poëta ad veterem apud Athenienses morem, quo omnes *inquilini, μέτοικοι,* sibi sumere debebant *patronum.* Vide Hesychium ad vocem *προ- στάτου,* Vol. II. c. 1051. edit. Alberti.

415. —*καὶ λέληθας ἐχθρὸς ὤν] Non animadvertis te inimicum esse* [Vide suprà ad v. 366.] *τοῖς σοῖσιν αὐτοῦ νέρθε, tuis ipsius apud inferos,* &c.

126.   417. —*ἀμφιπλήξ*—] *ἡ ἀμφοτέρωθε πλήττουσα ἔκ τε τοῦ πατρὸς καὶ μητρός.* Schol. " BURTON.

418. *Ελᾷ*—] Moeris Atticista in *Dictionibus Atticis: ἐλᾷ, Αττι- κῶς· ἐλάσω, Ἑλληνικῶς.* Sic in Oedip. Col. v. 373. *βιβῶν,* pro *βιβάσων.* v. 398. *κατασκιῶσι,* pro *κατασκιάσουσι.* BURTON. Vide Dawesii Miscellan. Critic. edit. Burgess. p. 77. et Villoison. ad

Longum, p. 248. quem locum integrum protulit Burgessius in suis 126. ad Dawesium doctissimis annotatt. p. 371.

420—423. *Βοῆς δὲ τῆς σῆς ποῖος οὐκ ἔσται λιμήν;*] *Tui autem clamoris qualis non erit portus*—vel receptaculum? i. e. uti reddidit Brunckius; *Quo autem non pervenient ejulatus tui?* ποῖος Κιθαιρὼν οὐχὶ τάχα [ἔσται] σύμφωνος [σοί,] ὅταν καταίσθη τὸν ἄνορμον ὑμέναιον, εἰς ὃν ἔπλευσας [ἐν] δόμοις, τυχὼν εὐπλοίας ; *Quis Cithaeron questus tuos brevi non recinet, quum conscius factus fueris hymenaei, cujus in importunam stationem domi tuae appulisti, secunda navigationis usus?* Κιθαιρὼν, inquit Burtonus, pro monte quovis. Hîc autem praecipuè nominatur Cithaeron, ut prae caeteris maximè conscius malorum, quae Oedipo acciderant.

425. *Ὅσ' ἐξισώσει*—] Sic rectè Marklandus ad Suppl. 594. Vulgo *ἅ σ' ἐξισώσει σοί τε καὶ τοῖς σοῖς τέκνοις.* Intelligerem quidem *ἅ σ' ἐξισώσει τοῖς σοῖς τέκνοις.* Verum *ἅ σ' ἐξισώσει σοι* absurdum mihi videtur. *ἐξισώσει* hîc neutrum est, ut *παρισώθη* apud Comicum in Vespis, 565. BRUNCK.

426. *—καὶ τοὐμὸν στόμα προπηλάκιζε·*] *et mea verba contumeliâ afficias.* Ubi observandum *στόμα* pro *verbis* vel *sermone* saepè apud Sophoclem usurpari. [Vide inf. 671.] *προπηλακίζω* est *luto aspergere,* indè *contumeliâ afficio.* Vide Vol. I. ad p. 205. n. 4.

428. *Κάκιον ὅστις*—] Jac. Tate legendum proponit *'Ὅστις κακίων*—auctoritate munitus Porsoni monentis—"tutissimam corri- "gendi rationem esse vocularum, si opus est, transpositionem." Atqui non hîc videtur *opus esse;* nam sensus optimè exprimitur per *κάκιον* hîc adverbialiter sumtum : nec penultima vocis canonem illum violat, quem, labore tantùm non improbo, déque cunctis doctoribus benè merito, nuper stabilivit scriptor quidam doctissimus anonymus, in his rebus apprimè sagax— [ἐν εἴκοσι πᾶσι μάθοις νιν.] *Monthly Review. Aug.* 1799. p. 427. " Adjectiva nimirum compara- "tivi gradus in *ΙΩΝ* habere istud I penultimum breve in dialectis "Ionicâ et Doricâ, sed longum in Atticâ."

431. *—ἄπει ;*] *εἶμι, eo,* cum suis compositis, in formâ praes. sae- pissimè habet fut. signif. [Vide Vol. I. ad p. 50. n. 5. et p. 101. n. 1.] Confirmat quidem Dawesius verba ista apud Atticos re verâ futura esse. *Miscell. Crit.* p. 82. edit. Burgess. ″Pleonasmus vehemens. P.

433. *Οὐ γάρ τι σ' ἤδη μῶρα φωνήσοντ',*] *γὰρ* refertur ud *ἐκάλεσά σε,* vel tale aliquid, subauditum :—*Vocavi te, non enim noveram te stulta locuturam.* Caeterùm *ἤδη,* pro vulgari *ἤδειν,* est ex conjec- turâ Brunckii, qui hanc formam Atticam ubique retinuit : Nam *ἤδη* est per contractionem ex Ionico *ἤδεα.* Solent enim Attici [verba sunt H. Stephani, Append. c. 138.] plusquamperfecta Ionica desi- nentia in *εα,* factáque ex communibus terminatis in *ειν,* resolutione diphthongi, contrahere, et pro *πεποιήκεα,* dicere *πεποιήκη,* itidem- que *ἤδη* pro *ἤδεα.* Est autem hoc *ἤδη* prima persona singul. praet. plusquamperf. med. ex themate *εἴδω.* Vide Aristoph. Nubes, 329. et quae ibi annotavit idem vir doctus Brunckius, in suâ praestantissimâ poëtae Comici editione. *ἤδη* etiam Valckenaer ad Eur. Hippol. 792.

434. *—ἐπεὶ σχολῇ γ' ἄν*—] *alioquin aegrè te domum meam arces- sivissem.* *ἐστειλάμην,* gl. *μετεστειλάμην.* Simplex pro composito. *στέλλειν* et *στέλλεσθαι* hoc sensu frequentat Sophocles. Vide infrà 860. Oedip. Col. 298. Antig. 165. Phil. 60. 495. BRUNCK. *Σχολῇ γ' ἄν*—Suidas, Erfurdt, γ' pro σ'. P.

436. —ἔμφρονες.] gl. φρόνιμοι. Pro εὔφρονες Brunckius restituit ex omnibus codd. vet. et Aldinâ edit. ἔμφρονες.

438. —φύσει σε,] gl. δείξει σε, ὅθεν ἐγεννήθης.

440. Οὔκουν σὺ ταῦτ'—] Sarcasmus malignus, per quem alludit ad Oedipi sollertiam in solvendo Sphingis aenigmate. De voce ἔφυς vid. suprà ad v. 9.

441. Τααῦτ' ὀνειδιζ', οἷς ἔμ'—] Angl. Do—reproach me with that, in which thou shalt find my greatness consists.

442. Αὕτη—ἡ τύχη—] gl. αὕτη ἡ εὐδοκίμησις.

444. Ἄπειμι—] Vide suprà ad v. 431.

445. —ὡς παρὼν τά γ' ἐμποδὼν ὀχλεῖς,] Angl. since thy presence disturbs the business in hand, [τὰ ἐμποδὼν, i. e. τὰ ἐν ποσὶ,] συθείς τ' ἄν,—οὐκ ἂν ἀλγύναις πλέον. and being gone, thou wouldst give us no further trouble. ὀχλεῖς, gl. ταράττεις. συθείς, πορευθείς. Caeterùm de voculâ ἄν tanquam verbi praenuntia, ejusdemque cum ipso verbo repetitione, vide Vol. I. ad p. 166. n. 2.

448. —πρόσωπον·] gl. ἀξίωμα. Atque ita reddidit Brunckius, dignitatem scil. Forsan οὐ δείσας τὸ σὸν πρόσωπον posset reddi Angl. not afraid of thy look; thy frown. Οὐ γὰρ ἐσθ' ὅπου μ' ὀλεῖς. for it is not in thy power to destroy me. "ὀλῶ, fut. 2. vel vid. sup. 418. P.

127. 456. Σκήπτρῳ προδεικνὺς,] Intellige τῇ βακτηρίᾳ προδεικνὺς ἑαυτῷ τὴν ὁδόν. BRUNCK. Angl. groping his way with a staff.

459. —καὶ τοῦ πατρὸς ὁμοσπόρος] gl. ὁμόγαμος. Angl. both a sharer of his father's bed, &c.

462. —Φάσκειν—] Infinitivus pro imperativo, ut loquuntur Grammatici. Infin. potiùs per ellipsin τοῦ κελεύω σε, vel ἐξέσται σοι, vel cujusvis ejusmodi.

463. Τίς, ὄντιν'—] Τίς ἐστιν, ὃν λέγει ὁ Ἀπόλλων—τίς οὗτος ἐστὶν, ὅντινα ἐμφανίζει τὸ μαντεῖον; Schol. Pulchrè quidem exprimitur in hâc ode animi anxietas quâ laborat Chorus, orta ex praesenti rerum statu dubio ac difficillimo.

465. Ἄρρητ' ἀρρήτων—] maximè nefanda; ut in El. 849. δειλαία δειλαίων, miserrima; et alicubi ἔσχατ' ἐσχάτων κακά, mala plusquam maxima. BRUNCK. "Superlativus orientalis, uti servus servorum. Gen. ix. 25. P.

467. Ὥρα νιν ἀελλάδων ἵππων] Quum quintus hic Strophae versus, qui, in omnibus codd. et libris editis pro ἀελλάδων habet ἀελλοπόδων, neutiquam par esset, uti debuit, quinto sequentis Antistrophae, qui Aldinâ editione sic se habet: Φοιτᾷ γὰρ ὑπ' ἀγρίαν ὕλαν· cum quo consentiunt omnes codices, excepto chartaceo Regio, qui exhibet ὑπαί, pro ὑπ', et hoc διὰ τὸ μετρὸν, secundum Triclinii notam suprascriptam; [Turnebus autem mutavit istud ὑπαί in ὑπὲρ, ut videtur, sine ullâ auctoritate;] idcircò Brunckius, ut hanc inconcinnitatem tolleret, in textu suae praestantissimae editionis versus hosce duo sic constituerat:

Ὥρα νιν ἀελλοπόδων ἵππων.
Φοιτᾷ γὰρ ὑπαί τ' ἀγρίαν ὕλαν.

Quum autem idem vir doctus postea incidisset in lectionem Hesychianam prioris horum versuum, quae exhibet ἀελλάδων· [Vide Hesych. Lex. I. c. 110. edit. Alberti:] hanc quidem in notis adoptavit, posterioris verò Aldinam et manuscriptorum restituit : et nullus dubitat quin Sophocles reliquerit :

'Ωρα νιν ἀελλάδων ἵππων.
Φοιτᾷ γὰρ ὑπ' ἀγρίαν ὕλαν.

Hanc igitur utriusque versûs lectionem, tanquam viro illi doctissimo unicè probatam, nobis visum est in textum hujus nostrae editionis recipere. " Sic Br. in ed. 3." Caeterùm ἀελλάδες ἵπποι sunt equi velocissimi sicut procella. Vide Henr. Steph. Thes. t. i, c. 1129. f.

472. —ἀπλάκητοι,] Codd. veteres omnes, ut Aldus, ἀναμπλάκητοι. Triclinius et Scholiastes ἀναπλάκητοι. Ad metri rationem legendum omninò ἀπλάκητοι, quae vox extat Trach. 120. Brunck. ἀπλάκητον, ἀναμάρτητον. Σοφοκλῆς Τραχινίαις. Hesychius.

473. Ελαμψε γὰρ—] Illustris enim nuper emissa est nivoso è Parnaso dictio, latitantem ut quisque virum investiget : namque agrestibus abdit se silvis,—Brunck. χηρεύων, viduus, i. e. solitarius, sine vaccarum armento.

480. Τὰ μεθόμφαλα γᾶς—] edita terrae ex umbilico oracula ut 128. effugiat : Brunck. Apollinis intellige oracula è templo ejus, quod Delphis erat, edita : quam urbem in medio orbis terrarum sitam esse finxerunt veteres. Burton. Vide Eur. Med. 666.

481, 482. —τὰ δ' αἰεὶ ζῶντα περιποτᾶται.] illa vero semper vigentia circumvolant. Brunck.

485. Οὔτε δοκοῦντ', οὔτ' ἀποφάσκονθ'·] Angl. while I neither give him credit, nor contradict him : ὅ τι λέξω δ' ἀπορῶ. but am at a loss what to say : πέτομαι δ' ἐλπίσιν, and I flutter on the wings of expectation, οὔτ' ὁρῶν [τὰ] ἐνθάδε, οὔτε [τὰ] ὀπίσω. seeing nothing clearly either respecting the present or the past.

489—497. Τί γὰρ ἢ Λαβδακίδαις,—] Haec et quae sequuntur ad finem Strophae nonnihil difficultatis habent ; quae hoc modo expediri potest : γὰρ ἔγωγε οὔτε πώποτ' ἔμαθον πάροιθεν, οὔτε [μανθάνω] τανῦν, τί νεῖκος ἔκειτ' ἢ Λαβδακίδαις ἢ τῷ [υἱῷ] Πολύβου, Angl. for never either at any time before did I learn, nor do I learn now, that any difference subsisted between the race of Labdacus [Laïus viz.] and the son of Polybus, [Oedipus viz. who was so reputed,] πρός ὅτου χρησάμενος δὴ βασάνῳ, from which having derived any solid argument, [βάσανος, proprie lapis Lydius, quo aurum probatur : sed sensu latiori, pro quovis indicio, vel argumento, quo aliud probatur. Burton.] εἶμ' ἐπὶ τὰν ἐπίδαμον φάτιν [κατ'] Οἰδιπόδα, I may be thereby induced to give credit to this domestic oracle [the oracle viz. of Tiresias] respecting Oedipus, and thus lend my aid in avenging the secret murder for the son of Labdacus. Ubi observandum : 1. vocem χρησάμενος in versu undecimo hujus Strophae ibi repositam esse à Brunckio, petitam è veteribus scholiis, versûs integritate sic postulante, ut congrueret cum eodem versu antistrophico : 2. εἶμι, vel ἔπειμι, futurum esse Atticum. Vide suprà ad v. 431. " Locus universus, inquit T. Young, corruptus esse videtur : minùs impeditus foret sensus, si v. 493. non χρησάμενος, sed μεμφόμενος reponeretur :—πρὸς ὅτου βασάνῳ εἶμι ἐπὶ τὰν ἐπίδαμον φάτιν, μεμφόμενος Οἰδιπόδα, Angl. on the evidence of which I should agree with this new opinion, in condemning Oedipus." Οἰδιπόδα, gen.

500. —ἀνδρῶν δ' ὅτι μάντις] Angl. but that a prophet among men advances further in knowledge than I, there is no certain way of judging.

506, 507. μεμφομένων, ἄν καταφαίην.—] i. e. οὐκ ἄν καταφαίην τῶν μεμφομένων τὸν μάντιν. *Non contradicerem illis, qui vatem incusârint,—flocci fecerint.* Hesych. καταφάναι, κατειπεῖν. πρὶν ἴδοιμ' ὀρθὸν ἔπος, *priusquam video dictum eventu comprobatum.* Brunck. Brunckius mihi videtur sensum hujus loci malè cepisse. In proximè sequentibus sermo planè est de Oedipo; undè concludi licet, praesertim quoniam αὐτῷ usurpatur, sermonem in proximè praecedentibus quoque fieri de eodem Oedipo. Atque ita Scholiastes: ἐγὼ δὲ οὐκ ἄν ποτε ἐπαινέσαιμι τοὺς μεμφομένους τὸν βασιλέα, (inter quos vates priorem tenet locum,) —οὐδ' ὀρθὸν ἄν αὐτῶν τὸ ἔπος φαίην, πρὶν ἴδοιμι σαφῆ τὰ ἔργα καὶ τὴν ἀπόβασιν. Lego igitur et interpungo hoc modo:

Ἀλλ' οὔποτ' ἔγωγ' ἄν, πρὶν ἴδοιμ',
Ὀρθὸν ἔπος μεμφομένων
ἄν καταφαίην.

Nec mihi apparet verbum κατάφημι unquam, quemadmodum κατηγορέω, construi cum gen. personae. Apud Aristotelem affirmationem denotat; et derivativum ejus καταφατικὸς apud Scholiastas planè opponitur τῷ ἀποφατικός. Simplicior certè haec interpretatio, et seriei sententiae convenientior: Angl. *One man may surpass another in attainable,* i. e. In human *wisdom: but till I see, till I have sensible evidence in the case, never will I affirm that they are in the right, n'o accuse the king. For well did he approve himself the friend of this country in a crisis of danger before,* &c. J. Tate. "Aliter tentavi. P.

129. 508. πτερόεσσ—κόρα—] Sphingem intelligit.

509. καὶ σοφὸς ὄχθη,] *et sapiens ille* [Oedipus scil.] *visus est,* [Vide Coll. Gr. Min. ad p. 36. n. 14.] τε βασάνῳ ἡδύπολις. *certaque probatione civitati dilectus.* τῷ οὔποτ' ὀφλήσει κακίαν ἀπ' ἐμᾶς φρενός. *quare, quantum ego judico, nunquam dignus erit qui malus habeatur.* De verbo ὀφλισκάνειν, vel ὄφλειν, vide Vigerum de praecip. Gr. Dict. Idiotism. annotante Zeunio, p. 265. "C. V. s. ix. r. 2. 3.

513. δείν' ἔπη πεπυσμένος κατηγορεῖν μου—] *ut audivi regem Oedipum contra me atrocia verba loqui.* μου scil. regitur à praep κατά in compositione. "Vel à verbo accusandi. P.

517. εἰς βλάβην φέρον,] i. e. τι φέρον εἰς βλάβην, Angl. *any thing tending to injure him.*

519. Φέροντι τήνδε βάξιν.] Angl. *while I am charged with this accusation.* γὰρ ἡ ζημία τούτου τοῦ λόγου οὐ φέρει εἰς ἀπλοῦν μοι. ἀλλ' ἐς μέγιστον, *for the injury done me by this language does not lead to what is trivial, but to what is of the utmost importance, if viz. I am at once to be called a traitor in the city,* &c. De phrasi φέρει εἰς ἀπλοῦν, et φέρον εἰς βλάβην, paulò supra, vide doctissimum Marklandum, ad Eurip. Suppl. 295.

525. Πρὸς τοῦ δ' ἐφάνθη,—] *Undenam apparuit,* [Vide Vol. I. ad p. 7. n. 10.] —τοῦ pro τίνος.

528. Ἐξ ὀμμάτων δ' ὀρθῶν—] *Oculisne rectis, rectaque mente hoc crimen proferebatur contra me?* οἱ γὰρ σώφρονες καθεστηκὸς ἔχουσι τὸ ὄμμα, οἱ δὲ μαινόμενοι παρατετραμμένον. Schol. "Sec. Erfurdt. P.

531. Αὐτος δ' ὅδ' ἤδη—] Chorus, cùm Oedipum jam adesse cerneret, nihil ultrà respondet. Burton.

532. —τοσόνδ' ἔχεις τόλμης πρόσωπον,—] ἤγουν ὧδε θρασὺς καὶ ἀναιδής εἶ; Brunck.

534. τοῦδε τἀνδρός—] id est ἐμοῦ. qui palàm me perimis,—Saepè ἀνήρ ὅδε nihil aliud valet quam ego δεικτικῶς, ut apud Latinos Comicos hic homo. Sic in Trach. 305. Deïanira se ipsam indicat his verbis, τῆσδέ γε ζώσης ἔτι, me adhuc vivente. Brunck. Vide infrà 815. et ad Eur. Med. 1334.

538. Η—ὡς οὐ γνωρίσαιμι—] Ista non amplius ad verbum ἰδών referri possunt, sed aliud ex analogiâ adsumendum est, ὑπολαβών, ἐλπίζων. Idem.

539. —κοὐκ ἀλεξοίμην μαθών ;] ἤγουν καὶ, εἰ μάθοιμι, οὐ δυνη-θείην ἀποσοβῆσαι, ἀμύνεσθαι. Idem.

543. Οἶσθ᾽ ὡς ποίησον ;] Dedit Brunckius ποίησον, pro vulgari 130 ποιήσων, secundum formulam poëtis Atticis familiarem. De quâ videndus est idem vir doctus ad Aristoph. Aves, 54. Item Muretus Var. Lect. L. iii. c. 12. et R. Bentleius, qui, in Emendationibus in Menandri et Philemonis Reliquias ex nuperâ editione Joannis Clerici, [sub nomine Phileleutheri Lipsiensis,] pag. 126. edit. alte-rius, Cantab. 1713. haec habet : " Οἶσθ᾽ ὅτι ποίησον—Scio te factu-" rum—Inepta haec scriptura est, ne Graeca quidem. Vera lectio " est, Οἶσθ᾽ ὅ, τι ποίησον, Scio [lege Scis] quid facies. Ratio autem " constructionis est, quia inverso ordine est accipiendum, Fac scis " quid : ut Latini dicunt Faciam nescio quid." Vide etiam Gisb. Koen. ad Gregor. de Dialect. s. 2. qui inter alia plura hoc profert : " Constructionis verè Atticae difficultas, quae primo intuitu subesse " videtur, evanescet, si οἶσθ᾽ ὅ, τι ποίησον ; οἶσθ᾽ ὁ δρᾶσον ; cum si-" milibus perpaucis posita accipiantur pro ποίησον, δρᾶσον, οἶσθ᾽ ὅ ; " fac scin' quid ?" Cf. Porsonum ad Eur. Hec. 229. "ἀντὶ τοῦ ποιήσεις. Schol. P.

545. —μανθάνειν δ᾽ ἐγὼ κακός—]—οὐ μετὰ εὐνοίας σοῦ ἀκούω διὰ τὴν δυσμένειαν. Schol.

547. Τοῦτ᾽ αὐτὸ νῦν—] i. e. κατὰ τοῦτ᾽ αὐτό—quod ad hanc ipsam tuam accusationem attinet, audi quomodo respondeam.

555. —ὡς χρείη] Aldus ὡς χρεία. Cod. August. ὡς χρῆ. Reliqui omnes χρεῖ᾽ ἦ, quae omnes scripturae perindè mendosae sunt. Vide Dawesii Miscell. Crit. p. 332. Brunck. In quo Dawesii loco, haec inter alia habet vir doctus : " Nempè ab aoristo indicativo " ἔχρην notissimà fluunt analogiâ χρῆ, χρείη, χρῆναι." p. 324. edit. Tho. Burgess : ubi vide plura, et quae editor doctissimus mihique amicissimus ibi notavit. "τὸν σεμνόμαντιν— ἐν εἰρωνείᾳ. Schol. P.

557. —νῦν ἔθ᾽ ωὐτός εἰμι τῷ βουλεύματι.] i. e. νῦν εἰμι ὁ αὐτὸς τῷ β. et nunc idem sum sententiâ. h. e. nunc eâdem sum sententiâ, vel, nunc mea sententia eadem est. Haec lectio ἔθ᾽ ωὐτὸς, pro vulgari ἔτ᾽ αὐτὸς, probata est Valckenario ad Phoen. p. 340. et in textum à Brunckio recepta. Cf. Porson. ad Hec. 299.

566. —ἔρευναν—ἔσχετε ;] gl. ζήτησιν ἐποιήσατε.

567. πῶς δ᾽ οὐχί ;] Angl. and why should we not ?

570. Τὸ σὸν δὲ γ᾽ οἶσθα,] quod ad te attinet, vel, quod est propriè tuum.—Innuit vatis subornationem, qui Oedipum accusaret. Burton. Pro Τὸ σὸν δὲ— Porsonus ad Eur. Med. 461. legit Τοσόνδε.—

572. 'Οθ᾽ οὕνεκ᾽—] Sophocles pro οὕνεκα significante Quia, dixit ὅθ᾽ οὕνεκα in Ajace [123. edit. Brunckii.] H. Stephanus. Atque ita in hoc loco. Ὁ μάντις, εἰ μὴ ἐλάμβανε δὲ κοινωνὸν τοῦ βουλεύ-ματος, οὐκ ἂν ἐμὲ ἔφη τοῦ Λαΐου φονέα. Schol. "Hic pro ὅτι, puto. P.

574, 575. —ἐγὼ δὲ σοῦ μαθεῖν δικαιῶ ταῦθ᾽,—] Ego autem te per- 131.

131. *contari cupio itidem, ut tu me modò.* ταῦθ', i. e. κατὰ τἀ αὑτὰ.
Vulgò malè rursus exhibetur ταῦθ', ut suprà, 284. BRUNCK.

576. ἁλώσομαι.] *deprehendar.* fut. 1. med. in sensu pass. ut saepe
observare est, apud Graecos scriptores. Vide Vol. I. ad p. 99. n. l.

577. —γήμας ἔχεις ;] Atticè idem ac ἔγημας. Angl. *Have you
married*— Sic infrà 699. στήσας ἔχεις, pro ἔστησας, et 701. ϑεῖς ἠ-
λευκὼς ἔχει, pro βεβούλευκε. item in Oedip. Colon. 1140. ϑαυμάσας
ἔχω. ubi Scholiastes, ἀντὶ τοῦ ἐθαύμασα, Ἀττικῶς.

578. Ἀρνήσις οὐκ ἔνεστιν ὧν ἀνιστορεῖς.] Pro οὐκ ἔνεστιν Tou-
pius [Emend. ad Suidam in not. ad fin. Part. ii.] legendum conj.it
—οὐκ ἄν ἐστι—*negari non potest.* Ubi vide plura. Haec autem
viri acutissimi conjectura nullo modo admitti potest : nam, ut recte
affirmat eruditissimus Porsonus auctor. *Notarum brevium* ad Toup:
Emendat. [Vol. iv. p. 462. edit. Oxon. 1790.] " vocula ἄν praesenti
" indicativo nunquam jungitur."

579. Ἄρχεις δ' ἐκείνη ταυτά,—] *Et regnas pariter 'cum ed, p*
ἴσον [μέρος] νέμων ; *terrae equalem portionem administrans ?* An
And do you reign with the same power, and over the same extent of d
minion with her ? " ταὐτά, τὰ αὐτά, regit dativum. P.

580. Ἄ"ν ᾖ ϑέλουσα,—] i. e. ἃ ἄν ᾖ ϑέλουσα, quod idem est a
ἃ ἄν [vel ut Schol. ἅτινα ἄν] ϑέλῃ.

581—583. Οὔκουν ἰσοῦμαι σφῷν ἐγὼ δυοῖν τρίτος ;] *Nonne eg*
qui tantum tertius sum, me aequalem arbitror vobis duobus ? Quare hic
ita arbitratur, infra enucleatè ostendit. Oedipus interea, qui minus
rectè Creontem intelligit, temerè respondet, ἐνταῦθα γὰρ δὴ κ.
κακὸς φαίνει φίλος.—subauditur καλῶς εἴπας, ad quod refertur :
[Vide Hoogeveen Doctrin. Partic. L. Gr. p. 183.] Pulchrè dixisti
Nam in hoc quidem te etiam planè ostendis malum amicum. Οὐκ ἂ
φαινοίμην κακὸς φίλος, εἰ σεαυτῷ λόγον διδοίης, ὡς ἐγὼ ἐμαυτῷ δ-
δωμι. [Sic enim ellipsis è Schol. suppletur, à Burton.] *Non* [inqua
Creon] *me malum amicum ostenderem, si tecum rationem inire*
esses, uti ego mecum. διδόναι λόγον ἑαυτῷ est *secum ratiocinari, a*-
gumentari. Locutionem ferè ejusmodi videre est Eur. Med. 10
sqq. 868. Nec multum absimilis est ista, quam notavimus in Hero-
doto ; Vol. I. ad p. 26. n. 3. "Hìc enim ambitionem prodis. P.

588. —τύραννα δρᾶν,] gl. βασιλικὰ ποιεῖν, καὶ μὴ βασιλεὺς εἶν
ὥσπερ αὐτὸς ἐγὼ νῦν. *Primitivum pro possessivo.*—*quae re*
sunt facere. BRUNCK.

592, 593. Πῶς δῆτ'—] Constructio est : πῶς δῆτα τυρα
ἔφυ ἡδίων ἐμοὶ ἔχειν—De ἔφυ in praes. temp. vide suprà ad v. 9.

598. Τὸ γὰρ τυχεῖν—ἅπαντ'—] ἔνι [i. e. ἔνεστιν.] ἐστὶν αὐ
ἐνταῦθα, ἤγουν ἐν ἐμοί. *Omnia quae cupiunt ut consequantur, in r*
positum esse intelligunt. τυγχάνω cum quarto casu construitur. E
empla passim obvia. BRUNCK.

600. Οὐκ ἄν γένοιτο νοῦς κακὸς καλῶς φρονῶν.] *Qui de felicit*
sud tam rectè sentit, non est quod ille tibi invideat vel insidiet
BURTON. "*Mens recta sapiens prava consilia nunquam agitaverit.* B

601. Ἀλλ' οὔτ' ἐραστὴς τῆσδε τῆς γνώμης ἔφυν,] *Sed neque am*
tor sum hujus consilii, [de regnandi aucupio loquitur,] οὔτε ποτ'
τλαίην [εἶναι] μετ' ἄλλου δρῶντος, *neque unquam potui tolerare.*
essem particeps talis incepti cum alio agente.

603. Καὶ τῶνδ' ἔλεγχον, τοῦτο μὲν,—] ἔλεγχον, supple ἐστ
τοῦτο μὲν, Angl. *in the first place.* [Vide Vol. I. ad p. 6. n. 4.

Alii aliter legunt et distinguunt, sed omnium optima videtur haec lectio Brunckiana. "Ἔλεγχον in casu nom. nullibi invenitur. "Quare usurpandum est hic in accus. subintellecto εἰς. Sic εἰς " καιρὸν, vel καιρὸν, simpliciter." J. T. "Ἔλεγχον neut. nominat. in Eurip. Herc. Fur. v. 59. ed. Musgrave.—ἐλέγχον τοῦτο μέν· particip. hic in Oed. Tyr. Bothe constituit. P.

608. Γνώμῃ δ᾽ ἀδήλῳ—] incertâ autem suspicione ne me privatim 132. accuses.

616. Καλῶς ἔλεξεν—] [σοι] εὐλαβουμένῳ πεσεῖν,— Pulchrè locu-tus est, si tu caves ne labaris.—

624. οἷόν ἐστι τὸ φθονεῖν.] Gl. in uno codice regio chartaceo op-timè hoc exponit: οἷός ἐστιν ὁ ἐμὸς πρὸς σὲ φθόνος. quum primum ostenderis, quae mea sit erga te invidia. Brunck. "Jealousy? P.

626. —τὸ γοῦν ἐμόν.] Glossa supplet, συμφέρον εὖ φρονῶ. Ἀλλὰ καὶ τὸ ἐμὸν συμφέρον ἐξίσου δεῖ φρονεῖν σε. Idem.

628. Εἰ δὲ ξυνίῃς μηδὲν ;] Quid si rem non intelligas? Pro vulgari ξυνίῃς Brunckius reposuit ξυνιεῖς, 2. sing. praes. ind. à ξυνιέω. Anti-qua est forma, quâ saepissimè utitur Homerus. 2. pers. imperf. scribitur ξυνίεις contractè pro ξυνίεες. [Mavult Porsonus, ad Eur. Orest. 141. ξυνίῃς.] Ἀρκτέον γ᾽ ὅμως. Nihilo tamen minùs imperan-dum est.

629. Οὔ τοι κακῶς γ᾽ ἄρχοντος—] Creontis sermonem abrumpit Oedipus: sententiam ille absoluturus erat, ὑπεικτέον, vel simile quid. Brunck.

632, 633. μεθ᾽ ἧς τὸ νῦν κ. τ. λ.] cujus operâ rixam hanc componi oportet. Brunck.

637. —εἰ—] gl. πορεύοη. Vide suprà ad v. 431.   133.

640. —δυοῖν ἀποκρίνας κακοῖν,] è duobus malis alterum eligens. Utrum è duobus malis rex eligeret, non dicit Creon; sed boni omi-nis, ut videtur, gratiâ, obscurè significat, quod suprà Oedipus apertè dixit: Θνήσκειν, οὐ φυγεῖν σε βούλομαι.—Caeterùm observanda rara synaloephe in δυοῖν, quod hic monosyllabum est. Brunck.

643. Τοὐμὸν σῶμα] i. e. με. Idem.

644. Μὴ νῦν ὀναίμην,] Angl. May I not now prosper. [Vide Coll. Gr. Min. ad p. 32. n. 9.] νῦν, now, in this life.

647. —τόνδ᾽ ὅρκον-θεῶν,] hoc jusjurandum, cujus testes deos advocat.

652. Τὸν οὔτε πρὶν νήπιον,] Hunc neque unquam antea stultum, νῦν τε ἐν ὅρκῳ μέγαν, et nunc sanctitate juramenti munitum. "Magna " erat apud veteres jurisjurandi religio, quique eâ se obstrinxisset, " nefas erat illi fidem negare. Vide Eur. Hippol. 1047." Brunck.

656. Τὸν ἐναγῆ φίλον—] Constructio est: μή ποτε βαλεῖν ἐν [vel ἐμβαλεῖν] αἰτίᾳ τὸν ἐναγῆ φίλον σὺν ἀφανεῖ λόγῳ ἄτιμον. Sententia est, Anglicè expressa : never to condemn and dishonour your friend, who is under so sacred an obligation, without clear evidence.

660. Οὐ τὸν—] pro οὐ μὰ τὸν— Saepissimè μὰ sic supprimitur, ut infrà 1088. Brunck.

662. Ἐπεὶ ἄθεος,—] Constructio est : ἐπεὶ ὀλοίμαν [καθ᾽] ὅ τι 134. [ἐστί] πύματον, ἄθεος, ἄφιλος, εἰ κ. τ. λ. Sed miserrimè pereum, diis hominibusque invisus, si &c.

667. —καὶ τάδ᾽—] idem ac καὶ ταῦτα— Angl. and that too,—and especially, εἰ τὰ κακὰ πρὸς ὁφῶν προσάψει, [malè in quibusdam libris προσψαύσει,] si mala à vobis orta accedant, &c.

134. 669. —ἴτω,—] ἀπελθέτω, ἔστω ἐλεύθερος, ἀπολελύσθω. Schol.

671. Τὸ γὰρ σόν,—] γὰρ ἐποικτείρω τὸ σὸν ἐλεινὸν στόμα, οὐ τὸ τοῦδε· Angl. *for my pity is excited by your lamentable expressions*, not *by what he has said.* Vide suprà ad v. 426.

673. Στυγνὸς μὲν εἴξων δῆλος εἶ·] Fortassè vertendum: *Te horum precibus constat cedere irato, infenso etiamnum, animo: hujus autem irae poenitebit*, (ita enim accipio βαρὺς δ', ἔσῃ,) *cum sedatus fueris.* BURGESS. δῆλος εἶ ἀ ηδῶς εἴξων· ὅταν δὲ ἐπὶ τὸ πέρας ἔλθῃς τῆς ὀργῆς, τότε βαρέως οἴσεις τὸ πρᾶγμα. Schol. (Βαρὺς, nunquam, ut opinor, significat *gravis sum mihi ipsi, sed alteri.* Significatio forsitan haec est: *You evidently yield with a bad grace, and your harsh temper is seen when you go to the extremity of your passion*, i. e. *when you give the reins to your passion.* Saepe vis substantivi in verbo·latet et suum casum regit. G. D.)

677. Σοῦ μὲν τυχὼν ἀγνῶτος, ἐν δὲ τοῖσδ' ἴσος.] Ad verbum: *te expertus mei nescium, quum sim apud hos aequalis.* i. e. idem ac antea fui eorum existimatione. Benè Scholiastes: σοῦ μὲν μὴ ἐπιστάμενου τὴν ἐμὴν προαίρεσιν, οἷον ἠγνοηκότος με· παρὰ δὲ τούτοις τῆς ὁμοίας δόξης, ἣν καὶ πρώην εἶχον περὶ ἐμέ. "En sententiam mo- "deratè simul, et severè dictam, et hominis innocentiae et dignita- "tis conscientiae consentaneam!—haec locutus *Creon* exit—neque "rursus, nisi in fabulae Exodo, in scenam regreditur." BURTON.

680. Μαθοῦσά γ' ἥτις ἡ τύχη.] Glossa: κομίσω, γνοῦσα τίς ἐστι ἡ κατέχουσα αὐτοὺς τύχη, ἤγουν ἡ μάχη. Angl. *I will conduct him in, when I have learned the nature of this calamitous incident.*

681. Δόκησις ἀγνὼς λόγων] Angl. *A strange suspicion arose from certain things that were said*, καὶ δὲ τὸ μὴ ἔνδικον δάπτει, and *what is unjust is also provoking.* Minùs distinctè in his et quae proxim^e sequuntur loquitur Chorus, nolens culpae arguere vel Oedipum vel Creontem.

686. —ἔνθ' ἔληξεν, αὐτοῦ μένειν.] *ubi desiit contentio, ibi subsistere.* BRUNCK.

687. Ὁρᾷς ἵν' ἥκεις,—] Angl. *Dost thou see to what a length thou art come? honest as thou art in meaning, thus to abate and blunt the edge of my spirit.* Καρδία non significat *understanding,* sed *courage, spirit:* sic Med. καρδία γὰρ οἴχεται. v. 1038. Vid. ibid. v. 98. D^e ἀπαμβλύνω, vid. Valck. ad Hippolyt. Ἑκτά ἐπὶ Θήβ. v. 71. Glasg. edit. J. T. Rex Coryphaeum alloquitur, propterea stomachatus, quòd hunc nimis favere partibus Creontis suspicatur: quam suspicionem ut à se amoveat Chorus, suam fidem inviolabilem ergà regem in proximè sequentibus obnixè profitetur. Haec omnia cupidiorem reddunt Jocastam in causam contentionis inter Oedipum et Creontem inquirendi: unde oritur sequens iste dialogus inter Oedipum et Jocastam, in quo poëtae ars exquisita mirè elucet.

135. 690. Ἴσθι δὲ—] gl. ἴσθι δὲ δεδεῖχθαί με παράφρονα, ἀτυχῆ ἐπ τὰ σινετά, ἐάν σε παραλογίζωμαι, ὥστε τὴν ἐμὴν φίλην γῆ ἐν πόνοις ἀμηχανοῦσαν εὐόδωσας. Burtonus reddit: παραφρόνιμον, ἄπορον ἐπὶ φρόνημα—*omni sapientiâ destitutum, ita ut ad sanam mentem nulla restet via.* Vide Vol. I. ad p. 4. n. 3.

694. Ὅς τ' ἐμὰν γᾶν φίλαν—] *qui caram meam patriam, è calamitatis fluctibus emergere non valentem, prospero cursu direxisti.* BRUN. ἀλύουσαν ἐν πόνοις est *vagantem in laboribus,* Angl. *when tossing or driving on a* "*sea of troubles.*" οὐρίζω, est *secundo vento proveho;* at

οὖρος, *ventus secundus.* οὐρήσας, quod quidam libri editi exhibent, 135.
versum jugulat; et praeterea, si vocis genuinam significationem
respicis, est planè absurdum. Vide οὐρέω in Lexicis : et, si plura
vis, adi Brunckium ad Aristoph. Ranas, 94.

699. —στήσας ἔχεις.] gl. ἱστήσας. [vide suprà ad v. 577.] ἱστά-
ναι μῆνιν, nihil aliud est quàm μηνίειν, quemadmodum Tragici
dicunt ἱστάναι βοὴν pro βοᾶν. Βʀᴜɴᴄκ. Caeterùm ὅτου πράγματος
reguntur ab ἕνεκα subintell.

700. Ἐρῶ - δὲ γὰρ κ. τ. λ.] *Dicam— (tibi enim à me major quam
ab istis* [Chorum intelligit] *habetur reverentia,) περὶ Κρέοντος—de
Creonte, qualia in me machinatus est.*

702. Λέγ', εἰ σαφῶς] Constructio est : λέγ', εἰ ἐρεῖς σαφῶς ἐγκαλῶν
τὸ νεῖκος [ἐκείνῳ.] Angl. *Say,—if you are to speak as laying the cause
of the quarrel directly to his charge.* Or, *Say, whether you are to charge
him directly with the cause of the quarrel.* "σαφῶς, *manifestè, evi-
denter.* P.

703. Φονέα με—καθεστάναι.] *me esse peremptorem—* Nam καθ-
έσταχα saepè redditur *sum.* Vide suprà v. 10.

705, 706. —ἐπεὶ, τό γ' εἰς ἑαυτὸν, πᾶν ἐλευθεροῖ στόμα.] ὅσον
κατὰ τὸ ἑαυτοῦ—μέρος, [vel, κατὰ τὴν ἑαυτοῦ δύναμιν,] ὁ μάντις
πᾶσαν κακουργίαν λόγων ἀκρατῶς κινεῖ. Schol. στόμα hic, ut centies
alibi, *sermonem* significat. πᾶν ἐλευθεροῖ στόμα, idem est ac κατὰ
πάντα ἐλευθεροστομεῖ. Aeschylus Prom. 180. ἄγαν δ' ἐλευθεροστο-
μεῖς. Βʀᴜɴᴄκ. Reddi potest Angl. *Since he,* [viz. the prophet,] *with-
out restraint, never fails to babble in a most licentious manner.* Ob-
servent tirones ἐλευθεροῖ esse praes. ind. contractè pro ἐλευθερόει.

707. —ἀφεὶς σεαυτὸν, ὧν λέγεις πέρι,] *omissâ omni de istis, quae
dicere instituisti, curâ,—* Βʀᴜɴᴄκ.

708. —οὕνεκ' ἐστί σοι.] De σοι, quod in hujusmodi locutionibus
redundare dicitur, vide Vol. I. ad p. 56. n. 5. "οὕνεκα pro ὅτι. P.

716. —ἐν τριπλαῖς ἁμαξιτοῖς·] *in quodam trivio.* καλῶς δὲ τὸν
τόπον προσέθηκεν, ἵνα εἰς ἀνάμνησιν ἀγάγῃ τὸν Οἰδίποδα. Schol.

717. Παιδὸς δὲ βλαστάς,] Subauditur κατά. Angl. ad verbum,
And as to the birth of the child, οὐ διέσχον ἡμέραι τρεῖς, καὶ ἐκεῖνος
ἐνζεύξας νιν [κατ'] ἄρθρα ποδοῖν, *three days did not pass from that
time, until his father having bound him by the ankles,* &c.

724. Ὧν ἐντρέπου σὺ μηδέν·] *quarum rerum tu nullam rationem* 13 .
habeas ; [sic Hom. Il. α, 160. τῶν οὔτι μετατρέπῃ.] Quae proximè
sequuntur, eorum difficultas, quam agnoscit etiam Brunckius, forsan
expediri posset Anglicè hoc modo : γὰρ θεὸς αὐτὸς ῥαδίως φανεῖ
[τὰ πράγματα], ὧν χρείαν ἐρευνᾷ, *for the deity himself will easily
manifest those things, whose utility he pursues,* i. e. *for wherever the
deity has any useful purpose in view, he will himself make things mani-
fest.*

728. —ὑποστραφεὶς—] gl. τῆς προτέρας ἐνστάσεως. id est : ὑπὸ
ποίας φροντίδος στραφεὶς ἀπὸ τῆς προτέρας ἐνστάσεως τοῦτο λέγεις ;

731. Ηὔδατο γὰρ ταῦτ',] γὰρ refertur ad id quod reticetur :
ἤκουσας, audivisti ; *haec enim dicebantur,* οὐδέ πω λήξαντ' ἔχει. [i. e.
ἔληξε. Vide suprà ad v. 699.] Angl. *nor has the report yet ceased.*

738. Ὦ Ζεῦ, τί μου δρᾶσαι—] Ne utravis caesura omninò exulet,
versus hic scribi debet—Ὦ Ζεῦ, τί δρᾶσαί μου, κ. τ. λ. Vide suprà
ad initium notarum in Oed. Tyr. J. T.

740. —φύσιν] gl. τὸν τοῦ σώματος ὄγκον In fine seq. versus

libri omnes habent ἔχων, ubi, si glossarum auctores audimus, subau-
diendum ἦν vel ἐτύγχανε, quod prorsus est absonum.—Verbum
εἶχε duobus substantivis sufficit; sed requiritur adverbium, quo
quaestio ad definitum tempus restringatur. *Quâ erat aetate* TUSC,
quando civitati renuntiatam fuit, eum in trivio occisum fuisse? BRUNCK.

742. *Μέγας,*—] Angl. *tall,* γνάζων ἄρτι [κατὰ] λευκανθὲς κάρα,
having his head already silvered o'er with white hairs.

744. —ἔοιχ' ἐμαυτον—] Ordo est: ἔοικα οὐκ εἰδέναι ἀρτίως προ-
βάλλων ἐμαυτὸν εἰς δεινὰς ἀράς. Constructio apud Graecos scrip-
tores usitatissima: *videor mihi inscientem modo objecisse meipsum atro-
cibus exsecrationibus.* Ejusdem syntaxeos exemplum occurrit supra
v. 658. Sed hoc etiam tironibus satis notum. Vide Zeunium ad
Vigerum, p. 197. C. V. iii. 2. et D'Orvillium ad Chariton. p. 52.

749. —ἅ δ' ἂν ἔρῃ, μαθοῦσ' ἐρῶ.] Angl. *but what you shall ask, I'll
tell, if I know it.*

157.   769. Ἐξικέτευσε,] Notent tirones ι in ἐξικέτευσε, ob augm. tem-
porale, produci. T. Y. Vide Moor. Element. Gr. L. p. 129.

761. —σφε—] idem saepe apud poëtas pro ἐ, vel αὐτόν.

765. *Πῶς ἂν μόλοι*—] Lat. diceres; *utinam hic adesset*—quae vis
particularum πῶς ἂν et passim occurrit et satis patet unde gignatur.
Vide infrà Med. v. 96. J. T. (Simplicius et rectius, ut opinor, *quo-
modo hic adveniret.* G. D.)

766. *Πάρεστιν*—] *Licet, Datur, Facultas est.* H. STEPH. Thes.
T. l. c. 1135. c. gl. δυνατόν ἐστι τοῦτο. Schol. interpretatur ἐφιέσαι
—ἐπιθυμεῖς, et ἐντέλλῃ. Si intelligitur ἐφιέσαι posteriore sensu,
lectio recte habet; sin priore, qui verior videtur, τοῦτο admitti non
potest. Sed facilis mutatio in τοῦδ' ἐφιέσαι. J. TATE. (τοῦδ', cer-
tissime, nam ἐφίεσαι regit genitivum. G. D.)

769. ἀξία δέ που μαθεῖν] Ordo est: δὲ καὶ ἐγὼ [εἰμὶ] ἀξία που
μαθεῖν τά γ' ἐν σοὶ διαφόρως ἔχοντα. gl. βαρέως διακείμενα.

771—773. ἐς τοσοῦτον ἐλπίδων ἐμοῦ βεβῶτος·] Angl. *when I am
arrived at such a pitch of* dreadful expectation. τῷ γὰρ ἂν λέξαιμι μεί-
ζονι ἢ σοὶ, cui enim potiori indicarem quam tibi, ἰὼν διὰ τοιᾶσδε
τύχης; *quum hanc fortunam expertus sim?* seu potiùs, *quam in tali
discrimine verser.* διὰ τύχης· ἰέναι idem est, quod ἐν τύχῃ εἶναι. Sic
frequentant tragici δι' ὀδύνης βαίνειν, *in dolore esse, dolore adfici*:
διὰ φόνου χωρεῖν—*necem intentare, dare*: διὰ πόθου, διὰ φόβου ἐλ-
θεῖν, *desiderare, formidare.* Atque alia hujus generis multa. BRUNCK.

777. θαυμάσαι μὲν ἀξία,] *admiratione quidem digna,* [vide Coll.
Gr. Min. ad. p. 6. n. 5.] σπουδῆς γε μέντοι κ. τ. λ. *non tamen mei
tantâ sollicitudine digna.*

780. Καλεῖ—] Lege Ἐκάλει—Nam, ut affirmat Dawesius, "ser-
"monis Attici ratio verborum augmenta praetermitti vetat." Conf.
Porsonum in Praef. ad Eur. Hec. v.—πλαστὸς] πεπλασμένος υἱός,
ἤγουν ὑποβολιμαῖος. Schol. "Praes. pro praeter. BOTHE. P.

138.   788. ὃν μὲν ἱκόμην, ἄτιμον ἐξέπεμψεν] Subauditur περί. Angl.
*dismissed me without honouring me with any response respecting the
purpose of my coming:*—

791. —χρείη—] Vide suprà ad v. 555.

794. —τὴν Κορινθίαν] τὴν Κορινθίαν γῆν κατὰ τὸ ἐπίλοιπον δι'
ἄστρων μετρούμενος, ἤγουν μακρόθεν βλέπων, καὶ δι' ἄστρων συμβάλ-
λων αὐτὴν, ἀπεδήμουν, κ. τ. λ. Schol. *Corinthiae terrae valedicens,
solisque ex astris posthac conjecturam facturus, quam longè ab eâ reces-*

sissem, fugere decrevi, donec eò pervenirem, &c. BRUNCK. Ubi videtur
vir doctus vocem *ἐκμετρούμενος* usurpâsse ut particip. fut. 2. med.
vel fut. 1. med. Atticè pro *ἐκμετρησόμενος*. "De positu. P.

805. —*πρὸς βίαν*] gl. *βιαίως*.

806. *τὸν τροχηλάτην*,] gl. *τὸν ἡνίοχον*.

808. —*μέσον κάρα*—] gl. *κατὰ τὸ μέσον τῆς κεφαλῆς*.—Ordo
est : *τηρήσας, καθίκετό μου διπλοῖς κέντροις κατὰ μέσον κάρα*.—
καθικνεῖσθαι sensu feriendi semper cum genitivo construitur.
BRUNCK. *διπλοῖς κέντροισι· ἢ δύο πληγαῖς— ἢ μάστιγι δύο κέντρα
ἐχούσῃ. Schol. Triclinii.*

810. *Οὐ μὴν ἴσην γ᾽ ἔτισεν·*] gl. *ἴσην δίκην ἀπέδωκεν, ἀντέτι-
σεν.* "Sed plus aequo. P.

813. —*τῷ ξένῳ*] gl. *τῷ φονευθέντι. homini illi, mihi incognito.*
Gallicè diceremus *cet inconnu.* BRUNCK. Angl. *if any relationship sub-
sists between this stranger and Laïus,* &c.

815. —*τοῦδέ γ᾽ ἀνδρός*—] gl. *ἐμοῦ·* ut suprà, 534. et mox, 829.
ἐπ᾽ ἀνδρὶ τῷδ᾽, ἐπ᾽ ἐμοί. BRUNCK.

817. *Ὦ μὴ ξένων*—] Constructio est : *ᾧ μὴ ἔξεστί τινα ξένων
μήτ᾽ ἀστῶν δέχεσθαί [με] δόμοις, μηδέ τινα προσφωνεῖν, κ. τ. λ.*
Mavult tamen Brunckius ut sit per hypallagen pro *ὃν μή τινι ξένων
ἔξεστι δόμοις δέχεσθαι.* Quod absurdum est.

824. —*μή᾽στι*—] Hanc lectionem è duobus MSS. protulit Bruncki- 139.
us, quae certè multò melior vulgatâ *μήτε.* *εἴ με χρὴ φυγεῖν, καὶ μή
ἐστί μοι φυγόντι ἰδεῖν τοὺς ἐμούς,* Angl. *since I must become an exile,
and in that situation debarred of the sight of my friends, μήτ᾽ ἐμβα-
τεύειν* [pro *ἐπεμβατεύειν*] *πατρίδος· and not suffered to revisit my
native land ; or I must,* &c.

828. *Ἆρ᾽ οὐκ ἀπ᾽ ὠμοῦ*—] Sic construe : *ἆρ᾽ οὐκ ἄν τις, κρίνων
ταῦτα [εἶναι] ἀπ᾽ ὠμοῦ δαίμονος ἐπ᾽ ἀνδρὶ τῷδε,* [i. e. *ἐπ᾽ ἐμοί,* vide
suprà ad v. 534.] *ἀνορθοίη λόγον ;* quae Brunckius ita reddidit :
*Nonne, qui ab immiti daemone haec mihi destinata judicaret, rectè sen-
tiret ?* Simplicius autem erit, judice T. Young, si intelligas *ἀνορ-
θοίη λόγον ἐπ᾽ ἀνδρὶ τῷδε.*

833. *Κηλῖδ᾽—ξυμφορᾶς*—] *Ἀντιστρόφως, συμφορὰν κηλῖδος καὶ
μολυσμοῦ. Schol.*

847. —*εἰς ἐμὲ ῥέπον.*] Ita rectè dedit Brunckius. Nam imperitè
Triclinius substituerat *ἡμᾶς* pro *ἐμέ,* omninò sine ullâ necessitate :
ἐμὲ ante *ῥ* Iambus est. Nam " sermonis Attici" [ut rectè observa-
vit doctissimus Dawesius, Miscell. Critic. p. 160. edit. Burgess.]
" est proprium, omnibus omninò verbis à *ῥ,* prout hodie scribuntur,
" incipientibus duplicis consonantis vim perpetuam conferre." Haec
a Dawesio paullo temerius edicta esse me monuit J. T. qui provo-
cat ad Simonidem, infra p. 312.

849. —*ἐκβαλεῖν πάλιν*] gl. *μεταβαλεῖν.* De potestate adverbii
πάλιν, vide Toupium ad Suidam iii, p. 4. (16.) BRUNCK.

855. *Καίτοι νιν οὐ κεῖνός γ᾽ ὁ δύστηνός ποτε Κατέκταν᾽,*] Atqui 140.
eum misellus ille neutiquam occidit,—BRUNCK. De suo filio loquitur,
quem interemptum putat infantem in *τῷ ἀβάτῳ ὄρει.* Vide suprà
v. 719. "Ibi, *ἄβατον εἰς ὄρος.* Bothe. Erfurdt. P.

857. *Ὥστ᾽ οὐχί*—] Constructio esse videtur : *ὥστε ἐγὼ οὐχὶ ἂν
βλέψαιμι οὔτε τῇδ᾽ ἄν, οὔτε τῇδ᾽ ἂν ὕστερον, οὕνεκα μαντείας γε.*
Angl. *I would not look this way or that, from respect to an oracle.*
Hoc est impietas quam execratur Chorus. *Anonym. Cantab.*

140. 860. —*ότελοῦντα*,] gl. *μεταχαλεόόμενον, κομιούμενον, μεταότε-
λοῦντα.*

863. *Εἰ μοι ξυνείη—*] *Εἰ* idem quod *εἶθε, utinam*; et constructio
est: *Εἴθε μοῖρα ξυνείη μοι φέροντι* [i. e. *φέρειν,* ut rectè Burtonus]
τὰν εὔόεπτον ἀγνείαν πάντων λόγων τε ἔργων, [*περὶ*] *ὧν κ. τ. λ.*
Angl. *May fate assist me* [or *may it be my happy lot*] *to preserve the
venerable sanctity of all those words and deeds, respecting which the
sublime laws are ordained, which have their origin in regions of celes-
tial air,* &c. Horror scilicet animum Choro subit, propter nefandam
Jocastae audaciam, quâ debitam deorum oraculis fidem elevare
conata esset. Ipsius igitur impietatem perstringit in hâc sublimi
cantilenâ, eâ qua decuit dignitate. Nam officium erat Chori à par-
tibus stare virtutis et sanctimoniae. Vide Horatii Art. Poët. 193. et
quae ibi disseruit vir admodùm Reverendus Richardus Hurd.

867. —*Ολιμπος*] Olympus mons Thessaliae altissimus : undè pro
coelo apud poëtas haud rarò accipitur. Hîc autem metonymice
Olympus vocatur Olympi habitator, i. e. Deus. Burton.

873. '*Ύβρις φιτεύει τύραννον·*] Velle videtur Brunckius hoc dic-
tum per hypallagen pro *ἡ τυραννὶς φυτεύει ὕβριν.* Sed hoc non
ferendum. [Vide Clarkium ad Iliad. *α,* 566. et *ζ,* 396.] Minor Scho-
liastes locum sic interpretatur : *ὑπερηφανία, καταφρόνηόις αὐξάνει,
ἐπαίρει ἐν ἑαυτῇ τὸν βαόιλέα.* '*Ύβρις, ἥν ποτε, ὁ τύραννος ὁ ἦλ-
ότι, πολλῶν ὑπὲρ τὸ μέτρον πληρωθῇ ματαίως, ἅ μὴ όυμφέροντα
αὐτῷ, ἀναβιβάόαόα εἰς ἀκροτάτην ἀποῤῥῶγα, ἔῤῥιψεν ἐκεῖθεν εἰς
δυότυχίαν, εἴθα οὐ πορείᾳ όυμφερούόῃ καὶ ὠφελίμῳ χρῆται.* Unde
Brunckius verba poëtae ita reddidit : —*Rex ubi temerè multis se exsa-
tiavit, quae nec opportuna nec utilia sunt, illum Injuria, summo et ab-
rupto in fastigio impositum, in exitium impellit, unde frustrà conatur
aufugere.* Post *ὥροιόεν,* quod Aldus, omnesque veteres codices ex-
hibent, inseruit *νιν.* " Pronomen," inquit, " quod inserui, non ma-
" nùs ad sententiae quàm ad versûs integritatem necessarium est.—
" Solus Triclinius ex conjecturâ *ἀ ιώρουόεν,* pessimè. *ὀρούειν* hîc tran-
" sitivum est, ut praec. v. *εἰόαναβᾶό.*" Sed utinam vir doctus
exempla protulisset horum verborum in sensu transitivo. Nam non
sufficit auctoritas Scholiastae, qui intransitivum *εἰόαναβᾶόα* per
transitivum *ἀναβιβάόαόα,* et intransitivum *ὥροιόεν* per transitivum
ἔῤῥιψεν interpretatus est. [Vide Vol. I. ad p. 168. n. 5.] Revocanda
igitur lectio Tricliniana, et locus ita enarrandus : *Insolentia cum
contumeliâ* [nam *ὕβρις* ita significat] hominem ei addictum *tyrannum
facit :* i. e. facit eum multò magis *κακὸν καὶ ἄνομον* quàm antehac.
Sed finem respice hujus '*Ύβρεως,* quo *τύραννος* quoque necessario
implicatur ;—loquitur quidem Chorus paullò obscuriùs, non ita tamen
ut non possimus hanc rem satis distinctè intelligere, saltem tàm di-
tinctè quàm ipse Chorus voluit ;—sed respice finem ejus,—(ut verbis
utar Jac. Tate, qui opem suam ad hunc locum difficillimum expe-
diendum benignè contulit,)—*It gluts its appetite with every deed of
folly and wickedness, and in the madness and blindness of its passion,
rushes up to the highest and craggiest steep of destiny, where one false
step, easily made, plunges it into irretrievable ruin.* Reddas igitur ab
initio *Antistrophes* hoc modo : *Insolentia* cum contumeliâ conjuncta
hominem *facit tyrannum :* hujusmodi *Insolentia, ubi temerè multis
se exsatiaverit, quae nec opportuna sunt neque utilia, postquam in
abruptum verticem* [*ἀκροτάταν* supple *πέτραν*] *ascendit, prae-*

ceps ruit in exitium inevitabile, [ubi *utili pede non utitur,* i. e.] *undè frustrà conatur aufugere.* Triclinius haec rectè cepisse videtur: ὑβρισταὶ καὶ ἄνομοι, ὁποία ἡ Ιοκάστη, αὐξηθέντες εἰς ἄκρον, ἔπειτα εἰς τὴν τοιαύτην ἀνάγκην πίπτουσιν, ὡς δυστυχῶς καὶ ἀθέως τὸν αἰῶνα διάγειν.—Sed haec omnia eruditi praeceptoris judicii sunto. " Οὖν ὥρουσεν pro ὥρουσέν νιν, cum Bothe. P.

879. —πάλαισμα] ἤγουν τὴν ζήτησιν τοῦ φόνου τοῦ Λαΐου. gl. ab Ant. Francino Scholiis addita. Jusserat Apollo, ut Laïi occisor investigaretur. Ex Jocastae verbis timere poterat Chorus, ne ab hâc investigatione rex desisteret, quod ne fieri sinat Deum precatur. BR.

883. —ὑπέρπτα] gl. καταφρονητικῶς. Neutrum plurale vice ad- 141. verbii. *Idem.*

888—895. Δυσπότμου χάριν χλιδᾶς,—] Constructio est: *εἰ, χάριν δυσπότμου χλιδᾶς, μὴ κερδανεῖ τὸ κέρδος δικαίως, si, propter infaustas delicias, justis non studebit lucris,* καὶ τῶν ἀσέπτων ἕρξεται, *nec à rebus impiis abstinebit,* ἢ [εἰ] ματάζων ἕξεται [περὶ] τῶν ἀθίκτων, *aut si demens haerebit non tangendis.* Τίς ἀνὴρ, [ὧν] ἐν τοῖσδ', ἔτι ποτὲ ἕξει [i. e. δυνήσεται, vel ἕξει τὴν δύναμιν. In vulgatis scribitur ἕρξεται, error manifestò ortus ex vicinis vocibus, refragantibus sententiâ ac metro. Brunckius dedit ἕρξει ex emendatione Heathii: posteà autem vidit scribi debuisse ἕξει, (praeeunte tamen amico meo eruditissimo Burgessio,) quod in textum igitur recipi debuit.] ἀμύνειν βέλη ψυχᾶς θυμῷ; *Quis enim homo,* qui *totus in his est, ab animo suo conscientiae stimulos unquam arcere poterit ? " —propter infaustas delicias,* cum antecedentibus construo. P.

898. Γᾶς ἐπ' ὀμφαλὸν—] Vide infrà Eur. Med. ad v. 666.

899. —Ἀβαῖσι—] Abae (quae et Abantia) urbs Phocidis juxta Parnassum, Apollinis oraculo clara. BURTON.

901. Εἰ μὴ τάδε χειρόδεικτα κ. τ. λ.] *nisi haec oracula omnibus mortalibus probabuntur.* BRUNCK. " χειρόδεικτα, *manifesta.* P.

903. —εἴπερ ὄρθ' ἀκούεις,] *si rectè audis,* i. e. *si rectè vocaris—*

906. Φθίνοντα γὰρ—] γὰρ ἤδη ἐξαιροῦσιν παλαιὰ θέσφατα Λαΐου φθίνοντα, Angl. *for they are now subverting the credit due to the oracle rendered formerly to Laïus, as if it were failing.—*

911. Χώρας ἄνακτες,] Non soli reges, sed cujuscunque civitatis 142. primores veteribus appellabantur ἄνακτες. BRUNCK. Sed honorifica haec appellatio potiori jure Sacerdotibus congruere videtur, quam Thebanis senibus quibuscunque. BURTON. Tiresias suprà, 284. vocatur ἄναξ. De personis Chori vide suprà ad v. 147.

914. Ἰψοῦ γὰρ—] *Oedipus enim tenet animum nimis altè suspensum omnigenis curis ; neque, ut virum cordatum decet, nova ex veteribus colligit.*—" hoc id ipsum erat, quod suadere voluit *Jocasta ;* ut haec sit •• argumenti vis : cùm vaticiniis *praeteritis* nulla habeatur *fides,* nulla " itidem ex his *recentibus haberi debet.*" BURTON.

919. —Λύκει' Ἀπολλον,] Apollo Lycius dictus est à Lyceo juxta Athenas, quod primùm ejus templum fuisse credebatur, uti refert Pausanias, [Lib. i. c. 19.] vel à Lyciâ in Asiâ inferiore, ubi apud Pataram sex mensibus hiemalibus agere solebat, ut responsa daret, ex autem aestivis apud Delum maternam. [Vide Heynii Excurs. ii. ad Lib. iv. Aeneidos.] Apollinem Lycium vel Lyceum quoque dictum fuisse testatur idem Pausanias, [Lib. ii, c. 9.] ex eo quòd Sicyonios docuit quo modo lupos, [λύκους,] qui ovilia tantopere vexabant, ut nullus ex illis fructus capi posset, interimerent. [Vide etiam

Pausan. Lib. ii. c. 19. item Schütz ad Aeschyl. Septem advers. The.
bas, v. 144—147.] Caeterùm Lyceus mons erat Arcadiae, Pani
Deo sacer; quod tirones meminisse debent. —*ἄγχιστος γαρ εἰ,*
proximus enim es, i. e. tuum enim templum proximum est.

924. *Ἀρ' ἂν παρ' ὑμῶν,*—] *Jocastae* ad templa deorum properan-
tis orationem abrumpit inopinata Nuntii à Corintho venientis in
scenam ingressio. Burton.

936. —*τὸ δ' ἔπος*—] subauditur *κατά.*

143. "943. *ὦ γέρον ; Εἰ μὴ λέγω*—] Erfurdt et Bothe, et Canter. fere. P

949. *Πρὸς τῆς τύχης—*] Angl. *in the common course of nature.* gl
ἀπὸ φυσικοῦ θανάτου, *by a natural death.*

959. —*θανάσιμον βεβηκότα.*] Suppl. *ὁδόν.*

960. —*νόσου ξυναλλαγῇ ;*] Vide suprà ad v. 34.

963. *Καὶ τῷ μακρῷ γε κ. τ. λ.*] Ita sanè, *et longo, quod vivendo
emensus est, tempore.* Brunck.

966. —*ὄρνις,*] contractè pro *ὄρνιας,* ab *ὄρνις, -ιος,* vulgò *ὄρνιθος.*

968. —*ἐγ' ὦ δ' οὐ' ἐνθάδε ἄψαυστος ἔγχους*] at ego, qui hic sum,
ensem in eum non strinxi. Brunck.

144. 977. —*ᾧ τὰ τῆς τύχης κρατεῖ,*] Angl. *of whom fortune is the sole
director.*

982. —*ἀλλὰ ταῦθ'*—] Ordo est : *ἀλλὰ [ἐκεῖνος] παρ' ὅτῳ ταῦτα
ἐστιν οὐδέν, φέρει κ. τ. λ.* Vide Ciceron. de Divin. Lib. i. c. 29.
" Sic construe : *ὅτῳ ταῦτα παρὰ οὐδέν ἐστιν, cui talia nulli curæ
" sunt.* Hesych. *παρ' οὐδέν. εὔκολον, εὐχερές.* Eur. Orest. 562.
" *παρ' οὐδὲν αὐταῖς ἦν ἂν ὀλλύναι πόσεις.* Soph. Antigon. 35. 466.
" H. Steph. Thes. T. iii. c. 45. c." Cantab. Anon.

987. *Καὶ μὴν μέγας γ' ὀφθαλμὸς*—] Angl. *And indeed your Father's
death throws great light upon this.* "*μέγας ὀφθαλμὸς,* malè quod ad
" quantitatem ; *μέγας γ'*—Porson ad Phoen. 1638. notante J. T."

993. *ἢ οὐχὶ θεμιτὸν*—] Pro vulgatis *ἢ οὐ,* quae apud poëtas At-
ticos semper sunt monosyllaba, (quod et agnoscit Triclinius,)
Brunckius reposuit *ἢ οὐχί* rectè, ut opinor ; nam media in *θεμιτὸν*
nullo modo produci debet, ut putat Triclinius. Scandas igitur hoc
modo : Η *ὁη*- Spond. *τόν ; ἢ οὐ*- Iamb. *χὶ θεμι*- Tribrach. &c.

1005. —*ὅπως—εὖ πράξαιμί τι.*] Sic Aristoph. Plut. 341. Pace
215. Eurip. Herc. Fur. 729. His omnibus in exemplis, quorum
similia passim obvia, *πράττειν* sensu *τοῦ πάσχειν* adhibetur. Brchn.

145. 1007. *Ἀλλ' οὐ ποτ' εἶμι*—] *Sed nunquam ibo in eundem locum cum
parentibus.* De *εἶμι* et suis compositis in sensu futuro vide supra
ad v. 431.

1008. —*καλῶς εἰ δῆλος οὐκ εἰδώς*—] Notus Graecismus. Angl. *it
is plain that thou knowest not what thou art about.*

1014. *πρὸς δίκης*] gl. *μετὰ δίκης.* Jure, meritò. Brunck.

1017. —*οὐ γὰρ Πόλυβος*—] Angl. *Was Polybus then not my
father?* Vide supra ad v. 341. J. Tate.

1018. *Οὐ μᾶλλον οὐδὲν τοῦδε τἀνδρός,*] *Non magis quam ego,* [vide
supra ad v. 534.] *ἀλλ' ἴσον, sed aeque.*

1021. —*παῖδά μ' ὠνομάζετο ;*] vi verbi reciproci planè idem est.
quod *ὠνόμαζέ με ὂν παῖδα.* Brunck.

1035. *Δεινόν γ' ὄνειδος σπαργάνων ἀνειλόμην.*] *Σπάργανα* sunt
Latinè *fasciae ;* item *monumenta, crepundia ;* Angl. *tokens,* budget,
quae et interdùm vocantur *γνωρίσματα.* Nam, (ut observavit Lu-
denbrogius ad Terent. Eunuch. iv. 6. 15.) " infantes antiquitus cum

" alienae misericordiae exponebantur, moris erat ἐπισήμοις quibus-
" dam donis muneratos eos relinquere: quae Graeci γνωρίσματα,
" Latini crepundia vel monumenta vocant." Ubi vide plura. Brunckius,
qui solus interpretum sensum hujus loci rectè cepisse videtur, ita
reddidit: *Monumenta sanè illa nactus sum, quibus non est quod glorier.*
Angl. verò reddi potest: *I was sadly disgraced by my tokens,* or *badges.*
σπαργάνων regitur ab ἀπὸ suppressâ.

1036. 'Ωστ' ὠνομάσθης—] Οἰδίπους scil. quod ex οἰδέω et πούς.

1037. —πρὸς μητρός, ἢ πατρός ;—] ἔπαθον τοῦτο, τὸ διατρηθῆ-
ναι τὰ ἄρθρα ; Schol.

1052. − κἀμάτευες] Attica crasis pro καὶ ἐμάτευες. BRUNCK.   146.

1056. —τὰ δὲ ῥηθέντα—] Ordo est: μηδὲ δὲ βούλου μεμνῆσθαι
τὰ ῥηθέντα μάτην.

1062. —οὐδ', ἂν ἐκ τρίτης—] Vide Musgravium ad Eur. Andro-
mach. 637. qui citans alia hujuscemodi exempla haec addit: " Indi-
" cant haec, ultimam apud Graecos ignobilitatis notam fuisse, si
" quis à tribus retrò aetatibus ignobilis esset." Οἴεται δὲ τὴν
Ἰοκάστην δυσγένειαν αὐτῷ συνειδυῖαν ἀποκρύπτειν, καὶ κωλύειν
τὴν ζήτησιν. Schol. Quae confirmantur per ea quae Oedipus dicit
infrà, 1070, et 1078. sqq.

1072. —ἄλλο δ' οὐ ποθ' ὕστερον.] Haec locuta exit è scenâ Jo-147
casta nunquam reditura.

1074. Ἄξασα] Perperàm Aldus ἄϊξασα, Turnebus αἴξασα. BRUNCK.
 Atticè, ἄσσω, pro αΐσσω. P. à Br.

1076. 'Οποῖα χρήξει ῥηγνύτω] Angl. *Let what will break forth.*

1082. Τῆς γὰρ—] Rectè gl. ταύτης. Articulus ὁ pronominis
vicem sustinet, pro οὗτος, quod quidem in feminino genere vitâsse
poëtas Atticos Marklandus credidisse videtur ad Suppl. p. 251.
Sed falsum eum fuisse hic locus ostendit, et infrà v. 1466. ταῖν μοι
μέλεσθαι, id est τούτων. BRUNCK. Vide etiam ad v. 1457.

1083. —διώρισαν.] gl. ἔταξαν. Angl. *The congenial Months or-
dained me to be great as well as mean.*

1086. Εἴπερ ἐγὼ · μάντις—] En plenum anxietatis intervallum
Ἀναγνώρισιν praecedens, quae jam illicò erat perficienda! totum
hoc commodè occupat Chorus, qui, uti semper, in Oedipi favorem
pronior, rei adhuc incognitae exitum felicem comprecatur. BURTON.
ὑπονοοῦσιν οἱ κατὰ τὸν Χορὸν χρηστότερόν τι περὶ τοῦ Οἰδίποδος,
ὅτι θειοτέρου γένους τυγχάνει ἀπό τινος τῶν ὀρείων Νυμφῶν. Schol.
κατὰ γνώμην ἴδρις, ἔμπειρος κατὰ τὴν γνώμην, ὅ ἐστι συνετός.
Idem.

1088. Οὐ τὸν Ολυμπον,] Οὐ μὰ τὸν Ολυμπον, ἄπειρος οὐκ ἔσῃ,
ὦ Κιθαιρὼν, κατὰ τὰν αὔριον πανσέληνον ἡμέραν, ἤγουν πάνυ λαμ-
πρὰν, τοῦ μὴ οὐκ αὔξειν, ἤγουν τιμᾶν σε, ἡμᾶς δηλονότι, καὶ ὁμο-
δίαιτον τοῦ Οἰδίποδος, καὶ τροφὸν, καὶ μητέρα, καὶ τιμᾶσθαι παρ'
ἡμῶν, ὡς ἐπέραστα φέροντα τοῖς ἐμοῦ βασιλεῦσιν. Schol. Οὐκ ἔσῃ
ἐς τὴν αὔριον ἀπείρατος τοῦ ἡμᾶς αὔξειν σε, ὡς τροφὸν καὶ μητέρα
τοῦ Οἰδίποδος. Alter Schol. *Non te, Cithaeron, Olympum testor, non te
latebit, simul ac crastina dies splendidum extollet jubar,* [ut rectè
Brunckius. Nam πανσέληνος est ex πᾶς, πᾶσα, πᾶν, et σέλας,
fulgor, lumen, jubar. Mirè omnia turbavit in notâ suâ ad hunc lo-
cum Vauvilliers.] *nos extollere te tanquam popularem, et altorem, et
parentem, Oedipi; teque à nobis nostris choreis celebrari, utpotè qui
regibus nostris gratum feceris.* ἀπείρων. " Diversae formae," inquit

Brunckius, "sunt ἄπειρος et ἀπείρων, ut ὅμαιμος et ὁμαίμων, aliaque
" multa." ἐπίτρα φέρειν τινὶ, est *morem gerere, gratum facere alicui.*
Vide Hom. Iliad. α, 572. " Negativa hîc abundant Graecè. P.
1094. Mirè grassatur Brunckii audacitas. Quantò rectiùs hic, qui
" nil molitur ineptè," ad Eur. Orest. 614.

'Ὡς ἐπίτρα φέρον-
τα τοῖς ἐμοῖς τυράννοις.
Ἴητε Φιῖ'ε, σοὶ
Δὲ ταῦτ' ἀρέσι' εἴη.
————————ναί·

ων ἐπ' ἄκρων ὀρέων
Εὕρημα δέξατ' ἐκ του
Λυμφᾶν 'Ελικωνίδων,
Αῖς πλεῖστα συμπαίζει.
               Anon. Cantab.

1098. Τίς δε, τέκνον,] In re incertâ relinquitur conjecturae lo-
cus: et fictio poetica facilè aliquem Deorum, τῶν μακραιώνων, con-
stituit Oedipi parentem, Pana, vel Apollinem, vel Mercurium, vel
Bacchum. BURTON.

148. 1100. —ὀρεσσιβάτα] Doricus genitivus, et redupl. σ, pro ὀρεσι-
βάτου.

1102. —θυγάτηρ] non semper relativè *filiam* significat: sed
quandoque, ut hic, absolutè *puellam.* Sic ἄλοχα suprà 183. abso-
lutè *mulieres.* [Vide etiam Musgravium ad Eurip. Helen. 1321.
Androm. 1039.] τῷ γὰρ, i. e. τούτῳ, τῷ Ἀπόλλωνι, cujus proximè
praecessit mentio, quique passim Νόμιος appellatur. Perperam in
glossis τῷ Πανί. BRUNCK. Constructio est: ἆρα τις θυγάτηρ προσ-
πελασθεῖσά που [suppl. ἐγγύς. Vide Eur. Med. 100, ubi hoc adv.
exprimitur cum genitiv. post πελάζειν, vulgò enim hoc verbum
habet post se dativum.] Πανὸς ὀρεσσιβάτα, ἢ Λοξίου, [ἔτιχτέ] σε
σε ; τῷ γὰρ κ. τ. λ.

1104. —ὁ Κυλλάνας ἀνάσσων,] 'Ο 'Ερμῆς. Cyllene autem mons
Arcadiae, ubi natus esse dicitur Mercurius. BURTON.

1111. Πρέσβυ,] vulgò πρέσβεις.—Chorum quum adloquuntur
tragicae personae, numero singulari haud minùs saepè utuntur quam
plurali, ut suprà 658. 687. infrà 1321. passimque in quibuscunque
dramatibus. Hoc librarius quum minus perspexisset, πρέσβεις intu-
lit. BRUNCK. Μὴ συναλλάξαντά πω, τουτέστι, μὴ συντυχόντα, μὴ
κοινωνήσαντα, μὴ εἰς ἀμοιβὴν καὶ ὁμιλίαν ἐλθόντα. Θεασάμενος δὲ
ὁ Οἰδίπους τὸν πρεσβύτην ἐρχόμενον, ὃν μετεπέμψατο, στοχάζεται
μὲν εἶναι αὐτὸν ἐκ τοῦ γήρως, καὶ τῶν ἀγόντων οἰκετῶν· τὴν δὲ
ἐπιστήμην καὶ ἀκριβῆ γνῶσιν τῷ Χορῷ ἀνατίθησι. Schol.

1112. —ἐν τε γὰρ μακρῷ γήρα ξυνάδει,] Praepositio ἐν hîc, ut
saepè aliàs, abundat. Suprà 821. Antig. 962. 1003. Phil. 1160.
Ordo est: τῷ μακρῷ γήρα ξυνάδει, καὶ ξύμμετρός ἐστιν διδοὶ
τῷδε, nempe τῷ Κορινθίῳ ἀγγέλῳ. Scribi etiam potuisset, nec
forte deteriùs. τῷδε τἀνδρὶ, sublatâ distinctione post ξυνάδει.
BRUNCK.

1113. —τῷδε τἀνδρὶ σύμμετρος·] Lege σύμμετρος. Vide Por-
sonum ad Eur. Hec. 347. Canonem apud *The British Critic, Dec.*
1797. sic correctum do : " Quum versus Iambicus in fine trisyllabus
" est, [vel quasi trisyllabus, ut ὅστε μὴ κλύων] pes penultimus raris-
" simè Spondaeus est."—Facili negotio emendari potest Ionis versus
initialis : Sic, Ατλας ὁ νώτοις χαλκέοισιν οὐρανόν. J. TATE. Vide
ad init. notarum in Oed. Tyr.

1120. Η τόνδε φράζεις ;] Angl. *Dost thou mean this man ?*

1121. —φώνει βλέπων—] Nos Angli exprimimus: *look up at me and tell me.*

1130. —ἦ ξυναλλάξας τί πω ;] *aut aliquid cum eo habuisse commercii?*—Continuatio est praecedentis interrogationis: ἆρ' οἶσθα τοῦτον τὸν ἄνδρα τῇδέ που μαθὼν, ἢ ξυναλλάξας τί πω ; *Meministin' ergo hunc virum illic cognovisse, aut aliquid,* &c. Perperàm in impressis ἦ. BRUNCK.

1133. —Ἀγνῶτ' ἀναμνήσω νιν·] non τὰ ἄγνωτα— sed ἀγνῶτα 149. ab ἀγνὼς, *ignarus :—faciam* sc. *ut ignarus ille reminiscatur.* BURTON.

1136. Ἐπλησίαζεν—] Sic legendum esse meridianâ luce clarius est: οἶδεν ὁπηνίκα κατὰ τὸν Κιθαιρῶνα ἐπλησίαζεν ἐμοί— [vulgò ἐπλησίαζον.] Versus praecedens totus est διὰ μέσου, seu in parenthesi : supplendum vel σύν, vel ἐπιστατῶν· nominativi sunt absoluti ὁ μὲν, ἐγὼ δ'— BRUNCK.

1136-7. —τρεῖς ὅλους—ἐμμήνους χρόνοις·] i. e. *per tres Menses,* Junium, Julium, et Augustum. εἰς ἀρκτοῦρον, *usque ad sidus Arcturi* : quod, Plinio dicente, (lib. ii. § 47.) undecim diebus ante aequinoctium autumni exoritur; h. e. ut ille alibi (lib. xviii. § 74.) seipsum explicat, *pridiè Idûs Septembris.* BURTON.

1144. —τοῦτο τοὔπος—] *hanc rem.* Hoc sensu ἔπος apud Homerum frequens. BRUNCK. "Sic Hebraïcè. P.

1145. —ὦ 'τὰν,] Compellandi formula Poëtis et Oratoribus Atticis familiaris. Moeris in Diction. Attic. Ω 'τὰν, Αττικῶς· ὦ σύ, Ἑλληνικῶς. BURTON. H. Steph. in Thes. Voc. Ετης, *Socius,* exhibet ἔταν ut Doricus Vocativus pro ἔτα. T. I. c. 1282. e. Ubi vide plura : vide etiam, Vol. I. ad p. 186. n. 6.

1146. Οὐκ εἰς ὄλεθρον ;] οὐκ εἰς φθορὰν, ἄπει δηλονότι ; *Schol.* οὐ σιωπήσας ἔσει ; ἔσει Atticè pro vulg. ἔσῃ· et σιωπήσας ἔσῃ pro σιωπήσεις.

1158. Ἀλλ' εἰς τόδ' ἥξεις,] Angl. *But at any rate thou shalt come to this,* μὴ λέγων γε τοὐδικον, *if thou dost not tell the truth.* Nam, ut observavit Brunckius, τὸ ἔνδικον est *justum,* id est *verum.* Hesych. ἔνδικον, ἀληθές.

1160. —ἐς τριβὰς ἐλᾷ.] Angl. *has recourse to delays, to procrastination.* ἐλάω, idem quod ἐλαύνω, sumitur hîc, ut saepè, in sensu intransitivo. Vide Vol. I. ad p. 88. n. 5.

1163. —ἐδεξάμην δέ του.] του pro τινος, Atticè ; et regitur ab 150. ἀπὸ subintellecto.

1167. Τῶν Λαΐου τοίνυν τις—] *Ergo quidam erat ex familiâ Laii.* BRUNCK.

1168. Η δοῦλος, ἢ κείνου—] *Num servus, aut quis erat ex illius genere ? Idem.*

1169. —πρὸς αὐτῷ γ' εἰμὶ τῷ δεινῷ λέγειν.] Angl. *I am on the point of (speaking) what is dreadful to speak.—And to me (it may be dreadful) to hear.* gl. καὶ ἐγὼ ἐπ' αὐτῷ εἰμι τῷ δεινῷ ἀκούειν. Vide Valck. ad Eur. Phoen. p. 140. T. Y.

1174. Ὡς πρὸς τί χρείας ;] gl. ὡς ἐπὶ ποία χρείᾳ.

1178. —ὡς ἄλλην χθόνα—] Constructio est : ὡς δοκῶν [αὐτὸν] ἀποίσειν [τὸν παῖδα scil. εἰς] ἄλλην χθόνα, ἔθεν αὐτὸς ἦν. "ὡς "hic non valet εἰς, quandoquidem ab Atticis eâ potestate non ad-"hibetur, nisi rei animatae junctum." BRUNCK. Vide Vol. I. ad p. 88. n. 3. "Item supra, v. 251. 205. P.

1181. —*ἵθθι δύσποτμος γεγώς.*] Nota Syntaxis Graeca. *Scito te infelicem esse.*

1184. —*ξὺν οἶς τ'*—] i. e. *τε πέφασμαι ὁμιλῶν σὺν ἐκείνοις, σὺν οἶς οὐ χρῆν μ' ὁμιλεῖν.* Ubi notandum numerum pluralem poni pro singulari, ut saepissimè fit apud Poëtas; Oedipúmque de matre suâ loquentem usurpare genus masculinum, ut in ejusmodi phrasibus, ubi sermo generalior est, interdùm etiam fit apud Poëtas. Vide Eur. Alcest. v. 384. et quae ibi annotavit Barnesius.

1186. *Ἰὼ γενεαί*—] Choricum hoc canticum in duas strophas et totidem antistrophas, undenûm singulas versuum, dividit Heathius: quod si absque ullâ interpolatione fieri posset, lubens admitterem. Sed eò minùs à codicum fide discedere volui, quò minùs intelligo, quid nostra intersit monostrophicane an antistrophica haec sint. Brunck.

151. 1191. *Η τοσοῦτον*—] Constructio plena videtur esse : *ἢ τοσοῦτον ὅσον αὐτὸν δοκεῖν εἶναι εὐδαίμονα,* Augl. *just as much as that he may seem happy, καὶ δόξαντ' ἀποκλῖναι, and that, having seemed so, he may then fall. ἀποκλῖναι, πεσεῖν, ἢ ἀποβαλεῖν. Schol.*

1195. *Οἰδιπόδα,*] Vocativ. Dor. ab *Οἰδιπόδης, -ου,* 1mae, quod saepiùs legitur *Οἰδίπους, -οδος,* 3tiae, vel *Οἶδιπος, -ου,* 2dae.

1196. *Ὅστις καθ' ὑπερβολὰν τοξεύσας,*] *ὑπερβολικῶς εὐτυχήσας. ἐκράτησας, ἐγκρατὴς ἐγένου τῆς κατὰ πάντα εὐτυχοῦς μακαριότητος. Schol.*

1198. *Ω Ζεῦ,*—] *φεῦ διὰ μέσου. γαμψώνυχα, τὴν ἀγκύλοις ἔχουσαν ὄνυχας. Schol. ἤτοι τὴν Σφίγγα. ἰστέον δὲ, ὅτι ἡ Σφὶγξ εἶχε πρόσωπον καὶ κεφαλὴν κόρης, σῶμα κυνὸς, πτερὰ ὄρνιθος, φωνὴν ἀνθρώπου, ὄνυχας λέοντος. Scholia Triclinii.*

1204. *Τανῦν δ' ἀκούειν τίς ἀθλιώτερος ;*] Angl. *But now who is to be heard of more wretched than thou ?*

1205. *Τίς ἐν πόνοις,*—] *τὸ ἀθλιώτερος* supra ad singula sententiae membra adhibendum revocatur. Burton. "Vel gradus compar. P.

1208. —*λιμὴν ωὑτός*] Perperàm vulgò *αὐτός.* Glossa supplet *ὁ,* ut sit *ὁ αὐτός.* Vide v. 557. Brunck. *Cui idem portus [ὅτι μήτηρ ἦν καὶ γυνὴ Ἰοκάστη, ἣν λέγει λιμένα. Schol.] suffecit ut in eum sponsus ingredereris, qui filius eras et pater.*

1210. —*αἱ πατρῷαι—ἄλοκες*] *paterni sulci,* quae possunt reddi *paternus lectus. ἐς τοσόνδε*—supple *χρόνον, tamdiù.*

1214. *Δικάζει τὸν ἄγαμον γάμον πάλαι*] damnat *inauspicatas pridem nuptias genitoris simul et geniti.* Brunck. *δικάζει,* gl. *καταδικάζει.* Caetenùm *ἄγαμος* hic est *κακόγαμος.*

1218. *Ὀδύρομαι κ. τ. λ.*] *Te enim vehementer deploro magnis ejulatibus. Ἰαχαίων*— Sic optimè codex regius bombycinus. Nomen est adjectivum *ἰαχαῖος* ab *ἰαχὴ* derivatum. In uno codice regio chartaceo *ἀχέων.* In reliquis *ἰαχέων* cum gl. *φωνῶν.* Brunck. *ὡς περίαλλα, περιάλλως, ὑπερβολικῶς. Schol.* "*Κατεκοίμισα,* Br. P.

152. 1223. *Ω γῆς*—] In scenam intrat *Ἐξάγγελος,* sive Nuntius extraordinarius, ea palàm narraturus, quae in scenâ ipsâ apertè exhiberi pudor vetat atque operis lex: nempè *Jocastae* exitium suspendio vitam finientis, et *Oedipi* manu sibi injectâ oculos effodientis. Burton.

1225. —*ἐγγενῶς*—] *γνησίως. ἐντρέπεσθε, ἐπιστρέφεσθε, ἐπιστροφὴν ἔχετε. Schol.*

1228. *Νίψαι καθαρμῷ*—] *ἀποπλῦναι διὰ καθάρσεως. Schol.* Sic

ferè decus illud Angliae Gul. Shakspeare :—*Will all great Nep-* 152.
tune's Ocean wash this blood Clean from my hand? No.—MACBETH,
Act ii. *S.* 2.

1231. —αἶ᾽ν φανῶσ᾽ αὐθαίρετα.] Nempè *Jocastae* suspendium et
Oedipi excaecatio. BURTON. Pro αὐθαίρετα legendum censet doc-
tissimus Hemsterhusius αὐτάγρετα ad Callimach. Frag. cxx. "à
Bentleio collecta. P.

1232. *Λείπει μὲν*—] Constructio est: οὐδ᾽ [i. e. τὰ κακά,] ἃ
πρόσθεν. ἤδειμεν, λείπει μὲν τὸ μὴ οὐκ εἶναι βαρύστονα· *Nihil deest
malis, ne illa quidem quae antea noveramus, quo minùs sint luctuosissima.*

1234. Ὁ μὲν τάχιστος τῶν—] *Ut paucissimis et ego dicam, et
vos intelligatis.* εἰπεῖν τε καὶ μαθεῖν. gl. εἰς τὸ εἰπεῖν ἐμὲ δηλονότι,
καὶ εἰς τὸ μαθεῖν ὑμᾶς. BRUNCK.

1237. —τῶν δὲ πραχθέντων—] Angl. *But the most grievous cir-
cumstances of this direful scene are wanting;* ἡ γὰρ ὄψις οὐ πάρα, *for
no one had an opportunity of beholding them.* πάρα pro πάρεστι.
Nam non solùm Tragici, sed Historici, praesens tempus saepè usur-
pant de praeterito verba facientes.

1239. Ὁμῶς δ᾽, ὅσον γε κἂν ἐμοὶ μνήμης ἔνι,—] Angl. *Never-
theless, as far as my memory serves,—* [ἔνι pro ἔνεστι,] πεύσει, *thou
shalt hear*—Attic. pro communi πεύσῃ.

1241. —ὀργῇ χρωμένη—] ὀργῇ, ἀντὶ τοῦ λύπη. *Schol.*

1243. —ἀμφιδεξίοις ἀκμαῖς·] *unguibus utrinque dextris,* id est,
eâdem vi exsertis ac si utraque manus dextra esset. HEATH. Ex-
ponit tamen Scholiastes simpliciter ἀμφιδεξίοις, per ἀμφοῖν χεροῖν.

1244. —ἐπιῤῥήξασ᾽, ἔσω,] ἐπιῤῥήσσω est *cum fragore obdo.* Sic
Hom. Iliad. ω, 454. 456.

1246. Μνήμην παλαιῶν—] *antiquorum congressuum memoriam
repetens, undè is ortus, à quo periisset ipse.* BRUNCK. δὲ λίποι τὴν τίκ-
τουσαν [εἰς] δύστεκνον παιδουργίαν τοῖς οἷσιν αὐτοῦ, *reliquisset autem
ipsam, quae pepererat, ad infelicem procreationem liberorum suo ipsius
filio—Laii* scil. *filio;* quod Graeca dant sine ambiguitate ; sed plu-
raliter, ut saepè fit, ubi sententia numerum singularem requirit.

1250. Ἐξ ἀνδρὸς ἄνδρα,] gl. ἐκ τοῦ Λαΐου τὸν Οἰδίποδα. In qui-
busdam codicibus et libris impressis legitur ἄνδρας, quod eodem
redit. Mavult ἄνδρας J. T.

1252. —εἰσέπαισεν—] *irrupit.*

1256. Γυναῖκά—] gl. δηλονότι ἐξαιτῶν ἀπὸ κοινοῦ. Possis etiam 153.
extrinsecùs arcessere verbum ex analogiâ: ἐξαιτῶν ἡμᾶς πορεῖν οἱ
ἔγχος, καὶ δεικνύειν ὅπου κίχοι—BRUNCK.

1261. Πύλαις διπλαῖς ἐνήλατ᾽,—] *geminas fores insultat calcibus,
funditúsque evellit cava claustra, atque in cubiculum irruit.* BRUNCK.
κλῆθρα, aliter κλεῖθρα.

1263. Οὗ δὴ κρεμαστήν—] Conf. omninò Aeneid. xii. 595. sqq.
ubi Poëta, summo cum judicio, mortem Amatae, rebus leviter per-
strictis quae aliquid offensionis lectoribus parere possent, depin-
git. J. TATE.

1264. —ἐώραις ἐμπεπλεγμένην.] δεδεμένην, ἐγκεκλωσμένην κρε-
μάθραις. ἐώρα, διὰ τοῦ ε, ὅθεν καὶ μετέωρον, κρεμάθρα, δι᾽ οὗ κρεμᾷ
τίς τι. *Schol. tortilibus suspendiis implicitam.*

1266. —ἐπεὶ δὲ γῆ—] Vulgata lectio est: ἐπεὶ δὲ γῇ ἔκειτο τλή-
μων, δεινὰ δ᾽ ἦν τἀνθένδ᾽ ὁρᾶν.—Mutatio Brunckiana ingeniosa est :
ἐπεὶ δὲ γ᾽ ἡ κ. τ. λ. Sequor Bothe, et fere Erfurdt. P.

153.   1268. *Ἀποσπάσας*—] Constructio est: γὰρ ἀποσπάσας ἀφ' εἷμα
τῶν αὐτῆς χρυσηλάτους περόνας, αἷσιν ἐξεστέλλετο [τὰ εἵματα
scil.] *Namque avulsis ab ipsius vestimentis aureis fibulis, quibus ornata
erant,* —ἄρας—*iis sublatis, feriit nervos oculorum suorum.* De περόναι,
quae et *πόρπαι* dicebantur, [vide Eur. Hec. v. 1160. edit. Porsoni,]
ita Dacierius: L'ancien habit des femmes Grecques étoit l'habit
Dorique ou Carien, qui s'attachoit avec des agraffes ; mais le mau-
vais usage, qu'elles firent de ces agraffes en quelque rencontre, obli-
gea les Grecs à leur faire prendre l'habit Ionien. On peut voir sur
cela Herodote, liv. v. s. 87, 88.

   1271. —'Οθ' οὕνεκ'] ἀντὶ τοῦ ὅτι: Schol. ὅτι οὐκ ὄψοιντό τε
οἷα ἔπασχεν, *quòd nunquam visuri forent eum qualia passus esset,* i. e
quòd nunquam visuri forent qualia ipse passus esset; [genus est loce-
tionis scriptoribus Graecis perquam familiare, nec Latinis inusita-
tum.] —ἀλλὰ τὸ λοιπὸν ἐν σκότῳ ὀψοίατ' [ἐκείνους] οὓς μὲν ου
ἔδει [ὄπτεσθαι,] *sed in posterum visuri forent in tenebris* [i. e. *non om-
ninò visuri forent*] *eos quos non oporteret videre,* [liberos suos scil.] δε
οὐ γνωσοίατο οὓς ἔχρηζεν [γνῶναι.] *nec agnituri forent quos cuperet
agnoscere.* "Vide supra v. 419. P.

   1275. —ἐφυμνῶν,] ἀναιμώζων. Schol.

   1278. ἀλλ' ὁμοῦ μέλας] Vulgata lectio est: ἀλλ' ὁμοῦ μέλας Ομ-
βρος χαλάζης αἵματος ἐτέγγετο· sensu, ut opinatur Brunckius, nullo,
aut pravo, et metro vacillante.   Duplex igitur remedium metri
proposuit idem vir doctissimus, vel per verbum compositum ἀπε-
τέγγετο pro simplice ; vel inserendo voculam γ' [non τ', uti in uno
MS. male] ante verbum simplex.   Quorum tamen prius ille prac-
tulit : et praeterea pro χαλάζης dedit χαλάζης, dativ. scil. plur
pro χαλάζαις, quod quidem in quibusdam membranis invenit vir
solertissimus.   Sic autem verba ordinavit : ἀλλὰ μέλας ὄμβρος ὁμοῦ
χαλάζαις αἵματος ἀπετέγγετο.   " Diversa sunt, inquit, μέλας ὄμ-
" βρος, humor ex oculis manans, et χάλαζαι αἵματος, *grandines san-
" guinis,* i. e. *crebrae sanguinis guttae:* opponuntur hae ταῖς μισθω-
" δαις φόνου σταγόσι, quae minus quid significant : *Nec lentam tabi
" saniem emittebant, sed largifluo lacrimarum imbri mistae sanguinis
" grandines decidebant.*   Venustum est hoc schema, quo res augetur
" minoris negatione. Sic in Aj. 628." Haec ille : Sed non, ut
videtur, cum solitâ suâ felicitate.   Atque displicere hanc interpre-
tationem tum quibusdam ex doctis meis amicis, tum erudito cuidam
Cantabrigiensi anonymo in literis ad me nuper datis, invenio : mul-
tòque magis textûs mutationem et explicationem quas olim pro-
posuerat Gilbertus Wakefield, ὁ μακαρίτης, Sylv. Crit. P. i. p. 81.
et quas in primâ hujus vol. edit. citaveram. Caeterùm omnium
interpretum in hoc loco vexatissimo expediendo felicissimus mihi
videtur amicus meus eruditus T. Young. "Sine tantis amba-
" gibus," inquit ille, " legi potest cum codice, —αἵματος τ' ἐτέγγε-
" το, quod is facilè intelliget, cui oculi humores distillantes videre
" contigit: grandinis enim cum sanguine mistae satis exactè speciem
" ferunt." Vide M. R. Jul. 1799. p. 313. 324. "An, μέλας ὄμβρος
χαλάζης αἵματός τ'—ater imber grandinis et sanguinis, i. e. gran-
dinis sanguineae ? Vide Vol. I. p. 66. n. 11. et infra, p. 172. v. 220. P.

   1280. —δυεῖν—] Atticum pro δυοῖν. Adhiberi autem solùm in
casu genitivo docet Phrynichus p. 34. edit. Nunnesii. BURTON.
ἔῤῥωγεν—κακά· *exorta sunt mala.* BRUNCK.

1296.—οἷον καὶ στυγοῦντ᾽ ἐπαικτίσαι.] gl. καὶ τὸν μισοῦντα ἐλεῆσαι. 154.

1298. —ὅσ᾽ ἐγὼ προσέκυρσ᾽ ἤδη.] Resolvenda phrasis ad hunc modum : πρὸς ὅσα ἐγὼ ἤδη ἔκυρσα. Hesych. προσκύρει, προσεγγίζει. BRUNCK.

1301. μακίστων] Dorica μάσσων, μάκιστος, adhibent Tragici pro μείζων, μέγιστος. Sic Noster, Phil. 849. Eurip. Hippol. 826. τὰ μάκιστ᾽ ἐμῶν κακῶν, &c. BRUNCK. πρὸς σῇ κ. τ. λ. Subauditur ἐπέθηκε, vel tale aliquid. (Tragici nunquam μάσσων, μάκιστος, pro μείζων, μέγιστος, adhibent. μάσσων a μᾶκος, Doricè pro μῆκος, formatur. Vid. Blomfield. Gloss. in Pers. Aesch. v. 444. qui nomen ignorâsse videtur Scapulam in Lex. μάσσων et μάκιστος a μῆκος derivare. G. D.) " ὁ πηδήσας μείζονα—qui insultavit dirius dirissimis.

1310. πέτεται φοράδην ;—] Vox mihi quonam avolat in auras sublata ? BRUNCK. In aliis διαπέταται, repugnante metro.

1311. Ἰὼ δαῖμον, ἵν᾽ ἐξήλου ;] O fortuna, quonam evasisti ? BRUNCK.

1313. Ἰὼ σκότου νέφος ἐμὸν ἀπότροπον,] O tenebrarum mearum nubem detestabilem, ἐπιπλόμενον ἄφατον, [ἐπερχόμενον ἄῤῥητον, Schol.] quae me involvit infandum, ἀδάμαστόν τε καὶ δυσούριστον, indomabilem et interminatam !

1326. —τήν γε σὴν αὐθὴν ὅμως.] Ab ὁμός, similis, idem, venit 155. adverbium ὁμῶς, similitèr, pariter, aequè : Sic Il. α, 196. Ἄμφω ὁμῶς θυμῷ φιλέουσα—utrumque ex animo pariter amans—Scribitur et ὅμως, et vulgò redditur per conj. adversativam, tamen, attamen, &c. Nam cum ex duobus modis, in quibus res aliqua evenire potest, alter illi eventui plus quam alter, vel ei omninò, faveat ; et ubi tamen, non negato posteriore eventûs modo, affirmatur rem, de qua sermo est, eventuram esse, vel jam evenisse, pariter ac in priore ; inde fit ut ὅμως rectè reddi possit tamen, attamen, &c. Sic, Nubila tempestas est, tamen ille veniet. —ὅμως ἐκεῖνος ἐλεύσεται, ille veniet pariter ac si esset serena. Quod linguâ vernaculâ dici potest, The weather is cloudy, but he'll come ALL THE SAME, [as if it were clear] —he'll come notwithstanding—for all that he'll come—he'll come nevertheless—in spite of that, &c. Vide Hoogeveen de particulis, voce ὅμως. JAC. TATE.

1332. —νιν] Dor. idem quod μιν, pro αὐτὸν, αὐτὴν, αὐτό. Usurpatur etiam interdum pluraliter ut hîc : nam hîc ad ὄψεις refertur.

1336. Ἦν ταῦθ᾽,] idem quod ταῦτά ἐστι. Nam ἦν passim videre est pro ἐστί. Sic Horat. Lib. i. Od. 37. Tempus erat—pro tempus est. Vide Vigerum de Idiotism. " C. V. s. vi. r. 7.

1347. Δείλαιε τοῦ νοῦ—] Subauditur ἕνεκα. Vide infrà ad Eur. 156. Med. v. 95.

1349. ὃς ἀπ᾽ ἀγρίας πέδας νομάδος—] quicunque me liberavit saevo vinculo quod in pascuis pedes meos ligavit. πέδας est gen. Dor.

1364. —τι πρεσβύτερον—κακοῦ κακὸν,] Angl. any one evil more inveterate than another,—" antiquius, gravius. P.

1373. —οἷν ἐμοὶ—] Constructio est : οἷν δυοῖν ἔργ᾽ ἐστὶν εἰργασ- 157. μένα μοὶ κρείσσον᾽ ἀγχόνης· quorum sensum ita rectè dedit minor Scholiastes : πρὸς οὓς ἀμφοτέρους ἔργα ἐστὶν ὑπ᾽ ἐμοῦ πεποιημένα κρείσσονα ἀγχόνης, ἤγουν μείζονος κακοῦ ἄξια ἢ ἀγχόνης, πνιγμονῆς.

1374. —ἀγχόνης εἰργασμένα.] Notandum, per vocem ἀγχόνη, non hîc intelligendum poenam lege sancitam, sed supplicium quod noxius de seipso sumit, ceu quod Jocasta fecerat, animum intolerabili miseriâ aut noxâ liberandi gratiâ. Conf. Eur. Alcest. v. 229,

157. sqq. Bacch. v. 246.—Acutè Scholiastes : —ἀγχόνης ἐπικρατίστις· ἅπερ οὐκ ἦν ἰᾶσθαι οὐδὲ ἐν θανάτῳ. διὰ τούτου οὖν ἀπολογεῖται. ὅτι μεῖζον κακὸν διεπράξατο εἰς ἑαυτὸν, ἢ εἴπερ ἦν τελευτήσας. Jac. Tate.

1376. —Βλαστοῦσ᾽ ὅπως ἔβλαστε,] εἰς φῶς φανεῖσα, ὅπως ἐφάνη, Schol. " ἤγουν, ἡ τῶν τέκνων θεωρία. Tri. i. e. ἡ ὄψις. P.

1379. —τῶν ὁ παντλήμων ἐγώ] Qrdo est : τῶν ἐγὼ ὁ παντλήμων εἷς ἀνὴρ τραφεὶς ἐν ταῖς Θήβαις γε κάλλιστα ἀπεστέριο᾽ ἐμαυτόν, quae Brunckius sic reddidit : quibus miserrimus ego, solus virorum qui Thebis versantur, meipsum pulcherrimè privavi.—" Pessim-" Brunckius. Verte, quibus miserrimus ego, unus apud Thebas (ante-" hac) optimâ fortunâ usus, [κάλλιστα τραφεὶς,] memet privavi. De-" plorat scil. Oedipus fatum suum, qui πτωχὸς ἀντὶ πλουσίου " [v. 455.] factus sit." Cantab. Anon.

1389. —τὸ γὰρ] γὰρ τὸ τὴν φροντίδ᾽ οἰκεῖν— Schema verborum Graecis Scriptoribus usitatissimum.

1394. —καὶ τὰ πάτρια λόγῳ παλαιὰ δώμαθ᾽,—] et paterna, et dicta es, antiqua domus, οἷον κάλλος ἆρα ἐξεθρέψατέ με ὕπουλον κακῶν, qualem pulchritudinis speciem me enutriistis abdita tegentem mala.

1400. Αἱ τοὐμὸν—] τοὐμὸν αἷμα πατρὸς, est τὸ αἷμα τοῦ ἐμοῦ πατρός.

1401. —ἆρ᾽ ἐμοῦ μέμνησθ᾽ ἔτι,—] num mei adhuc meministis? quale facinus apud vos patraverim? i. e. num adhuc meministis, quale facinus ego apud vos patraverim. Quae est forma locutionis Graecis Scriptoribus usitatissima. [Vide suprà ad ver. 1271.] ὑμῖν, παρ᾽ ὑμῖν. " ὑμῖν, vel ὑμιν, ult. brevi. P.

158. 1403. —ὦ γάμοι,] Vide Longin. de Sublim. § xxiii. ubi criticus ille hunc locum citat et laudat.

1405. Ἀνεῖτε] 2. plur. aor. 2. ε in ει mutato, pro ἅιετε. Brunck. Nam ἵημι retinet vocalem brevem imperf. in aor. 2. ut bene norunt tirones.

1416. Ἀλλ᾽ ὧν ἐπαιτεῖς—] Ordo est : ἀλλ᾽ ὅδε Κρέων πάρεστις ἐς δέον, [εἰς] τὸ πράσσειν καὶ τὸ βουλεύειν, [περὶ] ὧν ἐπαιτεῖς· ipse Creon adest opportunum ad agendum et consultandum de iis quae petis. ἐς δέον, εἰς τὸ ἁρμόζον τοῦ χρόνου, τουτέστιν εἰς καιρόν, εὐκαίρως. Schol.

1420. Τίς μοι—] Τίς πίστις ἔνδικος φανεῖταί μοι—scil. καὶ ἐκεῖνον; Angl. What credit can I reasonably expect to have with him?

1427. —οὕτω δεικνύναι,—] Angl. when you thus expose—

1430. Τοῖς ἐν γένει—] Ordo est : γὰρ ἔχει εὐσεβῶς τοῖς μάλιστ᾽ ἐν γένει μάλιστα ὁρᾶν τ᾽ ἀκούειν τὰ ἐγγενῆ κακά.

1434. —πρὸς σοῦ γάρ,] e re tuâ, non meâ. Dicam quae tua magis quam mea intersit fieri. Brunck.

159. 1438. —εὖ τοῦτ᾽ ἴσθ᾽ ἄν,] Vocula ἄν emphasis gratiâ repetitur subaudito, ex praecedente, ἔδρασα.

1442. —ὅμως δ᾽, ἵν᾽ ἔσταμεν χρείας,] attamen, ut praesens rerum status. Brunck. ἔσταμεν, per syncopen pro ἐστήκαμεν.

1445. Καὶ γὰρ σὺ νῦν—] Subauditur μάλιστα, maximè : etenim praesens tua fortuna facit ut deo fides habeatur.

1449. Ἐμοῦ δὲ μήποτ᾽—] Ordo est : δὲ μήποτ᾽ ἀξιωθήτω τὸ πατρῷον ἄστυ τυχεῖν ἐμοῦ ἀκητοῦ ζῶντος. ἀξιωθήτω scil. sumitur impersonaliter.

1451. —ἔνθα κλήξεται—] ubi hic Cithaeron meus celebratur.

1453. —ζῶντι] Sic benè Toupius Cur. nov. in Suīd. p. 103. 144. 159. Libri omnes mendosè ζῶντε. Brunck. ἐθέσθην ζῶντι κύριον τάφον, proprium sepulchrum mihi viventi constituendum curārunt, ἵνα θάνω ἐξ ἐκείνων, οἳ ἀπωλλύτην με, ut moriar ab illis, qui me perdebant, i. e. qui necem meam moliebantur. Nam ea est vis temporis imperf. "Nescio an temp. imperfecti solius. [Vide Brunck.] Valck. Phoe-"niss. [1406, ubi vide plur.] Quivis Scriptores antiqui conantibus "effectum tribuunt." Cantab. Anon.

1456. —οὐ γὰρ ἄν ποτε—] Θνήσκων γάρ ἄν, ἤγουν, εἰ ἔθνησκον γάρ; οὐ μήποτε ἄν. ἐφυλάχθην ἐπί τινι τοιούτῳ δεινῷ κακῷ. Schol. Mihi hîc videtur poëta ad rumorem aliquem alludere de morte Oedipi modo extraordinario eventurâ, post ipsius secessum in Furiarum nemus: quam quidem rem Sophocles argumentum postea selegit postremi illius, sed non admiratione indignissimi, suorum dramatum. [Vide Cic. de Senect. c. vii, 22.] Minimè hîc repraesentatur Oedipus tanquam omninò gnarus futuri sui fati: consequens tantùm, quod sibi videbatur verisimile ex rebus maximè portentosis anteactae vitae, deducit;—nimirùm, quoniam non vixerat, ita nec moriturum esse, quemadmodum caeteri mortales. Sensus totius loci à v. 1451. ita potest exprimi Angl. Allow me to dwell on my own Cithaeron;—my father and mother designed it to be my living tomb.— Yes. Allow me to inhabit that mountain, that I may at length find that dissolution which they intended for me. However, whether I die on Cithaeron or not, one thing is certain, that neither disease nor any common cause will destroy me; for surely I should never have then been snatched from such imminent death, had I not been reserved for some signal disaster at last. Jac. Tate.

1458. —ὅπηπερ εἶσ,] Lege ὅπηπερ, ut Porsonus monuit. Sic ἐμποδῶν, quod est ἐν ποδοῖν. Jac. Tate. quocunque ibit, Angl. whithersoever it will. Vide suprà ad v. 431. ὅπη, Porson. Eurip. Ed. Lips. Vide Indicem. P.

1463. Αἷν οὐ ποθ᾽ ἡ ᾿μή—] Ordo est: αἷν ἡ ἐμὴ τράπεζα βορᾶς οὔ ποτ᾽ ἐστάθη χωρὶς ἄνευ τοῦδ᾽ ἀνδρός, [i. e. ἐμοῦ. Vide suprà ad v. 534.] quibus mensa mea nunquam apposita fuit seorsùm à me.

1466. Ταῖν μοι μέλεσθαι.] Sic benè scriptum in cod. Reg. chart. Glossa τούτων. Aldus et reliqui codd. mendosè αἶν. Vide suprà ad 1082. Brunck. Sed et ταῖν pro αἶν hîc legendum felici conjecturâ jampridem proposuisse doctissimum Burgessium invenio. Caeterùm μέλεσθαι regitur ab ὅρα, vel tali aliquo subaudito; sive est, ut loquuntur Grammatici, infin. pro imperativo.

1472. Οὐ δὴ κλύω που,] αἰσθάνεται τῶν θυγατέρων παροισῶν. 160. τοῖν μοι φίλαιν δακρυρροούντοιν, ἀντὶ τοῦ, τῶν ἐμῶν θυγατέρων· δέον δὲ εἰπεῖν δακρυρροούσαιν, ἀρσενικῶς ἐξήνεγκεν. ἔστι δὲ Ἀττικώτερον, ὡς τό, μὰ τὼ θεώ, καὶ τὼ χεῖρε. Ita Scholiastes. Potest hîc autem subintelligi τέκναιν. "τοῖν φίλαιν neutro genere dici "videtur, ut, verbi causâ, Oedipus ille Coloneus, v. 1110. has ipsas "filias τὰ φίλτατα vocat. Vide plura apud Valck. Phoen. p. "162. b." Cantab. Anon. "Et hîc v. 1474. P.

1475. Λέγω τι;] Angl. Am I in the right? Λέγεις, You are.

1477. —ἤ σ᾽ εἶχεν πάλαι.] Sic scriptum reperit Brunckius in duobus MSS. Vulgata lectio est, ἧς εἶχες, quam probam censet Burgessius, subintellecto, non διά, ut Heathius, sed ἐξ. In quibusdam scribitur ἥν εἶχες.

160.   1478. —τῆόδε τῆς ὁδοῦ—] καί δε ἕνεκα ταύτης ὁδοῦ, ἧς ἔπεμ-
ψας δηλονότι τὰς κόρας. Schol.

      1479. —φρουρήσας τύχαι] idem ferè quod φρουρήσαι. Vide
suprà ad v. 699.

      1482. Αἴ τοῦ φυτουργοῦ—] αἴ χεῖρες τοῦ πατρὸς, τοῦ φύσαντος
ὑμᾶς, οὕτως ὁρᾶν, ἤγουν τυφλώττειν, προὐξένησαν τὰ πρότερον λαμ-
πρὰ ὄμματα. προὐξένησαν, εἰργάσαντο, αἴτια ἐγένοντο. Schol. Vide
Porson. Supplement. ad praef. in Eur. Hec. p. xxxiv.

      1490. —κεκλαυμέναι] defletae—αντὶ τῆς θεωρίας, vice specta-
culi— i. e. Vos ciebitis lachrymas populi sedentis in theatro vice
tragoediae quam scena exhibuerit;—quo modo intellexerunt Hea-
thius et Brunckius. Scholiastes autem aliter: ὅθεν οὐκ ἐπανήξετε
πρὸς τὸν οἶκον κεκλαυμέναι ἀντὶ τῆς ἀπὸ θεωρίας τέρψεως ; i. e.
*undè non reversurae estis domum lachrymis obrutae pro voluptate specta-
culi ?* Rectè, ut opinor ; nam κλαίω est non solùm *fleo*, sed *lachry-
mas moveo, facio ut quis fleat.* Sic Plato in Phaed. sub fin. Vide
Vol. I. ad p. 256. n. 1. et Viger. de Idiotism. C. V. s. i. ad fin. " Aes-
chyl. Choë. 455. 729. ed. Glasg. κεκλαυμένος, *flens* ; 685, *defletus* :
ubi quidem Schutz post Stanley commendat κεκλαυμένου. P.

      1493. Τίς οὗτος ἔσται, τίς παραρρίψει, τέκνα,] Hic et sequentes
duo versiculi omnium, quos continet hoc drama nobilissimum, mihi
videntur expeditu difficillimi. " Pessimè," inquit Brunckius, " vertit
" Johnsonus, *Quis ille erit, qui ita abjiciet liberos ?* τέκνα vocativus
" est, et παραρρίψει neutraliter adhibitum, ut ferè solet ἀναρρίπτειν,
" subaudito κίνδυνον." idemque reddit, " *Quis ille erit, quis audebit,
ὁ gnatae,—*" ἀναρρίπτειν quidem est *sursum* vel *in sublime jacere ;*
et cum κίνδυνον constructum, ut saepè fit, tunc sonat *periculum te-
merariè adire.* [Vide H. Steph. Thes. ad vocem ; ubi vir celeber-
rimus multus est etiam in explicatione phrasium ἀναρρίψαι κύβον,
et ἀναρρίψαι μάχην.] Potest et παραρρίπτειν κίνδυνον idem sig-
nificare ac ἀναρρίπτειν κίνδυνον, quanquam exempla vix occurrunt.
Hactenùs igitur non malè processisse videtur Brunckius. Sed quum
idem vir doctus nullum rectum sensum invenerit in duobus quae
proximè sequuntur versibus, quae in omnibus impressis, et codd.
sic se habent, τοιαῦτ' ὀνείδη λαμβάνων, ἃ τοῖς ἐμοῖς Γονεῦσιν ἔσται
σφῷν θ' ὁμοῦ δηλήματα ; de suo substituit,— ἃ τοῖς ἐμοῖς ἐστὶν,
γονεῦσι σφῷν κ. τ. λ. atque ita reddidit,— *tot et tanta suscipere dede-
cora, quae generi inhaerent meo, parentibus vestris vobisque simul exi-
tialia ?* " Poëtae," inquit, " manum restituisse mihi videor, et
" sensum adsecutus fuisse : ἃ τοῖς ἐμοῖς ἐστὶν, nempè πράγμασι,
" vel ἐγγενέσι, γονεῦσι σφῷν θ' ὁμοῦ δηλήματα, pro γονέων καὶ
" σφῷν. Dativus pro genitivo, quod frequens est." Sed hìc, ut
alibi interdum, [Vide Coll. Gr. Min. not. p. 81. 107.] nimis videtur au-
dax vir egregius. Sensum non aspernandum è vulgatâ lectione mihi
videor elicuisse ope Scholiastae, cujus verba haec sunt : τίς λαμ-
βάνων ὑμᾶς εἰς γυναῖκας, ὦ τέκνα, παρόψεται τοιαῦτα ὀνείδη, ἃ
γονεῦσιν ὑμῶν, καὶ ὑμῖν ὁμοῦ ἔσται δηλήματα, ἤγουν βλάβαι, ἀτι-
μίαι ; Ordo igitur sit: τίς ἔσται ; τίς, τέκνα, λαμβάνων [ὑμᾶς]
παραρρίψει τοιαῦτ' ὀνείδη, ἃ [ἦν] δηλήματα τοῖς ἐμοῖς γονεῦσι,
[Schol. explicat γονεῦσιν ὑμῶν, *vestris parentibus.* Sed ἐμοῖς γονεῦσι
satis rectè se habet : nam per ὀνείδη Oedipus seipsum intelligit,
qui certè exitio erat tum Laio, tum Jocastae.] ἔσται τε [δηλήματα]
σφῷν ὁμοῦ ; Angl. *Who will be the man ? who, by marrying you, wi'*

overlook such infamy, [or, *a connection with such an infamous person,*] *as proved the ruin of my parents, and will also prove yours ?* Γονεῦ-δίν ἐ̂στι scripsi secundum Erfurdt. not. *Meis parentibus et vestrûm* sc. parentibus— Brunck. *Oxon.* ubi supra, " παραβάλλεσθαι, et ἀναῤ-ῥάπτειν." P.

1501. —ἀλλὰ δηλαδὴ χέρσους φθαρῆναι—ὑμᾶς χρεών.] *sed pro-* 161. *fectò vos virgines innuptasque contabescere necesse erit.* χέρσους, παρ-θένους. *Schol.*

1505. —μή σφε περιίδῃς] Certissima est Dawesii emendatio, quem vide, [p. 265. edit. Burgess.] περιιδεῖν est *spernere, negligere,* quod flagitat sententia. Depravatè libri omnes παρίδῃς, claudicante versu, nec satis benè ad sententiam. Brunck. Affirmat tamen Porsonus, " Tragicos nunquam in Senarios, Trochaicos, aut, putat, " Anapaestos legitimos περὶ admittere ante vocalem." Et in hac suâ doctrinâ stabiliendâ, [ad Eur. Med. 264.] addit paulò post : " Hinc etiam refellitur Dawesii emendatio ad Soph. Oed. Tyr. " 1505. μή σφε περιίδῃς pro μή σφε παρίδῃς. Quod περιιδεῖν tam " saepe occurrit apud Comicos, argumento est, Tragicis eo uti non " licere. Nisi statuere mavis, παρίδῃς genuinae vocis esse inter-" pretamentum, lege, μὴ παρά σφ ἴδῃς." Vide infrà ad Eur. Med. v. 284.

1512. —τοῦτ' εὔχεσθέ μοι,] i. e. *σὺν ἐμοί. hoc mecum vovete, ut vivatis semper, ubicunque opportunum sit, atque ut transigatis aevum,* &c.

1517. Οἶσθ ἐφ' οἷς—εἶμι ;] *nostin' quibus conditionibus ibo?* Praes. verbi εἶμι, eo, saepe sumitur sensu fut. Vide suprà ad v. 431. Sic Alcest. v. 382. [ut observavit J. Tate,] Ἐπὶ τοῖσδε, *on these terms, παῖδας χειρὸς ἐξ ἐμῆς δέχου.*

1519. —ἔχθιστος ἥκω.] Idem quod ἔχθιστός εἰμι. —Ταγαροῦν τεύξει τάχα. *Quarè voti forsan compos fies.* τεύξει, Att. pro communi τεύξῃ. Vide suprà ad v. 1239. et Porsonum in Praef. ad Eur. Hec. p. iv.

1520. Φῆς τάδ' οὖν ;] Angl. *But sayest thou so?* γὰρ οὐ φιλῶ, subauditur μάλιστα. *Yes: for I am not accustomed,* &c.

1523. Καὶ γὰρ ἅ 'κράτησας,—] i. e. ἃ ἐκράτησας— *Nam quae obtinuisti antehac, te per vitam non comitabantur.* Planè persuasum habet Porsonus, non licuisse in Attico sermone augmentum abjicere. [Praef. ad Eur. Hec. p. v.] Neque hoc exemplum contradicit canoni ; nam ἃ ἐ pronuntiatur ut una syllaba.

1526. Ὅστις οὐ ζήλῳ—] ὅστις, κράτιστος ἦν δηλονότι, οὐκ ἐπὶ 162. εὐδαιμονίᾳ πολιτῶν καὶ εὐτυχίαις θαῤῥῶν, ἀλλ' ἐπὶ τῇ, ἑαυτοῦ δηλο-νότι, ἀρετῇ. *Schol.*

1528. Ὥστε θνητὸν ὄντ',—] ἐπισκοποῦντα ἰδεῖν, &c. est is, puto, *qui expectet videre,* qui nondum viderit, *ultimam illam diem.* Locum ita verto, *Quarè mortalem, qui ultimam illam diem nondum viderit, neminem felicem judices, priusquam,* &c. Burgess. Rectè, ut opinor. Ante ὀλβίζειν subauditur δεῖ σε, vel δεῖν σε. vel tale aliquid. Caeterùm inter alios, qui hanc sententiam commendaverint, ita Ovidius, Metam. iii. 135.

—— *Ultima semper*
Expectanda dies homini : dicique beatus
Ante obitum nemo supremaque funera debet.

II. NOTAE IN EURIPIDEM.

163. * Ex Euripide.] Euripides, Mnesarchi et Clitûs Atheniensium filius,
celeberrimus Poëta Tragicus, natus est Olymp. lxxv. 1. ante Ch.
Nat. 480. in insulâ Salamine, eo ipso die quo Athenienses inclytam
victoriam navalem Salaminiam de Persis reportârunt, non longè ab
Euripi ostio : undè et Euripides nomen suum adeptus fuisse dicitur.†
Non solùm pater, sed et mater ejus, illustri erat familiâ Atheniensi :
uti testatur Philochorus, Suidas, aliique.   Apud Aristophanem qui-
dem [Thesmoph. 387.]   Euripides olerum venditricis filius vocatur ;
sed hoc more comico effutitum, nullo respectu veritatis habito.
Eum pater vitae Athleticae assuefaciendum, Grammatices rudimen-
tis imbuendum, atque Musicae, Picturaeque studio excolendum ma-
turè curavit.   In Rhetoricis Prodicum Chium ; in Philosophiâ
Anaxagoram audivit.   Anno autem aetatis decimo octavo ad Tra-
goedias docendas animum applicuit : atque tantum profecit, ut
victoriam in Tragico certamine saepiùs reportaverit.   Studium
tamen Philosophiae minimè negligebat : undè Tragoediae ejus mo-
rum praeceptis excellentissimi generis abundant ; et ipse *Philoso-
phus Scenicus*, sive 'Ο ἐπὶ τῆς σκηνῆς φιλόσοφος passim appellatus
fuit.   Inter eum et Socratem, summum illum philosophum et opti-
mum virum, arctissima intercedebat amicitia : ex quo apparet eum
non nisi purissimae Philosophiae fuisse amatorem. 'Ο δὲ Σωκράτης,
inquit Aelianus, σπάνιον μὲν ἐπεφοίτα τοῖς θεάτροις· εἴποτε δὲ
Εὐριπίδης, ὁ τῆς Τραγῳδίας ποιητής, ἠγωνίζετο καινοῖς Τραγῳδοῖς,
τότε γε ἀφικνεῖτο.   Καὶ Πειραιοῖ δὲ ἀγωνιζομένου τοῦ Εὐριπίδου,
καὶ ἐκεῖ κατῄει· ἔχαιρε γὰρ τῷ ἀνδρὶ δηλονότι διά τε τὴν σοφίαν
αὐτοῦ, καὶ τὴν ἐν τοῖς μέτροις ἀρετήν. [Var. Hist. Lib. ii. c. 13.]
Multò major numerus dramatum Euripidis, quàm Aeschyli, vel So-
phoclis, ad nos pervenit.   Eorum enim novendecim adhuc super-
sunt ; ex quibus merita Euripidis faciliùs aestimârunt eruditi.   Vitu-
perat in eo Aristoteles malam aliquot fabularum oeconomiam ; idem
tamen fatetur omnium poëtarum Euripidem esse τραγικώτατον. 'Ο
Εὐριπίδης, inquit, εἰ καὶ τὰ ἄλλα μὴ εὖ οἰκονομεῖ, ἀλλὰ τραγικώ-
τατός γε τῶν ποιητῶν φαίνεται. [De Poëtic. s. 26. edit. Tyrwhitt.
Vol. I. p. 291. h. op.]   De Tragoediâ loquens Quinctilianus, " Sed
" longè," inquit, " clariùs illustraverunt hoc opus Sophocles atque
" Euripides : quorum in dispari dicendi viâ uter sit poëta melior,
" inter plurimos quaeritur.   Idque ego sanè, quoniam ad praesen-
" tem materiam nihil pertinet, injudicatum relinquo.   Illud quidem
" nemo non fateatur necesse est, iis, qui se ad agendum comparant,

---

† "Salaminem et Euripum Euboïcum Attica interjacet.   Ad Artemisium in
Euboea, non ita propè Euripum, at de Euripo, Persis Graeci navibus obstite-
runt, priusquam eosdem ad Salaminem profligarunt.   Nomen Euripi de aliis
maris angustiis et similibus communiter usurpatur.   Nescio an fretum angus-
tum inter Salaminem et Atticam aut ab antiquioribus aut a recentioribus Eu-
ripus nominatum sit.   Fabricium, Harles. Barnes. &c.   Dalzel non procul sed
prope sequitur.   Vide Herod. VIII. 11. 84. de proeliis.   Pausan. Lacon. c.
14. Arcad. c. 30. &c. de Euripis. P.

" utiliorem lòngè Euripidem fore. Namque is et in sermone (quod 163.
" ipsum reprehendunt, quibus gravitas et cothurnus et sonus Sopho-
" clis videtur esse sublimior) magis accedit oratorio generi : et
" sententiis densus ; et in iis, quae à sapientibus tradita sunt, paenè
" ipsis par ; et in dicendo et respondendo, cuilibet eorum, qui fue-
" runt in foro diserti, comparandus. In affectibus verò cùm omni-
" bus mirus, tùm in iis, qui miseratione constant, facile praecipuus."
[Inst. Orat. Lib. x. c. 1.] " Cum Sophocle igitur" (verbis nunc utor
doctissimi Harlesii) " Tragoediam Graecorum perfecit Euripides ;
" atque illi duumviri id, quod Aeschylus prudenter auspicatus erat,
" feliciter sapientérque ad perfectionem perduxerunt." [In suâ
edit. Fabr. Bib. Gr. Vol. II. p. 238.] Propter odium in foeminas,
quod Euripides in tragoediis, et praesertim in suo Hippolyto, ex-
pressit, dictus fuit à veteribus Μισογύνης. Sed affirmat Sophocles,
apud Athenaeum, [Lib. xiii. p. 557.] Euripidem non nisi in scenâ
ita adversus muliebre genus affectum fuisse ; quod et ostendit Bar-
nesius in vitâ Euripidis. [§ xix.] Unam quidem, alterámque deinceps
uxorem habuisse fertur ; sed utrasque nuptias infelices expertus
est. Aristophanem aliosque poëtas comicos obtrectatores habuit
infestissimos. Maledicta tamen, quibus isti eum prosequebantur,
nullam fidem apud aequos rerum aestimatores meruerunt. Tandem,
circiter septuaginta annos natus, in Macedoniam concèssit ad regem
Archelaüm, doctorum hominum egregium patronum, à quo munera
anteà acceperat, et apud quem in magno honore habitus erat. In
Macedoniâ aliquot annos commoratus luctuosâ morte periit, canibus
regis infelici quodam casu discerptus ; septuagesimo ferè quinto
aetatis anno, Olymp. xcm, 3. eodem quo et Sophocles nonaginta an-
nos natus obiit. Rex Archelaüs Euripidis interitum summo moe-
rore prosequebatur, atque ossa ejus, repetentibus Atheniensium
legatis, ut in patrio solo tumularentur, Athenas mittere nolebat :
sed in Macedoniâ ei magnificè parentandum, sepulchrúmque nobilis-
simum extruendum curavit. Cives verò sui, quum cineres ejus ob-
tinere non possent, magnificum coenotaphium ei condiderunt : quod
Pausaniae tempore adhuc durabat, atque hoc distichon exhibebat :

Οὐ σὸν μνῆμα τόδ' ἔστ', Εὐριπίδη, ἀλλὰ σὺ τοῦδε.
Τῇ σῇ γὰρ δόξῃ μνῆμα τόδ' ἀμπέχεται.
[Brunck. Analect. Vol. iii. p. 264. " 536. Anon.]

Refert idem Pausanias statuas Euripidis et Sophoclis in theatro
Athenis positas fuisse. [In Atticis, c. 2. 21.] Vitam Euripidis Graecè
scripsere Manuel Moschopulus, Thomas Magister ; et Latinè Josua
Barnesius. Vide Fabr. Bib. Gr. L. ii. c. 18. Vol. ii. p. 234, sqq.
edit. Harles. et *Voyage du Jeune Anacharsis en Grece*, ch. lxix.

EURIPIDIS EDITIONES PRAECIPUAE.

1. Euripidis Medea, Hippolytus, Alcestis, Andromache,' Graecè.
Florentiae, apud *Laurent. Franc. de Alopa ; in 4to.* [à *Jano Lascari*
sub finem saec. xv. curatâ, literis majusculis, neque tamen sine ac-
centibus, descripta. Haec est edit. omnium antiquissima, sed quae
non nisi quatuor tragoedias continet.] "Aldina, 1503, et exinde
Hervaglanae parum emendatae habentur. P.

2. Euripidis Tragoediae xix. in quibus praeter infinita menda

163. sublata, carminum omnium ratio hactenùs ignoratâ nunc primum
proditur : operâ Guil. Canteri, Ultrajectini, Graecè. *Antwerpiae, ex
officinâ Christoph. Plantini*, 1571. *in* 12*mo.*

3. Euripidis Tragoediae quae extant. Cum Latinâ Guil. Can-
teri interpretatione : et cum Scholiis Graecis, "in vii Tragoe-
dias," ab Arsenio Monembasiae Episcopo collectis. Accesserunt
Jo. Brodaei, Guil. Canteri, Casp. Stiblini, Aemyl. Porti annotationes.
Excudebat *Paulus Stephanus, Genevae*, 1602. 3 Vol. *in* 4*to.*

4. ——————— quae extant omnia, &c. "cum Scholiis in vii
priores—ab Arsenio &c."—Operâ et studio Josuae Barnes, S. T. B.
Cantabrigiae, 1694. *in fol.* [Haec edit. olim maximi habita erat ;
sed nuper merita ejus rectiùs à viris doctis, qui in edendis operibus
Euripidis sudârunt, aestimata sunt : neque tamen negandum Barne-
sium multa praestitisse.]

5. ——————— quae extant omnia. Tragoedias superstites,
&c. recensuit :—interpretationem Latinam—reformavit : Samuel
Musgrave, M. D. *Oxonii*, 1778. 4 Vol. *in* 4*to.* [Edit. omnium
splendidissima, nec sine laude ab eruditis excepta.]

6. ——————— quae extant omnia. Gr. et Lat. *Lipsiae*, 1778—
1788. 3 Vol. *in* 4*to.* [Exhibet haec edit. Barnesianam recusam, sed
ita, ut in duobus posterioribus tomis omnia, quae praestiterat Mus-
gravius, et optima quaeque, quae protulerant singularum tragoedia-
rum editores, possint inveniri, magnâ cum' diligentiâ collecta et
edita à viro doctissimo Chr. Dan. Beckio. Accedit index verborum
copiosus et accuratus. Est igitur haec edit. omnium, quae adhuc
lucem viderunt, longè utilissima.]

"7. ——————— Tragoediae et Fragmenta. Recensuit, &c.
Augustus Matthiae. *Lipsiae.* vii Tom. 8vo. recepimus, 1813—1823.
In i. ii. iii. Textus est xix Trag. iv. v. Scholia ad vii priores : vi. vii.
Notae ad x. scil. ad fin. Iph. Taur. Caetera desiderantur. Interp.
promissa est, et Indices. Danaës frag. inter caetera " locum ha-
bebit."

————

Singulae Euripidis Fabulae, vel earum quaedam selectae, saepe
à viris doctis editae sunt : quarum vel magnum numerum hic re-
censere nimis foret longum. Optimae notae sunt sequentes. 1
Medea et Alcestis ; cum interpret. '"metricâ" Geor. Buchanani
Scoti. *Edin.* 1722. *in* 12*mo.* 2. Hecuba, Orestes et Phoenissae: ?
Jo. King. *Cantab.* 1726. *in* 8*vo.* 3. Eaedem ; curante Th
Morell, qui Alcestin adjecit. *Lond.* 1748. 2 *Voll.* *in* 8*vo.* 4. Phoe-
nissae, cum interpr. Hug. Grotii. Edidit Lud. Casp. Valckenaer.
Franeq. 1755. *in* 4*to.* 5. Hippolytus, cum interp. "lat. carmine" Geo.
Ratalleri. Edidit Lud. Casp. Valckenaer., *Lug. Bat.* 1768. *in* 4to.
6. Tragoediae quatuor ; Hecuba, Phoenissae, "Hippolytus," et
Bacchae. Curavit R. Fr. Ph. Brunck. *Argent.* 1780. *in* 8*vo.* 7. Sup-
plices Mulieres. Edidit Jer. Markland. Accedit de Graecorum
5tâ Declin. imparisyllabicâ, &c. quaestio grammatica. *Lond.* "Ex-
cud. Gul. Bowyer.* 1763. 4*to.*" Edit. altera, 1775. *in* 8*vo.* 8. Iphige-
nia in Aulide, et Iphigenia in Tauris. Recensuit et notulas adjecit
Jer. Markland. *Lond.* 1771. *in* 8*vo.* '9. Burtoni Pentalogia : sive
Tragoediarum Graecarum Delectus : Editio altera ; cui observa-

tiones, &c. adjecit Th. Burgess. *Oxon.* 1779. 2 *Voll. in 8vo.* [" Nem- 163.
pe, Sophoclis Oedipus Tyrannus et Coloneus, Antigone; Euripidis
Phoenissae; Aeschyli Septem contra Thebas. Omnes de Thebis. P.]
10. Hecuba, ad fidem MSS. emendata, et brevibus notis, emendatio-
num potissimum rationes reddentibus instructa. In usum studiosae
juventutis. Edidit Ricardus Porson, A. M. Litt. Gr. apud Canta-
brigienses Professor. *Lond.* 1797. *in 8vo.* Secutae sunt Orestes,
1798, et Phoenissae, 1799. et nuper, Medea, *Cantabr.* 1801, atque
nuperrimè. Hecuba, iterum; cum Supplemento ad Praefationem,
quod continet doctissimi editoris expositionem praecipuorum me-
trorum Tragicorum. *Cant.* 1802. [" Hae IV Tragoediae à Porsono,
cum Supplemento, iterum editae sunt in I Vol. 8vo. à Schaefero.
Lipsiae, 1807, et prius. P.]—Vide plures enumeratas, in Recensione
Editt. 3tio tomo edit. Lipsiensis praefixâ: et in Fab. Bib. Gr. Vol.
ii. p. 258, sqq. edit. Harles.
    "Euripidis Medea. Recensuit et illustravit Petrus Elmsley. ▲ M.
Oxonii, 1818. 8vo. P.

    "Medeae Tragoedia ex editione Musgravii primum in his Col-
lectaneis inserta est. Ad hanc Notae conscriptae sunt. Verum
postquam Textus Porsoni receptus est, eaedem fere notae mane-
bant, etiam in versuum citatorum numeris. Idcirco saepius erant
prorsus absonae, studia fallentes. Haec, ut potui, in editione priori
corrigere studui, opere parum facili aut felici, verba ipsa potissi-
mum tenens, at saltem " parce detorta." Forsan nonnulla in prae-
senti tentavero, si ratio operis admiserit. Quaedam ex editionibus
Matthiana et Elmsleiana recepi. P.

————

    * *ΜΗΔΕΙΑ.*] Μεdea, filia Aeëtae, regis Colchorum, ex Idyiâ con- 165.
juge, foemina apud veteres poëtas celebratissima; à quibus descri-
bitur ut venefica, et incantatrix insignis. Jasonem ex Thessaliâ
cum Argonautis profectum amavit, eumque docuit, quo modò dra-
conem aurei velleris custodem interficeret, ipsóque adeò aureo
vellere potiretur. [Vide suprà in Excerptis ex Apollonio Rhodio,
p. 81, sqq.] In Graeciam cum eo clàm navigavit; ubi postquam
ei nupsisset, cumque eo complures annos vixisset, et ex eo aliquot
filios suscepisset, visum est Jasoni illam repudiare; atque Glaucam,
sive ut alii vocant Creüsam, Creontis Corinthi regis filiam ducere.
Medea repudiata, " ferox invictaque," nil nisi ultionem spirat.
Hujus ultionis modus argumentum dat sequenti eximiae Tragoe-
diae; in quâ poëta personam Medeae depingit tantâ ingenii vi, ut
in scenâ vel veteri, vel recentiori vix aliquid excellentius invenire
possis. De historiâ autem Jasonis et Medeae consuli potest Diodo-
ri Siculi Biblioth. lib. iv. 40. sqq. Apollodori Biblioth. lib. i. c. 9. et
in eam doctissimus Heynius. Item Hygini Fab. xxi, sqq. Ovid.
Epist. Medeae Jasoni; et Metamorph. lib. vii. 1. sqq. atque Propr.
Nominum Lexica.
    Ver. 1, 2. Εἴθ'. ὤφελ' Ἀργοῦς—] Constructio est: Εἴθ' ὤφελε
σκάφος Ἀργοῦς μὴ διαπτάσθαι κυανέας Συμπληγάδας ἐς αἶαν Κόλ-
χων. *Utinam navis Argo non volásset per Cyaneas Symplegades in
terram Colchorum.* Ubi notandum: 1. Aor. 2. verbi ὀφείλω, *debeo,*

165. usurpari ad votum exprimendum, vel solum, vel cum εἴθε, αἴθε, aut
ὡς. Sic, εἴθ' ὤφελον ὀλέσθαι, *utinam periissem!* εἴθ' ὤφελες ὀλέσθαι,
utinam periisses! εἴθ' ὤφελ' ὀλέσθαι, *utinam periisset!* &c. [Vide Vi-
gerum de Idiotism. edit. Zeunii, p. 267. C. V. ix. 4. 5.] 2. Aequè
rectè dici σκάφος Ἀργοῦς, *navis Argûs*, et σκάφος Ἀργοῖ, *navis Argo*.
Erat autem Argo navis illa celeberrima, quâ Jason cum suis heroi-
bus, qui inde Argonautae dicebantur, è totâ Graeciâ delectis, navi-
gavit in Colchida ad auferendum Aureum Vellus; sic dicta forsan
ab adjectivo ἀργός, *velox*. [Vide Virg. Eclog. iv. 34.] Κυάνεαι,
scil. πέτραι, quae erant parvae insulae saxosae in mari Euxino haud
longè à Bosphoro Thracio, parvóque distantes spatio; ex eo Συμ-
πληγάδες dictae, quòd navigantibus nunc disjungi, nunc collidi [συμ-
πλήττεσθαι] viderentur. [Vide Apoll. Rhod. Argon. in ipso exor-
dio, et ii. 317. Herodot. iv. 85.] πλαγκταὶ vocantur ab Homero,
qui eas in Siculo mari collocat, cùm sint in Euxino. [Vide Odyss.
μ, 61.] Caeterùm διαπτᾶσθαι, inf. à διαπτάομαι, *pervolo* sumitur
hic metaphoricè. Negat tamen Porsonus existentiam verbi πτά-
μαι, πτῶμαι, et edidit cum Kustero, cui accedunt Lascaris et Eu-
stathius, διαπτάσθαι, ut sit aor. 2. mediae. Attici, ut ille arbitratur,
in praes. adhibent πέτομαι, πέταμαι· nunquam verò ἵπταμαι, in
praes. sed ἱπτάμην, in imperf. et ἐπτάμην, in aor. 2. undè in inf.
πτάσθαι. Hanc occasionem arripuit vir doctissimus usum accen-
tuum juventuti studiosae commendandi. " Et ἐπτόμην, πτέσθαι, à κί-
τομαι. Vide supra ad p. 113. v. 17. P.

3—6. Μηδ' ἐν ναπαισι—] Ordo est: πεύκη δὲ τμηθεῖσα ἐν νά-
παισι Πηλίου μή ποτε πεσεῖν, *et pinus secta in saltibus Pelii nun-
quam cecidisset*, μηδ' ἐρετμῶσαι χέρας ἀνδρῶν ἀρίστων, *neque remis*
[vel *remigando*] *exercuisset manus virorum praestantissimorum*, [nam
ἐρετμόω est *remis instruo*, vel *remigando exerceo*; (sive ut Porsonus.
remigare cogere, remigio applicare: ἐρετμῆσαι, est *remigare*:) atque
ita videtur vocem intellexisse Scholiastes, ἀπὸ κοινοῦ δὲ τὸ ὤφειλ
μὴ ἐρετμῶσαι ἡ Ἀργὼ (potiùs ἡ πεύκη) τὰς τῶν ἀρίστων χεῖρας:
Malè igitur interpretes Latini, *neque manus remigâssent*.] οἱ μετῆλ-
θον τὸ πάγχρυσον δέρος Πελία, Angl. *who went in quest of the golden
fleece for Pelias*. Vide suprà ad Apoll. Rhod. i. 4. p. 81.

7, 8: —πύργοις—] Supple εἰς. θυμὸι supple κατά.

11. 12. —ἁνδάνουσα μέν φυγῇ—] Sic Construe; [ἐν] φυγῇ μὲν
ἁνδάνουσα πολίταις, [εἰς] χθόνα ὧν [πολιτῶν] ἀφίκετο, *in exilio
quidem placens civibus, quorum in terram pervenerat:* vel ut optimè
interpretatus est poëtarum sui saeculi facilè princeps Georgius nos-
tras Buchananus: —*gentis cujus exul incolit Solum, favorem demeren*
sedula. Pro φυγῇ legendum φύσει, [*indole, naturâ, moribus,*] con-
jicit doctissimus Frid. Jacobs in Animadversionibus in Euripidis
Tragoedias, quas ad me nuper è Germaniâ misit vir humanissimus,
mihique amicissimus, Car. Aug. Boëttiger, qui has, omnesque adeò
politiores Literas, Vimariae ornat. Eandem quoque conjecturam
in mentem venisse invenio erudito auctori Biblioth. Crit. Amst.
Vide ejus operis Vol. ii. p. 40. " Si necesse esset textum mutare,
" facilius esset hîc φυῇ quam φύσει; ut apud Pindarum, σοφὸς ὁ
" πολλὰ εἰδὼς φυᾷ· simili enim mendâ in quibusdam Hesychii
" editionibus, pro φυῇ, φυγή legitur: dubitari potest an satis tragi-
" cum sit φυή. H. Steph. autem in voce Euripidem citat." T
Young. Vide infra p. 276. v. 154.—P.

13. *Αὐτὴ δὲ*—] proponit Jac. Tate pro αὐτή τε, ut ritè respondeat ad *ἀνδάνουσα μὲν* suprà. "Sic Elms. P.

19. —*ὅς αἴσυμνᾷ χθονός.*] *qui princeps est* hujus terrae. Vide Vol. I. ad p. 3. n. 3.

21, 22. —*ἀνακαλεῖ δὲ δεξιᾶς*] Lego cum doctissimo Jortino, *ἀνακαλεῖ δὲ δεξιᾶς Πίστιν μεγίστην*, ut *δεξιᾶς* sit genitiv. sing. quem regit *Πίστιν μεγίστην*. Angl. *and invokes the mighty faith of his pledged right hand.* Quod et Porsonus probavit et edidit.

24. *Κεῖται δ' ἄσιτος,*] Pulcherrima sanè descriptio! atque ad 166. commovendos affectus aptissima.

26. —*ἤσθετ' ἠδικημένη,*] Egregius Graecismus, ubi participium pro infinitivo ponitur; et nominativus participii usurpatur quandò sermo, ut hîc, manet in eadem personâ: *animadvertit se injuriâ affectam.* [Vide infrà v. 36, 38, 495, et 548.] Quum autem transitus fit ab unâ personâ ad alteram, participium cum alterâ hac personâ ponitur in accusativo: Sic *ᾔσθετ' αὐτὸν ἠδικημένον, animadvertit illum injuriâ affectum.* Vide Vigerum de Idiotism. p. 330. edit. Zeunii. C. VI. i. 13. 16.

"30. *Ἢν μήποτε*—] *Nisi quando.* BARNES. MUSGRAVE. *Nisi quod.* BUCHANAN. 35. *ἀπολείπεσθαι, privari.* ELMSLEY : sine apostropho. P.

33. —*ὅς σφε νῦν ἀτιμάσας ἔχει.*] Sic Angl. *who now has disgraced her.* Vide suprà ad Oed. Tyr. v. 577. p. 131.— Versum in priore editione ·41, [*Σιγῇ δόμους εἰσβᾶσ', ἵν' ἔστρωται λέχος,*] cum Porsono hâc ejeci. Matthiae versum restituit. Restitutum uncinis inclusi. Repetitur quidem in v. 381. et sic etiam v. 40. in v. 380. In utroque loco novam nuptam indicare mihi videtur, et hîc loci necessarius esse. P. Elms. omisit. *τύραννον, the princess,* 40. *liberos* intelligit.

43, 44. —*οὔτοι ῥαδίως*—] Ordo est: *τις συμβαλὼν ἔχθραν αὐτῇ οὔτοι ᾄσεται καλλίνικον, aliquis, suscepto cum illâ odio, nequaquam praeclaram victoriam celebrabit.* Olim credidi poëtam, per *οὔτοι*—*καλλίνικον οἴσεται,* (vulgarem lectionem,) intellexisse, *non quidem feret se pulchrum victorem,* seu *nequaquam praeclarus victor evadet:* sed statim sentiebam Linguae Gr. rationem, ut hoc rectè exprimeretur, necessariò postulare *καλλίνικος.* Barnesius, quamvis hîc vulgarem lectionem probavit, et reddi posse credidit *καλλίνικον, victoriam insignem,* ostendit tamen [ad Herc. Fur. v. 681.] *καλλίνικον ἀείδειν* notam esse locutionem, pro *victoriam quamvis reportare,* subintellectâ voce *μολπὴν* aut *ἀοιδήν.* Muretus igitur hîc legendum proposuit *ᾄσεται·* quod observo Porsonum edidisse et ingeniosè tuitum esse.

53, 54. *Χρηστοῖσι δούλοις*—] Sic construe : *τὰ [πράγματα] δεσ*-167. *ποτῶν κακῶς πιτνοῦντα [ἐστὶ] συμφορὰ χρηστοῖσι δούλοις, καὶ ἀνθάπτεται φρενῶν· res adversae dominorum calamitati sunt servis fidelibus, et tangunt ipsorum mentes. ἄπτω, necto; ἄπτομαι, in voce med. necto meipsum cum aliquo,* i. e. *tango: ἀνθάπτομαι, vicissim tango;* et habet post se gen. per notam syntaxin.

56. —*μ' ὑπῆλθε*—] *μ'* pro *μοι* in priore editione cum *μολούσῃ* concordabat: *ὑπέρχομαι* vulgo habet post se accusat. interdum dativum. Verùm dubitat Marklandus, ad Iph. A. 492. ubi hujusmodi constructio occurrit,—*Ἄλλως τέ μ' ἔλεος τῆς ταλαιπώρου κόρης Εἰσῆλθε, συγγένειαν ἐννοουμένῳ,*—an *μ'* poni possit pro *μοι*· quare proponit *ἐννοούμενον.* Et si verus est canon Dawesianus, [Vide Misc. Crit. edit. Burgess. p. 266. 472.] " Poëtis scil. Atticis

167. " non licere ullam dipthongum elidere," μ', i. e. με, hîc necessariò
postularet μολοῦσαν, quo modo et Porsonus edidit ex uno MS. &c.
quamvis vulgatam putat confirmare videri Philemonem, Athenaei
vii. p. 288. et exemplum illud ex Iph. A. Rectè conjecerat Jac.
Tate, in literis ad me datis, ante editam à Porsono Medeam, criti
cum illum eximium μολοῦσαν praelaturum. " Nam cum," inquie
bat idem J. Tate, " dativus nominis praecedit, sequi potest accusat.
" adjectivi aut participii, ut infrà, v. 811, et 884, et 1233—35. at non
" vice versâ." Quod quidem verum est tum apud Graecos, tum apud
Latinos scriptores. Caeterùm—μεμίμηται, ut ait Scholiastes, τοὺς
ἐν μεγάλαις δυστυχίαις ἐξεταζομένους· οὗτοι γὰρ σιωπᾷν τὰς συμφο-
ρὰς μὴ δυνάμενοι, καὶ λέγειν ἀνθρώποις φοβούμενοι, οὐρανῷ, ἢ ἡλίῳ,
ἢ γῇ, ἢ θεοῖς ἄλλοις, διηγοῦνται.

59. Ζηλῶ σ'·] μακάριος εἰ τοιαύτην διάνοιαν ἔχων. Ἄλλως· θαυ-
μάζω σε, πῶς οὐκ ἔγνωκας. Schol. Vide Valck. ad Eur. Phoen. p.
150. "Ω μῶρος, Atticè. P.

64. —πρὸς γενείου,] Mos erat antiquissimis temporibus, ut supplices, quibus supplicabant, eorum alterâ manu genua, alterâ mentum
vel barbam prehenderent, [Vide Iliad. α, 501. θ, 371. x, 454.] undè
hîc, ut videtur, nutrix paedagogum per barbam obsecrat.

67. Πεσσοὺς] Rectè interpretatur Scholiastes de loco, ubi aleatores convenire solebant. Musgrave. [Vide Gesneri Thes. Ling.
Rom. Voce Calculus.] πεσσοὶ non est nomen loci, ubi talia luditur,
sed sunt columellae saxeae, quibus area fontis et suggestus ejus,
qui procul dubio fuit saxeus, cingebatur. Reiske. Se tamen optimè
tuetur Musg. in notâ sequente : et auctores habet disertissimos,
magnum Casaubonum ad Theophr. xiv. et quem citat Piersonum,
"ad Moerid. v. Σήσαμα, p. 351." Cantab. Anon.

72. —τάδε.] Hîc sane τάδε praetulerim, ut vitetur homoeöteleuton. Porson. "τάδε scripsi pro τόδε, post Elms. P.

84. Τίς δ' οὐχὶ θνητῶν ;] supple γιγνώσκει τόδε ; Quisnam mortalium hoc non novit? ἄρτι γιγνώσκεις τόδε, jamdudùm tu nôsti— &c.
Lectio vulgata est : Τίς δ' οὐχὶ θνητῶν ἄρτι γινώσκει τόδε,— quam
Tatius hoc modo posuit Anglicè, You find this out now, it seems.
But where's the man, who does not by this time know this plain truth.
that every man loves himself better than his neighbour, (some it is true
in many cases justly enough, others basely for their own interest, violating every tie of duty and honour,) since even Jason our master
can find in his heart, for the sake of marrying with a princess, to abandon these his poor innocent children—to the bleak mercy of the
world. "ἄρτι, jam nunc primum, now first. P.

168. 86. Οἱ μὲν δικαίως, &c.] Janus Gulielmius legendum putabat
διὰ κλέος, gloriae causâ, [Verisim. I. c. 16.] Mihi versus intercidisse videtur. Quare manum abstineo. Musgrave. Idem tamen.
ut observavit auctor doctissimus Bib. Crit. Amst. [Vol. ii. p. 44.]
acutam et speciosam proposuit correctionem, in Supplem. Tom. iii.
p. 341. Οὐ μὴν δικαίας οἶδε Κύπριδος χάριν, Atque pudici matrimonii nullam Medeae gratiam refert Jason, si quidem susceptorum liberorum amor novo matrimonio minuitur. Brunckius autem hunc versum
spurium esse judicat. Sed nihil mutandum nec rejiciendum, modò
ponatur comma post χάριν, in v. 86. Sensum rectè vidit vir magnus Hugo Grotius, qui locum ita reddidit : Adeóne morem seculi ignoras, sibi Ut quisque cupiat esse melius quam alteri, Pars jure, par

privata dum inhiant commoda, Quando iste sobolem posthabet lecto 168.
pater. Excerpt. ex Trag. et Com. Graec. p. 190. Caeterùm de
hoc versu 86. ita Porsonus : " Mihi videtur sententiam prioris
" versus quodammodo mollire voluisse Euripides."

89. *Συ δ' ὡς*—] E Florent. edit, rectè, ut opinor; nam nihil est
in praecedente versu ad quod *τε*, quod Brunckius habet, referri
potest; *δὲ* verò refertur ad *μὲν* subauditum, ut saepè fit; quasi
esset ' *Ἡμεῖς μὲν*— *Συ δὲ*— Jac. Tate. Atque ita Porsonus edidit.
—*ἐρημώσας ἔχε*, idem quod *ἐρήμωσον*. Vide suprà ad v. 33.

95. *Ἰὼ, δύστανος ἐγὼ*,] Doricè pro *δύστηνος*. " Doricas formas
" in impressis receptas non agnoscunt membranae in his Anapaestis."
Brunck. In Anapaestis neque nunquam neque semper Doricâ dia-
lecto utuntur Tragici. Ubi igitur, in communi formâ MSS. consen-
tiunt, communem formam retinui ; ubi codex unus aut alter Doris-
mum habet, Dorismum reposui. Porson, ad Hec. v. 103. *μελέα τε*
[*ἕνεκα* vel *διὰ*] *πόνων*.—Medea scilicet exauditur, scenam nondùm
ingressa; quod ad animos audientium commovendos exquisitè est
excogitatum. Carminis genus simul mutatur ex Iambico in Ana-
paesticum ; quod terrorem auget. ″95. Elmsleius praefixit *Ἰὼ*, ex
Codd. 8.—96. *πῶς ἄν*—Vide supra p. 137. v. 765. P.

101—103. —*ἀλλὰ φυλάσσεσθ'*—] *sed cavete è saevo impetu et hor-
ribili naturâ animi contumacis.*

105. *Δῆλον δ' ἀρχῆς ἐξαιρόμενον*] Et hunc versum per figuram,
quam Rhetores vocant *ἀναστροφὴν*, constituit Porsonus, et versum
1105. —*Σώματά ᾿ ἤβην εἰσῆλθε τέκνων*, propter numeros sedem
praepositionis mutans, et *ἀναστροφὴν* faciens. ″ Ubi vide. P.

″110, 111. *Αἲ, αἲ, ἔπαθον*—] Ita Elmsleius duos versus in unum
reduxit, ut similis sit versibus 95. 144. 294. &c. Auctores habuit.
Exclamationes saepe sunt extra versum, ut in his locis. P.

119—121. *Δεινὰ τυράννων λήματα,*—] Pulchrè emendavit vul- 169.
garem hujus sententiae interpretationem vir ornatissimus Sam.
Clarke; [ad Il. α, 82.] *Terribiles sunt regum animi ; quippe rarò
admodum cedere, plerumque dominari soliti, difficulter iras deponunt.*
Nimirùm *ἄρχω* in voce act. Lat. sonat *princeps sum ; ἄρχομαι* autem
in voce pass. *subditus sum.* [Vide Vol. I. ad p. 46. n. 1.] *Ὀλίγα,
rarò, πολλα', multùm,* usurpantur adverbialiter.

122—130. *Τὸ γὰρ εἰθίσθαι ζῆν ἐπ' ἴσοισιν*] *δ' ἄρ* Porsonus cum
Brunckio. [Vide suprà ad p. 86. v. 147.] Sic autem construe et in-
terpretare : *τὸ γὰρ εἰθίσθαι ζῆν ἐπ' ἴσοισιν κρεῖσσον* Angl. *And
after all, the habit of living upon a footing of equality is preferable :*
εἴη οὖν ἔμοιγε— *may I then for my part be permitted*—*εἰ μὴ μεγά-
λως, ὀχυρῶς γε, καταγηράσκειν, to grow old, if not in magnificence,
at least in security.* Quod nimirùm est aureae mediocritatis. *γὰρ,
πρῶτα μὲν, εἰπεῖν τοὔνομα τῶν μετρίων νικᾷ,* &c. Angl. *For in the
first place, the very mention of the name of a moderate condition has a
superior charm ; and the experience of it is far the best state for mortals :*
*τὰ δ' ὑπερβάλλοντα δύναται βροτοῖσι οὐδένα καιρόν· immoderata au-
tem nullo tempore efficacia sunt mortalibus ; ἀπέδωκε δὲ μείζους ἄτας
οἴκοις, ὅταν δαίμων ὀργισθῇ. afferunt autem [τὰ ὑπερβάλλοντα scil.]
majores calamitates familiis, quando deus irascitur.* [Aor. in hoc sensu
tironibus notus.] Doctissimus Frid. Jacobs pro *οἴκοις* proponit *ὄγ-
κοις,* ut sensus sit: *gravior instat magnis et elatis rebus à fortunâ per-
nicies.* Quam conjecturam eruditè tuetur. [Animadverss. in Eur.

169. Tragoed. p. 23.] Cf. Horat. Lib. ii. Od. x. " καιρός significat, quod-cunque opportunum, commodum est.—*οὐδένα καιρὸν δύναται, nihil, quod commodum et bonum sit, efficere potest.* MATTHIAE. P.

138. *Ἐπεὶ μὴ φίλια κέκρανται.*] *Quia minimè amica facta sunt.* Ita Brunckius, Beckius et Porsonus. Musgravius habet *Ἐπεὶ μὴ φίλ' ἃ κέκρανται.* Vulgaris lectio est: *ἐπεὶ μὴ φίλα κέκραται, quoniam res infestae sunt immistae.* Sensus est: *Mihi nequaquam arrident dolores domús, praesertim flagitiis inquinati.* κέκραται per Sync. pro κεκέρασται, à κεκέρνυμι, *misceo.* " At κέκρανται à κραίνω, *perficio,* perf. pass. 3. sing. P.

139, 140. *Οὐκ εἰσὶ δόμοι.*—] Optimè ad numeros, non prorsus ex conjecturâ, hos duos versus restituit acutissimus Porsonus, sic :

> Οὐκ εἰσὶ δόμοι· φροῦδα γὰρ ἤδη
> Τάδ'· ὁ μὲν γὰρ ἔχει λέκτρα τυράννων·

Quicunque verò has literas amat, leget cum voluptate Porsoni annotationem ad hunc locum ; ubi vir egregius ansam arripiens ex repetitione τοῦ γὰρ intra tantillum spatium, (scil. γὰρ ἤδη, et, in versu sequente, γὰρ ἔχει,) aliquot exempla profert, ubi eadem particula itidem repetitur. Tum, nihil majus se habere quod agat, atque otio frui profitens, (quod de me utinam ex animo et ego possem praedicare !) longè, sed admodum eruditè, digreditur, ut ostendat, quàm non paucis Poëtarum fragmentis ita citari acciderit, ut in hunc usque diem inter Scholiastae verba latuerint. " φροῦδα τάδ' ἤδη. ὁ μὲν γὰρ—Vulgo. χὼ μὲν γὰρ—Matt. τὸν μὲν γὰρ—Elms. uterque ex conjectura. Hic etiam δῶμα. P.

144. *Αἲ αἴ·*] Vox Medeae scenam nondùm ingressae adhùc auditur; id quod ad animos audientium commovendos mirè est accommodatum.

146. *θανάτῳ καταλυσαίμαν,*] *morte dissolvar—*Conf. Shakspe-rium, *Hamlet, Act* I. *Scen.* ii.

170. 151. *Τί σοι ποτὲ τᾶς ἀπλάστου—*] ἔρος ἀπλάστου κοίτας pro ἄπλαστος ἔρος κοίτας· atque sic reddidit Buchananus : *Quod tandem immoderatum Thalami desiderium—?* In textu repone ἔρος. " Τίς σοι ποτὲ, omnes fere. P.

153. *Σπεύσει—*] τὸ—σπεύσει θανάτου τελευτᾶν, ἀντὶ τοῦ ἐπείξει, καὶ ἐμβαλεῖ σοι θάνατον. Schol.

157. —μὴ χαράσσον—] *ne irascere,* μὴ ὀργίζου. Hesychius, κεχαραγμένος, ὠργισμένος. Herodot. vii. 1. μεγάλως κεχαραγμένον τοῖσι Ἀθηναίοισι. Verum vix aequum erat à Medeâ, ut ne omninò irasceretur, exigere. Legendum igitur: Δεινῶς τοδὶ μὴ χαράσσον, *ne nimis vehementer ab hoc irascaris.* τοδὶ pro τόδε metri causâ. Sic ταυτὶ Supplic. 156. τφδὶ Her. F. 667. MUSGRAVE. Legendum putat Brunckius: Κείνῳ λίαν μὴ χαράσσον. Cujus proximè ad mentem corrigit Porsonus, κείνῳ τόσον μὴ χαράσσου.

158. *συνδικάσει·*] Fut. 1. à συνδικάζω, quod penult. corripit. " Sensus est : in ulciscendâ hâc injuriâ Jupiter ipse feret opem." BRUNCK. " Alias Dor. pro συνδικήσει, à συνδικέω, *patrocinor.* Alii συνδικήσει. P.

160. *Δυρομένα σὸν εὐνήταν.*] Sic Porsonus edidit pro Ὀδυρομένα σὸν εὐνέταν. Vide ad Hec. edit. nov. 734. Eustath. ad Il. β, 269.

p. 218, 19. (165, 20.) εὑρίσκεται δὲ καὶ τὸ ὀδύρεσθαι δύρεσθαι. Deinde εὐνήταν Brunckius.

170. Θέμιν εὐκταίαν—] quae vota et imprecationes effectu carere non sinit. Firmat hanc interpretationem ὁρκίαν Θέμιν, quod mox legitur, v. 211. MUSGRAVE.

172. —ἔν τινι μικρῷ] Λείπει κακῷ· ἀλλὰ δηλονότι μέγα καταπραξαμένη κακὸν παύσεται τῆς ὀργῆς. Schol.

184. —πρὶν τι κακῶσαι τοὺς ἔσω·] κακόω duplicem accusat. 171. habet post se.

190. Καίτοι τοκάδος δέργμα—] Λείπει τὸ ἔχουσα. καίτοι, φησὶν, ἡ δέσποινα δεινὸν ὁρᾷ τοῖς τολμῶσιν αὐτῇ πλησιάζειν, ἔχουσα λεαίνης τετοκυίας τὸ βλέμμα, καὶ ὅμως, οὕτως ἐχούσης αὐτῆς θυμοῦ, εἰς σὴν χάριν εἰσελεύσομαι. Schol.

193—206. —Σκαιοὺς δὲ λέγων,—] Elegans locus, quem sic vertit celeberrimus Hugo Grotius: [Excerpt. ex Trag. Gr. p. 192.]

Nil me.peccet judice, siquis	Undè et mortes et funesti
Proavos multum sapuisse neget,	Casus totas vertère domos.
Placuit thalamos quibus et festas	Atqui potiùs debuit istis
Ornare dapes carmine, laetas	Musa mederi : nam quid coenâ
Quod mulceret molliter aures :	Ridente juvat tendere vocem,
At multifidis nemo Camoenis	Cum res per se sit grata satis
Docuit Stygios sistere luctus,	Dulcis mortalibus esca ?

Quae et pulchrè reddidit Geo. Buchananus; sed Grotium in hâc parte praefert Barnesius. Tentavit et hunc locum non infeliciter celeberrimus Sam. Johnsonus. Vide Johnson's Works, published by Murphy, Vol. I. p. 161. ubi est etiam parodia Anglica horum versuum, haud pari successu facta. Conf. Anecdotes of distinguished Persons, Vol. IV. p. 182.

208. Λιγυρὰ δ᾽ ἄχεα—] Ἀντὶ τοῦ λιγυρῶς καὶ ὀξέως τὰ ἄχεα, 172. φησὶν, ἡ μογερὰ Μήδεια βοᾷ. Schol.

211. Τὰν Ζηνὸς ὁρκίαν Θέμιν,] τὰν scil. θυγατέρα Ζηνὸς—Themidem, filiam Jovis, custodem jurisjurandi. [Vide suprà ad v. 170.] " Τὴν Ζηνὸς (γυναῖκα.) Themis Coeli et Terrae filia, Jovis pellex. " Vide Apollodor. L. I. c. 3. et Bos. ellips. voce γυνή." Cantab. Anon. "Conjux apud Hesiod. Theog. Prima Metis, 886. secunda Themis, 901. postrema Juno, 921. P.

212. Ἅ νιν ἔβασεν] quae ipsam ire fecit—Meminerint juniores Doricum ἔβασεν pro ἔβησεν habere penultimam longam. α scil. in Dorico pro η semper longum. "ἔβησε, aor. 1. saepe transitivum est apud poëtas. P.

214. —ἅλα νύχιον—] dicit, quia contra Veterum morem tam noctu quam interdiu navigabant. Val. Flac. viii. 175. Indè diem noctemque volant.—πόντου κλῇδ'. Sic Theodorides, Antholog. H. Steph. p. 253. [Brunck. Analect. Tom. ii. p. 44. Epigram. 15.] Κλῇδες πόντου σε, καὶ ἐσχατιαὶ Σαλαμῖνος. κλὴς utroque loco portam vel claustrum significat, planè, ut apud Dionys. Perieg. v. 1036.—Intelligendum autem hoc loco de Bosphoro Thracio, quod claustrum erat Euxini. Hac enim Medea—à Colchis Thessaliam venit. ἀπέραντον interpretari licet, qui claudi non potest. περαίνειν enim claudere, obserare sonat Orest. v. 1584. MUSGRAVE. Ingeniosa est et forsan melior interpretatio Brunckii: per mare occidentale

172. *ad difficile transitu Bosphori claustrum.* " Pontus—nebulosus. Pomp. Mela, i. 19. Val. Flac. iv. 729. *Mare nigrum?* P. Caeterum Porsonus hos tres versus ita dispertivit, quem ego hac editione secutus sum.

> Δι᾽ ἅλα νύχιον, ἐφ᾽ ἁλμυρὰν
> Πόντου κλῇδ᾽ ἀπέραντον.

216. *Κορίνθιαι γυναῖκες,*] Tandem in scenam progreditur Medea; cujus tota haec oratio est pulcherrima, et poëtam sapit superioris ordinis. Prope exordium tamen quaedam difficilia occurrunt; erant nempè à poëtà exquisitiùs elaboranda, ut Medea, quo meliùs amicitiam captaret Chori, eidem se ostenderet gravem et sententiosam. *Corinthiae,* inquit, *mulieres, exivi è domo, ne in aliquâ re me reprehenderetis.* " Antequam," inquit Jac. Tate, " sequentis loci difficil-
" limi conemur interpretationem, notandum est, locutionem ὁμμά-
" των ἄπο posse usurpari sive de iis, qui aliquo ministerio publico
" peregrè funguntur, seu de iis qui domi in studiis se abdiderunt.
" De hisce posterioribus non potest hîc intelligi, quia hi postea in-
" dicantur per τοὺς δ᾽ ἀφ᾽ ἡσύχου ποδός. Nil igitur significare
" potest nisi exercituum et classium praefectos, aut qui legationes
" publicas agunt apud exteras gentes. Vocem quoque θυραῖος
" credo posse sumi de personis publicis; sed ab iis omninò diversis,
" qui domi manent è conspectu civium remoti; et eos denotari qui
" in forum prodeunt, atque in consiliis et concionibus coram popu-
" lo rempublicam tractant. Eorum utrique generi οἱ δ᾽ ἀφ᾽ ἡσύχου
" ποδὸς opponuntur; illis scilicet, quia nullo publico munere fun-
" guntur peregrè profecti; his autem, quia quamvis in civitate
" degant, nunquam in publicum prodeunt, neque rempublicam om-
" ninò gerunt. Construe igitur hoc modo et interpretare: οἶδα γὰρ
" πολλοὺς [μὲν] βροτῶν—τοὺς μὲν ὀμμάτων ἄπο, τοὺς δ᾽ ἐν θυραίοις,
" σεμνοὺς γεγῶτας· τοὺς δ᾽ ἀφ᾽ ἡσύχου ποδὸς τὴν δύσκλειαν τῆς ρ-
" θυμίας κτησαμένους. [Sine scrupulo resolvi οἱ δ᾽ ἀφ᾽ ἡσύχου ποδὸς—
" ἐκτήσαντο, quae per se est integra sententia, in τοὺς δὲ—κτησαμέ-
" νους· quia, ut notum, exempla hujusmodi ἀνακολουθίας apud Grae-
" cos scriptores, et apud scriptores in omni linguâ, praesertim in sen-
" tentiis longiusculis, saepenumerò occurrunt.] *Nam bene novi multos*
" *quidem mortalium ex eo quod personas publicas, sive domi seu foris,*
" *gesserint, dignitatem et honorem sibimetipsis peperisse; eos autem, qui*
" *vitam clam, privatisque studiis deditam, transegerint, inque publicum*
" *minus prodierint, sibi comparâsse infamiam socordiaeque crimen: sed*
" *iniquissimè; namque aliquem damnare, ingenio ejus atque indole parùm*
" *perspectis, summa certè est injuria.*" Hujus loci, quem valdè diffi-
cilem et intricatum agnoscit etiam Porsonus, alii alias interpreta-
tiones excogitarunt: sed omnium rectissimè sensum Poëtae cepisse,
ut suprà, videtur J. Tate; qui porrò observavit " Euripidem pro-
" priam personam, potiùs quam Medeae, hîc loci sustinuisse; atque,
" ut alibi interdum, oblitum fuisse proprietatis temporum, hominum
" et locorum, dum eos perstringere studet, qui minùs rectè sentie-
" bant de studiis philosophiae et poëseos, quibus ipse fuerit addictus.
" Vide infrà vv. 296. 303. vide et Hec. 257. Iph. A. 339. 345. et
" multa alia id genus loca ethici nostri Poëtae, τοῦ ἐπὶ τῆς σκηνῆς
" φιλοσόφου." [Vide plura in Biblioth. Crit. Amst. Vol. ii. p. 51.
ubi auctor doctissimus protulit versionem Ennii, quae laudatur à

Cicerone, Ep. ad Diversos, vii. 6. adjunxitque interpretationem H. 172.
Grotii.] (Neque mentem Poëtae neque verborum constructionem,
ut mihi saltem videtur, cepit Jac. Tate. τοὺς μὲν ἀπ' ὀμμάτων et
τοὺς δ' ἐν θυραίοις aeque ad πολλοὺς βροτῶν σεμνοὺς γεγῶτας re-
ferri debent, et sub verbis quoque οἱ δ' ἀφ' ἡσύχου ποδὸς compre-
henduntur. Duo genera hominum hîc tantum indicantur, diversis
quidem conditionibus; unum e conspectu degens, (eorum scil. qui
raro in publicum prodeunt,) alterum domi versans (i. e. muneribus
et officiis privatis fungens,) utrumque autem placidam et minus am-
bitiosam vitam exercens, eoque δύσκλειαν ἐκτήσαντο καὶ ῥαθυμίαν,
quippe qui, sibi conscii recti, nunquam hominibus sese commendare
sedulò studeant. Ne sibi eandem invidiam pariat, Medea e domo
prodit et causam diserte apud Corinthias mulieres dicit. G. D.)
Caeterùm Chori officium optimè depingit Horatius, Art. Poët. 193.
ad quem locum vide virum admodùm Reverendum Rich. Hurd,
nunc episcopum Vigorniensem; item ad v. 200. ubi vir doctus in-
geniosè admodum disserit de ipso hujus Tragoediae Choro. "Sic
redderem: *Multos novi, qui honesti erant,* (respectable,) *alios e conspec-
tu, alios in publico; quieti autem et secreto degentes,* (but those of silent
and retired walk,) *sinistram famam nacti sunt ignaviae.* δύσκλειαν
καὶ ῥαθυμίαν, pro δύσκλειαν ῥαθυμίας. ἕν διὰ δυοῖν. Vide Vol. I.
p. 15. n. 7.ᵉp. 66. n. 11. P.

221. Δίκη γὰρ οὐκ—] Quae sic construe: γὰρ δίκη οὐκ ἔνεστιν
ὀφθαλμοῖς [τινι] βροτῶν, ὅστις, κ. τ. λ. *Justitia enim non inest
oculis alicui mortalium, quicunque,* &c.

222. —ἐκμαθεῖν—] ἐκμάθῃ, Eustath. ad Il. γ, 279. p. 415, 12.
"Rom." 314, 48. "Basil. 895, 5. Flor." Utraque lectio proba. Saepè
enim πρὶν cum subjunctivo jungunt Tragici, omisso ἄν, quod in ser-
mone familiari semper requiritur. Porson. "ὅστις, Transitio a
plur. ad sing. et vice versa, frequens est, quod Eustath. notat. P.

228. —οἴχομαι δὲ,] Angl. and I am fast going.

230. —γιγνώσκεις καλῶς,] pro γιγνώσκειν καλῶς. Res enim
ejusmodi est, de quâ ad testimonium Chori rectè provocari potuit.
Cantero placet γιγνώσκω καλῶς, Reiskio γίγνεσθαι καλῶς. Mus-
grave.— γιγνώσκειν καλὰ edidit Brunckius. Simplicissimam Mus-
gravii emendationem recepit Porsonus.

234. —χρημάτων ὑπερβολῇ—] χρημάτων λέγει τῶν εἰς τὴν
φερνήν. τοῦτο δὲ ὁ Εὐριπίδης ἀπὸ τῆς κατ' αὐτὸν συνηθείας λέγει.
οἱ δὲ ἥρωες οὐχ οὕτως ἐποίουν τοὺς γάμους, ἀλλ' ἐκ τῶν ἐναντίων
αὐτοὶ ἐδίδοσαν· καθάπερ καὶ αὐτὸς ἐν ἄλλοις παρίστησι· καὶ Ὅμη-
ρος· [Iliad. λ, 244.] Πρῶθ' ἑκατὸν βοῦς δῶκεν, ἔπειτα δὲ χίλια—.
ἔστι δὲ ἀναχρονισμός· οἱ γὰρ ἥρωες τὸ ἐναντίον παρεῖχον. Schol.

236. κακοῦ γὰρ τοῦτ' ἔτ' ἄλγιον κακόν. Κἂν κ. τ. λ.] quae vul-
gata lectio est a Porsono approbata. Γὰρ refertur ad aliquid
subauditum: Quare autem hoc dico: Nam adhuc gravius malum est
hoc malo, &c. Vide infrà ad v. 254.

239. οὐδ' οἷόν τ'—] Vide Vol. I. ad p. 5. n. 6.   173.

248. Ἡ πρὸς φίλον τιν'—] "Ubi," inquit Porsonus, [ad Orest.
64.] "verbum in brevem vocalem desinit, eamque duae consonan-
"tes excipiunt, quae brevem manere patiantur, vix credo exempla
"indubiae fidei inveniri posse, in quibus syllaba ista producatur."
Qui Canon ne hîc loci violetur, cavet Porsonus, pro ἥλικα, ἥλικας
scribens; et scriptionem suam ita ingeniosè tuetur:—"Euripides, quo

173. " judice, unus amicus μυρίων κρείσσων ὁμαίμων, (Orest. 798.) amico
" aequalem non opponeret. Dedi igitur πρὸς ἥλικας, ad aequalium
" coetum, ut Phoeniss. 1761. πρὸς ἥλικας φάνηθι σάς." Caeterùm
pro φίλων Brunckius è duobus MSS. ψίλον, atque ita Porsonus.

250. Λέγουσι δ' ἡμᾶς,—] Notus Graecismus: ad verbum, Dicunt
autem nos, quòd periculorum immunem vitam agamus, &c. Meliùs
Latinè; dicunt nos agere &c.

254. Ἀλλ' οὐ γὰρ—] i. e. Ἀλλὰ διὰ τί οὕτω λαλῶ; γὰρ οὐ κ. τ. λ.
Pro αὐτός, scribe cum Dawesio et Porsono αὑτός, nam est ὁ αὑτός.
"Vide Porson. ad Hec. 299. Sic scripsi αὑτός, Oed. Tyr. 458.
ubi αὑτός, Br. ωὑτός, Er. Melius αὑτός. Elms. P.

259. Οὐ μητέρ,—] Ordo videtur esse: οὐκ ἔχουσα μητέρα κ. τ. λ.
μεθορμίσασθαι [ἀπὸ] τῆσδε σ. non habens matrem, &c. qui portum
mihi praebeant ex hâc calamitate. "Vel, voc. med. apud quos mihi
portum inveniam—ὥστε, vel simili part. intellectâ. Vide infra v.
443. P.

264. —ἥν τ' ἐγήματο,] Quum γαμεῖν de viro, γαμεῖσθαι de fe-
minâ vulgò dicatur, conjicit Porsonus, ut sarcasmo utatur Medea,
legendum ᾗ τ', (quod facilè in ἥν τ' transire posset,) i. e. ᾗ τ'
ἐγήματο, et illam cui ille nupsit,—eodem modo quo Martialis: uxori
nubere nolo meae. VIII. 12. Non negat tamen Porsonus benè etiam
legi posse, ἥ τ' ἐγήματο, ut mox 290, τὸν δόντα, καὶ γήμαντα, καὶ
γαμουμένην· ut sit, et illam quae nupsit ei. Quod autem ad γαμοῦσα
attinet, quod de se usurpat Medea, infrà 606. id mihi videtur ab
illâ dictum, dum animo reputaret infandum facinus, quod in eam
patraverat Jason; et proprietatem sermonis oblita, eum indigna-
bunda interrogat: Τί δρᾶσα; μῶν γαμοῦσα,— Quid faciens? Num
alteri feminae nubens—cum dixisse debuit— Num alteri viro nubens,
ut tu alteram feminam matrimonio duxisti? "Sarcasmum esse
utrumque innuit Porson. P.

265. Σιγᾶν.—] ut taceas: hoc est scil. quod à te consequi cupio.
Alloquitur Chorum in sing. num. quod solenne apud poëtas Tragicos.

269. Δράσω τάδ'· ἐνδίκως γὰρ—] Vide Hurd. ad Hor. Art. Poët.
ubi suprà " ad v. 216.

174. 277. κοὐκ ἄπειμι—πάλιν,] neque revertar— De ἄπειμι in sensu
fut. vide Vol. I. ad p. 50. n. 5.

280. Ἐχθροὶ γὰρ ἐξιᾶσι πάντα δὴ κάλων,] Nam profectò inimici
expediunt omnes funes. ἀπὸ μεταφορᾶς τῶν οὐριοδρομούντων καὶ
χαλώντων πρὸς τὸ πνεῦμα τοὺς ἀρτέμονας. Schol. ἐξιᾶσι pro ἐξιεῖ-
σι, ab ἐξίημι, emitto, Atticè. BARNES. κάλων, accus. à nom. κάλως,
rudens, gen. κάλω, dat. κάλῳ more Attico. In usu est etiam κάλως.
ου, ὁ. [Vid. sup. Od. ε, 260.] Utrumque significat funis nauticus
praesertim quo velum ad antennam vel attrahitur vel demittitur. Idem
proverbium occurrit apud Aristoph. Equ. 756. Edit. Brunckii: τὺ
δεῖ σε πάντα δὴ κάλων ἐξιέναι σεαυτοῦ, nunc funes omnes tuas mo-
vere te oportet; i. e. ut Dammius explicat, [in suo lex. voce κάλως,]
jam omnis conatus est tentandus.

281. Κοὐκ ἔστιν—ἔκβασις.] Non est littus, in quod effugias.
Comparet se alicui in pelago versanti, inque hostis vel piratae
manus jamjam incidere metuenti. MUSGRAVE.

284. Δέδοικά σ'—μὴ δράσῃς—] Vide suprà ad v. 250. —περαμπ-
ίσχειν Ald. et omnes editiones Brunckianam praecedentes, exceptâ
Lasc. quae παραμπίσχειν habet. παραμπίχειν A. Flor. παραμπ-

ὄχειν B. D. E. περαμπέχειν Lib. P. παραμπέχειν rectè Beckius post Brunckium. Vulgatum, sed non audacter, defendit Toupius Addend. ad Theocrit. xxi, 26. cum putet idem juris esse liquidae ante mutam, quod est mutae ante liquidam. Nec mendosum esse credit Wyttenbachius p. 55. anapaestum fortassè in quartam sedem admitti posse judicans. Sed demus, anapaestos non vi ejiciendos esse, si omnes consentiant MSS. eos certè ubi plures tollunt, frustra retinere coneris. Praeterea Tragici nunquam in Senarios, Trochaicos, aut, puto, anapaestos legitimos περὶ admittunt ante vocalem, sive in eadem, sive in diversis vocibus. Imò ne in melica quidem verbum vel substantivum hujusmodi compositionis intrare sinunt; raró admodum adjectivum vel adverbium. Porson. Tum ingeniosè, ut solet, huic doctrinae, quae officere videantur, tollere pergit vir egregius; quem vide. " Wyttenbach. p. 55. Vol. ii. Bib. Crit. P.

288. Λυπεῖ—ἐστερημένη.] Sic Porsonus dedit pro λυπῇ—ἐστερ. Vide Coll. Gr. Min. ad p. 31. n. 12.—" infrà v. 351. 452. &c.

296. —ὅστις] Subauditur ἐκεῖνον ἄνδρα ut antecedens. Vide suprà ad v. 221. 222.

297. Παῖδας—ἐκδιδάσκεσθαι—] Liberos edocendos curare—Nam ita interdùm significat vox media.

298. —ἄλλης, ἧς ἔχουσιν, ἀργίας,] Pro ἀργίας, ingeniosè admodum legendum conjicit auctor doctissimus Bib. Crit. Amst. [Vol. ii. p. 56.] αἰτίας, ut sensus sit : Nam praeter aliam, in quam incurrunt, reprehensionem, invidiam sibi contrahunt. "Posses," inquit Porsonus, "legere αὐτῆς pro ἄλλης. Sin hoc displicet, sumendum est ἄλλης πλεοναστικῶς, quod in locis quibusdam apud "Nostrum videor legisse." " Forsan αἰτίας intell. Vide supra v. 220. P.

300. Σκαιοῖσι μὲν—] δόξεις σκαιοῖσι πεφυκέναι ἀχρεῖος κ. τ. λ. 175. videberis stultis nequam esse, &c. De voce ἀχρεῖος et similibus, vide virum acutissimum Sam. Clarke, ad Iliad. β, 269. πεφυκέναι, naturâ esse. Sic πέφυκας, v. 287.

321. Ῥᾷον φυλάσσειν,] φυλάσσειν, est observare, ut rectè interpretatur D'Orvillius ad Chariton. p. 442. ubi vulgatam abundè contra Dawesium defendit. Musgrave. Vide Dawes Miscell. Crit. edit. alter. p. 99. et eruditissimum Th. Burgess ad locum. p. 389. Vide etiam Coll. Gr. Min. ad p. 6. n. 5. ubi quae observata sunt, benè hîc illustrantur à Scholiaste: φυλάσσειν, inquit ille, ἀντὶ τοῦ φυλαχθῆναι καὶ τηρηθῆναι· ἐνεργητικὸν ἀντὶ παθητικοῦ· τοῦτο δὲ ἔθος ὡς ἐπιτοπλεῖστον τοῖς Ἀττικοῖς. Angli, in quibusdam vocibus, utuntur ex aequo activâ et passivâ formâ : easy to watch, or to be watched. φυλάττομαι, in voc. med. est caveo, uti etiam tironibus notum. " Ita supra v. 317. μαλθάκ' ἀκοῦσαι.—εἴσω φρενῶν i. e. σῶν. P.

322. —μὴ λόγους λέγε,] Pro λέγε, Valckenarius ad Phoen. p. 181. proponit πλέκε. Sed nihil opus.

323. Ὡς ταῦτ' ἄραρε,] Quoniam stat sententia. ἄρω, apto in perf. med. ἦρα, Atticè ἄρηρα. Porsonus, cum Ald. &c. ἄραρε, quod secundum producit. Vide quae idem vir egregius de hoc Dorismo dixit ad Orest. 26. 1323. Conf. Valckenaer ad Eur. Hippol. 1090. " ἄραρε, fixed. P.

325. Μή πρός σε γονάτων,—] Per genua quaeso, perque desponsam recens. Buchanan. σε regitur à λίσσομαι subaudito. Lectio in " Porsoni edit. μὴ πρός σε γούνων est. γονάτων, Matt. Elms. vindicant. P.

326. —*Λόγους ἀναλοῖς·*] *verba consumis. ἀναλοῖς,* contractè pro *ἀναλόεις,* ab *ἀναλόω,* pro quo vulgò *ἀναλίσκω.*

327. *λιτάς ;*] *Litas ?* i. e. *preces. Προσωποποιΐα.* Respicit Homeri locum Iliad. *ι,* 498. *Καὶ γάρ τε Λιταί εἰσι Διὸς κοῦραι,* &c. BARNES.

328. *Φιλῶ γάρ*] Supple *μάλιστα,*—ad quod refertur *γάρ*—

330. *Πλὴν γὰρ τέκνων,*—] Sensus est: Non equidem miror te patriae recordari, *nam praeter liberos patria* mea *est mihi saltèm charissima.* Fortiùs autem Cicero: [De Officiis, Lib. i. 17.] "Cari sunt parentes, cari liberi, propinqui, familiares; sed omnes "omnium caritates patria una complexa est; pro quâ quis bonus "dubitet mortem oppetere, si ei sit profuturus?" Caeterùm pro *πολύ,* Brunckius et Porsonus è tribus MSS. *πόλις.*

176. 332. '*Οπως ἄν, οἶμαι*—] *οὗτος δέ φησι· μὴ καταμέμφου τοὺς ἔρω- τας· ἔσθ' ὅτε γὰρ ἀγαθόν τι ποιοῦσιν, ἔσθ' ὅτε δὲ κακὸν, ὡς ἄν ἡ τύχη παραγένωτο.* Schol.

335. *Πόιος μέν· ἡμεῖς δ' οὐ πόνῳ κεχρήμεθα ;*] *Molestia quidem est ; at nos nonne in molestiis versamur ? πόνος* subaudito *ἐστὶ,* ut *κίνδυνος,* Androm. v. 86. MUSGRAVE. Lectio vulgata, *ποιοῦμεν ἡμεῖς, κοὐ πόιων κεχρήμεθα,* non debuit sollicitari. Rectè Bucha- nanus: *Curae premunt me, nec egeo curis novis.* Sensus est; Tu jubes me liberare te curis meo exilio; sed ego opprimor curis, non tu: nec opus est mihi aliis, quas scil. exilium secum afferet. *Χράομαι* interdum significat *indigeo:* sic, Odyss. *α,* 13.—*νόστου κεχρημένον ἠδὲ γυναικὸς, reditûs indigentem atque uxoris.* item ρ, 421. *τ,* 77. et alibi; ubi notandum, et in Eur. et in Hom. verbum in hoc sensu construi cum genitivo. Porsonus dedit et laudat, quam vocat certissimam Musgravii conjecturam; non, opinor, cum solito suo subacto judicio. "Tuis exemplis addo Eur. Cyclop. "88. 98. Verùm hic usus participii *κεχρημένος* proprius esse vi- "detur. Vide H. Steph. iv. c. 580. B. et Damm. qui, auctoribus "Eustathio et Budaeo, à *χρηΐζω* deducit." *Cantab. Anon.* "Sup. p. 3.

336. *ὠσθήσει*—] Ita Porsonus pro *ὠθήσῃ,* secundum orthogra- phiam, quam in hujusmodi secundis personis constanter serravit. Sic infrà, 340. *βιάξει, ἀπαλλάσσει.* 352. *τεύξει.* 355. *θανεῖ.* &c. Vide Praef. ad Hec. p. IV.

339. *Φευξούμεθ·*] More Dorico, atque, ut videtur, Attico, pro *φευξόμεθα.* Vide infrà v. 342. et 347.

349. —*ἔφυ*—] *est.* Vide suprà ad Oed. Tyr. v. 9. p. 113.

350. *Αἰδούμενος δὲ πολλὰ δὴ διέφθορα.*] *Quin saepè damno mihi meus pudor fuit.* BUCHANAN.

351. —*ὁρῶ μὲν ἐξαμαρτάνων,*] *equidem video me errare.* Vide suprà ad v. 288. "et v. 26. infrà v. 452. P.

356. —*ἔθ' ἡμέραν*—] Ita Porsonus pro *ἐφ' ἡμέραν.*

359. —*τῶν σῶν ἀχέων.*] Supple *διά.* Vide suprà ad v. 95.

177. 363. —*κλύδωνα*—*κακῶν*] Sic incomparabilis Shaksperius: *a sea of troubles.*

365. —*Κακῶς πέπρακται πανταχῇ*] Cf. *Thomson's Tancred and Sigismunda,* Act iii. Sc. 3.

366. *Ἀλλ' οὔτι ταύτῃ ταῦτα,*] Rectè Musgravius: *Sed non sic haec abibunt,* i. e. *ταῦτα πράγματα οὐκ ἀποβήσεται ἐν ταύτῃ ὁδῷ.* Conf. Valckenaer. ad Eur. Hip. 41.

373. —*ἐξὸν αὐτῷ*—] *cum ipse posset. ἐξὸν,* particip. ab *ἔξεστι, licet,* absolutè sumitur. Sic *παρὸν,* infrà v. 449.

381. Σιγῇ δόμους—] Vide suprà ad v. 33. de v. 41. Valckenarius ad Phoen. p. 433. et hunc et versum 41 delet.

384. γέλων.] Accusat. à γέλως, ω, more Attico. Vulgò in gen. γέλωτος.

385. —την ευθεῖαν,] i. e. κατὰ την ευθεῖαν ὁδόν. "Κράτιστα pl. pro κράτιστόν ἐστι—vide infra p. 266. v. 82. P.

386. Σοφαὶ—] Meminerint tirones Dawesiani canonis : Si mulier, de se loquens, pluralem adhibet numerum, génus etiam adhibet masculinum ; si masculinum adhibet genus, numerum etiam adhibet pluralem. PORSON, ad Hec. 515. Quod hic non oblitus est vir accuratissimus, quippe σοφαὶ ille de toto feminarum genere intelligit : Tatius meus, cui et ego assentior, mallet σοφοὶ, de unâ Medeâ dictum, proponere. Sed vide infrà ad v. 849.

387. —καὶ δη τεθνᾶσι.] et jam mortui sunt. τεθνᾶσι per sync. pro τεθνήκασι. Angl. and now suppose they are dead. Vide Herman. ad Vigerum, "not. 331. ad C. VIII. vii. 14. P.

390. Οὐκ ἔστι.] Quàm mirè elucet per totam hanc orationem ferox quaedam sublimitas, quae optimè convenit cum personâ Medeae.

399. Χαίρων—] impunè. Vide Toupii Notas ad Longinum, p. 178. 318. edit. in 8vo. ubi vir acutus hanc significationem tuetur multis exemplis, ex quibus est hicce locus Euripidis. "Long. S. xvi. Haec παρῳδεῖ Eupolis apud Longinum—ELMSLEY. Vide supra ad p. 124. v. 363. P.

402. —φείδου—βουλεύουσα] Vide suprà ad v. 351. Caeterùm Medea, per pulcherrimam apostrophen, seipsam alloquitur.

406. Τοῖς Σισυφείοις,] i. e. Creonti et illius familiae ; is enim erat filius praedonis Sisyphi : per contemptum autem vocat eos Sisyphios. BARNES.

408. Επίστασαι δέ·] Perita es ipsa. πεφύκαμεν, ita naturâ comparatae sumus ut, &c. "πρὸς δὲ, praeterea. P.

411. Ανω ποταμῶν ἱερῶν—] παροιμία ἐπὶ τῶν ἐπ’ ἐναντία γενομένων. κέχρηνται καὶ Αἰσχύλος καὶ Εὐριπίδης. HESYCHIUS. οὐκέτι —δόλιαί εἰσιν αἱ γυναῖκες, ἀλλ’ οἱ ἄνδρες. Schol. Conf. Hor. Lib. i. Od. 29. v. 10.

412. Χωροῦσι—] Porsonus, cum Heathio, in secundo antistrophes primae, dedit λήξουσ’ ἀοιδᾶν. Idem è duobus versibus in Strophe primâ, scil. octavo et nono, fecit unum ; nec non in Antistrophe primâ. Atque tertium in Strophe secundâ incipere fecit à διδύμους, eundemque in Antistrophe secundâ à μένει pro μίμνει. Cujus in v. primo, pro οὐδέ τ’ αἰδὼς, dedit οὐδ’ ἔτ’ αἰδώς.

414. θεῶν δ’ οὐκέτι πίστις ἄραρε.] Nec pacta fides Diis sat certa est. BUCHANAN. Porsonus ἄραρε, pro vulgata ἄρηρε, ut antea, v. 323.

416. Τὰν δ’ ἐμὰν εὔκλειαν] Haec ita construi possunt : δὲ φᾶμαι στρέφουσι τὰν ἐμὰν βιοτὰν ἔχειν εὔκλειαν. Fama autem convertit vitam meam [i. e. muliebrem] habere [i. e. ita ut habeat] gloriam. φᾶμαι plur. pro sing. num. ut saepè apud poëtas.

421. Μοῦσαι δὲ—] Ordo est : Μοῦσαι δὲ, ὑμνεῦσαι [Dor. pro ὑμνοῦσαι] τὰν ἐμὰν ἀπιστοσύναν, λήξουσι παλαιγενέων ἀοιδᾶν [Dor. pro ἀοιδῶν.] Musae autem, quae solebant celebrare meam [i. e. mulierum] perfidiam, desinent priscorum carminum. [Sic Hor. desine querelarum. L. ii. Od. 9.] Conjicit Musgravius poëtam hic alludere ad poëmata Archilochi, qui Euripidi παλαιγένης, licet non Medeae.

179.   424. *Οὐ γὰρ ἐν ἀμετέρᾳ γνώμᾳ*—] *γὰρ* refertur ad id quod subau-
ditur : Nobis mulieribus non datum est memoriae prodere perfidiam
hominis, *nam*— Caetera benè explicantur à Scholiaste : *οὐ γὰρ ἐν
ἡμετέρᾳ γνώμῃ τὴν τῆς λύρας θέσπιν ἀοιδὴν ἐδωρήσατο Ἀπόλλων,
οὐ δυναταὶ ἐσμεν ἡμεῖς αἱ γυναῖκες ποιήματα γράφειν· ἐπεὶ τάχα
ἂν αἱ γυναῖκες ἀντεκωμῴδουν τοὺς ἄνδρας, τὴν δὲ ἑαυτῶν φύσιν
ἐπῄνουν, κατὰ τὸν τοῦ λέοντος μῦθον. Λέων γὰρ ἰδὼν λέοντα ὑπ'
ἀνδρὸς ἀγχόμενον ἐν γραφῇ, εἶπεν, καὶ ἡμεῖς εἰ ᾔδειμεν γράφειν, ἢ
πλάσσειν, ἔμπαλιν ἂν οἱ ἄνθρωποι ἐτίθεντο ἀγχόμενοι ὑπὸ λεόντων.*
Caeterùm *ἀντάχησ'* ἂν est *ἀντάχησα* ἂν, prim. pers. ut monuit vir
egregius Th. Tyrwhitt. In quibusdam editt. malè scribitur *ἀντά-
χησαν*. *" Ἀντηχέω.* v. 424. *ἐν* abundat. Vide supra ad p. 148. v.
1112. P.
        433. *Διδύμους ὁρίσασα πόντου πέτρας·*] *ὁρίσασα ἀντὶ τοῦ διασστεί-
λασα καὶ διεξελθοῦσα τὰς Συμπληγάδας· ἤτοι διαπλεύσασα καὶ διελ-
θοῦσα.* Schol. [Vide suprà ad v. 1, 2.] Ex hoc versu collato cum
Aeschyli Supplic. 555. (542.) crediderim *ὁρίζειν* idem aliquando
significare quod *περᾶν.* MUSGRAVE. *" Ab ὅρος.* Angl. *coasting, legere
oram,* vel *litus ?* P.
        435. —*τᾶς ἀνάνδρου κοίτας ὀλέσασα λέκτρον,*—] Tales pleonas-
mi apud tragicos abundant, et interdum reciprocantur, ut Noster
Troad. 609. dixit *θρήνων ὀδυρμοί.* Sic *κοίτας λέκτρον* Med. 436.
(442.) *λέκτρων κοίτας* Alc. 946. PORSON, ad Hec. 302. Angl. *having
lost thy bed,* or *the enjoyments of thy bed, now widowed.*
        439. *Βέβακε δ' ὅρκων χάρις,*—] *Periit reverentia jurisjurandi.*
BUCHANAN.
        442. *Σοὶ δ' οὔτε πατρὸς δόμοι—πάρα,*] *Tibi autem non est pater-
na domus, misera, μεθορμίσασθαι μόχθων, in quam ceu portum fugias
è curis, τῶν δὲ λέκτρων ἄλλα κρείσσων βασίλεια ἐπέσσα δόμοις. hoc
autem thalamo alia potentior regina praeest huic domui. ἄλλα,* Dor.
pro *ἄλλη,* uti Heathius notavit. Porsonus *οὔτε,* non *οὐδὲ,* et *πάρα,*
(i. e. *πάρεισι*) pro *παρά,* et *τῶν δὲ* pro *τῶνδε.* " Nihil," inquit,
" in textu mutavi, praeter accentus et distinctiones ; totum verò
" locum ita legendum puto : *Σοὶ δ' οὔτε πατρὸς δόμοι, Δύσστατε,*
" *μεθορμίσασθαι Μόχθων πάρα, σῶν τε λέκτρων Ἄλλα βασίλεια*—
" *πάρα* Lasc. *μεθυρμίσασθαι* genitivum regit, ut suprà 260. Alc. 809."
Felicissima quidem emendatio ! *" Item, ἄλλα pro ἀλλά.* At vix asse-
quor. Musgravius interpretatur : *conjugio regnum potentius.* P.
        447. *Οὐ νῦν κατεῖδον*—] Notus Graecismus, quasi dicas Latinè ;
*Non nunc primùm animadverti asperam iram, quàm intractabile malum
sit ;* pro eo quod est : *non nunc primùm animadverti, quàm sit in-
tractabile malum aspera ira.* Vide suprà ad v. 250. *" ἀμήχανος,
inops consilii.* P.
180.   449. *Σοὶ γὰρ παρὸν*—] *Tibi enim cum liceret,*—Vide suprà ad v.
373.
        452. *Κἀμοὶ μὲν οὐδὲν πρᾶγμα·*] *ἐστὶ* scil. *Et mea quidem nihil
refert ; μή ποτε παύσῃ λέγουσ', ὡς, κ. τ. λ. nunquam dicere desinas,* &c.
ἃ δ' εἰς τυράννους ἐστί σοι λελεγμένα, elegans locutio, quâ et Latini
interdum utuntur : *dicta sunt tibi,* i. e. *dicta sunt à te : πᾶν κέρδος
ἡγοῦ ζημιουμένη φυγῇ. omne id lucrum esse putes te exilio tantùm pu-
niri.* Hic usus participii post verbum, ubi Latini infinitivo utuntur,
notus est Hellenismus. Sed notandum, participium post verbum
poni tantùm in casu nominativo, ut hîc, quum sermo in eadem per-

sonâ manet; quum autem fit transitus à personâ ad personam, casus participii mutatur; sic, ἡγοῦ αὐτὸν ζημιούμενον, *putes eum puniri.* [Vide Vigerum, p. 330. edit. primâ Zeunii. VI. i. 13.] Caeterùm Porsonus retinuit vulgatam lectionem—οὐδὲν πρᾶγμα· μή κ. τ. λ. quam Musgravium sine causâ immutâsse putat: "sic, πρᾶγμ', ἅ μή κ. τ. λ. P.

460. Ὅμως δὲ κἀκ τῶνδ'—] *Attamen ne ex his quidem defessus amicis, venio,* &c. Quae sic benè vertit Geo. Buchananus: *Nec ista amicos me movent ut deseram. Adsum, tuisque commodis, mulier, vaco, Ut ne recedas hinc inops cum liberis, Egensve rerum.* τοῦ, pro τινος, Atticè. Pro τὸ σόν·γε, Porsonus, τοσόνδε. "τὸ σὸν δὲ admisi cum Elmsley. P.

466. —τοῦτο γάρ σ' εἰπεῖν ἔχω—] Ordo est: γὰρ ἔχω εἰπεῖν σοι γλώσσῃ τοῦτο μέγιστον κακὸν εἰς ἀνανδρίαν. Sensus est: *Nam nihil aliud possum facere nisi linguâ proferre hoc maximum convicium in tuam ignaviam.* "An, εἰπεῖν σε. P.

470. Φίλους κακῶς δράσαντ'—] ·Angl. *To look in the face friends whom thou hast injured.*

475. Ἐκ τῶν δὲ πρώτων—] Conf. Aristot. Poet. cap. 1. Vide et Iph. T. 1060. et Iph. A. 1148. 1194. 1392. et 349. Jac. Tate.

476. Ἔσωσά σ', ὡς ἴσασιν—] Crebra repetitio literae σ in hoc versu Euripidem Comicorum risui fecit obnoxium. Vide Mureti V. L. i. 15. *Transact. of the R. S. of Edinb.* Vol. ii. p. 140. Lit. Cl. et Porsonum ad hunc locum.

486. Πελίαν τ' ἀπέκτειν',] Vide Ovid. Met. vii. 4. v. 297.   181.

488. Καὶ ταῦθ' ὑφ' ἡμῶν—παθὼν,] *His tamen beneficiis à me affectus.* De verbo πάσχω vide Vigerum, Cap. V. Sect. ix. Reg. 10.

491. —τοῦθ' ἐρασθῆναι λέγους.] *quod hunc amâsses lectum.* Vide Vol. I. ad p. 67. n. 2.

495. ξύναισθά γ'—οὐκ εὔορκος ὤν.] Vide suprà ad v. 26.

500, 501. Δοκοῦσα μή τι—] *Existimans me nullum sanè beneficium à te accepturam.* μή τι recepi ex MSo in Biblioth. Reg. Paris. Vulgò μέν τι. Musgrave. Ὅμως δ'· *Veruntamen:* supple κοινώσομαι, repetitum à v. 499. Vide suprà ad Oed. Tyr. 1326.

507. Ἐχθρὰ καθέστηχ'] *invisa sum; invisa constituta sum.* Nam ita sonat καθέστηκα in perf. Act. Vide autem Vol. I. ad p. 130. n. 3.

511. —ἦ τάλαιν' ἐγώ,] Tolle, cum Porsono, plenam distinctionem post ἐγώ, et pone imperfectam; et in sequente versu scribe γε, non δέ· atque plenè distingue post μόνοις, v. 513. et ita demùm sensum multò meliorem efficies.

516. Ὦ Ζεῦ, τί δή—] Exclamatio admiranda! et ad personam 182. loquentis egregiè accommodata. Sic Shaksperius, notante Jac. Tate:

> ——— *There is no art*
> *To know the mind's construction in the face.*
> Macbeth. I. iv.

522—525. Δεῖ μ', ὡς ἔοικε—γλωσσαλγίαν.] Haec sic Latinè reddidit celeberrimus Geo. nostras Buchananus: *Me, ut video, oportet eloquendi esse haud rudem, Verùm gubernatoris instar callidi Effugere summâ linteorum margine Loquacitatem, mulier, istam futilem.* [Conf.

182. Aesch. S. C. Th. 62.] *Εγώ δ᾽, ἐπειδὴ καὶ λίαν πυργοῖς χάριν, Ego vero, beneficium quandò nimium exaggeras,— πυργόω,—ῶ, πυργόεις. πυργοῖς.*

526. *Εγώ δ᾽,—*] Sic lege è MSS. cum Porsono, pro *Εγωγ᾽,—*

529. —*νοῦς λεπτός·*] hîc non reddi debet *mens subtilis*, sed *animus levis*. Exprobratio enim est merita Medeae erga se minnenti-. HEATH. Angl. *a fickle mind. ἀλλ᾽ ἐπίφθονος [ἂν εἴη] λόγος διελθεῖ·, sed invidiosus foret sermo percurrere*, &c. Negat tamen Jac. Tate vocem *λεπτός* id hîc posse significare quod est *levis, fickle ;* sed *acutus, subtilis*. Nam Jason nec potuit nec voluit Medeam *levitatis* vel *inconstantiae* postulare ; sed hîc, et saepius alibi, id ei laudi vertit, si laus est, quod ea summo ingenii acumine praedita esset. Idem vir doctus arbitratur inesse in hac parte orationis Jasonis confusionem illam ac perturbationem, quae semper eum comitatur, qui se aliquid sibi conscire sentit : atque hunc locum ille ita Angl. bene reddidit : *Since you thus exaggerate the service you did me, I must tell you at once, I believe myself more indebted to the love you felt for my person, than to any other cause. 'Tis true you are a subtle arguer, and speak well for yourself. But were it not for the odium of attempting to disparage a service performed, I could show by detail of argument, it was the love of me, which you could not withstand, that impelled you to preserve my life for your own sake. However to let that pass—as it is an ungrateful subject—the service you did me was not amiss. But then, I have more than repaid it since,* &c.

531. *Τόξοις ἀφύκτοις*] Edit. Ald. *πόνων ἀφύκτων*. " Aliàs legitur *τόξοις ἀφύκτοις*. Vide Schol. sed et nostram lectionem " agnoscit : quae certè longè potior. Et *πόνων* respicit ad *Dracouem* " et *Tauros* flammivomos, et armatorum segetem, à quibus " Veneficiis suis Medea Jasonem eripuit. Sin *τόξοις* legatur, ad " *Ερως* referendum." BARNES.

538. —*μὴ πρὸς ἰσχύος χάριν*.] Pro *χάριν* Reiskius legit *λαβεῖν. non per violentiam aliena extorquere, ut barbari faciunt*. " Sed *μὴ* " *πρὸς ἰσχύος λαβεῖν* non est Graecè loqui. Proba est vulgata lectio " Angl. *to be governed by laws ; not to let mere strength prevail.*" JAC. TATE.

540. —*εἰ δὲ γῆς ἐπ᾽ ἐσχάτοις*] Sic Waller : *Song to a Rose.*

> *Tell her, that's young*
> *And shuns to have her graces spy'd,*
> *That hadst thou sprung*
> *In deserts, where no men abide,*
> *Thou must have uncommended died.*

Conf. *Gray's* Elegy :

> *Full many a flower is born to blush unseen—Idem.*

542. *Εἴη δ᾽ ἔμοιγε—*] Conf. Tyrtaeum, Coll. Gr. Min. I. 1. et Theocritum, infrà p. 231. Idyll. viii. 53.

183.   548. —*δείξω—σοφὸς γεγώς,*] *monstrabo me prudentem fuisse*. [Vide supra ad v. 26.] Hanc quidem locutionem Latini interdùm imitantur. Sic Virg. Aeneid. ii. 377. *Sensit medios delapsus in hostes.* Ubi vir celeberrimus, Chr. G. Heyne. " *sensit delapsus, ᾔσθετ᾽*

"*ἐμπεσὼν*, ut notum, ad formam Graecam, *intellexit se in hostem*
" *incidisse*."

550. —*ἀλλ' ἐχ' ἥσυχος.*] Vide suprà ad v. 33. 89.

555. —*ἐχθαίρων λέχος,*] *ἐχθραίνων* vulgò, sed *ἐχθαίρων* Brunckius
ex A. Fl. Jam monui ad Orest. 292. Tragicos semper *ἐχθαίρω*,
nunquam *ἐχθραίνω* dicere. PORSON.

564. *Εἰς ταὐτὸ θείην,*] *unum genus facerem. ταὐτὸ* est *τὸ αὐτό.*

566. —*λύει*—] Hesychius: *λύει, λυσιτελεῖ.* Phavorinus: *λύει,*
ἀντὶ τοῦ λυσιτελεῖ. Conf. Sophocl. Oed. Tyr. v. 317. ejusdem
Electr. v. 1005, &c. MUSGRAVE. "Infra 1109. 1359. P.

573. —*χρῆν γὰρ ἄλλοθέν ποθεν βροτοὺς*] Hujusmodi sententiarum
frequens repetitio [Conf. Hippolyt. 621.] videtur, nec immeritò, in
causâ esse quare Euripides dictus esset veteribus *Μισογύνης.* "*γὰρ*,
Elms. Matt. uti supra, v. 122. P.

577. —*παρὰ γνώμην*] *praeter voluntatem*, Angl. *with reluctance.* 184.

580. *Ἐμοὶ γὰρ,*—*ὀφλισκάνει.*—] *Mihi enim quisquis injustus cum*
sit, est tamen sapiens in dicendo, dignus est in quem saeviatur. De
verbo *ὀφλισκάνειν*, adi Viger. de Idiotismis, Cap. V. Sect. ix. reg.
2. sqq. Conf. Sophocl. Oed. Tyr. suprà ad v. 509. p. 129.

592. *Πρὸς γῆρας*—] Cur *πρὸς γῆρας*; Credo, quia aetate pro-
vecti non amore, sed ambitione, duci solent. MUSGRAVE.

607. *Ἀρᾶς*—*ἀρωμένη.*] *imprecationes* —*imprecans.* [Vide suprà
ad Oed. Tyr. v. 2. p. 113. item Vol. I. ad p. 31. n. 11.] *Καὶ* [*ἐγὼ*]
τυγχάνω οὖσα ἀραία σοῖς δόμοις. Et ego diris devoveor in tuis aedibus.

625. *ξὺν θεῷ δ' εἰρήσεται,*] *cum deo autem dicetur. εἰρήσεται,* 185.
sub formâ med. passive significat: quod' et aliis verbis usu venit;
uti notavit doctissimus Kusterus, de vero usu Verb. Med. Sect. iii.
Vide etiam Vol. i. ad p. 99. n. 1. et Porsonum ad Med. 336.

627. *Ἔρωτες,*—] Medeae violentia ansam Choro praebet hujus
cantilenae pulcherrimae. Strophe prima sic Latinè redditur à
celeberrimo Hugone Grotio: *Quicunque modum non servat Amor,*
Hunc et Virtus et Fama fugit: At si veniat moderata Venus, Nulla
est aequè pulchra dearum. Parce, auratos, dea, parce, precor, Arcus in
me tentare tuos: Parce indomita stringere tela, Desiderii tincta vene-
no. ἐπ' ἐμοί, est *propter me, mei causâ.* [Sic infrà, *ἑτέραις ἐπὶ λέκ-*
τροις.] *χρυσέων τόξων,* supple *ἀπὸ, ab aureo tuo arcu.*

629. *Οὐδ' ἀρετὰν κ. τ. λ.*] E duobus versiculis feci unum hexa-
metrum hic, [*Οὐδ' ἀρετὰν παρέδωκαν ἐν ἀνδράσιν· εἰ δ' ἅλις ἔλθοι*—]
et infrà 637. [*Μηδέποτ' ἀμφιλόγοις ὀργὰς, ἀκόρεστά τε νείκη,*—]
Objici quidem potest non rectè in tertio loco tertii versus Strophici
positum esse dactylum, cum spondeus sit in tertiâ Antistrophici
sede. Sed hanc legem sibi natam negant Tragici, praesertim in
vulgatis versuum generibus: vide Androm. 135. 141. Deinde, *ἐν*
interposito, ingratus duarum syllabarum concursus vitatur *ἀν ἀν.*
Quam facilè syllaba *ἐν* excidere potuerit, nihil attinet dicere.
PORSON.

634. —*ἄφυκτον οἰστόν.*] *οἰστὸν* est dissyllabon, ut semper apud
Atticos. Vide egregiam Piersoni notam ad Moerin, p. 275. *Idem.*

637—639. *Μηδέποτ' ἀμφιλόγους*—] Ordo est: *Μηδέποτε δεινὰ* 186.
Κύπρις προσβάλοι [*μοι*] *ἀμφιλόγους ὀργὰς, τε ἀκόρεστα νείκη, ἐκ-*
πλήξασα θυμὸν ἐφ' ἑτέροις λέκτροις, κ. τ. λ. Nunquam potens Venus
injiciat [*mihi*] *ambiguas iras et insatiabiles rixas, animum percellens*
propter alium lectum; pacata autem conjugia colens, (amans,) sagax

judicet de lectis mulierum. Pro Προσβάλαιμ', &c. **Porsonus,** è quibusdam MSS. dedit,

Προσβάλοι δεινά Κύπρις, ἀ-
πτολέμους δ' εὐνάς σεβίζουσ',
Ὀξύφρων κρίοι κ. τ. λ.

" Aptius," ait, " forsan metra congruerent, si legeremus, **ἀλλ' ἀπο-**
" **λέμους εὐνάς.**"

645. —ἀμηχανίας] Supple ἕνεκα, *ob consilii inopiam.*

652. —οὐκ ἐξ ἑτέρων μύθων ἔχομεν φράσασθαι.] Angl. *we have not to tell it to each other from hearsay.*

655. Ῥχτισεν—] Ita Porsonus ex conjecturâ Musgravii. Mox πάρεστι et ἀνοίξαντα membranae.

658. —καθαράν ἀνοίξαντα κλῆδα φρενῶν·] Conf. *The progress of Poesy,* sublimem Oden poëtae celeberrimi Thomae Gray : *Thine too these golden keys, immortal Boy !* &c.

187. 666. Τί δ' ὀμφαλόν γῆς—] *Quare ad umbilicum terrae fatidicum ivisti.* ἐστάλης, aor. 2. pass. in med. sensu, ut saepè fit, *misisti teipsum,* i. e. *ivisti.* [Vide Vol. I. ad p. 7. n. 10. Significationis autem verbi στέλλω investigationem vide apud Vigerum, edit. Zeunii p. 303. V. xii. 6.] Caeterùm antiquissimi homines crediderunt oraculum Delphicum terrae umbilicum vel mediam partem esse. Vide suprà ad Soph. Oed. Tyr. v. 898.

677. Ἀσχοῦ με τὸν προϋχοντα—] Oraculum hocce vel Darus explicare posset, neque opus esset Oedipo. Qui doctam ejus interpretationem, modestam non item, videre cupit, is adeat M. Ant. Mureti Var. Lect. Lib. iii. c. 14.

684. Σοφὸς γὰρ 'ἀνήρ] h. e. ὁ ἀνήρ. Nusquam ἀνήρ priorem producit, nisi ubi ἀνέρος in genitivo facit. Cum verò ἀνέρος Attici nusquam in senariis, trochaicis vel anapaesticis usurpent, priorem vocis ἀνήρ semper corripiant necesse est. PORSON. ad Phoen. 1670. Vide etiam Phoen. 903. " ἀνήρ, Elmsley. P.

685. —δορυξένων.] οἱ κατὰ τὸν πόλεμον πρὸς ἀλλήλους φιλίαν πεποιηκότες, ὡς Γλαῦκος καὶ Διομήδης. Schol. "Vera mihi videtur Brunckii sententia, δορυξένοις apud tragicos esse simpliciter ξένοις. ELMSLEY. Et sic alia. P.

687. —ὅδε ;] pro adverb. ὧδε. " Vel ὅδε χρὼς, *hic color,* nempe " *tuus color.*" T. YOUNG. συντέτηχ' ante vocalem asper. pro σιττετηχε, perf. med. *contabuit.*

694. —πρὸ τοῦ] est πρὸ τούτου, supple χρόνου. Vide Vol. I. ad p. 129. n. 7.

188. 695. —ἐρασθείς,] *captus amore* alterius,— Vide Vol. I. ad p. 67. n. 2.

696. Μέγαν γ' ἔρωτα·] supple ἐρασθείς. Vide Coll. Gr. Min. ad p. 36. n. 12. et ad 37. n. 1.

702. —καὶ πρός γ'—] scil. τούτοις, *et praeterea.*

" 706. καρτερεῖν—] *tolerare*—ironicè. Vide Elms. Matth. P.

707. —πρὸς γενειάδος,] Vide suprà ad v. 64.

725. —Αὐτή—] Hîc, et infrà, v. 727. significat *tu ipsa,* i. e. *ultro, sponte tuâ.* Vide inf. ad Theocriti Idyll. xi. v. 12. p. 233. et Vol. I. ad p. 204. n. 2.

189. 731. Μῶν οὐ πέποιθας ;] *Annon confidis?* Vide Vol. I. ad p. 27. n. 4.

734. —μεθεῖ' ἅν]' Porsonus cum Brunckio et nonnullis MSS. 189. dedit μεθεῖ' ἅν, quod est μεθεῖο ἅν—pro μεθεῖς ἅν. Μεθίημι in voce act. accus. μεθίεμαι in med. cum genit. conjungi jamdudum monuit Dawesius, [Misc. Crit. p. 398. (236.)] confirmavit Valcke-narius [ad Phoen. 522.] itemque Porsonus, qui Scholiasten laudat, ita hunc locum explicantem : ἀγουσιν ἐμὲ ἐκ γαίας οὐκ ἅν μεθεῖο, ἐμοῦ subaudito. Ubi vide plura. Ingeniosum est quod addit idem vir egregius. " Illud," inquit, " etiam observatu non indignum, non " varias esse lectiones μεθεῖσἀν, μεθεῖς ἅν, sed veram lectionem " leviter depravatam. Si enim plenis literis scribas ΜΕΘΕΙΟΑΝ, " videas quam facilè in ΜΕΘΕΙCΑΝ transmutetur."

735. —ἀνώμοτος,] Ita, pro vulgari ἐνώμοτος, reposuit Musgra-vius ex conjecturâ Mureti, duobus MSS. confirmatâ : et in ver. 737. pro vulgari οὐκ, idem legendum proposuit ex propriâ conjecturâ ὥκ', i. e. ὥκα· et locum ita reddit: Λόγοις δὲ συμβἁς, κ. τ. λ. Ver-bis verò compositione factâ, et diis jurejurando non obstrictus, amicus forte illis fias, et legationibus facile obtemperes :—Lectionem autem vulgarem sic reddit ac tuetur Heathius: Cum verò et verbis disertis promiseris, et deorum jurejurando sis obstrictus, amicitiam non violabis illorum, Creontis scil. et Peliadum domûs, et simul legationibus me repetentibus non obtemperabis : hoc est, non necesse erit tibi, amici-tiam, quam cum illis coluisti, abrumpere, honestum habenti prae-textum me non tradendi. "Οὐκ ἅν πίθοιο MSS. edd. Sed cum," inquit Porsonus, " negativa particula sensui noceat, varias conjectu-" ras proposuêre Viri docti. ὥκ' Musgravius, sed hoc ne in melicis " quidem, nedum in senariis apud Tragicos comparet. σύγ' ἅν " Brunckius edidit, quod et nimis emphaticum est, et Aegeum cete-" ris hominibus pejórem faceret. Quod conjecit Wyttenbachius, "Bib. " Crit. Vol. ii. p. 67." [τάχ' ἅν πίθοιο] edidi, ut verisimillimum. Ne " Aegeum offendat, timorem suum isto fortasse moderatur Medea."

739. —ἔλεξας, ὦ γύναι,] Valckenarius proposuerat ἔδειξας pro ἔλεξας. Porsonus ipse edidit ἔλεξας, ὦ γύναι, " pro ἔλ. ἐν λόγοις. P.

743. Τὸ σόν τ' ἄραρε μᾶλλον.] Et tua res magis stabilis est. τὸ σὸν, supple πρᾶγμα. Porsonus ἄραρε, ut suprà, v. 323. τὸ δὲ ἐξη-γοῦ θεοὺς, ἀντὶ τοῦ ὀνόμαζε τοὺς θεοὺς, οὓς βούλει με ὀμόσαι. Schol. Sic Iph. T. 743. Ομνυ σὺ δ' ἔξαρχ' ὅρκον, ὅστις εὐσεβής. atque ita porrò. JAC. TATE.

747. Μήτ' αὐτός—ἐκβαλεῖν] Nominat. cum infinitiv. more Grae-co, ubi Latini accusativo plerumque utuntur: Te neque me ejectu-rum, &c.

751. —ἐμμένειν, ἅ σου κλύω.] l. e. μένειν ἐν τούτοις, ἅ κλύω ἐκ σοῦ.

·757· Ἀλλά σ' ὁ Μαίας πομπαῖος ἄναξ—] ὁ Μαίας—Ἑρμῆς scil. ὁ υἱὸς Μαίας. πελάσειε, ad verbum, faciat te appropinquare. Vide Vol. l. ad p. 27. n. 11.

761. —δεδόκησαι.] visus es. perf. pass. regulariter à δοκέω. fre-quentiùs δέδοξαι, ab obsoleto δόκω. Vide infrà ver. 818. — 190.

766. —ἀνήρ—] Vide suprà ad 684.

767. —πέφανται] apparuit. Perf. pass. in med. sensu.

768. Ex τοῦδ' ἀναψόμεθα πρυμνήτην κάλων,] Ex hoc suspen-demus rudentem puppis—metaphoricè. ἀναψόμεθα, pro ἀναψό-μεθα, ut saepè apud poëtas. Vide Iliad. α, 140. Theocr. Idyll. xvii. 1, &c.

775. 'Ῥς καὶ δοκεῖ—] Interpunctionem imperfectam à medio ad finem hujus versûs removit Porsonus, et omninò delevit versum qui sequebatur, quique abest à Flor. teste Valckenario ad Phoen. 1286.

776. —ἐγνωσμένα·] vulgò εἰργασμένα.

779. —καθιδρύσαι,] Vide Coll. Gr. Min. ad p. 6. n. 5. Versum 791 in priore editione cum Porsono delevi.

788. —κατακτενῶ] Porsonus semper mavult κτενῶ in fut. Vide ad Orest. 929. 1599. (1602.) et infrà 1059.

791. Ἔξειμι γαίας,] Exibo ex hac terrá. Vide Vol. I. ad p. 50. n. 5.

191. 796. —ἐξελίμπανον—] Vide Frag. Gram. Gr. p. ¶4. not.

808. Σέ τ' ὠφελεῖν—] Vide Hurd's Commentary, &c. on Horace's Art of Poetry, Vol. I. p. 138.

819. —γυνή τ' ἔφυς.] et mulier es. Vide suprà ad Oed. Tyr. v. 9. p. 113. " Hoc non ad Chorum dicitur, ut putat vir admodum Reverendus R. Hurd, sed ad nutricem." JAC. TATE.

820. Ἐρεχθεῖδαι—] Chorus ab Athenarum Rege arripit occasionem Athenas à Sapientiae et Poëticae studio commendandi; et Medeam à caede liberorum obnixè dehortatur. BARNES. Hoc simul argumento, quod non potuit non jucundum esse Atheniensibus, poëta eximius artificiosè suorum civium benevolentiam captat. Ἐρεχθεῖδαι,—ita appellantur Athenienses à vetere suo rege Erechtheo.

192. 822. Ἱερᾶς χώρας—] Constructio est : ἀφ' ἱερᾶς τ' ἀπορθήτου χώρας φερβόμενοι— à sacrá terrá invictáque depascentes illustrissimam sapientiam. Athenienses αὐτόχθονας se esse jactabant. [Vide Vol I. ad p. 32. n. 6.]

825. —λαμπροτάτου—αἰθέρος] Idem observat Aristides in Panathenaïco. MUSGRAVE.

827. Ἔνθα ποθ' ἁγνάς—] Ubi castas quondam Pieridas Fama novem peperisse Narrat flavam Harmonien. BUCHANAN. Ἐθέλουσι δὲ Ἀθηναῖοι καὶ ἄλλων θεῶν ἱερὸν εἶναι τὸν Εἰλισσόν, καὶ Μουσῶν βωμός ἐπ' αὐτῷ ἐστιν Εἰλισσιάδων. PAUSANIAS. [Lib. i. 19. p. 45. edit. Kuhnii.] ξανθάν. Ex hâc voce colligitur, 'Αρμονίαν nomen proprium esse. MUSGRAVE. Est nimirùm pulchra προσωποποιΐα.

831. Τοῦ καλλινάου—] Constr. τε πλήζουσι τὰν Κύπριν ἀπὸ τοῦ καλλινάου Κηφισοῦ ῥοὰς ἀφυσσαμέναν πνεῦσαι μετρίας ἡδιπνόους αὔρας κατὰ χώρας. Sic autem initium hujus antistrophes constituit Porsonus :

Τοῦ καλλινάου τ' ἀπὸ Κηφισοῦ ῥοάς
Τὰν Κύπριν κλήζουσιν ἀφυσ-
σαμέναν, χώρας καταπνεῦσαι, &c.

et observat in notâ : " τοῦ omittunt edd. pleraeque, habent A. Schol. " Deinde ἀπὸ ex A. Brunckius, ut et ῥοάς ex ejusdem suprascriptâ " lectione. (832.) Duplicavi σ, quod in choricis licet." " ἐπὶ—ῥοαῖς, vulgò. ῥοάς, acc. plu. Porson. Quidni ῥοάς, gen. sing. P.

842. Πῶς οὖν ἱερῶν ποταμῶν ἢ πόλις—] Quomodo igitur sacrorum fluviorum aut urbs, ἢ χώρα φίλων, aut regio amicorum, [Athenas intelligit, quae alluuntur à sacris fluviis Cephiso et Ilisso, et regionem Atticam,] πόμπιμος ἕξει σε, deducens excipiet te, τὰν παιδολίτειραν, τὰν οὐχ ὁσίαν ; interfectricem liberorum et impiam ? σκέψαι

μετ' ἄλλων πλαγὰν τεκέων, considera und cum aliis caedem liberorum, &c. Ingeniosè conjicit doctissimus Frid. Jacobs pro μετ' ἄλλων scribendum μετ' ἀστῶν, ut jungatur cùm ἕξει, et sensus sit, quae regio civibus suis te ascribere poterit? Animad. in Eur. Trag. p. 25. Hanc Jacobsii conjecturam observatu dignam putavit Porsonus.

"848· —αἴρει.] αἰρεῖ dedit Porsonus pro αἰρῇ· secundum quem αἰρῶ est fut. 1. per crasin pro αἴρω vel ἀερῶ ex ἀείρω· quae contracta sunt in αἴρω, f. ἀρῶ· suscipio, &c. αἰρεῖ, fut. 1. med. 2. pers. sing. Elmsley praefert αἴρει, praes. ind. med. 2. pers. sing. Att. ab αἴρω, αἴρομαι· quod Porsòn tolerat; et recepi. P.

849. —πάντες] Vide canonem Dawesianum (ut benè exprimitur à Porsono ad Hec. 515.) citatum suprà ad v. 386. Barnesius idem ferè observarat ad Eur. Alcest. 384. (390.) Vide Brunckium quoque ad Soph. Antigon. 926. 986. et ad Soph. Electr. 399. Conf. quae idem vir acutus disseruit de masculino duali, quum sermo est de feminis, ad Soph. Electr. 977. Quod autem ad πάντες vulgatam lectionem attinet, pro eo J. Tate legendum proponit πᾶσαι· et Porsonus, qui observavit πάντες πάντως vulgò, et in tribus MSS. πάντως πάντες, edidit bis πάντως, ut duplicatur θανάτῳ suprà 648, (655.) uterque, puto, ut vitetur violatio canonis Dawesiani. Sed mihi vix ulla hîc videtur violatio. Notum est primariam Chori personam, quae apud Tragicos vulgò loquitur, loqui indifferenter vel plurali vel singulari numero, sive Chorus ex viris constet, seu ex feminis; nam Chorus spectatur nunc ut una dramatis persona, nunc ut plures: et, si ex feminis constat, spectari potest nunc ut una femina, nunc ut plures. Totus igitur femininus Chorus loquens, tanquam una femina, de se, si usurpat pluralem numerum, usurpet masculinum genus necesse est. " πάντες πάντως, Edin. 5ta. et Elms. et Matth. P.

852. Πῶς δὲ θράσος—] Admodum explicatu difficilis est haec 193. Antistrophe; nec placent ullae, quas viderim, criticorum hariolationes. Conemur aliquid et nos. "In re desperatâ," ait Porsonus "paullò plus audaciae condonandum est." Vulgaris lectio sic forsan ordinanda: Πῶς δὲ ἢ θράσος φρενὸς [ἔσται σοι,] ἢ [πῶς] λήψει τέκνων ὅθεν χειρί τε καρδίᾳ, προσάγουσα δεινὰν τόλμαν; Quomodo verò aut animi confidentia erit tibi? aut quomodo prehendes liberos tuos manu, atque ex animo, infandam adhibens audaciam? Πῶς δὲ—προσβαλοῦσα ὄμματα τέκνοις—σχήσεις ἄδακρυν μοῖραν φόνου; Et quomodo, oculis in filios conjectis, tenebis sortem caedis lacrymarum expertem? Παίδων πιτνόντων ἱκετᾶν, οὐ δυνάσει τλάμονι θυμῷ τέγξαι χέρα φοινίαν i. e. ἐν φόνῳ. Liberis supplicibus cadentibus,—non poteris audaci animo tingere manum caede. Pro Σχήσεις; φόνον— Porsonus dedit Σχήσεις φόνου; quod certè multò melius. " μοῖραν φόνου, ut μοῖραν θανάτου, infra v. 983. P.

863. Οὔ τ' ἂν ἁμάρτας τοῦδέ γ',] Ita Porsonus edidit, scil. τ' pro ται, non ut possit elidi dipthongus in ται, sed per crasin vocalem in ἂν longam efficit.

866. —τὰς δ' ἐμὰς ὀργὰς φέρειν Εἰκός σ,—] Ita Brunckius dedit.

867. —ὑπείργασται—] praestita sunt—Hoc verbum, vulgò deponens, sumitur hîc sensu passivo.

873. Γήμας τύραννον,] ducens puellam regiam. τύραννος, ὁ, ἡ.

876. —οἶδα δὲ χθόνα φεύγοντας ἡμᾶς,] Angl. I am sensible that we fled from the Thessalian land.—Ita Barnesius et Musgravius.

Malè, ut opinor. De se solâ loquitur Medea, et in plur. masc. [Vide suprà ad v. 849. et 386.] Vertas igitur: *Navi autem me fuget hanc terram, et indigere amicis.* Vide infrà ad v. 930.

878. —*ἠσθόμην—ἔχουσα,*] Vide suprà ad v. 26.

194. 885. —*οἷον ἐσμὲν, οὐκ ἐρῶ κακόν,—*] Sic Virg. Aen. iv. 569. *Varium et mutabile semper femina.*

900. *Χρόνῳ—*] *tandem, post longum tempus—*

902, 903. *Κἀμοὶ κατ' ὄσσων—*] Constructio est : *Καὶ χλωρὸν δάκρυ καθωρμήθη [ἀπ'] ὄσσων μοι. Et tenera lachryma erupit ex oculis mihi. Καὶ μὴ προβαίη—Atque utinam, non evadat, majus malum, quam nunc est!* "*κατ' ὄσσων.* P.

905. —*ὀργὰς—ποιεῖσθαι—*] *iras concipere—* [Vide Vol. I. ad p. 130. n. 4.] *πόσει γε παρεμπολῶντι ἀλλοίους γάμους, in maritum saltèm qui alienas nuptias comparat.*

907. —*μεθέστηκεν—*] Tempus quod vocant praes. perf. et subauditur pron. reciprocum. Vide Vol. I. ad p. 3. n. 7.

908. —*ἀλλὰ τῷ χρόνῳ,*] *sed serò.*

195. 918. *Αὕτη,*] Reiskius ; quod recepit Porsonus.

924. *Γυνὴ δὲ θῆλυ, κἀπὶ δακρύοις ἔφυ.*] *Mulier verò est naturâ molle aliquid, et ad lacrymas proclive.* MUSGRAVE. Vide suprà ad v. 885. et ad Oed. Tyr. v. 9. p. 113.

929. —*μεμνήσομαι.*] Hâc formâ hujus verbi, ab Homero etiam adhibitâ Il. χ, 390. semper utuntur Tragici, *μνησθήσομαι* nunquam. Idem dici potest de *κληθήσομαι* et *κεκλήσομαι.* Sed *βληθήσομαι* et *βεβλήσομαι* promiscuè usurpant. PORSON. '*μνησθήσομαι, mentionem faciam,*—unice huic loco convenit. MATTHIAE. P.

930—933.] Constructio est: *Ἐπεὶ δοκεῖ τυράννοις γῆς ἀποστεῖλαί με, καὶ τάδε* [scil. *τὸ ἀποσταλῆναι ταύτης τῆς γῆς*] *ἐστὶ λῷστά μοι, ὅπερ γιγνώσκω καλῶς, καὶ τὸ μὴ ναίειν ἐμποδὼν σαί τι, τοῖς τε κοιράνοις χθονὸς, (ἐστὶ λῷστα,) κ. τ. λ.* JAC. TATE.

943. —*ἃ καλλιστεύεται—*] h. e. *ἃ τῶν νῦν νῦν ἐν ἀνθρώποις ὄντων κατὰ πολὺ κάλλιστά ἐστι.* VALCKENAER.

197. 977-8. *Θήσει—*] Porsonus edidit, *Θήσει τὸν 'Αιδα κόσμον αὐτά γ' ἐν χεροῖν λαβοῦσα.* "'*Αιδης* vel '*Αδης, δου,* '*Αιδας* vel '*Αδας, δα,* Dor. P.

980. *Χρυσεότευκτον—*] Hic versus non omninò cum strophico congruit. Scio quàm periculosum sit nova verba confingere, sed analogiae conveniret *χρυσεόπλεκτον.* PORSON. "*χρυσότευκτόν* τι Elmsley. P.

982. —*ἕρκος*] *rete.* Hom. Od. χ, 469, &c. MUSGRAVE.

984. *Προσλήψεται—*] Porsonus dedit :

> *Προσλήψεται δύστανος, ἄ-*
> *ταν δ' οὐκ ὑπεκδραμεῖται.*

" *ὑπεκφεύξεται* edd. MSS. quod," inquit, " metrum apertè vitiat. " Dedi *ὑπεκδραμεῖται,* quod non semel occurrit apud Euripidem. " Alterum facilè pro interpretatione irrepere potuit."

988. *Παισὶν οὐ κατειδὼς—*] Dixerat Jason, v. 582. se ideò Creontis filiam ambire, ut liberis ex Medeâ genitis lautioris vitae subsidia compararet. Id igitur consilium quia ipsis in exitium versurum erat, meritò hîc exclamat Chorus: *at tu nescius Pueris exitium*

les facultates paras. βιοτὰν, opes, facultates, ut *βίοτον* v. 1098. et v. 1104. MUSGRAVE.

991. —*μοίρας ὅσον παροίχει.*] *quantum calamitatis ignoras!* " i. e. praeteris. P.

1000. —*τἀκεῖθεν*] *indè,* i. e. *κατὰ τὰ πράγματα ὄντα ἐκεῖθεν.*

1002. *Τί συγχυθεῖσ' ἕστηκας,*] Angl. *Why dost thou stand con-* 198. *founded?*

1004. —*Τάδ' οὐ ξυνῳδά*—] Angl. *These things do not accord with,* &c.

1005. —*Μῶν τιν'*—] Constructio est: *μῶν οὐκ οἶδα ἀγγέλλων τινὰ τύχην, δ' ἐσφάλην δόξης; An aliquem casum insciens nunciavi, et opinione frustratus sum? οἶδ' ἀγγέλλων,* Graecismus tironibus satis notus. *ἐσφάλην, erravi, frustratus sum,* aor. 2. pass. in sensu med. *σφάλλω, supplanto: σφάλλομαι,* in voc. med. *erro, titubo. δόξης*— scil. *τοῦ ἐμὲ εἶναι εὐάγγελον.* Vide Vol. I. ad p. 24. n. 2.

1011. —*κάτει τοι καὶ σὺ πρὸς τέκνων ἔτι.*] Pulcherrima est conjectura Musgravii, qui, pro *κρατεῖς τοι καὶ σὺ,* proponit *κατάξῃ καὶ σὺ*—i. e. *Bono es animo; reducta eris et tu in patriam à liberis.* Nam ita esse sensus hujus verbi apparet ex Thucydide aliisque Historicis. Laudat Musgravii conjecturam Porsonus; sed edidit— *κάτει τοι καὶ σὺ πρὸς τέκνων ἔτι. Certè redibis ab exilio olim à liberis tuis deducta.* Et observat, voces *κατιέναι, κατέρχεσθαι* hoc sensu saepissimè usurpari. "*κατάξω* hic est *ad inferos deducam.* PORSON. Aliter, *in patriam,* vel *locum, reducam.* P.

1015. *Δράσω τάδ'.*] Locutionis formula apud poëtas Tragicos usitatissima ad denotandum obsequium loquentis. Vide suprà v. 187. et alibi passim.

1037. *Τί προσγελᾶτε τὸν πανύστατον γέλων ;*] *Cur arridetis ex-* 199. *tremo risu?* [Vide suprà Vol. I. ad p. 31. n. 11.] Caeterùm hîc in personâ Medeae repraesentandâ summi poëtae ingenium mirè elucet.

1040. *Οὐκ ἂν δυναίμην*] *Non possem* consilium meum exequi: "*χαιρέτω—valeant, abeant, consilia*— P.

1045. *Καί τοι τί πάσχω ;*] Angl. *And yet what is my situation?*

1047. —*ἀλλὰ τῆς ἐμῆς κάκης.*] *Sed meae erat ignaviae, etiam animo protulisse molles sermones.* "*κάκη,* substant. *ignavia,* &c. P.

1049. —*ὅτῳ δὲ μὴ*—] *Cuicunque verò non licet adesse meis sacrificiis, ipse viderit: non autem dextram meam hebetabo.* [Ad verbum:— *dextram meam non corrumpam* misericordiâ; ut pulchrè vidit et interpretatus est Musgravius.] Atrox autem mulier statim misericordiâ movetur, et animum suum alloquens haec addit: *μὴ δῆτα, θυμέ, κ. τ. λ.*

1059. *Ἡμεῖς—ἅπερ*] De seipsâ loquens utitur plur. masc. ut expositum fuit suprà, ad v. 849. et 386. De Oedipo loquens Euripides, Phoen. 34. hac phrasi utitur:—*τοὺς φύσαντας ἐκμαθεῖν θέλων, parentes explorare volens.* Ad quem locum ita eruditissimus Valckenarius, "*Parentes,*" inquit, "plus semel Sophocli, sed apud " Euripidem, quod meminerim, alibi nuspiam vocantur *φύσαντες·* " *pater* ipsi *φύσας, mater* nunquam *φύσασα* dicitur vel *φυτεύσασα·* " hujus appellationis honorem *μισογύνης* cum muliere communica- " tum noluit; quae secundum Euripidem tanquam *humus* conside- " rabatur, &c." Lectionem igitur praefert à Strabone conservatam, xvi. p. 1105. c. *τοὺς τεκόντας.* Sed, "Me quidem," inquit Porso-

-ᾱus, " ne hoc reciperem, deterruit locus Med. 1059. (1071.) ubi
" Medea de se solâ verbum ἐξεφύσαμεν adhibet." At si Medea de
se verba faciens adhibet genus masculinum, (quod necessariò facit
plurali nûmero utens,) quidni etiam adhibeat verbum, quod maribus
solùm conveniat? Immò genus hoc locutionis id omninò postulare
videtur.

1063. Ἀλλ', —εἶμι γὰρ—] i. e. Ἀλλὰ διὰ τί οὐ; γάρ, &c. Sed
cur non? ego enim vadam miserrimam viam,—

200. " 1069: ἀλλ' ἐκεῖ·] sed illic: i. e. apud mortuos. At v. 1054. in
exilio. P.

1072. —οὐκέτ' εἰμὶ—] οἷα τε προσβλέπειν ἐς ὑμᾶς,—Vid. VoL
I. ad p. 5. n. 6.

1075. Θυμὸς δὲ—] Sed ira est potentior, &c. " i. e. ut intelligo,
causa, quae movet et regit. P.

1077. Πολλάκις—] Chorus de incerto liberorum in hâc vitâ
successu agit, conjugiique et coelibatûs commoda inter se confert.
BARNES.

1079. —ἢ χρὴ—] Ita optimè 1 MS. Bib. Reg. Par. Caeteri, ut
vulgò, εἰ χρή. Saepe jam per subtiliores sermones ivi, et ad certamina
majora veni, quàm quae convenit genus muliebre investigare. MUS-
GRAVE. ἀλλὰ γάρ ἐστιν Μοῦσα καὶ ἡμῖν, ἣ προσομιλεῖ Σοφίας ἕνε-
κεν· sed enim est et nobis Musa, quae nobiscum versatur Sapientiae
causâ: πάσαισι μὲν·οὔ· omnibus quidem non versatur: γὰρ παῦρον
δὴ γένος ἐν πολλαῖς ἴσως ἂν εὕροις τὸ [γένος δηλονότι] γυναικῶν
οὐκ ἀπόμουσον. namque exiguum sane numerum in multis forsan inve-
nies—numerum scilicet mulierum—non alienum à Musis. " γάρ ἔστιν,
Med. Porson. et inde Edin. quae non pauca de encliticis habet à vul-
gatis diversa. P.

201. 1097. —θρέψουσι—] θρέψουσι ediderunt Brunckius et Porsonus.
Vide Dawes. Misc. Crit. pp. 227. 228. " pro θρέψωσι. P.

1104. Καὶ δὴ γὰρ ἅλις βίοτόν θ' εὗρον,—] Esto enim, victum
affatim invenerunt, et corpora liberorum ad puberem aetatem pervene-
runt, et hi frugi facti sunt: εἰ δὲ οὗτος δαίμων κυρήσει—θάνατις
φροῦδος προφέρων σώματα τέκνων ἐς 'Αιδαν. si autem hicce daemon
occurrat, Mors scilicet, et evanidus ferat corpora liberorum ad Plutona.
Πῶς οὖν λύει, [i. e. λυσιτελεῖ, ut suprà v. 566.] θεοὺς, πρὸς τοῖς
ἄλλοις, ἐπιβάλλειν θνητοῖσι τήνδ' ἔτι ἀνιαροτάτην λύπην ἕνεκεν
παίδων; Ubi notandum πρὸς cum dat. significare Angl. in addi-
tion to.

1105. Σώματά θ' κ. τ. λ.] Σώματά θ' ἥβην εἰσῆλθε τέκνων.
Propter numeros sedem praepositionis mutavi et ἀναστροφὴν feci,
qualis est suprà 105. PORSON. " Pro εἰς ἥβην ἦλθε. P.

1114. Καραδοκῶ τἀκεῖθεν, οἷ προβήσεται.] Anxiè expecto ab illâ
parte, quò evasura sint. δέδορκα, praes. perf. Angl. I see.

1116. —πνεῦμα τ' ἠρεθισμένον.] Mutavi distinctionem, et pro
δείκνυσι δ' dedi δείκνυσιν,— PORSON.

1120. Λιποῦσ'—] Quid sibi velit λιποῦσα, non video. Forsan
αἰτοῦσα, petens. Nemo enim tibi vel navim vel currum commodabit.
JORTIN. Stare potest λιποῦσ', nec omissâ navi, nec curru: ait enim
omnigenis vehiculis opus fore. T. YOUNG. " ναΐαν ἀπήνην, nava-
lem currum, i. e. navem. Interp. P.

202. 1127. —τυράννων ἑστίαν ἠκισμένη,] quae cum injuriâ efficiendos
curaveris lares regios. ἠκισμένη, perf. part. pass. in sensu med. ut

saepè fit apud Scriptores Graecos. Sic Xen. Cyr. Lib. vi. haud longè. ab init. c. i. 14. ἀνακεκομισμένοι εἰσὶν εἰς ἐρύματα, ea [τὰ ἐπιτήδεια scil.] *in munitiones subvehenda curârunt.* Ibidem lib. vii. p. 529. Edit. Hutch. in 4to. c. v. 29. ἤδη ἑστηκότα αὐτὸν καὶ ἐσπασμένον ὃν εἶχεν ἀκινάκην εὑρίσκουσι. Angl. *and they find him now standing, and having drawn his scimitar which he used to wear.* Vide Kuster. de Verbb. mediis. i. 56.

1131. *Λέξον* &c.] Scribendum è codice Flor. *Λέξον δ' ὅπως* pro λέξον δὲ πῶς. VALCKENAER; quod recepit Porsonus.

1137. —νεῖκος ἐσπεῖσθαι τὸ πρίν.] *diremisse priorem vestram discordiam.* σπένδω, *libo,* σπένδεσθαι, in voce med. *libare inter se:* quod facere solebant foedus mutuò inituri; inde significabat id quod est Latinè, *foedus inire, icere, vel ferire;* item *pacisci, amicitiam inter se contrahere,* &c. νεῖκος σπένδεσθαι est *litem* vel *discordiam dirimere,* quasi mutuò libando. Perf. autem pass. hîc sumitur in sensu med. uti suprà.

1140. *Στέγας—*] Suppl. εἰς.

1142. —τέκνων δῶν—ξυνωρίδα,] Supra v. 1133. dicuntur τέκνων δίπτυχος γονὴ, *tuorum liberorum gemina soboles.* Et eadem phrasis extat Phoeniss. v. 1092. (1101.) Συνωρὶς autem *par quodvis* sonat. BARNES. " *par tuorum liberorum.* Interp. P.

1152. —ἐμὴν χάριν.] Suppl. εἰς· in *meam gratiam.* Exempla occurrunt passim.

1154. *Ἀλλ' ἤνεσ' ἀνδρὶ πάντα.*] *Sed assensa est viro in omnibus.* καὶ πρὶν πατέρα καὶ παῖδας ὅθεν ἀπεῖναι [κατὰ] μακρὰν [ὁδὸν,] —Syntaxis nota tironibus.

1161. —παλλεύκῳ ποδὶ,] *Pedem album* dixit Eur. de pede albis calceis ornato. Erant autem albi calcei mulieribus proprii, teste Polluc. vii. 92. Arnald. Animadvers. p. 20. Edit. Lips. 1788. " Som- " niâsse videtur Arnaldus : nam ut caetera taceam, Pollux non mu- " lieribus sed meretricibus albos calceos tribuit." T. YOUNG. " τένων, *cervix,* Musgr. *pes,* Elms. Vide Phoen. 42. Bacch. 933. Cycl. 399. P.

1166. —καὶ μόλις φθάνει—] μὴ πεσεῖν χαμαὶ, Angl. *and with difficulty prevents herself from falling on the floor,* [Vide Coll. Gr. Min. ad p. 38. n. 8.] ἐμπεσοῦσα θρόνοισι, *by falling into a seat.* " λεχρία πάλιν χωρεῖ, *obliqua retro cedit.* Interp. P.

1169. —Πανὸς ὀργὰς,] Hinc *Πανικὰ δείματα.* BARNES. [Vide Vol. I. p. 330.] ἢ τινος θεῶν, hoc est, ἢ τινος ἄλλου θεοῦ, ut loquuntur optimi Scriptores. ARNALDUS.

1171. —ὀμμάτων τ' ἀπὸ—] Est hoc loco tmesis, pro ἀποστρέφουσάν τε κ. ο. *et pupillas oculorum retorquentem.* HEATH.

1173. *Εἶτ' ἀντίμολπον—*] Angl. *then she* [γεραιὰ scil.] *uttered a dreadful lamentation responsive to her former shriek.* " ἀντίμολπος, *sono diversus.* Interpretes. P.

1174. —εὐθὺς δ' ἡ μὲν—ἡ δὲ—] *Statim autem alia quidem—alia verò—*

1177. —δρομήμασιν.] Scripsi cum Porsono δρομήμασιν.

1178. *Ἤδη δ' ἀνέλκων—*] Ordo est: *Ἤδη δὲ ταχὺς βαδιστὴς—ἀνέλκων κῶλον ἂν ἥπτετο τερμόνων δρόμου ἐκπλέθρου* *Jam verò velox cursor tollens pedem metam cursûs stadialis* [stadii, sex plethrorum,] *attigisset.* " Vulgò, κῶλον ἔκπλεθρον. Porsonus et alii, ἐκπλέθρου δρόμου· nempe ut spatium temporis definiatur." Scholiastes : *Ἤδη δὲ καὶ ταχὺς βαδιστὴς τὸ ὑπέρμετρον ἑαυτῷ κῶλον ἀνέλκων,*

τῶν τερμόνων τοῦ δρόμου ἀνθήπτετο, ὡς ταχὺς βαδιστὴς ἵππος·
τουτέστιν ἤδη ἡ ταχεῖα νόσος ὀξὺ καὶ ὑπέρμετρον ὑπερβαίνουσα τῶν
μυελῶν αὐτῆς ἀνθήπτετο ὁ δὲ νοῦς, ἤδη δὲ καὶ τὸ πῦρ τῶν ὀστῶν
ἀνθήπτετο, ὡς ταχὺς βαδιστὴς ἵππος ταχέως ἀφίκηται εἰς τον καμπ-
τῆρα.—πλέθρον δὲ ἐστιν μέτρον γῆς· ἔκπλεθρον δὲ, μέγα πήδημα,
καὶ ὑπερβαῖνον πλέθρου μέτρον. " ἂν Ἕλκων—ἀνθήπτετο. ELMS. P.

1180. Ἥ δ' ἐξ ἀναύδου καὶ μύσαντος ὄμματος—] Non opus est ut
cum Barn. legatur ὄμματα. " Aequè enim dicitur μύει ὀφθαλμὸς ac
" ἄνθρωπος τὸν ὀφθαλμὸν μύει. Hom. Iliad. ω, 637." HEATH. Illa
autem ex mutâ, et clauso oculo. Angl. after being for some time silent,
with her eyes closed.

1184. —ἵει—] Ab obsoleto ἱέω, pro quo ἵημι, mitto, est in usu
in imperf. ἵεον, ἵεες, ἵεε· contract. ἵουν, ἵεις, ἵει· uti in τιθέω, et aliis
ejusmodi.

204. 1189. —ἀλλ' ἀραρότως—] Sed aurum [i. e. corolla auro intexta]
firmiter tenebat redimiculum.—" Vinculum. P.

1193. Πλὴν τῷ τεκόντι—] Sensus est : Pater ipse vix potuisset
dignoscere suam filiam, adeo scil. transformata erat.

1198. Γναθμοῖς ἀδήλοις φαρμάκων—] Ita varii MSS. quae Reis-
kius sic reddidit : mandibulis, h. e. dentibus, invisibilibus, s. corro-
sione oculis non observandâ venenorum deliquebant. Ed. Ald. γναθμῶν
ἀδήλοις φαρμάκοις, i. e. ἀπέρρεον γναθμῶν, ἀδήλαις φαρμάκαις. " Ed.
Lasc. γναθμοῖς ἀδήλων φαρμάκων. P.

1206. —γέροντα τύμβον] Alias unico verbo vocant τυμβογέροντα.
BARNES. τύμβους δὲ καλοῦσι τοὺς γέροντας, παρόσον πλησίον εἰσὶ τοῦ
θανάτου καὶ τοῦ τάφου. Schol. Quis me hunc senem capularem te
orbat ?

1218. —ποθεινὴ δακρύοισι—] Angl. a fit subject for tears. Diffi-
cilem vocat Porsonus et impeditam sententiam.

1219. —τὸ μὲν σὸν] Supple σῶμα· vel, ut Schol. τὸ σὸν ἀντι
τοῦ σύ.—Sit autem corpus tuum longè à meo sermone. i. e. Tu autem
statim discedas procul à me. Extemplo capesse fugam. Finitâ nar-
ratione, quam, rogante Medeâ, percurrerat, undè exorsus fuerat, eò
regreditur. Μήδεια, φεῦγε, φεῦγε, κ. τ. λ. Γνώσει γὰρ— Et nihil
opus est, ut ego tibi locum ad perfugiendum monstrem; nam tu
ipse, &c.

205. 1224. μεγίστην μωρίαν ὀφλισκάνειν.] Angl. —are guilty of the
greatest folly. Vide suprà ad v. 581.

1225. Θνητῶν γὰρ οὐδείς—] Locus communis : Sic Iph. A. 161—
163. Oed. Tyr. 1528—30. JAC. TATE.

1226. Ὄλβου δ' ἐπιρρύεντος,] Opibus verò affluentibus,—Notandum
ἐπιρρύεντος part. aor. 2. pass. in sensu med. [et in verbis intransiti-
vis vox act. et med. saepe usurpantur sine discrimine,] à verbo obso-
leto ῥυέω, pro quo ῥέω, fluo. Aor. 2. formâ pass. à ῥυέω, saepe occur-
rit. Sic Herodot. viii. 138. ποταμὸς ἐρρύη. συρρύεω occurrit in
plusq. act. Xen. Anab. p. 362. edit. Hutch. 4to. V. ii. 3. εἰς τοῦτο πάν-
τες συνερρυήκεσαν,—confluxerant. Vide Coll. Gr. Min. ad p. 38. n. 8.
et de Aor. vide Vol. I. ad p. 19. n. 6. et ad p. 7. n. 10.

1236. —φονεῦσαι—] interficiendos— Vide Coll. Gr. Min. ad p. 6.
n. 5. " Viger. V. iii. 4. 7. P.

1236.] Delevi cum Porsono e Valckenarii sententia duos versus,
qui sequebantur, ex praecedentibus 1058. 1059. repetitos.

1237. *Τί μέλλομεν—μὴ πράσσειν—*] *quid cunctamur facere?* μὴ abubdat Atticè. Vide Vol. I. ad p. 43. n. 4.

1241. *—μηδ᾽ ἀναμνησθῇς τέχνων,*] ὡς φίλταθ᾽ [ἐστί σοι,] i. e. μηδ᾽ ἀναμνησθῇς ὡς φίλτατα τὰ τέχνα ἐστί σοι. [Graecismus tironibus notus.] Angl. *Nor do thou remember how thy children are to thee the dearest of all things, ὡς ἔτιχτες, since thou didst bring them forth.*

1246. *Ἰὼ Γᾶ τε*] Musgravio hanc Strophen et Antistrophen, partim ex MSS. partim conjecturâ, ita constituendas visum est, ut sibi invicem convenirent.

1252. *—ἔβλαστεν—*] Dawesius canonem paullò temeriùs, ut 206. solet, statuit, nullam syllabam à poëtâ scenico corripi posse, in qua concurrant consonantes βλ, γλ, γμ, γν, δμ, δν. Haec regula, plerumque vera, nonnunquam ab Aeschylo, Sophocle, Aristophane violatur, ab Euripide, credo, nunquam. In Med. 1252. (1266.) si tamen sanus est, Choricae licentiae concedendum ἔβλαστεν. PORSON. Hec. 302. *—ἔβλαστεν—τέχνα* scil. Aliter tamen censet Heathius, et putat Medeam ipsam, non liberos, hîc intelligi; sed, ut videtur, rationibus nimis argutis.

1256. *—Ἐριννὺν ὑπ᾽ ἀλαστόρων,*] *furiam à malis daemonibus* agitatam. Medeam scil. Angl. *this frantic fury!*

1259. *—κυανεᾶν—*] Dor. genit. Vide supra ad v. 2.

1262. *Δειλαία, τί—*] Pro vulgari δειλαία, τί—lego, sublatâ interrogationis notâ, δείλαιόν τι. *Miserum quiddam tibi accidit gravis haec ira.* Juvat autem metrum non minùs quam sensum haec emendatio. MUSGRAVE. Metri nihil interest, producitur enim illud α. T. YOUNG.

1265. *Χαλεπὰ γὰρ—*] Ordo est: γὰρ ὁμογενῆ μιάσματα χαλεπὰ [ἐστὶ] βροτοῖς· *Nam scelera caedis cognatorum dira sunt hominibus;* ξυνῳδὰ ἄχη θεόθεν πιτνοῦντα ἐπὶ γαῖαν ἐπὶ δόμοις αὐτοφόνταισι. *justi (consoni) dolores caelitùs cadentes in terram in domus interfectoribus* (interfectorum.) [" Fors. nominat. absol. Gr."] Porsonus edidit:

Χαλεπὰ γὰρ βροτοῖς ὁμογενῆ μιάσματ᾽·
Ἐπὶ γαῖαν αὐτοφόνταισι ξύνῳ-
δα θεόθεν πιτνοῦντ᾽ ἐπὶ δόμοις ἄχη.

"ξυνῳδὰ reddendum videtur, εἰκότα, δίκαια. PORSON. P.

1268. *—Οἴμοι τί δράσω;*] Pueri audiuntur exclamantes extra scenam. *Ne pueros coram populo Medea trucidet.* Hor. Art. Poët. 185.

1272. *Παρέλθω δόμους;—*] Mallem sine interrogatione: *accedam in aedes. Let me go,* &c.

1276. *—ὡς ἄρ᾽ ἦσθα πέτρος,*] *quàm es saxum.* ἦσθα, vel ἦς, idem hîc quod εἶς. Vide Vigerum, Edit. i. Zeunii, p. 210. 232. V. iii. 11. vi. 7. Confer Hor. Lib. i. Od. 37. prope init. ubi *erat* occurrit pro *est.*

1277. *—ἅτις—*] *quae prolem, quam peperisti, parricidali modo occides.* Nam ἄροτον τέχνων est *proles.*

1280. *Γυναῖκ᾽—*] Porsonus effecit versum qualis est 1271. sic, 207. Γυναῖκ᾽ ἐν φίλαις χέρα βαλεῖν τέχνοις.

1281. *Ἰνὼ μανεῖσαν—*] Variè narratur Inûs historia. Sed hoc loco Poëta eam sequi videtur, quae est apud Apollodorum, Lib. iii. c. 4. MUSGRAVE. Conf. Ovid. Met. Lib. iv. 416—529.

1283. —φόνῳ τέκνων δυσσεβεῖ,] caede liberorum impia, i. e. dum liberos impiè trucidabat, τείνασα πόδα ὑπὲρ ποντίας ἀκτῆς, pedem supra marinum littus extendens— Vel, uti reddidit Buchananus, progressa littus ultra, in aequor decidens.

1294. —αἰθέρος βάθος,] Sic celeberrimus Tho. Gray; Progress of Poesy : —the azure deep of air.

1299. Κείνην μὲν,—] Illam quidem, quos laesit, punient. Ἔρξειν, supple κακῶς. ἔρξουσιν pro ῥέξουσιν, à ῥέζω, facio. δράω, vel ῥέζω τινά κακῶς, laedo vel punio aliquem.

1301. Μή μοι τὶ δράσωσ' οἱ προσήκοντες γένει,] i. e. μή οἱ προσήκοντες γένει [τῇ νύμφῃ scil.] δράσωσι τι [αὐτοὺς—παῖδας nempè.] —μοι autem dicitur à grammaticis παρέλκειν Atticè.—[Vide Vol. I. ad p. 56. n. 5.] ἐκπράσσοντες ἀνόσιον μητρῷον φόνον, vindicantes impiam caedem à matre eorum patratam.

208.   1318. Τοιόνδ' ὄχημα—] Haec referenda ad fabulam, quae Medeam, junctis ad currum draconibus, ex avo Sole patri Aeētae datis, per aërem avectam aufugisse narrat. Barnes. ἐπὶ ὕψους γὰρ παραφαίνεται ἡ Μήδεια, ὀχουμένη δρακοντείοις ἅρμασιν, καὶ βαστάζουσα τοὺς παῖδας. Schol.

1334. —ἀνδρὶ τῷδε,] huic viro. Seipsum intelligit. Vide suprà ad Oed. Tyr. v. 534. p. 129.

1340. Σκύλλης—] Vide suprà ad p. 65. v. 85.

209.   1344. —πάρα—] Hic pro πάρεστι.

1348. Μακράν γ' ἂν—] Ita Br. et Pors.

1351. Σὺ δ' οὐκ ἔμελλες—διάξειν—] Angl. Thou wast not to lead— Vide Vigerum, de verbo μέλλω, Cap. V. Sect. viii. Reg. 7.

1359. —λύει δ' ἄλγος,] λύει pro λυσιτελεῖ. Vide suprà ad v. 566. "Interpretantur Viri docti per λυσιτελεῖ, neque ego repugno. "Potest tamen etiam significare, minuit, levat meum dolorem, ni tu "non irrides." Porson. qui mox edidit μὴ 'γγελᾷς.

1363. —νεοδμῆτες γάμοι.] νεοδμῆτες Ald. νεόδμητοι Lasc. Utrumque rectum, sed illud facilius in hoc, quàm hoc in illud mutatur. Dicunt Attici sine discrimine, ἀμβλώψ, ἀμβλωπός, γοργώψ, γοργωπός, φλογώψ, φλογωπός, ἀδμής, ἀδμητος, ἄζυξ, ἄζυγος, νεόζιξ, νεόζυγος, (quin et νεοζυγής,) εὐκράς, εὐκρατος, et similia. Porson.

1368. Οἵδ' εἰσὶν, οἷμαι,—] Capiti imminebunt vindices umbrae tuae. Buchanan.

210.   1376. —Ἀκραίας θεοῦ,] Ἡραια πένθιμος ἑορτὴ παρά Κορινθίας. Ἀκραία δὲ εἴρηται παρά τὸ ἐν ἀκροπόλει ἱδρῦσθαι. τέλη δὲ λέγει τὰ μυστήρια καὶ τὰς τελετάς. Schol. "Promontorium est adversus Sicyonem, Junonis quam vocant Acraeam,—Livius, xxxii. 23. Elmsley. P.

1381. —εἷμι—] Vide Vol. I. ad p. 50. n. 5.

1384. Ἀργοῦς κάρα σὸν λειψάνῳ—] Ἱστορεῖται Ἰάσων τέλει ταύτῳ χρήσασθαι· κοιμώμενον γὰρ αὐτὸν ὑπὸ τὴν Ἀργὼ καταβακχθεῖσαν ὑπὸ πολλοῦ χρόνου, μέρος τι ταύτης ἐκπεσὸν κατά τῆς κεφαλῆς ἔκρουσεν. Ἀργοῦς—λειψάνῳ λέγει, ἀντὶ τοῦ μέρει τινὶ τῆς Ἀργοῦς. Schol. λειψάνῳ Ἀργοῦς, Angl. with a remnant or fragment of the Argo.

1389. —ξειναπάτα ;] Dor. gen. pro ξειναπάτου, à nominat. ξειναπάτης, hospitum deceptor.

1393. Οὔπω θρηνεῖς· μένε καὶ γήρασα'.] Proponit Branckius Οὔπω θρήνει· γῆρας σε μένει. "Vulgatum θρηνεῖς," inquit, minus

" commodum sensum praebet, et clausula μένε καὶ γῆρας [lectio in
" priore editione] metro adversatur." Nimirum ας brevis est et τὴν
συνάφειαν violat. [Vide supra p. 89. Notarum.] Sed Οὔπω θρήνει non
est Graecè loqui : οὐ negat, μὴ vetat et prohibet. Est quidem ubi
μὴ vicem particulae οὐ videtur obtinere ; sed id non potest esse
hujus loci, et purus sermo postulâsset, ut Brunckii conjectura esset,
Μή πω θρήνει· γῆράς σε μένει. " γῆρας, edd. MSS. contra metrum.
" Copulam ejicere vult Heathius, sed paroemiacus malè adhiberetur,
" ubi personae singulos versus alternis loquuntur.   Brunckius primò
" edidit, οὔπω θρήνει, qui soloecismus est: deinde γῆράς σε μένει,
" quasi iste hiatus tolerari posset. Addidi literam, [μένε καὶ γηρασκ'.
" mane et senesce.] Subauditur talis sententia, καὶ τότε θρηνήσεις."
Porson.

1395. —ἔκτας ;] Dor. pro ἔκτης, ab inusitato κτῆμι, interficio.

1398. —φιλίου χρῇζω στόματος—προσπτύξασθαι.] i. e. ut Porso-
nus, ὥστε προσπτύξασθαι, vel ut Jac. Tate, εἰς τὸ π. Angl. I long
for that dear mouth, to kiss and embrace. Mirum est hanc construc-
tionem torsisse atque elusisse Brunckium.

1405. —πάρα,] ut suprà ver. 1344.

1410. ὄφελον,—] quas utinam Nunquam ego genuissem, abs te ut 211.
caesos Cernere cogerer—Buchanan.   Vide sup. ad v. 1. "ὄφελον, pro
ὤφελον, Elmsley, ob metrum : qui et Πρὸς σοῦ restituit, cum
Matthiae. P.

1412. Πολλῶν ταμίας Ζεὺς—] Hac sententiâ, satis quidem tritâ,
Chorus pulcherrimum hocce drama concludit ; quae est itidem con-
clusio Alcestidis, Andromaches, Baccharum, et Helenae ; uti obser-
vavit Barnesius. Vide etiam Iph. A. 1610, 11.

NOTAE PHILOLOGICAE

AD

EXCERPTA EX POETIS BUCOLICIS.

I. NOTAE IN THEOCRITUM.

215. * .E Theocrito.] Theocritus, filius Praxagorae ac Philinae, et princeps Poëtarum Bucolicorum, natus est, ut vulgò putatur, Syracusis in Siciliâ ; et floruit temporibus Ptolemaei Philadelphi Aegypti regis, qui regnare occepit circa Olymp. cxxiv. ante Chr. N. 283. Tradunt tamen nonnulli eum filium fuisse cujusdam Simichi aut Simichidae ; vel ipsum potiùs Simichidam, quia simus erat, interdùm dictum fuisse. Sed hoc nullis firmis argumentis nititur. [Vide Argum. Idyll. iii. et Fab. Bib. Gr. edit. Harles. Vol. iii. p. 766.] Neque eum Coum fuisse, ut alii volunt, nec Chium, ut alii, magis verisimile est: Sed Syracusanum esse confirmatur Epigrammate notissimo, Idylliis ejus plerumque praefixo, quod alii Theocrito ipsi, alii Artemidoro Grammatico adscribunt:

Ἄλλος ὁ Χῖος· ἐγὼ δὲ Θεόκριτος, ὃς τάδ' ἔγραψα,
Εἷς ἀπὸ τῶν πολλῶν εἰμὶ Συρηκοσίων,
Υἱὸς Πραξαγόραο περικλειτῆς τε Φιλίνης·
Μοῦσαν δ' ὀθνείην οὔποτ' ἐφελκυσάμην.

Alius est [Theocritus] *Chius: ego autem Theocritus, qui haec scripsi, Unus ex plebe sum Syracusanâ, Filius Praxagorae et inclytae Philinae: Musam verò alienam nunquam attraxi.*

De vitâ Theocriti admodum pauca memoriae prodita sunt. Praeceptores, Philetam Coum Elegorum, et Asclepiadem Samium Epigrammatum poëtas, habuisse fertur. Κατ' ἐξοχὴν ὁ βουκόλος veteribus dictus, quippe in hoc genere omnium praestantissimus habitus est. Non tamen semper Bucolicus est: nam ex triginta quae reliquit Idylliis decem tantùm rustici sive pastoritii generis habentur. Caetera sunt varii argumenti ; sed omnia poëtam indicant superioris ordinis. Supersunt quoque quaedam elegantissima Epigrammata, quae auctorem habent Theocritum. Scripsit dialecto Doricâ recentiori, et interdum Ionicâ, ut in Idyllio xii: quod tamen doctissimus Daniel Heinsius à Theocrito abjudicat. De Dorismo autem Theocriteo uberiùs disseruit Harlesius in commentatione editioni suae praefixâ. Praeter Theocritum, apud Graecos quoque scripsère quaedam pastoralia carmina venusta et festiva Bion et Moschus,

quae ad nos pervenerunt. Apud Romanos autem imitatorem nactus 215.
est Theocritus elegantissimum Virgilium in Bucolicis ; de quorum
meritis eruditi homines judiciis diversis solent disceptare: Sed de
hac re omnium rectissimè judicium tulisse videntur duo cultissimi
ingenii viri Thomas Warton et Chr. Got. Heyne ; dum uterque, de
carmine Bucolico disserens, plus quidem artis in Virgilio, plus
verò ingenii et naturae in Theocrito invenit. " Virgilio," inquit
Heynius, " elegantiae laudem, dignitatis et doctrinae nemo invide-
" bit ; sed simplicitate et naturali aliquâ venustate rerumque copiâ
" et varietate non minùs cedit Theocrito, quàm ars naturae, quam
" vincere quidem illa operosè in singulari aliquâ re potest, sed in
" summâ rei iners et vana habenda est." Et paulo post : " Hoc
" unum monebo, nisi memineris, in Virgilio plus artis, in Theocrito
" plus nativae elegantiae, esse, non mirari non poteris, cum videas,
" etiam praestantissimos ex hoc genere poëtas recentiorum tempo-
" rum Virgilium maluisse sequi quàm Theocritum. Artis scilicet
" semper facilior imitatio ; naturalem venustatem difficillimè asse-
" quare." [De Carmine Bucol. Eclogis Virg. praefix.] Sic autem
elegantem suam Virgilii cum Theocrito collationem claudit Warto-
nus : " Ut dicam paucis quod sentio. Similis est Theocritus amplo
" cuidam Pascuo, per se satis foecundo, herbis plurimis frugiferis
" floribúsque pulchris abundanti, dulcibus etiam fluviis uvido : similis
" Virgilius Horto distincto nitentibus areolis ; ubi larga florum
" copia, sed qui studiosè dispositi, curáque meliore nutriti atque
" exculti diligenter, olim huc à pascuo illo majori transferebantur."
[De Poësi Bucol. Graec. edit. suae Theocriti prefix. ubi vide plura.]
Caeterùm de poësi Bucolicâ multi scripsère. Est hoc quidem argu-
mentum inter criticos satis tritum. Qui in eo versari cupit, praeter
has ingeniosas Wartoni et Heynii dissertationes, adire potest *Rapin*
*de Carm. Pastoral. Dissert. sur l' Eclogue par Fraguier ; Memoires
de l' Acad. des Inscrip. Tom. II. p.* 132. [" 128. sqq. 4to."] *Pope's
Discourse on Pastoral Poetry. The Rambler,* No. 36. *and* 37 ; auc-
tore Sam. Johnson. Postea autem hicce vir celeberrimus se ini-
quissimum ostendit in hoc genus poëseos in libro suo jucundissimo,
The lives of the English Poets, ad fin. Vitae *Joan. Gay ;* et alibi pas-
sim. De ipso Theocrito vide plura Fabr. Bib. Gr. Vol. iii. p. 764,
sqq. edit. Harles. " L. iii. c. 16. olim 17.

THEOCRITI EDITIONES PRAECIPUAE.

1. Theocriti Eidyllia xviii : una cum Hesiodi Oper. et Diebus, et
Orationibus Isocratis. *Mediolani,* 1493. *in fol.* [Edit. princeps,
quae est rarissima.]

2. ―――― Eclogae xxx.—Sententiae septem Sapientum.—
Theognidis sententiae.—Aurea Carmina Pythagorae, &c. Curâ et
studio Aldi Manucii Romani. *Venet.* 1495. *in fol.*

3. ―――― Eidyllia xxxvi, et Epigrammata xix, &c. edita à
Zachariâ Calliergo. *Romae,* 1516. *in 8vo.* [Vulgò vocatur Editio
Romana, et particulatim describitur à Reiskio in praef. suae edit.
p. xii. sqq.] "Item, *Florent. in aed. Phil. Juntae,* 1515. 8vo. P.

4. ―――― Idyllia, &c. inter Principes Poëtas Graecos Heroici
Carminis, ab Hen. Stephano. *Paris.* 1566. *in fol.*

5. ―――― aliorumque poëtarum Idyllia : ejusdem Epigrammata :

215. Simmiae Rhodii Ovum, &c. cum. Interp. Lat.—Excudebat *Henricus Stephanus*, 1579. *in* 12*mo*.

6. Theocriti, Moschi, Bionis, Simmii, quae extant: Gr. et Lat. cum Graecis in Theocritum Scholiis: Omnia operâ et studio Danielis Heinsii. Accedunt Jos. Scaligeri, Is. Casauboni, &c. Notae et Lectiones. *E Bibliopolio Commeliniano, Heidelbergae*, 1604. in 4to. [Utilis quidem editio. Notandum est priorem Dan. Heinsii, 1603. erroribus scatere; ideoque suppressam fuisse.]

7. ———— Reliquiae, utroque Sermone, cum Scholiis, et Commentariis integris variorum virorum doctorum. Curavit hanc editionem—indicesque verborum Theocriteorum addidit Jo. Jacobus Reiske. *Viennae et Lipsiae*, 1765. 2 *Voll. in* 4to. [Multa secit acutissimus Reiskius in hâc edit. sed eorum non pauca nimis audacter. Vide Vol. I. ad p. 192. n. 7.]

8. ———— Syracusii, quae supersunt, cum Scholiis Graecis, &c.—Accedunt editoris et variorum Notae perpetuae. Epistola Joannis Toupii de Syracusiis, ejusdem Addenda in Theocritum, &c. Edidit Thomas Warton, S. T. B. Coll. SS. Trin. Socius. *Oxonii*, 1770. 2 *Voll. in* 4to *maj.* [Edit. omnium splendidissima; et celeberrimâ Academiâ Oxon. non indigna. Mihi juveni tam felix esse contigit, ut clarissimum editorem, nunc defunctum, noverim, ejusque erga me benevolentiam expertus fuerim. Vir erat summae modestiae; sed inter amicos lepidus, facetus, jucundus: sive in soluto seu adstricto sermone scriptor elegantissimus: in venustatibus Siculi aliorumque poëtarum sentiendis et enarrandis tantum Toupio et Valckenario anteferendus, quantum viris hisce doctissimis in investigandis et dijudicandis veris veterum Scriptorum lectionibus posthabendus.]

9. ———— decem Idyllia, Latinis pleraque numeris à C. A. Wetstenio reddita, in usum Auditorum cum notis edidit, ejusdemque Adoniazusas uberioribus adnotationibus instruxit L. C. Valckenaer. *Lugd. Bat.* 1773. *in* 8vo. [Adnotationes hae in Adoniazusas amplam messem profundae eruditionis, etiam post curas Toupianas in hoc quaque Idyllium impensas, continent.]

10. ———— Reliquiae, Graecè et Latinè; ex recensione et cum animadversionibus Theophili Christophori Harles. *Lipsiae*, 1780. *in* 8vo. [Utilissima sanè editio: sed dolendum est sequentem Valckenarii editionem non nisi seriùs in manus venisse Harlesio, hujus enim textus, ut constitutus fuit ab editore, est, sine dubio, omnium praestantissimus.] "Cum obss. botan. &c. Schreberi. P.

11. ———— Bionis, et Moschi Carmina Bucolica. Graecè et Latinè. Latino carmine pleraque reddita ab Eobano Hesso, nonnulla à G. E. Higtio subjecit, Graeca ex Edd. primis, Codd. et aliunde emendavit, variisque lectionibus instruxit L. C. Valckenaer. *Lugd. Bat.* 1781, *in* 8vo. "1779." [Editio est haec merè critica; et in genuinis lectionibus constituendis ferè solum versata. At in hoc genere vix aliud invenies praestantius.] Editionum autem Theocriti, quarum magnus fuit numerus, amplam enumerationem invenire licet praefixam editioni Harlesii; vel in Fabr. Bib. Gr. Vol. iii. edit. Harles. ubi suprà.

"12. Theocriti, Bionis et Moschi Carmina, Graecè, cum Commentariis integris L. C. Valckenarii, R. F. P. Brunckii, J. Toupii. Edidit L. F. Heindorfius, adjuvante Buttmanno. *Berolini*, 1810. n Vol. 8vo. Textus est Valckenarii. P.

" Eorundem Carmina edita sunt in Poetis Minor. Graec. a Radul- 215. pho Winterton. Gr. Lat. *Cantab.* 1628. 1635. et deinceps. 8vo. Item a Brunck. Gr. in Analectis Vet. Poet. Graec. *Argent.* 1772. 8. T. i. p. 263. P.

. † *Εἰδύλλιον ά.*] *Idyllium I.* Ἰστέον ὅτι Εἰδύλλιον λέγεται τὸ μικρὸν ποίημα, ἀπὸ τοῦ Εἶδος, ἡ θεωρία· οὐκ Εἰδύλλιον παρὰ τὸ Εἴδω, τὸ εὐφραίνω. Ἄλλως. Εἰδύλλιον λέγεται, ὅτι εἶδός ἐστιν, ὁποῖόν ἐστι λόγος. ὑποκοριστικῶς λέγεται Εἰδύλλιον. *Schol.* Eclogae quidem nomen, ut *Idyllii,* haud dubiè Grammaticis debetur. HEYNE. Insignes Veneres, omnésque ferè quas Musa prae se fert Bucolica, complectitur hoc Idyllium. Varietate praecipuè, nec solummodò pastoralium imaginum suavitate, sed et affectuum veritate, commendari videtur. WARTON. In pangendis versiculis cavisse videtur Theocritus, ut pes quartus esset dactylus ; ita ut demptis duobus in fine pedibus tragicum Tetrametrum fiat.—Cujus constructionis sunt omnes Idyllii primi, exceptis viginti et septem. Omnes etiam secundi, praeter novem. Ex hac circumstantiâ concludit Heinsius, illa carmina esse mera Bucolica : cum longè aliús sit carminum cursus in Ptolemaeo, verbi gratiâ, et Charitibus. Hac de re ita etiam statuit Valckenarius, in eruditâ epistolâ ad M. Röverum : " Versum " dactylicum dici debere Bucolicum, si, duobus pedibus postremis " recisis, remaneret tetrameter, qui clauderetur dactylo, terminante " partem orationis, atque adeò Alcmanicus." Porro laudatur Bucolicum carmen, certè numerosius erit, si primo loco sit dactylus, et pedem absolvat. *Idem,* in Diss. de Poës. Bucol. p. 30

Ver. 1. 'Αδύ τι τὸ—] Ordo est : Αἰπόλε, καὶ τήνα ἁ πίτυς, ἁ μελίσδεται ποτὶ ταῖς παγαῖσι, [ἐστὶ] τι ἀδὺ [κατὰ] τὸ ψιθύρισμα· &c. O pastor caprarie, et ista pinus, quae modulatur juxta fontes est jucundum quid quod ad susurrum :— vel, habet quendam jucundum susurrum: et tu quoque suaviter fistulá canis. In Idylliis Theocriti diligenter observent tirones dialectum Doricam : Sic, ἀδύς, &c. pro communi ἡδύς· ἁ pro ἡ. Nam Dores saepissimè mutant η in α. Τῆνος, τήνα, τῆνο, pro ἐκεῖνος, ἐκείνη, ἐκεῖνο, ille, &c. ποτὶ, pro πρός. παγαῖσι, pro πηγαῖς, à παγά, ᾶς, ά, pro πηγή, πηγῆς, ἡ, fons. μελίσδεται, pro μελίζεται, 3. sing. praes. ind. med. verbi μελίζω, Dor. μελίσδω. Solenne est Doribus ponere σδ pro ζ. τὺ est pro comm. σύ [indè Lat. *tu.*] item pro σὲ, in accus. sed hoc rarò. Συρίσδες, pro συρίζεις. Ubi notandum in 2. sing. praes. ind. act. Dor. terminationem esse ες pro εις. in praes. quoque infin. ι eliditur, sic συρίσδεν, pro συρίζειν. Vide infrà ad ver. 13.

4. Αἴκα τῆνος ἕλῃ—] i. e. εἴκε, vel, sequente vocali, εἴκεν, 216 [quod poëticè pro εἰ ἄν] ἐκεῖνος ἕλῃ, &c. ἐς τὲ καταρρεῖ 'Α χίμαρος· Angl. *the kid devolves to thee.* " ἐς τὲ, ab Apollonio· Dyscolo " lectum : ἐς τὺ, usitatius Theocrito, praetulit Brunck." VALCKENAER. Mox, ἔστε, *donec,* et κ', quoniam κε sive κεν à poëtis pro ἄν usurpatur, regit conjunctivum. HARLES.

7. —ἢ τὸ καταχὲς] Ordo est : ἢ τὸ τῆνο [nam τῆν' pro τῆνο, quod Dor. pro ἐκεῖνο] καταχὲς [Dor. pro κατηχὲς] ὕδωρ καταλείβεται ὑψόθεν ἀπὸ τᾶς [τῆς] πέτρας. " Sensus est: Carmen " tuum, ô pastor, dulcius est, quam aqua illa, quae cum sonitu per " saxa defluit ex alto monte." HARLES. Atque ita Scholiastes Grae-

216. cus : ἡδύτερον, ὦ ποιμὴν, τὸ σὸν μέλος, ἢ ἐκεῖνο τὸ ὕδωρ, ὅπερ ὑψό-
θεν ἀπὸ τῆς πέτρας καταφέρεται μετὰ ἤχου. Unde Virg. Tale
tuum carmen nobis, divine poëta, Quale sopor fessis, &c. Ecl. v. 45. et
—nec quae Saxosas inter decurrunt flumina valles. Ecl. v. 84.

9. —οἶϑα—] οἶς, οἶϑος, idem apud Theocr. ac ὅς, ὅος, ἡ
ovis. Μῶσαι, Dor. pro Μοῦσαι.

10. Ἀρνα—σακίταν] σακίτας, α, ὁ, Dor. pro com. σηκίτης, ov, ἡ
epithetum agni apud Theocritum.—Ἀρνα τὺ σακίταν λαψῇ γέρας·
Agnum tu saginatum, [vel pinguem,] accipies dono. Graecus Inter.
pres ita scribit: σηκίται δὲ ἄρνες, οὓς ἔτι γάλακτος δεομένους ὁι
νομεῖς τῶν μητέρων χωρίζοντες, ἰδίᾳ βόσκουσι, καὶ ἐν ἰδίῳ σηκῷ
κλείουσι· σηκίται agni vocantur, quos lactis adhuc indigentes à matri-
bus separant pastores, separatim pascunt, et in proprio.stabulo clauduni.
Aemyl. Porti Lex. Dor.

12. Λῆς, ποτὶ τᾶν Νυμφᾶν,] Vis, per Nymphas— ποτὶ, Dor.
pro communi πρὸς, cum genitivo posita, sèrviens obsecrationibus, et
obtestationibus. Aemyl. Portus. λάω, λῶ, volo, λάεις, contractè λῆς,
pro quo λῆς, uti in ζάω, vivo, διψάω, sitio, &c. Caeterùm τᾶν
Νυμφᾶν est Dor. gen. plur. —τᾷδε καθίξας, hic assidens. τῇδι,
Poët. Ion. et Dor. pro com. ἐνταῦθα, hic. καθίξας, Dor. pro καθίσας,
à καθίζω, sedere facio : in voce med. sedeo ; sed ita interdum reddi-
tur vox act. subintellecto scil. pron. Vide Vol. I. ad p. 3. n. 7.

13. Ὡς τὸ κάταντες τοῦτο γεώλοφον,] ὡς intelligendum est ὡς
aut πρὸς, non solùm ubi animatis sed etiam inanimatis rebus ὡς ad-
ditur. Vide Ernesti ad Xenoph. Mem. ii. 7. 2. et Klotz ad Tyrtaeum
p. 81. (119.) Harles. "Vide supra ad p. 150. v. 1178." Γεώλοφον
δὲ, ὁ ἐν τῷ ὁμαλῷ πέδῳ ὑπερανεστηκὼς ὄχθος, ὃς καὶ κολωνὸς καλεῖ-
ται. Schol. Ὡς τὸ, &c. Angl. near this sloping bank, ᾇ τε μυρῖκαι,
supple εἰσὶ, where the tamarisks are. ᾇτε, Dor. pro ᾗτε, ubi, i. e. ἐν
τῇ χώρᾳ ἐν ᾗτε— Conf. Virg. Eclog. iv. init. Συρίσδεν, vide su-
prà v. 1.

15. —τὸ μεσαμβρινὸν,] Dor. pro τὸ μεσημβρινὸν vel μεσημέριον,
hìc scil. adverbialiter sumto, Angl. at noon. Est idem ac κατὰ τὸν
μεσημβρινὸν χρόνον. ἄμμι et ἄμμιν, Dor. pro ἡμῖν.

16. —τὸν Πᾶνα δεδοίκαμες·] Angl. We are afraid of Pan. Nam
δεδοίκαμες, Dor. pro δεδοίκαμεν, est temp. quod rìtè vocant prae-
perf. [Vide Vol. I. ad p. 27. n. 4.] Quidam legunt δεδοίκομες, pro
δεδοίκομεν, 2. plur. praes. verbi δεδοίκω, quod formatur à perf. m.
δεδοίκα· [ut πεφύκω, à φύω, πεφρίκω, à φρίσσω, à perfectis scil.
activis : et πεφράδω, κεκλήγω, ὁρώρω, à perf. mediis verborum
φράζω, κλάζω, et ὁρῶ.] Sed nihil opus. "Caeterùm, meridiei
"quietem;" ut observavit T. Warton, "Veteres attribuere solebant,
"quippe qui somnum tunc temporis capere deos arbitrabantur."
Haec autem et quae proxime sequuntur, ita enarrat Scholiastes:
Οὐ πρέπον ἐστὶν, ὦ ποιμὴν, κατὰ τὸ μέσον τῆς ἡμέρας τῇ σύριγγι
χρῆσθαι. Τὸν Πᾶνα δεδοίκαμεν, ὄντως γὰρ πικρός ἐστιν, ἀ ντι
τοῦ βαρὺς καὶ ὄργιλος· ἡνίκα ἀπὸ τῆς ἄγρας σχολάσας ἀναπαύεται,
κεκοπιακὼς, ἐν αὐτῇ δηλονότι· καὶ ἀεὶ πρὸς τῇ ῥινὶ αὐτοῦ—δριμεῖα
χολὴ κάθηται· τουτέστι, καὶ ἀεὶ ὀργίλος ἐστίν. Veteres nimirum
sedem irae in naribus collocârunt. ἐντί [Dor. pro ἐστί] γε πικρός·
Angl. he is peevish, or choleric.

21. —τῶ τε Πριήπω] Dor. gen. pro τοῦ τε Πριάπου, i. e. sta-
tuae Priapi, καὶ τᾶν Κρανιάδων, Dor. pro τῶν Κρηνιάδων, et statuis

Dearum fontium, hoc est, *Naiadum. κατεναντίον, è regione, ὥπερ, 21ḍ. ubi,* &c.

23. —*αἰ δὲ κ' ἀεὑσῃς,*] *ἐὰν δὲ ᾄσῃς, ὥσπερ ᾖσας ποτὲ ἐρίζων πρὸς τὸν Χρόμιν τὸν Λιβύαθεν, τουτέστι τὸν ἀπὸ τῆς Λιβύης, αἶγά τέ σοι δώσω δίδυμα τετοκυῖαν, ὥστε μέχρι τρίτου ἀμέλξαι αὐτήν· ἥτις δύο ἔχουσα ἐρίφους, προσαμέλξεται, καὶ ἀμελχθήσεται εἰς δύο πέλλας. ποιμενικὸν δὲ ἀγγεῖον ἡ πέλλα. λέγεται δὲ οὕτω καὶ ἡ μέλαινα. Schol. ποταμέλξεται,* i. e. *προσαμέλξεται, patietur, praeter illud lac, quo nutrit duos haedulos, aliud adhuc sibi detrahi, quo duae mulctrae impleantur.* REISKE. *Praeterea mulgebitur in duas mulctras.*— Scholiastes rectè interpretatur *ἀμελχθήσεται.* Apud Atticos quidem frequentiùs, sed et apud quosvis Scriptores futura media quorundam verborum pro passivis adhibentur: Herodotus, Thucydides, Xenophon affatim dabunt exemplorum; Xenophon prae ceteris. VALCK-ENAERA· Vide suprà ad Med. Eur. 625. item Vol. I. ad p. 99. n. 1. Conf. Virg. Ecl. iii. 30. *Bis venit ad mulctram,* &c.

27. —*κισσύβιον,*] Luculenta sanè descriptio *κισσυβίου,* quod fuit amplissimi vasis pastoritii genus, quo illi se lacte, vino, aut quocunque alio potu ingurgitabant. Capacitatem ejus licet colligere ex caelaturae multiplici argumento. CASAUBON. *Κισσύβιον* poculum pastorale ex hederae ligno primùm confectum: deinde pro quolibet poculo ligneo usurpatur.—Uberior autem hujus poculi descriptio non ideò culpanda ob nimium, qui videtur quibusdam, ornatum. HARLES.

28. —*ἔτι γλυφάνοιο ποτόσδον·*] *scalptoris manum,* sive *caelum,* h. e. *sculpturae instrumentum, adhuc redolens.* Idem. *ποτόσδον,* Dor. pro *προσόζον.* "*κεκλυσμένον,* an, *politum,* sc. cerâ? *κλύζω, lavo,* &c. P.

29. *Τῷ περὶ μὲν χείλη—*] *Τῷ* dat. vel *τῶ,* Dor. gen. pro *τοῦ,* quod pro *οὗ,* et ordo est: *περὶ μὲν χείλη τοῦ—κισσὸς μαρύεται ὑψόθι,* Angl. *around whose brim ivy winds aloft,*—Hanc autem descriptionem respexit Virgilius, [Eclog. iii. 36.]—*pocula ponam Fagina, caelatum divini opus Alcimedontis; Lenta quibus torno facili superaddita vitis Diffusos edera vestit pallente corymbos.* Ad quem locum vide quod annotavit vir egregius mihique amicissimus Chr. G. Heyne; cujus annotationis haec est continuatio:—Erat in his ante oculos Maroni locus Theocriti i. 29. sqq. quem h. l. illustratum dabo: Ibi in cissybii, quod majus vas erat pastoritium, superficie tres sunt areae: quarum prima mulierem sedentem inter duo amatorés cum ipsâ amatoriè expostulantes exhibet, in alterâ piscator rete trahit mari, in tertiâ vinea est cum puero custode. Totum poculum ambit acanthus flexibus suis: ad summam oram hedera et helichrysus sunt implicitae inter se mutuis nexibus: ex his expressit illa Maro: *Τῷ περὶ μὲν χείλη μαρύεται ὑψόθι κισσός, ambit oram vasis hedera, κισσὸς ἑλιχρύσῳ κεκονισμένος, flore helichryso* (de quo quomodo dubitare possunt qui Idyll. ii. 78. legerant?) *vestita,* implicita. *ἁ δὲ ἕλιξ ἀγαλλομένα καρπῷ κροκόεντι εἰλεῖται κατ' αὐτόν, hederae autem racemuli,* corymbi diffusi hedera, *fructu croceo seu baccis ornati* (conf. Bentl. ad Horat. Ep. I. 19, 10.) *volvuntur circa illum* (helichrysum,) *florem eum implicant.* HEYNE. Ἑλίχρυσος, *-ον,* est *Gnaphalium stoechas* Linn. Angl. *shrubby Everlasting :* Sic dictus ab ejus flore, qui aureum habet colorem. Vocabatur, teste Dioscoride, ab aliis *χρυσάνθεμον,* ab aliis *ἀμάραντον,* quia non exarescit; atque adeò in usu fuit ad ornandas statuas deorum. A quibusdam, sed

216. incertâ auctoritate, sumitur pro Auripigmento, *Orpiment*; quod Dioscoridi semper est ἀρσενιχόν, quem secutus est Plinius. Κισσός, seu κιττός, est *Hedera helix* Linn. Angl. *common Ivy*. Magna erat hujus apud veteres varietas, à frondium colore orta, viridi, albo, vel utroque commixto, vel viridi flavoque commixto; quae tamen varietas ad unicam speciem à neotericis refertur. Ejus autem praecipua distinctio est modus crescendi. Nam quando arboribus, muris, &c. adhaerescens ascendit, caulem crassiorem acquirit, cum foliis ovatis sive rotundioribus, editque racemos seu *corymbos*; tum quidem propriè κισσός vocabatur. Quum verò humi serpit, caules ejus graciles sunt et lenti, folia tripartita, nec fructum edit; tunc ἕλιξ nominabatur: quae vox igitur propriè sonabat *Hederae viticula*, Angl. *a tender shoot of the Ivy*. Ἕλιξ quoque interdum denotabat *capreolum*, sive *claviculam*, [Angl. *the clasper, or tendril*,] per quam vites, aliaeque id genus plantae aliis robustioribus adhaerescentes sustentantur.—Haec autem, aliaque infrà ad rem Botanicam Historiamque naturalem pertinentia, debeo humanitati collegae mei Danielis Rutherford, in hâc Acad. Med. et Bot. Prof. dignissimi, viri omnigenâ Scientiâ non leviter tincti sed penitus imbuti; multisque aliis nominibus mihi maximi faciendi, tum etiam quòd veteris doctrinae cultoribus egregiè favet, ejusdem et ipse cultor eximius. " κεκονισμένος, num, *conspersus helichryso flore*, Angl. *sprinkled*, i. e. *mingled, twined?* P.

32. —γυνά—τέτυκται,] *Mulier sculpta est, τὶ δαίδαλμα θεῶν, exquisitum quoddam opus deorum!* Poëticè dictum. Ἀσκητή, ἡ κικαθμημένη πέπλῳ, τουτέστιν ἐνδύματι, καὶ περικεφαλαίᾳ, τοῦτο γὰρ τὸ ἄμπυκι. *Schol.* Caeterùm in plerisque codd. et primis editt. scriptum legitur E. δὲ γυνά τις, θεῶν δαίδαλμα, τέτυκται. Praestat alterum. VALCKENAER. "θεῶν pro θεῖον. Id. P.

217. 34. Καλὸν ἐθειράζοντες—] Ἤγουν, κόμην τρέφοντες· κομᾶν γὰρ καὶ ἐθειράζειν τ᾽ αὐτό, πλὴν ὅτι τὸ μὲν κομᾶν ἐστι κοινόν, τὸ δὲ ἐθειράζειν ποιητικόν. *Schol.* Scribendum videtur ἐθειράσδοντες· quod recepit Brunckius. VALCKENAER.

35. —τὰ δ᾽ οὐ φρενὸς ἅπτεται αὐτᾶς.] Ταῦτα δὲ, ἃ αὐτοὶ φιλονεικοῦσι, ἤγουν, αἱ φιλονεικίαι δὲ αὖται καὶ ἔριδες, ἃς αὐτοὶ φιλονεικοῦσι περὶ αὐτῆς, τῆς φρενὸς αὐτῆς οὐχ ἅπτονται. *Schol.* Pictura vero probabilitatem poëticam et ingenium pictoris s. sculptoris mihi quidem videtur superare. HARLES. In hac quoque censurâ consentiunt ὁ μέγας Casaubonus, [Lect. Theocr. c. i.] et doctissimus T. Warton, cui videtur omnino oblitus Theocritus se poculi caelaturam describere. Atqui, pace tantorum virorum, aequè absurdum foret credere vel poëtam oblitum esse se caelaturam tantum describere, vel voluisse sculptorem arte suâ posse eandem exhibere figuram nunc hùc nunc illùc volutantem oculos, vel positionem suam mutantem. Nam hoc omninò superare artem tàm sculptoris quàm pictoris benè notum est. Sed ars poëtae hîc, ut alibi apud veteres Scriptores, venit subsidio sculptori; et Theocritus inducit caprarium suum pleniùs describentem id quod sculptor non nisi singulis figurarum positionibus repraesentare potuit. Quod quidem omni tempore iis usu venire solet, qui picturae vel caelaturae argumentum ignaris enarrare velint. Vide Cebetis Tab. passim.

36. Ἀλλ᾽ ὅκα—] Sic scribendum cum Heinsio, pro Ἄλλοκα, Brunckius ostendit, VALCKENAER. Ἄλλοτε μὲν πρὸς ἐκεῖνον βλέπει

ἄνϑρα γελῶσα· ἄλλοτε δὲ πρὸς τοῦτον ῥίπτει τὰν νοῦν, ἤγουν τρέπει. 217. *Schol.* ποτιδέρκεται, Dor. pro προσδέρκεται.

38. κυλοιδιῶντες] κυλοιδιάω, et κυλοιδιάω, *habeo cavitates sub oculis tumentes:* ἀ τὸ κοῖλον, aut ἡ κυλάς, *cavitas illa sub inferioribus oculorum palpebris.* DAMM. *Lex. Homer.* [κυλοιδιάων, contractè κυλοιδιῶν, et, reduplicato dimidio τοῦ ω, quod est ο, κυλοιδιόων, quae mutatio solennis quoque Homero. Vide suprà ad Od. α, 25. p. 4.] ἐτώσια καὶ μάταια μοχθίζοντι· ἀντὶ τοῦ μοχθίζουσι καὶ κοπιῶσι. μοχθίζω, ποιητικὸν, μοχθῶ, κοινόν. *Schol.* ἐτώσια, scil. adverbialiter sumitur.

41. —κάμνοντι τὸ καρτερὸν ἀνδρὶ ἐοικώς.] Sic Virg. *Illum indignanti similem, similemque minanti, Aspiceres.*—Aeneid. viii, 649. T. WARTON. ″τὸ καρτερὸν, adverbialiter. P.

42. —γυίων—ὅσον σθένος—] pro κατὰ τόσον σθένος, ὅσον γυίων ἐστί. h. e. *omnibus membrorum viribus.* HARLES.

43. —′Ωδὲ—] Idem quod οὕτως,—ἶνες οἱ ᾠδήκαντι [Dor. pro ᾠδήκασι] πάντοθεν κατ᾽ αὐχένα, καί περ ἐόντι πολιῷ. *Adeò venae ipsi tument undique in collo, quamvis cano.*

45. Τυτθὸν δ᾽ ὅσσον ἄπωθεν] i. e. κατὰ τοσοῦτον διάστημα ὅσον ἐστὶν ὀλίγον, *ad tantam distantiam quanta est parva, exindè,* h. e. *non procul ab,* &c.

47. —ἐφ᾽ αἱμασιαῖσι—] Angl. *near an hedge,* ″or *wall.* P.

48. —ἁ μὲν ἀν᾽ ὄρχως Φοιτᾷ,] i. e. ἡ μὲν φοιτᾷ ἀν᾽ ὀργους, Angl. *the one is in the attitude of going up and down the rows of vines,* σινομένα τὰν τρώξιμον· [τὴν σταφυλὴν τὴν εἰς βρῶσιν ἐπιτηδείαν. *Schol.*] *injuring the ripe grapes.* Conf. Cantic. Salomonis, ii. 15.

51. —πρὶν ἢ ἀκράτιστον ἐπὶ ξηροῖσι καθίξῃ.] ἀκράτιστον hic significat τὸν μηδενὸς ἐγκρατῇ, et derivatur à κρατέω, ut rectè interpretatur H. Stephanus, Thesauri Tom. II. col. 136. b. BRUNCK. τὸ ξηρὸν est, secundum eundem H. Steph. [ibid. c. 1142.] *locus siccus,* seu *loca sicca.* Ernestius autem, [ad Callim. i. 253.] ξηρὸν *cibi vacuitatem* exponit. Hunc igitur locum, qui valdè vexavit editores, ita construe et interpretare : φησὶν οὐκ ἀνήσειν τὸ παιδίον, *ait se puerum non relicturum,* πρὶν πρὶν ἢ καθίξῃ [αὐτὸν] ἐπὶ ξηροῖς ἀκράτιστον, *priusquam ipsum sedere fecerit ad loca sicca,* [i. e. *cibo vacua,*] *nihil possidentem.* Locutio, sine dubio, proverbialis, pro eo quod est, *donec ipsum jentaculo* vel *prandio spoliaverit.* Vulgò quidem redditur ἀκράτιστον, *sine jentaculo.* ″Sic Edd. priores.″ Verùm, praeterquam quod ἀκράτιστος in hoc sensu [ab ἄκρατος, *merus,* scil.] antepenultimam habeat longam, ideoque in versu hic stare nequeat ; analogia linguae, ut sensus sit *sine jentaculo,* ἀνακράτιστος postulat. [Conf. Toupium in Epist. de Syracusiis, ad v. 147. ubi vir acutissimus quaedam rectè vidit, quaedam non.] Quod autem ad ἀνάριστον, *impransum,* attinet, quod in uno codice repertum dicitur, ejus itidem antepenultima longa est. [Vide Sam. Clarke, ad Il. x, 299.] Huic autem malo, monente quodam amico, medetur doctissimus Wartonus, legendo—πρὶν ἢ ᾽νάριστον· quod non improbat magnus Valckenarius. Verum utrovis modo interpretatus fueris, sensus eodem redibit. ″ἀκρατισμὸς, *jentaculum,* ab ἄκρατον, *merum.* P.

52. —ἀνθερίκεσσι] Ἀνθέριξ est caulis asphodeli ; ἀνθέρικος vel ἀνθέρικον ejus fructus vel flos, testibus Schollast. Theocr. et Nicandr. nec non Dioscor. Asphodelus verò, qui hic intelligitur, is esse videtur, quem *Asphodelum ramosum* Linnaeus nominat.—Quomodo verò ex his ἀνθερίκεσσι locustipul— rusa construxerint veterum

217. Graecorum pueri, nos jam latet. Schreber. Theocritus pro culmo fru-
mentique calamo à radice ad summam usque spicam exporrecto sumit.
—Homerus [Iliad. *v*, 227.] accipit pro spicarum summitatibus. Conf.
V. Aeneid. vii. 809. Ae. Portus. Scholiastes in Theocritum signi-
ficationem vocum *Ανθέριξ* et *ανθέριχος* minùs accuratè exposuisse
videtur. Ad Idyll. i. illam pro cauli, hanc pro fructu *τῆς ασφοδέλου*
sumit. Ad Idyll. vii. ver. 68. per posteriorem disertè caulem intel-
ligit: *Ασφόδελος δὲ βοτάνη πλατύφυλλος, ἧς ὁ καυλὸς καλεῖται*
ανθέριχος. Hae voces reverâ usurpatae videntur ad denotandum
sine discrimine non solùm caulem, sed alias quoque partes, et totam
interdum stirpem. Theophrastus et Hippocrates per *ανθέριχον*
caulem tantùm volunt, iisque Plinius adstipulatur. Veterum *Ασφό-*
δελος vel *-ον*, est *Asphodelus ramosus* Linn. Angl. *Silver-rod*, vel
King's spear. Latinis erat *hasta regia*, quia sceptro similis est flo-
rescens. A nonnullis etiam *albucum* nominabatur. Radix ejus
constat ex plurimis oblongis massis carnosis; et non dissimilis est
raphanorum crassorum et curtorum fasciculo. Radix à veteribus
edebatur contrita cum ficubus ad moderandam, ut verisimile est,
ejus acrimoniam. Semina quoque pro victu in usu erant; sed utraque,
quod verisimilius quoque est, pro medicamentis adhibebantur. Ejus
autem caulis tenax est, fractúque, vel sectu falce, difficilis; et si-
quando eo opus esset, tanquam linum radicitus evellere necesse
erat. Undè *ανθέριχα θερίζειν* idem sonabat ac *operam perdere*, vel
absurdum aggredi. Ad varios usus, tanquam vimina, fissus scil. et
sole siccatus, olim adhibitus fuisse videtur, e. g. ad *nassas* conficiendas.
Suadet etiam Hippocrates ut manducetur, ad indicandum rosione
indè oriturâ utrum ossium capitis ulla sit necne fractura. *Ακρίς,*
unde *ακριδοθήρα*, est *Locusta* plerisque; *Gryllus* Linn. Angl. *Grass-*
hopper, or *Locust.* Rutherford.

55. *Παντᾶ δ' αμφὶ δέπας*] Virg. *Et molli circum est ansas amplexus*
acantho. Ecl. iii. 45. Per *αμφὶ δέπας*, pro quo substituit Virgilius
Ansas, videtur noster intelligere *oras* sive *marginem* poculi. Totum
vas intelligunt Scholiastae.—*'Τγρός* est *flexibilis.* Warton. Vide
infrà ad Pind. Pyth. I. 17. p. 277. *Ακανθος* est *Acanthus mollis*,
Linn. Angl. *Acanthus*, or *Bear's breech*: cujus folia saepè sculpturâ
imitabantur; et praecipuum quidem ornamentum sunt capitelli
Corinthiaci. Rutherford. "*Acanthus*, or *Bear's foot.* P.

56. *Αιολικόν τι θάημα·*] Rectè, quoniam nauta sive mercator, à
quo suum illud poculum emerat aliquandò, tantum artis admirandae
prodigium, *ut Thyrsidis illud mentem stupefaceret*, fuit Calydonius sive
Aeolicus. Vide Schol. Casaub. et interpretes ad h. l. atque Hesych.
sub. h. v. ibique Alberti.—*τυ* (Dor. pro *σε*) *θυμὸν* (*τὴν σὴν*
διάνοιαν explicat Scholiastes) more Homeri aliorumque poë-
tarum dixit Theocritus. Harles. *θάημα*, Dor. pro *θέαμα.* "*ἀ τύξαι*,
opt. *τυ* [*κατὰ*] *θυμόν.* P.

57. *Τῶ—*] Dor. pro *τοῦ*, quod idem est hîc ac *τούτου*, et subau-
ditur *αντὶ*, quod vulgò fit in locutionibus emendi ac vendendi.

58. —*τυρόεντα μέγαν λευκοῖο γάλακτος*] *τυρόεις* est adjectivum,
et supplendum *ἄρτος· τυρόεις γάλακτος* igitur non est *caseus lactis*,
sed *placenta ex caseo et lacte mixtis confecta.* v. Valcken. Harles.
τυρόεντα, *αντὶ τοῦ τυρὸν μέγαν*, *απὸ γάλακτος λευκοῦ. Schol.* quae
verior videtur, quia simplicior, interpretatio.

59. *Οὐδ' ἔτι πα ποτὶ χεῖλος ἐμὸν θίγεν,—*] i. e. *Οὐδέπω ἔτι*

προσέθιγεν ἐμὸν γεῖλος, &c. Ad verbum ferè Maro: *Necdum illis* 217. *labra admovi, sed condita servo.* Ecl. iii. 43. Hanc lectionem alteri, Οὐδέ τι πω, praetulit Valckenarius cum H. Stephano aliisque. πα Dor. pro πη.

60. —τῷ κέν τυ—] τῷ καί τὺ praeferunt aliquot Codices MSS. mihi placet lectio vulgata: τῷ κέν τυ μάλα πρόφρων ἀρεσαίμαν· quo tibi dono lubentissimus gratificer. In hunc sensum verbo ἀρέσα- σθαι aliquoties utitur Homerus. VALCKEN.

61. Αἴκεν μοι τὺ—] Ordo est: εἰ τὺ φίλος κεν [quod est ἂν] ἀείσῃς μοι τὸν ἐφίμερον ὕμνον. Εφίμερον ὕμνον, carmen pastoribus amabile, sive, ut Niclas, qui hanc lectionem defendit, probante Reiskio, vertit, *hymnum amatorium, desiderativum.* HARLES. Τὸν ἐφ' Ἱμέρᾳ ὕμνον emendat D. Heinsius, h e. carmen bucolicum de infortunato Daphnidis amore prope Himeram, fluvium in Siciliâ, primùm cantatum; vel quod ab Himeraeo poëtâ primùm cantatum fuit. Quae lectio Heinsiana valdè arridet doctissimo Valckenario.

62. Κύ τοι τί φθονέω] Casaubono placuit: Κοῦτοι τί φθονέοις· *tu ne invideas hoc carmen, quod à te peto recitari.* Genuinum videtur quod legitur in Schol. in aliquot Codd. et Editt. primis, Κοῦτι τὺ κερτομέω· *nec sane haec dico tui irridendi causa.* VALCKENAER. —πότ- αγ', ὦ 'γαθέ· i. e. *πρόσαγε, ὦ ἀγαθέ· age, ὁ bone,* vel *huc accede, ὁ bone vir.* ÆZ. PORTUS. *"Nec tibi invideo:* i. e. *πρόφρων δώσω, αἴκεν ἀείσῃς.* Vide supra p. 98. v. 405. οὔτι μεγαίρω. p. 122. v. 310. Item Hom. Il. δ. v. 54. 55. P.

63. —εἰς Ἀΐδαν γε τὸν ἐκλελάθοντα] *ad Plutonem qui oblivionem inducit.* ἐκλελάθω est novum verbum à perfect. med. λέλαθα verbi λαθέω formatum; uti a κέκληγα, κεκλήγω; à πέπληγα, πεπλήγω, à πέφραδα, πεφράδω· et similia. Vide suprà ad ver. 16. *"ἐκλελαθόν- τα,* aor. 2. Valck. ἐκλελάθοντα, praes. Br. P.

64. Αρχετε βωκολικᾶς,] Hinc Virgil. *Incipe Maenalios,* &c. Ecl. viii. passim.

65. —ἄδ' ἁ φωνά.] i. e. ἥδε ἐστὶν ἡ φωνή.

66. Πᾶ ποκ' ἄρ' ἦθ',—] i. e. Πῇ ποτε ἦτε, ὅτε Δάφνις ἐτήκετο; 218. *Ubi tandem eratis, quandò Daphnis tabesceret?* "Utrum ἦθ' an ἦσθ' "scribatur, nihil interest. Nam ἦσθ' non est pro Aeolico ἦσθα, *eras,* "sed pro ἦσθε, *eratis,* in imperf. med." BRUNCK. Conf. Virg. *Quae nemora,* &c. Ecl. x. 9, sqq. et Miltoni Lycid. *Where were ye, nymphs,* &c. item Pop. Past. et Dom. Lyttleton Monod. Fuit autem Daph- nis in vetustis carminibus pastoritiis celeberrimus; et herois loco inter pastores habitus; uti notavit doctissimus Heynius, [Virg. Ecl. v. Argument. quod vide.] "Addixerat se Daphnis" [verba sunt Brunckii, ad Anal. Vet. Poëtar. Graec. Vol. iii. p. 67.] "Nymphae "Echenaïdi, cui juraverat se nunquam in alterius foeminae amplexus "iturum. Irritum juramentum fecit regiae cujusdam puellae fraus, "quae, quum pastorem deperiret, vino eum obrutum libidini suae "morigerum habuit. Comperto furto Echenaïs in furorem acta "amorem odio commutavit. At Daphnis, qui datam Nymphae fidem "non sponte violaverat, ab ejus amore non destitit, cujus vi tandem "contabuit et periit. Haec est Cantici summa, quod canit Thyrsis." Eandem ferè historiam dedit Wartonus ex Aeliano: atque ex ejus notitiâ pendet sequentis cantilenae intelligentia. Qui de Daphnide plura velit, adeat Servium ad Virg. Eclog. viii, 68. Diodor. iv, 84. Aelian. Var. Hist. x, 18. et Dorvillii Sicula, p. 27.

218. 67. *Η κατά Πηνειῶ καλά τέμπεα,*—] Construe : ἢ [ἤτε] κατὰ καλὰ τέμπεα Πηνειοῦ, ἢ κατά [καλὰ τέμπεα] Πίνδου; *An erat apud pulchra tempe Penei, vel apud pulchra tempe Pindi ?* i. e. apud pulchra tempe quae sunt ad fluvium Peneum, vel ad montem Pindum. Tempe in Thessaliâ, vallis amoenissima ad quam Poëtae saepissimè alludunt. [Vide ejus descript. ab Aeliano Vol. I. p. 346.] Ejus medium Peneus perfluit. Píndus, mons inter Epirum et Thessaliam, Apollini Musisque sacer. "Nomen Tempe a valle Penei ad alias similes valles transferri videtur. P.

68. *Ανάπω,*] Dor. genitiv. Anapus, fluvius Siciliae juxta Syracusas. Acis quoque amnis Siciliae.

71. *Τῆνον μὰν θᾶες,*—] Εκεῖνον οἱ θᾶες, ἐκεῖνον οἱ λύκοι ὠρύαντο, ἤγουν, ὀδυρόμενοι ἐθρήνησαν. Schol. Θᾶες—Mihi, collatis inter se veterum Scriptorum locis compluribus, verisimillimum videtur, per nomen θὼς intellectum fuisse *Canem aureum* Linn. Angl. *the Jackall.* RUTHERFORD. "Vide Lexica. P.

72. *Τῆνον γὼ 'κ δρυμοῖο*—] i. e. Εκεῖνον καὶ ὁ ἐκ δρυμοῦ.

74. *Πολλαί οἱ πὰρ ποσσὶ βόες,*] i. e. Πολλαὶ βόες παρὰ ποσί οἱ—Virg. *Stant et oves circum,* &c. Ecl. x, 16.—Quanto contractiora illa et frigidiora Virgilii, qui duntaxat unum genus animalium memorat, oves scilicet, quas tantùm dixit " stare circum ?" Descriptioni certè et vis et pathos accessit ex enumeratione plurium diversorum animalium. WARTON ; qui Theocritum contra Scaligerum [Poët. v. b.] hîc benè defendit.

77. *Ηνθ' Ερμᾶς πράτιστος ἀπ' ὄρεος,*] i. e. Ερμῆς ἦλθε πρώτιστος ἀπ' ὄρεος,—Virg. *Venit et upilio,* &c. Ecl. x, 19. sqq.

80. *Ηνθον τοὶ βῶται,*—] i. e. Ηλθον οἱ βοῦται—Βοῦται εἰτε βουκόλοι, bubulci, honestissimi habebantur pastores : αἰπόλοι, caprarii fuerunt minimae dignitatis. Medium inter illos, secundum quorundam sententiam, tenuerunt ποιμένες, opiliones.—Obtinuerat tamen usus, uti cel. Heyne ad Donati vitam Virgilii, xx. monet, ut βουκόλοι eodem modo, quo ποιμένες, omninò de quocunque pastorum genere dicerentur. Adde Schol. item Warton in diss. de poësi bucolici, &c. et Hardiòn de pastoribus Theocriti, in Mem. de Literat. de l' Acad. des I. et B. L. Paris, 1746. pag. 534, sqq. HARLES. Vol. IV. 4to. p. 534. 1723. P.

81. —*ἀνηρώτευν*—] Pro communi ἀνηρώτουν, 3. pl. imperf. indic. ab ἀνερωτέω, ῶ, Ion. et Dor. pro ἀνερωταῶ, ῶ, *interrogo,* inquiro.—ἦνθ' ὁ Πρίηπος, Κήφα, i. e. ἦλθε ὁ Πρίαπος, καὶ ἔφη. τί τὺ τάκεαι ; i. e. διὰ τί σὺ τήκῃ ; τήκομαι, *tabesco,* [a τήκω, *tabefacio,*] τήκεσαι, eliso σ, τήκεαι, et postea contractè τήκῃ, Dor. τάκεαι.

82. —*ἁ δέ τε κώρα—Ζαλοῖσ'.*—] Hemsterhusii lectionem cum Brunckio nunc caeteris praefero. In codd. leguntur Ζατεῦσα Ζατοῖσα· Ζατεῦσ' α· Ζατοῖσ' α. Heinsio placuit Ζατῶσ'. ἁ. VALCK. Mihi placet conjectura Wartoni et Hemsterhusii Ζαλοῖσ'. ἁ—[ζαλοῖσ' pro ζηλοῦσα, à ζηλόω.] *quae, aemulatione capta, suspectum habuit amatorem :* quam Brunckius quoque rescripsit. HARLES. Ζατεῦσα, vel ζατοῖσα, Dor. pro communi ζητοῦσα, *quaerens.* Sed " non quaerebat " Nympha Daphnin, in quem erat infenso animo, sed ut ejus aspec- " tum vitaret, longè à locis, in quibus degebat pastor, per montes et " sylvas aufugiebat. Scilicet Daphnis hîc solitas suas habitat sedes, " Aetnam, ut ex cantici initio manifestum est. Ibi ad eum facilè " Nympha accessisset, si eum revera quaesivisset, ut ei amoris in-

" constantiam—exprobraret, nec illi per avia montium et sylvarum 218.
" discurrendum fuisset." Brunck. Scholiastes tamen legit ζατεῦσα,
et putat ironicè dictum, quippe non Nympha Daphnin, sed Daphnis
ipse Nympham quaerebat; vel Daphnin consolandi gratiâ dictum.
εἰρωνεύεται δὲ ζητεῖ γὰρ αὐτὸς μᾶλλον, οὐ ζητεῖται ὑπὸ τῆς νύμ-
φης· ἢ καὶ παρηγορητικὸς ὁ λόγος.—παραμυθούμενος δὲ αὐτὸν τοῦτο
λέγει. δύσερὼς τις ἄγαν εἶ, ἤγουν, οὐκ εἰδὼς ἐρᾷν, οὐ καλῶς διακῆσαι
τὸν σαυτοῦ ἔρωτα δυνάμενος, καὶ ἀμήχανος, ἤγουν, ὑπ᾽ οὐδεμιᾶς
μηχανῆς μετριώτερος περὶ τὸν ἔρωτα γενέσθαι δυνάμενος. Ita Scho-
liastes; qui et notavit sequentia: τινὲς δέ φασιν ὅτι οὐ διὰ τὴν
Νύμφην, ἀλλὰ διὰ τοῦ βασιλέως θυγατέρα δι᾽ ἣν ἐπηρώτα. Quae
forsan verissima loci sententia: adeóque revocandum ζατεῦσα. Cae-
terùm ἀμάχανος est Dor. pro ἀμήχανος, et redditur ab Harlesio,
cujus inconstantia nullo modo mutari potest. Mirum autem est haec
et sequentia verba à doctissimo D. Heinsio aliisque Nymphae tribui.
" Sunt," ut verbis utar acutissimi Brunckii, " ipsius Priapi, cujus
" personae maximè conveniunt, quae sequuntur, φλόλος ὄκκ᾽ ἐσορῇ.
" Qui in animum inducit talia Nympham locuturam fuisse, is neque
" Δρυάδα, nec Ναιάδα, sed Πορνειάδα, Nympham è lupanari, sibi
" fingit." "ἀμάχανος, *inops consilii.* P.

86. Βώτας μὰν ἐλέγευ] Dor. pro βούτης μὴν ἐλέγου. Vide suprà
ad v. 80.

92. Τὼς δ᾽ οὐδὲν ποτελέξαθ᾽ ὁ βωκόλος, &c.] i. e. ὁ βουκόλος ἐλέ-
ξατο οὐδὲν πρὸς τούς. Vel, ut Schol. πρὸς τούτους δὲ, οὕστινας
ἄνωθεν εἴπομεν, ἤτοι τοὺς βούτας, τοὺς ποιμένας, καὶ τοὺς αἰπόλυις,
τὸν Πρίαπον, καὶ τοὺς λοιπούς, οὐδὲν ἐφθέγξατο ὁ βουκόλος, ἤτοι ὁ
Δάφνις· ἀλλὰ τὸν αὐτοῦ ἔρωτα ἐπέραινε, καὶ διήνυε μέχρι καὶ τῆς
μοίρας. Valckenaer ita interpretatur:—*Sed suum tolerabat amorem
acerbum, atque, in illo fortiter ferendo, vitam ad finem usque transi-
gebat.*

95. Ἦνθέ γε μὰν ἀδεῖα—] Ἦλθέ γε μὴν καὶ ἡ Κύπρις ἡ ἡδεῖα
γελῶσα, λάθρα μὲν γελῶσα, βαρὺν δὲ θυμὸν, ἤγουν, βαρεῖαν ὀργὴν
ἀνέχουσα, τουτέστιν, ἀναδεδεγμένη. Schol. ἦιθέ γε μάν, &c. *Venit
tamen etiam suavis Venus ridens,* λάθρη, &c. *occultè quidem ridens,*
[*risumque dissimulans,*] *gravem iram spirans, vel prae se ferens, gra-
viter irata.* Ae. Portus. Pro vulgari λάθρη, quod est λάθρα, Valck-
enarius dedit λάθρια, quod eodem redit. "ἀνέχουσα, *sursum tollens,
prae se ferens:* num hîc, *ostentans, simulans iram,* risumque dissimu-
lans? P.

97. Κῆπε, τὺ θὴν—] Καὶ εἶπε· σὺ δή, ὦ Δάφνι, κατεύχου, ἀντὶ
τοῦ εὔχου, ἐκαυχῶ, λυγιξεῖν, ἤγουν λυγίσειν, καταπαλαίσειν τὸν
ἔρωτα. ἆρ᾽ οὐκ αὐτὸς ὑπὸ τοῦ ἔρωτος τοῦ ἀλγεινοῦ ἐλυγίχθης; Schol.
*Veneris amarulenta irrisio: Gloriabaris nullum in te fore Cupidinis
imperium: coëgit te tamen ad acres amores.* Brunck. Λύγος, ου, ὁ,
vimen, ex quo torto vincula fieri solent: hinc, λυγίζω, f. σω, vel ξω,
viminibus, sive *vimineis vinculis, ligo, vincio;* et simpliciter *ligo;*
indè *supero, vinco,* &c. κῆπε, &c. et *dixit, tu sanè gloriabaris, Daphni,
fore ut amorem vinceres: An non ipse à gravi amore victus es?*

102. Ἤδη γὰρ φράσδει πάνθ᾽, ἅλιον ἄμμι δεδύκειν] Hic locus 219.
mirè exercuit interpretes. Lectio nostra, quae est Valckenariana
et aliorum, sic reddi potest: *Odiosa Venus, Venus mortalibus infesta;*
γὰρ ἤδη πάντα φράζει ἥλιον δεδύκειν ἡμῖν *omnia enim jam indicant
solem nobis occidere:* i. e. *vitam meam ad finem jam appropinquare:*

219. *Δάφνις ἔσται κακὸν ἄλγος ἔρωτος καὶ ἐν αἴδᾳ. Daphnis* erit *mala* dolor amoris etiam apud inferos. Vel ut Brunckius *παραφράζει·* " Moritur Daphnis, et apud inferos etiam gravi dolore Cupidinem *urit.* " Scilicet *videbit Cupido me etiamnum apud inferos Echenaidem amare,* " quam revera amare nunquam desii. Quam enim in me fraudem ma- " chinatus est, cujusque eum nunc ex matris Veneris verbis auctorem " intelligo, ea regiam quidem puellam voti sui compotem fecit, sed ani- " mum meum à Nymphâ non alienavit : non est ergo quod triumphum " agat." Idem vir egregius dedit, post Toupium, [Animadvers. in ·Scholia, I. 1.] praeeunte Scholiaste, *Ἤδη ΓΑΡ φράσδει πάνθ᾽ ἅλιος· ἅμμι· δεδύκει Δάφνις,—Odiosa Venus, tui* ENIM *pueri malas orta admoto lumine mihi patefacit Sol, quem nec tua furta scis olim latere sivisse. Moritur Daphnis,* &c. Opinantur viri hi doctissimi, Daph- nidem tangere hîc Veneris cum Marte commercium, cujus Sol index fuit. Denique, elegans est conjectura Wassenbergii, quam protulit Valckenarius: *Ἤδη γὰρ* (nempè *ἔξεστι*) *φράσδειν κάνθ᾽. ἅλιος ἅμμι δεδύκει. Δάφνις κεῖν αἴδᾳ κακὸν ἔσσεται αἴσχος Ἔρωτος.*

105. *Οὗ λέγεται—*] *Abi ad montem Idam, ubi Anchises Veneram* scil. *tentâsse, et cum illâ rem habuisse* dicitur. HARLES.

106. —*τήνει δρύες, ὧδε κύπειρος,*] Duo vocabula *τήνει* [Dor. pro *ἐκεῖ,*] et *ὧδε* non sunt inter se disjuncta, non *ibi* et *hîc* significant: sed utrumque idem dicit, *ibi, ibi,* apud Anchisen puta, in monte Idâ. Locus est similis Idyll. v. 33. REISKE. *Κύπειρος* probabiliter *Cyperus longus* Linn. Angl. *long Cyperus ;* stirpibus affinis gramineis seu junceis in locis paludosis crescentibus. RUTHERFORD.

107. —*βομβεῦντι ποτὶ σμάνεσσι—*] *susurrant ad alvearia.* βομ- βεῦντι pro βομβοῦσι, à βομβέω. *ποτὶ σμάνεσσι,* Dor: pro *πρὸς σμή- νεσσι.*

109. *Ὡραῖος χ᾽ Ὡδωνις,*] i. e. *καὶ ὁ Ἀδωνίς ἐστιν ὡραῖος.* Virg. *Et formosus oves ad flumina pavit Adonis.* Ecl. x, 18. Toupius legen- ·dum conjicit *Ὡρεῖος χ᾽ Ὡδωνις. Sed Anchises bubulcus, sed Adonis pastor, et uterque montes colebat. "*De Syracus. Ep. ad v. 113. P.

112. *Αὖτις ὅπως σταθῇ—*] *Αὖθις ὅρα ὅπως ἰοῦσα στήθῃ πλησίον τοῦ Διομήδους, καὶ λέγε, ὅτι τὸν Δάφνιν νικῶ τὸν βουκόλον· ἀλλὰ σὺ μάραινε, καὶ μάχου μοι. Schol.* Venerem scilicet perstringit propter vulnus, quod olim ad bellum Trojanum acceperat à strenuo Diomede. [Vide Iliad. ε, 335, sqq.] Caeterùm, uti notavit Harlesius, ·*ἰοῖσα* cum alio verbo junctum, contentionem, studium, festinationem. significat: sic alia verba. Vide Coll. Gr. Min. ad p. 36. n. 13.

113. —*ἀλλὰ μάχευ μοι.*] Acerbissimo joco Venus, quia bubulcum Daphnin superaverat, laeta nunc dicitur ad Diomedem, quem ante fugerat, accessura propius, et dictura, *quin tu nunc mecum pugna.* Pro *μάχευ μοι,* sincerâ scriptione, Juntae Florentina dat Ed. *μαχεύ- μαι.*—Monuit D. Heinsius p. 305.☞ hoc in versu et paulò post v. 116, ut essent bucolici, syllabam in *Δάφνιν* à Poëta correptam. A Graecis sic Poëtis corripiuntur syllabae in *τέχνη· λάχνη· ἀκρή· τέκνον· πότμος· σταθμός· ῥυθμός· ἀριθμός· ἐρετμός·* à Latinis etiam in *Procne, Daphne, Tecmessa,* similibusque. VALCKENAER.

118. —*Θύμβριδος*] Fluvium Siciliae hîc designari, veteres gram- matici suspicantur. Casaubonus tamen, Toupius et Valckenaer montem hîc intelligendum esse arbitrantur. HARLES. "Tiberis est Thybris. Virg. Heyn. Aen. vii. 242. et Excurs. ii. fin. iii. init. *Θύβρις* et *Θύμβρις,* Graecis. Plutarch. Vit. Rom. init. *Θύμβρα,*

campus et oppidum, Θύμβριος, amnis, prope Trojam. Steph. Byz. 219. de Urbb. ad voc. Strabo, L. xiii. Vol. ii. p. 893. (598.) Chevalier, Plain of Troy, p. 66. Hom. Il. x, 430. Heyn. ad Virg. Geor. iv. 323. &c. Forsan nomen translatum est in Siciliam. Vide supra ad v. 67. et p. 163. not. P.

120. *Δάφνις ἐγὼν ὅδε τῆνος*,] Quos versus, cum multò majorem simplicitatem habeant, mireris Virgilianis posthaberi. *hinc usque ad sidera notus*, epicum est, nec in pastoritio carmine satis placere potest. HEYNE; ad Virg. Eclog. v. 43.

125. —'*Ρίον*,] Omne quidem promontorium dici potest ῥίον· hoc verò loco accipiendum esse de *Rhio*, promontorio in eâ orâ Peloponnesi, ubi Helice fuit, jam monuit Casaubon. C. ii. Lect. Theocr. *Helice* autem urbs fuit Achaiae, littoralis ad sinum Corinthiacum Peloponnesi. Idyll. xxv, 165, 180. Cf. Spanhemium ad Callim. H. in Delum v. 100, sqq. HARLES.

126. —*Λυκαονίδαο*,—] Maenali, filii Lycaonis, à quo mons Maenalus. *Schol.*

127. *Λήγετε*—] Virg. *Desine Maenalios*, &c. Ecl. viii, 61.

128. *Ἐνθ᾽, ὦ 'ναξ*,] i. e. ὦ ἄναξ, [*Πὰν*,] ἐλθέ, καὶ φέρε τήνδε καλὴν σύριγγα ἐξ εὐπάκτου κηροῦ μελίπνουν, *Veni, rex, et aufer hanc pulchram fistulam ex cerâ benè compactâ* factam, quae *suavem edit sonum*, [*Schol.* uti notavit anonymus Cantab.] ἑλικτὴν περὶ χεῖλος, *circa labrum curvatam*. [Vide infrà ad Idyll. viii, 18. p. 230.] Eleganti judicio observat Wartonus, et ipse poëta eximius, quàm mirâ hîc suavitate, nec minùs παθητικῶς, fistulae suae valedicat pastor moriturus.

130. —*ἐς Ἀΐδος*—] δόμον scil. ut nôrunt etiam tirones.

132. *Νῦν ἴα μὲν*—] Virg. *Nunc et oves ultrò*, &c. Ecl. viii, 52, 220. sqq. " Nomen cum verbo in 2. pers. P.

133. —*νάρκισσος*—] *Narcissus poeticus* Linn. Angl. *Narcissus.* ἄρκευθος, *Juniperus comm.* Linn. Angl. *Juniper.*

134. —*ὄχνας ἐνείκαι*,] *pira ferat.* ὄχνη propriè est *pirus sylvestris.* conf. Odyss. vii, 115, 120. Hic pira in genere intelligi videntur. SCHREBER. " Supra p. 64.

135. —*ὤλαφος*] i. e. ὁ ἔλαφος, *cervus*, ἕλκοι, *trahat captivas;* vel potius, uti vertit Harlesius, *distrahat et laceret.*

136. —*σκῶπες*—] *ululae.* Prae aliis id nomen eam indicare creditur, quae à Linnaeo *Strix Scops* appellatur. SCHREBER.

139. —*λίνα πάντα λελοίπει*] Defecerant omnia fila, quae nempè, nascente Daphnide, neverant Parcae. καὶ ὁ *Δάφνις* ἔβη ῥόον, *et Daphnis transiit flumen* Acherontis. WARTON. " ἔβα, *adiit?* P.

147. *ἀπ' Αἰγίλω ἰσχάδα*—] ἰσχάς, -άδος, ἡ, *carica*, Angl. *dried fig.* Caricae autem Atticae, ex pago Aegilo, veteribus magni habebantur. Atque ita Schol.—*ἀπ' Αἰγίλω* εἶθε τρώγοις ἰσχάδα ἡδεῖαν, ἀντὶ τοῦ ἀπὸ τῆς Ἀττικῆς. Αἴγιλος γὰρ δῆμος ἐν ταῖς Ἀθήναις. Cf. Athenaeum Deipnos. xiv, 18. p. 652.

148. —*τέττιγος ἐπεὶ τύ γα φέρτερον ᾄδεις.*] *quoniam tu suaviùs canis quam cicada.* τύ γα, Dor. pro σύ γε. Sonus cicadae veterum auribus gratissimum erat; ut benè notum. " *Τέττιξ, Cicada* vete-
" rum est, ut verisimile videtur, *cicada orni* Linn. Angl. *the Balm*
" *Cricket.* Una ex majorum horum insectorum speciebus communis
" est in regionibus Europae australibus et alibi, cujus mares, per
" duas tenues membranas sub pectus collocatas et vi resiliendi prae-

" ditas, quas ad libitum agïtare vel vibrare possunt, sonum istum
" argutum edunt, ob quem tam celebres sunt apud poëtas." RUTHER-
FORD. Vide Iliad. γ, 151. et alibi passim.

149. *Ηνίδε τα τὸ δέπας·*] Ηγουν, ἰδοὺ τὸ δέπας, θέασαι, φίλε,
ὅπως καλὴν ὀσμὴν πέμπει. *Schol.* ἠνίδε, Dor. pro ἰδού, en, ecce.
θάσαι, pro θέασαι.

150. 'Ωρᾶν πεπλύσθαι νιν—] Δοκασεὶς, ἤγουν δόξεις, νομίσεις
πεπλύσθαι αὐτὸ ἐπὶ ταῖς πηγαῖς τῶν 'Ωρῶν· οὕτως ἐστὶ δηλονότι
ὡραῖον. *Schol.* Elegantissima quidem phantasia; sed à pastoritio
scribendi genere non aliena. Caeterùm, uti observavit doctissimus
Wartonus, omnibus rebus ornandis adhibentur HORAE : omnibus
gratiam atque elegantiam conciliare dicuntur. [Vide Idyll. xv, 104.]
Hinc ὥρα est *pulchritudo ;* ὡραῖος, *pulcher.* Vide suprà vers. 109.

151. —Κισσαίθα,] *Cissaetha,* nomen caprae, quae ter erat mul-
gènda Thyrsidi.

---

221.   * ΦΑΡΜΑΚΕΥΤΡΙΑ.] -ας, ἡ. *Venefica,* sive *saga. Idyllium*
II.   Ita hoc Idyllion inscribitur, quia in eo inducitur mulier quaedam,
Simaetha nomine, quae magicis incantationibus, animum viri, à quo
spernabatur, ad sui amorem rèvocare conatur.   Ob hanc quoque
causam Virgilius Eclogam suam octavam eodem titulo insignivit,
cujus nimirum pars posterior in simili argumento versatur.   Ad nos
autem ideo praecipuè commendatur hoc carmen Theocriteum, quod
multas res continet de superstitione veterum, quas nobis operae
pretium sìt cognoscere.

Ver. 1. *Πᾷ μοι ταὶ δάφναι ;*] *Ubi mihi* sunt *lauri ? affer Thestyli;*
ubi verò sunt *philtra ?* Πᾷ Dor. pro Πῆ ; *qud vid,* item, *ubi ?* ταὶ
pro αἱ. φίλτρον est propriè, *poculum amatorium ;* indè in genere
sumitur de *omnibus iis quae amorem conciliant.*

2. —ταὶ κελέβαν—] κελέβη, pila in qua aliquid pinsitur. WARTON.
Angl. *a mortar.* φοινικέῳ οἰὸς ἀώτῳ, *praestantissimd ovis land.* ἄωτον
propriè *flos,* deinde translatè, pro quovis optimo et praestantissimo;
—h. l. *lana egregia,* ut Homer. Il. ν, 599.—v. Graevium ad Hesiod.
Theog. 499. et Lambert. Bosii Observat. miscell. c. 19. HARLES.
Virg. *molli cinge haec altaria vittá.* Ecl. viii, 64. "Supra p. 17. v. 443.

3. 'Ως τὸν ἐμὶν βαρὺν εὖντα—] *ut virum dilectum, nunc mihi*
gravem, flectere sacris magicis experiar. VALCKENAER. εὖντα, Dor.
pro ἐόντα. καταθύσομαι, non fut. ut putat Harlesius ; sed pro κατα-
θύσωμαι, aor. 1. subj. m. atque ita Scholiastes, ὁριστικὸν ἀντὶ ὑπο-
ταχτικοῦ, ὡς ἐν τῷ, ἵνα εἴδομεν ἄμφω. Hom. Iliad. α, 363. Verùm
displicet interpretatio Valckenariana uni ex doctis meis amicis,
Thomae Falconer, A. M. qui hunc locum ità reddi debere arbitra-
tur : *ut virum dilectum, nunc mihi gravem, immolem,* vel *mactem,*
vel *deo alicui offerendum curem.*   Quem sensum et veram significa-
tionem vocis καταθύομαι postulare, et sequentem narratiunculam
firmare censet.   " *When any person supposes himself* HIGHLY INJURED,
" *it is not uncommon for him to repair to some church dedicated to a*
" *celebrated saint, as Llan Flian in Anglesea, and Clynog in Caernar-*
" *vonshire, and there, as it is termed,* OFFER HIS ENEMY. *He kneels*
" *down on his bare knees in the church, and offering a piece of money*
" *to the saint, utters the most virulent imprecations, calling down curses*

" *and misfortunes upon the offender and his family for generations to* 221.
" *come."* Bingley's Tour round N. Wales. "Vide contra v. 9. 10. .
17. &c. 159. 160.—ἐμὶν Dor. pro ἐμοί. P.

4. 'Ος μοι δωδεκαταῖος ἀφ' ὧ τάλας οὐδέποθ' ἥκει,] δωδεκαταῖος,
eleganter hîc, et v. 157. et pari modo v. 119. pro δώδεκα ἡμέραι
εἰσί. Harles. Sed haec idem valent, ac si diceres in solutâ oratione,
ὃς ἤδη δώδεκα ἡμέρας ἀπ' ἐμοῦ ἄπεστι· τοσαῦται γάρ εἰσιν, ἀφ' οὗ πρός
με οὐδέ ποθ' ἥκει. Ae. Portus. Caeterùm—λας in τάλας hîc brevis
est, at Doricè; uti ostendit Magnus Bentleius, in admirandâ illâ de
Phalaridis Epistolis Dissertatione, p. 136, sqq. ubi de Anapaestis
disputans Boylaeum ad incitas redegit.

6. —ἢ ῥά οἱ ἄλλᾳ—] Ordo est: ὅ τε Ερως ἔχων ταχινάς φρένας
οἱ, ἅ τε Αφροδίτη, ᾤχετο ἄλλη [ὁδῷ.] h. e. *Amor et Venus habentes
levem ejus animum abibant alio.* Pro ἔχων, D. Heinsius legendum
proponit ἄγων, quod probat Valckenaer. Vide Coll. Gr. Min. ad p.
36. n. 13.

8. Βασεῦμαι ποτὶ—] Dor. pro βήσομαι πρός—

10. —νιν ἐκ θυέων καταθύσομαι.] *ipsum magicis sacris incantabo.*
Virg. *Conjugis*, &c. Ecl. viii, 66. Vide suprà ad v. 3.

11. —τὶν γάρ ποταείσομαι ἄσυχα,] Dor. pro σοὶ γάρ προσαείσομαι
ἥσυχα, *tibi enim carmina mea canam quietè.* Caeterùm Lunam vel
Hecaten praeesse rebus magicis bene notum est.

12. —σκύλακες τρομέοντι—] Egregia quidem pictura Hecates
illius infernalis ; quam canes etiam pavent, cujusque aspectum fu-
giunt, quoties incedit, horribili ritu, per mortuorum sepulchra, nigrum-
que sanguinem, sive tabum. Ità mirè veneficiis suis horrorem poëta
noster conciliat. Warton. Ejusmodi horrorem feliciter assequutus
est quoque nostras Allanus Ramsay in Dramate suo pulcherrimo,
cui titulus *The Gentle Shepherd,* Scoticâ dialecto conscripto: *Here
Mausy lives, a witch that for sma' price,* &c. Act. II. Sc. ii. Conf.
quoque veneficas Shaksperianas, in dramate *Macbeth,* passim. [Vide
D'Orvillium ad Chariton. p. 376. 378. et II. *x*, 298. 492.] τρομέοντι
Dor. pro τρομέουσι. ἠρία, *sepulchra.*

14. Χαῖρ' Εκάτα δασπλῆτι,] δασπλῆς, -ῆτος, ὁ, et δασπλῆτις,
-ιος, ἡ, *graviter et vehementer appropinquans et percutiens.* Est à
πλήσσω, praepositâ particulâ intensivâ δα, inserto σ ob euphoniam.
Damm. *Salve Hecate! terrorem incutiens.*

17. Ἰυγξ,] Propriè est avicula, quae *torquilla* vocatur, Angl. *wry-
neck.* Hoc nomine quoque dicitur omne id, in quo est aliquid ἑλκυ-
στικόν, [uti observavit Salmasius ad Solinum p. 662. c. 45. ubi vide
plura;] vel quod animum ad desiderium et amorem pelliciat, quo-
niam veneficae eâ aviculâ usae sunt ad irretiendos animos. Denique,
uti notavit Harlesius, ponitur, ut hoc loco, pro *rhombo* seu *trocho,*
quem veneficae versare solent ad amasios ad amorem inflammandos,
quia aut avicula illa, aut ejus viscera, rotulae adligata, carmine
quodam magico adhibito, circumagebantur. [Vide Ernest. ad Xenoph.
Memor. iii. 11, § 17.] Virgilius, in suâ hujus loci imitatione, adhi-
buit *mea carmina* in genere : *Ducite ab urbe domum, mea carmina,
ducite Daphnin.* Ecl. viii, 68. "Ἑλκε τὺ τῆνον τὸν ἄνδρα ποτὶ ἐμὸν
δῶμα. P.

18. Αλφιτά τοι πρᾶτον πυρὶ τάκεται·] τὸ τάκεται ἐπὶ κηροῦ 222.
καὶ χιόνος καὶ τῶν τοιούτων λέγεται, τῶν κατ' ὀλίγον ἀναλισκομέ-
νων· ἐνταῦθα δὲ ἁπλῶς, ἀντὶ τοῦ ἀναλίσκεται καὶ φθείρεται. Schol.

222. Ab hoc versu, qui exordium est et inchoatio rei magicae, (reliqua
enim fuerunt τῆς προλογιζομένης Σιμαίθας,) usque ad illum, ver.
33. quatuor proponuntur simulationes. Prima constat ex sale, quod
spargitur; secunda ex lauro, quae uritur; tertia è cerá, quae lique-
fit; quarta ex trocho, qui torquetur.—Res similes sunt ἅλες, δάφνη,
πηρός, ῥόμβος· qui assimilatur, Delphis. D. Heinsius. Sparsum
salem, sive molam, cujus etiam mentio fit infrà, v. 21. non- omisit
Virgilius : *Sparge molam*, Ecl. viii, 82. Quin et laurum, ceramque
adhibuit, ut postea videbimus. Warton. Denique ἀλλ᾽ pro. ἀλλὰ,
quin age, benè tuetur Casaub. habet enim vim hortandi, ut suprà v.
10. Vide Lamb. Bos. Observ. Miscell. c. 19. qui reddit *quare.*
Harles.

19. —πᾷ τὰς φρένας ἐκπεπότασαι ;] .Subaud. κατὰ—*Quo evo-
lâsti quod ad mentem?* i. e. *Quo mens tibi avolavit?* ἐκπεπότασαι
est perf. pass. ab ἐκποτάομαι, -ῶμαι.

20. Ἦ ῥά γέ τοι,—] *Ah verò, scelerata, tibi quoque ludibrio sum!*
τὶν pro σοί Dor. τέτυγμαι [perf. pass. à τυγχάνω, τεύξομαι,] saepè
redditur simpliciter *sum :* est scil. praes. perf. Vide Vol. I. ad p.
27. n. 4.

21. Πάσσ᾽, ἅμα καὶ—] Elegans est conjecturâ D. Heinsii, qui
legit : Πάσσ᾽ ἅλα, καὶ λ. Vulgatam praefero. Valckenaer.

23. Δέλφις ἔμ᾽ ἀνίασεν·] Virg.—*Fragilis incende bitumine lauru.*
&c. Ecl. viii, 82.

24. —χ᾽ ὡς αὐτὰ λακεῖ μέγα, καππυρίσασα,] *et sicut illa ardens
valdè crepat,—*χ᾽ ὡς αὐτὰ λακεῖ, Dor. pro καὶ ὡς αὐτή ληκεῖ· καππυ-
ρίσασα, pro καταπυρίσασα, ex κατὰ et πυρίζω, ardeo. "Pro καππυ-
ρίσασα, forte legendum κάππυρος εὖσα. Valck. P.

25. Κἠξαπίνας ἄφθη,] i. e. Καὶ ἐξαπίνης ἤφθη, *Et subitò con-
flagravit*, κοὐδὲ σποδὸν εἴδομες αὐτᾶς· i. e. καὶ οὐδὲ σ. εἴδομεν αὐτῆς.

26. —ἀμαθύναι.] ἄμαθον ποιῆσαι, ἀφανίσαι· ἄμαθος γὰρ ἡ κόνις.
Schol.

28. —σὺν δαίμονι—] *bono cum deo, auxiliante deo ;* quae obvia
significatio, nec cum Heinsio sollicitanda. Virg. *Limus ut hic durescit,
et haec ut cera liquescit*, &c. ibid. 80.

30. —ῥόμβος] Vide suprà ad v. 18.

31. —ποθ᾽ ἀμετέρῃσι θύρῃσιν.] Dor. pro πρὸς ἡμετέραις θύραις.

33. —τὺ δ᾽, Ἄρτεμι,—] Sensus videtur esse : *Tu autem, ô Diana,*
vel *Luna*, [Nam, ut rectè Schol. Ἄρτεμις ἡ αὐτή τῇ σελήνῃ] *καί
ρα κινήσαις* τὸν ἀδάμαντα ἐν ᾅδῃ, *et eum apud inferos, qui insupera-
bilis est*, [Plutonem scil.] *flecteres*, καὶ εἴ τί περ ἄλλο ἐστὶν ἀσφαλές;
*et siquid aliud ibi durum est. Vel, et siquis praeterea alius ibi sit durus
et severus.* Nam, uti notavit Harlesius, ἀσφαλής est σκληρός, durus :
tum ἄλλο h. l. neutrum adjectivi designat homines. Caeterum,
ἀδάμας, Hesychio non solum est ὁ λίθος, Latinè quoque *adamas ;*
sed ἀγνώμων, *improbus, malignus, illachrymabilis ;* ἀπειθής, *contumax ;*
ἀθαμβής, *impavidus ;* ἰσχυρός, *validus :* ex a priv. et δαμάω, *domo.*
Rectiùs, inquit Valckenarius, illud ῥ᾽ omitteretur. *Plutonem* designa-
vit per τὸν ἐν ᾅδᾳ ἀδάμαντα.

36. Ἁ θεὸς ἐν τριόδοισι·] *Diana Trivia adest.* Ita scilicet dicta
est Diana, quod triviis praeesset, propter quod tres facies habere
fingebatur, quae etiam ad triplicem illius personam pertinent, quod
Luna s. Phoebe in coelo, Diana venatrix, et apud inferos Hecate est,
s. Proserpina. Gesner. ἠχεῖν h. l. significat ictu, perculsu, conquas-

satione ad tinniendum impellere. Sub deae verò adventum, uni- 222. versim praesentibus diis, aut summis poëtis carmina decantantibus, ex sententiâ veterum, mare et ventus silere, loca à Valckenario adscripta abundè testantur. Harles. Caeterùm canes Hecatam ulu-, lantes comitari dicebantur. Notum illud Virgilii :—*visaeque canes* · *ululare per umbram, Adventante deâ.* Aeneid. vi, 257. ad quem locum vide praestantissimum Heynium : item ad Tibull. i. 2. 52. 54. "Apoll. iii. 1040. supra p. 104. P.

38. —σιγᾷ μὲν πόντος, σιγῶντι—] Conf. suavissimam atque notissimam descriptionem : *Nox erat*, &c. Aeneid. iv, 522. et quae ibi annotavit Heynius. [Vide suprà ad Apoll. Rhod. l. iii. v. 744. p. 100.] σιγῶντι, Dor. pro σιγῶσι.

41. —ἦμεν,] pro εἶναι. Dorum est ἔμεναι, vel ἔμμεναι· undè ἔμεν, ἔμμεν, et ἦμεν.

48. Ἱππομανὲς] Vox Ἱππομανὲς plantam denotans non invenitur apud ullum veterem scriptorem. Botanicum vel Medicum, nisi in uno loco Theophrasti, [Lib. ix. c. 15.] ubi, si sana lectio est, quod tamen dubitant optimi interpretes, denotare oportet partem aliquam vel praeparationem plantae *Tithymalli*, Angl. *Spurge.* Si Theocritus reverá de plantá loquitur, quod admodum dubium est, species ejus nunc non potest indicari. Nonnulli recentiorum in fraudem, ut videtur, inducti à Scholiaste, per ἱππομανὲς hìc intellexerunt *Datu-* *ram stramonium* Linn. Angl. *the Thorn apple ;* quod tamen à veteribus semper alio nomine insignitur ; neque ei unquam tribuitur portentosa illa vis, quae ἱππομανεῖ hìc inesse dicitur ; alioquin non praetereunda fuisset Plinio, qui rebus hujusmodi narrandis gaudet. Rutherford. Ἱππομανὲς vulgò est caruncula, fronti (et linguae) pulli recens editi innasci, et ab equâ enixâ statim devorari credita. Vide Heynium ad Virg. Geor. iii, 280. et auctores ab eo ibi indicatos. —τῷδ' ἔπι πᾶσαι—μαίνονται—*gustandae illius insano ardore perciti feruntur. ἐς* τόδε δῶμα περῆσαι, *in has aedes venire.* Harles. Pro περῆσαι scribendum censet Valck. περᾶσαι.

54. Ὡ 'γὼ νῦν τίλλοισα—] i. e. ὃ ἐγὼ νῦν τίλλουσα καταβάλλω 223. ἐν ἀγρίῳ πυρί. " κράσπεδον, *fimbria, limbus.* P.

58. Σαύραν] *Lacertam.* Angl. *the Lizard.*

59. —λαβοῖσα τὺ τὰ θρόνα ταῦθ',—] *tu capiens haec venena* vel *medicamenta,* [θρόνον, ου, τὸ, *flos, pigmentum.*—Theocriti Schol. annotat θρόνα Thessalos vocare τὰ πεποικιλμένα ζῶα, *animalia varie-* *gata :* Cyprios, τὰ ἀνθινὰ ἱμάτια, *floridas vestes :* Aetolos, φάρμακα, *medicamenta, venena,* &c. H. Stephanus, *Thes.*] ὑπόμαξον καθυπέρτε- ρον τᾶς φλιᾶς ἐκείνου, *illine supra limen ejus ;* ἆς [Dor. pro ἧς] i. e. ἀφ' ἧς ἔτι καὶ νῦν δέδεμαι ἐκ θυμῶ, *ex quo limine nunc adhuc toto* *animo affixa pendeo.*

62. Καὶ λέγ' ἐπιφθύσδοισα,] *Et dic inspuens.* ἐπιφθύσδοισα, Dor. pro ἐπιφθύζουσα, *inspuens ;* vel, ut quidam reddant, *insusurrans :* vel, ut Schol. ἡσύχως ἐπᾴδουσα.

64. —μούνη ἐοῖσα] pro μόνη οὖσα. *Dimissa verò est Thestylis,* et Simaetha secum de origine amoris sui instituit sermonem. Harlés.

66. Ἦνθ ἁ τῶ 'Υβούλοιο] h. e. Ἀναξὼ κανηφόρος ἡ [θυγάτηρ] τοῦ Εὐβούλου ἦλθε ἡμῖν, ἐπ' ἄλσος Ἀρτέμιδος. Vel, ut Schol. ἦλ- θεν ἡ τοῦ Εὐβούλου θυγάτηρ Ἀναξὼ κανηφοροῦσα τῇ Ἀρτέμιδι, καὶ πομπὴν ἀγομένη τῇ θεῷ. Ubi vide plura. " τῶ 'Υ una syllaba fit. P.

223. 67. —τᾷ δή ποκα—] *Cui,* [Dianae scil. nam τᾷ est Dor. pro τῇ, quod pro ᾗ,] *aliquando quidem,* [ποκα Dor. pro ποτε,] πολλά ἄλλα θηρία πομπεύεσκε, [pro ἐπόμπευε,] *multae aliae ferae cum pompa incedebant,* περίστασδόν, *in orbem,* ἐν δὲ [αὐτοῖς] λέαινα, *et in illis leaena.*

69. Φράζεο—] vel φράσδεο, quod magis Dorum est: φράζεο, eliso σ, φράζεο, et contractè φράζου. " *Dic amorem meum, undè venerit,* &c. " Interpres," inquit Palmerius, [Exercitatt. p. 794.] " sic vertit, " sed meliùs meo judicio fecisset, si interpretatus fuisset, *Adverte,* " *undè amor meus venerit.* Sic enim ubique φράζεο accipitur apud " Chresmologos pro *adverte, curam adhibe,* atque aliquandò *cave.* " Tum Poëtae saepè hortantur Musas dicere, quae dicturi sunt, " nunquam verò Lunam, quae non praeest poësi. Rogat igitur " Simaetha lunam, quae praeest magicae arti, ut advertat, dum ei " narrat, quomodo amor suus coeperit, ut ei medeatur." [Vide supra, ad p. 104. 1026.]. Mavult tamen Wartonus communem hujus loci interpretationem. " Longè frigidior est," inquit, " ne dicam quòd " minùs magicus, Palmerii sensus." *φράζω, dico; φράζομαι,* m. *animadverto.* Vide infrà v. 84. suprà p. 62. Hom. Od. δ'. 71. et Il. ε. 440. Item, Eur. Med. v. 56. Soph. Electr. v. 424. Brunck. quem vide ad locum. Usitatum est poetis, casus narrare Soli, Lunae, Coelo, Terrae, &c. P.

70. —ἁ Θευχαρίλα, Θράσσα τροφὸς ἁ μακαρῖτις,] *Theucharila, nutrix Thressa, beatae memoriae.* Ita scil. loqui solebant de defunctis. Conf. D'Orvillii Criticam Vannum, p. 147.

72. —θάσασθαι.] à θάομαι, quod apud Theocritum idem est ac θεάομαι, *specto.* Vide suprà, Idyll. i. v. 149.

74. Κἀμφιστειλαμένα τὰν ξυστίδα—] *Et indutâ xystide,* &c. Ξυστίς, γυναικεῖόν τι ἔνδυμα πεποικιλμένον. Schol. Juvenalis: *Ut pretet ludos conducit Ogulnia vestem.* Sat. vi.

76. —τὰ Λύκωνος,] τὰ scil. δώματα. Nugantur qui plur. numerum hic indicare domum amplam putant. In ejusmodi locutionibus poëtae numero plurali et singulari sine discrimine utuntur; ut benè notum.

78. —ἐλιχρύσοιο] Vide suprà ad Idyll. i. v. 29.

80. —λιποῦσι.] Dat. plur. part. aor. 2. et concordat cum Ταῖς δ' suprà. In quibusdam libris legitur λιπόντων. Caeterum, ut benè observavit doctissimus D'Orvillius, [ad Chariton. p. 17.] à veteribus primi amantium congressus saepè fingebantur in solemnioribus deorum festis.

*82. Χ' ὡς ἴδον,—] i. e. *Καὶ ὡς ἴδον,* atque *ut vidi,* ὡς ἐμάνην, ita statim *insanii,* ὡς θυμός μου δειλαίας περιάφθη *ita animus mihi miserae malè affectus est.* Virg. *Ut vidi, ut perii,* &c. Ecl. viii, 41. ad quem locum ita Heynius: cum vidi, tum statim amore exarsi. ὡς—ὡς pro ὡς—οὕτως seu ὡς· *ut—ita.*

84. —ἐφρασάμαν,—] *animum adverti*—Vide suprà ad v. 69.

224. 88. —θάψῳ] Χλωρὸς, ἢ ξανθός. θάψος γάρ ἐστι ξύλον τι, ὃ καλεῖται σκιθάριον, ἤγουν σκυθικὸν ξύλον, ὥς φησι καὶ Σαπφώ. τούτῳ δὲ τὰ ἔρια βάπτουσι, καὶ ποιοῦσι μήλινα, καὶ τὰς τρίχας ξανθίζουσιν. ἔστι δὲ τὸ παρ' ἡμῖν λεγόμενον χρυσόξυλον. Schol. Θάψος, lignum vel radix pallido-flavi coloris, olim usurpata ad dandum hunc quoque colorem lanae vel capillis. Sunt qui putant hanc vocem denotasse radicem *Glycyrrhizae glabrae* vel *echinatae* Linn. Angl. *the root of the common* or *prickly headed Liquorice.* Sed multae aliae stirpes aequè convenient cum omnibus, quae de eâ tradiderunt veteres. Ruther- 224. ford. Cf. Wolf. ad Sapphûs fragm. p 249.

89, 90.—*αυτα δε λοιπα*—] Ordo est : *αυτα δε λοιπα ετι ην οστεα και δερμα·* Angl. *and all that was left of me was skin and bone ; or, and nothing was left of me but skin and bone.*

92. *Αλλ' ης ουδεν ελαφρον*—] *ης* Dor. pro *ην*, ut suprà. Angl. *but there was no remedy.* ὁ *δε χρονος ηννυτο φευγων, tempus autem citò fugit,* aut *fugaciter praeteriit.* Genus locutionis haud infrequens apud Graecos scriptores.

94. *Χ' ουτω τα δωλα*—] i. e. *Και ουτω τη δουλη,* &c.

100. *Κηπει κα νιν*—] Sic construe : *Και επει κε μαθοις νιν οντα μονον, νευσον ησυχα, και ειπε,* &c.

106. —*εκ δε μετωπω*—] *Ex fronte verò meâ sudor stillabat similis australi rori.* κοχνεσκω *verbum poëticum.* νοτιαισιν ερσαις, *pro* νοτιαις ερσαις. "Vide Valck. not. et Lex. Hed. &c. P.

109. *Κνυζωνται*—] κνυζαομαι, ωμαι, gannio. Propriè verò gannire de vulpium voce dicitur ; et impropriè de infantum vagitu. κνυζωνται φωνευντα, &c. *ganniunt* [Angl. *whimper*] *clamantes dilectam ad matrem filii.* Aemyl. Portus. φωνευντα, Dor. pro φωνουντα.

110. —*δαγυδι*—] *Δαγυς* est vocabulum 'rarissimum. Sic verò dicebantur puellarum ludicra, imagunculae ex cerâ, gypso, vel aere factae. Atticis *κοραι* vocantur. Harles. Angl. *dolls.* αλλ' επαγην (κατα) καλον χροα παντοθεν ισα δαγυδι, *but my whole body was all over stiff like a doll, like a figure of wax.*

114. *Η ρα με,*—] Ordo est: *Σιμαιθα, η ρα καλεσασα με εις τοδε το σον στεγος, [πριν] η με παρειναι, εφθασας [εμε] τοσον, οσον εγω θην ποτε πρωην εφθασα τον χαριεντα Φιλινον τρεχων. Simaetha, enimvero, quum me ante vocâsti in has aedes tuas, quàm ego adessem mea sponte, tantùm me praevertisti, quantùm ego nuper aliquandò praeverti venustum Philinum cursu.*

118. *Ηνθον γαρ κηγων,*—] i. e.' *γαρ εγω κε* [quod est *αν*] *ηνθον,* &c. *Venissem enim ego,*—

119. *Η τριτος ηε τεταρτος εων φιλος,*—] i. e. *ων φιλος η τριτος* 225. *ηε τεταρτος,* ad verbum, *existens amicus vel tertius vel quartus,* i. e. *cum duobus vel tribus amicis,* αυτικα νυκτος, i. e. νυκτος αυτικα ουσης, *simul ac advesperâsset.* Per μαλα Διωνυσοιο, Wartonus intelligit non aliquod Mali peculiare ; sed mala in gênere, quae, cum caeteris arboreis fructibus, invenisse Bacchus traditur. *Μαλα Διωνυσοιο* sunt, judice amicissimo meo Doct. Rutherford, fructus *mali cydoniae,* Angl. *the Quince ;* quae à Baccho inventa est.

121.— λευκαν—] *populum albam, Herculis ramum sacrum,* παντοσε, &c. *undique purpureis vittis obvolutam.*

124. —*ταδ' ης φιλα·*] *hoc gratum fuisset.* ης pro ην, et subauditur κε vel αν, ut in ejusmodi locutionibus, ubi praecedit haec vocula cum verbo priore. Subauditur etiam ad prius verbum, quando exprimitur unà cum posteriore ; uti in versu sequente: *Ευδον δε, ει μονον κε εφιλασα,* &c. Porrò subauditur eadem particula semel atque jterùm, imò ter, in duobus versibus sequentibus : nec opus est mutando και πελεκεις in κεν πελ. uti proposuit Harlesius: Caeterùm mos iste, quo amatores amicarum postes frangere, vel fenestras quatere solebant, invaluisse videtur etiam apud Romanos. Sic Hor. —*quatiunt fenestras Ictibus crebris juvenes protervi.* Lib. i. Od. 25. Conf. Tibull. Lib. i. El. i. 73, &c. Vide plura apud Wartonum.

225. 126. —τεῦς—] idem quod τεῦ, est ex edit. Flor.

133. Αὗτως ἡμίφλεκτον.] hoc modo semiustum.—Αιπαραῖν.. Ἀφαίστοιο—Liparaeo Vulcano. Vulcanus saepè sumitur pro ipso igne; atque idem Liparaeus vocatur à Lipará, insulâ inter Siciliam et Italiam, principe septem illarum, quae vulgò dicuntur Aeoliae, quae ab ignibus eructatis etiam vocantur Vulcaniae, uti notavit Harlesius.

144. —μέσφα—] Poëticum adverbium, pro communi μέχρι, vel μέχρις; usque ad. μέσφα τοι ἐχθές, usque ad heri, i. e. usque ad hesternum diem. Ae. Portus. Scribunt Grammatici μέσφά τοι· libri impressi ferè semper habent μέσφα τοι· nempè ubi syllaba prior positione longa est. T. Y. ἐχθές, h. l. nuper. Harles.

145. —ἀλλ' ἦνθέ μοι ἅ τε Φιλίστας—] sed venit ad me mater Philistae meae tibicinae, ἅ τε [μάτηρ] Μελιξοῦς, eademque mater Melixús. Doctissimus Valckenarius legendum conjicit,—ἄγε Μελιξοῦς— et putans φιλίστας non esse nomen proprium sed adjectivum, sic vertit: venit ad me mater carissimae meae tibicinae, meae, inquam, Melixús.

147. —ἵπποι,] Ἡλίου scil.

156. —ὄλπαν·] ampullam oleariam, quâ utebantur in palaestrâ.

158. Ἠ ῥ' οὐκ ἄλλο τι τερπνὸν ἔχει,—] Nonne manifestum est, eam alias delicias habere—?

226. 164. —ὥσπερ ὑπέσταν.] est, ut promisi: sin admiseris vulgarem versionem, sicut suscepi, legendum esse videtur Valcken. ὕπερ ὑπέσταν, cui me subjeci. ἄντυξ, h. l. currus. Harles.

---

*ΑΙΠΟΛΟΣ, &c.] Caprarius, sive Amaryllis, seu Comissator. Idyllium III.

Ver. 1. Κωμάσδω—] τὸ κωμάζειν λέγεται ἐπὶ τῶν κατὰ νύκτα εἰς τὰς ἐρωμένας ἀπερχομένων.—Ἀπέρχομαι πρὸς τὴν Αμαρυλλίδα ἀποπειρασόμενος αὐτῆς δι' ᾠδῶν καὶ λόγων τῶν ἐπὶ τοῦτο συντεινόντων. Schol. Κωμάσδω hoc loco significat, Eo Bucolicè tripudians et cantans. Isthoc Idyllium ΚΩΜΟΣ inscribitur in codicibus apud me pluribus. Quod ad Κῶμος attinet, significat sensu magis generali, convivium, cantum, tripudium, deum festivitatis; saepissimè Festivitatem sonat. Warton. —ταὶ δέ μοι αἶγες— Sic Virg. Tityre, dum redeo, brevis est via, pasce capellas; &c. Ecl. ix, 23. Conf. Shenstone's Pastoral Ballad, init. Ye Shepherds so chearful and gay, &c. .

3. —τὸ καλὸν—] Idem quod καλῶς. [Vide Coll. Gr. Min. ad p. 76. n. 1. " p. 102. Od. i. v. 10."] τὸ καλὸν πεφιλημένε, Angl. much ved.

4. καὶ τὸν ἐνόρχαν—] et caveto à cnacone [" luteo"] Libyco uti integro vel testiculato hirco, μὴ κορύξῃ σε, ne cornu te petat.

227. 6. Ὠ χαρίεσσ' Αμαρυλλὶ,] Comi principium, qui aliquoties postea interrumpitur à Caprario, hîc est. Heinsius.

8. —ἤμεν,] et ἤμες, Dor. pro εἶναι.

9. —ἀπάγξασθαι—] Virg. mori me denique coges. Ecl. ii, 7.

10. Ἠνίδε] Dor. adverb. pro comm. ἰδού, ecce. Ae. Portus.

12. ——αἴθε γενοίμαν Ἀ βομβεῦσα μέλ.] Angl. O if I were the humming bee! &c. —καὶ τὴν πτέριν— [Πτέρις, propriè Polypodium

filix mas Linn. Angl. *male fern.* RUTHERFORD.] *and the fern,* ᾗ σὺ 227. πυκάζῃ, *with which thou art thickly covered.*

15. *Νῦν ἔγνων τὸν Ἔρωτα·*] Virg. *Nunc scio, quid sit Amor :* &c. Ecl. viii, 43. ad quae ita Heynius : *Nunc scio,* serò scil. Ex Theocr. haec Idyll. iii, 15, sq. sed multò is modestiùs et ex imperiti pastoris personá decentiùs. Conf. Tibull. iii, 4. 72. Bion. Idyll. xvii. et Moschi i. Virg. Aeneid. iv, 365, &c.

21. *Τὸν στέφανον—*] Ordo est : ποιήσεῖς με αὐτίκα κατατῖλαι τὸν στέφανον εἰς λεπτά.

23. *—καλύκεσσι—*] Κισσοῖο κάλυκες, *flores hederae nondum aperti.* Σέλινον, *planta dubia,* videtur esse *apium graveolens* Linn. Celeri Ital. et nostrum, quod hoc ipso nomine Graeci hodierni colunt. Bellon. SCHREBER. Σέλινον, vulgò *apium petroselinum,* Angl. *common Parsley ;* mihi potiùs videtur *apium graveolens* Linn. Angl. *Smallage.* RUTHERFORD.

24. *—τί πάθω ;*] *quid agam ?* est formula eorum, quos invitos natura, vel fatum, vel quaecunque alia cogit necessitas. Vide Valckenaer, ad Eur. Phoeniss. 902.

25. *—βαίταν*] *pellem,* h. e. amictum pastorum. HARLES.

26. ʹΩπερ τὼς θύννως σκοπιάζεται—*] Thynnorum piscatores olim in altas rupes, mari imminentes, soliti speculas collocare, ut indè Thynnos observarent : sicut auctor est Strabo, qui Θυννοσκοπεῖα vocat. L. v. p. (225.) 345. CASAUBON. Hanc etiam fuisse rationem Thynnos explorandi tradit Oppianus Halieut. iii, 637.—Ab eodem quoque discimus, crebram copiosamque fuisse apud Siculos thynnorum capturam. Ibid. 627. WARTON. Virg. *Praeceps aërii specula de montis in undas Deferar.*—Ecl. viii, 59.

27. *Κῆκα μὴ ʹποθάνω,*] i. e. *Καὶ εἴ κε μὴ ἀποθάνω,* Angl. *And though I should not succeed in dying,* τὸ σὸν ἡδύ γε μὴν τέτυκται, *yet thy delight would no doubt be obtained,—yet thou wouldst no doubt be delighted.* Notandum, in hujusmodi locutionibus non opus esse ut particula κε vel ἄν, quae verbum prius comitatur, cum posteriore repetatur. "Vide supra ad p. 225. v. 124." τέτυγμαι, praes. perf. Angl. *I am,* τέτυκται, *he, she,* or *it—is.* [Vide Vol. I. ad p. 122. n. 6. "p. 27. n. 4."] ἀδύ, ἑος, Dor. pro ἡδύ, quod hìc pro ἡδονή. "Ver. 28.—μεμναμένω, *quaerente me.* Interp. P.

29. *—ποτεμάξατο τὸ πλατάγημα,*] ποτιμαξάμενον· πλατάγησεν, in Scholiis, in Codicibus aliquot, etiam in Parisino, repertum, pro vulgatis ποτεμάξατο τὸ πλατάγημα, cum Reiske et Brunck recepi. VALCKENAER. Sententia est : *crepuit folium illud ad digitos allisum.* Saepè media et passiva inter se significationes alternant : προσμαξάμενον idem est, atque προσμεμαγμένον aut προσμαγθέν. REISKE. Forma quidem media et passiva eadem sunt in praes. et imperf. et nemo est Graecè vel mediocriter doctus, qui non novit aoristos passivos, et interdùm perf. passivum, sumi sensu medio. [Vide Vol. I. ad p. 7. n. 10.] Sed utinam vir eruditus exempla quaedam protulisset, in quibus aor. 1. med. sumatur in sensu passivo. Nam si hoc unquam fit, rarissimè equidem crediderim. Quare vel legendum ποτιματτόμενον· vel vulgaris reponenda : scil. —ποτεμάξατο τὸ πλατάγημα. Quae Scholiastes sic exponit : πλατάγημα δὲ τὸ πλαταγώνιον. ποτεμάξατο δὲ, ἤγουν, προσήκατο ἐξ αὐτοῦ τυπτόμενον ψόφον. ʹCaeterùm μάσσω, [unde ποτιμάττω vel προσμάσσω,] propriè significat, *tangendo adlino vel adfrico,* inde *tergo.* "Amantes verò ex

227. " folio papaveris et anemones, pollici et digito indici manus sinis-
" trae imposito et adversâ manu percusso, conjiciebant an ab
" amasiis amarentur. Si enim clarum sonum edidit, amari se pu-
" tabant; sin secus, contra judicârunt: uti Suidas sub voce πλατα-
" γῶν memorat. In humero etiam cubitove et ex colore conjecturam
" fecerunt. Vide Jul. Polluc. L. ix. segm. 122. et 127. et Potteri Ar.
" chaeol. lib. ii. cap. 18. Vol. i. p. 352." (406.) HARLES. Telephilon hic
absque dubio petalon floris papaveris, quo ad prognosticanda erotica
utebantur veteres.—Secundum Scholiasten planta quaedam magica,
ut videtur leguminosa, hoc nomine etiam appellata fuit. SCHREBER.
" Vulgatam lectionem reposui. Allisit, vel edidit sonum. Sic Agathias
legisse videtur, cum scriberet Epigram. suum ix. Brunck. Analect
Vol. iii. p. 37. Ἐξότε τηλεφίλου πλαταγήματος ἠχέτα βόμβος Γαύ-
τέρα μαντᴕου μάξατο κισσυδίου, Ἐγνων ὡς φιλέεις με. Kuster De
Verb. Med. S. iii. fin. docet aor. 1. med. usum in sign. pass. rarissi-
mum esse. Vide Epigram. Mnasalcae infra p. 323. et Leonidae
iii. p. 324. κειραμένη. P.
    31. —κοσκινόμαντις,] ἡ διὰ κοσκίνου μαντευομένη. Schol. Vide
Potteri Archaeol. L. ii. cap. 18. Vol. i. 352. (406.)
    32. Ἀ πρὰν ποιολογεῦσα—] ποιολογεῖν est simpliciter spicas
excipere, legere et componere: ἡ παραιβάτις, quod est vox Dorica,
est quae messores sequitur, uti Scholiast. Valcken. et Toup. benè ex-
plicant. HARLES. ἀ πρὰν ποιολογεῦσα, Dor. pro ἡ πρῶην ποιολογοῦ-
σα.—οὔνεκ' ἐγὼ μὲν Τὶν ὅλος ἔγκειμαι, quoniam tibi totus incumbo.
τὶν Dor. pro σοί. " οὔνεκα pro ὅτι. P.
    35. —ἁ Μέρμνωνος Ἐριθακὶς—] Subauditur θυγάτηρ. Erithacis
est nom. propr. ἡ μελανόχρως, Angl. the brown, the swarthy. Magnus
Hemsterhusius legendum conjicit, μελάνοφρυς, cui nigra sunt super-
cilia. Vide v. 18. Conf. Virg. Ecl. ii, 43.
    37. Ἄλλεται—] The palpitation of the right eye was a lucky omen.
Potter. Archaeol. l. ii. 17. Vol. i. p. 338. (391.)
228.   40. Ἱππομένης—] Hippomenes ope malorum à Venere accepto-
rum Atalantam vicit cursu, et duxit. V. Schol. et Hygin. Fab. 185.
ibique Muncker. HARLES.
    42. Ὣς ἴδεν,—] Vide ad Idyll. ii, 82. "suprà p. 223.
    43. Τὰν ἀγέλαν—] Scil. Iphicli. Totam fabulam copiosè enar-
rat Schol. Othrys est mons Thessaliae. Mater Alphesiboeae fuit
Pero, tantâ venustate, ut pater Neleus eam illi soli promitteret, qui
boves ingentes ex Iphicli (al. Herculis) custodiâ eriperet. Melam-
pus, ut Bias frater illam acciperet, periculo se exposuit: et à
pastoribus Iphicli captus, in vincula conjectus est: è quibus arte
suâ vaticinandi liberatus, bovibus acceptis et Neleo traditis, Pero
Bianti paravit. Conf. Propert. ii, 3. 51. sqq. HARLES.
    49. Ζαλωτός—] Endymioni, famoso illi Lunae amatori, aeternum
somnum immisit Jupiter, quòd illius amore capta fuit Juno.—ἄτρο-
πος ὕπνος est durus, h. e. gravis somnus.—Ad Jasionem dormientem
venit Ceres, et ex eo peperit Plutum. Cereris autem mysteria pro-
fanis, h. e. haud initiatis, fuerunt incognita. Idem. "Supra p. 19. v. 125.
    53. Κεισεῦμαι—] et κεισοῦμαι, Dor. pro κείσομαι. Κεισεῦμαι δὲ
πεσὼν, protentus jacebo.—ἔδονται, comedent, fut. 2. est ἔδομαι, ἔῃ,
ἔσεται, &c. pro ἐδοῦμαι, ἐδῇ, ἐδεῖται, &c. ut πίομαι, et φάγομαι.
ἔδοντι, pro ἔδουσι, quod in vulgaribus est editionibus, raro si un-
quam, alibi occurrit.

ΒΟΤΚΟΛΙΑΣΤΑΙ.] *Bucolici carminis Cantores.* Idyllium 229.
VIII. Dominatur in hoc Idyllio suavitas illa, quae bucolicis carminibus unicè convenit. Tum crebrae submiscentur notae, quibus in hoc Siculo nostro versando, tantoperè delectari solemus. Warton.

Ver. 2. ὡς φαντί,] Pro ὡς φαντί, quod est, ὡς φασί, legendum conjicit Piersonus Διόφαντε· quasi poëta Idyllium inscripsisset Diophanto cuidam amico. Sed nihil opus.

4. *Ἄμφω*—] Ita Virg. *Ambo florentes aetatibus, Arcades ambo, Et cantare pares, et respondere parati.* Ecl. vii, 4.—ἤτην πυρρότριχω, *erant rufo capillo,* ἄμφω ἀνάβω, *ambo impuberes ;* ἄμφω δεδ. συρίσδεν [Dor. pro συρίζειν,] ἄμφω ἀείδεν, [Dor. pro ἀείδειν,] *ambo fistulam inflandi, ambo cantandi periti.*

5. *Πρᾶτος δ᾽ ὤν*—] Dor. pro πρῶτος δ᾽ οὖν. Harum autem particularum vis dilucidiùs apparebit si, cum doct. Hoogeveen, eas exhibemus hoc modo: Πρῶτος δὲ Μενάλκας ἠγόρευεν· ἠγόρευεν οὖν οὕτως. *Prior vero Daphnin intuens cecinit. Cecinit ergo hoc modo.* Doctr. Part. C. XIV. s. v. 5. p. 273.

11. *Χρῄσδεις ὧν ἐσιδεῖν ;*] *Vis ergo videre ?* Virg. *Vis ergo inter nos,* &c. Ecl. iii, 28. χρῄσδεις καταθεῖναι ἄεθλον ; Angl. *will you stake a prize ?*

13. —*θησεύμεσθ᾽,*] θησεύμεσθα, Dor. pro θησόμεσθα, quod Poë-230. ticè pro θησόμεθα. Vide suprà ad p. 81. v. 1.

15. *Οὐ θησῶ*—] Virg. *De grege non ausim,* &c. Ecl. iii, 32.

18. *Σύριγγ᾽ ἂν ἐποίησα καλὰν ἐγὼ ἐννεάφωνον,*] *Fistulam quam feci pulchram ego novem vocibus,*—Hujusmodi σύριγγα, sive fistulam pastoriam, quâ utebantur olim pastores Siculi aliique, instrumentum adhuc usitatissimum esse rusticis circa Hellespontum testatur amicus summus meus et quondam condiscipulus Robertus Liston, nuper legatus Regius ad *Portam Osmaneam ;* qui nunquam nostrae amicitiae non memor, earum unam è Troade secum attulit, mihique dono dedit, unâ cum aliis rebus à se ibidem collectis, cùm nuper inclytam istam regionem, meo rogatu, post ingeniosum Chevalierium, lubens visebat. [Vide suprà ad Idyll. i. v. 129. p. 219.] " Neque apud " nos hodiè ignoratur syrinx illa, quae nomine vix recepto *Pan's* " *pipes* dicitur: quinetiam in plateis Londinensibus quotidiè auditur. " Hujus autem instrumenti adeo frequenter occurrit mentio apud " poëtas, ut operae pretium fuerit huic loco paululùm immorari. " Fistulam accuratè describit Pollux, L. iv. c. 9, 5. ubi forsan, pro " ἀφιστάμενοι ἀπισούμενοι legendum, atque eam è calamis fieri, " limóque et cerâ compingi: dein aliud fistulae inversae genus " describit, quod tibiam Tyrrhenam appellat, quamque vel follibus, " vel aquae ope inflari dicit: quae descriptio cum monumento quo- " dam antiquo optimè convenit, hoc organum cum follibus suis " exhibenti: miniméque dubium relinquit, quin veteribus notum " fuerit nobile illud instrumentum, multò ante Juliani tempora. In " fistulâ autem cerae usus praecipuus erat, ut ad debita sonorum " intervalla reducerentur calami, quod hodiè subere fit, magis mi- " núsque altè intruso. Aristoteles Probl. xix. 23. Οἱ τὰς σύριγγας " ἁρμοττόμενοι εἰς μὲν τὴν ὑπάτην ἄκραν τὸν κηρὸν ἐμπλάττουσι, " εἰς τὴν δὲ νήτην μεχρὶ τοῦ ἡμίσεος ἀναπληροῦσιν· quod rectè ait

230. " octavae intervallum constituere, longitudine dimidiatâ ; erat autem
" hypate quae hodiè infima chorda diceretur. Quod autem ad
" sonorum numerum attinet, fertur Hermem sub Osiride lyram
" tribus chordis instructam invenisse. Citantur ab Euclide Ter-
" pandri versus, Ἡμεῖς τοι τετράγηρυν ἀποστέρξαντες ἀοιδήν, Ἑπ-
" τατόνῳ φόρμιγγι νέους κελαδήσομεν ὕμνους. Chordam octavam
" addidisse Pythagoram refert Nicomachus ; alii equalem ejus Si-
" monidem. Ait autem Plinius, vii. 56. (57.) Citharam Amphion
" (invenit :) ut alii, Orpheus : ut alii, Linus. Septem chordis additis
" Terpander. Octavam Simonides addidit : nonam Timotheus. Erat
" igitur cithara jam ἐννεάφωνος, ut fistula à Bartholino delineata.
" de Tib. Vet. p. 379 ; neque usus vulgaris multò longiùs proces-
" sisse videtur ; quamquam theoretici, quidamque etiam citharistae
" brevi multa utrinque addiderint. Hodie fiunt fistulae δυοκαιδεκά-
" φωναι et ultra. Fuise autem videntur intervalla eadem quae in
" genere hodierno molli seu minori, ut dicitur : quod plerisque
" gentibus incultioribus usitatum est, Scotis veteribus, Hibernis,
" Borussis ; interque novem sonos media fuisse tonica, ad quam ait
" Aristoteles omnes bonas melodias saepè recurrere ; extrema
" utrinque, quinta ab eâ : Simonidi defuisse extremarum graviorem.
" Terpandro etiam acutiorem, vel secundum alios tertiam à tonicâ,
" relicto octavae intervallo. Simpliciorem fuisse veterum musicam
" certum est, nisi quod à doctis cantoribus exquisitissimâ arte varia-
" bantur melodiae ; probabile autem non est diversas melodias
" simul cantari solitas esse : citharam tamen voci multiplicem har-
" moniam addidisse procul dubio testatur Platonis locus, de Legg
" vii. p. 812. [Steph.] neque minùs certum est tibias vel pares vel
" impares genuinum sonum emisisse. Apuleius Florida l. (iii.)
" Primus Hyagnis duas tibias uno spiritu animavit ; acuto tinnitu,
" gravi bombo, concentum musicum miscuit. Adde Horat. Epod.
" ix. Sonante mistum tibiis carmen lyrâ, Hac Dorium, illis Barbarum;
" —etiam Longin. § xxviii. Cicer. lib. ii. de rep. [" t. iv. p. 296. ed.
" R. Steph. C. 42. p. 79. De Re Pub. Libb. nuper repert. ed.
" Boston. 8vo."] fr. Plutarch. de Mus. Macrob. Prooem. qui etiam de
" vocibus gravibus, acutis, mediisque concinentibus loquitur. Ne-
" que quicquam facilius est, quàm apud aures mediocriter doctas
" etiam hodiè mirificos illos musices effectus ciere, per diligenter
" excultam melodiam et vel modicâ vel nullâ harmoniâ suffultam;
" quod adeo notum est, ut nonnulli omnem concentum è musicâ ex-
" pellere conati sint." T. Y.

21. Ἡ μάν τοι κ ἠγὼ—] Imo verò et ego, &c.

26. Τῆνον πῶς ἐνταῦθα—] Mallem cum Reiskio πῶς com ac-
centu circumflexo, ut sententia sit interrogativa : πῶς ἐὰν καλέσο-
μεν ἐκεῖνον τὸν αἰπόλον, ᾧ κύων ὁ φάλαρος ὑλακτεῖ πρὸς ταῖς
ἐρίφοις ; Angl. What if we should call that goatherd, whose white dog
is barking beside the kids ?

30. - ἰϋκτά—] pro ἰϋκτῆς, h. e. ὁ συρικτῆς, ὁ λιγύφθογγος.
HARLES. Sic συρικτὰ pro συρικτῆς, quod genus vocum saepè occur-
rit apud Homerum, ut μητίετα, νεφεληγερέτα, &c.

35. —ἐκ ψυχᾶς—] Vernaculè —to their heart's content—μηδὲν
ἔλασσον ἔχοι, let him fare as well.

231. 49. —ὦ βάθος ὕλας Μυρίον,] Supple ἐστί. ubi altitudo sylvae est
immensa. ὦ Dor. pro οὗ, ubi. Constructio est : Ω τράγε, ἄνερ τῶν

λευκᾶν αἰγῶν, ὦ σιμαὶ ἔριφοι, δεῦτ᾽ ἐφ᾽ ὕδωρ, οὗ βάθος ὕλης ἐστί, κυρίον.

51. *Ἐν τήνῳ γὰρ τῆνος,*] i. e. *γὰρ ἐκεῖνός ἐστιν ἐν ἐκείνῳ τῷ τόπῳ. ἴθ᾽ ὦ κόλε, abi, cornibus mutilate,*—alloquitur scil. unum e hircis. [Sed pro ὦ κόλε, legendum conjecit Hugo Grotius ὦ 'πόλε, pro ὦ αἰπόλε. Reiskius autem habet *Κόλε* pro nomine servi.] *καὶ λέγε Μίλων*᾽ pro *Μίλωνι.* Caeterùm quum haec, quae de Milone dicta sunt, minùs conveniant personae Menalcae, viri doctissimi Reiskius et Brunckius verss. 49—52, Daphnidi, verss. verò 53—56, Menalcae tribuendos esse censent; atque ita eos in suâ editione constituit Brunckius.

53. *Μή μοι γᾶν Πέλοπος,*—] *Non mihi terram Pelopis,* [i. e. Peloponnesum,] *non mihi aurea talenta contingat habere,* &c. Pro χρύσεια τάλαντα, vir doctissimus Piersonus legendum conjicit *Κροίσοιο τάλαντα,* Reiskius autem χρυσεῖ᾽ *Ἀταλάντας,* scil. μῆλα, *aurea poma Atalantae.* [Vide Idyll. iii, 41. supra p. 228.] Sed inutilis videtur utraque correctio. Vide Porsonum ad Eur. Med. 542. ″ et supra.

55. —*ἀγκὰς ἔχων τυ,*] *ulnis complectens te.* Σύννομα μᾶλα, *greges ovium simul pascentium.*

57. *Δένδρεσι μὲν χειμὼν*—] Virg. *Triste lupus,* &c. Eclog. iii, 80.

60. —*ἠράσθην·*] *amavi.* Vide Vol. I. ad p. 67. n. 2.

66. *Οὐ χρὴ κοιμᾶσθαι*—] Homer. *Οὐ χρὴ παννύχιον εὕδειν βου-* 232. *ληφόρον ἄνδρα.* Iliad. β, 24.

68. *οὔτι καμεῖσθ᾽,* &c.] *non defessi eritis, nondum abstinueritis, cum ea* [herba scil.] *iterum erit renata.* T. YOUNG. ὅκα et ὄκκα, Dor. pro ὅτε, et ἅδε pro ἥδε.

69. *Σίττα*] est vocabulum quo pastores greges ad festinandum incitant. HARLES.

70. —*ὦ ᾽ρνες ἔχωντι,*] i. e. οἱ ἄρνες ἔχωσι. ″ἐς ταλάρως—*in calathis*—i. e. lac coactum. πηκτή, vel πακτά᾽, Dor. curd. Vide supra p. 36. v. 246. 247. P.

71. —*ἀνεβάλλετ᾽ ἀείδεν*] ἀναβάλλεσθαι de praeludiis in cantando eleganter adhibetur.

72. —*σύνοφρυς κόρα*] *junctis superciliis puella.* Juncta supercilia inter praecipuas vultûs formosi veneres ponebant Antiqui. WARTON. [Vide Coll. Gr. Min. ad p. 83. (109.) v. 16.] Constructio autem hujus loci haec est: *Καὶ κόρα σύνοφρυς, ἐχθὲς ἐκ τοῦ ἄντρου ἰδοῦσά με παρελάοντα* [vel παρελαύνοντα] *τὰς δαμάλας, ἔφασκέ [με] εἶναι καλὸν, καλόν· Οὐ μὴν ἀπεκρθην οὐδὲ τὸν πικρὸν λόγον αὐτῇ.* Et sensus est, interprete Wartono; *Puellae me, dum praeterirem, protervè compellanti,* vel *mihi illudenti, nihil retorsi ; ne quidem acerbum aliquid respondi.* Quod, eodem judice, miram simplicitatem rusticitatemque redolet. Praesertim si spectes quae sequuntur. Caeterùm quod ad quantitatem in penultimâ vocis καλὸν attinet, vide acutissimum Sam. Clarke, ad Hom. Iliad. β, 43.

76. *Ἀδεῖ᾽ ἁ φωνὰ*—] Vide Miltoni *Paradis. Amiss.* indicante Wartono: *Sweet is the breath of morn,* &c. Lib. iv, 641.

79. *Τᾷ δρυΐ*—] Cf. Virg. *Vitis ut arboribus,* &c. Ecl. v, 32.

84. *Δάσθεο*—] i. e. λάζου τὰς σύριγγας, et non, ut Valckenarius aliique volunt, τᾶς σύριγγος, nam earum.duae erant, Menalcae scil. et ipsius, ei victori accipiendae. ″Edinenses genitivum tenent: et recte, opinor. P.

88. *Ὡς—οὕτως*—] inter se permutavit interpres. Sed obtinent

etiam hoc loco ista verba consuetam suam vim, ὡς *quemadmodum,*
οὕτως *sic.* Pari modo ver. 90. ὡς, cum accentu, est *sic:* et ver.
91. ὡς, sine accentu, *quemadmodum.* WARTON. "V. 91. ὡς habet
in edd. primis ; οὕτω in ed. Valck. etc. quam vide. P.

91. —γαμεθεῖσ.] Versus legendum postulat γαμεθεῖσ· quomodo
et nonnulli dederunt. "γαμηθεῖσ, Valck. Edin. ex Cod. &c. γαμι-
θεῖσ praefero. Hom. Il. ι. 394. γαμέσσεται. . P.

93. —ἄκραθος—] Dor. pro ἄκρηθος, *qui est in primd pubertate,*
vel *qui primam pubem habet.* v. Warton. Secundum Sositheum apud
Scholiasten fuit Nympha Thalia, quam valdè adolescens et jam
quasi puer uxorem duxit. HARLES. Non autem hîc intelligendus
est idem Daphnis, de quo in Idyll. I. Daphnis enim saepè est
nomen merè pastorale.

---

233.   * ΚΥΚΛΩΨ.] CYCLOPS, *Idyllium XI.* Cum idiotismi elegantia,
et simplicitas, quâ usus est noster, mirifica sit in omnibus poëmatis,
in quibus hactenus versati sumus ; tum verò in nullo magis quam
in CYCLOPE. Quod mirum non est. Loquitur enim ut ΑΥΤΟ-
ΧΘΩΝ, et ex ipsâ insulâ oriundus. HEINSIUS. Egregium judicium.
Et profectò miror idem non sensisse Vavassorem, [de Ludicr. Dict.]
WARTON. Vide Cyclopa Homericum, quem hîc, quasi prologi vice,
protulit Wartonus, suprâ p. 34. Od. ι, 182. In cod. Vatic. 3. haec
est inscriptio Κυκλωψ Και Γαλατεια. Προς Νικιαν ιατρον ι
Θεοκριτος διαλεγεται. Milesius erat ille Medicus.

Ver. 1, 2. Οὐδὲν ποττὸν—] Per ἔγχριστον, intelligendum est
unguentum ; et per ἐπίπαστον, *pulvis* vel *pulvillus inspersilis,* ut vo-
cant: quasi dicas Angl. *moist or dry dressings.* RUTHERFORD. Ordo
autem est: Νικία, οὐδὲν ἄλλο φάρμακον πεφύκει πρὸς τὸν ἔρωτα
(δοκεῖ μοι) οὔτ' ἔγχριστον, οὔτ' ἐπίπαστον, ἢ αἱ Πιερίδες. ·

10. Ἤρατο δ' οὔτι ῥόδοις,] Sensus est: *Cyclops ille non exprim-
bat amorem suum, quemadmodum vulgò solent amatorculi, mittitando
ad suam puellam rosas, mala, cincinnos, atque alia hujuscemodi, lepida
quidem munuscula. Non haec erant ejus elegantiae. Talia mittere
dona, vel ita amare, non conveniebat homini vasto atque inculto. Omnia
furiis agebat noster amator. Etiam in amore ejus quaedam fuit immo-
nitas.* WARTON.

12. —αὐταὶ ἀπῆνθον] *ipsae* i. e. *sud sponte, redibant* —Sic Virg.
Huc ipsi potum venient per prata juvenci: Eclog. vii, 11. et *Ipsae
lacte domum referent distenta capellae Ubera.* Ecl. iv, 21. Vide Vol.
I. ad p. 204. n. 2.

14. Αὐτῷ ἐπ' αἰόνος—] est *in solo littore.* Virg. *Te* SOLO IN LIT-
TORE *secum, Te veniente die, te decedente* CANEBAT. Geor. iv, 465. Ad
Theocritum manifestò respexit Maro. TOUP. Sed vulgatum αὐτῷ
Doricum utique est pro αὐτοῦ, ibi. KOEN. ad Gregor. de Dial. p.
161. ["p. 351. Dial. Dor. §. 155."] Et praeterea in sensu, quo
locum intellexit Toupius, ἠϊόνος fem. gen. postulâsset αὐτᾶς, ut
rectè observavit Brunckius.

15. —ὑποκάρδιον ἕλκος] Sic Virg. —*et tacitum vivit sub pectore
vulnus.* Aeneid. iv, 67.

19. *Ω λευκά Γαλάτεια,*] Conf. Virg. Ecl. ii, 6. item Ovid. Metam. xiii, 789. sq. " V. 20. *παϰταῖς, πηϰτῆς,* h. l. *curd.* P.

21. —*φιαρωτέρα ὀμφαϰὸς ὀμᾶς.*] *Splendidior uvd immaturd.* 234. Hesych. *φιαρὸν, λαμπρὸν, ϰαθαρόν.* Verùm uva nondum matura splendere non ineptè dici potest. "*γαῦρος, sportive.* P.

22. —*αὔθ' οὕτως*—] est pro *αὐτὸ οὕτως,* quod alii enuntiare solent *αὐτὸ τοῦτο, illud ipsum, quod aio: prorsùs ita ut affirmo.* Reiske.· Vir autem acutus Gilb. Wakefield [Sylv. Crit. P. l. § xxvii. p. 52.] affirmat *αὔθ'* [quod hîc pro *αὔθι* ante vocalem] idem significare quod *εὐθὺς,* ut Eur. Orest. v. 1400. et *οὕτως* reddit *idcirco—ob hanc causam*—nempè *quod sis acerbior* uvâ immaturâ: potiùs, ut opinor, *quod sis vitulo lascivior.* Idem, in versu sequente, pro —*ἰοῖσα, ὅϰα,* legit *ἰοῖσ', ὅϰϰα,* ut duo versus sibi mutuò respondeant. *φοιτάω,* est *ito, ventito,* et de iis saepè dicitur, qui Scholas frequentabant, uti observavit Wartonus. "*ἐνταυθοῖ, huc,* Brunck. conjecit. An, *αὔθι, huc?* P.

23. *Οἴχῃ δ' εὐθὺς ἰοῖσα,*] *Statim verò celeriter abis.* Vide Coll. Gr. Min. ad p. 36. n. 13.

25. *Ἡράσθην*—] Vide Vol. I. ad p. 67. n. 2. Vulgaris lectio est *Ἡράσθην μὲν ἔγωγε, ϰόρα, τεῦ,—τεῦ* scil. pro *σοῦ. τεοῦς* est in codd. Florent. et Vatican. Sed rarius certè vocabulum. Virg. *Sepibus in nostris,* &c. Ecl. viii, 37.

26. —*ἐμᾷ σὺν ματρί,*] Conjicit Auratus *ἐᾷ σὺν μ.* quod probârunt Brunck et Valckenaer.

28. *Παύσασθαι*—] Ordo est: *δ' ἐσιδών σε* [*οὐϰ ἐδυνάμην*] *ϰαθ' ὕστερον ἐξ ἐϰείνου* [*χρόνου*] *οὐδέτι πω νῦν δύναμαι παύσασθαι· Et cum vidi te, etiam posthac ex illo* [tempore non poteram,] *neque adhuc nunc possum—quiescere.* Scholiastes hoc modo: *Οὐ δύναμαι παύσασθαι ἐξ ἐϰείνου τοῦ ϰαιροῦ, ϰαθ' ὃν εἰδόν σε, οὔτε μετὰ τοῦτο, οὔτε μέχρι τοῦ νῦν.*

31. *Οὕνεϰά μοι λασία*—] Conf. Virg. Ecl. viii, 33.

32. —*θώτερον*—] *θάτερον* Brunck. cum MSS. rectiùs. T. Young. "*ὣς* Dor. pro *οὓς, εὐτός. θώτερον ὣς, τὸ ἕτερον οὓς.* P.

34. *Ἀλλ' ωὐτός, ταιοῦτος ἐών,*—] *Sed ipse, talis quamvis sim,*—*ωὐτός* Dor. pro *ὁ αὐτός.* Conf. Virg. Ecl. ii, 19. sq. et clarissimum Heynium ad locum.

39. *ἀμᾶ*—] Scribe rectiùs *ἀμᾶ,* pro *ἅμα.* T. Young. "*ἀμᾶ τίν.*

40. —*ἕνδεϰα νέβρως Πάσας ἀμνοφόρως,*] *undecim cervas, omnes foetas.* Sed *νεβρὸς* est *hinnulus :* et *ἀμνοφόρος, ου, ἡ,* est propriè *ovis agnum in utero ferentis* epitheton: quare legunt nonnulli *μαννοφόρως, maculis quibusdam, tanquam torquibus, ornatos.* Sic Virg. *Capreoli, sparsis etiam nunc pellibus albo.* Eclog. ii, 41. Scholiastes autem, *μάννος,* inquit, *ἐστὶν ὁ περιτραχήλιος ϰόσμος, τὸ λεγόμενον μαννάϰιον.* Angl. *a collar.* Reiskius legendum conjicit *μαναφόρως, quae maculas, lunam imitantes, in pelle habent.* Nam *μήνη,* Dor. *μάνα,* est *lunula.* Conf. Hom. Iliad. ψ, 455.

42. *Ἀλλ' ἀφίϰευ*—] i. e. *Ἀλλ' ἀφίϰου σὺ πρὸς ἡμᾶς, Sed veni tu ad nos.* Conf. Virg. Ecl. ix, 39. sqq.

43. —*ὀρεχθῆν.*] Pro *ὀρεχθεῖν* scriptum fuit ex Codd. Valck.

49. —*τῶνδε*] Subauditur *ἀντί.* "An (,) ad v. 49, (;) ad v. 50? Versum 50. Hemsterhusius inserendum judicat post versum 33. quod Brunck. et Valck. approbant. Ideo hic uncis inclusit. P.

50. *Αἰ δέ τοι*—] Sensus est: " Etsi tibi videar hirsutus et squal-

" lidus, attamen abundo multis vitae commoditatibus: Sunt mihi
" querna ligna, et in antro perpetuus est ignis." Eodem modo, pau-
lò suprà, v. 33. seq. corporis sui deformitati copias suas et divitias
opponit. WARTON. Cf. Hom. Od. ι, 219. 223. 233. 237. suprà p. 35.
36. v, 123. et Virg. Aen. v, 680.

52. Καιόμενος—] Possit hîc alludere Cyclops ad oculi sui com-
bustionem ab Ulysse faciendam: quam praedixerat ei Telemus;
quamque memorat ipse, Idyll. vi, 22. Ut sensus sit: "A te, Gala-
" tea, pati possem illud, quod mihi in fatis est; ut etiam mihi combu-
" ratur oculus, quem tanti facio; imò animam etiam à te comburi
" paterer." A mentione ignis sui videtur hanc transitionem facere.
WARTON. Sensus est: *Paterer, ut et anima mea, et ille unicus oculus
mihi gratissimus à te combureretur.* Conf. Odyss. ι, 501. sqq. HAR-
LES. Caeterùm ordo est: δ' ἀνεχοίμην καιόμενος ὑπὸ σοῦ καὶ [κατ`]
τὴν ψυχὴν, καὶ τὸν ἕνα ὀφθαλμὸν, οὗ οὐδέν [ἐστι] γλυκερώτερόν μοι.
Angl. *And I love thee so much, that I could suffer to have not only
my soul burnt by thee, but even this single eye of mine, which to me is
the dearest of all things.* —ὑπὸ τεῦς— Ex edit. Flor. pro τεῦ, τεῦς
hîc, et v. 55. fuit receptum à Valckenario. "v. 53. Ναὶ pro Καὶ
Heinsius correxit. VALCK. Vide infra p. 248. v. 73. P.

235. 54. Ὤμοι, ὅτ' οὐκ ἔτεκεν—] *Hei mihi, quod mater non peperit me
habentem branchias, ὡς κατέδυν ἐπὶ σοὶ, ut descenderem ad te,*— Ante
κατέδυν subintelligitur particula ἄν, item ante ἔφερον in versu
sequente. Vide Hoogeveen de Particulis, p. 93. "et suprà ad p.
227. v. 27." Conf. Virg. Ecl. ii, 45. "Branchiae, *gills*. Plin. ix. 18. P.

59. Ὥστ' οὐκ—] Sensus est: "Vellem afferre tibi lilia et papave-
" ra, simul, uno eodémque tempore: Hoc autem minùs possem,
" quoniam illa in aestate, illa hyeme nascuntur et crescunt." In
quibus mira est et jucunda simplicitas. WARTON.

61. Αἴκα τις—] Sensus est: "Natare discam, siquis hospes
" huc fortè adveniens me *natare doceat.*" *Idem.* Vide Odyss. ι,
125. sqq. suprà p. 33.

66. —τάμισον δριμεῖαν ἐνεῖσα.] Angl. *putting in the sharp runnet.*

68. Οὐδὲν πᾷ—] Ordo est: εἶπεν οὐδὲν πῇ ποθ' ὅλως φίλον
πρὸς σοὶ ὑπὲρ μοῦ. *Neque ullá viâ, ullo modo prorsùs unquam aliquid
dixit,* &c. πᾷ Dor. pro πῇ, retinet h. l. accentum, quanquam non
est interrogativum, sed encliticum. V. Hoogev. de Particulis Grae-
cis, p. 1056. sqq. HARLES.

72. Ὦ Κύκλωψ,—] Vide suprà ad Idyll. ii, 19. p. 222. Virg. *Ah
Corydon! &c.* Ecl. ii, 69. et 71, sqq.

73. —θαλλὸν ἀμάσας] Θαλλὸς ἀπλῶς λέγεται, πᾶν τὸ τεθηλός·
κυρίως δὲ ὁ τῆς ἐλαίας βλαστός. *Schol.* ad Idyll. iv, 45. Quicquid
herbarum vel *fruticum viret,* Θαλλὸν vocant Graeci. TOUP. ἀμάσας
non tam *metens* verterem, quam potiùs *colligens,* (quae est prima
illius verbi significatio,) aut *secans, decerpens.* V. Dorville ad Chari-
ton. p. 366. sq. HARLES.

75. —παρευῖσαν] Subintellige *vaccam,* aut *ovem:* est proverbium
pastorale: Ama, quae tibi à fortuná offertur. *Idem.*

76. Εὑρήσεις—] Virg. *Invenies alium, si te hic fastidit, Alexim.*
Ecl. ñ, 73.

78. Κιγλίσδοντι—] Dor. pro κιγλίζουσι, *suaviter rident.* Vide
Casaub. Lect. Theocr. cap. xiii.

79. —ἐν τᾷ γᾷ—] Δηλονότι καὶ ἐγὼ φαίνομαι εἶναι τὶς ἐν τῇ

γῇ. " Aliquis sum in Siciliâ. Puellae me non prorsùs negligunt;
" sed multae adsunt de nocte, cachinnantes, et mecum colludere
" cupientes, &c." WARTON.

80. —ἐποίμαινεν τὸν ἔρωτα Μουσίσδων·] cantillando fallebat
amorem suum. Post ἢ supple εἰ, et ante ἔδωκεν subaudi τις. HAR-
LES. Redde potiùs : quam si remedia auro coëmisset. T. YOUNG.

---

*ΣΤΡΑΚΟΥΣΙΑΙ ἢ ΑΔΩΝΙΑΖΟΥΣΑΙ.] i. e. SYRACUSIAE, 236.
sive ADONIDIS FESTUM celebrantes. Idyllium XV. Est hoc Idyllium
mihi quidem, pro sensu meo, ita suave et festivum, ut in Theocri-
teis pauca videantur esse cum eo ad suavitatem et festivitatem
comparanda. Lectorem poëta manu quasi praesentem in rem ducit;
et digito, quae geruntur, singula quaeque demonstrat; et garrulita-
tem, levitatem, ineptias, superbiam, malignitatem, importunitatem
muliercularum vivis coloribus depingit. REISKE. Carmen longè
suavissimum, et quo nihil festivius, aut quod vernilitatem sapiat ma-
gis. Est autem scriptum in honorem Ptolemaei Philadelphi, et
sororis suae Arsinoae, Quae nunc sorore dulcior. Nam Ptolemaeus,
quod Alexandrinis jucundum scilicet et solenne, in matrimonio ha-
buit, ut Jupiter Junonem, sororem suam αὐταδέλφην. TOUP. Scena
verò Alexandriae figenda est : Syracosiae hîc colloquuntur mulieres
de plebe, non primi ordinis matronae,—quae in Aegyptum, Alexan-
driam, commigrârant, et hîc habitantes maritos quaeque suos, liberos
et servos, ancillas certè habuerant. In Alexandrinis autem Adoniis,
à Cyrillo, archiepiscopo Alexandrino, [in Comment. in Ies. cap. 18.
opp. tom. ii. p. 275.] latiùs descriptis, [v. Valck. p. 192, sq.] mos
fuit, exornare semidei signum, atque illud sequentis forsan diei
summo mane, comitantibus primariis matronis, iisque piis, prae
ceteris, cultricibus, ad mare deducere abluendum. Conf. Bion.
Idyll. i. HARLES.

Ver. 1. Ἐνδοῖ Πραξινόα ;] Supple ἐστί ;—Γοργοῖ, ex codd. dedit
Valck. pro vulgari Γοργώ· qui et hîc induxit ipsam Praxinoam sta-
tim loquentem, pro Eunoâ ancillâ, quam [vide v. 27. 54. 67.] ut
κωφὸν esset πρόσωπον fecit, instar Thestylidis in Pharmaceutriâ,
Eutychidos et Phrygiae in hoc carmine. [v. 42. 67.] Idem putat et
ista v. 3. Ἔχει κάλλιστα, in edd. Eunoae absurdè dari.—ὡς χρό-
νῳ— alii dant χρόνῳ, ut sit Dor. gen. h. e. ὡς διὰ πολλοῦ χρόνου
ἦλθες, quàm diu expectata post longum tandem tempus venisti ! ἐνδοῖ
quinimo domi sum. Fatetur tamen Valck. ὡς χρόνῳ ; ἐνδοῖ, fores
aperienti ancillae non disconvenire ; sed ancillam à januâ expectan-
tem alloquutae mox ex domunculâ (Πλεὸν, οὐκ οἴκησιν, vocat v. 9.)
respondisse ei videtur Praxinoë.—Proxima autem, ἦνθες in ἦνθον
mutato, Wartonus vult tribui Gorgoni: Θαῦμ᾽, ὅτι καὶ νῦν ἦνθον·
tum sequentia iterum Praxinoaë : ὅρη δίφρον, Εὐνόα, αὐτᾷ· quod
non improbat Valckenarius.

2. ὅρη δίφρον—αὐτᾷ.] SEE for a chair, Eunoa. Quod amicitiae
et observantiae signum. Ἔμβαλε καὶ ποτίκρανον. And get a cushion
too. Quod mollitiei et elegantiae muliebris est. TOUP.

4. —ἀδαμάτω—] Hoc pro vulgari ἀδεμάτου, vel Dor. ἀδεμάτω,

dedit Valck. et Brunck. è codd. *Ω τᾶς ἀδαμάτω ψυχᾶς·* Angl.
what a stout heart have I!

5. —*πολλῷ μὲν ὄχλῳ,*] Gen. Dor. supple· *ὄντος.*

237. 7. —*ἄτρυτος·*] *via est molesta, quae euntem defatigat, atque longa.*
Hoc verò voc. malè tentatum, h. l. servandum esse, ait Valck.—
Quia voc. *ἑκαστοτέρω* incognitum est et barbarum, Valcken. emen-
dat *ἑκαστέρω ἄμμιν ἀπακεῖς,* et Brunck. probat scribitque. HARLES.
"Ita Edin. 5ta. P.

8. *Ταῦθ'*—] Supple *διά*— i. e. *διά ταῦτα—ὅπως,* ideò—quod—
πάραρος— Scribe, *ὁ πάραρος, homo fatuus et immorigerus.* Idem *Πάρ-*
ρος et *Πάρορος, Παράορος* et *Παρήορος. Ἀπό τοῦ Ἀείρειν* scilicet;
de quo Schol. ad Il. *η,* 156. *ψ,* 603. TOUP; apud quem [in Epist. ad
Wart.] vide plura; item apud Valck. [in annot. ad Adoniazus. p.
239. sqq.] Caeterùm, ut notavit Dammius, *παρήορος,* Ion. pro *πα-*
ράορος, juxta adjunctus, propriè dicitur· de equo, *ὁ παρεζευγμένος,*
i. e. *ὁ ἐγγὺς ὢν τῶν ζυγιτῶν ἢ τῶν ζυγίων·* nam *οἱ ζυγῖται ἢ ζῷα*
sunt duo illi equi, qui temonem currûs inter se habent: si his ad-
jungitur tertius ad latus alterius, is tertius est *παρήορος ἵππος.*—
et ejusmodi equus capite suo quidem adjunctus erat jugali equo,
sed posterior ejus pars erat libera, nec ad currum trahendum ad-
juncta: hinc saepè posteriori suâ parte evagari in transversum et
lascivire poterat.   Addebant autem saepè talem equum, ut habe-
rent, si jugalium unus periret, quem in locum ejus subderent.
Deindè per metaphoram hoc nomen notat *ineptus, praeter rem vagus,*
exsolutus, ἔκλυτος, quasi à *παρά* et *ἀείρω, apto.* Lex. Homer. p. 2157.
Appositè Eustathius: '*Ο δέ γε παρά Θεοκρίτῳ πάραρος δηλοῖ μὲν*
ὅπερ καὶ ὁ ἐνταῦθα παρήορος, γίνεται δὲ οὐ παρά τό ἀείρω, ἀλλά
παρά τό ἄρω, τό ἁρμόζω, οἱονεί ὁ παρηρμοσμένος· ὁ μὴ συνέχων
ἔχων ὁ μὴ πυκινός· ἢ ὁ μὴ φρενήρης· ὁ ἀραιός τὸν νοῦν. [ad
Il. *ψ,* 603. 1319. 11.] "Quod sequitur," inquit Toupius, "*ἔσχατα*
"*γῆς,* est *extrema pars urbis, et ab aulâ remota; a remote and un-*
"*frequented part of the town.*"   Atque ita H. Steph.—"respon-
"det hyperbolae nostrae proverbiali in eadem re: *Il est venu de-*
"*meurer au bout du monde,* de eo qui aedes habet in ultimâ parte
"urbis." Aliter doctissimus Valck. qui locum ita reddit: "Huc
"mecum *in extremum orbis terrarum cum venisset, hanc iste fa-*
"*tuus emit* (vel *conduxit*) *aediculam,* à tuis adeò aedibus remotam,
"*ut ne nos essemus vicinae, ὅπως μὴ γείτονες ἄμες.*" *Ἰσεόν, οὐκ*
οἴκησιν· Angl. *a den, not a dwelling.*

10. —*ποτ' ἔριν, φθονερόν κακόν, αἰὲν ὁμοῖος.*] Dicitur *πρός ἔριν,*
ut *πρός χάριν, πρός ὕβριν, πρός ὀργήν* et si quae alia.   Sensus est·
Id verò agebat scilicet homo invidus, ne mihi morem gereret, et ut in om-
nibus molestias crearet. TOUP; qui pro *ὁμοῖος* legit, ut in vulgatis,
ἐμεῖο. Valck. admisit *ὁμοῖος* ex edit. Florent. et codd. Sensus est
Angl. *out of mere spite, an envious pest, never otherwise.*

11. *Μή λέγε τὸν τεὸν ἄνδρα,*] Angl. *My dear, don't talk thus of your*
husband Dino, while the child is here :—*See, woman, how he stares at*
you. τεὸν Dor. pro *σόν. τῷ μικκῷ,* pro *τοῦ μικροῦ. ὄρη,* pro *ὄρα,*
quod contractè pro *ὄραε. ποθορῇ,* pro *προσοράει,* contr. *προσορῇ.*
Caeterùm pro *Δείνωνα τοιαῦτα,* vulgò legitur *τοιαῦτα, Δεῖνα·*
reclamantibus Toup. Brunck. et Valck. et reponentibus uti nos
dedimus.

13. —*οὐ λέγω ἀπφῦν.*] Angl. *I don't mean· Papa. Ἀπφῦν· οὕτω*

τὸν πατέρα καλοῦσιν ἀφ᾽ οὗ τις πέφυκεν· λέγεται δὲ ὑποκοριστικῶς.237.
Schol. Vide Vol. I. ad p. 215. n. 6.

14. —ναὶ τὰν πότνιαν·] *Per Proserpinam:* nam πότνια hîc vult
Proserpinam; per quam, et Cererem, jurare solebant mulieres.
Pro vulgari πότναν, πότνιαν recepit Valck. cum Brunck. ex tribus
saltem codd. Sed nihil opus ut prima censeatur brevis, ut Valck.
putat; nam νιαν efferri debet ut una syllaba.—καλὸς ἀπφῦς, *pretty
Papa!* "Vide supra ad p. 219. v. 113. et Gramm. P.

15. Ἀπφῦς μὰν τῆνος] *Pater quidem ille nuper,* [loquitur nempè
de marito suo, quasi non esset pater puelli adstantis,] —(*quae autem
dicimus omnia quidem nuper evenerunt,*) *nitrum et fucum ex tabernâ
emens, venit ferens salem nobis, homo tredecim cubitorum.* Obser-
vent discipuli voces Doricas, quae non quidem difficiles sunt: ut
πρῴαν pro πρῴην, λέγομες pro λέγομεν, &c. "Praxinoë nitrum et
"fucum sibi emi volebat, quo formam interpolaret, in publicum
"proditura. Ad *malam rem muliebrem* (ut Terentius vocat, Heaut.
"ii, 3. 48. ubi videndus Bentleius) non minus *nitrum* pertinet, quam
"fucus.—At maritus, homo antiquus et frugi, pro nitro et fuco,
"salem attulit, tacitè monens uxorem, necessaria ad victum emenda
"esse, non nugas muliebres." RUHNKENIUS, apud Valckenaer.
Erat Nίτρον quod hodiè voce barbarâ *natron* dicitur, seu *soda,*
quae et ad saponem conficiendum et sola saponis vice usurpatur.
Bonus autem maritus salem nescius pro *sodâ* emerat; quae enim
sequuntur non avaritiam sed stultitiam ei objiciunt. Herodotus II.
86, 87, de mumiâ, ταριχεύουσι λίτρῳ, quod Atticum pro νίτρῳ· τὰς
δὲ σάρκας τὸ νίτρον κατατήκει, quod non fecisset nitrum nostrum,
kali nitratum, seu *nitras potassae:* quinetiam in mumiâ ipsâ sodam
invenit Blumenbachius. Fusè de nitro Plinius XXXI. 10.; unde col-
ligitur *kali* è cineribus quercinis aliquando pro *sodâ* substitui soli-
tum esse. Adde Ovid. de Medicamine Faciei, v. 85.

Thus ubi miscueris radenti tubera nitro;

ut fieret sapo fuscus. Est locus Plinii XXXVI. 26. ubi primo aspectu
videtur nitrum hodiernum significari, nempe "glebis nitri accen-
"sis;" id autem de liquefactione solâ intelligendum est; nam si
detonatio illa nitri veteribus nota fuisset, nunquam eam reticuisset
Plinius.—Ait autem Bellonius se, in libello de medicato funere,
ostendisse nitrum veterum non esse salem petrae; traditque Pome-
tus, nitrum Aegyptiacum, è Nili aquis paratum, ante centum annos
lavatricibus Parisiensibus vulgatissimè usurpatum esse. Vide etiam
Wallerii Mineralogiam. T. YOUNG. Sensus sic Angl. potest exprimi:
*That very father, of whom I was speaking, when lately (for I mention
only what happened lately) he went to a shop to buy soda and paint,
instead of those brought me salt—the huge booby!* Reiskius consti-
tuit hunc locum paulò aliter; de quo Valck. "Nίτρον] Hinc versum
"orsus, Reiskius verbum ἷσα, aptissimum, adjiciebat: hoc admisso,
"et ἀγοράσσων, vel ἀγοράζων, in ἀγοράξων mutato, aptè ad haec
"respondebit in v. seq. Κῆνθε φέρων ἄλας ἄμμιν· vadebat *nitrum
"et fucum ex institoris perguld emturus; et domum venit adportans
"nobis salem.*—Haec nuper ut Theocritea vulgare ausus est Brunc-
"kius."

18. Χὦμὸς—] i. e. Καὶ ὁ ἐμὸς—ταῦτά γ᾽ ἔχει—Sic scribendur

237. cum Reiskio et Toupio. VALCKEN. *Ita quoque se habet noster Dioclides. My husband is as great a fool as yours.* TOUP. —φθόρος ἀργυρίω, [Dor. gen.] *pecuniae pernicies.* φθόρος graviter pro φθορεὺς, *qui rem perdit,* pecuniâ nescit rectè uti, ex sententiâ stolidae mulieris, quae ornatum muliebrem in diei pompam maluerat. HARLES.

19. 'Επτὰ δραχμῶν,] Si voces separatim essent scribendae, δραχμᾶν requireretur. In codd. et edd. primis legere licet, ἑπτὰ δραχμῶν, vel ἑπταδράχμως· postremum, à Bentleio probatum, [vide *Diss. upon Phalaris,* p. 444. edit. 1mae,] et Wesselingio, recepit in suam edit. Reiskius: ἑπτὰ δραχμῶν legebat Toupius: ego scribendum arbitror ἑπταδράχμω, quod sit ab ἑπτάδραχμον. VALCKENAER. Sic construe et interpretator Angl. ἐχθὲς ἔλαβε πέντε πόκως [ἀνθ'] ἑπτὰ δραχμῶν, κυνάδας,—It was but *yesterday he purchased five fleeces for seven drachms, dog's hair,* [vellera non ovina, sed si diis placet—canina, ut rectè Toupius,] —ἀποτίλματα γραιᾶν πηρᾶν, *the pluckings of old maimed ewes.* [" Edit. primae," inquit Valck. " et codd. collatorum plerique praebent— γραιᾶν " ἀποτίλματα πηρῶν· πηρᾶν admisi, repertum in duobus saltem " Theocriti codd. servatum etiam in Scholiis MSS. in Hermogenem, " ubi haec laudantur Theocritea.—Vocem γραιᾶν rectè Schol. " interpretatur προβάτων γεγηρακότων. *Vellera* itaque significantur " *ovibus vetulis mutilisque vi avulsa,* atque adeò *lacerata.*" P. 316. ubi vide multa plura.] ἅπαν ῥύπον, *mere trash,* ἔργον ἐπ' ἔργῳ, *toil and trouble.* Caeterùm putat Valck. κυνάδας, in sensu Laconico, posse reddi *quisquilias,* quales canibus projiciebant; sive vellera tantum digna, quibus, mox abjiciendis, manus abstergerent, quaeque usum adeò τῶν κυνάδων praestarent. Sed de his, aliisque huc pertinentibus, vide notas Wartoni, Toupii, Valckenarii, &c.

21. —τωὐπέχονον,] ἀμπέχονον, *peplus* aut *palla,* mantile; περιναττρὶς, vestis interior, aut Dorium muliebre vestimentum, ad pectus fibulis astrictum. HARLES. λαζεῦ. Scripserat, ut opinor, λάσδευ. VALCK. "Annon saltem λάζευ ; P.

22. Βᾶμες—] *Eamus ad* aulam *divitis regis,* &c. [Θασόμεναι, &c. Observent discipuli voces Doricas.] Nempe manè istius diei aedibus quaeque suis exierant, atque ante medium diem elapsum redeunt domum; vide v. 7—10. 43. 147. et Valck. p. 190. HARLES.

24. —Εν ὀλβίω—] Rectius est quam ὀλβίῳ, vel ἐνολβίῳ Toupii. VALCK. Subauditur οἴκῳ.

25. 'Ων εἶδες, χ' ὧν εἶπας, ἰδοῖσα τὺ τῷ μὴ ἰδόντι.] Αντὶ τοῦ ἐξ ὧν εἶπες, καὶ ἐξ ὧν ἐθεάσω, ἐκ τούτων διηγήσαιο ἂν τῷ μὴ θεαβαμένῳ. Schol. Hic locus mirè vexat interpretes. Forsan tamen nil mutandum, atque, quandò Gorgonem jam olim vidisse pompam fingamus, interpretandum erit, at *narra,* διηγήσαιο, cum Scholiaste supplendum; Gorgone, quae festinat, orationem interrumpente: " tu verò, quum jam vidisses pompam, ea, quae vidisti, et quae te " vidisse dixisti, mihi" (τῷ universaliter, ex communi loquendi ratione,) " ea nondum videnti narra." HARLES. Nimis longum foret hic recensere omnes interpretum hariolationes, praesertim quum non multum prosint ad sensum proferendum. Wassenbergius sic corrigendum censet; 'Ων ἴδες, ὡς εἴπαις ἂν ἰδοῖσά τι τᾷ μὴ ἰδοίᾳ.

26. 'Ερπειν—] apud antiquissimos scriptores, dein apud Dores, significat *ire, abire.* Sic quoque v. 136. intelligendus est. HARLES. Quod sequitur adagium, si seorsùm spectetur, ἀεργοῖς αἰὲν ἑορτά, in

istum certè sensum adhĭberi potuit, quo cepit Erasmus in Adag. 237.
Ignavis semper feriae sunt: quo hĭc sensu ponatur à Gorgone Theo-
criteâ non satis liquet.—Reiskius sententiam illinc effecit satis pro-
babilem : " Nos—nunc non sumus otiosae, sed vel maximè negotio-
" sae ; quare istas sermonum epulas alii tempori magis vacivo
" reservemus." VALCK.

27. Εὐνόα, αἶρε τὸ νᾶμα,—] Angl. *Eunoe, lift the water,* αἰνό-
θρυπτε— [Koehler vertit; *perditè delicata :* in cod. Par. explicatur
κενόδοξε ἐπὶ κακοῖς. Valckenarius conjicit (quod οἰνόθρυπτε unus
codex Vatican. habet) οἰνόθρυπτε, *nimio vini usu debilitata* vel
fracta. αἰνόθρυπτε edit. Florent. duoque codd. HARLES.] *delicate,—*
saucy jade! and set it down in the middle again,— [Hera scil. impe-
rat miserae ancillae, ut festinet aquam manibus lavandis tollere ex
angulo et in medium ponere. Mulierculae ipsius properantia, om-
nesque adeo ejus gestus ita ad vivum depinguntur, ut nihil possit
suprà.] αἱ γαλέαι μαλακῶς χρῄσδοντι καθεύδεν, proverbium est,
quo utitur Praxinoë de ancillâ Eunoë, Gorgonem alloquens. Doc-
tissimus Toupius sic optimè reddit: *The cat likes fish, but is afraid*
to wet her feet. " Quod salsum," inquit, " et ad Eunoam referen-
" dum, hominem mollem, delicatulam, otio atque inertiae deditam.
" Nam *feles* molles et ignavae." [Epist. ad Wartonum, p. 332. ubi
vide plura.] γαλέαι sunt et *mustelae.* " Rapaces mustelae, ut et
" feles, celeriter correptis muribus, vel quacunque tandem praedâ
" raptâ, exsaturatae, diu segnes et otiosae, quàm molliter ament
" cubare, domestica quemvis docet his in oris, ubi mustelae sunt
" rarae, nec sanè aluntur, in felibus experientia: segnem, et tamen
" etiam rapacem, ancillam suam amicae voluit expictam: ut amant
" inter se simul garrientes mulierculae, amabant aetate certè Theo-
" criti, sibimet ipsae stulto quidem, humano tamen, ignoscentes
" amore, ancillae quaeque suae vitia retegere. Hic proverbii Sy-
" racusani, hoc uno in loco lecti, sensus mihi esse videtur." VALCK.

29. Κινεῦ δή,—] Haec ad personam loquentis mirè accommo-238.
data. Angl. *Prithee bestir thyself, bring the water quickly: I want*
water first. How awkwardly she brings the water! &c.

32. —ὁποῖα θεοῖς ἐδόκει, τααῦτα νένιμμαι.] Ad verbum: *lota*
sum tantum quantum videbatur diis. Angl. *I am washed as well as it*
pleased the gods I should be:—I am washed as well as the adverse gods
thought fit. Proverbium esse videtur, cujus vis genuina nunc de-
perdita est.

35. —πόσσω κατέβα τοι ἀφ' ἱστῶ ;] *quanti descendit tibi à jugo*
telae? Angl. *how much did it cost you from the loom?*

36. πλέον ἀργυρίω καθαρῶ μνᾶν ἢ δύο] *It cost me more than two*
minae of pure silver. [Now a Mina was a Pound weight of Silver,
and consequently equivalent to Three Pounds Sterling. BENTLEY'S
Dissert. upon Phal. p. 443.] τοῖς δ' ἔργοις καὶ τὰν ψυχὰν ποτίθηκα.
τὴν ψυχὴν τοῖς ἔργοις προσθεῖναι, est *Animam suam in opere ponere ;*
sive, *ita se cruciare et fatigare, ut vitam suam periclitetur.* Quare
dixit Praxinoë : *Ita me totam dedi telae detexendae, ut paenè animam*
meam in opere posuerim. It cost me more than two minae, and my life
almost into the bargain. TOUP; apud quem vide plura. ποτίθηκα,
Dor. pro προσέθηκα.

38. Ἀλλὰ κατὰ γνώμαν ἀπέβα τοι.] *Sed laborem nunc compensat*
voluptas animi, qua frueris tam eleganter ornata. VALCK. Πᾷ ποκ'

238. *ἔλειπες*—sunt ex emendatione Eldikii, approbante Valcken. pro vulgatis—*Ναί· καλὸν εἶπας*. "Vulgata ferme restitui, auctoribus idoneis, puto: at loca non notavi. Formula communis est assentiendi. Vide Soph. Oed. Tyr. v. 78. Brunck. et alibi. Et vide Evan. Joan. iv. 17. Luc. xx. 39. Marc. xii. 32. P.

39. —*θολίαν*—] *τὸ σκιάδιον, τὸν πέτασον. Schol.* mos parasol LONGEPIERRE. *une caleche.* BRUNCK. "Vide *Petasus.* P.

40. —*μορμοὶ δάκνει ἵππος.*] Angl. *bugbear!—horse bites!* Quàm convenienter ad personam! Quod genus locutionis olim, ut videtur, invaluit, ut hodiè invalescit. Quae sequuntur sunt facilia, nec longo neque operoso commentario egent.

41. *Δάκρυ' ὅσσα θέλεις·*] Lege cum Porsono, ad Med. 1218. sic pro *Δάκρυε ὅσσ' ἐθέλεις·* nam *δακρύω* secundum producit: non item *δάκρυα, lacrymae.* "Ita Edin. 5ta. P.

44. *Ω θεοί,*—] Nova incipit quasi scena, et poëta ad ipsum transit spectaculum ante regis aulam : exeunt mulieres, conspectáque infinitâ multitudine hominum, quos concursare dicunt instar formicarum numero modóque carentium, exclamant : *Quanta turba est! quomodo et quandò hoc malum superare poterimus, quomodo transibimus?—Χρὴ* h. l. significat *licet.* HARLES.

49. —*ἐξ ἀπάτας κεκροταμένοι ἄνδρες ἔπαισδον,*] *homines* fraudulenti, *ex dolis conflati,* atque ad nequitias pravaque facinora exercitati : metaphora sumta à ferro aliisque metallis, quae crebris ictibus contunduntur et conflantur : quod etiam *κροτεῖν* et *συγκροτεῖν* dicebatur.—Eleganter hic, *εὐφήμως, παίσδειν* ponitur pro *furari* : Graeci sic inter se furunculi pro *κλέπτειν* dicebant *παίζειν,* ut in vitâ quotidianâ, sic in scenâ. VALCK. Toupius autem conjungit *ἐξ ἀπάτας* *ἔπαισδον,* et reddit: *dolo malo ludebant.*

50. —*κακὰ παίγνια,*] *mali scurrae. πάντες ἐρειοί.* Pro voce vitiosâ Scaligero venerunt in mentem *ἐρεβοί·* Casaubono, *ἄρεα·* Toupio, *ἀεργοί·* Wartono, *ἀραῖοι·* mihi olim *ἔλειοι·* Musgravio, *ἀγρεῖοι.* Versum sic corrigendum suspicatur Eldikius : *Ἀλλάλω; ὁμαλοί, κακὰ παίγνια παίσδεν ἄριστοι.* VALCKENAER ; cui tamen, prae caeteris, arridet illud Toupii : *πάντες ἀεργοί· a parcel of idle rascals.* "*ἐρειοί, contentiosi.* Interpp. P.

53. —*ἴδ' ὡς ἄγριος. κυνοθαρσής*—] Vulgò junguntur *ἄγριος, κυνοθαρσής. Εὐνόα,* &c. et defendit hanc interpretationem Warton, vertens : *vide modo, quàm ferox et intractabilis sit,* n. rufus ille equus. Meliùs verò Reiske, Valcken. et Brunck. post *ἄγριος* ponunt punctum, et *κυνοθαρσής* [*impudens, canem impudentiâ et temeritate imitans.*] construunt cum *Εὐνόα,* ita ut domina Eunoen, quae paullò inconsideratiùs equo ferocienti nimis propinqua adstabat, impudentis nomine insigniret, et suis ad Gorgonem media quaedam interjiceret. HARLES.

55. *Ρυάθην*] Verum puto, quod Hemsterhusius adscripsit, *Ρυάμην·* sive potiùs, *Ρυήμαν.* Pro *ἔνδον,* scripsi *ἐνδοῖ.* VALCK.

239. 57. *Ταὶ δ' ἔβαν ἐς χώραν.*] Non *processerunt in campum ;* sed in *suum quisque locum recesserunt. Idem.*

62. *Καλλίστα*—] est dualis : *ὁ vos puellarum pulcherrimae.* HARLES.

64. *Πάντα*—] Hunc versum cum Brunckio tribui Praxinoae. VALCK.

68. —*ἁπρὶξ ἔχευ,*] *firmiter adhaereto nobis.*

69. —τὸ θερίστριον—] Vestis aestatis tempore sumta.—ποττῶ Διός, i. e. πρὸς τοῦ Διός.

70. —εἴτι γένοιο—] Angl. — bless you, man! take care of my cloak. Οὐκ ἐπ' ἐμὶν—it does not depend upon me. Vide Vol. I. ad p. 85. n. 9. " εἴτι γένοιο—melius ad verbum. P.

73. Ωθεῦνθ' ὥσπερ ὕες.] i. e. Ωθοῦνται, &c. Angl. They shove one another like [as many] hogs.

74. Καὶς ὥρας,—] Et hunc annum et plures fortunatus sis, qui nostrâm curam geris! Hanc formulam benè precandi, eique contrariam, uberiùs illustrârunt Casaubonus et Valck. HARLES.

75. —χρηστῶ—ἀνδρός.] Subaudi ἔργον· quod idem est, ac si dixisset, ἐν ᾧ ποιεῖς ἔργον ἀνδρὸς χρηστοῦ qua in re partes agis viri probi atque misericordis. REISKE.

76. Φλίβεται] Pro Θλίβεται restitutum ex Cod. Vatic. et Eustathio. VALCK.

77. —ὁ τὰν νυὸν εἶπ' ἀποκλάξας.] 'Ως παροιμίας οὔσης, ἀποκλείσας τὴν νύμφην τις, καλῶς τά γε ἔνδον ἡμῖν ἔχει, φησί, διὸ καὶ ἡ Γοργὼ οὕτως ἐφρόνησεν. Schol.

78, 79. —πόταγ' ὧδε·] Vide supra ad Idyll. i. v. 62. ποικίλα, picta et arte textoriâ distincta. HARLES. —θεῶν περονάματα φασείς. Reiskius córrigebat ingeniosè· θεῶν περ νάματα (περνεύματα est in Cod. MS.) φησείς. Legendum puto—θεάων νήματα φασείς. Ruhnkenio in mentem venêre θεῶν γε πονάματα. Wassenbergio, θεῶ γε π. ipsius Deae Palladis. VALCK.

80, 81. —Αθηναία·] Minervam, quae horum operum studium istis indiderat textricibus, invocat Praxinoë. —ἔριθος, lanifica.—Ποῖοι ζωογράφοι, &c. quales pictores adcuratas istas pinxêre picturas, sive opera picta. Conf. Anacr. Od. xxviii. HARLES.

82. 'Ως ἔτυμ' ἐστάκαντι,] Quàm vera sunt! [ἐστάκαντι Dor. pro ἐστάκασι, quod idem est hîc ac εἰσί.] καὶ ὡς ἔτυμ' ἐνδινεῦντι, et quàm verè movent se! ἐνδινεῦντι pro ἐνδινοῦσι, et subauditur ἑαυτά.

83. —Σοφόν τι χρῆμ'—] Vide Vol. I. ad p. 7. n. 9.

87. —ἀνάνυτα κωτίλλοισαι—] Angl. prating incessantly like turtles. ἐκκναισεῦντι πλατειάσδοισαι—[pro ἐκκναισοῦσι, quod ab ἐκκναισέω vulgò formant, odiosè strido. Mutandum vult Valck. in ἐκκνυσδοῦντι, pro ἐκκνυζοῦσι, ab ἐκκνυζόω, rado, inde foedo, corrumpo.] "Sensus est: ore suo patulo garrientes omnia deformant et "corrumpunt: quoniam ore Dorico Sicularum mulierum deformata "delicatas hominis Alexandrini aures radebant." HARLES. Valck. addit in 2dâ edit. fortè quis praeferat ἐκκναίοντι. Angl. They grate the ears, speaking every thing so broad! " ἐκκναισεῦντι, an fut. 1. Dor. ab ἐκκναίω; Vide Eidyl. ζ, 71. Valck. Αὐλησεῦντι. &c. P.

89. Μᾶ,] Vocabulum increpantis, indignantisque est. HARL. Μᾶ, tentari non debuerat.—Septem versus seqq. Praxinoae tribuuntur in edit. Brunckii. VALCK.

90. Πασάμενος] Angl. When thou hast got us into thy possession,— or, when thou art our master,—à πάομαι, possideo.

91. Κορίνθιαι—] Κορινθίων γὰρ ἄποικοι οἱ Συρακούσιοι, ὡς καὶ ὁ Βελλεροφῶν. Schol. λαλεῦμες, Dor. pro comm. λαλοῦμεν.

93. Δωρίσδεν—] τὴν—Πελοπόννησον ᾤκησαν οἱ Δωριεῖς οἱ σὺν Ἡρακλείδαις. Schol.

94. —Μελιτῶδες,] quasi mellita. Sic dicta erat Proserpina; testibus Schol. et Porphyrio. Μὴ φυῇ,—ὅς ἁμῶν καρτερὸς εἴη, πλὰν

240. ἑνός. *Non oriatur, qui nobis imperet, uno excepto:* [per hunc unum, maritum intelligit.] Angl. *I should never wish to see more than one Lord and master.* Quae sequuntur mirè exercuerunt interpretes. Doctissimus Toupius punctum ponit post εἴη et sequentem versum sic legit: Πλὰν ἑνὸς οὐκ ἀλέγω, μή μοι ΚΟΝΙΑΝ ἀπομάξῃς. "De " veste sua," inquit, " ne quid detrimenti capiat scilicet, sollicita " est, ut suprà, Praxinoa. Quare ad hominem se convertit et dicit: " *Unum tantùm metuo, ne pulverem in me abstergas.* Quod verum " videtur. Idem κόνιν, κονίαν, et κονιορτόν. Huc egregiè facit " Lucas x. 11. Καὶ ΤΟΝ ΚΟΝΙΟΡΤΟΝ τὸν κολληθέντα ἡμῖν " ἐκ τῆς πόλεως ὑμῶν ΑΠΟΜΑΣΣΟΜΕΘΑ 'ΥΜΙΝ. Quod " planè geminum germanum est." Undè Harlesius—"Forsan μοι," inquit, "quod saepiùs fit, παρέλκει, et locus, voc. κονίαν recepto, " *ne pulverem ejicias, excutias,* ita intelligendus est : *non curo,* scil. " *te; noli pulverem ejicere,* i. e. operam frustraneàm impendere, et " *imperare, quae non in tuâ, sed in mei mariti sim manu ac potes-* "tate." Vulgata interpretatio est : μή μοι κενεὰν, &c. *ne mihi ala-pam impingas.*—Sed nolo ulteriùs prosequi quae commentati sunt ad hunc locum diversi interpretes ; ne mihi reverâ usu veniat, quod sibi venire posse suspicatur, post doctam suam enarrationem, Valck-enarius, ut Lector scilicet incertior hinc abeat, quam venerit. (Lamb. Bos post κενεὰν supplet χοίνικα, et ita reddit : *non vereor ut mihi vacuam (choenicem) abstergeas,* h. e. *ne demensum ad tuum libi-tum mihi praebeas.* Vid. Ellip. nom. χοῖνιξ. G. D.) " κενεὰν, sub. χεῖρα. Vulg. Vide Aristoph. Ran. 1096. ed. Br. ὁ δὲ τυπτόμενος ταῖσι πλατείαις, sub. χερσὶ, ille vero percussus palmis. Item supra p. 227. Eid. γ, 29. ποτεμάξατο· et Eid. ιζ, 37. Valck. ῥαδινὰς ἐξεμά-ξατο χεῖρας. P.

241. 98. Ἄτις καὶ Σπέρχιν τὸν ἰάλεμον ἀρόστευσε·] *Quae in causa Sperchide, quod carmen lugubre est, primas tulit.*—Sperchis est nomen *ialemi,* sive carminis lugubris, quod in honorem *Sperchidis,* qui se Persae pro patriâ interficiendum obtulerat, cantabatur. Τατ. Vide plura apud Valckenarium.

99. —διαθρύπτεται—] Hoc facere dicitur cantrix Argiva, dum vel motu quodam petulanti, vel praeludiis vocis ad canendum se componit, et cantilenam Adonideam incipere parans quasi lascivit. HARLES.

100. —Γολγώς—] reposuit Valck. Dor. accusat. plur. à nomi-nat. Γολγοί. Vulgat. est Γολγόν. Golgi autem et Idalium urbes fuerunt Cypri. Idalium tamen, ut observavit Harlesius, mons quo-que fuit et nemus, vel lucus, urbi vicinus, Veneri sacer. Eryx mons Siciliae ; undè Venus vocabatur à Horatio, *Erycina ridens.* χρυσῷ παίσδοισ', *auro ludens, aurea, splendida.* παίσδοισα Dor. pro παίζουσα.

103. μαλακαίποδες—Ὧραι·] μαλακοὺς δὲ ἔχειν πόδας ἔφη τὰς ὥρας, ἐπεὶ τὸ ἔαρ μαλακόν. Schol. Potiùs quia earum progressus levis est et quasi mollis.

107. —Βερενίκαν,] τὴν τοῦ Σωτῆρος γυναῖκα, μητέρα δὲ τοῦ Φιλαδέλφου καὶ Ἀρσινόης. Schol.

109. Τίν] Dor. pro comm. σοί.

110. Ἀ Βερενικεία θυγάτηρ,] Vide suprà ad Oed. Tyr. v. 267. aq p. 121.

113. —ἁπαλοὶ κᾶποι,] Adonidis κῆποι, sive horti, apud veteres

celeberrimi erant. De iis vide Toupium ad hunc locum, in Epist. 241.
ad Wartonum; Meursium in Graeciâ Fer. in v. *Αδώνια·* Wytten-
bach. in Plutarch. de serâ Num. vind. p. 79. et Potter Archaeol. B.
ii. c. 20. Sic autem Schol. *Εἰώθασιν ἐν τοῖς Αδωνίοις πυροὺς καὶ*
κριθὰς σπείρειν ἕν τισιν ἀγγείοις, καὶ τοὺς φυτευθέντας κήπους Αδώ-
νιδος προσαγορεύειν. "Emend. à Valck. P.

117. —*τά τ' ἐν ὑγρῷ ἐλαίῳ,*] Praeter fructus nimirum aderant cu-
juscunque generis placentae, Adonidis imagini adpositae, à pistrici-
bus dulcinariis sic artificiosè effictae, ut animalium quorumvis figuras
exprimerent.—*ἑρπετά* Dor. dicuntur quaevis animantia, quae pedi-
bus incedunt.—*τᾷδε, hic,* ad Adonidis imaginem. HARLES. " Vs. 121.
ἀηδονιδῆες, Valck. P.

124. *Αἴετω,*—] *Ὡς πεποικιλμένων ἀετῶν ἐλεφαντίνων, καὶ βα-*
σταζόντων τὸν Γανυμήδην. Schol.

125. *Πορφύρεοι*—] Toupius construit *ἄνω* cum *μαλακώτεροι.*
" Tapetes," inquit, " ex aliâ parte *ψιλοί,* ex aliâ *villosi.* hinc
" *ἄνω μαλακοὺς supernè molles* vocat Poëta." Admodum autem pla-
cet doctissimi Valckenarii hujus loci interpunctio et constructio:

Πορφυρέοις δὲ τάπησιν ἄνω (μαλακώτερος ὕπνω
Ἀ Μίλατος ἐρεῖ, χὠ τὰν Σαμίαν καταβόσκων)
Ἔστρωται κλίνα· τῷ Αδώνιδι τῷ καλῷ ἄλλα·
Τὰν μὲν Κύπρις ἔχει, τὰν δ' ὁ ῥοδόπαχυς Αδωνις.

Supra purpureis tapetibus (quos molliores somno Milesius dixerit et
Samius) stratus est lectus ; alius Adonidi formoso : Illum quidem Venus
tenet ; hunc verò lectum roseus occupat Adonis. Observandum tamen
supervacaneam esse reduplicationem *τοῦ ῥ* ante *ῥοδόπαχυς.* Nam
" Sermonis Attici proprium est omnibus omnino verbis à *ῥ* prout
" hodiè scribuntur incipientibus duplicis consonantis vim perpetuam
" conferre:" uti observavit Dawesius Misc. Crit. p. 160. edit. Bur-
gess. ubi vide plura. Vide etiam suprà ad Oed. Tyr. v. 847. p.
139. (Non nisi cum vocalis brevis pedem claudat. G. D.) Caeterùm
Dor. dici potest in accus. plur. *μαλακωτέρως* vel *μαλακωτέρος,* pro
μαλακωτέρους.

130. —*ἔτι οἱ περὶ χείλεα πυῤῥά.*] i. e. [*τὰ μέρη*] *περὶ χείλεα ἔτι* 242.
[*ἐστὶ*] *πυῤῥά.* *loca circa labra ejus adhuc sunt flava,* vel *flava lanugo*
adhuc cingit labra. Valckenarius legendum proponit: *ἔτι οἱ περὶ*
χείλη ἴουλος· quod eodem ferè recidit.

133.—*κύματ' ἐπ' αἰόνι πτύοντα·*] *fluctus qui se in littus evomunt.*
Τ. YOUNG.

141. —*Δευκαλίωνες,*] Aut Deucalionis filios, Hellena et Amphic-
tyonem, aut Deucalionem ipsum solum hâc voce posse significari,
doctissimè ostendit Valckenarius.

143. *Ἴλαθι νῦν,*—] *Sis mihi nunc, ὅ Adoni, atque in posterum pro-*
pitius. VALCK.

145. —*τὸ χρῆμα σοφώτερον·*—] *Res haec est elegantior,* quam ut
scil. verbis à me possit exprimi. *ἁ θήλεια*—*γλυκυφωνεῖ.* Tantun-
dem ista, ni fallor, significant, ac si mulier dixisset Attica : *τὴν θή-*
λειαν ἔγωγε τῆς ἐπιστήμης μακαρίζω, καὶ πάνυγε δὴ ζηλῶ τῆς
γλυκυφωνίας. *Argiam equidem istam fortunatam judico, quae tam sit*
perita, et vehementer cantum ejus mirata dulcissimum collaudo. Idem.

147. *Ὥρα ὅμως κεἰς οἶκον·*] *Tempus tamen est domum redeundi ;*
ἀνάριστος Διοκλείδας· nihil *gustavit,* vel *adhuc jejunus est Dioclidas.*

242. Toupius reddit: *My husband has had no meat for the day.* Vide Toupium ad locum; et cf. suprà ad Idyl. i. v. 51. p. 217.

148. *Χώνὴρ ὄξος ἅπαν*] Pro vulgari *ἄγαν*, reponit Valck. *ἄπαν* ex duobus codd. *ὄξος* idem quod *ὀξύς. et vir meus totus quantus merum est acetum.* [Sic Lucret. *tota merum sal.* uti notatum invenio manu amici mei doctissimi T. Burgess, in margine sui exemplaris Valck. Theocr. x. Eidyll. quod mihi utendum misit vir humanissimus.] *πεινᾶντι δὲ μηδὲ ποτένθῃς*, Dor. pro *πεινῶντι δὲ μηδὲ προσέλθῃς. sed esuriens vel imprimis evitandus.* "*ὄξος*, acetum ; *ὀξύς*, acidus.

☞ Quicunque plenissimam, operosissimam, et eruditione refertissimam hujus Idyllii enarrationem videre cupit, is adeat doctissimi Valckenarii Adnotationes in Adoniazusas Theocriti: quae comitantur *Theocriti decem Idyllia*, &c. Lugd. Bat. 1773. 8vo. Conferat Epistolam Joannis Toupii de Syracusiis, quae extat in edit. splendidissimâ Theocriti, quam procuravit Th. Warton. Oxon. 1770. 2 voll. in 4to. "Utraque in Vol. ii. ed. Heindorf. Berol. 1810. P.

---

*'*ΕΛΕΝΗΣ ΕΠΙΘΑΛΑΜΙΟΣ.*] *Idyllium XVIII.* Inscribitur hoc Idyllion *Epithalamion Helenae*, id est carmen nuptiale. Introducuntur autem duodecim primariae puellae ex urbe Spartanâ, quae in die nuptiarum vespere ante thalamum Menelai et Helenae sponsae hoc carmen canere finguntur. Primùm autem jocis nuptialibus ludunt: deindè sponso gratulantur, quòd solus inter tot princepes procos nuptiis talis sponsae potitus et jam Jovis gener factus sit. Postea Helenam laudant, atque in eo loco nonnihil immoratur Poëta. In fine, sicut fieri solet, bene precantur sponso et sponsae. Erant autem duo genera Epithalamiorum: alterum accinere solebant vespere, cum sponsa in thalamum duceretur; quod *κατακαμητικὸν* vocabant: alterum manè sub aurorâ canebatur; idque *διεγερτικὸν*, i. e. *excitatorium*, vocabatur. *Anon.*

Ver. 1. *Εν ποκ' ἄρα Σπάρτᾳ,*] *Spartae quidem olim,—ἄρα*, h. l. haud superfluum esse videtur, sed habere officium superioribus connectendi inferiora, ita ut vices gerat *τοῦ μὲν οὖν*, vel *μὲν δὴ*, et respondeat *δὲ*, v. 7. Conf. Hoogeveen de Part. Graecis, p. 126. HARLES. *ποκ'* est Dor. pro *ποτ'.*

2. —*θάλλοντα κόμαις ὑάκινθον*] Intelligo coronas ex hyacintho. Virgines enim hyacintho florente redimitae choreas instituerunt. v. Paschal. Coronis lib. iii. cap. 10. HARLES.

3. —*νεογράπτω*—] *picti nuper thalami.* Idem.

4. —*μέγα χρῆμα Λαχαινᾶν,*] Locutio quae idem sonat ac *egregiae Lacaenae.* Vide Hoogeveen ad Vigerum, C. III. § xiii. r. 2. *Λαχαινᾶν* Dor. pro *Λαχαινῶν.*

5. '*Ανίκα*—] Dor. pro *ἡνίκα* [*θυγατέρα*] *Τυνδάρεω κατεκλείσατο τὴν ἀγαπητήν*—

243. 7. —*ἐγχροτέοισαι*] Pro *ἐγχροτέουσαι*, *pulsantes* terram, *ποδὶ περιπλέκτοις*, *pedibus perplexis.* Valck. *περιπλίκτοις*, à *πλέσσω*, attollo *pedes cum decore et pulso terram numerose*, vel *tolutim incedo*, ut interpretatur Dammius; dicitur enim de equis et mulis gradientibus. Vide Hom. Od. ζ, 318. Vulgata lectio hîc est *περιπλέκτοις*, de quo Reiskius, " Pedes" inquit, " tum sunt inter se *περίπλεκτα*, cur

" *complicati*, vel *perplexi*, cum magna hominum multitudo saltans in 243.
" numeros pedes eosdem pariter tollitque ponitque, et eodem mo-
" mento supplodit. Pedes enim tunc inter se ita implicantur, ut
" fila inter texendum, modo horsùm, modo prorsùm agitantur."
" Praetuli περιπλέκταις, cum Edin. 5tâ. P.

9. Οὕτω δὴ πρώϊζα κατέδραθες,] *An igitur tam maturè cubitum*
ivisti? Gall. *es tu donc allé coucher si tôt?* Αε. PORTUS. πρώϊζα
est *praematurè, ante tempus*, &c.

12. Εὕδειν μὲν χρήζοντα—] Formas Doricas, Εὗδεν μὲν χρή-
όδοντα, restituendas rectè monuit Toupius. VALCK. Ordo autem est:
ἐχρῆν δε, χρήζοντα εὕδειν καθ' ὥραν, [εὕδειν] αὐτὸν, Angl. *If thou*
hadst a desire to sleep betimes, thou shouldst have slept [by thyself]
alone. Brunckius rescripsit: Εὗδεν μὲν χρήόδοντα, καθ' ὥραν εὗδεν
ἐχρῆν τυ,—audacter nimis.

14. —βαθὺν ὄρθρον·] βαθὺς ὄρθρος est *profundum diluculum*, quum
videlicet nondum illuxit. Gallicè, *le plus petit point du jour*. Conf.
Plat. Crit. sub init. Vol. I. p. 235. De voce autem ἔνας ita Reisk-
ius— " ἔνας," inquit, " Ald. et Flor. quod revocavi: caeterae ἔναν.
" V. Hesych. v. ἔνης et ἔνας, *die tertio post:* subauditur ἐπί. Sen-
" tentia est: Siquidem et die tertio post, usque ad extremam auroram,
" et totis postea annis continuis tua erat futura." τεὰ νυός, *tua spon-*
sa. τεός, ά, όν, Dor. pro σός, σή, σόν. "Simplicior," inquit T.
Young, " videtur interpretatio, *et vesperi et manè*, scil. ἔναν, *die*
" *senescente* ; nam ἔνη apud Aristophanem manifestè est *vetus*." " ἔνη
καὶ νέα, *vetus et nova*, sc. *luna*, vel *mensis*, et sic forsan *dies*. P.

16. —ἀγαθός τις—] Angl. *some worthy person sneezed good luck*
to thee, when setting out for Sparta, that thou mightest make out this
match for thyself, where there were other rival princes.

22. —ἧς δρόμος αὐτός] i. e. αἷς δρόμος ὁ αὐτός—*quibus idem*
cursus est, postquam nosmet unxerimus ad fluenta Eurotae, more viro-
rum. " Hic memoratus puellarum Lacaenarum δρόμος propriâ
" quadam appellatione designabatur à Lacedaemoniis. Hesych. Εν-
" δρωνας, δρόμος παρθένων ἐν Λακεδαίμονι. Sed quid ista sibi vox
" velit, latet." VALCKENAER. Vide Spanhemium ad Call. Lav. Pall.
v. 13. 15.

26, 27. Δὼς ἀντέλλοισα—] Brunckius, Heinsium et Toupium
sequutus, versum 27 versui 26 praefixit. At in constituendis corri-
gendisque duobus his versibus recentiores interpretes valdè dissen-
tiunt. Reiske pro καλὸν, quod est in omnibus libris, τεὸν reposuit.
—Mihi quidem placet Koehleri emendatio: Πότνια νὺξ, ἅτε,
λευκὸν ἔαρ χειμῶνος ἀνέντος, Δὼς ἀντέλλοισα καλόν τα ἔφαινε πρόσ-
ωπον, 'Ωδε καὶ ἁ χρυσέα, &c. *Quemadmodum, veneranda Nox, vere*
ineunte, oriens Aurora pulchrum tibi ostendit vultum ; sic et aurea He-
lena elucebat inter nos. HARLES.

29. Πιείρᾳ μεγάλα—] Ordo est: ἅτε μεγάλα κυπάρισσος ἀνέδραμε
κόσμος πιείρᾳ ἀρούρᾳ ἢ κάπῳ ἢ Θεσσαλὸς ἵππος [ἐστὶ κόσμος] ἅρ-
ματι· 'Ωδε, &c.

32. Οὔτε τις ἐν ταλάρῳ—] *Neque ulla in quasillo conglomerat talia*
opera, [πανίσδεται, Dor. pro πηνίζεται,] Οὔτε συμπλέξασα κερκίδι
πυκινότερον ἄτριον ἐνὶ δαιδαλέῳ ἱστῷ ἔταμε ἐκ μακρῶν κελεόντων,
neque, quum texuit radio elegantius textum in exquisito jugo, scindit de
longis pedibus textoriis. Κελεόντων est ex codd. pro vulgari καλεόν-
των. Vide πηνίζω, &c. in Lexicis. P.

39, 40. *Ἄμμες δ' ἐς δρόμον*—] Variae prostant conjecturae legentium *ἐς δρυμόν· ἐς δρόσον· ἐς ῥόδον.* Mihi placet *ἐς δρόσον.* Valckex. Forsan tamen vulgata lectio *ἐς δρόμον* servari et locus ita exponi potest : *Citò abibimus ad flores colligendos. ἔρπειν* est *ire—ᾗα* denotat *manè, tempore matutino.* Harl. *Ἐρψοῦμες*, Dor. pro *ἐρψομεν δρεψεύμεναι*, pro *δρεψόμεναι.*

244. 41. *Πολλά τεοῦς, Ἑλένα*,] Sic erat ex codd. restituendum, pro vulgatis, *Πολλά τεῦ, ὦ Ἑλένα.* Valck. Vide suprà ad Idyll. xi, 25. p. 234.

43. —*λωτῷ χαμαὶ*—] Vide Coll. Gr. Min. ad p. 78. (104. iv, 2.)

47. —*γεγράψεται*] Vulgò vocatur hoc tempus *paulo post fu.* Sed forsan nihil aliud est quam reduplicatio fut. 1. med. pro *γράψεται·* et occurrit hoc temp. saepissimè in sensu pass. ut benè notum. [Vide suprà ad Eur. Med. ver. 625. p. 185.] " *Ἀννεύμῃ*, custoditum " in Ed. Flor. à Toupio affirmatum, omninò restituendum erat pro " *Ἀνγνοίη*." Valck. Verbum *Ἀνγνοίη*, quod nemo vidit, est purum putum glossema, quod ex margine libri, ut fieri solet, in textum irrepserat.—Hesych. *Ἀννέμειν, ἀναγινώσκειν.* Suidas, *Ἀνανέμειν, ἴσον τῷ ἀναγινώσκειν.* &c. Toup. " *Σίβει*, et *ἐμμί.* Br. Doricè. P.

55. *Νεύμεθα*—] Dor. pro *νεόμεθα.* Caeterae voces Doricae, quae hîc occurrunt, faciles sunt.

56. —*ἐπεί κα πρᾶτος ἀοιδός*—] *ubi primus gallus è cubili suo* [Angl. *his roost*] *insonuerit*, &c.

58. '*Ὑμάν, ὦ Ὑμέναιε*,] tentari non debent.—*Hymen, ὁ Hymenaeus*, in Catulli carmine lx. saepè recurrunt. Valck.

---

* *ΚΗΡΙΟΚΛΕΠΤΗΣ.*] *Favorum fur. Idyllium XIX.* Notissimum est, inter Anacreontica reperiri carmen ejusdem argumenti. Carm. 40. An illud scripserit Anacreon, an hoc Theocritus, aequè dubitari potest : Recensetur à Stobaeo tanquam Theocriti, cap. 63. Warton. Ut Theocriteos, hos octo versus Stobaeus exhibet, qui tamen Bionis esse videntur. Valckenaer. Vide Coll. Gr. Min. p. 86. (112.)

---

245. * *ΒΟΥΚΟΛΙΣΚΟΣ.*] *Bubulcus. Idyll. XX.* Pastor quidam, qui inter ruricolas suos eximiè pulcher sibi videbatur, in urbem venit. Ubi cum conspicatus fuisset puellam urbanam, inusitatâ formâ perculsus ad eam accessit, et rusticè cum eâ ludere, eamque osculari voluit. Illa verò hominis habitum ac mores rusticos detestata, à se illum rejecit. Conqueritur ergo miser in hoc Idyllio de insigni contumeliâ quâ affectus sit, deque fastu ac superbiâ urbanae puellae. Atque in fine commemorat etiam Dearum exempla, quae pastorum amore arserint.—*Anon.*

Ver. 5. *Μή τύ γά μευ κύσσῃς*—] Pro *Μή τύ γέ μευ κύσῃς*, emendavit Toupius : quia verbum *κύσαι* primum semper corripit. Vide Hom. Od. π, 15. supra, p. 58.

7. '*Ὡς τρυφερὸν γελάεις*,] Elegans mihi conjectura videtur Eldikii, legentis : '*Ὡς τρυφερὸν γελάεις.*—hoc illi non venisset in mentem,

nisi legisset v. 6. ὁπποῖα λαλεῖς, cui supposuit in suâ ed. Brunck. ὁπποῖα φιλεῖς. VALCK. Ironicè, sicut ſila Milonis, Idyll. x. 38. WARTON. "γελάεις, Edin. 5ta, pro λαλέεις. P.

9. Χείλεά τοι ιοσέοντι,] Labra tibi sunt velut aegroto. " Potius " νοσέοντι pro νοσοῦσι sumendum." T. YOUNG.—ἐντὶ non solum pro ἐστὶ, sed etiam pro εἰσί.

12, 13. —συνεχὲς εἶδεν Χείλεσι μυχθίσδοισα,] Haec, distinctione sublatâ, sic jungenda videbantur ad mentem Hemsterhusii. In edd. legebatur μυθίζοισα· in illâ Wintertoni, μυθίσδοισα· μυχθίζοισα emendârunt T. Hemst. Toupius et Reiskius: ejus loco scripsi μυχθίσδοισα. VALCKENAER. adducto naso, vel etiam, excusso per nares spiritu irridens, mussitans surdo murmure. HARLES. —τρὶς εἰς ἑὸν ἔπτυσε κόλπον, ut facere solebant superstitiosi μαινόμειόν τε ἰδόντες ἢ ἐπίληπτον, teste Theoph. Char. 16. "Vol. I. ad p. 327. n. 4. h. op.

14. —καί τι σεσαρὸς Καὶ σοβαρόν μ' ἐγέλαξεν.] et quodammodo fastidiosè ac superbè me irrisit. σεσαρὸς, Dor. pro σεσηρὸς, est perf. part. med. à σαίρω, verro, orno.—à quibusdam redditur, aperto ore hiare.

23. —σέλινα] Vide suprà ad Idyll. iii, 23. p. 227.

28. —σύριγγι] Vide suprà ad Idyll. viii, 18. αὐλὸς, tibia : δώναξ, 246. arundo : πλαγίαυλος, " fistula obliqua, tibiae genus, quae fiebat ex " loto, et Apollinis inventum, teste Bione; iii, 7." HARLES. "Panis inventum, infra p. 251. P. Fabricabantur tibiae, secundum Pollucem, ex arundine, aere, loto, buxo, cornu, osse cervi, lauro. Verisimile est diversae magnitudinis ac formae fuisse eas, quae è ligno, quaeque ex arundine fiebant: hinc opponuntur αὐλός et δώναξ· πλαγίαυλος collum ad latus flexum habebat, cujusmodi subindè in monumentis cernere licet: foramina erant in initio quatuor, postea plura ; horum situs diversus diversitatem instrumenti atque nominis efficere poterat. Erant autem γλῶσσαι, seu lingulae, arundinaceae, longitudinis manûs latae, fissurâ saepius instructae, secundum Theophrasti descriptionem, quam Plinius pessimè corrupit: usu facilè exolescebant ; quamobrem accuratè in γλωττοκομείῳ servabantur. Hinc, et aliundè, satis patet tibias, saltem vulgares, neutri hodierno flauto similes fuisse : propius autem ad ea instrumenta accessisse, quae hoboe et. clarinetto appellantur ; quod celeberrimum Burneium latuisse videtur. Longitudo earum et infra pedalem et suprá bipedalem fuisse videtur, itaque intervallorum seriem satis amplam praebere poterat. T. YOUNG. "Supra p. 230.

31. —ά δ' ἄστυχά οὐκ ἐφίλασεν,] Dubitant critici, sitne singularis, an pluralis τα΄ δ' ἄστυχά, ut subaudiatur χοράσια, &c. Steph. vult χείλεα. WARTON.

39. Λάτμιον ἀννάπος] Conjunxit Hemsterhusius malè distracta in edd. ἄν νάπος. [ἀννάπος, i. e. ἀνὰ νάπος.] —εἰς ἕνα—Placet mihi quidem Heinsii correctio legentis, εἰς ἅμα παιδὶ κάθευδε. VALCK. "—unà cum— P.

40. —τὸν βωκόλον.] Bubulcus hîc memoratus fuit Atys, de quo superstitio diversas spatsit fabulas. HARLES.

41. —ἐπλάγχθης ;] Vide suprà ad Od. α, 2. ὄρνις, pro vulgari αὐτός, est lect. Vaticani codicis.—tanquam ales.

44. Μηκέτι μηδὲ σύ—] In his versibus allusio est ad Veneris et Adonidis amores, et μήτε κατ' ἄστυ intelligendum de Adonidis festo. Non itaque, Venus, dulcem tuum Amarium osculêre ampliùs, nec in

246. *urbe, nec in montibus, solaque dormias, siquidem indecorus est bubulci amor.* Hac ironiâ fastidiosam' urbanam puellam dimittit. BRUNCK.

---

* 'ΗΡΑΚΛΙΣΚΟΣ.] HERCULISCUS. *Idyll. XXIV.* Hoc Idyllium totum est διηγηματικόν. Primùm enim commemorat, quomodo Hercules puer, decem tantùm natus menses, duos immani magnitudine dracones, nocturno tempore, ut ipsum interficerent, immissos à Junone, manibus eliserit ac laceraverit. Deinde vaticinium Tiresiae refertur. Sequitur postea pulchra distributio, quibus praeceptoribus Hercules, quaque in arte, usus fuerit. Ait, Linum illi praeceptorem in literarum ac doctrinae studiis fuisse : ab Eumolpo verò music.im ipsum didicisse : ab aliis porrò belli artes, et rei militaris scientiam. Pars ultima, quâ vitae ac victûs ratio exponitur, intercidit. Mancum itaque seu mutilum hoc Idyllion, fine praeciso, habemus : sicut et sequenti Idyllio caput seu initium deest. Est verò imprimis illustris ac venusta in principio hujus Idyllii imago, quum Alcmena pueros Herculem atque Iphiclum in scuto aereo, quod hosti occiso maritus ademerat, ponit, scutumque ceu cunas movet : et precationem addit, ut pueri feliciter dormiant. Dulcis hic est scuti usus, et jucundus post res bello gestas finis, pacata educatio sobolis. *Anon.*

Ver. 1. —Μιδεᾱτις} Midea seu Persepolis urbs erat è cujus ruinis postea crevit Argos. Vide Stephanum Byzantinum et Pausaniam. T. YOUNG. "L. viii. c. 27. &c. P.

7. Εὕδετ', ἐμὰ βρέφεα,] Votum matris suavissimum numerosis valdè mellitisque versiculis exprimitur. Eâdem ferè naeniolae formulâ Danaë utitur in eximio fragmento Simonidis apud Dionys. Hal. edit. Upton. p. 261. (252.) WARTON. Infrà p. 259.

247. 11. —ἄρκτος] Vide Coll. Gr. Min. ad p. 76. n. 11. (102. iii, 2) Αμος—τᾱμος, i. e. ἦμος—τῆμος, *quando—tunc.*

17. —ἐξειλισθέντες] Ex edit. Flor.—Reiske et Brunck è Romano praetulerunt ἐξειλισθέντε. "Valck. praefert, at non legit. P.

32. Αψ δὲ πάλιν διέλυον,] *Retrò verò rursùs* spiras *solverunt, ita* μογέοιεν ἀκάνθας, *cum defatigati essent spinas* dorsi.

35. Ανσταθ',—Ανστα,] Dor. pro comm. ἀνάστηθι, *surge.*

38. Οὐ νοέεις—; Conf. Odyss. τ, 36—39. νυκτὸς ἀωρὶ, *nocte intempestâ*— Vide suprà Idyll. xi, 40. p. 234.

42. Δαιδάλεον δ' ὥρμησε μετὰ ξίφος,] Angl. *He immediately went in quest of his exquisitely made sword.*— [Vide suprà ad Apoll. Rhod. v. 4. p. 81.] ὄρρ' οἱ, i. c. ὅ ῥα αὐτῷ. Pro ὄρρ' οἱ scribi mavult Br. ὅ ῥ' οἱ. VALCK. Vide suprà ad p. 241. v. 125. 128. "ὥρμησε μετα-properabat ad—Interp. Nimirum, supra lectum. P.

248. 44. Ητοι ὅγ' ὠριγνᾶτο—] *Profectò* hic *exporrectâ manu peti'bat* recens contextum lorum. ὀριγνάω, ab ὀρέγω, porrigo.

45. —μέγα λώτινον ἔργον.] *magnum è loto opus.* Λωτός, unde λώτινος, est Celtis Plin. *Celtis australis* Linn. Angl. *European Lote or Nettle tree.* Lignum ejus firmum est, compactum, et durabile. Tibias ex eo conficere solebant ; atque ex ejus radice gladiorum et cultrorum capulos, &c. RUTHERFORD.

49. —ἀνακόψατ' ὀχῆας·] Vide Anacreont. Carm. iii, v. 7.

56. Ἑρπετὰ δεικανάεσκεν,] *Serpentes ostendebat,* vel *porrigebat.* [δεικανάεσκε, more Ion. pro ἐδείκανε, 3. sing. imperf. ind. verbi

δαικανάω, idem quod δείκνυμι, ostendo.] "Praeclara imago," inquit 248. Wartonus, "Herculis infantuli, belluas illas mortuas patri blandè " porrigentis, et cum risu puerili projicientis ad ejus pedes. Quae " quidem et terrorem, et leniores illos affectus, unà excitat."

65. —χρέος κατέλεξε—] Τέρας, quod est in cod. Vat. recepit Brunckius: mihi χρέος genuinum videtur, et adscriptum instar Scholii τέρας. VALCK.

68. —καὶ ὡς οὐκ ἔστιν—] Ordo est: καὶ, Μάντι Εὐηρεΐδα, δι- δάσκω σε μάλα φρονέοντα, ὡς οὐκ ἔστιν ἀνθρώποις ἀλύξαι, ὅ τι μοῖρα κατεπείγει [διὰ] κλωστῆρος. atque, Vates Eueride, ego doceo te ad- modum sapientem [i. e. tametsi admodùm sis sapiens] non licere ho- minibus evitare id quod Parca urget per filum suum. "Apud Theo- " critum," [verba sunt Dammii, Lex. voce Τειρεσίας] "Id. 24. 70. " dicitur Tiresias, μάντις Εὐηρείδης, quasi pater ejus fuerit ὁ Εὐη- " ρεύς, ἢ Εὐήρης, εος." "Vide infrà Callim. Lav. Pall. p. 304. v. 79. p. 305. v. 104. P.

73. Ναὶ γὰρ ἐμὸν γλυκὺ φέγγος] Per meum dulce lumen, &c. Tiresias, vates Thebanus, quod Pallada in lavacro se lavantem adspexit, oculis privatus est. V. Callim. H. in Lav. Pall. 70. sqq.— Aliam tamen caecitatis rationem attulit Ovid. Met. iii. 323. adde Hygin. Fab. 75.—De jurejurando per oculos conf. Idyll. xi, 53. HARLES. "Supra p. 235. ubi Ναὶ pro Καὶ proponitur. P.

74. Πολλαὶ Ἀχαιϊάδων—] Multae Achaiades molle stamen circa genua manu versabunt,— Sermo hic videtur esse de nendo colu et fuso. Appositè Ovid. teretem versabat pollice fusum. Met. vi. 22. Cf. Tibull. i. 3. 86. ii. 1. 63. Pro κατατρίψοντι, quod est κατατρίψουσι, vulgares editt. καταστρέψοντι.

77. Τοῖος ἀνὴρ—] Conf. Xen. Mem. ii, 1. de Hercule. Vol. I. p. 249. 214, h. op.

80. Δώδεκά—] Constructio est: πεπρωμένον [ἐστί] οἱ τελέσαντι δώδεκα μόχθους οἰκεῖν ἐν [δώματι] Διός.

81. —πυρὰ Τραχίνιος—] est rogus Thessalicus.—In summo autem vertice Oetae, montis Thessaliae, Hercules crematus: et Trachinius idem est ac Thessalus, à Trachine, civitate Thessaliae : —indè Sopho- clis Tragoedia, Trachiniae, nomen duxit.—Sensus est : quidquid mortale est Herculi, id in rogo Thessalo, h. e. in monte Oetâ, consume- tur et comburetur. HARLES.

82. —κεκλήσεται,—] Vide suprà ad p. 244. 47.

84. —ὁπανίκα νεβρὸν ἐν εὐνᾷ—] Ista stylo prophetico, velo obducto allegorico, quasi μυστικῶς enuntiantur. Anne haec è Sacris? Vide Is. xi, 6. lxv, 25. WARTON. καρχαρόδων, dentes asperos et serrae similes habens ; apud Hom. est καρχαρόδους, οντος. Il. x, 360. et ν, 198. HARLES.

87, 88. Κάγκανα δ' ἀσπαλάθω ξύλ'—] Et ligna arida aspalathi. Ἀσπάλαθοι frutices spinosi quinam sint, definiri vix potest. Videntur inter Rhamnos, Genistas, Tragacanthas et affines plantas, quarum plures Tournefortius in itinere orientali reperit, magis minúsve spinosas, quaerendae. Παλίουρος est Rhamnus Paliurus Linn. Βάτος est Rubus, et quidem praecipuè fruticosus Linn. Ἀχερδος explicatur per ἀγριαπίδιον, parvam pirum sylvestrem.—Legitur etiam apud Homerum, Od. ξ, 10. SCHREBER. Ἀσπάλαθος, frutex admodùm spi- nosus; cujus autem species ignota est. Παλίουρος, Rhamnus Paliu- rus Linn. Angl. common Christ's thorn. Ἀχερδος, species quoque fruticis spinosi, sed nunc ignota. Falsò putatur idem esse ac id quod est Angl. *the wild Pear ;* Gr. *ἀγρὰς, ἀδος.* RUTHERFORD. "Antiqua nomina praeferenda. P.

90. —*κανῆν*—] Dor. pro *κανεῖν* à *καίνω, interficio.*

91. *Ἦρι*—] *manè, tempore matutino.* Vide suprà Idyll. xviii, 39.

93. —*ὑπὲρ οὖριον*] *οὖριος, ου, ὁ.* Poët. *ventus secundus*—Idem autem est ac *οὖρος, ου, ὁ.* undè deductum, et substantivè sumitur. Alias adjectivè, subaudito nomine *ἄνεμος. ὑπὲρ οὖριον,,* in *secundum ventum.* AE. PORTUS. *ὑπερούριον* in unum vocabulum contraxerunt Brodaeus, Reiske et Brunck, probante Valck. *ὑπὲρ οὖριον,* vel, cum spiritú leni *οὖριον,* edd. vett. apud Reiske, qui contractum vocabulum pro *ὑπερόριον* sumit, et explicat, *ultra terminos ditionis tuae ejice.* Vide Lomeier de lustrationibus Veterum, cap. 6. In ejusmodi autem lustrationibus vetitum fuit *respicere.* Virg. *Fer cineres,* &c. Ecl. viii, 101. HARLES ; apud quem vide plura. —*ἄψ δὲ νέεσθαι ἄστρεπτος,* Angl. *and let her return without looking back.* Inf. pro Imperat. ut loquuntur Grammatici.

105.—*ἐπίσκοπον εἶναι ὀϊστῶν,*] Angl. *to be dextrous in shooting arrows.*

250.   109—113. '*Ὅσσα δ' ἀπὸ σκελέων*] *ἑδροστρόφος* est, *qui versat natu inter luctandum,* Angl. *he who twists, writhes or contorts his haunches or hips in wrestling.* [" *wrestlers.*"] Ordo est: *ἔμαθε πάντα, ὅσα ἄνδρες Ἀργόθεν ἑδροστρόφοι ἀπὸ σκελέων σφάλλουσιν ἀλλήλους παλαίσμασι, ὅσα τε πύκται δεινοὶ ἐν ἱμάσι [ἐξεύροντο,] τε παλαίσματα ὁύμφορα τέχνῃ ἃ πυγμάχοι ἐξεύροντο προπεσόντες εἰς γαῖαν, διδασκόμενος παρὰ,* &c. " *Πάμμαχοι,* Br. v. 112. *Φανστῆι,* 114. Valck. Br. P.

118. —*τροχῷ σύριγγα φυλάξαι,*] *modiolum rotae salvum conserven.* REISKE.

125. —*λόχον τ' ἀναμετρήσασθαι*] *agmen sive aciem hostilem metiri.* Vide Toupii Addenda. HARLES.

127. *Κάστωρ ἱππαλίδας*—] Castor vulgò *ἱππόδαμος,* hìc *ἱππαλίδας* dicitur ; quae vox singularis lexicis deest. T. YOUNG. *ἔδαεν* hìc sonat *docuit* in sensu transitivo. Vulgaris significatio verbi *δάω* est *disco.* At verba hujusmodi nonnunquam induunt sensum transitivum. Sic, *to learn* est etiam vernaculè *to teach.* Vide Burgess. adnot. ad Dawes. Misc. Crit. p. 495. "Vide supra p. 58. Hom. Od. ζ 233. *ἐδάην, didici, δεδαημένος, doctus,* frequentiùs. P.

128. '*Οππόκα*—] i. e. *ὁπότε,* &c. *quo tempore.* " Tydeus Adrasti filiam uxorem duxit. Vide Eid. *ιζ.* v. 53. Eurip. Phoen. v. 135. Porson. &c. et infra ad p. 273. v. 82. P.

135. —*μέγας ἄρτος Δωρικὸς,*] Panis ille Doricus fuit vilioris generis, et pro pane crasso nec delicato ponitur. v. Schol. ad Apollon. Rhod. i, 1077. et Warton, qui praeterea usum frequentem voc. *ἐν κανέῳ, in canistro,* fusè illustrat, et de Hercule edace ac bibace doctè disserit. Quendam Phryga edacissimum *quatuor fossoram* cibos comedisse, ait Alcipbr. iii. Epist. 39, (38.) p. 357. HARLES.

137. —*τυννόν*—] idem ac *τυννοῦτον,* i. e. *μικρόν, parvum*—*τυννὸν ἄνευ πυρὸς αἴνυτο δόρπον parvam sine igne sumebat coenam :* pro *tenuem sine lucernâ sumebat coenam.* AE. PORTUS. *Δόρπον* saepiùs idem valet ac *δεῖπνον·* hìc autem aliud, ut apud Aeschylum : *Ἄριστα, δεῖπνα, δόρπα δ' αἱρεῖσθαι τρίτα.* T. YOUNG. " *Frag. Palamed.*" *ἐκ' ἄματι* est, Angl. *at the close of day.*

138. *Εἵματα δ' οὐκ ἀσκητὰ*—] *ἀσκητὸς* propriè de vestibus *splendidis, elegantibus.* v. Homer. Iliad. ξ, 179. et Warton. HARLES.

II. NOTAE IN BIONEM.

* E Bione.] Bionis praécipuum Idyllium est *Epitaphium Adonidis ;* 251. è quo excerptum dedimus in Coll. Gr. Min. quod vide ; etiam Idyll. ii. et vi. unà cum Notitiá brevi de Bione, &c.

† *Εἰδύλλιον γ΄.*] *Idyll. III.* In hoc Idyllio vis Amoris lepidissimâ fabulâ pulchrè describitur.

3. *Ἐς χθόνα νευστάζοντα·*] *In terram caput demittentem,* quod de iis dicitur, qui pudore vel moestitiâ afficiuntur. *νευστάζω* est *nuto,* item *caput demitto.* Vide Odyss. σ, 153.

7. —*πλαγίαυλον*] *tibiam obliquam,* —*αὐλὸν, tibiam rectam,* —*χέλυν, testudinem,* —*κιθαριν, citharam.* Vide suprà ad p. 246. v. 28, 29.

13. —*ἐδιδάχθην.*] *doctus sum, didici.* Caeterùm voces Doricae, quae hìc occurrunt, nequeunt difficiles esse discipulis, qui non sunt omninò tirones.

:* *Εἰδύλλιον δ΄.*] *Idyll. IV.* Musae favent amatoribus. 252.

7. —*ὅτι μῦθος ὅδ᾽ ἔπλετο πᾶσιν ἀληθής·*] *quòd hoc verbum verum sit omnibus,* i. e. *hoc verbum verum esse omnibus.* De *ἔπλετο,* vide suprà ad Od. α, 225. p. 10.

9. *Βαμβαίνει μευ γλῶσσα,*] Angl. *my tongue falters.* " *βαμβαίνω* " est," inquit Dammius, " verbum fictum ex sono eorum, qui loqui " conantur, cùm valdè algent, et cum tremore maxillarum loquuntur. " *Conor loqui, sed impedior tremore.*" [Vide Il. x, 375.] Vulgaris lectio est *Καμβαίνει,* quam vitiosam censet celeberrimus Valckenarius. Pro *φᾶά,* in versu ultimo, idem vir praestantissimus praetulisset *αὐδά,* quod dat edit. Ursini, si Codices exhibuissent.

† *ιστ΄.*] Hos versus, inter Moschi carminum reliquias absque ullâ auctoritate vulgatos, ut Bionis exhibet Stobaeus *Gesn.* p. 388. *Grotii,* p. 245. Valck. "Serm. 61." Continent hymnum ad Hesperum.

1. *'ΕΣΠΕΡΕ,*] Infima est quinque errantium, terraeque proxima, stella Veneris, quae *Φωσφόρος* Graecè, Lucifer Latinè dicitur, quum antegreditur solem : quum subsequitur autem, Hesperos. Cic. de Nat. Deor. lib. ii. c. 20. Cf. Il. χ, 317. *Οἷος δ᾽ ἀστὴρ εἶσι,* &c. et Aen. viii, 590. *χρύσεον φάος τᾶς ἐρατᾶς Ἀφρογενείας, aureum lumen blandae Veneris.*—*Ἀφρογένεια,* eadem quae *Ἀφροδίτη,* utraque scil. ab *ἀφρός, spuma ;* sed haec de Veneris genere absurda fabula temporibus Homeri ignota. *ἱερὸν ἄγαλμα κυαν. v. sacrum decus caeruleae noctis.*—*ποτὶ ποιμένα κῶμον ἄγοντι*—Vide suprà, ad Theocr. Idyll. xviii. 26. p. 243. "iii, 1. p. 226. P.

6. —*οὐκ ἐπὶ φωρὰν Ἐρχομαι,*] *non ad furandum eo.* Imitatus est anonymus Anglus, quem et Graecè et Latinè expressit vir summi ingenii Gulielmus Jones ; [Append. ad Poës. Asiat. Comm. pp. 509. 530.] qui quae Graecè composuit, ea nec elegantiâ carent, nec ubique erroribus libera sunt. Cf. Philodemi Epigr. vii. in Br. Anal. tom. ii. p. 84. T. Young.

8. —*καλὸν δέ τ᾽ ἐρασσαμένῳ συνεράσθαι.*] *pulchrum autem est ama-*

tori mutuum amorem sentire,—vicissim experiri amorem. Vide Vol. I.
ad p. 67. n. 2.

‡ιζ′.] Ad Venerem querimonia.

1. *Ἁμερε Κυπρογένεια,*] Insula Cyprus, ut benè notum, Veneri
sacra erat. Undè haecce dea vocabatur *ἡ Κύπρις, Κυπρία,* et hic
Κυπρογένεια. Venus autem repraesentatur nunc ut filia Jovis et
Diones; nunc quasi ex aequoreâ spumâ generata; hîc autem à
Bione tanquam filia Jovis et Maris. Vide Cic. de Nat. Deor. iii. 23.
ἅμερε, Dor. pro *ἥμερε.*

3. *Τυτθὸν ἔφαν*] *summissâ voce dixi;*—domitus scil. ab amore. τυτ-
θὸς propriè est *infans lactens,* à *τιτθὸς, mamma:* inde *parvus,* &c.
Conf. Iliad. ω. 170; ubi τυτθὸν φθὲγξαμένη, est *summissâ voce loquens.*
—*καὶ τί νυ αὐτά,* &c. *et quid tandem ipsa adeò* infensa es *ut Amorem
tantum malum omnibus pepereris?*—Pro vulgato *τίναυτα* Scaliger
posuit *τί νυ αὐτά.*

III. NOTAE IN MOSCHUM.

253. * E Moscho.] *Amorem fugitivum,* atque partem aliquam *Epitaphii
Bionis* jam dedimus in Coll. Gr. Min. quae praestantissimus Valcke-
narius pronuntiavit *pervenusta* poëmata. Visum est hic adjungere
quaedam ex Moschi Minoribus Idylliis.

† *Εἰδύλλιον ἑ.*] *Idyll. V.* Terra mari praefertur.

1. —*ἅνεμος ἀτρέμα βάλλη,*] —*ventus leniter ferit,* ἐρεθίζομαι.
"*excitor,*" κατὰ τὰν φρένα, &c. —*ποτάγει* [i. e. προσάγει] *πολὺ
πλέον ἄμμε* [Aeol. pro ἡμᾶς, quod hîc pro ἐμέ] *γαλήνη, attrahit me
multò magis tranquillitas.* H. Steph. in suis Stobaei exemplaribus
invenit, ποθέει δὲ πολὺ πλέονα μεγάλαν ἅλα. Undè Valckenarius:
" Προσάγειν, quo sensu hic essèt capiendum, Graecè non adhibetur:
" mihi ποθέει genuinum, et sic ista scripsisse videtur Poëta: *Τὸ*
" *φρένα τὰν δειλὰν ἐρεθίζομαι,* (*οὐδ' ἔτι μοι γᾶ Ἐντὶ φίλα,*) ποθέει
" *δὲ πολὺ πλέον ἅδε γαλάναν· desiderat verò illa* (nempè ἁ φρὴν ἁ
" *δειλά*] *multò magis mitem undarum tranquillitatem.*" προσάγω tamen
est *adduco;* et προσάγει hîc non malè reddi possit, *adducit, attrahit.*—
Haec autem ita pulchrè interpretatus est numeris Latinis celeberri-
mus Hugo Grotius.

> *Cum placido pelagus mulcet levis aura susurro,*
> *Pectus avet tentare vagum mare : nec mihi dulcis*
> *Terra, sed in mites votis feror omnibus undas.*

5. *Κυρτὸν ἐπαφρίξη,*] *agitatum spumat.*—κυρτὸς, *curvus, gibbus,
convexus.* Homerus habet κύματα κυρτά, "*fluctus tumidi,*" Il. γ,
799. conf. δ, 422, 426. item Virg. Geor. iii, 237. μαίνομαι, *furo;* undè
perf. med. μέμηνα, in subj. μεμήνω, &c.

7. —*τάχα δάσκιος εὔαδεν ὕλα,*] *statim placet opaca sylva,*—de
εὔαδεν vide suprà ad Apoll. Rhod. iii, 1083. p. 106.

8. —*ἁ πίτυς ᾄδει.*] Vide Theocr. Idyll. i. init. p. 215.

* Εἰδύλλιον ϛ΄.] *Idyll. VI.* Procax amor.   254.

1. *Ήρα Πὰν Αχῶς τᾶς γείτονος·*] *Pan amabat Echo vicinam ;—* ἐράω, cum genitivo. Αχῶς Dor. pro Ηχοῦς, &c. —Σκιρτητᾶ Σατύρω, Dor. pro Σκιρτητοῦ Σατύρου· Angl. *a frisking satyr.*

4. —ἔρως δ᾽ ἐσμύγετ᾽ ἀμοιβᾷ.] *amor autem flagrabat vicissim,* i. e. ordine, non reciprocatione.

6. —πάσχε δ᾽ ἄποινα.] In Cod. Leid. legitur πάσχε δ᾽ ἃ ποίει.— Dat quidem illud sensum commodum, sed eundem praebet elegantior lectio vulgata : πάσχε δ᾽ ἄποινα, *justam poenam patiebatur.* ἄποινον aeque ac ἀμοιβὴ vox est μέση. Valck.

† *Εἰδύλλιον ζ΄.]* *Idyll. VII.* Cupidinis potentia.

1. *Αλφειὸς,*] Nota est fabula de Arethusâ fonte Siciliae, ejusque cum Alpheo, flumine Elidis, intercursu. Vide Aen. iii, 694. *Alpheum fama est,* &c. et Ecl. x, 1. annotante summo Heynio. conf. Ovid. Met. v. 493. 573. μετὰ Πῖσαν ἐπὴν κατὰ πόντον ὀδεύῃ, *relictâ Pisâ, quum per mare profectus esset,—*ἄγων κοτινηφόρον ὕδωρ, *ducens oleastrum ferentem aquam,—*κόνιν ἱρὰν, *pulverem sacrum,* ad pulverem nempe *Olympium* alludit.

5. —κοὐ μίγνυται—] Conf. Il. β΄, 753.

7. Κῶρος δεινοθέτας,] *Puer* ille *maleficus,* &c.

8. —κολυμβῆν.] Mavult Heskinus κολυμβᾶν, utpote Δωρικώτερον· malo quidem augurio : nam κολυμβᾶν non omnino Doricum.

*** Perductis jam ad finem hisce notulis in Poëtas Bucolicos, rem non ingratam ingenuae Juventuti facturos existimavimus, si Meleagri Gadareni venustissimum *Idyllium in Ver* hîc apponeremus, desumtum è Brunckii Analectis Vet. Poët. Graec. tom. i. p. 31·

Εἰς τὸ Ἔαρ. Εἰδύλλιον.

ΧΕΙματος ἠνεμόεντος ἀπ᾽ αἰθέρος οἰχομένοιο,
Πορφυρέη μείδησε φερανθέος εἴαρος ὥρη.
Γαῖα δὲ κυανέη χλοερὴν ἐστέψατο ποίην,
Καὶ φυτὰ θηλήσαντα νέοις ἐκόμησε πετήλοις.
Οἱ δ᾽ ἀπαλὴν πίνοντες ἀεξιφύτου δρόσον Ηοῦς   5
Λειμῶνες γελόωσιν, ἀνοιγομένοιο ῥόδοιο.
Χαίρει καὶ σύριγγι νομεὺς ἐν ὄρεσσι λιγαίνων,
Καὶ πολιοῖς ἐρίφοις ἐπιτέρπεται αἰπόλος αἰγῶν.
Ἤδη δὲ πλώουσιν ἐπ᾽ εὐρέα κύματα ναῦται,
Πνοιῇ ἀπημάντῳ Ζεφύρου λίνα κολπώσαντες.   10
Ἤδη δ᾽ εὐάζουσι φερεσταφύλῳ Διονύσῳ,
Ανθεῖ βοτρυόεντος ἐρεψάμενοι τρίχα κισσοῦ.
Ἔργα δὲ τεχνήεντα βοηγενέεσσι μελίσσαις
Καλὰ μέλει, καὶ σίμβλῳ ἐφήμεναι ἐργάζονται
Λευκὰ πολυτρήτοιο νεόῤῥυτα κάλλεα κηροῦ.   15
Πάντη δ᾽ ὀρνίθων γενεὴ λιγύφωνον ἀείδει·
᾽Αλκυόνες περὶ κῦμα, χελιδόνες ἀμφὶ μέλαθρα,

h

Κύκνος ἐπ' ὄχθαισιν ποταμοῦ, καὶ ὑπ' ἄλσος ἀηδών.
Εἰ δὲ φυτῶν χαίρουσι κόμαι, καὶ γαῖα τέθηλε,
Συρίζει δὲ νομεὺς, καὶ τέρπεται εὔκομα μῆλα,   20
Καὶ ναῦται πλώουσι, Διώνυσος δὲ χορεύει,
Καὶ μέλπει πετεηνά, καὶ ὠδίνουσι μέλισσαι,
Πῶς οὐ χρὴ καὶ ἀοιδὸν ἐν εἴαρι καλὸν ἀεῖσαι ;

· NOTAE IN MELEAGRI IDYLLIUM.

Ver. 2. Πορφυρέη—] *Cum se purpureo vere remittit humus.* [hyems.]
Tibull. iii, 5. 4, Conf. Oppian. Hal. L. i, 459. Jacobs.

4. —ἐκόμησε—] à κομάω, est lectio Huetii, quam confirmavit
Cod. Planud. regius, ubi ἐκόμασε exhibetur. Vulgò ἐκόμισσε. Vide
Hor. Carm. i, 4. 1.

10. Πνοιῇ ἀπημάντῳ] *aurā leni*— Nam ἀπήμαντος, quod vulgò
redditur *illaesus, incolumis;* significat etiam, ut hîc, *innoxius,* inde
mitis, lenis. Angl. *gentle.*

11. Ἤδη δ' εὐάζουσι—] Ordo est: ἤδη δ' ἐρεψάμενοι [βαχχεῦον-
τες scil.] τρίχα ἄνθει βοτρυόεντος κισσοῦ, εὐάζουσι φερεσταφύλῳ
Διονύσῳ. *Et jam Bacchantes tecti crines flore bacciferae hederae, cla-
mant uvifero Baccho.* Ἔργα δὲ καλά τεχνήεντα μέλει βοηγενέεσσι
μελίσσαις, [De voce βουγενὴς, vel βοηγενὴς, ita Hesychius: ἡ μέλισ-
σα βουγενὴς, ὅτι ἐκ βοείων ὀστέων γεννᾶται.] —καὶ σίμβλῳ ἐφήμεναι,
et alveari insidentes, ἐργάζονται λευκά νεόρρυτα κάλλεα πολυτρήτου
κηροῦ. *elaborant puras recenter fluentes pulchritudines multas-cellas-ha-
bentis cerae,* i. e. *ceram fabricant puram, pulchram, recenter fluentem,
et multas cellas habentem.* Conf. Georg. Lib. iv. 149, sqq. " 281. 315. P.

19. Εἰ δὲ φυτῶν—] *Quod si ramorum comae gaudent,* i. e. *si fron-
dent laetae sylvae,* καὶ γαῖα τέθηλε, *et floret terra,* &c.—καὶ μέλισσαι
ὠδίνουσι, *et exercentur apes,* &c. Appositè Virg. Ecl. Hi, 56. *Et
nunc omnis ager,* &c.

⁎ Egregiè laudatur et citatur hoc Idyllium à celeberrimo Gul.
Jones, Poës. Asiat. Comm. p. 411. " Tanquam venerandae antiqui-
" tatis pretiosissimum monimentum, à se recens detectum, erudito-
" rum admirationi venditavit Jo. Baptista Zenobetti, sub titulo:
" *Ver Idyllium Meleagri è Cod. Vat. Msc. editum et illustratum.* Romae
" 1759. 4. Errorem editoris detexit Vir D. in *Journal de Trevoux,*
" 1760. *Mars.* p. 763. Idem carmen separatim exhibuit, prolixo
" commentario instructum, *Meinecke* Goettingae 1788. 8. Habet
" hoc Eidyllium, quo se commendet ; vix tamen dignum iis laudibus,
" quibus nonnulli id cumulaverunt." Jacobs.

NOTAE PHILOLOGICAE

AD

EXCERPTA LYRICA.

I. NOTAE IN ODAS.

* **Odae.**] Carmen omne cantioni destinatum, sive assâ voce sive 257. fidibus ,conjunctis cauendum,—Graecî ᾠδὴν appellant.—Est Ode poëmatis species omnium maximè suavis, venusta, elegans, varia, sublimis; quorum singula ferè in ordine, sensibus, imaginibus, dictione, numeris, cernuntur. In rerum ordine ac dispositione posita est prima ac maxima quidem Odae venustas; quae cum facillimè sentitur, difficillimè tamen explicatur: hoc enim habet vel praecipuum, quod viâ et praeceptis certâque partium descriptione minimè continetur. Est enim laeta, soluta, libera; in elatiore argumento exultans, audax, et nonnunquam penè effraenis: sed et hîc etiam, sempérque alias, nisi per totum regnet quaedam facilitas, quae negligentiae cujusdam minimè affectatae speciem habet, naturam non artem prae se ferens; quaeque cernitur maximè in exordio obvio, nec nimis exquisito, et in ipsam plerumque rem protinus incurrente. in serie rerum per jucundam varietatem subtiliter et artificiosè, sed quasi sponte, deductâ; in clausulâ sine ullo acumine leni quodam lapsu in loco forsan minimè expectato, et nonnunquam veluti fortuito cadente: nisi sit totius habitus quidam suus et forma peculiaris, in rebus ipsis, in ordine et dictione, non in metri genere posita, quae hanc praecipuè atque unicè deceat; fiet quidem poëma caetera forsan probabile, minimè autem erit elegans Ode. Lowth, de Sacrâ Poës. Heb. Prael. xxv.

† *ΕΚ ΤΩΝ ΣΑΠΦΟΥΣ—*] *E carminibus Sapphús quaedam reliquiae.* [" Vellem profectò non intercidissent tot et tam divina "Sapphûs carmina. Quae supersunt (ut ipsius poëtriae utar verbis) "sunt *auro ipso magis aurea.* [Χρυσοῦ χρυσότερα. Sapph. apud "Demetr. Phal. s. 127.] Et notabile est Demetrium, Hermogenem, "Dionysium Halicarnasseum, et reliquos artis oratoriae magistros, "illam perpetuò citare, cùm de *venusto* genere dicendi loquantur." Gul. Jones, Poës. Asiat. Comm. p. 258.] Sappho, celeberrima Poëtria Lyrica, nata erat Mitylenis, quae urbs fuit in Lesbo insulâ clarissimâ, ab Aeolibus habitatâ, non longè ab Hellesponto. Que

257 anno in lucem edita fuerit incertum est. Alcaei fuit aequalis; et verisimillimum est natalem ejus incidisse circiter Olymp. xxxvi. vel xxxvii. A. M. 3368, vel 3372. ante Chr. N. 636, vel 632. [Vide Wolfiii Sapphûs Vitam, p. iv.] Nomen patris Scamandronymus, matris Cleis, *Κλεὶς*, seu Cleïs, *Κλῆἶς*, fuisse dicitur. Inventrix erat ejus generis carminis quod Sapphicum vocatur; et tanti aestimata erat poësis ejus à Veteribus, ut *Musa decima* diceretur. Sed nimis erat amatrix, et voluptatibus dedita. Quae tamen de nefandis ejus amoribus memoriae prodita sunt, ista quidem nullis argumentis validis niti videntur. Sed utrum vera sint vel omninò ficta et falsa, non est hujus loci disquirere. Satis sit de eo, quod vix negari potest, insano scilicet, quo capta erat, Phaonis amore, mentionem facere Fuit is Lesbius quidam juvenis admodum formosus. Eum Sappho deperibat. Sed adeò ei, quae neque inter pulchras neque inter deformes sui sexûs numerari posset, non amore mutuo ille respondebat, ut, ejus vitandae causâ, in Siciliam se contulerit. Illùc eum sequuta est infelix Sappho; cujus rei memoriam asservavit marmor illud vetus Parium, quod hodiè extat Oxonii, inter marmora Arundeliana. [Vide Prideaux Marmora Oxoniens. p. 166. (326. 417.) et *Hewlet's Vindication of the Parian Chronicle,* &c.] Ibi omnia, sed frustra, tentabat ut Phaonem suum ad se pelliceret. Est prope sinum Ambracium in Epiro mons, seu promontorium, Leucates nomine, ubi Apollo Leucadius religiosissimè colebatur. Inde desperabundi amatores desilire solebant, se hoc modo remedium amoris inventuros credentes. Hunc *Saltum amantium* experiri volens misera Sappho, è Leucate in mare se praecipitem dedit; atque unâ eademque operâ finem vitae et amoris invenit. In illâ Ovidii epistolâ celeberrimâ, quae inscribitur *Sappho Phaoni,* nonnulli docti homines putârunt poëtam Romanum imitatum esse quoddam lepidissimum Sapphûs ipsius carmen, nunc deperditum, quo Phaonem fugientem prosequuta est. Credit doctissima Dacieria *Oden ad Venerem* scriptam esse, postquam Phaon in Siciliam profectus esset. Ex Sapphûs carminibus nihil nunc restat nisi haec Ode, quam nobis servavit Dionysius Halicarnassensis; et carmen illud alterum, quod videre est, sed imperfectum, in Longini de Sublimitate Commentario, § x. cum quibusdam aliis fragmentis, hinc indè à doctis viris collectis, atque saepissimè editis. Ampliorem de Sappho notitiam cupientibus dabit vel indicabit Fabr. Bib. Gr. Vol. ii. p. 137. edit. Harles. 1791. L. ii. c. 15. s. 54. Iidem videant Hor. L. ii. Od. 13, 24. sqq. L. iv. Od. 9, 10, sqq. et quae ibi annotavit doctissimus Jani.

EDITIONES SAPPHUS.

Extat *Ἄσμα εἰς Ἀφροδίτην* in omnibus editt. Dion. Halicarn. istâ Reiskii, Vol. v. p. 173, sqq. " De Comp. Verb. s. 23." et *Πρὸς γυναῖκα ἐρωμένην,* Long. de Subl. § x Utrumque, ex emend. Is. Vossii, extat in suâ Catulli edit. p. 113, sqq. C. xlix. (li.) Cum caeteris quoque fragmentis inter *Carmina novem illustrium Feminarum,* edit. Fulvii Ursini, *Antv.* 1568, 8vo. Adjecta sunt in multis Anacreon. editt. Extant etiam in Maittaire Dialectis Ling. Gr. et in Brunckii Analect. Vet. Poët. Gr. T. i. p. 54, sqq. Plenissima autem est edit. Wolfiana, sub hoc titulo:—

Sapphûs, Poëtriae Lesbiae, Fragmenta et Elogia, cum virorum

doctorum notis integris, curâ et studio Jo. Christiani Wolfii, in 257.
Gymnasio Hamburgensi Professoris Publici. Qui Vitam Sapphonis et Indices adjecit. *Hamburgi*, 1733, *in* 4*to*. " *et Londini*. P.

₊ Nos sequuti sumus edit. secundam Brunckii, quae prodiit minori formâ, cum Anacr. Carm. *Argent*. 1786.

Ver. 1. Ποικιλόθρον',] i. e. ἔχουσα ποικίλους θρόνους, *habens varios thronos;* epitheton scil. Veneris, ob imperium quod ubique gentium exercet. Sunt tamen qui interpretantur ποικιλόθρονον, *floridam et variâ veste utentem;* nam ᾽θρόνα secundum Hesychium est ἄνθη, καὶ τὰ ἐκ χρωμάτων ποικίλματα· et Venus, inquit Harlesius, ipsa est Natura, praesertim veris, quo flores vestiunt agros et omnia revirescunt.

5. τυΐδε] *hûc*. Aeolica sunt τυΐ et τυΐδε. Hesych: τυΐ, ὧδε. Κρῆτες. Idem: κάτερῶτα, καὶ ἄλλοτε, Aeolicum est pro καὶ ἑτέρωθε. Vide Hesych. edit. Alberti, vocibus τυΐ et κάτερῶτα. " Aeolice accentus retrahuntur, et spiritus asperi lenes fiunt : uti, θῦμον, κάλοι, ὅ ττι, pro θυμὸν, καλοὶ, ὅ ττι, &c. P.

6. *Τᾶς ἐμᾶς αὔδας*—] Haec Aeolica sunt. Ordo est:—ἀΐουσα τῆς ἐμῆς αὔδῆς ἔκλυες πόλυ, λιποῦσα δὲ χρύσεον δόμον πατρὸς ὑποζεύξασα ἄρμα ἦλθες, κάλοι δὲ ὠκέες στροῦθοι δινῦντες [pro δινοῦντες] πύκνα πτέρα ἤγόν σε ἀπ᾽ οὐρανοῦ περὶ μελαίνης γῆς, δὲ ἐξίκοντο αἶψα διὰ μέσου αἰθέρος. " Passim," inquit Is. Vossius, " occurrit " γαῖα μέλαινα, estque perpetuum epitheton."

11. —ωρανῶ, αἰθέρος] Sic scribi debuit. ω αι in unam syllabam coalescunt, ut infrâ η ου, quod sollenne est. BRUNCK.

14. —ἀθανάτω προδώπω,] Aeol. Gen. et subauditur διά. Sin ι 258. subscribitur, ut in multis exemplaribus est, σὺν subintelligi potest.

15. *Ηρε*,] pro ἤρεο, et hoc Ion. pro ἤρου, *interrogabas*. HARLES. Ordo est : *Ηρεο* ὅ ττι γ᾽ ἦν τὸ [i. e. ὅ] πέπονθα, καὶ [δι᾽] ὅ ττι δὴ κάλημί σε, καὶ ὅ ττι μάλιστα ἐθέλω γενέσθαι [περὶ] ἐμῶ μαινόλα θύμω, *Interrogabas quidnam tandem esset quod passa fuerim, et quare invocarem te, et quidnam praecipuè vellem fieri de furenti meo animo,* [Eustath. ad Hom. Il. χ, 125. p. 793. 49. *Τοῦ δὲ καλήμεναι ποιητικοῦ ῥήματος τὸ θέμα ἢ καλαίνω ἐστίν, ἢ κάλημι.* Observandae autem voces Aeolicae, ὅ ττι pro ὅ ττι, quod pro ὅ τι, et ἐμῶ μαινόλα θύμω, pro ἐμοῦ μαινόλου θυμοῦ.] *τίνα δ᾽ αὖτε τὰν σαγηνέσσαν φιλότατα πείθω· quem autem irretientem amorem allicere coner.* Sensus hîc admodùm est obscurus, et vera lectio omninò incerta. [" πεἰθω Τὰν σ. Edin. quinta ; πείθη-μι σ. priores editiones."] σαγηνέσσαν pro σαγηνεύουσαν, à σαγηνεύω, *irretio :* est enim à σαγήνη, *sagena, verriculum.* Amor autem dicitur metaphoricè *irretire homines.* φιλότατα, Aeol. pro φιλότητα. Varii interpretes hunc locum tentârunt, sed omnes, ut mihi videtur, infeliciter. Vide Wolfii edit.

20. *ἀδικεῖ σε ;*] Vulgata lectio est ἀδικῆ; quae ideo respuenda meritò videtur Brunckio, quod penultima, quae brevis est, hîc necessariò producenda sit. Verùm ὑβρίζει, quam ille putat certissimam emendationem, nimis audax videtur. " Hîc," inquit Portus, " τὸ " ἀδικεῖ syllabam δι, propter ancipitem τοῦ ι naturam, habet pro- " ductam." Vocalis ancipitis naturam non intellexit Portus : facilior autem esset mutatio ἀλεύει ; *quis te vitat ?* vel τίς σοι ἀεικής ; *quis tibi durus ?* ἀεικής, ὁ μὴ εἴκων, Etymol.; vel denique τίς σοι ἀΐτας ; *quemnam deperis ?* quae vox Thessalica Alcmani Theocritóque usi-

258. tata est. T. Young. Inepta admodum est Porti observatio; neque media in *ἀδικεῖ* ullâ unquam licentiâ produci potest. Tales nugae mentionem non merentur, nisi exsibilandi gratiâ.

$$——— τίς σ', ὦ$$
$$Σαπφοῖ, ἀδῖ κεῖ;$$

versum nullo modo efficere possunt; atque Brunckii emendatio non solùm nimis audax,'sed supervacua est. *Τίς ἀδικεῖ σε;* formula est loquendi in locis hujusmodi non infrequens: sic, Iph. A. 382. *Τίς ἀδικεῖ σε; τοῦ κέχρησαι; Quis te injuriâ afficit? quâ re indiges?* Scribendum est igitur, levissimâ transpositione ac voculae non necessariae omissione;

$$——— τίς, Σαπ-$$
$$φοῖ, ἀδικεῖ σε;$$

atque hanc lectionem eò confidentiùs propono, quod apud *The Monthly Review*, [*Jan.* 1798. Vol. **xxvi**.] sequentem canonem sine controversiâ à doctissimo Censore stabilitum video : " In carminis " Sapphici structurâ, vox ita dividi potest, ut prior ejus pars maneat " ad finem versûs tertii, et posterior transeat ad initium quarti, quem " Adonium vocant. Quae quidem-divisio nunquam apud veteres " poëtas in fine versûs primi, nec secundi, nec quarti invenitur." J. Tate.

24. *Ἡ οὖ κεν ἐθέλλοις.*] Ja. Upton in Dion. Halicarn. lib. de Struct. Orat. s. 23. legit *ἢ οὐχὶ ἐθέλλοις*, nec aliter Isaacus Vossius in Commentar. ad Catullum, quae scriptura mendosa mihi videtur. Particula potentialis salvo sensu abesse vix potest. Lego *ἢ οὖ κεν ἐθέλλοις, aut nolueris.* Brunck. Potius : etiam *si tu nolueris.* Nam γ, Aeol. pro *εἰ, si,* Angl. *even if thou shouldst not choose it.* In sequentibus, observent discipuli voces Aeolicas : *χαλεπᾶν* pro *χαλεπῶν,* &c.

☞ Cui debemus hujus carminis conservationem, idem magnus criticus Dionysius Halicarn. id pulchrè enarravit. [Vide Vol. v. p. 179, sqq. edit. Reisk.] Id numeris Latinis Sapphicis reddidit Elias Andreas : nec non Sam. Birkovius : quorum interpretationes videre est in -Editione Wolfianâ. Imitatus est Latinè celeberrimus Gul. Jones, Append. Poës. Asiat. Comm. p. 527. Lectoribus Anglicis bene nota est ejus versio poëtica, quæ auctorem habet Ambrosium Philips; quamque vir elegantissimi ingenii Jos. Addisonus magnoperè laudavit. *Spectator*, Vol. III. No. 223. Ubi vide quoque quaedam de Sappho. Conf. *Akenside's Ode on Lyric poetry.*

Ver. 1. *Φαίνεταί μοι κῆνος*—] Notandae voces Aeolicae: *κῆνς,* pro *ἐκεῖνος· ἔμμεν, ὠνήρ, Ἰσδάνει, πλασίον, ἀδὺ φωνᾶσαι,* pro *εἶναι, ὠνήρ,* quod est *ὁ ἀνήρ, Ἰζάνει, πλησίον, ἡδὺ φωνῆσαι.*

5. *Καὶ γελαΐς ἰμερόεν*] *γελαΐς* infinit. est formae Aeolicae. Vide Gregorium p. 294. (619.) § liii. Dial. Aeol. Duo infinitivi, *φωνᾶσαι* pro *φωνῆσαι,* et *γελαΐς* pro *γελᾶν,* ab uno verbo pendent *ὑπακούει.* Catullus : *Qui sedens adversus identidem te spectat et audit dulce ridentem.* Brunck. *τό μοι 'μὰν Καρδίαν ἐν στήθεσιν ἐπτόασεν.*] quod cum

non caperent imperiti, reponebant τό μοι τάν. Atqui illud μοι eleganter *παρέλκει.*—Verbum autem *ἑπτόασεν* usitatissimum in rebus hujusmodi. [Rectè etiam] scripsimus με φωνᾶς οὐδὲν ἔτ' ἴκει. MSS. ferè omnes εἴκει, quod Aeolicè dicitur pro ἥκει. Sed ἥκει nullum locum hîc habet. Quare nullus dubito, quin scripserit Sappho ἴκει· quod secundum morem atque consuetudinem Aeolum est, qui leni spiritu gaudent. Tour. βροχέως, Aeolicè pro βραχέως, ἐν βραχεῖ, *citò.* Brunck. Meliùs φωνάσας ὑπακούει καὶ γελάσας ἱμερόεν· nam γελάϊς in hoc loco nullâ nititur auctoritate; et multò pulchrior illa constructio. T. Young.

9. *καμμὲν γλῶσσα ἔαγε·*] Tmesis est: κατέαγε μὲν γλῶσσα. Malè et prorsùs *ἀμέτρως* legitur in quibusdam editionibus γλῶσσ' ἐάγη. In hoc aoristo media corripitur, quae in praeterito ἔαγε longa est. Brunck. —*lingua* mea *debilitata est, αὐτίκα δὲ λέπτον πῦρ ὑπο-δεδρόμακεν χρῷ, et statim subtilis ignis subiit cutem.* —δεδρόμακε, Aeol. pro δεδρόμηκε, quod formari videtur ab obsoleto verbo δρομέω, et hoc à δέδρομα, perf. med. à δρέμω, pro quo in usu τρέχω.

11. *Ὀππάτεσσιν*] Aeol. pro ὀμμάτεσσιν, quod poëticè pro ὄμμασι. ὄρημι, pro ὁράω· ut in Odario praecedenti, κάλημι pro καλέω. —βομβεῦσιν δ' ἀκοαί μοι·] Sic legendum, metro et sententiâ flagitante. Catullus: *Sonitu suopte tinniunt aures.* Brunck.

13. *Καδδ'*—] i. e. κατὰ δέ. κατὰ disjungitur à χέεται, per 259: tmesin.

15. —*τεθνάκην*] Aeol. pro τεθνήκεναι, vel τεθνάναι, et ὀλίγω 'πιδεῦσα pro ὀλίγου ἐπιδεύουσα, et *quum parùm absum quin moriar, φαίνομαι ἄπνους, videor exanimis.* "Vel a τεθνάκω. Tollius. P.

17. *Ἀλλὰ πᾶν τολματὸν, ἐπεὶ πένητα*—] *Sed omne audendum, quoniam pauperem*—desunt caetera.

*** Hoc exquisitissimum odarion Wolfius in suâ editione oneravit annotationum farragine tam immensâ, ut lectori fastidium pariat. "In his reliquiis," inquit Toupius, vir acutissimus, "quos magis "magisque corruperunt viri docti et indocti, nihil certi definiri po-"test." Pulchra est hujus fragmenti imitatio Catulliana, ad Lesbiam, 49. *Ille mî par esse deo videtur,* &c. et Gallica celeberrimi Boilavii: *Heureux! qui près de toi,* &c. nec non Anglicana Ambrosii Philips: *Blest as the immortal gods is he,* &c. quas omnes, et plura quoque de Sappho, videre est in libro notissimo, *The Spectator,* No. 229. Vide etiam Longinum de Sublimitate, ubi servatum est hoc fragmentum, [Sect. x.] Οὐ θαυμάζεις, κ. τ. λ. et quae viri docti, praesertim Pearcius Toupiusque, ibi annotârunt. Cf. celeberr. Gul. Jones, Poës. Asiat. Comm. p. 258. sqq.

---

* ΣΙΜΩΝΙΔΟΥ ΚΕΙΟΥ—] *Simonidis Ceii fragmentum.* Simonides Ceius, sive ex insulâ Ceo, Philosophus et Poëta, natus Ol. LV. 2. ante Chr. N. 577. [Vide *Bentley on Phal.* p. 41, sqq. et 242.] Vocales longas η, ω, et duplices consonantes ψ, ζ, Graecorum Literis addidisse; artemque memoriae primus protulisse fertur. [De quo vide Ciceron. de Orat. ii. c. 86. cf. Quinctil. x. c. 1.] Athenis Hipparcho jucundus erat; dein Spartae cum Pausaniâ versatus est: denique in Siciliam vocatus à Hierone, Syracusis mortuus est et

259. sepultus. Vide Xen. Hiero. conf. *Spectator*, No. 209. 531. Hoc autem fragmentum servavit Dionys. Halic. de Structurâ Orat. p. 258. (252.) ed. J. Upton, s. 26. cujus paucula habet Athenaeus, p. 396. x. L. ix. c. 12. Vide Brunck. Lectt. ad Analect. p. 17. Danaë Acrisii regis Argivorum filia, à Jove, ut narrant poëtae, in auri imbrem converso compressa, [Vide Ovid. Met. iv, 610. et Hor. L. iii. Od. 16.] ex illo concubitu Perseum peperit. Hanc cum ejus infante Acrisius in arcam [λάρνακα] inclusam truci pelago commiserat. In hoc fragmento venustissimo, Danaë, dum per mare vehuntur, infortunium suum ad infantem dormientem deplorat.

Ver. 3. Δείματι ἤρικεν,] Ad Danaën refertur, cujus facta mentio in proximè praecedentibus versibus, qui desiderantur; non ad λίμνα. BRUNCK. λίμνα τε κινηθεῖσα ἤρικεν [in vulgatis est ἔρεικεν] δείματι, *et mare commotum* eam [Danaën scil.] *timore perturbaverat.*

6. —*σὺ δ' ἀωτεῖς*,] *tu autem suaviter dormis, ἀωτέω* propriè est, *florem carpo : undè optimo somno frui.* Vide suprà ad Theocr. Idyll. ii. prope init. Caeterùm δ' ἀωτεῖς est ex felicissimâ conjecturâ Casauboni pro δ' αὖτε εἰς.

8. —*νυκτιλαμπεῖ*,] Νυκτιλαμπής est cognomen Dianae vel Lunae. [Horat. Lib. iv. Od. 6. *Noctiluca.*] "Vel potest νυκτιλαμ-"πής idem valere ac ἀλαμπής." T. YOUNG. Subintelligit hic Uptonus ἐν· et potest reddi—Quanquam *sub Lunâ*, vel *imminente Lunâ, in atrâ* tamen *caligine*, quippe in arcâ inclusus.

9. —*τὺ δ' αὐαλέαν*—] *tu porrò siccam supra tuam longam caesariem assilientem undam nil curas,—*

13. πρόσωπον καλόν.] *infans pulchro vultu :—ô pulchrum caput! beautiful babe!*

14. *Εἰ δέ τοι*—] Angl. *But if this calamity were a calamity to thee, thou also wouldst have applied thy little ear to my words; but as it is, sleep on, my child, I exhort thee; let the sea too sleep,—*

18. *Ματαιοβουλία*—] *Irritum autem factum sit hoc consilium, Jupiter pater, à te: quod forte audaciùs sit dictum, filii operâ precor mihi vindicatum iri.*

*⁂ Hoc fragmentum pulchrè reddidit Latinè vir eruditissimus Joan. Jortin; pulchriúsque imitatus est vir summè Rev. Gul. Markham, nunc Archiepiscopus Eboracensis; uti disertè ostendit amicus meus spectatus, Alex. Fraser Tytler, de Woodhouselee, in hac Acad. Hist. Civ. olim Prof. dignissimus; nunc in supremâ apud Scotos curiâ civili Senator; in eleganti opusculo, à se nuper iterùm edito, cui titulus, *Essay on the Principles of Translation*, p. 152, sqq. Caeterùm hoc carmen aliter constituit Hermannus, de Metris, p. 452.

---

260. *BAKXYΛΙΔΟΥ*—] *Bacchylidis Fragmentum.* Bacchylides è Iulide civitate Ceus,—Pindari aemulus, à quo hinc inde perstringitur in suis ad Hieronem Odis, siquidem apud illum in gratiâ fuisse Bacchylidis Musa dicitur.—Usus est dialecto Doricâ, ut Pindarus et Simonides, licet non essent Δωριεῖς φύσει.—Fab. Bib. Gr. T. ii. p. 114. edit. Harles. ubi vide plura. L. ii. c. 15. s. 21. Conf. Bentley's *Diss. on Phal.* p. 40.

Ver. 2. —μελιγλώσσων ἀοιδῶν ἄνθεα·] Angl. *the flowers of the* 260. *sweet-voiced bards.* "μελιγλώσσαν, Edin. μελιγλώσσων, Br. Jacobs. P.

6. *Ἐν δὲ σιδαροδέτοισι*—] Angl. *In the buckles which bind the iron shields the webs of the black spiders exist.*

8. —χαλκέων] Tibullus, I. i. 4. *Martia cui somnos classica pulsa , fugent.* ubi Heynius Bacchylidis versus sic constituit :

Χαλκέων δ᾽ οὐκέτι σαλπίγγων κτύπος· οὔτε
συλᾶται μελίφρων ὕπνος ἀπὸ βλεφά-
ρων, ἁμὸν ὃς θάλπει κέαρ.

Conf. Hor. Epod. ii. 5. JACOBS. ἁμὸν, i. e. ἡμέτερον. "pro ἁμος. P.

12. *Παιδικοί ᾿ ὕμνοι φλέγονται.*] Angl. *And the hymns of the youth resound.* Vide supra ad Oed. Tyr. v. 187. Caeterùm juvat hîc apponere horum versuum pulcherrimam interpretationem Latinam, à celeberrimo H. Grotio ; quae sic se habet :

PAX alma res fert maximas mortalibus,
  Illa ministrat opes,
    Blandosque lusus carminum.

Tunc laetus ignis in Deorum altaribus
  Lanigeras pecudes,   5
    Caesasque consumit boves.

Gratus palaestrae tunc juventutem labor,
  Sertaque juncta mero
    Et tibiae exercet sonus.

Tunc inter ipsa fibularum vincula,   10
  In clypeique sinu
    Araneae texunt opus :

Hic hasta, et illic ensium mucro jacet :
  Cordis amica quies
    Nullo fugatur classico :   15

Sed altus haeret et sui juris sopor :
  Carminibus resonat
    Vicinia, et festâ dape.

---

†*EK TΩN ANAKPEONTOΣ*—] *E Carminibus Anacreontis quaedam.* Selectiora Anacreontis Carmina jam dedimus in Coll. Gr. Min. cum Auctoris brevi notitiâ, quam vide. Conf. *Akenside's Ode on Lyric Poetry* :—*I see Anacreon smile and sing.*—*Away, deceitful cares, away, And let me listen to his lay :* &c.

‡ιζ'. *Εἰς ποτήριον*—] XVII. *In poculum argenteum.* Poculum sibi faciendum curat, quidque in eo cupiat incidi, caelatori exponit.

2. '*Ηφαιστε*,] '*Ηφαιστος, Vulcanus* hîc ponitur pro artifice, quem Anacreon alloquitur. τορεύων ποίησόν μοι, arte tuâ caelandi.

14. —*Μαινάδας τρυγώσας*—] Hesych. *Μαινάδες· αἱ Βάκχαι.* 261. *Τρυγᾶν* est *uvas decerpere.*

16. —χρυσέους]. *aureos*— Vide supra ad p. 58. Odyss. ξ, 232.

Nempè ex argenteo poculo aureae prominebant imagines. Extat autem hoc odarium integrum apud Gellium, xix, 9. utinam reliqua paris essent elegantiae. T. Young. πατοῦντες sunt *torculatores*, sive calcatores uvarum, qui et ληνοβάται vocantur. Born.

* ιθ'. Εἰς τὸ δεῖν πίνειν.] xix. *In necessitatem bibendi.*
3. —ἀναύρους,] ἄναυρος est propriè *torrens*, i. e. fluvius ex imbribus et pluviis collectus et in valles ruens. Born.
. 5. —σελήνη.] Luna scil. mutuatur suum lumen à Sole.

† λ'. Εἰς Ἐρωτα.] xxx. Lepidissima descriptio Cupidinis à Musis, quas lacessiverat, vincti.
5. Ζητεῖ λύσασθαι τὸν Ἐρωτα, φέρουσα λύτρα.] *Quaerit liberare Cupidinem, ferens pretium redemptionis.* Conf. Iliad. α, 13.
9. Δουλεύειν δεδίδακται.] Angl. *he is inured to servitude.*

‡ λα'. Εἰς ἑαυτόν.] xxxi. Potando et bacchando delectatur.
1. Αφες με τοῖς θεοῖσι] pro ἄφες με τοὺς θεοὺς σοι, restituit vir doctus in Miscell. Observ. T. x. p. 422. Brunck.
2. —ἀμυστί.] *uno hausto*, nec respirante, nec labiis admotis, à μύειν, *labia comprimere*. Born.
262. 5. —λευκόπους] Credo λευκόποδα, itidem ut ἀργίποδα, tam *celeritatem* quam *candorem* pedum significare posse, et respexisse poëtam ad Orestis errores, quum à Furiis exagitatus, totam ferè Graeçiam pervagatus est. Brunck. λευκόπους, *albos pedes habens*, deinde *pulcher*. Born.

* λε. Εἰς Εὐρώπης εἰκόνα.] xxxv. Tabulam pictam aspicit poëte, et alloquitur puerum.
2. Ζεύς τις—] Quasi dicas Angl. *a Jupiter*. Caeterùm fabula Jovis et Europae satis nota.
8. —ἀγέλης] hîc primam malè producit. Horum quaedam non puto genuina Anacreontis. T. Young.

263. * λστ'. Εἰς τὸ ἀνειμένως ζῆν.] xxxvi. *Remissè vivendum esse.*
1—4. —νόμους] νόμοι, *leges* sunt hoc loco *scientia juris*, jurisprudentia. ἀνάγκη dicitur omne quod cogit. ῥητόρων ἀνάγκαι sunt ergo omnia *argumenta, quibus oratores cogunt auditores ad adsensum*, vel *etiam praecepta artis dicendi*, hoc est, eloquentia. τί δ' ἐμοί, subaudi ὄφελος· *quo mihi*, &c. *quid lucri mihi afferent*, &c. λόγοι videntur esse *quaestiones et disputationes philosophorum*. Ita ut sensus sit: *Quid mihi jurisprudentia proderit? quid eloquentia? quid philosophia?* Born. Hoc autem odarium planè cum Tzetzae versibus politicis numerandum est. T. Young.
10. Δὸς ὕδωρ,] nempè ad vinum diluendum. Solebant enim veteres vino uti temperato aquâ. Plerumque cum duabus portionibus vini miscebant tres aquae, quod dicebatur κεκραμένον τρία καὶ δύο. cf. Schol. ad Arist. Equit. 1184. et Suidas in voce πόμα κεκραμένον. Hinc οἶνος φέρων τὰ τρία est *vinum praestans*. Born. Hunc autem Veterum morem laudabilem quam jucundum erat videre senem illum verè venerabilem, νῦν δὴ μακαρίτην, *Jacobum Burnett de Monboddo*, ipsum usurpantem, eundémque audire caeteris commendantem, quandò essent ipsius—φίλαν Ἄνδρες ἀμφὶ θαμὰ Τράπεζαν.

† *ΠΙΝΔΑΡΟΥ ΟΛΥΜΠΙΑ.*] *Pindari Olympia.* Pindarus, Ly- 263.
ricorum Poëtarum princeps, natus est Thebis Boeotiae, Olymp.
LXV. 1. ante Chr. N. 520. Patrem habuit Daïphantum, vel, ut alii
volunt, Scopelinum, matrem Myrto vel Myrtidem nomine. Pater,
quocunque nomine dictus, artem tibicinis exercuisse dicitur; quam
et filium, adjuvante matre, docuit. ⌐Inde Lyrâ quoque à Laso Her-
mionensi instituebatur; quâ quidem brevi adeo inclaruit, ut hoc
nomine ab Alexandro Amyntae filio, rege Macedoniae, inter eos
quos propter Musicae peritiam princeps iste carissimos habuit, mag-
no cum honore. exceptus fuerit. Praeceptorem quoque habuit
Simonidem Ceum, qui eo tempore primas inter Lyricos obtinuerat.
Et ipse quidem maturè excelluit inter hujus generis poëtas. A Co-
rinnâ tamen poëtriâ quinquies victus fuisse dicitur. Has autem
victorias magnâ ex parte Corinna eximiae suae pulchritudini de-
buisse creditur. Porro, hoc accidisse videtur, quum Pindarus esset
admodum juvenis. Postea enim, Xerxe ab Atheniensibus pugnâ
Salaminiâ profligato, quadraginta annos natus, teste Diodoro Siculo,
—τῶν μελοποιῶν Πίνδαρος ἦν ἀκμάζων κατὰ τούτους τοὺς χρό-
νους. [Lib. ix. s. 26. p. 425. Tom. i. edit. Wesseling.] Quamdiu
vixerit minùs constat inter auctores. Secundum Suidam obiit quin-
quaginta tantùm et quinque annos natus. Sunt tamen qui eum ad
annum sexagesimum sextum, vel octogesimum, vel etiam nonagesi-
mum pervenisse credunt. Eum, et in vivis et post mortem, magno
honore prosequebantur non solùm cives sui, verùm etiam exteri.
Monumentum ejus Thebis in Hippodromo, ante portam Proetidem,
stadii ab urbe intervallo positum fuit, ut narrat Pausanias. Alexan-
der ille Magnus, quum Thebas funditùs everteret, solam Pindari
domum stare, ejusque familiae et penatibus parci, jussit. Apud
veteres carmina ejus summam admirationem excitâsse videntur.
Nobile de eo Horatii judicium junioribus etiam discipulis satis notum,
ex illâ Ode pulcherrimâ, quae incipit: *Pindarum quisquis studet
aemulari*, &c. [Lib. iv. 2.] "Novem," inquit Quinctilianus, "Grae-
"corum Lyricorum Pindarus princeps, spiritus magnificêntiâ, sen-
"tentiis, figuris, beatissimâ rerum verborumque copiâ, et velut
"quodam eloquentiae flumine, propter quae Horatius nemini credit
"eum imitabilem." [Inst. Orat. Lib. x. 1. 61.] Scripsit varia,
eaque omnia dialecto praecipuè Doricâ: Sed hujus poëtae μεγαλο-
φωνοτάτου, ut eum vocat Athenaeus, [xiii. 21. p. 564.] praeter frag-
menta quaedam, extant tantùm carmina integra 45 epinicia Lyrica,
quae Strophis, Antistrophis et Epodis constant; scripta in Ὀλυμπιο-
νίκας 14; Πυθιονίκας 12; Νεμεονίκας 11; et Ἰσθμιονίκας 8; quae
certè multa indicia exhibent sublimis ingenii atque mentis divinioris;
nec non oris magna sonantis. Dubitârunt tamen nonnulli an quae
Pindari habemus satis mereantur tantas laudationes, quantis eum
prosequuti sunt Horatius, Quinctilianus, aliique. Sed scripserat
quoque Dithyrambos, Paeanas, Encomia, &c. veteribus benè nota,
atque ad laudes auctoris sui multum sine dubio conferentia; nunc
autem deperdita et neotericis nunquam visa. In argumentis Oda-
rum Pindari quae supersunt magna est, nec vitanda, similitudo;
quae res poëtam varietatem quaerere coëgit ex digressionibus,
quibus carmina quibusdam nimis abundare videntur. Sed de digres-

263. sionibus Pindaricis consulendus est doct. Rob. Lowth, de Sacrâ
Poësi Hebraeorum. [Praelect. xxvi.] Et qui plura velit de Pindaro
aliisque Graecorum Lyricis vatibus, adeat Fabr. Bib. Gr. Lib. ii. c.
15. p. 57, sqq. Vol. ii. Edit. Harlesii.

PINDARI EDITIONES PRAECIPUAE.

[Quicunque videre cupit plenam hujus Poëtae editionum enume-
rationem, adeat finem alterius partis editionis primae Heynianae
mox nominandae, p. 105, sqq. et Praef. secundae, p. 36, sqq. Idem
consulat Fabr. Bib. Gr. ubi suprà.]

1. *Πινδάρου Ολύμπια, Πύθια, Νέμεα, Ισθμια.*—subjecto Calli-
macho, Dionysio de situ orbis et Lycophronis Alexandra. Omnia
Graecè. *Venetiis, in Aedib. Aldi et Andreae Asulani soceri, mense
Januario,* 1513. 8. *foliis* 373. [Quae est editio princeps.]

2. *Πινδάρου Ολύμπια, x. τ. λ. μετά εξηγήσεως παλαιάς xόn
ωφελίμου xαί όχολίων όμοίων.* Graecè.—Operâ et industriâ Zachariae
Calliergi Cretensis.—*Romae.* 1515. 4. [Hanc editionem omnium re-
liquarum esse fundum, argumentis innumeris constare vidimus.
HEYNE.]

3. Pindari—caeterorum octo lyricorum carmina, Alcaei, Sapphus,
Stesichori, Ibyci, Anacreontis, Bacchylidis, Simonidis, Alcmanis,
nonnulla etiam aliorum. Omnia Graecè et Latinè. Pindari inter-
pretatio nova est eaque ad verbum. Excudebat *Henric. Stephanus
Parisiis, anno* 1560. *octonis minoris formae, seu* 16. [Ex officinâ Ste-
phanorum prodierunt sex ad minimum Pindari editiones.]

4. *ΠΙΝΔΑΡΟΥ ΠΕΡΙΟΔΟΣ,* hoc est, PINDARI LYRICORUM
PRINCIPIS, plus quam sexcentis in locis emaculati,—cum versione
novâ—&c. Operâ Erasmi Schmidii, Delitiani, Graec. et Math. Prof.
Publ. (*Vitebergae.*) 1616. 4. [Schmidium vocat Heynius editorum
Pindari facilè principem.]

5. ――― Jo. Benedictus, (Benoit,) M. D. et in Salmuriensi
Acad. R. Linguae Gr. Prof. cum versione Latinâ—&c. *Salmurii*
1620. 4*to.*

6. Pindari Olympia, Nemea, Pythia, Isthmia. Una cum Latini
omnium Versione Carmine Lyrico per Nicolaum Sudorium. (*le*
Sueur.) *Oxonii,* 1697. *fol.* [Haec est splendidissima editio Oxoniens-
sis, quam curârunt Rich. West et Rob. Welsted. " Modestiam,
inquit Heynius, " et aequitatem virorum doctorum facilè probes.
" etiamsi doctrinae subtilitatem, criticum acumen, et subactum in
" admittendis vel rejiciendis interpretationibus et lectionibus aesti-
" mandis desideres ingenium.—Repetitus est contextus poëtae et
" hâc editione, primum edit. Glasg. 1744, cum interpretat. Lat. et
" Graecè 1754. 24. tribus voll. nitidissimis." Tum Gr. et Lat. Lond.
apud Bowyer, 1755. 8*vo.*]

7. PINDARI CARMINA, cum Lectionis varietate, curavit CHRISTIAN.
GOTTLOB HEYNE. *Gottingae,* 1773. 8*vo.* et 4*to.* Vol. i. [Adjecta est
interpret. Latina Koppii, curante Heynio. Vol. ii. 1774. Editio qui-
dem praestantissima ; ad quam ADDITAMENTA sua edidit idem vir
celeberrimus, eadem formâ, *Ibidem,* 1791. pp. 160. quorum exem-
plar ad me nuper muneri misit auctor amicissimus, quod maximi
facio.] "Cum Schol. Frag. Ind. &c. P.

8. ――― CARMINA SELECTA.—Cum scholiis selectis suisque notis

in usum Academiarum et Scholarum edidit Fridericus Gedike.— 263. *Berolini*, 1786. 12*mo*. [Utilissima quidem editio, cum notis doctis simul et elegantibus.]

9. Pindari Carmina, cum Lectionis varietate et Adnotationibus, iterum curavit Chr. Gottl. Heyne. iii *Voll. Gottingae*, 1798. 8*vo.* "Cum Interp. Kopp. et Schol." &c. Adjecta est huic edit. Godofredi Hermanni Commentatio de Metris Pindari. Ad quem, et ad Oxoniensium Pindari Editorum desideratae ἀκριβείας specimen, in R. Dawes. Misc. Crit. p. 33—68. [edit. Burgess. p. 37.] illum, qui de hac re penitiùs disquirere velit, relegamus. " Nova Editio correcta et ex Schedis Heynianis aucta. *Lipsiae*, 1817. Vol. iii. deest *nobis.* P.

" 10. ———— Carmina, &c. Gr.—cum Scholiis,— Var. Lect.— Adnot.—edidit Christian. Dan. Beckius. *Lipsiae.* Vol. i. 1792. Vol. ii. 1795. 8. ad finem Nemeorum; nec plura habemus. P.

" 11. ———— Opera, &c. Textum in genuina metra restituit, et ex fide Lib. Mss. Doctorumque conjecturis recensuit, Annot. Schol. Interp. Lat. et Ind. adjecit Augustus Boeckhius, Eloq. et Poes. Prof. Berolin. ii Tom. iv Part. 4to. *Lipsiae.* 1811, 1819, 1821. Metra penitùs mutavit. P.

*** Quatuor praecipui et maximè solennes Graeciae ludi fuerunt, Olympii, Pythii, Nemei et Isthmii. Olympii in honorem Jovis : Pythii verò Apollinis : Nemei, initio Archemori, postea Jovis : Isthmii, Palaemonis initio, postea Neptuni, fuerunt celebrati. Priores duo tetraëterici, seu quarto quoque anno elapso : posteriores duo trieterici, seu tertio quoque anno praeterito, fuerunt celebrati. Olympici victores oleâ, vel, ut alii volunt, oleastro : Pythici lauro : Nemei apio : Isthmici pinu coronabantur.—Sed de Olympiis caeterisque ludis, nimis longum foret hîc disserere. Vide Schmidii Prolegomena ad suam Pindari editionem : *West's Dissertation on the Olympic Games*, interpretationi suae Anglicae quarundam ex Odis Pindari praefixam ; item Fabr. Blb. Gr. loco suprà citato ; ubi plures de hâc re scriptores indicatos invenies.

‡ *Εἶδος ά.*] *Olymp. I.*—Nominat Pindarus hujus operis poëmata omnia, *Εἴδη*, i. e. *Species* seu *formas* poëmatum : cujus Diminutivo usus Theocritus, sua ἀδμάτια εἰδύλλια inscripsit. Solebant autem hujusmodi Lyricorum εἴδη praecipuè in ternas partes seu terna μέλη dispesci, videlicet in Στροφάς, Ἀντιστροφάς, et Επῳδούς. Et Στροφὴν quidem appellant primum μέλος, seu primam partem, quam in choris cantantes, à dextris ad sinistra se circa aras vertebant. Ἀντιστροφὴν verò, secundum μέλος, seu secundam partem, quam canentes, à sinistris ad dextra se circa aras movebant. Ipsa verò cantio ᾠδή et ἀντῳδὴ dicebantur. Τὴν Επῳδὸν denique appellabant tertium μέλος, seu tertiam partem, quam canentes ad aram in medio consistebant. Schmidius; p. 46. ubi vide plura. Idem fit hodiè apud Gallos quoties occurrit *le grand rond.* T. Young.

‖ *ΙΕΡΩΝΙ ΣΥΡΑΚΟΥΣΙΩ, Κέλητι.*] i. e. Hieroni Syracusano, *equo celete victori.* κέλης, ητος, ὁ, *equus ad currendum cum sessore suo adhiberi solitus :* Angl. *a race horse.* Subauditur hîc νικήσαντι. Erat autem Hiero rex seu tyrannus Syracusanorum in Siciliâ, filius Dinomenis, et non confundendus cum altero Hierone, Hieroclis filio, qui regnavit etiam Syracusis, sed ducentis fere annis recentior.

263. Equo celete victor Olymp. LXXIII. à vetere grammatico traditur; perperam, uti censet celeberrimus Heynius; nam Syracusanus certè adscribi non pôtuit ante Olymp. LXXIV. 1. qua Gelon frater Syracusas occupavit, Gelae dominatione Hieroni relictâ. Videtur adeo Olymp. LXXV. victoria haec Olympiaca reportata esse. Eam porrò non curulem fuisse, ut volunt nonnulli, ex ipso carmine satis manifestum est. Nam non nisi unius equi unquam mentio fit. Praeter Gelonem natu maximum, cui in imperio Syracusarum successit, alios habuit fratres Polybulum, vel Polyzelum, et Thrasybulum. Refert Aelianus [Var. Hist. iv. 15. ix. 1.] eum initio fuisse ἀμουσότατον, postea liberalem, fortem, et eruditorum amantem. Quod autem memoriae prodidit Diodorus Siculus, (qui tamen de naturae ipsius ac ingenii in melius mutatione reticuit,) de eo vide infrà ad Pyth. i. v. 169. 176.

ARGUMENTUM.

Haec Ode in laudem Hieronis est conscripta. Poëta celebrat illius justitiam, sapientiam; praeterea equum, quo vicerat, et locum, ubi Olympiaca certamina instituebantur. Ab eo loco, nempè Peloponneso, occasionem arripit digrediendi ad vulgatam de Tantalo et Pelope fabulam, undè ad Hieronem regressus, felicitatem, quae sequitur Olympionicas, describit. Postremò concludit carmen voto, ut deus gloriam Hieronis conservet. GEDIKE.

Ver. 1—4. Ἄριστον μὲν ὕδωρ] 'Ο νοῦς τοῦ προοιμίου ὅλου ταύτος· ὥσπερ τὸ μὲν ὕδωρ τῶν ἄλλων στοιχείων χρησιμώτερον, ὁ δὲ χρυσὸς τῆς λοιπῆς ὕλης προτιμώτερος, εὕτω καὶ ὁ Ὀλυμπικὸς ἀγὼν προτιμώτερος τῶν ἄλλων. Schol. Exordii thesis est: Ludi Olympici reliquis omnibus praestant. Hanc triplici comparatione illustrat: Ut aqua elementis reliquis, ut aurum metallis reliquis, ut sol stellis reliquis praestant. Sed comparationem ut poëta lyricus expressit, omissis conjunctionibus et comparationis particulis. Aquam ἄριστον vocat, nempè inter elementa.—Hausit hoc poëta ex antiquissimis cosmogoniis, imprimis autem ex philosophiâ Thaletis. GEDIKE. Construe: ὁ δὲ χρυσὸς διαπρέπει μεγάνορος ἔξοχα πλούτου, ἅτε πῦρ αἰθόμενον [διαπρέπει ἐν] νυκτί· et aurum fulget eximiè inter magnificas divitias, vélut ardens ignis in nocte. ἔξοχος construitur cum genit. et ἔξοχα hìc sumitur adverbialiter.

5—17. Εἰ δ' ἄεθλα γαρύεν ἔλδεαι,—] Γαρύεν—φωνεῖν, καταλέγειν,—ὑμνεῖν. Δωρικῶς δὲ τὸ γαρύεν, τοῦ ι ἐκλείψαντος. Schol. Ἔλδομαι, cupio, ἔλδεσαι, eliso σ ἔλδεαι, et post contractè ἔλδῃ. φίλον ἦτορ, ὁ meum cor, mi anime; nam φίλος, ut benè notum, saepissimè redditur ut pronomen possessivum. ἐρήμας δι' αἰθέρος, serenum per aetherem, vacuum scil. omnibus stellis, nubibus aut nebulis. —ἀγῶνα φέρτερον Ὀλυμπίας, i. e. ἀγῶνα φέρτερον τοῦ ἀγῶνος Ὀλυμπίας; quae species est locutionis solennis apud Graecos scriptores orationis tam solutae quam adstrictae. [Vide Vol. 1. ad p. 72. n. 1.] Quae sequuntur ita possunt construi et reddi: 'Ὅθεν ὁ πολύφατος ὕμνος ἀμφιβάλλεται μητίεσσι σοφῶν, [αὐτοὺς vel ὅστε αὐτοὺς] κελαδεῖν παῖδα Κρόνου, ἱκομένους ἐς ἀφνεάν μάχαιραν ἑστίαν 'Ιέρωνος· Unde [i. e. ex quo certamine Olympico] celeberrimus hymnus adornatur—contexitur ab ingeniis poëtarum, [ἀμφιβάλλεται explicatur à Schol. κοσμεῖται, ἢ περιγράφεται, καὶ περιλαμβάνεται· πλέκεται· ἡ μεταφορὰ ἀπὸ τῶν ϭτεφάνων.—ἀμφιβάλλεται μητίεϭϭι, ut πεποίηταί μοι, factum est à me, et similia. ϭοφοὶ sunt hîc poëtae, ut alibi apud Pindarum.] ut cantent filium Saturni, accedentes ad opulentam beatam domum Hieronis. Pro ἱκομένους, quod concordat cum αὐτοῖς subaudito ante κελαδεῖν, quidam legunt ἱκόμενοι, ut referatur ad αὐδάϭομεν et reliqua in medio posita sint: sed hoc, ut mihi videtur, minùs concinnè. " ἱκόμενοι, Heynius, Beckius, ἱκομένους Boeckhius. P.

18—21. Θεμιϭτεῖον] τὸ δίκαιον· ἀμφέπει δὲ, τὸ περιέπει, οἱονεὶ 264. θεραπεύει.—Δρέπων] ἀπανθιζόμενος παϭῶν ἀρετῶν τὸ τέλειον· οἱονεὶ, ἀφ' ἑκάϭτης τὸ ὠφέλιμον καρπούμενος. Schol.

22. —Ἀγλαΐζεται δὲ καὶ Μουϭικᾶς ἐν ἀώτῳ,] Intelligunt nonnulli, ipsum Hieronem Musices peritum laudari. Rectiùs ita: ornatur musices flore, i. e. celebrari solet cantibus. GEDIKE. De ἀώτῳ, vide suprà ad Theocr. Idyll. ii. 2. p. 221.

24—26. Οἷα παίζομεν—] Solebant in conviviis lyram circumferre et hospitibus offerre, et qui ruditatis notam vitare volebat, ei tum fidibus canendum erat.—Cogitandus h. l. est poëtarum in conviviis consessus. Plures enim praeter Pindarum in aulâ habere solebat Hiero, e. g. Simonidem, Bacchylidem, Aeschylum. GEDIKE. Vide suprà ad p. 260.

26—31. —Δωρίαν] ὅτι Δωρικῇ ἁρμονίᾳ ἥρμοϭται τῷ Πινδάρῳ ἡ λύρα· ἁρμονίαι δὲ πλείονες· Δώριος, Φρύγιος, Λύδιος. " Δώριον δὲ μέλος ϭεμνότατόν ἐϭτι." παϭϭάλου δὲ, ὅτι ἐπὶ παϭϭάλων ἔκειντο αἱ κιθάραι.—Πίϭας] τόπος ἐν Ἤλιδι ὑπὸ ὑψηλῶν ὄχθων περιεχόμενος. ἔνιαι δὲ ὑποϭυγχέουϭι τὴν Πίϭαν καὶ τὴν Ἤλιν· οὐκ ὀρθῶς δὲ· διέϭτηκε γὰρ ἀπ' ἀλλήλων τὰ χωρία ϭταδίοις πεντήκοντα.—Φερενίκου] ὄνομα τοῦ νικήϭαντος ἵππου.—Ἀναλάμβανε, ὦ Πίνδαρε, τὴν Δωρίαν φόρμιγγα, καὶ ὕμνει τὸν Φερένικον, ἵππον τοῦ Ἱέρωνος, καὶ τὴν Πίϭαν, εἰ ἄρα ϭοι ἡ τούτων χάρις τὸν νοῦν ηὔφρανεν. Schol. χάρις apud nostrum saepissimè est gloria. Pisa h. l. pro Olympiâ: Stephanus Byz. Ὀλυμπία ἡ πρότερον Πίϭα λεγομένη. GEDIKE.

32—34. —παρ' Ἀλφεῷ] ἐν Ἤλιδι· ὁ γὰρ Ἀλφεὺς ἐν Ἀρκαδίᾳ τὰς πηγὰς ἔχει, καὶ ἀπ' αὐτῶν ἀρχόμενος περιρρεῖ καὶ τὴν Ἤλιν.— ϭύτο] ὥρμα πρὸς τὸν δρόμον. —Ἀκέντητον] τὸ ταχὺ καὶ πρόθυμον τοῦ ἵππου δηλοῖ· οὕτως ὥρμηϭεν, ὡς μὴ δεῖϭθαι κεντροῦ καὶ μάϭτιγος. —Κράτει] ἤγουν τῇ νίκῃ. Schol. ϭύτο sine augmento pro ἐϭϭύτο. " προϭέμιξε, adduxit. KOPPIUS. P.

36. —λάμπει δέ οἱ] αὐτῷ, ἤτοι τῷ ἵππῳ, ἢ τῷ Ἱέρωνι, ὃ καὶ βέλτιον. Schol. [Immò Hieroni sine omni dubitatione.]—ἀποικίᾳ τοῦ Πέλοπος· τουτέϭτιν, ἐν τῇ Πελοποννήϭῳ. Schol.

38. —τοῦ μεγαϭθενής] Factâ mentione Pelopis, digreditur nunc 265, in ejus historiam: ubi primùm breviter fabulosa de eo narrat. Deindè in vanitatem fabularum invehitur. Denique veriora de eo se dicturum promittit, sicut et statim laudes Pelopis subjicit. τοῦ Ionicè et Poëticè pro οὗ. Articulus praepositivus pro subjunctivo. SCHMIDT. Vide Vol. I. ad p. 3. n. 4. " Ποϭειδᾶν, Heynius, &c. P.

40—42. Ἐπεί νιν καθαροῦ] Fabula sic habet: Tantalus diis adeò charus initio fuit, ut ad mensam eorum adhiberetur. Quum autem vellet illis retribuere, vocatis ad suam domum Pelopem filium mactatum et coctum apposuit. Quum verò reliqui omnes dii funestas epulas aversarentur, sola Ceres, ab inquisitione filiae reversa, avida et ignara humerum comedit. Dii verò frusta omnia in lebetem conjecerunt, et Pelopem vivum reddiderunt, et pro comesto humero

265. eburneum substituerunt. Schmidt. κεκαδμένον, Aeol. pro κεκασμί-
νον, ἃ κάζω, orno. φαίδιμον ὦμον, supple κατά.

43—47. Ἦ θαύματα πολλά·] Poëta, in memoriam revocans anti-
quitatis miracula, exclamat: *Multa sanè miracula* (olim facta sunt:)
καὶ μῦθοι δεδαιδαλμέναι ψεύδεσι ποικίλαις, ἐξαπατῶντι (pro ἐξαπα-
τῶσι) βροτῶν φρένας, πού τι καὶ ὑπὲρ τὸν ἀληθῆ λόγον. *Sed fabulae
—decipiunt hominum mentes,* eásque commovent *magis interdum quàm
ipsa veritas.*—Hoc deindè Pelopis historia comprobat. Gedike. *ποι-
κίλος artificium* saepe denotat. Vide Boeckh. ad locum. P.

48—52. Χάρις δ᾽,] ἡ δὲ χάρις τῆς ποιητικῆς γραφῆς καὶ τῆς
κατὰ τὸν μῦθον ποικιλίας τε καὶ ψυχαγωγίας, ἥτις καὶ τοῖς ἀν-
θρώποις ἄπασιν εἶναι ἡδέα τὰ πράγματα παρασκευάζει, τὴν παρ'
ἑαυτῆς τιμὴν καὶ χάριν ἐπιφέρουσα, πολλάκις καὶ τὸ ἄπιστον πιστὸν
νομισθῆναι παρεσκεύασεν. Schol. ἐμήσατο καὶ ἄπιστον πιστόν, *effecit
etiam quod incredibile est credibile.* De aor. in hoc sensu vide Vol.
I. ad p. 19. n. 6. μήδομαι, unde ἐμήσατο, *excogito, efficio, prudenter
propono.* Pro ἔμμεναι τὸ Gedikius proposuit ἔμμεναί τι— quod
probavit Heynius.

57. —μείων γὰρ αἰτία.] *minor enim sic culpa est* (fingere.) Kor-
pius. Sensus est: Si quis bona et honesta de diis locutus est ; *minor
erroris culpa est,* si fortè in iis, quae dixit, erraverit. Gedike. μείων
αἰτία, usu loquendi Pindarico, ὀλίγη, et hoc pro οὐδεμία, *ita in nul-
lam reprehensionem incurrit.* Ita P. i. 159. et P. xi. 45. Heyne. ὅτι
δὲ εἰκὸς ἀνθρώπῳ, εὕρημα περὶ θεῶν λέγειν, καὶ μὴ βλασφημοῦντι
λέγειν αὐτοὺς ἀνθρωποφάγους καὶ γαστριμάργους. Schol.

58—68. Υἱὲ Ταντάλου,] Sequentia sic jungenda : φθέγξομαι—
Ἀγλαοτρίαιναν ἁρπάσαι σε, —χρυσέαισί τ᾽ ἀν᾽ ἵπποις μεταβᾶ-
σαι. Heyne. *Fili Tantali, dicam, contra priores poëtas, tridente inclytus
deum, domitum mentem amore, quando pater tuus, vicissim praebens
coenam diis, eos vocaverat justissimas ad epulas suasque ad Sipylum,
tunc rapuisse te, aureóque curru transtulisse supremam ad domum multae
venerandi Jovis.* —εὐνομώτατον] δικαιότατον, ἐπεὶ ἀντίδοσις ἦν ὧν
ὑπὸ θεῶν ἀγαθῶν ἔπαθεν. —ἔρανον] ἤγουν τὴν ἀμοιβαίαν δεξίωσιν.
—Σίπυλον] οἱ μὲν πόλεως ὄνομα· οἱ δὲ ὄρος περὶ τὴν Λυδίαν, ὅθεν
ὁ Πέλοψ. —Ἀγλαοτρίαιναν] τὸν Ποσειδῶνα, τὸν τῇ λαμπρᾷ τριαί-
νῃ χρώμενον. Schol. βῆσαι, aor. 1. saepe transitivè. P.

266. 71. —τωΰτ᾽ ἐπὶ χρέος.] *idem ad ministerium*— pocillatoris scil.

77- 81. Ὕδατος ὅτι τε—] τε Dor. pro σε. Ordo est: ὅτι ἱη-
μόν σε μαχαίρᾳ κατὰ μέλη ἀμφ᾽ ἀκμὴν ὕδατος ζέοισαν πυρί, [i. e.
εἰς ὕδωρ ἀκμαίως ζέον, Schol.] *quod dissecuerunt te cultro membratim
circa vehementiam aquae ferventem igne,* i. e. *quod dissecuerunt te, &c.
postquam elixus fueris aquâ vehementer fervente ad ignem,* τε διεδάσαν-
το δεύτατα κρεῶν σου ἀμφὶ τραπέζαις, καὶ ἔφαγον, *atque distribue-
runt frusta carnium tuarum circa mensas et comederunt.* Vulgò in
"φιδεύτατα sine sensu. ἀμφὶ δεύτατα Athenaeus [l. xiv. c. 11.] habet,
"de *secundis mensis* intelligens ; praeterea codd. nonnulli et ed.
"Ald. Unus ex Schol. δεύτατα—τὰ βεβρεγμένα τῷ αἵματι habet, ut
"legisse videatur δευτὰ τὰ κρεῶν, ἃ δεύειν. Pauw emendat ἀμφὶ
"δευτὰ τὰ κρεῶν, quod explicat *lebeti immersa.* Equidem, cum
"Heynio, τραπέζαις ἀμφὶ jungo; et δεύτατα κρεῶν de *extremis par-
"tibus* accipi possunt, quum humerus tantùm consumtus fuerit."
Gedike. Boeckhius δεύματα scripsit e Mss. a δεύω· frusta carnium
jusculo imbuta. P.

82—85. ἄπορα,] ἀντὶ τοῦ ἄπορον, " [fieri nequit,]" —γαστρίμαργον,] ἤγουν μαινόμενον, τουτέστιν, ἀκρατῆ τῆς γαστρός. —Ἀφίσταμαι] μακρὰν καὶ πόῤῥω γίνομαι τοῦ τοιαῦτα περὶ θεῶν λέγειν. —Ἀκέρδεια] οἱ κακήγοροι τῶν ἀνθρώπων πυκνῶς ἐν ἀκερδείᾳ εἰσίν. ἀκέρδεια δέ ἐστιν " ἡ κακηγορία καὶ" ἡ βλάβη. —κακαγόρως] Δωρικὴ ἡ ἀνάγνωσις· ἀεὶ γὰρ ἡ αἰτιατικὴ παρ᾽ αὐτοῖς κατ᾽ ἀφαίρεσιν τοῦ Υ λαμβάνεται, διὰ μόνου τοῦ Ω. Schol.

86, 87. Ὀλύμπου σκοπαί] Οἱ ἔφοροι τοῦ οὐρανοῦ, τουτέστιν, οἱ θεοί.—καταπέψαι] ἀντὶ τοῦ, διακῆσαι ἐπ᾽ ὠφελείᾳ ἑαυτοῦ. Schol.

89—94. —πόρῳ] τῇ ὕβρει καὶ τῇ ἀλαζονείᾳ. διὰ τοῦ κόρου, φησὶ, προσείληφε τὴν ἄτην, ἀδυνατήσας κατασχεῖν τὴν εὐδαιμονίαν.— ὑπέροπλον] τὴν ὑπερβολικὴν καὶ ἀμήχανον. —Τάν οἱ π.] τὴν ἄτην, φησὶν, ὑπερεκρέμασεν αὐτῷ· ἄταν δὲ εἶπε τὸν λίθον. —Πατὴρ] ὁ Ζεύς.—Τὸν μενοινῶν] ὅντινα—λίθον ἐπιθυμῶν ἀπὸ τῆς- κεφαλῆς ἀπώσασθαι καὶ μὴ δυνάμενος, εὐφροσύνης ἀλᾶται, ἀντὶ τοῦ, ἐν πόνοις ἐστί,—προσδοκῶν ἀεὶ τὴν κεφαλὴν αὐτοῦ βληθήσεσθαι. Περὶ τῆς τοῦ Ταντάλου κολάσεως ἕτεροι ἑτέρως λέγουσιν· οἱ μὲν γὰρ αὐτόν φασιν ὑποκεῖσθαι Σιπύλῳ, τῷ Λυδίας ὄρει. Ὅμηρος δὲ αὐτὸν ἑτέρως ὑποτίθησι τιμωρεῖσθαι· ᾽Εστεὼτ᾽ ἐν λίμνῃ, ἡ δὲ προσέπλαζε γενείῳ· Στεῦτο δὲ διψάων, πιέειν δ᾽ οὐκ εἶχεν ἑλέσθαι—καὶ τὰ ἑξῆς· [Odyss. λ, 582, sup. p. 54. Vide Coll. Gr. Min. ad p. 38. n. 2.] πλὴν εἰ μὴ κατὰ Ἀρίσταρχον νόθα εἰσὶ τὰ ἔπη ταῦτα. Ἀλκαῖος δὲ καὶ Ἀλκμὰν λίθον φασὶν ἐπαιωρεῖσθαι τῷ Ταντάλῳ. Schol. Locum hunc corruptum censet praestantissimus Heynius. Vide Additamenta ejus ad Pindarum; et vide ad init. Eur. Orest. annotante Porsono.

95—97. —ἀπάλαμον] δεινόν· περὶ οὗ οὐδεὶς δύναται αὐτῷ κατὰ 267. χεῖρα ἐπαγαγεῖν βοήθειαν. —ἐμπεδόμοχθον] διηνεκῶς μοχθηρόν. — Μετὰ τριῶν τ.] ἢ ὅτι ἐν ᾅδου μετὰ τριῶν τέταρτος κολάζεται, Σισύφου, Τιτυοῦ, καὶ Ἰξίονος· ἢ ὅτι μετὰ τριῶν, τοῦ πεινῆν, διψῆν, ἑστάναι, τέταρτον πόνον τοῦτον ἔχει, τὸ τῷ λίθῳ κολάζεσθαι. Schol. III. Heyne explicat: *continuum laborem, quartum post tertium, sine ullâ intermissione.* Nec tamen prorsùs absurda videtur antiqua explicatio, quae poëtam ad tres punitionis socios respexisse ponit. GEDIKE.

99—103. Ἁλίκεσσι] pro ἥλικι, ab ἧλιξ, *aequalis, sodalis*, &c. θέσσαν, pro ἔθεσαν· λαθέμεν, pro λήθειν. Sed haec nota ferè tironibus. λαθέμεν praefert Heynius, at non legit. λαθέμεν. Vulg. P.

109—114. —εὐάνθεμον] τὸ τῆς ἀκμῆς ἀνθηρὸν λέγει· ὁ δὲ λόγος οὕτως· πρὸς τὴν ἀνθηρὰν ἐλθόντι αὐτῷ ἡλικίαν, ὅτε καὶ αἱ τρίχες αὐτοῦ ἔστεφον τὸ γένειον (μελαίνουσαι,) ἀντὶ τοῦ, ὅτε ἀνδρώδης καὶ τέλειος γέγονεν. Schol. Πρὸς εὐάνθεμον φυήν, ad plenè floridam et virentem aetatem, ὅτε λάχναι ἔρεφόν νιν [κατὰ] μέλαν γένειον, quum lanugo coronabat nigrum ejus mentum, ἀνεφρόντισεν γάμον ἑτοῖμον σχεθέμεν [pro σχεθεῖν] εὔδοξον Ἱπποδάμειαν παρὰ Πίσᾱτα πατρὸς, animo volutavit paratas nuptias, ut scil. obtineret illustrem Hippodamiam à Pisata Patre. ᾽Ετοῖμον, quia propositae erant hae nuptiae vincenti, ut mox videbimus; vel ut Schol. τὸν ὑπὸ τῶν μοιρῶν αὐτῷ ἡτοιμασμένον.—Πισάτα, Dor. pro Πισάτου, à Πισάτης, i. e. Oenomai regis Pisae. "σχεθέμεν γάμον—Heyn. Πισάτα—adj. pro gen. P.

116. Ἄπυεν] ἐφώνει, προσεκαλεῖτο. βαρύκτυπον δὲ εἶπε τὸν Ποσειδῶνα ἀπὸ τοῦ κτύπου τῆς θαλάσσης. Schol.

119—123. Φίλια—] Εἰ τὰ φίλια δῶρα Κύπριδος τέλλεταί [σοι κατά] τι ἐς χάριν, h. si χαρίεντά ἐστι. Si—fuit aut tibi quidquam

dulce meum. Aen. iv. 317. τέλλεται nostro est pro γίνεται, ut infrà
Ol. xi. 5. δῶρα Κυπρίας manifestè sunt *gaudia rapta, fructus venereus,*
ut infrà Nem. viii. 12. Heyne. —πέδασον—] Ἱστορία. Οἰνόμαος, ὁ
πατὴρ Ἱπποδαμείας,—οὐ θέλων ἐκδοῦναι ταύτην εἰς γυναῖκα τινί,
προὐκαλεῖτο πάντας εἰς ἅμιλλαν δρόμου, τοὺς θέλοντας αὐτὴν ἐγγυή-
σασθαι, θαρρῶν τῷ αὐτοῦ ἅρματι, ταχυτάτῳ ὄντι, καὶ μηθένα ἀδύνα-
μος ὑπερβαλέσθαι ἂν αὐτὸν δυνηθῆναι. οὕτω δὲ ἐποίει τὴν ἅμιλλαν·
τῷ μὲν μνηστῆρι ἐδίδου τὴν Ἱπποδάμειαν ἐν τῷ αὐτοῦ ἅρματι φέ-
ρειν, καὶ προηγεῖσθαι τοῦ δρόμου· αὐτὸς δὲ ὄπισθεν ἰὼν, καὶ τῇ χειρὶ
φέρων ἔγχος, ὁπότε ἔμελλε τὸν μνηστῆρα παρελθεῖν, ἔβαλλέ τε τῷ
ἔγχει, καὶ ἀνῄρει. Τρεῖς οὖν πρὸς τοῖς δέκα ὀλωλεκὼς, ἡττήθη, ὑπὸ
Πέλοπος. ὁ γὰρ ἡνίοχος αὐτοῦ τοῦ Οἰνομάου, Μυρτίλος, ἐφθάρη
χρήμασιν ὑπὸ τοῦ Πέλοπος, ἵνα περὶ τὰς χοινικίδας τοῦ ἅρματος
πανουργεύσῃ τι, καὶ τὸν Οἰνόμαον ἐντεῦθεν ἡττηθῆναι παρασκευάσῃ·
οὗ γενομένου, Πέλοψ Ἱπποδάμειαν ἔσχε. Schol.

263. 136. *Πρᾶξιν φίλαν*] ἀντὶ τοῦ, ἀπόβασιν πράξεως προσφιλῆ. Schol.
Δίδοι, Dor. pro δίδου.

137, 138. —οὐδ᾽ ἀκράντας—] οὐδ᾽ ἂν [pro οὖν] ἐφάψατ᾽ [αὐτῶ]
ἀκράντοις ἔπεσι. *neque tetigit* eum, Neptunum scil. *irritis verbis.*

140. ἐν πτερύϊσιν—ἵπποις.] ὑποπτέρους, ἀντὶ τοῦ ταχυτάτοις·
οὐ γὰρ πτερωτοὶ ἦσαν. Ἰστέον, ὅτι τὸ μὲν ἅρμα Πέλοψ πρῶτος ἔδευ-
ξεν, ἐκ Ποσειδῶνος λαβών. Schol. Sunt tamen qui hoc non metapho-
ricè intelligunt, sed propriè. Vide Pausan. Lib. V. c. 17. Caeterùm
ἐν interdùm redditur *cum.*

142, 143. Ἕλεν—] οὐ πρὸς τὸ παρθένον κατὰ κοινοῦ εἶπας· ἀλλ᾽
ἐνταῦθα μὲν, ἀντὶ τοῦ ἔλαβεν, ἐρεῖς· πρὸς δὲ τὸ βίαν, ἀντὶ τοῦ ἐκρά-
τησε καὶ ἐνίκησε. Schol. Οἰνομάου βίαν, i. e. *ipsum Oenomaum.* Sic
apud Hom. βίη Ἡρακλῆος est *ipse Hercules:* Πριάμου βίην, *ipsum
Priamum,* ut benè notum.

144, 145. —λαγέτας ἐξ] ἡγεμόνας, τῶν λαῶν ἡγουμένους. Schol.
Ἀρεταῖσι μεμαλότας, *virtutum alumnos.* μέμηλε [Dor. μέμαλε] per
sync. pro μεμέληκε.

146. —αἱμακουρίαις] Βοιωτικὴ ἡ φωνή. · Βοιωτοὶ γὰρ αἱμακου-
ρίας, τὰ τῶν νεκρῶν ἐναγίσματα λέγουσιν. ὁ δὲ νοῦς· ἐπὶ δὲ τοῦ πα-
ρόντος ὁ Πέλοψ ἐναγισμοῖς καὶ θυσίαις τελευτήσας τιμᾶται, παρὰ
τοῖς τοῦ Ἀλφειοῦ ῥεύμασι, περίσημον ἔχων μνῆμα, παρὰ τῷ πολυξένῳ
βωμῷ. Schol. Pausanias scribit, [Lib. V. c. 13.] Olympiae intra
Altin, i. e. lucum Jovis Olympii, aream fuisse, Pelopi multà religione
consecratam, quam Πελόπιον appellârunt, et Eleos omninò prae
caeteris heroïbus Pelopem tàm coluisse, quàm prae reliquis diis
Jovem. Vox αἱμακουρία, quam Schol. Boeoticam esse dicit, incer-
tae originis est. Alii derivant ab αἷμα et κόρος, *satietas;* alii à
κοῦρος, *adolescens,* quia quotannis adolescentes ad sepulchrum Pelopis
usque ad sanguinem flagris caedebantur. Sed praestat [cum Guieto
ad Hesych.] derivari à κουρά, quod captivorum *sanguinem* et detoι·
sos *capillos* suos in rogum injicerent. Notandus locus Plutarchi in
Aristide, p. 332. παρακαλεῖ τοὺς ἀγαθοὺς ἄνδρας, τοὺς ὑπὲρ τῆς
Ἑλλάδος ἀποθανόντας, ἐπὶ τὸ δεῖπνον καὶ τὴν ΑΙΜΑΚΟΥΡΙΑΝ.
[c. 21.] Hesych. αἱμακουρίαι, τὰ ἐναγίσματα τῶν καταιγομένων.
Gedike. "τύμβον ἀμφίπολον, *qui undique patet,* vel *ambitur.* Koppe,
Benedict. P.

151. —τὸ δὲ κλέος] Sic interpungo: τὸ δὲ κλέος τηλόθεν δίδορκε,
τᾶν Ὀλυμπιάδων ἐν δρόμοις, Πέλοπος, ἵνα—θρασύπονοι. Ὁ νικῶν

δὲ—ἕνεκεν. Antea ille dictus erat inferiis impertitus esse, ἐμμέμικ-
ται, h. ἐντυγχάνει, αἱμακουρίαις, κλιθεὶς [παρὰ] πόρῳ Ἀλφεοῦ.
Nunc τὸ κλέος Πέλοπος δέδορκε τηλόθεν, lucet è longinquo, longè
coruscat, ἐν δρόμοις τᾶν O. inter certamina Olympica: quippe quae
in vicinis locis habentur: ut Ol. x. 29. ἀγῶνα ἐξαίρετον, ὅν ἀρχαίῳ
σάματι πὰρ Πέλοπος βίῃ Ἡρακλέος ἐκτίσσατο. conf. Pausan. Lib. V.
c. 13. &c. HEYNE. Egregia ac certissima interpretatio! ubi vide
plura.

154—156. —ἵνα] ubi, &c. —ἀκμαί τ' ἰσχύος θρασύπονοι, et vigo- 269.
res roboris " audaces in laboribus. Benedict. P.

159—165. —τὸ δ' ἀεὶ παράμερον ἐσλόν,] Atque haec constanter
permanens felicitas, [ἐσλὸν Dor. pro ἐσθλὸν, bonum,] ἔρχεται ὕπατον
π. β. venit summa, i. e. summa est quae contingat ulli mortali. Ἐμὲ,
&c. Me autem oportet illum [Hieronem scil.] coronare equestri lege
[i. e. quo modo decet illum qui victoriam equestrem reportaverit
coronari] Aeolico carmine. Sic Horat. —Aeolium carmen ad Italos
deduxisse modos. Lib. iii. Od. 30. v. 13. Ad quem locum ita doctis-
simus Jani: Aeolium carmen, h. poësin lyricam; quia primi apud
Graecos magni poëtae lyrici, quos imprimis imitabatur noster, Lesbii,
Aeolicâque dialecto usi. Conf. Lib. ii. Od. 13. v. 24. iv. 3. 12. et
iv. 9. 12. item i. 1. 34. Sic etiam T. Gray, poëta verè sublimis, in
ipso init. primae Odes suae Pindaricae: Awake, Aeolian lyre, awake,
&c. ubi vide notam ipsius auctoris; et quae ad locum annotavit
Gul. Mason, et ipse eximius poëta.

165.—170. —πέποιθα δὲ] Ordo est: πέποιθα δὲ δαιδαλωσέμεν
κλυταῖσι πτυχαῖς ὕμνων μή τινα ἄλλον ξένον τῶν γε νῦν [κατ'] ἀμ-
φότερα, [μᾶλλον] ἴδριν τε καλῶν, ἢ κυριώτερον [κατὰ] δύναμιν.
Mihi autem persuadeo me celebraturum inclytis hymnorum strophis nullum
alium hospitem eorum qui nunc sunt, quod ad horum utrumque attinet,
nimirùm aut peritiorem rerum honestarum, aut praestantiorem potentiâ.
Non hîc sibi respondere putat Heynius τὲ et ἤ. Interdùm tamen
invenimus pro ἤ—ἤ, καὶ—καί—aut—aut: Undè colligimus eodem
modo usurpare licere τε—ἤ. Idem vir celeberrimus ante ἴδριν
subintelligit μᾶλλον, "ex sequenti κυριώτερον. BOECKH. P.

171—174. Θεὸς ἐπίτροπος—] Constructionem insolitam esse pu-
tat Heynius —μήδεται τεαῖς μερίμναις· nam μήδεσθαί τι vulgò
dicitur, ut saepè apud Homerum. Proponit igitur: θεὸς ἐπίτροπος
ἐὼν τεαῖς μερίμναις, μήδεται [αὐτῶν.]

174—179. —εἰ δὲ μὴ ταχὺ λίποι,] scil. σὲ ὁ θεός, i. e. si tibi
favere pergit deus, &c. GEDIKE, probante Heynio. κεν ἔλπομαι
κλεΐξειν [σὲ] σὺν θοῷ ἅρματι, [δι' οὗ σὺ δηλόνοτι νικήσεις, Schol.]
εὑρὼν ἔτι γλυκυτέρας ὁδὸν λόγων ἐπίκουρον, sperem me celebraturum
te cum quadrigâ celeri, [multò enim nobilior et illustrior erat victoria
curulis quam equestris. GEDIKE.] nactum viam adhuc jucundiorem
verborum adjuvantem me. Alii interpretantur aliter. Vide Heynii
Additamenta. τὸ δὲ Κρόνιον, ἀκρωτήριον τῆς Πίσης· περὶ γὰρ τὸν
Κρόνιον λόφον ἄγεται τὰ Ὀλύμπια. Schol.

179, 180. —ἐμοὶ μὲν ὦν—] Mihi quidem igitur Musa validissi-
mum robore telum servat. Loquitur de vi poëticâ, quam cum telis
comparare solet. GEDIKE.

181, 182. —τὸ δ' ἔσχατον—] supremum autem fastigiatur regibus. 270.

182—188. μηκέτι—] μηκέτι περίβλεπε καὶ ζήτει τῆς οὔσης εὐ-
δαιμονίας ἐν σοὶ μείζονα· ἔχεις γὰρ τὸ τέλειον,—βασιλεὺς γενόμενος.

270. —*Εἴη δέ*] ὁ νοῦς· εἴη δὲ δὲ μὲν τοῦτον τὸν χρόνον, ὃν ζῶμεν, ἐν ὕψει καὶ εὐδαιμονίᾳ διαζῆν, ἐμὲ δὲ τοσαῦτα τοῖς νικηφόροις προσδιαλέγεσθαι τοῖς ἐγκωμίοις, προφανῆ καὶ ἐπίσημον ὄντα διὰ τὴν σοφίαν ἐν τοῖς Ἕλλησιν. *Schol.* Novissimis verbis non satis confido. 184, sqq. Vellem *τοῦτον* commodè pro *τοιοῦτον* dici posse, nec ambiguitatem propter *χρόνον* oriri. *τοῦτον χρόνον*, substituunt scholia ὃ: *ζῶμεν.* At ex sententiarum nexu hoc non conficitur; esset potiùs *ad tempus illud, quo victoriam curulem consequuturus es.* Hoc tamen parùm placere potest. Expectes *πάντα χρόνον. τοσσάδε* grammaticè non potest esse nisj vel *ταούτως*, vel pro *τοσοῦτο*, *eousque, ad illud usque tempus.* HEYNE. *Noli spectare ulterius. Uṭinam et tu talis à sublimi diu incedas ; et ego inter tantos victores verser, conspicuus tenendi arte inter Graecos ubique.* KOPPE. Conf. Horat. Lib. i. Od. i. in fine. "*τοῦτον χρόνον, per hanc vitam :—τοσάδε* est *κατὰ τοσόνδι. haud minus, pariter.* BOECKHIUS. P.

---

* *ΘΗΡΩΝΙ ΑΚΡΑΓΑΝΤΙΝΩ, ʼΑρματι.*] Olymp. II. ΤΗΗΡΩΝΙ AGRIGENTINO, *curru victori.* Γέγραπται Θήρωνι Ἀκραγαντίνῳ, ἄρματι νενικηκότι τὴν ἑβδομηκοστὴν ἑβδόμην Ὀλυμπιάδα. ἦ δὲ ὁ Θήρων ἀνέκαθεν ἀπὸ Οἰδίποδος. ἐκήδευσε δὲ Γέλωνι τῷ τυράννῳ, ἐπιδοὺς αὐτῷ τὴν θυγατέρα Δημαρέτην, ἀφ' ἧς καὶ τὸ Δημαρέτειον προσωνομάσθη νόμισμα. καὶ αὐτὸς δὲ ὁ Θήρων τὴν Πολυζήλην τοῦ ἀδελφοῦ Ἱέρωνος ἔγημε θυγατέρα, καθ' ἅ φησι Τίμαιος. ἦν δὲ ὁ Θήρων υἱὸς Αἰνησιδάμου. *Schol.*

ARGUMENTUM.

Laudatur Theron Agrigentinus tyrannus à victoriâ, quam quadrijugo curru in Olympiis est adeptus; item à justitiâ, liberalitate, fortitudine, et majorum claritudine; quorum fortunam occasione sumptâ attingit. Tum digressiones ad Semelen, Inonem, Peleum, Achillem, aliosque intertexit : atque obiter loca Beatorum, et Damnatorum apud inferos designat. Tandem concludit Odam sui carminis et Theronis liberalitatis laude. *Edit. Oxon.* 1697. *fol.*

Ver. 1. *Ἀναξιφόρμιγγες ὕμνοι,*] οἱ τῆς φόρμιγγος ἀνάσσοντες. πρῶτον γὰρ τὰ ᾄσματα συντίθενται· εἶθ' οὕτω πρὸς αὐτὰ καὶ ἡ λύρα ἁρμόζεται. *Schol.* Est autem *ἀποστροφή* ad ipsos hymnos, vel potius ad Musam, hoc est, *δύναμιν ποιητικήν*, cujus beneficio componebat hymnos, quos excitare studet. Sicut etiam Horat. Lib. i. Od. 12. haec imitatus, ad Clio accommodavit : *Quem virum, aut heroa, lyrâ vel acri Tibiâ sumes celebrare, Clio, Quem deum ?* &c. ubi inverso ordine, ponit *Virum, Heroa, Deum ;* contrà quàm Pindarus, *θεὸν, ἥρωα, ἄνδρα.* SCHMIDT. Vide doctissimum Jani, ad locum Horat. citatum.

7. *Ἀκρόθινα πολέμου*] πρὸς Αὐγέαν πολεμήσας, τῆς Ἤλιδος τύραννον, καὶ νικήσας, ἐκ τῆς λαφυραγωγίας τὰς ἀπαρχὰς τῶν λαφύρων προσαγαγὼν ἔκτισε τὸν ἀγῶνα. *Schol.*

271. 15. *Καμόντες*—] οἱ πρόγονοι τοῦ Θήρωνος πρῶτον μὲν ἦλθον εἰς Γέλλαν· κἀκεῖθεν εἰς Ἀκράγαντα. *Idem.*

23—25. *Ἕδος Ὀλύμπου νέμων,*] διοικῶν τὸ ἔδαφος τοῦ οὐρανοῦ,— ἤγουν τὸν οὐρανόν· καὶ τὴν κορυφὴν τῶν ἄθλων, τουτέστι, καὶ τὰ ἐξαίρετα ἆθλα τὰ ἐν Ὀλυμπίᾳ διδόμενα· καὶ τὸ ῥεῦμα τοῦ Ἀλφειοῦ·

ἤγουν τὸν Ἀλφειόν. *Schol.* Alpheus enim prae ceteris fluminibus Jovi curae cordique esse credebatur. Vide Pausan. V. 13. GEDIKE.

29—33. Τῶν δὲ πεπραγμένων—] Haesi in prioribus, quod justè et *injustè* facta de Theronis majoribus (nam de his agit, cf. v. 15.) praedicat. Verùm video interpungendum esse aliter, et ἐν δίκᾳ καὶ παρὰ δίκαν referendum ad sqq. *Ex praeteritis mutari potest nihil ullo modo, nec per fas nec per nefas:* ὁ χρόνος οὐ δύναιτο ἐν δίκᾳ καὶ παρὰ δίκαν θέμεν ἀποίητόν τι τῶν πεπρ. ἔργων. HEYNE. "Boeckh. cum Herman. refert ad praecedentia. Sententia est generalis.—V. 36. παλίγκοτος, *infestus, adversus.* P.

39. Ἕπεται δὲ λόγος—] οὗτος ὁ λόγος ἀκολουθεῖ, ἤτοι ἁρμόζει, καὶ ταῖς τοῦ Κάδμου κόραις· μεγάλων γὰρ κακῶν τυχοῦσαι, (Ἰνὼ, Σεμέλη, Αὐτονόη, Ἀγαυὴ,) πάλιν ἐκ μεταβολῆς μεγάλων ἀγαθῶν ἐκοινώνησαν. εὖ δὲ τῶν Κάδμου θυγατέρων τὸ παράδειγμα φέρει. ἐπεὶ ὁ Θήρων, ἄνωθεν Θηβαῖος, εἰς Λάϊον ἀνάγει τὸ γένος. *Schol.* εὐθρόνοις, i. e. quae meliori antea fortunâ usae, quasi *in solio felicitatis* collocatae erant.—Sed possit etiam epitheton hoc referri ad praesentem filiarum Cadmi conditionem, vel ad earum divinitatem. GEDIKE. "Libere Scholia et alia nonnunquam repeti videntur.— V. 42. δ᾽ ἐπίτνει, imperf. pro δὲ πιτνεῖ, Boeckh. P.

44—50. Ζώει μὲν—] Primum exemplum Semeles, filiae Cadmi, 272. quae fulmine interempta, in Divarum numerum fuit relata. Vide Ovid. Met. lib. iii. 260. SCHMIDT. παῖς ὁ κισσοφόρος] ὁ Διόνυσος. *Schol.*

51. Λέγοντι—] i. e. Λέγουσι— Secundum exemplum Inûs, alterius filiae Cadmi, quae furore correpta in mare se praecipitavit; sed in Nereidum numerum recepta est, et nunc Leucotheae nomen habet. Vide Homer. Odyss. ε, 333. et Ovid. Met. lib. iv. 541. SCHMIDT.

55—61. Ἦτοι—] Sic construe! Ἦτοι πείρας θανάτου βροτῶν οὐ τι κέκριται, *Certè terminus mortis* [i. e. mors] *mortalium non omninò cognitus est,* οὐδὲ [κέκριται,] ὁπότε τελευτήσομεν ἡσύχιμον ἡμέραν, παῖδ᾽ ἡλίου, σὺν ἀτειρεῖ ἀγαθῷ, *neque cognitum est, quandò finiemus diem tranquillum, filium Solis, integro cum bono.* παῖδα δὲ ἡλίου— inquit Scholiastes, τὴν ἡμέραν καλεῖ, ἐπεὶ ὁ ἥλιος τὴν ἡμέραν γεννᾷ ἀνατέλλων. "κρίνω, inde cerno. P.

63, 64. Εὐθυμιᾶν] Dor. gen. pl. pro εὐθυμιῶν. θέλει δὲ εἰπεῖν, ὅτι οὐχ οἷόν τέ ἐστιν ἀνθρώπους ὄντας ἀεὶ ἐν εὐθυμίᾳ διάγειν, ἀλλὰ πάντως καὶ ἀτόποις ἐντυγχάνειν ἀνάγκη. *Schol.*

65. Οὕτω δὲ—] *Atque sic Parca, quae tuetur paternam eorum laetam fortunam, cum divinâ opulentiâ conjunctam, eos ducit ad aliquam contrariam cladem alio tempore.* Pro ἄγει Heynius legendum conjicit ἄγεν, ut sit temporis praet. imperf.—μόρσιμος υἱός, *fatalis filius*— Oedipus scil. Vide Soph. Oed. Tyran. "cum div. op. adducit cladem.

74. ἀλλαλοφονίᾳ] Ἐτεοκλῆς γὰρ καὶ Πολυνείκης ἀλλήλους ἀνεῖ- 273. λον. *Schol.* "Ἐπεφνέ οἱ, pro Πέφνεν ἑοῖ, Boeckh. quod Heyne approbat. P.

78. Νέοις ἐν ἀέθλοις] non accipiam nisi de *certaminibus juvenum* ; nam oppon. μάχαι πολέμου. Locus omninò Epigonos respicit: in quorum laudibus etiam ἀγῶνες, ut in laudibus etiam τῶν ἑπτά fuere. —Vide νέα, *juvenilis,* Eurip. Med. 47. HEYNE.

82—86. Ὅθεν σπέρματος ε. ρ.] ἀφ᾽ οὗ γένους τοῦ Θερσάνδρου ἔχουσι τὴν ῥίζαν οἱ περὶ Θήρωνα. τὸ δὲ γένος Λάϊου καὶ Οἰδίποδος

273. ὁ Θήρων οὕτω κατάγει· Λαΐου Οἰδίπους· τούτου Πολυνείκης· ᾧ
Θέρσανδρος· οὗ Τισαμενός· οὗ Αντεσίων· οὗ Θήρας· οὗ Σάμος. οὕτχ
ἔσχεν υἱοὺς δύο, Τηλέμαχον καὶ Κλύτιον· ὧν ὁ μὲν Κλύτιος ἔμεινεν
ἐν Θήρᾳ τῇ νήσῳ· ὁ δὲ Τηλέμαχος κατῴκει ἐν χώρᾳ, ὅθεν συλλέξας
δύναμιν ἔρχεται εἰς Σικελίαν, καὶ κρατεῖ τῶν τόπων· ἐξ οὗ Χαλκι-
οπεύς· οὗ Αἰνησίδαμος· οὗ Θήρων. Schol. "Polynices filiam Adrasti,
Argeos regis, duxit uxorem. Vide supra ad p. 250. v. 128. et Soph.
Oed. Col. 1302. Br. P.

87—93. Ὀλυμπίᾳ—] ἀντὶ τοῦ, ἐν Ὀλυμπίᾳ ἐνίκησεν. ἔσχε δὲ καὶ
κοινὰς πρὸς τὸν ἀδελφὸν Ξενοκράτην νίκας, ἐν Ἰσθμῷ καὶ Πυθοῖ.—
'Ὁμόκλαρον] ἤτοι διὰ τὴν συγγένειάν φησιν, ἢ ὡς ὁμοῦ ἱπποτροφοῦν-
των αὐτῶν καὶ ἀγωνιζομένων, καὶ ὁμοῦ νικησάντων—τεθρίππῳ.
Ἄνθεα] τὰ ἄνθη τῶν στεφάνων. —Δωδεκαδρόμων] δωδεκάκις γὰρ
περιήρχετο τὸν δρόμον τὰ τέλεια ἄρματα. Schol. Ordo est: [ἐν]
Πυθῶνι δὲ τ' Ἰσθμοῖ κοιναὶ χάριτες ἄγαγον [i. e. ἦγον] ἐς ἀδελφεὸν
ὁμόκληρον ἄνθεα τεθρίππων δυωδεκαδρόμων. Caeterum ὁμόκλαρον
ἐς ἀδελφεὸν, consortem in fratrem, dicitur quia, ut rectè observat
Schmidius, victorias has, Pythicam et Isthmiacam Thero cum
fratre Xenocrate habuit communes, eo quod communibus equis
vicerunt.

93—100. —τὸ δὲ τυχεῖν—δυσφρόνων.] Sententiam habent, quam
aliquoties repetit : summâ voluptate frui victorem in certaminibus, ut
jam Olymp. i. 157. 8. 9. et universè Olymp. v. 34, sq. παραλύεσθαι
τῶν δυσφρόνων, à sollicitudine et aerumnâ liberari, pro frui gaudio :
ut solet poëta à contrariis rem designare : tum τὰ δύσφρονα, τὸ δύ-
φρον, pro δυσφροσύνη. HEYNE. Ὁ πλοῦτος μὰν δεδαιδαλμένος ἀρ-
ταῖς, opulentia virtutibus ornata, φέρει καιρὸν τῶν τε καὶ τῶν, suppe-
ditat occasionem nunc his nunc illis, ὑπέχων βαθεῖαν μέριμναν ἀγροτέ-
ραν, vulgò interpretantur, sustinentes profundam curam indagatrixem
et venatricem, artium bonarum scil. nam hanc curam probè suffulcit
et ornat ὁ πλοῦτος.—Atque ita Schol. συνετὴν ἔχων τὴν φροντίδα
πρὸς τὸ ἀγορεύειν [leg. ἀχρεύειν] τὰ καλά. Et addit : τῶν τε καὶ
τῶν] ἀορίστως ἀντὶ τοῦ πάντων. —ἀγροτέραν] τουτέστιν, ἀγρευτι-
κὴν τῶν καλῶν. Hujus loci agnoscit difficultatem Heynius. " Potest,"
inquit ille, " pro suo quisque sensu varia afferre : quod verò rem in
" liquido constituat, nondum vidi." " τῶν τε καὶ τῶν, harum et illa-
rum, i. e. variarum rerum : apud Heyn. et Boeckh. P.

274. 102—106. εἰ δέ μιν ἔχει τις, οἶδεν τὸ μέλλον,—] Haec referenda
sunt ad notionem non minùs obviam in poëtâ : magnas opes, imprimis
in civitate liberâ, plerumque comitatur ὕβρις, quam h. l. designat vox.
ἀπάλαμνοι φρένες· quicumque (εἴτις pro ὅστις) —dives est virtute in-
structus, quâ ad res praeclaras gerendas uti possit, intelligit sibi absti-
nendum esse ab injuriâ,—quia post mortem, κατὰ γᾶς, ἐν Ἀίδα,
poenae injustos manent : (ἔτισαν pro τίνουσι. [Vide Vol. I. ad p. 19.
n. 6.] τὰ δὲ pro τὰ γάρ.] HEYNE. Q. d. Si quis πλοῦτον habet, eum-
que virtutibus exornat, ille plus aliis pietati studet : quandoquidem
ex scriptis eruditorum quasi in futurum prospicit, et novit impiorum
scelera, dum adhuc vivunt, condemnari, ubi verò mortui sunt, apud
inferos graviter puniri. Quod nos in sacrâ scripturâ veriùs et rec-
tiùs scimus. SCHMIDT. τῷ "ἀπάλαμνοι φρένες" συναπτέον τὸ εὐθάδε,
ὅτι τῶν ἐνταῦθα ἀδίκων ἀπάλαμνοι φρένες αὐτίκα καὶ εὐθέως τελευ-
τησάντων τιμωρίας καὶ ποινὰς ἐκεῖ δεδώκασιν. —ἀπάλαμια,—ἀδιόρ-
θωτα, ἀπαιδαγώγητοι. Schol. "ἀπάλαμοι, ἀπάλαμνοι, inconsulti, cor-

silio vel *judicio carentes;* inde *mali, improbi, impii,* &c. Vide Salo- 274.
mon. Prov. vii. 7. ix. 6. et passim; et Lex. P.

106. —*τὰ δ' ἐν τᾷδε Διὸς ἀρχᾷ*—] *namque delicta in hoc Jovis*
imperio— i. e. *in hac vitâ;* nam ut Neptuno maris, Plutoni infero-
rum, ita Jovi caeli et terrae imperium Poëtae attribuunt. Schmidt.

117—119. —*παρὰ μὲν τιμίοις θεῶν*] non cum Schol. intelligo
de Plutone et Proserpinâ, ut sit pro *τιμίας θεοῖς,* sed potiùs de *ami-*
cis deorum, Aeaco, Minoë, Rhadamantho. Gedike. *εὐορκίαις,*] *τουτέστι,*
τρόπαις εὐσεβέσι καὶ δικαίοις. Schol. " v. 116. *κεινὰν* pro *κενήν.* P.

121. *τὰ δ'*—] *ἤγουν οἱ τῆς ἑτέρας μερίδος,* οἱ *κακοὶ δηλονότι,*
καὶ ἀπαιδαγωγήτους ἔχοντες γνώμας, πόνον ὀχέοντι, τουτέστιν
ὑφίστανται. Schol. *ὀχέοντι,* Dor. pro *ὀχέουσι,* inserto *x* ob metrum.

123—127. 'Ὅσα δ' ἐτόλμασαν,—] Insulae beatorum sitae sunt
in oceano, [hinc v. 129. *ὠκεανίδες αὖραι,*] et illis tantummodo patent,
qui, iteratâ Palingenesi tribusque in terrâ vitis peractis, omnem vitio-
rum labem exuerunt, eoque quasi in *heroum* numerum sunt recepti.
—Scio equidem, à plurimis veterum scriptorum *insulas beatorum*
non distingui solere ab *Elysio.* Sed Pindarus omninò h. l. distinguit,
illasque altiorem felicitatis post mortem gradum, pluribus demùm
in Orco purgationibus commerendum, continere innuit.—Legatur
imprimis vir summus Heyne in doctissimis Excursionibus ad Virg.
Aen. vi.—*ἔτειλαν,* perfecerunt. Hesych. *τέλλεται, ἀνύεται·* et *τέλλον,*
ἐποίουν. Gedike. 'Ὅσοι δὲ ἐκαρτέρησαν μέχρι τριῶν ἐμψυχώσεων εἰς
ἑκάτερα τὰ μέρη, εἴς τε τὸν ἐν ᾅδου μετὰ θάνατον, εἴς τε τὸν τῆς
ζωῆς χρόνον, δίκαιοι γενέσθαι,—καὶ τὴν ψυχὴν ὁσίαν φυλάξαι, οὗτοι
ἐστάλησαν, εἰς ἣν ἔταξεν ὁ Ζεύς· ὅ ἐστιν, εἰς τὰς μακάρων νήσους,
ἔνθα Κρόνος ἔχει τὴν ἐκεῖ κατοίκησιν· ἐν αἷς νήσοις, πλησίον οὔσαις
τοῦ ὠκεανοῦ, αἱ πλεῖσται καὶ ἡδεῖαι αὖραι τέρπουσι πνέουσαι· καὶ τὰ
ἐν αὐταῖς ἄνθη ὡς χρυσὸς στίλβει· τὰ μὲν ὄντα ἐκ τῆς γῆς· [*τὰ δὲ*
ἐκ τῶν δένδρων τῶν ἐν τῇ χέρσῳ] *τὰ δὲ ἐκ τῆς τῶν ὑδάτων ἀπορ-*
ῥοίας τρεφόμενα, οἱονεὶ ῥόδα, ὑάκινθοι, ἵα· ταῦτα γὰρ ὕδατι τρέφε-
ται. ἐξ ὧν ἀνθέων οἱ δίκαιοι ταῖς ἑαυτῶν χερσὶν ὅρμους πλέκουσι
καὶ στεφάνους. ἐνδείκνυνται δὲ τὸ ὑπερβάλλον τῆς τέρψεως. τὴν δὲ
τῆς μετεμψυχώσεως γνώμην Πυθαγόρας πρῶτος εἰσηγήσατο· ᾧ νῦν
ὁ Πίνδαρος ἀκολουθεῖ. Schol. *Κρόνου τύρσιν,* ad Saturni arcem, seu
regiam. Saturnus igitur h. l. contra vulgarem Mythographorum opi-
nionem fingitur supremus insularum beatorum [non Elysii] Praeses.
Gedike. " Secundum Schol. suprà, 'Ὅρμοισι χέρας— est pro *χερσὶν*
ὅρμους. P.

130. —*ἄνθεμα δὲ*] Sane *ἄνθεμα* possint ad duo tantum genera 275.
revocari, arborum et aquaticarum plantarum; meliùs tamen *θ'* ap-
ponas post *δενδρέων,* ut sit: *τὰ μὲν χερσόθεν, ἀπ' ἀγλαῶν δενδρέων*
θ', ὕδωρ δ' ἄλλα φέρβει· mutatâ orationis formâ pro *τὰ μὲν ἐκ χέρ-*
σου seu *γῆς, τὰ δὲ ἀπὸ δενδρέων, τὰ δὲ ἐξ ὕδατος.* Heyne.

" 142. *ἀλέγονται·*] *ἀριθμοῦνται, συγκαταλέγονται.* Schol. P.

" 148. *Δοῦς τε παῖδ'*—] *τὸν Μέμνονα, τὸν Τιθωνοῦ, τοῦ Λαομέ-*
δοντος, καὶ 'Ημέρας. Schol. Vide Virg. Aen. i. 489. 751. &c. et Exc.
xix. xxvi. Heyne: Herod. V. 54. et supra, p. 52. v. 521. P.

149—154. —*Πολλά μοι ὑπ' ἀγκῶνος*—] Longâ digressione usus
tandem ad Theronis laudes regreditur, quas ut pluris Thero faciat,
prius sua carmina commendat, ut intelligat ille, se non à vulgari
poëtâ laudari. Comparat carmina sua cum sagittis, quae allegoria

satis frequens est apud nostrum.—*ὑπ' ἀγκῶνος.* Eodem sensu apud Theocr. 17,ʻ30. *ὑπωλένιος φαρέτρα.* GEDIKE. —*φανάντα* [contractè pro *φωνάεντα,* quod Dor. pro *φωνήεντα*—] *συνετοῖσιν ἐς δὲ τὸ πᾶν ἑρμηνέων χατίζει. sonantes intelligentibus ; ad vulgus autem interpretibus indigent.* Quibus verbis designandas voluit duas suas odas nobilissimas Pindaricas, poëta praestantissimus Thomas Gray. " *τὸ πᾶν,* Boeck. ultima brevi. P.

276. 154—159. —*σοφὸς—φυᾷ·*] *ἀντὶ τοῦ φύσει, τουτέστιν ἀπὸ φύσεως. οἱ μαθόντες δὲ, ἀντὶ τοῦ οἱ ἀπὸ μαθήσεως δὲ εἰδότες καὶ οὐκ ἀπὸ φύσεως, πρὸς τὸν ἔχοντα δηλονότι τὴν ἰσχὺν ἀπὸ φύσεως, ὥσπερ κόρακες, λάβρως γαρύουσιν.— Schol.—Διὸς πρὸς ὄρνιχα θεῖον.* Pindar compares himself to the eagle, and his enemies to the ravens, that croak and clamour in vain below, while it pursues its flight, regardless of their noise. Gray; ad oden suam, [III. 3.] quae inscribitur : The Progress of Poësy. Observandum *γαρύετον* esse dualis numeri et *κόρακες* pluralis; quod rectè quod ad sensum habet, si cum Scholiaste intelligere licet *Bacchylidem* et *Simonidem.* " Male,". inquit Heynius, " cum Dawesio stare, Misc. Crit. p. 52. [Edit. Burgess.] in " restituendo *γαρύεμεν,* et loca, in quibus dualis de pluribus dictus " occurrit, aut corrupta aut aliter interpretanda putare : Etsi contra " sentiunt viri docti, ut Ern. ad ll. α, 566. Lennep. ad Greg. Cor. " p. 97. " Dial. Dor. s. 30." Vauvill. ad Soph. Antigon. p. 55." [et Burgess ad hunc Dawes. locum. Vide suprà p. 24. ad Od. ϑ, 35.] " Erit sic: *μαθόντες δὲ,* (qui non ingenio evecti, sed mero studio et usu " progressi ad artem lyricam,) *εἰσὶ λάβροι γαρύεμεν* [*σὺν*] *παγγλωσσίᾳ,* " *ὡς κόρακες* [scil. *λάβροι εἰσὶ γαρύειν*] *ἄκραντα πρὸς ὄρνιχα θεῖον* " *Διός.*"

161. *Τίνα βάλλομεν*] *τουτέστιν, ἐγκωμιάζομεν. —μαλθακᾶς*] *τοῦτο εἶπε θεραπεύων τὸ σκληρὸν τοῦ λόγου· τὸ γὰρ ἀπὸ τόξου βαλεῖν, ὥς φησι, δύσφρονός ἐστι κατὰ τοῦ βαλλομένου. Schol.*

164. —*ἐπί τοι*—] Ordo est: *τοι τανύσαις* [Dor. pro *τανύσας*] *ἐπ' Ἀκράγαντι αὐδάσομαι ἐνόρκιον λόγον ἀλαθεῖ νόῳ,* Sane, in Agrigentum intendens, proferam jusjurandum veraci mente, &c. —*ἄνδρα πραπίδι μᾶλλον εὐεργέτην φίλοις ἀφθονέστερόν τε* [*κατὰ*] *γέρα θέρωνος.* Possint et *φίλοις πραπίδι* conjungi.

173. —*Ἀλλ' αἶνον ἔβα κόρος;*—] *Κάπυς καὶ Ἱπποκράτης Θήρωνος ἦσαν ἀνεψιοί· οὗτοι πολλὰ ὑπ' αὐτοῦ εὐεργετηθέντες, ὡς ἑώρων ηὐξημένην αὐτοῦ τὴν τυραννίδα, φθονοῦντες πόλεμον ἦραντο πρὸς αὐτόν· ὁ δὲ συμβαλὼν αὐτοῖς περὶ τὴν Ἱμέραν ἐνίκησεν. —αἶνον*] *τὸν ἔπαινον, τὴν δόξαν τοῦ Θήρωνος. Κόρος δὲ, ὕβρις. —αἰνίττεται δὲ τὴν γενομένην αὐτῷ πρὸς Ἱέρωνα ἔχθραν. —λαλαγῆσαι θρυβῆσαι λόγῳ. —κρύφον*] *κρύψιν. Schol. ἔβα* pro *ἔβηα. Gloriam ejus invasit furiosorum hominum insolentia, injustè se opponens, eumque impugnans, cupiens obstrepere, et egregia Theronis facinora pravis factis* [e. g. calumniis] *obscurare atque obterere.* In *τὸ λαλαγῆσαι* vitium latere videtur. GEDIKE.

178. —*ἐπεὶ ψάμμος*—] *ὅσπερ ἡ ψάμμος οὐκ ἂν ἀριθμῷ περιληφθείη, οὕτως ἀμέτρητος Θήρων ταῖς εὐποιίαις. Schol.*

---

277. * *ΠΙΝΔΑΡΟΥ ΠΥΘΙΑ.*] *Pindari Pythia. Πύθια μὲν οὖν ἐκλήθη ὁ ἀγὼν ἀπὸ τοῦ τόπου· τῷ δὲ τόπῳ ἦν τὸ ὄνομα Πυθώ, ἥτις κα-*

ρᾶ τὸ πυνθάνεσθαι τοὺς ἀφικνουμένους, ἢ παρὰ τὸ δηπεσθαι τὸν 277.
Πυθῶνα ἐν αὐτῇ. ἐκαλεῖτο δὲ πρότερον Νάπη· εἶτα Πετρήεσσα·
εἶτα Κρίσσα· εἶτα Πυθώ. Schol.

†ʹΙΕΡΩΝΙ—] Pyth. I. HIERONI AETNAEO SYRACUSANO, curru victori.
Γέγραπται μὲν ὁ ἐπινίκιος ʹΙέρωνι.—ʹΟ δὲ ʹΙέρων τὴν Κατάνην ἀνα-
κτίσας, ὁμωνύμως τῷ παρακειμένῳ ὄρει Αἴτναν προσηγόρευσε, καὶ
Αἰτναῖον ἑαυτὸν, κατὰ τοὺς ἀγῶνας νικῶν, ἀνεκήρυξεν. ʹΑρματι.]
ἐνίκησε δὲ ὁ ʹΙέρων τὴν μὲν εἰκοστὴν ἕκτην Πυθιάδα καὶ τὴν ἑξῆς
κέλητι· τὴν δὲ εἰκοστὴν ἐννάτην ἅρματι, εἰς ἣν ὁ ὑποκείμενος
ἐπινίκιος τέτακται. Idem.

ARGUMENTUM.

Proxima hujus carminis occasio et causa fuit Hieronis victoria
curulis, Pythicis ludis (Pythiade xxix. i. e. Olymp. lxxvii. 3.) re-
portata. Regreditur tamen poëta ad anteriora Hieronis facta et
fata. Evenerant enim non multò antè, quae in carmine ad Hieronis
laudem composito omitti nec poterant nec debebant. Etenim Hiero
paucis ante annis (Ol. lxxvi. 1. ut ex Diodoro Sic. apparet l. xi.
c. 49.) priscos urbis Catanae incolas expulerat, novamque, quam in
eorum locum deduxerat coloniam, è Peloponneso praecipuè con-
scriptam, Aetnam vocaverat, monti, cui subjacebat, cognominem.
Hinc urbs ista Hieroni adeo cordi fuit, ut in illius gloriam in victoriâ
hac Pythicâ Aetnaeum se proclamari juberet. Quare non alienum
erat, historiam recentis coloniae adeò à conditore dilectae carmini
huic inserere. Porrò, vix dum deductâ coloniâ,* Aetnaeorum ignium
eruptio evenit, quae, quamquam urbi tunc non ut postea (Ol.
lxxxviii. 3. vid. Thucydid. lib. iii. ad fin. et 631. A. U. C. vid. Oros.
lib. v. 13.) perniciosa fuit, poëtam tamen non poterat non permo-
vere, ut terribilem istam naturae vim et impetum vivis pingeret
coloribus, Deosque rogaret, ut Catanam monti ignifero adeo vicinam,
in posterum quoque tueri vellent. Tandem Hiero tertio anno Ol.
lxxvi. (Diod. xi. 51.) hinc quinto anno ante Pythicam victoriam hoc
carmine celebratam, praelio navali viceret Hetruscos, Cumaeis,
quos illi oppresserant, opitulatus. Id quoque poëta non poterat
praetermittere, non magis quam cruentam victoriam, quam paulò
ante (Olymp. lxxv. 1. conf. Diod. xi. 20. sqq.) Gelo, qui tum
praeerat Syracusis, cum fratre et successore Hierone, de Cartha-
giniensibus reportârat.

Haec si teneantur, non obscurus erit carminis nexus. Incipit à
laude lyrae Apollinis, (praesidis ludorum Pythicorum,) ejusque vim
exemplo comprobat Musarum, Jovis, aquilae ejus, Martis, denique
Typhoei, quem non, ut illos, voluptate sed terrore compleat deorum
in Olympo concentus. Sic transit ad consummatissimam Aetnae
ardentis terrorum imaginem : (cum quâ conferenda imprimis Virgi-
lii descriptio Aen. iii, 571, sqq. quam ex Pindaro Romanum poëtam
hausisse censent Macrobius Sat. v. 17. et Gellius xvii. 10. Idem
porrò argumentum praeter multos alios tractavit Aeschylus, qui,

* Eo ipso nimirum anno, quo colonia erat deducta, vel uno tantum anno post.
Id apparet ex Thucydide, qui (lib. iii. c. ult.) eruptionem Aetnae commemorat ad
finem tertii anni Olympiadis lxxxviii. factam, simulque mentionem facit prioris
eruptionis anno ante illam quinquagesimo factae, i. e. Olympiadis lxxvi. vel
primo anno, quo ipso Aetnam coloniam Hiero constituerat, vel saltem altero,
si de anno quinquagesimo vertente necdum completo locum interpretari malis.

277. quum in Prometheo ver. 351, sqq. Aetnae vim describit, ad eandem
eruptionem, praesertim ver. 367, respexisse videtur, quam hoc car-
mine Pindarus spectavit.) Jam facilis transitus erat ad urbem
Aetnam, et ab hac ad conditorem coloniae, Hieronem, ejusque in
Pythicis ludis reportatam victoriam, cum quâ satis aptè cohaerent
laudes, quae ceteris illius rebus gestis, ad quas deinde digreditur,
tribuit. Tum hortatur, ut pergat gloriosâ, quam ingressus sit, viâ:
vota denique ac preces addit, quibus à diis petit, ut et in posterum
Aetnam, Hieronis coloniam, ipsumque Hieronem curâ suâ amplecti,
ejusque gloriam augere. velint. Gedike.

Ver. 1—3. *Χρυσέα*—] Longum foret doctorum virorum in hac
sententiâ ordinandâ enumerare discrepantias; verus ordo videtur
esse: *Χρυσέα φόρμιγξ, Ἀπόλλωνος καὶ ἰοπλοκάμων Μουσᾶν σύνδι-
κον κτέανον ! O aurea cithara, Apollinis et Musarum violaceos-crini-
habentium adjutrix possessio !* quod ornatè dictum putat Heynius pro
simplici: *φόρμιγξ, σύνδικος Ἀπόλλωνος καὶ Μουσᾶν.* Angl. *O Lyre,
associate of Apollo and the Muses !*

4—7. *Τᾶς ἀκούει μὲν βάσις,*—] *ἕπεται ὁ τῶν χορευτῶν ῥυθμός.*
Schol. τᾶς, Dor. pro *τῆς,* quod pro *ἧς.* —*ἀγλαΐας ἀρχᾶ*] *ἀμφίβολη,
πότερον ἡ βάσις ἀγλαΐας ἀρχὴ οὖσα, ἢ σύ, ὦ κιθάρα, ἀγλαΐας τυγγά-
νεις ἀρχή. Schol.* Prior interpretatio sic se habet Angl. —*whom the
step, ushering in the festive joy, obeys:* posterior, quae forsan vera,
sic: *whom the step obeys, O thou Sovereign of the festive joy: the
Singers too obey thy notes, whenever, gently touched, thou performest
the preludes of the choir-leading hymns. φροίμιον,* quod pro *προοίμιον,*
uti rectè observavit Gedikius, pro toto hymno sumitur. *ἀμβολάς,* pro
ἀναβολάς. Haec autem optimè illustrant sequentia praestantissimi
poëtae Lyrici Anglicani: *Thee the voice, the dance, obey, Temper'd to
thy warbled lay.* Gray's Progress of Poesy. I. 3. *ὁ δὲ νοῦς· ἧς (σοῦ,
ὦ κιθάρα,) κατακούει μὲν ἡ τῶν ποδῶν κροῦσις, τῆς εὐφροσύνης καὶ
τῆς διαχύσεως ἀρχὴ οὖσα· πείθονται δὲ καὶ οἱ ἀοιδοὶ τοῖς σοῖς συνθή-
μασιν, ὅταν τῶν προοιμίων, τῶν ἡγουμένων τῶν χορῶν, τὰς πρω-
ναφωνήσεις καὶ κρούσεις διακινουμένη κατασκευάζῃς. Schol.*

8. *Καὶ τὸν αἰχματὰν κεραυνὸν σβεννύεις ἀενάου πυρός.*] Poëticè
pro *ἀέναον πῦρ τοῦ αἰχμητοῦ κεραυνοῦ.* Sensus est: Jupiter ipse
cantu Musarum delinitus in dulcem quasi soporem solvitur, ita ut
fulmen excidat manibus et extinguatur. *αἰχματὰς κεραυνὸς* est ful-
men cuspidatum. Gedike.

9—14. *Ἀενάου πυρός.*] *τὸ ἀέναον κυρίως ἐπὶ τῶν ὑδάτων τίθεται.
καταχρηστικῶς δὲ ὁ Πίνδαρος νῦν καὶ ἐπὶ τοῦ κεραυνοῦ τάττει, ἀντὶ
τοῦ ἀσβέστου. σκάπτω Δωρικῶς, τῷ σκήπτρῳ. —Διὸς αἰετὸς*] *πάνυ
γὰρ διετύπωσεν, ὅτι δὴ ὁ ἀετὸς ἐπικαθήμενος τῷ τοῦ Διὸς σκήπ-
τρῳ, καὶ κατακηλούμενος ταῖς Μουσικαῖς ᾠδαῖς εἰς ὕπνον κατάγε-
ται, ἀμο . . . . . χαλάσας τὰς πτέρυγας, καὶ ταλαντευόμενος καὶ
ξυμπεσττα οὐμε . . . .—v. 14. κατέχευας, φησίν, ὦ κιθάρα, ἁπαλὸν καὶ
ἡδὺ κλεῖθρον κατὰ τῶν βλεφάρων, ἀντὶ τοῦ, εἰς ὕπνον καταφερόμε-
νος ὑπὸ σοῦ, ὦ κιθάρα, ὁ ἀετὸς αἰωρεῖται τὸν νῶτον ἐπὶ θάτερα μέ-
ρων. Schol.*

10. —*ἀνὰ σκάπτῳ*—] Nihil hoc loco expressius cogitari potest
ad vim Musices declarandum. Aquila, Jovis sceptro insidens, ob-
dormiscit alis utrinque pendentibus, et nutat in sceptro.—Aquila
Jovis, plerumque Jovis pedibus astans, aut propter eum volans

fingitur. Aquilam sceptro insidentem sumsit forsan poëta ex aliquo 277. simulacro Jovis. Sed magis verisimilé est, Phidiam in simulacro Jovis Olympii fingendo, praeter notum illum Homeri locum, (Il. α, 528, sqq.) respexisse quoque hunc nostrum locum. Finxit enim aquilam sceptro Jovis insidentem. [Vide Pausan. L. V. c. 11.] ὁ δὲ ὄχνις ὁ ἐπὶ τῷ σκήπτρῳ καθήμενος, ἐστὶν ὁ ἀετός. GEDIKE. γαλάξαις, pro γαλάξας, quod Dor. pro γαλάσας, à γαλάω, laxo, remitto.

13—16. —κελαινῶπιν—νεφέλαν—] De somno loquitur, quem cum atrâ nebulâ comparat. Κελαινῶπις fem. à masc. κελαινώπης, quod non solùm est nigris oculis praeditus, sed etiam niger aspectu, ut b. l. GEDIKE. [κατέχειας, offundis. De aor. in hoc sensu vide Vol. I. ad p. 19. n. 6.] ἀγκύλῳ κρατὶ intelligunt vulgò de rostro adunco, sed meliùs de aquilae dormientis inflexo et mutante capite. ἀδὺ κλαΐστρον βλεφάρων. Vulgare est: oculi clauduntur somno, pro quo lyricâ audaciâ ipse somnus dicitur dulce palpebrarum claustrum. Est autem κλαΐστρον Doricè dictum pro κληΐστρον, et hoc pro κλεΐστρον aut κλεΐθρον, à κλείω, pro quo Doricè κλᾴω. GEDIKE. " γλεφάρων, Aeol. Heyne, Boeck. P.

16—18. —ὁ δὲ κνώσσων—] κνώσσειν—ὑπνοῦν, καθεύδειν, κοιμᾶσθαι. HESYCHIUS. ὑγρὸν νῶτον. [Vide suprà ad Theocr. Idyll. I. v. 55.] Per se et origine suâ τὸ ὑγρὸν nihil aliud aut fuit, aut esse potest, quam humidum, liquidum. Accessêre indè notiones, ut fit, ab adjunctis; ut sit molle, hinc ut sit flexile, mobile, ferè quod Latinorum lubricum. Etiam h. l. νῶτον ὑγρὸν, per se, et vi vocis, nihil aliud esse potest, quam flexile, inflexum. Nam quod intumuit, addunt viri docti tacitè ex alterâ voce αἰωρεῖ. HEYNE. ῥιπαῖσι] ταῖς βολαῖς· λέγει δὲ, τοῖς μέλεσιν. γραφικώτατα δὲ συνδιατιθέμειον τῇ ἡδονῇ καὶ θελγόμενον τὸν ἀετὸν ὑπετύπωσε. Schol. Ὁ δὲ κνώσσων, &c. Angl. But he slumbering heaves his flexile, fluctuating back, subdued by thy strokes: i. e. interprete Gedikio, tuis (lyrae Apollinis) ictibus, i. e. sonis et modis, delinitus. Haec numeris nobilissimis adumbravit Graius:—Perching on the sceptred hand Of Jove, thy magic lulls the feather'd king, With ruffled plumes and flagging wing: Quench'd in dark clouds of slumber lie The terror of his beak and lightnings of his eye. Progress of Poesy, I. 2. Cf. Akenside's Hymn to the Naiads, v. 265, sqq.

18—21. βιατὰς Ἄρης,] Angl. the impetuous Mars, —λιπὼν, &c. ὁ γὰρ ἰσχυρότατος Ἄρης τὴν τραχυτάτην τῶν δοράτων ἀκμὴν καταλιπὼν, τουτέστι τὸν πόλεμον, εὐφραίνει τὴν καρδίαν. Schol. κῶμα, κοίμισμα, ὕπνος ληθώδης, καταφορὰ ὕπνου βαθέος. HESYCH. Non tamen de ipso somno intelligo, sed de quadam mentis ecstasi et languore cum summae voluptatis sensu conjuncto. Fingitur igitur h. l. Mars mollissimo et dulcissimo Musarum cantu quasi consopitus, ita ut hasta manu excidat. GEDIKE. On Thracia's hills the Lord of War Has curb'd the fury of his car, And dropp'd his thirsty lance at thy command. Gray's Progress off Poesy, ubi suprà.

21—24. κῆλα—] κῆλα δὲ, τὰ ὑπὸ τῆς μουσικῆς θέλγματα. 278. Schol. Equidem ita jungo: κῆλα δὲ (sc. τεὰ) θέλγει καὶ δαιμόνων φρένας ἀμφὶ σοφίᾳ Λατοΐδα τε Μοισᾶν τε· Tela (tua sc. lyrae) deliniunt Deorum quoque mentem (ut h. l. Jovis et Martis) per artem Apollinis et Musarum. ἀμφὶ enim nostro interdum dicitur pro διά. Sic Pyth. viii. 47. GEDIKE. βαθύκολπος à quibusdam redditur sinuosâ pallâ induta. Sed praestat, judice Gedikio, de mammosis intelligere,

278. ut dicatur pro *pulcra, et in flore ac vigore aetatis constituta.* Fortas Angl. *ample-bosomed.* Vide Anacr. v. 14.

25—28. 'Οσσα δὲ —] Respicit locum hunc Plutarch. [Opp. Tom. ll. p. 1095. ε.] " Adv. Epicur. c. 13. Wyttenb. Vol. v." Sensus: πάν- τα τὰ θεομισῆ κατὰ γῆν, καὶ κατὰ πόντον, καὶ κατὰ Τάρταρα, ἀτύζεται ἀϊόντα βοὰν Πιερίδων. (Respondet v. 56. *Absit a me, ut* θεομισῆς sim : εἴη, Ζεῦ, εἴη τὶν ἀνδάνειν.) Itaque v. 29. καὶ ἀτύζ- ται ὁ Τυφώς. Ηεγνε.

29—33. 'Ος τ' ἐν αἰνᾷ —] Contradicere sibi videtur poëta, quum statim eundem Typhoëum sub Aetná jacere fingat. Sed utrumque idem est. Nam ἐν Ταρτάρῳ nibil aliud est, quam penitus sub terri. Scholiastes Aeschyli ad Prometh. 351. de Typhoëo scribit, αὐτὸς ἐν Σικελίᾳ περὶ τὴν Αἴτνην τῷ Ταρτάρῳ ἐκρύβη. Geduke. 'Ος τε κεῖται ἐν αἰνᾷ Ταρτάρῳ, &c. Et praesertim ille, *qui jacet in horren- do Tartaro,· Deorum hostis, Typhos centiceps :* Nomen scribitur vel Τυφώς, ὼ, vel Τυφῶν, ῶνος, vel Τυφάων, ονος, vel Τυφωεύς, έος, ι. —ἑκατοντακάρανος] οὐκ ἀριθμητικῶς, ἀλλ' ἀντὶ τοῦ πολυκέφαλος. —ἀπὸ κοινοῦ τὸ ἀτύζεται. ἀποστρέφεται, φησί, καὶ ὁ Τυφὼν οὗτος τὴν μουσικὴν, ὁ ἐν τῷ Ταρτάρῳ κείμενος.—σταθιάζεται—ἡ περὶ τοῦ Τυφῶνος ἱστορία· οἱ μὲν γὰρ αὐτὸν ὄρει τῆς Βοιωτίας ὑποκεῖ- σθαι ἔφασαν, καὶ ὡς εἰσὶν αὐτόθι πυρὸς ἀναδόσεις· οἱ δὲ ἐν Φρυγίᾳ, ἕτεροι δὲ ἐν Λυδίᾳ. Ἀρτέμων δέ τις ἱστορικὸς πιθανώτερον ἱστορο- ποιεῖ· καθάπαξ γὰρ, φησὶ, πᾶν ὄρος ἔχον πυρὸς ἀναδόσεις ἐπὶ Τυφῶι καίεται. ἔστι δὲ τὸ πιθανὸν ἐξ αὐτῆς τῆς τοῦ ὀνόματος ἱστορίας· τύφειν γὰρ τὸ καίειν. ὁ δὲ Πίνδαρός φησι τὸν Τυφῶνα ἐκ Κιλικίας τεθράφθαι, ὡς καὶ Ὅμηρος.—πολυώνυμον δὲ, ἀντὶ τοῦ πολυθρύλλη- τον, διὰ τὸ ἀναγραφῆναι ἐν αὐτῷ τὸν Τυφῶνα. Schol. Κιλίκιον.) Hinc Pyth. viii. 20. Typhoeus dicitur Κίλιξ ἑκατόγκρανος, et Aeschylus [Prom. 351.] eundem vocat Κιλικίων οἰκήτορα ἄντρων· et Schol. Aeschyli ad h. l. ἰστέον δὲ, ὅτι ἐν Κιλικίᾳ μὲν ἐγεννήθη, ι Τυφώς, ἐκολάσθη δὲ ἐν Σικελίᾳ. Ipsa autem celebrata Arima Homeri [Il. β, 783. Εἰν Ἀρίμοις, ὅθι φασὶ Τυφωέος ἔμμεναι εὐνάς] Ciliciae jam olim assignata sunt. vid. Strabo lib. xiii. p. 929. (636.) Steph. Byz. in v. Ἄριμα. Mihi quidem εὐναὶ Typhoëi apud Home- rum nibil aliud significare videntur, quam h. l. ἄντρα, ita ut Homeri quoque locus non de sede Typhoëi devicti et puniti, sed de pristina illius habitatione, priusquam à Jove debellatus esset, intelligatur Geduke. Cf. Apollodor. i. 6. 3· et ibi Heynium : itemque hujus viri doctissimi Excurs. ii. ad Virg. Aeneid. Lib. ix. nec non Jani, ad Hor. Lib. iii. Od. 4. ver. 53. " Hesiod. Tb. 304. 820. sqq. P.

34—39. Ταί δ' ὑπὲρ Κύμας —] Nullum dubium est, poëtam di- cere voluisse Typhoëum, immanis staturae gigantem, non solum sub Aetná jacere, sed pertingere usque *ad campos Phlegraeos* et ad Fe- *suvium,* qui propè Cumas, eique qui [ut noster h. l.] ex Italiá ad Siciliam versus tendit, *supra Cumas,* positi sunt. Sed respicitur omninò h. l. ad omnem illum Italiae tractum circa Cumas, ignibus subterraneis aestuantem. Geduke : apud quem vide plura. Sapien- ter poëta in obscuro positum reliquit phantasma, ne in cogitationem admittas, quomodo eidem monstro Italia supra Cumas (h. e. Campi Phlegraei) cum Siciliá imposita esse possit : etsi caput campis illis pectus Aetnae subjectum fingere liceat. Ηεγνε. Caeterùm Κύμας h. l. est genitiv. sing. non accus. plur. Est enim vel Κύμη, vel Κύμαι. ἁλιερκέες] ἤτοι αἱ τὴν ἅλα ἕρκος ἔχουσαι, ἢ τῆς ἁλὸς αὐτῆς

ἕρκος οὖσαι, διὰ τὸ μὴ συγχωρεῖν ἐπίπροσθεν φέρεσθαι τὰ κύματα. 278.
Schol.

36—38. —κίων δ' οὐρανία] ἡ Αἴτνη, τὸ ὄρος· ἦν οὕτως ὠνόμασε,
διὰ τὸ ὕψος ὑποστηρίζουσαν τὸν οὐρανόν. ὁ δὲ νοῦς· ἡ δὲ οὐρανία
κίων συνέχει τὸν Τυφῶνα, ἡ κατὰ πᾶσαν ὥραν ἔτους χιονιζομένη·
καὶ τῆς ὀξείας χιόνος τροφὸς οὖσα· ἤγουν ἡ Αἴτνη. ὀξεῖαν δὲ τὴν
χιόνα φησὶν—παρὰ τὴν ψυχρότητα, ὅτι οἱ ἐφαπτόμενοι ὅμοιόν τι
πάσχουσι τοῖς κεντουμένοις. Schol. Vide Brydone's Tour in Sicily.
Vol. i. p. 249, sqq. L. xi. et alibi passim.

40—42. Τᾶς ἐρεύγονται—] Ordo est: τᾶς [i. e. ἧς—Aetnae scil.]
ἐκ μυχῶν παγαὶ ἀγνόταται ἀπλάτου πυρὸς ἐρεύγονται, cujus ex caver-
nis-vel crateribus fontes purissimi ingentis ignis eructantur. ἄπλατος,
Dor. pro ἄπλητος, cui appropinquare impune nemo potest : ex α priv.
et πελάω, vel πλάω, appropinquo. " Inaccessi ignis. Koppe. P.

42—46. —ποταμοὶ—] fluviique interdiu profundunt fluxum fumi
candentem ; sed in tenebris rubicunda flamma volvens saxa in profun-
dum defert maris aequor cum fragore. Sic Strabo : νύκτωρ μὲν οὖν
καὶ φέγγη φαίνεται λαμπρὰ ἐκ τῆς κορυφῆς· μεθ᾽ ἡμέραν δὲ καπνῷ
καὶ ἀχλύϊ κατέχεται. Lib. vi. p. 421. b. (274.) De Aetnâ interdiu
fumum et caliginem, noctu etiam flammas, per tenebras scilicet sub
conspectum venientes, eructante, res nota est. HEYNE. Conf. Virg.
Aen. iii. 571, sqq. et quae protulit idem vir optimus in Exc. xv.
Caeterùm hunc locum Pindari planè respexit Longinus, περὶ Ὕψ.
Sect. xxxv. sub. fin. quod mirum est Pearcium ignorâsse. Vol. I.
p. 314. h. op.

47, 48. Κεῖνο δ' Ἀφαίστοιο—] Gedikius jungit Ἀφαίστοιο κρου-
νούς, [Angl. torrents of fire,] approbante Heynio. κεῖνο ἑρπετὸν
Angl. that reptile— Typhoëum intelligit. " Bellua. Koppe. P.

49—55. τέρας—] θαυμαστὸν μὲν ἰδεῖν, θαυμαστὸν δὲ καὶ τῶν 279.
παριόντων καὶ ἑωρακότων ἀκοῦσαι. Schol. παριόντων regitur ab ἐκ
subintellectâ. Sensus est, interprete Gedikio, non solum qui ipsi
adfuerunt hasque regiones lustrârunt, stupent, sed illi etiam, qui ex
peregrinantium nàrrationibus Aetnae terrores noverunt. Quod et
antea viderat et comprobaverat celeber. Heynius, idemque com-
probavit etiam in Addit. —ἐν μελαμφύλλαις] τοῖς πολυδένδροις.
Ζητητέον δὲ, πῶς φησι τὸν Τυφῶνα ἐνδεδέσθαι ταῖς τῆς Αἴτνης
κορυφαῖς, ὃν φησιν ὑπ᾽ αὐτῇ κεῖσθαι ; Ῥητέον δὲ, ὅτι ὑπόκειται
μὲν αὐτῷ τὸ ἔδαφος ὑπὸ τὸν νῶτον, ἐπίκειται δὲ τῷ στήθει ἡ Αἴτνη
ὥσπερ δεσμὸς καὶ σχοινίον ἐν μέσῳ αὐτὸν συνέχουσα. (Verba poëtae
possunt optimè atque simplicissimè hoc modo reddi : Οἷον [ἑρπετὸν
scil. vel τέρας] ἐνδέδεται μελαμφύλλαις [vel δέδεται ἐν μελαμφύλλοις
—nam notum est ἐν saepissimè construi cum dat. modi vel instrumenti]
κορυφαῖς καὶ πέδῳ Αἴτνης· Angl. what a tremendous monster is bound
down by the woody tops and by the foot of Mount Aetna : i. e. by the
whole of Mount Aetna from top to bottom: by the whole weight of
Mount Aetna.) Χαράσσοισα] ἐπιξύουσα, ἐπινύττουσα· τὸ μὲν κεκλιμέ-
νον νῶτον κεντεῖ ἐπιξύουσα ἡ ὑποκειμένη τοῦ ἐδάφους κεντρώδης
στρωμνή. Schol.

56—60. Εἴη, Ζεῦ, τὶν εἴη ἀνδάνειν,] Vide suprà ad v. 25—29.
Ἐπειδὴ τὸν περὶ τοῦ Τυφῶνος λόγον ἐκίνησε, καὶ τὰς τιμωρίας
αὐτοῦ διεξῆλθεν, ὥσπερ φόβῳ διατεθεὶς πρὸς τὰ διηγήματα, κατεύ-
χεται τὸν Δία ἔχειν εὐμενῆ. Ὁ δὲ νοῦς· εἴη σοι, φησίν, ὦ Ζεῦ,
ἀρέσκειν, ὅστις τοῦτο τὸ ὄρος περιέπεις, τὴν Αἴτνην, ἥ ἐστι τῆς

279. εὐκάρπου Σικελίας πρόσωπον· ἤτοι διὰ τὸ ἐπιφανὲς, ἢ διὰ τὸ ὑψη-
τιμᾶται δὲ κατὰ τὸ ὄρος τῆς Αἴτνης ὁ Ζεύς. —Τοῦ μὲν ἐπωνυμίαι]
τούτου οὖν τοῦ ὄρους τὴν ὁμώνυμον πόλιν Αἴτνην ὁ ἔνδοξος οἰκιστής
'Ιέρων εὐδόξασεν, ἀνακηρύξας κατὰ τὰ Πύθια. Schol. Οpος, εὐκάρπου
γαίας μέτωπον. Fertilitas Siciliae ubivis decantata : [vid. Ol. i. 19.]
Mons Aetna dicitur *frons* Siciliae, quatenus longè eminet et procul
conspicitur. [Vide *Brydone's Tour*, Vol. I. L. x.] Οἰκιστήρ, colonise
deductor. Non enim Catanam primus condidit Hiero; erat enim ea
Naxiorum, deducta jam circa Ol. xiii. vide Thucyd. vi. 3. Hiero tan-
tùm expulsis pristinis incolis novam illuc coloniam duxerat. Gεσικε.

61—64. —ἀίειπέ νιν—] Angl. *proclaimed it, while he announced*
Hiero illustrious victor in the chariot race. " Sc. 'Ιέρων Αἰτναῖος. P.

64—67. Ναυσιφορήτας—] Sensus est : ut gaudent navigantes, si
statim ab initio cursûs secundo vento feruntur, eoque ad spem felicis
reditûs excitantur, ita quoque Aetna [urbs] recens condita hac
primâ certaminum solemnium gloriâ, qua eam ornavit Hiero. ad
spem plurium victoriarum erigitur. Gεdικε. Si ἀρχομέναις legitur,
constructio est : πρῶτα χάρις ἐς πλόον, πομπαῖον οὖρον ἐλθεῖν ἀρ-
χομένοις [πλόου] sin ἐρχομένοις, constructio postulat ἐρχομένοις ἐς
πλόον· uti observavit Heynius. Caeterùm ἐοικότα, supple ἐστι,
plur. idem est ac ἐοικός ἐστι. —Ἐοικὸς γὰρ καὶ πρέπον φησὶ, τὸ ἐξ
ἀρχῆς ἀγαθῆς ἀρξάμενον, τοῦτον καὶ τέλους ἐνδόξου τεύξεσθαι.
οὕτως οὖν καὶ τὴν Αἴτνην ἐκ πρώτης* ἀρξαμένην ἐν τοῖς ἀγῶσι,
ἐπίδοξον εἶναι ὑπολαμβάνω, καὶ διηνεκῶς εὐπραγήσειν. Schol. ἐρ-
χομένας, Heyne, Boeckh. ἐρχ. Edin.* f. νίκης.· Heyn. P.

69—73. ὁ δὲ λόγος—δόξαν φέρει.] Ratio autem fert *opinionem*,
i. e. *et meritò quis opinari potest, hanc urbem, propter hos eventus, in*
posterum fore inclytam coronis et equis [i. e. coronatis equis] *et dulcis-*
nis victorum *conviviis celebrem.* "V. 72. νιν· pro τε. Boeck. P.

74. Λύκιε—] Apollini Aetnam commendat, quippe qui hanc Py-
thicam victoriam ei largitus erat. Ταῦτα, i. e. vota, paulò ante
proposita. Haec, ipsamque urbem ut Apollo menti quasi infigat.
precatur. Referenda enim εὔανδρον χώραν non minùs quam ταῦτα
ad νόῳ τιθέμεν. Gεdικε. " Δάλοι', Edin. Δάλου, Heyne, &c. P.

280. 79—82. Ἐκ Θεῶν γάρ—] ἐκ θεῶν γὰρ, φησὶ, ταῖς ἀνθρωπίναις
ἀρεταῖς πᾶσαι μηχαναὶ δωροῦνται· κατὰ δαίμονα γάρ τινα σοφοὶ
καὶ ταῖς χερσὶν ἀνδρεῖοι, καὶ ἄγαν εὔγλωσσοι καὶ δυνατοὶ κατὰ τ-
λέγειν ἐγένοντο. Schol. ἐκ θεῶν—ἔφυν, [pro ἔφυσαν] *à diis proti-*
niunt. De ἔφυν in praes. sensu vid. suprà ad Oed. Tyr. 9. p. 113.

82—86. —Ανδρα δ' ἐγὼ—] Hinc novum sententiarum ordinem
orditur Pindarus. Hεynε. Ordo est; ἐγὼ δὲ, μενοινῶν αἰνῆσαι
ἐκεῖνον ἄνδρα, ἔλπομαι, δουρέων παλάμᾳ ἄκοντα χαλκοπάρῃον, εἰ
βαλεῖν ὡσεί τε ἔξω ἀγῶνος, *Ego autem, cupiens laudare illum* virum.
spero me, vibrantem manu jaculum ferrea cuspide, non id praeter scopum
jacturum, ῥίψαις [Dor. pro ῥίψας] δὲ μακρὰ, ἀμεύσασθαι [lege
ἀμεύσεσθαι] ἀντίους· sed jaculatum longè, superaturum adversario
" Usitata nostro *carminum* cum *telis* comparatio. ἔξω ἀγῶνος, i. e
" *praeter scopum* ; nam ἀγὼν h. l. est locus certaminis. Suidas: Ἀγῶ-
" να 'Ομηρος τὸν τόπον, ἐν ᾧ ἀγωνίζονται, φησί. [e. g. Odyss. θ.
" 260. Iliad. ψ. 451.] Sic et Pyth. ix. 202. —ἀντίους, intellige alios
" poëtas in aulâ Hieronis commorantes. ἀμεύσασθαι, vel, ut in alio
" cod. est, ἀμεύσεσθαι, *transiturum,* i. e. *superaturum me credo.*
" De voce hac v. Hesych. Αμεύσασθαι, ἀμειβεσθαι, διελθεῖν, π-

"*ραιώσασθαι.*" Gedike. *"Ἔξω ἀγῶνος, extra spatium certaminis.* 280. Boeckh. *ῥίψαις.* H. B. *ἐκρίψαις.* O. E.— P.

87, 88. *Εἰ γὰρ—*] *Utinam tempus ei semper ita* [sicuti nunc, ad gloriam et victorias] *divitias optimque munera dirigat et deducat. Idem.* Vide Vol. I. ad p. 70. n. 4.

89. *—καμάτων δ᾽ ἐπίλασιν παράσχοι.*] *καμάτων, φησὶ, τῶν συνεχόντων τὸν Ἱέρωνα ἐκ τοῦ νοσήματος τῆς λιθουρίας. φησὶ γάρ που καὶ Αριστοτέλης, ἐν τῇ τῶν Γελώων πολιτείᾳ, Γέλωνα τὸν τοῦ Ἱέρωνος ἀδελφὸν ὑδέρῳ νοσήματι τὸν βίον τελευτῆσαι, αὐτὸν δὲ τὸν Ἱέρωνα, ἐν τῇ τῶν Συρακουσίων πολιτείᾳ, δυσουρίῃ δυστυχῆσαι. Schol.*

91—96.· *Ἦ κεν ἀμμνάσειεν,—*] Quae sequuntur usque ad v. 108. subnata è memoratione aerumnarum, *καμάτων,* in parenthesi posita sunt: redit v. 109. ad eadem vota, in quibus v. 87—90 substiterat. Lux hinc toti loco affunditur. Heyne. *Ἦ κεν ἀμμνάσειεν,* per sync. pro *ἀναμνάσειεν [ἑαυτὸν* sc. Hiero.] *Velim profectò, ut* [morbi doloribus jam oppressus] *recordetur fortitudinis et constantiae,* quam olim *in bello* praestitit; eademque etiam nunc morbi impetum debellabit. —Omninò autem respicit poëta ad pugnas mox commemorandas, contra Hetruscos et contra Poenos. —*παλάμαι* ex egregiâ Heynii emendatione,—ut sit, *παλάμαι (Ἱέρωνος) εὑρίσκοντο θεῶν τιμάν.* [Ut Pyth. iv. 91.] Vulgò omnes *παλάμαις,* et subaudiunt aut *Hiero cum fratribus,* aut, ut Heyne in edit. *Siculi* in genere. At haec admodum dura, et, quum de Hieronis solius rebus gestis sermo sit, ad sensum non satis commoda sunt. *πλούτου στεφάνωμα,* i. e. Hieronis gloria bellica divitiis ejus coronam quasi imponit, nobilioremque illis splendorem conciliat. Gedike. *"Θεῶν παλάμαις, Diis juvantibus,* Koppe, ed. Heyn. *Deorum auxilio,* Boeckh. qui scripsit *εὑρίσκαιτο. Θεῶν παλάμαι,* Heyn. not. P.

96, 97. *Νῦν γε μὰν—*] *ἐπὶ δὲ τοῦ παρόντος, τὸν Φιλοκτήτου τρόπον ὁ Ἱέρων μετερχόμενος, ἐστρατεύθη καὶ τὴν μάχην ἐνίκησε. φορείῳ δὲ φερόμενος ὁ Ἱέρων διὰ τὴν λιθουρίαν κατηγωνίζετο τοὺς ἐναντίους. παραβάλλων δὲ αὐτὸν τῷ Ποίαντος Φιλοκτήτῃ παρείκασε. Schol.* Morbo laborantem Hieronem effinxere nobis Grammatici ex Philoctetis memoratione. Verba suppeditant tantùm haec : *Hieronem ab iis, qui alienis fuerant animis, ut iis auxilium ferret, arcessitum esse. Ad Philoctetis ille exemplum arma sumsit; quem inimicus,* (Ulysses,) *necessitate urgente, superbi alioquin animi, blandis verbis demulsit. Narrant scilicet,* &c. *Νῦν γε·* ergo hoc diversum à superioribus bellis. Sequor in hac interpretatione morem poëtae in digressione per fabulas ad comparationem memoratas. Heyne. "[Tanquam alter Philoctetes, qui, ab iis, a quibus in Lemno relictus fuerat, nunc ope ejus implorata, Trojam adiit, ab iis, qui eum antea contemserant, (a Therone,) precibus expetitus militatum ivit. *Ex Schedis.*] *Idem,* ed. iii." *Δίκη* inpr. apud Homerum saepè est *mos, ritus.* Et noster Pyth. ii. 155. *λύκοιο δίκαν, lupi more.* Ergo h. l. *Philoctetae morem secutus,* i. e. Phil. similis. Gedike. Vide Vol. I. p. 304. l. 5.

98—100. *Σὺν δ᾽ ἀνάγκᾳ*] Mirum nullum interpretum vidisse, non ad Hieronem, sed ad Philoctetem haec spectare; quorsùm enim alias *φαντὶ δὲ,* h. e. *φασὶ γάρ.* Heyne. "Haereo in hoc, praestetne *σὺν δ᾽ ἀνάγκᾳ μιν φίλον*—ad Hieronem referre, an ad Philoctetem, ad quem utique spectant seqq. *φαντὶ δὲ* pro *γάρ. Idem,* ed. ii.

280. [99. τις, Schol. Theronem intelligit. *Ex Schedis.*] Ed. iii." —*τις ἐὰν*
μεγαλάνωρ est *Ulysses,* cujus astutiae benè convenit verbum *ὅσαιεν.*
Hesych. Σαίνει, κολακεύει, προσηνεύεται, θωπεύει. Sensus igitur
est : *Philoctetae amicitiam blanditiis expugnare non erubuit olim super-*
bus Ulysses, quippe *fati necessitate* (σὺν ἀνάγκᾳ) coactus, quo sine
Herculis telis Trojam capi non posse constitutum erat. Simul ta-
men respicitur h. l. ad ipsum Hieronem ejusque inimicos. Innuit
enim poëta, Hieronem, quamvis morbo oppressum, ceteris Siciliae
tyrannis atque civitatibus tamen formidabilem manere. Et revera
sicut Philoctetae olim auxilio egebant Graeci, sic ad Hieronem
multae civitates confugiebant, e. g. Cumaei, quibus contra Hetrus-
cos auxilium tulit, Sybaritae, Himerenses, Agrigentini. vid. Diod.
Sic. xi. 48 et 53. Forsan crudelis Agrigenti tyrannus, Thrasydaeus,
patris Theronis successor, amicitiam Hieronis captaverat. Is enim
biennio ante victoriam hoc carmine celebratam imperio potitus erat.
(Ol. lxxvii. 1. vid. Diod. xi. 53.) Hinc *μεγαλάνωρ* proxime quidem
ad Ulyssem, sed simul etiam ad quempiam inter Hieronis aequales
principem spectat, sive Thrasydaeum, sive ipsum Theronem, cui
Olymp. lxxvi. 1. ob Himerensium rebellionem opus fuerat amicitiâ
Hieronis, (Diod. xi. 48.) vel denique Anaxilaum, Rheginorum ty-
rannum, qui quum Locros Epizephyrios bello petere vellet, Hiero-
nis metu deterritus amicitiam illius petere coactus est. Gedike.

100—104. φαντὶ δὲ—] Ordo est : φασὶ δὲ Ἡρακᾶς ἀντιθέους ἐλ-
θεῖν μεταλλάσσοντας [lege μεταλάσσοντας, à μεταλάζω, ex λάζω,
λάζομαι, quia versus respuit duplex λ,] Λημνόθεν Ποίαντος υἱὸν
τοξότην, ἕλκει τειρόμενον· *Dicunt enim heroas divinos* [Ulyssem
scil. et Neoptolemum] *venisse ut secum abducerent è Lemno Poeantis*
filium sagittarium, ulcere tabescentem: Philocteten scil. " μεταλάσσον-
τας, Edin. 5ta. μεταμειβοντας, Boeck. Ποίας,-αντος. P.

281. 105. Ὃς Πριάμοιο—] ὅστις Φιλοκτήτης τὴν Ἰλιον ἐπόρθησε, καὶ
ἐπὶ τέλος ἤγαγε τοῖς Ἕλλησι τοὺς πόνους· ἀνεῖλε γὰρ τὸν Πάριν
ἀσθενεῖ μὲν καὶ ἀδυνάτῳ σώματι βαδίζων, ἀλλὰ μεμοιραμένον ἦν τὸ
τὴν Ἰλιον ἀλῶναι τοῖς Ἡρακλείοις τόξοις. Schol.

109—111. Οὕτω δ᾽ Ἱέρωνι—] οὕτω δὲ, φησὶ, τῷ Ἱέρωνι ὁ θεὸς
ὀρθωτὴρ καὶ ἰατὴρ γένοιτο, ὡς καὶ τῷ Φιλοκτήτῃ. φησὶ γὰρ Διονύ-
σιος, χρησμοῖς Ἀπόλλωνος ἀπολουσάμενον τὸν Φιλοκτήτην ἀφι-
νῶσαι, τὸν δὲ Μαχάονα ἀφελόντα τοῦ ἕλκους τὰς διασαπείσας σάρ-
κας, καὶ ἐπικλύσαντα οἴνῳ τὸ τραῦμα, ἐπιπάσαι βοτάνην, ἣν
Ἀσκληπιὸς εἰλήφει παρὰ Χείρωνος, καὶ οὕτως ὑγιασθῆναι τὸν ἥρωα.
οὕτως οὖν καὶ τῷ Ἱέρωνι—ὁ θεὸς ὀρθωτὴρ καὶ ὑγιείας αἴτιος γένη-
το εἰς τὸν ἐσόμενον χρόνον, ὧν ἐπιθυμεῖ εὐχέρειαν παρεχόμενος.
Schol. Sed vide suprà ad v. 91.

112—121. Μοῖσα, καὶ πὰρ Δεινομένει] *Musa, obtempera mihi ut*
canas etiam apud Dinomenem παιᾶν *τεθρίππων, praemium victoriae*
quadrijugo curru ab Hierone partae. νικηφορία δὲ πατέρος [ἐστὶ]
χάρμα οὐκ ἀλλότριον, *victoria enim patris est gaudium non alienum à*
filio. [Refert Scholiastes, ex Philisto et Timaeo, Dinomenem filium
fuisse Hieronis è Nicoclis Syracusani filiâ susceptum; (è priore
enim uxore Anaxilai filiâ, et Theronis consobrinâ, nulli erant ei
liberi;) undè etiam nomen filii idem erat ac avi; Dinomenes enim
erat pater Hieronis.] *Age,* nunc cane laudes Hieronis ; *deinceps gra-*
tum excogitemus hymnum ipsi Dinomeni *Aetnae regi, cui urbem illam,*
divinâ libertate donatam, Hyllicae normae legibus Hiero condidit. [ἀνα-

κτίσας τὴν Κατάνην ὁ Ἱέρων καὶ Αἴτνην μετονομάσας, διοικεῖν Δει- 281.
νομένει τῷ υἱῷ—δέδωκεν, ἐν νόμοις τῆς Δωρίδος στάθμης. Τοῦτο δὲ
λέγει, ἐπεὶ στρατηγὸν αὐτῆς κατέστησεν αὐτόν, ἐλευθέρους ἀφεὶς
τοὺς Αἰτναίους, καὶ τοῖς Λακωνικοῖς τρόποις ἢ νόμοις χρωμένους.
Schol.] Concesserat sine dubio Hiero novis colonis, ut antiquis legi-
bus uterentur, ἐν νόμοις Ὑλλίδος στάθμας, i. e. ad normam legum
Hyllicarum. Leges Hyllicae sunt in genere Peloponnesiacae, et in
specie Spartanae, siquidem Hyllus, Herculis filius, primus olim dux
fuerat Heraclidarum, qui cum Doribus Peloponnesum quartâ de-
mum aetate expugnabant. GEDIKE.

121—125. Θέλοντι δὲ—] Ordo est: ἔκγονοι δὲ Παμφύλου καὶ
μὴν Ἡρακλειδᾶν, ναίοντες [ἐν] ὄχθαις ὑπὸ Ταϋγέτου, ᾿θέλουσιν αἰεὶ
μένειν Δωριέες ἐν τεθμοῖσιν Αἰγιμιοῦ. Posteri autem Pamphyli,
atque etiam Heraclidarum, qui olim habitabant in oris sub Taÿgeto,
cupiunt semper manere Dorienses in legibus Aegimii. Nam, ut
rectè observavit Gedikius, Παμφύλου καὶ Ἡρακλειδᾶν ἔκγονα
sunt h. l. recentes Aetnae incolae, ex Peloponneso deducti. Dorien-
sium nepotes, (verba sunt ejusdem viri doctissimi,) quamdiu in ipsâ
Peloponneso à majoribus expúgnatâ habitabant, Dorienses manere,
mirum non erat. Sed transgressos in Siciliam quoque, Dorienses
tamen manere et antiquis legibus uti voluisse, id quidem omninò
memorabile erat. Taÿgetum et Amyclas commemorando videtur
poëta regionem, undè Aetnae coloni venerint, accuratiùs denotare.
Δωριῆς pro Δωριέες. Notandum, non solum eos Aetnae incolas,
qui ex Peloponneso migraverant, Dores fuisse, sed Syracusános
quoque, ex quibus dimidia colonorum pars conscripta erat; siquidem
et Syracusae olim à Peloponnesiacis, hinc à Doribus erant extruc-
tae. Aegimius, Doriensium rex et legislator, Herculis aequalis, qui
ei contra Lapithas auxilium tulit. v. Apollod. Bibl. ii. 7. Hujus
postea filii Pamphylus et Dymas Heraclidas Peloponnesum expug-
naturos comitabantur. Apollod. ii. 8. Caeterùm, uti Heynius notavit,
ναίοντες non est habitantes, sed qui olim habitárunt, οἱ ναθάμενοι·
per enallagen temporis, ut ille: sed potiùs imperf. participii, cujus
forma eadem est ac praesentis: saltem ita grammatici. Ὄχθαις
ὕπο Ταϋγέτου. Sic omnes. An constr. ὑπὸ ὄχθαις—sub clivis Taÿ-
geti: ὄχθαις pro ὄχθοις, ut supra v. 29. αἰνᾷ Ταρτάρῳ, &c.? P.

125. —ἔσχον—] Tenuerant— vi plusquamperfecti: nam ad colo-
norum, qui ex Peloponneso venerant, majores hoc spectat. HEYNE.
Ἔσχον δ᾽ Ἀμύκλας—] κατέσχον τὴν Σπάρτην ἀπὸ μιᾶς γὰρ πό-
λεως τὴν πᾶσαν ἐμφαίνει Λακωνικήν. Schol. Tenuerant vero Amyclas
beati, è Pindo profecti, albis-equis-vectorum Tyndaridarum celeberrimi
accolae, quorum hastae gloria floruit. Πινδόθεν] λέγει, ὅτι οἱ Δωριεῖς,
διὰ Πίνδου τὴν κάθοδον ποιησάμενοι, εὐχερῶς τῆς Πελοποννήσου
ἐγένοντο ἐγκρατεῖς. Πίνδος δὲ Περῥεβοίας ὅρος. —Τυνδαριδᾶν
γείτονες] ἔδει σύνοικοι εἰπεῖν. ἀλλὰ ῥητέον, ὅτι ἱστοροῦσί τινες τοὺς
Διοσκούρους μετῳκηκέναι εἰς Ἄργος· γειτνιᾷ δὲ τὸ Ἄργος τῇ Λακε-
δαίμονι. Schol. Περῥαιβίας alii. P.

130—136. Ζεῦ, τέλει—] Locus impeditus, in quo expediendo nec 282.
olim feliciter versatus sum, nec nunc mihi satisfacio.—Conjicere
licet multa: verum hariolari non est emendare, nec interpretari.
HEYNE: Additamenta. Verba sic forsan construi possent: Ζεῦ δὲ
τέλει, ἔτυμον λόγον ἀνθρώπων αἰεὶ διακρίνειν τοιαύτην αἶσαν ἀστοῖς
καὶ βασιλεῦσιν παρ᾽ ὕδωρ Ἀμένα [Dor. pro Ἀμένου, à nominat. Ἀμέ-

282. νας.] *At O Jupiter, perfice ut* recta et *vera ratio hominum semper dijudicet* et intelligat, i. e. [uti Dammius interpretatur,] ut quivis sanae mentis agnoscat *in civibus et regibus eandem beatam sortem apud Amenam* Aetnae fluvium. [Quae Heynius ita olim reddidit:— *hanc conditionem (fortunam) semper praesta civibus et principibus, seu regibus, ut justitiam colant.* Et addit: ἔτυμος λόγος, δίκαιος λόγος, διακρίνειν τὰ δίκαια, nota sunt. Priori tamen interpretationi favet Scholiastes : ὦ Ζεῦ, τέλειε διὰ παντὸς τοῖς Αἰτναίοις τοῖς περιοικοῦσι τὸν Ἀμένη ποταμὸν, τοιαύτην μερίδα βασιλεῦσί τε καὶ δημόταις παράσχου, ὥστε τὸν τῶν ἀνθρώπων λόγον διακρίνειν τοῦτο καὶ ἀληθὲς ἀποφαίνειν, ὅτι ἐν ἐλειθερίᾳ εἰσίν.] Σύν τοι τίν— [τὶν Dor. pro σαὶ, *tibi,* τοι particula,] ἡγητὴρ ἀνὴρ γέρων ἐπιτελλόμενος· υἱῷ, τράπα τε [αὐτὸν] τε δῆμον ἐπὶ σύμφωνον ἡσυχίαν. *Te quidem favente, senex rex Hiero filio* suo Dinomeni *praecipiens,* [ὁ τῆς Σικελίας ἡγητὴρ, ἤγουν βασιλεὺς, Ἱέρων, τῷ ἑαυτοῦ υἱῷ Δεινομένει ἐντελλόμενος —Schol.] *ipsumque populumque convertat ad concordem tranquillitatem.* Haerent praecipue viri docti ad Υἱῷ τ' ἐπιτελλόμενος δᾶμόν τε. Sed si subauditur αὐτὸν, quod videor mihi colligere è priore voculâ τε et ex δῆμον in accusativo, tunc non malè procedere videtur sententia. Vel cum Pauwio lege υἱὸν, et constructio sit: ἀνὴρ ἡγητὴρ ἐπιτελλόμενος τράπαι υἱόν τε δᾶμόν τε ἐφ' ἡσυχίαν σύμφωνον. "Videtur enim," inquit Heynius, "Hiero filium Dinomenem "novae coloniae praefecisse, ut ipse olim à fratre Gelone Gelae, "Thrasydaeus à patre Therone, tyranno Agrigentino, Himerae, "praefecti fuerant; filium adeo in potestate retinere sibique certâ "ratione obnoxium habere et potuit et debuit. Obvia est causa cur "υἱὸν abierit in υἱῷ, propter ἐπιτελλόμενος." " Υἱῷ γ'—Boeck. P.

137—141. Λίσσομαι—] Ordo est : Κρονίων, ιεῦσον, λίσσομαι, ὄφρα ὁ Φοίνιξ, ὅ τε ἀλαλητὸς Τυρσανῶν ἔχη [ἑαυτὸν] ἥμερον κατ' οἶκον, ἰδὼν τὴν ὕβριν ναυσίστοιον πρὸ Κύμας. *Saturnie, admue, precor, ut Phoenicius Tyrrhenorumque strepitus contineat se tranquillum in domo, intuitus cladem navalem ad Cumas.* Gedikius, cum Schol. refert ἰδὼν ad Κρονίων. *Videbas olim, Jupiter, Tyrrhenorum ad Cumas cladem.* Aliter Heynius, "Cur ἰδὼν," inquit, "ad Jovem "nollem referre, erat, quod mihi videbatur hoc otiosum esse; at "hostes à novâ expeditione deterreri poterant recordatione cladis "prioris acceptae. ὁ Φοῖνιξ, ὁ Τυρσανῶν τ' ἀλαλατὸς mihi dictus "videbatur pro *copiis navalibus et terrestribus Carthaginiensium et* "*Etruscorum ;* eae *viderant* cladem ad Cumas acceptam." Precatur poëta ut in posterum Hieronis imperium tutum sit à *Tyrrhenis* (devictis ab Hierone) et *Carthaginiensibus* (devictis à Gelone.) Locus ab interpretibus antiquis et recentioribus ante Heynium turbatissimus. Malè enim confuderunt Hieronis res gestas, et Gelonis praeclara facinora, quibus poëta comparat Hieronis res gestas. Gedike. " Junge ἄμερον οἶκον κατέχη—Boeck. P.

142—147. Οἷα Συρακοσίων—] Suspicabatur Heynius copulam excidisse —Οἷα Συρακοσίων τ' ἀρχῷ δαμασθέντες πάθον· ὠκυπόρων ἀπὸ ναῶν ὅς σφιν &c. ut sequentia penderent à superioribus: ὄφρα ὁ ἀλαλητὸς ἰδὼν ὕβριν, οἷά τε πάθον. ἀλαλητὸς v. 139. pro exercitu poni, nihil habere posse, existimat idem vir summus, quod mirationem faciat: est enim perpetuum hoc poëtarum, ut θόριβον, κυδαμὸν, et similia, "ἀλαλὰν— Nem. iii. 104." pro pugnâ et pro acie pugnantium memorent. Construe igitur hoc modo :—οἷά τε ἔπαθον δαμασθέντες ἀρχῷ Συρακοσίων, et qualia passi sunt victi à Gelone duce Syracusanorum, ὃς ἐβάλετο ἡλικίαν ὄφιν ἀπ' ὠκυπόρων ναῶν, ἐξέλκων Ἑλλάδα βαρείας δουλείας. qui dejecit juventutem ipsorum in mare à velocibus navibus, Graeciam extrahens è gravi servitute.

147—154. —αἱρέομαι—] Haec sic explicavit in alterâ suâ edit. Heynius : *Atheniensium laudem* (si Atheniensium laus mihi celebranda est) *praefero* (αἱρέομαι, prae omnibus aliis laudo) *decus* (χάριν) *ex pugnâ ad Salaminem; Spartanorum verò* (ἐν Σπάρτα, pro τῶν Σπαρτιατῶν) *celebrabo pugnam ad Plataeas : at Dinomenis liberis à pugnâ ad Himeram laudes sunt petendae.*—μισθὸν dixit pro praemio, laude ex victoriâ, ut Nem. vii. 93. &c.—τελέσαις aut universè dixit secundâ personâ, pro τελέσαι ἄν τις, uti statim v. 157. εἰ φθέγξαιο, vel ut seipsum alloquatur, ut saepe facit. Hactenùs ille. [Vel est τελέσαις pro τελέσας, (vide συντανύσαις infrà v. 158.) ut rectè exponit Scholiastes : neque nimis refragatur temporis aoristi usus. T. YOUNG.] τὰν πρὸ Κιθαιρῶνος μάχαν intellige *pugnam Plataeensem.* Plataeae enim prope montem Cithaeronem sitae erant. Μῆδειοι sunt *Persae,* ut antea Φοίνικες, *Carthaginienses.* ταῖσι [scil. μάχαις.] Nam χάρις suprà pro μάχη. GEDIKE. Referendum autem ad sensum, de duplici victoriâ, non grammaticè exigendum, ταῖσιν. HEYNE. "v. 147. ἀρέομαι, q. e. ἀροῦμαι. v. 151. Μήδειοι sine μέν. Boeck. P.

157—161. Καιρὸν εἰ—] Sententiarum ordo sic decurrere vide-283. tur : *Laudes adhuc Hieronis percurri ; molestas quidem auditu invidis ; enimvero summâ brevitate usus sum.* Hac se, insigni cum arte, uti, poëta aliquoties declarat : v. Pyth. iv. 439. sqq. ix. 133. sqq. qui locus prorsùs cum hoc convenit. HEYNE. Poëta sentiens, se in nimis latum campum laudum Hieronis deferri, revocat sese, sibique sufficere ait, quod praecipua quasi capita ex illius historiâ delibaverit. Addit rationem. Κόρος γὰρ ἀπαμβλύνει, &c. *Ingrata enim satietas* (i. e. laus nimis diffusa et singula quaevis copiosè enarrans) *obtundet celeres* (i. e. ad finem quasi properantes) *animos* (auditorum et lectorum.) GEDIKE. Καιρὸν εἰ φθέγξαιο] οἱ μέν φασι τὴν Κατὰ πρόθεσιν λείπειν, ἵν' ᾖ· κατὰ καιρὸν εἰ φθέγξαιο.—ὁ δὲ νοῦς· εἰ τὰ καίρια λέγεις τῶν πολλῶν εἰς ἓν συντεμὼν καὶ συμπλέξας, οὐκ ἀκολουθήσει μέμψις, οὐδὲ φθόγος· ὁ γὰρ αἰανὴς κόρος, ἤγουν αἰώνιος καὶ διηνεκὴς, καὶ ἡ μακρολογία ἀμβλύνει τὰς τῶν ἀκουόντων ταχείας ἀπάσις, ἀντὶ τοῦ διανοίας. Schol. Εἰ φθέγξαιο [κατὰ] καιρὸν, συντανύσαις [Dor. pro συντανύσας] πείρατα πολλῶν ἐν βραχεῖ, *Si locutus fueris opportunè, multarum rerum summas complexus brevi in sermone,* μείων μῶμος ἀνθρώπων ἔπεται, *minor reprehensio hominum sequitur.* γὰρ κόρος, &c. uti suprà. ἀπάσις, contractè pro ἀπάσιας, ab ἄπαδις, ιος, ἡ, mens, cognitio.

162, 163. Ἀστῶν δ' ἀκοά—] *Civium autem gloria clam premit et pungit* (invidorum) *mentem, sed magis etiam id fieri solet in meritis* et laudibus *peregrinorum,* sicut Hieronis. Hiero autem Syracusis natus non erat, sed peregrinus, quippe Gelae natus. GEDIKE.

165—168. νώμα δικαίῳ—] —τὸν νῦν τεταγμένον σοι δῆμον δικαίῳ καὶ ἀγαθῷ κυβέρνα πηδαλίῳ τὸ νῶμα γὰρ ἀντὶ τοῦ κυβέρνα. —Ἀψευδεῖ δὲ πρὸς ἄκμονι] ἄκμονα τὸ στόμα ἀπὸ μεταφορᾶς τῶν χαλκευόντων ἔφη. πρὸς ἄκμονα δὲ ἀψευδῆ χάλκευε τὴν γλῶσσαν· ὅ ἐστι, φιλαλήθης ἴσο, ἤτοι ἀλήθευε. ἴσως δέ τι ἐπηγγείλατο τῷ Πινδάρῳ ὁ Ἱέρων. Schol. χάλκευε γλῶσσαν πρὸς ἀψευδεῖ ἄκμονι est, ad verbum, *forma linguam in incude veraci ;* quod poëticè dictum pro

246

283. *veritati stude ; veritatis amantissimus esto.* Angl. *form thy tongue on the anvil of truth.*

169—171. *Εἴ τι καὶ—*] —*Παραιθύσσει,* quod et Gedik. V. C sensit, videtur adhuc ad eandem metaphoram spectare, à scintillis petitum, quae cudendo ferro *emicant.* Potest autem esse vel *εἴ τι φλύαρον παραιθύσσει πὰρ σέθεν,* vel *εἰ ἡ γλῶσσα παραιθύσσει τι,* transitivè, —*μέγα φέρεται, πὰρ σέθεν, quia à te profectum illud est.* Desciverat autem Hiero ab candore et integritate fratris Gelonis Diod. xi. 67. Heyne. *φησὶ δὲ, μεγάλα εἶναι τὰ τῶν ἀργόντων ἁμαρτήματα, κἂν εὐτελῆ τυγχάνῃ. εἰ καί τι οὖν εὐτελὲς ἁμάρτῃς, καὶ τοῦτο μέγιστον ἔσται. Schol.*

171. —*πολλῶν ταμίας ἐσσί*] Sic Eurip. Med. sub finem : *Πολλῶν ταμίας Ζεὺς ἐν Ὀλύμπῳ.*

172. —*πολλοὶ μάρτυρες ἀμφοτέραις πιστοί.*] *multi testes sunt utrius-que rebus* (benè maléque gestis) *fide digni.* Koppius.

173—175. *Εὐανθεῖ—*] *εὐγενεῖ δὲ, φησὶ, τρόπῳ περιμένων, εἴ τι τι φιλεῖς τὴν ἡδεῖαν τῶν ἐγκωμίων ἀκοήν, μὴ ἀπόκαμνε πρὸς τὰς δαπάνας. Schol. ὀργῇ, παρὰ Θουκυδίδῃ, ἀντὶ τοῦ διανοίᾳ, τρόπῳ, σκόπῳ.* Suidas. Vide suprà ad Oed. Tyr. v. 337. *"Εὐανθεῖ δ᾽ ἐν ὀργᾷ, in generosâ indole. μὴ κάμνε, noli aegrè ferre—*Vide Kopp. Boeck. P.

176—183. *Εξίει—*] *ὥσπερ δὲ κυβερνήτης ἄριστος, ἔα πρὸς πνεῦ-μα τὸ ἰστίον. Schol. Μὴ δολωθῇς εὐτραπέλοις κέρδεσι. Sensus est Cave decipiaris aulicorum urbanâ et blandâ astutiâ. Κέρδεα enim h. l. non sunt lucra, sed astutia, &c.*—quo sensu ea vox saepissime apud Homerum occurrit. Gedike. Concinit Diod. xi. 67. *Qui ne-cesserat Geloni, Hiero fratrum natu maximus, non eandem imperandi rationem sequutus est, ἣν γὰρ φιλάργυρος καὶ βίαιος, καὶ καθόλου τῆς ἁπλότητος καὶ καλοκαγαθίας τἀδελφοῦ ἀλλοτριώτατος. Heyne. Οι-θόμβροτον αὔχημα, &c. Famae gloria homines sequens post mortem.* In scriptis *tum historicorum tum poëtarum sola defunctorum virtus veram vitae rationem indicat. λόγιος est historicus.* Vide Hesychium in voce. "V. 178. *κέρδεσιν εὐτραπέλοις.* Heyn. Beck. Benedict &c. *εὐτραπέλοις κέρδεσσ᾽.* Edin. Oxon. Boeck. Hic ob metrum. Hey-nium ob sonum sequutus sum. P.

284. 187—190. *Εχθρὰ—φατίς·*] Angl. *An odious character attacks itself universally to the cruel Phalaris.* (De Phalaridis tauro aeneo satis notum.) *Οὐδέ μιν φόρμιγγες οὐδὲ αὐτὸν, φησὶ, τὸν Φάλαριν ἐποικίδιαι κιθάραι παρὰ συμποσίοις καὶ δείπνοις εἰς κοινωνίαν ἡδεῖαν δέχονται,—ταῖς τῶν παίδων " ὁμιλίαις καὶ τοῖς" ὕμνοις· τουτέστιν, οὐδέποτε τὸν Φάλαριν ἐν συμποσίοις παῖδες ὑμνοῦσιν. Schol. " ustu-τῆρα νηλέα νόον, ustulatorem saevum mente.* Koppius. *κοινωνίαν* sub. *εἰς, in consortium suave.* Idem. *παίδων δάροισι, puerorum rel ju-venum coetibus et cantibus.* P.

"192. *Εὖ δὲ παθεῖν, τὸ πρ—*] Edin. *Τὸ δὲ παθεῖν εὖ, πρ—* Heyne, &c. P.

penult. versu est ὅπως ἀνεῖσα, quod mutatum fuit fortè, ne sensus imperfectus videretur. Si carmen integrum extaret, dijudicari posset, utrum *fortitudo,* an urbs *Roma* laudetur, ad quam omnia satis bene referri possunt. Brunck. Erinna Lesbia, aequalis, ut aiunt, Sapphûs, innupta decessit admodum juvenis, vix nata annos undeviginti. Fabr. Bibl. Gr. Lib. ii. c. 16. s. 28. ubi vide plura.

Ver. 2. —δαΐφρων ἄνασσα,] *regina belli perita,* ἅ ναίεις Ολυμ· πον σεμνὸν ἐπὶ γᾶς αἰὲν ἄθραυστον, *quae incolis Olympum magnificum in terrâ semper stabilem.*

6. Κῦδος βασιλῆον ἀρχᾶς ἀῤῥήκτω] est *imperium summum et perpetuum.* Born. βασιλῆον, Aeol. pro βασίλειον. et ἀῤῥήκτω pro ἀῤ ῥήκτου.

7. Ὄφρα—] Ordo est : ὄφρα ἔχουσα κοιράνειον κράτος ἡγεμονεύῃς. *ut excellenti robore praedita gubernes.*

9. —σδεύγλᾳ] Aeol. et Dor. pro ζεύγλη. λέπαδνα sunt *lora lata,* quibus equi collum religatur ad jugum. Σᾷ δ᾽ ὑπὸ, &c. Sensus est: *virtute animóque omnia terrâ marique dominantur et coërcentur.* Born.

15. Σαι μόνα—] *Tibi soli ventum prosperum imperii non mutat.* 28b. Πάντα δὲ, &c. Celeberrimus Henr. Stephanus, qui totam hanc Oden numeris Sapphicis Latinè adumbravit, sic optimè dedit sequentia :

> *Ipsa, quae gaudet dare cuncta pessùm,*
> *Resque transformans hominum Vetustas,*
> *Implet aeternùm tua sola ventis*
>   *Regna secundis.*
> *Namque prae cunctis sobolem valentem*
> *Procreas, bellis habilem : feraxque*
>   *Non Ceres spicis magis, ipsa quam sis*
>   *Prole virorum.*

ΕΙΣ ΝΕΚΡΟΝ ʼΑΔΩΝΙΝ.] *In mortuum Adonidem.* Hoc grammatici Theocriteis Idylliis adscripserunt in 2do cod. Vat. Sed non esse Theocriti, cum metri ratio, tum magis ipsa carminis indoles, haud obscurè demonstrant. Warton. De Veneris amasio Adonide, deque more quo periit, dentibus aprugnis morsus scil. junioribus etiam discipulis satis notum. Neque est quod huic poëmatio immoremur. Est merus, ut Galli vocant, *jeu d'esprit.*

Ver. 7. —ποτανοὶ] Dor. pro ποτηνοὶ, ut *volucres.*

32. Καί μευ κατεσίναζε.] *Et mihi admodum nocebat.* Valck. in 286. priore suâ edit. dedit—φιλᾶσαι, Καί μευ ἔσινε κραντήρ· *et meus dens eum laedit.* Sed hanc vulgatam lect. postea praetulit.

46. Εκαιε τὼς ἐρῶντας.] Stephanus observat primùm, à quodam duo postremos versus, in quodam vetere cod. non repertos fuisse : deindè legere mavult ἔκλαιε· *Suorum amorum miserias deplorabat :* aut si ἔκαιε vera esset lectio, ἔρωτας interpretatur τοὺς ἐρωτικοὺς ὀδόντας. Dorville [ad Charit. p. 431.] ἐρῶντας, [*amatorios dentes*] probat. Haec lectio mihi quidem unicè placet ; at tunc πῦρ de arâ Veneri in luco fortè quodam aut alibi dicatâ, ubi ignis lucebat,

intelligo: quasi aper dentes tanquam sacrificium et piaculum in aram, ubi ignis ardebat, projecisset, quo suum expiaret delictum. HARLES. "Scripsi pro ἔρωτας. P·

---

287. * ά. *ΒΑΣΙΛΙΟΥ.*] Quis fuerit Basilius iste, cui tribuit hoc odarium codex Vaticanus, et quandò vixerit, omninò latet. BORN.

3. *Ὄναρ*—] i. e. κατ' ὄναρ, *in somnio,* λέγων προσεῖπε, *dicens alloquutus est* me. ·

5. *Περιπλάκην*] Sine augm. aor. 2. pass. in med. sensu, ut saepe fit; à verbo περιπλέκω. *osculatus amplexus sum eum ;* i. e. *eum amplexus osculatus sum.*

11. ʽΟ δ'—] *Ερως* scil. ἐξελὼν στέφος καρήνου [Ἀνακρέοντος] ἔδωσι μοί.

14. *Εγὼ δ' ὁ μωρὸς*] Angl. *And I, the fool that I was,*—

† β'. *ΤΟΥ ΑΥΤΟΥ*—] *Ejusdem. Ad Pictorem.*

1. *Ἄγε, ζω*—] Bacchius malè pro anapaesto. ʽΤ. YOUNG.

2.· *Λυρικῆς*—] Ordo est: ἄκουε ἑτεροπνόους ἐναύλους λιριῆ; Μούσης τε φιλοπαίγμονος Βάχχου. *audi alternatim flantes tibias lyricae Musae et Bacchi jocos amantis.*

5. —*πόλεις*—ʽ*Ιλαράς*—] *urbes*— i. e. *incolas urbium hilares et ridentes.*

7. ʽΟ δὲ *κηρός*—] Nam veteres tabulae fiebant ex cerâ, quae cum coloribus inurebatur; quae pingendi ratio dicebatur encaustica. [cf. Plin. H. N. xxxv. 11. 39.] νόμοι hoc loco sunt *modi musici,* carminis modulationes, vel *cantilenae. Νόμοι φιλούντων* sunt ergo *cantilenae amantium, carmina amatoria et nuptialia.* BORN. Est hoc odarium, ut videtur, dithyrambici generis.

288. * γ'. *ΙΟΥΛΙΑΝΟΥ*—] Lepidissimum hoc odarium, in quo ostenditur Amorem Bacchi comitem assiduum esse, vulgò adscribitur Juliano Praefecto Aegypti sub Imp. Justino ; cujus carmina videre est in Brunckii Analect. ii. p. 493.

3. *Καὶ τῶν πτερῶν κατασχὼν*] Angl. *And having caught him by the wings,* &c.

6. *Καὶ νῦν ἔσω*—] *Et nunc intra pectus meum alis suis me titillat.*

II. NOTAE IN SCOLIA.

289. * *ΔΙΑΦΟΡΩΝ*—] *Diversorum Poëtarum Cantica sive Scolia.* De hujusmodi Scoliis, [Angl. CATCHES. *Bent. Diss. on Phal.* p. 374.] quae in conviviis cantare solebant Graeci veteres, vide Athenaeum, Lib. xv. c. 14. p. 694. A. Frid. Jacobs Animadversiones in Epigrammata Anthologiae Graecae, Vol. I. Par. i. p. 291. et Klotz. ad Tyrt. Dissert. ii. p. 236. sqq. ed. ii. Cf. *Hurd's Notes on the Art of Poetry of Horace,* ad v. 219. ʺVol. i. p. 176. ed. iv.

† PITTACI MITYLENAEI. I. 3. *Πιστὸν γὰρ οὐδὲν*—] Paulo impeditior sententia corruptelae suspicionem movet. Gilb. Wakefield in Syl. Crit. Part. v. p. 25. corrigit: πιστὸν γὰρ οὐδὲν γλώσση διὰ στόματος

λαλεῖ Διχόμυθον ἔχουσα κραδίη νόημα. *Animus duplex nihil, cui confidas, linguâ effatur.* JACOBS. Vide Diogenem Laert. I. 78. p. 49.

---

* SOLONIS ATHENIENSIS.] Ecce vobis SOLON, vir sanctissimus, legum 290. lator sapientissimus, poëta optimus : qui si quid in reip. administratione ardui objiceretur, ad poëticam facultatem semper confugiebat. LOWTH, Prael. i. p. 15. Vide Fabr. Bib. Gr. Vol. i. p. 735. sqq. edit. Harles. L. ii. c. 11.

Ver. 1. Πεφυλαγμένος—] Hoc Scolion servavit Diogenes Laertius in Solonis vitâ. [L. i. s. 61.] BRUNCK. Gnom.

3. —φαιδρῷ—] Ad sensum facit Lucian. T. iii. p. 153, 20. Reiz. προσίεται μὲν καὶ προσμειδιᾷ τοῖς χείλεσιν ἄκροις, μισεῖ δὲ καὶ λάθρα τοὺς ὀδόντας διαπρίει. et mox : ἕτερα μὲν κεύθοντα ἐνὶ φρεσί, ἄλλα δὲ λέγοντα, καὶ ὑποκρινόμενον ἱλαρῷ καὶ κωμικῷ προσώπῳ μάλα περιπαθῆ καὶ πένθους γέμουσαν τραγῳδίαν. " Calumn. 24. Vol. viii. p. 51. Bipont." Pro ἔγχος in v. 2. ἐχθος Casaubono placebat. JACOBS.

5. —μελαίνας—] *mentem nigram et improbam.* Illustrat Gataker. ad M. Antonin. iv. p. 115. sq. *Idem.* " s. 28. p. 153. n. ed. ii.

---

†CALLISTRATI. 1. Ἐν μύρτου κλαδὶ—] Erat hoc Σκολιὸν Athenis ita celebre, ut in omnibus conviviis cantari solitum esset.—Liquet autem ex ipso Σκολιῷ, conjuratos, cum Hipparchum adorirentur, pugiones suas abdidisse in illis myrti ramis, quos, opinor, solenne erat gestari ab omnibus, qui Sacrificio Panathenaico interessent : quod etiam disertè testatur Aristophanis Scholiastes. LOWTH, Prael. i. p. 13. n. ubi vide plura. " Vide Aristoph. Acharn. 980. P.

---

* HYBRIAE CRETENSIS. 1. Ἔστι μοι πλοῦτος—] Vide Athen. p. 695. 291. F. L. xv. c. 15. Eustath. ad Od. η. p. 276. 47. Klotz. ad Tyrt. Dissert. ii. p. 238.—Vir fortis et generosus, qui hîc loquitur, omnes suas divitias in armis positas esse ait, quibus sibi omnia, quae ad vitam sustentandam opus sint, comparet.— λαισήϊα secundum Eustath. ad ll. μ, p. 874. 47. ex pellibus non mollitis, ἐξ ἀκατεργάστων βυρσῶν, fiunt. Herodot. vii. 91. p. 547. 71. λαισήϊα εἶχον ἀντὶ ἀσπίδων, ὠμοβοΐης πεποιημένα.—Τούτῳ—ἀρῶ. Horum armorum praesidio tutus, quae alii labore parant, ipse possideo. His igitur aro, messem facio, vinum torqueo. JACOBS. " Eustath. Od. η, 125. p. 1574. 6. Il. μ, 426. p. 911. 60. et Il. ε, 453. p. 570. 17. Rom. P.

5—7. μνοίας—] οἰκετείας. Hesych.—Imperfecta est oratio in verbis πάντες γόνυ πεπτηότες, ubi sine dubio legendum est πάντες ἐς γόνυ—Idem. Versus aliter disposuit Hermannus de metris, p. 338. Hoc σκολιὸν citavit celeberr. Gul. Jones, Asiat. Poës. Comm. C. xii. p. 287. quia veterum Arabum poësi sit persimile. Versus tamen et ille aliter disposuit.

---

†ALPHEI MITYLENAEI. 1. Οὐ στέργω—] *Auream quisquis mediocritatem Diligit,* &c. Hor. Lib. ii. Od. 10.

291. 2. —*οἷα Γύγης.*] De Gygis historiâ adi Herodot. Lib. ἰ. 8. seq. Latinis versibus ita olim adumbravit hoc poëmation Georg. Buchanan, Scotus:

> *Non agros cupio mihi feraces,*
> *Non aurum veluti Gyges : sed illum*
> *Qui mi sufficiat, Macrine, victum.*
> *Illud Nil nimiùm nimis juvat me.*

Ita verò, H. Grotius, Batavus:
> *Non quaero segetis feracis arva,*
> *Nec Gygis rutilum potentis aurum ;*
> *Aequo quod satis est, amo, Macrine,*
> *Nam mi nil nimis, ah nimis probatur.*

Atque ita nupèr Sam. Johnson, Anglus:
> *Nunquam jugera messibus onusta, aut*
> *Quos Gyges cumulos habebat auri ;*
> *Quod vitae satis est, peto, Macrine,*
> *Mi, nequid nimis, est nimis probatum.*

---

‡*ΑΔΕΣΠΟΤΑ.*] Non multum est in hisce Scoliis anonymis, quod morae aliquid discipulis superioris classis inferre possit.

I. 1. *Εἶθ' ἐξῆν*—] Ordo est: *Εἶθ' ἐξῆν, διελόντα τὸ στῆθος, γνῶναι ὁποῖός τις ἕκαστος ἦν, ἔπειτα ἐσιδόντα τὸν νοῦν, πάλιν τε κλείσαντα, νομίζειν φίλον ἄνδρα ἀδόλῳ φρενί.* Sed *γνῶναι* à Brodaeo additum est. Quare ita Hermannus: " In hoc scolio non erat "necesse, ut *γνῶναι* adderetur. Rectè enim sic legitur apud Athe- "naeum:" ″L. xv. c. 14. p. 694. ε. Eustath. Od. η. ubi supra."

> *Εἶθ' ἐξῆν, ὁποῖός τις ἦν ἕκαστος,*
> *Τὸ στῆθος διελόντ', ἔπειτα τὸν νοῦν*
> *Ἐσιδόντα, κλείσαντα πάλιν,*
> *Ανδρα φίλον νομίζειν, ἀδόλῳ φρενί.*

" Illa, *ὁποῖός τις ἦν ἕκαστος,* ad *ἐσιδόντα* pertinent, sed ita, ut, " quasi eorum oblitus, rem repetat his verbis, *τὸν νοῦν.* Neque à " vetere Latino sermone alienum est ista sic verti: *utinam,* qualis " *quisque esset, postquam pectus aperuisses, tum demùm mentem liceret* " *cognoscere.*" De metris, L. iii. p. 415.

292. II. 1. *Παλλὰς Τριτογένει*,—] Hermannus legit, *Αθανᾶ,* atque ex tribus postremis versibus duos fecit:

> *Ατερ ἀλγέων καὶ στάσεων*
> *Καὶ θανάτων ἀώρων, σύ τε καὶ πατήρ.*

de Metris, p. 414. ubi vide quae vir doctissimus tradidit de metri genere in his et quibusdam aliis Scoliis.

III. 1. '*Οσʋτιϛ ἄνδρα*—] Rectè in duos Choriambicos digerit Valck-enarius, Hippol. p. 160. c. *Anon. Cantab.*

'*Οσʋτιϛ ἄνδρα φίλον μὴ προδίδωσιν, μεγάλην ἔχει*
Τιμὰν, ἔν τε βροτοῖϛ, ἔν τε θεοῖσιν, κατ' ἐμὸν νόον.

IV. *Σύν μοι πῖνε,*—] Athen. p. 695. D. L. xv. 15. Hinc Eustath. Od. η, 125. p. 277. 10.—Valckenarius ad Phoeniss. p. 146. veterem scripturam fuisse putat hanc: *Σύμμοι μαινομένῳ μαίνεο, Συσσώφρονι σωφρόνει.* Quod ex parte probat Hermannus, qui hîc metrum choriambicum agnoscens, p. 319. corrigit:

Σύν μοι πῖνε, σννήβα, σννέρα, σνστεφανηφόρει·
Σύν μοι μαινομένῳ μαίνεο, σὺν σώφρονι σωφρόνει.

Theognis v. 307. *Εν μὲν μαινομένας μάλα μαίνομαι· ἐν δὲ δικαίοις Ανθρώπων πάντων εἰμὶ δικαιότατος.* JACOBS. " Eustath. uti supra. P.

III. NOTAE IN PAEANAS.

* PAEANES.] *Παιὰν* erat hymnus in laudem Apollinis, (nec non 293. Dianae, secundum alios,) qui canebatur ad amoliendum et propulsandum aliquod malum, sive morbi, (ac praesertim pestis,) sive belli. Sed et partâ victoriâ, aut in praelii congressu canebatur: à verbo *παύω,* quasi *παιάν.*—Generaliùs autem *παιὰν* de hymno qui canebatur et alii cuilibet deo.—Quinetiam plurali numero *παιᾶνες* generaliter cantilenae et hymni deorum, nec non *εὐφημίαι* et *κῶμοι,* ut Hesych. exponit. H. STEPHANUS. *Thes. Ind.* Apollinis cognomen primùm fuisse videtur; et nonnulli deducunt *ἀπὸ τοῦ παίειν,* sive à percutiendo Pythone, sive à sanando morbos. [Vide suprà ad Oed. Tyr. v. 152—166.] Est et *παιὰν, ᾠδῆς εἶδος.* Vide *Schol.* ad Hom. Il. *α,* 473. Eustath. ibid. p. 137. ima.

---

† ARIPHRONIS SICYONII. 1. '*Υγιεια,*] Hymnus venustissimus ad Hygieiam, Aesculapii filiam, deam sanitatis. Extat apud Athenaeum, Lib. xv. c. 20. p. 702. item " initium apud Max. Tyr. xiii. 1." Latinis Iambicis vertit Caelius Calcagninus, in Delit. Poëtar. Italor. p. 546. Vide plura Fabr. Bib. Gr. Vol. ii. p. 111. edit. Harles. L. ii. c. 15. s. 17. Conf. *Armstrong's Art of preserving Health.*
4. *Σὺ δ' ἐμοὶ*—] *Tu mecum propitia habites.* JACOBS.
6. *Τᾶς ἰσοδαίμονός τ'*] Citat Porsonus (Praef. ad Eur. Med. Supplem. p. xxx.) *Τᾶς τ' εὐδαίμονος ἀνθρώποις βασιληΐδος ἀρχᾶς. Anon. Cantab.*
7. *ἤ— πόθων*—] *furtiva voluptas, quam adeo furtivis Veneris retibus venamur.* JACOBS.
10. —*πόνων ἄμπνοά*] *à laboribus respiratio. ἄμπνοά,* pro *ἀναπνοή.*

294. ***Aristotelis Paean.**] Hoc celebre est illud Scolium, sive, ut alii volunt, Paean, seu potiùs Hymnus, de Virtute, quod Aristoteles in Hermeam Atarnensium tyrannum conscripsit. Extat apud Athenae-um, Lib. xv. cap. 16. Laertium in vitâ Aristot. V. 7. et Stobae-um, p. 6. edit. Grotii. S. i. Occurrit etiam in Lib. i. c. 44. Poëti-ces Jul. Caes. Scaligeri, cui ita arridebat, ut is lectorem cupiat perpendere, " quantus vir Aristoteles fuerit in poësi, neque ipso Pindaro minor." Maittaire in Carm. Misc. p. 34. *Hurd on Hor. Art of Poetry*, p. 166. Vol. i. Singulari dissert. illustravit Koeppen, *Hildesiae*, 1784. et post illum Cludius in Bibl. L. et Art. Fasc. iii. p. 33. sqq. Criticis notis instruxit Buhle in Aristotelis Opp. Tom. i. pag. 32, sqq. uti notavit Jacobs. De isto autem Hermeâ, ita Strabo: *Ἦν δὲ Ἑρμείας εὐνοῦχος τραπεζίτου τινὸς οἰκέτης· γενόμενος δ' Ἀθήνησιν ἠκροάσατο καὶ Πλάτωνος καὶ Ἀριστοτέλους· ἐπανελθὼν δὲ, τῷ δεσπότῃ συνετυράννησε, πρῶτον ἐπιθεμένῳ τοῖς περὶ Ἀταρ- νέα καὶ Ἄσσον χωρίοις· ἔπειτα διεδέξατο ἐκεῖνον, καὶ μετεπέμψατο τόν τε Ἀριστοτέλην καὶ Ξενοκράτην, καὶ ἐπεμελήθη αὐτῶν· τῷ δ' Ἀριστοτέλει καὶ θυγατέρα ἀδελφιδοῦ* [ἀδελφοῦ, Mss. Siebenk.] *συνῴ- κισε. Μέμνων δὲ ὁ Ῥόδιος ὑπηρετῶν τότε τοῖς Πέρσαις καὶ στρατ- ηγῶν, προσποιησάμενος φιλίαν καλεῖ πρὸς ἑαυτὸν ξενίας τε διόματι καὶ πραγμάτων προσποιητῶν χάριν· συλλαβὼν δ' ἀνέπεμψεν ὡς τὸν βασιλέα, κἀκεῖ κρεμασθεὶς ἀπώλετο· οἱ φιλόσοφοι δ' ἐσώθησαν φεύγον- τες τὰ χωρία ἃ οἱ Πέρσαι κατέσχον.* [Lib. xiii. 57. p. 610.] (908.) Ejus quoque mentionem faciunt Diod. Sic. Lib. xvi. s. 52. et Laer-tius, ubi supra. Caeterùm, quoniam in plerisque hujus odarii exem-plaribus, quae in libris editis occurrunt, nonnulla est diversitas; hic sequi visum fuit lectionem, quam vir admodum Reverendus Richar-dus Hurd, à quodam docto amico acceptam, in notis suis ad Hor. Art. Poët. edidit, quamque probavit Brunckius in Lectt. ad sua Ana-lecta. " Ad v. 219. Vol. i. p. 177. ed. iv. P.

Ver. 2. *Θήραμα κάλλιστον βίῳ,*] Angl. *the noblest pursuit in life*, or *among men.* Vide Davisium ad Max. Tyr. p. 539. Diss. xi. 8. et Reizium ad Lucian. T. ii. p. 710. " vi. 296. Bipont. Gallus, 5." Credidit T. Young, se alicubi melius legisse: *Ἀρετὰ πολύμοχθε, γί- νει βροτείῳ—θήραμα κάλλιστον βίου, the most valuable prize of life.* Postea invenit in Anthologiâ secundâ Westmonast. *Θήραμα κάλλι- στον βίῳ.* atque hanc esse correctionem Sylburgii testatur Jacobs.

4. —*θανεῖν*] *πότμος θανεῖν, sors moriendi. ζαλωτὸς* [ἐστὶν] *ἐν Ἑλλάδι,* Angl. *to die is in Greece an enviable lot.* " *περὶ δᾶς μορ- φᾶς—καὶ θανεῖν ζαλωτὸς* [ἐστὶ] *πότμος ἐν Ἑλλάδι, καὶ ἀκάμαντας τλῆναι πόνους μαλερούς.* i. e. *consumentes.* P.

8. *Χρυσοῦ τε κρέσσω καὶ γονέων,*] *γονέων* de majoribus generis-que nobilitate accipiendum est. Jacobs. *κρέσσω* pro *κρείσσω*, quod contractè pro *κρείσσονα,* ut norunt tirones.

9. *Μαλακαυγητοῖο*—] *μαλακαυγητὸς* est *dolores leniens:* à *μα- λακὸς* et *ἄγος.*

10. *Σεῦ δ' ἕνεχ'*—] Ita Hor. *Hâc arte Pollux, et vagus Hercules in- nixus, arces attigit igneas.* Lib. iii. Od. 3.

13. *Σαῖς τε πόθοις*—] Angl. *from an ardent love for thee.*

15. —φιλίου μορφᾶς—] *ea forma quâ amicitiam refers,* nempè 294. *propter amicitiam.* T. Young. Forsan perstringit hîc Aristoteles simulatam illam amicitiam, quâ Hermeam amplectebatur Memnon ille Rhodius, (de quo Strabo, ut supr.) et quae causa erat ipsius mortis. Ἀταρνέως ἔντροφος, *Atarneôs alumnus, Hermeas* scil. Erat autem Atarneus locus Mysiae è regione Lesbi situs. Vide Herodot. Lib. i. 160.

17. Ἀελίου γήρωσεν αὐγάς.] Hîc γήρωσεν absolutè ponitur, quod singulare videtur. Vide infrà p. 326. iii. Ὁ πρὶν ἐγώ, κ. τ. λ. ubi γήρωσέ με ἠελίου est *privavit me sole.* Nonne igitur hîc legendum, γηρώσατ᾽ αὐγᾶς, *deprived himself of the light of the sun?* et, ni fallor, αὐγή potius quam αὐγαὶ usurpatur. Hom. Il. ρ, 371. αὐγὴ ἠελίου. T. Young. Usurpatur utroque modo apud Homer. Sic, β, 456. ϑ, 480. δ, 609, &c. quae satis confirmant ingeniosam viri amicissimi conjecturam. Maittaire quoque conjecit αὐγᾶς, sed retinuit γηρευ- σεν, et stare potest subaud. pron. recipr. ῞γηρεύω, *viduus sum, pri- vor, careo :* γηρόω, *viduum reddo, privo.* Buhle praefert γήρωσεν αὐγάς, et interpretatur, *Solis viduavit lumen (Hermias,) destituit sui conspectu,* i. e. *mortem oppetiit.* Mallem γήρευσεν αὐγᾶς, gen. *priva- tus est lumine,* vel γήρωσεν [ἑαυτὸν] αὐγᾶς. Laert. Stob. &c. P.

19. —αὐξήσουσι—] αὐξάνειν pro *celebrare* apud Pindarum fre- quenter obvium. Jacobs.

21. Διὸς Ξενίου σέβας αὔξουσαι.] *Jovis hospitalis venerationem au- gentes,* cujus cultum nimirùm violaverat iste Memnon.

NOTAE PHILOLOGICAE

AD

EXCERPTA MISCELLANEA.

I. NOTAE IN HYMNOS.

297.   * HYMNI.] Erat apud Graecos hoc poëmatis genus à primâ usque
eorum Poëseos origine usu receptum, et in religionibus celebrandis
adhibitum.   Exponebantur plerumque Deorum origines, natalia,
res gestae, aliaque ad eorum historiam pertinentia: ita factum vi-
demus in iis quae etiamnum supersunt in hoc genere Graecorum
monumentis, in elegantissimis Hymnis Callimachi, iisque qui Home-
ro tribuuntur.—Veram hanc Hymni formam et germanum characte-
ra apud Virgilium, accuratissimum vetustatis imitatorem, egregiè
expressit geminûs ille chorus Saliorum, [Aen. viii. 285.]

--------------- qui carmine laudes
Herculeas et facta ferunt.—
            LOWTH, de Sacrâ Poësi Heb. Prael. xxix.

---

†*ΚΛΕΑΝΘΟΥΣ*—] *Cleanthis Hymnus in Jovem.* Graecorum
Hymnos maximam partem conficiebant Fabulae, eaeque de rebus
nec valdè admirandis, neque etiam laudandis: nec mihi occurrit
quidquam, quod quidem extat, ex illo genere graviore, praeter
Cleanthis Stoici Hymnum Jovi inscriptum, hoc est, Deo Creatori, sive,
ut ipse loqui amat, Aeternae Rationi rerum Naturae Effectrici atque
Moderatrici; pulcherrimum sanè antiquae sapientiae monumentum,
sensibus magnificis, solidis, verisque refertum : quae enim habet Phi-
losophus de summâ Dei potentiâ, de supremae Legis et totius Naturae
harmoniâ, de hominum impiorum caecisque animae perturbationibus
obnoxiorum stultitiâ atque insaniâ; ante omnia Divini auxilii implo-
ratio, quo Numen ipsum perpetuis laudibus dignè possimus cele-
brare ; haec omnia tam sano miniméque fucato pietatis affectu ani-
mantur, ut ad Sacrorum etiam Vatum spiritum aliquatenùs videan-
tur accedere. LOWTH, de Sacr. Poës. Heb. Prael. xxix.   Erat autem
Cleanthes ex Asso urbe Lyciae ; Zenonis Stoici, quem per novem-
decim annos audiverat, in porticu Atheniensi successor, et Chrysippi
magister.   Vitam finivit inediâ, annos octoginta natus.   *Vita ejus*

scripta fuit à Diogene Laertio. Multa scripsit, quae, excepto hoc 297. hymno sublimi, et paucis fragmentis, omnia deperdita sunt. Illum primus, è MSto Farnesiano Eclogarum Stobaei, edidit Graecè Fulvius Ursinus, adjectum *Carminibus* ix *illustrium Feminarum,* &c. *Antwerp.* 1568. 8vo. Extat quoque in Henr. Stephani *Poëti Philosophicá, anno* 1573, *8vo.* in *Cudworth's Intellectual System, in fol.* ejusque doctissimi Operis Versione Lat. Moshemii: in Brunckii Analect. Lectt. p. 225. Vol. iii. in ejusdem Poëtis Gr. Gnom. p. 141. " p. 203. Ed. Lips. 1817." adjunctis Versionibus, Lat. Jac. Duporti, (quam antea ediderat Cudworthus;) Gall. Bougainvillii; et Ital. Pompeii. Hunc quoque Hymnum interpretatus est elegantissimis numeris Angl. Gilb. West; ediditque unà cum *Odes of Pindar,* &c. *in* 4*to et* 8*vo.* Vide plura in Fab. Bib. Gr. Vol. iii. p. 550. sqq. edit. Harles. L. iii. c. 10. item in *The Monthly Review, Jan.* 1798. Vol. XX. ubi Censor doctissimus varias editiones, et varias lectiones distinctè enumeravit. " Assos Lyciae [Troadis] urbs. Fab.

Ver. 1. —πολυώνυμε—] Jovem Stoici adorabant sub variis nominibus, uti nos docet Diog. Laert. Lib. vii. § 147. Vide Menagium ad locum. Vol. ii.

2. —φύσεως ἀρχηγέ,] Nihil est praestantius Deo. Ab eo igitur necesse est mundum regi. Nulli igitur est Naturae obediens, aut subjectus Deus. Omnem ergo regit ipse Naturam. Cicero, de Nat. D. lib. ii. c. 30. νόμου μέτα—Ille ipse omnium conditor ac rector scripsit quidem Fata, sed sequitur. *Semper* paret, *semel* jussit. Seneca, de Provid. c. 5. cf. eundem de Benef. lib. iv. c. 23. et Quaest. Nat. praef. Vide etiam Lipsii Physiol. Stoicor. lib. i. diss. 12.

4. *Ex* σοῦ γὰρ γένος ἐσμέν,] Conf. Act. Apost. xvii. 26.—ἰῆς μίμημα, &c. Angl. *We, who alone of all mortal Beings, which live or move upon the earth, have obtained the faculty of vocal expression.* Pro ἰῆς, quod dedit Br. in aliis est ἤχου, quod in versu hic stare nequit. Steph. ὄχου. " Aratus, Phaenom. v. 5. Γοῦ γαρ καὶ γένος ἐσμέν. μοῦνοι pro μοῦνον ex Cod. Heeren. F.

9—13. Τοῖον ἔχεις—] Angl. *Such a minister in thy steady hands does the doubly-pointed, flaming, ever-living thunder-bolt prove: For by its shock all Nature stands aghast; thus thou guidest the common principle of reason which pervades all, mingling with the luminaries great and small.* " ἀνικήτοις, *invictis manibus,* Duport. apud Cudworth. C. iv. s. 25. fin. p. 432. *Steady hands* redditur, quasi ἀκτνήτοις legeretur; quod nusquam invenio. P.

14. —διὰ παντός—] Desunt quaedam hic; et sensus est imperfectus. " Reddi potest ad verbum. 'Sές τόσσος—sine lacuna. H.—P.

" 18. Καὶ κοσμεῖς τὰ ἄκοσμα,] In Gnomicis Brunckii versus legitur, qui omittitur in Analectis. Sic:

Ἀλλὰ σὺ καὶ τὰ περισσὰ ἐπίστασαι ἄρτια θεῖναι,
Καὶ κοσμεῖς τὰ ἄκοσμα, καὶ οὐ φίλα σοὶ φίλα ἐστιι.

At tu etiam imparia scis paria facere, atque ordinas confusa, et discordia tibi concordia sunt. Quae confusa et discordia inter se videntur, recte ordinantur et conciliantur a sapientia ac potentia Divina. Versus omissus deest apud Cudworth. Adest in Stobaei Eclogis, Ed. Heeren. 1792. I. i. c. 3. 12. Ursin. non vidi. Dubitavi. P.

298.   **19.** ʽΏδε γὰρ εἰς ἔν—] Angl. *For thou hast so connected every thing good and evil into one complete system, that one eternal common principle of Reason exists in all: from which* however *all wicked men are endeavouring to escape,—*" εἰς ἔν ἅπαντα, Br. Gnom. et Heeren. —v. 25. αὐϑ᾽ pro αὖ, Heeren. ex Codd. P.

28. —δώματος ἡδέα ἔργα,] Angl. *sensual pleasures.* Inter hunc et versum sequentem interposita invenio in Fulvii Ursini edit. haec verba —ἐπ᾽ ἄλλοτε δ᾽ ἄλλα φέροντες,— Dolendum est sensum hic quoque mutilum videri. "Locus est mutilus sine dubio; at sensus reddi posse videtur fere ad verbum, et satis commodus et bonus, etsi non sit integer et genuinus Scriptoris. Σπεύδοντες—*Festinantes multùm, ut penitùs contraria his oriantur vel producantur.* Petunt haec ut bona, at errant a lege, et mala inveniunt. P.

30. Ἀλλὰ Ζεῦ πάνδωρε,—] But O Jupiter, dispenser of every gift, &c. Quae sequuntur omninò sunt admiranda. "κελαινεφής, atris *nubibus circumdatus.* Vide Psalm. xviii. 11. xcvii. 2.—V. 29. τιμηθέντες—*ut aucti honore* intelligentiae, sapientiae, virtutis, *honorem tibi reddamus* eò justiorem ac digniorem. P.

37. —ἢ καινὸν—] Angl. *than properly to celebrate the universal Law for ever.*

---

* *ΚΑΛΛΙΜΑΧΟΥ*—] *Callimachi Cyrenaei Hymnus in Jovem.* Callimachus, Grammaticus et Poëta egregius, fuit ex urbe Libyae notissimâ Cyrene. Battiades interdum vocabatur, non à nomine patris, ut quidam putant, sed à Batto Cyrenes vel Cyrenarum conditore. Claruit circiter Olymp. cxxxiii. ante Chr. N. 247. Hermocratis grammatici Jasii discipulus fuit; et literas publicè docuit in Eleusine Alexandriae vico. Postea accitus est in Museum Alexandrinum, ubi plures eruditi homines regiis sumtibus alebantur; ibique diu vixit Ptolemaeo Philadelpho ejusque successori Euergetae carus. Inter discipulos suos habuit Apollonium Rhodium, [de quo suprà ad p. 81.] è discipulo tandem inimicum factum, quemque famoso carmine, cui titulus *Ibis*, diris devovit. Multa scripsit Callimachus sermone tum soluto tum astricto: sed pleraque breviora opuscula: quia dicere solebat, [ut narrat Athenaeus, init. lib. iii.] μέγα βιβλίον ἴσον εἶναι τῷ μεγάλῳ κακῷ. Ad nos tantùm pervenerunt 6 Hymni, 72 Epigrammata, et multa Fragmenta. Quod de eo judicium tulit Ovidius à quibusdam habetur nimis severum: [Amor. Lib. i. 15. v. 13, 14.]

> *Battiades semper toto cantabitur orbe ;*
> *Quamvis ingenio non valet, arte valet.*

Nam et fautores suos habet Callimachus; quos inter numeranda est doctissima femina Dacieria, ejusque pater Tanaquillus Faber; à quo methodus ipsius scribendi suavis et polita judicatur, saepiusque Catullo et Propertio adumbrata. Hymnorum Callimachi extat quoque felicissima imitatio, numeris Anglicis suavissimis expressa, à poëtâ doctissimo, atque enthusiasmo verè Graecanico afflato. Vide *Akenside's Hymn to the Naiads.* Plura de Callimacho desiderantu indicabit Fab. Bib. Gr. Edit. Harlesii Vol. iii. p. 814, sqq. L. iii. c 17. olim 19.

CALLIMACHI EDITIONES PRAECIPUAE.

1. *Florentina;* Editio princeps sex hymnorum prodiit, studio 298. Lascaris, literis majusculis, Graecè, cum Schol. sine indicio loci et anni. Constat tamen *Florentiae* excusam, ante ann. 1500. *in 4to.*

2. *Stephaniana* prior; inter H. Stephani Poëtas principes heroici arminis, Gr. sine Schol. *Paris.* 1566. *in fol.*

3. *Stephaniana* posterior; cum Schol. Gr. " et versione pros. et poët. Nicod. Frischlini." &c. *Genevae,* " 1577. *in 4to.* Epigr. et Frag. quaedam accesserunt. P.

4. *Parisina;* cum notis Annae Tanaquilli Fabri filiae, Schol. &c. 1675. *in 4to.* " Accessere alia Ep. et Fr. P.

5. *Ultrajectina;* ex recensione Theodori Graevii, cum Schol. vers. pr. notis Rich. Bentleii, et variorum, et commentario Ezech. Spanhemii, &c. 1697. 2 *Voll. in 8vo.* " Ep. et Fr. aucta. P.

6. *Glasguensis;* apud Rob. et And. Foulis, 1755. *in 4to.*

7. *Lugdunensis;* cum variorum notis, Schol. et commentario Ezech. Spanhemii. " Recensuit, vertit, et auxit" Jo. Aug. Ernesti. *Lugd. Bat.* 1761. 2 *Voll. in 8vo.*

8. *Florentina;* curavit Ang. Mar. Bandinius, J. U. D. 1763. *in 8vo.*

9. *Lipsiensis;* repetitio textûs Ernestiani, sine notis, cum indice, et var. lect. curâ Christ. Frid. Loësneri; 1774. *in 8vo.*

10. In Brunckii Analectis Veterum Poëtarum Graecorum, *Argentor.* 1772. *in 8vo.* Vol. I. p. 423—475.

11. *Bodoniana;* cum Vers. Pagnini Italica, literis majusculis in aliis exemplaribus, in aliis literis minusculis. *Parmae,* 1792. *in fol. et in 4to.* [Vide plura in Fab. Bib. Gr. ubi supr.]

Ver. 1. ΖΗΝΟΣ ἔοι—] Ordo est : τί ἄλλο κεν ἔοι [Poët. pro εἴη] λώϊον ἀείδειν παρὰ σπονδῇσιν Ζηνὸς, ἢ θεὸν αὐτὸν, &c. Πηλαγόνων [à nominat. Πηλαγών, όνος,] restituit Callimacho ex Etymol. magno, pro vulgato Πηλογόνων, vir summus R. Bentleius. Caeterùm Πηλαγόνες, παρὰ τό.ἐκ πηλοῦ γενέσθαι, sunt *gigantes.* [Conf. Hor. lib. iii. Od. 1. 7.] —διχασπόλον οὐρανίδῃσι, *jura dantem coelicolis.* " Πηλογόνων ἐκ πηλοῦ, Schol. P.

4. ΔΙΚΤΑΙΟΝ—] Κρῆτα· Δίκτη γὰρ ὄρος Κρήτης. ΛΥΚΑΙΟΝ —Ἀρκάδα· Λυκαῖον Ἀρκαδίας ὄρος. *Schol.* " Lycaeus mons. P.

5. ἐπεὶ γένος ἀμφήρισσον.] *quoniam de loco generis controversum est.* Nam γένος est hîc *locus natalium* vel *patria.*

6. Ἰδαίοισιν—] Ἴδη ὄρος Κρήτης καὶ Τροίας· νῦν δὲ τὸ Κρήτης φησί. *Schol.*

8. Κρῆτες ἀεὶ ψεῦσται·] Conf. Pauli Epist. ad Tit. i. 12. Citat 299. haec Paulus è Poëtâ Cretensi Epimenide. " Ita Patres Eccles. DAC.

10. —Παῤῥασίῳ] Ὄρος Ἀρκαδίας τὸ Παῤῥάσιον, ἀπὸ Παῤῥάσου τοῦ Λυκάονος. *Schol. Ἐν δέ σε—* verte : *In Parrhasio verò te Rhea peperit, qua parte mons* iste *maximè densus* [densissimus] *est virgultis.* Caeterùm Arcadia ipsa interdum dicitur Parrhasia.

12—14. —οὐδέ τι μήν—] Ordo est : οὐδὲ μήν τι ἑρπετὸν κεχρημένον Εἰλειθυίης, οὐδὲ γυνὴ ἐπιμίσγεται· *neque profectò aliqua fera indigens Lucinâ,* [i. e. ullum pregnans animal,] *neque mulier adit.* Pro ἐπιμίσγεται vulgaris lectio est ἐπινίσσεται, quod vocabulum magnus Bentleius nusquam alibi legisse meminerat; ideoque alte-

299. rum illud praetulit ex editt. Aldi et Frobenii. Occurrit tamen apud Hom. non solùm *νίσσομαι*, sed et *μετανίσσομαι*, [Vide Iliad. *μ*, 119. *π*, 779. et alibi :] item *ποτινίσσομαι*, quod est *προσνίσσομαι*, [Il. *ι*, 381.] Vide *νίσσετο* infrà v. 25. De *κεχρημένον* vide suprà ad Odyss. *α*, 13. De *ἑρπετά* appositè Didymus : *ἑρπετά, κυρίως μὲν αἱ ὄφεις· καταχρηστικῶς δὲ νῦν πάντα τὰ θηρία. "Ad Od. δ, 418."* Atque Th. Graevius, ex patris observatione, " Callimachi est," inquit, " sententia, nullum aliud in illo loco, ubi natus est Jupiter, animal " nullam mulierem peperisse. *ἑρπειν* apud Dores, ut saepissimè " apud Theocritum, est *ire, incedere*, ut non mirum *ἑρπετά* dici ani-" malia non modò quae serpunt, sed incedunt." *ἀλλά Ἀπιδανῆς καλέουσί ἑ ὠγύγιον λεχώϊον 'Ρείης. Sed Apidanes* [i. e. veteres *Arcades*, sic dicti à quodam Apide qui in Peloponneso olim regnaverat,] *vocant eum antiquum Rheae parientis lectum. Ωγύγιος* hic significat *antiquus*, ab Ogyge scil. rege antiquissimo. *λεχώ, puerpera;* undè *λεχώϊος, ad puerperium pertinens.*

15. —*μεγάλων ἀπεθήκατο κόλπων*,] i. e. *ἐθήκατο ἀπὸ μεγάλων κόλπων, deposuit ex magno utero, περιφραστικῶς* pro *ἔτικτε.*

17. *Λύματα*—] *Καθάρματα· τὸ δὲ χυτλώσαιτο, ἀντὶ τοῦ ἀπολούσαιτο. Schol.* Conf. Il. *α*, 313. Ordo est: *ἐνὶ ᾧ κε χυτλώσαιτο λύματα τόκοιο, λοέσσαι δὲ τεὸν χρῶτα. λοέω,* [idem quod *λούω*.] f. *λοέσω*, in 3. sing. aor. 1. opt. *λοέσαι,* et redupl. *σ, λοέσσαι.*

21—24. —*τημόσδε*,] Conjunctio poëtica, *tunc ; ὅτε 'Ρέη ἐλύσατο μίτρην, quandò Rhea solvit zonam,* quod apud veteres bis fieri solebat: " semel," ut observavit Meursius, " virgini in primo cum marito " concubitu ; iterùm mulieri sub primi partûs tempus." [Vide Apoll. Rhod. Lib. i. 288.] *ἡ ὑγρὸς Ἰάων ἤειρεν πολλὰς σαρωνίδας; ἐφύπερθε, sanè aquosus Iaon efferebat multas quercus desuper,* i. e. locus, ubi postea fluebat Iaon, multas produxit quercus, —*πολλὰ δὲ κνάπετα ἐβάλοντο ἰλυοὺς ἄνω Καρνίωνος, περ ἐόντος διεροῦ, et multae ferae construxerunt lustra supra Carnionem, quamvis* nunc *flumen : νίσσετο δ' ἀνήρ—ibatque vir aliquis,* &c.

26. —*πολύστιόν τε Μετώπην*] *Scruposámque Metopen*—Vitiosam putat *πολύστειον* vulgarem scripturam Brunckius, quae ex eo originem habet, quod librarii saepissimè *ι* longam per *ει* scribebant.

33. —*Νίδη*] *Ονομα νύμφης Ωκεανίνης, θρεψαμένης τὸν Δία. Schol. "32. ἔχει*— vide infra ad p. 302. v. 20. P.

34. *Κευθμῶν' ἐς Κρηταῖον*,] Non dubitat Ernestius hanc veram esse lectionem, pro vulgari *Κευθμὸν ἔσω Κρ.*

35. *Πρεσβυτάτη Νυμφέων*,—] Nedae *maximè venerandae Nympharum*, [Hesych. *Πρεσβυτάτη, ἐντιμοτάτη,*] *quae ipsi* [Rheae scil.] *obstetricatae sunt.* Quidam tamen contendunt *μιν* ad Jovem referri, et *μαιώσαντο* hic reddi debere *nutriebant.*

38. —*τὸ μέν ποθι*] Vocem *ποθι* non pro *ποτὲ* accipio, id est, *olim*, sed pro *που*, quam *παραπληρωματικήν* esse notum est. STEPHANUS *ποθι*, si genuinum esset, nemo dubitat quin pro *που* positum est. Plus quam *παραπληρωματικὸν* est. Suspicor legendum *τὸ μὲν μάλα πουλὺ*— adjectivum *πολὺ*, ubicunque intenditur significatio, comitem ferè habet *μάλα.* BRUNCK.

300. 40. —*Νηρῆϊ*] *Νηρεὺς, -έος*, Ion. -ῆος, Deus maris, hic pro ipso mari. Uxor ejus erat Doris, filiae autem Nereïdes. Quae sequuntur sic construe cum H. Steph. *Τίωνοί δὲ Λυκαονίης ἄρκτοιο πόσιν σί μιν—παλαιότατον ὕδωρ. Nepotes autem Lycaoniae ursae potant*

illum fluvium—aquam antiquissimam. Caeterùm de Lycaoniâ ursâ 300. ita Schol. *Τῆς πρώην λεγομένης Καλλιστοῦς, Λυκάονος δὲ θυγατρός· ἐξ ἧς καὶ Διὸς μεταβληθέντος εἰς Ἀρτεμιν γεννᾶται ὁ Ἀρκάς, ἀφ' οὗ οἱ Ἀρκάδες.* "Vide Ovid. Met. ii. 409. sqq. P.

44. *Τουτάκι*] *Τὸ τηνικαῦτα. Schol. ὀμφαλὸς ἀπέπεσέ τοι, omphalus* [i. e. *umbilicus* seu *funis umbilicalis*] *tibi decidit.*

46—48.—*Κυρβάντων ἕταραι*] Socias Corybantum appellat Melias, quia Meliae dicuntur arborum nymphae, quae utique in sylvestribus degunt locis, non' secùs ac ipsi Corybantes. ROBORTELLUS. *Πρόσεπηχύναντο, εἰς τοὺς πήχεις ἔλαβον.—Ἀδρήστεια, ἀδελφὴ Κουρήτων.—Λίκνῳ ἐνὶ, ἐν γὰρ λίκνοις τοπαλαιὸν κατεκοίμιζον τὰ βρέφη, πλοῦτον καὶ καρποὺς οἰωνιζόμενα. λίκνον οὖν, τὸ κόσκινον, ἢ τὸ κοινίον, ἐν ᾧ τὰ παιδία τιθέασιν. Schol. σὺ δ' ἐθήσαο πίονα μαζὸν,* &c. *tu autem suxisti pingue uber—θάω,* f. *θήσω, praebeo et porrigo aliquid fruendum ;* undè in voce med. *sugo.* "Vide Hom. Od. δ. 89. cum Eustath. p. 1485. l. 57. Rom. item Il. ω. 58. P.

49.—*Ἀμαλθείης,*] *Οὕτως ἐκαλεῖτο ἡ αἲξ τὸν Δία θρέψασα. λέγεται δὲ ἀπὸ μὲν τοῦ ἑνὸς κέρατος ἀμβροσίαν ῥεῖν· ἀπὸ δὲ τοῦ ἄλλου νέκταρ. Schol.* [Cf. Ovid. Fast. lib. v. 115.] *ἐπίβρως δὲ,* &c.

50.—*ἐξαπιναῖα*] *Τουτέστιν, ἐξαίφνης ἐγένετο ἡ Ἰδη πλέα μέλιτος. Schol.* Caeterùm his verbis, *τά τε κλείουσι Πάνακρα,* ostendit, undè apem vocaverit Panacridem.—Existimo autem *Πάνακρα ὄρη* dicta à summâ altitudine, ut *πᾶν* hoc in nomine sit augentis, sicut in aliis quibus est praefixum. STEPHANUS.

52. *Οὔλα*] Adverbialiter hîc sumitur. Videtur autem esse ab *ὀλοός, perniciosus :* unde reddi potest *vehementer, strenuè.—Κούρητες ὠρχήσαντο πρύλιν περὶ σέ. Curetes saltârunt pyrricham circa te.* " *Πρύλις,*" inquit Meursius, " Cypriorum linguâ saltatio armata di" cebatur, quae alias *πυῤῥίχη.*—Sanè *πρύλιν* Hesychius quoque " *πυῤῥίχην* interpretatur. Pyrricha verò saltatio apud veteres no" bilissima erat, memineruntque ejus auctores plurimi." Vide Coll. Gr. Min. ad p. 49. n. 4. " *οὐλία* ab *οὖλος.* P.

55.—*ἤέξευ,*] Idem quod *ἤέξου,* imperf. ab *ἀέξομαι, cresco,* in act. ' voce *ἀέξω,* idem quod *αὐξάνω, augeo.—ἔτραφες* autem hîc sumi videtur in sensu intransitivo, Angl. *didst thrive.* Putant tamen viri eruditissimi vocem esse activam pro passivâ positam, *ἔτραφες* scil. pro *ἐτράφης, nutritus es ;* et citant ex Hom. Il. ε, 555. *ἐτραφέτην ὑπὸ μητρὶ,* et Odyss. γ, 28. *τραφέμεν,* idem scil. ac *τραφεῖν.* Est verò *ἐτραφέτην ὑπὸ μητρὶ,* Angl. *thrive under their mother ;* ubi sermo est de pare leonum; et aor. in sensu maximè indeterminato reddi postulat per tempus praes. ut notum : et praeterea, si *ἐτραφέτην* esset pro *ἐτραφήτην,* praep. *ὑπὸ,* ni multùm fallor, genitivum adsciceret. In loco etiam citato Odysseae—*γενέσθαι τε τραφέμεν τε* possunt reddi *natumque esse atque crevisse.* Opinatur doctissimus meus amicus Th. Burgess, probabile esse istum activae formae usum vetustissimis temporibus creberrimum fuisse. [Append. ad Dawesii Miscell. Crit. p. 388. ubi vide plura.] Quae idem vir egregius tradidit infrà [p. 493, sqq.] de verborum sensu neutro, deque pronomine reciproco subaudito, lectu sunt dignissima ; quibus, si vis, quae et nos breviter notavimus potes adjungere, Vol. I. ad p. 3. n. 7. p. 39. n. 4. p. 86. n. 8.

56.—*ἀνήβησας,*] *Ἀέξεσθαι* ad *infantem* refero, *τρέφειν* ad *puerum, ἀνηβᾶν* ad eum qui *ad pubertatem contendit ;* et sequentia *pube*

300. *ris facti* sunt signa. Optimè ἀν-ηβήσας, *pubertatem assecutus ὖ, puber es factus ;* nec abundare videtur ἀνά, sed eam vim habere, quae significatur nostro, *grown up.* Burgess. " p. 388. uti supra. P.

57. —ἐφράσσαο πάντα τέλεια·] *excogitasti omnia perfecta,* i. e. ut Steph. interpretatur, *cogitasti omnia tanquam adultus :* vel ut Ernestius, *virilem animum habuisti.* φράζομαι in voc. med. est *excogito, delibero,* aor. 1. med. ἐφρασάμην, ἐφράσαο, eliso σ ἐφράσαο, redupl. σ̣ more poët. ἐφράσσαο, post contractè ἐφράσω. " γνωτοί, *fratres.* P.

59. '—ἐπιδαίσιον] Vis verbi Επιδαίσιος omnes fefellit. Est autem οἶκος ἐπιδαίσιος, *domus ad epulandum accommodata, sive ad vitam beatè et hilariter transigendam.* Quod dii scil. faciunt. Tourr. Emendātt. in Suid. P. iv. ubi vide plura. " ἐπιδαίσιον, μεμερισμένον. Schol. P.

60. —Δηναιοὶ] Prisci, &c. Vide ll. ε, 407.

61. Φάντο πάλον—] Ordo est: ἔφαντο πάλον διανεῖμαι δώματα Κρονίδησι τρίχα, dixerunt sortem divisisse sedes Saturnidis triforian.

64, 65. —τὰ δὲ—] Sic construe : τὰ δὲ διέχουσι τόσον ὅσον [ἔτι] πλεῖστον. illa autem differunt tantum quantum est plurimum, i. e. maximè. Vide suprà ad p. 217. v. 45. Ψευδαίμην, &c. cum Ernestio sic interpretare: Si mentiri vellem, tamen *mentirer, quae probabilia essent auribus :* haec autem nullam verisimilitudinis speciem habent.

66. —ἐσσῆνα] Εσσὴν κυρίως ὁ βασιλεὺς τῶν μελισσῶν· νῦν δὲ ὁ τῶν ἀνδρῶν. Schol. " Βίη et Κάρτος, sive Βία et Κράτος, personae sunt, Jovis ministri, prope sedem, apud Hesiod. Theog. v. 385. Aeschyl. Prometh. init. et alibi. ὃ καὶ πέλας εἶσαο δίφρου. " *quod etiam " prope thronum tuum collocasti.*" Ernesti.—ἕω, εἶσα, εἱσάμην, εἷσα, *collocasti tibi.*—v. 69. φαίνοις, *mittas velim.* Ern. P.

70. Εἴλεο δ' αἰζηῶν ὅ τι φέρτατον·] *Delegisti autem quodcunque praestantissimum est juvenum,* i. e. *praestantissimos juvenum.* Sic Iliad β, 660. —ἄστεα πολλὰ διοτρεφέων αἰζηῶν. Ad quae Eustath. ʼp. 316. R." Τὸ δὲ διοτρεφέων αἰζηῶν, ταυτόν ἐστι τῷ βασιλικῶν ἀνδρῶν, οἷς δηλαδὴ πόλεις ἀνάκεινται. Et observavit doctissima Dacieria, Hesiodum hominem quadragenarium αἰζηὸν vocare, L. ii. 59 " Op. et Di. v. 441. ed. Clerici. P.

72. Ἀλλὰ τὰ μὲν—] *Sed haec quidem diis minoribus permisisti alia aliis curanda.*— ὀλίζων, Aeol. compar. ab ὀλίγος. ἀντιπαρήξας, sic pro vulgato αὖθι παρήξας dedit Valck. ad Eur. Hipp. p. 178. Br.

301. 75. —τί δ' οὐ κρατέοντος ὑπ' ἰσχύν ;] Sic solent aulici adulari reges.

76, 77. Αὐτίκα] Exempli gratiá. [Vide Ernestium ad Xenoph. Mem. iv. 7. 2.] —ἐπακτῆρας δὲ Χιτώνης Ἀρτέμιδος, *venatores artem Chitones Dianae.* Diana dicta Χιτώνη, ἀπὸ τοῦ δήμου Αττιχῆς, ejus nominis; ubi statua lignea ei posita erat. " ὑδείομεν, λέγομεν. Schol. ὕδειν, ὑμνεῖν, ᾄδειν, λέγειν. Hesych. ὕδω, ὑδέω, ἀδείω Steph. Thes. P.

80—84. —τῷ καί σφε τεὴν ἐκρίναο λῆξιν] *Quare et illos tuam delegisti sortem : ipse autem sedes in summis urbibus ` inspector* —τε [τῶν] οἳ ἰθύνουσι λαὸν ὑπὸ σκολιαῖς δίκαις, τε [τῶν οἳ ἰθύνουσι λαὸν] ἔμπαλιν. *et eorum qui regunt populum iniquis judiciis, et qui contra* [ἐπόψιος hîc activè sumitur, *inspector ;* apud Hom. verò passivè, *qui conspicitur.* " Il. γ. 42.] Εβαλες δὲ ῥυηφενίην ἐν σφίσιν, &c. *Et illis largiris divitias et opes affatim ;* ubi notandus aor. in sensu maximè indeterminato. Vide Vol. I. ad p. 19. n. 8. " Ἐκ δὲ Διὸς βασιλῆες Hesiod. Theog. 96. P.

85, 86. —*ἔοικε δὲ*—] *licet autem hoc conjicere in nostro rege,*—301: [Ptolemaeo scil. illo Philadelpho:] *is enim longè alios praetergressus est.* "*περὶ γὰρ εὑρὺ προβέβηκεν.* Superlativè. Vide supra ad p. 99. v. 453. et Hom. ll. λ, 180. P.

87. —*τά κεν ἦρι νοήσῃ*] *quaecunque manè excogitaverit.* [Ita legendus hic locus, pro *τά κεν ἠοῖ νοήσῃ,* quae versum pessundant; ut dudùm viderunt eruditi, approbante Brunckio, confirmante Toupio, in Addendis ad Theocr. pag. 401.] Quae autem sequuntur sic construe: '*Ἕσπερος* [*τελεῖ*] *τὰ μέγιστα,* [*τά κεν νοήσῃ ἦρι,*] *δὲ* [*τελεῖ*] *τὰ μείονα εὖτε νοήσῃ· Vesperi* perficit *maxima,* quae cogitaverit manè, perficit *autem minora, statim ac ea excogitaverit. Οἱ δὲ* [*τελέουσι*] *τὰ μὲν πλειῶνι· τὰ δ᾽ οὐχ ἑνί· Ii autem* perficiunt *alia quidem anno; alia autem non uno anno: ἀπὸ τῶν δ᾽ αὐτὸς πάμπαν ἐκόλουσας ἄνην, ab aliis ipse omninò adimis effectionem, ἐνέκλασσας δὲ μενοινήν. et eorum frangis animi impetum. ἐνέκλασσας* scribi debuit cum duplice σ, ut Brunckius rectè monuit. Vide Od. ζ, 128. " *πλειῶνι*] *ἐνιαντῷ. ἄνην*] *ἄνυσιν, τελείωσιν.* Schol. Toup. supr. xviii. 39. P.

93. *Οὐ γένετ᾽, οὐκ ἔσται,*] Pravâ interpunctione laborat hic versus. Scr. *Οὐ γένετ᾽, οὐκ ἔσται, τίς κεν Διὸς ἔργματ᾽ ἀείσει. τὶς* positùm est pro *ὅς,* quo de videndus Bentley ad Callimachi ipsius Epigr. xxx. editionis Ernesti. Brunck. Vide quoque doctissimum Burgess, ad Dawes Misc. Crit. p. 393. sqq. "ubi et *ἠοῖ, ἦρι.* P.

95. —*Οὔτ᾽ ἀρετῆς ἄτερ*—] Similis sententia saepè occurrit apud veteres.

---

* *ΕΙΣ ΛΟΥΤΡΑ*—] In Lavacrum Palladis. *Ἐν τινι ἡμέρᾳ* 302. *ὡρισμένῃ ἔθος εἶχον αἱ Ἀργεῖαι γυναῖκες λαμβάνειν τὸ ἄγαλμα τῆς Ἀθηνᾶς, καὶ τὸ Διομήδους, καὶ ἄγειν ἐπὶ τὸν Ἰναχον, κᾀκεῖ ἀπολούειν. Schol.* Hoc poëmatium Doricè scriptum est, quia tunc Argis erat Callimachus: ideoque cuncta illi gratificari volens ejus dialecto utitur: neque enim perpetuò Aegyptum aut Cyrenen incoluit; nam et in Siciliâ vixit. Dacieria.

Ver. 2, 3. —*τᾶν ἵππων*—] *equos sacros jam hinnientes audivi,* [*τᾶν φρυασσομέναν,* &c. Dor. pro *τῶν φρυασσομένων,* &c. "fem."] *καὶ ἁ θεὸς εὔτυχος ἔρπει, et dea benè ornata incedit.* De *ἕρπω* vide suprà ad Theocr. Idyll. xviii. 40. p. 244. "*λωτρογόοι, lotrices.* Ernesti. *ἔξιτε —venite.* De fem. gen. vide infra ad v. 112. et Ern. P.

4. *Σοῦσθέ νυν,*] '*Ορμᾶτε.* Schol. *σοῦσθε* pro *σόεσθε,* à *σόω, servo, in fugam verto. νυν,* sine accentu circumflexo, idem quod *δή.* "*Σοῦσθε, properate.* Ern. *σόω,* et *σόω,* primò, *moveo, incito: σόομαι, incitor, propero.* Vide supra ad p. 95. Apoll. l. iii. v. 307. P.

5. —*μεγάλως ἀπενίψατο πάχεις,*] *amplos lavit lacertos. μεγάλως* Dor. pro *μεγάλους.* Observent discentes aor. med. in sensu maximè indeterminato. *Πάχεις,* inquit Schol. *ἀπὸ μέρους τὸ ὅλον.*

6. —*ἱππείαν*] Dor. pro *ἱππείων,* "fem.

7, 8. *Οὐδ᾽ ὅκα δή,*—] *Ne tum quidem* [lavit lacertos scil.] *cum cruore foedata omnia ferens arma, ab impiis rediit gigantibus.* [*λύθρῳ πεπαλαγμένα* Homerica sunt, ll. ζ, 268.] Vide Hor. L. iii. 4. 53. sqq. et ibi doctissimum Janium.

10—12. —*παγαῖς ἔκλυσεν*—] *undis abluit Oceani sudorem et gut-*

302. *tus*, i. e. sudorem stillantem: [ἔκλυσεν à κλύζω, *abluo*. Ὠτικυῖ genit. Dor. ἰδρῶ per apocop. pro ἰδρῶτα.] ἐφοίβασεν δὲ πάντα πα. γένα ἀφρὸν ἀπὸ χαλινοφάγων στομάτων. Angl. *and washes away all the clotted foam from their bit-champing mouths.* ἐφοίβασεν, Dor. pro ἐφοίβησεν, à φοιβάω.

" 14. Συρίγγων—ὑπαξονίαν] *Modiolorum* [sc. rotarum] *axes con. tinentium.* ERN. Vide supra ad p. 250. v. 118. P.

17. —κάτοπτρον·] Nescio undè petita sit haec lectio, [κάτυπ. τριν,] quam merito damnat Spanheim. Ad manum nunc habeo editiones Ang. Politani, Aldi Manutii et Benenati, in quibus omni. bus κάτοπτρον, quod procul dubio reponendum. BRUNCK. " Repo. sui. P.—ὄμμα τὸ σήνας, i. e. τὸ ὄμμα ἐκείνης.

18—20. Οὐδ' ὅκα—] *Nec quandò in Idâ Phryx judicavit litem,—* [Ἴδᾳ pro Ἰδαν est ex conjecturâ R. Bentleii. Judicium Paridis etiam pueris notum.] μεγάλα θεὸς ἔβλεψε οὐδ' ἐς ὀρείχαλκον, οὐδ' ἐς δια. φαινομέναν δίναν Σιμοῦντος· *magna dea inspexit vel orichalcum, vel pellucidum vorticem Simoëntis.* Orichalcum aeris genus pallidius fuit. ut è Virgilio colligendum est. Aen. xii. 87. [ubi vide Heynium; item ad Ecl. li. 25.] Apud Graecos et Romanos antiquissimos lau. datissima erat speculorum materies. " ἔβλεψεν, Ern. ἔλεψε, Br qui ν omittit ante consonantem passim. Vide supra p. 299. v. 32. ἔχει—et quae ad v. notavit. P.

23—26. 'Α δὲ,—] *Ipsa autem, διαθρέξασα δὶς ἑξήκοντα διαύλως. οἷα τοὶ Λακεδαιμόνιοι ἀστέρες παρ' Εὐρώτᾳ, λαβοῖσα λιτὰ χρίμετε. ἔκγονα τᾶς ἰδίας φυταλιᾶς, ἐτρίψατο ἐμπεράμως· emensa bis sex. ginta diaulos, [δίαυλος, duplex stadium,]* eundo scil. et redeundo DACIERIA.] *sicut ad Eurotam Lacedaemonia sidera,* [οἱ Διόσκοροι scil. quos vocat Hor. *lucida sidera,* i. 3.] *assumtis puris unguentis, natu in proprio horto,* [i. e. assumto puro oleo, &c. Olea nempè Palladi sacra.] *infricat scitè.* Conf. Iliad. ξ, 170, sqq.

27, 28. —τὸ δ' ἔρευθος ἀνέδραμε,] *rubor autem ei recurrit,* [ἐκείνη ἐχροϊόθη τοίαν] χροϊαν οἷαν ἢ ῥόδον πρῶϊον ἢ κόκκος σίδδας ἔχει. ha. benti *talem colorem qualem aut rosa matutina aut granum mali punica habet.* " Pomum granatum. P.

303. 29. —ἄρσεν—ἔλαιον,] *masculum oleum,* ita hîc appellatum, quo fricantur et simul validiores redduntur athletae. SPANHEIM.

" 33. Εξιθ' Αθαναία·] *Veni, Minerva.* Vide infra v. 135. P.

34. —Ακεστορίδαν.] Ακεστορίδαι, φυλὴ ἐπίσημος ἐν Αργει. Schol.

35—39. Ω 'θάνα,] i. e. Ω Αθήνα.—φέρεται δὲ καὶ ἁ Διομήδεος ἀσπὶς, &c. Ex hoc loco apparet, apud Argivos, una cum Palladis simulacro, mos fuisse, ut *Diomedis Clypeus* ad Lavacrum seu Inachum fluvium, ibi quoque abluendus, stato ac solenni die deferretur: ut notavit doctissimus Spanhemius.—τεῖν, Ion. et Poët. pro σοί. —τοῖν ἱρὸν ἄγαλμα— Vide Heynii Excurs. ix. ad Aen. lib. ii. " Κρεῖον ὄρος, Κρεῖος Argiae mons. ANNA FABRI, DACIERIA. Vid. sup. p. 298. v. 4. P

41, 42. —ἀποῤῥώγεσσιν—ἐν πέτραις,] Εν πέτραις ἐῤῥηγμέναις. Schol. Παλλατίδες— à recondito nempè ibi Minervae simulacro. seu *Palladio,* id nomen in posterum hic Argolidos scopulus nactus. SPANHEIM.

45. —μὴ βάπτετε·] Intellige χάλκιδας εἰς Ιναχον. ERNESTI. " Vide supra ad p. 220. v. 132. P.

47, 48. —Φυσάδειαν—Αμυμώνην] δύο κρῆναι, quarum posterio. rem poëta vocat τὰν Δαναῶ, *filiam Danai.*

50. —φορβαίων—ἐξ ὀρέων,] è montibus pabulo laetis, pascuis abun- dantibus. DACIERIA.

52. —Φράσδεο,] Cave,— Vide suprà ad Theocr. Idyll. ii. 69. p. 223.

54. Τῶργος ἐσοψεῖται] i. e. Τὸ Ἀργος ἐσόψεται.

" 58. φίλατο] aor. 1. m. a φίλομαι, prima longa. Vide supra ad p. 103. v. 1002. et Iliad. ε, 61. 117. cum Clarkii notis. P.

69. Καίπερ—εὖσαν—] quamvis esset dilecta sodalis Minervae. εὖσαν 304. pro οὖσαν.

70. —λυσαμένα—λῶντο·] λισαμένα dualis est numeri, quia con- struitur cum λῶντο.—Legendum est λῶτο, nam in superiori versu est λυσαμένα περόνας, nisi λισαμένα sit in duali; nam tunc λῶντο retinendum, quod pro ἐλούσιτο, λούοντο, λῶντο. DACIERIA. Ἱππω ἐπὶ κράνα, i. e. ἐφ' Ἱππωκράνα, in Hippocrene— Post hunc versum, [72] inquit Brunckius, insertum legitur vulgò distichum manifestò spurium. " λούοντο, λοῦντο, λῶντο. P.

72. —μεσαμερία—] Vulgò μεσαμβρινά· sed corripitur ι in με- σαμβρινά. Vide Theocr. i. 15. supr. Contra apud eundem vII. 21. le- gitur Σιμιχίδα, πᾷ δὴ τὺ μεσαμέριον πόδας ἕλκεις ; Distichon autem, quod omisit Brunckius, ineptum quidem est ; tamen in hoc poëmate repetitio ejusmodi saepè occurrit. T. YOUNG.

76. —τὰ μὴ θέμις ἧς.] ἧς pro ἣν Dor. Vulgò τὰ μὴ θέμιδες.

" 79. Ω Εὐηρείδα,] —Τειρεσίας Εὐήρους καὶ Χαρικλοῦς νύμφης— Apollodorus, Heyn. L. iii. c. 6. s. 7. Εὐήρης, Index. Vide supra ad p. 248. v. 68. 73. infra v. 104. Hygini Fab. 68. 75. in Myth. Lat. Muncker. Ovid. Met. iii. 323. Burmann. P.

89. δόρκας ὀλέσσας—] pro damis amissis et paucis capreis lumina pueri habes. " V 88. παριτὲ, παριτός, adeundus. ἐπράξαο, exegisti. ERN. P.

91—93. Πάχεσιν—] Sic construe : μάτηρ μὲν περιλαβοῦσα φίλον παῖδα ἀμφοτέραισι πάχεσιν ἔσχε οἶτον γοεράν ἀηδονίδων, mater quidem amplexa suum filium utrisque brachiis, habuit infelix fatum flebilium lusciniarum ; "hoc est," ut observavit Th. Graevius, " lugubri con- " questione filium deplorans ad instar lusciniae. Cantus enim lusci- " niae apud veteres proverbio locum dedit, quo utuntur de maximè " tristibus." Pro Πάχεσιν ἀμφοτέραισι, lectio vulgata est 'Α μὲν ἐπ' ἀμφοτέραισι, quam doctissimus Valckenaer corrigendam proposuit; . " ad Theocr. Adon. v. 17. p. 309. et alibi :" et ἔσχε pro ἄγε est Brunckii ex loco Homerico, Iliad. ι, 559.

98—100. —Κρόνια δ' ὧδε λέγοντι νόμοι·] Sed Saturniae leges ita 305. declarant : [λέγοντι Dor. pro λέγουσι·] —μισθῷ τοῦτον ἰδεῖν μεγάλῳ. Angl. that the sight costs him dear.

" 104. τέλθος} h. e. τέλος ὀφειλόμενον. Nunc ergo fer, O! Eue- rida, quod tibi debetur. ERNESTIUS. Fatum futurum. DACIERIA. An, exitus debitus, sc. fatis, vel eventum necessarium? Haec ad Tire- siam. Vide τέλος infra p. 311. Simonidis II. v. 1. P.

106. Πόσσα δ' Ἀρισταῖος,] Ακταίων, υἱὸς Αὐτονόης καὶ Ἀρισταίου. οὗτος ὑπὸ τῶν ἰδίων κυνῶν ἐσπαράχθη, διὰ τὸ τὴν Ἀρτεμιν ἰδεῖν λουομένην. Schol. Autonoë autem filia erat Cadmi, idecque Cadmeïs dicta. Vide Coll. Gr. Min. p. 21. " Ovid. Met. iii. v. 138. sqq. P.

" 110. ξυναὶ—ἐκαβολίαι,] communes venationes. ERNESTI. P.

112. —ἀλλ' αὐταὶ τὸν πρὶν ἄνακτα—] Sed ipsi dominum ante suum canes tum comedent :—De canibus loquentes Graeci vulgò utuntur fem. gen. ut notum. δειπνασεῦντι Dor. pro δειπνήσουσι, ut

ῥυσεῦνται paulò supra pro ῥύσονται, et infrà λεξεῖται pro λίξεται, colliget ; vulgò δεξεῖται, accipiet. " Vide supra, v. 2. et p. 240. v. 88.

118. —μενεῦντι] Dor. pro μενοῦσι. •

121. —ὃς αἴσιος,] quicunque faustus est, [ales scil.] οἴ τε πέτονται ἤλιθα, et quicunque volant temerè. ἤλιθα Schol. μάτην.

124. —Λαβδακίδαις.] Vide suprà ad Soph. Oedip. Tyr.

306. 128. —Αγεσίλᾳ.] Eadem significatione, quâ Αγεσίλαος, dicitur etiam Αγεσίλας : quae terminatio magis convenit linguae Doricae. STEPHANUS. μεγάλῳ Αγεσίλᾳ, magno populorum ductori, Diti scil. " 127. πεπνυμένος, vide supra ad p. 46. Od. λ. not. p. 50. v. 478. et Od. x. v. 490. sqq. CIC. De Div. l. i. 40. P.

131. —πατρώϊα πάντα φέρεσθαι.] ut communia omnia cum patre haberet. Vide Iliad. α, 526.

132. —μάτηρ δ' οὔτις ἔτικτε θεάν·] undè et ἀμήτωρ dicta est. Vide Coll. Gr. Min. p. 48.

134. Ψεύδεα·—θυγάτηρ.] Lacuna est in hoc disticho. Mss. Codd. addiderunt ψεύδεα· caetera è conjecturâ supplevit Brunckius.

" 135. Ερχεται—] Venit Minerva nunc haud dubie. ERNESTI. Vide supra v. 1. 13. 33. 43.

137. —σύν τ' ὀλολυγαῖς.] cunque vociferationibus. κάδευ, Dor. pro κήδου, à κήδομαι, curo. " εὐαγορίᾳ,—verbis faustis, votis, acclamationibus. P.

140. —καὶ Δαναῶν κλᾶρον ἄπαντα σάω.] et Danaorum fortunam omnem conserva. σάω per apocop. pro σάωζε. " ἐς πάλιν αὖθις, retro rursus. ERN. P.

₊ Hanc elegantem Callimachi hymnum versibus Glyconiis Latinè adumbravit celeberrimus Gul. Jones, anno aetatis decimo septimo, priusquam Politiani Miscellanea legerat, qui versibus elegiacis eundem quoque Latinè reddiderat. Vide Poës. Asiat. Comm. App. p. 532.

II. NOTAE IN SENTENTIAS.

307. * SENTENTIAE.] Hae γνῶμαι, sive Sententiae, desumtae sunt ex Poëtis Graecis, qui vulgò vocantur Gnomici ; et à quibus vitae praecepta utilissimà traduntur, formâ orationis brevi ac simplici, nec tamen invenustà. Harum reliquiarum, tametsi saepiùs typis descriptae sint, quum Brunckius vir doctissimus editionem accuratam et renutam nullam viderat, veteris sapientiae, Graecaeque elegantiae studiosis gratum se facturum quid putavit, si eis enchiridion nitidiùs ornatum traderet. In his igitur Excerptis editionem Brunckii [Argentorati, 1784. in 12mo.] sequendam prae caeteris duximus. " Editio nova, notis, &c. aucta. Schaefer. Lipsiae, 1817. P.

---

‡ MIMNERMOΥ—] Mimnermus è Colophone, Ioniae oppido. Solonis aequalis, clarus erat Poëta elegiacus, et inventor habitus carminis pentametri. De eo parùm constat ; et nihil ejus, nisi pauca fragmenta, restat.

I. 1. *Τίς δὲ βίος,*—] Horum versuum interpretatio celeberrimi Hugonis Grotii sic incipit : *Vita quid est, quid dulce, nisi juvet aurea Cypris ? Tum peream, Veneris quum mihi cura perit.* Ad hunc locum respexit Hor. *Si, Mimnermus uti censet,* &c. Lib. i. Epist. vi. 65. Venustam hujus fragmenti versionem Gallicam vide in Brunckii. Notis; et in Actis Par. Acad. Tom. x. p. 294. " Des Inscrip. et Bel. Let. P.

II. 1. *Ἡμεῖς*] Si construe: *Ἡμεῖς ἴκελοι τοῖς* [*φύλλοις*] *οἷά τε φύλλα πολυάνθεμος ὥρα ἦρος φύει, ὅτ᾽ ἀψ*— In vulgatis et in Br. Analect. est *αἶψ᾽,* i. e. *αἶψα, statim, subito. ἂψ,* quod Br. dedit in Poët. Gnom. est *rursùs.* " Vide infra p. 311. Simonidis I. v. 3. P.

" 8. *ὅσον τ᾽ ἐπὶ γῆν*—] *Nec durat longius aetas, Quam Sol qui* 308. *subitis spargit humum radiis.* Grotius. Hîc spatium diei, aliter spatium orbis, significari videtur. Vide Iliad. η. 451.— v. 9. Scr. *ἐπεὶ*— Brunck. Analect. P.

11. *οἶκος Τρυχοῦται,*] *domus,* i. e. *res domestica exhauritur. τρυχόω* est *attero, absumo, exhaurio.*

III. 1. *Αὐτίχ᾽ ἐμοί.*—] Hujus fragmenti tres primi versus desunt in Stobaeo. Eos è Theognide supplevi, v. 1011. al. edd. Brunck. " *Πταιοῦμαι, trepido,* Lex. *τιμήεσσα, pretiosa,* Winterton. P.

IV. 1. *Αἰ γὰρ*—] Distichon hoc legitur apud Diog. Laërt. in Solonis vitâ. Brunck. *Αἰ γὰρ, Utinam.* Vide Vol. I. ad p. 70. n. 4.

V. 1. *Δεινοί*—] " Huc ex Epp." Idem occurrit in Brunckii Poëtis Gnomicis p. 70. quod sic interpretatur celeberrimus Hugo Grotius :

> *Omnes viris solemus excellentibus*
> *Livere vivis, mortuis laudem dare.*

ΣΟΛΩΝΟΣ—I. 1. *Ἰσόν τοι πλουτοῦσιν,*] Hos versus, qui in 309. Theognideis vulgò leguntur, ad ver. 719. Solonis esse constat, Plutarchi testimonio, qui partem eorum laudat initio illius vitae. Brunck. *Ex aequo vanè divites sunt, ὅτῳ πολὺς ἄργυρός ἐστι,* &c. is scil. *cuicunque,* &c. *καὶ ᾧ μόνα ταῦτα,* &c. *et is cui haec sola adsunt— παθεῖν ἁβρὰ γαστρί τε καὶ πλευραῖς καὶ ποσὶν, παῖδές τ᾽ ἠδὲ γυναῖκες· lautus* scil. *victus et vestitus ; liberi quoque et uxor : idque quum horum tempus venerit, et simul pubertas fuerit congrua ;—*

5. —*ὅταν δὲ γε*—] Haec ita vertit Hugo Grotius: *Nam quum maturuit aetas, Et vita in medio florida curriculo est, Has solas homo sentit opes.* " *Ἥβη, aetas.* Vide supra p. 136. v. 741. p. 290. Sim. 4. P.

II. Hos Solonis versus servavit Philo Judaeus, T. i. p. 25. Extant etiam apud Clementem Alex. p. 814. Brunck. " Strom. L. vi. c. 16. P.

1. —*ἕρκος ὀδόντων φύσας,*—] *ἕρκος ὀδόντων* non hîc videtur esse *labia,* ut vulgò redditur apud Homerum, sed *ipsi dentes.* Angl. *After once exhibiting teeth, continues to produce them during his first seven years.*

5. *Τῇ τριτάτῃ*—] Supple *ἑ6δομάδι*, Angl. *In the third seven years,* [*ἑ6δομάς* est *numerus septenarius,*] *γένειον λαχνοῦσαι, ἐπὶ γυίων διφομένων, χροιῆς ἀμειβομένης ἄνθος.* Angl. *his beard thickens, while his limbs are growing strong, his skin changing its florid down* (for a manlier clothing.)

9. *Πέμπτῃ*—] Scil. *ἑ6δομάδι, ὥριον* [*ἐστὶν*] *ἄνδρα,* &c.

11. *Τῇ δ' ἕκτη*—] Angl. *And in the sixth period of seven years* [i. e. from 35 to 42] *the mind of a man is adapted to every thing, οὐδὲ θέλει ἔτι ὁμῶς,* &c. *but does not incline, in the same manner as formerly, to do trifling things.* " *καταρτύεται,* corroboratur, *maturuit. καρτύνεται,* ed. Flor. &c. Clement. *καταρτύεται* e Philone receptum a Sylburg. Vide al. Potter. P.

13. *Ἑκτὰ δὲ*—] Ordo est : *ἐν ἑκτὰ τε ὀκτὼ ἑ6δομάδι* [*ἐστὶ*] *μίγ' ἄριστος* [*κατα*] *νοῦν καὶ γλῶσσαν,* &c.

15. *μαλακώτερα δ' αὐτοῦ*—] Secundum lectionem Brunckianam, quae est *σώματι καὶ σοφίη,* supple *τὰ ἔργα*— Angl. *but his feats, with respect to great activity, are feebler both in body and in understanding.* Sed hujus vulgata scriptura—*σῶμά τε καὶ σοφίη*—ita reddi debet: *but both his body and understanding are feebler with respect to any great exertion.* "Et sic Edin. 5ta. P.

310.
- 18. *Οὐκ ἄν ἄωρος ἐὼν*—] Quum non sit immaturus, sortem mortis obeat. Vel potiùs: Non esset ei immaturum mortis sortem obire. " *ἔχοι,* obiret? P.

III. Hoc fragmentum apud Diog. Laërt. p. 30. et in Plutarchi Solone extat : sed apud neutrum integrum. BRUNCK. cujus in Analect. sic inscribitur : *Ἐξ ἐλεγείας τινὸς περὶ τῆς τοῦ Πεισιστράτου τυραννίδος.* " *δίκαιος,* aequus, unde aequor; item *mitis, benignus,* &c. LEX. *tranquillus et sedatus.* FORTLAGE. P.

IV. *Πρὸς*—] Vide suprà p. 308. IV. " *λιγέως,* argutè, concinné, *suaviter.* LEXICA. Scribo *λιγέως* pro *ἀγυιάς.* MEIBOMIUS in edit. ubi interpretatio est *celeriter.* P. Quatuor primos versus exhibet Diog. Laërt. Ultimum distichon laudat Plutarchus in compar. Solonis et Publicolae. BRUNCK. Et sic redditur à celeberrimo H. Grotio:

Ne mihi sit lethum planctu sine : sed mea tristes
  Funera amicorum condecorent lachrymae.

V. 1. *Πολλοὶ γὰρ*—] In Poëtis Gnomicis, ubi hoc epigr. inseritur, p. 77. Brunckius pro *γὰρ* edidit *μέν.* Sed *γὰρ* forsan rectiùs, et merum esse fragmentum indicat. Pro *ἐστι,* in fin. v. 3. idem Br. scribendum proposuit *αἰεί.* " Ex Epp. motum. Theognis, 315. Vulg. P.

2. *διαμειψόμεθα τῆς ἀρετῆς τὸν πλοῦτον*] Sic Hor. Cur valle permutem Sabinâ Divitias operosiores ? Lib. iii. Od. i. 47.

---

311. * *ΣΙΜΩΝΙΔΟΥ*—I.] Vulgò inscribitur : *Εἰς τῶν θνητῶν βίον.*

1. *Οὐδὲν*—] Primus hujus carminis versus omissus in Stobaeo. Integrum carmen legitur in appendice Anthologiae. BRUNCK. Elegiae videtur particula. Vituperat mortales, qui rerum humanarum mutabilitatem non reputent. JACOBS. "Stob. S. xcvi. P.

2. *Χΐος—ἀνήρ.*] Homerus scil. Vide Theocr. Idyll. vii. 47. et suprà ad p. 3. Versus hic laudatus occurrit apud Iliad. ζ, 146. Vide etiam suprà, Mimnerm. II. p. 307. Cf. Hor. Art. Poët. 60, sqq.

7. *—ὄφρα τις ἄνθος ἔχῃ—*] Dum juventutis flore fruimur, mentis levitas multa designat non habitura exitum. JACOBS.

14. *τῶν ἀγαθῶν—*] Supple τινα, et redde : *Prefer ea, genio quae juvant indulgens.* T. YOUNG. Haec apud animum tuum reputans, usque ad vitae terminum indulge genio animumque bonorum fructu. impertire ne dubites. JACOBS.

II. Vulgò inscribitur : *Εἰς βίον ἀνθρώπινον.* "Stob. S. xcvi. P.

5. *—ἐκτελευτήσει—*] Sic codex benè. Soloecum est ἐκτελευτήθη. BRUNCK.

6. *—κἀπιπειθείη—*] ἐπιπειθείη, *fiducia,* vox est, qua lexica augeri possunt. *Idem.*

7. *Ἀπρηκτον ὁρμαίνοντας.*] *temerè cogitantes.*

11. *Φθάνει—*] Ordo est: ἄζηλον δὲ γῆρας φθάνει λαβὸν τὸν μὲν πρίν, &c. "*Sed vota nondum consecutos occupat Tristis senectus.* GROTIUS. P.

17. *Θνήσκουσιν,—*] Hunc versum rectè legi vix credibile est. 312. T. YOUNG. "Forsan conatus et spes vitae servandae indicantur. P.

18. *Οἱ δ᾽ ἀγχόνην ἥψαντο—*] Ad verbum: *aptant suspendium sibi,* i. e. *mortem sibi consciscunt laqueo,—* καὐτάγρεται, *et sponte suâ—*

20. *Οὕτω κακῶν ἀπ᾽ οὐδέν·*] ἀπ᾽ pro ἄπεστι.

23. *—ἐρῷμεν,*] Optativ. est. Perperam ἐρῶμεν sine ι subscripto, et αἰκιζόμεθα vel αἰκιζώμεθα. Benè in cod. scriptum αἰκιζοίμεθα. ἔχοντες neutraliter hic adhibitum pro ὄντες. BRUNCK. "Ab ἐράω, ἐράαμεν, ἐρῷμεν. *Non amaremus, non foveremus mala ; nec in aerumnis malis nos habentes animum cruciaremus.* P.

III. 1. *Γυναικὸς οὐδὲν—*] Dixerat, si memini, Hesiodus :

Οὐδὲν γάρ τι γυναικὸς ἀνὴρ ληΐζετ᾽ ἄμεινον
Τῆς ἀγαθῆς· τῆς δ᾽ αὖτε κακῆς οὐ ῥίγιον ἄλλο.

Ita rectè memoriter citavit T. YOUNG. Vide Oper. et Dies, v. 702.

---

* *ΠΤΘΑΓΟΡΟΥ ΧΡΥΣΑ ΕΠΗ.*] *Pythagorae Aurea Dicta.* Pythagoras, ex insulâ Samo oriundus, philosophus erat antiquissimus et celeberrimus. Sed de tempore quo potissimùm vixerit ,non convenit inter eruditos; quorum tamen de hac re diversas sententias non est hujus loci perpendere. [Vide celeberrimum illud ingentique eruditione refertum opus magni Bentleii, *A Dissertation upon the Epistles of Phalaris,* p. 49, sqq. item *Jackson's Chronological Antiquities,* Vol. ii. p. 374. *Dodwell* de Cyclis, p. 137, sqq. &c. Vulgaris opinio est eum vixisse inter Olymp. LIII. 1. et LXXI. 2. i. e. inter annum ante Chr. N. 568, et 495.] Neque instituti nostri natura nos patitur de doctrinâ Pythagoraeâ hic disquirere. [Studiosa Juventus adeat librum utilissimum, *A Summary of Geography and History, both Ancient and Modern : by Alexander Adam, LL. D.* p. 12, sqq.] Quod autem ad haecce *Aurea Carmina* attinet, quae sub nomine Pythagorae circumferuntur, quoniam ipse nihil à se scriptum reliquerit,

ea vel uni alicui ex ejus discipulis, qui doctrinam à Pythagorâ acceptam in hisce versiculis exprimere potuisset; vel cuivis alii vetusti aevi attribuenda sunt. Utcunque sit, propter excellentiam, appellationem *aureorum* haud immeritò consecuta videntur. Caeterùm eorum tantus est ubique proventus editionum, ut nec vacet nec operae pretium foret eas hîc recensere. Plenissima sunt—Jo. Adam Schier, *Lipsiae*, 1750, *in* 8*vo.* et Eberhard Gottlob Glandorf, cum praef. Ch. G. Heyne, *Lipsiae*, 1777, *in* 8*vo.* " (1776. 12*mo.*) Fab. t. i.

Ver. 1. —νόμῳ ὡς διάκειται,] *ut lege constitutum est.*

7. *Μηδ'*—] *Et non*— ὄφρα δύνη, *quoad poteris,* ἔχθαιρε, *oderis*—&c. Ignoscendum amicis, quantum potes. Nam facultas vicina est necessitati, h. e. neque enim semper potes: nam saepè facultas impeditur necessitate. MARCILIUS.

313. 16. Χρήματα δ'—] *Pecunia verò interdùm acquiri solet, interdùm amitti.* [Vide Coll. Gr. Min. ad p. 6. n. 5.] Vel ut T. Young, *Pecuniam verò aliquando acquirere, aliquando perdere posse disce.* " An, pecuniam—acquirere solet—impers.? Vide Glandorf. ad locum; qui legit ὀλέσθαι, at vix praefert: Br. Gnom. Ed. Lips. quae praefert, at non legit. Vel infin. trans. passivè redditus, uti supra. P.

18. Ἦν ἂν μοῖραν ἔλῃς,] *Quam sortem obtinueris, eam fer aequo animo.*

" 22. ὧν μήτ' ἐκπλήσσεο,—] *quibus ne movearis, nec te patiare coerceri.* 23. πράως ἴσχε, *fer leniter,* vel *sis tranquillus.*

28. Δειλοῦ—] Πρὸς δειλοῦ ανδρὸς, Est *stolidi hominis,*—convenit *stolido homini,*—

44. —ἐπιπλήσσεο] *te reprehende.*

314. 47. Ναὶ μὰ—] *Juro per eum qui animae nostrae tradidit,* h. e. docuit, nempè Pythagoras, per quem jurârunt ejus discipuli, *quaternarium,* h. e. deum. Alii aliter. Vide Moshem. ad Cudworthi Systema Intellectuale, p. 451. [C. iv. s. 20. p. 375. ed. Birch.] Quaternarium quidam putant, esse ignem, terram, aërem, aquam, prima elementa è quibus omnia profluunt: denarium esse naturae totius Universitatem, &c. HARLES. Vide Porson. ad Eur. Med. v. 629. p. 50. " *Tetractys* erat symbolum, sive signum, ad deum vel divina spectans. Pythagoras et ejus discipuli multa et penitus mystica de numeris tractaverunt: quorum inter praecipua Tetractys, Tetras, e numero Quatuor, habita est. Vide *Stanley, History of Philosophy, Pythagoras,* p. 381. fol. C. viii. sqq. et ejusmodi alia. P.

51. —ᾗ τε ἕκαστα διέρχεται,] Marcilius interpretatur: *quatenus quidque progreditur,* ab imperfectis naturis ad stirpes; à stirpibus ad pecudes; et deinceps ad homines, heroes, et superos: *quatenus quidque coercetur,* h. e. retrò contráque superatur à coelestibus heroum genus; et sic deorsùm usque ad stirpes imperfectáque delabuntur. Conf. Ovid. Metam. xv. Fab. 3. v. 153. HARLES. " Vel *simpliciter, quatenus quidque progreditur, et quatenus coercetur:* i. e. Anglice, *to know the extent and limits of things.* P.

52. —ᾗ θέμις ἐστὶ,] *quatenus fas est. Idem.*

57. —ὡς δὲ κύλινδροι—] *instar cylindrorum in aliud atque aliud corpus feruntur.* De hac animorum migratione multi multa scripsère. Vide Schier. ad h. l. *Idem.* Hîc autem de migratione non agitur; tantùm de instabilitate animi. T. YOUNG.

59. —ἔρις—] Sermo est de contentione rationis et appetitûs.

λέληθε βλάπτουσα, *clam, latenter nocet. Idem.* Vide Vol. 1. ad. p. 87. n. 1.

61. —ἤ πολλῶν κε—] Salmasius ita reddit: *revera multis malis hominum mentes liberares, si omnibus monstrares, quali quisque genio,* i. e. *animo utitur.*

64. —ἱερά—φύσις—] h. e. τὸ θεῖον, sive θεός. ἕκαστα, h. e. τὰ δέοντα, *omnia quae necessaria sunt* ad animi sui notitiam. " MARCILIUS.

66. Ἐξακέσας,] *Remedio adhibito,—*

67. Ἀλλ' εἴργου βρωτῶν,] *Sed abstine cibis, quos diximus, cum in purgationibus tum in animi solutione dijudicans.* Totum hoc alludit ad placita Pythagoraea. Vide Bruckeri Hist. Philosophiae. "Vol. I.

69. —γνώμην—ἀρίστην.] *rationem optimam—*

---

* ΘΕΟΓΝΙΔΟΣ] Theognidis poësis quae superest, non est con- 315. tinuum opus, sed ex fragmentis constat e variis illius hominis elegiis aut poëmatibus excerptis. BRUNCK. Erat autem Theognis Megarâ, in Achaiâ, ortus : et floruit circiter Olymp. LVIII. ante Chr. N. 544. Ex ejus Sententiis, quae adhuc restant, Brunckius dedit 1182. Eorum, quae sunt apud Stobaeum, Latinis versibus reddita sunt ab Hugone Grotio. " Atticae vicina Megara. Fab. L. ii. c. 11. Vol. i. P.

Ver. 1. —εὐσεβέων—] Participium. Sic Ald. et codd. Perperam in sequioribus editt. εὐσεβέως. BRUNCK. Η πλουτεῖν, i. e. μᾶλλον ἤ—

5. Κτήσασθαι·] Hanc lectionem Xenophontis apud Stobaeum, edit. Gesneri, p. 499. Serm. lxxxvi. vulgari βήσεσθαι meritò praetulit Brunckius. "'οὐ μελεδαίνει, hîc, *non gravatur, non aegre fert.* Aliter et ferme, *curo, solicitus sum.* LEX. P.

13. Αὐτός—] Ordo est: Αὐτός τοι ἔνδοξος ἄγεται εἰς οἴκους ταύτην κακόδοξον, εἰδὼς ἐοῦσαν κακόπατριν, πειθόμενος χρήμασι· ἐπεὶ κρατερὴ ἀνάγκη, ἥτε θῆκε νόον ἀνδρὸς τλήμονα, ἐντύει μιν.

21. Οἱ κακοὶ—] *Mali non omninò mali ex utero nati sunt,* &c. Egregiam sententiam exhibent hi quatuor versiculi.

35. Ἀσπάλαθοί—] Vide suprà ad Theocr. Idyll. xxiv. 87. p. 249. 316.

EK ΤΩΝ ΑΜΦΙΔΟΣ.] Amphis Amphicratis filius, Atheniensis, Poëta veteris Comoediae. Fabr. Bib. Gr. Vol. ii. p. 410. edit. Harles. L. ii. c. 22.

---

† —ΑΝΤΙΦΑΝΟΥΣ.] Antiphanes, vulgò Rhodius, mediae Comoediae Poëta, Alexandri temporibus clarus. *Ibid.* p. 414.

---

‡ —ΕΥΒΟΥΛΟΥ.] Eubulus, mediae Comoediae Poëta dicitur Ammonio. Dramata 34 ei tribuit Suidas, 50 Athenaeus. Vide Fabr. Bib. Gr. ubi suprà, p. 442. item *Bent. on Phal.* p. 110. " Suid. 104. e Mss. Paris. Edd. prior. 24. KUSTER. Et ita Fabr. Harles. P.

317. 8. '*Εκτος δὲ κώμων·*—] *Sextus nequitiae; sugillarum septimus: Octavus revocatoris: nonus bilis est: Decimus furoris, tela ut mittantur quoque. Nam Liber multus parvo infusus vasculo Suos potatores facilè evertit è gradu.* GROTIUS. Grotius dedit *ἀναxλήτορος.* Sed quum ebrii saepè non uni tantùm injuriam faciant, et à pluribus in jus vocentur, *ἀναxλητόρων* malui. BRUNCK. "Ed. Lips. laudat emendationem in *Critical Review,* 1803. Jan. p. 5. '*Ο δ' ὄγδοος xλητῆρος* i. e. *apparitoris.* Vide Athen. L. ii. c. 1. p. 36. *xλήτορος.* P.

---

* —*ΦΙΛΗΜΟΝΟΣ.*] Philemon, Solis in Ciliciae oppido natus, teste Strabone ; sed Suidas eum Syracusanum facit. Novae erat Comoediae Poëta, Menandro paulò antiquior. Vide Fabricium, ubi supra, p. 476, sqq. "Strabo, L. xiv. p. 983. (671.) P.

"II. *μουσικός,* inter alia, *elegans, peritus, doctus ; μουσιxή, dexteritas, doctrina,* quae in poësi tradebatur. Vide Lex. et Stobaeum, S. xix. P.

318. "IV. Omnibus visentibus exponere, quomodo se quis habeat, multo gravius est malum, quam male se habere. P.

---

* —*ΜΕΝΑΝΔΡΟΥ.*] Menander Atheniensis, novae Comoediae Poëta longè omnium celeberrimus ; cujus quaedam tantùm fragmenta ad nos pervenêre. De eo vide Fabric. Bib. Gr. Vol. ii. p. 454, sqq. edit. Harles.

319. "IV. Optimus vir est, qui optime scit ferre injurias. P.

---

* —*ΚΛΕΑΡΧΟΥ.*] De Clearcho hoc Poëtâ Comico parùm constat. Erat alter ejusdem nominis, Aristotelis discipulus. Vide Fabricium ubi supra, p. 428. et lib. iv. cap. xi. Hoc fragmentum è fabulâ, cujus titulus *Κορίνθιοι,* servatum est ab Athenaeo, p. 613 L. xiv. c. 1.

2. —*πιεῖν*] Alii punctum ponunt post *πιεῖν,* et forsan rectiùs. T. YOUNG.

---

† —*ΓΝΩΜΑΙ ΜΟΝΟΣΤΙΧΟΙ.*] Pauculae hae *Sententiae singulis versibus contentae,* desumtae sunt ex iis quas dedit Brunckius, et quas primus vulgaverat Aldus Manutius. In iis nihil videtur inesse difficultatis, quod discipulus, qui non est prorsùs tiro, proprio Marte non poterit expedire.

"2. Justus esse magis quam benignus quaere. Vel ut est versio Grotii : *Benignus esse quaere ; sed justus magis.* P.

III. NOTAE IN EPIGRAMMATA.

* EPIGRAMMATA.] Varia Epigrammata Graeca, quorum in unum 321. fasciculum collectio ANTHOLOGIAE nomine vulgò denotatur, primùm collegit Meleager, dein Philippus, Agathias, Constantinus Cephalas, denique Maximus Plahudes.

Vixit Meleager ante Chr. N. circiter annos 150; natione Syrus, oppido Gadarenus; et in insulâ Co mortem obiisse fertur. Ex diversis totius Antiquitatis sex et quadraginta scriptoribus Epigrammatum decerpsit flores, et inde volumen confecit, quod nomine Στεφάνου, seu Coronae, insignivit. Huic Coronae addidit quaedam ipsius cultissima carmina, quorum ferè centum et triginta ad nos pervenerunt.

Philippus, qui hunc secutus est, Thessalonicensis fuit; eumque Augusti temporibus vixisse verisimile est. Is, quum novam contexuisset Anthologiam ex poëtis, qui post Meleagrum floruerunt, librum quoque suum, adjectis etiam propriis non paucis carminibus, et ipse poëta, Coronam appellavit.

Quingentis et amplius post Philippum annis, sub finem scilicet seculi VI. regnante Justiniano, vixit Agathias; qui recentiorum poëtarum carmina et sua in unum corpus collegit; parvi quidem facienda, si cum illis prioribus conferantur, sed ad seculi istius ingenium magis accommodata. His igitur in locum illorum suffectis, neglectae jaculisse videntur veteres illae Coronae; nec earum exempla ampliùs describebantur; adeo ut periculum fuerit ńe penitùs perirent, nisi circiter medium seculum x. ortus fuisset vir quidam doctus Constantinus Cephalas, qui multis ex illis Coronis, pluribus ex Agathiae collectione, et nonnullis aliundè desumtis, novam tandem Anthologiam condidit, quâ solum literati homines, quinque ferè seculis, usi sunt.

Denique, ineunte seculo XIV. visum est Maximo Planudi monacho Constantinopolitano, Cephalae collectionem instaurare, eamque, Agathiae exemplo, in septem libros denuò distribuere, multis carminibus omissis, obscoenioribus ejectis vel interpolatis: neque tamen eo consilio, ut nihil nisi pura in collectionem suam admitteret, sed, quatenùs conjicere liceàt, ut in epitomen majora illa collectanea redigeret. Nam quaedam dedicatoria summae elegantiae et minimè impudica rejecit; atque, dum multa Meleagri et Philippi obscoena repudiaret, non pauca ejusdem vel pejoris farinae è scriptoribus recentioris aevi recepit. Haec omnia in capita per communes locos digessit; neque ullam aliam, quam hanc Planudis Anthologiam, ante annum 1772, typis vulgatam vidit Respublica Literaria.

Veteres illae Meleagri, Philippi et Agathiae jam penitùs interciderant memoriâ: eadémque Cephalae collectioni futura fuisset fortuna, nisi unum ejus exemplum asservâsset Bibliotheca Palatina, quae erat Heidelbergae. In hunc Thesaurum, qui aliis doctis hominibus vix, ac ne vix quidem, notus erat, forte fortunâ, dum alios ejus Bibliothecae codices perlustrarèt, incidit celeberrimus Claudius Salmasius. Quid verbis? eum descripsit juvenis eruditissimus;

321. consilium ejus edendi cepit; postea abjecit: quò verò pervènerit istud exemplar Salmasianum non ampliùs constat. Cum amicis tamen quaedam ex eo excerpta communicaverat Salmasius; immò totum quibusdam eorum mutuum dederat. Undè varia facta sunt apographa, minùs tamen accurata, et minimè conferenda cum ipso Palatino Codice, qui Romam posteà ablatus, nunc in Bibliotheci Vaticanâ asservatur. Atque haec est illa adhuc non vulgata seu inedita Anthologia, cujus quaedam epigrammata hinc indè inter animadversiones doctorum hominum lucem aspexerunt. Quod autem consilium Salmasius abjecerat, id posteà inter alios resumsit vir eruditissimus Jac. Phil. D'Orville; sed mors interveniens labores ejus nondùm confectos abrupit.

Tandem in publicum prodierunt *Analecta Veterum Poëtarum Graecorum*, Editore Rich. Fr. Phil. Brunck; quibus vir ille Graecè doctissimus omnia haec Epigrammata tam edita quam non edita, quotquot reperire poterat, complexus est; et omnia novâ serie, observato tempore quo, se judice, quisque Scriptor vixerit, ordinavit: opus sanè egregium, per quod vir sagacissimus viam munivit ad famam, quam postea, aliis hujuscemodi operibus, sed imprimis suo Sophocle, meritò adeptus est. Dolent tamen eruditi quaedam adhuc impedire, quo minùs hoc opus ad láudem Anthologiae omnibus numeris absolutae aspirare possit. Nam Codicem Palatinum nec ipse Brunckius inspexerat, nec ope alienâ accuratè conferendum curárat; desunt idonei indices, qui sunt pars istiusmodi operis omninò necessaria;* atque editor eruditissimus suarum annotationum nimis fuit parcus. Laudandus-quidem est, quòd perpetuam interpretationem Latinam ad verbum factam respuerit; nec ei vitio vertendum, quòd nunquam tam felici esse contigerit, ut manuscriptam Hugonis Grotii interpretationem, nisi paucorum epigrammatum, videret. Hic enim vir eximius, cujus varia opera in soluto scribendi genere nomen ejus per totum orbem literatum tam clarum reddiderunt, Musas quoque, non invitâ Minervâ, subindè colere solebat: uti interpretationes ejus pulcherrimae Excerptorum ex Tragoediis et Comoediis Graecis, atque Dictorum Poëtarum ex Stobaeo testantur. Inter Anthologiae quoque studiósos idem vir magnus meritò censendus est; quippe qui non solùm selecta quaedam epigrammata, sed etiam totam collectionem Planudeam versibus Latinis adumbraverit. Haec Grotii interpretatio, quanquam ab ipso viro celeberrimo ad prelum subeundum parata esset, nondum lucem aspexerat, nec Brunckio unquam visa fuit. Ipsam autem possederat D'Orvillius; cujus post mortem ad haeredes ejus in Angliam transiit; à quibus doctissimus P. Burmannus Secundus veniam impetravit, ut totam suâ manu describeret. Hoc autem exemplar Burmannianum ad virum doctum Hieronymum de Bosch pervenit, qui nuper ex Ultrajecto consilium suum de edendâ *Anthologiâ Graecâ, ab Hugone Grotio Latinis versibus redditâ,* per totam Europam vulgavit. Et prodiere jam [Id. Jun. 1802.] hujus operis pretiosi tria Voll. *Ultraj.*

* Cum haec scriberem, nondum mihi in manus venerat *Anthologia Graece—* ex recensione Brunckii: cum Indicibus à Friederico Jacobs. *Lipsiae,* 1794-5; in 8vo. Quinque priora volumina, quae continent textum et indices, jam edita sunt. Voluminis quoque primi partem priorem Animadversionum in Epigrammata, secundum ordinem Analectorum Brunckii, [Lips. 1798.] jam possideo. Nescio an auctor doctissimus plura adhuc ediderit. [Idibus Jun. 1802.]

1795-7-8. *in* 4*to.* Haec breviter de Anthologiarum historiâ. Qui 321. plura vult, adeat Fab. Bib. Gr. lib. iii. c. 28. Vol. iv. p. 413. c. 32. Harles. *Boivin le Cadet Remarques sur l' Anthologie,* &c. *Memoires de l' Academie des Inscripp.* &c. Tom. ii. p. 347. (p. 279. 4to. 1717.) Brunckii Praef. ad sua Analecta. Biblioth. Crit. Vol. I. Part. 2. et Hieron. de Bosch Descript. edendae Anthol. Graecae. Adeat autem praecipuè Praefationem et Prolegomena ad Friderici Jacobs Animadversiones in Epigrammata Anthologiae Graecae, &c. *Lipsiae,* 1798, *in* 8*vo.*

EDITIONES ANTHOLOGIAE.

1. Prima Jani Lascaris, literis Graecis capitalibus. *Florentiae,* 1494. *in* 4*to.*

2. Ex recensione Scipionis Carteromachi. *Venetiis, apud Aldum,* 1503. *in* 8*vo.* [Scil. Aldina prima.] "Cum Epist. Gr. Carteromachi.

3. Florentina, *apud haeredes Phil. Juntae,* 1519. *in* 8*vo.*

4. Aldina secunda. *Venetiis,* 1521. *in* 12*mo.* ('8*vo.*)

5. Parisiensis, *apud Jodocum Badium,* 1531. *in* 8*vo.*

6. Cum notis Joannis Brodaei Turonensis. *Basil.* 1549. *in fol.*

7. Cum nonnullis epigrammatis recens inventis. *Venetiis, apud Aldi liberos,* 1550. *in* 8*vo.*

8. Editio Henr. Stephani, magno epigrammatum numero aucta, &c. —— 1566. *in fol.* (4*to.*) [Editio pulcherrima.]

9. Editio Wecheliana, cum annotationibus Joannis Brodaei, et Vincentii Obsopoei in lib. i. ii. iii. et vii. "Libri vii. cum Schol." *Francofurti, apud Andreae Wecheli haeredes,* &c. 1600. *in fol.* [Editio praestantissima, cujus mihi facta est copia ex instructissimâ Bibliothecâ Facult. Jurid. Edinb.]

10. Cum versione prosariâ Eilhardi Lubini. Extat in Corpore Poëtarum Graecorum, &c. Part. ii. p. 494. *Coloniae Allobrogum,* 1614. *in fol.*

11. Analecta Veterum Poëtarum Graecorum. Editore Rich. Fr. Phil. Brunck. iii Voll. *Argentor.* 1772—1776. *in* 8*vo.* [In quibusdam exemplaribus titulus prae se fert—*Editio quarto Volumine aucta.* 1785. Nondùm autem videtur hoc quartum Vol. lucem aspexisse.]

12. Anthologia Graeca, sive Poëtarum Graecorum Lusus. Ex recensione Brunckii. Indices et Commentarium adjecit Friedericus Jacobs. xiii Tom. *Lipsiae.* 1794—1803. 1814. 8*vo.*

13. Anthologia Graeca, cum Versione Latinâ Hugonis Grotii. Edita ab Hieronymo de Bosch. v Voll. *Utrajecti,* 1795-7-8, 1810 -22. *in* 4*to.* "Cum notis. Huet. Sylburg. Salmasii et suis, &c. Mortuo De Bosch, Tom. v. Dav. Jac. Van Lennep absolvit. P.

"Anthologiae Graecae a Const. Cephala conditae Libri iii.—editi, cum Lat. interp. commentt. et Notitia Poetarum, a Jo. Jac. Reiske. *Lipsiae,* 1754. 12*mo,* vel 8*vo.* Ex Cod. Lips. imperf. nec omnia. P.

*** Saepè edita sunt Selecta Epigrammata Graeca. Sed nimis foret longum ejusmodi Editiones recensere. [Vide Fabric. Bib. Gr. ubi suprà.] Quae autem hîc exhibentur decerpta sunt ex Brunckii Analectis à *Thomâ Young,* viro planè egregio, et qui juvenis adhuc dignus habitus fuit, qui in Societatem Regiam Londinensem coopta-

3**2**1. retur.* Quum is nuper in hac Academiâ studiis operam daret,†
omnibus, qui consuetudine ejus utebantur, propter ingenii acumen
et variam doctrinam, mihi imprimis ob vitae integritatem et insig-
nem Literarum Graecarum peritiam, maximi habitus; ego, variis
laboribus Academicis implicitus otióque minus abundans, eum roga-
vi ut ex immensâ Brunckii collectione ea seligeret Epigrammata,
quae ad propositum hujus poëtici nostri Delectûs maximè conferrent.
Neque meo desiderio (quae fuit ejus erga me voluntas) defuit juve-
nis eruditus et in poëtis Graecis apprimè versatus.   Quae hic rece-
pimus, eorum pleraque ille humanissimè indicavit; quin et propria
manu nitidissimè descripsit, mihique tradidit .*Corollam* variis floscu-
lis pulcherrimis à se contextam; quam si vidisset illustrissimus
Comes de Chesterfield, non ita pridem defunctus, Graeca Epigram-
mata universa sine discrimine notho suo filio contemnenda non pro-
pinâsset.   [Vide *Chesterfield's Letters to his Son*, Vol. i. Let. 73.
Conf. *Mason's Life of Gray*, p. 336.]   Sunt et nonnulla hinc indè
adspersa, quae placuêre duobus optimis mihique familiarissimis viris,
ingenii et doctrinae laude florentibus, Jacobo Gregory et Dugaldo
Stewart, huic Ethices, illi Medicinae Practicae, in hac Academiâ
Professoribus.

ERINNES—1. *Νύμφας Βαυκίδος*—] Idem nomen est *Βαυκίς, Βαυ-
κίδος*, et *Βαυκώ, Βαυκούς*. REISKE. *ἐμμί·* scil. *τύμβος*. T. YOUNG.
In hoc sepulchrali epigrammate monumentum ipsum loquitur: hoc
autem symbolis erat ornatum, quibus sepultae mulieris mors ipsas
consecuta nuptias significabatur. · Hinc intelligendus v. 3. *τά δέ τα
καλά μευ ποθορῶντι—pulchra haec mea ornamenta inspicienti tibi cru-
delissimum Bauconis, seu Baucidis, nuntiant casum.* BRUNCK. *ποθορῶντι*
Dor. pro *προϚορῶντι*. "*ΒάϚκανος ἔϚϚ*', *Ἀἵδα. Invidus es, Pluto.*
REISK. Vide Leonidam Tarent. 81. Brunck. Analect. Vol. I. p. 241.

*Παρθενικάν νεαοιδὸν ἐν ὑμνοπόλοισι μέλισϚαν
Ἤρινναν, Μοισῶν ἄνθεα δρεπτομέναν,
'Ἀΐδας εἰς ὑμέναιον ἀνάρπαϚεν. ἤ ῥα τόδ' ἔμφρων
Εἰπ' ἐτύμως ἀ παῖς· ΒάϚκανος ἔϚϚ', Ἀΐδα.*

Vide et Bion. Idyl. α, 51—55. Coll. Gr. M●. p. 116. v. 16—20. P.
3. *τὰ—καλὰ—ἀγγελέοντι*] Notandum hîc neutrum plurale cum
verbo ejusdem numeri. T. YOUNG. [Vide Coll. Gr. Min. ad Anacr.
Od. iii. v. 5. et ADDENDA ad Eur. Hec. v. 1149. edit. 2dae Porson.]
Caeterùm *ἀγγελέοντι* est Dor. pro *ἀγγέλλουσι*. " An, pro *ἀγγελοῦσι*,
fut. *ἀγγελέω*, pro *ἀγγελῶ*. P.
5. *Ὡς τὰν παῖδ*—] Ordo est: *ὡς κηδεϚτης ἔφλεγε ἐπὶ κυρκαῖς·
την παῖδα τῆδε* [πεύκη] *ὑφ' ἧς πεύκης ὁ Ὑμέναιος ἤγετο* [αὐτήν]

'* Circiter annum 1794. ·
† Anno 1794-5.—Post autem peregrè profectus, M. D. creatus est ab inclytâ
Acad. Georgiâ Augustâ, quae Gottingae est, anno 1796. Domum regressus,
Cantabrigiae per aliquod tempus studiis vacabat.   Nunc [Id. Jun. 1802.] hono-
rifico nomine Physices, sive Philosophiae Naturalis, Professoris in Regio Insti-
tuto Britannico Londini fungitur.

δόμεν. " καθεστώς (sic perspicuè codex) hîc est *maritus*. Etymol.
" M. κηδεσταὶ λέγονται ὅ τε πατὴρ τῆς γεγαμημένης, καὶ αὐτὸς ὁ
γαμῶν." BRUNCK.

7. μολπαῖαν δαιδάν] Codex, teste Brunckio, habet μολπαῖαν.
Non invenio hanc vocem in Lexicis : potes tamen reddere μολπαῖαν
δαιδάν, *jucundum carmen.* Pro μολπαῖαν Reiskius, ex conjecturâ,
reposuit χαρίεσσαν. " Reddi potest Angl. *Thou, O Hymen, hast*
" *changed the melodious nuptial hymn into the mournful notes of the*
" *funeral dirge.*" T. YOUNG.

8. —μεθηρμόσαο.] *mutasti.* Aor. 1. M. μεθηρμοσάμην, μεθηρμόσα-
σο, eliso σ, μεθηρμόσαο, ut hîc : et postea, μεθηρμόσω, ut in Gramma-
ticis. Vide in Iliad. α, 401. ὑπελύσαο· et in locis aliis innumeris.
Caeterùm conjicit Reiskius aliquid in fine epigrammatis deesse, quia
particulae μὲν in versu penultimo non respondet δὲ sequens : nisi
malit quis μευ pro μὲν legere. " Sed vide Hoogeveen. de Part. Gr.

SIMONIDIS—I.] Extat haec Epigraphe apud Thucydidem, [Hist. 322.
lib. vi. cap. 59.] qui nobis narrat Hippiam, maximum scil. natu Pi-
sistratidarum, Aeantidae, Hippocli Lampsacenorum tyranni filio,
Archedicen suam filiam, quod Lampsacenos apud regem Darium
auctoritate multùm pollere sciret, nuptum dedisse : ac Archedices
monumentum Lampsaci exstitisse, cum hâc inscriptione. Ordo
est : ἥδε κόνις κέκευθε Αρχεδίκην [τὴν θυγατέρα] Ἱππίου ἀνδρὸς
ἀριστεύσαντος τῶν ἐφ' ἑαυτοῦ ἐν Ἑλλάδι,— [τῶν ἐφ' ἑαυτοῦ, Angl.
his contemporaries,].· ἥ τε οὖσα— *et quamquam illa esset patris*, &c.
" αὐτοὺς μέγα—δύνασθαι. Thucyd. P.

3. —τυράννων,] *qui reges erant*— Sigei scilicet : non enim potiti
sunt rerum Athenis Hippiae liberi. Sed Hegesistratus, Hippiae
filius, fuit tyrannus Sigei, ut docet Herodotus lib. v. Palmerius
Exercitation. p. 53. HUDSON. " [in var. lect. Thucyd.] Hegesistratus
Pisistrati filius nothus erat, Hippiae frater. Herod. v. 94. Quod idem
observat Hudsonus in notis. P.

4. —ἤρθη νοῦν] i. e. κατὰ νοῦν. Caeterùm hoc epigramma Si-
monidi adscribit Aristot. Rhet. lib. i. c. 9. " Vol. iv. p. 105. Bipont.

II, 1. Πραξιτέλης—] Extat hoc Epigr. apud Athenaeum p. 591.
L. xiii. c. 6. fin. ubi v. 3. φίλτρα δὲ βάλλω, quod alteri lectioni prae-
ferendum mihi non videtur. Hos versus ait à Praxitele basi Cupi-
dinis insculptos fuisse, quod ita à nemine acceptum iri puto, ut
Praxiteles elegorum auctor sit censendus. Illius tamen potiùs fue-
rint quam Simonidis, cujus aetas cum Phrynes aetate non congruit.
BRUNCK. De hoc Praxitelis Amore, quem inter praestantissima sua
opera ipse censebat artifiex, vide Pausan. i. 20. p. 46.—*Ver.* 1. Ar-
gutum hoc : Praxiteles Amorem, cujus telis flagrabat, repraesentavit
ita, ut ejus speciem ad exemplum, suo animo impressum, adumbraret.
Hanc sententiam expressit Julian. "Aegypt. Br. Ana. T. ii. p. 496."
Ep. xii. Αὐτὸν γὰρ τὸν Ερωτα τὸν ἔνδοθι κευθόμενόν με Χαλκώσας,
Φρύνη δῶκε γέρας φιλίης. Phryne ipsi vicissim pro Amore amorem
rependit.—Ipse deus loquitur.—Amor desiderio et cupidine implet
pectora intuentium. ἀτενιζόμενος. Qui rectis oculis aliquid intuen-

822. tur, *ἀτενίζειν* dicuntur. Jacobs. Hoc epigramma sic vertit Hugo Grotius :

Quàm benè Praxiteles finxit, quem sensit, Amorem!
De corde exemplar sumserat ipse suo.
Meque mei pretium Phrynae dedit : indè sagittis
Nil opus est : videor si modo, sat ferio.

Simmiae—1. *Ηρέμ'*—] *Sensim, ἑρπύζοις, repas*, &c. Alloquitur scil. poëta hederam. Elegantissimum epigramma, " et potiùs (ut " observavit Vincentius Obsopoeus) ad lyram canendum, quàm ver- " tendum ; propterea quòd ei verso idem accidit, quod aulaeis et " tapetibus, qui si vertuntur, fiunt deformiores : est enim summus et " inimitabilis lepor in eo."
3. —*ἤ τε φιλόῤῥοὺξ ἄμπελος,*] *ῥὼξ, ωγὸς, ἡ*, est *fissura*. Sed, se- cundum H. Stephanum, idem quoque significat quod *ῥὰ͂ξ, acinus:* hinc *φιλόῤῥωξ, amans acinorum:* " itidem (inquit Steph. Thes.) vitis " epithetum in epigr. de Soph." Sed veram significationem istius epitheti non explicavit. Forsan nihil aliud est quam *acinis vel uvis abundans.* [Atque vocem ita quoque intellexisse Jacobsium invenio. " Vitis," inquit, " *φιλόῤῥωξ, acinis plena. ῥὼξ* de acino uvae usurpare " non dubitarunt veteres, quamquam invitis Grammaticis.*]* *ὑγρὰ πέριξ κλήματα χευαμένη, κ. τ. λ.* *humidos circa palmites fundens, gratiâ doctrinae prudentis, quam ille mellitus coluit, unà cum Musis et Gratiis.* *εἵνεκεν εὐμαθίης πιννυτόφρονος,* [Angl. *on account of the ex- quisite skill,*] dicta videntur propter doctam et eximiam illam artem, quâ Sophocles in compositione fabularum suarum caeteros poëtas Tragicos superaverit. " *ὑγρὸς, flexilis,* vide supra ad p. 217. v. 55. p. 277. v. 17. etsi *humidus* huic loco satis aptum est adjectivum.— *εὐμαθία πιννυτόφρων, ingenium cum doctrina et judicio.*—*Μουσῶν ἄμμιγα καὶ Χαρίτων.* "*Ingenium ab ipsis Musis et Gratiis confec- " tum.*" Reiske, Anthol. Praef. p. 12. Hinc forsan. P.
⁎ Vide *Elegant Extracts in Verse,* Lond. apud Rivingtons, &c. Vol. ii. p. 304. ubi hoc epigram. aliquis ita benè reddidit Anglicè, uti notavit T. Young.

Wind, gentle evergreen, to form a shade
Around the tomb where Sophocles is laid :
Sweet ivy, wind thy boughs, and intertwine
With blushing roses and the clust'ring vine :
Thus will thy lasting leaves, with beauties hung,
Prove grateful emblems of the lays he sung :
Whose soul, exalted like a god of wit,
Among the Muses and the Graces writ.

Platonis—I, 1. *'Η σοβαρὸν*—] " *Superbe.*" Constructio est : [*Ἐγὼ*] *Λαὶς ἡ γελάσασα σοβαρὸν καθ' Ἑλλάδος, ἡ ἔχουσα τὸν ἐσμὸν νέων ἐραστῶν ἐνὶ προθύροις,* [*ἀνέθηκα*] *τὸ κάτοπτρον τῇ Παφίῃ ἐπεὶ τοίη* [*οἵη νῦν εἰμὶ*] *οὐκ ἐθέλω ὁρᾶσθαι·* [*τοίη*] *δὲ οἵη ἦν πάρος οὐ δύ-*

ναμαι [ὁρᾶσθαι.] De Laïde vide Propriorum Nominum Lexica. "Imitatus est hoc Matt. Prior: *Venus take my votive glass ;*" &c. T. Young.

III, 1. *Ναυηγοῦ τάφος εἰμί·*] Hoc ita reddidit celeberrimus Sam. 323. Johnson:

> *Naufragus hic jaceo ; contra, jacet ecce colonus !*
> *Idem orcus terrae, sic, pelagoque subest.*

Elegans distichon, cui comparandus praeclarus apud Petronium locus p. 404. edit. Hadrian. *Sed non sola mortalibus*, &c. JACOBS.

MNASALCAE—1. '*Αδ' ἐγὼ ἁ*—] Parodia alius epigrammatis in Ajacis sepulchrum. T. Young. En Epigramma, ad quod alludit vir doctissimus. Occurrit inter additamenta epigrammatum in edit. Wecheliană, p. 6. et in Brunckii Analect. Tom. i. p. 178. ubi rectè adscribitur Aristoteli ; auctoritate Porphyrii in Homerum Comment. Vide Eustath. in Hom. p. 285. edit. Rom. "Il· β, 557.

> '*Αδ' ἐγὼ ἁ τλάμων Αρετὰ παρὰ τῷδε κάθημαι*
> *Αἴαντος τύμβῳ, κειραμένα πλοκάμους,*
> *Θυμὸν ἄχει μεγάλῳ βεβολημένα· ὡς παρ' Αχαιοῖς*
> '*Α δολόφρων Απάτα κρέσσον ἐμεῦ κέκριται.*

Argumentum scilicet sumitur à certamine inter Ajacem et Ulyssem de armis Achillis, in quo *πολύτροπος Οδυσσεὺς* reportaverat praemium. Caeterùm ἡ *Απάτα κέκριται κρέσσον*, et ἡ *Τέρψις κέκριται κρεῖσσον*, dicuntur eodem modo quo apud Virgilium : *Triste lupus stabulis.* Ecl. iii. 80. et *Varium et mutabile semper Femina.* Aen. iv. 569.

"Fingitur Virtus lugentis habitu Voluptati adsidere et conqueri, quod ἡ *Τέρψις* sibi anteponatur. JACOBS.—*κειραμένα*, aor. 1. med. hîc, et praesertim infra in Leonidae Tarent. III, 2. sensum passivum exhibere videtur. Exemplum ceu rarum hujusmodi in eadem voce meminit Kuster. De Verb. Med. S. iii. fin. scil. *ἐκείρατο*, in Frag. Anon. apud Plutarch. T. ii. p. 1098. T. x. 516. Adv. Epicur. Reiske. *Ημετέραις βουλαῖς Σπάρτα μὲν ἐκείρατο δόξαν.* At saepius ita comparet in Plutarch. Vide Ind. Gr. Reiske. Adjicere licet *ὀχομένη*, aor. 2. med. sensu pass. supra p. 299. v. 28. et alibi. Vide supra ad p. 227. v. 29. Item Hom. Il. λ, 233. 237. *μόλιβος ὡς, ἐτράπετ' αἰχμή.* P.

ANYTES—1. *Μάνης οὗτος*—] In servi tumulum. Nomen *Μάνης* servis proprium. JACOBS. Hoc ita reddidit celeberrimus Sam. Johnson:

> *Qui jacet hic, servus vixit ; nunc, lumine cassus,*
> *Dario magno non minus ille potest.*

LEONIDAE TARENT.—I, 1. *Μὴ σύ γ'—*] Loquitur Pan vel Mercu-
rius. *ἐπ' οἰονόμοιο—* *in illo loco ubi pascunt oves,—ἰλύος χαραδραίης.*
luti ex torrente,—θερμὸν, subaudi *ὕδωρ.* BRODAEUS. Mihi arridebat
hoc epigr. ob benevolentiam et imagines pulchras. T. YOUNG. " Via-
tores hac inscriptione a turbida tepidaque aqua ad fontem limpidum
frigidumque· mittuntur. JACOBS. *τοῦτο θερμὸν [ὕδωρ] περίπλεον,* ple-
nissimam, ἰλύος χαραδραίης. P.

II, 1. *Ἰξαλος—*] Ordo est : *Ἰξαλος εὐπώγων πόσις αἰγὸς—*Salax
barbatus ma: itus caprae— Secundum Brunckium ad Simmiae Rhodii
I. *Ἰξαλος αἴξ* est *Ibex,* seu *caper montanus,* Gallis *Bouquetin,* Angl. *a*
wild goat, masc. generis.· . Cui interpretationi hic locus favere non
videtur. Malo vulgarem : Angl. *The wanton well-bearded husband*
of the she-goat.

324.   3. *—κείρε,*] Sic Ovidius : [Fast.. Lib. i. 357.]

> *Rode, caper, vitem : tamen hinc, cum stabis ad aram,*
> *In tua quod fundi cornua possit, erit.*

III, 1. *'Ολκάδα—*] Sic construe : *πῦρ ἀνέφλεξέ με ὀλκάδα, μετη-*
θαθαν τόθην ἄλα, [ἀνέφλ. με] ἐν χθονὶ τῇ κειραμένη πεύκας εἰς ἐμ·
ἣν πέλαγος διέθωθεν ἐπ' ἠόνος· ἀλλὰ εὗρον τὴν [χθονὰ scil.] *γειπε-*
μένην ἐμὲ ἀπιστοτέρην·· θαλάσσης. Quae sic vertit H. Grotius :

> · *Mensa diu pelagus pereo face navis, in illá,*
> *Quae mihi materiam tonsa creavit, humo.* . ˙ .
> *Atqui reddiderant me terris aequora : vincis*
> *Sic mea tu· genetrix aequora perfidiá.*

THEOCRITI—1. *Α δείλαιε τύ—*] *Ah miser tu Thyrsi ! quid prodest,*
si contabefacias lacrymis geminos oculos lugendo? [*διγλήνους ὑπα··*
geminas pupillas habentes oculos. Aemyl. Porti Lex. Dor. ubi νἱκ
plura.] Plorat nimirum Thyrsis capellam suam à lupo abreptam.
3. *Οἴχεται—*] *Οἴχομαι* frequens verbum est de mortuis. HARLE·
4. *Τραχὺς—*] Angl. *for the fierce wolf hath grasped it in his claw:*
αἱ δὲ κύνες κλαγγεῦντι· *the dogs are barking.*
6. *Οστέον οὐδὲ τέφρα—*] *nec us* quidem *neque cinis.* Reiskii con-
jecturam Brunck. in textum recepit. HARLES. [Sc. *ὀστέων.*] Vulga-
ris lectio est *—ὀστέον οὐδὲ—* " quam reposui ex ed. Valck. P. Ob
servet discipulus sequentes voces Doricas : *τύ* pro *σύ· καταταξεῖς* pro
κατατήξεις· ἁ pro *ἡ· κλαγγεῦντι,* pro *κλάζουσι· αἴκα* pro *ἤ τα·*
τήνας pro *ἐκείνης· αἰχομένας* pro *οἰχομένης.* " *κλαγγεῦντι,* annoa ·
κλαγγέω, ἁ κλάγγω ; P.

CALLIMACHI—II, 1. α *Σύντομος ἦν ὁ ξεῖνος,*] Scriptum videtur
hoc epigramma de quodam obscuro homine brevis staturae ; cujus
epitaphium laudem quoque brevitatis affectat. Tumulus igitur ita

loqui fingitur : " *Theris Aristaei filius Cres sub me* jacet." Respondet 324 viator :—" Etiam hoc *longum*—in hominem scil. de quo scire nil mea " refert." Cui autem displicet haec explanatio, is meliorem inveniat, si poterit, inter nugas interpretum, quas videre liceat ad Calᷓ limachum ex recensione Ernesti, Vol. I. p. 286. Pro δολιχὸν restituit Brunckius ex MS. δολιχὸς, quod rectum putat, et ad στίχος referri. Noster T. Young illum mavult; cui facile assentior. Idem δευτέραις φροντίσι sic ad me scripsit : " Non puto σύντομος de brevi " staturâ dici posse : potiùs vult, sermonem ejus concisum fuisse;. " potiúsque δολιχὸν haec innuere videtur, nomen ejus solum laudi " sufficere : non quod negem alteram interpretationem veram esse " posse ; hoc amici, illud inimici." Quod autem ad literulas α 6 attinet, " harum usum," inquit H. Stephanus, [post titulum suae edit. Anthologiae, Anno 1566.] " non excogitavi, sed potiùs amissum " revocavi. Has enim literulas in plurimis antiquissimis codicibus " Graecis, adhibitas iis locis qui dialogi formam haberent, inveni ; " α interrogationem, 6 responsionem indicante." " συντομωτάτη ὁδὸς, Vol. I. p. 125. l. 8. p. 223. l. 12. h. op. P.

III, 1. *Εἶπας*, '*Ηλιε*—] Callimachi quidem epigramma in Ambraciotam Cleombrotum est : quem ait, cum ei nihil accidisset adversi, è muro se in mare abjecisse, lecto Platonis libro. Cιcεro ; Tuscul. lib. i. c. 34. [Vide Vol. i. ad p. 252. n. 1.] Qui plura velit adeat Callimach. edit. Ernest. Vol. i. p. 293. et Davisium ad loc. cit. Ciceron.

DΙΟSCORIDAE—1. *Τὰν Πιτάναν*—] Subauditur εἰς. Pitana urbs 325 erat Laconica, ad ripas Eurotae. Hoc epigramma exhibet egregium exemplum Spartanae fortitudinis. De hoc Thrasybulo, ejusque patre Tynnicho, nihil amplius apparet nisi eos fuisse Lacedaemonios. Caetera sunt facilia. Extat hoc epigr. apud Plutarchum, Vol. vi. p. 874. edit. Reiske. " Lacon. Apophth. P.

TΥΜΝΑΕ—I, 1. *Τὸν παραβάντα*—] In Plutarchi Lacaenarum apophthegmasin hoc unum epigr. tanquam duo exhibetur, quorum alterum constat ex primo disticho, alterum ex duobus postremis. Putat Brunckius manifestum esse Plutarchum memoriâ lapsum, et tria illa disticha ad idem epigramma pertinere, idque uno disticho augeri debere ; undè in Lectionibus et Emendationibus suis totum constituit, uti nos dedimus; nescio tamen quâ auctoritate. Spirant quidem omnia ferocem illam fortitudinem, quae in Lacaenis magis admiratione quam imitatione digna erat. *Τὸν παραβάντα νόμοις, cum leges violâsset,*—audivisset enim, ut narrat Plutarchus, mater Damatria, filium suum Damatrium, ad se reversum, timidum fuisse.

3. *Θηκτὸν*—] Angl. *and having presented her sharp sword—having held her sword in a posture of offence.* " Br. Ana. T. i. p. 505. P.

5. *Εῤῤε κακὸν*—] I *perished, mala proles, per tenebras, οὖ διὰ μῖσος,* &c. *cujus odio affectus iratusque Eurotas ne cervis timidis quidem fluere dignetur.* Sic apud Homerum, Achilles, Agamemnonem igna-

viae arguere volens, eum alloquitur tanquam habentem κραδίη·
ἐλάφοιο. Iliad. α, 225. "Pl. T. vi. p. 895. R. Internectuntur. P.

7. *Ἀχρεῖον σκυλάκευμα*,] *improbe catule!* Observandum autem
ἀχρεῖος apud *Graecos*, (quum de *homine malo* dicitur,) non utique
eum exhibere qui simpliciter sit *non utilis*, sed qui sit *maximè ne-
quam.* Sic apud Eur. Med. v. 296. (298.) ἀργία significat, non igno-
viam, (ut vulgò vertunt,) sed quicquid *maximè* est *detrimentosum.*
CLARKE, ad Il. β, 269. ubi vide plura. κακὰ μερὶς, Angl. *abandoned
member of society.* "ἀχρεῖος, Eur. Med. 301. Ed. Porson. supra. P.

II, 1. *Μή σοι τοῦτο,*—] In mulierem Aegyptiam, quam fatum in
Cretâ oppressit, ubi sepulta fuit. Ἐλευθέρνη, urbs Cretae. Inept·
antea legebatur v. 3. ἀλλά σ᾽ ἐλευθερίης ὅδ᾽ ἔχει τάφος. V. 1. Codi-
ces omnes, quos vidi, Florentina et Aldina prima ἐπικαίριον ἔστω,
unde feci ἐπικήριον. Vide Hesych. in κηραίνει. BRUNCK. τοῦτο αἱ·
ἔστω λίην ἐπικήριον σοι, Angl. *let not this too much afflict thee.* "ἀπι-
καίριον, Vulg. γῆ μορίη, μόριος, *partialis*, Lex. *pars* vel *portio terrae.* P.

---

326. ANTIPATRI SIDON.—I, 1. 'Ἑπτὰ πόλεις—] Vide Cicero. pro Archiâ
poëtâ, cap. 8. et Leonem Allatium de patr. Homeri : "in Gronov.
Antiqq. Gr. T. x. c. 1719. sqq." item suprà in notit. Homer. ad p. 3.

II, 3. *Ἤμβροτε δ᾽ ἀμφοτέρων*] *amisit autem utramque.* ἤμβροτε,
non à verbo ficto ἀμβροτέω, (ut vulgò putant,) sed aor. 2. pro ἤμαρ-
τε, ab ἁμαρτάνω, à *scopo aberro,* item *perdo.* Saepè occurrit apud
Homerum. Vide Iliad. χ, 279. π, 336. ε, 287. al. ἀμνὴν λύκος, i. e.
λύκος ἔκτανε ἀμνήν, κ. τ. λ. πενίης ὤλετο βουκόλιον, *periit armen-
tum paupertatis,* i. e. *pauperis.* "ἀμβροτέω, ἀβροτέω, ἀβροτάζω. Il. κ. 65.
5. *Πηροδέτῳ*—] Ordo est : ὁ δέ γε οἰκτρὸς λυγώσας ἅμμα κατ᾽
αὐχένος ἱμάντι πηροδέτῳ, Angl. *and the miserable man having made
a noose at his neck with the thong of his wallet, or with his belt,* κάτθανε
παρ᾽ ἀμυκήτῳ καλύβῃ, *died in his hut, where no lowings were heard.*

III, 1. 'Ο πρὶν ἐγὼ—] De Alcimene aucupe, qui dum fundâ petit
aves, in altum speculatus, ictus à dipsade periit. *Qui prius,* inquit,
ego Alcimenes et sturnum (ψὴρ, ψηρός) *et rapacem arcebam, abigebam,
à semine altivolantem Bistoniam,* id est, Thraciam, *gruem,* (est enim
Bistonia urbs Thraciae,) *corii* seu *lori,* χερμαστῆρος, *sustinentu
saxum, tortilia membra* [κῶλα, *brachia, habenas,* BRODAEUS.] *tendens,
volucrum arcebam procùl nubem,* id est, multitudinem. καί τις οὐτή-
τειρα διψὰς ἔχιδνα παρὰ σφυρὰ ἐνεῖσα ἐκ γενύων τὸν πικρὸν χόλον
σαρκὶ χήρωσέ με ἠελίου. *cum quaepiam lethifera dipsas vipera juxta
talos immittens ex mandibulis amaram bilem meae carni privavit me
sole.* OBSOPOEUS. "Vide supra, p. 59. χ, 304. p. 250. v. 127. p. 294. r. 17.

THEODORIDAE—1. Ναυηγοῦ -τάφος εἰμί·] Hoc ita Latinum fecit
celeber. Sam. Johnson :

*Naufragus hic jaceo ; fidens tamen utere velis :
Tutum aliis aequor, me pereunte, fuit.*

'Posidippi— 5. Νύμφας] scil. *aquarum*, poeticè; ut infra p. 328. 327. in Antipatri Thess. Ep. v. 3. Νύμφαιϭι. Sensus: Non in aqua, sed in sinu matris morti occubuit. τὸν βαθὺν ὕπνον, THE *deep sleep*. Vide Jacobs. T. viii. p. 154. P.

ΜΕΛΕΑΓΡΟΥ.] *Meleagri* poëmata, quae Brunckius operis initio tradidit, hùc in ordinem temporis reduximus: in caeteris ejus ordinem secuti sumus, qui non multum à temporum ratione abest. T. Young.

I, 1. Εὔφορτοι νᾶες—] In hoc epigrammate auctor, qui natione Syrus erat, sed tunc temporis peregrè profectus ad Hellespontum, naves alloquitur, quae velis ferebantur ex Euxino per Hellespontum, secundum oram Asiae inferioris, usque ad Syriam. Ejus amica Phanium, quae ad oram Cariae degebat, ex adverso Coûs insulae, ibi Meleagrum suum Hellesponto redeuntem anxiè expectabat. Nam, ut rectè observavit T. Young, " potuit Meleager prope Hel-
" lespontum esse, undè navibus praeter Coa ituris secundus esset
" Boreas: quod autem pedes iturus esset intelligi potest vel figurâ
" poëticâ ob amoris violentiam, vel ut non ab Hellesponto navigaret,
" sed majorem viae partem pedes iret."—Immò totam viam, si Phanii domicilium non in insulâ Co esset, sed in continente ex adverso. His ita intellectis totum epigr. rectè procedit; nec opus est ut, cum doctissimo Brunckio, indignabundi respuamus πεζοπόρον, quo pro παιζοπόρον reposito, nihil, illo judice, juvatur sensus. " Quî enim,"
interrogat ille, " è Tyro, aut altera quovis continentis loco, in insulam
" pedestri itinere pervenire poterat?" Quae jam diximus continent responsionem. Quin et ipse Brunckius addit: " Profectò non è
" Tyro mandata haec dedit; nam è Syriâ vela in Hellespontum
" facientibus secundus ventus non est Boreas, quo flante illis in por-
" tu subsistendum est." Quidni igitur mandata haec dare potuisset ad Hellespontum? Εὔφορτοι νᾶες πελαγίτιδες, *Veloces naves per mare transeuntes,* [εὔφορτος et πελαγίτις rarò occurrunt, eorum autem origo satis obvia est.] πόρος Ἕλλης est *Hellespontus.*—ἦν που ἴδητε ἐπ᾽ ἠϊόνων κατὰ Κῴαν νῆσον Φανίον δερχομένην ἐς χαροπὸν πέλαγος, *sicubi videretis in littoribus è regione Coae insulae Phanion aspicientem caernleum mare.* Eandem hujus loci expositionem in mentem venisse Mansoni, apud Jacobs [Animadvers. p. 95. T. vi.] observo. " Manso," inquit hic, " ut difficultatem, à Brunckio motam,
" expediret, interpretatur de Phanio *in litoribus insulae Coo oppo-*
" *sitis,* h. e. in litoribus Cariae, fortasse Halicarnassi sedente:"—
quamquam aliter ipse arbitratur; et in sequentibus nihil vidit, nisi hyperbolicam desiderii significationem. Sed ad priorem meam interpretationem adhaereo, suffragante nunc Mansone; cujus nuperam Carminum Meleagri editionem [*Jenae*, 1789. *in 8vo.*] nondum vidi.

7. Εἰ γὰρ τοῦτ᾽ εἴποιτ᾽,] *si diceretis*—vult autem *si dicatis.* Nonne ἂν εἴπητ᾽; Vide Dawes Misc. Critica. T. Young. "Sc. εἴποιτ᾽ de praeterito, εἴπητ᾽ de futuro. Sed vide Dawes. p. 85. 207. 217. de optativi et subjunctivi usu. P.

327. *** Placet autem hîc adjicere elegantem hujus epigrammatis in-
terpretationem viri eruditissimi Bernardi Monetae, quam non antea
vulgatam protulit Brunckius in Emendationibus ad sua Analecta,
Vol. iii. p. 313. et in quâ poëtae sententia optimè redditur, nisi in v.
3. ubi Phanion, quae in continente esse debet, ponitur in insulâ.

> *Velivolae pinus, quaecunque Aquilonis egentes*
>   *Hellespontiacum finditis aere salum,*
> *Si mea se vobis in Coo Phanion offert*
>   *Littore, venturas prospicit undè rates,*
> *Haec illi pro me vos pauca : Quid anxia nautam*
>   *Expectas ? peditem dux tibi sistet Amor.*
> *Nulla mora, his dictis, Boreas à puppe secundus*
>   *Flabit, et ad portum lintea vestra feret.*

II, 1. *Δάκρυά σοι—*] Est hoc epigr. carmen elegiacum in Helio-
doram mortuam, quam Meleager perditè amâsse videtur : (uxorem
ejus putat Obsopoeus ; filiam Valckenar. ad Phoen. 88. p. 33.
amasiam Jacobs, p. 118.) et in hoc genere pulcherrimum quidem
est. ʽΗλιοδώρα, δωροῦμαι δάκρυά σοι νέρθε διὰ χθονὸς, κ. τ. λ.
Heliodora, dono lachrymas tibi infrà per terram, &c.—*ναῖμα πόθων, μνᾶ-*
μα φιλοφροσύνας, fluentum amoris, monumentum amicitiae. [Vulgò
dicitur *μνᾶμα* in utroque loco.]—*οἴκτρα* sumitur adverbialiter.—*ἐν*
φθιμένοις, in mortuis.—*ποῦ* [*ἐστι*] *τὸ ποθεινὸν θάλος ἐμοί; ubi est*
amabile meum germen ? —κόνις ἔφυρε ἀκμαῖον ἄνθος. pulvis inquinavit
hunc vigentem florem. Ἀλλά σε γουνοῦμαι, κ. τ. λ. At, O mater Terra!
quae cuncta alis, te supplex oro, leniter amplectare tuo gremio hanc om-
ninò flebilem.

III, 1. *Οὐ γάμον,—*] In Clearisten, quae primâ nuptiarum nocte
obiit, et accepit eosdem tibicines ac taedas et faces ad lectum con-
jugalem et sepulchrum. *Non nuptias, sed Orcum sponsalem Clearista*
accepit, virginitatis vincula cum solveret. Nuper enim vespertinae
tibiae [de voce *λωτός* vide suprà ad Theocr. Idyll. xxiv. 45. p.
248.] *prae foribus nymphae sonabant, et thalamorum* (pro thalami)
plaudebant postes. Matutinus autem ululatus vociferabat, ἐν δ', quae
etiam (hac particulâ utimur rem aliquam exaggerantes) *Hymenaeus*
sedatus silentio in lugubrem cantilenam mutatus est. · Eaedem autem
piceae, i. e. taedae vel faces lucem praetendebant (*ὀρδουχεῖν* est prae-
lucere, vel *facem* sive *funale praeferre*) *juxta thalamum, et mortuae ad*
inferos ostendebant viam. OBSOPOEUS ; mutatis mutandis. Caeterùm
ejusdem ferè generis est istud Shaksperii :—*the funeral baked meats*
Did coldly furnish forth the marriage tables. Hamlet, Act i. s. 2." Vide
supra p. 321.

---

328. ARCHIAE—1. *Θρήϊκας—*] Narrat Herodotus morem esse apud
Trausos, Thraciae populum, ut simulac natus esset infans, propin-
qui eum circumsedentes ploratione prosequerentur, propter mala
quae vitam ingressus passurus esset, humanas omnes calamitates
recensentes : hominem autem defunctum lusu atque laetitiâ iidem
inhumarent, quod malis liberatus in omni futuros esset felicitate.
Lib. v. 4.

4. *Ἀπροΐδὴς—Μόρος.*] *improvisa mors,* λάτρις Κηρῶν ἔμαρψε, 328. *ministra Fatorum abstulit.* Hoc autem epigr. sic reddidit Hugo Grotius:

> *Thracum facta probo, qui tunc sua pignora lugent,*
> *Cum primùm cernunt de genetrice diem.*
> *Contra felices celebrant, è limine vitae*
> *Quos improviso turbine Parca rapit.*
> *Innumeris nam vita malis fons est et origo:*
> *At mors innumeris est medicina malis.*

ANTIPATRI THESSALON.—1. Ἰσχετε χεῖρα—] Pulcherrimum est epigr. Antipatri, quod ad ista mundi tempora alludit, quandò homines convivium apparare solebant, haud multo laboris impenso. TAYLOR's *Elements of the Civil Law,* pag. 452. De inventione molarum undis motarum agit Salmasius, [ad Script. Hist. Aug. T. i. p. 857.] statuitque eam Antipatro, carminis auctori, Thessalonicensi puta, hoc est Ciceroni aequalem. REISKE. *Cohibete manum molariam, pistrinariae,*—Δηὼ γὰρ— *Ceres enim commisit labores manuum Nymphis,* —&c. ὁ δ', *is autem* [axis scil.] *radiis suis tortilibus contorquet cava pondera quatuor lapidum molarium.* "Vide supra ad p. 327. Posidippi 5.— κατ᾽ ἀκροτάτην—τροχιήν, *in summam—rotam.* REISKE, Anthol. p. 112. Ep. 653. ἑλικταῖς, *circumactis.* JACOBS. P.

ALPHEI—1. Χειμερίοις—] Omnibus animantibus amorem et curam quandam eorum quae procreârunt esse innatam, quam philosophi στοργὴν φυσικὴν appellant, Alpheus docet exemplo gallinae, quae hyberno tempore nive prorsùs obruta, tamdiu pullos suos alis texit et fovit, donec frigore est exanimata. —παλυιομένα, *dealbata.* τιθὰς ὄρνις, *mansueta avis,* i. e. *gallina.* εὐναίας, *soporiferos.* μέσφα — *donec ipsam coeleste frigus peremit.* Siquidem permansit aëris reluctatrix coelestium nubium, id est, è coelestibus nubibus provenientis. OBSOPOEUS. Nam, pro Αἰθέρος ἠδ᾽ αἰνῶν, vulgò legitur Αἰθέρος οὐρανίων. "Idcirco Brunckii lectio vel conjecturà reddenda est—aëris et saevarum reluctatrix nubium. Jacobs conjicit—αἴθριος, οὐρανίων—P.

5. Πρόκνη—] Ἡ μὲν τὸν Ἴτυν σφάξασα τὸν παῖδα, ὀργιζομένη 329. τῷ πατρί· ἡ δὲ Μήδεια τοὺς παῖδας, διὰ Ἰάσονος γάμον. Schol. Increpat Procnen et Medeam, quae omni naturali affectu et benevolentiâ exutae, suos filios crudeliter occiderunt. OBSOP.

APOLLONIDAE—1. Ἰχθυοθηρητῆρα] Menestratus piscator captam Phycidem cum dentibus occidere vellet, uti piscatorum mos est, exiliens piscis, gutturique illapsus hominem suffocavit. HUETIUS. Hoc epigramma ideò potissimum elegi, quòd duo ultimi versiculi narratiunculam miram continent de quodam piscatore, qui à pisciculo, quem morsu interficere conabatur, suffocatus est; quódque

329. alias ejusmodi historias recentiores, firmâ satis **auctoritate** compro-
batas, inveneram. Casûs hujusce, hodiernis temporibus non ignoti,
extat, praeter alia, exemplum in celeberrimi **Monroi Musaeo** Ana-
tomico in Academiâ Edinburgensi, ubi Solea asservatur, quae hujus-
modi mortem intulit. T. Young.　Ordo est: *ἄγρα˙ ἑλκομένη ἐξ ἱχ-
πείης τριχὸς δούνακος ὤλεσεν ἰχθυθηρητῆρα Μενέστρατον*, Praeda,
[i. e. *piscis quem capiebat*,] *dum truhebatur setâ equinâ calami, perdidit
piscatorem Menestratum, ὅτ᾽ ἐρυθρὴ φυχὶς πλάνος ἀμφιχανοῦσα φι-
νιον εἶδαρ ὀξείην πάγην ἔφριξε· cum rubra phycis erratica hiatu com-
plectens lethalem escam, acutum laqueum, cohorruit : ἀγρυμένη δ᾽ ὑπ᾽
ὁδόντι κατέκτανεν, et, dum dentibus ejus captabatur, ipsum interfecit.*
[*ἀγρυμένη*, quod poni videtur pro *ἀγρευομένη*, **Brunckius** solus ed-
dit ; caeteri quos viderim libri *ἀγνυμένη* ╫el *ἀγνυμένη* exhibent,
sed nullo idoneo sensu:] *δυσαμένη λάβρῳ ἅλμασι, quum saltu violenti
subiisset*, [Angl. *having entered with a sudden spring or jerk,*] *ἐντὸς
ὀλισθηρῶν φαρύγων, intra lubricum guttur.*　Caeterùm de hoc pisce
ita Plinius : " Mutat colorem *Phycis*, reliquo tempore candida, vere
" varia.　Eadem piscium sola nidificat ex algâ, atque in nido parit."
L. ix. c. 26. (42.)　Ad quem locum ita observavit annotator Parisien-
sis : " Piscis est *percis* simillimus: unde et à venditoribus perperam
" *Perche* nominatur." Tom. ii. p. 316. Edit. Paris. 1685. " V. 3.
πλάνον et Cod. Vat. et Edd. omnes; nec aliter legi debet: *εἶδαρ
φόνιον πλάνον.— ἀγρυμένη*, ex Vat. Cod. Jacobs. P.

*** Extat aliud Epigramma similis argumenti, auctore Leonida
Tarentino, [Br. Analect. Vol. i. p. 244. 93.] quod, quia rem tam miram-
cam magis confirmat, hîc apponendum curavimus : una cum expli-
catione Vincentii Obsopoei, qui et addidit exemplum casûs haud
dissimilis, qui suis temporibus in Germaniâ accidit.

*Πάρμις ὁ Καλλιγνώτου ἐπακταῖος καλαμευτὴς
Ἄκρος, καὶ κίχλης καὶ σκάρου ἰχθυβολεὺς,
Καὶ λάβρου πέρκης δελεάρπαγος, ὅσσα τε κοῖλας
Σήραγγας, πέτρας τ᾽ ἐμβιθίους νέμεται,
Ἄγρης ἐκ πρώτης ποτ᾽ ἰουλίδα πετρήεσσαν
Δακνάζων, ὁλοὴν ἐξ ἁλὸς ἀράμενος,
Ἔφθι·˙ ὀλισθηρὴ γὰρ ὑπ᾽ ἐκ χερὸς ἀΐξασα
Ὤχετ᾽ ἐπὶ στεινὸν παλλομένη φάρυγα.
Χὠ μὲν μηρίνθων καὶ δούνακος ἀγκίστρων τε
Ἐγγὺς ἀπὸ πνοιὴν ἧκε κυλινδόμενος,
Νήματ᾽ ἀναπλήσας ἐπιμοίρια· τοῦ δὲ θανόντος
Γρίπωνος γριπεὺς τοῦτον ἔχωσε τάφον.*

　In Parmidem piscatorem, qui iulide pisce arundine extracto, et
mordicùs apprehenso, ac lubricitate in guttur illapso praefocatus
est.　*Parmis* (inquit) *Callignoti* filius, *littoralis, summus piscator, κί-
χλης*, i. e. *turdi piscis, καὶ σκάρου, et scari*, [quem ex omnibus pisci-
bus Oppianus libro primo, et ruminare, et vocalem esse testatur.
Plura super hoc pisce vide in annotationibus Francisci Massarii
Veneti.] —*καὶ λάβρου πέρκης*, et *impetuosae percae, δελεάρπαγος,
escam rapientis, et quaecunque cava antra petrasque submersas depascunt,
capturâ ex primâ, quando iulidem saxatilem mordicùs apprehen-
dens, exitiosam è mari sustulisset, periit.　Lubrica enim quum è mari
erupisset, intravit in angustum guttur, vibrando,* scil. se.　*Et illa*

quidem prope funiculos, et arundinem, et hamos expiravit (ἀπὸ ἧκε 329. πνοs ἣν) *dum volveretur*, vel *volutatus, fila quum complevisset fatalia : illo autem mortuo piscatore, piscator hoc aggessit sepulchrum.* Non dissimili fato consumptus ante annos aliquot in Germaniâ quidam sacrificus piscandi et natandi peritissimus, qui quum in manu in quodam profundo gurgite percam cepisset, orique inseruisset, ut ad sodales enataret,.perca in gulam illapsa, miserum sacrificulum in manibus sodalium nihil non tentantium exanimavit. OBSOPOEUS. Κίχλη *est labrus turdus* Linnaei ; σκάρος *labrus scarus ; πέρκη perca marina ; ἰουλὶς labrus iulis.* T. YOUNG.

CRINAGORAE—I, 1. Εἴαρος—] Crinagoras hîc rosas inducit blandè alloquentes formosam quandam anonymam, die ejus natali, appropin-quantibus nuptiis, tempore hyberno ; et gaudentes tunc potiùs caly-ces suos rumpere, foliisque suis pulcherrimae mulieris tempora ornare, quàm vernum expectare solem.

3. Σοὶ ἐπιμειδήσαντα,] Constructio est : ἄσμενα σοὶ ἐπιμειδήσαν-τα τῇδε γενεθλίῃ ἠοῖ, ἀσσοτάτῃ νυμφιδίων λεχέων. *libenter tibi ar ri-dentes tuâ hac aurorâ natali, lecto geniali proximâ.* " V. 1. ἦνθει μὲν, Cod. Vat. et Reisk. JACOBS. P.

II, 1. Ὀθρυάδην,] Praeponitur hoc epigrammate fortitudo cujus-dam Itali Othryadae Spartano et Cynegiro, et omnibus bellicosis ; quod in Germaniâ ereptam signifero aquilam, iterùm hostibus ex-torserit, adversario interfecto. OBSOPOEUS. Κάλει Ὀθρυάδην, κ. τ. λ. *Vocato, si vis, Othryaden Spartae magnum decus, aut Cynegirum nava-lem pugnatorem, aut omnium res gestas bellicas.* Omnia nimirùm ex-superat fortitudo Arrii.

5. Αἰετὸν—] ὡς ἴδε αἰετὸν φίλου στρατοῦ— *ut vidit aquilam sui exercitûs*, &c. —αὖτις ἄνθορεν— *rursùs exsiluit è mortuis in bello in-teremptis ; et quum interfecisset illum, qui eam ferebat, suis recuperavit ducibus, solus invictam consequutus mortem.* Caeterùm de Othryadâ vide Herodot. Lib. i. 82. et Suidam in voce. De Cynegiro, Justin. Lib. ii. 9. et Herodot. Lib. vi. 114. uti indicavit Obsopoeus. " Vide Vol. I. p. 22. h. op. Scr. αὖτις—Br. P.

III, 1. Αἴγά με—] Verba sunt caprae, quae Caesari lac praebuit, in hoc imitata capram Amalthaeam Jovis alumnam. OBSOPOEUS. Sic autem construe : Καῖσαρ γευσάμενός με τὴν εὔθηλον αἶγα πολυ-γαλακτοτάτην πασῶν, ὅσων οὔθατα ἀμολγεὺς ἐκένωσεν, κ. τ. λ. *Quum Caesar me gustâsset capram mammosam, omnium lacte abundan-tissimam, quarumcunque ubera mulctrale evacuavit ; postquam dulcem sicut mel pinguedinem lactis intellexit, me etiam comitem in navi adhi-buit. Forsan et ego ad astra statim veniam ; cui enim uber meum praebui, ille minor ne tantillum quidem est Aegiocho Jove.*

**Imitatus est clarissimus Sam. Johnson, de caprâ Josephum Banks (qui in historiam naturalem ejusque studiosos insignia bene-ficia et contulit et confert) in longis navigationibus comitatâ. T. YOUNG. En versiculos, ad quos alludit amicus noster ingeniosus, ex operum Johnsoni editione, quam procuravit Arthurus Murphy, [Vol. i. p. 185.] desumptos : [Vol. xi. p. 396. 1787.]

Versus, collari caprae Domini Banks inscribendi.

Perpetui ambitâ bis terrâ praemia lactis
Haec habet altrici capra secunda Jovis.

330.　Lollii Bassi—1. *Μήτε με*—] Laudes mediocrītatis, ubi senten-
tiae occurrunt ferè eaedem atque in Ode illâ notissimâ Horatii,
quae inscribitur, Ad Licinium. L. ii. 10. *Rectius vives*, &c.
　　4. *Καὶ μάλα*—] *et maximè mensuram quae sufficit ego amplector.*
De Aor. vid. Vol. I. ad p. 19. n. 6. "*πράξιες*—Ion. *res humanae.* P.
　　6. *Εἰσὶ τινὲς*—] Totum epigramma est exquisitum ; sed huic
ultimo versiculo inest aliquid, quod animum mirè permulcet.

Gaetulici—1. *Παῖδα πατήρ*—] *Πατὴρ Ἀλκων ἀθρήσας παῖδα*
σφιγχθέντα, κ. τ. λ. *Pater Alcon filium conspicatus constrictum, &c.*
"*Ἀλκων*—Vide supra p. 84. v. 97. et ita Jacobs. P.
　　5. —*παρὰ δρυΐ*] *ἔθηκε φαρέτρην, κ. τ. λ.* *posuit pharetram prope*
hanc quercum, monumentum et bonae fortunae, et in jaculando peritiae.
"*Apud* vel *ad quercum suspensam*, putem. Nomen est Cnaeus Lentu-
lus Gaetulicus. P.

Antiphili—I, 1. '*Η πήρη,*] Vulgò inscribitur hoc epigr. *Εἰς Διο-*
γένη. celeberrimum scil. philosophum, cujus historia satis nota.
　　2. *Μᾶζα,*] *πιληθεῖσα ὕδατι, maza subacta aquâ.* Erat autem *μᾶζα*
farina ex hordeo imprimis tosto, subacta humore aliquo, aquâ scil.
vel oleo, vel lacte, &c.—hîc aquâ, ad denotandam paupertatem
·Diogenis. [Vide Vol. l. ad p. 49. n. 1.] Mavult Brunckius *φυρα-*
θεῖσα quàm *πιληθεῖσα.*
　　3. —*σοφῷ κυνὶ*—] *sapienti cani,* i. e. Diogeni philosopho cynico.
μέτρα ἄρκια βίοιο· quod satis est vitae. κήν [i. e. *καὶ ἐν*] *τούτοις·*
sed etiam in his, &c. *Τί καὶ σὲ μάτην, ὄστρακον, ἠχθοφόρουν ;*
Quid, testa, mihi opus erat te onus supervacaneum portare ?

II, 1. *Α καλὸν,*] *ἆ* adverbium admirantis. Apes poëta alloquitur
admirans earum in conficiendo melle industriam et dexteritatem
Obsopoeus. "*ῥεῦμα, fluentum,* i. e. mellis, *αὐτοπόνητον ἐν αἰθέρι.* P.
　　2. *Ἄπλαστοι*] Codices omnes et editiones antiquae *αἱ πλαστοι*
χειρῶν. Primus Stephanus *κηρῶν.* Aliam emendationem tentavi.
ἄπλαστοι χειρῶν, manibus hominum non fictae, sed quas sibi ipsae con-
struunt apes, cellae. Brunck.
331.　5. —*τόθι*—] *ubi apis suavem fontem distillat*— *δαψιλὲς ἐξ ὀλίγα*
σκήνευς, abunde è parvo umbraculo. [*σκήνευς,* Dor. pro *σκήνεος, σκη-*
νους, à σκῆνος.] *χαίροιτ'*— *gaudete sanctae,* et *in floribus pascimini,*
volucres nectaris aetherei confectrices. "*σκῆνος, tentorium, tabernac-*
lum, inde *corpus,* quod Jacobs hic reddit, ut in Sacr. Scrip. item
alveare, in Hederic. P.

Leonidae Alexandrini—1. *Μάντιες,*] Vituperat Leonides astrologos, tanquam vanos et falsa praedicentes, quorum obstetrix fuerit insipientia, mater vero audacia, quippe qui propriam ignobilitatem perspectam non habeant. *εἰκαίης, vanae. μαιώσατο, obstetricata est.* OBSOPOEUS. *ἀκλείην, dedecus et infamiam vestram.* BRODAEUS.

᾽AUTOMEDONTIS—II, 5. *ἴασον δ᾽ Ἐπίκουρον ζητεῖν μάτην, ποῦ τὸ κενὸν, ubi vacuum* sit, *καὶ τίνες αἱ μονάδες, et qui* sint *atomi.* Ep. I. ad verbum reddendum. P.

ARISTONIS—1. *Ἀμπελὶς—*] In hoc epigrammate describitur quae- 332. dam vetula vinosa baculo innixa, quae quum clam appropinquâsset ad lacum musti, poculum ingens secum afferens, quo vinum ex illo hauriret, ad poculum implendum se inclinans, praeceps in lacum volvitur et extincta est. *Ἀμπελὶς*, nomen proprium, *ἡ φιλάκρητος, meri amans, ἤδη ἐρειδομένη τὸ σφαλερὸν γῆρας ἐπὶ, κ. τ. λ.* jam la- *bascentem suam senectam sustentans baculo viae duce, ἦλθε λαθριδίῃ ἐπὶ νεοθλιβὲς πῶμα ληνοῦ Βάκχοιο, ivit clam ad recens expressum laticem lacûs Bacchi,* [Angl. *went secretly to the newly pressed liquor in a wine vat,] πληδομένη κυκλωπείην κύλικα· impletum immensam calicem.* Brunckius edidit— *ἀπὸ ληνοῦ—Πῶμα πιεῖν κύκλῳ πλη- σαμένα κύλικα·* et sic ad locum annotavit: " Depravatum est secun- " dum distichon, quod, etiamsi scripseris *ἐπὶ ληνὸν,* et *πληδομένη,* "non undequaque emendatum erit. Scriptum in cod. *πῶμα κύκλῳ* " *πιεῖν.* In his verbis ulcus est:" —quod T. Young felicissimè sana- vit, reponendo *κυκλωπείην,* [Angl. *huge, fit for a Cyclops,*] quod in lec- tionem codicis, *κύκλῳ πιεῖν,* cujus nullus est sensus, facilè mutari posse putavit. *κυ* autem hic brevis est. Vide Theocr. xi. 7. supra, p. 233. et Aristoph. Nub. 333. edit. Br. Caeterùm *πῶμα,* quod vul- go *operculum* sonat, idem est interdum ac *πόμα, potus, liquor, latex :* uti ostendit H. Steph. sub voce *πόμα·* quod et ex analogiâ verum : nam *πίνω, bibo,* in perf. pass. est *πέπομαι* vel *πέπωμαι.*

5. *Πρὶν δ᾽ ἀρύσαι—*] Sed antequam hauriret, vacillans manus defe- cit, atque illa, tanquam vetus navis demersa, merum subiit profundum. Euterpe autem ponendum curavit corpus defunctae mulieris sub sepul- chrum lapideum, vicinum locis apricis vinum redolentibus, i. e. vici- num vineae.

ARGENTARII—II, 1. *Ἠράσθης πλουτῶν—] Amore captus fuisti dives, Sosicrates.* Ubi notandum *ἐράομαι* in v. pass. ab *ἐράω, amo,* signifi- care (non *amor* sed) *amore teneor.* [Vide Vol. 1. ad p. 67. n. 2. et Coll. Gr. Min. ad p. 37. n. 1.] Sic autem haec Latinè fecit cele- berrimus Georgius Buchananus.

> Dives eras, et amator eras : nunc pauper, amore
> Es liber, praesens ô medicina fames.
> Quae te delicias dulcemque vocabat Adonin,
> Menophile, nomen nunc rogat illa tuum.
> Qui genus ? undè domo ? jam te docet usus, opinor,
> Quod cui res deerit, nullus amicus erit.

AEMILIANI—1. ῾Ἕλκε τάλαν—] De matre, quae ferro jugulata, infantem filium ad sugendum invitat. *Trahe, ô miselle, à matre, quam non amplius mammam emulgebis: trahito postremam scaturiginem mortuae. Jam enim gladiis deficit spiritus, sed matris charitas et in inferno sobolem nutrire vel curare didicit.* OBSOPOEUS. Sequens Webbii versio Anglica laudatur in libello eleganti suprà citato: *Essay on the Principles of Translation*, p. 156. edit. 2dae.

> *Suck, little wretch, while yet thy mother lives,*
> *Suck the last drop her fainting bosom gives!*
> *She dies:—her tenderness survives her breath,*
> *And her fond love is provident in death.*

333. APOLLINARII—1. *Ἂν μὲν ἀπόντα—*] Hic significat adulatorem in os aliquem laudantem, plus detrimenti afferre, quam detractorem. Notabis autem loquutionem Graecam, ἴσθι κακῶς με λέγων. OBSOPOEUS. —οὐδὲν ἀδικεῖς με· Durissima caesura,— quid substituam nescio. T. YOUNG. H. Grotius sic vertit:

> *Si de me absenti loqueris malè, nil nocet: at si*
> *Praesentem laudas, te malè scito loqui.*

ONESTAE—1. *Ἀμβαίνων ῾Ελικῶνα—*] Commendationem laboris et sedulitatis hoc epigr. complectitur: quod arduus labor sapientiae dulcissimum fructum hominibus non instrenuis retribuat. Versiculi juvenibus diligenter discendi, quos sic transtulimus:

> *Fessus es ascendens Helicona, sed indè repletus*
> *Dulcia Pegasei pocula fontis habes.*
> *Est sophiae via dùra: sed alta cacumina nactus,*
> *Tandem Pieridum munera grata feres.* OBS.

Sic Hesiodus: Oper. et D. 287, sqq.

> *Τὴν μέντοι κακότητα καὶ ἰλαδόν ἐστιν ἑλέσθαι*
> *῾Ρηϊδίως· ὀλίγη μὲν ὁδός, μάλα δ᾽ ἐγγύθι ναίει.*
> *Τῆς δ᾽ ἀρετῆς ἱδρῶτα θεοὶ προπάροιθεν ἔθηκαν*
> *Ἀθάνατοι· μακρὸς δὲ καὶ ὄρθιος οἶμος ἐπ᾽ αὐτὴν,*
> *Καὶ τρηχὺς τὸ πρῶτον· ἐπὴν δ᾽ εἰς ἄκρον ἵκηαι,*
> *῾Ρηϊδίη δ᾽ ἔπειτα πέλει, χαλεπή περ ἐοῦσα.*

LUCIANI—II, 1. *Παῖδά με—*] Puer loquitur, vetans ne quis ipsius mortem defleat, propterea quod tametsi parùm temporis vixerit, parùm etiam malorum hujus aerumnosae vitae gustaverit. Est epigramma multae elegantiae. OBSOPOEUS. ᾽᾽III. 1. εὖ πράττουσιν, *fortunatis, felicibus.* P.

Lucillii—I, 1. *Πανὶ φιλοσπήλυγγι,*] In Marcum venatorem, qui, 334. nullâ praedâ captâ, ipsos canes Pani et Nymphis suspensos dedicavit. *φιλοσπήλυγγι, amatori cavernarum. οὐρεοφοιτάσι, frequentantibus* · *montes. ὀνοφόντισι, quibus apri interfecti sunt. Idem.* "*ἔνδον,* in antro puta. Jacobs. '*Αμαδρυάδες, ἅμα δρυσίν.* P.

II, 1. '*Ρύγχος ἔχων*—] *Tale quum rostrum habes,* &c. Angl. *With such a snout as that, do not thou go,* &c.

3. —*ὡς Νάρκισσος,*] De Narcisso vide Coll. Gr. Min. ad p. 30. n. 22. Lepidissimum quidem epigr. Narcissus se in fonte conspicatus mortuus est : tu quoque, si idem facis, morieris, sed ob causam toto coelo differentem.

"III, 1. *Τὰς τρίχας,*] Crines non tinxisti quidem, sed nigros emisti. *ἐπριάσο, –αο, –ω,* Imperf. sicut aor. 1. med. Vide supra p. 133. v. 658. *ἐπίστω:* et Vol. I. p. 106. l. 24. *ἐδύνω.* P.

IV, 1. —*ὁ κλινικὸς*—] *Medicus Marcus heri tetigit lapideum Jovem, et quamvis lapis et Jupiter est, hodiè effertur.* Contumelia acerba in malos Medicos. "Nempe, Jupiter mortuus effertur sepeliendus. Infra, IX. *Magnus,* medicus.—*resuscitaturus etiam mortuos.* Vide Br. Ana. T. ii. p. 304. ubi Magnus Medicus talia dicit de Galeno, scil. vivos detinuisse ab Acheronte. P.

Cerealii—1. *Οὐ τὸ λέγειν*—] Auctor hoc epigrammate carpit 335. et deridet quendam rhetorculum, verba inusitata, obscura et obsoleta affectantem, dicens hanc non veram esse rationem declamandi ; sed oportere mentem verbis subjicere, et phrasin communiorem facere, ut quae dicat ab audientibus intelligantur. Nam *παράσημα,* non *insignia* hoc loco *verba* intelligenda sunt, sed *monstrosa* potiùs, et *ignota,* et à quotidiano sermone abhorrentia. Obsopoeus.

2. —*μελετᾷν*] Hujusmodi infinitivos sine ι subscripto scribi volunt Grammatici quidam, inter quos doctus Gallicus Nov. Methodi auctor, [p. 227. edit. Paris. 1754.] quia *χρυσοῦν,* non *χρυσοῖν.* Sed libri omnes impressi contra hoc faciunt. T. Young. *εὐζήλως μελετᾷν,* est *felici aliorum imitatione declamare. κάρκαιρε, κοναβεῖ, σίζει, κελάρυζε,* verba sunt Homerica ; et ponuntur hîc, ut loquuntur Grammatici, materialiter. Obsopoeus. "Non reddenda." Hoc epigr. sic imitatus est H. Grotius :

Itala protuleris si quinque recondita verba,
  Non ideo prudens atque disertus eris :
Nec Maro continuò fiet qui dicat aquaï,
  Et cujum, quianam, forsit, et indigetes.
Mentem praecipuè poscit sibi pagina ; verba
  Talia, quae possint absque labore capi.

Nicarchi—1. *Εἰς 'Ρόδον*—] De quodam quáerente ex vate

Olympico, num feliciter sit in Rhodum navigaturus. Responsio satis evidens est; et continet salsam vituperationem astrologorum. " Olympicus nomen proprium. P.

---

336.   PALLADAE—II, 1. ῾Ο Ζεὺς—] Hoc ita reddidit H. Grotius:

> *Ab Jove pro flammâ data nobis altera flamma est*
> *Femina, at ó si non illa, nec illa foret.*
> *Sedari tamen illa potest citò : femina nunquam,*
> *Undique inardescens, undique semet alens.*

III, 1. Πᾶσαν ῾Ομηρος—] Ita hoc vertit H. Grotius :

> *Feminéum genus omne nocens. Ita censet Homerus :·*
> *Grande malum moecha est, grande pudica malum.*
> *Multas esse neces Helene dat adultera : verùm*
> *Casta dat et multas Penelopea neces.*
> *Ilias immensum carmen versatur in unâ ;*
> *Unaque Odysseae femina materia est.*

337.   VI, 1. Σκηνὴ πᾶς ὁ βίος,] Ita hoc expressit Sam. Johnson:

> *Vita omnis scena est ludusque : aut ludere disce*
> *Seria seponens, aut mala dura pati.*

VII, 1. Ἐλπίδος] Expressum videtur ex anonymo. Br. 639. [Vol. III. p. 286.] T. Young. Distichon anonymi sic se habet:

> Ἐλπὶς καὶ σὺ Τύχη, μέγα χαίρετε· τὸν λιμέν᾽ εὗρον.
> Οὐδὲν ἐμοὶ χ᾽ ὑμῖν· παίζετε τοὺς μετ᾽ ἐμέ.

Quod quidam sic Latinè reddidit :

> *Inveni portum ; Spes et Fortuna valete :*
> *Nil mihi vobiscum ; ludite nunc alios.*

" Ver. 4. ῾Υβριστὴν—] *Contumeliosas paupertati divitias fugis,* sive *aversor.* P.

" THEODORI—1. ᾽Ερμοκράτης—] *Hermocrates nasi ;—χαριζόμεθα,* tribuimus longiora—brevioribus—JACOBS. Vide supra p. 335. Amiani II. 2. μικροτέρην. P.

---

338.   AGATHIAE—I, 1. Σπεύδων εἰ φιλέει—] Simulato quodam discessu, dicit cognôsse se amari ab amicâ suâ, his verbis. *Properas num amaret me perdiscere pulchra oculis Ereutho, tentabam cor illius figmento astuto.* OBSOPOEUS. *Ibo in peregrinam quandam, dixi, regionem. Mane autem, pulchra puella,* [ἄρτιπος Salmasius reposuit, è Vat. procul dubio, membranâ. Vulgò legitur λέξω· et in versu praecedenti τινά που χθόνα, pro τιν᾽, ἔφην, χθόνα. BRUNCK. ἄρτιπος, per Sy-

tolen pro *ἀρτίπους*, est epitheton pulchritudinis, quasi dicas, *inte-* 338.
ger pedibus. Sic Odyss. ϑ, 310. *καλός τε καὶ ἀρτίπος, pulcher et
sanus pedibus.* Sermo est de Marte, in opposito ad claudum Vulca-
num, et minùs formosum.] *nostri recordationem habens amoris.* Vel,
ut T. Young, *Mane integra, nostrique amoris memor.*

6. — *καὶ εὐπλέκτου βότρυν ἔρηξε κόμης,*] *ἔρηξε,* licentiâ pro *ἔρ-
ρηξε.* T. Young. *et benè compositae cincinnum discerpsit comae.*

7. —*ἐγὼ δὲ*—] *ego autem,* *τις ὡς βραδυπειθὴς, ut qui aegrè persua-
sus fuerim.* [Sic Theocr. i. 85. —*δύσερώς τις—καὶ ἀμάχανος ἐσσί.*]
ὄμματι θρυπτομένῳ— *oculo delicato annui me mansurum.* *Felix
quod ad amorem sum :. γὰρ δέδωκα εἰς μεγάλην χάριν τοῦτο, τὸ πάν-
των ἐμενέαινον ἀνύσαι.* [Brunckius ante *πάντων* subaudit *μᾶλλον.*]
Angl. *For I granted, as a great favour, what of all things I was eager
to accomplish.*

II, 1. *Σοὶ, μάκαρ*—] *Tibi, beate capripes, in locum editum prope
littus, hircum hunc aliquis dedicavit, O duplicis dux venationis,* mari-
nae scil. et terrestris. *ἀγέτα,* Dor. pro *ἡγέτα,* ab *ἡγέτης, dux.* "Pan.

2. *Τὸν τράγον,*] Hoc ex certissimâ emendatione viri longè om-
nium doctissimi R. Porson reposui. Mss. *τὸν τράγαν ὦ δὶς σᾶς ἄγετ'
ἀθηροσύνας.* Br. *τὸν τράγον ἐκ διόσᾶς ἄνθετο θηροσύνας.* Subaudi-
tur autem *ἀνέθηκέ τις*— nempe *in littore suspendit.* T. Young. "Ver-
sus inter 2. et 7. pro parenthesi habendi sunt. Vide Jacobs. P.

3. —*καστορίδων*—] *καστορίδες* sunt *canes Spartani, canes Amy-
claei;* nam Amyclae urbs Laconica in qua educati Castor et Pollux.
εὔαδε est vox Homerica ; 3. sing. aor. 2. inserto ν, pro *ἕαδε,* Aeol.
et mutato spiritu pro *ἥδε,* à verbo *ἀδέω,* unde *ἀνδάνω,* placeo.
[Vide Iliad. ξ, 340. ρ, 647. et Odyss. π, 28.] *ἐν ῥοθίοις, in undis.
καλαμευτὴς κάμνων, piscator laborans. πεῖσμα μογερῶν σαγηνοβόλων,
funis eorum qui cum aerumnâ jaciunt sagenam.* "εὔαδε—vide supra p.
106. v. 1083. p. 253. v. 7. ubi Perf. Med. esse dicitur. Vide et Heyn.
Iliad. ad loca citata, et ι, 143. Excurs. i. ad ε. v. 203. ii. τ. v. 384. Haec
vel aor. 2. vel perf. med. esse videntur, prout loca postulent. P.

7. *Ἄνθετο δὲ Κλεόνικος,*] *Cleonicus autem ille* erat qui *dedicandum
curavit*— hircum scil. supradictum ; [*ἄνθετο* sine augm. pro *ἀνέθε-
το·* et in voce med. *ἀνατίθεμαι* reddi potest *dedicandum curo,*] *ἐπεὶ
καὶ ἤνυε πόντιον ἄγραν, quoniam ille perfecit venationem marinam,
et lepores saepè sectabatur.*

—I, 1. *Οὔτε ῥόδον*—] Pulcherrimè Propertius:
[Lib. i. Eleg. ii.] *Quid juvat ornato procedere, vita, capillo ? Et tenues
Cod veste movere sinus? Aut quid Orontea crines perfundere myrrhâ?*
&c. T. Young. Et pulcherrimè Thomsonus : [Autumn, v. 204.]
—*Loveliness Needs not the foreign aid of ornament, But is, when un-
adorn'd, adorn'd the most.* Quod putat T. Young è Plauto expres-
sum : *Pulchra mulier nuda erit, quàm purpurata, pulchrior.* Most. Act.
i. Sc. iii. 131.

2. —*λιθοβλήτων,*] *λιθόβλητα κεκρύφαλα* sunt *vittae* vel *redimi-
cula lapidibus pretiosis,* seu *gemmis, ornata.* Vide Vol. I. ad p. 99. n. 5.

3. —*οὐδὲ*—] Ordo est : *οὐδὲ χρυσὸς κομίζει ἀγλαΐην σῆς ἀπεκ-
σετήτου τριχός.*

5. —*ὑάκινθος*] *hyacinthus,* nomen floris et herbae, est etiam, ut 339.

339. hîc, nomen gemmae coloris hyacinthini. *Ινδώη υάκινθος, Indica gemma :* de qua vide Plin. Lib. xxxv. cap. 6. (L. xxxvii. c. 9. 41.)

6. —*τεῶν*] Pro *όῶν. λογάδες, oculi.* Vide Suidam et Hesychium hac voce. Brunck.

8. —*κεστός έφυ Παφίης.*] *Cestus est Veneris.* Vel *sunt Cestus Veneris,* i. e. haec quae proxime memorantur eandem habent potestatem quam Cestus Veneris; vel revera sunt quae Homerus hoc nomine appellat. [Vide Iliad. ξ, 214.] De *έφυ,* vide suprà ad Oed. Tyr. v. 9. p. 113. " *ῆθος, indoles, mores. ῆθεος ἁρμονία, morum suavitas, venustas,—mores grati.*—" Vulgatum *ἔνθεος* ex Vat. Cod. in " *ῆθεος* mutatum. Hoc servavit etiam Suid. in *κεστός.*" Jacobs. Ex *ἔνθεος ἁρμονίη* Grotius vertit *Corporis aetheriam compagem.* P.

9. *Τούτοις πᾶσιν—*] *Omnibus his ego opprimor: oculis tuis solis demulceor, in quibus blanda quaedam spes degit.* Haec autem ita optime reddidit H. Grotius :

     Nec sertis rosa dulcis eget ; nec veste decorâ,
       Gemmiferis opus est nec tibi reticulis.
     Candidior rubri baccâ tu littoris : aurum
       Provocat impexae gratia flava comae.
     Ardentes spargit radios hyacinthus, ab Indis
       Qui venit : est oculis sed minor ille tuis.
     Corporis aetheriam compagem et roscida labra,
       Haec Veneris cestum, si voco, jure voco.
     Omnibus his pereo : sed enim solantur ocelli ;
       Constituit sedem spes ubi blanda suam.

II, 1. *Παίγνια—*] Hîc vita hominum eleganter comparatur ludo talario, vel ejusmodi cuivis. *Omnia haec quidem lusus sunt. At Fortunae diversus impetus temerariis his jaculis ruit,* &c. " An,—*temerariis his jactibus similis est ? ἐμφερής, similis, ἐμφέρομαι, similis sum.* Lex. Hed. &c. Vel *feror.* P.

5. *Αίνέομεν δή—*] Angl. *Truly that man is entitled to our praise, who, both in Life and at play, sets proper bounds to his joy and his grief.* Haec ita interpretatus est H. Grotius :

     Lusus, ais, sunt haec : sed in his fortuna triumphat,
       Nec quàm tesserulae plus rationis habet.
     Aspicis humanae casus in imagine vitae ;
       Tam subitò victor, tam citò victus eris.
     Magnus is, in vitâ pariter lusuque, dolori
       Ponere qui novit laetitiaeque modum.

III, 1. *Καλά τα παρθενίης—*] Ita hoc reddidit H. Grotius :

     Virginitas pretiosus honos : sed vita periret,
       Si foret in cunctis virginitatis amor.
     Legibus uxorem socia tibi : sic dabis orbi
       Pro te hominem, purus turpis adulterii.

Atque ita Sam. Johnson :

     Pulchra est virginitas intacta : at vita periret,
       Omnes si vellent virginitate frui.
     Nequitiam fugiens, servatâ contrahe lege
       Conjugium, ut pro te des hominem patriae.

IV, 1. *Οὔνομά μοι ...*] τί δὲ τοῦτο; an ut intelligatur—δεῖ λέ-339. γειν; T. Young. Certè, vel tale aliquid. Silentiarius hîc bene deridet vanas et magnificas inscriptiones, quae saepè adhaerent " saxis cinerum custodibus" obscurorum hominum. Vide suprà ad p. 324. Callim. II.

V, 1. *Ενθάδε Πιερίδων*—] In hoc epigrammate poëta alludit ad Sarcophagum, qui cineres Homeri continere dicebatur; et qui tunc temporis, imperante scil. Justiniano, in insulâ Io adhuc existere credebatur. Cujusdam Sarcophagi reliquiae in urbe Petropoli hodie asservantur, nuper illùc à Classe Russicâ ab insulâ maris Aegaei advectae, quae hujus ipsius Sarcophagi putantur. Vide suprà Notarum p. 9.

3. *Εἰ δ᾽ ὀλίγη*] *Et si insula, quum sit parva, tantum cepit virum,* [γάδε, sine augm. pro ἔχαδε, aor. 2. à χανδάνω, *capio,* " et γάζω."] *ne hoc mireris,* &c. *etenim errans soror quondam Delos* [Vide Coll. Gr. Min. p. 46.] *excepit Apollinem Latonae filium à doloribus Matris.* Caeterùm lubet hîc adjicere ἐλεγεῖον istud, quod in Homeri honorem, diu post mortem ipsius, lūs incolae scripserunt. [Vide Vitae Homeri Herodoto vulgò adscriptae cap. 12.] (36.) " Br. Ana. T. III. p. 256. Anon. 500. 501. P.

Ενθάδε την ιερήν κεφαλήν κατά γαῖα καλύπτει,
Ανδρῶν ηρώων κοσμήτορα, θεῖον Ὅμηρον. ·

NOTAE IN EPIGRAMMATA ANONYMA.

I, 1. *Καλλιόπη*—] In caeteris quos vidi libris editis, post versum 340. septimum, inseritur alius, viz. Ἁρμονίην πάσαισι Πολύμνια δῶκεν ἀοιδαῖς· quod supervacaneum est: nam videtúr fuisse consilium auctoris, quicunque fuerit, singularum Musarum inventa singulis versibus absolvere. "At in muneribus Musis tribuendis minime inter se conveniunt veteres. Jacobs. Infra, II. ἦν δὲ παρέλθῃ, οὗτος ὁ βαιὸς χρόνος, scil. *Idem.* P.

III, 1. *Μή μύρα*—] χαρίζομαι hîc regit accusat. cum dat. et simpliciter significat δωροῦμαι. Vide H. Steph. ad vocem.

3. *Ζῶντί μοι, εἴ τί γ᾽ ἔχεις,*] In lapide legitur: εἴ τι σχεῖς. "[εἰ τις χεις. J.]" Sed σχέω vix est in usu nisi in aor. — Satius mihi visum reponere εἴ τί γ᾽ ἔχεις. Brûnck. Sed γε otiosum videtur; quare malo lapidis lectionem. T. Young. τέφραν— *cinerem autem inebrians,* nihil aliud nisi *lutum facies.* Sic, in Evang. Joan. ix. 6. ἐποίησε πηλὸν ἐκ τοῦ πτύσματος. Vide Coll. Gr. Min. p. 78. (104.) Anacr. iv. "Vivus loquitur.—Marmoris auctoritas in hac re nulla. Solebant enim seriori tempore,—vetera Epigrammata cippis insculpere. Jacobs.—εἴ τι θέλεις χαρίσαι. Vat. C. et Plan. Idem,et Bosch.

IV, 1. *Ἡ ῥίς*—] De quodam, qui habuit valdè grandem nasum, quem ad multos usus idoneum instrumentum esse dicit. Extat dialogus in puerilibus colloquiis ab Erasmo ex hoc epigrammate lepidè et jocosè formatus, ex quo facilè haec verba intelligis. Ossopoeus. Hoc epigr. satis quidem ridiculum, ita vertit H. Grotius:

Castoris est nasus lituus cum stertit, et idem
Cum metitur falx est, cum foditurque ligo.
Anchora navigiis, vertendo vomer in arvo,
Hamus apud pisces, fuscina coenipetis.
Indè dolabra rates pangentibus, ascia fabris,
Marra est agricolis, marculus ante fores.
Castore viventum nemo est instructior, unus
Cui suus officium nasus ad omne valet.

341. V, 1. Ἱρά θεῶν—] *Templa deorum aperta sunt bonis hominibus,*
[ἀναπέπταται, pro ἀναπεπέτασται. Vide Vol. I. ad p. 214. n. 10.
χρειω, όος, contr. οὖς. Vox Ion. idem notans, quod ἡ χρεία.]

2. τῆς ἀρετῆς—] *οὐδὲν ἄγος ἥψατο τῆς ἀρετῆς, nullum scelus
tangit virtutem.* De ἄπτομαι, *tango,* vide Vol. I. ad p. 39. n. 8. et
de aor. in hoc sensu, ad p. 19. n. 6. " ἄγος saepe offensio est adver-
sum ritus et caeremonias. Vide Vol. I. p. 38. l. 25. P.

3. Ὅστις δ' οὐλοὸν ἦτορ,] ἔχει scil. T. Young modestè proponit:
ᾧτινι δ' οὐλοὸν—quod minimè aspernandum. " Sed οὐλοὸν ἦτορ de
persona dici potuit, ut κακὴ φρήν, πονηρὸς νοῦς, et similia. JACOBS. P.

4. —σῶμα διαινόμενος.] Angl. *by sprinkling thy body.* " Hanc
conjecturam Eldikii recepit Brunckius pro vulgata corrupta, Ψυχὴν
ἐκνίψει σῶμα μιαινόμενον. P

IX, 1. Λάδας τὸ στάδιον—] In Ladam cursorem, cujus tanta vel
tam divina erat celeritas, ut dicere impossibile esset utrum saltavit
an volavit per stadium.

3. Ὁ ψόφος—] Distichum hoc posterius restitui ex duobus paro-
diis, Nicarchi xxvi. Br. T. ii. p. 355. et Incert. Br. cvi. Ἔδραμον, è
conjecturâ. T. YOUNG. Ingeniosè admodùm. Hoc Incerti scriptum
est in quendam Periclem cursorem, cujus tanta erat segnities, ut in-
certum esset utrum moveret an sederet. *Strepitus ad carceres au-
diebatur, alius victor coronabatur, et Pericles ne digitum quidem pro-
gressus erat.* Quod hyperbolicè dictum. Graeca sic se habent:
[Tom. iii. p. 171.]

Τὸ στάδιον Περικλῆς εἴτ' ἔδραμεν, εἴτ' ἐκάθητο,
Οὐδεὶς οἶδεν ὅλως· δαιμόνιος βραδυτής.
Ὁ ψόφος ἦν ὕσπληγγος ἐν οὖασι, καὶ στεφανοῦτο
Ἄλλος, καὶ Περικλῆς δάκτυλον οὐ προέβη.

Visum est adjungere istud quoque Nicarchi: lepidissimum quidem
id, et ridiculum satis: mediocriter autem Graecè docto non egens
interpretis.

Ἰητρὸς τὴν γραῦν εἴτ' ἔκλυσεν, εἴτ' ἀπέπνιξεν,
Οὐδεὶς γινώσκει· δαιμόνιον τὸ τάχος.
Ὁ ψόφος ἦν κλυστῆρος ἐν οὖασι, καὶ στεφανοῦτο
Ἡ σορός, οἱ δ' ἄλλοι τὸν φακὸν ηὐτρέπισαν.

342. XV, 1. Ἦν νέος ἀλλὰ πένης·] Hoc ita vertit S. Johnsonus:

Me miserum sors omnis habet; florentibus annis
Pauper eram, nummis diffluit arca senis:
Queis uti poteram, quondam Fortuna negavit,
Queis uti nequeo, nunc mihi praebet opes.

XVI, 1. *Οἶνος καὶ*—] Hujus epigrammatis duplicem paraphrasin lubet apponere; indicante T. Young. *Balnea, vina, Venus corrumpunt corpora nostra. Sed faciunt vitam balnea, vina, Venus.* Anth. Lat. *Wine, women, warmth, against our lives combine. But what is life without warmth, women, wine.* Darwin. Vide *Blackwell's Enquiry into the Life and Writings of Homer;* Vol. I. p. 10. et Vol. II. p. 51. *S. 8. p. 110. 8vo. 1735.

XVII, 1. *Πᾶν τὸ περιττὸν*—] Ita Sam. Johnsonus : 343.

> *Quod nimium est, fit ineptum ; hinc, ut dixêre priores,*
> *Et melli nimio fellis amaror inest.*

XX, 1. *Ζεῦ βασιλεῦ,*] Vide Vol. I. ad p. 208. n. 4.—*καὶ εὐχομένοις καὶ ἀνεύκτοις*, Angl. *whether we pray for them or not.* *Plato. Alcib. II. T. v. p. 85. Bipont. p. 143. Steph. T. ii. P.

XXII, 3. *Οὐκ ὄνομ'*—] Extat, inter multa splendidissima antiquae artis monumenta, apud Carolum Townley, Homeri caput Baiis effossum eximiae pulchritudinis. Basi recentiori inscripta est pars hujus epigrammatis. T. Young. *Μή ποτε σῶν— Nunquid tuorum carminum gloriam Homerus habet?*

XXIII, 1. *Τοῦτό τοι*—] Putat vir egregius T. Burgess, doctissimum Joannem Jortin [cujus vide Lusus Poëticos] respexisse hoc venustum epigramma in parte posteriore sequentis inscriptionis pulcherrimae :

> Quae te sub tenerâ rapuerunt, Paeta, juventâ,
>   O, utinam me crudelia fata vocent :
> Ut linquam terras invisaque lumina solis ;
>   Utque tuus rursùm corpore sim posito.
> *Te sequar ; obscurum per iter dux ibit eunti*
>   *Fidus Amor, tenebras lampade discutiens.*
> *Tu cave Lethaeo contingas ora liquore ;*
>   *Et cito venturi sis memor, oro, viri.*

Penultimum autem distichon posui ultimum, ad mentem ejusdem laudati amici ; quod, sine dubio, effectum auget elegantissimi poëmatis. Vide *An Essay on the Study of Antiquities.* 2d *Edit.* p. 59.

XXIV, 1. *Οὐκ ἔθανες, Πρώτη*—] Apud Gruterum, p. 703. Gorium Tom. II. p. 119. Epitaphium est puellae octennis. Brunck.
   5. *Οὐ χειμὼν*—] Ita apud Shaksperium : *Fear no more the heat of* 344. *the sun, Nor the furious winter's rages.* T. Young. *Cymbeline, iv. 2.

⁎ Non aegrè feret Lector benevolus, si hisce in Epigrammata notulis adjecta invenerit duo poëmatia ejusdem amici, qui plerosque horum flosculorum ex Anthologiâ Brunckianâ decerpendi laborem in se humanissimè suscepit. Prius expressum est è dramate nobilissimo Shaksperii, [*King Lear,* Act. i.] *Hear, Nature, hear* ; &c. nuperque in opere eleganti editum, Johannis Hodgkin Calligraphiâ

Graecâ. *Lond.* .1794. Posterioris argumentum sumitur à re levioris generis; sed'utrum vera an ficta nil interest. Elegans est epigramma, et ab auctore conscriptum, dum apud Caledonios_degeret; quorum quidem regio—" *Cirrhâ procul et Parmesside lymphâ.*" Musis vero non ignota.

ΘΩΜΑ ΝΕΟΥ.

I.

ΑΛΛ' ὦ νέμουσα τῶν βροτῶν κράτη Φύσις,
Ακουε δὴ νῦν τάσδε πατρῴας ἀράς·
Ω δαῖμον, εἴγε προυτίθου ϐλάστας ποτὲ
Εκ τοῦδε τέρατος ἐξαναστήσειν τόκον,
Γνώμην μεταγνῶθ', ἐπεσάγουσ' ἀπαιδίαν·
Αὔαινε κῶλα τεκνοποιὰ νηδύος,
Εχοι δὲ μήποτ' ἐξ ἀπευκτοῦ σώματος,
Τέκνον πεφυκὸς γηροϐοσκὸν εἰσιδεῖν·
Ει δ' ἔστ' ἀνάγκη τήνδε τεκνοῦσθαι βρέφος,
Αστοργον αἰεὶ καὶ πικρᾶς χολῆς γέμον,   10
'Ρυτίδας ἀώρους ἐγχαραττέτω ταχὺ
Μητρὸς μετώπῳ, πανταχοῦ λύπην φέρον·
Δάκρυα δὲ θερμ' ἀπ' ὀμμάτων στάζοντ' ἀεὶ
Αλοχας βαθείας ἐντάμοι παρηΐσι·
Κηδῶν δ' ἀπάντων, τῶν τε μητρῴων πόνων   15
Καταφρονείτω καὶ καταγελάτω τέκος·
'Οπως ἐπαυρῇ τῆσδε τῆς ἁμαρτίας,
Παθοῦσά τ', ὀψέ περ, σαφῶς ποτ' ἐκμάθη,
'Οσῳ πάθημ' ὀξύτερόν ἐστι δήγματος
Φονίου δράκοντος, ἡ τέκνων ἀχαριστία.   20

II.

Χθὲς μέλι μοι προφέρεσκε Καληδονὶς ἡ χαρίεσσα.
Τούτου μὲν μέλιτος μηδὲν, ἔφην, ἐθέλω.
Αλλ' ἀπὸ σῶν χειλῶν ἐθέλω μέλι· κἆτ' ἐφίλησα,
Κἤν γλύκιον τὸ φίλημ' εἰκοσάκις μέλιτος.

FINIS.

CORRIGENDA.—Vol. I. Praef. p. xii. med. *aptissimus* l. *aptissimum*. Text. p. 49. 17. τοζεύειν l. τοξεύειν.—p. 52. 32. σδός l. ὁδός. Haec, et alia, quae notata erint, corrigere proponimus.

Lightning Source UK Ltd.
Milton Keynes UK
UKHW020621110119
335177UK00005B/187/P

9 780666 102874